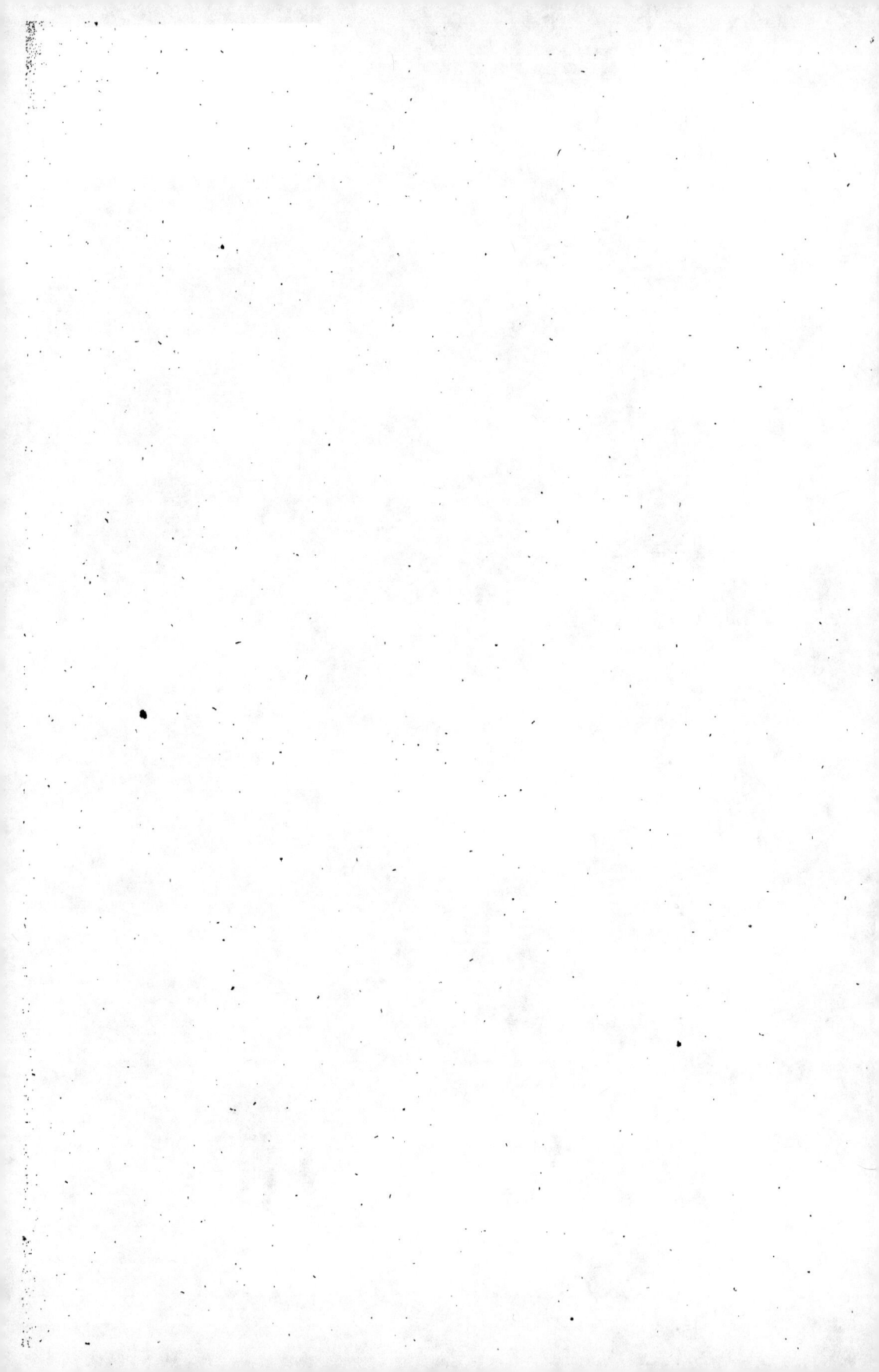

COMPLÉMENT

DU GRAND DICTIONNAIRE

DES DICTIONNAIRES FRANÇAIS

DE

Napoléon Landais

RENFERMANT :

1° Les *mots nouveaux* adoptés par l'usage ; — 2° Les mots déjà compris dans le Dictionnaire et qui ont reçu de *nouvelles acceptions* ; — 3° Des *rectifications* nombreuses et importantes ; — 4° Tous les *termes* qui résultent des progrès récents des *sciences physiques et morales*, des *arts* et de l'*industrie* ; — 5° La nomenclature complétée des *mots*, des *noms* et des *faits* qui appartiennent à l'*histoire*, à la *géographie* et à la *mythologie*.

En outre et à part :

Un **Dictionnaire biographique** donnant l'orthographe exacte du nom de tous les hommes connus dans l'histoire, les lettres, etc., leurs titres à la célébrité, le lieu et la date de leur naissance et de leur mort, etc.

Un **Dictionnaire des Rimes** disposé selon la distinction des rimes en *suffisantes, riches et surabondantes*, ordre nouveau qui facilite les recherches.

Un **Dictionnaire des Homonymes**, distingués en *homographes* ou homonymes parfaits, et simples *homophones*.

Un **Dictionnaire des Paronymes**, dégagé de toutes les superfétations bizarres qui grossissent trop souvent ces listes de mots.

Un **Dictionnaire des Antonymes**, ouvrage entièrement neuf et offrant des rapprochements curieux et utiles.

OUVRAGE QUI MET LE GRAND DICTIONNAIRE AU NIVEAU DES DICTIONNAIRES SPÉCIAUX

1° de Géographie ancienne et moderne,	5° de Technologie (Arts et Métiers),	9° du Vieux Langage et de Néologie,
2° des Mythologies de tous les peuples,	6° de Métrologie (Poids et Mesures),	10° des Difficultés grammaticales,
3° des Sciences physiques et morales,	7° des Inventions et Découvertes,	11° d'Étymologie,
4° d'Esthétique (Beaux-Arts),	8° des Faits, Dates et Origines,	12° des Synonymes français.

Rédigé d'après les travaux

Lexicographiques de tous les auteurs de Dictionnaires anciens et modernes ;

Littéraires ou Critiques de MM. J.-J. Ampère, de Balzac, Burnouf, Châteaubriand, Ph. Chasles, Cuvillier Fleury, Fétis, F. Génin, Lamartine, Magnin, P. Mérimée, Nisard, Nodier, Paulin Paris, Patin, Q de Quincy, Sainte-Beuve, Schlegel, S. de Sacy, Saint-Marc Girardin, Villemain, Wailly (de), Walckenaer, F. Wey, etc., etc. ;

Philosophiques et Législatifs de MM. de Bonald, Benjamin Constant, Beugnot, Cousin, Cormenin, Droz, Duvergier, Dupin, De Gérando, Flassan, Jouffroy, Kant, Laromiguière, Macarel, De Maistre, Martens, Aug. Nicolas, Pardessus, Portalis, de Rémusat, D. Steward, Toullier, Tracy (de), Troplong, etc., etc. ;

Scientifiques de MM. Arago, Audouin, Beaude, Elie de Beaumont, Becquerel, Berzélius, Beudant, Biot, Blainville (de), Boussingault, Brongniart, Candolle (de), Cauchy, Chevreul, Cuvier, Despretz, Duhamel, Dulong, Dumas, Dutrochet, Duméril, Flourens, Francœur, Guy-Lussac, Geoffroy St-Hilaire, Jomard, Jussieu, Kaemtz, Lacroix, Lagrange, Laplace, Lesson, Milne-Edwards, Orbigny (d'), Orfila, Péclet, Pelouze, Pouillet, Quételet, Thénard, Valenciennes, Velpeau, etc., etc. ;

Géographiques et Statistiques de MM. Balbi, Depping, Ch. Dupin, Frégier, Guibert, Humboldt, Letronne, Malte-Brun, Schnitzler, Villermé, Villeneuve de Bargemont ;

Historiques, Économiques et Politiques de MM. Ad. Blanqui, E. de Bonnechose, Bouillet, Michel Chevalier, A. de Courson, Guizot, Mac-Culloch, Michelet, Mignet, Monteil, J.-B. Say, de Salvandy, de Ségur, Sismondi, Thiers, Thierry, de Tocqueville, Vitet, Wolowski, etc., etc.

PAR UNE SOCIÉTÉ DE SAVANTS, DE GRAMMAIRIENS ET D'ÉCRIVAINS

SOUS LA DIRECTION DE MM.

D. CHÉSUROLLES ET L. BARRÉ.

AUX GRANDS ÉCRIVAINS LA FRANCE RECONNAISSANTE

PARIS

DIDIER, LIBRAIRE-ÉDITEUR, QUAI DES AUGUSTINS, 35

ET CHEZ TOUS LES LIBRAIRES DE LA FRANCE ET DE L'ÉTRANGER.

IMPRIMERIE BONAVENTURE ET DUCESSOIS, 55, QUAI DES GRANDS-AUGUSTINS.

COMPLÉMENT

DU

GRAND DICTIONNAIRE DES DICTIONNAIRES

FRANÇAIS

DE NAPOLÉON LANDAIS

GRAMMAIRE GÉNÉRALE DES GRAMMAIRES FRANÇAISES

PAR NAPOLÉON LANDAIS

Ouvrage présentant la solution analytique. raisonnée et logique de toutes les questions grammaticales anciennes et modernes ;
1 vol. in-4° de 650 pages, 6e édition revue et corrigée. Prix : 10 francs.

CET OUVRAGE CONTIENT :

Des notions de Grammaire générale ;
La Grammaire française proprement dite ;
L'histoire des lettres et des sons de l'alphabet ;
La définition des dix parties du discours considérées comme des mots pris isolément ;
Toutes les règles relatives aux diverses formes de celles d'entre ces parties qui sont essentiellement variables ;
La syntaxe, donnant et expliquant, dans les plus grands détails l'analyse de la phrase ou les mots construits ;
Un traité spécial et complet des PARTICIPES, dans lequel tous les problèmes possibles sont résolus par des exemples ;
La conjugaison de tous les verbes réguliers, irréguliers et défectifs, accompagnée des observations qui y sont relatives ;
L'indication du complément ou régime des mots. soit adjectifs, soit verbes ou participes, qui réclament ou ne réclament pas après eux de préposition ;
La désignation des verbes qui se conjuguent avec l'auxiliaire *être* ou *avoir* ;
Des solutions raisonnées sur toutes les difficultés qui partagent encore les Grammairiens ;
Un tableau des homonymes ;
La nomenclature complète des mots dont le genre est douteux ;
Des règles précises sur la prononciation, l'orthographe et la ponctuation ;
L'examen de l'opinion de ceux qui veulent conformer absolument l'orthographe à la prononciation ;
Des notions de lecture et de déclamation ;
Un traité de style, de la prosodie et de la versification ;
L'examen impartial de la dernière édition du Dictionnaire de l'Académie ;
Enfin une table des matières en forme de Dictionnaire, dans laquelle chaque mot dont il a été question dans la Grammaire se trouve nomenclaturé.

Si un bon Dictionnaire français est nécessaire à tous, on peut dire qu'une bonne grammaire est tout-à-fait *indispensable*. Et en effet, un Dictionnaire ne donne que la valeur des mots, tandis que la Grammaire découvre tous les mystères du discours. Une erreur qui est celle de bien des personnes, c'est qu'une Grammaire n'est utile qu'aux enfants qui commencent à apprendre les rudiments de leur langue. Sans doute cela est vrai pour les Grammaires destinées à un usage purement élémentaire : il n'en est point ainsi de celles qui s'adressent non-seulement aux hommes qui veulent faire des études sérieuses, mais également à ceux qui leur position appelle à parler en public : car il est un fait constant, c'est qu'il arrive très-souvent, même aux gens les plus exercés, de se trouver embarrassés pour exprimer régulièrement leurs pensées. Or, où trouvera-t-on la solution de ces difficultés, si ce n'est dans une grammaire analytique et raisonnée ? Au lieu de suivre servilement la route tracée par ses devanciers, M. Napoléon Landais s'en est tracé une, et il la parcourt avec autant de courage que de bonheur. Familiarisé avec tous les auteurs qui ont écrit sur la matière, il engage avec eux une polémique d'où jaillissent la lumière et l'instruction. Partout les règles sont mieux définies qu'on ne l'avait encore fait, avec plus d'ordre et d'une manière plus complète. L'auteur a été puiser les exemples aux sources les plus pures, et s'est montré avec succès plus hardi que Girault-Duvivier lui-même ; car dans la GRAMMAIRE DES GRAMMAIRES, Girault-Duvivier présente bien les opinions diverses des grands maîtres, mais il n'émet point d'opinion personnelle. M. Landais, au contraire, dit et motive franchement son avis, et cet avis est toujours fondé sur une sage et froide raison.

En résumé, le dictionnaire et la grammaire sont deux ouvrages consciencieusement faits et inséparables ; ils méritent le rare succès qu'ils ont obtenu et qui poursuit sa large carrière.

DICTIONNAIRE DE TOUS LES VERBES

DE LA LANGUE FRANÇAISE

Tant *réguliers qu'irréguliers*, ENTIÈREMENT CONJUGUÉS, sous la forme synoptique,
Précédé d'une THÉORIE DES VERBES et d'un TRAITÉ DES PARTICIPES, et contenant en outre :

1° Une méthode pour apprendre, *sans maître*, à conjuguer tous les verbes français : la solution de toutes les difficultés relatives à leurs différentes acceptions ; l'emploi des temps de l'indicatif et du subjonctif, leur correspondance ; l'analyse logique simplifiée ; et de nombreux exemples d'auteurs venant à l'appui de chaque définition ;

2° La nomenclature exacte des verbes français avec leur signification au propre et au figuré ; les diverses prépositions qu'ils gouvernent : l'indication de l'auxiliaire qu'ils exigent dans leurs temps composés ; et des remarques détachées où l'on trouve la solution de toutes les difficultés relatives à leurs différents emplois, appuyée sur de nombreux exemples d'après l'Académie, Laveaux, Trévoux, Boiste, Napoléon Landais, et nos grands écrivains ;

PAR MM. VERLAC, ET LITAIS DE GAUX,

Professeur, membre de la Société grammaticale de Paris, etc.

1 beau volume in 4°.—Prix : 10 fr.

Malgré les efforts qui ont été faits jusqu'ici par les grammairiens et les lexicographes pour aplanir les difficultés dans sa nombre de la conjugaison des verbes français, on est forcé d'avouer, encore aujourd'hui, l'insuffisance des grammaires et des dictionnaires à cet égard. C'est pourquoi l'on a vu surgir, depuis peu, une foule de productions plus ou moins consciencieuses, affichant toutes la prétention de *combler une immense lacune*.

En effet, le verbe, cet écueil du langage, par ses nombreuses anomalies, par son extrême variabilité, réclamait à lui seul un travail spécial, approprié à toutes les intelligences, et qui fût, pour ainsi dire, à la langue française ce que les *Barèmes* sont à nos calculs.

Cet ouvrage ne pouvait être qu'un *Dictionnaire, embrassant, par ordre alphabétique, l'universalité des verbes français entièrement conjugués* ; mais il nous eût paru aussi puéril que superflu de présenter au public une conjugaison matérielle, qui, ne laissant rien à faire à l'intelligence, aurait été, sous le rapport de l'enseignement, d'une nullité complète. Il importait d'ailleurs, pour que ce livre devînt un *manuel vraiment pratique*, qu'il se renfermât dans un seul volume, bien qu'il dût contenir la matière de vingt in-8° ordinaires.

Ces considérations nous ont engagés à débarrasser, en quelque sorte, la conjugaison de son échafaudage habituel, pour ne laisser paraître que le *radical* du verbe auquel il faut ajouter les *terminaisons* que nous avons pris soin d'isoler en les plaçant sous les pronoms mêmes des personnes dont elles font partie ; c'est par la nécessité de s'y reporter sans cesse, pour récomposer les temps du verbe, que l'élève se les gravera promptement dans la mémoire, et ne sentira bientôt plus le besoin d'y recourir.

Ce *mécanisme*, qui a toute la simplicité d'une *Table de Multiplication*, nous a permis de conjuguer TOUS LES VERBES FRANÇAIS, au nombre d'environ *huit mille*, en *trois cents pages d'impression* !

Mais, afin de donner à cet ouvrage un intérêt tout-à-fait classique, nous y avons joint une THÉORIE DES VERBES et un TRAITÉ COMPLET DES PARTICIPES mis à la portée de toutes les intelligences ; de sorte qu'en très-peu de temps on pourra savoir tout ce qui a rapport à cette partie essentielle de la syntaxe française.

Les difficultés qui embarrassent, même les gens instruits, les syllepses qui entraînent après elles tant de contradictions décourageantes, s'y trouvent résolues par une analyse d'autant plus claire qu'elle recherche d'abord la pensée, s'en empare, et règle ensuite l'orthographe du participe ; méthode infiniment supérieure à celles qu'on a publiées jusqu'à ce jour, et la seule qui repose complétement sur des règles intellectuelles.

Ainsi, dans la publication de ce Dictionnaire, nous nous sommes proposé un double but : nous avons voulu offrir à l'érudit, au professeur et aux gens du monde un *aide-mémoire*, où ils pussent promptement se raffermir dans des connaissances acquises ; et à l'écolier un *guide* tout à la fois *élémentaire* et *pratique*.

Paris.—Imprimerie Bonaventure et Ducessois, 55, quai des Grands-Augustins.

COMPLÉMENT

DU GRAND DICTIONNAIRE

DES DICTIONNAIRES FRANÇAIS

DE

Napoléon Landais

RENFERMANT :

1° Les *mots nouveaux* adoptés par l'usage ; — 2° Les mots déjà compris dans le Dictionnaire et qui ont reçu de *nouvelles acceptions ;* — 3° Des *rectifications* nombreuses et importantes : — 4° Tous les *termes* qui résultent des progrès récents des *sciences physiques et morales, des arts* et de *l'industrie ;* — 5° La nomenclature complétée des *mots*, des *noms* et des *faits* qui appartiennent à *l'histoire*, à la *géographie* et à la *mythologie*.

En outre et à part :

Un **Dictionnaire biographique** donnant l'orthographe exacte du nom de tous les hommes connus dans l'histoire, les lettres, etc., leurs titres à la célébrité, le lieu et la date de leur naissance et de leur mort, etc.

Un **Dictionnaire des Rimes** disposé selon la distinction des rimes en *suffisantes*, *riches* et *surabondantes*, ordre nouveau qui facilite les recherches.

Un **Dictionnaire des Homonymes**, distingués en *homographes* ou homonymes parfaits, et simples *homophones*.

Un **Dictionnaire des Paronymes** dégagé de toutes les superfétations bizarres qui grossissent trop souvent ces listes de mots.

Un **Dictionnaire des Antonymes**, ouvrage entièrement neuf et offrant des rapprochements curieux et utiles.

OUVRAGE QUI MET LE GRAND DICTIONNAIRE AU NIVEAU DES DICTIONNAIRES SPÉCIAUX

1° de Géographie ancienne et moderne,	5° de Technologie (Arts et Métiers),
2° des Mythologies de tous les peuples,	6° de Métrologie (Poids et Mesures),
3° des Sciences physiques et morales,	7° des Inventions et Découvertes,
4° d'Esthétique (Beaux-Arts),	8° des Faits, Dates et Origines,

9° du Vieux Langage et de Néologie,
10° des Difficultés grammaticales;
11° d'Étymologie,
12° des Synonymes français.

Rédigé d'après les travaux

Lexicographiques de tous les auteurs de Dictionnaires anciens et modernes;

Littéraires ou Critiques de MM. J.-J. Ampère, de Balzac, Burnouf, Chateaubriand, Ph. Chasles, Cuvillier Fleury, Fétis, F. Génin, Lamartine, Magnin, P. Mérimée, Nisard, Nodier, Paulin Pâris, Patin, Q. de Quincy, Sainte-Beuve, Schlegel, S. de Sacy, Saint-Marc Girardin, Villemain, Wailly (de), Walckenaer, F. Wey, etc., etc.;

Philosophiques et Législatifs de MM. de Bonald, Benjamin Constant, Beugnot, V. Cousin, de Cormenin, Droz, Duvergier, Dupin, De Gérando, Flassan, Jouffroy, Kant, Laromiguière, Macarel, De Maistre, Martens, Aug. Nicolas, Pardessus, Portalis, de Remusat, D. Steward, Toullier, Tracy (de), Troplong, etc., etc.;

Scientifiques de MM. Arago, Audouin, Beaude, Elie de Beaumont, Becquerel, Berzélius, Beudant, Biot, Blainville (de), Boussingault, Brongniart, Candolle (de), Cauchy, Chevreul, Cuvier, Despretz, Duhamel, Dulong, Dumas, Dutrochet, Duméril, Flourens, Francœur, Gay-Lussac, Geoffroy St-Hilaire, Jomard, Jussieu, Kaemtz, Lacroix, Lagrange, Laplace, Lesson, Milne-Edwards, Orbigny (d'), Orfila, Péclet, l'elouze, Pouillet, Quételet, Thénard, Valenciennes, Velpeau, etc., etc.;

Géographiques et Statistiques de MM. Balbi, Depping, Ch. Dupin, Frégier, Guibert, Humboldt, Letronne, Malte-Brun, Schnitzler, Villermé, Villeneuve de Bargemont;

Historiques, Économiques et Politiques de MM. Ad. Blanqui, E. de Bonnechose, Bouillet, Michel Chevalier, A. de Courson, Guizot, Mac-Culloch, Michelet, Mignet, Monteil, J. B. Say, de Salvandy, de Ségur, Sismondi, Thiers, Thierry, de Tocqueville, Vitet, Wolowski, etc., etc.

PAR UNE SOCIÉTÉ DE SAVANTS, DE GRAMMAIRIENS ET D'ÉCRIVAINS

SOUS LA DIRECTION DE MM.

D. CHÉSUROLLES, ET L. BARRÉ

Professeur de Philosophie.

AUX GRANDS ÉCRIVAINS LA FRANCE RECONNAISSANTE

PARIS

DIDIER, LIBRAIRE-ÉDITEUR, QUAI DES AUGUSTINS, 35

ET CHEZ TOUS LES LIBRAIRES DE LA FRANCE ET DE L'ÉTRANGER.

1853

Table des Matières

COMPLÉMENT DU GRAND DICTIONNAIRE

DE

NAPOLÉON LANDAIS

————◦—◉—◉—◦————

Avertissement.

Petits Dictionnaires supplémentaires :

Complément du tome Ier ou *Première partie*, lettres A à G.

Complément du tome IIe ou *Deuxième partie*, lettres H à Z.

————————

AVIS ESSENTIEL

On a fait précéder d'un astérisque (*) dans ce *Complément* les mots qui se trouvent déjà dans la nomenclature du *Grand Dictionnaire*. Le lecteur peut ainsi se reporter de l'un à l'autre de ces articles, afin de ne rien négliger des additions et rectifications qui y ont été faites.

——————◦—◉—◦——————

AVERTISSEMENT

Deux grandes vérités dominent aujourd'hui la science lexicographique. Un dictionnaire doit être à la fois complet et progressif.

Les éditeurs et les écrivains groupés autour du nom de Napoléon Landais peuvent se faire un mérite d'avoir les premiers nettement compris et proclamé ces deux principes.

Ils se sont dit d'abord :

Le dictionnaire d'une langue n'est point une œuvre d'élection et de goût individuel, une œuvre exclusive et restreinte : ce doit être au contraire un recueil universel, une collection omni-compréhensive de toutes les locutions correspondantes à des faits d'une certaine valeur, à quelque ordre des connaissances humaines que ces faits se rattachent. Le lexique n'est pas fait pour constater l'idiome propre à un individu, à un salon, à une coterie ; mais le langage de toute la nation représentée dans toutes les sphères de son activité. Ce n'est point une liste d'invités, c'est le recensement d'un peuple.

Ils se sont dit encore :

Le dictionnaire d'une langue n'est point une charte ou un code, quoiqu'on l'ait dit assez spirituellement, ou du moins ce n'est point un code immuable, proclamé par un législateur présumé infaillible ou par une assemblée toute-puissante, et destiné à s'imposer à l'avenir comme au présent, chose arrêtée une fois et à toujours, lettre close et lettre morte. C'est un travail progressif et vivant, comme la nature même, comme la langue, les mœurs, les faits, les sciences dont il est l'organe. Ce n'est point une petite boîte à compartiments étroits et inflexibles : c'est une vaste ceinture élastique et extensible à l'infini.

Qu'on nous permette d'insister encore sur la première de ces deux conditions d'un bon dictionnaire à l'époque actuelle, l'universalité.

Aujourd'hui les publications économiques, les revues, les journaux, se trouvent à toute heure dans une foule de mains. Un dixième peut-être de la population consacre à l'étude une portion notable de son temps. Pour suivre le mouvement intellectuel, on ne peut plus se borner à quelque teinture superficielle de littérature : il faut embrasser, au moins dans leurs éléments les plus généraux, les sciences mathématiques et naturelles, philosophiques et morales, historiques et géographiques. Aujourd'hui donc, le dictionnaire qui renferme la nomenclature intégrale et les principales données de toutes ces sciences est le livre indispensable.

Un lexique n'est pas seulement, comme on l'a cru longtemps, le guide et le refuge de l'ignorance ou tout au moins de la faiblesse. Les hommes les plus instruits sont ceux qui le consultent le plus souvent et avec le plus de fruit. Et à mesure que chacun ajoute à ses connaissances premières de nouvelles branches de savoir, chacun voit se multiplier les occasions où des renseignements nouveaux lui deviennent nécessaires. On sait beaucoup : on sent le besoin de savoir davantage. On a lu : on lira plus encore. On a commencé quelques recherches lexicologiques, orthographiques, étymologiques ; et les doutes sont venus en même temps que la science, et alors seulement on voit combien d'études de ce genre restent à faire et à quel point elles peuvent être profitables. Or le lexique est l'instrument essentiel de tous ces travaux.

L'utilité d'un dictionnaire complet, universel, est double. On peut l'envisager quant aux mots usuels et quant aux termes propres à la science. C'est à la fois le glossaire de la langue maternelle et celui de vingt idiomes savants ou techniques qui complètent le premier.

On cherche dans le dictionnaire français les mots que l'on connaît déjà plus ou moins imparfaitement ; on y cherche plus souvent ceux que l'on vient de rencontrer pour la première fois.

Les mots de l'une de ces deux espèces, au premier coup-d'œil, ne semblent rien offrir d'embarrassant, dans leur orthographe, leur définition, leur étymologie, leur construction. On les entend et les lit tous les jours ; on les emploie pour ainsi dire machinalement. Écrits ou prononcés d'une manière vicieuse, ils blesseraient les organes de la vue et de l'ouïe : on sait trop bien à quelle famille ils appartiennent par leurs radicaux. Regardez-y de plus près cependant ; et les doutes vont surgir en foule devant vous. A combien de discussions les termes les plus simples ne donnent-ils pas lieu, non-seulement entre les gens du monde, mais même entre grammairiens, entre philosophes, entre jurisconsultes? Ces discussions demandent un arbitre qu'offre le dictionnaire, arbitre auquel les tribunaux mêmes s'en sont fréquemment rapportés.

A ces mots usuels se rattachent d'ailleurs mille particularités souvent mal observées. Les acceptions diverses, les sens propres et figurés, les constructions différentes, les emplois proverbiaux, poétiques, familiers, populaires, néologiques, etc., tout cela impose à ces articles une étendue et une importance considérable. Des mots tels que *faire, être, à, de, droit, lettre*, etc., donnent lieu à des difficultés de tout genre, tellement nombreuses et compliquées que nul grammairien un peu philosophe ne pourrait se flatter d'en improviser la solution : encore faudrait-il que le répertoire de ces difficultés, l'article du dictionnaire même se trouvât sous ses yeux pour qu'il fût sûr de ne rien omettre.

Mais la seconde catégorie de mots, celle des termes ou savants ou rarement employés, est plus nombreuse et certes plus fréquemment consultée. Quelques critiques se sont élevés contre ce qu'ils appellent la lutte, établie entre les lexicographes modernes, à qui donnera le plus grand nombre de mots ; et ils ont fait remarquer, avec quelque raison en apparence, que la plupart des termes ajoutés à la langue usuelle et littéraire ne sont point réellement français. Ces critiques n'ont envisagé qu'une face de la question. Sans doute, si le dictionnaire recommandait ces mots comme bons à employer dans le style courant ou littéraire, s'il les suggérait à ceux qui ne les connaissent pas, le dictionnaire dépraverait la langue. Mais il n'en est pas ainsi. Quand un lecteur ne juge point suffisamment français, suffisamment éclairci et justifié par l'usage, tel mot qu'il rencontre dans un livre, dans un journal, une lettre, une conversation, c'est alors qu'il a recours au dictionnaire pour s'éclairer sur la valeur de ce mot, sur son origine, sur les occasions où il peut être employé. Qu'importe donc que le terme soit barbare? Le lexicographe n'en amène point l'emploi ni l'imitation ; il le discute même et le blâme s'il y a lieu. Le possesseur du dictionnaire serait-il bien édifié, si ce mot, objet de ses doutes, eût été tout simplement omis? Et tout Français doit-il donc s'interdire non-seulement d'employer, mais même de comprendre les mots qui ne se trouvent pas dans le vocabulaire de l'Académie?

C'est donc en premier lieu pour conserver au grand dictionnaire de Napoléon Landais ce caractère d'un ouvrage complet, universel, et en même temps son cachet d'exactitude, de goût et de correction, qu'à chacune des dix éditions qui ont succédé à la première, les éditeurs n'ont reculé devant aucun sacrifice pour faire revoir, améliorer, étendre ou rectifier, dans l'ensemble ou dans les détails, cette œuvre déjà si considérable, si minutieusement précise.

On avait fait assez pour remplir le plan primitif *universel ;* mais le caractère *progressif* de l'œuvre demandait encore plus : et c'est pourquoi une deuxième partie du dictionnaire est publiée aujourd'hui sous le titre qui suit.

COMPLÉMENT

DU

GRAND DICTIONNAIRE DES DICTIONNAIRES FRANÇAIS

Les efforts consacrés à chacune des réimpressions du dictionnaire ont réussi à le perfectionner dans ce qu'il était : le pas immense qu'il fait aujourd'hui tend surtout à en développer l'élément progressif. La science et la langue d'hier ne sont pas celles d'aujourd'hui, ne seront pas celles de demain : et si nous ne pouvons anticiper sur l'avenir, toujours est-il que l'inventaire de nos richesses devient d'une nécessité de plus en plus fréquente, en proportion de la vitesse accélérée du progrès général. Un dictionnaire tous les cent ans suffisait au temps passé : il en faut un tous les dix ans aujourd'hui. C'est ce résumé de dix années du travail de l'humanité que nous ajoutons à notre œuvre primitive.

Dans cet intervalle, les sciences physiques, chimiques, naturelles et médicales, ont subi d'immenses transformations, toutes indiquées par des changements de nomenclature.

L'industrie s'est créé des serviteurs dociles et les a baptisés de noms nouveaux : elle a modifié à l'infini les membres de ces esclaves de fer animés par le feu et a créé des mots pour chacune de ces modifications.

L'histoire voit plus loin et plus juste dans le passé, et ses découvertes doivent s'enregistrer, soit dans des articles nouveaux, soit comme modifications des notions anciennes.

La néologie est devenue plus libre à la fois et moins arbitraire : les préjugés perdent leur influence, même dans ce domaine de la grammaire qui semblait leur dernier refuge.

Ainsi tout s'est modifié, tout s'est agrandi : la science des mots comme celle des choses.

Tels sont les besoins généraux auxquels correspond le Complément du dictionnaire. Il est inutile d'ajouter qu'il peut servir à la fois de supplément et d'errata même à beaucoup d'autres lexiques, dont il redresse les erreurs sans toutefois les signaler-nominalement. Les écrivains attachés à cette œuvre n'ont aucun goût pour la polémique ; et le peu d'effet produit par les attaques dont ils se sont vus les objets n'a pu que les confirmer dans leur éloignement pour la critique personnelle. Ils croient avoir acquis le droit de dire un peu de bien de leurs travaux sans pour cela dénigrer ceux d'autrui. Chaque ouvrier fait sa part selon la mesure de ses forces et apporte sa pierre au monument.

Quelque modeste que soit l'œuvre des éditeurs et auteurs du dictionnaire et du complément, ils croient pouvoir revendiquer à juste titre la gloire d'avoir été les premiers à proclamer, comme ils l'ont dit en commençant, la nécessité d'un *Dictionnaire complet et progressif.* Surtout ils peuvent dire hautement qu'ils ont été fidèles et à leurs principes et à leurs promesses. Ils en donnent aujourd'hui la preuve la plus manifeste.

Un genre de supplément aux grands lexiques, qui, dans d'autres recueils, a été bien reçu du public, manquait encore au nôtre. Pour ne rien laisser à désirer, nous avons joint à notre grand complément cinq petits dictionnaires qui, par leur nature, ne pouvaient être fondus dans l'ensemble ; à savoir :

1° Un *Dictionnaire biographique* complet et fort exact pour l'orthographe des noms et le chiffre des dates ;

2° Un *Dictionnaire des rimes,* disposé dans un ordre nouveau, d'après la distinction des rimes en *suffisantes, riches et surabondantes ;*

3° Un *Dictionnaire des homonymes,* divisés en *homographes* et *homophones ;*

4° Un *Dictionnaire des paronymes,* dégagé des superfétations dont on encombre trop souvent ce genre de listes de mots ;

5° Un *Dictionnaire des antonymes,* ouvrage entièrement neuf, aussi curieux et aussi utile qu'un travail sur les *synonymes :* quant à ceux-ci, on les trouve dans le grand dictionnaire, à la suite des articles.

PETITS

DICTIONNAIRES SUPPLÉMENTAIRES

1° DICTIONNAIRE BIOGRAPHIQUE ET HISTORIQUE ;
2° DICTIONNAIRE DES RIMES FRANÇAISES ;
3° DICTIONNAIRE DES HOMONYMES ;
4° DICTIONNAIRE DES PARONYMES ;
5° DICTIONNAIRE DES ANTONYMES.

DICTIONNAIRE BIOGRAPHIQUE ET HISTORIQUE

COMPRENANT

LES NOMS DES PERSONNAGES CÉLÈBRES

de tous les temps et de tous les pays.

TABLE DES PRINCIPALES ABRÉVIATIONS

DU DICTIONNAIRE BIOGRAPHIQUE.

Acad. émicien ou émie.
Act. eur.
Actr. ice.
Admin. istrateur.
Agron. ome.
Alchim. iste.
All. emand.
Allem. agne.
Ambass. adeur.
Améric. ain.
Anat. omie ou omiste.
Anc. ien.
Angl. ais.
Anglet. erre.
Antiqu. ité ou aire.
Ap. rès.
Ar. abe.
Archéol. ogie.
Archev. êque.
Archit. ecte ou ecture.
Ascét. ique.
Assass. iné.
Astron. ome ou omie.
Aut. eur.
Av. ant.

B. ienheureux.
B.-a. Beaux-arts.
B.-lett. Belles-lettres.
Bar. on.
Bat. aille.
Bénéd. ictin.
Bibliogr. aphe.
Biblioth. écaire ou èque.
Biogr. aphe.
Bot. anique.
Burl. esque.

C.-à-d. c'est-à-dire.
Cap. itaine.
Capuc. in.
Card. inal.
Cathol. ique.
Cél. èbre.
Ch. ambre.
Chan. oine.
Chancel. ier.
Chant. eur.
Chev. alier.
Chim. iste ou ie.
Chin. ois.
Chir. urgien ou urgie.
Chrét. ien ou ienne.
Chron. iqueur.
Comment. ateur.

Commenc. ement.
Compil. ateur.
Composit. eur.
Congr. égation.
Cons. eil.
Conseill. er.
Controv. ersite.
Conv. ention.
Convent. ionnel.
Crim. inel.
Crit. ique.

Dan. ois.
Dans. eur ou euse.
Décap. ité.
Dép. artement.
Dess. in.
Dessinat. eur.
Dév. ant.
Dict. ionnaire.
Diplom. ate ou atie.
Doct. eur.
Dog. matique.
Dominic. ain.
Domest. ique.
Dram. atique.

Ec. ole.
Ecclés. iastique.
Échaf. aud.
Eclect. ique.
Econ. omiste.
Écriv. ain.
Égypt. ien ou ienne.
Emp. ereur ou ire.
Empois. onné.
Entom. ologiste.
Équit. ation.
Erud. it.
Esp. agne ou agnol.
Ev. êque.
Extér. ieur.

Fab. uliste.
Fam. ille.
Féod. alité.
Fin. ances.
Financ. ier.
Flam. and.
Florent. in.
Fondat. eur.
Fondatr. ice.
Fr. ance ou ançais.
Francisc. ain.

Gén. éral.

Généal. ogiste.
Genev. ois.
Géogr. aphe ou aphie.
Géol. ogue ou ogie.
Géom. ètre ou étrie.
Gouv. erneur.
Gr. and.
Gramm. airien ou aire.
Grav. eur ou ure.

Hébr. eu.
Hébraïs. ant.
Hell. éniste.
Hérés. iarque.
Hist. oire ou orien.
Historiogr. aphe.
Holl. andais ou ande.
Hyg. iène.

Id. em, le même.
Ill. ustre.
Impr. imeur ou erie.
Ind. ien.
Indép. endant.
Ingén. ieur.
Inscr. iptions.
Inspect. eur.
Inst. itut.
Instit. uteur.
Intend. ant.
Inv. enteur.
Ital. ien, ienne.

Jap. onais.
Jés. uite.
Journ. aliste.
Jurisc. onsulte.
Jurisp. rudence.

Lat. in.
Libr. aire.
Linguist. ique.
Litt. érateur.
Littérat. ure.

M. ort ou orte.
Mahom. étan.
Manuf. acturier.
Mar. in ou ine.
Maréch. al.
Marq. uis, ise.
Massac. ré.
Math. ématiques.
Mathém. aticien.
Mécan. icien.

Méd. ecin ou ecine.
Memb. re.
Mex. icain.
Milit. aire.
Min. istre.
Minér. alogiste ou alogie.
Mod. erne.
Mor. aliste.
Mus. ique.
Music. ien.
Musul. man.
Myth. ologie.

N. d ou de.
Nap. olitain.
Natural. iste.
Navig. ateur.
Nég. ociant.
Négociat. eur.
Nouv. eau.
Numism. ate.

Ocul. iste.
Optic. ien.
Or. ient.
Orat. eur.
Orator. ien.
Organ. iste.
Ott. oman.

P. etit.
Parl. ement.
Pathol. ogie.
Paysag. iste.
Pédag. ogiste ou ogie.
Peint. re ou ure.
Péripatét. icien.
Perpét. uel.
Pers. an.
P.-et-ch. ponts-et-chaussées.
Pharm. acien ou acie.
Phén. icien.
Philanthr. ope.
Philol. ogue ou ogie.
Philos. ophe ou ophie.
Phrén. ologie.
Phys. ique.
Physic. icien.
Physiol. ogiste.
Platonic. ien.
Plénipot. entiaire.
Portr. aits.
Portug. ais ou al.
Postér. ieur.
Précéd. ent ou ente.

Prédic. ateur.
Profess. eur.
Protest. ant.
Prov. ince.
Public. iste.
Psychol. ogie.

Récoll. et.
Réformat. eur.
Relat. ion.
Relig. ieux ou ion.
Révol. ution.
Rhét. orique.
Rom. ain ou aine.
Roy. aume.

S. iècle.
Satir. ique.
Sav. ant.
Sect. aire.
Seign. eur.
Sénat. eur.
Sénéch. al.
Serv. ice.
Sc. iences.
Scand. inave.
Scol. astique.
Sculpt. eur ou ure.
Sorb. onne.
Souver. ain.
St. Ste. saint, sainte.
Stat. uaire.
Statistic. ien.
Succ. esseur.
Syr. ien.

Tactic. ien.
Test. ament.
Théol. ogien ou ogie.
Thérap. eutique.
Tosc. an.
Toxic. ologie.
Trad. ucteur.
Troubad. our.
Typogr. aphe ou aphie.

Univ. ersel.

V. ers.
Ven. eur ou erie.
Vénit. ien, ienne.
Vétér. inaire.
Visionn. aire.
Viv. ant.
Voyag. eur.

Zool. ogue ou ogie.

ABRÉVIATIONS DES NOMS PROPRES.

A. uguste.
Ad. rien.
Ado. lphe.
Al. exandre.
Alb. ert.
Alph. onse.
And. ré.
Ant. oine.
Arm. and.

B. aptiste.
Barth. élemy.
Ben. oît.
Bern. ard.
Bonav. enture.

C. harles.
Car. olina.
Cath. erine.
Cés. ar [étien
Chr. istian ou
Christ. ophe.
Cl. aude.
Clé. ment.

Dav. id.
Den. is.
Domin. ique.

E. rnest.
Ed. ouard.
Edm. ond.
Elis. abeth.
Eléaz. ar.
Et. ienne.
Eug. ène.

F. rançois.
Fab. ien.
Fél. ix.
Ferd. inand.
Fern. and.
Fréd. éric.

G. eorges.
Gab. riel.
Gasp. ard.
Geof. froy.
Germ. ain.

Gerv. ais.
God. efroy.
Grég. oire.
Gu. illaume.
Gust. ave.

H. enri.
Hip. polyte.
Hub. ert.
Hug. ues.
Hyac. inthe.

Ign. ace.
Is. aac.
Isid. ore.

J. ean.
J.-C. Jésus-C.
Ja. cques.
Jér. ôme.
Jo. seph.
Ju. les.
Jul. ien.
Just. in.

L. ouis.
Lau. rent.
Lé. on.
Léo. nard.
Léop. old.

M. ichel.
Ma. rie.
Man. uel.
Marg. uerite.
Mart. in.
Mat. thieu.
Maxim. ilien.

N. icolas.
Napol. éon.

Oct. ave.

P. ierre.
Pa. ul.
Pasc. al.
Ph. ilippe.

R. obert.
Rai. mond.
Re. né.
Rich. ard.
Rod. olphe.
Rodr. igue.

Sam. uel.
Séb. astien.
Sylv. estre.

Th. omas.
Théod. ore.
Théoph. ile.

Ulr. ich.

V. ictor.
Val. entin.
Vinc. ent.

W. illiam.

X. avier.

PETITE

BIOGRAPHIE UNIVERSELLE

— A —

Aa (P. van der), jurisc. flam. Louvain, 1530-1594. = Géogr. M. Leyde, v. 1730.

Aagesen (Swend, en lat. *Sueno Agonis filius*), le pl. anc. hist. danois. V. 1186.

Aalts (van), peint. holl. Delft, 1602-1658.

Aaron, 1er gr.-prêtre des Juifs, frère de Moïse. 1574-1463 av. J.-C. = D'Alexandrie, prêtre et méd. V. 622.

Aaron-ben-Aser, rabbin et gramm., chef de secte, 10e ou 11e s.

Aarsen (Fr.), diplom. La Haye, 1572-1641. = Litt., p.-fils du précéd. M. 1659.

Aartgens, peint. holl. Leyde, 1498-1564.

Aartsen (dit le Long Pierre), peint. d'hist. Amsterd., 1507-1573.

Aba ou *Owon*, roi de Hongrie en 1041. Mis à m. 1044.

Abacco (Ant.), archit. et grav. Rome, 16e s.

Abad Ier, premier roi maure de la dyn. des Abadites. M. 1041. = II, son fils et succ. M. 1060. = III. Détrôné en 1091.

Abafti, prince de Transylvanie. 1632-1690.

Abailard (P.), théol., philos., poëte, mathém. N. Palais, près de Nantes, 1079; m. 1142.

Abancourt (F.-J. Willemain d'), poëte et litt. Paris, 1745-1803.

Abano (P. d'), méd. et astrol. 1250-1316.

Abauzit (Fir.), antiq., physic. Uzès, 1679; Genève, 1767.

Abbadie (Ja.), théol. protest. 1657-1727.

Abbas Ier, *le Grand*, 7e chah de Perse. M. 1628. = II, p.-fils du précéd. Régna de 1642 à 1666.

Abbas-Mirza, prince de Perse et homme de guerre cél. M. 1833.

Abbate (N.), peint. 1509-1571.

Abbatucci (J.-P.), l'un des chefs de l'insurr. de la Corse contre Gênes. 1726-1812.

Abbon, bénéd. et poëte norm. M. 923. = Abbé de Fleury, hist., théol. N. Orléans; tué 1004.

Abbot (G.), archev. de Cantorbéry, hist., prédic. anglic. 1562-1633.

Abeille (Gasp.), poëte, memb. de l'Acad. fr. 1648-1718 = (L. P.), écon. Toulouse, 1719-1807.

Abel, 2e fils d'Adam, tué par son frère Caïn, 3874 av. J.-C. = (C.-Fréd.), composit. et violon. all. 1709-1787. = (N.-H.), géom. norwégien, 1802-1829.

Aben-Bitar, bot. et méd. ar. M. en Esp. 1248.

Aben-Hezra, rabbin, astron., mathém., méd. Tolède, 1119; Rhodes, 1174.

Aben-Zohar, méd. ar. Penaflor, 1170-1262.

Abercromby (Th.), hist. écoss. 1656-1726. = (Sir Ralph.), gén. angl. N. v. 1740; tué 1801.

Abernethy (J.), anat. et chir. angl. 1764-1831.

Abias, 2e roi de Juda, succéda à son père Roboam 958 av. J.-C. M. 955.

Abiathar, gr.-prêtre des Juifs, fils d'Abimélech. Banni par Salomon, v. 106 av. J.-C.

Abimélech, roi de Gérare, enleva Sara, femme d'Abraham, qu'il croyait sœur de ce patriarche. = Son fils se trouva dans le même cas à l'égard de Rébecca, qu'Isaac appelait aussi sa sœur. = Fils de Gédéon, et juge d'Israël à Sichem. M. 1235 av. J.-C.

Abington (Th.), hist. angl. 1560-1647.

Abner, oncle de Saül; servit fidèlement David. Tué par Joab, 1048 av. J.-C.

Abondio (Al.), peint. florent. du 16e s.

Abou-Bekr, beau-père de Mahomet et 1er calife. M. 634.

Abou-Ryhan, astrol. et philos. ar. M. 941.

Abou-Temam, poëte ar. 786-845.

Aboul-Abbas, 1er calife de la dyn. des Abassides, 721-754.

Aboul-Faradj (Ali), écriv. ar. Ispahan., 987-967. = (Grég.), hist. et méd. ar. M. 1286.

Aboul-Feda (Ismaël), prince d'Hamah, en Syrie, hist. et géogr. ar. Damas, 1273-1331.

Aboul-Ola, poëte ar. 973-1057.

Abraham, patriarche, père de la nation juive. Ur (Chaldée), env. 2000 ans av. J.-C. M. âgé de 175 ans. = *Echellensis*, oriental., théol., hist. N. Eckel; m. Rome, 1664.

Abrantès. V. JUNOT.

Abresch (F.-L.), hellén. Hambourg, 1699-1782.

Abreu (J.-A.), public. esp. M. 1775.

Abrial (And.-J.), min., sénat., pair de Fr. Annonay, 1750-1828.

Abriani (P.), préd., poëte. Vicence, 1607-1699.

Absalon, fils de David et de Naacha. Tué par Joab v. 1030 av. J.-C. = Arch. de Lund (Scanie), min. et gén. 1128-1202.

Abstemius (Laur.), fabul. ital. N. Macerata, 16e s.

Abundance (J. d'), poëte fr. connu sous le nom de *maistre Tyburce*. 16e s.

Abydène, hist. gr. Ép. incert.

Acamapixtli, 1er roi des Aztèques ou Mexicains. M. 1420.

Acciajuoli (N.), gr. sénéch. de Naples. 1310-1366. = (Donat), gonfal. de la républ. de Florence, litt. 1428. = (Zanobio), domin., hellén., biblioth. du Vatican. Florence, 1461-1519 = (Ph.), poëte dram. et composit. Rome, 1637-1700.

Accius ou *Attius*, trag. lat. N. 170 av. J.-C.; m. très-âgé.

Accurse ou *Accorso* (Mar.-Ange), critiq., antiq., philol. du 16e s. = *Accurse* (Fr.), jurisc. Florence, 1151; Bologne, 1229.

Achab, roi d'Israël, mari de Jézabel. Tué v. 898 av. J.-C.

Achæus, trag. grec. N. Erétrie, de 484 à 449 av. J.-C. = Autre poëte grec de Syracuse. V. 420 av. J.-C.

Achæus, lieut. d'Antiochus le Gr., se révolta. Mis à m. 223 av. J.-C.

Achard (Fr.-Ch.), chim. Berlin, 1754-1821.

Acharius (Eric), bot. et méd. suéd. 1757-1819.

Achaz, roi de Juda, fils de Joathan. M. 726 av. J.-C.

Ache (comte d'), vice-amiral fr. N. 1716; m. à la fin du 18e s.

Achen (J. van), peint. d'hist. Cologne, 1556; Prague, 1621.

Achenwall (God.), public., créat. de la statistique. Elbing, 1772.

Achery (Dom Luc d'), bénéd. de St-Maur. St-Quentin, 1609-1685.

Achilles Tatius, écriv. grec d'Alexandrie, au 5e s.

Achillini (Al.), profess. de philos. et de méd. Bologne, 1463-1512.

Achmet Ier, sultan des Ottom. en 1603. M. 1617. = II, sultan de Constantin. en 1691. M. 1695. = III, sultan en 1703, déposé (1730); M. 1736.

Achmet-Giédik (par corrupt. *Acomat*), gr.-visir de Mahomet II et de Bajazet II. Mis à m. v. 1482.

Acidalius (Valens), comment. et crit. Wistoch (Brandebourg). 1567-1595.

Acilius Glabrio, consul rom., 191 av. J.-C.

Ackermann (Conrad), act. comique all. M. 1771.

Acoluth (And.), théol., oriental. Bernstadt, 1654-1704.

Aconcio (J.), théol., ingén. M. Angleterre, 1565.

Acomat. V. ACHMET-GIÉDIK.

Acoris, roi d'Egypte. M. 374 av. J.-C.

Acosta (Christ.), chir., bot., théol. du 16e s. — (J. d'), jés. esp., hist. 1539-1600.

Acquaviva (Claude d'), d'une fam. ill. d'Italie; théol., gén. des jés. 1543-1615.

Acron, méd. d'Agrigente. V. 414 av. J.-C.

Acropolite (G.), hist. grec Constantin., 1220-1282.

Acrotatus, roi de Sparte, v. 268 av. J.-Cr.

Acton, théolog. piémont. du 10e s. = (Jos.) 1er min. du roi de Naples. Besançon, 1737; Sicile, 1808.

Actuarius (J.), méd. grec. V. le 13e ou 14e s.

Acuna (Osorio d'), év. de Zamora, chef de l'insurr. des communes esp. 1519. Mis à m. 1521. = (Don Ferd. d'), poëte et guerr. esp. M. Grenade, 1580. = (Don P. d'), gouv. des îles Philippines, sous Phil. II. M. Manille, 1606. = (Christ. d'), missionn. jés. Burgos, 1597; Lima, v. 1675.

Acusilaüs, hist. grec. Viv. un peu av. la guerre médique.

Adalard, écriv., abbé de Corbie, p.-fils de Charles-Martel. 753-826.

Adalbéron, archev. de Reims, gr. chancel. sous Lothaire, Louis V et Hugues Capet. = (Ascelin), év. de Laon en 977, poëte, sav. M. 1030.

Adalbert, hérés. du 8e s. = *Adalbert* Ier et II, ducs de Toscane, l'un de 847 à 890; l'autre, de 890 à 917. = *Adalbert*, roi d'Italie, 950; chassé par Othon Ier; m. v. 969. = (St), moine de St-Maximin, archev. de Magdebourg. M. 981. = (St.), év. de Prague. Martyrisé, Rugen, 997.

Adaload, roi des Lombards. N. 602; détr. v. 625.

Adam, le 1er homme, créé le 6e jour du monde. M. à 930 ans. = Chan. de Brême, hist., géogr. du 11e s. = (Scotus), moine et hist. écoss. M. 1195. = (Ja.), hellén. et trad., memb. de l'Acad. fr. Vendôme, 1663-1735. = (Lamb.-Sigisb.), sculpt. Nancy, 1700-1759. = (N.-Séb.), sculpt., frère du précéd. Nancy, 1705-1778. = (F.-Gasp.), sculpt., frère des précéd. Nancy, 1710-1759. = (R.), archit., antiq. Kirkaldi (Ecosse), 1729-1792. = (Alex.), sav. et antiq. écoss. Balfort, 1741-1809.

Adam de la Hale, poëte du 13e s. = *Billaut*. V. BILLAUT.

Adami (Léo.), poëte et litt. ital. 1720-1761.

Adams (Samuel), homme d'État amér. Boston, 1726-1808. = (J.), présid. des États-Unis d'Amér., écriv. polit., diplom. 1735-1826.

Adanson (Mich.), bot., memb. de l'Inst. Aix, 1727-1806.

Addison (Lancelot), écriv. angl. 1632-1730. = (J.), fils du précéd., poëte, litt., crit., écriv. polit. Milston, 1672-1719.

Adel ou *Adil*, roi de Suède au 6e s.

Adélaïde (Ste), fille de Rodolphe II, roi de Bourgogne, femme de Lothaire II, roi d'Italie, puis d'Othon le Grand. M. 999. = *Adélaïde* ou *Alix de Savoie*, reine de France, fille de Humbert, épouse de Louis VI. M. 1154. = *Adélaïde de France* (Mme Marie), fille aînée de Louis XV. Versailles, 1730; Trieste, 1799.

Adélard ou *Athélard*, bénéd. angl. du 12e s., oriental., voyag.

Adelbold, 19e év. d'Utrecht, mathém., hist., théol. M. 1027.

Adelburner (M.), astron. et mathém. Nuremberg, 1702-1779.

Adelgise, roi lombard. Associé à son père Didier, 759; détrôné par Charlem. 773; m. après 788. = Prince de Bénévent. Assass. 878.

Adelgreif (J.-Alb.), sectaire du 17e s. N. Elbing (Prusse); supplicié, 1636.

Adelstan 8e roi d'Anglet. de la dynast. saxonne. M. 941.

Adelphus, philos. platonic. du 3e s.

Adelung (J.-Christ.), érud. et philol. all. Spantekow, 1734; Dresde, 1806.

Ademar ou *Aymar*, moine, chroniq. N. 988; m. Palestine, 1030.

Adenez, dit *le Roi*, poëte du 13e s.

Ader (G.), méd. et poëte langued. du 17e s.

Adhémar (G.), troubad. du 13e s. = *Adhémar de Monteil*, év. du Puy-en-Velay, légat du pape à la 1re crois. M. Antioche, 1097.

Adherbal, fils de Micipsa et p.-fils de Massinissa. Tué par Jugurtha, 112 av. J.-C.

Adimari (Al.), poëte florent. 1579-1649.

Adlerfeld (Gust.), hist. suéd. N. 1671; tué Pultawa, 1709.

Adlung (Ja.), organ. all. 1699-1762.

Adolphe, c. de Nassau. Emp., 1292, déposé et tué, 1298. = X, c. de Clèves et de la Marche, év. de Munster, archev., élec. de Cologne. M. 1394. = Son fils, *Adolphe* 1er, duc de Clèves, dit *le Victorieux*. 1371-1448. = *Adolphe* (J.), duc de Saxe. 1685-1744. = *Adolphe-Frédéric II*, év. de Holstein. Roi de Suède, 1751; m. 1771.

Adon (St), archev. de Vienne (Dauph.), chroniq. M. après 880.

Adorno (Gab.), doge de Gênes 1361. Déposé, 1370. = (Anton.), doge, 1384; déposé et rétabli 4 fois. M. 1397. = (George), fils du précéd., doge de 1413 à 1415. = (Raphaël), fils de George, doge de 1443 à 1447. = (Prosp.), doge, 1461, 2 fois chassé et rétabli. M. Naples, 1486. = (Anton. II), doge, 1513. Abdiqua 1528.

Adrets (F. de Beaumont, baron des), capit. dans les guerres de relig. N. Dauphiné, 1513; m. 1586.

Adriani (Marcel-Virgile), hellén., chancel. de Florence. 1464-1521.

Adriano, peint. esp., carme. M. 1630.

Adrien (P. Ælius Adrianus), emp. rom. N. 76 de J.-C.; succ. de Trajan, 117; m. 138.

Adrien Ier, pape. Succ. d'Etienne III, 772; m. 795. = II, pape. Succ. de Nicolas Ier, 867; m. 872. = III, pape. Succ. de Marin, 884; m. 885. = IV, pape. N. en Angl.; succ. d'Anastase IV, 1154; m. 1159. = V (Ottobon de Fiesque), pape. Succ. d'Innocent V 1276; m. même ann. = VI (Florent Boyers), pape. N. Utrecht, 1159; succ. de Léon X, 1522; m. 1523.

Adry (J.-Félicissime), orator., traduct., bibliogr. fr. 1749-1818.

Ædesius, philos. néoplat. du 4e s. N. en Cappadoce.

Ægidius, gr. maître de la milice rom. dans les Gaules, v. le milieu du 5e s. M. 464. = Diacre de Paris et poëte lat. du 13e s.

Ælfricus (St), dit *le Grammairien*, archev. de Cantorbéry. M. 1006.

Ælianus (Meccius), méd. grec du 2e s.

Ælius (Sextus Pœtus Catus), jurisc. rom., édile, consul 197 av. J.-C., puis censeur.

Ælst ou *Aalst* (Evert van), peint. holl. Delft, 1602-1658. = (N. van), grav. N. Bruxelles, 1530.

Ænésidème, philos. scept. de Cnosse (Crète), profess. à Alexandrie v. la fin du 1er s. av. J.-C.

Æpinus (F.-Ma.-Url.-Théod.), physic. all. Rostock, 1724-1802.

Ærius, hérés. du 4e s.

Ætherius, archit. gr. du 6e s.

Ætion, peint. gr., contemp. d'Apelle.

Aëtius, hérés. arien du 4e s. M. Constantin., 366. = Cél. gén. rom. Assass. par l'emp. Valentinien, 454. = D'Amida, sur le Tigre, méd. grec du 5e s.

Afer (Cn. Domitius), orat. rom. Nimes, 15 av. J.-C.; Rome, 59 de J.-C.

Affichart (Th. l'), aut. dram. et romanc. fr. 1698-1755.

Afflitto (J.-M.), domin., archit. et ingén. M. Naples, 1673.

Affo (Irénée), hist., philol., antiq. Busetto (Parmésan), 1741-1797.

Affre (Den.-Aug.), archev. de Paris. N. St-Rome-de-Tarn (Aveyron), 1793; tué dans les journées de juin 1848 (le 25), aux barricades du faub. St-Antoine.

Afranius (Lucius), poëte com. lat. du 1er s. av. J.-C.

Afranius Nepos, advers. de César. Consul 59 av. J.-C.

Africanus (Sext.-Jul.), hist. grec. N. Palestine, 1re moitié du 3e s.

Agapet Ier (St), pape. Succ. de Jean II, 535; m. 536. = II,

pape. Succ. de Martin II, 946; m. 955.

Agar, esclave et concubine d'Abraham, mère d'Ismaël. 1910 av. J.-C.

Agar (P.-Ant. d'), poëte provençal. M. 1551.

Agasias, sculpt. d'Ephèse, aut. de la statue *le Gladiateur mourant*.

Agatharchides, géogr. et hist. grec. V. 150 av. J.-C.

Agatharque, nom de 2 peint. grecs : l'un v. 400 av. J.-C.; l'autre, v. 480 av. J.-C.

Agathémère. géogr. grec. 5e s.

Agathias, poëte et hist. grec du 6e au 7e s.

Agathocle, tyran de Sicile. N. v. 359 av. J.-C.; empois. 287 av. J.-C.

Agathon, poëte trag. e, com. d'Athènes. V. 406 av. J.-C. = (St), pape. Succ. de Danust 678; m. 682.

Aggazari (Agostino), composit. ital. 1578-1640.

Ageladas ou *Agelas*, sculpt. d'Argos. V. 432 av. J.-C.

Agelet (J. le Paute d'), astron. fr., memb. de l'acad. des sc. N. 1751; périt avec Lapérouse, 1785.

Ager (N.), profess. de bot. et de méd. à Strasbourg au 17e s.

Agésandre, sculpt. rhodien. Viv. sous Vespasien.

Agésilas Ier, roi de Sparte, de 957 à 913 av. J.-C. = II, roi de Sparte, v. 400 av. J.-C. M. 361.

Agésipolis, nom de 3 rois de Sparte. Le 1er, succ. de Pausanias, son père, 374 av. J.-C. M. 380. = Le 2e, fils de Cléombrote, régna 1 an (371 av. J.-C). = Le 3e, détr. par son tuteur Lycurgue, 219 av. J.-C.

Aggée, l'un des 12 petits prophètes. V. 520 av. J.-C.

Agiles (Raymond d'), chroniq. fr. du 12e s., chanoine du Puy.

Agilulphe, roi des Lombards, 590. M. 615.

Agincourt (J.-B.-L.-G. Séroux d'), hist. et ant. fr. Beauvais, 1730; Rome, 1814.

Agis, roi de Sparte, régnait v. 1060 av. J.-C. = II, roi de Sparte, succ. d'Archidamus; régnait de 427 à 400 av. J.-C. = III, roi de Sparte, de 355 à 330 av. J.-C. = IV, roi de Sparte, 244 av. J.-C. Mis à m. 240 av. J.-C.

Aglaophon, peint. grec. V. 420 av. J.-C.

Agnello (And.), hist. du 9e s., chan. de Ravennes.

Agnès d'Autriche, reine de Hongrie. 1280-1364. = *de France*, impérat. de Constantinople. M. 1171. = *Agnès*, reine de France, ép. de Philippe-Auguste, 1196. M. 1201. = *Sorel*. V. SOREL.

Agnesi (Ma.-Gaëtane), mathématicienne. Milan, 1718-1799.

Agnolo (Baccio d'), archit. et sculpt. Florence, 1460-1543.

Agobard, sav. écriv., archev. de Lyon. 779-840.

Agoracrites, de Paros, sculpt. du 5e s. av. J.-C.

Agoub, oriental., litt. Caire, 1795; Marseille, 1832.

Agoult (G. d'), poëte provenç. M. 1180.

Agrœtius, rhét. lat. du 4e s.

Agreda (Ma. d'), religieuse esp. et vision. 1602-1665.

Agricola (C.-Jul.), gén. rom, b.-père de Tacite. N. 40 ap. J.-C.; m. 96. = (Rod.) ou *Huesmann*, litt., profess. de philos. à Heilderberg. 1442-1485. = (G.) ou *Bauer*, minér. Misnie, 1494-1555 = (J.) ou *Schitter*, théol. luther. Eisleben, 1492-1566. = (Mart.), music. all. et écr. V. la moitié du 16e s. = (J.-F.), composit. all. 1718-1774.

Agrippa (Marcus Vipsanius), gén. rom., favori d'Auguste. M. 12 av. J.-C. = (H. Corneilius), philos., méd., théol. N. Cologne, 1486; m. 1534 ou 1535. = (Corn.), archit. milanais du 16e s.

Agrippine, fille de Vipsanius Agrippa et de Julie, fille d'Auguste, épouse de Germanicus. M. exilée 33 de J.-C. = Fille de la précéd. épouse de Domitius Œnobarbus, puis de l'emp. Claude; eut du 1er l'emp. Néron, qui la fit assassiner 59 ap. J.-C.

Aguado, jés. esp., min. de Philippe V. 1566-1634. = (Alex.), marq. de Las Marismas de Guadalquivir, financ. et banq. Séville, 1785; Paris, 1842.

Aguesseau (H.-Fr. d'), magist. et orat., chancel. de Fr. Limoges, 1668-1751.

Aguila (C.-J.-E. d'), hist. et astron. M. âgé, Paris, 1815.

Aguillon (F. d'), jés. de Bruxelles, physic. 1567-1617.

Aguirre, card. et théol. esp. Logrono, 1630; Rome, 1699.

Agylée (H.), jurisc. et hellén. Bois-le-Duc, 1533-1595.

Ahle (J.-Rod.), composit. Mulhouse, 1625-1673. = (J.-G.), composit., fils du précéd. Mulhouse, 1650-1707.

Ahlwardt (P.), théol. all., fondat. de l'ordre des Abélites, 1710-1791. = (Ch.-G.), philol. et trad. all. 1768-1830.

Ahmed (Abou-Amrou), poëte et hist. ar. M. 970.

Ahmed-ben-Thouloun, chef de la dynast. ar. des Thoulounides. M. 884.

Ahmed-chah-el-Abdaly, chef afghan, fond. du roy. de Candahar. M. 1773.

Aicardo (J.), archit. piémont. M. 1623.

Aicarts de Fossat, troubad. du 13e s.

Aicher (P. Othon), bénéd., hist. comment. et antiq. M. Salzbourg, 1705.

Aignan (Ét.), poëte trag., litt. et traduct. Beaugency, 1775-1824.

Aigrefeuille (C. d'), hist., chan. de Montpellier au milieu du 18e s. = (Marq. d'), procur. gén. à la cour des aides de Montpellier, convive de Cambacérès. 1745-1818.

Aiguillon (Arm. de Vignerod, comte d'). min. sous Louis XV. 1720-1780.

Aikin (J.), méd. et litt. angl. 1747-1822.

Ailly (P. d'), card., théol., chancel. de l'Univ. de Paris. 1350-1420.

Ailred, hist., théol. angl. 12e s.

Aimar-Rivoult, jurisc. dauphinois. du 13e s.

Aimeric de Sarlat, troubad. de la fin du 12e s.

Aimeric Peguilain, troubad. du 13e s.

Aimerich (le P. Matt.), philol. esp. 1715-1799.

Aimoin, bénéd., chroniq. fr. M. 1008.

Aiton (G.), bot. angl. 1731-1793.

Aitzema (Foppe van), diplom. et jurisc. holl. du 17e s.

Akakia (Mart.), méd. de François Ier, profess. à l'Univ. de Paris. M. 1551.

Akbar (Mohammed), emp. du Mogol. 1542-1605.

Akenside (Mark), méd et poëte angl. 1721-1770.

Akerblad (J.-Dav.), philol. et ant. suéd. N. 1760; m. Rome, 1819.

Akiba, rabbin juif. Mis à m. sous Adrien, v. 135.

Alacoque (Marie), religieuse visionnaire. 1647-1672.

Alain de l'Isle, dit *le Docteur universel*, théol. du 12e s. = *Chartier*, V. CHARTIER.

Alamanni (L.), poëte ital. Florence, 1495-1556.

Alan ou *Alen*, card. angl., théol., écriv. polit. 1532-1574.

Alaric Ier, roi des Visigoths, 382. M. à Cosenza, 412. = II, roi des Visigoths, d'Esp. et de la Gaule. Tué à la bat. de Vouillé, 507.

Alary (G.), mission. et voyag. fr. 1751-1817.

Alaymo (Marc-Ant.), méd. sicil. 1590-1662.

Alban (St), 1er martyr chrét. de la Gr.-Bret. Décap. 303.

Albane (Fr. l'), peint. ital. de l'école bolon. 1578-1660. = (J.-B.), peint. d'hist., frère du précéd. M. 1668.

Albani (J.-Jér.), jurisc. et théol. ital., card. Bergame, 1504-1591. = (Alex.), protect. des arts et des lett., card. Urbin, 1692-1779.

Albany, nom porté par plus. princes de la fam. royale d'Écosse. = (L.-M.-Car.-Aloïse, comtesse d'). N. Mons, 1743; épouse de Charles Stuart, dit *le Prétendant* 1772; vécut ensuite avec Alfieri. M. 1824.

Albategnius ou *Al-Battany*, astron. ar. M. 929.

Albe (Ferd. Alvarès, duc d'), gén. sous Charles-Quint, puis vice-roi des Pays-Bas. 1508-1582.

Albenas (J.-Jos., vic. d'), écriv. milit. fr. 1760-1824.

Albergati (Nic.), card. et ambassad. Bologne, 1375; Sienne, 1443.

Albergati-Capacelli (le marquis Fr.), litt., aut. dram., antiq. Bologne, 1728-1804.

Albéric, relig. de l'ordre de Cîteaux, chroniq. et poëte du 13e s. = *De Rosate*, jurisc. du 13e s. N. Bergame.

Alberoni (Jules), card., 1er min. du roi d'Esp. Philippe V. Plaisance, 1664-1752.

Albert Ier, duc d'Autriche, emp. d'All. N. 1248; roi des Rom. 1298; assass., 1308. = II, duc d'Autriche, 4e fils du précéd. 1298-1358. = III, duc d'Autriche, fils du précéd. 1347-1395. = IV, dit *le Pieux*, duc d'Autriche, fils du précéd. 1379-1414. = V, duc d'Autriche, emp. d'All. sous le nom d'*Albert II*, dit *le Magnanime*, fils du précéd. N. 1415; emp. 1438; m. 1439.

Albert de Mecklembourg, roi de Suède, 1368. M. 1412. = *Albert*, dit *l'Ours*, margrave et élect. de Brandebourg. 1106-1170. = *Albert*, margrave de Brandebourg, 1er duc de Prusse, gr.-maître de l'ordre Teutonique 1490-1568. = *Albert le Belliqueux*, fils de Casimir, margrave de Culmbach. 1522-1558. = *Albert*, archiduc d'Autriche vice-roi de Portugal, gouv. des Pays-Bas. 1559-1621.

Albert (le Bienh.), év. de Bobio et de Verceil, patriarche lat. de Jérusal. M. 1214. = *Albert*, abbé de Ste-Marie, à Stade, aut. d'une chron. depuis la création jusqu'en 1256. Viv. 13e s. = *Albert* dit *le Grand*, philos. scolast., domin., év. de Ratisbonne. N. 1193 ou 1205; m. Cologne, 1280. = (Charles d'), duc de Luynes, connét. de Fr. 1578-1621.

Albertet, troubad. provenç. du 13e s.

Alberti (Bén.), memb. d'une anc. fam. de Florence, partisan. de la cause pop. Renversé par la fact. des Albizzi, 1382. M. en exil.

Alberti (L.-B.), peint., archit., litt. et poëte. N. Florence, 1398; m. v. 1485. = (Aristotile-Ridolfo-Fioravanti), archit., mécan., ingén. bolonais du 15e s. = (Salom.), anat., méd. Nuremberg, 1540-1600. = (Cherubino), peint. d'hist. et grav. ital. 1552-1615.

Albertinelli (Mariotto), peint. florent. M. 1515.

Albertini (F.), antiq. florent. du 16e s.

Albertrandi (J.-Ch.), hist. et antiq. polon. Varsovie, 1731-1808.

Albinovanus, poëte lat. du siècle d'Auguste.

Albinus (Decimus-Claudius), gén. rom. sous Marc-Aurèle et Commode. Procl. emp.; défait et mis à m., 197. = Philos. platonic. Viv. sous Antonin le Pieux. = (Bern.), méd. all. N. Dessau, 1653; m. 1721. = (Bern. Sifroy), anat., fils du précéd. Francf.-s.-l'Oder, 1697-1770.

Albizzi, nom d'une fam. de Florence, qui, dans le 14e et le 15e s., rivalisa avec celles des Médicis et des Alberti. Son chef, Pierre, m. sur l'échaf., 1379. = (Barth.), moine ital., écriv. ascétique. M. 1401.

Alboin, roi des Lombards, 561. Assass. 573.

Albon (Ja. d'), ordin. nommé *le Maréchal de St-André*. Tué à la bat. d'Evreux, 1562. = (Cl.-Cam.-F. d'), litt., public. Lyon, 1753-1789.

Albornos (Gilles, Alvarez Carillo), archev. de Tolède, card., homme d'État. Cuença, 1300; Viterbe, 1367.

Albrecht (J.-Sébast.), natural. Cobourg, 1695-1774. = (J.-Laur.), composit. et écriv. fr. 1732-1773.

Albrecht-Berger (J.-G.), compos. et organ. all. 1736-1800.

Albret (C. sire d'), comte de Dreux, connét. de Fr. Tué à la bat. d'Azincourt, 1415. = (Cés. Phœbus d'), maréch. de Fr. 1614-1676. = V. JEANNE.

Albucasis, méd. et chir. ar. M. Cordoue, 1106.

Albuquerque (J.-Alph. d'), gén. portug. Lisbonne, 1452; Goa, 1515. = (Mat. d'), gén. portug. M. 1646.

Alcamène, roi de Sparte, v. 747 av. J.-C. M. v. 743. = Sculpt. athén. V. 428 av. J.-C.

Alcazar (Balt. d'), poëte esp. du 16e s.

Alcée, poëte lyrique grec de Mytilène. V. 604 av. J.-C.

Alciat (And.), jurisc. ital. Milan, 1492-1550.

Alcibiade, gén. et homme d'État. N. Athènes, 450 av. J.-C.; assass. 404 av. J.-C.

Alcidamas, philos. et rhét. grec. V. 424 av. J.-C.

Alcimus (Latinus Alethius), hist., orat. et poëte lat. du 4e s.

Alcinoüs, philos. platonic. du 2e s.

Alciphron, sophiste grec du 3e ou 4e s.

Alcman, poëte grec. N. Sardes en Lydie, v. 670 av. J.-C.

Alcmœon, philos., méd. N. Crotone. v. 500 av. J.-C.

Alcuin, ill. sav. du 8e s. Yorkshire, 726-804.

Alcyonius (P.), philol. ital., hellén. Venise, 1487-1527.

Aldegrœf (H.), peint. et grav. all. 1502-1558.

Alde. V. MANUCE.

Aldobrandini (Sylv.), jurisc. Florence, 1500-1558.

Aldric (St), Saxon, év. du Mans, chapel. de Louis le Débonn. N. v. 800; m. 856.

Aldrich (H.), théol., archit., composit., poëte. Westminster, 1647-1710.

Aldrovande (Ulysse), natural., voyag. Bologne, 1527-1605.

Aléandre (Jér.), hellén., négociat., rect. de l'Univ. de Paris, card. N. Frioul, 1480; m. Rome, 1542. = (Jér.), dit *le Jeune*, jurisc., antiq., poëte, p.-neveu du précéd. Frioul, 1574-1629.

Alegambe (Ph.), jés., biogr. Bruxelles, 1591-1651.

Alègre (Yves, baron d'), chambell. de Charles d'Anjou, gouv. de Milan et de Bologne. Tué Ravennes, 1512.

Aleman (L.), archev. d'Arles, card., légat. Bugey, 1390-1450 = (Mat.), gramm. et litt. esp. du 16e s.

Alemanni (Nic.), antiq., hellén. Ancône, 1583-1626.

Alembert (J. le Rond d'), géom., litt., philos. Paris, 1717-1783.

Alen (J. van), peint. holl. M. 1698.

Alençon (comtes et ducs d'), branche de la maison de Valois, qui eut pour chef Charles Ier, créé comte d'Alençon, 1285. M. 1325.

Aleotti (J.-B.), archit. et ingén. de Ferrare. M. 1630.

Aler (Pa.), jés., litt. Luxembourg, 1656-1727.

Alès de Corbet (P.-Al. vic.), marin et litt. fr. 1715-1790.

Alesio (Mat.-P.), peint. et grav. rom. M. 1600.

Alessandro Alessandri, jurisc., litt. Naples, 1461-1523.

Alessi (Galéas), archit. Pérouse, 1500-1572.

Alexandre Ier, fils d'Amyntas, roi de Macédoine 497 av. J.-C. M. 454. = II, fils d'Amyntas II, roi de Macédoine, 371 av. J.-C. Assass. 370. = III, dit *le Grand*, fils de Philippe et d'Olympias. N. Pella, 356 av. J.-C.; m. 323. = IV, fils du précéd. Mis à m. en bas âge par Cassandre. = V, roi de Macéd., fils de Cassandre. Assass. 295 av. J.-C.

Alexandre Bala, roi de Syrie, qui se fit passer pour fils d'Antiochus Epiphanes. Roi 149 av. J.-C.; détrôné 144 av. J.-C. = *Zebina*, roi de Syrie, se fit passer pour fils du précéd. Roi 125 av. J.-C.; mis à m. 121. = *Jannée*, roi de Judée 106 av. J.-C. M. 79.

Alexandre, emp. d'Or. N. 870; emp. 911; m. 912.

Alexandre Sévère, emp. rom. Succ. d'Héliogabale, 222; assass., 235.

Alexandre Ier, roi d'Ecosse 1107. M. 1124. = II, roi d'Ecosse. N. 1198; roi 1214; m. 1249. = III, fils du précéd. N. 1240; roi 1248; m. 1285.

Alexandre Jagellon, 3e fils de Casimir IV. Roi de Pologne 1501; m. 1507.

Alexandre de Newski, saint et héros moscov., gr.-duc de Russie. 1218-1262. = *Paulowitch*, emp. de Russie. N. 1777; succ. de son père Paul Ier, 1801; m. Taganrock, 1825.

Alexandre (St), patriarche de Jérusalem. M. Césarée, 251. = (St), patriarche d'Alexandrie. M. 326.

Alexandre Ier (St), pape. Succ. d'Evariste, 109; m. 119. = II, succ. de Nicolas II, 1061. M. 1073. = III, succ. d'Adrien IV, 1159. M. 1181. = IV, succ. d'Innocent IV, 1254. M. 1261. = V, succ. de Benoît XIII, 1409. M. 1410. = VI (Borgia). N. Valence (Esp.), 1431; succ. d'Innocent VIII, 1492; m. 1503. = VII. N. Sienne, 1599; succ. d'Innocent X, 1655; m. 1667. = VIII. N. Venise, 1608; succ. d'Innocent XI, 1689; m. 1691.

Alexandre, dit *Polyhistor*, philos., géogr., hist. Viv. v. 85 av. J.-C. = *Alexandre*, philos. péripatét. N. en Carie, v. la fin du 2e s. = *De Tralles*, méd. grec du 6e s. = *De Paris* ou *De Bernay*, poëte norm. du 12e s. = *De Hales*, philos. et théol. angl. M. 1245. = (Dom Jacq.), sav. bénéd. de St-Maur. Orléans, 1653-1734. = (Noël), domin., théol., hist. Rouen, 1639-1724.

Alexandrini (Ja.), méd. de Charles-Quint. Trente, 1506-1590.

Alexis, poëte com. grec. N. v. 383 av. J.-C.

Alexis Ier, *Comnène*, emp. d'Or. N. Constantin., 1048; emp. 1081; m. 1118. = II, *Comnène*, emp. d'Or. Succ. de Manuel Comnène, 1180; assass., 1183. = III, dit *l'Ange*, emp. d'Or., 1195. Détrôné 1203; m. 1210. = IV, dit *le Jeune*, succ. du précéd. 1203. Assass. 1204. = V, *Ducas*, succ. du précéd. 1204. Mis à m. même ann. = *Le Faux*, impost. qui voulut se faire passer pour Alexis II, 1191.

Alexis Michaelowitz, czar de Russie. Succ. de son père Michel, 1645; m. 1677. = *Petrowitz*, fils de Pierre le Grand. N. Moscou, 1695; m. 1719.

Alexis (Gu.), dit *le Bon Moine*, bénéd., poëte et litt. norm. M. au comm. du 16e s.

Alfani (Horace), peint. de l'école rom. Pérouse, 1510-1583.

Alfaraby, poëte ar. M. 950.

Alfaro-Y-Gomez (Don J.), poëte et peint. esp. Cordoue, 1640-1680.

Alfenus Varus (Publ.), jurisc. rom. du 1er s.

Alfergan, astron. ar. du 9e s.

Alfieri (le comte Ben.-Innoc.), archit. Rome, 1700-1767. = (Vict.), poëte ital., aut. dram. et lyrique. Asti, 1749; Florence, 1803.

Alfred le Grand, roi d'Angl. de la dynastie saxonne. N. 849; roi 872; m. 900.

Algarde (l'), sculpt. et archit. ital. Bologne, 1593-1654.

Algarotti (F.), litt. Venise, 1712-1764.

Alghisi (Galéas), archit., géom. ital. du 16e s. = (F.), composit. Brescia, 1666-1733.

Al-Hazem, mathém., physic., astron. ar. M. 1038.

Ali (Ben Abou-Thaleb), cousin, gendre, visir de Mahomet et calife, 656. Assass. 661. = *Ali-Bey*, chef des Mameluks. N. 1728; périt 1773. = *Ali-Pacha*, pacha de Tricala, puis de Janina. N. 1741; vice-roi de la Roumélie, 1804; assass. 1822.

Aliamet, grav. fr. Abbeville, 1728-1788.

Alibert, méd. en chef de l'Hôp. St-Louis. Villefranche (Aveyr.), 1766-1837.

Aligre (Ét. d'), chancel. de Fr. Chartres, 1559-1655. = (Ét.), fils du précéd., ambass., garde des sceaux, chancel. de Fr. 1592-1677. = (Ét.-J.-Fr.), marquis d', chambell. de Caroline, reine de Naples, pair de Fr. 1770-1847.

Alippé, d'Antioche, archit. et géogr. du 4e s.

Alix de Champagne, reine de Fr., fille de Thibaut IV, comte de Champagne. Épouse de Louis VII, 1160; m. 1206. = *Alix* (P.), controvers. Dôle, 1600-1676.

Allacci (Le.), théol., hellén., antiq. Chio, 1586-1669.

Allainval (Léonor Soulas d'), abbé, aut. com., litt. N. Chartres; m. 1753.

Allard (Guy), avoc., biogr. et hist. du Dauphiné. M. 1776. = (Jos.-Fél.), litt. Marseille, 1795-1831. = (J.-Fr.), offic. de l'Empire, gén. en chef des armées de Lahore. St-Tropez, 1785-1839.

Allard (Mlle), danseuse de l'Opéra de Paris. 1738-1802.

Allectus, tyran de la Gr.-Bret. en 294. Assass. 297.

Allegrain (Chr.-Gab.), sculpt., memb. de l'acad. des b.-arts. Paris, 1710-1795.

Allégri (Al.), poète burl. ital. de la fin du 16e s. = (Grég.), composit. ital. M. Rome, 1640.

Allen (Th.), mathém. et antiq. angl. 1542-1632.

Alletz (Pons-Augt.), litt. et compil. Montpellier, 1708-1785. = (E.), écriv. fr. Paris, 1798-1850.

Alleyn (Éd.), act. angl., fondat. de l'hôp. de Dulwich, 1566-1626.

Allier de Haute-Roche (L.), numism. et antiq. fr. Lyon, 1760-1827.

Allioni (C.), méd. et bot. piémont. 1725-1804.

Allix (P.), théol. et controvers. protest. Alençon, 1641; Londres, 1717.

Allori (Al.), dit *le Bronzino*, peint. Florence, 1535-1607. = (Christ.), peintr. d'hist., fils du précéd. Florence, 1577-1621.

Alluno (N.), peint. de l'école rom. M. v. 1492.

Almagro (Diégo d'), un des conquér. de l'Amér. N. Almagro (Esp.), 1463; mis à m. 1538.

Almeida (Don F. d'), amir. port., vice-roi des Indes or. M. 1509. = (Emm.), missionn. et jés. portug. 1580-1646. = (N.-Tolent. d'), poète satir. portug. Lisbonne, 1745-1811.

Almeloveen (Théod. Jansen d'), méd., hellén. et comment. holl. 1657-1712.

Almindingen (L. Harscher d'), jurisc. et public. all. 1766-1827.

Almon (J.), écriv. polit. et libr. angl. Liverpool, 1738-1805.

Almondé (Ph. van), vice-am. holl. 1646-1711.

Aloisi (Balt.), dit *Galantino*, peint. bolon. 1578-1638.

Alompra, chef de la dynastie régnante des Birmans. 1705-1760.

Alpaïde, 2e femme de Pépin d'Héristal, mère de Charles-Martel. Viv. dans le 8e s.

Alp-Arslan, sultan de la dyn. des Turcs seldjoucides, 1064. Assass. 1072.

Alphéry (Nicéph.), théol. N. en Russie; viv. en Angl. 17e s.

Alphesius (Avitus), poète rom. du comm. du 5e s.

Alphonse Ier, dit *le Catholique*, roi d'Oviédo et des Asturies. N. 693; roi 736; m. 757. = II, dit *le Chaste*, 9e roi des Asturies, 791. M. 842. = III, *le Grand*, roi des Asturies. N. 848; roi 866; m. 912. = IV, *le Moine*, roi de Léon et des Asturies. Succ. de son père, 924; abdiq. 927; m. moine 933. = V, roi de Léon et de Cast. N. 994; succ. de son père 999; tué 1027. = VI, roi de Castille, 1072; m. 1109. = VII. V. *Alphonse* Ier, d'Aragon. = VIII, roi de Léon, de Castille et de Galice. N. 1106; roi 1126; m. 1157. = IX, *le Noble*, roi de Castille. N. 1155; succ. de son père Sanche III, 1158; m. 1284. = X, *l'Astronome, le Philosophe* ou *le Savant*, roi de Léon et de Castille. N. 1221; succ. de son père Ferd. III, 1252; m. 1284. = XI, roi de Léon et de Cast. N. 1312; m. 1350.

Alphonse Ier, *le Batailleur*, roi d'Aragon et de Navarre ap. la m. de son frère Pierre Ier, 1104; époux d'Urraque, fille d'Alphonse VI de Castille. M. 1134. = II, roi d'Aragon, 1162. M. 1196. = III, roi d'Aragon, 1285. M. 1291. = IV, *le Débonnaire*, roi d'Aragon, 1327. M. 1336. = V, *le Magnanime*, roi d'Aragon, de Naples et de Sicile. N. 1384; roi 1416; m. 1458.

Alphonse Ier, roi de Naples, le même que le précéd. = II, roi de Naples. N. 1448; succ. de son père Ferdin. Ier, 1494; m. 1495.

Alphonse Ier, Henriquez, 1er roi de Portugal. N. 1094; procl. 1139; m. 1185. = II, dit *le Gros*, roi de Portug. N. 1185; roi 1211; m. 1223. III, roi de Portug., fils du précéd. N. 1210; roi 1248; m 1279. = IV, dit *le Brave*, roi de Portug. N. 1290; roi 1325; m. 1356. = V, *l'Africain*, roi de Portug. N. 1432; roi 1438; m. 1481. = VI, roi de Portug. N. 1615; roi 1656; m. 1683.

Alpini (Prosp.), méd., bot., érudit. N. État de Venise, 1553; m. 1617.

Alquié (F.-Sav.), écriv. fr. du 17e s.

Alquier (C.-J.-M.), memb. de la conv. nation., du cons. des anc., diplom. 1742-1826.

Alsoufy, astron. ar. 903-986.

Alston, méd. et bot. écoss. 1683-1760.

Alt (F.-J.-N., baron d'), hist. Fribourg (Suisse), 1689-1741.

Alter (F.-G.), philol. et litt. all. 1749-1804.

Althusen (J.), jurisc., public. du 16e s.

Altilius (Gab.), poète lat. Viv. en Italie dans le 15e s.

Alting (Menso), géogr. Groningue, 1636-1713.

Altomari (Donat.-Ant.), méd. et natural. napolit. du 16e s.

Altorfer (Alb.), peint. Suisse, 1488-1578.

Alunno (F.), mathém., philol., calligr. Viv. à Ferrare au 15e s.

Alva y Astorga (P. de), moine francisc. esp., écriv. myst. M. 1667.

Alvarado (Don P. d'), un des conquér. du Nouv.-Monde. M. Pérou, 1541.

Alvare Pélage (Don Alvare F. Paez), théol. esp. du 14e s.

Alvarez (Fr.), voyag. du 15e s., ambass. d'Emmanuel, roi de Portugal, en Éthiopie. = *De Oriente* (Ferd.), poète portug. du 15e s. = *Alvarès*, sculpt. esp. N. Valence; m. Rome, 1830.

Alviano (Barth.), gén. vénit. M. 1515.

Alvinzy (bar. d'), feld-maréch. autrich. 1726-1810.

Alxinger (J.-B. d'), poète all. Vienne, 1755-1797.

Alyatte Ier, roi de Lydie, de 761 à 747 av. J.-C. = II, roi de Lydie, père de Crésus. Régn. de 610 à 559 av. J.-C.

Aly-Chyr (l'émir), poète pers. M. 1500.

Alype, archit., ingén., poète. Viv. sous Julien l'Apostat.

Alzate y Ramirez, astron. et géogr. du Mexique, au 18e s.

Amadi, poète pers. du 11e s.

Amaduzzi (J.-Christ.), philol. et antiq. rom. du 18e s.

Amalaire Fortunatus, théol., arch. de Trèves, ambass. de Charlemagne. M. 814. = *Symphosius*, liturg. du 9e s., direct. de l'école du Palais, sous Louis le Débonnaire.

Amalaric, roi des Visigoths, 511. Tué Narbonne, 531.

Amalasonte, fille de Théodoric, roi des Ostrogoths. Reine, 526; mise à m. 535.

Amalfi (Const. d'Avalos, duchesse d'), femme poète du 16e s. N. Naples; m. 1560.

Amalric (Arnaud), abbé de Cîteaux, prêcha une crois. contre les Albigeois. M. 1225.

Amalthée, nom d'une fam. de poètes ital. nés dans le Frioul. Le plus cél. est Jérôme. 1506-1574.

Aman, Amalécite, ministre du roi de Perse Assuérus. Mis à m. 510 av. J.-C.

Amand (St), évêq. de Maestricht, apôtre des Pays-Bas. M. 679.

Amand (J.-F.), peint. et grav. fr. M. 1770.

Amandus (Æneus Salvius), gén. rom. dans les Gaules. Procl. emp. v. 285, puis défait et tué.

Amanieu des Escas, troubad. du 13e s.

Amar (J.-P.), memb. de la conv. N. Grenoble, 1750; m. Paris, 1816.

Amara-Singha, sav. ind. du 1er s. av. J.-C.

Amaral (Ant. Castano do), sav. portug. 1753-1820.

Amasias, 8e roi de Juda. Succ. de son père Joas, 831 av. J.-C.; assass. 803.

Amasis, roi d'Égypte. M. v. 525 av. J.-C.

Amati, nom d'une fam. de luthiers de Crémone, cél. au 17e s.

Amato (J.-Ant.), peint. et grav. Naples, 1475-1555.

Amaury Ier, roi de Jérusalem. N. 1138; roi 1165; m. 1173. = II, de Lusignan, roi de Jérusalem, 1197. M. 1205.

Amaury de Chartres, philos. et théol. M. 1209.

Amberger (Christ.), peint. et grav. Nuremberg, 1515-1565.

Ambiorix, roi des Éburons, peuple des Gaules, advers. de César, 58 av. J.-C.

Amboise (G. d'), card., min. d'État. Chaumont-s.-Loire, 1460-1510. = (Aimery), frère du précéd., gr.-maître de l'ordre de St-Jean de Jérus. 1434-1512. = (F.), litt., conseill. d'État. Paris, 1550-1620. = (Jm), frère du précéd., méd., rect. de l'Univ. de Paris. M. 1606.

Ambrogi (Ant.-Ma.), poète, litt., antiq. Florence, 1715-1788.

Ambroise (St), Père de l'Église lat. N. v. 340; m. 397. = (Amb.), bénéd., écriv. ecclés. M. 778. = *Le Camaldule*, théol. et hell. Portici, 1378-1439.

Ambrosini (Barth.), bot. bolonais M. 1657.

Ambrosio, oriental. ital. 1469-1540.

Ambrosius Aurelianus, roi de la Gr.-Bret., 457. M. 508.

Amédée Ier, comte de Savoie. M. 1078. = II, comte de Savoie. M. v. 1080. = III, comte de Savoie, 1103. M. 1149. = IV, comte de Savoie. N. 1197; m. 1253. = V, dit *le Grand*, comte de Savoie. 1249-1323. = VI, *le Comte Vert*, comte de Savoie. 1334-1383. = VII, *le Comte Rouge*. 1360-1391. = VIII, 1er duc de Savoie, fils du précéd. Chambéry, 1383; Gênes, 1451. = IX, *le Bienheureux*, duc de Savoie, 1435-1472.

Ameilhon (Hub.-Pasc.), antiq. fr., memb. de l'acad. des inscr. Paris, 1730-1811.

Amélie (Anne), princ. de Prusse, sœur du Gr. Frédéric. 1723-1787.

Amélius, philos. néo-platonic., disc. de Plotin v. 246.

Amelot de la Houssaye (N.), hist., litt. Orléans, 1634-1706.

Amerbach, imprim. du 15e s., établi à Bâle. M. 1515.

Améric Vespuce, navig. qui a donné son nom à l'Amérique. N. Florence; m. Terceire, 1516.

Amico (Antonin d'), antiq., historiogr. du roi d'Esp. Charles IV. M. 1641.

Amiconi (Ja.), peint. ital. N. Venise, 1676; m. en Esp., 1752.

Amilcar, nom de plus. gén. carthagin. Le plus cél., *Amilcar Barca*, père d'Annibal. Tué dans une bat., 228 av. J.-C.

Amiot (le P.) jés., missionn. en Chine. Toulon, 1718-1794.

Amling (C.-Gust. d'), peint. et grav. Nuremberg, 1651-1702.

Amman (Josse), dessin. et peint. Zurich, 1539-1591. = (Pa.), bot. et méd. all. Breslau, 1634-1691. = (J. Conrad), méd. Schaffouse, 1707-1740.

Ammanati (Barth.), architr., sculpt., ingén. ital. M. 1589.

Ammien Marcellin, hist. lat. Antioche, 320; Rome, 390.

Ammirato (Scip.), hist. ital. 1531-1601.

Ammonius Saccas, philos. d'Alexandrie, 2e ou 3e s. = *Ammonius*, philos. éclectique du 5e s.

Amo (Ant.), nègre, astron. et litt. N. v. 1700 sur la c. d'Or; m. 1753.

Amolon, théol., év. de Lyon, 840. M. 852.

Amon, roi de Juda. N. 662 av. J.-C.; succ. de son père v. 640; assass. 638.

Amontons (G.), phys., mécan., memb. de l'acad. des sc. 1663-1705.

Amoretti (l'abbé C.), géogr. et natural. Onéglia, 1740-1816.

Amoreux (P.-Jo.), méd., sav. N. Beaucaire; m. 1825.

Amos, le 3e des 12 petits proph. Viv. sous Osias; mis à m. v. 785 av. J.-C.

Amoudru (Anat.), archit. Dôle, 1739-1812.

Amour (G. de St-), controvers., doct. en Sorb., chan. de Beauvais. N. St-Amour; m. 1272. = (L.-Gorin de St-), théol., doct. en Sorb., rect. de l'Univ. de Paris. 1619-1687.

Ampère (And.-M.), physic., memb. de l'Inst., prof. au collége de Fr. Lyon, 1775; Marseille, 1836.

Amphiloque (St), év. d'Icone au 4e s. M. 394.

Amri, roi d'Israël de 930 à 918 ou de 917 à 907 av. J.-C.

Amrou-ben-el-As, gén. musul., disc. de Mahomet. M. 662.

Amry-al-Cays, poète ar., contemp. de Mahomet.

Amthor (Christ.-H.), jurisc. et publ. danois. 1678-721.

Amulius, roi d'Albe, détrôna son frère Numitor. Tué par Romulus, 754 av. J.-C.

Amurat Ier, 3e sultan ottom. N. 1319; succ. de son père Orcan, 1360; m. 1389. = II. N. 1404; succ. de son père Mahomet II, 1422; m. 1451. = III. N. 1544; succ. de son père Sélim II, 1375; m. 1595. = IV. N. 1609; succ. de son oncle Mustapha, 1622; m. 1640.

Amyn-Ahmed, sav. pers. du 16e s.

Amyn (Mohammed), 6e calife abasside, 808. Mis à m. 813.

Amyntas Ier, roi de Macéd., de 507 à 480 av. J.-C. = II, fils de Philippe. Roi de Macédoine dans le 5e s. av. J.-C. = III, roi de Macédoine, de 392 à 368 av. J.-C.

Amyot, traduct. et hellén., gr. aumôn. de Charles IX, év. d'Auxerre. Melun, 1513-1593.

Amyraut (Moïse), controv. protest. Bourgueil, 1596-1664.

Anacharsis, philos. scythe. Vint à Athènes, 592 av. J.-C.; périt 548.

Anaclet (St), pape. Succ. de st Clément, 78; m. 91. = (P.-L.), antipape, compétit. de Innocent II. M. 1138.

Anacréon, poète lyrique grec de Téos. V. 550 av. J.-C.

Anafeste (P.-Luc), 1er doge de Venise, 697. M. 717.

Ananus, rabbin juif du 8e s.

Anastase Ier, *le Silentiaire*, emp. d'Or. N. Dyrrachium, v. 430; empr. 491; mis à m., 719. = II, emp. d'Or., 713. Mis à m. 719.

Anastase Ier (St), pape. Succ. de Sirice, 398 ou 399; m. 402. = II (St), pape. N. Rome; succ. de Gélase Ier, 496; m. 498. = III, pape. Succ. de Sergius III, 911; m. 913. = IV (Conrad), pape. N. Rome; succ. d'Eugène III, 1153; m. 1154.

Anastase, patriarche d'Antioche en 561. = *Le Sinaïte*, écriv. ecclés., théol. V. 678. = *Le Bibliothécaire*, écriv. du 9e s., biblioth. du Vatican. = *(Astric)*, bénéd., apôtre de la Hongrie., év. de Colcza. M. 11e s.

Anatolius (St), théol., mathém., év. de Laodicée, v. 270.

Anaxagoras, philos. de l'école ionienne. N. Clazomène, v. 500 av. J.-C. m. Lampsaque, 428 av. J.-C.

Anaxandrides, poète com. et satir. grec au 4e s. av. J.-C.

Anaxarque, philos. grec. N. Abdère, 4e s. av. J.-C.

Anaxilas de Larisse, philos. pythag. Viv. Rome, sous Auguste.

Anaximandre, philos. de Milet, disc. de Thalès. 610-547 av. J.-C.

Anaximènes de Milet, philos. ionien, disciple et succ. d'Anaximandre. M. 500 av. J.-C. = De Lampsaque, hist. grec, précep. d'Alexandre le Grand.

Anchersen, sav. dan. du 18e s.

Anchieta (Jo. d'), dit *l'Apôtre du Nouveau-Monde*, missionn. et jés. portug. Ténériffe, 1533-1597.

Ancillon (Ch.), hist. et public. Metz, 1659-1715. = (Fréd.), hist., philos., public., homme d'État. Berlin, 1766-1837.

Anckarstroem (J.-J.), Suéd., assassin de Gustave III. N. 1751; décap., 1792.

Ancre. V. Concini.

Ancus Martius, 4e roi des Rom., succ. de Tullus Hostilius. 639-614 av. J.-C.

Andéca, roi des Suèves, en Espagne. Détrôné 584.

Anderson (Laur.), Suéd., chancel. de Gustave Wasa. 1480-1552. = (J.), jurisc., géogr., philol. Hambourg, 1674-1743. = (G.), public., géom. angl. 1760-1796. = (Ja.), agron. écoss. 1739-1808.

Andjou (Edeyn-Hocein), sav. ind. du 16e s.

Andocide, gén. et orat. grec. N. Athènes, 468 av. J.-C.

Andoque, hist. fr. M. 1664.

Andrada (Diég.), poète et sav. portug. 1576-1660. = (Ant.), missionn. et jés. portug. 1580-1634. = (Hyac. Freire de), public., hist. et théol. portug. Béja, 1597-1657. = (Alph.), jés., théol., et biogr. esp. Tolède, 1580-1672.

Andragathius, gén. de l'usurp. Maxime. M. 388.

André (St), frère de st Pierre, et l'un des 12 apôtres. Martyrisé à Patras.

André Ier, fils de Ladislas, roi de Hongrie, 1047. M. 1061. = II, dit le *Hierosolomitain*, roi de Hongrie, 1204. M. 1235. = III, roi de Hongrie en 1290. M. 1301.

André de Hongrie, roi de Naples. N. 1326; assass. 1345.

André (J.-Valent.), théol. et poète allem. 1586-1654. = (Yves-Marie), dit le *Petit père André*, écriv. et prédic. fr. 1582-1657. = (J.), composit. all. Offenbach, 1741-1799. = *André del Sarto*, peint. ital. Florence, 1488-1530.

Andréa, chron. du 9e s. = Canoniste du 14e s. = (Pisano), sculpt. et archit. ital. Pise, 1270-1345. = (Onuphre d'), poète ital. du 17e s.

Andréani (And.), peint. et grav. sur bois. Mantoue, 1540-1626.

Andréini (J.-B.), coméd., poète et aut. dram. Florence, 1578-1645.

Andrelini (Publio-Fausto), poète latin mod. Forli, 1440-1518.

Andréossi (F.), mathém., ingén. Paris, 1633-1688. = (Ant.-Fr.), p.-fils du précéd., lieuten.-gén., diplom., député. Castelnaudary, 1762-1828.

Andrieu (Bertr.), grav. en médailles. Bordeaux, 1761-1822.

Andrieux (F.-G.-J.-Stan.), aut. dram., poète, litt., secrét. perp. de l'Acad. fr., profess. de litt. Strasbourg, 1759-1833.

Andriscus, impost. qui prit le nom de Philippe, fils de Persée, roi de Macéd. Mis à m. 148 av. J.-C.

Andromachus, Crétois, méd. de Néron, invent. de la thériaque.

Andronic Ier (Comnène), emp. de Constantin. N 1110; mis à m. 1185. = II (Paléologue). N. 1258; détrôné, 1328; m. 1332. = III (Paléol.), dit *le Jeune*. N. 1295; m. 1341. = IV (Paléol.), fils de l'emp. Jean V. Assoc. au trône v. 1355; m. en exil.

Andronicus, archit. et astr. grec, postér. à Périclès, constr. la *tour des Vents*, espèce d'observ. = (Livius), poète com. lat. V. 240 av. J.-C. = *De Rhodes*, philos. péripatét. Rome, v. 60 av. J.-C. = *Callistus* (J.), sav. et écriv. grec. N. 1478.

Androuet du Cerceau (Ja.), archit. fr. N. vers 1640.

Andry (L.-F.), méd. Paris, 1741-1829.

Aneau (Barth.), poëte lat. et fr. N. Bourges; m. 1565.

Anfossi (Pasc.), composit. ital. 1756-1795.

Ange de Ste-Rosalie, gén. fr. Blois, 1655-1726.

Angeli (Bonav.), jurisc. et hist. du 16e s. = (J.), peint. de l'éc. vénit. V. 1765.

Angelio (P.), poëte lat. Barga (Toscane), 1517-1596.

Angelome, bénéd. de Luxeuil, théol. M. 854.

Angeloni (F.), antiq. et litt. ital. N. Terni (Ombrie); m. 1652.

Angely (l'), fou de Louis XIV.

Anghiera (P. Martire d'), hist. et négociat. sous Ferdinand et Charles-Quint. 1455-1526.

Angilbert (St), abbé de St-Riquier, min. et négociat. sous Charlemagne. M. 814.

Angivillier (C.-Cl. Labillarderie d'), maréch. de camp, direct. gén. des bât. du roi, memb. de l'Acad. fr. M. 1810.

Anglada (Jos.), méd. Perpignan, 1775-1833.

Anglès (Ch.-Grég. d'), préfet de police et député sous Louis XVIII. Grenoble, 1780-1828.

Angot, armateur dieppois. M. 1551.

Angoulême (C. de Valois, duc d'), fils natur. de Charles IX et de Marie Touchet. 1573-1650 = (L.-Ant. de Bourbon, duc d'), fils aîné du comte d'Artois (dep. Charles X). Versailles, 1775; m. en exil, Goritz, 1844. = *Angoulême* (Marie-Thérèse-Charlotte, duchesse d'), fille de Louis XVI. Versailles 1778; m. en exil, Goritz, 1851.

Anguier (F.), sculpt. fr. 1604-1669.

Anguillara (J.-And.), poëte et trad. Sistri (Tosc.), 1517-1565. = (L.), bot. du 16e s.

Anhalt-Bernbourg, cap. du 16e s., homme d'État. 1568-1630. *Dessau* (le prince d'), feld-maréch. de Prusse et d'Emp. 1676-1747.

Anianus, astron. et poëte lat. du 15e s.

Anibert (L.-Mat.), hist., poëte fr. 1742-1782.

Anicet (St), pape. Succ. de st Pie, 157; martyrisé, 168.

Anich (P.), géogr., géom., mécan. tyrol. 1723-1766.

Anien, jurisc. du 5e s., offic. d'Alaric II.

Anisio, poëte lat. mod. Naples, 1742-1750.

Anisson (Laur.), impr. à Lyon et échev. en 1670. = (Jean), son fils, direct. de l'imprim. roy. en 1701. M. 1721. = (Ja.), frère du précéd., impr. M. 1714. = (L.-Laur.), fils du précéd., direct. de l'imprim. roy. en 1723. M. 1761. = *Anisson-Duperron* (Et.-Alex.-Ja.), fils du précéd., direct. de l'imprim. roy. N. Paris, 1748; m. sur l'échaf., 1794.

Anjou (F. de France, duc d'), fils de Henri II et de Catherine de Médicis. N. 1554; roi des Pays-Bas, 1582; m. 1584.

Annat (F.), jés., controv., confesseur de Louis XIV. 1607-1670.

Anne (Ste), mère de la Ste-Vierge.

Anne de Russie, fille du gr.-duc Jaroslaw, épouse de Henri Ier, roi de France. M. en Russie. = *Comnène*, fille de l'emp. Alexis Comnène. 1083-1148. = *De Savoie*, fille du duc Amédée V, impér. d'Orient, puis régente. M. v. 1355. = *De France* ou *de Beaujeu*, fille de Louis XI et de Charlotte de Savoie, régente de Fr. 1462-1522. = *De Bretagne*, reine de Fr., épouse de Charles VIII, puis de Louis XII. 1476-1514. = *D'Autriche*, reine de Fr., fille du roi d'Esp. Philippe II. N. 1602; épouse de Louis XIII, 1615; m. 1656. = *Anne*, reine d'Anglet., fille de Jacques II. N. 1664; succéda à son père 1702, m. 1714. = *Iwanowna*, impérat. de Russie, fille d'Ivan V. N. 1693; succéda à Pierre II, 1730; m. 1740.

Annebaud (Cl. d'), min. de François Ier, maréch. de Fr., amiral. M. 1552.

Anesley (Arth.), comte d'Anglesey, gén. angl. Dublin, 1614-1686.

Annibal, dit l'Ancien, gén. carthag. pendant la 1re guerre punique. Lapidé par ses soldats, 261 av. J.-C. = Fils d'Amilcar Barca, ill. gén. carth. N. 247 av. J.-C., envahit l'Italie, gagna la bat. de Cannes, 216; s'empoisonna, 183 av. J.-C.

Annibalien (Flav. Claud.), gendre de Constantin, et roi de Pont, de Cappadoce et d'Arménie. Massacré, 338.

Annius de Viterbe (J. Nanni), litt. ital., domin. 1432-1502.

Anquetil (L.-P.), hist., memb. de l'Inst. Paris, 1723-1808. = *Duperron* (Abrah.-Hyac.), oriental., memb. de l'acad. des inscr., frère du précéd. Paris, 1731-1805.

Ansaldo (J.-And.), peint. ital. N. Voltri, 1534.

Anschaire (St), dit l'*Apôtre du Nord*. 801-864.

Anselme (St), théol., philos. du 11e s. archev. de Cantorbéry. Aoste, 1033-1109. = (P. de Guibours, dit le P.), généal. Paris, 1625-1694. = (Ant.), prédic., litt. memb. de l'acad. des inscr. 1652-1737. = (M.-Ange), peint. ital. Lucques, 1491-1554.

Ansiaux (J.-Jo.-Eléon.-Ant.), peint. d'hist. Liége, 1764-1840.

Anslo, poëte holl. Amsterdam, 1622; Pérouse, 1669.

Anson (G.), cél. amiral, voyag. angl. Colwich, 1697-1762.

Anspach (Elisabeth Craven, margr. d'), femme aut. Angleterre, 1750-1828.

Antara, poëte ar. du 6e s.

Antelmy (P.-Th.), mathém. fr. 1730-1783.

Antelmi (Jo.), sav. et théol. Fréjus, 1648-1697.

Anténor ou *Agenor*, sculpt. athén. du 5e s. av. J.-C.

Antéros (St), pape. Succ. de Pontien, 235; m. 236.

Antesignan (P.), hell., comment., gramm. languedoc. du 16e s.

Anthémius, consul et préfet d'Or., sous Arcadius, 405. = Emp. d'Occid., p.-fils du précéd. Emp. de 467 à 472, puis mis à m. = Archit., sculpt., physic., mathém. grec. M. v. 534.

Anthermus, sculpt. grec. V. 540 av. J.-C.

Antignac (Ant.) chansonn. Paris, 1772-1823.

Antigone, dit le Cyclope, l'un des gén. d'Alexandre. N. 385 av. J.-C.; roi d'Asie, 307; tué à la bat. d'Ipsus, 301 av. J.-C. = *Gonatas*, roi de Macéd., p.-fils du précéd. N. v. 321 av. J.-C.; m. 241. = *Doson*, roi de Macéd., 323 av. J.-C. M. 222.

Antigone, roi des Juifs, fils d'Aristobule II. Mis à m. 35 av. J.-C.

Antigone Carystius, écriv. grec. V. 270 av. J.-C.

Antimaco (Marc-Ant.), hell., poëte gr. et lat. Mantoue, 1473-1552.

Antimaque de Colophon, poëte grec du 5e s. av. J.-C.

Antinoüs, Bythinien célèbre par sa beauté, et favori de l'emp. Adrien.

Antiochus Ier, *Soter* (sauveur), roi de Syrie. Succ. de son père Séleucus Nicanor, 279 av. J.-C.; m. 260. = II, *Theos* (dieu), fils du précéd. Roi de Syrie, 260 av. J.-C.; m. 274. = III, *le Grand*, roi de Syrie. Succ. de son frère Ceraunus, 222 av. J.-C.; assass. 186. = IV, *Epiphane* (illustre), fils du précéd. Roi de Syrie, 174 av. J.-C.; m. 164. = V, *Eupator* (noble), fils du précéd. Roi de Syrie, 164 av. J.-C.; mis à m. v. 166. = VI, *Dionysius* (Bacchus), roi de Syrie, 143 av. J.-C. Mis à m. 142. = VII, *Évergète* (bienfaiteur), et *Sidètès* (chasseur), roi de Syrie, 140 av. J.-C. M. 127. = VIII, *Grypus* (nez crochu), roi de Syrie, 126 av. J.-C. M. 97. = IX, *Philopator* (qui aime son père), frère du précéd. Roi de Syrie, 97 av. J.-C.; m. 95. = X, *Eusèbe* (pieux), fils du précéd. Roi de Syrie, 95 av. J.-C.; détrôné 92; m. 75 av. J.-C. = XI, *Philadelphe* (qui aime son frère), roi de Syrie, avec son frère Philippe. M. 95 av. J.-C. = XII, *Dionysius* (Bacchus), roi de Syrie. Tué dans une bat., v. 85 av. J.-C. = XIII, l'*Asiatique*, dernier roi de Syrie, 69 av. J.-C. Détrôné par Pompée, 64 av. J.-C.

Antiochus Hiérax (vautour), fils d'Antiochus II, et roi de Cilicie. M. 227 av. J.-C.

Antiochus d'Ascalon, philos., disciple de Philon, chef d'une 5e acad. M. v. 69 av. J.-C.

Antipater, gén. et min. de Philippe, roi de Macéd. M. 320 av. J.-C. = II, p.-fils du précéd., roi de Macéd. de 298 à 295 av. J.-C. = III, roi de Macéd., 278 av. J.-C. Règne 45 j.

Antipater (Lælius. (Cælius), hist. rom. V. 124 av. J.-C.

Antiphanes, poëte com. grec. Rhodes, 4e s. av. J.-C.

Antiphon, soph. et orat. grec. Athènes, v. 430 av. J.-C. Condamné à m., 411 av. J.-C.

Antiquus (J.), peint. holl. Groningue, 1702-1750.

Antisthènes, philos. grec, fondat. de l'école des cyniques. N. Athènes, 424 av. J.C.

Antoine (Diogène), écriv. grec du 4e s. av. J.-C. = (Marc), orat. rom., consul, 99 av. J.-C. Mis à m. 86 av J.-C. = (Marc), triumvir, p.-fils du précéd. N. 86 av. J.-C.; vaincu à Actium, 31; se donna la mort, 30 av. J.-C.

Antoine (St), instit. de l'ordre monastique. Coma (H.-Égypte), 251-356. = *De Padoue* (St), francisc., théol. Lisbonne, 1195; Padoue, 1231.

Antoine, dit *le Grand-Bâtard*, fils natur. de Philippe le Bon, duc de Bourgogne. 1421-1504. = *De Bourbon*, roi de Navarre, fils de Charles de Bourb., et père de Henri IV. 1518-1562.

Antoine (Don), prieur de Crato, roi titul. de Portug. N. 1531; m. Paris, 1595.

Antoine de Lebrija, hist. esp., gramm., jurisc. Lebrija, 1442-1522. = (Ja.-Den.), archit., memb. de l'Inst. Paris, 1733-1801.

Antoine (Clém.-Théod.), roi de Saxe. N. 1755; succ. de son frère Frédéric-Auguste, 1827; m. 1836.

Anton (Cour.-Gottl.), érud., philol. all. 1745-1814. = (Ch.-Gottl.), érud. jurisc., hist. Lauban, 1751; Goerlitz, 1818.

Antonelle (P.-Ant.), public., memb. du trib. révolut. de Paris. Arles, 1747-1817.

Antonello, de Messine, peint. ital. 1447-1496.

Antonides (J.), poëte holl. Goès (Zélande), 1647-1684.

Antoniley y Sarabia (Don F.), peint. esp. M. Madrid, 1700.

Antolinez (don Jo.), peint. esp. Séville, 1636-1676.

Antonin le Pieux (Aurelius Fulvius), emp. rom. N. Lanuvium, 86; succ. d'Adrien, 138; m. 161.

Antonin de Forciglioni (St), domin., archev. de Florence, chroniq. Florence, 1389-1459.

Antoninus Liberalis, écriv. grec du 2e s.

Antonio (N.), bibliogr. esp. Séville, 1617-1684. = (P.), peint. esp. N. Cordoue, 1614.

Antonius (Gód.), jurisc. all. M. 1618.

Anund Ier, roi de Suède. Success. de son père Inguar, dans le 7e s. = II, dit *le Charbonnier*, roi de Suède. Succ. de son père Olaüs, 1024; m. 1035.

Anville (J.-B. Bourguignon d'), géogr., memb. de l'acad. des inscr. Paris, 1697-1782.

Anwery, poëte pers. M. 1200.

Apel, poëte, aut. dram. Leipzig, 1771-1816.

Apelboom, poëte holl. M. 1780.

Apelles, cél. peint. grec de Cos. V. 330 av. J.-C. = Hérés. du 2e s.

Apellicon, philos. péripatéc. de Théos. M. 86 av. J.-C.

Aper (Marc), orat. rom., sénat., prét. N. dans les Gaules; m. 85 av. J.-C.

Aphthonius, rhét. et fab. grec du 3e s.

Apianus (P.), mathém., astron. Leysnick (Misnie), 1495-1551.

Apicius, nom de trois cél. gourm., chez les Rom.: le 1er, sous Sylla; le 2e, sous Auguste et Tibère; le 3e, sous Trajan.

Apion, gramm. et hist. grec du 1er s., natif d'Egypte.

Apollinaire, l'Ancien et *le Jeune*, père et fils, rhét. et gramm. du 4e s.

Apollinaire le Jeune, hérés. M. 381.

Apollodore, peint. grec. 400 av. J.-C. = Gramm. d'Athènes. 150 av. J.-C. = Méd. et natural. grec. Lemnos, un s. env. av. J.-C. = Philos. épicur., contemp. de Cicéron. = De Damas, archit. Mis à m. par Adrien, 130 de J.-C.

Apollonius, de Perge, géom. grec sous Ptolémée-Philopator, roi d'Egypte. 200 av. J.-C. = De Rhodes, poëte épique grec. N. v. 104 av. J.-C. = De Tyanes, philos. pythagor., impost. M. âgé, v. 97. = *Dyscole*, gramm. d'Alexandrie, sous Adrien et Antonin. = *Apollonius* est encore le nom de deux stat. grecs, l'un d'Athènes, l'autre de Rhodes, un peu post. à Alexandre le Gr., et d'un gramm. d'Alexandrie, contemp. d'Auguste.

Apollonius, voyag. flam. M. Canaries, 1570.

Appel (J.) peint. holl. Amsterdam, 1680-1751.

Appelmann, peint. holl. 1600-1646.

Appert (Ch.-Nic.), invent. d'un procédé pour la conserv. des substances aliment. M. 1840.

Appiani (And.), peint. ital. Bosizio, 1763-1817.

Appien, hist. gr. du 2e s. M. Alexandrie.

Apraxin (Fédor Matveicht, comte), amiral russe. 1671-1728. = Feld-maréchal russe, p.-fils du précéd. 1700-1757.

Apres de Blangy (J.-B.-N. Denis d'), off. de mar. et hydrogr. Havre, 1707-1780.

Aprosio, relig. aug., crit. et biblioph. ital. Vintimille, 1607-1681.

Apsinès, rhét. gr. du 3e s. av. J.-C.

Apulée, écriv. lat. et philos. platonic. du 2e s. N. Madaure (Afrique).

Aqua (Christ.), dessin. et grav. N. Vienne, 1690.

Aquila, archit. et sav. du 2e s. = (Pompée dell'), peint. napolit. du 16e s. = (P.), peint. et grav. Palerme, 1724-1795.

Aquilano (Séraph.), poëte ital. Aquila, 1466-1500.

Aquilius (Manius), consul avec Marius, 101 av. J.-C. = (Sabinus), jurisc. rom., consul 214 et 216 de J.-C.

Aquin (Ph. d'), rabbin converti, profess. d'hébreu au coll. de Fr. M. 1650. = (L.-Ch. d'), organ. cél. Paris, 1694-1772. = (P.-L.), litt., fils du précéd. M. 1757.

Aquino (C. d'), jés., sav. litt. Naples, 1654-1740.

Arab-Chah, hist. ar. M. 1450.

Aragon (Tullie d'), femme poëte du 16e s. N. Naples.

Aragonèse (Séb.), dessin. et antiq. N. Brescia; m. 1561.

Araldi (M.), mathém., physiol. Modène, 1740-1813.

Aramon (Gab. de Suetz, bar. d'), ambass. à Constantinople sous Henri II. M. 1553.

Aranda (Don P. Abarca de Bolea, comte d'), min. d'État, écon. Saragosse, 1716-1794.

Arantius (J.-C.), anat. Bologne, 1530-1589.

Arator, poëte lat. chrét. N. Ligurie, v. 490; m. 556.

Aratus, poëte grec, de Soles (Cilicie). N. 277 av. J.-C. = Gén. des Achéens. N. Sicyone, 275 av. J.-C.; m. v. 213.

Araujo de Azevedo (Ant. de), min. d'État portug. 1752-1817.

Arbace, gouv. des Mèdes sous Sardanapale; s'érigea en souver., 917 av. J.-C.

Arbasia (Cés.), peint. piémont. du 16e s.

Arbaud (F.), poëte, memb. de l'Acad. fr. M. 1640.

Arbogast, Gaulois d'orig., gén. sous Valentinien II, qu'il fit étrangler. Se tua 394 de J.-C.

Arbogast (L.-F.-Ant.), géom. fr. 1759-1803.

Arborio de Gattinaria, jurisc., négociat., chanc. de Charles-Quint. Verceil, 1465-1530.

Arbrissel (Robert d'), prédic., fondat. de Fontevrault. 1047-1117.

Arbuthnot (Al.), jurisc. écoss. 1538-1569. = (J.), méd. et critiq. écoss. M. 1735.

Arcadius, emp. de Constantin. Succ. de son père Théodose le Gr., 395; m. 408.

Arcano (J. Mauro d'), poëte burl. ital. N. v. 1500; m. 1535.

Arcasio, jurisc. ital. Bisagno, 1712-1791.

Arcère (L.-Ét.), orator., hist. Marseille, 1698-1782.

Arcésilas, philos. péripatéc. Pitane (Eolie), 316-241 av. J.-C.

Archagatus, dit *le Guérisseur*, puis *le Bourreau*, 1er méd. grec établi à Rome, 219 av. J.-C.

Archélaüs, de Milet, philos. grec, maître de Socrate. V. 444 av. J.-C.

Archélaüs, roi de Macéd. 413 av. J.-C. Assass. 400. = Roi d'Egypte, se révolta contre les Rom. M. en les combattant, 56 av. J.-C. = Roi de Judée, succ. d'Hérode le Gr. Destitué par Auguste, 56 av. J.-C.

Archenholz (J.-G.), hist. et journal. all. 1741-1812.

Archias, archit. de Corinthe. V. 240 av. J.-C. = Poëte grec d'Antioche, contemp. de Cicéron.

Archidame Ier, roi de Sparte, 620-614 av. J.-C. = II, roi de Sparte, 469 av. J.-C. M. 427. = III, roi de Sparte, 361-355 av. J.-C. = IV, roi de Sparte, 296-261 av. J.-C.

Archigènes, méd. d'Apamée en Syrie, établi à Rome sous Domitien, et chef des éclectiques. M. 117 de J.-C.

Archiloque, poëte grec de Paros. N. v. 700 av. J.-C.; assass. 635.

Archimède, cél. géom. Syracuse, 287-212 av. J.-C.

Archon (L.), sav. fr., chapel. de Louis XIV. Riom, 1645-1717.

Archytas, philos. pythagor., mathém., gén. N. Tarente, 406 av. J.-C.; m. dans un naufr.

Arkenholz, hist. et public. suéd. 1695-1777.

Arco (N. comte d'), poëte tyrol., conseill. de Maximilien Ier. 1479-1546. = (Alph. del), peint. esp. Madrid, 1625-1700.

Arçon (J.-Cl.-Eléon. Lemichaud d'), ingén., memb. de l'Inst. Pontarlier, 1733-1800.

Arculfe, év. fr. du 7e s., aut. d'une relation de ses voyag. en Terre-Sainte.

Aroy (Patrice d'), mathém., écriv. milit., memb. de l'acad. des sc. Galloway (Ecosse), 1725; Paris, 1779.

Ardechyr-Babegan, fondat. de la dynast. des Sassanides, et du 2e emp. des Perses. M. v. 240.

Ardell (J.-Mac.), grav. irl. M. 1765.

Ardène (Esprit J. de Rome d'), poëte. Marseille, 1684-1748. = (J.-P.), orator., bot. 1689-1769.

Aregio (P. de), peint. ital. du 16e s.

Arellano (J. de), peint. esp. Torcas, 1607-1670.

Aremberg (Léo-P. de Ligne, duc d'), gouv. de Mons, gén. de Marie-Thérèse. Mons, 1690-1754.

Arena (Ant. d'), jurisc. et poëte macar. N. Soliers (Langued.); m. 1544. = (J.), adjud. gén., député au corps législ. N. Corse; exécuté Paris, 1802. = (Barthél.), député à l'assemb. législ., puis au conseil des cinq-cents. N. Ile-Rousse (Corse); proscrit au 18 brum.; m. Livourne, 1829.

Arétée, méd. de Cappad. Contemp., selon les uns, de Jules César, selon d'autres, de Vespasien.

Arétin (P. l'), poëte satir. ital. Arezzo, 1492-1557. = (J.-Ad.-Christ.-J., bar. d'), litt., diplom., min. de Bavière et de Hesse. Ingolstadt, 1769-1822. = (J.-Christ.), frère du précéd., litt., écriv. polit., homme d'État. 1775-1824.

Arétius (Bénéd.), hellén., théol., bot. N. Berne; m. 1579.

Arfe (J. de), sculpt. esp. Séville, 1605-1666.

Argand, chim., inv. des lampes attribuées à Quinquet. N. Genève; m. 1803.

Argée, roi de Macéd., fils et succ. de Perdiccas, 618 av. J.-C.

Argellati (Ph.), litt. Bologne, 1668–1755. = (Fr.), fils du précéd., hist., litt. 1712–1754.

Argens (J.-B. Boyer, marq. d'), philos., litt. Aix (Prov.), 1704–1771.

Argensola (Luperc. – Léo), poëte esp. Balbastro, 1565–1613. =Barth.), frère du précéd., poëte, hist. 1566–1631.

Argenson, V. Voyer.

Argental (Ch.-Aug. de Ferriol, comte d'), nev. de Mme de Tencin et ami de Voltaire. Paris, 1700–1788.

Argenti (A.), jurisc., poëte de Ferrare. M. 1576.

Argentré (Bert. d'), hist., jurisc. Vitré, 1519–1590.

Argillata (P.), méd. bolon. M. 1423.

Argoli (And.) méd. et mathém. ital. 1570-1653.

Argonne (Noël, dit Bonav. d'), avoc., litt. et chartreux. Paris, 1654-1704.

Argote de Molina (Gonz.), hist., litt. Séville, 1549-1590.

Arguelles (Aug.), orat. esp., min. sous les Cortez, tuteur de la reine. N. 1775, à Ribadesella; m. 1844.

Argyle (Archibald, comte d'), Ecoss., ami de Cromwell et l'un des juges de Charles Ier. Décap. 1661. =Fils du précéd., conspir. Décap. 1685.

Argiropulo (J.). sav. grec, profess. à Rome, 1480.

Ariarath, nom de 10 rois de Cappad., qui régnèrent de 370 à 92 av. J.-C.

Arias Montanus, oriental. et antiq. esp. 1527–1598.

Aribert, fils de Clotaire II, et roi d'Aquit., 628. M. 630.

Aribert Ier, roi des Lomb., 653. M. 661. =II, roi des Lomb., 701. M. v. 712.

Aridée, fils natur. de Philippe de Macéd. Mis à m. 316 av. J.-C.

Aringhi (Pa.), sav. ital. et orator. M. Rome, 1676.

Arioald, roi lombard, 625. M. 636.

Ariobarzane. Nom de 3 rois de Cappad. Le 1er, v. 91 av. J.-C.; le 2e, v. 63; le 3e, v. 51.

Arion, poëte et music. grec. V. 620 av. J.-C.

Arioste (Ludov.), cél. poëte ital. Reggio (duché de Modène), 1474-1533.

Ariosti, composit. ital. N. Bologne, v. 1660.

Arioviste, roi des Suèves en Germanie. Vaincu par César, 58 av. J.-C.

Arisi (F.), jurisc., litt., poëte. Crémone, 1657-1743.

Aristarque, astron. et mathém. grec. Samos, v. 280 av. J.-C.= Gramm. et crit. cél. Samothrace, 160–88 av. J.-C.

Aristéas, poëte grec. V. 550 av. J.-C.

Aristée, offic. de Ptolémée-Philadelphe, et aut. d'une hist. de la traduct. des Septante.

Aristénète, écriv. gr. N. v. 300; m. Nicomédie, 358.

Aristide, dit *le Juste*, homme d'Etat et gén. athén. M. âgé, v. 467 av. J.-C. = (Ælius), orat. grec. N. Bithynie, v. 129 de J.-C. = (Quint.), aut. grec. didact. du 2e s.

Aristion, sophiste d'Athènes. Mis à m. 87 av. J.-C.

Aristippe, philos. grec, fondat. de la secte Cyrénaïque. N. Cyrène, v. 435 av. J.-C.

Aristobule Ier, dit *Philellène*, prince juif, puis roi, 107 av. J.-C. Ne régna qu'un an. = II, roi de Judée, 70 av. J.-C.

Aristoclès, sculpt. grec. V. 664 av. J.-C. = Sculpt. grec. Sicyone, v. 440 av. J.-C. = De Messène, philos. péripatéc. du 2e s.

Aristodème, roi de Messénie, 740 av. J.-C.

Aristogiton, Athén., ami d'Harmodius, av. lequel il conjura contre les Pisistratides. Mis à m. par ordre d'Hippias.

Aristolaüs, peint. grec. 325 av. J.-C.

Aristomaque, philos. péripatéc. de Soles, en Cilicie; disc. de Lycon. V. ce nom.

Aristomène, roi et gén. des Messéniens; v. 684 av. J.-C.

Ariston, roi de Sparte, de 564 à 526 av. J.-C.=Philos. de Chio. V. 236 av. J.-C.

Aristonic, fils nat. d'Eumène II, roi de Pergame. Mis à m. 130 av. J.-C.

Aristophane, poëte com. grec, contemp. de Socrate. N. Athènes (ou Rhodes ou Eginé), v. 434 av. J.-C.

Aristote, philos. gr., disc. de Platon. N. Stagyre, 384 av. J.-C.; m. Chalcis, 322. = Dit *Fioravanti*, archit. vénit. du 15e s., au service du czar Ivan III.

Aristoxène, philos. et music. grec. N. Tarente, v. 350 av. J.-C.

Arius, cél. hérés. N. Cyrénaïque, 270; m. subitem., 336.

Arkwright (Rich.), mécan. angl. N. Preston, 1732; m. 1792.

Arland, peint. Genève, 1668–1746.

Armagnac (Jean Ier, comte d'), command. du Languedoc, 1355. M. 1373.=(Jean III), p.-fils du précéd. M. 1391.=(Bern. VII, comte d'), chef de la faction des Armagnacs. Entra dans Paris, 1413; s'empara de l'autor., 1415; mis à m., 1418.=(Jean V, comte d'), maréch. de Fr., chambell. de Louis XI. Assass. Lectoure, 1473. =(Jean Bâtard d'), dit *de Lescun*, fils natur. d'Anne, fille de Bern. d'Armagnac, maréch. de Fr., gouv. du Dauphiné. M. 1473.

Armand (F. Huquet, dit), coméd. du Théâtre-Fr. Richelieu (Touraine), 1699–1765.

Armati (Salvino degli), Florent., invent. des besicles. M. 1317.

Armellini (Mariano), sav. bénéd. N. Ancône; m. 1737.

Armfeld (C. baron d'), gén. suéd. 1666–1736.

Arminius, chef germ., prince des Chérusques, fit périr Varus et son armée dans les défilés de Teutberg, l'an 10 de J.-C.=(J.), théol. protest., chef de la secte des arminiens. Oude-Water (Holl.), 1560–1609.

Armstrong (J.), poëte et méd. angl. Castleton, 1709–1779.

Arnaud (Dan.), troubad. périgourd. du 12e s. = *De Brescia*, cél. hérét. du 12e s., disc. d'Abailard. Brûlé vif, Rome, 1155. = (L'abbé F.), litt., antiq., memb. de l'Ac. fr. et de l'acad. des inscr. 1721-1784.=*De Baculard* (F.-Th.-Ma. d'), poëte, romanc., aut. dram. Paris, 1718-1805.

Arnauld de Villeneuve, alchim. et méd. languedoc. du 13e s.

Arnauld (Ant.), écriv. polit. et avoc. gén. Paris, 1560-1614. =*D'Andilly* (R.), fils du précéd., érudit, théol. Paris, 1589–1674. = (Henri), frère du précéd., négociat., év. d'Angers. Paris, 1597-1692.=(M.-Angél.), sœur du précéd., abbesse de Port-Royal. 1591-1661.= (Ant.), frère des précéd., théol. et controv. Paris, 1612; Bruxelles, 1694.

Arnault de la Borie (F.), hist., chancel. de l'univ. de Bordeaux. M. 1607.

Arnault (Ant. Vinc.), poëte trag., litt., secrét. perp. de l'Acad. fr. Paris, 1766-1834.

Arnd (Josué), érud., aumôn. de Gustave-Adolphe. Gustrow, 1626-1685.=(Ch.), fils du préc., bibliogr. 1673–1721.

Arndt (J.-God.), hist. all. Halle, 1713-1747.

Arne (Th.-A.), composit. angl. 1710–1778.

Arnemann (Just.), méd. Lunebourg, 1763–1807.

Arnheim (J.-G.), dit le Capucin luthérien, gén. saxon. 1581–1641.

Arniglio (Barth.), poëte, litt., méd. Brescia, 1525-1577.

Arnim (L. Achim d'), poëte, litt., aut. dram., physic. Berlin, 1781-1832.

Arnkiel, hist. et théol. all. M. 1713.

Arnobe, dit l'Ancien, écriv. et philos. chrét. du 3e s. N. Sicca (Numidie).=Dit *le Jeune*, théol. du 5e s.

Arnold (God.), théol. et myst. all. Anneberg, 1665–1714. = (Christ.), astron. all. 1650-1697. = (Bén.), gén. améric. N. v. 1745; m. Londres, 1801.

Arnolfo di Lapo, archit. et sculpt. ital. 1232–1300.

Arnoul, roi de Bavière, 887. Déposé, 898; m. empois., Ratisbonne, 899.

Arnould (St), tige de la race carlovingienne. N. près de Nancy, v. 580; maire d'Austrasie, puis év. de Metz, v. 611.

Arnould ou *Arnulphe*, év. de Rochester, écriv. ecclés. Beauvais, 1030–1124.

Arnould, év. de Lisieux, poëte, écriv. ecclés. M. 1182.= (Amb.-Ma.), écon., memb. de la convent. du cons. des cinq-cents, du tribunat. M. 1812.=(T.-F. Mussot, dit,) act., aut. dram. Besançon, 1734–1795. =(Sophie), actr. et cantat. de l'Opéra. Paris, 1740–1803.

Aromatari (Jo. degli), bot. et méd. ital. Assise, 1586–1660.

Arpajon (L. duc d'), gén. fr. sous Louis XIII. M. 1679.

Arquier (Jo.), composit. fr. Toulon, 1773-1816.

Arraès, écriv. portug., prédic., théol. 1530–1600.

Arredondo (Isid.), peint. esp. M. Madrid, 1702.

Arrien, poëte lat., v. 14 de J.-C.=(Flav.), hist. grec du 2e s.

Arrighetti (N.). mathém., philos., litt. N. Florence; m. 1643.

Arrighetto ou *Arrigo* (H.), poëte lat. de Florence, au 12e s.

Arrivabène (J.-P.), poëte lat., hellén. N. Mantoue; m. 1504.

Arrowsmith (A.), géogr. angl. Londres, 1750–1823.

Arroyo (Diego d'), peint. en miniat. M. Madrid, 1551.

Arsaces, fondat. de l'emp. des Parthes, et chef des Arsacides. Tué dans une bat., 250 av. J.-C. = Roi chrét. d'Arménie. Tué 369.

Arsames, roi d'Arménie, 246 av. J.-C.

Arseleyn, peint. holl. M. 1660.

Arsène, patriarche grec. M. en exil, 1273.

Arsès, roi de Perse, fils et succ. d'Artaxercès Ochus. M. 336 av. J.-C.

Arsinoé, fille de Ptolémée Aulète et sœur de Cléopâtre. Mise à m. par ordre d'Antoine.=Princesse égypt., épouse de Lysimaque, roi de Thrace. M. v. 290 av. J.-C.

Artaban Ier, roi des Parthes de 216 à 196 av. J.-C.=II, roi 127-124 av. J.-C.=III, roi 14 av. J.-C.; m. 44 de J.-C.=IV, roi 216 de J.-C.; détrôné 226 de J.-C.= *Artaban Hircanien*, gén. de Xerxès, assass. de ce prince. Mis à m. 472 de J.-C.

Artabasde, gendre et gén. de Léon III. Emp. 472; détrôné, 473.

Artabase ou *Artavasde*, roi d'Arménie, fils et succ. de Tigrane. Mis à m. 28 de J.-C.

Artale (Jo.), poëte sicil. 1628–1679.

Artario (J.-B.), archit. et sculp. ital. N. Agnora, 1660. = (Jo.), archit. et stat., fils du précéd. M. Cologne, 1769.

Artaud, cél. archit. de Reims. M. 961. = De Montor (le cheval. Al.-Fréd.), diplom. et litt., memb. de l'acad. des inscr. Paris, 1772–1849.

Artaxercès Ier, dit Longue-Main, fils de Xerxès. Roi de Perse, 471-424 av. J.-C.=II, Mnémon, fils de Darius II. Roi de Perse, 404 av. J.-C.; m. 362 av. J.-C.=III, ou Ochus, fils du précéd. Roi 362 av. J.-C.; empois. 338 av. J.-C.

Artaxias, gén. d'Antiochus le Grand, et roi d'Arménie, 189 av. J.-C.

Arteaga, (Ét.), jés. et litt. esp. N. 1747; m. Paris, 1799.

Artedi (P.), méd. et natural. suéd. 1705-1735.

Artémidore, aut. gr. du 2e s.

Artémise Ire, reine de Carie, accompagna Xerxès dans son expéd. contre la Grèce 80 av. J.-C.= II, reine de Carie, sœur et épouse de Mausole, qu'elle perdit 353 av. J.-C., et auquel elle fit élever un tombeau magnifique.

Artemon de Clazomène, cél. mécan. grec, contemp. de Périclès.=Peint. rom. Viv. sous Césars.

Artephius, philos. hermét. du 12e s.

Artevelle (Ja. d'), brasseur de bière gantois, chef du parti pop. en Flandre, 14e s. Périt, Gand, 1345.

Arthur, *Arthus* ou *Artus*, roi de la Gr.-Bret., au 6e s. Périt dans une bat., 542.=Duc de Bretagne, p.-fils de Henri II. N. Nantes, 1187; assass., 1203.

Artigas (Don J.), l'un des chefs de l'insurr. de l'Amérique mérid. contre l'Esp. N. Montevideo, 1746; m. 1826.

Artigny (Ant.-Gachet d'), érud. dauphinois. 1706-1778.

Artois (Ja. van), peint flam. N. Bruxelles, 1613.

Arundel (Th.), archev. d'York et de Cantorbéry, lord-chancel. 1353-1413.=(Th. Howard, comte d'), maréch. d'Anglet. sous Jacques Ier et Charles Ier. M. Padoue, 1646. Fit apporter en Anglet. les marbres dits de *Paros*, d'*Arundel* ou d'*Oxford*.

Aruns, frère de Tarquin le Superbe. Assass. par Tullia, sa femme, 536 av. J.-C.=Fils de Tarquin le Superbe. Périt 509 av. J.-C.

Arvidson, grav. et oriental. suéd. 1650–1705.

Arvieux (Laur. d'), oriental. et voyag. Marseille, 1653-1702.

Arzachel (Abrah.), astron. tolédan du 12e s.

Asa, fils et succ. d'Abiam, roi de Juda, 944-904 av. J.-C.

Asan Ier, roi bulgare, v. 1186. Assass. v. 1189.=II (Jean), fils du précéd., roi de 1215 à 1242.= III, abdiqua et m. 1280.

Asch (G.-Th., baron d'). méd. russe. St-Pétersb., 1729-1807.

Ascham (Reg.), sav. et négociat. angl. 1515-1568.

Ascher (Rabbi), sav. et commentat. juif all. M. Tolède, 1321.

Aschod Ier, dit *le Grand*, roi d'Arménie, 856 de J.-C.

Asclepi (Jo.-Ma.), jés. ital., mathém. et physic. Macerata, 1706-1776.

Asclépiade, philos. platonic. du 4e s. av. J.-C.=Méd. gr. N. Pruse (Bithynie); m. 60 av. J.-C.

Asclépiodore, peint. grec, contemp. d'Apelles.

Asclépiodote, d'Alexandrie, philos. et méd., disc. de Proclus.

Asclépius, de Tralles, philos. éclect. du 6e s.

Asconius Pédianus, gramm. lat. du 1er s. N. Padoue.

Asdrubal, gén. carthag. M. 489 av. J.-C. = Gén. carthag. fondat. de Carthagène. Assass. v. 220 av. J.-C.=*Asdrubal Barca*, gén. carthag., frère d'Annibal. Vaincu et tué en Italie, 208 av. J.-C. = *Asdrubal*, gén. carthag., p.-fils de Massinissa. Tué 147 av. J.-C.

Asedy-Thoucy, poëte pers. du 10e s.

Aselli (Gasp.), méd. ital. Crémone, 1581-1626.

Aser, fils de Jacob, chef d'une des 12 tribus.

Asfeld (Bidal, chevalier d'), gén. fr. Tué Bonn, 1689. = (Cl.-Fr.), maréch. de Fr. 1665–1743.

Asinelli, archit. ital. qui bâtit la tour de Bologne, v. 1100.

Asinius Quadratus, écriv. gr. du 3e s.

Asioli (Bonif.), composit. ital. Corregio, 1769-1832.

Asner (F.), grav. all. M. Vienne, 1748.

Aspar, patrice et gén. rom. Mis à m. 471.

Aspasie, de Milet, femme cél. par sa beauté et son esprit. Athènes, 5e s. av. J.-C.

Asper (F.), peint. Zurich, 1499-1571.

Aspertino (Amico), peint. bolonais. M. 1552.

Aspetti (Titien), sculpt. et fond. Padoue, 1565-1607.

Aspremont (F. de la Mothe-Villebert d'), ingén. fr., maréch. de camp. M. 1678.

Assarhadon, roi d'Assyrie; la conquit 680 av. J.-C.

Assarino (Luce), hist. et romanc. ital. 1607-1672.

Assarotti (Oct. J.-B.), fondat. de l'institut. des sourds-muets de Gênes. Gênes, 1753-1829.

Assas (N., chev. d'), capit. au régim. d'Auvergne, cél. par son dévouement. Tué Clostercamp (Westphal.), 1760.

Asselin (Gilles-Th.), poëte fr. Brie (Norm.), 1682-1767.

Asselyn (J.), peint. Anvers, 1610–1660.

Assemani (J.-Sim.), oriental., biblioth. du Vatican. Syrie, 1687; Rome, 1768 =(S.), oriental. de la même fam. Syrie, 1752; Padoue, 1821.

Asser (F. Walter van), grav. sur bois. M. Amsterdam, 1480.= Doct. juif cél. Babylone, 353-427. =Hist du 9e s. M. 883.

Asserto (J.), peint. génois. M. 1649.

Assezan (Pader d'), aut. dram. Toulouse, 1644-1696.

Assisi (And. d'), peint. ital. Assisi, 1470-1556.

Assoucy (C. Coypeau d'), poëte burl. Paris, 1604-1679.

Assuérus, roi de Perse mentionné dans la Bible. Selon quelques-uns, Darius, fils d'Hystaspe; selon d'autres, Artaxercès Longue-Main.

Assur, 2e fils de Sem, s'établit à l'E. du Tigre, v. 2640 av. J.-C.

Astarita (F.), composit. de musique dram. Naples, 1749-1803.

Astérius (St), doct. de l'Église. Viv. Amasie, fin du 4e s.

Astolphe, roi des Lomb. Succ. de son frère Rachis, 749; m. 756.

Astori (J.-Ant.), litt., crit., hellén. Venise, 1672–1743.

Astrampsychus, aut. grec du Bas-Empire.

Astronome (L'), nom donné à un chroniq. anonyme du 9e s.

Astruc (J.), méd. et physic. Sauves (Languedoc), 1684–1766.

Astyage, dernier roi des Mèdes, de 595 à 560 av. J.-C.

Atahualpa, dernier roi du Pérou, de la famille des Incas. Mis à m. 1533.

Ataide (L. d'), comte d'Atongia, vice-roi des Indes. M. 1580.

Atanagi (Denis), litt. et crit. ital. N. 1510.

Ataulphe, roi des Visigoths en Esp. Succ. d'Alaric, 410; assass. 415.

Aténion, peint. gr. V. 332 av. J.-C.

Aténolphe, duc de Bénévent, 900. M. 910.

Athalaric, roi des Ostrogoths. Succ. de Théodoric, 526; m. 534.

Athalie, fille d'Achab, roi d'Israël, et de Jézabel, épouse de Joram. Mise à m. 870 av. J.-C.

Atha-Melik, hist. et poëte persan. 1228–1283.

Athanagilde, roi des Visigoths d'Esp., de 554 à 567.

Athanaric, roi des Visigoths, vaincu par Valens, 369. M. Constantinople, 381.

Athanase (St), Père de l'Église grec, patriarche d'Alexandrie. Alexandrie, 296-376.=II, év. et duc de Naples. M. 900.

Athanasio (Don P.), dit Bocanegra, peint. esp. Grenade, 1638-1688.

Athénagoras, philos. éclect. 2e s. ap. J.-C.

Athénaïs, impérat. d'Orient sous le nom d'Ælia Eudoxia, femme de Théodose le Jeune. M. Jérusalem, 460.

Athénas (P.-L.), archéol. et natural. Paris, 1752-1829.

Athénée, gramm. grec du 2e s. N. Naucratis (Égypte). = Méd., contemp. de Pline. N. Cilicie. = Mathém. grec du 3e s. av. J.-C.

Athénis, de Chio, peint., sculpt., archit. grec. 6e s. av. J.-C.

Athénodore, philos. stoïc. de Tarse, précept. de l'emp. Claude.

Athlone (God. de Reide, comte de), gén. holl. au service de Guillaume III. M. Utrecht, 1705.

Atkins, cél. jurisc. angl. M. 1709.

Atratus (Hug.), méd. et mathém. angl. du 15e s.

Atta (Titus-Quintius), poëte latin. V. 76 av. J.-C.

Attaignant (Gab.-C., abbé de l'), poëte sat. et galant. Paris, 1697-1779.

Attale Ier, roi de Pergame, succ. d'Eumène, 241-198 av. J.-C. = II, dit *Philadelphe*, fils du précéd. et son succ., 187. M. 157 av. J.-C. = III, dit *Philométor*, roi de Pergame, neveu du précéd. M. 133 av. J.-C.

Attale, sénat. rom. créé emp. par Alaric, 409. M. 417.

Attaliota (M.), juge et proconsul byzantin, v. 1070.

Atteius (Capito), jurisc. rom., trib. et consul. M. 23 de J.-C.

Atterbury (F.), év. de Rochester, partisan des Stuarts. Middleton, 1662; Paris 1732.

Atticus (Titus-Pomponius), chev. rom., ami de Cicéron, de Pompée, etc. M. 32 av. J.-C. = (Hérode), rhét. grec. N. Marathon, v. 110; m. 186.

Attila, dit *le Fléau de Dieu*, roi des Huns, 434. M. Pannonie, 453.

Attiret (le frère J.-Den.), jés., missionn. en Chine, peint. Dôle, 1702; Pékin, 1768.

Atwood (G.), physic. angl. 1745-1807.

Atys, roi de Pergame, chef de la dynast. des Atyades, 166 s. av. J.-C.

Aubais (C. de Baschi d'), sav. fr. 1686-1777.

Auban (marquis de St-), lieut.-gén., écriv. milit. M. 1783.

Aubert, dit le *Moine de Puicibot*, troubad. limous. du 13e s. M. 1265 = (Ja.), philos., méd. N. Vendôme; m. Lausanne, 1586. = De Massoigne (P.-Gu.), poëte, hist., écriv. polit. Poitiers, 1554-1601. = *Aubert* (M.), grav. Paris, 1700-1757. = (J.-L.), abbé, fab. Paris, 1731-1814.

Aubert-Dubayet, gén. fr., memb. de l'assembl. législ., min. de la guerre, ambass. 1759-1797.

Aubery (Ant.), histor. publio. Paris, 1616-1695.

Aubespine (Cl. de l'), bar. de Château-Neuf, diplom. M. 1567. = (Gab. de l'), év. d'Orléans, diplom., écriv. eccl. 1579-1630. = (C. de l'), marq. de Château-Neuf, frère du précéd., homme d'État et diplom. Paris, 1580; m. 1653.

Aubeterre (Dav. Bouchard, vicomte d'), gouv. du Périgord. Tué au siége de l'Isle (Périgord), 1593. = (Fr. d'Esparbès de Lussan), maréch. de Fr. sous Henri IV et Louis XIII. M. 1682.

Aubignac (Fr. Hédelin, abbé d'), litt., poëte dram. Paris, 1604-1676.

Aubigné (Théod.-Agrippa d'), hist., poëte, écriv. satir., zélé calvin. St-Maury (Saintonge), 1550; Genève, 1630.

Aublet (J.-B.-Christ. Fusée-), bot. Salon (Prov.), 1720; Paris, 1778.

Aubrey (J.), litt. et antiq. angl. 1625-1700.

Aubriet (Cl.), peint. d'hist. nat. Châlons-s.-M., 1651; Paris, 1743.

Aubriot (Hug.), intend. des fin., prév. de Paris sous Charles V. N. Dijon; m. 1382.

Aubry (Ét.), peint., memb. de l'acad. de peint. Versailles, 1745-1781.

Aubry (F.), memb. de la conv. et du cons. des cinq-cents. N. Paris, 1750; m. en Anglet., 1802.

Aubry de Montdidier, chev. fr. Assass., dit-on, près de Montargis, par Rich. de Macaire, 1371.

Aubusson (J. d'), troubad. du 13e s. = (P. d'), dit *le Bouclier de l'Église*, card. et gr.-m. de l'ordre de Jérusal. En Marche, 1423-1503.

Auckland (W.-Edm., lord), homme d'État angl. 1750-1814.

Aude (J., cheval.), aut. dram. Apt, 1755; Montmartre (près Paris), 1841.

Audebert (Germ.), poëte lat. Orléans, 1518-1598. = (J.-B.), peint. et natural. Rochefort, 1759-1800.

Audefrois, dit le Bâtard, trouvère fr. du 13e s.

Audenaert (R. van), grav. Gand, 1663-1743.

Audiffredi (J.-B.), domin., bibliogr. ital. 1714-1794.

Audiffret (J.-B.), diplom., géogr. Marseille, 1657-1733.

Audiguier (Vital d'), poëte fr., traduct. N. v. 1565; assass. v. 1630.

Audinot (N.-Médard), act., aut. dram., fond. de l'Ambigu-Comique. Nancy, 1740-1801.

Audouin-Rouvière (Jo.-Ma.), méd. Carpentras, 1764-1832.

Audouin ou *Alduin*, 9e roi des Lomb. hors d'Italie. M. v. 555.

Audouin (P.), grav. Paris, 1768-1822. = (J.-Vict.), entomol., memb. de l'acad. des sc. Paris, 1797-1841.

Audouin de Chaignebrun (H.), chir. fr. N. v. 1713; m. 1781.

Audovère, 1re femme de Chilpéric. Répudiée, puis mise à m., v. 580.

Audran, nom d'une fam. d'artistes. Les plus cél. sont Charles ou Karle, grav. Paris, 1594-1674. = Claude, peint., memb. de l'ac. Lyon, 1641; Paris, 1684. = Girard, grav. d'hist., memb. de l'acad. de peint. Lyon, 1640-1703. = Jean, grav., nev. du précéd., memb. de l'acad. Lyon, 1667-1756.

Aufresne (J. Rival), act. trag. Genève, 1729; Pétersbourg, 1806.

Augeard (Mat.), jurisc. Tours, 1673-1751.

Auger (Edm.), prédic., missionn., confess. de Henri III. N. Allemane (Champagne); m. Côme, 1591. = (L'abbé Athanase), hellén., memb. de l'acad. des inscript. Paris, 1734-1792. = (L.-Sim.), litt., secrét. perpét. de l'Acad. fr. N. Paris, 1772; m. noyé, 1829.

Augereau (P.-F.-C.), duc de Castiglione, maréch. de Fr. N. Paris, 1757; m. 1816.

Augier (Gu.), troubad. du 12e s. = (J.-B.), baron, maréch. de Fr. Bourges, 1769-1819.

Auguis (P.-J.-B.), memb. de la convent. nation. Melle (Poitou), 1748-1840.

Augurello (J.-Aurèle), hellén., poëte lat. Rimini, 1441-1521.

Auguste (Caius Julius Cæsar Octavianus), 1er emp. rom. N. Rome, 63 av. J.-C.; connu sous le nom d'Octavius jusqu'à son avén. 28 de J.-C.; m. Nole, 14 ap. J.-C.

Auguste Ier, dit le Pieux, élecṭ de Saxe, de 1553 à 1586. = II (Fréd.), élect. de Saxe, puis roi de Pologne. Dresde, 1670-1733. = III (Fréd.), fils et succ. du précéd. 1696-1763.

Augustin (St), év. d'Hippone, l'un des Pères de l'Église lat. N. Tageste (Numidie), 354; m. Hippone, 395. = (St), bénéd., 1er archev. de Cantorbéry, et apôtre de l'Anglet. M. 610.

Augustin, dit le Vénitien, grav. Venise, 1490-1540. = (Ant.), archev. de Tarragone, jurisc., philol. Saragosse, 1510-1586. = (J.-B.-Ja.), peint. en miniat. St-Dié, 1759; Paris, 1832.

Augustule (Romulus Momyllus Augustus, surnommé), dern. emp. rom. d'Occid., 475. Détrôné, 476.

Aulisio (Dom.), litt. Naples, 1639-1717.

Aulnaye (F.-H.-Stan. de l'), érud., litt. fr. Madrid, 1739; Chaillot, 1830.

Aulu-Gelle, gramm. lat. Rome, v. 130.

Aumale (Claude Ier de Lorraine, comte, puis duc d',) chef de la maison de Guise. M. 1550. = (Cl. II de Lorraine, duc d'), fils du précéd. N. 1523; tué dev. La Rochelle, 1573. = (Ch. de Lorraine, duc d'), fils du précéd., un des chefs de la Ligue. N. 1556; m. Bruxelles, 1631. = (Cl., cheval. d'), frère du précéd. Tué dans une bat., 1591.

Aumer, dans. de l'Opéra de Paris, aut. de ballets. M. 1832.

Aumont (J. d'), maréch. de Fr. N. 1522; tué dans une bat., 1595. = (Ant.), maréch. de Fr., p.-fils du précéd. 1601-1669. = (L.-Marie de Roche-Baron), fils du précéd., numism., memb. de l'acad. des inscr. 1632-1704.

Aungerville (Ri. de Bury), prélat angl., litt., chanc. et trésor. 1281-1345.

Aunoy ou *Aulnoy* (Ma.-Cath. Jumelle de Berneville, comtesse d'), litt. 1650-1705.

Aurèle (St), archev. de Carthage. M. 423.

Aurélien, emp. rom. N. 212; succ. de Claude II, 270; assass. 275. = (St), év. d'Arles. M. 553.

Aurelio (L.), hist. ital. N. Pérouse; m. Rome, 1637.

Aurelius Cotta (C.), consul rom., 251 av. J.-C.

Aurelius Victor (Sextus), hist. lat. du 4e s.

Aureng-Zeib, emp. du Mogol et conquér. 1619-1707.

Aureole (M. Acilius), gén. rom. Proclam. emp., 267; tué, 268.

Auria (Jo.), mathém. et astron. napol. M. 1595. = (Vinc.), poëte, hist. Palerme, 1625-1710.

Aurifaber (And.), méd., érud. Breslau, 1512-1559.

Auriferi (le P. Bern.), bot. sicil. 1739-1796.

Aurigny (Gilles), poëte. N. Beauvais; m. 1553.

Aurispa (J.), sav. sicil. Noto, 1369-1460.

Aurogallus (Math.), philol. du 16e s. M. 1543.

Auroux (N.), grav. fr. du 17e s.

Ausone (St), martyr, 1er év. d'Angoulême, v. 260.

Ausone (Decius Magnus), poëte lat. du 4e s. N. Bordeaux, v. 309; m. 394.

Auspice (St), év. de Toul au 5e s.

Austor d'Orlac, troubad. du 13e s.

Austregilde, 2e femme de Gontran, roi de Bourgogne. N. 560.

Austremoine, missionn. du 3e s., fondat. de l'église de Clermont en Auvergne.

Autels (Gu. des), poëte et litt. N. Charolles, 1529.

Autharis, roi des Lomb., 584. M. 590.

Autichamp (J.-Thérèse-Louis de Beaumont, marq. d'), maréch. de camp, puis lieut.-gén., et gouv. du Louvre sous la Restaur. N. Angers, 1738; m. St-Germ., 1831.

Authville des Amourettes (C.-L. d'), écriv. milit. Paris, 1716-1762.

Autolycus, philos. et astron. grec du 4e s. av. J.-C.

Automne (Bern.), jurisc. fr. 1587-1666.

Autreau (Ja.), peint., poëte comique. Paris, 1666-1744.

Autroche (A. d'), litt. et trad. Orléans, 1744-1823.

Autun ou *Authon* (J. d'), aumôn. de Louis XII, historiogr. de Fr. 1466-1527.

Auvergne (P. d'), troubad. du 13e s. = (Ant. d'), composit. Clerm., 1713-1797.

Auvigny (J. du Castre d'), litt. N. Hainaut, 1712; tué, Dettingen, 1743.

Auvray (Fél.), poëte et aut. dram. 1590-1633. = (Fél.), peint. Valenciennes, 1800-1833.

Auxence, év. arien. N. Cappadoce; m. 374.

Auzanet (Barth.), jurisc., conseill. d'État. Paris, 1591-1673.

Auzout (Ad.), mathém., memb. de l'acad. des sc. Rouen, 1630-1691.

Avalos (Ferd.-F. d'), marq. de Pescaire, cél. capit. de Charles-Quint. N. 1489; m. Milan, 1525. = (Alph.), gén. de Charles-Quint, gouv. du Milanais. Naples, 1502-1546.

Avanzi (J.-M.), jurisc., poëte. Rovigo, 1549-1622.

Avaux (Cl. de Mesmes, comte d'), ambass. fr. 1595-1650. = (J.-Ant.), p.-neveu du précéd. ambass., négociat. 1640-1709.

Aved (Ja.-And.-Jo.), peint., memb. de l'acad. Douai, 1702-1766.

Aveiro (D. Jo., duc d'), seign. portug., favori de Jean V. Brûlé, 1759.

Aveis Ier, sult. de Bagdad, 1356. M. 1375. = II, ou *Ahmed-Gesair*, fils du précéd., sult. 1381. M. 1410.

Aveline (P.), grav., memb. de l'acad. de peint. Paris, 1710-1760.

Aventin (St), év. de Chartres au 6e s. M. 528.

Aventinus (J. Thurnmaier, connu sous le nom de), hist. bavar. 1476-1534.

Averani (Ben.), érudit ital. Florence, 1645-1707.

Averdy (Clém.-C.-F. de l'), contrôl. gén. des fin. Paris, 1723; m. sur l'échaf., 1793.

Averoldi (Ju.-Ant.), antiq. Venise, 1651-1717.

Averroès (Ibn-Rochd, dit), méd. et philos. ar. de Cordoue. M. Maroc, 1198.

Aversa (Th.), poëte et aut. dram. sicil. M. Palerme, 1663.

Avesbury (R.), chroniq. angl. du 14e s.

Avicenne ou *Abou-Ibn-Sina*, philos. et méd. ar. N. Perse, v. 980; m. Hamadan, 1037.

Avienus (Rufus Festus), poëte lat. du 4e s. Viv. sous Théodose.

Avila y Zuniga (Don L. d'), diplom. et hist. esp. N. v. 1500. = *Avila* (J. d'), dit l'Apôtre de l'Andalousie, missionn. N. Tolède, v. 1502; m. 1569. = (Gilles Gonzalès d'), antiq., historiogr. Avila, 1559-1658.

Aviler (A.-C. d'), archit. Paris, 1653-1700.

Avisse (Ét.), poëte comique fr. M. 1747.

Avitus (Flavius), emp. rom. N. dans les Gaules; succ. de Maxime, 455; m. 457. = (Sextus Alcimus Ecdicius), dit saint Avit, neveu du précéd., archev. de Vienne en Dauph., poëte lat. M. v. 525.

Avogadro (le comte L.), gentilhomme de Brescia, qui tenta de délivrer sa patrie de la dominat. des Fr., 1502. Mis à m.

Avost (Jér.), poëte et litt. Laval, 1558-1584.

Avrigny (Hyac. Robillard d'), jés., hist. Caen, 1675-1719. = (C.-Jo. l'Œuillard, dit), aut. dram. La Martinique, 1760; Paris, 1823.

Avril (le P. Ph.), jés. et missionn. fr. du 17e s. = (J.-J.), grav. fr. 1744-1832.

Avrillon (J.-B.-Élie), minime, prédic. Paris, 1652-1729.

Axelson (Éric), administ. de la Suède. M. 1440.

Ayala (P.-Lopez d'), homme d'État, gén. et hist. esp. Murcie, 1332-1407. = (Barnabé de), peint. esp. N. Séville; m. 1673. = (Ign. Lopez de), astron., hist. et litt. esp. M. v. 1730.

Ayamonte (le marq. d'), seign. esp. qui conspira sous Philippe IV. M. sur l'échaf., 1640.

Aylmer (J.), év. de Londres, controv. 1521-1594.

Aymon, dit le Pacifique, comte de Savoie. Succ. de son frère Édouard, 1329; m. 1343. = (J.), écriv. satir. fr. du 16e s.

Aynès (F.-Dav.), litt. et compil. N. Lyon; m. 1827.

Ayola (J. d'), gouv. de Buenos-Ayres, et fondat. de la ville de l'Assomption. Mass., 1538.

Ayrault (P.), avoc. de Paris, écriv., lieut. crim. à Angers. 1536-1601.

Ayrenhoff (C. van), poëte dram. all., au comm. du 18e s.

Ayrer (G.-H.), jurisc. all. Meinengen, 1702-1774.

Ayrmann (Christ.-Fréd.), antiq., hist. Leipzig, 1695-1750.

Ayscough (Sam.), antiq. et litt. angl. Nottingham, 1745-1804.

Ayta (Zuichem Viglius), jurisc., diplom., homme d'État holl. N. 1507; m. Bruxelles, 1577.

Azalais de Porcairagues, femme poëte, troubad. du 12e s.

Azaïs (P.-Hyac.), philos. et écriv. fr. Sorrèze, 1766; Paris, 1845.

Azambuza (Diég. d'), navig. portug. du 15e s.

Azara (Don Jo.-N., chev. d'), antiq., litt., diplom. esp. N. 1732; m. Paris, 1804.

Azarias. V. Ozias.

Azario (P.), hist. du 13e s.

Aze, rabb., compil. 6e ou 7e s.

Azevedo (Ign.), jés. portug., missionn. N. Porto, 1527; mass. 1570. = (L. d'), missionn. portug. N. Chaves, 1575; m. en Éthiopie, 1634. = (J.-Fél.-Ant.-F. de), litt. et généal. Malines, 1717-1780.

Azon ou *Azo*, jurisc. bolonais. M. 1200.

Azor (J.), jés., théol. et moral. esp. M. 1603.

Azum (Domin.-Alb.), publicist. et jurisc. Sassari (Sardaigne), 1760-1827.

Azyz-Billah, 2e calife fatimite d'Égypte. M. 996.

Azzi (F.-Ma. degli), poëte ital. Arezzo, 1655-1707.

Azzo-Guidi (Valère-F.), hist. et chron. bolon. M. 1728. = (Ant.-Ma.), moine francisc., érud. Bologne, 1697-1770.

Azzolini (Laur.), poëte satir. ital., év. de Narni. N. Fermo; m. 1632. = (Decio), card., écrivi ital. Fermo, 1623-1689.

— B —

Baale (H. van), poëte dram. holl. 1782-1822.

Baan (J. de), peint. de port. Harlem, 1633-1702.

Baardt (P.), méd. et poëte flam. du 17e s.

Baasa, gén. de Nadab, roi d'Israël, s'empara du trône, 453 av. J.-C.

Baba, sect. turc qui parut à Amasie, en 1240.

Baba-Ali, 1er dey indép. d'Alger. M. 1718. = Doct. mahom. M. 1569.

Babakouschi (Abdel-Ramon Mustapha), doct. musul. du 14e s.

Babbini ou *Babini* (Mat.), chant. ital. Bologne, 1754-1816.

Babek, dit le Libertin, sect. persan. Tué, 837.

Babeuf (F.-Noël), journal. démagogue. N. St-Quentin, 1764; m. sur l'échaf., 1797.

Babin (F.), cél. casuiste. Angers, 1651-1734.

Babington (Ant.), cathol. angl., dont la prétendue conspiration servit de prétexte à la condamn. de Marie Stuart. Mis à m., 1586. = (W.), méd. et natural. angl. M. 1833.

Babo (Jo.-Mar.), aut. dram. all. 1756-1822.

Babolein (St), 1er abbé de St-Maur-les-Fossés. M. v. 660.

Babour (Mohammed), p.-fils de Tamerlan, souver. de la Tartarie, 1483. M. 1530.

Babrius ou *Babrias*, poëte grec, fab. Viv. sous Auguste.

Babylone (F.), grav. du 16e s.

Baccelli (Jér.), méd. et litt. Florence, 1514-1581.

Baccetti (N.), moine de Cîteaux, hist. Florence, 1567-1647.

Bacchanelli (J.), méd. ital. du 16e s.

Bacchini (B.), savant bénéd. ital. 1651-1721.

Bacchylide, poëte lyrique grec. 540 av. J.-C.

Bacci (And.), méd. de Sixte V, et profess. de bot. M. 1593.

Baccio da Monte Lupo, sculpt. M. Lucques, v. 1533.

Baccio della Porta, dit *fra* Bartholomeo di San-Marco, domin. et peint. Savignano (Tosc.), 1469-1517.

Bacciocchi (Ma.-Anne-El. Bonaparte), sœur de Napoléon. N. Ajaccio, 1777; épouse du prince Bacciocchi, 1797; gr.-duch. de Toscane, 1809; m. Trieste, 1820. = Le prince *Bacciocchi* m. Rome, 1841.

Bacellaria (Ant. Barbosa), jurisc., hist., poëte lyrique portug. Lisbonne, 1610-1663.

Bach (J.-Séb.), composit. cél., maître de chapelle du roi de Pologne, et chef d'une fam. de music. distingués. N. Eisenach, 1685; m. Leipzig, 1754. = (J.-A.), profess. de jurisp. à l'univers. de Leipzig. 1721-1759.

Bachaumont (F. le Coigneux de), litt. Paris, 1624-1702. = (L. Petit de), écriv. fr. M. Paris, 1771.

Bachelay (Ja.), grav. fr. M. Rouen, 1781.

Bachelier (N.), sculpt. et arch. fr. du 16e s. N. Toulouse. = (J.-J.), peint., direct. de la manuf. de Sèvres. 1724-1805.

Bachellerie (Hug.), troubad. du 12e s.

Bacher (Fréd.), méd. N. Bischheim (Alsace), 1799; m. à la fin du 18e s.

Bacheracht (H.), méd. russe. N. Pétersbourg, 1725.

Bacherius (F.-P.), domin., profess. de théol. à Louvain. M. 1601.

Bachiène (Gu.-Alb.), profess. de géogr. et d'astron. à Maestricht, 1712-1783.

Bachot (Gasp.), médec. fr. N. 1550; m. v. 1626.

Bachov (Reinhard), jurisc. Cologne, 1544-1614.

Bachstrom (Fréd.), théol. et méd. du 17e s.; impr. à Constantin.

Baciarelli (Marcel), peint. N. Rome, 1731; m. en Pologne, 1818.

Baciccio (J.-B. Gaulli, dit le), peint. Gênes, 1639-1709.

Back ou *Bæck* (Abr.), bot. et méd. du roi de Suède. 1713-1775.

Backer (Ja.), peint. d'hist. et de port. Anvers, 1608-1664.

Bacler d'Albe (Aubert L.), peint. et ingén.-géogr. fr. 1761-1824.

Bacon (R.), théol. angl. du 12e s. = (Rog.), dit le Docteur admirable, cél. moine angl., chim., phys., mathém., etc. Ilchester, 1214-1294. = (N.), jurisc. angl. et garde des sceaux, 1510-1579. = (Fr.), fils du préc., philos. angl., homme d'État, gr.-chanc. Londres, 1561-1626. = (J.), sculpt. angl. 1740-1799.

Bacon-Tacon (P.-J.-J.), archéol. fr. 1738-1817.

Bacquerre (B.), méd. all. du 17e s.

Bacquet (J.), jurisc. fr. du 16e s.

Bacuet (Pa.), profess. de philos. à Genève dans le milieu du 17e s.

Badalocchio ou *Rosa-Sisto*, peint. et grav. ital. Parme, 1581-1647.

Bade, nom d'une fam. souveraine d'Allemagne. Ses principaux membres furent : Hermann Ier, dit le Saint, 1er margr. de Bade. 1074-1130 = Bernard Ier, le Grand. 1372-1431 = Charles Ier. M. 1475. = Philibert, tué à la bat. de Moncontour, 1569. = Edouard Fortuné, cél. par ses crimes. M. 1600. = Louis-Guillaume, dit prince de Bade. N. Paris, 1655; m. 1707. = George-Frédéric. M. 1638. = Frédéric VI. M. 1677. = Charles-Guillaume, fondat. de Carlsruhe. N. 1709; m. 1738. = Charles-Frédéric, électeur, puis gr.-duc. N. 1728; m. 1811. = Charles-Louis-Frédéric, époux de Stéphanie, p.-fille de Fanni de Beauharnais, 1809. M. 1818.

Baden, litt. et crit. danois. 1735-1804.

Badens (J.), peint. Anvers, 1576-1603.

Badessa (Pa.), poëte ital. du 16e s.

Badia (C.-F.), prédic. ital. N. Ancône, 1675. = *Y Leblich* (Dom.), voyag. esp. N. 1766; m. Alep, 1818.

Badiale (Alex.), peint. et grav. ital. M. Bologne, 1726.

Badius (Josse), profess. de b.-lettres à Lyon, puis impr. à Paris. 1460-1535. = Conrad, son fils, imprim. N. Paris, 1510; m. Genève, 1568.

Badoaro (Fréd.), ambass. vénit. et hist. 1518-1595. = (Laure), poëte ital. du 16e s. = (Ja.), poëte dram. vénit. du 17e s.

Baduel (Clém.), litt. N. Nîmes; m. Genève, 1561.

Baeli (F.), hist. et poëte sicil. N. 1639.

Baengius (P.), hist. suéd. du 17e s.

Baer (Fréd.-C.), sav. N. Strasbourg; m. 1797.

Baerle (Gasp. van), poëte lat. et profess. de philos. N. Anvers, 1584; m. 1648.

Baermann (G.-Fréd.), profess. de mathém. N. Leipzig; m. 1769.

Baersdorp (Corn. van), méd. et conseill. de Charles-Quint. M. Bruges, 1565.

Baffin (W.), navig. et astron. angl. M. 1622.

Baffo (G.), poëte vénit. M. 1768. = (La sultane). N. Corfou, devint la favorite d'Amurat III, dont elle eut Mahomet III.

Bage (R.), romanc. et impr. angl. Darley, 1728-1801.

Bagellardus (Pa.), profess. de philos., puis de méd. à Padoue. M. 1494.

Baggaert (J.), méd. flam. 1677-1710.

Bagger (J.-), théol. dan., év. de Copenhague. 1646-1693.

Baggesen (Jens), poëte dan. 1764-1826.

Baglione (César), peint. ital. du 16e s.

Baglioni (Jn.-Pa.), condottiere ital. N. Pérouse, s'y empara de l'autorité; décap. 1520. = (Castor), fils du précéd., poëte et guerrier. Décap. 1571. = (Th.), impr. vénit. du 17e s.

Baglivi (G.), méd., profess. d'anat. N. Raguse; m. Rome, 1707.

Bagnati (le P.), jés., prédic. et litt. Naples 1651-1717.

Bagnoli (Ju.-César), poëte dram. ital. du 16e s. = (J.), peint. ital. N. Florence, 1678.

Bagot (J.), jés., théol. Rouen, 1590-1664.

Bagration (P.), prince, sénat. et conseill. du czar. Tué à la Moskowa 1812.

Baghshaw (Christ.), théol. cathol. angl. M. Paris, 1662.

Bahali, gramm. ar. M. 842.

Bahier (J.), orator. et poëte lat. M. 1707.

Bahrdt (C.-Fréd.), théol. protest. Misnie, 1741-1792.

Baier (J.-J.), méd. et natural. all. 1677-1735.

Baïf (Lazare de), ambass. fr. sous François Ier. M. 1547. = (J.-Ant.), son fils, poëte fr. N. Venise, 1532; m. Paris, 1589.

Bail (C.-Jo.), public. Béthune, 1777-1824.

Baillet (Adr.), crit. et écriv. fr. 1649-1706.

Bailleul ou *Baliol*, roi d'Écosse. Élu 1291; m. 1314.

Bailleul (Ja.-C.), écriv. polit., memb. de la conv. du cons. des cinq-cents, du tribunat. N. Bretteville, 1762; m. Paris, 1843.

Baillie (R.), hist. Glascow, 1599-1662. = (Gu.), grav. angl. N. v. 1736; m. fin du 18e s. = (M.-J.), méd. et anat. écoss. 1761-1823.

Baillon (Emm.), natural. fr. M. Abbeville, 1802.

Baillot (P.), cél. violoniste. Passy (près Paris), 1771; Paris, 1842.

Baillou (G. de), doyen de la fac. de méd. de Paris. 1538-1616.

Baillu (P. de), grav. Anvers, v. 1640.

Bailly (J.-Sylv.), astron., litt. et homme polit., memb. de l'Acad. fr., de l'acad. des sc. et de celle des inscript. et b.-lett.; maire de Paris. N. Paris, 1736; m. sur l'échaf., 1793.

Baindridge (J.), astron. angl. 1582-1643.

Baius ou *de Bay* (M.), hérés., profess. d'Écrit. ste, députe du roi d'Esp. au concile de Trente. Melin (Hainaut), 1513-1580.

Bajazet Ier, dit l'Éclair, sult. des Turcs. Succ. d'Amurat Ier, 1390; m. 1403. = II, fils et succ. de Mahomet II, 1481. Empois. 1512.

Bajazet, fils de Soliman Ier, compétit. de son frère Sélim. Vaincu et mis à m., 1558. = Fils d'Achmet Ier, frère d'Amurat IV. Mis à m. 1655.

Bajole (J.), jés. et hist. Condom, 1599-1650.

Bajon, natural. fr., méd. à Cayenne. M. v. 1790.

Bake (Laur.), poëte holl. M. 1714.

Baker (Rich.), hist. angl. 1568-1645. = (Th.), sav. angl. 1656-1740. = (H.), natural. angl. M. 1774.

Bakhuysen (Ludolphe), peint. de mar. holl. Embden, 1631-1709.

Bakker (P.-Huysinga), poëte holl. Amsterd. 1715-1801.

Balaam, fils de Beor et prophète de Pethor, en Mésopotamie. Tué dans une bat., 238 av. J.-C.

Balbâtre (Cl.), cél. organ. fr. Dijon, 1723-1799.

Balbi (J.), sav. domin. génois. M. 1298. = (Jér.), litt. vénit. des 15e et 16e s. = (Adri.), géogr. et static. Venise, 1782; Vienne, 1848.

Balbinus (Decius Cœlius), élu emp. conj. avec Maxime, 237. Assass. tous deux, Rome, 238. = (Aloys.), jés. et hist. N. Bohême, 1611; m. 1689.

Balbis (J.-B.), méd. et natural. fr. Piémont, 1765; Paris, 1831.

Balboa (Vasco Nuñez de), navig. esp. 1475-1517.

Balbuena (B. de), poëte esp. M. 1527.

Balbus (L. Corn.), consul rom. 40 av. J.-C., le 1er étranger qui ait obtenu cette dignité.

Balchen (J.), amiral angl. N. 1669; naufr., 1744.

Baldassari (Jo.), profess. d'hist. nat. au 18e s.

Baldaya (Alonzo-Gonz.), navig. portug. du 14e s.

Balde de Ubaldis (P.), jurisc. ital. Pérouse, 1324-1400.

Balde (Ja.), jés. et poëte lat. Ensisheim, 1603-1668.

Baldelli (F.), sav. ital. du 16e s.

Baldelli-Boni (J.-B.), conseill. d'État du gr.-duc de Tosc., écriv. ital. Cortone, 1766-1831.

Balderic ou *Baudri*, chroniq. du 11e s. N. Cambray. = Hist. du 11e s. N. v. 1050; m. 1119.

Baldi (Cam.), profess. de philos. Bologne, 1547-1634. = (Bern.), abbé de Guastella, sav. et litt. du 16e s. Urbin, 1553-1617. = Ou *Baldus*, méd. ital. du 17e s. = *Baldi* (Laz.), peint. ital. Pistoie, 1624-1703.

Baldinger (Ern.), méd. Erfurth, 1738-1804.

Baldini (Baccio), méd. de Cosme Ier de Médicis, et biblioth. M. Florence, 1585. = (Bern.), mathém., philos., méd. et poëte ital. 1515-1600. = (J.-F.), sav. ital. Brescia, 1677-1765.

Baldinucci (Ph.), litt. florent. 1624-1696.

Baldovinetti (Alessio), peint. florent. 1425-1449.

Baldovini (F.), poëte ital. 1635-1706.

Balducci (Fr.), poëte ital. M. Rome, 1642.

Baldwin (Gu.), instit. et écriv. angl. M. 1564.

Bale ou *Balæus* (J.), théol. angl. 1495-1563.

Balechou (J.-J.), grav., memb. de l'acad. de peint. Arles, 1715-1765.

Balen (H. van), peint. flam. M. Anvers, 1632.

Bales (P.), invent. de la sténographie. Londres, 1547-1610.

Balesdens (J.), avoc., memb. de l'Acad. fr. M. Paris, 1675.

Balestra (Ant.), peint. ital. Vérone, 1666-1634.

Baley (Gaut.), méd. angl. M. 1592.

Balguey (J.), théol. et prédic. angl. 1686-1748.

Balin (J.), méd. et écriv. fr. du 16e s. N. Vesoul.

Ball (J.), novat., disciple de Wiclef. Mis à m. 1381.

Ballenden (J.), écriv. écoss. M. Rome, 1550.

Ballesteros (Don F.), gén. esp. N. Saragosse, 1770; m. en Fr., 1833.

Ballexserd (Ja.), écriv. genev. 1726-1774.

Balliani (J-B.), physic. génois. 1586-1666.

Ballin (Cl.), cél. orfèvre et grav. sur métaux. Paris, 1615-1678.

Ballino (Jo.), jurisc. et litt. vénit. du 16e s.

Balliste, gén. rom., succ. de l'emp. Macrin. Assass., 264.

Balsamo (Laur. et Oct.), poëtes sicil. du 17e s.

Balsamon, canoniste et patriarche de l'Égl. grecque. M. Constantinople, 1214.

Balten (P.), peint. du 16e s. N. Anvers.

Balthasar (Christ.), public. fr. 1588-1670. = (Aug.), public. et hist. suéd. 1701-1779. = (Jo.-Ant.-Fél. de), jurisc. et hist. suisse. Lucerne, 1737-1810.

Balthasar, dern. roi de Babylone, 554-538 av. J.-C.

Balthazari (Théod.), mathém. du 18 s., invent. du microscope solaire.

Baltus (J.-F.), jés., théol. Metz, 1667-1743.

Balue (J. La), card. et min. de Louis XI. N. Angle (Poitou), 1421; m. Ancône, 1490.

Baluze (E.), érud., profess. de droit can. au collège de Fr. Tulle, 1630-1718.

Balzac (J.-L.-Guez de), écriv. et épistologr., memb. de l'Acad. fr. Angoulême, 1594-1655. = (Honoré de), romanc. fr. N. Tours, 1799; m. Paris, 1850.

Bancal des Issards (H.), conventionnel et memb. du cons. des cinq-cents. 1750-1828.

Banchi (Séraph.), domin. florent., dénonça Barrière, qui voulait empoisonner Henri IV. M. Paris, 1622.

Bandarra (Gonz.), poëte portug. du 16e s.

Bandello (V. de), théol. domin. M. 1506. = (Math.), son neveu, domin. et profess. de b.-lett. M. 1561.

Bandinelli (Baccio), sculpt. et peint. Florence, 1487-1559.

Bandini (Ange-Ma.), érud. ital. Florence, 1726-1800.

Banduri (Dom. Ans.), sav. bénéd. N. Raguse, 1670; m. Paris, 1743.

Baner ou *Banier* (J.-Gust.), feld-maréch. suéd. N. 1596; m. Halberstadt, 1641.

Banier (Ant., l'abbé), mythogr., memb. de l'acad. des inscr. Dalet (Auvergne), 1673-1741.

Banister (J.), missionn. et bot. angl. du 17e s.

Bankert (Jo. van Troppen), amiral holl. N. Flessingue; m. v. 1647.

Bankes (J.), jurisc. angl. 1589-1644.

Banks (J.), poëte angl. du 17e s. = (J.), litt. angl. 1709-1751. = (Th.), sculpt. angl. du 18e s. = (Sir Jo.), natural. et voyag. angl. N. Londres, 1740; m. 1820.

Bannelier (J.), jurisc. fr. Dijon, 1683-1766.

Banquo, chef d'une prov. d'Écosse, 1040. Assass. par Macbeth.

Baodan, roi d'Irlande, v. 565.

Bapst (M.), méd. all. du 16e s.

Baptistin (J.-B. Stuck), music. florent. M. Paris, v. 1745.

Bar (N. de), peint. fr. du 17e s. M. Rome.

Baraband (Ja.), peint. fr. Aubusson, 1772-1809.

Barach, 4e juge des Hébreux. V. 1420 av. J.-C.

Baraguay, (Th.-P.), archit., fr. N. 1748; m. Paris, 1820.

Baraguay-d'Hilliers (L.), gén. fr. Paris, 1754; Berlin, 1812.

Barahona y Soto (L. de), poëte esp. du 16e s.

Baraillon (J.-F.), méd., antiq., memb. de la conv., du cons. des anc., du corps législ. 1743-1816.

Baranzano, relig. barnab., profess. de philos. à Annecy. Serraville (Piém.), 1590; Montargis, 1622.

Baratier (J.-Phil.), enfant cél., mathém., astron., memb. de l'acad. de Berlin à 14 ans. N. Schwabach, 1721; m. 1740.

Barba (J. Sanchez), sculpt. esp. M. 1670. = (Pompée della), méd. et philos. Pescia (Tosc.), 1520-1582.

Barbadillo (Alph.-Jér. de Salas), poëte et litt. esp. du 17e s.

Barbançois (C. Hélion, marq. de), agron., écon. fr. 1760-1822.

Barbanègre (Jo.), gén. fr. Pontacq, 1792-1830.

Barbarigo (Aug.), doge de Venise, 1486-1501. = (Nic.), ambass. de Venise à Constantin. M. 1579. = (Grég.), card., év. de Padoue. 1625-1697. = (J.-Fr.), nev. du précéd., ambass., puis card. et év. de Padoue. 1658-1730.

Barbaro (F.), noble vénit. et litt. 1398-1454. = (Dan.), ambass. de Venise, puis patriarche d'Aquilée. 1513-1570. = (Joseph), voyag. vénit. M. 1494.

Barbaroux (C.-J.-Ma.), conventionnel, l'un des chefs de la Gironde. N. Marseille, 1767; m. sur l'échaf., 1794.

Barbatelli (Bern.), peint. ital. M. Florence, 1612.

Barbato (Marc), poëte ital. M. 1362.

Barbauld (Anna-Lætitia, mistriss), poëte et litt. 1743-1825.

Barbault (J.), archit. du 18e s.

Barbazan (Arn.-Gu. de), gén. fr. sous Charles VI et Charles VII. M. 1432.

Barbeau de la Bruyère (J.-L.), litt. fr. Paris, 1710-1781.

Barbé-Marbois (F., marq. de), memb. du cons. des cinq-cents; conseill. d'État, puis sénat., présid. de la cour des comptes, pair de Fr., garde des sceaux, etc. Metz, 1745-1837.

Barberet (Den.), méd. Arnay-le-Duc, 1714-1780.

Barberini, nom d'une fam. florent., dont plusieurs memb. se sont illustrés au 17e s.

Barberino (F. da), poëte tosc. Florence, 1264-1348.

Barberousse (Aroudj), cél. pirate. N. 1470; dey d'Alger, 1516; tué, Tlemsen, 1518. = (Khair-Eddy), frère du précéd. et son succ. comme dey d'Alger. M. Constantin., 1546. = (Fréd.) V. Frédéric.

Barbette (Pa.), méd. et chim. holl. du 17e s.

Barbeu-Dubourg (Ja.) méd. et bot. Mayenne, 1709-1779.

Barbeyrac (C.), profess. de méd. à Montpellier. 1629-1699.

Barbié du Bocage (J.-Den.), profess. de géogr. à la faculté des lett. de Paris, memb. de l'acad. des inscr. Paris, 1760-1825.

Barbier (Ant.-Al.), sav. bibliogr. Coulommiers, 1765-1825. = (P.-Fr.), composit. de musique d'église. Paris, 1795-1859.

Barbier (Ma.-Anne), femme auteur. N. Orléans; m. 1745.

Barbier d'Aucourt (J.), litt., memb. de l'Acad. fr. Langres, 1641-1694.

Barbo (J.-B.), poëte padouan du 17e s. = (Pa.), domin. et philos. aristotic. M. Crémone, 1494.

Barbosa (Aug.), év. et jurisc. portug. 1590-1649. = (Ed.), voyag. et géogr. portug. N. Lisbonne, 1480; assass. île de Zébu, 1521. — (P.), profess. de droit rom. puis gr.-chancel. de Portug. M. 1606.

Barbot (J.), voyag. fr. du 17e s. = (Mar.-Et.), lieut.-gén. Toulouse, 1770-1839.

Barbou, nom d'une famille d'impr. et de libr. fr. qui se succédèrent depuis le 16e s. jusqu'au comm. du 19e. = (Gab.), gén. fr. Abbeville, 1761; Paris, 1827.

Barbour (J.), chroniq. écoss. 1320-1378.

Barcham (J.), antiq. et hist. angl. Exeter, 1572-1642.

Barchochébas, impost. juif qui se fit passer pour le Messie, et excita un soulèv. contre les Rom. Mis à m., 135.

Barcia (An. Gonzalès de), hist. esp. du 16e s.

Barckhausen (J.-Conrad), méd. et chim. all. Horn, 1666-1723.

Barclay (Al.), écriv. angl. du 16e s. = (Gu.), jurisc. N. Aberdeen, 1543; m. 1605. = (R.), quaker écoss. 1648-1690.

Barclay de Tolly (M.), feld-maréch. russe. N. Livonie, 1755; m. 1818.

Barcos (Mart. de), cél. janséniste. Bayonne, 1600-1678.

Bardas, patrice de l'emp. d'Or. et usurp. Assas. 866. = *Sclerus*, gén. de l'Empire grec, usurpa le pouvoir conjoint. avec Bardas Phocas, sous Basile II et Constantin IX. M. 866.

Barde (J. de La), marq. de Marolles, ambass. et hist. fr. 1600-1692.

Bardesane, hérés. syrien du 2e s.

Bardi (J.), camaldule, hist. ital. Florence, 1544-1594. = (Jér.), prêtre et méd. ital. M. Rome, v. 1667.

Bardili (Christ.-God.), philos. allemand. Stuttgard. 1761-1808.

Bardin (J.), peint. d'hist. Montbard, 1732-1809. = (P.), memb. de l'Acad. fr. Rouen, 1590-1637. = (Et.-Alex., baron), gén. de brigade, écriv. milit. Paris, 1774-1842.

Bardou (J.), ecclés., romanc. et hist. 1729-1803.

Bardzinski (J.-Alanus), domin. polon., traduct. 17e s.

Barentin (C.-L.-F.-de-Paule de), avoc. gén. au parlem. de Paris, garde des sceaux, chancel. honor. après 1814. Paris, 1758-1819.

Barentzen (Thior.), peint. holl. Amsterd., 1534-1592.

Baretti (Jo.), poëte et philol. ital. Turin, 1716; Londres, 1789.

Bareuth (Fr.-Sophie-Wilhelmine, margrave de), sœur du grand Frédéric. Potsdam, 1709-1758.

Bargeton (Dan.), public. et jurisc. Uzès, 1675-1750.

Barillon (J.), notaire et secrét. du roi, hist. fr. du 16e s.

Barisano (F.-Domin.), méd. ital. du 17e s.

Barisoni (Albert.), profess. de dr. rom., puis de philos. à Padoue. M. év. de Cénéda, 1667.

Barjaud (J.-B.), poëte fr. Montluçon, 1785; tué Leipzig, 1812.

Barker (J.), méd. angl. du 17e s.

Barkhey (N.), érud. holl. M. La Haye, 1788.

Barkyaroc, chah de Perse, 1093. M. 1104.

Barlaam (Bern.), moine de l'ordre de St-Basile, sav. théol. N. Calabre, 1300; m. év. de Giraci, 1348.

Barland ou *Baarland* (Adr.), écriv. holl. et profess. d'éloq. à Louvain. 1488-1522.

Barlesio (Mar.), hist. N. Scutari, v. 1450.

Barletta (Gab.), domin., prédic. du 15e s.

Barlotta (Jo.), poëte et prédic. sicil. N. Trapani, 1654.

Barlow (F.), peint. angl. 1646-1702. = Horlog. angl. du 18e s., inv. des montres à répétit. = (Joël), poëte et public. améric. N. 1756; m. Wilna, 1812.

Barlowe (Gu.), sav. év. angl. N. 1588.—(Gu.), son fils, physic. angl. du 17e s.

Barnabé (St), juif de l'île de Chypre, se convertit au christian. peu de temps après st Paul. Lapidé par ses compatriotes.

Barnaud (N.), méd. et écriv. protest. du 16e s.

Barnave (Ant.-P.-Jos.-Ma.), avoc. et député à l'assemblée constit. N. Grenoble, 1761; m. sur l'échaf., Paris, 1793.

Barner (Ja.), méd. et chim. all. Ming, 1641-1686.

Barneveldt (J. d'Olden), homme d'Etat, gr. pensionn. de Holl., ambass. N. 1549; décap., 1617.

Baro (Balt.), poëte et memb. de l'Acad. fr. Valence, 1600-1650.

Barocci (Fréd.), dit le Baroche, peint. et natural. ital. Urbin, 1528-1612.

Baron (F. Eguinaire), jurisc. fr. St-Pol-de-Léon, 1495-1550. = (Le P. Vinc.), théol. fr. de l'ordre de St-Domin. Martres, 1604-1674. = (Fitz-Gérald), dit Bonaventure, théol. irland. M. Rome, 1696. = (Bern.), grav. fr. M. Londres, 1766. = (M. Boyron, dit), coméd. et aut. dram. Paris, 1653-1729.

Baron d'Hérouville (Théod.), chim., memb. de l'acad. des sc. Paris, 1715-1768.

Baroni (Cavalcabo-Gasp.-And.), peint. ital. Roveredo, 1682-1759.

Baronius (Cés.), orat., cardin., hist. ecclés. et bibliothéc. du Vatican. Sora (roy. de Naples), 1538-1607.

Baror, roi d'Arménie, succ. de Sardanapale, 747-704 av. J.-C.

Barotti (J.-And.), litt. ital. Ferrare, 1701-1772.

Barozzi (F.), noble vénit., sav. mathémat. M. fin du 16e s.

Barra (P.), méd. fr. du 17e s. = Enfant auquel la convent. accorda des honneurs extraord. en 1793.

Barradas (Séb.), jés. et prédic. portug. Lisbonne, 1542-1615.

Barral (P.), ecclés., écriv. et compil. fr. Grenoble, 1700-1772. = (L. Mathias de), archev. de Tours, sénat., puis pair de Fr. Grenoble, 1746-1816.

Barralier (Hon.-F.-Noël-Domin.), enfant cél. N. Marseille, 1805; m. 1821.

Barrand (H. de), poëte fr. du 16e s.

Barras (L. comte, de), marin fr. du 18e s. = (P.-F.-J.-N., comte de), memb. de la conv., puis l'un des cinq direct. N. Fos-Emphoux (Provence), 1755; m. Chaillot (près Paris), 1829.

Barre (J. de la), prév. de Corbeil, dans le 17e s., et antiq. = (F. Poulain de la), litt. Paris, 1647; Genève, 1723. = (J. de la), litt. Paris, 1650-1711. = (M. La), composit. de musique. Paris, 1680-1747. = (Ant.-Jo. le Fèvre de la), gén. et administr. fr. M. 1682. = (Jo.-Fr., chev. de la), condamné à être brûlé vif pour impiété. N. Abbeville; exécuté 1766. = (E.-F.-Jo. de la), memb. de l'acad. des inscr. Tournay, 1688-1738. = (Jo.), chan. de St-Genev., chanc. de l'Univ. de Paris, et hist. 1692-1764.

Barré (Yves), vaudev. fr. Paris, 1750-1832. = (Gu.), litt. fr. N. 1760, en Allemagne; m. Dublin, 1829.

Barré de St-Venant (Jo.) agron. fr. Niort, 1737-1810.

Barreau (F.), cél. tourneur. Toulouse, 1731-1814.

Barreaux (Ja. Vallée des), poëte fr. Paris, 1602-1673.

Barrelier (Ja.), domin. et bot. fr. Paris, 1606-1675.

Barrême (F.), calculat. fr. N. Lyon; m. Paris, 1703.

Barrère de Vieuzac (Bertr.), memb. de l'assemblée législ., de la convent., du comité de salut public. N. Tarbes, 1755; m. 1841. = (P.), natural. fr. N. Perpignan; m. 1755.

Barret (J.-J. de), litt. fr. et trad. Condom, 1717-1792. = (Stephen), théol. et litt. angl. 1718-1801.

Barrett (Gu.), chir. et antiq. angl. M. 1789. = (Pa.), romanc. fr. M. Paris, 1785. = (G.), paysag. angl. du 18e s.

Barrière (J. de la), relig. de Citeaux, fondat. des feuillants. N. St-Céré, 1544; m. Rome, 1600. = (P.), dit la Barre, d'abord batelier, puis soldat, arrêté à Melun au moment où il allait assass. Henri IV, 1593; exécuté même année.

Barrin (J.), ecclés. et litt. nantais du 17e s.

Barrington (J. Shute), écriv. polit., memb. du parl. angl. Londres, 1678-1734. = (Daines), fils du précéd., jurisc. et natural. M. 1800.

Barrois (Ja.-Ma.), libr. et bibliogr. N. Paris; m. 1769.

Barros (J. de), hist. portug. N. v. 1496; m. 1571.

Barroso (M. de), peint. esp. M. Madrid, 1590.

Barrow (Isaac), géom. angl. Londres, 1630-1677.

Barruel (l'abbé August.), jés. et journ. fr. 1741-1820.

Barruel-Beauvert (Ant.-Jo., comte de), journ. royaliste. N. Beauvert, 1756; m. Turin, 1817.

Barry (Girald), prélat et hist. angl. N. v. 1146. = (Ja.), peint. irl. Cork, 1741-1806. = (G.), hist. angl. 1747-1804.

Barry (Ma.-Jeanne Bécu, comtesse du), maîtresse de Louis XV. N. Vaucouleurs, 1746; m. sur l'échaf., 1793.

Barsabas (Jo.), dit le Juste, prit, parmi les apôtres, la place laissée vacante par la mort de Judas.

Bart (J.), cél. marin. Dunkerque, 1651-1702.

Bartas (Gu. de Saluste du), poëte fr. et négociat. N. Montfort, 1544; m. 1599.

Bartenstein (J.-Christ. de), public. autrich. 1690-1766.

Barth ou *Barthus* (Gasp. de), philol. all. Custrin, 1587-1658.

Barthe (N.-Th.), poëte dram. Marseille, 1734-1785.

Barthel (J.-Gasp.), jurisc. all. 1697-1771.

Barthélemy (St), l'un des 12 apôtres. Martyrisé en Arménie, v. 71. = *Barthélemy des Martyrs* (St), archev. de Braga, en Portug. Lisbonne, 1514-1590.

Barthélemy (N.), poëte latin. N. Loches, 1478; m. v. 1531. = De Cologne, poëte latin du 16e s. = (J.-Ja.), archéol., numism. et litt., memb. de l'Acad. fr. et de celle des inscr. Cassis (Prov.), 1716-1798. = (F., marq. de), neveu du précéd., homme polit. et négociat. Aubagne, 1750-1830. = (L.), gramm. N. Grenoble, 1750; m. v. 1812. = (Regis-F.), hist. Grenoble, 1739-1812.

Barthez (Pa.-Jo.), méd. cél. Montpellier, 1734-1806.

Bartholdy (Jacob-Salom.), hist. et diplom. pruss. Berlin, 1779; Rome, 1826.

Bartholin (Gasp.), méd. dan. 1585-1630.—Quatre de ses fils, Barthélemy, Albert, Erasme et Thomas, se distinguèrent dans les sciences et les lettres.

Bartholini (Rich.), poëte lat. N. Pérouse, 15e s.

Bartiolet (Flamel), peint. liégeois. M. 1612.

Bartlemont ou *Barthlemont* (Hipp.), violon. et composit. angl. M. Londres, 18e s.

Bartole, cél. jurisc. Sasso-Ferrato (Ombrie), 1313-1356.

Bartoletti (Fabr.), méd. et anat. Bologne, 1586-1630.

Bartoli (Dan.), jés. ital. et hist. Farrare, 1608-1685. = (Domin.), peint. ital. 1629-1698. = (P. Santi), peint. et grav. Pérouse, 1635-1700.

Bartolo di Taddeo, peint. ital. N. Sienne; m. 1414.

Bartolommei (Jér.), poëte ital. Florence, 1584-1662.

Bartolomeo (Ant.), jurisc. sicil. M. 1479.

Bartolozzi (F.), cél. grav. Florence, 1725; Londres, 1819.

Barton (Benj.-Smith), natural. améric. 1766-1816. = (Elisab.), dite la Sainte, convulsionn. angl. Exécutée 1534.

Bartram (J.), bot. et voyag. N. Pensylvanie, 1701.

Bartsch (Adam), grav. et conserv. du cabinet de Vienne. M. 1821. = (J.), méd. et bot. holl. M. Surinam, 1735.

Baruch, l'un des 12 petits prophètes. V. 600 av. J.-C.

Baruffaldi (Jér.), poëte et litt. ital. Ferrare, 1675-1753.

Barutel (Grég. de), poëte languedoc. N. v. 1620. = (Le P. Th.-B.), prédic. Toulouse, 1720-1792.

Barwick (P.), méd. de Charles Ier d'Angleterre. Wetherstack, 1619-1665.

Bary (H.), grav. flam. du 17e s.

Barzena (Alph.), dit l'Apôtre du Pérou, missionn. et philol. esp. Cordoue, 1582; Cuzco, 1598.

Barzoni (Vict.), litt. et journ. ital. Lonato, 1764-1829.

Basan (P.-F.), grav. fr. Paris, 1728-1797.

Bascapé (C.), prélat et écriv. ital. Milan, 1550-1615.

Baschenow (Wasili), archit. russe du 18e s.

Baschi (Math.), fondat. des capucins. M. Venise, 1552.

Basedow (J.-B.), théol. et pédag. all. Hambourg, 1723; Magdebourg, 1790.

Baselius (Ja.), hist. holl. 1530-1598.

Basile (St), év. d'Ancyre. Martyrisé 362. = (St), le Grand, Père de l'Eglise grecque, év. de Césarée. M. 379.

Basile Ier, le Macédonien, écuyer. Associé à l'empire par Michel III, emp. de Constant., 866; m. 886. = II, le Jeune, fils de Romain II, emp. de Constant. Succ. de J. Zimiscès, 976; m. 1025.

Basile, hérés. du 12e s., chef des Bogomiles. Brûlé, 1110, à Constantin. = (Val.), méd., jurisc. all. N. v. 1394; m. v. le milieu du 15e s. = (J.-B.), comte de Torone, poëte napolit. du 17e s.

Basilico (Ciriaco), litt. napol. du 17e s.

Basilide, hérés. M. Alexandrie, v. 130.

Basilisque, emp. d'Or., 475. Mis à m., 477.

Basin (Sim.), poëte et prédic. fr. Paris, 1605-1671.

Basine, femme de Basin, roi de Thuringe, puis de Chilpéric Ier.

Basinge ou *Basingstoke*, théol., mathém. et gramm. angl. M. 1252.

Basinio de Basinii, poëte lat. Parme, v. 1425-1457.

Basire (Is.), voyag. et théol. anglic. Jersey, 1607-1676.

Baskerville, fond. et impr. angl. Wolwerley, 1706-1775.

Basmaison (J. de), jurisc. du 16e s.

Basnage du Fraquenay (Henri), jurisc. Carentan, 1615-1695. = De Beauval (Ja.), fils du précéd., hist. et cél. min. protest. N. Rouen, 1653; m. Hollande, 1723. = (Henri), frère du précéd., écriv. et journal. N. Rouen, 1656; m. Hollande, 1710.

Bassan (F. da Ponte, dit le), peint. vénit. N. Vicence; m. 1530. = Quatre de ses fils se distinguèrent dans le même art; François, 1548-1591; Léandre, dit le Chevalier, 1529-1623; Jean-Baptiste, 1553-1613; Jérôme, 1560-1622.

Bassand (J.-B.), 1er méd. de l'emp. d'Autriche. N. Baume-les-Dames, 1680; m. Vienne, 1742.

Bassani (Ja.-Ant.) jés. et prédic. ital. Venise, v. 1686-1747.

Bassantin (Ja.), astron. écoss. M. 1568.

Bassaraba (Constant. Brancovan), prince de Valachie. Trahit alternativ. Pierre le Grand et le Sultan. M. étranglé par ordre de ce dernier, 1714.

Bassée (L. Le Pipre, dit le P. Bonavent. de la), capuc., théol. N. La Bassée; m. 1650.

Basselin (Oliv.), poëte fr. du 15e s. N. Val-de-Vire (Normandie).

Basseporte (Mme Mad.-F.), peint. de fleurs. Paris, 1701-1780.

Basset (C.-A.), bénéd., écriv. pédag. M. 1828.

Basseville (N.-J. Hugon de), diplom. fr. Assass. Rome, 1793.

Bassi (Laure-Ma.-Cath.), sav. italienne. Bologne, 1711-1778.

Bassinet (l'abbé Al.-Jo.), journ., hist. Avignon, 1733-1813.

Bassius (H.), cél. méd. Brême, 1690-1754.

Bassompierre (F. de), maréch. de Fr. N. Haronel (Lorraine), 1579; m. 1646.

Bassus (Cæsius), poëte rom., contemp. de Néron.

Bast (Mart.-J. de), archéol. fr. Gand, 1753-1825.

Bastard (Th.), ecclés. et poëte lat. des 16e et 17e s.

Basier (Job), natural. holl. 1711-1775.

Bastien (J.-F.), libr. et agron. Paris, 1747-1824.

Bastide (Marc-Ant. de la), controvers. protest. N. v. 1624; m. Londres, 1704. = (J.-F. de), écriv. fr. Marseille, 1724; Milan, 1798.

Bastiano (Séb.-Philippi ou Le Gratello), peint. ital. Ferrare, 1523-1602.

Baston (Gu.-And.-René), théol. N. Rouen, 1741; m. 1825.

Bastoul (L.), gén. fr. N. Montolieu, 1753; m. 1801.

Bastwick (J.), méd. angl. du 17e s.

Batacchi (Domin.), poëte ital. Livourne, 1749-1802.

Batte (G.), méd. angl. 1608-1669. = (H.), journ. et poëte com. angl. du 18e s.

Batecumbe (G.), mathém. angl. du 15e s.

Batelier ou *Bathelier* (Ja. Le), avoc. et jurisc. fr. du 16e s.

Bateman (Th.), méd. angl. 1778-1821.

Bates (Gu.), théol. angl., chapel. de Charles Ier. 1625-1699. = Composit. et organ. angl. M. 1799.

Bathe (Gu.), sav. jés. irland. Dublin, 1564; Madrid, 1614.

Bathori (Et.), roi de Pologne. Succ. de Henri de Valois; m. 1586.

Bathurst (Allen), homme d'Etat angl. Westminster, 1684-1775. = (Ralph.), méd., poëte et théol. angl. 1620-1704.

Bathyani (C.-J., prince de), feld. maréch. autrich. N. Hongrie, 1697; m. 1772.

Bathylle, cél. pantom., contemp. d'Auguste.

Bathylde, escl. angl. devenue l'épouse de Clovis II, 649. M. au monast. de Challes, 680.

Batoni (Pompeo), peint. ital. Lucques, 1707-1787.

Batsch (A.-J.-G.-C.), bot. all. Iéna, 1761-1802.

Batt (Corn.), méd. et géogr. holl. N. v. 1470.

Battaglini (Marc), sav. év. ital. Rimini, 1645-1717.

Battara (J.-Ant.), ecclés. et bot. ital. M. 1189.

Batteux (C.), écriv. fr. et trad., memb. de l'Acad. fr. et de celle des inscr. Reims, 1713-1780.

Battiferri (Laure), femme poëte du 16e s. Urbin, 1525-1589.

Battista (Spagnuolo), dit le Mantouan, gén. de l'ordre des carmes et poëte lat. N. Mantoue, v. 1436; m. 1516. = (Jo.), poëte lat. et ital. du 17e s.

Battisti (Barth.), méd. ital. Roveredo, 1755-1831.

Batu, *Batou* ou *Bathy*, l'un des p.-fils de Gengis-Khan, et cél. conquér. M. 1276.

Batz (le bar. de), memb. de l'assemblée constit., maréch. de camp à la restaur. M. 1822.

Baudart (Gu.), théol. et litt. holl. 1564-1640.

Baudeau (N.), prieur de St-Lô et écon. Amboise, 1730-1792.

Baudelocque (J.-H.), profess. d'accouch. à l'école de méd. de Paris. Heilly (Picardie), 1746-1810.

Baudelot de Dairval (C.-César), antiq., memb. de l'acad. des inscr. Paris, 1648-1722.

Bauderon (Brice), méd. fr. N. Paray, v. 1540; m. 1623.

Baudier (M.), historiogr. de Fr. sous Louis XIII. N. Languedoc; m. 1650.

Baudin, des Ardennes (P.-C.-L.), public., memb. de l'Inst., député à l'assemblée législ., à la conv., au corps législ. Sedan, 1748-1799. = (N.), navig. fr. N. île de Ré, v. le milieu du 18e s.; m. Ile-de-France, 1803.

Baudius (Dom.), érud. et poëte lat. Lille, 1561; Leyde, 1613.

Baudoin ou *Bauduin*, de Condé, poëte fr. du 13e s.

Baudory (Jo. du), jés. et litt. Vannes, 1710-1749.

Baudot de Juilly (N.), litt. Paris, 1678-1759.

Baudouin Ier, roi de Jérusal. Succ. de son frère Godefroi de Bouillon, 1100; m. 1118. = II, cousin du précéd. et son succ., régna de 1118 à 1131. = III, fils de Foulques, régna de 1142 à 1162. = IV, fils et succ. d'Amaury, régna de 1173 à 1185.

Baudouin Ier, fils de Baudouin, comte de Flandre et de Hainaut, 1er emp. d'Or., 1204. M. v. 1206. = II, dern. emp. de Constantinople, 1228; détrôné, 1261; m. en Italie, 1273.

Baudouin (F.), jurisc. N. Arras, 1520; m. 1573. = (Ben.), archéol. et litt. N. Amiens; m. 1632. = (J.), litt. et trad., memb. de l'Acad. fr. 1590-1650.

Baudrais, litt. N. Tours, 1749; m. Bicêtre, 1832.

Baudran (le P.), jés., écriv. ascét. du 18e siècle.

Baudrand (Mi.-Ant.), géogr. Paris, 1633-1700.

Baudricourt (J. de), ambass. sous Louis XI et maréch. de Fr. M. 1499.

Baudry d'Asson (Ant.), solitaire de Port-Royal. N. Poitou, 1617; m. 1662. = (Gab.), chef vendéen. Tué, le Mans, 1793.

Bauduin (Arn.-Gilles), théol. fr. et hébraïs. 1744-1787. = (Domin.), orator., profess. d'hist. Liége, 1742-1809.

Bauer (J.-God.), jurisc. Leipzig, 1695-1763. = (J.-Jacob), libr. et bibliogr. Strasbourg, 1706; Nuremberg, 1772. = (G.-Laur.), archéol. et profess. de théol. à Heildelberg. 1750-1806.

Bauffremont (H. de), bar. de Sennecey, litt. et gr.-prévôt de Fr. sous Charles IX. 1520-1582. = (Alex.-Emm.-Louis, duc de), vice-amiral de Fr., pair sous Louis XVIII. Paris, 1770-1833.

Bauhin (J.), méd. et chir. Amiens, 1511; Bâle, 1582. =

(J.), bot., fils du précéd. Bâle 1541; Montbél., 1613.=(Gasp.), frère du précéd., cél. bot. et anat. Bâle, 1550-1624.

Bauhuis (le P. Bern.), jés. et prédic. Anvers, 1575-1629.

Baulot ou *Beaulieu*, dit le frère Jacques, cél. lithotom. Lons-le-Saulnier, 1651-1714.

Baumchen, sculpt. all. N. Manheim, 1789.

Baume (J. de la), card., év. de Genève, puis archev. de Besanç. M. 1544.—(N.-A. de la), marq. de Montrevel, maréch. de Fr. 1636-1716.

Baume-Desdossat (Ja.-F. de la), chanoine et litt. Carpentras, 1705-1756.

Baume-St-Amour (J. de la), enfant cél. N. Franche-Comté, 1559; m. 1579.=(Ph. de la), marq. d'Yennes, gouv. de la Franche-Comté pour le roi d'Esp. M. Paris, 1670.

Baumé (Ant.), chim. et pharm., memb. de l'Inst. Senlis, 1728-1804.=V. Griffet.

Baumeister (Fréd.-Chr.), philos. all. 1709-1785.

Baumer (J.-Gu.), méd. et natural. Rheweiler (Franconie), 1719-1788.

Baumes (J.-B.-Théod.), profess. à l'école de méd. de Montpellier. M. 1828.

Baumgarten (Mart.-A.), voyag. all. 1437-1535.=(Alex.-Gottlieb), philos. all. de l'école de Wolf. Berlin, 1714-1762.

Baune (J. de la), jés. et philol. Paris, 1649-1726.

Baur (J.-Gu.), peint. et grav. Strasbourg, 1610; Vienne, 1640.=(Fr.-Gu. de), ingén. et gén. russe. 1735-1783.=(Sam.), min. protestant et biogr. Ulm, 1768-1832.

Baurans, aut. dram. et music. N. Toulouse; m. 1764.

Baureinfeind (G.-Gu.), peint., dessin. et grav. danois. M. 1763.

Bausa (Grég.), peint. esp. 1596-1656.

Bausch (Léon), méd. all. du 17e s.

Bausset (L.-F. de), litt., év. d'Alais; card., pair de Fr., memb. de l'Acad. fr. Pondichéry, 1748; Paris, 1824.

Bautru (Gu.), bel esprit, ambass., memb. de l'Acad. fr. Angers, 1588-1665.

Bauvin (J.-Grég.), poëte trag. Arras, 1714-1776.

Baux (Gu., bar. de), et prince d'Orange, troubad. du 13e s.=(P.), méd. Nîmes, 1679-1732.

Bauyn (Bonav.), év. d'Uzès, poëte lat. Dijon, 1699-1779.

Bauza (Ph.), géogr. esp. M. Anglet., 1833.

Bavasan-Paolo (le comte Emm. de), hist. ital. Fossano, 1737-1829.

Bavay (P.-Ign. de), profess. d'anat. et de chir. Bruxelles, 1704-1768.

Baverel (J.-P.), litt. Paris, 1750-1822.

Baverini (F.), composit. ital. du 15e s.

Bavon (St), patron de la ville de Gand. M. 654.

Bax (Nicaise), poëte lat. N. Anvers; m. 1642.

Baxter (Rich.), théol. angl. non-conform. 1615-1691.=(And.), philos. écoss. 1686-1750.

Bay (Alex.), gén. esp. Salins, 1650; Badajoz, 1715.

Bayard (P. du Terrail, seign. de), capit. fr., dit le Chevalier sans peur et sans reproche. N. au château de Bayard (Dauphiné), 1476; m. sur le champ de bat., 1524.=(J.-B.-F.), jur. Paris, 1750-1800.

Bayen (P.), pharm., chim., memb. de l'acad. des sc. Châlons-s.-Marne, 1752-1798.

Bayer (J.), astron. du 16e s. Augsbourg.

Bayeux (G.), avoc. et érud. N. Caen v. 1752; massac. 1792.

Bayle (F.), méd. Toulouse, 1622-1700.=(B.), cél. crit. et profess. de philos. à Sedan. N. au Carlat (comté de Foix), 1647; m. en Holl., 1706.=(Moïse), memb. de la conv. N. en Languedoc, 1760; m. 1815.=(Gasp.-Laur.), un des méd. de Napoléon. Vernet (Prov.), 1774-1816.

Bayly (Th.), théol. anglic., partisan de Charles Ier. M. Italie, 1657.

Bayon (J.), chron. fr. du 14e s.

Bayreuth (Sophie-Wilhelmine, margravine de), sœur du gr. Frédéric, aut. de mémoires intéressants. Potsdam, 1709-1758.

Bazard (Aman), l'un des fondat. du carbonarisme en Fr., et l'un des chefs du saint-simonisme, 1792-1832.

Bazin (Gu.), doyen de la fac. de méd. de Paris. M. 1500.=(N.), grav. N. Troyes, 1636; m. v. 1705.=(Gilles-August.), méd. et natural. N. Paris; m. Strasb., 1754.=(Ja.-Rigober), écriv. polit. et journ. républ. N. au Mans, 1771; m. 1821.

Bazin de Raucou (Anaïs), hist. et litt. fr. Paris, 1797-1850.

Bazinghen (F.-And. Abot de), numism. Boulogne, 1711-1791.

Bazire (Cl.), memb. de l'assemblée législ. et de la conv. N. Dijon, 1764; m. sur l'échaf., 1794.

Bazius, prélat et hist. suéd. 1581-1640.

Bazzani (Mat.), méd. Bologne, 1674-1749.

Béard (J.), coméd. et chanteur angl. M. 1768.

Béardé de l'Abbaye, écon. fr. M. 1771.

Beatillo (Ant.), jés., hist. N. Bari (roy. de Naples); m. 1642.

Beatoun (Dav.), card., archev. de St-André en Écosse, chancel. et 1er min. de Marie Stuart. N. 1494; assass., 1547.

Béatrix (Ste), martyrisée, Rome, 303.

Béatrix, fille de Renaud, comte de Bourgog., et épouse de l'emp. Frédéric Ier. M. Spire, 1185.=Fille de Ferdinand, roi de Naples, et 2e femme de Mathias Corvin, qu'elle empoisonna. M. Ischia, 1508.

Beattie (Ja.), poëte, crit. et moraliste écoss. 1735-1803.

Beaubreuil (J. de), avoc. et poëte dram. du 16e s.

Beauchamp, dans. et chorégr. M. 1695.=(Jo.), astron. et voyag., memb. de l'Inst. Vesoul, 1752-1801.=(Alph. de), hist. fr. N. Monaco, 1767; m. 1832.

Beauchamps (P.-L. Godard de), litt. et aut. dram. Paris, 1680-1761.

Beauchâteau (F.-Mat. Chastelet du), enfant cél., poëte. N. Paris, 1645.

Beauchêne (Edme Chanvot de) méd. fr. 1748-1824.

Beauclair (P.-L. de), hist. et public. fr. M. 1804.

Beaucousin (Christ.-J.-F.), érud., jurisc. N. Noyon; m. 1798.

Beaufils (Gu.), jés. et prédic. St-Flour, 1674-1757.

Beaufort (H.), frère de Henri IV, roi d'Anglet., év. de Winchester, chancel., ambass. en Fr., card., un des juges de la Pucelle. M. Winchester, 1447.=(F. de Vendôme, duc de), p.-fils de Henri IV, un des chefs de la Fronde. N. 1616; tué dev. Candie, 1669.=(Dom Eustache de), réform. de Citeaux. 1635-1709.

Beaufort, hist. du 18e s. M. Maestricht, 1795.=(H.-Ern. Grant, chev. de), voyag. fr. N. Aubevoye (Eure), 1798; m. au Sénégal, 1825.

Baugard (J.-Sim. Ferréole), poëte et auteur dram. Marseille, 1754-1828.

Beaugeard, public., memb. de la conv. Vitré, 1760-1832.

Beauharnais (Ma.-Anne-F. Mouchard, dite Fanny de), femme aut. Paris, 1738-1813.=(Alex., vicomte de), gén. fr. N. Martiniq. 1760; m. sur l'échaf., 1794.=(Eug.), fils du précéd. et de Jos. Tascher de la Pagerie, depuis 1re femme de Napoléon, aide de camp de Bonaparte, et plus tard prince de l'empire. N. 1781; m. Leuchtemberg, 1824. V. Joséphine.

Beaujeu (P. de Bourbon), époux de la fille aîné de Louis XI, régente pendant la minorité de Charles VIII. M. 1503.=(Christ. de), officier et litt. fr. sous Henri III et Henri IV.

Beaujour (L.-Fél. de), diplom. et public., consul gén. en Suède et en Grèce, memb. du Tribunal, pair de Fr., etc. N. Fréjus, 1763; m. 1836.

Beaujon (N.), banquier de la cour sous Louis XV, fondat. de l'hospice qui porte son nom à Paris. N. Bordeaux, 1718; m. 1786.

Beaulac (Gu.), jurisc. fr. N. Languedoc; m. 1804.

Beaulaton, poëte fr. M. 1778.

Beaulieu (Hector de), poëte fr. du 16e s.=(August.), navig. fr. Rouen, 1589-1637.=(L. Leblanc de), théol. protest. 1614-1675.=(Sébast. Pontault de), ingén. et maréch. de camp sous Louis XIV, min. en 1674.=(J.-P., baron de), gén. autrich. 1725-1819.=(Cl.-Fr.), journ., hist. Riom, 1754-1827.

Beaumanoir (Ph. de), jurisc. fr. du 13e s.=(le baron de), litt. fr. N. v. 1720; mort vers 1795.

Beaumarchais (P.-A. Caron de), litt. et aut. dram. fr. Paris, 1732-1799.

Beaumelle (Laur. Angliviellé de la), litt., crit. fr. 1727-1773.

Beaumesnil (H.-Adel. Villard, dite), cél. actrice et music. Paris, 1748-1803.

Beaumetz (Bon-Alb. Briois, chev. de), memb. de l'assemblée constit. N. Arras, 1759; m. Calcutta, 1800.

Beaumont (Sim.-Herb. van), diplom. holl. et bot. 1574-1654.=(F.), aut. dram. angl., collaborat. de Fletcher. 1586-1615.=(J.), poëte et litt. angl. 1572-1626.=(Cl.-F.), peint. Turin, 1696-1766.=(Christ. de), archev. de Paris. N. près de Sarlat, 1703; m. Paris, 1781.=(Ant.-Fr. vicomte de), neveu du précéd., chef de divis. des armées navales de Fr. 1735-1805.=(J.-E. Moreau de), public., intend. des fin. Paris, 1715-1785.=(Ét.), philos. et litt. genevois. 1718-1758.=(Gu.-R.-Ph.-J.-J. de), ecclés. et écriv. ascét. M. 1761.=(J.-F. Albanis), ingén. et géogr. Chambéry, 1755-1812.=(Cl.-Ét.), archit. fr. Besançon, 1757-1811.

Beaumont de Brivesac (le comte de), litt. fr. 1746-1821.

Beaune (Renaud de), archev. de Bourges, puis de Sens, gr. aumônier de Fr., partisan de Henri IV. 1525-1606.

Beaunoir (Alex.-L.-Bert. Robineau, dit), aut. dram. Paris, 1746-1823.

Beauplan (Gu. Levasseur de), ingén. et géogr. fr. du 17e s.

Beaupuy (N.-M. Bachelier de), memb. de l'assemblée législ., du conseil des cinq-cents, du corps législ. 1750-1802.=(Arm.-Mich.), frère du précéd., gén. fr. N. 1757; tué, 1798.

Beaurain (J. de), géogr. fr. 1696-1771.

Beauregard, jés., prédic. fr. 1731-1804.

Beaurepaire, command. de Verdun en 1792; se donna la m. pour ne pas être forcé de se rendre.=(Gir. de), cél. officier vendéen. Tué 1793.

Beaurieu (Gasp. Guillard de), litt. fr. 1728-1795.

Beausard (P.), méd., profess. de mathém. à Louvain. N. 1577.

Beausobre (Isaac de), théol. protest. Niort 1659; Berlin 1738.=(L.), litt., physic., économ., conseill. privé du roi de Prusse. Berlin, 1750-1783.=(J.-J. de Beaux, de), lieut.-gén. et tactic. fr. M. 1783.

Beausoleil (J.-J. du Chalelet, bar. de), minér. brabançon du 17e s.

Beauvais (Remi de), capuc., poëte du 17e s.=(N. Dauphin), grav. Paris, 1678-1763.=(Gilles-F.), jés., poëte lat., écriv. ascét. M. v. 1773.=(Gu.), numism. Dunkerque, 1698-1773.=(J.-B.-C.-Ma. de), év. de Senez, prédic. fr. 1731-1790.=(C.-N. de Préau de), méd., memb. de l'assemblée législ. et de la conv. 1745-1794.=(Ch.-Théod.), fils du précéd., litt. et éditeur. Orléans, 1772-1830.=(Bertrand Poirier de), gén. vendéen. Chinon, 1755-1827.

Beauval (Jeanne Olivier-Bourguignon), comédienne du théâtre de Molière. N. Hollande v. 1643; m. 1720.

Beauvallet (P.-N.), sculpt., memb. de l'acad. de peint. et de sculpt. 1749-1828.

Beauvarlet (Ja.-Firm.), grav., memb. de l'acad. de peint. Abbeville, 1731-1797.

Beauvau, nom d'une anc. et ill. famille fr. Ses principaux memb. sont : *Louis*, gr. sénéch. de Provence, chambellan de René d'Anjou et ambass. M. 1472.=*Henri* (le bar.), ambass. du duc de Lorraine. M. à la fin du 16e s.=*Marc*, prince de Craon et du St-Empire, vice-roi du duché de Toscane. 1679-1754=*Charles-Juste*, maréch. de Fr., min. d'État, memb. de l'Acad. fr. N. Lunéville, 1720; m. 1793.

Beauvau (René de), archev. de Toulouse et présid. des états du Languedoc. 1664-1739.

Beauvilliers (Paul duc de), présid du cons. des fin., gouv. du dauphin, duc de Bourgogne. 1648-1714.=(Ant.), cél. restaurateur. Paris, 1754-1817.

Beauvollier (P.-L. Vallot de), intend. gén. de l'armée vendéenne, N. v. 1770; m. 1825.

Beauxalmis (Th.), théol. fr. Melun, 1524-1589.

Beauzée (N.), gramm., memb. de l'Acad. fr. Verdun, 1717-1780.

Beaver (Ph.), navig. angl. 1760-1813.

Beaziano ou *Beatiano* (Aug.) poëte ital. du 16e s.

Bebel (H.), érud. et poëte lat. N. en Souabe, fin du 15e s.=(Balth.), érud. et théol. Strasbourg, 1632-1686.

Bec-Crespin (J. du), hist. et litt., év. de St-Malo. N. v. 1540; m. 1610.

Becan (J.) ou *van Gorp*, érud. flam. 1518-1572.=(Gu.), jés., poëte lat. et prédic. flam. M. Louvain, 1683.

Beccadelli (L.), biogr. ital., archev. de Raguse. N. Bologne, 1502; m. 1572.

Beccafumi (Domin.), dit Mecherino, peint. ital. Sienne, 1484-1549.

Beccari (Aug.), poëte dram. ital. N. Ferrare, v. 1510; m. 1590.=(Ja.-Barth.), méd. et phys. ital. Bologne, 1584-1766.

Beccaria (le P. J.-B.), physic. ital. Mondovi, 1716-1781.=(César Bonesana, marq. de), public. ital. Milan, 1735-1793.

Beccuti (F.), dit il Copetta, poëte ital. Pérouse, 1509-1553.

Becelli (J.-César), poëte et litt. Vérone, 1683-1750.

Becerra (Gasp.), peint., sculpt. et archit. esp. 1520-1570.

Becher (J.-Joach.), chim. all. Spire, 1628; Londres, 1685.

Bechet (Ant.), litt. fr. Clermont, 1649-1722.

Bechstein (J.-Math.), natural. all. 1757-1811.

Becichemo (Marin), philol. ital. N. Scutari v. 1468; m. 1526.

Becius (J.), cél. socinien. N. Hollande, 1622.

Beck (J. bar. de), gén. esp. M. Arras, 1647.=(J. Josse), jurisc. Nuremberg, 1684-1744.=(Jacob-Christ.), hist. N. Bâle, 1711.=(Domin.), bénéd., physic. et mathem. all. Ulm, 1732-1792.=(Christ.-Dan.), hellén. et bibliogr. all. Leipzig, 1779; Dresde, 1832.=(Ja.-Sigism.), philos. all. du 18e s., disciple de Kant.

Becke (J.-C. van der), jurisc. all. 1750-1830.

Becker (Dan.), méd. all. 1594-1655.=(Dan.), fils du précéd., méd. de l'élect. de Brandebourg. Kœnisberg, 1627-1670.=(Ph.-Christ.), grav. de médailles. N. Coblentz, v. 1675; m. v. 1750.=(Gu.-Gottlieb), cél. archéol. all. 1753-1813.=(Ph.-Jo.), peint. all. 1759-1829.

Becket (Th.), connu sous le nom de Thomas de Cantorbéry, chancel. d'Anglet., ambass., puis archev. de Cantorbéry. N. Londres, 1117; assass., 1170.

Beckingham (C.), poëte dram. angl. Londres, 1699-1730.

Beckwith (G.), gén. angl. N. 1753; m. Londres, 1823.

Béclard (P.-A.), méd. et cél. anat. Angers, 1785; Paris, 1825.

Beckmann (J.), érud. et écon. all. 1739-1811.=(J.-Christ.), hist. et géogr. all. 1641-1717.

Beda (Noël), théol. N. Normandie, à la fin du 15e s.; m. 1536.

Beddevole (Domin.), natural. et méd. holl. M. 1692.

Beddoes (Th.), méd. et chim. angl. 1754-1808.

Bède, dit le Vénérable, prêtre et hist. anglo-sax. 673-735.

Bède de la Gormandière (J.), jurisc. du 17e s.

Bedène (Vital), poëte fr. du 16e s.

Bedfort (J. Plantagenêt, duc de), fils de Henri IV, roi d'Anglet., régent pendant la minorité de Henri VI. M. 1435.

Bedigis (F.-N.), calligr. fr. N. 1738; m. v. 1802.

Bedmar (Alph. de la Cueva, marq. de), card., év. d'Oviédo, homme d'État esp., gouv. des Pays-Bas. M. Rome, 1655.

Bedos de Celles (Dom F.), bénéd. et mathém. fr. 1726-1779.

Bedr-al-Djemali, gén. et homme d'État musulm. N. Arménie, 1014; m. 1094.

Beeck (David), peint. de port. holl. Delft, 1621-1656.

Beeldemaker (J.), peint. holl. N. La Haye, 1636.

Beer (G.-Jo.), méd. et oculiste all. Vienne, 1763-1821.=(M.), aut. dram. all. Berlin, 1800-1833.

Beethoven (L. van), cél. composit. Bonn, 1770; Vienne, 1827.

Beffa-Negrini (Ant.), litt. et poëte ital. Asola, 1532-1602.

Beffroi de Reigny (H.-Abel), dit le Cousin Jacques, écriv. polit. et poëte dram. Laon, 1757-1811.=*Beffroi de Beauvoir* (L.-Ét.), agron., memb. de la conv., frère du précéd. Laon, 1754; Liége, 1822.

Bega (Corn.), peint. holl. Harlem, 1600-1664.

Begarelli (Ant.), sculpt. ital. N. v. 1498; m. 1565.

Begat (J.), jurisc. fr. 1525-1572.

Begein (Abrah.), peint. holl. du 17e s.

Beger (Laur.), antiq. et numism. all. 1653-1705.

Bègue de Presles (Achille-Gu.), méd. fr. N. Pithiv.; m. 1807.

Beguelin (Nic. de), physic. et litt. N. Courlari près de Bienne, 1714; m. Berlin, 1789.

Beguillet (Edme), hist., agron. N. Auxonne, v. 1720; m. 1786.

Beguin (J.), chim. fr. du 17e s.

Beguinot, gén. fr., memb. du corps législ., sénateur. M. 1808.

Behaim (Mart.), astron. et géogr., voyag. N. Nuremberg, v. 1430; m. Lisbonne, 1506.

Beham ou *Bœhem* (J.-Sebald), peint., grav. Nuremb., 1500-1548.

Behmer (Fréd.), jurisc. all. Berlin, 1721-1776.

Behn (Aphara), femme aut. angl. N. 1689.

Behourt (J.), gramm. et aut. dram. du 16e s.

Behrens (Conrad-Barthold), méd., hist. Hildesheim, 1668-1736.

Behring (Vitus), navig. dan. qui découvrit en 1728 le détroit qui porte son nom. Périt 1741.

Beich (Joach.-Fr.), peint. et grav. all. 1665-1748.

Beil (J.-Dav.), act. et aut. dram. all. 1734-1794.

Beinville (C.-Barth. de), public. fr. M. 1641.

Beireis (God.-Christ.), méd. et chim. all. 1730-1809.

Beissier (Ja.), chir. fr. M. 1712.

Beisson (Et.), grav. Aix (Prov.) 1759-1820.

Béjart (Jo.), act. du théâtre de Molière. M. 1678.=(Elisab.-Armande-Gresinde-Claire), sœur du précéd., actrice, femme de Molière. M. 1700.

Béjot (F.), érud. Montpellier, 1718-1787.

Bekker (Balth.), théol. et pré-

dic. protest. N. dans la Frise, 1654; m. 1698.

Bel ou *Belius* (Mathias), théol. et hist. hongr. 1684-1749.

Bel (J.-J.), litt. Bordeaux, 1693-1738.

Bela Ier, roi de Hongr. de 1059 à 1062. = II, dit l'Aveugle, roi de Hongrie en 1131; m. 1141. = III, roi de Hongr. en 1173; m. 1193. = IV, roi de Hongr. en 1235; m. 1270.

Bela (Ant.), peint. esp. M. 1676. = (le chev. de), hist. fr. M. fin du 18e s.

Belair (A.-P. Julienne de), gén., tactic. et agron. fr. Paris, 1740-1819.

Belanger (F.-Jo.), archit. Paris, 1744-1818.

Belcari (Maffo de), peint. ital. M. Florence, 1484.

Belchier (J.), chir. angl. 1706-1785.

Belenvei ou *Belvezer* (Aimery de), troubad. fr. du 15e s.

Belestat (P. Langlois de), méd. et antiq. fr. M. 1583.

Belgius ou *Bolgius*, chef gaulois du 3e s. av. J.-C.

Belgrado (Ja.), jés., physic., mathém. Udine, 1704-1789.

Belhomme (Dom Humbert), bénéd. Bar-le-Duc, 1653-1727.

Belidor (Bern. Forest de), ingén. fr., memb. de l'acad. des sc. 1697-1761.

Belin (Dom Alb.), bénéd., év. de Belley, litt. N. Besançon, v. 1610; m. Belley, 1677. = (F.), aut. dram. Marseille, 1672-1730.

Belin de Ballu (Ja.-N.), hellén. fr., memb. de l'acad. des inscr. Paris, 1755; St-Pétersb., 1815.

Bélisaire, cél. gén. de Justinien, emp. de Constantinople. N. en Thrace; m. 565.

Belknap (Jérém.), hist. et biogr. améric. Boston, 1744-1792.

Bell (J.), méd. angl. qui accompagna (1715-1718) l'ambass. de Pierre le Gr. en Chine. = (Benj., chir. écoss. de la fin du 18e s. = (J.), autre chir. écoss. Edimb., 1762; Rome, 1820. = (And.), Écoss., fondat. de l'enseig. mutuel en Europe. 1753-1832.

Bella (Stefano della), dit la Belle, cél. grav. florentin. 1600-1664. = (Jér.), ecclés. et poëte ital. du 17e s. = (le P. Ardellio della), jés., prédic. et philol. ital. du 18e s.

Bellamy (Ja.), poëte holl. Flessingue, 1757-1786.

Bellangé (Th.), peint. fr. N. Nancy, vers 1596.

Bellardi (C.-L.), bot. piémont. 1741-1828.

Bellarmin (Rob.), théol. et canon., card., archev. de Capoue. Monte-Pulciano (Toscane), 1542-1621.

Bellart (N.-F.), avoc., proc.-gén. et député. Paris, 1761-1826.

Bellati (Ant.-F.), jés., prédic. et moraliste ital. Ferrare, 1665-1742.

Bellaudiero (Loys), poëte provenç. du 16e s.

Bellaviti (F.), litt. et poëte ital. Bassano, 1708-1782.

Bellay (Gu. du), seign. de Langey, gén., diplom., litt. fr. Montmirail, 1491; m. vice-roi du Piém., 1542. = (J. du), frère du précéd., card., év. de Paris, archev. de Bordeaux, etc., homme d'Etat et poëte lat. N. 1492; m. Rome, 1560. = (Mart. du), frère des précéd., gén., négociat. et hist., prince d'Yvetot. M. 1559. = (Joachim du), poëte lat et fr. N. v. 1524; m. 1560.

Belle (Clé.-L.-Ma.-Anne), peint d'hist. Paris, 1722-1806.

Belleau (Remi), poëte fr. Nogent-le-Rotrou, 1528-1577.

Bellecour (Gilles Colson dit), act. du théâtre fr. M. Paris, 1778. = (Madame), femme du précéd., actr. cél. M. 1799.

Bellefont (Bernardin Gigault, marq. de), maréch. de Fr., ambass. sous Louis XIV. M. 1699.

Belleforest (F. de), litt. fr. N. Guienne, 1530; m. Paris, 1583.

Bellegarde (Roger de St-Lari de), maréch. de Fr. sous Henri III. M, 1579. = (J.-B. Morvan de), jés., litt. Nantes, 1648-1734. = (le comte de), feld-maréch. autrich. Chambéry. 1758-1831.

Belle-Isle (C.-L.-A. Fouquet, comte de), maréch. de Fr., min. de la guerre, memb. de l'Acad. fr. Villefranche, 1684-1761.

Bellenden (Gu.), érud. écoss., profess. à Paris, en 1602.

Belleo (C.), théol., écriv. et poëte italien. Raguse, 1575-1583.

Bellenger (F.), doct. en Sorb., érud. et trad. M. Paris, 1749.

Belle-Pierre-de-Neuve-Eglise (H.-Jos.), offic. de caval. et litt. N. St-Omer, 1727.

Bellerose (P. le Mesnier, dit), coméd. de l'hôtel de Bourgogne. M. Paris, 1670.

Belleteste (B.), sav. oriental. Orléans, 1778-1808.

Belleval (P. Richer de), méd. et bot. fr. N Châlons-s.-M., 1558; m. 1623. = (Mart. Richer de), neveu du précéd. et bot. N. 1644. = (C.-F. du Maisnel de), bot. fr. 1733-1790.

Belleville ou *Turlupin* (H. Legrand dit), coméd. de l'Hôtel de Bourgogne. M. Paris, 1634.

Bellevue (J. de), jurisc. du 14e s. N. Aix.

Belli (P.), jurisc. ital. 1502-1575. = (Chérub.), poëte et théol. sicil. du 16e s. = (F.), poëte ital. 1577-1644. = (Honorius), bot. ital. du 16e s. = (Valère), poëte et orat. du 16e s. = (N.), public. ital. du 17e s.

Belliard (A.-Daniel comte), gén. et ambass. fr. Fontenay-le-Comte, 1773; Bruxelles, 1832.

Bellièvre (Pomponne de), chancel. de Fr., surint. des fin. et ambass. Lyon, 1529-1607.

Bellin ou *Bellini* (Gentile), peint. ital. Venise, 1421-1501.

Bellin (J.), peint. ital., frère du précéd. Venise, 1426-1516. = (Ja.-N.), ingén. de la marine et géogr. Paris, 1703-1772.

Bellincioni (Bern.), poëte florent. M. 1491.

Belling (Gu.-Sébast.), cél. lieut.-gén. sous Frédéric le Gr. M. Stolpen, 1799.

Bellingen (Fleury de), litt. fr. du 17e s.

Bellini (Laur.), cél. anat. ital. Florence, 1643-1704. = (Vinc.), composit. ital. Catane, 1808; Paris, 1835.

Belloc (J.-L.), chir. Agen. 1730-1807.

Bellocq (P.), litt., poëte. Paris, 1645-1704.

Belloni (Pa.), jurisc. ital. M. Milan, 1625.

Bellori (J.-P.), cél. antiq. Rome, 1615-1696.

Belloste (A.), chir. milit. Paris, 1654; Turin, 1730.

Bellovèse, chef de la 1re colonie gaul. qui s'établit en Italie, v. 590 av. J.-C.

Belloy (P. de), jurisc. M. Montauban v. 1540. = (P.-Laur. Buirette de), aut. trag., memb. de l'Acad. fr. St-Flour, 1727-1775. = (J.-B. de), card., archev. de Paris, 1709-1808.

Bellucci (J.-B.), ingén. et peint. ital. 1506-1541. = (Ant.), peint. ital. 1654-1726.

Belmissero (Pa.), méd. et poëte lat. du 15e s.

Belmondi (P.), public. Lyon, 1775-1822.

Belmonti (P.), poëte et moral. ital. 1537-1592.

Beloe (Gu.), érud. et bibliogr. angl Norwich. 1756-1817.

Belon (P.), bot. et voyag. fr. 1518-1564.

Beloselski, diplom., litt. et philos. Pétersb., 1757-1809.

Belot (Octavie), femme aut. fr. 1709-1805.

Below (Ja.-Fréd.), méd., natural. Stockholm, 1669-1716.

Belprato (J.-Vinc.), litt. ital. du 16e s.

Belsham (W.), hist. et public. angl. 1752-1827.

Belsunce de Castel-Moron (H.-F.-X. de), év. de Marseille, cél. par son dévouem. dans la peste de 1721. La Force, 1671-1755.

Beltramelli (J.), érud. et litt. Bergame, 1734-1816.

Beltrano (Oct.), impr. et litt. ital. du 17e s.

Belus, roi d'Assyrie de 1993 à 1966 av. J.-C.

Belvédère (And.), peint. napolit. 1646-1732.

Belzoni (J.-B.), cél. voyag. et antiq. ital. 1778-1823.

Bembo (J.), doge de Venise. M. 1618. = (P.), card. et cél. écriv. lat. Venise, 1470-1547. = (Dardi) érud. et litt. vénit. M. 1633.

Béme ou *Besme*, l'un des assassins de l'amiral Coligny. Tué Saintonge, 1575.

Bemmel (Gu. van), peint. paysag. holl. Utrecht, 1650-1708.

Benaben (L-B.-J.-M.), public. Toulouse, 1774-1831.

Benadad, roi de Syrie dans le 10e s. av. J.-C. = Il y a 2 princes du même nom : l'un contemp. d'Asa, roi de Juda; l'autre de Joas, roi d'Israël.

Benaï, poëte pers. M. v. 1512.

Benalcazar (Seb.), cap. esp., l'un des conquér. du Pérou. M. 1550.

Benard (Dom Laur.), fondat. de la congrég. des bénéd. de St-Maur. M. 1620.

Benaschi (J.-B.) peint. et grav. Turin, 1636-1690.

Benavides (Marc), dit aussi *Marco Montuano*, jurisc. et litt. ital. Padoue, 1489-1582.

Benavidès (Vinc. de), peint. esp. M. Madrid, 1706.

Benbow (J.), amiral angl. sous Jacques II et Guillaume III. M. Jamaïque, 1702.

Benci (F.), jés. ital., orat. et poëte lat. M. Rome, 1594.

Bencius (Hug.), connu sous le nom de Hugues de Sienne, méd. ital. M. Rome, 1438.

Benda (G.), music. N. Bohême, 1721; m. 1795.

Ben-David (D. Lazare), philos. et litt. Berlin, 1762-1832.

Bender (Blaise-Colombeau), feld-maréch. autrich. 1713-1798.

Benedetti ou *Benedicti* (Al.) sav. méd. ital. du 15e s.

Benedetto da Rovezzano, cél. sculpt. florent. M. v. 1550.

Benedictis (J.-B. de), jés., philos. scolast. Ostani, 1622-1706.

Benefial (Marc), peint. ital. Rome, 1684-1764.

Beneton de Moranges de Peyrins (Et.-C.), litt. M. Paris, 1752.

Benevoli (Ant.), chir. ital. N. près de Spolète, 1685; m. 1756.

Benezet (St), berger du Vivarais, fondat. de la congrég. des pontifes. M. 1184. = (Ant), philanthrope et négrophile. St-Quentin, 1713; Philadelphie, 1784.

Benger (Elisabeth-Olgilvy, miss), femme aut. angl. 1778-1827.

Bengston (J.), archev. d'Upsal, et gouv. de la Suède avec le titre d'administrateur. 1417-1467.

Beni (Pa.), litt. et controv. ital. Candie, 1552; Padoue, 1625.

Benigné (St), apôtre de la Bourgogne. Martyrisé 2e s.

Benincori (Ange-M.), composit. ital. Brescia, 1779; Belleville près Paris, 1821.

Beniowski (Maurice-A., comte de), voyag. et avent. Hongrie, 1741; Madagascar, 1786.

Benivieni (Domin.), théol. et profess. à l'univers. de Florence. M. 1507.

Benjamin, le dern. des fils de Jacob, et père d'une des 12 tribus. = (St), diacre. Martyrisé 424.

Benjamin de Tudèle, rabbin et voyag. N. Navarre, fin du 12e s.

Benkendorf (C.-Fréd.), écon. all. M. 1778.

Bennet (H.), comte d'Arlington, ministre de Charles II, et pair d'Anglet. 1618-1688.

Bennett (mistriss Élisa), romancière angl. M. 1808.

Bennitski (Al.-Pétrovitsch), litt. russe. 1780-1808.

Benoît (St), un des institut. de l'ordre des bénéd. N. près de Nursie, 480; m. au Mont-Cassin, 543. = *d'Aniane* (St), réform. de la discipline monast. en Fr. N. Languedoc, 750; m. 821.

Benoît Ier, pape. Succ. de Jean III, 574; m. 578. = II, pape. Succ. de Léon II, 684; m. 685. = III, pape. Succ. de Léon IV, 855; m. 858. = IV, pape. Succ. de Jean IX, 900; m. 904. = V, pape. Succ. de Léon VIII, 964; m. Hambourg, 965. = VI, pape. Succ. de Jean XIII, 972; mis à m. 974. = VII, pape. Succ. de Donus II, 975; m. 983. = VIII, pape. Succ. de Sergius IV, 1012; m. 1024. = IX, pape. Succ. de Jean IX, 1033; m. 1054. = X (J.), antipape, év. de Vellutri. Succ. de Nicolas II, 1058; abdiqua, 1059; m. même année. = XI (St), pape. Succ. de Boniface VIII, 1303; m. Trévise, 1304. = XII, pape. Succ. de Jean XXII, 1334; m. 1342. = XIII (P. de Lune), antipape, 1394; m. excomm. et chassé, 1424. = XIII (P.-F. Orsini), pape. N. 1649; succ. d'Innocent XIII, 1724; m. 1730. = XIV (Lambertini), pape. N. Bologne, 1675; succ. de Clément XII, 1740; m. 1758.

Benoît, écriv. angl. M. 1200. = (René), curé de Paris, et dit le Pape des halles pendant la Ligue. 1521-1608. = (le P.), prédic. et hist. Carcassonne, 1632-1705. = (Élie), hist. protest. Paris, 1640-1728. = (M.), jés., astron. et physic. Autun, 1715; Chine, 1794.

Benserade (Isaac de), bel esprit, poëte et aut. dram., memb. de l'Acad. fr. 1612-1691.

Bensi (Bern.), jés., théol. Venise, 1688-1500.

Bent (J. van der), peint. paysagiste holl. Amsterd., 1650-1690.

Bentarolle (P.), memb. de la conv. et du cons. des cinq-cents. M. 1795.

Bentham (Jérém.), cél. jurisc. public. et écon. angl. Londres, 1748-1832.

Bentivoglio, nom d'une illustre fam. originaire de Bologne. Ses princip. memb. furent : *Hercule*, cél. poëte ital. Bologne, 1506; Ferrare, 1575. = *Gui*, card., hist. et homme polit. Ferrare, 1579; Rome, 1644. = *Hippolyte*, poëte dram. ital. M. 1685.

Bentley (Rich.), crit. angl. 1661-1742.

Benvenuti (C.), jés., physic. et mathém. Livourne, 1716; Varsovie, 1789.

Benvoglienti (Hubert), hist. Vienne, 1668-1733.

Benzel-Sternau (C.-Chr. comte de), homme d'État et litt. all. Mayence, 1767-1832.

Benzelius (Éric), théol. protest., archev. d'Upsal. 1642-1709. = (Éric), fils aîné du précéd., érud., et égalem. archev. d'Upsal, 1675-1745.

Benzio (Maxim.-Soldani), sculpt. florent. du 17e s.

Benzoni (Jér.), hist. et voyag. ital. N. Milan; m. fin du 16e s.

Beolcó ou *Biolco* (Ange), poëte com. ital. dit *il Buzzante* (le Badin). Padoue, 1502-1542.

Bérard (Fréd.), méd., profess. d'hygiène à Montpell. 1789-1828.

Bérardier (Denis), ecclés., memb. de l'assemblée constit. N. Quimper; m. 1792.

Bérardier de Bataut (F.-J.), eccl. et litt. Paris, 1720-1794.

Berardo (Jér), poëte ital. du 16e s. N. Ferrare.

Béraud (Laur.), jés., physic. et astron. Lyon, 1703-1777.

Bérauld (N.), érud. fr. Orléans, 1475-1550.

Bérault (Cl.), oriental. et érud. fr., profess. au coll. de Fr. M. 1705.

Berault-Bercastel (Ant.-H.), eccl., hist. et poëte fr. M. 1794.

Berch (And.), agron. et écon. suéd. 1711-1774 = (C.-Reinhold) numism. suéd. M. 1777.

Berchoux (Jos.), litt., poëte fr. St-Symphorien-de-Lay, 1765-1839.

Berckmans (H.), peint. holl. N. 1629.

Bercy ou *Bersil* (Hug. de), poëte fr. du 13e s.

Beregani (N.), litt. et poëte dram. ital. Vicence, 1627-1713.

Bérenger Ier, roi d'Italie, puis emp. d'Or., 916. Assass., Vérone, 924. = II, p.-fils du précéd. Roi d'Italie, 950; m. Bamberg, 966.

Bérenger, hérés. et archidiacre d'Angers. Tours, 990-1088. = (P.), de Poitiers, dit *le Scolastique*, théol. du 12e s. = (Ja.), méd. et anat. ital. du 16e s. = (J.-P.), hist. et litt. Genève, 1740-1807. = (Laur.-P.), poëte et litt. fr. Riez, 1749-1822

Bérenger de la Tour, poëte fr. M. v. 1559.

Bérengère, épouse d'Alphonse IX, roi de Léon, régente, puis reine de Castille, 1217. M. 1244.

Bérénice, fille de Ptolémée Philadelphe, et femme de Ptolémée Évergète, roi de Syrie. = Fille d'Agrippa Ier, roi de Judée, et femme d'Hérode, roi de Chalcis, fut aimée de Titus, qui pensa l'épouser.

Berg (Math. van den), peint. flam. Ypres, 1615-1647.

Bergalli (C.), prédic., théol., philos., méd. et poëte. N. Palerme; m. 1679. = (Louise), femme poëte ital. M. v. 1760

Bergamasco (J.-B. Castello, dit il), peint. ital. N. Bergame; m. Madrid, 1570.

Bergamini (Ant.), poëte ital. Vicence, 1666-1745.

Bergantini (J.-B.), relig. théatin, litt. et philos. ital. Venise, 1685-1760.

Bergasse (N.), public. et philol., memb. de l'assemblée constit. Lyon, 1750-1832.

Bergeeran (Gu. de), troubad. catalan du 13e s.

Bergen (Thierry van), paysag. holl. N. Harlem v. 1640. = (C.-A. de), anat. et bot. all. 1704-1760.

Bergenhielm (J., baron de), poëte lat. et homme d'État suéd. N. Ostrogothie, 1629; m. 1704.

Berger (J.-H. de), jurisc. all. 1657-1732. = (Marc-Cl.), méd., memb. de l'acad. des sc. M. 1702. = (Théod.), hist. et jurisc. all. 1683-1775.

Bergerac (Savinien Cyrano de), litt. et aut. dram. N. Bergerac, v. 1620; m. 1655.

Bergeret (J.-P.), méd., chir. et bot. M. Paris, 1713.

Bergeron (N.), jurisc. et hist. fr. du 16e s. = (P.), fils du précéd. géogr. M. Paris, 1637.

Berghe (R. van den), en lat. *Montanus*, méd. holl. du 16e s.

Berghem (N. van Harlem, dit), peint. paysag. et grav. holl. Harlem, 1624-1683.

Bergier (N.), érud. et hist. Reims, 1567-1623. = (N.-Sylv.), théol. controv. Darnay, 1718-1790.

Bergius (P.-Jonas), méd. et bot. suéd. M. Stockholm, 1791.

Bergler (Ét.), cél. hell. all. N. Hermstadt, v. 1680; m. 1746.

Bergmann (Torbern), chim. suéd. 1735-1784.

Bergmuller (J.-G.), peint., grav. all. 1687-1726.

Bergoeing, memb. de la conv. et du corps législ. N. St-Macaire, v. 1755; m. v. 1815.

Berigard (Cl. de), mathém., philos. Moulins, 1578; Padoue, 1663.

Berington (Jo.), curé cathol. angl., hist. Shrop, 1760-1820.

Berkeley (G.), cél. métaphys. irland. 1684-1753.

Berkenhout (J.), natural. et litt. angl. 1739-1791.

Berkey (J. Lefrancq van), poëte, natural. Leyde, 1729-1812.

Berlichingen (Goetz de), dit *Main de Fer*, cél. chevalier all. 1489-1562.

Berlin (J. Daniel), music. all., inv. du monocorde. 1710-1775.

Berlinghieri (F.), poëte ital. du 15e s. = (And.), chir. Pise, 1772-1826.

Bermude, nom de 3 rois de Léon et des Asturies. M. 791, 999 et 1037.

Bermudez (J.), domin., poëte esp. du 16e s.

Bernadotte (J.-B.), gén. fr., roi de Suède sous le nom de Charles-Jean ou Charles XIV. Pau, 1764; Stockholm, 1844.

Bernard, fils de Pépin, et roi d'Italie, 812. M. 818. = Duc de Septimanie, 826. Mis à m., 844.

Bernard (St), de Menthon, fondat. de l'hospice du Mont-St-Bernard. 923-1008.=(St), fondat. et 1er abbé de Clairvault, doct. de l'Église. N. Fontaine, près Dijon, 1091; m. 1155.

Bernard (Salomon) dit *Petit-Bernard*, grav. fr. N. Lyon, 1512 =(C.), historiogr. de Fr. Paris, 1571-1640.=(Cl.), dit *le pauvre Prêtre*, philanthrope. Dijon, 1588-1641.=(Sam.), peint. grav., memb. de l'acad. de peint. Paris, 1615-1687.=(Sam.), cél. financ. Paris, 1651-1739.=(Ja.), min. protest., écriv. Niort, 1658-1718. = (J.-Fréd.), libr., litt. N. Amsterdam; m. 1752.=(P.-Jo.), dit *gentil Bernard*, poëte érotique. Grenoble, 1710-1775. =(Cath.), femme poëte. N. Rouen, 1712.=(Th.), philanthrope. Lincoln, 1750-1818.=(Sim.), gén. du génie, min. de la guerre sous Louis-Philippe. Dôle, 1779; Paris, 1839.

Bernard le Trévisan, fameux alchim. N. Padoue, 1406.

Bernard d'Auriac, troubad. du 15e s.=*de la Barthe*, év. d'Auch et troubad. du 13e s. = *de Ventadour*, troubad. limous. du 12e s.

Bernardes (Diego), poëte portug. Ponte-de-Barca, 1540-1596.

Bernardi (Jo.-Eléaz.-Domin.) jurisc., érud., memb. de l'Inst. Monieux (Prov.), 1751-1824.

Bernardin (St), de Sienne, théol. Massa-Carrara, 1380-1444.

Bernardoni (P.-Ant.), poëte ital. Vignola, 1672-1714.

Bernhard (J.-Adam), hist. Hanau, 1688-1771.

Berni (F.), poëte burlesque ital. M. 1536. = (F.), orat., poëte, aut. dram. Ferrare, 1610-1673.

Bernier (F.), voyag. et philos. fr. Angers, 1625-1688.=(J.), méd. Blois, 1622-1698. =(N.), composit. Nantes, 1664-1734.

Bernini (J.-Laur.), dit le cavalier *Bernin*, peint., stat. et archit. Naples, 1598-1689.

Bernis (F.-Joach. de Pierses de), card., poëte, homme d'État, memb. de l'Acad. fr. St-Marcel (Ardèche), 1715; Rome, 1794.

Bernouilli (Ja.), mathém. Bâle, 1654-1705 =(J.), frère du précéd., sav. mathém., philos. Bâle, 1667-1748.=(Dan.), fils du précéd., mathém., méd., natural. Groningue, 1700-1782.

Bernstorf (J.-Ern. Hartwig, comte de), homme d'État du Danemark, min. des aff. étrang. Hanovre, 1712-1772.

Bernward, homme d'État, peint., sculpt., archit. N. Hildesheim, v. 950; m. 1023.

Beroaldo (Ph.), litt., érud. Bologne, 1453-1505.=(Ph.), *le Jeune*, poëte, crit. Bologne, 1478-1518.

Bérose, astron. et hist. chaldéen. Présumé contemp. de Ptolémée Philadelphe.

Berquin (Arnaud), litt. Bordeaux, 1749-1791.

Berri (J. de France, duc de), 3e fils de Jean le Bon. Vincennes, 1340-1416.=(C., duc de), p.-fils de Louis XIV. 1686-1714. = Mar.-Louise-Élis. d'Orléans, duchesse de), femme de Philippe d'Orléans, épouse du précéd., 1695-1710.=(Ch.-Ferd., duc de), 2e fils du comte d'Artois, depuis Charles X. N. Versailles, 1778; assass. Paris, 1820

Berriat-St-Prix (Ja.), jurisc. Grenoble, 1769, Paris, 1845.

Berruer, sculpt., profess. à l'acad. en 1797.

Berruguete (Alonzo), sculpt. et archit. esp. M. Madrid, 1545.

Berruyer (Jo.-Is.), jés., hist. Rouen, 1681-1758.=(J.-F.), gén. en chef de l'armée de l'Ouest en 1795. Lyon, 1737-1804.

Berryat (F.), méd. ord. de Louis XV. M. 1754.

Berryer (N.-R.), min. de la mar., garde des sceaux. M. Paris, 1762.=(P.-N.), avoc., orat. distingué. Ste-Menehould, 1757; Paris, 1841.

Bersmann (G.), poëte lat., philos. all. 1536-1611.

Bertano (J.-B.), peint. et archit. mantouan du 16e s.

Bertaut (l'abbé J.), poëte, év. de Senez. Caen, 1552-1611.

Bertaux (Duplessis), dessinat. et grav. M. 1815.

Bertels (J.), bénéd., hist. Louvain, 1559-1607.

Bertereau (Martine de), femme du baron de Beausoleil, et cél. minéralog. du 17e s.

Berthauld (P.), orator., hist. Sens, 1600-1681. =(L.-Mart.), archit. Paris, 1771-1823.

Berthe au Long-Pied, reine de Fr., femme de Pépin le Bref. M. 783.

Berthe, fille de Lothaire, roi de Lorraine, femme de Théobald II, puis d'Adalbert II. N. Lucques, 925.

Berthelemy (J.-Sim.), peint. Laon, 1743-1811.

Berthelet (Cl.-F.), mécan. fr. 1718-1800.

Berthelin (P.-C.), lexicogr., litt. M. Paris, 1780.

Berthelot, poëte satir. fr. du 16e s.

Berthet (J.), jés., théol., hist. Tarascon, 1622-1692.

Berthier (Gu.-F.), jés., théol., hist. Issoudun, 1704-1782. = (J.-B.), ingén.-géogr., archit. Tonnerre, 1721-1804.=(Al.), fils du procéd., maréch. d'Empire, et prince souverain de Neufchâtel. N. Versailles, 1753; m. Bamberg, 1815. = (Cés.), ingén.-géogr., frère du précéd. Versailles, 1770, 1807.

Berthold, prédic. du 13e s.

Bertholet-Flemael, peint., archit. Liége, 1614-1675.

Berthollet (F.), jés., hist. N. Liége; m. 1755. = (Cl.-L.), cél. chim., memb. de l'Inst., sénat., pair de Fr. N. Annecy, 1748; m. 1822.

Berthoud (Ferd.), habile horloger, memb. de l'Inst. Neufchâtel (Suisse), 1726-1807.

Berti (J.-Laur.), théol., hist. Toscane, 1696-1766.

Bertier (Jo.-Et.), orator., physic. Aix, 1710-1783.

Bertin (St), moine de St-Colomban, fondat. du monast. de St-Bertin. Constance (Suisse), 637-709.

Bertin (Exupère-Jo.), méd., memb. de l'acad. des sc. Tremblay (Bretagne), 1712-1781. = (Ant.), poëte érot. fr. Ile Bourbon, 1752-1790. = (J.-Vict.), peint. de paysages hist. Paris, 1775-1841.=(L.-Fr.), écriv. polit. Paris, 1766-1841.= *de Vaux* (J.-L.), frère du précéd., public., ambass., pair de Fr. Paris 1771-1842.

Bertius (P.), cosmogr. et historiogr. de Louis XIII. Flandre, 1565-1629.

Bertoldo (J.), dessinat. et fond. florent. du 15e s.

Bertoli (J.-Domin.), litt. et antiq. Frioul, 1676-1755.

Berton (P. Montan), chef d'orchestre de l'Opéra, surint. de la musique du roi. Paris, 1727-1780. =(H.), petit-fils du précéd., profess. au Conservat. Paris, 1784-1852.=(N.), cél. composit. fr., memb. de l'Inst. 1767-1844.= (J.-B., baron), gén. fr., chef d'un complot contre les Bourbons. N. 1769; exécuté 1822.

Bertram (Ph.-Em.), jurisc., hist. Zerbst, 1726-1777.

Bertrand (St), archidiacre de Paris, év. du Mans. M. 625.

Bertrand de Gordon, troubad. du Quercy. 13e s.

Bertrand (P.), card., sav. canon. Annonay, 1280-1349. = (Ph.), sculpt., memb. de l'Acad. Paris, 1664-1724.= (Elie), natural. suisse. 1712-1790. = (L.), géom. Genève, 1731-1812.=(H.-Gratien, comte de), gén. fr. et fidèle ami de Napoléon. Châteauroux, 1773; Paris, 1844.=(Alex.), méd., partisan du magnétisme. Rennes, 1795-1831.

Bertrand de Molleville (le marq. Ant.-F.), hist., homme d'Etat., min. de la mar. Toulouse, 1744-1817.

Bertrandi (J.), 1er présid. du parl. de Paris, archev. de Sens, garde des sceaux. N. Venise, 1560. =(J.-Ambr.-Ma.), méd., anat. Turin, 1728-1765.

Bertuch (Fréd.-Just.), litt. Weimar, 1747-1822.

Bérulle (P.), card., fondat., en France, de l'ordre des carmélites et de la congrég. de l'Oratoire. Sillery (Champagne), 1575-1629.

Bervic (J.-Gu.-Balvay), grav. en taille-douce, memb. de l'Inst. Paris, 1756-1822.

Berwick (Ja. Fitz-James, duc de), maréch. de Fr. N. Moulins, 1671; tué Philipsbourg, 1734.

Berzélius (Ja.), cél. chim. suédois. N. près de Linkœping, 1779; m. 1848.

Besborodko, min. d'Etat russe sous Catherine II et Paul 1er. M. 1790.

Beschi (Const.-Jo.), jés. ital., missionn. et poëte indien. M. dans l'Inde, 1742.

Beschitay (Elie), dit le Byzantin, cél. aut. juif. Andrinople, 1420-1490.

Besenval (P.-Vict.), colonel des gardes suisses en Fr. Soleure, 1722-1794.

Besler (Basile), bot. Nuremberg, 1561-1629.= (Mich.), bot., natural., nev. du précéd 1607-1661.

Besly (J.), hist. Coulonges (Poitou), 1572-1641.

Besme. V. Bême.

Besoigne (Jér.), doct. de Sorb., hist. Paris, 1686-1763.

Besold (Christ.), hist., jurisc. Tubingen, 1577-1638.

Besozzi. Nom d'une famille de music. de Parme, au 16e s. = (Ambr.), peint., archit., grav. Milan, 1648-1706.

Bessarion (F.), card., théol., litt., négociat. Trébisonde, 1395; Ravenne, 1472.

Bessel (God. de), bénéd., érud. Bercheim, 1672-1749.

Besser (J. de), poëte, écriv. Courlande, 1654-1729.

Bessières (J.-B.), maréch. d'Emp., duc d'Istrie. N. Peissac, 1768; tué 1813, à Rippach.

Bessus, gouv. de la Bactriane pour Darius III, et assassin de ce prince, 331 av. J.-C.

Bestujeff-Rumine (Alex., comte de), chancel. et sénat. Moscou, 1693-1766.

Bethencourt (J. de), avent. normand, chambellan de Charles VI. M. 1425.

Bethencourt y Molina (Aug.), de la même fam. que le précéd., ingén. Ile de Ténériffe, 1760; Paris, 1826.

Bethisac (J.), conseill. et favori du duc de Berri, gouv. du Languedoc. Brûlé vif, 1389.

Bethisy (F.-Laur. de), composit. N. Dijon, 1702.

Bethsabée, femme d'Uri, lui fut enlevée par David et devint mère de Salomon.

Béthune (Ph. de), comte de Selles et de Charost, frère de Sully (V. ce nom), ambass. en Ecosse, Allemagne, Italie, etc., sous Henri IV et Louis XIII. 1561-1649. = (Arm.-Jos. de), pair, gouv. de Picardie. Versailles, 1718-1800.

Betis, gouv. de Gaza pour Darius. Alexandre le Gr. le fit mourir, 522 av. J.-C.

Betterton (Th.). aut. dram. Westminster, 1635-1710.

Betti (Zach.), poëte. Vérone, 1732-1788

Bettinelli (Xav.), jés., litt., Mantoue, 1718-1808.

Bettini (Ant.), év. de Foligno, négociat., écriv. ascét. Sienne, 1406-1587. = (Ma.), jés, sav. et poëte lat. Bologne, 1582-1657. = (Dom.). peint. florent. 1644-1705. = (Séb.), peint. florent. N. 1707.

Betulée (Sixte). érud. all., poëte lat. 1500-1554.

Betussi (Jo.), litt. ital. N. Bassano, 1507.

Beuckels (Gu.), pêcheur holl., invent. de l'art de saler le hareng. N. Biervliet; m. 1449.

Beugnot (Ja.-Cl.), homme d'Etat, min. sous Louis XVIII. Bar-sur-Aube, 1761-1835.

Beurnonville (P. Riel, comte de), homme d'Etat, diplom., maréch. de Fr Champignolle (Bourgogne), 1752-1821.

Beurrier (Touss.), théol., prédic. Vannes, 1715-1782.

Beurs (Gu.), peint. holl. N. 1656.

Beveridge (Gu.), théol., oriental, év. de St-Asaph. Barrow (Anglet.), 1638-1708.

Beverini (Barth.), litt., érud. Lucques, 1629-1686.

Beverland (Ad.), avoc., écriv. Middelbourg, 1654-1712.

Bevernynck (Jér. van), dit le Pacificateur, négociat. Gonda, 1614-1690.

Bevin (Elwary), music. angl., contemp. d'Elisabeth et de Jacques II.

Bevis, astron. angl. Wills, 1695-1771.

Bevy (C.-Jo.), bénéd., historiogr. du roi pour la Flandre et le Hainaut. St-Hilaire (Loiret), 1788-1830.

Bewick (Th.), grav. angl. Cherry-Burn, 1753-1828.

Bexon (Scip.-Jo.), criminaliste. Remiremont, 1753-1825.

Beyer (G.), jurisc. Leipzig, 1665-1714. = (A.), bibliogr. all. 1707-1741.

Beyerlinck (Laur.), érud., litt. Anvers, 1578-1627.

Beyle (Ma.-H.), litt. fr., romanc. sous le pseudonyme de Stendhal. Grenoble, 1783; Paris, 1842.

Beys (C. de), poëte, aut. dram. Paris, 1601-1659.

Bèze (Théod.), cél. controvers. protest., diplom., hist., poëte lat. et fr. Vezelai (Nivern.), 1519; Genève, 1606.

Bezons (Cl. Bazin de), conseill. d'Etat, memb. de l'Acad. fr. Paris, 1617-1684. = Ja.), fils du précéd., maréch. de Fr. 1645-1733.

Bezout (Et.), mathém., memb. de l'acad. des sc. Nemours, 1730-1783.

Bharhihari, cél. poëte ind. Viv. 1 s. av. J.-C.

Bhavabhouti, poëte dram. ind. Viv. dans le 8e s.

Biacca (F.-M.), archéol., litt. Parme, 1673-1735.

Biagioli (N.-Jo.), gramm. ital. Vezzano, 1768; Paris, 1830.

Bianchi Ferrari (F.). dit *il Frari*, peint. ital. M. 1520.

Bianchi (Vendramino), noble padouan, négociat. et diplom. M. 1738. = (P.), peint. Rome, 1694-1739. = (J.-Ant.), relig., litt., controvers. Lucques, 1686-1758. = (J.), dit *Janus Plancus*, natural. ital. Rimini, 1693-1775.

Bianchini (P.), sculpt. et archit. Paris, 1559-1609. = (F.), astron., antiq. Vérone, 1662-1729. = (Jo.-Mar.), litt. ital. Prato, 1685-1749.

Bianco (Barth.), archit. ital. M. 1656. = J.-B.), fils du précéd., sculpt. et peint. M. 1657.

Biancolini (J.-B.-Jo.), litt., érud. Vérone, 1697-1780.

Biard (P.), sculpt. Paris, 1550-1600. = (Pa), jés., missionn. fr. M. 1622.

Bias, un des 7 sages de la Grèce. 6e s. av. J.-C.

Bibbiena (Bern. Dovizi, dit), card., litt., négociat. Bibbiena, 1470-1520. = (Ferd.), peint., archit. Bologne, 1657-1743.

Biberstein (le bar. Marschall de), conseill. d'Etat, bot. Wurtemberg, 1768-1828.

Bibiane (Ste), vierge. Martyrisée sous Julien l'Apostat, 4e s.

Bibliander (Thé.), théol., oriental. Suisse, 1504-1564.

Bibulus (M. Calpurnius), consul avec César, 51 av. J.-C. M. 48 av. J.-C.

Bichat (M.-F.-X.), cél. méd. et physiol. Thoirette (Bresse), 1771; Paris, 1802.

Biddle (J.), théol. angl. de la secte des unitaires. 1615-1662.

Bidloo (God.), méd., anat. Amsterdam, 1649-1713.

Bie (J. de), grav., antiq. Anvers. 1581-1650.

Biel (Gab.), philos. et théol. Spire, 1420-1495.

Bielfeld (J.-Fréd. de), public. Hambourg., 1717-1770.

Bienaimé (P.-Théodose), archit, Amiens, 1765-1826.

Biennaise (J.), chir. fr. 1601-1681.

Biesius (N.), méd., philos., poëte. Gand, 1516-1572.

Biett (Laur.), sav. méd. Suisse, 1784; Paris, 1840.

Bièvre (le marq. de), bel esprit, aut. dram. 1747-1789.

Biez (Oudart du), maréch. de Fr. M. 1551.

Bigland (J.), hist. angl. 1750-1832.

Bigne (Gage de la), poëte, chapelain du roi Jean. N. Bayeux, 1428. = (Marguerin de la), théol. fr. 1546-1590.

Bignon (Jér.), érud., conseill. d'Etat, avoc. au parl. Paris 1589-1656. = (L.-P.-Ed.), diplom., homme d'Etat, public. La Meilleraie (Normandie), 1771-1841.

Bigot (Gu.), poëte fr. et lat. N. Laval, 1502. = (Mme), cél. pianiste. Colmar, 1786-1820.

Bigot de Préameneu (Fél.-Jul.), député à l'assembl. législ., min. des cultes, memb. du cons. d'État et de l'Acad. fr. Redon, 1750-1825.

Bigot de Morogues (P.-M.-Sébast.), agron., pair de Fr. Orléans, 1777-1840.

Bilderdyck (Gu.), poëte holl. Amsterdam, 1756-1831.

Bilfinger ou *Buelfinger* (G.-Bern.), philos. et mathém. all. 1693-1750.

Bill (R.), mécan. Stafford, 1754-1827.

Billard (Cl.), aut. dram. Sauvigny (Bourbonn.), 1550-1618. =(C.-M.). méd. 1800-1832.

Billardière (J.-Ju. Houton de la), bot., memb. de l'Inst. Alençon, 1755-1834.

Billaud-Varennes (J.-N.), memb. de la conv., substitut du procur. gén. de la commune. N. La Rochelle, 1760; m. Port-au-Prince (Haïti), 1819.

Billaut (Adam), dit Maître Adam, poëte et menuisier. Nevers, 1602-1662.

Billington (Elisab.), cél. cantatrice angl. Londres, 1769-1818.

Billon (F. de), écriv. fr. du 16e s.

Billy (Ja. de), crit. et trad. Guise, 1535-1581. = (N.-Ant. Labbay de), litt., hist. Vesoul, 1753-1825.

Bils (L. de), anat. holl. du 17e s.

Biner, jés., jurisc. all. M. 1778.

Binet (Cl.), litt., poëte du 16e s. =(Re.), rect. de l'Univ. de Paris, trad. Beauvais, 1732-1812.

Bion, poëte bucolique gr., de Smyrne. Viv. 289 av. J.-C. = De Borysthènes, dit le Sophiste, philos. de l'école cyrénaïque. Viv. au milieu du 3e s. av. J.-C.

Bion (N.), cosmographe, ingén. du roi. M. Paris, 1733.

Biondi (J.-F.), hist., négociat. Dalmatie, 1572-1644

Birago (F.), litt. Milan, 1562-1640.

Birague (le card. René de), homme d'État, surintend. de la justice sous François 1er, garde des sceaux. Milan, 1407-1583.= (Clé.), grav. milanais, invent. de la grav. sur diamant en 1480.

Birch (Th.), hist. Londres, 1705-1766.

Bird (W.), organ., composit. angl. 1543-1623.=(Éd.), peint. angl. 1772-1819.

Biren (J.-Em.), duc de Courlande, homme d'Etat. 1687-1772.

Birger de Bielbo, comte du palais, régent de Suède après la mort d'Éric le Bègue. 1210-1266.

Biron (Arm. de Gontaut, baron de), maréch. de Fr. N. 1524; tué au siége d'Épernay, 1592.=(Charles), fils du précéd., maréch. de Fr., gouv. de Bourgogne, duc et pair. N. 1561; m. sur l'échaf., 1602. = (C.-Arm.), maréch. de Fr., p.-n. du précéd. 1663-1756. = L.-Ant.), maréch. de Fr., fils du précéd. 1701-1788.

Bisaccioni (le comte Majolino), gén., diplom., hist., litt. Ferrare, 1582-1663.

Biscaino (Barth.), peint. et grav. génois, 1652-1657.

Biset (C.-Emmanuel), peint. Malines, 1633-1674.

Bishop (Sam.), poëte angl. Londres, 1731-1795.

Bisi (Bonav.), grav. et peint. bolonais. M. 1662.

Bisset (Ph.), écriv. écoss., litt. 1759-1805.

Bisson (Hipp.), lieut. de mar. fr. N. Guéménée, 1796; se fit sauter plutôt que de se rendre à des pirates grecs. 1827.

Bitaubé (Pa.-Jérémie), litt., memb. de l'Inst. N. Kœnigsberg, 1732; m. 1808.

Biton, mathém. grec V. 355 av. J.-C.

Bizardière (M. David de la), hist. fr du 17e s.

Bizot (P.), numism. fr. M. 1696.

Blacas, cheval. et troubad. aragonais du 13e s. = (le duc de), favori de Louis XVIII, min. de sa maison. Aulps (Var), 1770; Prague, 1839.

Black (Jo.), chim. écoss. Bordeaux, 1728-1779.

Blackmore (Ri.), méd., poëte angl. M. 1720.

Blackstone (G.), jurisc. Londres, 1723-1780.

Blackwell (Al.), méd., écon. N. Aberdeen; m. sur l'échaf., 1743. = (Th.), écriv. écoss. Aberdeen, 1701-1757.

Blaeuw (Gu.), sav. géogr. Amsterd., 1571-1638.

Blainville (C.-H.), music. fr. M. 1768. = (H.-M. Ducrotay de), cél. zoologiste. Arques (près de Dieppe), 1778; Paris, 1850.

Blair (J.), aut. écoss. du 14e s. = (R.), poëte. Édimb. 1699-1746. = (Hugh), orat. sacré, crit., litt. Edimbourg, 1718-1800.

Blaise (St), év. de Sébaste. Martyrisé, 316.

Blaise (Barthe), sculpt., memb. de l'acad. de peint. et de sculpt. Lyon, 1738-1819.

Blake (R.), amiral angl. Bridgewater, 1599-1657. = (Joach.), gén. esp. N. Velez; m. Malaga, 1827. = (Gu.), grav. angl. 1759-1827.

Blancard (N.), philol. Leyde, 1625-1703.

Blancas (Jér.), hist. esp. et historiogr. M. 1590.

Blanchard (Ja.), peint. Paris, 1600-1638. = (N.), aéronaute, inv. des parachutes. Andelys, 1753-1809.

Blanche de Castille, reine de Fr., fille d'Alphonse IX. N. 1187; épouse de Louis VIII, roi de Fr., 1201; m. 1252. = *de Bourbon*, reine de Castille, épouse de Pierre, dit le Cruel. M. empois.

Blanchet (P.), avoc., écriv. N. Poitiers, 1459. = (Th.), peint., memb. de l'acad. de peint. Paris, 1617-1689. = (l'abbé F.), litt. 1707-1784.

Blasius (Gérard), méd. et comment. N. Bruges; m. 1682.

Blavet (M.), music., composit. Besançon, 1700-1768.

Blaze (H.-Séb.), music., litt. Cavaillon, 1763-1833.

Bleda (Ja.), écriv. ascét., hist. esp. Algemese, 1550-1622.

Blefken, voyag. et hist. all. du 16e s.

Bleker (J.-Gasp.), peint., N. Harlem, 1600.

Bles (H. de), peint. flam. 1480-1550.

Bletterie (J.-Bé.-R. de la), orator., litt., hist., memb. de l'acad. des inscr. Rennes, 1696-1772.

Blin de Sainmore (Ad.-M.-Hyac.), litt., aut. dram. Paris, 1733-1807.

Blitilde, reine de Fr., femme de Childéric II. Mise à m. 673.

Bloch (Marc-Éliez.), natural. Anspach, 1723-1799.

Bloemaert (Abr.), peint., grav. Gorcum, 1564-1658.

Bloemen (J.-F. van), peint. Anvers, 1656-174..

Blondeau (Cl.), avoc. fr. du 17e s.

Blondel (Dav.), théol. protest. Châlons-s.-M., 1591-1655. = (F.), archit., mathém. Ribemont, 1617-1686. = (Ja.-Fr.), neveu du précéd., archit. Rouen, 1705-1774.

Blondel de Neeles, troubad. du 12e s., confident de Richard Cœur de Lion.

Blondin (P.), bot., memb. de l'acad. des sc. 1682-1713. = (J.-Noël), gramm. Paris, 1753-1832.

Bloomfield (R.), poëte angl. Suffolk, 1766-1823.

Blot, bar. de Chavigny, poëte et chansonn. fr. M. 1655.

Blount (Ch.), écriv. angl. et cél. déiste. 1650 1693. = (Th.), sav. théol. angl. 1619-1679.

Blucher (Gerhart Lebrecht de) prince de Wahlstadt, gén. pruss. Rostock, 1743-1819.

Blumauer (Aloys), poëte satir. et burlesque all. 1755-1798.

Blumberg (Chr.-Gotthelf), théol. luthér., oriental. Ophausen, 1664-1735.

Blumenbach (J.-F.), natural., méd. Gotha, 1752-1840.

Boiastuau (P.), dit *Launay*, litt., compilat. Nantes, 1500-1566.

Boaretti (l'abbé F.), litt. ital. Padoue, 1748-1799.

Boattie (Ja.), philos. écoss., profess. de morale. 1735-1803.

Bobrof (Sim.), poëte russe. M. St-Pétersbourg, 1840.

Bobrun (H.), peint., memb. de l'acad. Amboise, 1603-1677.

Boccace (J.), poëte, romanc., érud. Paris, 1313; Certaldo près Florence, 1375.

Boccage (Mme Lepage, dame du), femme poëte. Rouen, 1710-1802. = (Manuel Barbosa du), poëte portug. et improvis. 1771-1806.

Boccalini (Trajan), aut. satir. Lorette, 1556-1613.

Boccanera (Gu.), patric. génois, fut chef de la républ. de Gênes, 1257, et déposé, 1262. M. empois. 1262. = (Gille), amiral de Castille, frère du précéd. M. 1372.

Boccherini (L.), music., composit. Lucques, 1740; Paris, 1806.

Bocchi (Achille), litt., fondat. de l'impr. et de l'acad. dites *Bocchiana*. Bologne, 1488-1562. = (F), litt. Florence, 1548-1616. = (Faustino), peint. Brescia, 1659-1742.

Bocchoris, roi d'Égypte, que l'on croit le Pharaon de la Bible.

Bocchus, roi de Numidie, vaincu par Marius, livra Jugurtha aux Romains, 103 av. J.-C.

Boccone (P.-Sylvius), bot. Palerme, 1633-1704.

Bocerus ou *Bocker*, hist. all. et poëte lat. 1525-1565.

Bochart (Sam.), minist. protest., cél. oriental. Rouen, 1609-1667.

Bochart de Savron (J.-B.-Gasp.), 1er présid. au parl. de Paris, mathém., memb. de l'acad. des sc. N. Paris, 1750; m. sur l'échaf., 1794.

Bock (Jér.), bot. Heidelbach, 1498-1554. = (Fréd.-Sam.), théol. natural. Kœnisberg, 1716-1786. = (J.-N.-Ét. de), litt. Thionville, 1747-1809.

Bocksberger (J.), peint. all., grav. sur bois du 16e s.

Bocquillot (Laz.-And.), écriv., hist. Avallon, 1649-1728.

Boothor (Ellious), oriental., professeur d'arabe, etc. Syout (Égypte), 1784; Paris, 1821.

Boddaert (P.), poëte holl. Niddelb., 1694-1790. = (P.), méd. et natural., de la même fam. N. 1730.

Bode (J.-J.-Christ.), composit. de musiq. chef des illuminés. Brunswick, 1730-1793. = J.-Elert.), cél. astron. Hambourg, 1746-1826.

Bodel (J.), trouvère fr. du 13e s.

Bodenstein (And.), dit *Carlstadt*, théol., maître de Luther. Carlstadt, 1480-1541.

Bodin (J.), cél. public. Angers, 1530-1596. = (J.-F.), litt. Angers, 1766-1829.

Bodley (Th.), litt. angl., négociat. Exeter, 1544; Oxford, 1612.

Bodmer (J.-J.), poëte, litt. Zurich, 1698-1783.

Bodoni (J.-B.), typogr. cél. Saluce, 1740; Padoue, 1813.

Boëce (Anicius Manlius Torquatus Severinus Boetius), philos., mathém., homme d'État. N. Rome ou Milan, 470; décap., 525. = (Chr.-Fréd.), grav. Leipzig, 1706-1778.

Bœckler (G.-And.), archit. et mécan. du 17e s.

Bœcler (J.-H.), hist. suéd. et historiogr. 1611-1692, (J.), méd., bot., chim. Strasb., 1681-1733

Bœhm (Ja.), mystique et visionn. all., aut. de plusieurs ouvr. 1575-1624. = (And.), philos. et mathém. Darmstadt, 1720-1790. = (J.-Ens.), hist. all. 1717-1780.

Boemer (Juste-Henning), sav. jurisc. Hanovre, 1674-1749. = (G.-Rod.), bot. Wittemberg, 1723-1803.

Boel (P.), peint. N. Anvers, 1625.

Boerhaave (Hermann), ill. méd., chim., bot. et érud. holl. Woorhout, 1668-1738.

Boerner (Chr.-Fréd.), théol. Dresde, 1683-1753.

Boeschenstein (J.), cél. hébraïsant. N. Autriche, 1471.

Bohetius (Hect.), hist. écoss. 1470-1550.

Boëtie (Ét. de la), écriv., poëte, conseill. au parl. de Bordeaux. Sarlat, 1530-1568.

Boettcher (J.-Fréd.), chim. all., qui trouva la composit. de la porcelaine de Saxe. M. 1719.

Boffrand (Germ.), archit. fr. Nantes, 1667-1754.

Bogdanovitsch (Hipp.), aut. dram. russe. 1743-1803.

Bogin (J.-B.), homme d'Etat. Turin, 1701-1781.

Bogoris, 1er roi chrétien en Bulgarie, v. 841.

Bogud, roi de la Mauritanie Tingitane, advers. de Pompée, puis d'Octave. Tué 29 av. J.-C.

Boguslawski (Alb.), aut. dram. polonais. 1752-1829.

Bohadin ou *Boha Eddin*, hist. ar. Mossoul, 1145-1235.

Bohadsch (J.-B.), natural. N. Prague; m. 1772.

Bohan (F.-Ph. Loubat, bar. de), tactic. lieut.-gén. Bourg-en-Bresse, 1731-1804.

Bohémond (Marc), prince de Tarente et d'Antioche, fils de Robert Guiscard. M. dans la Pouille, 1111.

Boiardo (Mat.-M.), poëte ital. Scandiano (duché de Modène), 1434-1494.

Boichot (J.), stat., memb. de l'acad de peint. Châlons-s.-Saône, 1738-1814.

Boïeldieu (F.-Adr.), composit., memb. de l'Inst. N. Rouen, 1775; m. Jarcy (Brie), 1834.

Boigne (Ben. Leborgne, comte de), aventur., philanthrope. Chambéry, 1741-1830.

Boileau (Et.), prévôt de Paris sous Louis IX. M. v. 1270. = (Ja.), doct. de Sorbonne, érudit. Paris, 1635-1716. = (Gilles), frère du précéd., memb. de l'Acad. fr. Paris, 1631-1669. = (C.), prédic. de la cour, memb. de l'Acad. fr. N. Beauvais; m. Paris, 1704.

Boileau-Despréaux (N.), écriv. satir., poëte, crit., memb. de l'Acad. fr. Paris, 1636-1711.

Boillot (Jo.), ingén., archit., grav. N. Langres, 1560.

Boindin (N.), litt., aut. com., memb. de l'acad. des inscr. Paris, 1675-1751.

Boinvilliers (J.-Et.), gramm., trad. Versailles, 1764-1830.

Boisfremont (C. de), peint. d'hist. et de portr. M. 1838.

Boisgelin (J.-de-Dieu Raimond de), archev. de Tours, card., écriv. et prédic. Rennes, 1732-1804.

Boisguillebert (P. le Pesant, sieur de), écriv. polit., érud. M. 1714.

Boisjolin (Ja.-F.-Ma. Vielh de), litt., memb. du tribunat. Alençon, 1763-1832.

Boislandry (C. de), écon. Versailles, 1759-1834.

Boismélé (J.-B. Torchet de), litt., hist. M. Paris v. 1755.

Boismont (N. Thyrel de), prédic., memb. de l'Acad. fr. Rouen, 1715-1786.

Boismortier (Rodin de), composit. Perpignan, 1691-1765.

Boisot (l'abbé J.-B.), antiq. Besançon, 1638-1694.

Boisrobert (F. Metel de), poëte, memb. de l'Acad. fr. Caen, 1592-1662.

Boissard (J.-J.), poëte, antiq. Besançon, 1528-1602.

Boissat (P. de), litt. N. Vienne (Dauphiné); m. 1615.

Boissel de Monville (le bar. Th.-C.-Gaston), écon., ingén., philos. Paris, 1763-1832.

Boissin de Gallardou (J.), poëte dram. fr. du 17e s.

Boissy (J.-B. Thiaudière de), érud., memb. de l'acad. des inscr. M. v. 1729.

Boissy (L. de), aut. dram., memb. de l'Acad. fr. Vic (Auv.), 1694-1758.

Boissy d'Anglas (F.-Ant de), cél. conventionnel. N. St-Jean-de-Chambre (Vivarais), 1756; m. 1826.

Boiste (P.-Cl.-V.), lexicogr. Paris, 1765-1824.

Boitel de Tranville (Cl.), litt. Orléans, 1570-1625.

Boivin (F. de), hist. fr., secrét du maréch. de Brissac. M. 1618. = (L.), antiq., memb. de l'acad. des inscr. Lizieux, 1649-1724. = (J.), écriv. fr., profess. de grec, memb. de l'Acad. fr. et de celle des inscr. 1663-1726.

Boizard (J.), numism. M. Paris, v. 1705.

Boizot (L.-Sim.), sculpt., memb. de l'Acad. Paris. 1743-1809.

Bol ou *Boll*, peint. Malines, 1533-1583. = (Ferd.), peintre hollandais 1611-1681.

Boldoni (Sigism.), philos., méd. Milan. 1597-1630.

Boleslas Ier, dit le Grand, succ. de son père Micislas dans le duché de Pologne. Prit le titre de roi, 1018; m. 1025. = II, dit le Hardi, roi de Pologne, 1058; déposé, 1080; m. v. 1085. = III, fils de Vladislas Ier, ne prit que le titre de duc de Pologne. M. 1138. = IV, duc de Pologne, succ. de son frère Uladislas, 1146; m. 1159. = V, dit le Chaste, duc de Pologne. N. 1219; succ. de son père Leszko II, 1227; m. 1240.

Bolingbroke (H. St-Jean, lord), homme d'Etat, orat., litt. angl. Battersen, 1672-1751.

Bolivar (don Sim.), homme d'Etat et de guerre, fondat. de la républ. de la Colombie. Caracas (Amér. mérid.), 1783-1830.

Bollandus (J.), sav. jés. qui a commencé le cél. recueil des vies des saints. Anvers, 1596-1665.

Bologne (J. de), sculpt. fr. Douai, 1524; Bologne, 1608. = (P. de), poëte lyrique. N. la Martinique, 1716; m. 1789.

Bolognini (L.), canoniste, diplom. Bologne, 1447-1508. = (Ange), méd. Padoue, 1470-1536. = (J.-B.), peint. Bologne, 1612-1689.

Bolsec (Jér.-Hermès), hist. N. Paris; m. Lyon, 1585.

Boltin (Ivan), écriv. russe. St-Pétersb., 1735-1792.

Bolton (Edm.), antiq. angl. 17e s.

Boltz (Gu.), avent. holl. N. 1740; m. Paris, 1808.

Bombelles (H.-F., comte de), tacticien fr. 1682-1760.

Bombelli (Raphaël), mathém. ital. N. Bologne, v. 1530. = (Séb.), peint. ital. Udine, 1635-1716.

Bomberg (Daniel), cél. impr. N. Anvers; m. Venise, 1549.

Bomilcar, gén. carthag., usurpa le pouvoir 308 av. J.-C., mais fut mis à m. = Favori de Jugurtha. Mis à m. 107 av. J.-C.

Bon de St-Hilaire (F.-X.), jurisc., natural., memb. de l'acad. des inscr. Montpell., 1678-1761.

Bona (J.), card., érud. ital. Mondovi, 1607-1674.

Bonac (J.-L. Usson, marq. de), diplom., conseill. d'Etat. N. dans le pays de Foix, 1672; m. 1738.

Bonacciuoli (L.), méd. N. Ferrare; m. v. 1540.

Bonald (L.-Gab.-Amb., vicomte de), écriv. relig. et polit. N. Rouergue, 1753; m. 1840.

Bonami (F), méd., bot. Nantes, 1710-1786.

Bonamy (P.-N.), érud., litt., memb. de l'acad. des inscr. Louvre (Ile-de-France), 1694 1770.

Bonaparte (N.), poëte comique ital., profess. de jurisp. au 15e s. = (Ja.), neveu du précéd., bénéficier de la cour de Rome et hist. Viv. au commenc. du 16e s.

Bonaparte (C.), père de Napoléon, servit sous Paoli. N. Ajaccio v. 1746; m. Montpellier, 1785. = (Letitia Ramolino), femme du précéd. Ajaccio, 1750; Rome, 1840. = (Lucien), fils des précéd. et frère de Napoléon, memb. du conseil des cinq-cents et de l'Inst., min. de l'intérieur, ambass. en Esp. Ajaccio, 1775; Londres, 1840. = (Joseph), frère du précéd. N. Ajaccio, 1768; memb. du conseil des cinq-cents, ambass. à Rome, roi de Naples (1806), puis d'Espagne, 1808 à 1813, lieut.-gén. de l'Empire pendant les cent-jours. M. Florence, 1844. = (Louis), frère du précéd. N. Ajaccio, 1778; d'abord aide de camp de Napoléon pendant la campagne d'Italie; marié à Hortense Beauharnais, 1802; gr.-connétable à la création de l'Empire; roi de Hollande de 1806 à 1810; m. Florence, 1846. = V. BACCHIOCHI, BORGHÈSE, MURAT et NAPOLÉON.

Bonasoni (Ju.), dit *le Bolognèse*, peint. et grav. Bologne, 1498-1564.

Bonati (Théod.-Max.), mathém., hydraul. ital. 1724-1820.

Bonaventure (St) dit le Docteur séraphique, doct. de l'Eglise. Bagnarea (Toscane), 1221; Lyon, 1274.

Bonavidius (Marc Mantua), jurisc. Padoue, 1497-1589.

Boncerf (P.-F.), jurisc. et écon. Franche-Comté, 1745-1794.

Bonchamp (Artus de), chef vendéen. N. Anjou; tué 1793.

Bondi (Clém.), poëte ital. Mezzano (duché de Parme), 1742; Vienne, 1821.

Bondt (N.), hist., philol. holl. 1732-1792.

Bonelli (M.), homme d'Etat, card. Tortone, 1541-1598. = (Franco-And.), méd., bot. Cuneo, 1785-1830.

Bonet ou *Bont* (St), év. de Clermont. M. 710.

Bonet de Lates, méd. et astrol. provenç. du 15e s.

Bonfadio (Ja.), litt. ital. du 16e s.

Bonfinius (Ant.), hist., érud. Ascoli, 1427-1502.

Bongars (Ja.), calvin., crit., érud., conseill. de Henri IV. Orléans, 1546-1612.

Boniface, comte de l'empire, cél. capit. du 5e s. N. en Thrace; m. 432.

Boniface (St), dit *Wilfrid*, cél. missionn. N. Devonshire, 680; massac. près d'Utrecht, 755.

Boniface Ier (St), pape. Succ. de Zozime, 418; m. 422. = II, succ. de Félix IV, 530; m. 532. = III, succ. de Sabinien, 606; m. même année. = IV, succ. du précéd., 607; m. 614. = V, succ. de Dieudonné, 617; m. 625. = VI, succ. de Formose, 896; m. 15 j. après. = VII, anti-pape, déposséda Jean XIV. M. 985. = VIII (Ben. Caëtan), pape. Succ. de Célestin V, 1294. M. 1303. = IX (P. ou Perrin Tomacelli), dit le Cardinal de Naples. Elu 1389; m. 1404.

Boniface (Hyac.), jurisc. Forcalquier, 1612-1699.

Bonifazio (F.), peint. Vérone, 1491-1543.

Bonington (Rich. Parkes), peint., élève de Gros. Londres, 1802-1828.

Bonjour ou *Bonjours* (Gu.), mathém., oriental. et missionn. N. Toulouse, 1670; m. dans l'Yunnan, 1714.

Bonnaire (J.-Gérard), gén. fr. 1771-1816.

Bonnard (Ja.-C.), archit. Paris, 1765-1818. = (C.-L.), philos. Arnay-le-Duc, 1769-1828.

Bonnatere (P.-J.), abbé, natural. St-Geniez, 1747-1804.

Bonnay (le marq. C.-F. de),

PETITE BIOGRAPHIE UNIVERSELLE. 13

diplom. N. Berri, 1750; m. 1825.

Bonne (Rigob.), ingén. hydrogr. fr. 1727-1795.

Bonnecorse(Balth.),poëte,consul de Fr. Marseille, 1630-1706.

Bonnefoi (Edm.), jurisc. protest., profess. à Valence et à Genève. Chabeuil, 1536-1574.

Bonnefons (J.), poëte lat. Clermont (Auverg.), 1554-1614.

Bonner (Edm.), év. de Londres, chapelain de Henri VIII, négociat. M. 1569.

Bonnet (Théoph.), méd. Genève, 1620-1689.=(P.) méd. et écriv. Paris, 1638-1708.=(C.), philos. et natural. Genève, 1720-1793.

Bonneval (Cl.-Al., comte de), aventurier fr., qui finit par embrasser le mahométisme. 1675-1747.

Bonnier d'Arco (Ant.-Sam.), public., diplom. N. Montpellier, 1750; assass. à Rastadt, 1797.

Bonnivet (Gu. Gouffier de), amiral de Fr., favori de François Ier. M. à Pavie, 1525.

Bonose, év. de Sardique, hérés. Viv. fin du 4e s.

Bonosus (Quintus), favori de Probus; se fit procl. emp.; mis à m. v. 280.

Bonsi (Lelio) litt., jurisc. N. Florence, v. 1532.=(J.-B.), card., aumôn. de Henri IV. Florence, 1554-1621.

Bonstetten (C.-Vict.), philos. et litt. Berne, 1744-1832.

Bontems, sculpt. fr. du 16e s.

Bonus (Ja.), poëte lat. du 15e s. N. Raguse.

Boonen (Arnold), peint. holl. Dordrecht, 1669-1729.

Bor (P.-Christ.), litt. et hist. holl. Utrecht, 1559-1635.

Borcht (H. van den), peint., grav. N. Bruxelles, 1585.

Borda (J.-C.), mathém., astron., memb. de l'acad. des sc. Dax, 1733-1799.

Borde (And.), méd. et litt. M. Londres, 1549. = (Ch.), litt. fr. Lyon, 1720-1781.

Bordenave (Tom.), chir., memb. de l'acad. des sc. Paris, 1728-1782.

Borderie, poëte norm. du 16e s.

Bordeu (Théoph.), cél. méd. et physiol. N. Iseste(Béarn), 1722; m. Paris, 1776.

Bordone (Pâris), peint. ital. Trévise, 1500-1570.

Bore (Cath. de), religieuse dans le Wurtemberg; quitta son couvent pour épouser Luther, 1525. M. 1552.

Borel (P.), méd., érud., philol. Castres, 1620-1689.

Borelli (J.-Alph.), méd., physiol. Pise, 1608-1679.=(J.-N.), jés., poëte lat. Provence, 1725-1808.

Borghèse (Cam.-Ph.-L.), prince de Sulmone, mari de Pauline Bonaparte. Rome, 1775-1832. = (Ma.-Paul.-Bonaparte, princesse), femme du précéd. et 2e sœur de Napoléon. Ajaccio, 1780; Rome, 1825.

Borghini (Vinc.), bénéd., érud. Florence, 1515-1580.

Borgia (César), fils natur. d'Alexandre VI, cél. par ses perfidies, ses débauches et ses cruautés. Tué au siége de Viana, 1507. = (Lucrèce, sœur du précéd., et femme de Sforze de Pesaro, puis d'Alphonse d'Aragon, enfin d'Alphonse d'Este. = (Fr.), poëte esp., vice-roi du Pérou. M. 1658.=(Et.), card., érud., antiq. Velletri, 1731-1804.

Borhan Eddyn (Ibrahim), poëte ar. M. 1480.

Bories, sergent-major du 45e de ligne. N. Villefranche (Aveyr.), 1795; impliqué dans la conspir. de la Rochelle contre les Bourbons, et exécuté 1822.

Borkhausen (Maur.-Balth.), natural. all. du 17e s.

Borlase (Gu.), antiq., natural. angl. 1696-1772.

Born (Bertrand de), cél. guerrier et troubad. du 12e s. = (Ignace, bar. de), minér. Carlsbourg, 1742-1791.=(F.-Gotilob), philos. all. du 18e s.

Borneil (Giraud de), dit le maître des troubadours, au 12e s.

Borri (Christ.), jés., missionn. mathém. M. Rome, 1632.=(J.-F.), dit *Burrhus*, alchim. et hérés. Milan, 1627-1685.

Borrichius (Olaüs), méd. et chim. danois. Borchen, 1626-1690.

Borromée (St Charles), théol., card., archev. de Milan. Arone (Lombardie), 1538-1584.=(Fréd.) théol., antiq., archev. de Milan, cousin du précéd. 1564-1631.

Borromini (F.), archit. milanais. Bissone, 1599-1677.

Bory (Gab. de), offic. de mar., astron., memb. de l'acad. des sc. Paris, 1728-1801.

Bory-St-Vincent (le colonel), natural. fr. qui dirigea, en 1829, l'expéd. scientif. de la Morée. Agen, 1780-1846.

Bos, peint. flam. N. Bois-le-Duc, 1450.=(Lamb.), sav. hellén. all. 1670-1717.

Bosc d'Antic (P.), méd., phys. Languedoc, 1726-1784.=(L.-A.-Gu.), fils du précéd., natural., agron., memb. de l'inst. Paris, 1759-1828.

Bosch (Balth. van den), peint. Anvers, 1675-1715. = (Bern.), poëte, écriv. politique. N. près La Haye, 1745; m. 1830.

Boscovich (Rog.-Jos.), jés., physic., mathém., astron., négocial. Raguse, 1741-1787.

Bosio (J.), peint., élève de David. M. 1827. = (J.-Fr.-Jo.), sculpt. N. Monaco, 1767; m. Paris, 1845.

Boson, 2e roi de Provence, fils de Bavin, comte d'Ardenne, et beau-frère de Charles le Chauve. M. v. 887.

Bosquet (F. de), controv., év. de Montpell. Narbonne, 1605-1676.

Bosse (Abrah.), grav., écriv. Tours, 1611-1678.

Bossi (Jo.-C., bar. de), poëte, homme d'État. Turin, 1758; Paris, 1823.

Bossuet (Ja.-Bénigne), év. de Meaux, orat., hist., philos., théol. N. Dijon, 1627; m. 1704.

Bossut (C.), géom., memb. de l'acad. des sc. Tartaras, 1730-1814.

Boswel (Ja.), justicier d'Écosse, litt. Edimbourg, 1740-1795.

Botal (Lé.), méd. de Charles IX et de Henri III. N. Asti, v. 1530.

Both (J.), peint. flam. Utrecht, 1610-1650.

Bothwel (J.-Hephburn, comte de), seigneur écossais qui épousa Marie-Stuart après avoir fait tuer son 1er mari. M. 1577.

Bott (J. de), archit. fr. N. 1670; m. Dresde, 1745.

Botta (C.-Jo.-Gu.), hist. et poëte. Saint-Georges (Piémont), 1768; Paris, 1837.

Bottari (J.-Gaëtan), sav. prélat, philos. et antiq. Florence, 1689-1775.

Botzaris (Marco), héros de la Grèce mod., un des princip. acteurs de l'insurrect. de 1820. N. Souli; tué Missolonghi, 1823.

Bouchardon (Edme), sculpt. fr., memb. de l'acad. Chaumont-en-Bassigny, 1698-1762.

Bouchaud (Mat.-Ant.), jurisc., érud., memb. de l'acad. des inscr. Paris, 1719-1804.

Boucher (J.), cél. ligueur, recteur de l'Univ. de Paris, écriv. polit. Paris, 1548-1644.=(P.), écriv. jansén. Paris, 1691-1768. =(F.), peint. fr., élève de Lemoine. Paris, 1704-1770.

Boucher d'Argis (A.-Gasp.), avocat. Lyon, 1708-1780.

Boucherat (L.), chancel. de Fr., garde des sceaux. Paris, 1616-1690.

Bouchet (J.), hist., poëte. Poitiers, 1476-1555.

Boucholte (J.-B.-Noël), homme d'État, min. de la guerre sous la conv. Metz, 1754-1840.

Boucicaut (J. le Maingre, sire de), maréch. de Fr. N. Tours, 1368; m. Anglet., 1425.

Bouddha-Gaoutama, législ. de l'Inde, 607-542 av. J.-C.

Boudet (J.-P.), chim., pharm. en chef de l'expédition d'Égypte. Reims, 1748-1828.

Boudot (J.), lexicogr., impr. du roi. M. Paris, 1706.=(P.-J.), litt., fils du précéd. 1689-1771.

Bouelles (C. de), philos., gramm. Sancourt (Picardie), 1470-1553.

Boufflers (L.-F. duc de), maréch. de Fr. 1644-1711. = (Stanislas, chev. de), poëte, litt., memb. de l'Acad. fr. Lunéville, 1737-1815.

Bougainville (J.-P. de), litt., érud., memb. de l'Acad. fr. Paris, 1722-1763.=(L.-Ant.), frère du précéd., cél. navig., géom., memb. de l'Inst. Paris, 1729-1811.

Bougeant (Gu.-Hyac.), jés., hist. et litt. Quimper, 1690-1743.

Bougerel (Jo.), orator., érud. Aix, 1680-1775.

Bouget (G.), sav. orient. Saumur, 1692-1775.

Bouguer (P.), hydrogr., physic.; astron., memb. de l'acad. des sc. Bretagne, 1698-1758.

Bouhier (J.), jurisc. litt., érudit, memb. de l'Acad. fr. Dijon, 1673-1746.

Bouhours (Domin.), jés., crit., litt. Paris, 1628-1702.

Bouillard (Ja.), peint., grav. Versailles, 1744-1806.

Bouillé (F.-Cl.-Amour, marq. de), gén. fr. N. Clusel (Auvergne), 1739; m. Londres, 1800.

Bouillerie (le comte de La), min., pair de Fr., intend. de la maison de Charles X. M. 1833.

Bouillon (H. de La Tour-d'Auvergne, duc de), maréch. de Fr. N. 1555; m. Sédan, 1623.=(Fréd.-Maur. de La Tour-d'Auvergne, duc de), fils du précéd., homme de guerre. Sedan, 1605-1625. = (Emm.-Théod.), card., ambass. de Louis XIV à Rome, fils du précéd. N. 1644; m. Rome, 1715.

Bouillon (P.), peint., grav. fr. 1777-1853.

Bouilly (J.-N.), litt., aut. dram. Tours, 1763-1840.

Boulainvilliers (Le comte H. de), hist., écriv. polit. Saint-Saire (Normandie), 1658-1722.

Boulanger (N.-Ant.), ingén., philos., antiq. Paris, 1722-1759.

Boulard (Ant.-Ma.-H.), biblioph., litt. Paris, 1754-1825.

Boulay (N. du), sav. canoniste du 18e s.=(Le comte), dit de la Meurthe, homme d'État, memb. du cons. des cinq-cents. Chaumouzay (Vosges), 1761-1841.

Boulay-Paty (P.-Séb.), jurisc., memb. du cons. des cinq-cents. 1765-1830.

Boulduc (Sim.), chim., pharm., memb. de l'acad. des sc. M. 1729.

Boule (And.-C.), ébéniste cél. Paris, 1642-1732.

Boulen (Anne), femme de Henri VIII, roi d'Anglet. N. 1499; décap. 1536.

Boulgakof, homme d'État et litt. russe. M. Moscou 1809.

Boulland (J.-B.-Vinc.), archit. Troyes, 1739-1813.

Boulliau (Ismaël), astron., géom., litt., jurisc. Loudun, 1605-1694.

Boullongne (L.), peint. du roi, membr. de l'acad. N. Picardie, 1609; m. 1674.

Boulter (Hug.), philanthrope, arch. anglican. N. Londres, 1742.

Boulton (Mat.), cél. mécan. angl. 1728-1809.

Bouquet (Dom Mart.), sav. bénédict. de St-Maur. Amiens, 1685-1754.

Bourbon (C. de Montpensier, duc de), connu sous le nom de connétable de Bourbon. 1480-1537.=(C. de), fils de Charles de Bourbon, duc de Vendôme, card.-légat, archev. de Rouen. 1523-1590.

Bourbon-Condé (L. duc de), fils de H.-Jules, prince de Condé, gr. maître de Fr., gouv. de Bourgogne et de Bresse. 1668-1710.= (L. duc d'Enghien et de), fils du précéd., chef du conseil de régence, surintendant de l'éducation de Louis XV. Versailles, 1692-1740.=V. Condé.

Bourbon-Conti (Louise de), aventurière qui prétendit être fille de P.-F. de Bourbon-Conti et de la duchesse de Mazarin. 1762-1825.

Bourbon (N.), dit l'Ancien, poëte lat. Vandeuvre (Champagne) 1503-1550.

Bourbon (L.-M. de), infant d'Esp., card., arch. de Tolède. 1777-1823.

Bourcet (P.-Jo. de), lieut.-gén., hist. 1700-1780.

Bourcier-Montureux (J.-Léo. baron de), écriv., négociat. Vezelise (Lorraine), 1646-1726.

Bourdaloue (L.), jés., cél. prédic. Bourges, 1632; Paris, 1704.

Bourdelin (Cl.), chim., memb. de l'acad. des sc. Villefranche (Lyonn.), 1621-1699.

Bourdelot (J.), hellén., crit., maître des requêtes de Marie de Médicis. M. 1638.

Bourdigné (de), poëte fr. du 15e s.

Bourdin (Ja.), secrét. d'État sous Henri II, François II et Charles IX. M. 1597.

Bourdon (Séb.), peint. de l'école fr., grav. Montpell., 1616-1671.

Bourdon de Sigrais (Cl.-Gu.), litt., memb. de l'acad. des inscr. 1715-1791.

Bourdon (F.-L.), dit Bourdon de l'Oise, memb. de la conv. M. Sinnamary, 1797.

Bourdon de la Crosnière (Léo-J.-Jo.), plus connu sous le nom de Léonard Bourdon, convent., litt. N. Longny, 1758; m. au commenc. de la restaur.

Bourg (Anne du), conseiller-clerc au parlem. de Paris. N. Riom 1521; brûlé 1559.=Éléon.-Ma. du Maine, comte du), maréch. de Fr. 1655-1739.

Bourgelat (Cl.), cél. vétér. Lyon, 1712-1779.

Bourgeois (Domin.-F.), habile mécan. Franche-Comté, 1698-1781, =(C.-Gu.-Al.), peint. Amiens, 1759-1832.

Bourges (J. de), méd. de Charles VIII et de Louis XII. N. Dreux, 15e s.

Bourgogne (L. duc de), p.-fils de Louis XIV et père de Louis XV. Versailles, 1682-1712.

Bourgoin (Edm.), prieur des jacobins de Paris et cél. ligueur. Ecartelé, 1590.

Bourgoin (Thérèse), actrice du Théâtre-Fr. Paris, 1781-1833.

Bourgoing (J.-F. bar. de), litt., diplom. Nevers, 1748-1811.

Bourguet (L.), natural., profess. N. Nîmes, 1678; m. Neufchâtel (Suisse), 1742.

Bourguignon-Dumolard (Cl.-Séb.), homme d'État, jurisc. Vif (Dauphiné) 1760-1829.

Bourmont (Vict., comte de Gaisnes de), gén. fr., min. de la guerre sous Charles X. Château de Bourmont (Anjou), 1773-1846.

Bourignon (Antoinette), visionnaire, fonda la secte des bourignonistes. Lille, 1616; Franeker, 1680.

Bourrée (Edm.-Bern.), orator., prédic. Dijon, 1652-1722.

Bourienne (L.-Ant. Fauvelet de), homme d'État, diplom., secr. de Napoléon. Sens, 1769-1824.

Bourrit (Marc-Théod.), natural. Genève, 1739-1819.

Boursaint (P.-L.), conseill. d'État, memb. du cons. de l'amirauté. St-Malo, 1781-1833.

Boursault (Edme), litt., aut. dram. Massy-l'Évêque (Bourg.), 1638-1701.

Boursier (Laur.-F.), controv., doct. de Sorbonne. 1679-1749.

Bourzeis (Amable de), théol., memb. de l'Acad. fr. et de l'acad. des inscr. Riom, 1606-1672.

Bouscal (Guyon Guérin de), aut. dram. du 17e s.

Bousmard (A. de), ingén. Tué Dantzig, 1807.

Boussac (J. de Brosse, maréch. de), chambell. de Charles VII. 1375-1433.

Bousseau (Ja.), sculpt. Poitou, 1681; Madrid, 1740.

Bousyry, poëte ar. N. 1211 de J.-C.

Boutard (F.), poëte lat., memb. de l'acad. des inscr. Troyes, 1644-1729.=(J.-B.-Bon. Marquis-), litt. Paris, 1771-1833.

Bouteiller (J.), jurisc. du 14e s.

Bouterweck (Fréd.), philos., litt. et poëte all. 1766-1828.

Bouteville (F. de Montmorency, comte de), père du maréch. de Luxembourg et cél. duelliste. M. sur l'échaf., 1627.

Bouteville-Dumetz (L. Guislain), jurisc., homme d'État. Péronne, 1745-1821

Bouthilier (Cl. le), secrét. d'État, surint. des fin. sous Louis XIII. M. 1655.

Bouvard (C.), 1er méd. de Louis XIII. Montoire, 1572-1658. =(F.), composit. N. Paris; m. 1758.=(Alex.), astron. fr. 1767-1822.

Bouvet (Joach.), jés., mathém. Le Mans, 1660; Pékin, 1732.

Bovadilla (F. de), gouv. gén. des Indes sous Ferdinand. M. 1502.

Bowdich (Th.-Ed.), voyag. et natural. angl. Bristol, 1790; Sénégal, 1824.

Boxhorn (Marc-Zuevius), hist., philos., poëte lat. Berg-op-Zoom, 1612-1653.

Boyce (Gu.), composit. Londres, 1710-1779.

Boyd (H.). litt. angl. du 18e s.

Boyer (Cl.), aut dram., memb. de l'Acad. fr. Alby, 1618-1698. =(J.-B., marq d'Arguille), conseill. au parl. de Provence, antiq. Aix, 1640-170..=(Abel), lexicogr. Castres, 1664-1729. = (J.-F.). théatin, év. de Mirepoix, memb. de l'acad. des inscr. Paris, 1675-1755.=(Alexis, baron), cél. chir., élève de Desault, memb. de l'acad. des sc. Uzerche, 1760-1833=(P., Den.), théol., direct. du séminaire de St-Sulpice. M. Paris, 1842.

Boyer-Fonfrède (J.-B.), déput. de la Gironde à l'assemblée législ. et à la conv. N. Bordeaux, 1766; m. sur l'échaf., 1793.

Boyle (R.), cél. philos. et chim. Lismore (Irlande). 1626-1671.

Boym (M.), jés. polon., missionn. M. 1659.

Boyseau (P. de), marq. de Châteaufort, gén. esp. Namur, 1659-1740.

Boysen (Fréd.-Eberhard), oriental., hist. pruss. 1720-1800.

Boyvin (René), grav. Angers, 1530; Rome, 1598.

Boze (Cl. Gros de), antiq. et numism., memb. de l'Acad. fr. et de l'acad. des inscr. Lyon, 1680-1753.

Bozio (Th.), orator., écriv. eccl. Cubbio, 1548-1610

Bracci (l'abbé Domin.-Aug.), sav. archéol. Florence, 1117-1792.

Bracciolini (F.), poëte ital. Pistoie, 1566-1645.

Bradley (Ja.), astron. angl. 1692-1762.=(Rich.), bot. angl. M. 1732.

Bradwardin (Th.), théol., philos., mathém., év. de Cantorbéry. Hartfield, 1290-1349.

Bragance (maison de). Le chef de cette maison est Alphonse, fils naturel du roi Jean Ier, qui fut fait duc de Bragance en 1442. Elle monta sur le trône de Portugal en la personne de Jean IV, 8e duc de Bragance.

Braham (J.) chant. et composit. anglais. Londres, 1774-1834.

Brahé (Tycho), cél. astron. N. Scanie, 1546; m. Prague, 1601.

Brakel (J. van), contre-amiral holl. 1618-1690.

Bramante (F.-Lazzari), archit. ital. Castel-Durante, 1444-1514.

Bramer (Benj.), archit. et mathém. hessois du 17e s.=(Lé.), peint. holl. N. Delft, 1596.

Brancadori-Perini (J.-B.), hist. Sienne, 1674-1711.

Brancas, nom d'une fam. napolit. établie en Fr. au 15e s. Les memb. les plus cél. sont : *André*, amiral de Villars et ligueur. Massacré, 1545, au siége de Doullens. =*Louis*, marq. de Céreste, maréch. de Fr., diplom. 1671-1750. V. Lauragais.

Brand (J.), litt. anglais. Newcastle, 1743-1806.

Brandano (Carest, dit), cél. enthousiaste et prédic. ital. 1498-1554.

Brandebourg, nom d'une maison de laquelle descend la famille royale de Prusse, et qui eut pour tige Frédéric Ier, burgrave de Nuremberg, créé électeur en 1417. Le plus illustre des membres est Frédéric-Guillaume, dit le Grand-

Électeur. N. 1620; roi de Prusse, 1663; m. 1688.

Brander (G.-Fréd.), mécan. Ratisbonne, 1713-1783.

Brandes (Em.), litt., homme d'État. Hanovre, 1758-1810.

Brandmuller (Grég.), peint. Bâle, 1661-1691.

Brandt (Sébast.), dit Titio, jurisc., poëte satir. Strasb., 1454-1520.=Alchim. de Hambourg, découvrit le phosphore, 1669. M. 1692.=(Gér.), théol. arminien, biogr. Amsterdam, 1626-1685.

Branicki (F.-X.), gén. polon. qui se vendit à la Russie M. 1819.

Brantôme (P. de Bourdeilles, seign. de), hist., litt. Périgord, 1527-1614.

Brasidas, gén. lacédém. M. 422 av. J.-C.

Brassavola (Ant.-Musa), méd. et bot. Ferrare, 1500-1555.

Brathwaxate (Rich.), poëte angl. 1588-1673.

Braule ou Braulion (St), év. de Saragosse, hagiogr., érud. M. 646.

Braun (G.), théol. et géogr. allem. du 17e s.=(J.-Fréd. de), hist. Iéna, 1722-1799.

Brauwer (Ad.), peint. holl. Harlem, 1608-1640.

Brawe (Joach.-Gu.), poëte dram. all. 1738-1758.

Bray (Réginald), homme d'État angl., archit., favori de Henri VII. M. 1501.

Brayer de Bauregard, litt., hist. Soissons, 1770-1834.

Brazier (Nic.), fécond vaudevill. Paris, 1783-1836.

Bréa (J.-B.-Fidèle), gén. fr. Menton (princip. de Monaco), 1790; assass. par les insurgés en juin 1848.

Brébeuf (Gu.), poëte, litt. Thorigny (Normandie), 1618-1661.

Brécourt (Gu. Marcoureau de), poëte dram. franç., com. M. 1685.

Breda (J. van), peint. Anvers, 1683-1746.

Bredal, poëte et composit. danois. Copenhague, 1732-1778.

Brederode (F. de), chef du parti holl. qui résista au cardinal Grandvelle 1466-1490.

Breemberg (Barthelomé), peint. Utrecht, 1620-1660.

Breguet (Abrah.-L.), cél. horloger-mécan., memb. de l'Inst. Suisse, 1747; Paris, 1823.

Brégy (Charlotte Saumaise de Chazan, comtesse de), écriv. et poëte, dame d'honneur d'Anne d'Autriche. Paris, 1619-1693.

Breislak (Sc.), géol., natural. Rome, 1748-1826.

Breithaupt (M.-Chr.), théol., érud. all. 1689-1749.

Breitinger (J.-J.), homme d'État, théol. protest. Zurich, 1575-1645.

Breitkopf (J.-Gottlob-Emm.), impr., bibliogr., érudit. Leipzig, 1719-1794.

Brême (L.-Jo.-Arborio Gattinara, marquis de), homme d'État et litt. ital. Paris, 1754-1828.

Brémond (F. de), physic., trad., memb. de l'acad. des sc. Paris, 1713-1742.

Brémontier (N.-Th.), physic. et natural. fr. 1738-1809.

Bremser (J.-God.), méd. et natural. all. 1767-1827.

Brendan (St), disc. de St Finian. N. Irlande; m. 578.

Brenneisen (Ennon.-Rod.), jurisc. all. 1670-1734.

Brenner (H.), hist., biblioth. du roi de Suède. 1669-1732.

Brennus, nom sous lequel les Romains et les Grecs désignèrent les chefs des deux expéditions dirigées par les Gaulois contre l'Italie et la Grèce. La 1re eut lieu v. 489, la 2e v. 278 av. J.-C.

Brentel (Fréd.), peint. en miniat., grav. N. Strasb., 1586.

Brentzen (J.), théol. luthér., chef des ubiquistes. Weill (Souabe), 1499-1570.

Bréquigny (L.-G.-Oudard-Feudrix de), hist., érud., memb. de l'Acad. fr. et de celle des inscr. Granville, 1716-1795.

Brerewood (Ed.), antiq., philol., mathém. Chester, 1565-1613.

Bresce ou *Brescia* (J.-Ma. de), relig. carme ital., peint., grav. N. v. 1460.

Bressani (F.-Jo.), jés., missionn. au Canada. Rome, 1612-1672.

Bresson (J.-B.-Mar.-H.), memb. de la conv. N. Darney, 1760; m. 1852.

Bret (Ant.), critique, aut. dram. Dijon, 1717-1792.

Breteuil (L.-A. le Tonnelier, baron de), diplom., min. d'État. Preuilly (Touraine), 1733-1807.

Bretex (Ja.), trouvère lorrain du 13e s.

Bretislas Ier, dit le Guerrier et l'Achille, duc de Bohême en 1037. M. 1055.=II, fils d'Uratislas II. Succ. de son oncle Conrad Ier 1093; assass. 1100.

Breton (L.-F.), sculpt. fr. Besançon, 1731-1800.

Bretonneau (F.), jés., prédic. Tours. 1660-1741.

Bretteville (Et. Dubois, abbé de), jés., préd. fr. 1650-1688.

Bretznen (Chr.-Fréd.), aut. dram., litt. Leipzig, 1748-1807.

Breuck (J.), dit le Vieux, archit., sculpt. N. Mons, v. 1500.

Breughel (P.), le Vieux, peint. hollandais. 1510-1570.=(J.), fils du précéd. et dit de Velours, peint. et grav. Bruxelles, 1568-1642.=(P.), dit d'Enfer, frère du précéd. Bruxelles, 1567-1625.=(Abrah.), dit le Napolitain, peint. de fleurs et de fruits. N. Anvers, 1672

Breval (J. Durandde), litt., aut. dram. N. Westminster; m. 1739.

Breves (F. Savary de), négociat. sous Henri IV et Louis XIII, oriental. 1560-1628.

Brevio (J.), litt. Venise, 1480-1551.

Breydel (C.), dit le Chevalier, peint. Anvers, 1677-1744.

Breydenbach (Bern.), voyag. en Terre-Sainte, au 15e s.

Brez (Ja.), litt., hist. protest. Middelbourg, 1771-1798.

Brézé V. Dreux-Brézé.

Brial (dom M.-J.-Jo.), sav. bénéd., memb. de l'acad. des inscr. Perpignan, 1743-1828.

Briard (Gab.), peint., memb. de l'acad. Paris, 1725-1777.

Briccio (J.), écriv. et litt. Rome, 1581-1646.

Brice (St), év. de Tours. M. 444.

Briçonnet (Gu.), dit Cardinal, surint. des fin. Tours, 1445-1514.

Bridaine (Ja.), cél. missionn. et prédic. fr. 1701-1767.

Bridan (C.-Ant.), statuaire fr., memb. de l'acad de peint. et de sculpt. 1730-1805.

Bridel (Sam.-Elisée de), bot., poëte. Crassier (Suisse), 1761-1828.

Bridport (H.-Hood.), vice-amiral angl. M. 1816.

Brie (de), aut. dram. fr. M. 1716.

Brienne, nom d'une anc. fam. qui remonte au 10e s.=(Jean de), emp. de Constantinople. M. 1237.=(Gautier), duc titulaire d'Athènes, min. et gén. de Robert, roi de Naples. M. à la bataille de Poitiers, 1356.

Briet (Ch.), jés., géogr. et hist. Abbeville, 1601-1668.

Brieuc (St), moine de la Gr.-Bret., disc. de St Germain d'Auxerre. 409-502.

Briga (Melchior della), jés., mathém. Césène, 1686-1749.

Brigant (Ja. le), philol., minér. Pontrieux, 1720-1804.

Briganti (Annibal), méd. et natural. ital. du 16e s.

Briggs (H.), mathém. angl. Warley-Wood, 1556-1630.

Brigide (Ste), vierge, abbesse et patronne de l'Irlande. 6e s.

Brigitte (Ste), fille de Berger, prince suédois. N. 1302; m. Rome, 1375.

Brignole-Sale (Ant.-Ju.), sénat., litt. Gênes, 1605-1666.=(J.-Fr.), doge de Gênes, et homme de guerre. 1695-1760.

Bril (Pa.), peint. Anvers, 1556-1626.

Brillat-Savarin (Anthelme), écriv. et cél. gastronome. N. Belley, 1754; m. Paris, 1826.

Brindley (Ja.), ingén. et mécanic. angl. 1716-1772.

Brinvilliers (Ma.-Marg., marquise de), cél. empoisonneuse. Décap et brûlée, 1676.

Brion (L.), amiral de la Colombie. Curaçao, 1782-1821.

Briosco (And.), dit *il Riccio*, archit., sculpt., fond. Padoue, 1460-1532.

Briot (N.), grav. des monnaies sous Louis XIII, invent. du balancier.=(P.-Jo.), convent., memb. du cons. des cinq-cents, écriv. polit. Orchamp, 1771-1827.

Briquet (Marg.-Ursule-Fortunée Bernier), femme poëte, litt. Niort, 1782-1814.

Briqueville (le colonel), homme polit. Rennes, 1785-1844.

Briseux (C.-Et.), archit. fr. Baume-les-Dames. 1668-1754.

Brissac. V. Cossé.

Brisset (Roland, sieur du Sauvage), litt. Tours, 1560-1643.

Brisson (Barnabé), magistrat, jurisc., 1er présid. du parlem. de Paris pendant la Ligue. N. 1531.=(Mat.-Jo.), natural., physic., memb. de l'acad. des sc. Fontenay-le-Comte, 1723-1806.

Brissot (P.), méd. Fontenay-le-Comte, 1478-1522.=*De Warwille*, jurisc., orat., écriv. polit., memb. de l'assemblée législ. et de la conv. Ouarville (Beauce), 1764; m. sur l'échaf., 1793.

Britannicus, fils de l'emp. rom. Claude et de Messaline. N. 42 ap. J.-C.; m. empoisonné par Néron, 55.

Britius (F.), capuc., missionn. et oriental. du 17e s.

Brito (Bern. de), hist. portug. Almeida, 1659-1717.

Brizard (J.-B.), coméd. Orléans, 1721-1791.

Brizio (F.), peint., grav. Bologne, 1574-1623.

Brocard (Ja.), cél. visionn. M. Nuremberg, à la fin du 16e s.

Brocario (Arm.-Gu. de), cél. impr. esp. du 16e s.

Brocchi (J.-B.), géol. Bassano, 1772-1826.

Brochard (l'abbé M.), sav. bibliogr. fr. M. v. 1729.

Brockmann (G.-F.), célèbre coméd. all. Gratz, 1745-1812.

Brodeau (Vict.), poëte, secrét. de François Ier. Tours, 1470-1540.

Broderic (Et.), év. de Watzen et hist. N. Hongrie; m. 1540.

Broeck (Crépin de), peint., grav. Anvers, 1530-1601.

Broglie, fam. origin. du Piémont. Ses principaux memb. sont: *Broglie* (Vict.-Maur., comte de), maréch. de Fr. 1639-1727.=(Vict.-Fr.), maréch. de Fr., min. de la guerre. N. 1718; m. émigré 1804.=(C.-Fr.), frère du précéd., ambass. en Pologne, diplom., etc. 1719-1781.=(Cl.-Vict.), fils de Vict.-Franç., maréch. de camp à l'armée du Rhin. N. 1757; m. sur l'échaf., 1794.=(Maurice-J.-Madel.), frère du précéd., év. de Gand. N. 1766; m. Paris, 1821.

Brogni (J. Alarmet, dit le cardinal de), fils d'un paysan de Brogny (près Annecy), et devenu card. 1342-1426.

Brognoli (Ant.), poëte, litt. Brescia, 1723-1807.

Brome (Rich.), aut. com. angl. M. 1625.

Bromel (Olaüs), bot. et méd. suédois. 1639-1705.

Bromfield (Gu.), chir. angl. Londres, 1712-1792.

Brongniart (Al.-Théod.), archit. Paris, 1739-1813.=(Alex.), minéralog. Paris, 1770-1847.

Bronzino (Angelo Allori, dit), peint. Florence, 1502-1570.

Brooke (H.), écriv., poëte. Dublin, 1706-1783.=(Françoise Moor, mistress), litt. M. 1789.

Brookes (Rich.), méd., natural. et litt. angl. du 18e s.=(Josué), anat. angl. 1761-1833.=(Éléaz.), gén. Massachusetts, 1726-1806.

Broome (W.), poëte et litt. angl. M. 1745.

Brossard (Séb. de), composit., sav. théoric. M. 1730.=Chir. fr. M. 1770.

Brosse (P. de la), chambell. et favori de Philippe le Hardi. Pendu 1276.=(J. de), dit le maréchal de Boussac, cap. fr. M. 1433.=(Ja. de), archit. fr. du 16e et du 17e s.=(Gui de la), bot., méd. de Louis XIII, 1er intend. du Jardin des Plantes. N. Rouen; m. 1641.

Brosses (C. de), 1er présid. au parlem. de Bourg., philol., érudit, memb. de l'acad. des inscr. Dijon, 1706-1777.

Brossette (Cl.), crit., comment. de Boileau. Lyon, 1671-1743.

Brotier (Gab.), jés. fr., érudit, comment. 1723-1789.

Brouerius van Nyedek (Mat.), archéol., litt. Amsterdam, 1676-1735.

Brougthon (Gu.-R.), navig. angl. M. Florence, 1821.

Broussais (F.-Jo.-Vict.) cél. méd. fr. St-Malo, 1772; Paris, 1838.

Broussel (P.), conseiller au parlem. de Paris, en 1637, puis gouv. de la Bastille, et prévôt des marchands, joua un rôle dans les troubles de la Fronde.

Brousson (Cl.) min. protest. N. Nîmes 1647, brûlé vif 1698.

Broussonnet (P.-A.-Ma.), natural., méd., memb. de l'acad. des sc. Montpellier, 1761-1807.

Brouzet, méd. de Louis XV, memb. de l'acad. des sc. M. 1772.

Brower (Christ.), jés., hist. Arnheim, 1560-1617.

Brown (R.), théol. angl., chef de la secte relig. des brownistes. Northampton, 1560-1630.=(Ulysse-Maxim.), feld-maréch. au service de l'Autriche. Bâle, 1705-1757=(J.), cél. méd. écoss., chef de la secte médicale des brownistes. Bunde, 1736-1788.=(And.), écriv. polit. irl. 1744-1797.=(Th.), philos. et poëte écoss. 1772-1820.=(Mat), peint. angl. Amérique, 1760-1831.

Browne (Gu.), poëte angl. 1590-1645.=(Th.), méd, antiq. Londres, 1605-1682.=(Isaac Hawkins), poëte lat. et angl. Stafford, 1706-1760.=(Patrice), méd., bot. Irlande, 1720-1790.=(Gu-G.), voy. angl. N. Londres 1768; assas. en Perse, 1813.

Brownikowski (Al.), romanc. Dresde, 1783-1834.

Brownrigg (W.), cél. médecin anglais. Cumberland, 1711-1800.

Bru (Moïse-Vinc.), peint. esp. Valence, 1682-1703.

Bruant (Libéral), archit. fr. du 17e s. M. v. 1697.

Bruce (Robert), comte d'Annandale, seigneur écoss. du 13e s., s'unit à Édouard Ier, puis à Wallace pour délivrer l'Écosse.=(Robert), fils du précéd., comte de Carrick, puis roi d'Écosse sous le nom de Robert Ier. M. 1329.=(Edouard), frère du précéd., roi d'Irlande 1315; tué 1318.=(David), fils de Robert. Succ. de son père, 1329; m. 1371.

Bruce (Ja.), cél. voyag. écoss. Kinnaird, 1730-1794.

Brucioli (Ant.), litt. et patriote florentin. M. 1555.

Brucker (J.-J.), écriv. all. Augsbourg, 1696-1770.

Bruckmann (F.-Ern.), méd., bot. et antiq. Wurtemberg, 1697-1753.

Bruckner (S.), géom., mécan. Bâle, 1686-1726.

Brue (Ant.), administ., voyag., direct. de la comp. du Sénégal et d'Afrique, de 1696 à 1714.

Brué (Et.-Hub.), géogr. Paris, 1786-1832.

Brueys (Dav.-August. de), aut. dram. et controvers. Aix, 1640-1723.=(F.-de-Paule de), contre-amiral fr. N. Uzès 1760; périt près d'Aboukir 1798.

Bruggen (J. van der), grav. N. Bruxelles 1649.

Brugnatelli L.-Gasp.), méd., physic. ital. Pavie, 1761-1818.

Bruguières (J.-Gu.), natural., voyag. Montpell., 1750-1799.=(Ant.-And.), litt. fr. Marseille, 1773-1823.

Bruhl (H. comte de), 1er min. et favori d'Auguste III, roi de Pologne. Thuringe, 1700-1763.

Bruix (Eust.), amiral fr. St-Domingue, 1759-1805.

Brulard (N.), hist., proc.-gén. au parl. de Paris sous la Ligue. M. 1597.

Brumoy (P., dit le Père), jés., érud., poëte latin. Rouen, 1688-1742.

Brun (J. Nordhal), poëte et prédic. norvégien. 1746-1816.=(Frédérique-Sophie-Christiane), femme poëte et litt. Duché de Gotha, 1765-1835.

Brun ou *Bruun* (Malte-Conrad), connu sous le nom de Malte-Brun, cél. géogr., poëte, écriv. polit. Thisted (Jutland), 1775; Paris, 1826.

Brunck (Rich.-F.-Ph.), cél. hellén. Strasb., 1729-1803.

Brundan (L. Pereira), poëte épique portug. du 16e s.

Brune (Gu.-Ma.-Anne), maréch. de Fr. N. Brives-la-Gaillarde 1763; assass. Avignon, 1816.

Brunehaut, fille d'Athanagilde, roi des Wisigoths, épousa, 566, Sigebert, roi d'Austrasie; gouverna sous la minorité de Childebert et de Théodebert; fut chassée et tomba, 613, au pouvoir de Clotaire II, qui la fit périr, à l'âge de 80 ans.

Brunel (J.), litt. Arles, 1743-1818.=(Marc-Isambert), ingén. fr. 1769-1849.

Brunelleschi (Ph.), cél. archit. Florence, 1377-1444.

Brunelli (Gab.), sculpt. bolonais du 17e s.

Brunet (Cl.), méd. et philos. du 18e s.=(F.-Florent.), lazariste, érudit. Vital (Lorr.), 1750-1806.

Brunetto-Latini, litt. Florence, 1220-1294.

Bruni (Léo.), litt., hist., trad. Arezzo (Tosc.), 1369-1444.=(Ant.), poëte ital. M. 1635.=(Ant.-Barth.), violoniste, composit. dram. Coni, 1759-1823.

Brunner (And.), jés., hist. Hall (Tyrol), 1589-1650.=(J.-Conrad), sav. méd. suisse. 1653-1727.

Bruno, dit le Grand, fils de Henri l'Oiseleur, homme d'État, archev. de Cologne, duc de Lorraine. N. Reims, 965.

Bruno (St), fondat. de l'ordre des chartreux. Cologne, 1030-1101.

Bruno (Giordano), philos. ital. N. Nole 1550; brûlé vif, 1600.

Brunswick, ancienne maison souver. d'Allem. Elle eut pour chef Othon Ier, dit l'Enfant, duc de Brunswick, 1204-1252; et compte un grand nombre de princes et d'hommes de guerre. Les plus voisins de nous sont.=*Brunswick* (Ferd., duc de), l'un des gén. les plus cél. de la guerre de sept ans. 1721-1792.=*Brunswick-Lunebourg* (C.-Gu-F., duc de), neveu du précéd. N. 1735; généraliss. des troupes pruss. et autrich. lors de l'invasion de la Fr. en 1792; m. 1806.=*Brunswick-OEls* (Fréd.-Gu., duc de), qui combattit avec les souver. alliés contre Napoléon. N. 1771; m. 1815.

Brunus (Conrad), jurisc. all. Kirchen, 1491-1563.

Brunyer (Abel), négociat., bot., méd. Uzès, 1573-1665.

Brusantini (Vinc.), poëte et litt. ital. M. 1570.

Brusch (Gasp.), érud., poëte lat. Bohême, 1518-1559.

Brusoni (Jér.), hist., litt. ital. 1610-1680.

Brusquet, succ. de Triboulet, fou des rois François Ier, Henri II, François II et Charles IX. M. 1563.

Brussel (N.), jurisc. fr. M. 1750.

Brutus (Lucius Junius), cél. Rom. qui institua la république, 509 av. J.-C. M. 507 av. J.-C.=(Marcus Junius), Rom., fils de Servilia, sœur de Caton, suivit le parti de Pompée, se soumit ensuite à César, dont il fut un des assass. Se tua 42 av. J.-C.

Bruun, dit Candidus, moine, peintre et poëte latin du 9e s.

Bruyère (J. de La), litt. et moral., memb. de l'Acad. fr. Dourdan (Ile-de-Fr.), 1644; Versailles, 1696.

Bruyn (Abr. van), peint., grav. Anvers. 1540-1598.=(Corn. Le), peint., voyag. N. La Haye, 1652.=N.), poëte holl. Amsterdam, 1671-1752.

Bruys (P. de), hérés. du 12e s. Brûlé vif St-Gilles (Gard), 1147.

=(F.), litt., hist. fr. 1708-1758.

Bruysei (J.-Ma.), impr., litt. Lyon, 1749-1817.

Bry (Théod. de), grav., libr. Liége, 1528-1598.=(J.-Théod.), grav., écriv. Liége, 1561-1625.= (J.), memb. de l'assemblée législ., de la conv., du conseil des cinq-cents. N. Vervins; m. 1834.

Bryan (F.), homme d'État, poëte, litt. N. Oxford; m. 1548.= (Ja.), antiq. et écriv. angl. du 18e s.=(M.), hist. angl. Newcastle, 1757-1821.

Bryaxis, sculpt. gr. du 4e s. av. J.-C.

Bridone (Patrice), physic. et voyag. angl. 1741-1818.

Bryenne (Nicéphore), gén. byzant., se fit proclamer emp.; vaincu et détrôné, 1079.=(Nicéphore), fils du précéd., hist. et époux d'Anne, fille d'Alexis Comnène. M. Constantinople, 1137.

Buache (Ph.), géogr., memb. de l'acad. des sc. Paris, 1700-1773. =(J.-N.), géogr. Neuville-en-Pont (Champ.), 1741-1825.

Buat-Nancey (L.-Gab., comte de), diplom., hist. fr. 1732-1787.

Bubenberg (Ad.), homme de guerre et d'État bernois. M. 1479.

Bubna (le comte de), gén. autrich., diplom. Bohême, 1770-1825.

Bucelin (Gab.), hist. Turgovie, 1599-1691.

Bucer (Mart.), dominic., puis minist. luthér. Strasbourg, 1491; Cambridge, 1551.

Buchan (Elisab.), visionn. et illuminée écoss. N. 1791.

Buchanan (G.), hist., homme d'État, poëte lat. Killerny (Écosse). 1506-1582.

Buchon (J.-Alex.), hist. et public. fr. 1791-1846.

Buchoz (P.-Jo.), natural., bot. Metz, 1731-1807.

Bucignac ou *Bussignac* (P. de), troubad. provenç. du 12e s.

Buckinck (Corn.), grav. et imprim. de cartes géogr. au 15e s.

Buckingham (G. Villiers, duc de), min. et favori de Jacques Ier et de Charles Ier. N. Leicester, 1592; assass., 1628.= (G.), favori de Charles II, négociat., litt., fils du précéd. 1627-1688.

Buckinghamshire (J., duc de), poëte, garde du sceau privé sous la reine Anne. 1649-1721.

Bucquet (J.-B.), chim. Paris, 1746-1780.

Bucquoi (C. Bonav. de Longueval, comte), gén. au service de Philippe II et de Philippe III. N. 1561; tué en Hongrie, 1621.

Bucquoy (J.-A. d'Archambaud, dit l'abbé), aventurier. Champagne, 1650; Hanovre, 1740.= (J.-F.), voyag. holl. aux Indes. Amsterdam, 1695-1760.

Buddée (J.-F.), philosophe et théologien luthérien. Poméranie, 1667-1729.

Budé (Gu.), sav. hellén. Paris, 1467-1540.

Budes (Silv.), seign. breton, comp. d'armes de Duguesclin. M. sur l'échaf., 1379.

Budgell (Eust.), litt., crit. angl. 1685-1736.

Budny (Sim.), disciple de Servet, chef d'une secte d'unitaires. Excomm., 1589.

Budowez (Wenceslas), magist., controvers. protest. Bohême, 1551-1621.

Bueil (J. de), comte de Sancerre, dit le Fléau des Anglais, amiral de Fr. M. v. 1475.

Buffamalco, peint. ital. Florence, 1262-1340.

Buffier (Cl.), jés., théol., philos., érud. N. Pologne, 1661; m. Paris, 1737.

Buffon (G.-L. Leclerc, comte de), cél. natural. et litt. Montbard (Bourg.), 1707-1788.

Bugeaud (Th.-Rob. de la Piconnerie), maréch. de Fr. Limoges, 1784; Paris, 1849.

Bugnot (dom. Gab.), bénéd. de St-Maur, poëte lat. M. 1673.

Buhle (J.-Théoph.), hist., philos. all. Brunswick, 1763-1821.

Buhy (Fél.), carme, théol., doct. en Sorbonne. Lyon, 1634-1687.

Buil, Catalan, bénéd. de Mont-Serrat, 1er patriarche des Indes occid. au 15e s.

Buirette (Ja.), sculpt. Paris, 1630-1699.

Buisero (Thierry), aut. dram. flam. Flessingue, 1640-1721.

Buisson (Mat.-F.-Régis), méd. Lyon, 1776-1805.

Buister (Ph.), sculpt. Bruxelles, 1695-1688.

Bullant (J.), sculpt., archit. N. Paris; m. 1578.

Bullet (P.), archit. fr., memb. de l'acad. N. v. le milieu du 17e s. =(J.-B.), théol., philol., érud. Besançon, 1699-1775.

Bulliart (P.), bot. Aubepierre, 1742-1793.

Bullinger (H.), théol. réformé. Suisse, 1504-1575.=(J.-Balth.), peint., grav. M. Langnau (Suisse), 1715.

Bullion (Cl. de, sieur de Bonelles), surint. des fin. et min. d'État sous Louis XIII. M. 1640.

Bulmer (Gu.), cél. imprim. angl. Newcastle, 1758-1830.

Bulow (Fréd.-Gu.), gén. pruss. 1755-1816.

Bulteau (L.), écriv. eccl. Rouen, 1625-1693.

Bunau (H. de), hist., négociat. pruss. Weissenfels, 1697-1762.

Bunel (P.), litt. Toulouse, 1499-1546. =(J.), peint. N. Blois, 1588.

Bunira (M.-F.), méd., érudit. Pignerol, 1761-1834.

Bunyan (J.), anabaptiste angl., écriv. mystique. Bedfort, 1628-1688.

Buonaccorsi (Ph.), hist. tosc. N. Cracovie, 1496.

Buonafede (P.-Appiano), philos. et public. ital. 1716-1793.

Buonanni (Ph.), jés., natural., hist., numism. Rome, 1638-1725.

Buonarotti. V. Michel-Ange. =(M.-Ange), le jeune, neveu du cél. Michel-Ange, litt. Florence, 1558-1646.=(Michel), de la même fam., écriv. polit. Pise, 1761; mort en Fr., 1837.

Buonfigli (J.-Constant.), hist. sicil. M. 16 5.

Buoninconiro (Laur.), poëte, mathém., profess. d'astron. Toscane, 1411-1501.

Buono, archit. et sculpt. ital. du 12e s.=(P. del), physic. Florence, 1625-1662.

Buontalenti (Bern.), dit dalle Girandole, peint., sculpt. et archit. Florence, 1536-1608.

Buontempi (G.-And.-Angelini), composit. ital. et poëte du 17e s.

Bupalus, sculpt. gr. Chio, 540 av. J.-C.

Buratti (Jo.), poëte satir. et licenc. Bologne, 1778-1822.

Burchard, canoniste du 11e s. N. dans la Hesse; m. 1026.= Év. d'Halberstadt au 11e s., cél. par ses exploits.

Burchiello (Domin.), poëte florent. M. 1448.

Burckhard (J.-H.), bot., antiq. all. 1672-1738.=(J.-C.), astron., mathém. Leipzig, 1773; Paris, 1825. = (J.-L.), voyag. Lausanne, 1784-1806.

Burdett (sir Fr.), memb. du parl. angl., ami de Fox. 1770-1844.

Bureau (J.), maître des comptes et trésor. de Fr., gr.-maître de l'artill. sous Charles VI et Louis XI. M. 1463.

X*Burette* (P.), méd., archéol., music. Paris, 1665-1705.

Burg (Ad. van der), peint. Dordrecht, 1693-1733.

Burger (Geof.-A.), poëte all. Halberstadt, 1748-1794.

Burgermeister (J.-Et.), jur., conseill. de l'emp. Charles VI. Souabe, 1663-1722.

Burgh (Ja.), moraliste écoss. Maderty, 1714-1775.

Burgho (Hub. de), comte de Kent, homme de guerre et d'État, grand justicier d'Angleterre au 13e s.

Burgkmair (J.), peint., grav. N. Augsbourg, 1474.

Bourgoyne (J.). gén. et litt. angl. M. 1792.

Burgundius (N.), jurisc., hist., poëte lat. Hainaut, 1586-1644.

Buridan (J.), de Béthune, profess. de théol. et de philos. à l'université de Paris au 14e s.

Burigny (Lévesque de), hist., érudit. Reims, 1692-1785.

Burke (Ed.), public. et orat. Dublin, 1730-1797.

Burlamaqui (J.-J.), moraliste et jurisc. Genève, 1694-1748.

Burley (Walter), philos. scolastique. Oxford. 1275-1357.

Burmann (P.), sav. philol., poëte lat. Utrecht, 1668-1741.= (J.), neveu du précéd., bot. 1707-1780. = (P.), frère du précéd., philol. Amsterdam, 1714-1778.

Burmann (Gott.-Gu.), poëte pruss. Luban, 1757-1805.

Burnet (Gilb.), év. de Salisbury, hist. Edimb., 1643-1745.

Burney (C.), hist., écriv. angl. 1726-1814.=(Ja.), son fils, voyag., contre-amiral. 1749-1821.=(C.) hellén., frère du précéd. Lyon, 1757-1817.

Burnouf (J.-L.), hellén. et philol. Urville (Calvados), 1775; Paris, 1844. = (Eug.), oriental., profess. au Coll. de Fr., memb. de l'Inst. Paris, 1801-1852.

Burns (R.), cél. poëte écoss. 1759-1796.

Burrhus (Afranius), gouv. de Néron. Mis à mort par ordre de cet emp., 62 de J.-C.

Burriel (And.-M.), jés., antiq. esp. 1719-1762.

Burser (Joach.), bot. du 16e s.

Burtin (F.-X. de), natural., litt. Maestricht, 1743-1818.

Burtius (N.), poëte lat., composit. parmesan du 15e s.

Bury (Arthur), controv. angl. au 17e s.

Bus (César de), fondat. de la congrég. de la Doctr. chrét. Cavaillon, 1544-1607.

Busbecq (Augier-Ghislen de), antiq., hist. Comines (Flandre), 1522-1592.

Busch (J.-G.), mathém., économ. Lunebourg, 1728-1800.

Buschetto, archit. et sculpt. grec. N. Dulicchio, 1030.

Busching (And.-Fréd.), cél. géogr., érud., écon. Westphalie, 1724-1793.

Busenbaum (Hermann), jés., théol. Westphalie, 1660-1668.

Bussières (J. de), jés., hist., antiq., poëte lat. Villefranche, 1607-1678.

Bussolari (frère Ja. dei), prédic. guelfe. M. 1359.

Busson (Jul.), méd. Dinan (Bretagne), 1717-1751.

Bussy-d'Amboise (L. de Clermont de), cél. duelliste du 16e s.

Bussy-Leclerc (J.), un des princip. chefs de la Ligue, gouv. de la Bastille. M. v. 1630.

Bussy-Rabutin (Roger, comte de), litt. et bel esprit. Epiry (Nivernais, 1618-1693.

Bussy-Castelnau (C.-J. Patissier, marq. de), gén. fr. aux Indes. N. 1718; m. Pondichéry, 1785.

Busto (Alexis Vanegas), gramm. esp. du 16e s.

Bute (J. Stuart, comte de), min. d'État angl. M. 1792.

Butteo (J. Borrel ou Bourrel, dit), chanoine de l'ordre de St-Antoine, mathém. Charpey (Dauphiné), 1492-1572.

Butler (C.), gramm., litt. et composit. angl. Wicombe, 1560-1647. = (Sam.), poëte angl. Strensham, 1612-1680.=(Alban), prêtre cathol. angl., hagiographe. Northampton, 1710-1773.

Butret, agric., jard. M. 1805.

Buttafuaco (Mat.), maréch. de camp, député de la Corse aux états-gén. N. Vescovato (Corse), 1730.

Butterfield, mécan., ingén. du roi sous Louis XIV. M. 1727.

Buttet (M.-Cl. de), poëte fr. du 16e s.

Buttmann (Ph.-C.), philol., érud. Francfort-S.-le-M., 1764-1829.

Buttner (Dav.-Sigism.), bot., profess. à l'univ. de Gœttingue. 1724-1786.=(Chr.-Gu.), natural., philol. Wolfenbuttel (Brunswick). 1716-1801.

Button (Th.), navig. et mathém. angl. du 17e s.

Buttura (Ant.), poëte et litt. ital. 1771-1835.

Buxbaum (J.-Chr.), bot. all. Mersebourg (Prusse), 1694-1730.

Buxtorf (J.), cél. hébraïsant. Camen (Westphal.), 1564-1629.

Buzot (F.-Léo.-N.), convent., un des chefs de la Gironde. N. Evreux, 1760; m. près de Bordeaux, 1793.

Bye (Ja.), grav. et libr. flam. N. La Haye, 1612.

Byng (G.), amiral angl., lord de l'amirauté. Kent, 1663-1733. =(J.), fils du précéd., amiral. Battu devant Minorque, 1756; exécuté 1757.

Byns (Anne), femme poëte du 16e s. N. Anvers.

Byrge (Juste), mécan., astron. N. Suisse, 1551-1632.

Byrom (J.), poëte angl., inv. d'une méthode de tachygraphie, 1691-1763.

Byron (le commodore J.), navig. angl. 1723-1786. = (G. Gordon, lord), cél. poëte angl. N. Douvres, 1788; m. Missolonghi, 1824.

Bywald (Léop.), jés., physic. Vienne, 1731-1796.

Byzance (L. de), orator., sav. oriental. Constantin., 1647-1722.

Bzowius ou *Bsowiski* (Abraham), dominic. pol., hist. 1567-1637.

— C —

Cabakjy-Oglou, offic. des janiss. et chef de révolte. Assass. 1808.

Cabal (J. M.), chim. améric. Fusillé Santa-Fé de Bogota, 1816.

Caballero (Riam. Diosdada), hist. et bibliogr. Majorque, 1740-1820.

Cabanis (J. G.), méd. et philos. fr. Cosnac, 1757-1808.

Cabarrus (F., comte de), fin., diplom. esp. Bayonne, 1752-1810.

Cabassole (Ph. de), card., diplom. Cavaillon, 1305-1371.

Cabassut (J.), orator., jurisc., oriental. Aix, 1604-1685.

Cabel ou *Kabel* (Ad. van der), peint. et grav. Riswick, 1631; Lyon, 1695.

Cabestaing (Gu. de), troubad. du 13e s.

Cabeza de Vacca (Alvar-Nunez), navig. esp. au 16e s.

Caboche (Simonet), un des chefs de la fact. des Bourguign. dite des Cabochiens, sous Charles VII.

Cabot ou *Gabotto*, navig. vénit. du 15e s.=(Sébast.), fils du précéd., dit le Grand-Marin, cél. navig. N. Bristol, 1467.

Cabral (P.-Alvarez), navig. portug. au 16e s.=*Cabral* ou *Capral*, jés. et miss. portug. 1528-1609.

Cabrera (don Bern. de), min. et favori de Pierre-le-Cérémonieux, roi d'Aragon. Décap. 1364. = (L. de), hist. esp. M. 1655. =(Don Th.-H. de), duc de Médina, amiral de Castille. M. Lisbonne, 1705.

Cabrol (Barth.), chir. fr. et profess. d'anat. au 16e s.

Cacault (F.), diplom. et litt. Nantes, 1742-1805.

Caccia (G.), peint. ital, dit *il Moncalvo*, 1568-1625.

Caccianemici (F.), peint. bolonais. M. 1542.

Caccianiga (F.), peint. et grav. Milan, 1700-1781.

Cachin (Jo.-Ma.-F.), inspect. gén. des ponts et chaussées. Castres, 1757-1825.

Cadalous (P.), év. de Parme, anti-pape sous le nom d'Honorius III. Déposé 1064.

Cadalso (don Jo.), poëte et écriv. esp. Cadix, 1741; Gibraltar, 1783.

Cada-Mosto (Aloïse da), navig. vénit. 1432-1463. = (Marc-Ant.), astron. ital. du 16e s.

Cadéac (P.), composit. fr. du 16e s.

Cadet de Gassicourt (L.-Cl.), pharm., chim. Paris, 1731-1799. = (C.-Louis), fils du précédent, chim., litt. Paris, 1769-1821.=

Cadet de Vaux (Ant.), chim., écon. et philanth. Paris, 1745-1828.

Cadhogan (Gu., comte), gén. angl., gr.-maître de l'artillerie. 1680-1726.

Cadmus, hist. gr. N. Milet, 6e s. av. J.-C.

Cadoudal (G.), conspirateur royaliste. N. Morbihan, 1769; exécuté, 1804.

Cæcilius Statius, poëte com. lat. du 2e s. av. J.-C.

Cælius Aurelianus, méd. gr. au 2e ou au 5e s.

Cæsar (Aquilius-Julius), sav. all. Gratz, 1720-1792.

Cœsius (Bern. Cesi), jés. ital. natural. Modène, 1581-1630.

Cœsius Assus, poëte et gramm. lat. M. 79.

Caffarelli du Falga (L.-Ma.-J.-Maxim.), gén. du génie. N. Falga-Villefranche, 1756; tué St-Jean-d'Acre, 1799.

Caffaro, hist. génois. N. v. 1080; m. v. 1166.=(Pascal), composit. ital. 1706-1787.

Caffieri (Ph.), sculpt., ingén. Rome, 1634; Paris, 1716.=(J.-J.), petit-fils du précéd., sculpt. du roi, profess. de l'acad. de peint. 1723-1792.

Cagliostro (Jo.-Balsamo, prétendu comte de), cél. aventur. et charlatan. Palerme, 1743. M. v. 1795.

Cagnacci (Guido Canlassi, dit), peint. ital. Rome, 1601; Vienne, 1681.

Cagnola (L. marq. de), archit. Milan, 1726-1833.

Cagnoli (Ant.), mathém. et astron. Vérone, 1743-1816.

Caher-Billah (Mohamed, dit), 19e calife abasside. M. 950.

Cahussac (L. de), litt. et poëte dram. N. Montauban; m. 1759.

Caignart de Mailly, avoc., écriv. polit. Mailly, 1750-1823.

Cailhava de l'Estandoux (C.-F.), poëte et aut. dram. L'Estandoux (Langued), 1731-1813.

Caillard (Abrah.-Ja.), jurisc. Paris, 1734-1776.=(Ant.-Bern.), homme d'État, min. plénip. Aignay (Bourg.), 1737-1807.

Caillau (J.-Ma.), méd. et litt. Gaillac, 1765-1820.

Caille (J. de La), imprim. et libr. M. Paris, 1720.

Caillé (René), cél. voyag. Maugé (Poitou), 1799-1838.

Cailleau (And.-C.), libr., écriv. 1731-1798.

Caillette, fou de la cour des rois Louis XII et François Ier.

Caillot, act. de la Comédie-Ital. et de l'Opéra-Comique. Paris, 1732-1816.

Cailly (Ja. de), poëte épigramm. Orléans, 1604-1673.

Caim-Biamrillah, 26e calife abasside. M. 1075.

Caïn, fils aîné d'Adam et d'Ève, assassin de son frère Abel. M. 150.

Caïnan, 4e patriarche, fils d'Enos et père de Malaléel. M. v. l'an du monde 1235.

Caïphe, gr.-prêtre des Juifs, fit condamner à mort J.-C. Privé de sa charge par Vitellius, il se tua.

Cait-Bey, sultan d'Égypte et de Syrie. M. 1496.

Caius Mutius, archit. rom. Viv. v. 100 av. J.-C.

Caius Valgius, méd. d'Auguste.

Caïus, fils de Marcus Agrippa, procons. en Asie. Viv. 19 av. J.-C. =(Julius Lucerus), archit. rom., contemp. de Trajan.=(Titus), jurisc. rom., présumé contemporain d'Adrien.=Disciple de St Irénée, aut. ecclésiast. du 3e s.

Caïus (St), pape, succ. de St Eutychien, 283; m. 295.

Cajetan (Th. de Vio, dit), card., év. de Gaëte, controvers. Gaëte, 1469-1534.—(H.), card., envoyé en Fr. par Sixte-Quint. M. Pologne, 1599.=(Oct.), jés., écriv. eccl. Syracuse, 1566-1620.

Cajot (dom J.-Jo.), bénéd., érud. Verdun, 1726-1779.

Calages (Mlle Ma. de Pech de), femme poëte du 17e s. Viv. à Toulouse

Calamis, stat. athén., au 5e s. av. J.-C.

Calandrelli (l'abb. Jo.), astron. ital. 1749-1827.

Calandrini (J.-L.), profess. de philos. et conseill. d'Etat. Genève, 1705-1758.

Calandrucci (Hyac.), peint. Palerme, 1646-1707.

Calanus, philos. indien qui accompagna Alexandre aux Indes. Se brûla publiquement.

Calas (J.), négoc. de Toulouse, et protest. N. 1698; accusé d'avoir assassiné son fils, et roué 1762; réhabilité, 1765.

Calau (Ben.), peint. all. 1724-1785.

Calcagni, dit le Ferrarais, sculpt.-cisel. ital. M. 1595.

Calcar ou *Kalcker* (J. de), peint. ital. M. Naples, 1546.

Calcéolari (F.), natural. et bot. de Vérone au 16e s.

Calchi (Tristan), historiogr. de Milan. N. v. 1470; m. 1515.

Caldani (Léop.-Ma.-Ant.), cél. anat. Bologne, 1725-1815.

Caldarone (J.-J.), méd., chim. et bot. Palerme. 1651-1730.

Calderari (le comte Otton de), archit. Vicence, 1730-1803.

Calderon (Don Rodr. de, comte d'Oliva), favori du duc de Lerme. N. Anvers; m. sur l'échaf. 1621.

Calderon de la Barca (Don P.), poëte dram. esp. N. Madrid v. 1600; m. 1687.=(Vic.), peint. Guadalajara, 1762 1794.

Caldiera (J.), méd. et théol. du 15e s.

Caleb, patriarche hébr. de la tribu de Juda. M. 1416 av. J.-C

Calenzio (Elisée), poëte lat. mod. N. dans la Pouille; m. 1503.

Calepino ou *d'Acalepio* (Ambr.), relig. aug., lexicogr. Calepio, près de Bergame, 1435-1511.

Caliari. V. VÉRONÈSE. = (Ben.), frère de P. Véronèse, peint., sculpt. et archit. Vérone, 1538-1598.=(Carletto), fils aîné de Paul. N. v. 1525; m. 1596.

Calidasa, poëte dram ind. Viv. dans le 1er s. av. J.-C.

Calignon (Soffrey de), écriv. polit., hist. fr. 1550-1606.

Caligula (Caïus César), 3e emp. rom., fils de Germanicus et d'Agrippine, succ. de Tibère, 37 de J.-C.; assass. 41.

Calippe, astron. grec de Cyzique. Viv. dans le 4e s. av. J.-C.

Calixte Ier (St), pape. Succ. de St Zéphirin, 219; martyrisé 222. =II (Gui), pape. Succ. de Gélase II, 1119; m. 1124.=III (Aph. Borgia), pape, succéda en 1455 à Nicolas. M. 1458.

Calixte (G.), théol. luthér. all., chef de la secte des Calixtins. 1586-1656.

Callamard (C.-Ant.), sculpt. Paris, 1776-1821.

Callard de la Duguerie (F.-B.), méd. Caen, 1630-1718.

Callemberg (Jér.), amiral holl. 1642-1722.

Calleschros, archit. athén. Viv. dans le 6e s. av. J.-C.

Callet (Ant.-Fr.), peint. d'hist. Paris, 1741-1823.

Callias, Athén. du 6e s. av. J.-C. Il conclut, avec Artaxercès (v. 469 av. J.-C.), le traité qui assura l'indépendance des colonies grecques en Asie.

Calliclès, sculpt. grec de Mégare. Viv. v. 420 av. J.-C.= *D'Acharnie*, sophiste grec. Viv. fin du 5e s. avant J.-C.

Callicratès, archit. grec. Viv. 444 av. J.-C.

Callier (Raoul), poëte fr. du 16e s.

Callières (F. de), litt., diplom., memb. de l'Acad. fr. 1645-1717.

Calliergi (Zach.), Crétois, cél. impr. du 15e s.

Callimaque, archit., peint., sculpt. de Corinthe. Viv. v. 450 av. J.-C.=Poëte et litt. grec. N. Cyrène (Libye); m. v. 270 av. J.-C.

Callinique, archit. N. Héliopolis (Egypte), 7e s.

Callinus, poëte grec d'Ephèse, au 8e s. av. J.-C.

Callipus, Athén., disc. de Platon, contribua avec Dion à rendre la liberté à Syracuse. Assass. 351 av. J.-C.

Callisthène, philos. gr., disc., d'Aristote. N. Olynthe, 365 av. J.-C.; m. 328 av. J.-C.

Callistrate, cél. orat. athén. 4e s. av. J.-C.

Callon, sculpt. grec. 432 av. J.-C.

Callot (Ja), peint., grav. et dessinat. Nancy, 1593-1635.

Calmet (dom August.), bénéd. de St-Vannes, théol., érud. Lorraine, 1672-1757.

Calmo (And), poëte com. Venise, 1510-1571.

Calogera (le P.), philol. et litt. Padoue, 1699-1768.

Calonne (C.-A.-Al. de), homme d'Etat, public., contrôl. gén. des fin. Douai, 1734-1802.

Calprenède (Gauthier de Costès, sieur de la), romanc. et poëte dram. N. près de Sarlat; m. 1663.

Calpurnius (Titus Julius), poëte lat. du 3e s. N. Sicile.

Calvart (D.), peint. Anvers, 1565-1619.

Calvet (Esprit-Cl.-F.), méd., natural., antiq., philanth. Avignon, 1728-1810.

Calvi (Lazare), peint. Gênes, 1502-1607.

Calvin ou *Cauvin* (J.), 2e chef de la réforme relig. Noyon, 1509; Genève, 1564.

Calvino (J.-Marc), poëte et aut. dram. Sicile, 1785-1833.

Calvisius (Seth.), astrol. et poëte saxon. 1556-1617.

Calvo (Bonif.), troub. provenç. du 13e s.

Calzo (Ant.), peint. ital. Vérone, 17e s.

Camara y Murga, érud. esp., év. des Canaries. M. 1641.

Camargo (Ma.-Anne Cuppi, dite), cél. danseuse de l'Opéra. Bruxelles, 1710; Paris, 1770.

Cambacérès (J.-J. Régis de), jurisc. et homme d'Etat, fut memb. de la conv., puis du cons. des cinq-cents, min. de la justice, collègue de Bonaparte dans le consulat, archichancel. de l'Emp. et duc de Parme. Montpell., 1753; Paris, 1824.

Cambiaso (Luc), peint. ital. Morreghia, 1527; Madrid, 1585.

Cambini (Jo.), composit. Livourne, 1740-1817.

Cambon (Jo.), memb. de l'assemblée législ. et de la conv. Montpellier, 1754; Bruxelles, 1820.

Cambridge (Rich. Owen), poëte et écriv. angl. Londres, 1714-1802.

Cambronne (P.-Ja.-Ét.), gén. fr. St-Sébastien, près de Nantes. 1770-1842.

Cambry (Ja.), antiq. Lorient, 1749-1807.

Cambyse Ier, prince perse, père de Cyrus le Grand. Viv. v. 595 av. J.-C. = II, roi de Perse. Succ. de son père Cyrus le Gr., 530 av. J.-C.; m. 522 av. J.-C.

Camden (Gu.), antiq. et hist. Londres, 1551-1623.

Camelli (G.-Jo.), missionn. et bot. du 17e s.

Camerarius (Barth.), jurisc. napol. Bénévent, 1497-1556.= (Joach.), homme d'Etat, érudit. Bamberg, 1500-1574.=(Joach.), fils du précéd., méd., chim., bot. Nuremb., 1534-1598. = (Rod.-Ja.), natural. Tubingen, 1665-1721.

Camerata (Jo.), peint. en min. et grav. N. Venise; m. Dresde, 1764.

Camille (Marcus Furius Camillus), gén. rom., créé dictat. 396 av. J.-C.; m. 365 av. J.-C.

Camilo (F.), peint. esp. Madrid, 1610-1671.

Cammas (Lamb.-F.-Thérèse), peint. et archit. Toulouse, 1743-1804.

Camoens (L. de), cél. poëte portug. Lisbonne, 1517-1579.

Campagnola (don), peint. et grav. ital. Venise, 1482-1550.

Campan (Jeanne-Louise-Henr. Genest, dame), femme de ch. de Marie-Antoinette, directr. de la maison d'Ecouen. Paris, 1752-1822.

Campana (César), hist. ital. M. 1606.=(P.), peint. Bruxelles, 1503-1570.

Campanajo (Lorenz.), sculpt. et archit. Florence, 1494-1541.

Campanella (Th.), philos. N. Stilo (Calabre), 1568; m. Paris, 1639.

Campanius (Th.), sav. suédois du 17e s.

Campbell (Colin), archit. angl. M. 1734.=(J.), hist., écriv. polit. et litt. Edimb., 1708-1775 = (Th.), poëte angl. Glascow, 1777-1844.

Campe (J.-H.), litt. all. et lexicogr. Deensen, 1746-1818.

Campége (Laur.), card., arch. de Bologne, légat à la cour d'Henri VIII. Bologne, 1474-1539.

Campello (Bernardin de Conti), diplom., litt., poëte dram. Spolète, 1595-1676.=(Paul), fils du précéd., homme de guerre et poëte. 1643-1713.

Campen (Ja.), dessinat. et archit. holl. N. Harlem; m. 1638.

Campenon (Fr.-Nic.-Vinc.), poëte fr., memb. de l'Acad. fr. Guadeloupe, 1772; Paris, 1843.

Camper (P.), méd. et natural. holl. Leyde, 1722-1789.

Camphuys (J.), natural. et hist. holl. Harlem, 1634-1695.

Camphuysen (Théod.), peint. et poëte holl. Gorcum, 1586-1627.

Campi (Ant.), archit., peint. et hist. de Crémone au 16e s.= (Pa.-Emile), poëte dram. Modène, 1740-1796.

Campian (Edme), jés., théol., hist. N. Londres, 1540; exécuté comme conspir., 1581.

Campiglia (Al.), litt. ital. du 17e s. =(J.-Domin.), dessinat. et peint. Lucques, 1692-1770.

Campistron (J. Galbert de), poëte com. et trag., memb. de l'Acad. fr. Toulouse, 1656-1737.

Campo-Longo (Emm.), poëte satir., archéol. Naples, 1732-1801.

Campomanes (don Rodr., comte de), antiq., min. d'Etat, écon. Asturies, 1723-1802.

Campra (And.), composit. Aix, 1660-1744.

Camulogène, gén. gaulois, tué dans un combat contre Labienus, lieut. de César.

Camus (J.-P.), écriv. eccl., év. de Belley. Paris, 1582-1652.= (F.-Jo. des), mécan., memb. de l'acad. des sc. N. Lorraine, 1672; m. en Angleterre, v. 1732.=(Et.-L.), mathém., memb. de l'acad. des sc. et de l'acad. d'archit. Cressy (Brie), 1699-1768.=(Arm.-Gaston), jurisc. hellén., memb. de la conv., du cons. des cinq-cents, de l'Instit. Paris, 1740-1804.

Camus de Beaulieu (Le), favori de Charles VII. Tué 1426.

Camus de Mézières (N. Le), archit. Paris, 1721-1789.

Camusat (J.), impr. libr. de l'Acad. fr. M. 1639.=(N.), hist., chan. de Troyes. 1575-1655.= (Den.-Fr.), érud., litt. Besanç., 1695; Amsterd., 1732.

Camuz (Ph.), romanc. esp. de la fin du 15e s.

Canachus, sculpt. grec de Sicyone, au 4e s. av. J.-C.

Canal ou *Canaletto* (Ant.), peint. vénit. 1597-1668.

Canani (J.-B.), anat. et chir. Ferrare, 1515-1579.

Canape (J.), chir., méd. de François Ier, v. 1542.

Canaples (Le sire de), capit. fr. qui servit sous François Ier et Henri II, au 16e s.

Canaye (Ph., sieur de Fresne) conseill. d'Etat, ambass. Paris, 1551-1610.

Canclaux (J.-B. Camille, comte de), lieut.-gén., memb. du sénat, puis pair de Fr. Paris, 1740-1817.

Candale (H. de Nogaret d'Épernon, duc de), fils du cél. duc d'Épernon, homme de guerre et homme d'État. N. 1591; m. Casal, 1639.=(L.-C. Gaston de Nogaret de Foix, duc de), lieut.-gén. Metz, 1627-1658.

Candamo (F. Bandez y) poëte dram. esp. M. 1709.

Candaule, roi de Lydie de 735 à 708 av. J.-C.

Candeille (P.-Jo.), composit. N. Estaire (Flandre fr.), 1744; m. Chantilly, 1827. = (Amélie-Julie), fille du précéd., actrice du Théâtre-Fr., aut. dram. et litt. Paris, 1767-1834.

Candiano, nom d'une fam. vénit. qui a donné cinq doges à la républ. de Venise.

Candidus, hist. grec du 5e s.= (Pantal.), min. protest., hist. Autriche, 1540-1608.

Candito ou *Candido* (P. de Witte, dit), peint. flam. N. Bruges, v. 1548.

Candolle (Augustin-Pyrame de), bot. et natural. Genève, 1778-1841.

Cange (C. du Fresne, sieur du), érudit. Amiens, 1610-1688.

Canini (J.-Ange), peint. et grav. Rome, 1617-1665.

Canisius (Henri), érud. all. N. Nimègue; m. 1610.

Canitz (F.-Rod.-L., bar. de), diplom. et poëte. Berlin, 1654-1699.

Canizares (Jo.), poëte com. esp. du 17e s.

Canning (G.), min. angl., diplom., orat., poëte. Londres, 1770-1827.

Cano (Ja.), navig. portug. du 15e s.=(Séb. del), navig. esp. fit le premier le tour du monde. M. 1526.=(Alonzo), peint., sculpt., archit. esp. Grenade, 1601-1667.

Canova (Ant.), sculpt. et peint. vénit. Possagno, 1747-1822.

Cantacuzène (J.), emp. d'Or., hist., théol.; succ. d'Andronic, en 1341. M. 1410=(Math.), fils du précéd., lui succéda 1355. Se retira dans un monast. 1356.

Cantagallina (Rémi), grav., peint. et ingén. ital. 1556-1624.

Cantalicio (J.-B.), poëte lat. du 15e s., év. de Penna. M. 1514.

Cantelli (Ja), géogr. et bibliothécaire de François II, duc de Modène. M. 1691.

Cantemir (Démétrius), hospodar de Moldavie et hist. Jassy, 1673-1723. = (Constantin-Démétrius), fils du précéd., diplom. et litt. Constantinople, 1709; Paris, 1744.

Cantharus, sculpt. grec de Sicyone, v. 300 av. J.-C.

Canton (J.), physic. et astron. Londres, 1718-1772.

Canut Ier, roi de Danemark, de 863 à 873.=II (Canut Ier, en Anglet.), dit le Grand, roi de Danemark, 1014; m. en Anglet., 1036. = III (Canut II, en Angleterre), dit le Hardi, fils et succ. du précéd. M. 1042.=IV, dit le Saint, roi de Danemark, succ. de son frère Harold, 1080. Assass. 1086.=V, roi de Danemark, succes. d'Eric V, 1147. Assass. 1156. =VI, roi de Danemark, succ. de Waldemar Ier. M. 1202.

Canut, roi de Suède, fils d'Eric IX, succ. de Charles Swerker, 1168. M. 1199.

Canz (Ismaël-Gottlieb), philos. all. Heinsheim, 1690-1753.

Caoursin (Gu.), diplom. et hist. Douai, 1430-1501.

Capasso (N.), jurisc. et poëte napolitain. Fratta, 1671-1746.

Capèce (Scip.), poëte lat. et jurisc. ital. M. v. 1562.

Capel (Arthur lord), seign. angl., partis. de Charles Ier, qu'il défendit. Décap. 1649.

Capella (Martianus Mineus Felix), écriv. lat., présumé du 5e s. =(Galeazzo-Flavio-Capro), hist. et litt. Milan, 1487-1537.

Capellan ou *Capellano*, grav. vénit. 1730-1780.

Capellen (Th.-F. van), vice-amir. holl. 1750-1824.

Capello (Bianca), noble vénit., épouse de François II de Médicis. Empois. 1587.

Capet (Ma.-Gab.), femme peint. N. Lyon; m. 1814.

Capilupi (Hip.), poëte et sav. Mantoue, 1511-1580.

Capito (Ateius), cél. jurisc. rom. du 1er s. av. J.-C.

Capitolinus (Titus Quinctius), Rom., six fois consul de 471 à 439 av. J.-C.= (Julius), l'un des écriv. de l'hist. d'Auguste. Viv. 284 à 337.

Capmany y de Monpalan (Ant.), philol. et litt. esp. 1750-1815.

Capo-d'Istrias (J.), min. d'État de la Grèce. N. Corfou, 1776; assass., 1831.

Caporali (César), poëte satir. ital. Pérouse, 1531-1601.

Cappel (L.), dit l'Ancien, hébraïs. et théol. protest. Paris, 1554-1574.= (L.), dit le Jeune, frère du précéd., past. et crit. hébraïs. Sedan, 1585-1658.

Capelle (J.-P. van), litt. et érud. Flessingue, 1783-1829.

Capperonnier (Cl.), philol., profess. de grec au Coll. de Fr. Montdidier, 1671-1744. = (J.-Aug.), neveu du précéd., philol. Montdidier, 1745-1820.

Capponi (Gino), Florent., 1er gouv. de Pise. M. 1420.

Capranica (Domin.), év. de Fermo, card., sav. canon. Rome, 1400-1458.

Caprara (le comte Alb.), ambass., litt. Bologne, 1631-1701. =(J.-B.), archev. de Milan, comte et sénat. d'Italie. Bologne, 1733-1810.

Captal de Buch. V. GRAILLY.

Capua (Bart. de), jurisc. et négociat. Naples, 1248-1328.

Cara-Youssouf, 1er prince de la dynast. de Turcomans. M. 1420.

Caracalla (Marcus Aurelius Antoninus Bassianus), emp. rom., fils et succ. de Septime-Sévère. N. Lyon, 188; proclamé, 211; assass., 217.

Caraccioli (J.), secrét. et favori de Jeanne II, reine de Naples v. 1415; assass. 1432. = (Marin), négociat., card. et gouv. du Milanais. Naples, 1468-1538. = (J.-B.), peint. napolit. 1580-1645. = (Domin., marq. de), diplom., vice-roi de Sicile. Naples, 1715-1789.=(L.-Ant.), litt. Paris, 1721-1803.= (F.), amiral de la flotte Parthénopéenne. N. Naples, 1748; mis à m. 1799.

Caraffa, nom d'une fam. napolit. Ses principaux memb. sont: =Charles-Jean et Antoine, neveux du pape Paul IV, mis à m. 1560. =Antoine, cousin de Paul IV, card., un des édit. de la version des Septante. M. 1591.=Vincent, théol, 7e gén. des jés. Naples, 1585-1649.

Caraffe (Arm.-C.), peint. fr. M. 1812.

Caraman (P.-Pa. Riquet, comte de), lieut.-gén. des armées du roi. 1644-1730.= L.-C.-Victor de), diplom., pair de Fr. 1762-1839.

Caramanico (F. d'Aquino, prince de), min. d'État, vice-roi de Sicile. 1736-1795.

Caramuel (J.), théol., négociat., philol., jurisc. Madrid, 1606-1682.

Carausius (Marcus Aurelius Valerius), emp. rom. Proclamé 287; assass., 291.

Caravage (Polydore Caldora, dit), peint, élève de Raphaël. N. Milanais, 1495; assass., 1543.= (Michel-Ange Amerighi, dit), cél. peint. de l'école rom. Caravagio, 1569-1609.

Carbajal (L.), peint. esp. Tolède, 1534-1613.

Carbo (Caïus), orat. rom., tribun du peuple v. 120 av. J.-C.

Carburi (Marin), dit aussi *Lascary*, ingén. Céphalonie, 1730-1782.

Carcavi (P. de), mathém., memb. de l'acad. des sc. N. Lyon; m. 1684.

Carcinus, d'Agrigente, poëte trag. et com. grec dans le 4e s. av. J.-C.

Cardaillac (J. de), jurisc., év. de Caldas, d'Orense, de Braga. M. 1590.

Cardam, roi des Bulgares. M. v. 806.

Cardan (Jé.), philos., natural., astrol., mathém. Pavie, 1501-1576.

Cardenal (P.), troubad. du 13e s.

Cardenas (Bart. de), peint. portug. N. Valladolid, 1606.

Cardim (Ant.-F.), jés. portug., missionn. en Chine, etc. N. 1615; m. Macao, 1659.

Cardon (Ant.), grav. et dessinat. Bruxelles, 1772; Londres, 1792.

Cardonne (Denis-Domin.),

oriental., profess. au Collége de Fr. Paris, 1720–1783.

Carducho (Bart.), peint. Florence, 1560 ; Madrid, 1610.

Carel (Ja.), poëte fr. N. Rouen, 1620.

Carême (Ma.-Ant.), cél. cuisinier fr. Paris, 1784–1833.

Carew (Rich.), litt. et antiq. angl. 1555-1620. = (G.), hist. angl. 1557-1629.

Carey (H.), poëte et music. angl. M. 1744. = (Gu.), oriental. angl. 1762–1834.

Carez (Jo.), imprim.-lib. à Toul, invent. du clichage. M. 1801.

Caribert, l'aîné des fils de Clotaire Ier. M. 567.

Carignan (Th.-F. de Savoie, prince de), 5e fils du duc de Savoie Charles-Emmanuel Ier. N. 1596 ; m. Turin, 1656.

Carinus (Marcus Aurelius), emp. rom., succ. de son père Carus, 284. Assass. 285.

Carion (J.), mathém. et hist. Butickheim, 1499-1538.

Carissimi (J.-J.), composit. ital au 17e s.

Carle (P.), ingén. fr. Vallerangue (Languedoc), 1666 ; Londres, 1730.

Carleton (sir Dudley), homme d'État angl., ambass. 1573-1631. = (Guy), général, anglais. 1724-1808.

Carletti (F.), voyag. florent. v. 1597. = (N.), archit. florent. Naples, 1723-1800.

Carlevaris (Luc), peint. et grav. Udine, 1665-1729.

Carli (J. Renaud, comte de), litt. et antiq. Capo-d'Istria, 1720-1795.

Carlier (Cl.), natural, et érud. Verberie, 1725-1787.

Carlin (C.-Ant. Bertinazzi, dit), cél. act. de la Com.-Ital. Turin, 1713; Paris, 1783.

Carloman, fils de Charles-Martel et frère aîné de Pepin le Bref, gouverna l'Austrasie, la Souabe, la Thuringe. M. Vienne (Dauph.), 755. = Fils de Pepin le Bref, roi de Neustrie, de Bourgogne, etc. 751-771. = Fils de Louis le Bègue et frère de Louis III, roi de France avec ce dernier 879, seul roi 882. M. 884.

Carloni (Taddée), peint., sculpt., archit. ital. N. 1613.

Carlos (don), fils de Philippe II, roi d'Esp. N. Valladolid, 1545; m. 1568.

Carmagnole (F. Bussone, dit), cél. capit. ital. N. 1390; décap. 1432.

Carmona (Salvator), grav. esp. Madrid, 1730-1807.

Carmontelle (N.), litt. Paris, 1717–1806.

Carnéade, philos. grec. N. Cyrène v. 215 ; m. 301 av. J.-C.

Carnot (Lazare-N.-Marguerite), convent., ingén., écriv. polit., mathém. N. Nolay (Bourg.), 1753 ; m. Magdebourg, 1823. = (Jo.), jurisc. Nolay (Côte-d'Or), 1752; Paris, 1835.

Caro (Annibal), litt. et poëte ital. Citta-Nova, 1507-1556.

Caroline, reine d'Anglet. N. 1682, épousa George II, 1727; m. 1737. = (Amélie-Élisabeth), reine d'Anglet., N. Brunswick, 1768 ; épousa le prince de Galles, depuis George IV, 1796 ; accusée d'adultère (1806 et 1820). M. Londres, 1821.

Caroline, reine de Naples. N. Vienne, 1752 ; épousa Ferdinand Ier ; m. Schœnbrunn, 1814.

Caron (Loys le), dit *Charondas*, jurisc. Paris, 1536–1617. = (F.), directeur gén. du comm. fr. aux Indes. M. 1674. = (Augustin-Jo.), lieut.-colon. de dragons. N. 1773 ; condamné à mort comme conspirateur et exécuté à Colmar, 1822.

Carondelet (J. de), archev. de Palerme, secrét. de Charles-Quint. Dôle, 1449-1544.

Carouge (Bert.-August.), mathém., astron. Dol, 1741-1798.

Carpaccio (Vict.), peint. vénit. V. 1522.

Carpani (Jo.), jés., poëte lat. Rome, 1683-1765. = (Jo.), poëte, music. N. Lombardie, 1752 ; m. 1825.

Carpentier (R.), bénéd. de St-Maur. Charleville, 1697–1767. = (Ant.-M.), archit., memb. de l'acad. Rouen, 1709-1772.

Carpi (Hugo de), dessinat. et grav. N. Rome, 1446. = (Jér. de), peint. Ferrare, 1501-1556.

Carpini (Ju.), peint., grav. Venise, 1611-1674.

Carpocrate, hérés. d'Alexandrie, contemporain d'Adrien.

Carpzov (Ben.), jurisc. Brandebourg, 1565–1624.

Carra (J.-L.), écriv. polit., hist., convent. N. Pont-de-Veyle, 1743; m. sur l'échaf., 1793.

Carra-St-Cyr (J.-F., comte de), offic. fr., gouv. de la Guiane sous la Restaurat. M. 1834.

Carrache (L.), cél. peint., élève de Tintoret. Bologne, 1555–1619. = (Augustin), cousin du précéd., grav. et peint. Bologne, 1558-1601. = (Annibal), frère du précéd., peint. Bologne, 1560-1609. = (Ant.), fils natur. d'Augustin, peintre. Venise, 1583–1618.

Carrara (J.-M.-Alb.), méd., théol., poëte. N. Bergame ; m. 1490. = (Hub.), jés., poëte lat. Sora, 1640–1715.

Carré (F.), peint. et grav. Frise, 1636-1669. = (L.), géom., memb. de l'acad. des sc. Brie, 1663-1711. = (Remi), bénéd., écriv. fr. 1706-1773. = (Gu.-L.-Ju.), jurisc. Rennes, 1777-1832.

Carrel (N.-Arm.), public. N. Rouen, 1803; m. Paris. 1836.

Carreno de Miranda (J.), peint. esp. Aviles, 1614–1685.

Carrera (P.), litt. et antiq. sicil. Militello, 1571-1647.

Carrère (J.-Bart.-F.), méd. Perpignan, 1740-1802.

Carrey (Ja.), peint. Troyes, 1646–1726.

Carrichter, astrol., méd. du 16e s.

Carrier (J.-B.), convent., représent. du peuple à Nantes. N. Volai près d'Aurillac, 1756 ; m. sur l'échaf., 1794.

Carrières (L. de), orator., commentat. de la Bible. Auvillé, 1662-1717.

Carrillo (Mart.), théol., hist. esp. M. 1630.

Carrillo Lasso de la Vega (Al.), minéral. et litt. esp. 16e et 17e s.

Carrion (L.), jurisc. Bruges, 1547-1595. = (Em. Ramirès de), sav. esp. du 17e s.

Carrion-Nisas (Henri, bar.), militaire et litt. Pézenas, 1767-1840.

Carron (G.-Touss.-Ju.), prêtre, écriv. philanth. Rennes, 1750, 1820.

Carstarès (Gu.), théol. protest., chapelain du roi Guillaume et de la reine Anne. 1649-1715.

Carstens (Asmus-Jacob), peint. danois. N. 1754, m. Rome, 1798.

Cartari (V.), poëte ital., archéol. du 16e s.

Carte (Th.), hist. angl. 1686–1754.

Cartellier (P.), sculpt., memb. de l'acad. des b.-arts. Paris, 1757–1833.

Carteret (J.), comte de Granville, vice-roi d'Irlande. M. 1763. = (Ph.), navig. angl. du 18e s.

Carthalon, gén. carthag., remplacé par Amilcar Barca, 250 av. J.-C. = Gén. carthag. qui accompagna Annibal en Italie. Tué 209 av. J.-C.

Cartheuser (J.-Fréd.), méd. et bot. Francfort-sur-l'Oder, 1704–1777.

Cartier (J.), cél. navig. fr. du 16e s. N. St-Malo.

Cartouche (L.-Domin.), voleur cél. Rompu vif, 1721.

Cartwright (Gu.), théol., poëte angl. 1611–1644.

Carus (Marcus Aurelius), emp. rom. N. dans les Gaules au 5e s.; m. 282.

Caruso (J.-B.), hist. sicil. 1673–1724.

Carvajal (J. de), card. esp., gouv. de Rome et légat. Trujillo, 1399–1469. = (F. de), capit. esp., contribua à la conquête du Pérou. Pendu, 1548.

Carve (Th.), prêtre et écriv. irland. 1590-1664.

Carver (Jonathas), voyag. angl., capit. d'infant. 1732–1780.

Caryophile (J.-Mat.), archev. d'Iconie, théol. et crit. N. Corfou; m. 1636.

Casa (J. della), poëte et orat. ital. Mugello, 1503–1556.

Casa-Bona (Jo.), bot. et voyag. flam. M. Florence, 1592.

Casa-Irujo (le marq. don C.-Ma. Martinez), min. d'État, diplom. esp. 1765–1824.

Casali (J.-B.), antiq. rom. du 17e s.

Casanova (Marc.-Ant.), poëte satir. mantouan. M. 1527. = (J.-J.), avent. Venise, 1725–1790.

Casaregi (J.-Bart.-Stan.), poëte, homme d'État. Gênes, 1676–1755.

Casas (Bart. de la), év. de Chiapa, philanth. Séville, 1474–1566.

Casaubon (Isaac), controv. protest., crit., hellén. Genève, 1559-1614.

Casbois (dom M.), mathém. et phys. de la fin du 18e s.

Case (le Vacher de la), avent. fr. M. 1670.

Caseneuve (P. de), jurisc., lexicogr. Toulouse, 1591–1652.

Cases (P.-Ja.), peint., memb. de l'acad. Paris, 1676–1754.

Casimir (St), gr.-duc de Lithuanie, patron de la Pologne. 1438-1483.

Casimir Ier, dit le Pacifique, fils et succ. de Miecislas II en 1034. M. 1058. = II, dit le Juste, roi de Pologne, 1er fils de Boleslas III. M. 1194. = III, dit le Grand. N. 1309 ; élu 1333 ; m. 1370. = IV, roi de Pologne, fils d'Uladislas V. Élu 1447; m. 1492. = (J.), fils de Sigismond III. N. 1609 ; d'abord jés. et card.; roi de Pologne après la mort d'Uladislas; abdiqua 1667. M. en Fr., 1672.

Casiri (M.), relig. syro-maronite, sav. oriental. Tripoli, 1710–1791.

Cassagne (J.), poëte, prédic., memb. de l'Acad. Nîmes, 1636–1679.

Cassan (Ann.-Ju-), trad., archéol., statistic. St.-Germ.-lez-Couilly, 1803; Paris, 1837.

Cassana (J.-F.), dit le Nicoletto, peint. Venise, 1649; Londres, 1713.

Cassandre, roi de Macédoine, fils d'Antipater. Succ. d'Alexandre le Gr. 316 av. J.-C.; m. 298 av. J.-C. = (F.), litt. Paris, 1620–1695.

Cassard (J.), cél. mar. Nantes, 1672–1740.

Cassas (L.-F.), peint. et archit. fr. Touraine, 1756-1827.

Casserio (Ju.), méd. et anat. Plaisance, 1556–1616.

Cassiani (J.), poëte ital. Modène, 1712–1772.

Cassianus Bassus, écriv. gr. du 5e ou du 4e s.

Cassien (Julius Cassianus), hérés. du 2e s., chef de la secte des docétistes. = (J. dit), Père lat. du 6e s., fondat. de l'abb. de St-Victor de Marseille. M. 448.

Cassini (J.-Domin.), astron. fr., memb. de l'acad. des sc. Perinaldo (comté de Nice), 1625; Paris, 1712. = (Jo.), astron., fils du précéd. Paris, 1677-1756. = *De Thury* (Cés.-F.) géogr., astron., direct. de l'Observ. 1714–1784. = (Al.-H.-Gab.), jurisc., bot. Paris, 1781-1832.

Cassiodore (Aurelius), hist. lat. Squillace (Calabre), 470–562.

Cassius (Hernina-Lucius), hist. lat. dont il ne reste que des frag. Viv. v. 146 av. J.-C.

Cassius Longinus (Caïus), dit le Dernier des Romains, quest., et l'un des assass. de César, 44 av. J.-C. Se tua après la bataille de Philippes, 42 av. J.-C.

Cassius Severus (Caïus), poëte lat. du s. d'Auguste.

Cassius (Bart.), jés., missionn. au Levant. Dalmatie, 1575–1650. = (And.), méd. et chim. du 17e s.

Cassivelaunus, roi des Bretons, qui repoussa César, puis se soumit.

Castagno (And. del), peint. ital. Castagno, 1405-1477.

Castaing (Edme-Sam.), méd., cél. empoisonn. N. Alençon, 1795; m. sur l'échaf., Paris, 1823.

Castalion (Séb.), théol. protest., hellén. Dauphiné, 1515-1563.

Castanheda (Ferd. Lopez), hist. portug. du 16e s.

Castel (L.-Bertr.), jés., mathém. et physic. Montpell., 1688–1757. = (R.-Rich.), poëte et natural. Vire, 1758–1832.

Castel-Cicala (Fabi Rufo, prince de), min. du roi de Naples, ambass. M. 1822.

Casteleyn (Mat.), poëte flam. du 16e s.

Castell (Ed.), oriental. angl. 1606–1685.

Castellan (Ant.-Laur.), peint., grav., archit. Montpell., 1772–1838.

Castellesi (Ad.), écriv. lat., légat d'Alexandre IV, et card. M. Rome, 1518.

Castelli (Bern.), peint. Gênes, 1557-1629. = (Ben.), mathém., hydraul. Brescia, 1577–1644. = (Gab. Lancelot), antiq. Palerme, 1727–1794.

Castellosa (dona), dame poëte de l'Auvergne, au 13e s.

Castelnau (M. de), homme d'État, négociat., capit. fr. 1518–1592. = (Ja.), petit-fils du précéd., maréch. de Fr. M. 1658.

Castelvetro (L.), crit. ital. Modène, 1505–1571.

Casti (J.-B.), poëte et litt. ital. Montefiascone, 1721–1803.

Castiglione (Balt.), poëte, litt., ambass., év. d'Avila. Casatico, 1478; Tolède, 1529. = (Giov.-Benedetto), peint. ital. Gênes, 1616-1670. = (le frère), jés. ital., peint. et archit. 1698–1768.

Castilhon (J.), litt. Toulouse, 1718–1799.

Castillo (Bern.-Diaz del), hist. esp., compagn. de Fernand Cortez. M. 1560. = (August. del), peint. Séville, 1565–1626. = (Jo. del), peint., maître de Murillo, etc. Séville, 1584-1640. = (Jo. del), peint. Madrid, 1737-1793.

Castillo-Solorzano (don Alph. del), poëte, hist. et romanc. esp. du 17e s.

Castillon (J.-F. Salvemini de), mathém., philos., litt. Castiglione, 1709 ; Berlin, 1791. = (J.-F.-And. Le Blanc de), orat. et magistr. Aix, 1719–1800.

Castlereagh (R. Stewart, marq. de Londonderry, vicomte), diplom. angl., min. d'État. 1769–1828.

Castor (St), év. d'Apt en Prov. N. Nîmes, 4e s.

Castries (C.-Eug.-Gabr. de La Croix, marq. de), maréch. de Fr., min. de la mar. N. 1727; m. Wolfenbüttel, 1801.

Castro (Alvar de), gén. esp. du 15e s. = (Pa. de), jurisc. ital. M. 1457. = (J. de), cél. cap. portug. Lisbonne, 1500; Ormûs, 1548. = (Alph. de), prédic. et théol. esp., év. de Compostelle. Zamora, 1505-1568. = (Et.-Rod. de), méd. Lisbonne, 1563; Pise, 1637. — (Guilhen de) aut. dram. esp. Valence, 1580-1630. — (Gab. Pereira de), poëte portug., jurisc. Braga, 1571–1632. = (Don Ph. de), sculpt. esp. 1711-1775. = (Don Jo.-Rodr. de), hellén. et bibliogr. esp. 1739-1790.

Castruccio-Castrucci, gentilh. lucquois, chef du parti gibelin. M. Rome, 1328.

Catalani (Angelica), cél. cantatrice. Sinigaglia, 1779 ; Paris, 1849.

Cataneo (P.), archit. siennois du 16e s.

Catarino (Lancelot Polito, dit Ambroise), théol., archev. de Conza. Sienne, 1487–1553.

Catel (Gu.), hist., conseill. au parl. de Toulouse, 1560-1626. = (C. Simon), composit. fr., profess. d'harmonie. Laigle, 1770–1830.

Catena (Vinc.), peint. vénit. M. 1530.

Catesby (Marc), natural. angl. 1680-1750.

Cathelineau (Ja.), généraliss. des armées vendéennes. N. Pin-en-Mauge (Anjou), 1759 ; tué à l'attaque de Nantes, par les royal. 1793.

Catherine (Ste), vierge et martyre sous Maximin, v. 312. = (Ste), dite de Sienne, sœur de St Dominique, 1347–1380. = (Ste), de Bologne, relig. extatique, abbesse des clarisses. 1413-1463. = (Ste), de Gênes, mariée, puis relig. 1448–1510.

Catherine de France, reine d'Anglet. N. 1401; épouse de Henri V, 1420; m. 1438. = *D'Aragon*, reine d'Anglet., épouse du prince de Galles, Arthur, puis de Henri VIII. 1486-1536. = *De Médicis*, reine de Fr., épouse de Henri II, régente pendant la minorité de Charles IX. Florence, 1510-1589. = *De Portugal*, reine d'Anglet. N. 1638; épouse de Charles II, 1661; m. 1705.

Catherine Ire, épouse de l'emp. Pierre le Gr., puis souveraine de Russie après la mort de ce prince. N. Livonie, 1689 ; m. 1727. = II, impératr. de Russie. N. 1729 ; épouse de Pierre III, qu'elle fit étrangler pour régner seule en 1762. M. 1796.

Catherine de Bourbon, princesse de Navarre, sœur de Henri IV. N. Paris, 1558 ; mariée à Henri de Lorraine, duc de Bar, 1599 ; m. 1604.

Catilina (Lucius Sergius), cél. Rom.; fut quest., lieut.-gén. et préteur; conjura contre le sénat, et périt 62 av. J.-C.

Catinat (Abdias-Maurel, dit), chef camisard. Brûlé vif, 1705.

Catinat (N.), illust. maréch. de Fr. Paris, 1637-1712.

Caton (Marcus Porcius, dit l'Ancien ou le Censeur), Tusculum 234-149 av. J.-C. = (Caïus Porcius, dit d'Utique), neveu du précéd., advers. de César. Se tua, Utique, 46 av. J.-C.

Caton (Dionysius), aut. lat. présumé contemp. des deux Antonins. = (Valérius), gramm. et poëte lat., contemp. de Sylla.

Catrou (F.), jés., prédic. et hist., fond. du Journal de Trévoux. Paris, 1659-1737.

Cats (Jacob van), poëte holl., homme d'État. 1577–1660.

Cattani (Gaetan), jés., missionn. au Paraguay. Modène, 1696-1755.

Cattani da Diacetto (F.), philos. Florence, 1446-1522.

Cattenburgh (Ad. van), théol. arminien. N. Rotterdam, 1664.

Cattho (Angè), de Tarente, méd., mathém., archev. de Vienne (Dauph.). M. 1497.

Catulle (Caïus Valerius), poëte érotique et épigramm. lat. Vérone, 86–59 av. J.-C.

Catulus (Caïus), consul rom. 242 av. J.-C. = (Quintus Lutatius), consul rom., défit les Cimbres conjointement avec Marius, 102 av. J.-C.

Cauchon (H.), év. de Beauvais, contrib. à la condamnation de Jeanne d'Arc. M. 1443.

Caulincourt (Arm.-A.-L., duc de Vicence, marq. de), aide de camp et gr. écuyer de Napoléon, diplom. Caulincourt, 1773-1827.

Caulet (F.-Ét.), év. de Pamiers, controv. Toulouse, 1610-1680.

Caumartin (L. Lefebvre de), ambass., conseill. d'État, garde des sceaux. 1552–1623. = (L.-Fr.), p.-fils du précéd., intend. de Champ., cél. dans les guerres de la Fronde. 1624-1687. = (L.-Urbain Lefebvre), fils du précéd., conseill. au parl., intend. des fin., conseill. d'État. 1653-1720.

Caurroi (F.-Eust. du), composit. fr., maître de chap. de Charles IX, Henri III, Henri IV. 1549-1609.

Caus (Salom. de), archit. et ingén., regardé comme le 1er invent. de la machine à vapeur. N. Normandie; m. 1630.

Caussans (Jo.-L.-Vinc. de Mauléon de), mathém. fr. Avignon, 1710-1770.

Caussin (N.), jés., confess. de Louis XIII. M. 1651.

Caussin de Perceval (J.-J.-Ant.), oriental., memb. de l'acad. des inscript. Montdidier, 1759-1836.

Cavacci (J.), bénéd., hist. Padoue, 1577–1612.

Cavalcanti (Gui), philos. et poëte florent. M. 1300. = (Bart.), érudit, litt., négociat. Florence, 1503-1562.

Cavalier (J.), cél. chef des Camisards. N. Languedoc, 1679 ; m. 1740.

Cavaliere (B. del.), sculpt. ital. 1518-1585.

Cavalieri (Bonav.), géom. Milan, 1598-1647.

Cavalli (F.), organiste et composit. vénit. M. v. 1675.

Cavallini (P.), peint. et sculpt. Rome, 1259-1344.

Cavallo (Alb.), peint. ital. du 16e s. = (Tiberius), physic. Naples, 1749; Londres, 1809.

Cavanilles (Ant.-Jo.), bot. esp. Valence, 1745-1804.

Cavazzone (F.), peint. N. Bologne, 1559.

Cave (Gu.), théol. angl. 1637-1713.

Cavedone (Ja.), peint. ital. de l'école bolon. 1577-1660.

Caveirac (J. Novi de), écriv. eccl. Nîmes, 1713-1782.

Cavendish (Th.), navig. angl. N. Suffolk; m. Brésil, 1592.

Cavendish (William, duc de Devonshire), homme d'État angl. et négociat. 1640-1707. = (Henri), physicien et chimiste. Nice, 1731-1810.

Cavino (J.), dit le Padouan, grav. sur méd. M. 1570.

Cavoie (L. Oger, marq. de), gr. maréch. des logis de la maison du roi sous Louis XIV. 1640-1716.

Caxes (Patrice), archit. et peint. du 16e s. N. Florence. = (Eug.), fils du précéd., peint. Madrid, 1577-1642.

Caxton (Gu.), impr., introduct. de l'impr. en Anglet. Kent. 1410-1491.

Cayet (P.-Vict. Palma), chroniq. et controvers. fr. 1525-1610.

Caylus (Marthe-Marg. de Villette de Murçay, marq. de), femme cél. par son esprit. Poitou. 1673-1729. = (Anne-Cl.-Philippe, comte de), fils de la précédente, peint., litt., archéol., de l'acad. de peint. et de celle des inscr. Paris, 1692-1765.

Cayot (A.), sculpt. Paris, 1667-1749.

Cazalès (J.-Ant.-Ma. de), orat., memb. de l'assemblée constit. Grenade (Garonne), 1757-1805.

Cazes (P.-Ja.), peint., memb. de l'acad. Paris, 1676-1754.

Cazotte (F.), litt., poëte. Dijon, 1720; m. sur l'échaf., 1792.

Cébès, philos. grec. N. Thèbes. Viv. 5e s. av. J.-C.

Cecchi (J.-M.), poëte comique ital. du 16e s.

Cecco d'Ascoli (F. Stabili, dit), poëte ital. N. 1257; brûlé, 1327.

Cécil (Gu.), baron de Burleich, homme d'État d'Angleterre. 1520-1598.

Cécile (Ste), vierge et martyre du 4e s.

Cedmon, écrivain anglo-saxon du 6e s.

Cedrenus (G.), moine et hist. grec du 11e s.

Ceillier (Remi), sav. bénéd. Bar-le-Duc. 1688-1761.

Célestin Ier (St), pape. Succ. de Boniface Ier, de 422 à 432. = II (Gui), pape. Succ. de Innocent III, de 1143 à 1144. = III (H. Bobocard), pape. Succ. de Clément III, de 1191 à 1198. = IV (G. de Castiglione), pape. Succ. de Grégoire IV. 1241 ; m. 18 j. après son élect. = V (P. de Mouron), fond. des célestins, et pape. Succ. de Nicolas IV, 1294 ; abdiqua et m. 1296.

Célestius, hérés. du 4e s., chef des célestins et pélagiens.

Cellamarre (Ant. Giudice, prince de), ambass. d'Esp. à la cour de Fr., chef d'une conspir. contre Philippe d'Orléans, régent. Naples, 1657; Séville, 1723.

Cellarius (Christ.), philol. et érud. Hesse, 1638-1707.

Cellini (Benvenuto), orfév., sculpt., grav. Florence, 1500-1570.

Cellot (L.), jés., controvers., hist. Paris, 1588-1658.

Cels (Ja.-Mart.), cultiv. et bot., memb. de l'Instit. Versailles, 1743-1806.

Celse (Aurelius Cornelius), cél. méd. lat. N. Rome ou Vérone 1er s.

Celse, philos. du 2e s.

Celsius (Olaüs), bot., théol., oriental. suéd. 1670-1756. = (And.), astron., fils du précéd. Upsal, 1701-1744.

Celsus (Jubentius), jurisc. rom. du 2e s. = (Caïus Titus Corn.), tribun milit. rom. proclamé emp. 265. Tué 7 j. après.

Celtes-Protucius (Conrad Meissel, dit), poëte lat., biblioth. de l'emp. Maximilien Ier. Würtzbourg, 1459-1508.

Cenci (Béatrix), noble Romaine, fille de François Cenci, dont les débauches n'épargnaient pas ses propres enfants. Pour s'y soustraire, Béatrix, de concert avec deux de ses frères et sa mère, assass. Fr. Conci. Décap. 1605.

Cennini (Bern.), cisel. et orfév. florent. du 15e s.

Cennino-Cennini, peint. florent. du 15e s.

Censorinus, gramm. lat. du 3e s. = (Appius Claudius), proclamé emp. sous Claude II, tué 7 j. après, 629.

Centlivre (Suz. Freeman, mistriss), actr. et aut. dram. Lincoln, 1667-1723.

Centorio (Ascagne), hist. rom. du 16e s.

Ceo (Yolande de), relig. portug., poëte dram. Lisbonne, 1603-1693.

Céphisodore, sculpt. grec. Viv. 360 av. J.

Céphisodote, orat. athén., ambass. à Sparte, 368 av. J.-C.

Cépion (Quintus Servilius), cons. rom. 107 av. J.-C. M. Smyrne.

Ceracchi (Jo.), sculpt. Corse, 1760 ; m. sur l'échaf., 1801.

Cerceau (J.-Ant. du), jés., poëte lat. et fr., hist. Paris, 1670-1730.

Cercidas, législ., poëte grec. Viv. 5e s. av. J.-C.

Cerda (J.-L. de la), jés., gramm., comment. Tolède, 1560-1643. = (Dona Bernarda Ferreira de la), dame portug., poëte. 1595-1644.

Cerdon, gnostique syr., hérés. du 2e s.

Cérealis (Petilius), gén. rom. sous Vespasien.

Cerezo (Mat.), peint. Burgos, 1653-1685.

Cerini (J.-Dom.), peint., élève du Guide. Pérouse, 1606-1681. = (Jo.), poëte, aut. dram. Castiglione, 1738-1779.

Cerinthus, gnostique juif, hérés. du 1er s.

Cerisier (Ant.-M.), hist. et public. fr. 1749-1828.

Cerisiers (le P. Re.), jés., hist. trad. Nantes, 1609-1662.

Cerqueira, jés. portug. et missionn. au Japon. 1552-1614.

Cerretti (L.), poëte ital., litt. Modène, 1738-1808.

Certon (Salom.), poëte fr. Gien, 1550-1610.

Cerularius (M.), patriarche de Constantin., aut. du schisme grec, fit couronner Isaac Comnène, 1058.

Cerutti (Jo.-Ant.-Joach.), jés., litt. Turin, 1738-1792.

Cervantes Saavedra (M. de), cél. écriv. et romanc. esp. N. Alcala de Hénarès, 1547; m. 1616.

Cervollé (Arnaud de), dit l'Archiprêtre, avent. fr. Périgord, 1300-1366.

Césaire (St), év. d'Arles, écriv. eccl. Châlon-s.-S., 470-542. = (St), quest. en Bithynie et méd. 330-369.

Césalpin (And.), philos., méd., natural. Arezzo (Tosc.), 1519-1603.

César (Caïus Julius Cæsar), homme d'État et de guerre, hist. N. Rome, 100 av. J.-C.; assass. 44 av. J.-C.

Césari (Al.), dit le Grec, grav. en méd. et en pierres fines du 16e s. = (le P. Ant.), orator., sav. philol. N. Vérone, 1750.

Césarini (Virginio), litt. et poëte lat. Rome, 1595-1624.

Césarotti (Melchior), litt. et poëte. Padoue, 1730-1808.

Cesi (le prince Fréd.), natural. Rome, 1585-1630. = (C.), peint. et grav. ital. 1626-1686.

Cespèdes (P. de), peint., poëte, antiq. esp. Cordoue, 1538-1608. = (And. Garcias de), géogr. esp. Ségovie, 1560-1608.

Cessart (L.-Al. de), insp. gén. des P. et ch. Paris, 1719-1806.

Cesti (Marc-Ant.), récoll., music., composit. N. Arezzo; m. 1688.

Cethegus (Marcus Cornelius), orat. rom., souv. pontife, préteur, censeur, 204 av. J.-C. = (Caïus), de la même fam., complice de Catilina. Mis à m. 63 av. J.-C.

Ceva (Th.), jés., mathém., poëte. Milan, 1648-1736.

Chabannes (Ant.), comte de Dammartin, chef du parti des écorcheurs, puis favori de Louis XI. M. 1485.

Chabanon (M.-Pa.-Gu. de), litt., memb. de l'Acad. fr. et de celle des inscr. St-Domingue, 1750; Paris, 1792.

Chabaud (Ant.), colonel du génie. Nîmes, 1750-1791.

Chabert (Jo.-Bern., marq. de), lieut.-gén. des armées navales. Toulon, 1723-1805. = (Ph.), méd. vétér. Lyon, 1727-1814.

Chabot (Ph. de), seign. de Brion, amiral de Fr., gouv. de Bourg. et de Normand. M. 1543. = (F.), capuc., puis memb. de la convent. N. St-Geniez (Rouergue); m. sur l'échaf., 1794. = *de l'Allier* (G.-Ant.), jurisc., memb. de la conv., du tribunat. Montluçon, 1758-1819.

Chabrias, général athénien. Tué devant Chio, 358 av. J.-C.

Chabrol (Gu.-M.), jurisc., conseill. d'État. Riom, 1714-1792. = *de Croussol* (Christ.-And.), petit-fils du précéd., min. de la mar., puis des fin., pair de Fr. Riom, 1771-1836.

Chabrol (Mat.), chir. fr. Limoges, 1735 ; Mézières, 1815.

Chabry (Marc), peint. et sculpt. Lyon, 1660-1727.

Chacon (P.), prêtre esp., crit., philol. Tolède, 1525-1581. = (Alph.), dominic. esp., bibliogr., antiq. 1540-1599.

Chalcidius, philos. platonic. du 3e s.

Chalcondyle (N.), hist. grec. N. Athènes, 15e s. = (Démétrius), gramm. grec. Athènes, 1424; Milan, 1511.

Chalgrin (J.-F.-Thérèse), archit., memb. de l'Inst. Paris, 1739-1811.

Chalier (Ma.-Jo.), révolutionn. fanatique. N. Beaulard (Piémont), 1747 ; m. Lyon, 1793.

Chaligny (J.), maître-fond. de l'artillerie. Nancy, 1529-1615.

Challe (C.-M.-Ange), peint. d'hist., memb. de l'acad. Paris, 1718-1778.

Challes (Cl.-F. Milliet de), jés., mathém. Chambéry, 1621-1678.

Chalmel (J.-L.), memb. du cons. des cinq-cents, hist. Tours, 1760-1828.

Chalmers (G.), écriv. polit. et litt. écoss. 1741-1825. = (Al.), écriv. polit. et écon. angl. Aberdeen, 1759-1834. = (Th., dit le docteur), théol. écoss. 1770-1847.

Chaloner (Th.), homme d'État et négociat. Londres, 1515-1565.

Chalotais (G.-René de Caradeuc de la), proc.-gén. au parl. de Bretagne, cél. advers. des jés. Rennes, 1701-1785.

Chamant (J.-J.), peint. décorat. Nancy, 1708-1770.

Chamberlayne (Ed.), public. angl. 1616-1703.

Chambers (Éphraïm), litt. angl. M. 1740. = (Gu.), archit. Stockholm, 1725; Londres, 1796.

Chambon (N.), méd., maire de Paris après Péthion. Ile-de-Fr., 1748-1826.

Chambray (Roland Fréard, sieur de), archit., surint. des bâtim. sous Louis XIII. N. Cambray; m. 1676.

Chambre (Marin Cureau de la), méd. de Louis XIV, memb. de l'Acad. fr. et de celle des sc. Le Mans, 1594-1669.

Chamfort (Séb.-R. Nicolas, dit), poëte, litt. Clermont (Auv.), 1741-1794.

Chamillard (M. de), contrôl. gén. des fin., min. de la guerre. 1651-1721.

Chamilly (Noël Bouton, marq. de), maréchal de Fr. Chamilly (Bourgogne), 1630-1715.

Chamisso (Adalbert de), natural. et litt. N. en Champagne, 1791; m. Berlin, 1838.

Chamousset (Cl.-Humbert Piarron de), maître des comptes; il établit la petite poste. Paris, 1717-1773.

Champagne (Ph. de), peint., memb. de l'acad. Bruxelles, 1602; Port-Royal, 1674. = (J.-F.), litt., memb. de l'Inst. Semur (Bourgogne), 1751-1813.

Champagny (J.-B. Nompère de), duc de Cadore, ambass., min. de l'intér., des aff. étrang., pair de Fr. Roanne, 1756-1834.

Champcenetz (le cheval. L. de), écriv. satir. Paris, 1759 ; m. sur l'échaf., 1794.

Champeaux (Gu. de), philos. et théol. N. Champeaux (Brie); m. 1121.

Champein (Stanisl.), composit. fr. Marseille, 1753-1830.

Champier (Sim.), méd. et hist. St-Symphorien, 1472-1539.

Champion (Edme), dit le Petit Manteau bleu. Castel-Sensoir (Yonne), 1764-1852.

Championnet (J.-Ét.), gén. fr. Valence (Dauph.), 1762-1799.

Champlain (Sam.), off. fr., fondat. de Québec. M. 1635.

Champmeslé (Ma. Desmares), actr. cél. Rouen, 1644-1698. = (Ch. Chevillet de), act. et aut. dram. M. 1701.

Champollion (J.-F.), ill. oriental. Figeac (Dauph.), 1791-1831.

Chandieu (Ant. La Roche de), théol. protest. Chabot (Mâconn.), 1534-1591.

Chandler (Rich.), hellén. et archéol. angl. 1738-1810.

Chandos (J.), cél. cap. angl. sous Édouard III. M. 1369.

Chantal (J.-F. Frémiot, dame de), fondatr. de l'ordre de la Visitation. N. Dijon, 1572; m. 1641. Canonis. 1767.

Chantelou (Cl.), bénéd. de St-Maur. Vion (Anjou), 1617-1664.

Chantelouve (F. Grossombre de), poëte bordelais du 16e s.

Chantreau (P.-N.), litt. et grammairien. Paris, 1741-1808.

Chanut (P.), diplom. Riom, 1600-1662.

Chao-Yong, philos. et litt. chinois. M. 1077.

Chapeauville (J.), théol. hist. Liége, 1551-1617.

Chapelain (J.), poëte fr., memb. de l'Acad. fr. Paris, 1595-1674. = (C.-J.-B. le), jés., prédic. Rouen, 1710-1779.

Chapelier (Isaac-Ré-Gu. le), député à l'assemb. constit. Rennes, 1754; m. sur l'échaf., 1794.

Chapelle (Cl.-Emm. Luillier, dit), poëte fr. La Chapelle (près Paris), 1626-1686.

Chaperon (N.), peint., grav. Châteaudun, 1596-1647.

Chapman (G.), poëte dram. angl. 1557-1634.

Chappe-d'Auteroche (J.), cél. astron. N. Mauriac, 1722; m. Californie, 1769. = (Claude), nev. du précéd., invent. du télégraphe. Brûlon (Maine), 1763-1805.

Chappuis (Cl.), poëte fr., chan. de Rouen. M. 1572.

Chaptal (J.-Ant.), comte de Chanteloup, ill. chim. Nogaret (Gévaudan), 1756-1832.

Charbonnière (Al. de), litt. et aut. dram. Auvergne, 1778-1819.

Chardon de la Rochette (Sim.), hellén. et bibliogr. Vivarais, 1753-1814.

Charès, gén. athén. 3e s. av. J.-C. = Stat. grec qui éleva, 300 av. J.-C., le colosse de Rhodes.

Charette de la Contrie (F.-Athanase), chef vendéen. N. Couffé (Bretagne), 1763; fusillé, 1796.

Charidème, cap. grec du 3e s. av. J.-C.

Charillus, roi de Sparte, fils d'Eunome. M. 770 av. J.-C.

Charisius (Flavius Sosipater), gramm. lat. du 4e s.

Chariton, romanc. grec du Bas-Empire. N. Aphrodisie (Carie), à une époque incert.

Charles (St), dit le Bon, comte de Flandre, fils de St Canut, roi de Danemark. Assass., Bruges, 1127. = V. BORROMÉE.

Charles-Martel, duc d'Austrasie, fils de Pépin d'Héristal. N. 691; fut maire du palais et régna de fait sous ce titre. M. Guercy-sur-Oise, 741.

Charles Ier, dit Charlemagne, 2e fils de Pépin le Bref. N. Saltzbourg (Bav.), 742; roi des Francs après la mort de Carloman, 771 ; proclamé emp. d'Occident, 800 ; m. 814. = II, dit le Chauve, fils de Louis le Débonnaire. N. Francfort-s.-le-Mein, 823 ; roi de Fr. 840; m. 877. = Le Gros, 3e fils de Louis le Germanique; fut successiv. emp. et roi d'Italie, roi d'Allemagne et roi de Fr. à la mort de Carloman. M. 888. = III, dit le Simple, fils posth. de Louis le Bègue. N. 879; roi de Fr. 893; m. prisonn. à Péronne, 929. = IV, dit le Bel, 3e fils de Philippe le Bel. N. 1294 ; roi de Fr. après son frère Philippe V, 1322 ; m. 1328. = V, dit le Sage, fils aîné du roi Jean. N. 1337; roi de Fr. 1364 ; m. 1380. = VI, dit le Bien-aimé ou l'Insensé, fils de Charles V. N. 1368 ; roi de Fr. à la mort de son père, 1380 ; m. 1422. = VII, dit le Victorieux ou le Bien-servi. N. 1403 ; succ. du précéd. 1422 ; m. 1461. = VIII, dit l'Affable, fils de Louis XI. N. 1470; succ. de son père, 1483 ; m. 1498. = IX, fils de Henri II et de Catherine de Médicis. N. 1550 ; succ. de son frère François II, 1560 ; m. 1574. = X, 4e fils du dauphin fils de Louis XV. N. Versailles, 1757; succ. de son frère Louis XVIII, 1824 ; détrôné et exilé, 1830 ; m. Goritz, 1836.

Charles IV, emp. d'Allemagne, fils de Jean de Luxembourg, roi de Bohême. N. 1316 ; élu 1347; m. 1379. = V, ou *Charles-Quint*, emp. d'Allem. et roi d'Esp., fils aîné de Philippe d'Autriche et de Jeanne la Folle. N. Gand, 1500 ; roi d'Esp., 1516; emp. 1519 ; abdiqua 1555 ; m. 1558.

Charles Ier, roi d'Esp. V. l'art. précéd. = II, roi d'Esp., fils de Philippe IV. N. 1661; proclamé 1665; m. 1700. = III, roi d'Esp., fils de Philippe V. N. 1716 ; proclamé 1759 ; m. 1788. = IV, roi d'Esp., fils et succ. du précéd. N. 1788; abdiqua 1808; m. Rome, 1819.

Charles Ier (Stuart), roi d'Anglet., fils de Jacques Ier. N. Dumferling (Écosse), 1600 ; monté sur le trône, 1625 ; m. sur l'échaf., 1649. = II, fils du précéd. N. 1630 ; monté sur le trône, 1660 ; m. 1685.

Charles X ou *Charles-Gustave*, fils de Jean-Casimir, prince palatin. Roi de Suède, 1654, après l'abdic. de Christine ; m. 1660. = XI, fils et succ. du précéd. N. 1655 ; m. 1697. = XII, fils et succ. du précéd. N. 1682 ; tué au siége de Frédérikshald, 1718. = XIII, fils d'Adolphe-Frédéric. N. 1758 ; roi de Suède, après Gustave IV, 1809 ; m. 1818. = XIV, V. BERNADOTTE.

Charles le Téméraire, duc et comte de Bourgogne, fils de Philippe le Bon. N. Dijon, 1433; tué devant Nancy, 1477.

Charles d'Orléans, comte d'Angoulême, fils aîné de Louis de France et de Valentine de Milan. N. 1391 ; m. Amboise, 1465.

Charles (l'archiduc), gén. autrich., frère puîné de l'emp. François II. 1771-1847.

Charles-Albert, roi de Sardaigne. N. 1798 ; appelé au trône, 1831 ; m. ap. avoir abdiqué, 1849.

Charles de St-Paul, év. d'Avranches, érud. et hist. M. 1644.

Charles (Ja.-Al.-César), physic., memb. de l'acad. des sc. Nancy, 1746-1823.

Charleval (Ch., seign. de), litt. fr. 1612-1693.

Charlevoix (P.-F.-X. de),

jés., hist. St-Quentin, 1682-1761.

Charlotte-Élisabeth de Bavière, mère du régent, et 2e femme de Monsieur, frère de Louis XIV. 1652-1772.

Charlotte-Joachine, reine de Portugal, fille de Charles IV d'Esp. 1775-1830.

Charlotte-Augusta d'Anglet., princesse de Galles, fille de George IV, femme de Léopold de Cobourg. 1796-1817.

Charmides, oncle et disciple de Platon.

Charnacé (H. Girard, bar. de) diplom. fr. Tué dev. Bréda, 1637.

Charnock (J.), hist. et biogr. angl. 1756-1807.

Charnois (J.-C. Le Vacher de), litt. Paris, 1750-1792.

Charolais (C. de Bourbon, comte de), 2e fils de Louis III, prince de Condé. Chantilly, 1700-1760.

Charon de Lampsaque, hist. grec antérieur à Hérodote.

Charondas, législ. de Catane et de Rhegium, 600 av. J.-C.

Charpentier (Jo.), philos., méd. de Charles IX. 1524-1574. = (F.), litt., memb. de l'Acad. fr. Paris, 1620-1702. = (Marc-Ant.), composit. Paris, 1634-1702. = (J.), sculpt. Paris, 1680-1725. = (F.-Ph.), grav. et mécan. Blois, 1734-1817.

Charrier (M.-And.), député aux états gén. et chef royaliste dans la Lozère. N. 1753; m. sur l'échaf. 1794.

Charron (R.), moraliste. Paris, 1541-1603.

Chartier (Alain), dit le Père de l'éloquence fr., poëte et litt. Bayeux, 1386-1458. = (Re.), méd. et hellén. Vendôme, 1572-1654.

Chassanion (J. de), écriv. protest. du 16e s.

Chassé (H.-L.-Domin. de), act. de l'Opéra. Rennes, 1698-1786.

Chasseloup-Laubat (F., marq. de), gén. de génie. St-Sornin, près Marennes, 1754-1835.

Chassemeux (Bart. de), jurisc. fr. 1480-1541.

Chassignet (J.-B.), poëte. Besanç., 1578-1621. = (F., bar de), négociat. Besançon, 1671.

Chasteler (J.-Gab., marq. de), gén. autrich. 1763-1819.

Chastelet (Pa. Hay, sieur du), conseill. d'État, memb. de l'Acad. fr. 1592-1636. = (Gab.-Émilie le Tonnelier de Breteuil, marq. de), femme auteur. Paris, 1707-1749.

Chastellux (F.-J., marq. de), litt., philos., memb. de l'Acad. fr. Paris, 1734-1788.

Château (Gu.), grav. Orléans, 1633-1683.

Chateaubriant (F. de Foix, comtesse de), femme de J. de Laval-Montmorency, seign. de Chateaubriant, et maîtresse de François Ier. 1475-1535. = (J.-B. Vivien de), poëte dram., memb. de l'Acad. fr. Angoulême, 1686-1775.

Chateaubriand (Fr.-René, vicomte de), litt., hist., homme d'État, memb. de l'Acad. fr. St-Malo, 1768; Paris, 1848.

Châteauneuf (F., abbé de), litt. fr. M. 1709.

Châteauneuf-Randon (le comte de), memb. de la conv. et du comité de salut public, gén. de brigade. M. 1816.

Château-Regnaud (F.-L. Rousselet, comte de), vice-amiral, maréch. de F. 1637-1716.

Châteauroux (Ma.-Anne de Mailly, duch. de), maîtresse de Louis XV. M. 1744.

Chateigneraie (F. de Vivonne, seign. de la), favori de Henri II. N. 1520; tué en duel, 1547, par Guy de Chabot, seign. de Jarnac.

Chatel (J.), assass. de Henri IV en 1594; écartelé et brûlé même ann. = (F. du), peint. N. Bruxelles, 1626.

Châtelain (G.), litt. flam. Gand, 1404-1474.

Châtillon (Gaucher de), connét. de Fr. et min. de Louis X. 1249-1329. = (N. de), archit. Châlons, 1549-1616. = (L. de), peint., dessinat., grav. Ste-Menehould, 1639-1734.

Châtre (Cl. baron de la), maréch. de Fr., gouv. du Berri. 1526-1614.

Chatterton (Th.), cél. poëte angl. Bristol, 1725-1770.

Chaucer (Geof.), poëte angl. Londres, 1328-1400.

Chaudet (Ant.-Den.), sculpt. et peint. Paris, 1763-1810.

Chaudon (L.-Mayeul), bénéd., biogr. Valensoles, 1737-1817.

Chauffepié (J.-G. de), min. calvin., hist. Leuwarden, 1702-1782.

Chauliac (Gui de), méd. Viv. à Avignon. N. 1320.

Chaulieu (Gu. Amfrye, abbé de), poëte fr. Fontenay (Vexin), 1639-1720.

Chaulnes (N.-Ferd. d'Albert d'Ailly, duc de), pair de Fr., lieut.-gén., natural., mathém. 1714-1769. = (L.), fils du précéd., chim., archéol. 1741-1793.

Chaumeix (Abr.-Jo. de), litt., Orléans, 1725; Moscou, 1770.

Chaumette (D.-Gasp.), journal. et démagogue. Nevers, 1765; mort sur l'échaf. 1794.

Chaumont (C. d'Amboise, seign. de), maréch. de Fr., gr. maître de l'artill. N. Corregio, 1611.

Chaussard (J.-B. Publicola), litt. et poëte. Paris, 1766-1823.

Chaussée (P.-A. Nivelle de la), poëte dram., memb. de l'Acad. fr. Paris, 1692-1754.

Chaussier (F.), méd., profess. de chimie à l'École polytechn. Dijon, 1746-1825.

Chauveau (F.), peint., grav., memb. de l'acad. Paris, 1613-1676.

Chauveau-Lagarde (N.), avoc. Chartres, 1765-1841.

Chauvelin (Bern.-Fr.), homme d'État, memb. du tribunat, de la chamb. des déput. 1766-1832.

Chavarito (Domin.), peint. esp. Grenade, 1676-1750.

Chavigny (Théod. Chavignard, dit), diplom. Beaune, 1687-1771.

Chaves (Sylveira-Pinto de Fonseca, marq. de), gén. royal. portug. 1780-1830.

Chazelle (J.-Mat. de), astron., hydrog. Lyon, 1657-1710.

Chehab-Eddyn, hist. ar. Damas, 1300-1367.

Cheke (J.), érud. angl. Cambridge, 1514-1557.

Chelles (J. de), archit. fr. du 13e s.

Cheminais de Montaigu (le P. Timoléon), jés., prédic. Paris, 1652-1699.

Chemnitz (Mart.), théol. protest. Brandebourg, 1522-1586. = (J.-Jér.), natural. Magdebourg, 1730-1800.

Chemnizer (Ivan-Ivanovicht), fabuliste. Pétersb., 1744-1784.

Chénard (Sim.), act. de l'Opéra-Com. Auxerre, 1758-1832.

Chênedollé (C. Pioult de), poëte et litt. Vire (Norm.), 1769-1833.

Chénier (L.), hist. fr., diplom. 1723-1796. = (Ma.-And.), poëte fr., fils du précéd. N. Constantin., 1763; m. sur l'échaf., 1794. = (Ma.-Jo.), poëte, crit., homme politique, frère du précéd. N. Constantin., 1764; m. Paris, 1811.

Chérille, poëte grec. N. v. la 78e olymp.

Chérin (Bern.), généal. Langres, 1718-1785. = (L.-N.-H.), fils du précéd., généal. puis chef d'état-major. Paris, 1762-1799.

Chéron (Élis.-Sophie), peint., music., poëte. Paris, 1648-1711. = (L.-Cl.), litt., aut. dram. Paris, 1758-1807.

Chersiphron ou *Ctésiphon*, archit. grec. Viv. 684 av. J.-C.

Chérubin (le P.), capuc., mécan. et optic. N. Orléans, 17e s.

Chérubini (Ma.-L.-C. Zenobi Salvador), cél. composit., memb. de l'Inst., direct. du Conserv. de mus. à Paris. Florence, 1760; Paris, 1842.

Chervin (Nic.), méd. fr. et philanthrope, 1783-1843.

Chéseaux (J.-Ph.-L. de), physic. Lausanne, 1718-1751.

Cheselden (W.), chir. et ocul. angl. 1688-1752.

Chesnaye-Desbois (F.-A. Aubert de la), litt. fr. 1699-1784.

Chesneau (N.), hist., litt. fr. 1521 1581.

Chessher (R.) chir. angl. et orthopéd. M. 1831.

Chesterfield (Ph. Dormer Stanhope, comte de), litt., homme d'État. Londres, 1694-1779.

Chétardie (Joach.-Ja.-Trott marq. de la), diplom. fr. 1705-1758.

Chevalier, composit., music. de la chambre sous Henri IV. = (J.) jés. et poëte lat. Poligny 1587-1644. = Coméd. et poëte burl. M. 1673.

Chevert (F. de), gén. fr. Verdun, 1695-1769.

Cheverus (J. Lefébure de), év. de Boston, archev. de Bordeaux, card. N. Mayence, 1768; m. Bordeaux, 1836.

Chevotet (J.-M.), archit. Paris, 1698-1772.

Chevreau (Urbain), litt. fr. Loudun, 1613-1701.

Chevreuse (Ma. de Rohan-Montbazon, duchesse de), femme cél. par son esprit et sa beauté. 1600-1679.

Chévrier (F.-Ant.), écriv. satir. Nancy, 1705; La Haye, 1762.

Chévriez, sculpt. fr. du 16e s. N. Orléans.

Chézy (Ant.), ingén., direct. de l'école des P.-et-Ch. Châlons-s.-M. 1718-1798. = (Ant.-Léon), sav. oriental., fils du précéd. Paris, 1773-1832.

Chiabrera (Gab.), poëte lyr. Savone, 1552-1637.

Chiaramonti (Scip.), hist., mathém., philos. Césène, 1565-1652.

Chiari (Jo.), peint. Rome, 1654-1727. = (L'abbé P.), poëte com. et romanc. Brescia, 1720-1788.

Chiarini (Marc-Ant.), peint. Bologne, 1652-1730.

Chichele (H.), prélat et diplom. anglais. N. 1362; m. archev. de Cantorbéry, 1443.

Chicoyneau (F.), méd. Montpell., 1672-1752.

Chièvres (Gu. de Croy), gén. et homme d'État. N. Picard., 1458; m. Worms, 1521.

Chifflet (Cl.), jurisc., hist. Besanç., 1541-1580. = (J.-J.), méd. et antiq., neveu du précéd. Besanç., 1588-1660.

Childebert Ier, 3e fils de Clovis, roi de Paris, 511; m. 558. = II, fils de Sigebert et de Brunehaut, roi d'Austrasie, 575; m. 595. = III, fils de Thierri III; succ. de Clovis III, 695; m. 711.

Childéric Ier, roi de Fr., fils et succ. de Mérovée, 457; m. 481. = II, 2e fils de Clovis II, roi d'Austrasie, 656; assass. 673. = III, roi de Fr., fils de Chilpéric II, M. 756.

Chilon, l'un des 7 sages de la Grèce; éphore à Sparte, 556 av. J.-C.

Chilpéric Ier, l'un des fils de Clotaire Ier; roi de Soissons, 561; assass., 584. = II, roi de Fr., fils de Childéric II. M. 720.

Chinard (Jo.), stat. fr. Lyon, 1755-1813.

Chin-Ki, emp. de la Chine, 240 av. J.-C.; fit bâtir la grande muraille.

Chiniac de la Bastide (Mat.), hist. fr. 1739-1802.

Chion, d'Héraclée du Pont, disc. de Platon; tua le tyran Cléarque et fut tué lui-même, 352 av. J.-C.

Chirac (P.), 1er méd. de Louis XV. 1650-1732.

Chishull (Edm.), érud. et antiq. angl. 1680-1633.

Chiusole (le comte), litt. Roveredo, 1728-1787.

Chiverny (Ph. Hurault, comte de), conseill. au parl., garde des sceaux. 1528-1599.

Chladni (Ern.-Florent.-Fréd.), physic. Vittenberg, 1756-1827.

Chodkiewicz (C., comte de), gén. polonais. 1560-1621. = (Dan.-N.), peint. et grav. Dantzig, 1726-1801.

Choffard (D.-Ph.), grav. et dessinat. Paris, 1730-1809.

Choin (Ma.-Émilie-Joly de), maîtresse ou femme du Dauphin, fils de Louis XIV. N. Bourg-en-Bresse; m. 1744.

Choiseul (Ét.-Fr. duc de), ambass., min. des relat. extérieures, de la guerre, de la mar. 1719-1785.

Choiseul-Gouffier (M.-Gab.-A.-Laur.), ambass., archéol., memb. de l'Acad. fr. et de celle des inscr. 1752-1817.

Choisy (F.-Timoléon, abbé de), hist., memb. de l'Acad. fr. Paris, 1644-1724.

Chomel (P.-J.-B.) méd., bot. Paris, 1671-1740.

Champré (P.), litt. Nancy, 1698-1760. = (Nic.-Maur.), mathém., fils du précédent. 1750-1825.

Choricius, sophiste gr. du 6e s.

Chorier (Nic.), jurisc., hist., poëte lat. Vienne (Dauph.), 1609-1692.

Choron (Al.-Ét.), composit. Caen, 1771-1834.

Chosroès Ier, dit le Grand, roi de Perse, 531. M. 579. = II, dit le Généreux, roi de Perse, 590. M. 628.

Chouan (J. Cottereau dit), insurgé breton qui donna son nom à la chouannerie. N. 1757; tué dans un combat, 1794.

Chouppes (Aimard, marq. de), lieut.-gén., gouv. de Belle-Isle. 1612-1677.

Chrestien de Troyes, poëte et romanc. M. 1191.

Chrétien (Florent), poëte fr. Orléans, 1541-1596.

Christ (J.-F.), litt. Cobourg, 1700-1756.

Christian Ier. N. 1425; roi de Norwége, 1450; de Suède, 1456; m. 1481. = II, le Cruel, fils de Jean. N. Copenhague, 1480; roi de Danemark et de Norwége, 1513; de Suède, 1520; déposé, 1523; m. 1559. = III, fils de Frédéric Ier. N. 1577; roi de Danemark, 1503; m. 1559. = IV, fils de Frédéric II. N. 1577; roi de Danemark, 1588; m. 1648. = V, fils de Frédéric III. N. 1646; roi de Danemark et de Norwége, 1670; m. 1699. = VI, fils de Frédéric IV. N. 1699; roi de Danemark et de Norwége, 1730; m. 1746. = VII, fils de Frédéric V. N. 1766; roi de Danemark et de Norwége, 1749; m. 1808. = VIII, roi de Danemark. N. 1786; appelé au trône 1839; m. 1848.

Christine de Pisan, femme poëte. N. Venise, 1363; m. Poissy, près Paris, 1415.

Christine de France, fille de Henri IV et de Marie de Médicis. N. 1606; épouse de Victor-Amédée, duc de Savoie, 1637; m. 1663.

Christine, reine de Suède. N. 1626; succ. de son père Gustave-Adolphe, 1632; abdiqua 1654; m. Rome, 1689.

Christman (Ja.), oriental. et mathém. Joannisberg. 1554-1613.

Christophe (St), martyr sous l'emp. Dèce, v. la moitié du 3e s.

Christophe, fils de Romain Ier, emp. d'O. M. 931.

Christophe, antipape 903; remplacé par Sergius, 904.

Christophe Ier, fils de Waldemar II et roi de Danemark; succ. de son frère Abel, 1252; empoisonné, 1259. = II, fils d'Éric VI et son succ. M. 1333. = III, fils de Jean de Bavière. Roi de Danemark, 1440; de Suède, 1441; m. 1448.

Christophe (Jo.), peint. Verdun, 1667-1748. = (H.), nègre, roi d'Haïti sous le nom de Henri Ier. N. 1768; couronné 1811; m. 1820.

Chrodegang (St), évêque de Metz, min. de Charles-Martel.

Chroscinski (Adalb.-Stan.), poëte polon. du 17e s.

Chrysippe, philos. stoïcien. N. Soles, 280 av. J.-C.; m. 210.

Chrysologue (Noël-And.), capucin, astron., géogr. Gy (Fr.-Comté), 1728-1808.

Chrysoloras (Emm.), écriv. grec de Constant. M. 1415.

Chrysostôme (St Jean, surnommé), un des Pères de l'Église grecque. N. Antioche, 354; patriarche de Constant., 398; m. 407.

Chrysotémis, sculpt. grec d'Argos, 5e s. av. J.-C.

Chtcherbatov (le prince M.), hist. russe; m. 1790.

Churchill (sir Winston), hist. angl. 1620-1688. = (C.), ecclés., poëte satir. angl. Westminster, 1731-1764.

Chytrée (Dav.), hist., théol. all. 1530-1600.

Ciamberlano (Lucas), peint. et grav. ital. Urbin, 1586-1641.

Ciamciam (le P. M.), relig. arm., hist., gramm. Constantinople, 1738-1823.

Ciampelli (August.), peint. Florence, 1578-1640.

Ciampoli (J.-B.), poëte ital. Florence, 1589-1643.

Ciassi (J. Mar.), bot. et mathém. Trévise, 1654-1679.

Cibber (Colley), aut. dram. et act. Londres, 1671-1757.

Ccione (And.), sculpt. et architect. napolit. M. 1455.

Ciceri (Bern.), peint. Pavie, 1650-1718. = (P. Cés. de), prédic du roi, memb. de l'Acad. fr. Cavaillon, 1678-1759.

Cicéron (Marcus Tullius), cél. orat. rom., philos., homme polit. N. Arpinum, 106 av. J.-C.; assass. près de Formies, 43 av. J.-C.

Cicognara (Léop., comte de), antiq. et homme d'État. Ferrare, 1767-1834.

Cid (Rodriguez ou Ruy-Diaz de Bivar, dit le), héros castillan cél. par ses expl. contre les Maures. Burgos, 1040-1099.

Ciezu (M.-Jér. de), peint. esp. M. 1677.

Cigala (Lanfranc), troubad. génois du 13e s.

Cignani (C.), peint. Bologne, 1628-1719.

Cigoli (L. Cardi de), peint. ital. 1559-1613.

Cima (J.-B.), peint. ital. N. Conegliano, 1480.

Cimabué (Gualtieri-J.), peint., archit. Florence, 1240-1310.

Cimarosa (Domin.), composit. Naples, 1754-1801.

Cimon, gén. athén., fils de Miltiade. Périt devant Citium, 449 av. J.-C.

Cincinnatus (Lucius Quinctius), consul rom. 460 av. J.-C., et 2 fois dictat.

Cinéas, philos., orat. grec, ambass. à Rome 279 av. J.-C.

Cinelli-Calvoli (J.), méd., litt. Florence, 1625-1706.

Cinna (Lucius Cornel.), consul rom. 87 et tué 85 av. J.-C. = (Cnéius Cornel.), arrière-p.-fils de Pompée, conspira contre Auguste, qui lui pardonna. Nommé consul 4 de J.-C.

Cinnamus (J.), hist. byzantin du 12e s.

Cinq-Arbres (J.), profess. d'hébr. et de syriaque au Collége de Fr. N Aurillac; m. 1587.

Cinq-Mars (H. Coiffier de Ruzé, marq. de), favori de Louis XIII et gr. écuyer. N. 1620; m. sur l'échaf., Lyon, 1642.

Cinqui (J.), peint. Florence, 1667-1744.

Cintra (P. de), navig. portug. du 15e s.

Cipierre (Philib. de Marsilli, seign. de), vaill. cap. du 16e s., gouv. de Charles IX. = (Re. de Savoie), gouv. et gr. sénéchal de Provence. Tué, Fréjus, 1567.

Cirillo (Domin.), bot. Grugno (roy. de Naples), 1734-1790.

Ciruelo (P.), mathém., théol. N. Aragon; m. 1580.

Cisinge (J. de), poëte lat., év. de Cinq-Églises, ambass. Hongrie, 1434-1472.

Citadella (Alph.), dit Lombardi, sculpt. lucquois. M. 1536.

Citri de la Guette (S.), litt. et trad. fr. du 17e s.

Cittadini (Celso), poëte et litt. Rome, 1554-1627. = (P.-F.), dit il Milanese, peint. Milan, 1616-1681.

Civitali (Mat.), sculpt. lucquois du 15e s.

Clair (St), 1er év. de Nantes, envoyé de Rome dans les Gaules v. 280.

Clairac (L.-And. de la Mamie de), ingén. fr. N. Bergue, 1752.

Clairaut (J.-B.), géom. fr.

1680-1766. = (Alexis-Cl.), cél. géom., fils du précéd. Paris, 1713-1765.

Claire (Ste), vierge et fondatr. de l'ordre des clarisses. M. 1253.

Clairon (Claire-Joséphe Legris de la Tude, dite Mlle), actr. de la Coméd.-Fr. N. près Condé (Flandre), 1723; m. Paris, 1803.

Clairval (J.-B.), act. de la Com.-Ital. Paris, 1740-1795.

Claissens (Ant.), peint. flam. du 15e s.

Clanricard (Ulik, comte de), homme d'État. Londres, 1604-1657.

Clapasson (Ant.), litt. Lyon, 1708-1770.

Clapiès (de), ingén., astron. Montpell., 1671-1740.

Clapperton (Hug.), voyag., capit. de mar. Annon (Écosse), 1788; Afrique, 1827.

Clarac (le comte de), cél. antiq. Paris, 1777-1847.

Clarendon (Ed.-Hyde, comte de), homme d'État, hist. Dinton (Anglet.), 1608; Rouen, 1674.

Clark (J.), méd. écoss. 1744-1850.

Clarke (Sam.), oriental. Brackley, 1625-1669. = (J.), grav. écoss. 1650-1721. = (Sam.), philos. et théol. angl. Norwich, 1675-1729. = (Gu.), théol. et numism. angl. 1696-1771. = (H.-Ja.-Gu., duc de Feltre), homme d'État, min. de la guerre, maréch. de Fr. Landrecies, 1769-1818. = (Le doct. Adam), bibliogr., prédic. méthodiste. Irlande, 1760-1832.

Claude Ier (Tiberius Drusus), emp. rom. N. Lyon, 10 ans av. J.-C.; succ. de Caligula, 41; m. empoisonné, 54. = II (Marcus Aurelius), dit le Gothique. N. Illyrie; proclamé emp., 268; m. 270.

Claude (St), év. de Besanç. M. 697.

Claude, reine de Fr., fille de Louis XII et d'Anne de Bretagne, et femme de François Ier. Romorantin, 1499-1524. = *de France*, fille de Henri II, et femme de Charles II, duc de Lorraine. Fontainebl., 1547-1575.

Claude (J.), min. et controv. protest. La Sauvetat de Caumont (Agénois), 1619; La Haye, 1687.

Claudien, poëte lat. N. Alexandrie, 365.

Claudius (Appius), Romain, décemvir 451 av. J.-C.; usa de violence envers Virginie (V. ce nom), et se donna la m. 449 av. J.-C. = Pulcher, cons. rom. 249 av. J.-C.

Claudius (Mat.), poëte all. Rheinfeld, 1743; Hamb., 1815.

Clausberg (Christlieb), mathém. et écon. all. 1689-1751.

Clausel (le comte Bertrand), maréch. de Fr., gouv. gén. de l'Algérie. Mirepoix, 1772-1842.

Clavareau (N.-Ma.), archit. Paris, 1755-1816.

Claveret (J.), avoc., aut. dram. N. Orléans; m. 1666.

Clavier (Ét.), hellén., memb. de l'acad. des inscr. Lyon, 1762-1817.

Clavière (Ét. de), poëte lat., érud. N. Bourges; m. 1622. = (Ét.), fin. N. Genève, 1735; min. des fin. 1792; se tua, 1793.

Clavijo (Ruy Gonzalès de), voyag. esp. du 15e s. = (Jo.), litt. esp. 1730-1806.

Clayton (R.), sav. théol. Dublin, 1695-1758.

Cléandridas, gén. lacéd. 446 av. J.-C.

Cléanthe, philos. grec, disc. de Zénon. V. 260 av. J.-C.

Cléarque, gén. lacéd. Tué 403 av. J.-C. = Orat. grec, puis tyran d'Héraclée. Assass. 352 av. J.-C.

Cleef (Jo. van), dit le Fou, peint. flam. N. Anvers, 1487.

Cléland (J.), litt. angl. 1707-1789.

Clémange (Mat.-N. de), philos. et théol. du 14e s., rect. de l'Univers. de Paris.

Clémence de Hongrie, reine de Fr., femme de Louis X en 1315. M. 1328.

Clémence Isaure, fondatr. des jeux floraux. Viv. v. 1478.

Clémencet (don C.), bénéd. de St-Maur. Painblanc (Bourg.), 1703-1778.

Clément (St), d'Alexandrie, doct. de l'Église. M. 217.

Clément Ier (St), pape. Succ. de St Lin ou de St Anaclet, v. 91. = II (Suidger), Saxon. Succ. de Grégoire VI, 1046; m. 1047. = III, antipape. V. Guibert. = III (P. Scolaro), pape. Succ. de Grégoire VIII, 1187; m. 1191. = IV (Gui de Foulques). Succ. d'Urbain IV, 1265; m. 1268. = V (Bertr. de Got). Succ. de Benoît XI, 1305; m. 1314. = VI (P. Roger). Succ. de Benoît XII, 1342; m. 1352. = VII. V. Robert de Genève. = VII (Ju. de Médicis). Succ. d'Adrien VI, 1523; m. 1534. = VIII (Hip. Aldobrandini). Succ. d'Innocent IX, 1592; m. 1605. = IX (Ju. Rospigliosi). N. Pistoie, 1599; succ. d'Alexandre VII, 1667; m. 1669. = X (J.-B.-Émile Altiéri). N. 1590; succ. de Clément IX, 1670; m. 1676. = XI (J.-F. Albano). N. Pesaro, 1649; succ. d'Innocent XII, 1700; m. 1721. = XII (Laurent Corsini). N. Rome, 1652; succ. de Benoît XIII, 1730; m. 1740. = XIII (C. Rezzonico). N. Venise, 1693; succ. de Benoît XIV, 1758; m. 1759. = XIV (J.-V.-A.-Laur. Ganganelli). N. Urbin, 1705; succ. de Clément XIII, 1769; m. 1774.

Clément (Ja.), relig. jacobin. N. Sorbon (Champ.); assassin de Henri III, 1589; massacré à l'instant même. = (N.), érud., garde de la biblioth. du roi. Toul, 1647-1712. = (F.), bénéd. de St-Maur. Bèze (Bourg.), 1714-1793. = (J.-M.-Bern.), cél. crit. Dijon, 1742-1812. = *de Ris* (Domin., comte de), homme d'État. Paris, 1750-1827.

Clémenti (Prosper), sculpt. ital. M. 1584. = (Muzio), cél. pianiste. Rome, 1752; Anglet., 1832.

Clénart (N.), philol. Deest (Brabant), 1495; Grenade, 1542.

Cléobule, de Lindos (Rhodes), l'un des 7 sages de la Grèce, fils et succ. d'Évagoras, roi de Rhodes. M. 560 av. J.-C.

Cléombrote Ier, roi de Sparte de 480 à 479 av. J.-C. = II, roi de 380 à 471. = III, roi par usurp., de 243 à 239 av. J.-C.

Cléomède, astron. grec. 1er s. av. J.-C.

Cléomène Ier, roi de Sparte 519-491 av. J.-C. = II, roi de Sparte 370-309 av. J.-C. = III, fils et succ. de Léonidas II, 230 av. J.-C. Se tua, 219 av. J.-C.

Cleomène, sculpt. athén. 180 av. J.-C.

Cléon, orat. et gén. athén. Tué à Amphipolis 422 av. J.-C. = Sculpt. grec. v. 588 av. J.-C.

Cléopâtre, reine de Syrie, fille de Ptolémée Philométor et épouse d'Alexandre Bala. M. empoisonnée, 120 av. J.-C. = Reine d'Égypte, fille de Ptolémée Aulète, cél. par sa beauté et ses crimes. M. piquée par un aspic, 30 av. J.-C.

Cléophon, orat. athén., condamné à m. 405 av. J.-C.

Clérambault (L.-N.), composit. Paris, 1676-1749.

Clerc (N.-Gab.), méd., hist., litt. Baume-les-Dames, 1726-1798.

Clérembault (Ph. de Pâlluau, comte de), maréch. de Fr., gouv. du Berri. 1606-1665.

Clerfayt (le comte de), feld-maréch. autrich. Hainaut, 1733-1798.

Clérion (Ja.), stat. fr. 1640-1714.

Clérisseau (C.-L.), archit. Paris, 1722-1820.

Clerk (J.), cél. tactic. Eldin (Écosse), 1730-1812.

Clermont (Raoul 1er, comte de), connét. de Fr. sous Louis le Jeune. Tué, 1191 = (L. de Bourbon-Condé, comte de), gén., memb. de l'Acad. fr. 1709-1770.

Clermont-Tonnerre (F. de), év. et comte de Noyon, memb. de l'Acad. fr. 1629-1701. = (Gasp. marq. de), maréch. de Fr. 1688-1781. = (Stanisl.), p.-fils du précéd., député aux états-gén. N. 1747; massacré, 1792. = (Anne-Ant.-J. de), card., député aux états-génér., pair de Fr. Paris, 1740-1830. = (Le marq. de), min. de la mar., puis de la guerre. Paris, 1780-1837.

Clermont-Gallerande (C.-G.), pair de Fr., lieut.-gén. 1744-1823.

Clery (J.-B. Cant-Hanet), valet de ch. de Louis XVI. N. près de Versailles, 1759; m. Vienne, 1809.

Clésides, peint. grec d'Éphèse, v. 294 av. J.-C.

Clève (Corn. van), sculpt., memb. de l'acad. Paris, 1645-1732.

Clèves (M. de), princesse de Condé, fille de François Ier, duc de Nevers, 1553-1574.

Clifford (G.), comte de Cumberland, favori de la reine Elisabeth. Westmoreland, 1558-1605. = (G.), bot. holl. du 18e s.

Climaque (St Jean), le scolastique, doct. de l'Église. Palestine, 525-605.

Clinton (H.), gén. angl., gouv. de Gibraltar. M. 1795. = (G.), vice-présid. des État-Unis. 1739-1812.

Clisson (Oliv. de), connétable de Fr. N. Bretagne; m. 1407.

Clisthène, Athénien, chef du parti démocratique. Viv. 510 av. J.-C.

Clitomaque, disc. et succ. de Carnéade à l'Acad. V. 129 av. J.-C.

Clitophon, anc. hist. grec de Rhodes.

Clitus, guerr. macéd., favori d'Alexandre le Gr., tué par lui dans une orgie, 328 av. J.-C.

Clive (R.) pair d'Irl., gouv. du Bengale. 1625-1774.

Clodion dit le Chevelu, chef fr., 2e roi de Fr., selon quelques-uns. M. 451.

Clodion (Cl.-M.), sculpt. Nancy, 1745-1814.

Clodius (D.), Romain de la fam. de Claudius, tribun du peuple, tué par les esclaves de Milon, 51 av. J.-C.

Clodius (J.), théol. protest. Neustadt (Poméranie), 1645-1733. = (J.-Chr.) oriental., fils du précéd. M. 1745.

Clodomir, fils de Clovis Ier et de Clotilde, fut roi d'Orléans. Tué, 524.

Clootz (J.-B. du Val-de-Grâce, connu sous le nom d'Anacharsis), baron pruss., memb. de la conv. N. Trèves, 1755; m. sur l'échaf., 1794.

Closs (J.-B.), méd., poëte, philos. Wurtemberg, 1735-1787.

Clotaire Ier, roi de Fr., fils de Clovis Ier et de Clotilde, 497-558. = II, fils de Chilpéric et de Frédégonde, 584-628. = III, fils aîné de Clovis II, et son succ., 656. M. 670. = IV, que l'on croit fils de Thierry III, roi d'Austrasie, 717; m. 720.

Clotilde (Ste), fille de Chilpéric, roi des Bourguig., épouse de Clovis, 493; m. 545.

Cloud (St), fils de Clodomir, se retira dans un cloître après le meurtre de ses deux frères, 533.

Clouet (F.), dit Janet, peint. fr. Viv. v. 1547. = (J.-F.), chim. fr. N. Singly (Ardennes), 1751; m. Cayenne, 1801.

Clovio (don Ju.), peint. en miniat. Croatie, 1498-1578.

Clovis Ier, roi des Francs. Succ. de son père Childéric, 481; m. 511. = II, dit le Fainéant, 2e fils de Dagobert. Roi de Neustrie et de Bourgogne, 638; m. 656, âgé de 23 ans. = III, dit le Fainéant, fils de Thierry III, et roi de Neustrie et de Bourgogne, 691. M. 695.

Clowet (P.), grav. Anvers, 1606-1677.

Clugny (F. de), écriv. ascét. Aigues-Mortes, 1637-1694.

Clutterbuck (R.), hist. angl. 1772-1831.

Cluvier (Ph.), cél. géogr. Dantzig, 1580-1623.

Cobb (J.), aut. dram. angl. 1756-1818.

Cobbett (Gu.), écriv. polit., gramm. Surrey. 1766-1835.

Cobentzel (C., comte de), diplom., gouv. des Pays-Bas. Laybach, 1712-1770. = (L.), diplom. autrich. 1753-1808.

Cobo (J.), domin. esp., missionn. au Japon. M. 1592. = (Barnabé), jés. esp., missionn. et bot. N. 1582; m. Lima, 1657.

Cobourg (F.-Jo., prince de Saxe-), gén. au service de l'Autriche, dans la première coalition contre la Fr. M. 1815.

Cocceïus Auctus, archit. rom. du 1er s. av. J.-C.

Cocceïus (J.), théol., oriental. Brême, 1603-1669.

Cocceji (H.), jurisc. Brême, 1644-1719.

Cocchi (Ant.), méd., archéol. Bénévent, 1695-1758.

Co-Cheou-King, astron. chin. du 13e s.

Cochereau (Mat.), peint. fr. 1793-1817.

Cochin (H.), cél. avocat. Paris, 1687-1747. = (C.-N.), grav. Paris, 1688-1754. = (J.-Den.), curé de St-Jacques-du-H.-Pas, fondat. de l'hospice Cochin. Paris, 1726-1783.

Cochon (C.), comte de Lapparent, memb. de la conv., du cons. des cinq-cents, min. de la police, sénat. Vendée, 1750-1825.

Cochrane (Al. Forester-Inglis), amiral angl. 1758-1832. = (J. Dundas), dit le Voyageur pédestre, frère du précéd. M. Valencia (Amérique), 1825.

Cock (Jér.), peint., grav. Anvers, 1510-1570.

Cockburn (Cath.), femme aut., philos. Londres, 1679-1749.

Coclès (Horatius), guerrier des premiers temps de Rome; se distingua dans la guerre contre Porsenna, 507 av. J.-C.

Coco (Vinc.), litt. ital. 1770-1823.

Coconas (Annibal, comte de), gentilh. piémontais, décapité avec La Mole, 1574.

Codrika (Panagioti), diplom., philol., litt. Athènes, 1760; Paris, 1830.

Codronchi (J.-B.), méd. ital. du 16e s.

Codrus, dern. roi d'Athènes, 1160-1132 av. J.-C.

Coello (Alonzo Sanchez), peint. esp. 1525-1590. = (C.), peint. Madrid, 1621-1693.

Coessin, révolutionn. et mystique. Lyon, 1778-1843.

Cœur (Ja.), cél. commerç., argentier du roi Charles VII. N. Bourges, v. 1400; m. Chio, 1461.

Coetlogon (Alain-Emm. de), vice-amiral breton. 1646-1730.

Coetlosquet (J. Gilles de), év. de Limoges, précep. du duc de Bourgogne et du duc de Berri (Louis XVI), memb. de l'Acad. fr. St-Pol-de-Léon, 1700-1784.

Coffin (C.), poëte lat., rect. de l'univers. de Paris. 1676-1749.

Coffinhal (J.-B.), vice-présid. du trib. révolutionn. N. Aurillac, 1750; m. sur l'échaf., 1794.

Coger (F.-M.), profess. d'éloq., rect. de l'université. Paris, 1723-1780.

Cohon (Anthime-Den.), prédic. fr., év. de Nîmes. 1594-1670.

Cohorn (Menno, bar. de), cél. ingén. Frise, 1641-1704.

Coignet (Gilles), peint. Anvers, 1550-1600.

Coigny (F. de Franquetot, duc de), maréch. de Fr. Normandie, 1670-1759. = (M.-F.-Henri), maréch., pair de Fr., fils du précéd. 1737-1814.

Coimbre (don P., duc de), fils de Jean Ier, roi de Portug., homme d'État. 1395-1449.

Coing (Ja.-Jo.), grav. Versailles, 1761-1809.

Coislin (H.-Cl. du Camboust, duc de), év. de Metz, aumôn. du roi, memb. de l'Acad. fr. Paris, 1664-1732.

Coiter (Volcher), anat. M. Groningue, 1543.

Coke (Ed.), jurisc. angl. Norfolk, 1549-1634.

Colatto, act. de la Comédie-Italienne. M. 1778.

Colardeau (C.-P.), poëte fr., memb. de l'Acad. Surville (Orléan.), 1732-1776.

Colasse (Pasc.), composit., maître de la chap. du roi. Paris, 1639-1709.

Colaud (Cl.-Silv.), lieut.-gén., sénat., pair de Fr. Briançon, 1754-1819.

Colbert (J.-B.), min. secrét. d'État, contrôl. gén. des fin. sous Louis XIV. N. Reims, 1619; m. Paris, 1683. = (Ch.) marquis de Croissy, ambass., secrét. d'État, frère du précéd. Paris, 1629-1696. = (J.-B., marq. de Seignelay), secrét. d'État au départ. de la mar., fils du min. Paris, 1651-1690. = (J.-B., marq. de Torcy), diplom., min. des aff. étrang., neveu du min. Paris, 1665-1746.

Colchen (Vict., comte de), diplom., sénat., pair de Fr. Metz, 1752-1830.

Coldoré, grav. en pierres fines du 16e s.

Colebrooke (H.-Th.), indianiste, fondat. de la société asiatique. Londres, 1765-1837.

Coleridge (Sam. Taylor), poëte angl. 1770-1834.

Colet (J.), théol. angl. Londres, 1466-1519.

Colette (Ste), réform. de l'ordre de Ste-Claire. Corbie, 1380-1446.

Colettis (J.), homme d'État, gén. et min. de la Gr. mod. Sarako, près de Janina, 1784-1846.

Colignon (F.), grav. Nancy, 1621-1671.

Coligny (Gasp. de), maréch. de Fr., seign. de Châtillon-s.-Loing. M. 1522. = (Odet de), card., archev. de Toulouse, fils du précéd.; embrassa la réforme et se maria. M. en Anglet., 1571. = (Gasp.), maréch. de Fr., un des chefs des réformés. N. Châtillon-sur-Loing, 1517; massacré à la St-Barthél., Paris, 1572. = (Gasp.), maréch. de Fr. 1584-1646. = (Jean du), lieut.-gén. et gouv. d'Autun. M. 1686.

Colin (P.-Gilbert), dit Chamault, composit. fr. du 16e s. = (Al.), stat. Malines, 1520-1595.

Collado (L.), anat. du 16e s. N. Valence.

Collaert (Adr.), dessinat., grav. Anvers, 1520-1567.

Collantes (F.), peint. Madrid, 1599-1656.

Collatin (Tarq.), nev. de Tarquin, mari de Lucrèce. Consul 509 av. J.-C.

Collatius (P.-Apollonius), prêtre de Novare, poëte lat. du 15e s.

Colle (Raphaël dal), peint. ital. 1490-1541.

Collé (C.), aut. dram., chansonn. Paris, 1709-1783.

Collenuccio (Pandolphe), jurisc., hist., litt. ital. Mis à m. 1500.

Collet (Philib.), avoc., bot. Châtillon-lès-Dombes, 1643-1718.

Colletet (Gu.), poëte, memb. de l'Acad. fr. Paris, 1598-1659.

Collier (Jérémie), théol. angl. Cambridge, 1650-1726.

Colliette (L.-Pa.), hist. du 18e s.

Collin de Blamont (F.), surint. de la mus. du roi. Versailles, 1690-1760.

Collin de Vermont (Hyac.), peint., frère du précéd. Versailles, 1693-1761.

Collin (H. de), poëte dram. Vienne, 1772-1811.

Collin d'Harleville (J.-F.), poëte com., memb. de l'Inst. Maintenon (Eure-et-L.), 1755; Paris, 1806.

Collin de Sussy (J.-B., comte), min. du comm., pair de Fr. M. 1820.

Collingwood (Cuthbert), amiral angl. N. 1748; m. devant Minorque, 1810.

Collini (Côme-Al.), litt. Florence, 1727; Manheim, 1806.

Collins (J.), géom. angl. 1624-1683. = (Ant.), philos. angl. 1676-1729. = (Sam.), méd. angl. du 17e s. = (W.), poëte angl. Chichester, 1720-1756.

Colloredo (Rod.), feld-maréch. des armées impér. sous Ferdinand II et III. 1583-1648.

Collot ou *Colo* (Laur.), méd., cél. lithotom. du 16e s.

Collot-d'Herbois (J.-Mar.),

d'abord coméd., puis convent. N. Paris, 1750; m. à la Guiane, 1796.

Colmon (G.), poëte angl. Florence, 1733; Londres, 1794.

Colmenar (J. Alvarez de), hist. esp. du 18e s.

Colnet (Ch.-Jos.), litt. et crit. fr. N. près de Vervins, 1769; m. Belleville, près Paris, 1832.

Colocotronis (Théod., un des régénérat. de la Grèce, gén. en chef de la Morée. N. 1770, dans la Messénie; m. 1843.

Colomb (Christ.), cél. navig. qui découvrit l'Amér. N. État de Gênes, 1435 ou 1441; m. en Esp. 1506.

Colomban (St), moine. Irlande, 540-615.

Colombe (Ste), vierge et martyre. Sens, 3e s.

Colombel (N.), peint. fr. 1645-1717.

Colombier (J.), méd., conseill. d'Etat. Toul, 1736-1789.

Colombini (St J.), fondat. de l'ordre des jésuates. M. 1367.

Colombo (Réaldo), anat. N. Crémone; m. 1577.

Colomez (J.-B.), jés., aut. dram. Valence, 1740-1807.

Colon (F.), méd. Nevers, 1764-1812.

Colonia (Domin. de), jés. Aix, 1660-1741.

Colonna (Gilles), cél. scolast. Rome, 1247-1316. = (Prosp.), illust. gén. ital. M. 1523.

Colonna (Victoire), marquise de Pescaire, femme poëte. Rome, 1490-1547.

Colonna (Fabio), dit aussi Fabius Columna, bot., music. Naples, 1567-1650. = (Ange-M.), peint. Ravenne, 1600-1687. = (J.-P.), composit. Bologne, 1630-1695.

Colonne (Guido delle), litt., poëte. N. Sicile; m. 1292.

Colotès, sculpt. grec du 5e s. av. J.-C.

Colson (J.-B.-Gilles), peint. au pastel. Verdun, 1680-1762. = (L.-Dan.), litt. fr. 1754-1811.

Coltellini (Aug.), litt. Florence, 1615-1693.

Columb ou *Colomb* (M.), sculpt. fr. N. Tours, v. 1431; m. ap. 1515.

Columelle (Lucius Junius Moderatus), écriv. et agron. lat. N. Cadix; viv. sous Claude, 42 ap. J.-C.

Coluthus, poëte grec du 5e s.

Combault (C. de), bar. d'Auteuil, lit. Paris, 1588-1670.

Combefis (F.), dominic., érud. Marmande, 1605-1679.

Combes-Dounous (J.-J.), litt., érud. Montaub., 1758-1820.

Comenius (J.-Amos), frère morave, gramm. Moravie, 1592-1671.

Comines (Ph. de), seign. d'Argentan, homme d'Etat, hist. Comines (Flandre), 1745-1509.

Commandino (Fréd.), mathém. Urbin, 1509-1575.

Commelin (Jé.), impr. N. Douai; m. 1597. = (Isaac), hist. Amsterd., 1598-1676. = (J.), cél. bot., fils du précéd. Amsterdam, 1629-1692. = (Gasp.), bot., nev. du précéd. Amsterdam, 1667-1751.

Commendon (J.-F.), card., négociat. Venise, 1524-1584.

Commerson (Ph.), bot. Châtillon-lez-Dombes, 1727-1773.

Commire (J.), jés., poëte lat. Amboise, 1625-1702.

Commode (Lucius Aurelius Antoninus), emp. rom., fils et succ. de Marc-Aurèle (180). M. empoisonné, 192.

Commodien, poëte lat. chrét. du 13e s.

Comnène. V. ALEXIS, ANDRONIC, etc.

Compagni (Dino), hist. et poëte florent. du 13e s.

Compagnon, voyag. fr. du 18e s.

Compagnoni (Pompée), év. d'Osiano, érud. Macerata, 1693-1774.

Comparetti (André), anat., physic., Frio, 1746-1801.

Comte (F.-C.-L.), public., écriv. polit. N. Ste-Eminie (Lozère), 1782; m. 1837. = L. Le), jés. fr., missionn. en Chine. M. Bordeaux, 1729.

Conan, nom de 4 duc de Bret.: Conan le Tors, qui prit le titre de roi de ce pays; m. 992; Conan II, 1066; Conan le Gros, 1148; Conan le Petit, 1171.

Concini, dit le maréch. d'Ancre. N. Florence; devint gouv. de Normandie, maréch. de F., 1er min. de Louis XIII. Assass., 1617.

Condamine. V. LA CONDAMINE.

Condé (Louis), 1er prince de ce nom, chef du parti calvin. 1552-1569. = (Henri Ier, prince de), fils du précéd. N. La Ferté-s.-J., 1553; élu généraliss. des protest. M. empois., 1588. = (Henri II), fils du précéd., min. d'Etat. Paris, 1588-1646. = (Louis, prince de), dit le Grand Condé, fils du précéd. et l'un des plus ill. gén. de la Fr. N. Paris, 1621; m. Chantilly, 1686. = (L.-Ja. de Bourbon, prince de), 4e descend. du grand Condé. N. Chantilly, 1735; forma (1789) l'armée des émigrés, dite armée de Condé; fut nommé à la Restaur., colonel-gén. de l'infant.; m. Paris, 1818. = (L.-Jo.-Henri, duc de Bourbon), fils du précéd. N. 1746, émigra; fut trouvé pendu dans son château de St-Leu, 1830. = (L.-Ant.-Henri de Bourbon), duc d'Enghien, fils du précéd. N. Chantilly, 1772; émigra. Fusillé au château de Vincennes, 1804.

Condé (J.-Ant.), hist. et oriental. esp. 1757-1820.

Condillac (Ed. Bonnot de), philos. fr. Grenoble, 1715-1780.

Condorcet (Ma.-J.-Ant.-N. Caritat, marq. de), philos. et sav. N. Ribemont (Picard), 1743; m. Bourg-la-Reine, près Paris, 1794.

Conestaggio (Jér. Franchi de), hist., chapel. de Philippe III. N. Gênes; m. 1635.

Confucius ou *Koung-Tsee*, philos. chin. N. 479 av. J.-C.

Congalitan, gén. gaul. 225 av. J.-C.

Congrève (Gu.), poëte dram. angl. 1662-1729.

Conon, gén. athén. M. 390 av. J.-C. = Géom., astron. d'Alexandrie. 300 à 260 av. J.-C.

Conquista (don Vasco, comte de la), gén. esp. et gouv. de Buenos-Ayres, 1750-1805.

Conrad (St), év. de Constance. M. 976.

Conrad Ier, duc de Franconie et roi de Germanie, 912. M. 918. = II, dit le Salique, fils de Henri, duc de Franconie. Elu roi de Germanie, 1024; m. Utrecht, 1039. = III, duc de Franconie. N. 1093; élu emp. d'All., 1137; m. 1152. = IV, fils de Frédéric II. N. 1228; élu emp., 1250; m. 1254.

Conrad de Wurtzbourg, poëte all. du 13e s.

Conradin, fils de l'emp. d'All. Conrad IV, prit le titre de roi des Deux-Siciles. Vaincu par Charles d'Anjou et décap., 1268.

Conrart (Valent.), litt., secrét. de l'Acad. fr. Paris, 1603-1675.

Conring (Herm.), méd., érud. all. 1606-1681.

Consalvi (Hercule), card., homme d'Etat. Rome, 1757-1824.

Constable (Th.-Hug. Clifford), bot., antiq., litt. Londres, 1762-1823.

Constance Ier, dit Constance Chlore, emp. rom. Devint auguste, 305; m. 306. = II, 2e fils de Constantin le Grand. Associé à ses frères, 337; s'empara de l'empire, 350; m. 361.

Constance, gén. d'Honorius. M. 421.

Constance, reine de Fr., fille de Guillaume V, comte de Toulouse. Epousa le roi Robert, 998; m. 1032.

Constant Ier (Flavius Julius), emp. rom., 3e fils de Constantin le Grand et son succ. en 337; avec ses 2 frères. Tué 350. = II, emp. d'Orient, fils d'Héraclius Constantin. Assass. 668.

Constant de Rebecque (H.-Benjamin), public., orat. polit., litt. N. Lausanne, 1767; m. Paris, 1830.

Constantin, pape. N. Syrie; succ. de Sisinnus; m. 715. = antipape, compétit. d'Etienne II. M. après 760.

Constantin Ier, dit le Grand, fils de Constance Chlore et d'Hélène. N. Naïsse, 274; proclamé 306; m. Nicomédie, 337. = II, dit le Jeune, fils aîné du précéd. Régna sur les Gaules, la Bret. et l'Esp. à la mort de son père, 337. Tué, 340, près d'Aquilée. = III, tyran. Elu emp., 407; mis à m., 411. = IV, dit Pogonat, ou le Barbu, emp. d'Or. Succ. de son père Constant II, 668; m. 685. = V, dit Copronyme. Succ. de son père Léon l'Isaurien, 741; m. 775. = VI, fils et succ. de Léon IV, 780. M. v. 728. = VII, Porphyrogénète. N. 905; succ. de son père Léon VI, 911; m. empois., 959. = Six autres emp. d'Orient ont porté le nom de *Constantin*. Leur règne n'a rien offert de remarquable.

Constantin, dit l'Africain, bénéd. du 11e s. et méd. de Salerne.

Constantin (Paulowitch), gr.-duc de Russie, vice-roi de Pologne, 2e fils de Paul Ier. Chassé de Varsovie par les Polonais, 1830; m. 1831.

Constantin de Magny (Cl.-F.), litt. Reignier (Savoie), 1692-1764.

Contades (L.-H.-Erasme, marq. de), maréch. de Fr., gouv. de l'Alsace. Anjou, 1704-1795.

Contancin (Cyrique), jés., missionn. en Chine. Bourges, 1670-1733.

Contant de la Molette (Ph. du), oriental. Dauphiné, 1737-1793.

Contant d'Orville, litt. Paris, 1730-1790.

Contarini, fam. ill. de Venise, qui a fourni à sa patrie 7 doges. des card., des magistrats, etc. = (J.), peint. Venise, 1549-1605.

Contat (Louise), cél. actr. du Théâtre-Fr. Paris, 1760-1813.

Conté (N.-J.), chim., peint., mécan. Normandie, 1755-1805.

Contessa (Chr.-Ja.-Salice), romanc. et poëte all. 1767-1825.

Conti (Louise-Marg., princ. de), fille de Henri, duc de Guise, épouse de Fr. de Bourbon, prince de Conti, puis de Bassompierre. M. 1631.

Conti, branche cadette de la maison de Condé, qui eut pour chef Armand de Bourbon, prince de Conti, frère cadet du grand Condé. Paris, 1629-1666. Le personnage le plus ill. de la fam. fut F.-L. de Bourbon, prince de la Roche-s.-Yon. Paris, 1664-1709.

Conti (N.), voyag. vénit. du 15e s. = (Noël), dit Natalis Comes, écriv. milan., poëte, hist. M. 1582. = (Ant. Schinella, dit l'abbé), érud., litt., poëte. Padoue, 1677-1748.

Contreras (Ant. de), peint. esp. Cordoue, 1587-1654. = Sculpt. esp., contemp. du précéd. M. 1656. = (J. Senen de), gén. esp. Madrid, 1760-1826.

Contucci (And.), archit., sculpt. ital. 1460-1529.

Conz (C.-Ph.), poëte, aut. dram. all. 1762-1827.

Cook (Ja.), cél. navig. angl. Marton, 1728-1779.

Coombe (Gu.), rom., poëte. Bristol, 1741-1822.

Cooper (Sam.), peint. Londres, 1609-1670. = (Ant. Ashley), comte de Shafterbury, homme d'Etat. N. 1621; m. Hollande, 1683. = (Gu.), poëte angl., p.-neveu du précéd. Hertford, 1731-1800. = (Sir Astlez Paston), chir. et anat. angl. 1768-1841. = (J.-Fénimore), cél. romanc. améric. Burlington (New-Jersey), 1789-1851.

Coote (Eyre), gén. angl. 1726-1783.

Copernic (N.), cél. astron. Thorn (Prusse), 1473-1543.

Coquebret-Montbret (C.-Et., baron de), natural., physic. Paris, 1755-1831.

Coqueley de Chaussepierre (Cl.-Genev.), jurisc. litt., poëte satir. Paris, 1710-1791.

Coquillard, poëte champenois. M. 1490.

Coquille (Gui), jurisc., hist. Decise, 1523-1603.

Corancez (L.-Al. Olivier de), mathém., memb. de l'Inst. d'Egypte. Paris, 1770-1831.

Coras (J.), jurisc. Toulouse, 1513-1572.

Coray (Diamant), hellén. Scio, 1748; Paris, 1835.

Corbière (P. de), antipape, élu sous le nom de Nicolas V, 1338. M. Avignon, 1356.

Corbin (Ja.), litt. fr. 1580-1653.

Corbinelli (J.), généal., litt. M. Paris, 1716.

Corbulon, gén. rom. sous Claude et Néron. Se tua 67 av. J.-C.

Cordara (Ju.-Cés.), jés., hist., poëte lat. Piémont, 1704-1784.

Corday-d'Armans (Marianne-Charlotte). N. Séez (Orne); assass. Murat et m. sur l'échaf., 1793.

Cordemoy (Géraud de), hist., philos., memb. de l'Acad. fr. Paris, 1620-1684.

Corder (Balt.), jés., théol. Anvers, 1592-1650.

Cordier (Mathurin), humaniste. Perche, 1479-1564.

Cordora (Alph.), astron., méd. du 15e s. = (P. de), peint. esp. Viv. v. 1520.

Cordus (Aulus Cremutius), sénat. et hist. rom., contemp. d'Auguste et de Tibère. = (Euric), méd. et poëte all. M. 1538.

Corelli (Arcangelo), composit. et violoniste bolonais. 1635-1713.

Corenzio (Bélisaire), peint. gr. élève de Tintoret. 1588-1643.

Corinne, femme poëte. N. Tanagre (Béotie); viv. 470 av. J.-C.

Coriolan (Caïus Marcius, dit), gén. rom. Assass. v. 488 av. J.-C.

Coriolan (Christ.), dessinat. et grav. sur bois. Nuremb., 1540; Bologne, 1600.

Corippus (Flavius Cresconius), poëte lat. du 6e s.

Cormontaigne, ingén. fr., maréch. de camp. M. 1752.

Cornaro, nom d'une fam. patricienne de Venise, qui donna à cette rép. 3 doges, morts, 1368, 1629 et 1722. = (L.), de la même fam., cél. par sa sobriété et sa longévité. Venise, 1467-1566.

Cornaro Piscopia (Lucrèce-Hélène), de la même fam. que les précéd., femme poëte, litt., érud. Venise, 1646-1684.

Cornazzano (Ant.), litt., poëte. Plaisance, 1451-1500.

Corneille (St), pape. Succ. de st Fabien, 251; m. 252.

Corneille (P.), poëte et le créat. de l'art dram. en Fr., memb. de l'Acad. Rouen, 1625-1684. = (Thomas), poëte dram., érudit, frère du précéd. Rouen, 1625-1709. = (Al.), peint. et grav. Orléans, 1601-1664.

Cornelia, nom de plusieurs dames romaines. La plus cél., fille du premier Scipion l'Africain, fut mère de Tibérius et de Caïus Gracchus.

Cornelis (Corn.), peint. Harlem, 1562-1638.

Cornelius Nepos, hist. lat. du 1er s. av. J.-C.

Cornelius Severus, poëte lat., contemp. d'Ovide.

Cornhert (Didéric), grav., litt. Amsterdam, 1522-1590.

Corniani (J.-B.), litt., aut. dram. ital. 1742-1813.

Cornuti (Ja.-Ph.), méd., bot. Paris, 1600-1651.

Cornutus (Annæus), philos. stoïc., ami de Perse et contemp. de Néron.

Cornwallis (C., marq. de), gén. angl. N. 1738; m. 1805.

Corœbus, Eléen, le 1er vainqueur aux jeux olympiques, 776 av. J.-C.

Coronelli (Marc-Vinc.), hist., géogr. Venise, 1650-1718.

Corradini (P.-Marcellin), card., antiq., jurisc. ital. 1658-1743.

Corradino Dall'Aglio (J.-F.), litt., crit. Venise, 1709-1743.

Corrado (C.), peint. Naples, 1693-1768.

Corréa (Pélage-Pérez), cél. cap. portug. M. 1275. = Peint. esp. du 16e s.

Corréa de Saa (Salv.), amir. portug. Cadix, 1594-1680. = *De Serra* (Ja.-F.), bot. portug. 1750-1823.

Corrège (Ant. Allegri, dit le), cél. peint. ital. Corregio (Modenois), 1494-1534.

Corrozet (Gilles), impr.-libr., érud. Paris, 1510-1568.

Corsignani (P.-Ant.), litt., hist. ital. 1686-1751.

Corsini (Bart.), poëte ital. N. Florence; m. 1675. = (Ed.), hist., antiq. ital. 1702-1735.

Cort (Corn.), grav. holl. Horn, 1536-1578.

Corte (J. de la), peint. Madrid, 1597-1660.

Cortéréal (Gasp.), navig. portug. du 16e s. = (Jér.), poëte et peint. portug. M. 1593.

Cortesi (J.-B.), méd.-chir. Bologne, 1554-1636.

Cortez (Fernand), avent. esp., conquér. du Mexique. Medelin (Estramadure), 1485-1544.

Cortone (F. Berettini, dit P. de), peint. et archit. ital. Cortone, 1596-1669.

Cortot (J.-P.), sculpt., memb. de l'Inst. Paris, 1787-1842.

Corvetto (L., comte), homme d'Etat. Gênes, 1756-1822.

Corvi (Gu.), méd. ital. Caneto, 1250-1326.

Corvin. V. MATHIAS.

Corvisart-Desmarest (J.-N., baron), méd. de Napol., memb. de l'Inst. Dricourt (Ardennes), 1755-1821.

Cosimo (P. Rosselli, dit), peint. Florence, 1441-1521.

Cosmas, dit Indicopleustes, voyag. du 6e s. N. Alexandrie.

Cosme (J. Baseilhac, dit frère), cél. lithotomiste. Pouy-Astruc (Bigorre), 1703-1781.

Cossart (Gab.), jés., poëte lat. Pontoise, 1615-1674.

Cossé-Brissac, nom d'une maison de Fr. dont les princ. personnages sont: Charles, comte *de Brissac*, maréch. de Fr. et cél. cap. 1505-1563. = Charles II, *de Cossé*, gr. fauconn. de Fr., duc et pair. M. au siége de St-Jean-d'Angély, 1621. = Timoléon *de Cossé*, maréch. de Fr. 1698-1784. = L. Hercule Timoléon *de Cossé Brissac*, pair et gr. panetier de Fr., gouv. de Paris. N. 1754; massacré 1792.

Cossigny (J.-F. Charpentier de), ingén., écon. 1690-1778. = (Jo.-Fr.), écon., memb. de l'Inst., fils du précéd. Palma, 1730-1809.

Cossutius, archit. rom. M. 175 av. J.-C.

Costa (Barth. da), ingén. fond. Lisbonne, 1729-1804. = (J.), poëte lat. Vincentin, 1736-1816. = (L.), hist. Castelnovo (Piémont), 1784-1835.

Costanzo (Angelo di), hist., poëte. Naples, 1507-1591.

Costard (G.), oriental., astron. angl. 1710-1782.

Coste (P.), litt. Uzès, 1668-1747. = (S.), litt. Bayonne, 1732-1810.

Coster (J.-Laur.), Hollandais auquel on a attribué faussement l'invent. de l'imprim. N. Harlem, 1730. = (Sam.), aut. dram. holl. du 17e s. = *St-Victor*, complice de Cadoudal. Epinal, 1771; m. sur l'échaf., 1804.

Cotelier (J.-B.), hellén. Nîmes, 1629-1686.

Cotereau (Cl.), prêtre jurisc. N. Tours; m. 1550.

Cotès (Rog.), mathém., physic. Cambridge, 1682-1716.

Cotin (C.), dit l'abbé, poëte, prédic., memb. de l'Acad. fr. Paris, 1604-1682.

Cotta (Lucius-Aurelius), orat. rom., consul. 75 av. J.-C.

Cotta (J.), poëte lat. N. Vérone; m. 1511. = (J.-Fréd.), bar. de Cottendorf, libr., ambass. Tubingen, 1764-1832.

Cotte (R. de), archit. Paris, 1656-1735.

Cottereau (Th.-J.-Arm.), jurisc. Tours, 1733-1809.

Cottin (Soph. Ristaud, Mme), litt. et romanc. Tonneins (Agénois), 1723-1809.

Cotton (P.), jés., confess. de Henri IV et de Louis XIII. 1564-1626.=(R. Bruce), antiq. angl. 1570-1631.=(C.), poëte burl. angl. 1630-1687.

Cotugno (Domin.), méd. et anat. ital. 1736-1822.

Cotys, nom de plusieurs rois de Thrace, de Cappadoce, du Bosphore Cimmérien. Le plus import. est Cotys II, vaincu par les Rom., 107 av. J.-C.

Coucy (Raoul), cél. par son amour pour Gabrielle de Vergy, épouse de Fayel. N. 1160; tué dev. Acre, 1191.=(R. de), archit. de Reims. M. 1315.

Coulange (Ph.-Emm., marq. de), chansonnier, litt., cousin de Mme de Sévigné. 1631-1716.

Coulomb (C. Augustin de), physic. Angoulême, 1736-1806.

Coulon (L.), géogr. Poitiers, 1605-1664.

Coupé (J.-M.-L.), abbé, litt. Péronne, 1732-1818.

Couperin (Fr.), composit. et organiste. M. 1733.

Couplet (Cl.-Ant.), ingén.-mécan. Paris, 1642-1722.

Courayer (P.-F. le), chan. de St-Genev., théol. et controvers. Rouen, 1681; Londres, 1776.

Courcelles (Th. de), théol. et prédic. fr. 1402-1469.

Courchetel-d'Esnans (Luc), diplom. Besanç., 1695-1776.

Courier (Pa.-L.), hellén. et écriv. polit. Paris, 1772; assass. 1825.

Cournand (l'abbé Ant. de), litt. Grasse, 1747-1814.

Court de Gibelin (Ant.), érud. Nîmes, 1725-1784.

Courtanvaux (F.-César Letellier, marq. de), duc de Doudeauville, gr. d'Esp., membr. de l'acad. des sc. Paris, 1708-1781.

Courtecuisse (J. de), théol., chancel. de l'univers., év. de Paris. M. Genève, 1425.

Courtilz de Sandras (Gatien de), compilat. Paris, 1644-1712.

Courtin (Ant.), diplom., litt. Riom, 1622-1685.

Courtivron (le marq. de), mathém. fr. 1715-1785.

Courtois (Ja.), dit le Bourguignon, peint. de bat., grav. St-Hippol. (Fr.-Comté), 1621; Rome, 1676.=(Ed.-Bonav.), convent., memb. du cons. des anc., du tribunat. Arcis-s.-Aube, 1756-1816.

Courtonne (J.), archit. du roi, Paris, 1670-1758.

Courvoisier (J.-J.-Ant.), avocat, min. sous Charles X. Besançon, 1775-1835.

Cousin (Gilb.), chan., litt. Nozeroy (Fr.-Comté), 1506-1567. =(J.), dit le Michel-Ange fr., peint. et sculpt. Sancy (Sénonais), 1520-1590.=(Le président L.), trad., litt., memb. de l'Acad. fr. Paris, 1627-1707.=(J.-Ant.-Jo.), mathém. Paris, 1739-1800.

Cousin-Despréaux (L.), litt. Dieppe, 1743-1818.

Cousin-d'Avallon (Ch.), compilat. et romanc. N. Avallon (Yonne), 1769; m. v. 1840.

Cousinery (Esprit-Ma.), antiq., numism. Marseille, 1747-1833.

Coustard (Anne-P.), maréch. de Fr., memb. de l'assemblée législ., de la conv. Léogane (St-Domingue), 1741; m. sur l'échaf., Paris, 1793.

Coustou (N.), sculpt., memb. de l'Acad. Lyon, 1658-1733.=(Gu.), égal. sculpt. et frère du précéd. 1678-1746.

Couthon (G.), convent., memb. du comité de salut public. Orsay (Auv.), 1756; m. sur l'échaf., 1794.

Couture (Gu.), archit. Rouen, 1732-1799. = (J.-B), érud., memb. de l'acad. des insc. 1651-1728.

Coutures (J. Parrain, bar. des), litt. N. Avranches; m. 1702.

Couturier (N.-Jér. Le), prédic., chan. de St-Quentin, 1712-1778.

Covarruvias (Diego), év. et jurisc. Tolède, 1512; Paris, 1577.

Coventry (J.), mécan. angl. 1735-1812.=(Al.), méd. angl. 1766-1831.

Covilham (Pedro de), voyag. portug. du 15e s.

Cowley (Abraham), poëte angl. et lat., aut. comique Londres, 1618-1667.=(Anne), dame angl., poëte, aut. dram. 1743-1809.

Cowper (Gu.), anat., chir. angl. M. 1710.

Cox (Rich.), hist. irland. Bandon, 1650-1733.

Coxcie (M.), peint. Malines, 1497-1592.

Coye, poëte patois du 18e s. N. Arles.

Coyer (Gab.-F.), litt. Baume-les-Dames, 1707-1782.

Coypel (Noël), peint., memb. de l'acad. Paris, 1638-1707.

Coysevox (Ant.), sculpt., memb. de l'acad. Lyon, 1640-1720.

Coythier (Ja.) méd. de Louis XI.

Cozzando (Léo.), relig. servite, hist. Revato, 1620-1702.

Crabbe (P.), francisc., compilat. Malines, 1470-1554.=(G.), poëte et prédic. angl. Suffolk, 1754-1832.

Craesbeke (Jo. van), peint. Bruxelles, 1608-1668.

Craig (N.), érud. danois. Rypen, 1549-1602.=(J.), géom. écoss. du 17e s.

Cramail (Ad. de Montluc-Montesq.), prince de Chabanais, maréch. de camp, gouv. du pays de Foix, 1568-1646.

Cramer (J.-And.), minér. pruss. 1710-1777.=(J.-And.), poëte, litt. Josephstadt (Bohême), 1723-1788.=(G. Gottlob), romancier. Saxe, 1758-1817.=(Gu.), violon. et composit. Manheim, 1750-1815.

Cramoisy (Séb.), nom d'une cél. fam. d'impr., dont le chef fut Sébastien, direct. de l'imprim. du Louvre en 1640.

Cranach (Lucas, dit Luc de), peint. et grav. all. 1472-1553.

Cranmer (C.-Th.), archev. de Cantorbéry. N. 1489; brûlé, 1555.

Crantor de Soli, philos. grec du 4e s. av. J.-C.

Craon (P. de), seign. de la Ferté-Bernard, fam. sous Charles VI par sa haine contre le connét. de Clisson, qu'il tenta d'assass. On ignore l'ép. de sa m.=(Ant.), fils du précéd. Tué à Azincourt, 1415.

Crapelet (C.), impr. cél. Bourmont, 1762-1809.=(G.-Aug.), fils du précéd., impr. et litt. Paris, 1789-1842.

Craponne (Adam de), gentil. provenç., ingén. Salon, 1519-1559.

Crassus (Lucius Licinius), orat. rom., jurisc., cons. M. 87 av. J.-C.=(Marcus Licinius), triumvir cél. par ses richesses. Mis à m. 53 av. J.-C.

Cratère, lieut. et favori d'Alexandre le Gr. Tué dans un comb., 321 av. J.-C.

Cratès, de Thèbes, philos. cynique. Viv. 234 av. J.-C.= d'Athènes, philos. de l'anc. acad. 313 av. J.-C.

Cratevas, bot. grec du 1er s. av. J.-C.

Cratinus, poëte com. grec Athènes, 525-450 av. J.-C.

Cratippe, philos. péripatéc. N. Mitylène. Viv. v. 48 av. J.-C.

Craufurd (Quentin), litt. écoss. N. 1743; m. Paris, 1819.

Crayer (Gasp. de), peint. Anvers, 1582-1669.

Crébillon (Prosper Jolyot de), poëte trag., memb. de l'Acad. fr. Dijon, 1674-1762.=(Cl.-Prosp.), romanc. fr. 1707-1777.

Creech (Th.), litt. angl. 1659-1700.

Cremilles (L.-Hyac. Boyer de), lieut.-gén. 1700-1768.

Cremonini (César), philos. péripatéc., poëte pastor. Cento (États de l'Égl.), 1550-1631.

Crépin et *Crépinien* (Sts.), frères qui prêchèrent le christianisme dans les Gaules, et exerçaient le métier de cordonnier. Martyrisés, 287.

Créqui, ancienne maison de Fr., origin. de l'Artois. Ses princip. personn. sont: Antoine, seign. de Pont-Remi, qui commandait l'artill. à la bataille de Ravenne. M. 1525.=Charles, prince de Poix, gouv. du Dauphiné, pair et maréch. de Fr. Tué dev. Brême, 1638.=F. de Bonne, duc de Lesdiguières, fils du précéd., maréch. de Fr. et cél. capit. M. 1687.=Charles, duc de Créqui, prince de Poix, ambass. de Louis XIV à Rome. M. 1687. =Renée-Caroline de Froulay, marquise de Créqui, femme cél. par son esprit. 1714-1803.

Crescence, patrice rom. au 10e s; tenta de rétablir la république, et fut mis à m.

Crescentini (Girolamo), cél. soprano, et composit. N. près d'Urbin; m. Naples, 1846.

Crescenzi (P.), agron. ital. N. Bologne, 1230.=(J.-B), archit. et peint. Rome, 1595-1660.

Crescimbeni (J.-Ma.), poëte, litt. ital. Macerata, 1663-1728.

Crespi (Dan.), peint. milan. 1590-1630.=(Jo.-Ma.), dit lo Spagnuolo, peint. et grav. Bologne, 1665-1747.

Crestin (Gu. du Bois dit), poëte et hist. N. Paris; m. 1525.

Crésus, dern. roi de Lydie, cél. par ses richesses. Vaincu par Cyrus, 545 av. J.-C.

Crétet (Emm.), comte de Champmol, homme d'État, memb. du cons. des anc., gouv. de la banque, min. de l'intér. Pont-de-Beauvoisin (Dauph.), 1747-1809.

Creuzé la Touche (J.-Ant.), écon., memb. de la conv., du cons. des cinq-cents, de celui des anc., sénat., memb. de l'Inst. Châtellerault, 1749-1800.

Crèvecœur (Ph. de), seign. des Guerdes, négociat., maréch. de Fr. M. 1494.

Crevier (J.-B.-L.), hist. Paris, 1693-1765.

Crillon (L. de Balbe de Berton de), vaill. capit. N. Murs (Prov.), 1541; m. 1615.=(L. de Berton de Balbe de Quiers, duc de), homme de guerre. N. 1718; m. Madrid, 1796.

Crispus (Flavius Julius), fils de Constantin le Gr.; césar, 317; mis à m. 326.

Critias d'Athènes, orat., poëte, philos., et l'un des 30 tyrans. Tué 400 av. J.-C.= Dit Nesiotes, sculpt. grec du 5e s. av. J.-C.

Critolaus, philos. péripatéc. de Phaselis (Lydie). Viv. v. 155 av. J.-C.

Criton, disc. et ami de Socrate. M. 380 av. J.-C.=Stat. athén. du 1er ou du 2e s. av. J.-C. =Méd. de l'emp. Trajan.

Crivelli (Ant.), phys., mécan. ital. 1783-1829.

Croce (Ju.-César), litt. bolonais du 17e s.

Croft (Herbert), litt. et crit. angl. M. 1816.

Croix (St Jean de la), écriv. myst., fondat. des carmes déchaussés. Antiveros (Espagne), 1542-1591.

Crome (H.-Fréd.-Th.), homme d'État, écon. all. 1753-1833.

Cromwell (M), comte d'Essex, négociat., gr. chambell. de Henri VIII. Décap. 1540.=(Olivier), lord protecteur d'Angl. N. 1599, dans le comté d'Hundingdon; m. 1658.=(Rich.), lord protecteur, fils du précéd. Abdiqua 1659.

Cronaca (Sim. Pollaiolo, dit il), archit. et sculpt. Florence, 1454-1509.

Croneck (J.-Fréd., baron de), poëte all. Anspach, 1731-1758.

Cronsted (Alex.-Fréd.), minér. suédois. Sudermanie, 1722-1765.

Crowne (J.), aut. dram., poëte améric. M. Londres, 1703.

Croy-Solre (Emm., prince de), maréch. de Fr., gouv. de Picardie, 1718-1787.

Crozat (Ant., marq. du Chatel), riche financ., fondat. d'établiss. à la Louisiane. Toulouse, 1655-1738.=(Jo.-Ant.), archéol., maître des requêtes, etc. Toulouse, 1696-1744.

Crusius (Mart.), sav. hellén. Bamberg, 1526-1607. =(Chr.), philos., théol., disc. de Rudiger. 1712-1775.

Cruz (Aug. da), poëte portug. 1540-1619.=(Gasp. da), missionn. portug. à Macao. M. 1570.

Ctésias, méd., hist. grec de Cnide. Viv. 416 av. J.-C.

Ctesibius, mécan. d'Alexandrie. Viv. v. 150 av. J.-C.

Ctésilaus, sculpt. grec. 452 av. J.-C.

Cuberò (P.), voyag. et missionn. esp. N. 1645.

Cubières (Sim.-L.-P., marq. de), natural., litt. Roquemaure, 1747-1821.=(Michel), dit Palmezeaux, poëte et litt. 1752-1820.

Cudworth (Ralph ou Rod.), philos. angl. Aller (Somerset), 1617-1688.

Cuesta (don Greg. Garcia de la), gén. esp. 1740-1812.

Cueva (Bertram de la), duc d'Albuquerque, favori et min. du roi de Castille Henri IV. M. 1492. =(J. de la), poëte esp. Séville, 1550-1603.

Cuevas (P. de las), peint. Madrid, 1568-1635.

Cufaeler (Abrah.), philos. all. du 17e s.

Cugnot (N.-Jo.), ingén. Void (Lorr.), 1725-1804.

Cujas (Ja.), cél. jurisc. Toulouse, 1520-1590.

Culant (bar. de), amiral de Fr. sous Charles VI. M. 1444.=(Phil.), maréch. de Fr., sénéchal du Limousin, nev. du précéd. M. 1454.

Cullen (W), méd. écoss. 1712-1790.

Cumberland (Rich.), moraliste, archéol., év. de Peterborough. Londres, 1632-1718.=(Rich.), litt., aut. dram. Cambridge, 1732-1811.=(Gu.-A., duc de), gén. angl., fils du roi George II. 1721-1765.

Cunégonde (Ste), impératr., femme de Henri, duc de Bav. et succ. d'Othon II. M. dans un monast., 1040.=(Ste), femme de Boleslas dit le Chaste, roi de la petite Pologne. M. dans un monast., 1292.

Cunha (Tristam da), navig. portug. du 16e s.=(Dom Pedro), gén. portug. sous Jean III, au milieu du 16e s.

Cunibert (St), év. de Cologne, gouv. du royaume de Fr. avec Pepin. M. 664.

Cunningham (Al.), hist. écoss. 1654-1737.

Cuno (J.-C.), poëte, bot. Berlin, 1708-1780.

Cuper (Gisbert), sav. critique holl. 1644-1716.

Curadi (Domin.), dit Ghirlandajo, peint., orfév. florent. 1449-1493.= Plusieurs autres artistes florent. ont porté le même nom.

Curion (Caïus Scribonius), trib. du peuple, partis. de Pompée, puis de César. M. dans un comb., 47 av. J.-C.

Curius Dentatus (Marius), Rom., 3 fois consul, vainq. de Pyrrhus 275 av. J.-C.

Curti (F.), peint., grav. bolonais. M. v. 1693.

Curtis (Gu.), bot. angl. Alton, 1747-1799.

Curtius (Metius), cheval. rom. cél. par son dévouement. Se précipita dans un gouffre qui s'était ouvert à Rome au milieu du Forum, 360 av. J.-C.

Curtius (M. Conrad), hist. all. Mecklembourg, 1724-1802.

Curtz (Alb.), jés., astron. Munich, 1600-1671.

Cusa (N. Crebs, dit de), géom., négociat., cardinal. Cusa (dioc. de Trèves), 1401-1464.

Cuspinien (J.), méd., hist. Franconie, 1473-1529.

Custine (Adam-Ph., comte), gén. fr. N. Metz, 1740; m. sur l'échaf., 1793.

Custos (Domin. Baltens, dit), grav. Anvers, 1560-1612.

Cuvellier de Trie (J.-Gu.-A.), aut. dram., litt. Boulogne-s.-Mer, 1776-1824.

Cuvier (G.-Léopold-Chr.-Fréd.-Dagobert, baron), cél. natural., memb. de l'Acad. fr., de l'acad. des sc., conseill. d'État, pair de Fr., etc. Montbéliard, 1769; Paris, 1832.

Cuyp (Alb.), peint. N. Dort, 1606.=(Ja. Guerrits), peint. holl. 1578-1649.

Cyaxare, fils et succ. de Phraate, roi de Perse. M. 594 av. J.-C.

Cybo (Aaron), vice-roi de Naples, patric. et préfet de Rome. 1377-1457.

Cyprien (St), Père de l'Église lat., év. de Carthage. N. Carthage au comm. du 13e s.; martyrisé 258.

Cyriaque (St), patriarche de Constantinople. M. 606.

Cyriaque Pizzicoli, archéol. Ancône, 1391-1450.

Cyrille (St), Père de l'Église gr. Jérusalem, 315-386.=(St), patriarche d'Alexandrie. M. 444. =(St), dit l'Apôtre des Slaves. N. Thessalonique, 8e s.; m. Rome, 882.

Cyrille Lucar, patriarche de Constant. Candie, 1572-1638.

Cyrus, roi de Perse, conquér., fils de Cambyse. N. v. 599 av. J.-C. On ignore l'époque de sa m. = dit le Jeune, gouv. de l'Asie-Min., fils de Darius Nothus. Mis à m. 401 av. J.-C.

Czacki (Thaddée), homme d'État, conseill. privé de l'emp. Alexandre. Volhynie, 1765-1813.

Czarniecki (Ét.), gén. polon. 1599-1664.

Czerni (G. Petrovitz dit G.), aventur., hospodar de Servie. N. Nancy; décap. 1817.

Czerwiacowski (Jo.-Raphaël), anat. polon. M. 1816.

— D —

Dabelow (Ch.-Christ., baron de), jurisc. all. 1768-1830.

Dach (Sim.), poëte. Memel (Prusse), 1605-1659. = (J.), peint. Cologne, 1566-1650.

Dacier (And.), érud., trad., philol., memb. de l'Acad. fr. et de celle des inscr. Castres, 1651-1722.=(Anne Lefèvre, Mme), hellén., femme du précéd. Saumur, 1651-1720.=(Jo.-Bon), trad., érud., memb. de l'Acad. fr. et de celle des inscr. Valognes, 1742-1833.

Daelmans (Gilles), méd. belge du 17e s.

Daendels (Herman.-Gu.), gén. fr., gouv. des Indes holl. Hattem, 1762; Guinée, 1818.

Dagobert Ier, roi de Neustrie et d'Austrasie. Succ. de son père Clotaire II, 631; m. 638.=II, roi d'Austrasie, fils de Sigebert II. Succ. de Childéric II, 674; m. 678.=III, roi de Neustrie et de Bourgogne. Succ. de son père Childebert III, 711; m. 715.

Dagobert (L.-A.), gén., tactic. St-Lô, 1740; Puycerda, 1794.

Dagomari (P.), dit Paul le Géomètre, cél. mathém. du 14e s.

Dagoneau (J.), écriv. satir. fr. M. 1580.

Daguerre (L.-Ja. Mandé), peint., invent. du diorama et du daguerréotype. Cormeilles, 1789; Paris, 1851.

Dahlberg (Éric, comte de), antiq., feld-maréch. suédois. 1625-1703.=(J.-G.), oriental., théol., litt. Strasb., 1760-1852.

Daimbert ou *Dagobert*, archev. de Pise, patriarche lat. de Jérusalem. M. Sicile, 1107.

Daire (L.-F.), relig. célest., hist., litt. Amiens, 1717-1792.

Dalayrac (N.), cél. composit. Muret (Cominges), 1753-1809.

Dalberg (J. Kamerer de), év. de Worms, érudit. Oppenheim, 1445; m. exilé, 1503.=(C.-Théod.-Ant.-Ma., bar. de), prince primat de l'Église cathol. d'All., homme d'État, litt. Hernsheim, 1745-1817.=(Wolfgang-Héribert, baron de), poëte, frère du précéd. Worms, 1750-1806.=(Émerie-Ja., duc de), diplom., pair de Fr., min. Mayence, 1773-1833.

Dalechamps (Jo.), méd., bot. Caen, 1513-1586.

D'Alembert. V. ALEMBERT.

Dalemille, chan. de Prague, poëte, hist. M. v. 1314.

Dalesme (And.), phys. et mécan. fr. M. 1727.

Dalibart (Th.-F.), bot., physic. fr. M. Paris, 1774.

Dalin (Olaüs van), poëte et hist. suéd. 1708-1763.

Dallas (C.-R.), litt. angl. N. Jamaïque; m. Havre, 1824.

Dallaway, hist., litt. Bristol, 1763-1834.

Dalmasio (Ph. de), peint. bolon. M. 1410.

Dalphonse (F.-J.-B., bar.), memb. du cons. des anciens, du corps législ., député. Bourbonn., 1759-1821.

Dalrymple (Dav.), jurisc., hist. Edimb., 1726-1792. = (Alex.), géogr., hydrogr. Édimb., 1737-1808.

Dalton (John), physic. et chim. Englesfield (Cumberl.), 1766; Manchester, 1844.

Dam (Ant. van), peint. de mar., généal. holl. Middlebourg, 1682; m. v. 1750.

Damascène (St Jean), écriv. ascét., théol. Damas, 676-754.

Damascius, philos. éclect. du 6e s. N. Damas.

Damase Ier (St), pape. Succ. de Tibère, 366; m. 384. = II, pape. Succ. de Clément II, 1048; m. même année.

Dambourney (L.-A.), chim. Rouen, 1722-1795.

Dambray (C.), chancel. de Fr., min. de la just. Rouen, 1760; Paris, 1829.

Damesme (L.-Emm.-Aimé), archit. fr. 1757-1822.

Damien (P.), card., év. d'Ostie, théol., négociat. Ravenne, 988-1072.

Damiens (R.-F.), assass. de Louis XV, qu'il manqua. Tieulloy (Flandre), 1715; écartelé, Paris, 1757.

Damiens de Gamicourt (A.-P.), litt. Amiens, 1725-1790.

Damilaville, litt., ami de Voltaire. Paris, 1719-1768.

Damino (P.), peint. vénit. Castel-Franco, 1592-1631.

Damm (Chr.-Tobie), hellén., théol. all. 1699-1778.

Damocrite, stat. grec. N. Sicyone. Viv. 400 av. J.-C. = hist. grec. On ignore le s. où il a vécu.

Damon, music. grec du 5e s. av. J.-C.

Damophon, sculpt. grec. Viv. Messénie, 6e s. av. J.-C.

Dampier (Gu.), cél. navig. angl. M. v. 1711.

Dampierre (J.), poëte lat., ami de Th. de Bèze. M. 1550. = (H. du Val, comte de), gén. fr. au service de Rodolphe II. M. dev. Presbourg, 1620. = (A.-H.-M. Picot de), gén. fr. Paris, 1756-1795.

Dampmartin (P.), négociat., litt., fut gouv. de Montpell. en 1585. = (Anne-H., vicomte), litt., memb. du corps législ. Uzès, 1750-1825.

Dan (P.), hist. fr. M. 1649.

Danchet (Ant.), poëte dram., memb. de l'Acad. fr. Riom, 1671-1748.

Dancourt (Florent Carton), coméd. et aut. dram. Fontainebleau, 1661-1726.

Dandelot (F. de Coligny, dit), chef protest., frère de l'amiral. Chatill.-s.-Loing, 1511-1569.

Dandini (César), peint. florent. 1595-1658.

Dandolo, fam. noble de Venise, dont les princip. personn. sont: = Henri, doge de 1192 à 1205. = Jean, doge de 1280 à 1289. = François, surnommé le Chien, doge de 1328 à 1339. = (André), hist., protect. de Pétrarque, et doge de 1342 à 1354.

Dandolo (Ant.), podestat de Ravenne. N. Venise, 1431; m. empois. 1472. = (Vinc.), chim., provéd. de Dalmatie, comte et sénat. Venise, 1758-1819.

Dandré-Bardon (M.-F.), peint. Aix, 1700-1783.

Daneau (Lamb.), min. protest., litt. Beaugency, 1530-1596.

Danes (P.), profess. de grec au Coll. de Fr., év. de Lavaur, Paris, 1497-1577.

Danet (P.), lexicogr. Paris, 1640-1709.

Dangeau (Ph. de Courcillon, marq. de), hist., memb. de l'Acad. fr., favori de Louis XIV. 1638-1720.

Dangeville (Ma.-Anne Botot), cél. comédienne. Paris, 1714-1796.

Daniel, l'un des gr. prophètes du sang royal de Juda. Viv. v. 602 av. J.-C.

Daniel (St), moine stylite. Samosate, 410-490.

Daniel (Sam.), hist. et poëte angl. Taunton, 1562-1617. = (Gab., dit le Père), jés., hist. fr. Rouen, 1649-1728.

Daniele (F.), antiq. et hist. ital. St-Clément, 1740-1812.

Dankelmar (Ehrard-Christ.-Balt.), min. d'État pruss. Lingen, 1643-1722.

Dankers de Ky (Corn.), archit. Amsterd., 1561-1634.

Danloux (P.), peint. Paris, 1745-1809.

Danneker, sculpt. all. Stuttgard, 1758-1835.

Danrémont (C.-Ma., comte de), maréch. de Fr. Tué devant Constantine, 1837.

Dante Alighieri, cél. poëte ital. Florence, 1325-1381.

Dante (P.-Vinc.), mathém., archit., poëte. N. Pérouse; m. 1512. = (Egnazio), mathém., géogr., fils du précéd. 1537-1586.

Dantine (dom Maurice F.), bénéd. de St-Maur. Gommieux, près de Liége, 1688-1746.

Danton (G.-Ja.), memb. de la conv.; min. de la just. après la journée du 10 août. N. Arcis-s.-Aube, 1759; m. sur l'échaf., 1794.

Danvers (H.), comte de Danby, homme d'État de l'Anglet. Dantesey, 1573-1643.

Danville. V. Anville.

Danzi (F.), composit. Manheim, 1763-1826.

Dapper (Oliv.), méd. et écriv. N. Amsterd.; m. 1690.

Daran (J.), chir. fr. 1701-1784.

Darcet (J.), cél. chim., memb. de l'acad. des sc. Douazit (Guienne), 1725-1801. = (J.-P.-Jo.), chim., commiss. gén. des monnaies, fils du précéd. 1777-1844.

Darès, de Phrygie, Troyen, gr.-prêtre de Neptune, aut. d'une Hist. de la guerre de Troie.

Daret (P.), grav. Pontoise, 1610-1675.

Darius Ier, roi de Perse, fils d'Hystaspe. Succ. du faux Smerdis, 522 av. J.-C.; m. 485. = II, dit Nothus, roi de Perse, fils d'Artaxercès Longue-Main. S'emp. du trône à la mort de Xercès II; m. 405 av. J.-C. = III, dit Codoman, dernier roi de Perse. Vaincu par Alexandre à Issus, 333 av. J.-C.; assass., 331.

Darluc (M.), méd., natural. fr. 1709-1783.

Darmstadt (G., prince de), lieut.-gén. des armées impér. sous le prince Eugène. N. 1660; tué dev. Barcelone, 1705.

Darnalt, antiq. du 17e s.

Darnley (H. Stuart, lord). N. 1541; épousa Marie-Stuart, 1561; tué 1567.

Darrigol (l'abbé J.-P.), philol. fr. 1790-1829.

Daru (P.-Ant.-Bruno, comte), homme d'État, hist., litt. Montpell., 1767-1829.

Darwin (Erasme), méd., poëte angl. Elston, 1731-1802.

Dasypodius (P.), lexicogr. suisse du 16e s.

Dathame, gén. persan. Se révolta contre son maître Artaxercès-Ochus; tué 361 av. J.-C.

Dati (Grég.), hist. florent. 1363-1436. = (C.-Rob.), litt. ital. Florence, 1619-1676.

Daubasse (Amand), poëte gascon. 1660-1720.

Daubenton (Gu.), jés., confess. de Philippe V. Auxerre, 1648; Madrid, 1723. = (L.-J.-Ma.), cél. natural. Montbard, 1716-1800.

Dauberval (J. Berchet, dit), dans., maître de ballets à l'Opéra. Montpell., 1741-1806.

Daudet (le cheval.), ingén. géogr. du roi Louis XV. N. Nimes. = (R.), grav. Lyon, 1737-1824.

Daudin (F.-Ma.), natural. Paris, 1774-1804.

Daullé (J.), grav. fr. Abbeville, 1703-1763.

Daumesnil (P., baron), dit la Jambe de bois, gén. de l'Empire. Périgueux, 1777-1832.

Daun (Léop.-Jo.-Mar., comte de), gén., feld-maréch. des armées de Marie-Thérèse. Vienne, 1705-1766.

Daunou (P.-Cl.-F.), homme d'État, hist., érud., memb. de l'Inst. Boulogne, 1761; Paris, 1840.

Davaux (J.-B.), composit. N. Dauphiné, au 18e s.

Davenant (W.), poëte angl. Oxford, 1605-1668.

David, prophète-roi, fils de Jessé. N. Bethléem, v. 1085 av. J.-C.; succ. de Saül comme roi de Judée; m. 1001.

David (St), patron du pays de Galles. 480-544.

David Ier, roi de l'Arménie occident. Succ. de son père Gagik, 980; m. 1046. = II, dit le Fort. M. 1126.

David Ier, roi d'Écosse après son frère Alexandre, 1124; m. 1153. = II. V. Bruce.

David Comnène, dern. emp. de Trébizonde. Mis à m., 1462.

David George (Jorick), fondat. de la secte des davidistes. Delft, 1501-1556.

David-Cohen, sav. rabbin portug. M. Hambourg, 1674.

David de St-George (J.-Jo.-Alex.), litt., philol. St-Claude, 1759-1809.

David (F. Anne), grav. Paris, 1741-1824. = (Ja.-L.), peint. cél., memb. de la conv. N. Paris, 1748; m. exilé à Bruxelles, 1825. = (Touss.-Bern.-Émeric), litt., érud., memb. de l'Inst. Aix (Prov.), 1755-1839.

Davidson (Lucrèce-Ma.), femme poëte. Plattsburgh (Canada), 1808-1825.

Davies (J.), en lat. Davisius, cél. érudit. Londres, 1679-1732. = (J.), philos. angl. du 17e s.

Davila (H.-Cath.), hist. Sacco (Padouan), 1576; assass., 1631. = (D.-P.-Franco), natural. Guayaquil (Pérou), 1715; Madrid, 1785.

Davis (J), navig. angl. du 16e s. Tué sur la côte de Malacca, 1605.

Davoust (L.-N.), prince d'Eckmühl, maréch. de Fr., min. de la guerre, pair de Fr. Annoux (Yonne), 1770-1823.

Davy (Humphry), cél. chim. angl. Penzance (Cornouailles), 1778; Genève, 1829.

Day (Th.), litt. angl. Londres, 1748-1789.

Dazille (J.-Bart.), méd. fr. 1732-1812.

Dazincourt (Ja.-J.-B. Albouy, dit), coméd. du Th.-Fr. Marseille, 1747-1809.

Debast (Ma.-Jo.), curé, philol. Gand, 1753-1825.

Débonnaire (L.), orator., écriv. jansén. N. Troyes; m. 1752.

Débora, prophétesse et juge; gouverna les Hébreux pendant 40 ans, depuis 1285 av. J.-C.

Debraux (Pa.-Emile), chansonn. pop. Ancerville (Lorraine), 1798-1831.

Debucourt, peint. et grav. Paris, 1755-1832.

Debureau (J.-B.-Gasp.), cél. pantomime dans le genre com. Newkolin (Bohême), 1796; Paris, 1846.

Debure, nom d'une fam. de libr. = (Gu.-Fr., dit le Jeune). Paris, 1731-1782. = (Gu.), son cousin. Paris, 1734-1820. = (J.-Fr.), frère de Debure le Jeune, hellén. Paris, 1741-1825.

Decandolle (Augustin-Pyrame), cél. bot. N. Genève, 1778; m. Paris, 1841.

Dèce (Cneius Messius Quintus Trajanus Decius), emp. rom. N. Pannonie; proclamé 249; m. 251.

Decebale, roi des Daces, vaincu par Trajan. Se donna la mort, 105 de J.-C.

Decentius (Magnus), frère de Magnence, césar, gouv. des Gaules. Se donna la mort à Sens, 353.

Decius Mus (Publius), consul rom. qui se dévoua aux dieux infern. 338 av. J.-C., pour assurer la victoire aux Rom.

Decius (Josse-L.), hist. all. du 15e s.

Decker (Th.), aut. dram. angl. du 17e s. = (Pa.), archit., peint., grav. Noremb., 1677-1715.

Decrès (Den.), amir., min. de la mar. Château-Vilain (H.-Marne), 1765-1820.

Dee (J.), astrol. et nécrom. angl. Londres, 1527-1607.

Deering (C.), méd., bot., antiq. Leyde, 1690; Nottingham, 1749.

Défauconpret (A.-J.-B. de), romanc. et trad. Lille, 1767; Paris, 1843.

Deforis (J.-P.), bénéd., controv. N. Montbrison, 1732; m. sur l'échaf., 1794.

Deffant. V. Dudeffant.

Degaulle (J.-B.), hydrogr., ingén. fr. 1732-1810.

Degenfeld (Christ.-Mart., bar. de), colonel-gén. des troupes étrangères sous Louis XIII. M. 1653.

Deguerle (J.-N.-Ma.), poëte, litt. Issoudun, 1766-1824.

Deidier (l'abbé), mathém. fr. du 18e s.

Deimier (P. de), poëte fr. du 16e s. N. Avignon.

Dejean (J.-F.-Aimé, comte), min. de la guerre, pair de Fr., gouv. de l'École polytechn. Castelnaudary, 1749-1824.

Déjocès, fondat. de l'emp. des Mèdes. M. 646 av. J.-C.

Déjotarus, roi de Galatie au 1er s. av. J.-C.

Dejoux, sculpt. fr., memb. de l'acad. 1731-1846.

Deken (Agathe), femme poëte holl. 1741-1804.

Delacroix (J.-F.), jurisc. Paris, 1743-1832.

Delaistre, sculpt. fr. 1745-1805.

Delalande (P.-Ant.), natural. Versailles, 1787-1817.

Delamarche, géogr. fr. 1740-1817.

Delambre (J.-B.-Jo.), astron., memb. de l'acad. des sc. Amiens, 1749-1822.

Delandine (Ant.-Fr.), litt., bibliogr. Lyon, 1756-1820.

Delaplace (Guislain-F.-Ma.-Jo.), litt. Arras, 1757-1823.

Delarbre (Ant.), méd., bot. Clermont (Auv.), 1724-1807.

Delatour (L.-F.), impr., écriv. Paris, 1727-1807. = (Maurice Quentin), peint. fr., memb. de l'acad. 1705-1788.

Delaudun (P.), poëte. Uzès, 1575-1629.

Delaulne (Et.), grav. Orléans, 1520-1595.

Delavigne (J.-Fr.-Casimir), poëte et aut. dram., memb. de l'Acad. fr. Le Havre, 1793; Paris, 1843.

Delbène (Alph.), hist., litt., év. d'Alby. N. Lyon; m. 1608.

Delen (Thierry van), peint. holl. du 17e s.

Delessert (Et.), banq., philanth. Lyon, 1755; Paris, 1816. = (Benj.), natural, bot., cél. industriel, rég. de la Banque, memb. de la chambre des députés, et fils du précédent. Lyon, 1773; Paris, 1847.

Deleuze (J.-Ph.-F.), litt., natural. Sisteron, 1743-1835.

Delfau (Dom. F.), bénédict. de St-Maur. Montel (Auv.), 1637-1676.

Delfino (J.); doge de Venise. M. 1361. = (J.), card., litt. Venise, 1617-1699. = (F.), méd. et astr. Padoue, 1477-1547.

Delille (Ja.), poëte didact., memb. de l'Acad. fr. Aigueperse, 1738; Paris, 1813.

Delisle (Ch.), géog., hist. Vaucouleurs, 1644-1720. = (Sim.-Cl.), géogr., mem. de l'acad. des sc., fils du précéd. Paris, 1675-1726. = (Jo.-Nic.), mathém., astron., frère des précéd. Paris, 1688-1758.

Delisle de Sales (J.-B.-Clément-Isoard, dit), litt., memb. de l'Instit. Lyon, 1743-1816.

Della-Maria (Domin.), cél. composit. Marseille, 1778-1800.

Delley (P. de), agron., memb. du conseil des cinq-cents, du corps législat., du sénat. Romans, 1750-1827.

Dellon (C.), méd. et voyag. fr. du 17e s.

Delmotte (H.-Florent), litt., hist. N. Mons; m. 1836.

Delongchamps, aut. dram. M. Louviers, 1832.

Delorme (Philibert), cél. archit. N. Lyon; m. 1577. = (J.), méd. de Henri IV et de Louis XIII. Moulins, 1547-1637. = (C.), méd., fils du précéd. Moulins, 1584-1678.

Delorme (Marion), cél. courtisane. Châlons-s.-M., 1611-1650.

Delpech (Ja.-Mat.), cél. chir. N. Toulouse, 1772; assass. 1832.

Delrieu (E.-J.-B.), aut. dram. 1761-1836.

Deluc (J.-And.), sav. physic. Genève, 1727-1817.

Delvincourt (Cl.-Et.), jurisc. fr. Paris, 1762-1831.

Demades, orat. d'Athènes. Mis à m. 319 av. J.-C.

Demarate, roi de Sparte, 529-492 av. J.-C.

Demarne (J.-L.), peint. Bruxelles, 1752; Paris, 1829.

Dembrowski (L.-Mat.), gén. polon. au service de la Fr. Gora, 1774-1812.

Démétrianus, archit. rom. 2e s. ap. J.-C.

Démétrius, sculpt. grec du 4e s. av. J.-C. = *de Phalère*, orat. et homme d'État athén., fut archonte 316 av. J.-C. Se donna la m. 284.

Démétrius Ier, Polyorcète, roi de Macédoine, fils d'Antigone. Régna de 295 à 287 av. J.-C.; m. 283. = II, roi de Macédoine, fils d'Antigone Gonatas. 242 à 232 av. J.-C.

Démétrius Ier, Soter, roi de Syrie, fils de Séleucus Philopator. Mis à m. 149 av. J.-C. = II, Nicator, fils aîné du précéd. Régna 144-125 av. J.-C. = III, surnom. Eucerus, fils d'Antiochus Grypus. M. 87 av. J.-C.

Démétrius Cynodius, écriv. grec du 14e s. N. Constantinople.

Demidoff (Nic.), descend. d'une ill. fam. russe, riche et sav. philanthrope. Tchekowitz, 1775-1828.

Démocrite, philos. grec. N. Abdère v. 490 ou 470 av. J.-C.

Démonax, de Cypre, philos. cynique. Viv. 2e s. av. J.-C. = Philos. grec, contemp. d'Adrien et de Marc-Aurèle.

Démosthène, le plus gr. orat. de la Grèce. N. Athènes 381 av. J.-C.; s'empoisonna 322 av. J.-C.

Demours (P.), méd. ocul. Marseille, 1702-1795.

Demoustier (C.-Albert), litt. et poëte. Villers-Cotterets, 1760-1801.

Dempster (Th.), antiq. et hist. écoss. 1579; Bologne, 1625.

Denham (J.), poëte. Dublin, 1615-1668. = (Dixon), cél. voyag. Londres, 1786; Accra, 1828.

Denina (C.-J.-M.), litt. ital. Revel (Piémont), 1731; Paris, 1813.

Denis (St), pape, succ. de Sixte II, 259. M. 269.

Denis, roi de Portugal, fils d'Alphonse III. Lisbonne, 1261-1325.

Denis (le P.), capucin, bibliogr. Gênes, 1636-1695.

Denisart (J.-B.), jurisc. fr. Guise, 1712-1765.

Denman (Th.), chir. accouch. angl. 1733-1815.

Dennis (J.), crit., aut. dram. Londres, 1657-1733.

Denon (le bar. Domin.-Vivant), grav., memb. de l'acad. de peint. Châlon-s.-Saône, 1747-1825.

Denys l'Ancien, tyran de Syracuse. S'empara du pouv. 405 av. J.-C. M. 368. = Le Jeune, fils du précéd. et son succ. 368 av. J.-C., fut détrôné 358 av. J.-C. On ignore l'époque de sa m.

Denys de Milet, écriv. grec contemp. de Darius, fils d'Hystaspes. = *de Thrace*, dit le Grammairien. N. Alexandrie; profess. à Rome du temps de Pompée. = *d'Halicarnasse*, rhét. et hist. grec. Viv. à Rome v. 30 av. J.-C. = *De Charax*, dit le Périégète, écriv. grec. V. le 1er s. de J.-C.

Denys (St) l'Aréopagite, 1er év. d'Athènes. Brûlé vif v. 95.

Denys (St), patriarche d'Alexandrie v. 248. M. 265. = (St), apôtre des Gaules, 1er év. de Paris. Martyr. 272.

Denys le Petit, chron. et inv. de la période dyonisienne de 532

ans. Viv. au comm. du 4e s. = Le Chartreux, dit le Docteur extatique; écriv. ecclé. N. au pays de Liége; m. 1471.

Denys (P.), cél. serrurier et ciseleur. Mons, 1658-1733.

Déparcieux (Ant.), cél. calculat., memb. de l'acad. des sc. Cessoux (Languedoc), 1703-1768.

Derby (Ja. Stanley, comte de), seign. de l'île de Man, et partis. de Charles II d'Anglet. Décap. Bolton, 1651.

Derham (Gu.), physic. et théol. angl. 1657-1735.

Derjavine (Gab.), poëte russe. Kasan, 1743-1816.

Derossi (J.-Gérard), poëte, litt. Rome, 1754-1827.

Desaguliers (J.-Théoph.), physic. La Rochelle, 1683-1743.

Desaix (L.-C.-Ant.), gén. fr. N. St-Hilaire-d'Ayat (Auv.), 1768; tué à Marengo, 1800.

Desargues (Gérard), mathém. Lyon, 1593-1662.

Désaugiers (Marc-Ant.), composit. Fréjus, 1742-1793 = (Marc-Ant.), cél. chansonn. et vaudevill., fils du précéd. Fréjus, 1772; Paris, 1827.

Desault (F.-P.), cél. chir. fr. Magny-Vernais (Fr.-Comté), 1744-1795.

Desbillons (F.-Jo. Terrasse), jés., poëte lat. Châteauneuf (Berri), 1711-1789.

Desbois de Rochefort (L.), méd. fr. 1750-1786.

Desboulmiers (J.-Aug. Jullien, dit), écriv. fr. Paris, 1731-1771.

Descamps (J.-B.), peint., memb. de l'acad. Dunkerque, 1714-1791.

Descartes (Re.), philos., mathém. et physic. N. La Haye (Touraine), 1596; m. Stockholm, 1650.

Deschamps (Jo.-F.-L.), chir., memb. de l'Inst. Chartres, 1740-1824.

Descousu (Celse-Hug.), jurisc. N. Châlon-s.-Saône, 1480.

Deseine (L.-P.), sculpt., écriv. Paris, 1759-1822.

Desenne (Al.-Jo.), peint. et dessinat. Paris, 1783-1827.

Désessarts (Den. Dechanet, dit), act. de la Com.-Fr. Langres, 1737-1793. = (N. Lemoine, dit), avocat et libr. Coutances, 1744-1810. = (J.-C.), méd. fr. 1729-1811.

Desèze (Rom.), avocat, déf. de Louis XVI. Bordeaux, 1750-1828.

Desfaucherets (J.-L. Brousse), aut. dram. Paris, 1742-1808.

Desfontaines (l'abbé P.-F. Guyot), crit., litt. Rouen, 1685-1745. = (Re.-L.), bot., memb. de l'Acad. Tremblay (Ille-et-Vilaine), 1751-1833.

Desforges (P.-J.-B. Choudard), coméd., aut. dram.; écriv. Paris, 1746-1806.

Desforges-Maillard (Pa.), litt. fr. 1699-1772.

Desgabets (B.), bénéd. de St-Vannes. M. 1678.

Desgenettes (Re.-N. Dufriche, bar.), cél. méd. Alençon, 1762-1837.

Desgodets (Ant.) archit., memb. de l'acad. Paris, 1653-1728.

Deshauterayes (M.-Ange-And. Leroux), oriental. Pontoise, 1725-1795.

Deshayes (L.), bar. de Cormenin, négociat. sous Louis XIII. Décap. Béziers, 1632.

Deshoulières (Antoinette du Ligier de la Garde, dame), femme poëte. Paris, 1634-1694.

Desjardins (Mart. van den Bogaert), sculpt. et fond. Breda, 1640; Paris, 1694.

Deslandes (And.-F. Boureau), litt. Pondichéry, 1690-1757.

Deslauriers, dit Bruscambille, coméd. de l'hôtel de Bourgogne, 1606 à 1634.

Desmahis (Jo.-F.-Ed. de Corsembleu), poëte dram. Sully-s.-Loire, 1722-1761.

Desmaiseaux (P.), écriv. et édit. Auvergne, 1666-1746.

Desmarets (J.), avocat gén. au parl. de Paris. Mis à m. par ordre de Charles VI, 1382.

Desmarets de St-Sorlin (J.), poëte, memb. de l'Acad. fr. Paris, 1596-1676.

Desmarets (N.), physic., memb. de l'acad. des sc. Soulaines (Champ.), 1725-1815. = (C.), chef de la police impér. 1765-1823

Desmasures (L.), poëte fr. et lat. Tournay, 1523-1580.

Desmoles (Arnaud), peint. sur verre du 16e s.

Desmoulins (Camille), écriv. polit., memb. de la conv. N. Guise, 1762; m. sur l'échaf., 1794.

Desorgues (Théod.), poëte. Aix (Prov.), 1764-1808.

Désormeaux (J.-L. Ripault), historiogr., memb. de l'acad. des inscr. Orléans, 1724-1793. = (Ma.-Al.), méd. et profess. Paris, 1778-1830.

Desormery (Léop.-Bastien), composit. fr. 1740-1812.

Desparts (Ja.), chan. et méd. du roi Charles VII. M. Paris, 1457.

Despautère (J.), gramm. Ninove (Brabant), 1460-1520.

Despaze (Jo.), poëte satir. Bordeaux, 1769-1814.

Despériers (Bonav.), poëte, litt. N. Arnay-le-Duc; m. 1544.

Desplaces (L.), grav. Paris, 1682-1739. = (Ph.), astron. Paris, 1659-1736.

Desport (F.), chir. mil. fr. M. 1760.

Desportes (Ph.), poëte et abbé. Chartres, 1546-1606. = (F.), peint. et aut. dram. fr., memb. de l'acad. 1661-1743.

Despréaux (J.-Et.), aut. dram., litt. Paris, 1747-1820. = (Ma.-Madel.), dite Mll. Guimard, femme du préced., 1re danseuse de l'Opéra. Paris, 1743-1816.

Desprémesnil. V. Esprémesnil.

Desprez (L.-J.), peint. et archit. Auxerre, 1743. Stockholm, 1804.

Desrochers (Et. Jehandier), grav. N. Lyon; m. 1741.

Desroches (J.-B.), dit de Parthenay, hist. N. La Rochelle; m. 1766.

Desrues (Ant.-F.), cél. empoisonn. N. Chartres, 1745; exécuté Paris, 1777.

Dessaix (Jo.-Ma.), gén. fr. Thonon (Savoie), 1764-1825.

Dessalines (Ja.), 1er emp. d'Haïti. Côte-d'Or (Afrique), 1760-1806.

Dessolle (J.-Ja.-Pa.-Augustin), gén., homme d'État. Auch, 1767-1828.

Destouches (And. Cardinal), composit. Paris, 1672-1749. = (Ph. Néricauld), aut. dram., memb. de l'Acad. fr. Tours, 1680-1754.

Destrées (l'abbé Ja.), écriv., collab. de l'abbé Desfontaines. N. Reims, 1700.

Destrem (Hug.), convent. Fanjau (Languedoc), 1758-1805.

Desvignoles (Alph.), past. protest., chronolog. Aubais (Langued.), 1649; Berlin, 1744.

Des Yvetaux (N. Vauquelin, seign.), poëte fr. M. 1649.

Detroy (F.), peint. Toulouse, 1645-1730.

Devaines (J.), litt., memb. de l'Inst. Paris, 1740-1803.

Devaux (J.), chir. et biogr. Paris, 1649-1729. = (Gab.-P.-Moisson), bot. Caen, 1742-1802.

Devienne (C.-J.-B. d'Agneaux), bénéd. de St-Maur. Paris, 1728-1792. = (F.), composit. Joinville, 1760; m. fou Charenton, 1803.

Deville (Ant.), ingén., érudit. Toulouse, 1596-1657.

Devillers (C.), physic. et natural. fr. 1724-1809.

Devonshire (Georgina, comtesse de), femme cél. par sa beauté et son esprit. Londres, 1746-1806. = (Élisab. Hervey, 2e duchesse de), femme cél. comme la précéd. 1759-1824.

Devos (Mart.), peint. Anvers, 1534-1604.

Devuez (Arnould), peint. Oppenois (Picardie), 1642-1724.

Dexippe, philos. néoplatonic. Viv. au comm. du 4e s. = Gén. et hist. grec du 5e s.

Dezallier d'Argenville (Ant.-Jo.), litt., natural. Paris, 1680-1765.

Dezède ou *Dezaides*, composit., aut. dram. M. Paris, 1792.

Dhell (Th.), litt., aut. dram. Glocester, 1740-1780.

D'Hozier (P.), sav. généalog. Marseille, 1592-1660.

Diagoras de Mélos, dit l'Athée, sophiste grec du 5e s. av. J.-C.

Diamante (J.-B.), aut. dram. esp. du 16e s.

Diane de Poitiers, duchesse de Valentinois, fille du comte de St-Valliers, maîtresse de François Ier et de Henri II. 1499-1566. = de France, duchesse d'Angoulême, fille natur. de Henri II. 1538-1619.

Dias (Balt.), poëte portug. du 16e s. = *Gomez* (F.), autre poëte portug. 1745-1795.

Diaz (Bart.), navig. portug. M. 1500. = (M.), navig. aragonais, compagnon de Colomb. M. 1512. = (Gasp.), peint. portug. du 16e s.

Dibdin, aut. dram., litt. Southampton, 1748-1815. = (Th. Frognall), bibliogr. angl. 1775-1847.

Dibil-al-Khossai, poëte ar. 765-860.

Dicéarque de Messine ou de Messène, philos., hist., géogr. grec. Viv. 320 av. J.-C.

Diceto (Raoul de), hist. angl. de la fin du 13e s.

Dickinson (Edm.), méd., archéol. angl. Berk, 1624-1707.

Dickson (J.), bot. écoss. M. 1822.

Dicquemare (Ja.-F.), natural., physic. 1733-1789.

Dictys de Crète, aut. pseudonyme d'une histoire de la guerre de Troie, qui paraît avoir été fabriquée au 5e s.

Dicuil, géogr. irland. du 11e s.

Diderot (Den.), philos. fr., litt., aut. dram. Langres, 1713; Paris, 1784.

Didier (St), év. de Langres. Martyrisé 264.

Didier (J.-Pa.), profess. à l'école de droit de Grenoble. N. Upie (Dauphiné), 1758; condamné à m. et exécuté comme conspir., 1816.

Didianus Julianus Severus, emp. rom. Milan, 133; mis à m. v. 194.

Didon, princesse de Tyr, fille de Belus, femme de Sichée. Fonda Carthage, 880 av. J.-C.

Didot, nom d'une fam. d'imprim. dont les principaux memb. sont : = (F.-Ambroise). Paris, 1730-1804. = (Firmin), impr.-libr., poëte et aut. dram. Paris, 1764-1836. = (H.), grav. et fond. en caract. Paris, 1765-1852.

Didyme, gramm. grec du 1er s. av. J.-C. = dit l'Aveugle, doct. de l'Église d'Alexandrie. M. v. 395.

Die (St), év. de Nevers en 655; m. dans les Vosges, 684.

Diebitsch-Zabalkanski (J.-C.-Fréd.), gén. russe, 1785-1831.

Diedo (F.), noble Vénit., homme d'État, jurisc. M. 1484. = (Ja.), sénat. de Venise, hist. 1684-1748.

Diemen (Ant. van), gouv. gén. des établiss. holl. dans les Indes Orient. Cuylembourg, 1595-1645.

Dieffenbach (J.-Fréd.), chir. cél. Kœnigsberg, 1795-1847.

Diepenbeke (Abrah. van), peint. flam. Bois-le-Duc, 1607-1675.

Diéreville, voyag. fr. du 17e s. N. Pont-l'Évêque.

Dierickx (C.-L.-Max.), érudit. Gand, 1756-1823.

Diesbach (Sébast.), capit. du 16e s. et avoyer de Berne en 1529. = (J.-Fréd.), de la même fam., feld-maréch. au serv. de l'emp. d'Autriche. M. 1751.

Dietrich (Chr.-Gu.-Ern.), peint. et grav. all. Weimar, 1712-1774. = (Ph.-Fréd., baron de), minéral. et chim. N. Strasb., 1748; m. s. l'échaf., 1793. = (J.-Fréd.), poëte lat. Gœrlitz (H.-Lusace), 1753-1833.

Dietz (H.-Fréd. de), jurisc., ambass. Bernbourg, 1751-1817.

Dieu (St Jean de), fondat. de l'ordre de la Charité. Monte-Major-el-Novo (Portug.), 1495-1550.

Dieu (L. de), oriental., comment., min. protest. Flessingue, 1590-1642.

Dieudonné Ier (St), pape. Succ. de Boniface IV, 614; m. 617. = II, pape. Succ. de Vitalien, 673; m. 676.

Dieulafoy (Jo.-Ma.-Arm.-M.), aut. com. Toulouse, 1762-1823.

Digby (Éverard), gentilh. angl. qui trempa dans la conspir. des poudres. N. 1581; pendu 1616. = (Kenelm), théol., favori de Charles Ier, et fils du précéd, 1603-1665.

Digeon (J.-Ma.), oriental. fr. 1730-1812.

Digges (Léo.), géom. angl. M. 1574. = (Thomas), géom., commiss. gén. des troupes d'Elisabeth, fils du précéd. M. 1595. = (Dudley), légiste, diplom., fils du précéd. 1583-1636.

Dillens ou *Dillenius* (J.-J.), bot. Darmstadt, 1687-1747.

Dillon (Arthur, comte de), gén. irl. au service de la Fr. Roscommon, 1760-1833. = (Arthur), égalem. au service de la Fr., député aux états-gén. N. Braywick (Irl.); m. sur l'échaf., 1794. = (Théobald), de la même fam. N. Dublin, 1745; massacré en Belg. par ses soldats, 1792.

Dimsdale (Th.), méd. angl. Essex, 1712-1800.

Dinarque, orat. grec. N. Corinthe, 360 av. J.-C.

Diniz da Cruz (Ant.), cél. poëte lyr. portug. Castello de Vide, 1730-1798.

Dino, jurisc. du 13e s.

Dinocrate, archit. grec. Viv. v. 332 av. J.-C.

Dioménès, sculpt. grec. Viv. v. 400 av. J.-C.

Dinostrate, mathém. grec, contemp. de Platon.

Dinter (Edm.), chroniq. fr. M. 1448.

Dioclétien (Caius Valerius Aurelianus), emp. rom. N. Dalmatie, 245; proclamé emp., 286; m. 313.

Diodati (J.), trad., past. calviniste. Genève, 1576-1645.

Diodore de Tyr, philos. péripatéticien. Viv. 2e s. av. J.-C.

Diodore de Sicile, hist. grec, contemp. de César et d'Auguste. N. Argyrium (Sicile).

Diogène d'Apollonie (Crète), philos. grec, dit le Physicien. Viv. v. 472 av. J.-C.

Diogène, philos. cynique. N. Sinope (Pont), 413; m. Corinthe, 323 av. J.-C. = le Babylonien, philos. stoïcien du 3e s. av. J.-C.

Diogène-Laërce, ou *de Laërte*, philos. et hist. grec. N. Laërte (Cilicie); m. 222.

Diogénien, gramm. grec, contemp. d'Adrien.

Diomèdes, gramm. lat. du 5e s.

Dion de Syracuse, disc. de Platon, délivra sa patrie du joug de Denys le Jeune, 357 av. J.-C.

Dion Chrysostome, rhét. grec. N. Pruse (Bithynie), v. 50.

Dion Cassius Cocceianus, hist. grec. N. Nicée (Bithynie)-155.

Dionigi (Marianne), femme aut., peint., archéol. Rome, 1756, 1826.

Dionis (P.), cél. chir. fr. du 18e s. M. 1718.

Dionis du Séjour (Achille-P.), magist., géom., memb. de l'acad. des sc. Paris, 1734-1794.

Dionisi (Ph.-Laur.), ecclés., érud. Rome, 1711-1789.

Dionysius, peint. grec. N. Colophon, v. 412.

Diophante d'Alexandrie, cél. mathém. du 3e ou 4e s.

Dioscore, patriarche d'Alexandrie. M. 454. = dit le Jeune, patriarche hérétique d'Alexandrie. M. 519. = Antipape. Élu 529; m. même année.

Dioscoride, grav. en pierres fines. N. en Grèce. Viv. à Rome sous Auguste.

Dioscorides (Bedanius), méd. et bot. grec. N. v. 40.

Dipène, sculpt. grec. du 4e s. av. J.-C.

Diphile, poëte com. grec. N. Sinope, et contemp. de Ménandre, 300 av. J.-C.

Ditmar, hist. all., év. de Marsebourg, 976-1018.

Ditters de Dittersdorf (C.), composit. et violoniste cél. Vienne, 1739-1799.

Divitiac, chef des Éduens, memb. du coll. des druides, ami de Cicéron.

Djamy (Abd-el-Rahman), poëte persan. 1414-1492.

Djelal - Eddyn - Roumy, poëte persan, M. 1272.

Djenguys-Khan ou *Gengis-Kan* (Temoudjyn), cél. conquérant, d'abord chef d'une horde de Mogols tributaires. M. 1272.

Djezzar (Ahmed), pacha de St-Jean-d'Acre et de Saïd. N. Bosnie; m. 1804.

Djihan-Guyr (Aboul-Mohamed), emp. du Mogol. 1569-1627.

Dlugosz (J.), hist. polon., arch. de Lemberg. 1415-1480.

Dmochovzki (F.), litt. polon. 1762-1808.

Dobner (Gélase), relig., érud. Prague, 1749-1790.

Dobritzhoffer (Mart.), jés. all., missionn. au Paraguay. M. Vienne (Autr.), 1791.

Dobrowski (l'abbé Jo.), philol. érud. Jermet (Hongrie), 1753-1829.

Dobson (W.), peint. angl. Londres, 1610-1647.

Docampo (Florian), archéol., historiogr. de Charles-Quint. Zamora, 1513-1590.

Dodd (W.), théol. anglican, litt. 1729-1777. = (C.), écriv. cathol. angl. M. 1745.

Doddridge (J.), jurisc. angl. 1555-1628.

Dode de la Brunerie, maréch. de Fr. N. Dauphiné, 1775; m. 1851.

Dodoens (Rembert), méd., astron., bot. holl. Frise, 1517-1585.

Dodsley (N.), litt., libr. angl. 1703-1764.

Dodson (Ja.), mathém. N. Londres; m. 1757.

Dodwel (H.), érud. angl. Dublin, 1614-1711.

Doerfel (G.-Sam.), past. luthér., astronome all. du 17e s.

Doering (G.-Chr.-Gu.-Anne), poëte et litt. all. Cassel, 1799-1833.

Does (Ja. van der), peint. Amsterd., 1622-1673.

Dogget (Th.), act. et aut. dram. irland. N. Dublin; m. 1721.

Dogiel (Mat.), hist. polon. du 17e s.

Dohm (Chr.-Gu. de), diplom. et litt. prussien. Lemgo, 1751-1820.

Dohna (Al.), min. des rois de Prusse Frédéric Ier et Frédéric-Guillaume III. N. 1728. = (Christ.), gén. pruss. 1702-1762.

Doissin (L.), jés. fr., poëte lat. N. Amérique, 1721; m. 1753.

Dolabella (Publius Cornelius), trib., consul, gouv. de Syrie et gendre de Cicéron. Se tua 43 av. J.-C.

Dolce (L.), litt. et poëte ital. Venise, 1508-1568. = (C.), peint. Florence, 1616-1686.

Dolet (Et.), érud., impr., litt., l'un des chefs des réformés fr. au 16e s. Orléans, 1509-1546.

Dolgorouki (Ja.-Féderowitch), gén. russe, homme d'Etat. 1639-1720. = (Ivan), favori de Pierre II, petit-nev. du précéd. Mis à m. 1738.

Dolivar (J.), grav. esp. Saragosse, 1641-1710.

Dolomieu (Déodat-Gui-Sylv. Tancrède Gratet de), géolog., minéral., memb. de l'Inst. Dolomieu (Dauphiné), 1750-1801.

Domairy (Mohammed), jurisc. et natural. ar. M. 1405.

Domat (J.), jurisc., avocat Clermont (Auvergne), 1625-1765.

Dombay (F. de), orientaliste Vienne (Autr.), 1758-1810.

Dombey (Jo.), méd., natural. Mâcon, 1742-1793.

Dombrowski (H.-J.), gén. polon. au service de la Fr. N. Cracovie, 1775; m. 1818.

Domergue (F.-Urbain), gramm. fr., memb. de l'Inst. Aubagne (Prov.), 1745-1810.

Dominicy (Marc-Ant.), jurisc., hist. N. Cahors; m. 1650.

Dominique (St), fondat. de l'ordre des dominicains et de l'inquisit. Calahorra (Esp.), 1170-1221.

Dominique del Barbiere, dit Dominico Fiorentino, peint., sculp., grav. ital. N. Florence, 1506.

Dominique (Alexis), dit le Grec, peint., sculpt., archit. N. 1547; m. Tolède, 1625. = (Jo.-Domin. Biancolelli, dit), act. du Théâtre-Italien de Paris. Bologne, 1649-1688.

Dominiquin (Domin.-Zampieri, dit le), cél. peint. ital. Bologne, 1581-1641.

Dominis (Marc-Ant. de), jés., physic. Arbe (Dalmatie), 1566-1624.

Domitien (Titus Flavius), emp. rom. N. Rome 51 de J.-C.; succ. de Titus, 81; assass., 96.

Domitius Ahenobarbus (Cneius), consul rom., vainq. des Allobroges, 122 av. J.-C. = Mari d'Agrippine, père de Néron, préteur et consul sous Tibère.

Donald, nom porté par huit rois d'Ecosse. Donald VII, ou Duncan, fut tué par Macbeth en 1040.

Donat, év. de Cases-Noires, en Numidie, chef de la secte des donatiens, excomm. 313. = Ev. schismatique de Carthage. M. 355. = Gramm. lat. du 4e s., précept. de St. Jérôme.

Donatello (Donato, dit), sculpt. ital. 1385-1466.

Donati (Al.), jés., antiq., poëte lat. Sienne, 1584-1640. = (Vitalien), natural. Padoue, 1713-1765.

Donato (F.), doge de Venise, de 1545 à 1553. = (Lé.), doge de Venise, de 1606 à 1612.

Dondey-Duprey (Prosper), impr. en langues orient., litt. 1794-1854.

Dondi (Ja.), mécan., méd. Padoue, 1298-1360. = (J.), mathém. et méd., dit Horologius, M. 1380. = (C.-Ant.), natural., de la même fam. 1750-1801.

Dondini (Gu.), jés. et poëte lat. Bologne, 1606-1688.

Donducci (J.-And.), peint. bolonais, 1575-1737.

Doneau (Hug.), jurisc. Châlon-s.-Saône, 1527-1591.

Doni (Ant.-F.), écriv. satir. et burlesque. Florence, 1505-1574. = (J.-B.), antiq. Florence, 1594-1647.

Doni d'Attichi (L.), év. d'Autun, hist. et litt. M. 1664.

Donizetti (Gaëtan), composit. ital. Bergame, 1798-1848.

Donnat (Ja.), archit. fr. 1741-1824.

Donnadieu (Gab.), gén. fr. N. Nîmes, 1777; m. 1849.

Donne (J.), poëte, théol. anglican. Londres, 1573-1651. = (Abrah.), astron. angl. 1718-1746.

Donoso (J.), peint., archit. esp. 1628-1686.

Donus, pape, succ. de Dieudonné II, 676. M. 678. = II, pape, succ. de Benoit IV, 974. M. 975.

Donzello (P. et Hipp.), frères, peint. et archit. napol. du 15e s.

Doppelmayer (J.-Gab.), mathém. Nuremberg, 1671-1750.

Doppert (J.), antiq. Francfort-s.-le-M., 1671-1735.

Doppert (F.-Amédée), litt. et gén. fr., memb. du conseil des cinq-cents. N. Chambéry, 1753; m. Aix, en Savoie, 1800.

Dorat (Cl.-Jo.), poëte, aut. dram. Paris, 1734-1780.

D'Orbay (F.), archit. N. Paris; m. 1697.

Doria (André), ill. marin génois, servit d'abord sa patrie, puis la France, le pape et l'emp. Charles-Quint. N. Oneille, 1468; m. 1560.

Dorigny (M.), peint. et grav. Saint-Quentin, 1617-1663. — (L.), peint. et grav., fils du précéd. Paris, 1654-1742. = (Nic.), frère du précéd., égalem. peint. et grav., memb. de l'acad. Paris, 1657-1746.

Dorimon, coméd. et aut. dram. fr. du 17e s.

Dorion (Cl.-A.), poëte fr. Nantes, 1770-1829.

Dorléans (L.), écriv. satir. Paris, 1542-1629. = (Jo.), jés., hist. Bourges, 1644-1698.

Dormans (J. de), card., chancel. et garde des sceaux sous Charles V. M. 1373.

Dormay (J.-Christ.), chan. de Soissons, hist. M. 1674.

Dorneval, aut. dram. fr. M. 1765.

Dorothée (St), abbé de Majume en Palestine, v. 560.

Dorpius (Mart.), sav. holl. ami d'Erasme. 1460-1525.

Dorsanne (Ant.), doct. de Sorbonne, gr.-vic. de Paris. M. 1728.

Dorset (Th. Sackeville, comte de), gr. trésorier d'Anglet. sous Elisabeth. 1536-1608. = (Lionel, duc de), lord-présid. du cons., lord.-lieut. d'Irlande. 1686-1765.

Dorvigny, aut. et act. comique fr. 1754-1812.

Dorvo (Hyac.), aut. dram. N. Rennes, 1767; m. 1851.

Dosi (Jér.), archit. ital. 1695-1775.

Dosithée, hérés. du 1er s., contemp. de Simon le Magicien.

Dosso (Doissi), peint. ital. Ferrare, 1474-1558.

Dotteville (J.-H.), orator., érud., trad. Palaiseau, 1716-1807.

Dotti (Bart.), poëte satir. ital. N. 1642; assass. 1712.

Dottori (Le comte de), poëte ital. Padoue, 1624-1686.

Doublet (F.), méd. fr. Chartres, 1751-1795.

Doudyns (Gu.), peint. holl. La Haye, 1630-1697.

Douglas (Archambault, comte de), cél. capit. écoss. au service de la Fr. sous Charles VII. 1374-1425.

Douglas (Gawin), poëte écoss. 1474-1522. = (Ja.), méd., anat., bot. écoss. 1675-1742.

Doujat (J.), conseiller, historiogr., memb. de l'Acad. fr. N. Toulouse v. 1606; m. 1688.

Dousa (J.), seign. de Noordwyck (Holl.), gén., poëte lat., hist. 1545-1604. = (J.), érud., poëte lat., fils du précéd. 1571-1596.

Dovalle (C.), poëte fr. Montreuil-Bellay (Maine-et-Loire). 1807; tué en duel, 1820.

Dover (C.-Agar Ellis, bar.), litt. angl. 1797-1832.

Dow (Gérard), peint., élève de Rembrandt. Leyde, 1613-1680. = (Al.), officier angl., oriental. N. Ecosse; m. dans les Indes, 1779.

Doxat (N.), feld-maréch., lient. au service de l'Autriche. Yverdun, 1682-1738.

Doyat (J. de), conseill. et chambell. de Louis XI, gouv. d'Auvergne. 1445-1409.

Doyen (Gab.-F.), peint., memb. de l'Acad. Paris, 1726; Pétersb., 1806.

Dracon, archonte et législat. des Athéniens, v. 624 av. J.-C. = Gramm. grec. de Stratonicée, postér. à Marc-Aurèle.

Dracon (Honoré), jurisc. du 16e s.

Dragontius, prêtre chrét. et poëte lat. du 5e s.

Dragoncino (J.-B.), poëte ital. N. Fano à la fin du 15e s.

Dragut, corsaire et amiral ottoman, succ. de Barberousse. Tué dev. Malte, 1565.

Drake (F.), cél. mar. angl. 1545-1596. = (Ja.), méd., écriv. satir. angl. Cambridge, 1667-1707.

Drakenborch (Arnold), crit. et érudit. Utrecht, 1684-1747.

Draparnaud (Ja.-Ph.-Raimond), natural. Montpell., 1772-1804. = (Vict.-Xav.), poëte dram. fr., frère du précéd. 1775-1833.

Draud (G.), min. protest., bibliogr. Dauernheim (Hesse), 1573-1634.

Drayton (M.), poëte angl. 1563-1631.

Drebbel (Corn. van), physic. mécan. holl. N. 1572, m. Londres, 1634.

Drepanius (Latinus Pacatus), poëte et orat. lat. N. Bordeaux, 4e s.

Dreux (Th.), marq. de Brezé conseill. au parlem. de Paris, gr.; maître des cérémonies de Fr. au 17e s.

Dreux du Radier (J.-F.), érud. litt. Châteanneuf-en-Thimerais, 1714-1780.

Drevet (P.), grav. Lyon, 1664-1729. = (P.), grav. et fils du précéd. 1697-1739.

Drew (Sam.), hist. angl. 1765-1833.

Dreyssig (Gu.-Fréd.), méd. all. 1771-1819.

Drillencourt (Gu. van), paysagiste holl. N. Utrecht, 1625.

Drolling (Mart.), peint. de genre. Oberbergheim (Alsace), 1752-1817.

Drollinger (C.-Fréd.), poëte lyr. all. 1688-1742.

Drouais (J.-Germ.), peint. Paris, 1763; Rome 1788.

Drouineau (Gust.), écriv., aut. dram. La Rochelle, 1800-1855.

Drouet (Et.-F.), érud., bibliogr. Paris, 1715-1779. = (J.-B.), maître de poste qui fit arrêter Louis XVI à Varennes, memb. de la conv. Ste-Menehould, 1763-1824.

Drouet d'Erlon, maréch. de Fr., gouv. de l'Algérie. N. Reims, 1765; m. 1844.

Drouhet (J.), poëte poitevin et apothic. St-Maixent, 17e s.

Drouin, sculpt. et archit. N. Nancy; m. 1647.

Drouot (le comte), cél. gén. d'artillerie. Nancy, 1774-1847.

Droyn (J.), litt. N. Amiens; m. v. 1507.

Droz (P. Jacquet), mécan. suisse. 1721-1790. = (H.-L.), fils du précéd. et égalem. habile mécan. 1752-1791. = (J.-P.), mécan. et de la même fam. 1756-1823. = (F.-N.-Eug.), jurisc. f. Pontarlier. 1755-1805.

Drummond (Ja.), conseill. d'Etat, gr. chancel. d'Ecosse. 1638-1716. = (Will.), hist. et poëte écoss. 1585-1649.

Drusille (Julia), fille de Germanicus et d'Agrippine, maîtresse de Caligula. M. 38 de J.-C.

Drusus (Marcus Livius), trib. du peuple, 122 av. J.-C. = (Marcus Livius), trib. 90 av. J.-C., fils du précéd. Assass. 89. = (Claudius Nero), fils de Livie, adopté par Auguste; fut père de Germanicus. M. 9 av. J.-C. = Fils de Tibère et de Vepsanie, consul et tribun. M. empoisonné 23.

Dryander (Jonas), natural. suéd. N. 1748; m. Londres, 1810.

Dryden (J.), cél. poëte angl. 1631-1701.

Duaren (F.), jurisc. fr. St-Brieuc, 1509-1559.

Dubarran (Barbeau), memb. de la conv. et du comité de sûreté gén. N. 1750; m. Bâle, 1816.

Dubarroux (le chev. Casim. Libera-Jo.), mécan. fr. Caromb, 1770-1828.

Du Barry. V. Barry.

Dubocage (G. Boissaye), ingén. hydrogr. 1626-1696.

Dubois (J.), relig. célest., prédic. du 16e s. = (J.), sculpt. Dijon, 1626-1694. = (Girard), oratorien, hist. Orléans, 1628-1694. = (Ph.), doct. de Sorbonne, philol., bibliogr. fr. 1636-1705. = (Gu.), card. et premier min. sous la régence. Brive-la-Gaillarde, 1656-1723. = (Le bar. Ant.), cél. méd. Gramat (Quercy), 1756-1837.

Dubois de St-Gelais (L.-F.), litt. 1670-1733.

Dubois de Crancé (Edm.-L.-Alex.), memb. de l'assemblée constit., de la conv., du cons. des cinq-cents, min. de la guerre, etc. Charleville, 1747-1814.

Dubos (l'abbé J.-B.), hist., litt., diplom., memb. de l'Acad. fr. Beauvais, 1670-1742. = (Const.), poëte fr., profess. de rhétor. à Béziers, de 1810 à 1820. M. 1845.

Dubost (Ant.), peint. Lyon, 1769-1825.

Dubouchage (F.-Jo. Gratet, vicomte), administr., inspect. et plus tard min. de la mar. Grenoble, 1749-1821.

Du Bourg. V. Bourg.

Dubourg (L.-Valentin-Gu.), év. de la Louisiane, archev. de Besançon, fondat. du collége de New-York. Cap-Français (St-Domingue), 1766-1833. = (L.-Fabrice), paint., grav. N. Amsterd., 1691.

Dubraw (J. Scala), év. d'Olmütz (Bohême), hist. M. 1553.

Dubreuil (P), jés., mathém. Paris, 1602-1670.

Dubuat (Ja.-Laur. Desfourneaux), hydraul. fr. N. Trun, 1742.

Dubuisson (Pa.-Ulric), aut. dram., litt. N. Laval, 1748; m. sur l'échaf., 1794.

Duby (P. Ancher Tobiesen), numismate, interpr. à la biblioth. du roi. Bousseau (Suisse), 1721; Paris, 1782.

Du Cange. V. Cange.

Ducange (Vict.), romanc., aut. dram. La Haye, 1783; Paris, 1833.

Ducas (M.), hist. du Bas-Empire, de la fam. impér. des Ducas. N. Constantinople.

Ducasse (J.-B.), gouv. de St-Domingue, lieut.-gén. des armées navales. N. Béarn, 1650; m. 1715.

Duchange (Gasp.), grav. Paris, 1662-1756.

Duchal (L.-F. Le), poëte lat. et fr. du 16e s.

Duchat (Jacob Le), philol., érudit. Metz, 1658; Berlin, 1735.

Du Châtel (Tannegui), cél. cap., gr. sénéchal de Provence, ambass. sous Charles VII. N. 1369; m. 1449. = (Tannegui), vicomte de la Bellière, favori de Charles VII et de Louis XI, nev. du précéd. Tué dev. Bouchain, 1477.

Duchâtel (P.), év. d'Orléans, gr. aumônier de Fr. N. Arc-en-Barrois; m. 1552.

Du Châtelet. V. Chastelet.

Duché de Vancy, poëte. Paris, 1668-1704.

Ducher (Gilbert), poëte lat. du 16e s.

Duchesne (Léger), philol., humaniste. N. Paris, 1588. = (Jo.), chim., poëte, méd. de Henri IV. 1544-1600. = (And.), hist., géogr. Ile-Bouchard (Touraine), 1584-1640. = (H.-Gab.), litt., natural., référend. à la cour des comptes. Paris, 1739-1822.

Duchesnois (Jo. Rafin), cél. tragédienne. St-Saulve (Flandre), 1777; Paris, 1835.

Ducis (J.-F.), poëte trag., litt., memb. de l'Acad. fr. Versailles, 1733-1816.

Duckworth (J.-Th.), amiral angl. 1748-1817.

Duclercq (Ja.), écuyer et chroniq. du 15e s. N. Arras, 1420.

Duclos (C. Pineau), hist., moraliste, historiogr., memb. de l'Acad. fr. Dinan (Bretagne), 1704-1772.

Ducos (J.-F.), conventionnel du parti de la Gironde. N. Bordeaux, 1765; m. sur l'échaf., Paris, 1794. = (Roger), memb. de la conv., du conseil des cinq-cents, consul, sénateur. N. Dax, 1747; m. Ulm, 1816.

Ducq (Jo.-F.) peint. flam. 1762-1829.

Ducray-Duminil (F.-Gu.), romancier. Paris, 1761-1819.

Ducrest (C.-L., marq. de), écon. Autun, 1747-1824.

Ducrest de Villeneuve, contre-amiral. N. près de Vitré (Ille-et-Vil.), 1777; m. Paris, 1852.

Ducreux (Jo.), peint. Nancy, 1737-1820.

Ducroisy (Philib. Gassaud), coméd. de la troupe de Molière. N. en Beauce, 1650; m. 1695.

Du Deffant (Ma. de Vichy-Chamroud, marq.), femme cél. par son esprit. Paris, 1697-1780.

Dudley (Robert), comte de Leicester, favori d'Élisabeth d'Angleterre, lieut.-gén. dans les Pays-Bas. 1531-1588. = (sir Robert), comte de Warwick, duc de Northumberland, fils du précéd. Surrey, 1573; Florence, 1637. = (H. Bate), journaliste, aut. dram. angl. 1745-1824. = (J.-Gu. Ward, vicomte), min. des affaires étrang. en Anglet., litt. 1781-1833.

Dudoyer (Gérard), aut. dram. Chartres, 1752-1798.

Duelli (Raimond), chanoine, hist. et érudit. all. M. 1740.

Dufail (Noël), sieur de la Hérissaye, jurisc., écriv. burlesque. N. Rennes, 16e s.

Dufau (Fortuné), peint. d'hist. N. St-Domingue; m. Paris, 1821.

Dufay (C.-Jér. de Cisternay), bibliogr. Paris, 1662-1723.

Dufouart (P.), chir. fr. Castelneau, 1737-1813.

Dufourny (L.), profess. à l'école d'archit., memb. de l'Instit. Paris, 1734-1818.

Dufrénoy (Adélaïde-Gillette Billet, dame), femme poëte, litt. Nantes, 1765; Paris, 1825.

Dufresnoy (Alph.), peint. et poëte lat. Paris, 1611-1665.

Dufresny (C. Rivière-), aut. dram., litt. Paris, 1684-1724.

Dugas de Bois-St-Just (J.-L.-Ma.), litt. Lyon, 1743-1820.

Dugas-Montbel, litt., érud., memb. de l'Instit. St-Chamond, 1776-1834.

Dugazon (H. Gourgault, dit), coméd., aut. dram. 1741-1809. = (L.-Rosal.), actr. de l'Op.-Com., femme du précéd. Berlin, 1755; Paris, 1821.

Dugdale (Gu.), hist., antiq. angl. Warwick, 1605-1686.

Dughet (Gaspard, dit Poussin), peint. ital. Rome, 1613-1765.

Dugommier (J.-F. Coquille), gén. fr. B.-Terre (Guad.), 1736; tué devant St-Sébastien, 1794.

Dugay-Trouin (Re.), cél. mar. fr. St-Malo, 1673-1736.

Duguernier (L.), peint. fr. du 16e s.

Duguesclin (Bertr.), cél. capit. et connétable de Fr. Motte-Broon (Bretagne), 1314-1380.

Duguet (Jo.), théol., moraliste. Montbrison, 1649-1733.

Duhalde (J.-B.), jés., litt. Paris, 1674-1743.

Duhamel (J.-B.), oratorien, physic., secrét. de l'acad. des sc. Vire, 1624-1706. = *du Monceau* (H.-L.), agron., memb. de l'acad. des sc. Paris, 1700-1782.

Duhamel (J.-P.-F. Guillot-), profess. de métallurg., memb. de l'acad. des sc. Coutances, 1730-1816.

Duillius (Caïus), consul rom. 260 av. J.-C.

Dujardin (Carl), peint. Amsterd., 1640; Venise, 1678. = (Bénigne), dit Boispréaux, litt., hist. N. Paris, au 18e s.

Dulard (P.-Al.), poëte. Marseille, 1696-1760.

Dulaure (Ja.-Ant.), hist., memb. de la conv., du conseil des cinq-cents, du corps législ. Clermont-Ferr., 1755; Paris, 1835.

Dulaurens (Ad.), 1er méd. de Henri IV. N. Arles; m. 1609. = (H.-Jo.), écriv. et poëte satir. Douai, 1719-1797.

Dulcin, hérés. de Novarre. Brûlé vif, 1307.

Dulin (P.), peint., memb. de l'acad. Paris, 1670-1748.

Dulong (P.-L.), physic., memb. de l'acad. des sc. Rouen, 1785-1838.

Dulot, poëte fr. du 17e s.

Dumaniant (J.-And. Bourlain, dit), act., aut. dram. Clermont-Ferr., 1754-1828.

Dumarest (Rambert), grav. en méd. St-Étienne, 1750-1806.

Dumarsais (Cés. Chesneau), gramm., philos. Marseille, 1676-1756.

Dumas (L.), litt. Nîmes, 1676-1741. = (Re.-F.), avoc., présid. du tribunal révolutionn. N. Lons-le-Saulnier, 1757; m. sur l'échaf., 1794. = (Al. Davy de la Pailleterie), gén. fr. St-Domingue, 1762-1806. = (C.-L.), méd. Lyon. 1765-1813. = (le comte Mat.), gén. de divis., pair de Fr. Montpell., 1753-1837.

Dumersan (Marion), numism., vaudevilliste. N. Castelnau (Cher), 1780; m. Paris, 1849.

Dumesnil (Ma.-Françoise), actrice du Théâtre-Fr. Paris, 1713-1803.

Dumolinet (Cl.), hist., numismate. Châlons-s.-M., 1620-1687.

Dumonceau (J.-B.), gén. fr. Bruxelles, 1760-1821.

Dumonchau (C.), composit. Strasb., 1775-1820.

Dumonin (J.-Ed.), poëte lat. et fr. Gy (Fr.-Comté), 1556-1587.

Dumont (H.), organ., maître de mus. de Louis XIV. Liége, 1610-1684. = (J.), public., historiogr. de l'emp. d'Allemagne. N. France, 1660; m. Vienne (Autriche), 1726. = (F.), sculpt., memb. de l'acad. Paris, 1688-1721. = (J.), dit le Romain, peint. Paris,

1700-1781. = (Gab.-Mart.), archit. et dessinat. du 18e s. = (P.-Et.-L.), publié. Genève, 1759; Milan, 1820.

Dumont d'Urville (Ja.-Séb.-Cés.), navig. fr., contre-amiral. N. Condé-sur-Noireau, 1791; m. 1842, dans l'incendie des wagons du ch. de fer de Paris à Versailles.

Dumoulin (Cl.), cél. jurisc. Paris, 1500-1566. = (Evariste), journal. fr. 1776-1833.

Dumouriez (C.-F.), gén. fr Cambray, 1739; Durville-Park (Anglet.), 1823.

Dumoutier (Dan.), peint. Paris, 1550-1631.

Duncan Ier. V. DONALD VII = II, roi d'Écosse, fils de Malcolm III; usurpat. de la couronne. Assass. 1050.

Duncan (Dan.), méd. Montaub., 1649; Londres, 1733. = (Adam), amiral écoss. Dundee, 1731-1804.

Duncombe (Gu.), litt. angl. Hertford, 1690-1769. = (J.), théol., poëte, litt., fils du précéd 1730-1786.

Dungal, astron. et litt. angl. du 8e s., établi en Fr. sous Charlemagne. M. St-Denis, 829.

Duni (Egidio-Romuald), composit. ital. Matera (roy. de Naples), 1709; Paris, 1775.

Dunker (Balth.-Ant.), peint. et grav. angl. du 18e s.

Dunod (P.-Jo.), jés., antiq. St-Claude, 1657-1725. = (F.-Ign. de Charnage), hist., jurisc., nev. du précéd. 1679-1752.

Dunois (J., comte de Longueville et de), dit le Bâtard d'Orléans, vaill. capit., fils naturel de Louis d'Orléans, 1407-1468.

Dunoyer (Anne-Marg. Petit, dame), femme aut. Nîmes, 1663-1720.

Duns (J.), ou Scott, dit le Docteur subtil, cordel. théol., chef de la secte des scotistes. N. Northumberl.; m. Cologne, 1308.

Dunstan (St), archev. de Cantorbéry, réform. du clergé. 924-988.

Duparc (Mlle), coméd. de la troupe de Molière. M. 1668.

Dupaty (F.-B. Mercier), présid. au parl. de Bordeaux, litt. La Rochelle, 1744-1788. = (Ch.), sculpt., fils du précéd. Bordeaux, 1771-1825. = (L.-Emm.-Félicité-C. Mercier), poëte, aut. dram., memb. de l'Acad. fr., frère du précéd. Blanquefort, 1775; Paris, 1852.

Dupérac (Et.), peint., grav. et archit. de Henri IV. N. Paris; m. 1601.

Dupérier (C.), poëte lat. et fr. Aix, 1620-1692.

Duperré (Victor-Guy), amir. de Fr., min. de la mar. N. La Rochelle 1775; m. 1846.

Duperron (Ja. Davy-), card., archev. de Sens, négociat., litt. Berne, 1556-1618.

Dupetit-Thouars (Aristide), capit. de vaiss. Saumur, 1760; Aboukir, 1798. = (Aubert), bot., memb. de l'acad. des sc., frère du précéd. 1756-1831.

Duphot (Léo.), gén. fr. N. Lyon, 1770; massacré Rome, 1797.

Dupin (L. Ellies), doct. de Sorb., hist., crit. Normandie, 1657-1719. = (Cl.), ferm.-gén., litt. Châteauroux, 1700-1769. = (Cl.-F.-Et., baron), conseill. à la cour des comptes, statisc., litt. Metz, 1767-1828.

Dupleix (Scip.), conseill. d'État, historiogr. de Fr. Condom, 1569-1661. = (Cés.), avoc. au parl. de Paris. M. 1641. = (Jo. marq.), gouv. des établiss. fr. aux Indes. M. Paris, 1763.

Duplessis (M.-Toussaint-Chr.), bénéd. de St-Maur. Paris, 1689-1767. = (Jo. Sifred), peint. fr. Carpentras, 1725-1802.

Dupont de Nemours (P.-Samuel), public., litt., memb. de l'assemb. constit., du conseil des cinq-cents, de l'Instit. N. Paris, 1759; m. États-Unis, 1817.

Dupont de l'Etang (le comte P.), lieut.-gén., min. de la guerre, litt. Chabanais (Charente), 1765-1840.

Dupont (Léo.), sculpt. et natural. 1795-1828.

Duport (Adr.), conseill. au parl., memb. de l'assemb. constit. Paris, 1759. Appenzell, 1798. = (J.-L.), dit le Viotti du violoncelle, cél. instrumentiste. Paris, 1749-1819.

Duport du Tertre (F.-Joachim), litt. St-Malo, 1715-1759.

Duportail (N.), homme d'État, maréch. de camp, min. de la guerre. M. 1802.

Duprat (Ant.), card., légat, chancel. de Fr. et 1er min. sous François Ier. Issoire (Auv.), 1463-1535. = (Pardoux), jurisc. Aubusson, 1520-1569.

Dupré (Cl.), conseill. à la sénéchauss. de Lyon, litt., poëte lat. N. Lyon, 16e s. = (Ad.), consul gén. à Smyrne. M. 1832.

Dupré de St-Maur (N.-F.), maître des comptes, écon., memb. de l'Acad. fr. Paris, 1695-1747.

Dupréau (Gab.) théol., philol. Marcoussis (Ile-de-F.), 1511-1588.

Dupuis (C.-F.), astron., érud., memb. de la conv., du cons. des cinq-cents, de l'Inst. Trie-Château (Vexin), 1742-1809.

Dupuy (H.), en lat. Erycius Puteanus, érud., litt., poëte lat. Vanloo (Gueldre), 1574-1646. = (P.), hist., érud., théol. Agen, 1582-1651. = (L.), mathém., hellén., secrét. de l'acad. des inscr. Chazey-s.-Ain, 1709-1795. = (And.-Ju.), intend. des îles de France et de Bourbon, sénat., pair de Fr. Brioude, 1753-1832.

Dupuytren (Gu., bar.), cél. chir., memb. de l'Inst. Pierre-Buffière (Auv.), 1777; Paris, 1835.

Duquesne (Abrah., marq.), seign. du Bouchet, ill. mar. Dieppe, 1610-1688. = (Arn.-Bern. d'Icard), vic.-gén. de Soissons, doct. de Sorb., écriv. ascét. N. Paris; m. en 1791.

Duquesnoy (F.), sculpt., dit François Flamand. N. Bruxelles, 1594; empois., Rome, 1646.

Durameau (L.), peint. Paris, 1733-1796.

Durand (Gu.), év. de Mende, dit le Spéculateur. Puy-Moisson (Agénois), 1232-1296. = *de St-Pourçain* (Gu.), dominic., év. de Meaux, philos. scolastique. M. 1333.

Durand (David), litt. fr. St-Pargoire (Langued.), 1681; Londres, 1763. = (Ja.), peint. fr. Nancy, 1699-1767. = (F.-Ja.), min. protest., litt. fr. 1727-1816. = *de Maillane* (P.-Toussaint), canon., hist., memb. de la conv., du cons. des anciens. St-Remi (Prov.), 1729-1810.

Durandi (Ja.), poëte et hist. piémont. 1739-1817.

Durante (Castor), méd., bot., poëte. N. Gualdo; m. 1590.

Duranti (J.-Et.), 1er présid. du parl. de Toulouse. Tué 1589, par les ligueurs.

Duras (Ja.-H. de Durfort, duc de), maréch. de Fr. N. en Guienne, 1626; m. 1704. = (Gui-Alph.), duc de Lorges, maréch. de Fr., duc et pair, frère du précéd. M. 1703. = (L.), comte de Feversham, ambass. de Charles II en Fr., généraliss. des armées de Jacques II, et frère des précéd. = (J.-B.), maréch. de Fr., fils de Ja.-Henri. 1684-1770. = (Emm.-Félicité), ambass., pair, maréch. de Fr., memb. de l'Acad fr. 1715-1789. = (N. de Kersaint, duchesse de), femme aut., amie de Mme de Staël. N. v. 1779; m. 1828.

Durbach (Anne-Louise), nommée aussi Anna Karschin, femme poëte. N. Silésie, 1722; m. 1791.

Dureau de Lamalle (J.-B.-Re.), érud., trad., memb. de l'Inst. St-Domingue, 1742; Paris, 1807.

Durer (Alb.), cél. peint. et grav. Nuremberg, 1471-1528.

Duret (Cl.), natural., philol. N. Moulins; m. 1611. = (F.), sculpt. Valence, 1730-1816.

Durival (N. Luton), litt. fr. 1723-1795.

Duroc (Jér.-Christ.-M.), duc de Frioul, gr.-maréch. du palais impér. N. Pont-à-Mousson, 1772; tué Reichenbach, 1813.

Duroure (Joachim de Beauvoir), dit le brave Brison, vaill. cap. du 16e s. N. 1577; assass. 1628.

Durozoir (Ch.), litt., hist., trad. Paris, 1790-1844.

Durupt (C.), peint. Paris, 1804-1839.

Durval (J.-Gilb.), poëte du 17e s.

Duryer (And.), oriental. N. Marcigny (Bourg.); m. 1580. = (P.), aut. dram., trad., historiogr., memb. de l'Acad. fr. Paris, 1605-1658.

Dusart (Com.), peint., grav. Harlem, 1665-1704.

Dusommerard (Alex.), antiq. Bar-s.-Aube, 1779; Paris, 1842.

Dussault (J.-F.-Jo.), crit., litt. Paris, 1779-1824.

Dussaulx (J.), érud., litt., memb. de la conv. et de l'acad. des inscr. Chartres, 1728-1799.

Dussek (J.-L.), composit. et pianiste. Czaslau, 1762-1812.

Dutemps (J.-F.-Hug.), doct. en Sorb., hist. fr. 1745-1811.

Dutens (L.), min. protest., litt., antiq. Tours, 1730; Londres, 1812.

Dutillet (J.), gref. du parlem. de Paris, hist. M. 1570. = (J.), év. de Meaux, hist., controv., frère du précéd. M. égalem., 1570.

Dutremblay (Ant.-P., bar.), fabul. Paris, 1745-1819.

Dutrochet (Joachim), sav. physiol. fr. 1776-1847.

Duvoir (Gu.), év. de Lisieux, garde des sc., litt. 1556-1621.

Duval (J.-B.), oriental, numism., poëte lat. N. Auxerre, 1632. = (And.), doct. en Sorb., hagiogr. Pontoise, 1564-1638. = (Valent. Jameray), antiq., numism. Artonay (Champ.), 1615; Vienne, 1775. = (Amaury), litt., antiq., memb. de l'acad. des insc. Rennes, 1760-1837. = (Alex.), aut. dram., frère du précéd. N. Rennes, 1767; m. Paris, 1842.

Duvaucel (Alf.), voyag., natural. Paris, 1792; Madras, 1824.

Duvaure (Ja.), poëte dram. fr. 1698-1780.

Duverdier (Ant.), bibliogr. Montbrison, 1544-1600. = (Gilb. Saulnier-), historiogr. de Fr., romancier. M. 1686.

Duvernet (l'abbé Théoph. Imarigeon), litt., écriv. satir. Ambert (Auv.), 1730-1796.

Duverney (Jo.-Guichard), anatom. fr. 1648-1730.

Duvernoy (J.-G.), anat., bot. Montbéliard, 1691-1759.

Duvet (J.), dit le Maître à la licorne, un des plus anc. grav. fr. N. Langres, 1485.

Duvivier (Cl.-Raph.), ingén. fr. Charleville, 1771-1821. = (P.-Sim.-Benj.), grav. en méd., memb. de l'acad. Paris, 1730-1819. = (Franciade-Fleurus), gén. de div., command. en Algérie. N. Rouen, 1794; tué aux journ. de juin 1848.

Duvoisin (J.-B.), év. de Nantes. Langres, 1741-1813.

Dyck (Ant. van), cél. peint. flam., élève de Rubens. Anvers, 1598-1641. = (Ph. van), dit le petit van Dyck, peint. Amsterd. 1680-1752.

Dyer (J.), poëte angl. 1700-1758.

Dynamius, hagiogr., gouv. de Marseille pour les rois d'Austrasie. N. Arles; m. 1601.

Dzeheby (Ahmed), doct. musul., biogr. Damas, 1274-1347.

— E —

Eandi (Jo.-Ant.-F.-Jér.), physic., litt. Saluces, 1735-1799.

Ebbon (St), 29e év. de Sens. M. 750.

Ebbon, 31e év. de Reims, prêcha l'Evangile en Danemark. M. 851.

Ebed-Jésu, poëte syr., év. de Tsoba. N. Mésopot, 1318.

Ebel (Jo.), géogr., statistic. Francfort-s.-l'O., 1764-1830.

Eberhard (J.-Pa.), archit., litt. Altona, 1723-1795. = (J.-A.), philos. all. Halberstadt. 1739-1809.

Eberle (Adam), peint. Aix-la-Chap., 1803-1832.

Ebert, théol. hébraïs. Sprottau (Silésie), 1549-1614. = (Fréd.-Ado.), bibliogr. Leipzig, 1791-1834.

Ebion, chef de la secte des ébionistes, au 1er s.

Ebko, jurisc. et hist. saxon du 13e s.

Ebner (J.-P.), homme d'État, numism. Nuremberg, 1611-1691.

Ebroin, maire du palais sous Clotaire III et Thierry III. Assass. 681.

Echard (le P. Ja.), dominic., biogr. Rouen, 1644-1724. = (Laur.), hist., géogr. Barsham (Suffolk), 1671-1730.

Echion, peint. grec. Viv. 330 av. J.-C.

Eckartshausen (C.), mystique all. 1723-1803.

Eckhard (Tobie), philol. et litt. all. 1662-1737. = (J.-G. d'), hist., érud. Brunswick, 1674-1730.

Eckhel (Jo.-Hil.), jés., cél. numism. Enzesfeld (Autriche), 1737 1798.

Eckhof (Conrad), act. et aut. dram. all. Hambourg, 1722-1778.

Ecluse des Loges (P.-Math. de l'), doct. en Sorb., écriv. Falaise, 1715-1783.

Edelinck (Gérard), cél. grav. Anvers, 1649-1707.

Edelmann (J.-F.), pianiste. N. Strasb., 1749; m. s. l'échaf. 1794.

Edgard, dit le Pacifique, 12e roi d'Anglet., fils d'Edmond Ier. Succ. d'Edwy, 957; m. 975. = Roi d'Ecosse, fils de Malcolm III. N. 1107.

Edgeworth de Firmont (H.-Essex), confess. de Louis XVI. Écosse, 1745; Mittau, 1807. = (Rich. Lowel), mécan., agron. Bath, 1744-1817. = (Maria), romanc. et moraliste irland., fille du précéd. Edgeworth-Town, 1770-1846.

Edithe (Ste), fille d'Edgard, roi d'Anglet. 961-984.

Edme (St), moine angl., archev. de Cantorbéry. M. Soissy, 1242.

Edmer, bénéd. angl., chroniq. M. 1137.

Edmond (St), roi d'Est-Anglie. Mis à m. 870.

Edmond Ier, roi d'Anglet., fils d'Édouard Ier. Succ. d'Athelstan, 941; assass. 946. = II, dit Côte de Fer. Succ. de son père Ethelred II, 1016; assass. 1017.

Edmond-Plantagenet, comte de Kent. Détrôna son frère Édouard II, 1325; décap. 1329.

Edmondes (Th.), négociat. sous Elisabeth et Jacques Ier. N. Plymouth; m. 1639.

Edouard Ier, l'Ancien, roi d'Anglet. de la dynastie saxonne. Succ. de son père Alfred le Gr., 900; m. 925. = II, dit le Martyr. Succ. de son père Edgard, 975; assass. 978. = III, dit le Confess. Succ. de Canut III, 1041; m. 1066.

Edouard Ier, roi d'Anglet. de la dynast. norm. Succ. de son père Henri III, 1272; m. 1307. = II, fils d'Edouard Ier. Couronné 1307; mis à m. 1327. = III, N. 1312; fils du précéd. et son succ., 1327; m. 1377. = IV, fils de Richard, duc d'York, 1442-1483. = V, fils du précéd. et son succ., 1483; assass. même année. = VI, fils de Henri VIII. N. 1538; proclamé roi 1547; m. 1553.

Edouard, prince de Galles, dit le prince Noir, fils d'Edouard III. 1330-1376.

Edouard, roi de Portugal. Succ. de son père Jean Ier, 1433; m. 1438.

Edouard-Bruce. V. BRUCE.

Edred, 10e roi d'Anglet. de la dynast. saxonne. Succ. de son frère Edmond, 946; m. 955.

Edrisi (Mohammed), géogr. ar. N. Ceuta, 1099.

Edwards (Rich.), anc. aut. dram. angl. 1523-1556. = (Th.), litt. et crit. angl. 1699-1757. = (Bryan), public. angl. 1743-1800. = (W.-Fréd.), natural. La Jamaïque, 1777-1842.

Edwy, 2e roi d'Anglet. de la dynast. saxonne, fils d'Edmond Ier. M. 957.

Eeckhout (Gerbrant van den), peint. Amsterd., 1621-1674.

Efeen (Juste van), litt., trad. Utrecht, 1684-1735.

Effiat (Ant. Coiffier, marq. d'), maréch. de Fr. 1581-1632.

Egbert, roi d'Anglet. en 800, M. 837.

Egède (J.), fondat. des missions danoises au Groënland, natural. Danemark, 1686-1758.

Egerton (Th.), gr. chancel. d'Anglet. Ridley, 1540-1617. = (Fr.), comte de Bridgewater, hellén., litt., et de la même fam. que le précéd. 1756-1829.

Eggers (Ja. baron d'), gén., command. de Dantzig, tactic. Dorpat (Livonie), 1704-1773.

Eggesteyn (H.), cél. impr. strasbourgeois du 15e s.

Eggs (J.-Ign.), capuc., mission. dans l'Asie Min. Rhinfeld (Argovie), 1618-1702.

Egil ou *Eigel*, poëte lat. et hist. island. du 10e s.

Eginhard, hist., secrét. de Charlemagne. M. 839.

Egloff (Louise), femme poëte. Bade, 1803-1834.

Egly (C.-Ph.-Monthenault d'), litt. Paris, 1696-1749.

Egmont (Ch.), duc de Gueldres. Grave, 1467-1538. = Lamoral, comte d'), gén. de caval. sous Philippe II. 1522-1562.

Egnasio (J.-B. Cipelli), litt., poëte lat. Venise, 1478-1553.

Ehrenheim (Fréd.-Gu. baron d'), min. d'Etat, physic., litt. Broby (Sudermannie), 1755-1828.

Ehrenpreus (C. comte d'), sénat. suéd., secrét. de Charles XII. Orebro, 1692-1760.

Ehrenschoeld (N.), amiral suédois. 1704-1728.

Ehrensten (Ed.), ambass., secrét. d'Etat, chancel. de Suède. 1620-1686.

Ehrenstral (Dav. Clocker d'), peint. Hambourg, 1629-1698.

Ehrenswærd (A., comte d'), feld-maréch. de Suède. M. 1773.

Ehret (C.-Denis), peint. de plantes. Bade, 1710; Londres, 1770.

Ehrhart (Balt.), méd. et bot. all. M. 1756.

Eichhorn (J.-God.), théol., oriental., hist. all. 1752-1827.

Eichner (Ern.), composit., instrument. M. Posdam, 1778.

Eidous (Marc-Ant.), litt. Marseille, 1710-1780.

Eimmart (G.-Christ.), peint., astron., mécan. Ratisbonne, 1638-1705.

Eioub-Ensari (Abou), comp. de Mahomet. M. au siége de Constantinople, 668.

Eisen (Ch.), dessinat. Paris, 1711-1777.

Eisenhart (J.-Fréd.), jurisc. all. Spire, 1720-1783.

Eisenschmid (J.-Gasp.), mathém., archéol. Strasbourg, 1696-1712.

Ekeblad (Cl. comte de), min., d'Etat, négociat. suédois. 1700-1771.

Ekkerhard, dit l'Ancien, poëte lat., doy. de l'abbaye de St-Gall. M. 677. = Dit le Jeune, moine de St-Gall, hist. M. 1071.

Ekstroem (Dan.), mécan. suédois. 1711-1755.

Ela, roi d'Israël, fils de Baaza. Viv. v. 919 av. J.-C.

Elbée (N. Gigot d'), gén. vendéen. N. 1752; fusillé, 1794.

Elbeuf ou *Elbœuf* (Re. de Lorraine, marq. de), petit-fils de Claude, duc de Guise. M. 1566. = (Emm.-Maur.), capit. au service de l'emp. d'Autriche, et de la même fam. que le précéd. 1677-1763.

Elburcht (J. van), dit Petit-Jean), peint. N. Elbourg (Gueldre); viv. au milieu du 16e s.

Elci (Ange d'), philol., poëte lat. et italien. Florence, 1764-1824.

Eléazar, fils d'Onias, succ. de son frère Simon le Juste, comme souver. sacrificateur des Juifs, v. 276 av. J.-C. = De Garmiza ou de Worms, rabbin. Viv. v. 1240.

Eléonore de Guienne, fille de Guillaume IX, dern. duc d'Aquitaine. N. 1122; épouse de Louis le Jeune, puis de Henri II d'Angleterre; m. 1203.

Eléonore de Provence (dite Ste Eléonore), femme de Henri III d'Angleterre; m. 1292.

Eléonore Tellez, reine de Portugal, 1371; m. dans un monast., 1405.

Eléonore d'Autriche, femme d'Emmanuel le Grand, roi de Portugal, puis de François Ier, roi de France. M. en Esp., 1558.

Eleuthère (St), pape. Succ. de St Soter, 177; m. 192. =(St), év. de Tournay, M. 532.

Elhuyart (d'), min. esp., direct. gén. des mines en Amérique. Logrono, 1755-1831.

Elias de Barjols, poëte provençal du 15e s.

Elias Elvita, crit. et gramm juif. Italie, 1472-1549.

Elie, prophète d'Israël. Enlevé au ciel dans un chariot de feu, v. l'an 892 av. J.-C.

Elie de Beaumont (J.-B.-Ja.), jurisc. Carentau, 1732-1786.

Elien, écriv. grec du 11e s. = (Claudius), compilat. grec N. Préneste, 3e s.

Eliézer, sav. rabbin. M. Cracovie, 1586.

Elio (F.-X.), gén. esp., gouv. de Valence. N. Pampelune, 1769; exécuté 1822.

Eliot (G.-A.), gén. angl. 1818-1790.

Elisabeth (Ste), fille d'André II, roi de Hongrie, femme de Louis IV, landgrave de Thuringe. 1207-1231. =(Ste), fille de Pierre III d'Aragon, femme de Denis 1er, roi de Portugal. M. 1336.

Elisabeth d'Autriche, fille de Maximilien II. N. 1554; épouse de Charles IX, roi de Fr. 1570; m. dans un monast., 1592.

Elisabeth-Christine, impératr. d'Allemagne. N. 1691; épouse de l'archiduc Charles, 1708; m. 1750.

Elisabeth Petrowna, fille de Pierre le Grand. N. 1709; impératr. de Russie, 1741; m. 1761. =*Alexiewna*, de la maison de Bade. N. 1779; épouse du gr.-duc Alexandre, qui fut plus tard emp. de Russie. 1795; m. 1826.

Elisabeth Woodville, reine d'Angleterre, épouse d'Edouard IV, 1464; m. 1488. = *Elisabeth d'Angleterre*, fille de la précéd. N. 1466; épouse de Henri VII, roi d'Anglet., 1486; m. 1502. = *Elisabeth*, fille de Henri VIII, roi d'Anglet. et d'Anne Boleyn. N. 1535; montée sur le trône, 1558; m. 1605.

Elisabeth de Valois, reine d'Esp., fille de Henri II et de Catherine de Médicis. N. Fontainebleau, 1545; épouse de Philippe II, 1559; m. 1568. = *Elisabeth de France*, reine d'Esp., fille de Henri IV et de Marie de Médicis. N. Fontainebleau, 1602; épouse de Philippe IV, 1615; m. 1644. = *Elisabeth Farnèse*, reine d'Esp., fille d'Edouard II, prince de Parme, N. 1692; épouse de Philippe V, 1714; m. 1766.

Elisabeth-Christine, reine de Prusse. N. 1715; épouse de Frédéric II, 1752; m. 1797.

Elisabeth, reine de Hongrie, fille de Wladislas Lokietek, roi de Pologne, épouse de Charobert, roi de Hongrie, 1519; régente de Pologne de 1570 à 1580; m. 1581. = *Elisabeth de Bosnie*, fille d'Etienne, roi de Bosnie; épouse de Louis le Grand, roi de Hongrie et de Pologne, puis régente du roy., 1582. Mise à m. 1586.

Elisabeth Stuart, reine de Bohême, fille de Jacques Ier d'Anglet., femme de Frédéric IV, élect. palat., puis roi de Bohême. M. Londres, 1620.

Elisabeth de France (Philippine-Ma.-Hélène, Mme), sœur de Louis XVI. N. Versailles, 1764; m. sur l'échaf., 1794.

Elisée, prophète d'Israël, disciple d'Elie. M. Samarie, 835 av. J.-C.

Elisée (J.-F. Copel, dit le Père), prédic. fr. Besanç., 1726-1783. = (Ma.-Vinc. Talachon, dit le Père), chir. de Louis XVIII. Lagny, 1758-1817.

Ellenborough (Ed. Law, bar.), légiste angl. 1748-1818.

Eller (Elie), dit le Père de Sion, chef d'une secte luthér. appelée Communion de Rensdorff. Berg, 1690-1750.

Ellers (J.), litt. suéd. M. 1790.

Elleviou (J.), chant. de l'Opéra-Comique. Rennes, 1769-1842.

Elliger (Otmar), peint. Hambourg, 1666-1732.

Ellis (J.), natural. angl. M. 1776. = (H.), navig. angl. M. 1806. = (G.), litt. angl., écriv. polit. 1745-1815.

Elliston (R.-Gu.), act. et aut. dram. Londres, 1774-1831.

Elwood (Th.), quaker et controvers. angl. 1639-1713.

Elmacin ou *Elmakyn* (G.), dit Ibn-Amid (chrétien), hist. ar. 1223-1273.

Elmsley (P.), hellén. et crit. angl. 1773-1825.

Eloi (St), év. de Noyon, min., trésor. et orfèvre de Dagobert Ier. Cadillac (Limagne), 588-659.

Elphinston (Gu.), év. d'Aberdeen, chancel. d'Ecosse. 1431-1514.

Elphinston, cél. mar. au service de la Russie, amiral sous Catherine II. 1720-1775. = (Ja.), gramm., litt. Edimb., 1721-1809.

Elpidius ou *Elphidius*, diacre, méd., poëte lat. M. Spolète, 535.

Elsholz (J.-Sigism.), méd., bot. Francf.-s.-l'O., 1623-1688.

Elvius (P.), physic. et astron. suéd. Upsal, 1710-1749.

Elye, chan. de Munster, fondat. de l'imprim. en Suisse au 15e s.

Elzevir ou *Elzevier*, famille d'impr. cél. On distingue surtout : = Isaac, impr. à Leyde, 1617 à 1628. = Bonaventure, frère du précéd., et qui s'associa son frère Abraham. M. 1654. = Jean, fils d'Abraham. N. 1622; m. 1661, et associé, de 1652 à 1654, avec Daniel, fils de Bonaventure, et le dern. de la fam.

Elzheimer (Ad.), peint. all., dit Adam de Francfort et Adam Tedesco. Francfort, 1574; Rome, 1620.

Emeric ou *Henri*, roi de Hongrie. Succ. de son père Bela III, 1196; m. 1204.

Emérigon (Balt.-Ma.), jurisc. Aix, 1725-1785.

Emery (Ja.-And.), théol., supér. de St-Sulpice. Gex, 1732-1811.

Emili (P.), hist., appelé en Fr. par Louis XII. Vérone, 1460-1529.

Emilien (Marcus Julius Æmilius), emp. rom. N. Mauritanie; succ. de Trebonius Gallus, 253; massacré même année.

Emmanuel, dit le Grand, roi de Portug. N. 1469; succ. de Jean II, 1495; m. 1521.

Emmanuel-Philibert, dit Tête-de-Fer, duc de Savoie, vaill. homme de guerre. 1528-1580.

Emmery (J.-L.-Cl.), comte de Grozyeulx, memb. du cons. des cinq-cents, du cons. d'Etat, pair de Fr. Metz, 1752-1823.

Emo (Ange), homme d'Etat, amiral vénit. Venise, 1731; Malte, 1792.

Empecinado (J.-Mart. dit), fam. chef de guerillas esp. N. Castrillo; pendu 1825.

Empédocle d'Agrigente, philos. grec Viv. 5e s. av. J.-C.

Empereur (Constantin l'), oriental. holl. M. 1648.

Empoli (Ja. Chimenti da), peint. ital. 1554-1640.

Emporius, rhét. du 6e s.

Enambuc (Vaudrosque Diel d'), fondat. de la col. de la Martinique et de la Guadeloupe. M. 1636.

Endelechius ou *Severus Sanctus*, rhét. et poëte lat. du 4e s.

Enée, tactic. grec. Viv. 350 av. J.-C. = *de Gaza*, philos. platonic. du 5e s. = (Sylvius). V. Pie II.

Engel (Sam.), géogr., agron. Berne, 1702-1784. = (J.-J.), philos., litt., aut. dram. Parchim (Mecklemb.), 1741-1802.

Engelbrecht (J.), cél. visionn. Brunswick, 1599-1642.

Engelhardt (C.-Aug.), litt., jurisc. Dresde, 1768-1834.

Engelmann (God.), dessinat., lithogr. N. 1788; m. Paris, 1839.

Enghien, V. Condé.

Engramelle (Ma.-Domin.-Jo.), music., natural., mécan. Nedonchal, 1727-1780.

Ennius (Quintus), poëte lat. Rudies (Campanie), 239-169 av. J.-C.

Ennodius Magnus, écrivain ecclés. lat., év. de Pavie. 473-521.

Enoch, patriarche, fils de Jared. Viv. v. 3378 av. J.-C.

Ensenada (Zénon Silva, marq. de la), min. des fin. sous Ferdinand VI. Seca (Esp.), 1690-1772.

Entinopus, archit. N. île de Candie, fin du 5e s.

Entraigues (Emm.-L.-H. de Launey, comte d'), écriv. et agent polit. N. Villeneuve-de-Berg, 1755; assass. près de Londres, 1812.

Entrecasteaux (Jo.-Ant. Bruni d'), cél. mar. fr. Aix, 1740-1793.

Eobanus Hessus (Helius), poëte lat. Hesse, 1486-1540.

Eon de Beaumont (le chev.), avent., négociat., litt. Tonnerre, 1728; Londres, 1810.

Epaminondas, cél. gén. thébain. M. à la bat. de Mantinée, 363 av. J.-C.

Eparchus (Ant.), poëte grec. N. Corfou, 16e s.

Epée (C.-M., abbé de l'), cél. instit. des sourds-muets. Versailles, 1712-1789.

Ephippus, poëte comique grec d'Athènes, 5e s. av. J.-C.

Ephorus, orat., hist. grec. 363-300 av. J.-C.

Ephraïm, 2e fils de Joseph, chef d'une des 12 tribus d'Israël.

Ephrem (St), Père de l'Église syriaque. Nisibis (Mésopot.), 320-379.

Epicharme, poëte et philos. pythagoric. N. Cos; viv. à Syracuse, 450 av. J.-C.

Epictète, philos. stoïcien d'Hiérapolis (Phrygie), d'abord esclave. Viv. sous Marc-Aurèle et Adrien.

Epicure, philos. grec. 337-270 av. J.-C.

Epiménide, poëte, philos. crétois. M. 598 av. J.-C.

Epinay (Louise-Florence-Pétronille, marq. d'), femme auteur. 1725-1783.

Epiphane (St), doct. de l'Église gr., arch. de Salamine (Chypre). 310-403. = Dit le Scolastique, écriv. lat. Viv. en Italie, v. 510.

Eponine, femme de Sabinus, et cél. par son dévouement conjugal.

Eppendorf (H. d'), philol. all., advers. d'Erasme. M. 1535.

Eprémesnil (J.-J. Duval d'), conseill. au parl. de Paris. N. Pondichéry, 1746; m. sur l'échaf., 1794.

Equicola (Mario), hist. et litt. ital. 1460-1541.

Eraclius, peint. rom. du 10e ou du 11e s.

Erard (Séb.), cél. fact. de pianos. Strasb., 1752-1831.

Eraric, chef des Rugiens, roi des Ostrogoths. 541.

Erasistrate, méd. grec, chef des méthodistes. M. 257 av. J.-C.

Erasme (Didier), cél. litt., philol., érud., poëte lat. Rotterd., 1467-1536.

Erathosthène, géom., astron., géogr., poëte, biblioth. d'Alexandrie. 276-194 av. J.-C.

Ercilla y Zuniga (don Alonzo d'), poëte épique esp. Bermeo, 1525-1595.

Ercolani (J.-M.) litt. ital. Sinigaglia, 1690-1760.

Eric, nom porté par 14 rois de Suède. Les plus remarq. sont : = *Eric IX* (St), élu 155; tué 1161. = XIV, N. 1533; succ. de son père Gustave Wasa, 1560; assass., 1577.

Ericeira (Fern., comte d'), homme d'Etat, litt. Lisbonne, 1614-1699. = (F.-X. de Menezès, comte d'), litt. Lisbonne, 1673-1743.

Erizzo (Séb.), antiq., litt. Venise, 1525-1585. = (Fr.), frère du précéd., doge de Venise de 1525 à 1585; m. 1645.

Erlach (Rod. d'), capit. du 14e s. N. Bourgogne; m. 1360. = (J.-L.), maréch. de Fr. 1595-1650. = (C.-L.), maréch. de camp. N. Suisse, 1726; assass. par ses soldats, 1798.

Ermengarde, fille de Louis II, roi d'Italie, femme de Boson Ier, 877; régente du roy. d'Arles, 888.

Ermite (Dan.), poëte lat., litt. Anvers, 1584; Livourne, 1613.

Ermold le Noir, poëte lat. du 9e s.

Ernesti (J.-Aug.), profess. de litt. et de théol., crit. Tennstadt (Thuringe), 1707-1781. = (A.-Guill.), sav. crit., nev. du précéd. 1735-1801. = (J.-Christ.-Théoph.), frère du précéd., érud., crit. 1756-1802.

Erostrate, brûla le temple d'Ephèse pour s'immortaliser. 356 av. J.-C.

Erpenius ou *d'Erpe* (Th.), oriental. holl. 1584-1624.

Errard (J.), ingén. du 16e s. = (C.), peint., archit. Nantes, 1606-1689.

Ersch (J.-Sam.), bibliogr. Glogau (Silésie), 1766-1828.

Erskine (Th.), orat., public., litt. Edimb., 1750-1823.

Erwin de Steinbach, archit. de la cathédrale de Strasb. N. 1318.

Esaü, fils aîné d'Isaac. N. v. 1836 av. J.-C.

Escalante (J.-Ant.), peint. Cordoue, 1630-1670.

Escamard (Vinc. d'), maréch. de camp, direct. gén. de l'artill. Naples, 1772-1837.

Eschenbach (Wolfram d'), minnesinger du 13e s.

Eschenburg (J.-Joach.), philos., litt. Hambourg, 1733-1820.

Eschenmayer (C.-A.), philos. all. M. 1822.

Escher (J.-Conrad van der Linth), sav. géol. Neufchâtel (Suisse), 1735; Paris, 1815.

Eschine, philos., disc. de Socrate v. 400 av. J.-C. = Cél. orat. grec. N. Athènes, 393 av. J.-C.; m. Samos, 318.

Eschyle, poëte trag. grec. N. Eleusis, 524 av. J.-C.; m. en Sicile, 456.

Escobar (Marine d'), fondat. de l'ordre de Ste-Brigitte. Valladolid, 1554-1633.

Escobar y Mendoza, casuiste esp., prédic., poëte lat. Valladolid, 1589-1669.

Escoiquitz (J.), min. d'Etat esp. Navarre, 1762-1820.

Escousse (Vict.), poëte dram. 1813-1831. V. Lebras.

Esdras, doct. juif. Viv. au 5e s. av. J.-C., pendant la captivité de Babylone.

Eskil, archev. [illegible] Lund en Scanie, primat de Danemark au 12e s.

Esménard (Jo.-Alph.), poëte, litt. fr. Pelissane (Prov.), 1770-1812.

Esope, esclave et philos. phrygien du 6e s. av. J.-C. = Act. rom. du 1er s. av. J.-C., ami de Cicéron.

Espagnac (J.-B.-Jo., bar. d'), tactic. et gén. fr. Brive-la-Gaillarde, 1713-1783.

Espagnandel (Mat. l'), sculpt. Paris, 1610-1689.

Espagne (le comte d'), chef de partisans espagnol. Assass. 1839

Espence (Cl. d'), doct. de Sorbonne, poëte lat. Châlons-s.-M., 1511-1571.

Esper (J.-Fréd.), natural., astron. all. 1732-1781.

Espercieux (J.-Jo.), sculpt. Marseille, 1758-1840.

Espernon (J.-L. de Nogaret de la Valette, duc d'), favori de Henri III, et amiral de Fr. sous ce prince, gouv. de la Provence sous Henri IV, de la Guienne sous Louis XIII. N. Languedoc, 1554; m. Loches, 1642. V. Valette.

Espinasse (Julie-Jean.-Eléon. de l'), femme auteur. Lyon, 1732-1774.

Espinel (Vinc.), poëte et litt. esp. 1544-1634.

Espinosa (don Diego de), card., min. de Philippe II. Martimunos, 1502-1572. = (Hyac.-Fer.), peint. esp. 1600-1680.

Esprit (Ja.), dit l'abbé Esprit, litt., memb. de l'Acad. fr. Béziers, 1611-1678.

Esquirol (J.-E.-D.), méd., philanthr. Toulouse, 1772-1844.

Esquivel (Hyac.), relig. dominic., missionn. à l'île de Fr. M. 1635

Essarts (P. des), surintend. des fin. sous Charles VI, prévôt de Paris. Décap. 1413.

Essen (J.-H., comte d'), feld-maréch. suédois. 1755-1824.

Essex (R. Devereux, comte d'), favori d'Elisabeth d'Anglet. N. 1567; décap. 1601. = (Ja.), archit. angl. Cambridge, 1723-1784.

Estaço (Ach.), dit Achille Hatius, érud. portug., secrét. de Pie IV et de Pie V. 1524-1581.

Estaing (C.-Hect. comte d'), vice-amiral. fr. N. Ruvel (Auvergne), 1720; m. sur l'échaf., 1794.

Estampes (Anne de Pisseleu, duchesse d'), maîtresse de François Ier. 1508-1576.

Estampes-Valençay (Achille d'), maréch. de camp, gén. des galères de Malte, puis card. Tours, 1589-1646. = (Ja.), marq. de la Ferté-Imbault, de la même fam., maréch. de Fr., ambass. en Anglet. 1590-1668.

Este, nom d'une ill. maison d'Italie. Ses principaux membres sont : Alphonse Ier, duc de Ferrare et de Modène, époux de Lucrèce Borgia, protecteur de l'Arioste. M. 1534. = Alphonse II, p.-fils du précéd. Il fit enfermer le Tasse. N. 1535; m. 1597. = Renaud, duc de Modène. 1655-1737. = Hercule III, duc de Modène, petit-fils du précéd. 1727-1797.

Esterhazy, nom d'une fam. noble de Hongrie, dont les memb. les plus remarq. sont : Paul IV, Esterhazy de Galantha, gén., érud. 1635-1713. = N.-Joseph, homme d'État et capit. 1714-1790. = Nicolas, prince d'Esterhazy de Galantha, magnat de Hongrie, feld-maréch. 1765-1833.

Esther, juive de la tribu de Benjamin, nièce de Mardochée, épouse d'Assuérus, roi de Perse.

Estienne, fam. d'imprim. et de sav. fr. Le premier est : Jean, Paris, 1470-1520. = Robert, fils du précéd. Paris, 1503; Genève, 1559. = Henri, fils du précéd., hellén., litt. Paris, 1532; Lyon, 1598. = Antoine, libr.-impr., le dern. de la fam. Genève. 1594; Paris, 1674.

Estius (Gu.), théol. Gorcum, 1542-1613.

Estouteville (Gui d'), card., archev. de Rouen, négociat. sous Charles VII et Louis XI. M. Rome, 1483.

Estrades (God., comte de), maréch. de Fr., négociat. Agen, 1607-1686.

Estrées (J. d'), gr.-maître de l'artill. de Fr. 1480-1571. = (Ant.), gr.-maître de l'artill. sous Henri IV, gouv. de l'île de Fr., fils du précéd. = (Gabr.), fille du précéd., cél. maîtresse de Henri IV. 1571-1599. = (F.-Annib.), pair, maréch. de Fr. 1573-1670. = (J.), vice-amiral, maréch. de Fr., vice-roi d'Amér., fils du précéd. 1624-1707. = (César), card., négociat., memb. de l'Acad. fr. 1628-1714. = (Vict.-Marie), lieut.-gén. des flottes esp. et fr., maréch. de Fr., memb. de l'Acad. fr. 1660-1737. = (L.-César Letellier), de la fam. des précéd., maréch. de Fr. 1695-1771.

Etampes. V. Estampes.

Ethelbald, roi d'Angleterre, de la dynastie saxonne, de 857 à 860.

Ethelbert, roi de Kent en 566. M. 615. = Roi d'Anglet. de la dynast. saxonne, roi de Kent et roi de Wessex. M. 866.

Ethelred Ier, roi d'Anglet., succ. du précéd., de 866 à 872. = II, roi d'Anglet., succ. de son frère Édouard le Martyr, de 979 à 1016.

Ethelwolf, roi d'Anglet., de la dynast. saxonne. M. 858.

Etheredge (C.), aut. dram. angl. N. 1636.

Ethicus (Hister), géogr. lat. du 6e s.

Etienne (St), 1er martyr. Lapidé 33 (9 mois ap. la m. de J.-C.). = *de Muret* (St), fondat. de l'ordre de Grandmont. M. 1124.

Etienne Ier (St), pape, succ. de St Luce, 253. Martyrisé 257. = II, succ. d'un autre Etienne, 752. M. 757. = III, succ. de Paul Ier, 768. M. 772. = IV, succ. de Léon III, 816. M. 817. = V, succ. d'Adrien III, 885; remplacé par Formose, 891. = VI, succ. de Formose, 896. M. 897. = VII, succ. de Léon VI, 929; remplacé par Jean XI, 931. = VIII, succ. de Léon VII, 939. M. 942. = IX (Fréd.), succ. de Victor II, 1057. M. 1058.

Etienne Ier (St), roi de Hongrie, succ. de son père Geysa, 997. M. 1038. = II, dit le Foudre, succ. de son père Coloman II, 1114; abdiqua 1131. = III, succ. de Geysa II, 1161. M. 1173. = IV, succ. de Bela IV, 1270. M. 1272.

Etienne (Ch.-Gu.), écriv. et public. Chamouilly (H.-Marne), 1778; Paris, 1845.

Etienne de Byzance, gramm. grec du 5e s.

Etoile (P. de l'), hist. Paris, 1540-1611.

Eubulide de Milet, philos. de l'école mégarique. N. Milet, 360 av. J.-C.

Eubulus, poëte com. athén. Viv. 370 av. J.-C.

Eucher (St), écriv. ecclés., év. de Lyon. M. 454.

Euclide de Mégare, philos. grec. Viv. v. 400 av. J.-C.

Euclide, cél. géom. grec. Viv. 320 av. J.-C.

Euctemon, astron. athén. 432 av. J.-C.

Eudème de Rhodes, philos. gr. Viv. au 4e s. av. J.-C.

Eudes ou *Odon*, fils de Robert le Fort, élu roi de Fr., 887. M. 898.

Eudes, duc d'Aquitaine, succ. de son père Boggis, 688. M. 735.

Eudes de Montreuil, archit. de St Louis. M. 1289.

Eudoxe de Cnide, astron. grec. Viv. v. 370 av. J.-C. = *de Cyzique*, navig. grec, 2e s. av. J.-C.

Eudoxe, patriarche de Constantinople, défens. de l'arianisme. M. 370.

Eudoxie (Elia), femme d'Arcadius, emp. d'Or. M. 404. = (Licinia), dite la Jeune, femme de Valentinien III, emp. d'Occid., puis de Maxime. M. en captiv.

Eudoxie Macrembolitissa, femme de Constantin Ducas, emp. d'Or., puis de Romain Diogène. Reléguée dans un monast., 1071.

Eugène (St), évêque de Carthage. M. Languedoc, 505.

Eugène Ier (St), pape. Élu 654; m. 657. = II, succ. de Pascal Ier, 824. M. 827. = III, (Bern.), N. Pise; succ. de Lucius II, 1145; m. 1153. = IV (Gab. Condolmère). N. v. 1383; succ. de Martin V, 1431; déposé 1438; m. 1447.

Eugène, év. de Tolède, astron. M. 636. = Le Jeune, év. de Tolède, théol., poëte, lat. M. 660.

Eugène (F.-Eug. de Savoie Carignan, dit le Prince), généraliss. des armées impér., fils d'Eugène Maurice, comte de Soissons, et d'Olympe Mancini. Paris, 1663-1736.

Eulalie (Ste), vierge et martyre. N. Mérida (Esp.), v. 296; mise à m. 308.

Eulalius, archidiacre de Rome, antipape, élu 418.

Euler (Léo), ill. géomètre. N. Bâle, 1707; m. Pétersbourg, 1783.

Euloge (St), de Cordoue. M. martyr, 859.

Eumathe ou *Eusthate*, écriv. grec. des dern. s. de l'emp. d'Or.

Eumène, l'un des lieut. d'Alexandre le Grand. M. 315 av. J.-C.

Eumène Ier, roi de Pergame, 263 av. J.-C. M. 241. = II, nev. du précéd., succ. de son père Attale Ier, 198 av. J.-C. M. 157.

Eumène, rhéteur, profess. d'éloquence à Autun. 261-311.

Eunape, philos. et méd. N. Sardes, 4e s. de J.-C.

Eunome, hérésiarque du 4e s., év. de Cyzique, 360.

Euphémie (Ste), vierge de Calcédoine. Martyrisée, 307.

Euphorion, poëte grec de Chalcis, v. 272 av. J.-C.

Euphranor, peint. et sculp. de Corinthe. Viv. v. 360 av. J.-C.

Euphrosine, impératr. d'Or., femme d'Alexis II. M. 1215.

Eupolis, poëte com. d'Athènes. V. 440 av. J.-C.

Eupompe, peint. grec de Sicyone, 4e s. av. J.-C.

Euric ou *Evaric*, roi des Visigoths. Succ. de son frère Théodoric II, 466; m. Arles, 484.

Euripide, cél. poëte trag. grec. N. Salamine, 480 av. J.-C.; m. 407.

Eusèbe (St), pape. Succ. de Marcel, 310; m. même année.

Eusèbe de Pamphile, év. de Césarée (Palest.), écriv. grec, hist., théol. M. 338. = *de Nicomédie*, prélat grec arien, advers. de St Athanase. M. 342. = *de Samosate*, év. de cette ville au 4e s., advers. des ariens. Tué 379.

Eusebia (Aurelia), femme de l'emp. Constance. M. 1630.

Eustache (St), martyr. Tué sous Adrien, 130.

Eustache le Moine, cél. aventur. bolonais du 13e s.

Eustachi (Bart.), anat., méd. San-Severina (Marche d'Ancône), 1510-1574.

Eustathe (St), év. de Bérée, advers. des ariens. Exilé, 337.

Eustathe de Constantinople, archev. de Thessalonique, comment. d'Homère. M. 1198.

Eutechnius, méd. et sophiste grec du 5e s.

Euthycratès, sculpt. grec. Viv. v. 300 av. J.-C.

Euthydème, roi de la Bactriane. 220 av. J.-C.

Eutocius d'Ascalon, géom. grec. Viv. v. 540.

Eutrope (Flavius), hist. lat. du 4e s.

Eutrope, eunuque arménien, min. et favori de l'emp. Arcadius. Mis à m., 399.

Eutychès, hérésiarque grec du 5e s. M. 451.

Eutychien, pape. Succ. de Félix Ier, de 275 à 283.

Eutychius, gramm. lat. du 16e s. = Hist. ar., patriarche melchite d'Alexandrie. N. Egypte, 876; m. 940.

Evagoras, roi de Salamine (Chypre), 410 av. J.-C.

Evagre le Scolastique, hist., quest. de Tibère-Constantin. N. Syrie, 536. = Dit Ponticus, écriv. grec, partisan d'Origène, profess. à Constantinople, 581.

Evans (Olivier), mécan., invent. des machines à vapeur à haute pression. Etats-Unis, 1755-1811.

Evariste, pape. N. Grèce; succ. de St Clément, 100; m. 109.

Eve, femme du 1er homme. V. ADAM.

Evémère ou *Euhémère*, philos. et voyag. grec. N. Messène, 4e s. av. J.-C.

Everard (Ange), dit le Flamand, peint. de bat. Brescia, 1647-1678.

Everdingen (Albe van), peint., grav. Alkmaer, 1621-1675.

Evilmérodach, roi de Babylone, fils et succ. de Nabuchodonosor, 562-560 av. J.-C.

Ewald (J.), poëte et aut. dram. danois. 1743-1781.

Excelmans (H.-Jo.-Isid., comte), maréch. de Fr. N. Bar-le-Duc, 1775; m. 1852.

Exmouth (Ed. Pelzew, lord), amiral angl. Douvres, 1757-1833.

Expilly (J.-Jo.), abbé, statisc., géogr. St-Remy (Prov.). 1719-1793.

Exsuperantius, hist. lat. du 5e s.

Exupère (St), év. de Toulouse au 5e s.

Eyck (J. van), dit Jean de Bruges, peint. Maeseyck (Pays de Liége), 1370-1441. = (Gasp. van), peint. de marines. N. Anvers, 1625.

Eykens (P.), dit le Vieux, peint. d'hist. Anvers, 1599-1640.

Eymeric (N.), dominic. esp., canon., inquisit. Girone, 1320-1399.

Eynden (Roland van), écriv. Dordrecht, 1748-1819.

Eyriès (J.-B.), géogr. Marseille, 1767; Paris, 1846.

Ezéchias, roi de Juda, fils et succ. d'Achaz, 273 av. J.-C. M. 694 av. J.-C.

Ezéchiel, prophète hébr. Emmené captif à Babylone 599 av. J.-C. = Poëte dram. juif du 1er s.

Ezenkansti (J.), astron. armén. M. 1233.

Ezz-Eddin, poëte ar. du 13e s.

— F —

Faber (J.), dominic., controv., év. de Vienne. n. v. 1470; m. 1541. = (Sam.), hist. et litt. all. Altorf, 1657-1716.

Fabert (Abrah.), maréch. de Fr., gouv. de Sedan. Metz, 1599-1662.

Fabien (St), pape. Succ. de St Antère, 236; martyrisé, 250.

Fabius Maximus Rullianus (Quintus), cél. Rom., consul, dictat., maître de la cavalerie. M. v. 280 av. J.-C.

Fabius Pictor (Quintus), le plus anc. des hist. rom. V. 220 av. J.-C.

Fabius Maximus Verrucosus (Quintus), cons. rom., puis dictat. M. 203.

Fabre (J.-Cl.), oratorien, hist., lexicogr. Paris, 1668-1753. = (J.), poëte languedoc. du 18e s. = (L.), bénéd. de St-Maur, bibliog. Roujan, 1710-1788. = *d'Eglantine* (Ph.-F.-Nazaire), aut. dram., memb. de la conv. N. Limoux, 1755; m. sur l'échaf., 1794. = *de l'Aude* (J.-P., comte), memb. du cons. des cinq-cents, du tribunal, sénat., pair de Fr. Carcass., 1755-1832. = *de l'Hérault* (Den.), convent. Périt 1794. = *D'Olivet* (Aut.), litt., oriental. Ganges, 1768-1825.

Fabre (F.-Xav.), peint. Montpell., 1766-1837. = (Ma.-Ja.-Vict.), poëte, litt. Jaujac, 1785-1831.

Fabretti (Raphaël), cél. antiq. Urbin, 1681-1700.

Fabrice (Jér.), méd. ital. Acquapendente, 1537-1619. = *de Hilden* (Gu.), méd., chir., Hilden (Prusse), 1560-1634.

Fabricius (Caius Luscinus), gén. rom., vainq. des Samnites. M. 250 av. J.-C.

Fabricius (G.), hist. et poëte lat. Chemnitz (Saxe), 1516-1571. = (Dav.), past. et astron. holl. M. 1617. = (J.), philol., bibliogr. Altorf, 1644-1729. = (J.-Alb.), crit. et bibliogr. Leipzig, 1668-1738. = (J.-Chr.), entomol. et écon. danois. 1742-1807.

Fabricy (le P. Gab.), dominic., bibliogr., archéol. Maximin (Prov.), 1725-1800.

Fabroni (Ange), biogr. et journ. Maradi (Tosc.), 1732-1803. = (J.-Val.-Mat.), chim., collabor. de Fontana. Florence, 1752-1822.

Facciolati (Ja.), gramm. et lexicogr. Torriglia, 1682-1769.

Facino-Cane (Bonifazio, dit), condottiere du parti des gibelins. Santhia (Piém.), 1360-1414.

Facis (Ange de), peint. ital. du 15e s.

Faërne (Gab.), poëte lat. Crémone, 1500-1561.

Faes (P. van der), dit le chevalier Lely, peint. Westphalie, 1618; m. Londres, 1680.

Fagan (Bart.-Christ.), aut. dram. Paris, 1702-1755.

Fagès (Jo.), chir., profess. de méd. à Toulouse. 1764-1824.

Faget de Baure (J.-J.), avocat gén. au parl., litt. Orthez, 1755-1817.

Faggoe (Ja.), écon. suédois. 1699-1777.

Fagiuoli (J.-B.), poëte burl., aut. dram. Florence, 1660-1742.

Fagon (Gui-Crescent), méd. de Louis XIV, direct. du Jard. des Pl. Paris, 1638-1718.

Fahrenheit (Gab.-Dan.), physic. Dantzig, 1690-1740.

Faille (Germ. de la), litt., hist. Castelnaudary, 1661-1711. = (Cl. de la), natural. N. La Rochelle; m. 1770.

Fain (Agathon-J.-F.), bar., secrét. archiv. du cabinet de Napoléon. Paris, 1778-1837.

Faini (Mme Diamante), femme poëte ital. M. 1770.

Fairfax (Ad.), poëte angl. M. 1632. = (Th. lord), gén. angl. Deuton (comté d'York), 1611-1671.

Fakhr-Eddyn-Razzy, hist. musulm. du 13e s.

Falbaire (C.-G. Fenouillot de), aut. dram. Salins, 1727-1800.

Falcand (Hug.), hist. du 12e s. N. Normandie.

Falck (J.-P.), natural. et phys suéd. du 18e s.

Falckenstein (J.-H de), antiq. et litt. all. Silésie, 1682-1760.

Falcone (Aniello), peint. de bat. Naples, 1600-1665.

Falconer (W.), poëte et litt. Edimbourg, 1730-1769.

Falconet (And.), méd. et antiq. Roanne, 1611-1691. = (Cam.), litt., memb. de l'acad. des inscr., p.-fils du précéd. Lyon, 1671-1762. = (Et.-Maur.), sculpt. Paris, 1716-1791.

Falcucci (N.), méd. toscan. M. 1411.

Falens (C. van), peint. de paysages. Anvers, 1682; Paris, 1733.

Faliero (Marino), doge de Venise. Succ. d'And. Dandolo, 1354; exécuté comme conspir., 1355.

Falk (J.-Dan.), poëte satir. et aut. dram. Dantzig, 1770-1826.

Falkland (Lucius Cary, vic. de), secrét. d'Etat, memb. du parl. angl. Oxford, 1610-1643.

Faletti (Jér.), litt., poëte lat., ambass. Trino (Monferrat), 1518-1564.

Fallope (Gab.), anat. Modène, 1523-1562.

Falstaff (J.), capit. angl. M. 1469.

Fangé (Aug.), bénéd. fr., abbé de Senones, érud. M. 1791.

Fanshaw (Rich.), poëte angl., homme d'Etat. 1697-1766.

Fantin-Desodoards (Ant.-Et.-N.), hist. et litt. Pont-de-Beauvoisin (Savoie), 1738-1820.

Fantucci (le comte Marc), litt., écon., érud. Ravenne, 1745-1806.

Fanucci (J.-B.), hist. Pise, 1756-1834.

Fardella (M.-Ange), physic., mathém., philos. Trapani (Sicile), 1650-1718.

Fardulfe, poëte lat., abbé de St-Denis en 790.

Fare (Ste), 1re abbesse du monast. de Faremoutier. M. 655.

Fare (C.-A., marq. de la), poëte. Valgorge (Vivarais), 1644-1712.

Faret (N.), poëte, memb. de l'Acad. fr. Bourg, 1596-1646.

Faria y Sousa (Manoel de), litt. et hist. portug. du 17e s.

Farinato (Pa.), peint. Vérone, 1525-1606.

Farinelli (C. Broschi, dit), cél. chant., chancel. de Calatrava. Naples, 1705-1782.

Farlati (Dan.), jés., hist. San-Daniele (Frioul), 1690-1773.

Farnèse, cél. maison ital. qui a donné quelques généraux à la républ. florent., et d'où sont sortis 8 ducs de Parme et de Plaisance, parmi lesquels on distingue : Pierre-Louis, 1er duc de Parme et de Plaisance. Assass. 1547. = Alexandre, gén. au service de Philippe II et gouv. des Pays-Bas. M. 1592.

Farjuhar (G.), coméd., aut. dram. Londonderry (Irlande), 1678-1707.

Farril (don Gonzalo), gén. et homme d'Etat esp. La Havane, 1757-1831.

Farsetti (Côme), jurisc., ambass. du duc de Massa. Massa, 1619-1689.

Farwharson, mathém. angl. M. Pétersb., 1739.

Fasciselli (Honoré), poëte lat., litt. Isernia (roy. de Naples), 1502-1564.

Fassin (le cheval. N.-H.-Jo. de), peint. Liége, 1728-1811.

Fassola da Pavia (Bern.), peint. Milan. Viv. v. 1516.

Fatah, écriv. ar. Mis à m. 535.

Fatio de Duiller (N.), géom. et alchim. Bâle, 1664-1753.

Fauche-Borel (L.), d'abord imprim. à Neufchâtel (Suisse), puis agent très-actif des Bourbons. 1762-1829.

Faucher (César et Constantin), frères jumeaux, hommes de guerre. N. La Réole, 1760; fusillés comme conspir., 1815.

Fauchet (Cl.), historiogr. de Fr. Paris, 1529-1621.

Faujas de St-Fond (Bart.), géologue. Montélimart, 1750-1819.

Fauloon (N.), écriv. poitevin du 14e s.

Faure (C.), abbé de Ste-Genev., réformat. de congrég. rel. Luciennes (Seine-et-O.), 1594-1644. = (L.-Jo.), jurisc., memb. du cons. des cinq-cents et du trib. Le Havre, 1760-1837.

Fauriel (Claude), litt., crit., memb. de l'acad. des inscr. St-Etienne, 1772-1844.

Fausta (Flavia Maximiana), femme de Constantin. Mise à m. 327.

Faustina (Annia Galeria), impératr. rom., femme d Antonin le Pieux. M. 141.

Faustus de Byzance, év. armén. N. Constantin., v. 320.

Favard de Langlade (Gu.-J.), jurisc., homme d'Etat. St-Florent (Auvergne), 1762-1831.

Favart (C.-Sim.), aut. com. Paris, 1710-1792. = (M.-Justine), actr. de l'Opéra-Com., femme du précéd. Avignon, 1727-1772.

Favart-d'Herbigny (Christ.-Elisabeth), natural. Reims, 1727-1793.

Favier (N.), conseill. au parl. de Paris. N. Troyes au 16e s. = Public. Toulouse, 1720-1784.

Favorinus, sophiste d'Arles, profess. de rhét. à Athènes et à Rome sous Adrien. M. v. 135. = (Varinus), lexicogr. ital. du 16e s.

Favoriti (A.), poëte lat. 17e s.

Favras (Th. Mahi, marq. de), lieut. des Suisses de la garde de Monsieur, frère de Louis XVI. N. Blois, 1745; pendu Paris, 1790.

Favray (Ant.), peint. fr. du 18e s.

Favre (Ant.), jurisc., litt. Bourg-en-Bresse, 1557-1624.

Favyn (And.), érudit. N. Paris, 16e s.

Faye (Ja.), seign. d'Espeisse, présid. à mortier au parlem. de Paris. 1543-1590. = (C.), ambass., écriv., fils du précéd. Paris, 1577-1638.

Faydit (l'abbé P. Val), litt. Riom, 1640-1709.

Faypoult (Gu.-C.), min. des fin., min. plénipotent. Champagne, 1752-1817.

Fazelli (Th.), dominic., hist. Sacca (Sicile), 1498-1570.

Fazio (Bart.), hist. N. La Spezia (Etat de Gênes); m. 1457.

Fedele (Cassandra), femme aut. relig. Venise, 1465-1558.

Feder (J.-G.-H.), philos. all. 1740-1821.

Federici (Domin.-M.), dominic., litt. Vérone, 1739-1808.

Federmann (N.), voyag. du 16e s.

Fedor-Iwanowitch, emp. de Russie. N. 1557; succ. d'Ivan IV, 1584; empoisonné, 1598. = II, *Alexiewitch*, emp. de Russie. Succ. d'Alexis, 1676; m. 1682.

Fehling (H.-Christ.), peint. all. 1658-1725.

Feith (Rhynvis), poëte dram. et litt. holl. 1753-1824.

Feletz (Ch. Dorimond de), litt., crit. Grimond, près de Brives, 1767-1850.

Félibien (And.), litt., historiogr. memb. de l'acad. des inscr. Chartres, 1619-1695.

Felice (Fortuné-Bart. de), litt., public. Rome, 1723-1789.

Félicité (Ste), dame rom., martyris. avec ses 7 fils, 150 ou 164.

Felino (Gu.-Lé du Tillot, marq. de), homme d'Etat. Bayonne, 1711-1774.

Felinski (Aloÿs), poëte et litt. polon. Ossow, 1765-1822.

Félix (St), év. de Dunwich (Suffolk). M. 646. = de Valois

(St), Français, fondat. de l'ordre de la Rédemp. 1127-1212.

Félix Ier (St), pape. Succ. de St-Denis, 269 à 274. = II, antipape. Élu, 355; chassé, 358. = III, pape. Succ. de St Simplice, 48 ; m. 492. = IV, pape. Succ. de Jean Ier, 526; m. 530. = V, antipape. V. AMÉDÉE VIII.

Félix de Beaujour (L.), écon., archéol. Callas (Var), 1765-1836.

Fellenberg (Ph.-Emmanuel), cél. pédagogiste et agron. Berne, 1771-1844.

Feller (F.-X. de), jés., biogr. Bruxelles, 1735-1802.

Felton (J.), Irlandais, lieut. dans l'armée angl., assass. de Buckingham. Mis à m. 1628.

Fenel (J.-B.-Pasc.), eccl., érud. Paris, 1695-1753.

Fénelon (Bertr. de Salignac, marq. de), ambass., litt. M. 1559. = (F. de Salignac de Lamothe), litt., moral., théol., archev. de Cambrai. Fénelon (Quercy), 1651-1715. = (Gab.-Ja.), lieut.-gén., ambass. en Holl., neveu du précéd. Tué à Raucoux, 1746. = (J.-B.-Ant. abbé de), aumôn. de Marie Leczinska, de la même fam. que les précéd. N. 1702; m. sur l'échaf., 1794.

Fenton (Élisée), litt. et poëte angl. M. 1730. = (Ed.), navig. angl. du 16e s. = (Geoffroy), secrét. d'État d'Élisabeth, puis de Jacques Ier en Irl., frère du précéd. M. 1608.

Fer (N. de), géogr. Paris, 1646-1720.

Ferandini (J.), composit., conseill. de l'élect. de Bavière. N. Venise; m. Munich, 1793.

Féraud (J.-Fr.), gramm., profess. de philos. et de rhét. Marseille, 1725-1807. = Convent., mass. par la populace, dans la journ. du 1er prairial an 3.

Ferber (J.-J.), minéral. suéd. 1743-1790.

Ferdinand Ier, emp. d'All. N. 1503; succ. de Charles-Quint, 1556; m. 1564. = II, p.-fils du précéd. N. 1578; élu emp., 1619; m. 1637. = III, fils et succ. du précéd. N. 1608; emp. 1637, m. 1657.

Ferdinand Ier, roi de Castille et de Léon v. 1035; m. 1065. = II, roi de Léon. Fils et succ. d'Alphonse VIII, 1157; m. 1187. = III, dit le Saint, fils d'Alphonse IX, roi de Léon. N. 1200; roi de Castille, 1217; de Léon, 1230; m. 1252. = IV, roi de Castille et de Léon. N. 1285; succ. de son père Sanche IV, 1295; m. 1312. = V, dit le Catholique, fils de Jean II. N. 1452; roi de Castille, 1474; d'Aragon, 1479; de la Navarre, 1512; m. 1516. = VI, fils de Philippe V, roi d'Esp. N. 1713; succ. de son père, 1746; m. 1759. = VII, fils de Charles IV, roi d'Esp. N. 1784; nommé roi par son père, 1808; retenu à Valençay par Napoléon jusqu'en 1813; m. 1832.

Ferdinand Ier, roi de Naples et de Sicile. Succ. de son père Alphonse Ier, 1458; m. 1494. = II, roi de Naples, fils d'Alphonse II et p.-fils du précéd. Succ. de son père, 1495; m. 1496.

Ferdinand Ier, roi des Deux-Siciles. N. 1751; succ. de son père Charles III, 1749, avec un cons. de régence; se retira en Sicile de 1798 à 1814, pendant le règne de Joseph Napoléon et celui de Murat; m. 1825.

Ferdinand, roi de Portugal. N. 1540; succ. de son père Pierre Ier, 1367; m. 1383.

Ferdinand de Cordoue, érud. Cordoue, 1420-1480. = d'Aragon, archev. de Saragosse, vice-roi d'Aragon. Madrid, 1514-1575.

Ferdoucy (Aboul-Cacem-Mansour), cél. poëte persan. 916-1020.

Fergus Ier, fils d'un roi d'Irlande, fondat. de la monarchie d'Écosse en 332. Tué 337.

Ferguson (Ja.), astron., mécan. Keith (Écosse), 1710-1776. = (Adam), philos. écoss. 1724-1816.

Fergusson (J.), poëte écoss. Édimbourg, 1751-1774.

Ferichtah (Mohammed-Cacem), hist. persan du 17e s.

Fermat (P. de), cél. géom., jurisc., hellén. Toulouse, 1595-1665.

Fermin (Ph.), méd., natural. Maestricht, 1720-1790.

Fernand-Nunez (duc de), grand d'Esp., ambass., min. plénipot. Madrid, 1778; Paris, 1821.

Fernandez (Juan), navig. portug. Pénétra le premier (1446) dans l'intér. de l'Afrique; il fut abandonné en 1448 par ses comp., et ne reparut plus. = (Ant.), jés. et voyag. mission. en Abyssinie. Lisbonne, 1566-1642 = On connaît encore deux voyag. portug. du nom de Fernandez; 1445 et 1552.

Fernandez (Diego), hist. esp. du 16e s.

Fernandez-Navarrette (J.), dit il Mudo (le Muet), peint. esp. Logrono, 1526-1579.

Fernel (J.), 1er méd. de Henri II et mathém. Clermont (Beauvoisis), 1497-1558.

Feroux (Christ.-Lé.), prieur des bernard., écon. Frévent (Artois), 1730-1803.

Ferracino (Bart.), mécanicien et architecte italien. 1692-1777.

Ferrand (Ja.-Ph.), peint. en miniature et en émail. Joigny, 1653-1732. = (Ma.-L.), gén. de divis. Besançon, 1753-1808. = (Ant.-F.-Cl., comte), hist., min. d'État, pair de Fr., memb. de l'Acad. fr. Paris, 1751-1825.

Ferrand de la Caussade (J.-H. Becays), gén. de divis. Montflanquin (Artois), 1736-1805.

Ferrare (Hipp. d'Este, dit le cardinal de), fils d'Alphonse Ier d'Este, duc de Ferrare. N. 1509; gouv. du duché de Parme pour la Fr., 1552 à 1554; m. 1572. = (Anne de), fille d'Hercule II, duc de Ferrare et de Modène. N. 1531; femme de Guise le Balafré, puis de Jacques de Savoie, duc de Nemours; m. 1607.

Ferrari (Bart.), fondat. de l'ordre des barnabites. Milan, 1497-1544. = (Gaudenzio), peint. ital. 1484-1550. = (Octavien), philos., érud. Milan, 1518-1586. = (Bernardin), écriv. ecclés., archéol. Milan, 1576-1669. = (Octave), érud., antiq. Milan, 1607-1682. = (L.), mathém. Bologne, 1522-1566. = (Gui), jés., hist. Novare, 1717-1791. = (P.), archit. ital. 1753-1825.

Ferrarini (M.-Fabrice), antiq. ital. N. Reggio; m. 1492.

Ferraris (Jo. comte de), gén. autrich., géogr. Lunéville, 1726-1814.

Ferrata (Hercule), sculpt. ital. N. 1630.

Ferraud, memb. de la conv. N. vallée d'Aure (Armagnac), 1764; massacré par les insurgés du 1er prairial an 3.

Ferreira (Ant.), l'un des poëtes class. du Portugal. Lisbonne, 1528-1569. = (Al.), jurisc. et hist. portug. Porto, 1644-1737.

Ferreras (J. de), ecclés., hist., litt., théol. esp. Labaneza, 1652-1735.

Ferreri (Zacharie), poëte lat., écriv. ecclés. Vicence, 1479-1525.

Ferreto, hist. et poëte lat. du 14e s.

Ferri (Alph.), méd.-chir. du pape Paul III. M. 1575. = (Ciro), archit, peint. Rome, 1634-1689.

Ferrier (St-Vincent), prédic. dominic., théol. Valence, 1357; Vannes, 1415. = (Arn. du), jurisc., garde des sceaux du roi de Navarre (Henri IV), ambass. Toulouse, 1508-1585.

Ferrière (Cl. de), sav. jurisc. Paris, 1639-1734.

Ferrières (C.-Élie, marq. de), litt., memb. de l'assemblée constit. Poitiers, 1741-1804.

Ferron (Arnoul le), hist., jurisc. Bordeaux, 1515-1563.

Ferté (H. de Sennectère, duc de la), maréch. de Fr. Paris, 1600-1681.

Férussac (J.-B.-L. d'Audebart, bar. de), natural. Clérac, 1745-1815. = (And.-Ét.), géol., natural., fils du précéd. Chartron (Tarn-et-Gar.), 1786-1836.

Feryd-Eddyn-Atthar, cél. poëte persan. 1226-1280.

Fesch (Jo.), card., archev. de Lyon, sénat., gr.-aumônier de l'Empire; oncle maternel de Napoléon. Ajaccio, 1763; Rome, 1839.

Festus (Sextus Pompeius), écriv. lat. du 3e s.

Feth-Ali-Chah, roi de Perse. N. 1762; succ. de son oncle Aga-Mohammed, 1797; m. 1834.

Feti (Domin.), peint. Rome, 1589-1624.

Feuchère (J.-Ja.), stat. fr. 1807-1852.

Feuerbach (P.-J.-Anselme de), philos., jurisc. Francfort-s.-Mein), 1775-1833.

Feuerlin (Ja.-Guill.), théol., philos., érud. Nuremberg, 1689-1766.

Feuillée (L.), minime, astron., bot., voyag. au Pérou. Mane (Prov.), 1660-1732.

Feuillet (N.), chan., prédic. fr. 1622-1698.

Feuquières (Manassès de Pas, marq. de), lieut.-gén. sous Louis XIII. N. Saum., 1590; m. prisonn., 1639. = (Ant.), lieut.-gén., tactic., p.-fils du précéd. 1648-1711.

Feutrier (J.-F.-Hyac.), év. de Beauvais, min. des aff. ecclés. sous Charles X. Paris, 1785-1829.

Fèvre (Jehan le), poëte satir. fr. du 14e s.

Fevret de Fontelle (C.-Ma.), magist., érud. Dijon, 1710-1772.

Feyerabend (Sigism.), impr. et grav. sur bois du 16e s.

Feyjoo y Montenegro (Ben.-Jér.), cél. crit. esp. Compostelle, 1701-1764.

Feynes (H. de), voyag. fr. du 17e s.

Fiacchi (L.), poëte, crit. ital. 1754-1825.

Fiacre (St), patron des jard. Irlande, 600-670.

Fialetti (Odoard), peint., grav. Bologne, 1573-1638.

Fiamma (Galvano), dominic., hist. Milan, 1283-1344.

Fichet (Gu.), doct. de Sorb., profess. de théol. et de rhét.; édit. du 1er livre qui ait été imprim. à Paris, en 1474.

Fichte (J.-Gottlieb), cél. philos. all. Ramenau (Lusace), 1726; Berlin, 1814.

Ficin (Marsile), philos. platonic., érud. Florence, 1433-1491.

Fictoor (J.), peint. de l'école flam. V. 1640.

Fielding (H.), romanc. et aut. dram. angl. Sharpham-Park (Somerset), 1707; Lisbonne, 1754.

Fiennes (Gu.), lord Say, ami de Cromwell, puis gr.-chambell. de Charles II. Broughton, 1582-1662. = (J.-B. de), oriental., négociat., secrét. interprète du roi de Fr. St-Germ., 1669-1744.

Fieschi (Jo.), princip. aut. de l'attentat commis contre Louis-Philippe, le 28 juillet 1835. N. Corse, 1790; m. sur l'échaf. 1836, avec ses complices Pépin et Morey.

Fiesque (J.-L., comte de Lavagne), noble génois qui conspira contre le doge André Doria. Se noya en voulant exécuter cette entreprise, 1547.

Fiévée, litt., public. Paris, 1770-1839.

Figrelius (Edm.), érud. suédois. Upsal, 1605-1676.

Figueira (Gu.), troubad. du 13e s. = (L.), jés. portug., missionn. Massacré par les Arouans, 1643.

Figueiredo (Ant. Pereira de), litt., théol., public. portug. Macao, 1725-1797.

Figueroa (F. de), poëte et aut. dram. esp. Alcala de Hénarès, 1540-1620. = (Garcia de Silva y), diplom., voyag. aux Indes. M. Badajoz, 1574.

Filangieri (Gaetano), public. Naples, 1752-1788.

Filassier (J.-J.), litt., agron. Flandre, 1736; Clamart, 1806.

Filicaia (Vinc. de), poëte lyr. italien et latin. Florence, 1642-1707.

Fillastre (Gu.), év. de Verdun et de Tournay, hist. N. 1400; m. Gand, 1470.

Fillau de la Chaise (J.), théol., litt. Poitiers, 1630-1695. = *de St-Martin*, trad., frère du précéd. M. 1695.

Filleul (N.), poëte, aut. dram. N. Rouen, 1530.

Fimbria (Flavius), partisan de Marius. Lieut. de Valerius Flaccus en Asie, il souleva l'armée contre ce gén. Se donna la m. 85 av. J.-C.

Finch (Hénéage), comte de Nottingham, garde du sceau, lord chancel. Londres, 1621-1682.

Finelli (Julien), sculpt., archit. Carrare, 1602-1657.

Finistres y Monsalvo (Jo.), jurisc. et archéol. catalan. Barcelone, 1688-1770.

Finiguerra (Thomaso ou Maso), sculpt., orfèvre et nielleur. N. Florence, v. 1415; m. 1460.

Finkestein (C.-Gu. Finck, comte de), diplom., min. des aff. étrang. sous Frédéric II. Prusse, 1714-1800.

Finlayson (G.), chir., voyag. écoss. 1790-1823.

Finn-Magnussen, archéol. Skalholt (Islande), 1781-1847.

Fioravanti (Léo.), méd., chir. et alchim. bolonais. N. v. 1520; m. 1588. = (Valent.), composit. Rome, 1764-1837.

Fiore (Agnello del), sculpt. et archit. ital. du 15e s.

Fiorentini (F.-Ma.), litt. N. Lucques; m. 1673.

Fiorillo (Ignace), composit. Naples, 1720-1787.

Firenzuola (Ange), litt., ami de l'Arétin. Florence, 1493-1548.

Firmian (C., comte de), gouv. gén. de la Lombardie autrich. Trente, 1718-1782.

Firmicus Maternus (Ju.), écriv. chrét. du 4e s.

Firmin (Th.), philanthr. angl. 1630-1697.

Firmin (St), 1er év. d'Amiens. Martyr. v. 287.

Firmus (Marcus), gén. rom., proclamé emp. en Égypte. Mis à m. par Aurélien, 273.

Firouzabadi, lexicogr. et litt. ar. 1328-1415.

Fischer (J.-Bern.), archit. Vienne (Autr.), 1650-1724. = (Ja.-Benj.), natural. livonien. Riga, 1730-1793. = (J. Eberhard), érud., hist. Esseling (Souabe), 1697-1771. = (J.-Fréd.), philol. Cobourg, 1726-1799. = (J.-G.), mathém., astron. all. 1760-1832. = (Chr.-A), litt. Leipzig, 1771-1829.

Fisher (J.), év. de Rochester, chancel. de l'univers. de Cambridge, théol. N. Beverley, 1455; décap. 1535.

Fitz-Gérald (lord Ed.), chef de la révolte irlandaise de 1796. Dublin, 1763-1798.

Fitz-James, 2e fils du maréch. de Berwick, 1er aumôn. de Louis XV, év. de Soissons. St-Germ., 1709-1764. = (Ch.), maréch. et pair de Fr., frère du précéd. 1712-1787.

Fitz-William (le comte Gu. Wentworth), homme d'État angl. 1748-1833.

Flabenigo (Domin.), ou *Flabanico*, doge de Venise. Succ. de Domin. Orseolo, 1032; m. 1043.

Flaccilla (Ælia), impératrice rom., 1re femme de Théodose le Gr. M. 385.

Flace (Re.), litt., poëte lat. Noyen-sur-Sarthe, 1530-1600.

Flacius (Mathias), théol. protest., controvers. Albone (Illyrie), 1520-1575.

Flaherty (Roderic O'), hist. irland. 1630-1718.

Flamel (Nic.), écriv. juré de l'univers. de Paris au 14e s. Passa pour alchim.

Flamen (Alb.), peint. et grav. N. Bruges, 17e s.

Flamininus (Titus Quinctius), consul rom., 197 av. J.-C.

Flaminius Nepos (Caïus), consul 222 av. J.-C. Périt sur les bords du Trasimène.

Flamstead (J.), astron. angl. Denby, 1646-1719.

Flangini (L.), patriarche de Venise, card., poëte, homme d'État. Venise, 1733-1804.

Flaugergues (Honoré), astron. Viviers, 1755-1835. = (P.-Fr.), député au corps législ., à la chambre des députés (1814), des représentants (1815). N. Rodez, 1769; m. 1836.

Flavien (St), patriarche d'Antioche. N. 404. = (St), patriarche de Constantin. Déposé au synode d'Éphèse, 449.

Flavio (Biondo), archéol. ital. Forli, 1388-1463.

Flavius (Caïus), scribe d'Appius Claudius, puis édile, 305 av. J.-C.

Flaxman (J.), cél. sculpt. et dessinat. angl. York, 1755-1826.

Fléchier (Esprit), év. de Lavaur, puis de Nîmes, cél. orat. sacré. N. Pernes (comtat Venaissin), 1632; m. Montpellier, 1710.

Fleetwood (Gu.), assesseur de la ville de Londres, ennemi acharné des cathol. M. 1592. = (Gu.), archéol., théol., év. anglic. Londres, 1656-1723.

Flemming (Heino-H., comte de), feld-maréch., 1er min. de Frédéric-Auguste. Poméranie, 1667-1728.

Flesselles (Ja. de), intend. de Bretagne, prévôt des marchands de Paris. N. v. 1730; assass. par le peuple, 1789.

Flechter (Gilles), diplom. angl., ambass. en Russie sous Élisabeth. M. 1610. = (Rich.), év. de Bristol, puis de Worcester et frère du précéd., accompagna Marie Stuart à l'échaf. N. 1596. = (John), aut. dram., fils du précéd. Northampton, 1576-1625.

Flechter de Saltoun (And.), public. écoss., memb. du parlem. 1653-1716.

Fleuranges (R. de Lamark, seign. de), maréch. de Fr. Sedan, 1490-1537.

Fleurieu (C.-P. Claret, comte de), navig., min. de la marine sous Louis XV, memb. de l'Instit. Lyon, 1738-1810.

Fleury (Cl., l'abbé), écriv. eccl., confess. de Louis XV, memb. de l'Acad. fr. Paris, 1640-1723. = (And.-Hercule de), cardinal-min. Lodève, 1653-1743. = (Gu.-F. Joly de), procureur gén. au parl. de Paris. Paris, 1675-1756. = (Jo.-Abr. Bénard, dit), act. du Théâtre-Fr. Lunéville, 1750-1822.

Flinck (Govart), peint. Clèves, 1616-1690.

Flinders (Mat.), navig. angl. Donnington, 1760-1814.

Flins des Oliviers (Cl.-M.-Emm. Carbon de), litt., aut. dram. Reims, 1757-1806.

Flipart (J.-J.), grav., memb. de l'acad. Paris, 1723-1782.

Flodoard, chroniq. lat., chan. de Reims. Epernay, 894-966.

Flogel (C.-Fréd.), litt. Jauer (Silésie), 1729-1788.

Floncel (Alb.-F.), litt., secrét. des aff. étrang., censeur royal. Luxembourg, 1697-1773.

Floquet (Ét.-Jo.), composit. Aix (Prov.), 1730-1785.

Flor (Roger), cheval. du Temple, nommé césar par l'emp. grec Andronic. N. Tarragone, 1262; empois. 1306.

Florent (St), abbé de Glonne, depuis St-Florentin-le-Vieux. N. au comm. du 5e s.

Florent, nom de 5 comtes de Hollande qui ont régné de 1062 à 1296

Florez (H.), théol., hist., archéol. Valladolid, 1701-1773.

Florian (J.-P. Claris de), litt., fabuliste, memb. de l'Acad. fr. Florian (Cévennes), 1755-1794.

Florida-Blanca (F.-Ant. Morino, comte de), homme d'État esp., min. sous Charles III. Murcie, 1730-1808.

Floride (le marq. de la), gén. esp. Madrid, 1646-1714.

Floridor (Josias de Soulas, sieur de Prinefosse, dit), coméd. de l'hôtel de Bourg. Brie, 1608-1671.

Floris (F.), dit Frank-Flore, peint. d'hist. Anvers, 1520-1590.

Florus (Lucius Annæus Julius), hist. lat. de la fin du 1er s. =

(Drepanius), poëte lat., théol., chanoine du diocèse de Lyon. M. v. 860.

Flotte (P.), chancel. de Philippe le Bel, cél. par le rôle qu'il joua dans la lutte de ce prince avec Boniface VIII. Tué à la bat. de Courtray, 1302.=(Gu.), chancel. de Fr. de 1339 à 1347, fils du précéd.=(P.), dit Floton de Revel, amiral de Fr. de 1345 à 1347.

Flour (St), 1er év. de Lodève. Martyrisé en Auvergne, v. 389.

Fludd (R.), méd., physic., alchim. angl. 1554-1637.

Flury (L.-Noël), conseill. d'État, écononm. Versailles, 1771-1836.

Fodéré (Fr.-Emm.), méd., écriv. St-Jean de Maurienne (Savoie), 1764-1835.

Foë (Dan. de), litt., écriv. polit. Londres, 1663-1731.

Foès (Anuce), méd., hellén. Metz, 1528-1595.

Foglietta (Uberto), hist., litt. Gênes, 1518-1581.

Foix (Gaston, dit Phœbus, comte de), homme de guerre, gouv. du Languedoc sous Charles V. 1331-1391. = (P. de), dit l'Ancien, card., archev. d'Arles. 1386-1464. = (Gaston de), duc de Nemours, vaill. capit. N. 1489; tué à la bataille de Ravenne, 1512. = (Pa. de), archev. de Toulouse, ambass. 1528-1584.

Foix (F. de), duc de Candale, év. d'Aire. 1504-1594.=(L. de), archit. du 16e s.

Folard (J.-C., chev. de), homme de guerre et tactic. Avignon, 1669-1752.

Folcuin (St), év. de Toulouse. M. 856.

Folengo (Théoph.), bénéd., poëte burl. connu sous le nom de Merlin Coccaie. Mantoue, 1491-1544.

Folkes (Mart.), antiq., numism. Westminster, 1690-1754.

Follie (L.-Gu. de la), chim. Rouen, 1733-1780.

Folquet de Marseille, troubad. Gênes, 1155-1231.

Foncemagne (Et. Laureault de), érud., memb. de l'acad. des sc. Orléans, 1694-1779.

Fondolo (Gabrino), tyran de Crémone de 1409 à 1420. Mis à m. 1425.

Fonfrède. V. Boyer.

Fonseca (J. Rodr. de), év. de Burgos, memb. du cons. de la reine Isabelle. Séville, 1452-1550. = (P. da), jés. portug., négocial. Grégoire XIII. Cortizada, 1528-1599.

Fontaine (J. de la), poëte. N. Valenciennes, 1381.=(C.), poëte, ami de Marot. Paris, 1515-1589-=(N.), hist., hagiogr. Paris, 1625, 1709. = (le chev. Alfred-Désiré de la), chef de l'état-major général de l'armée des Pays-Bas aux Indes-Orientales. Namur, 1787; Montak, 1825.

Fontaine desBertins (Alexis), géom., memb. de l'acad. des sc. Claveison (Dauphiné), 1725-1771.

Fontaine-Malherbe (J.), poëte. Coutances, 1740-1780.

Fontaines (P. des), jurisc. du 13e s.

Fontana (Annibal), grav. en pierres fines. N. Milan; m. 1587. = (Domin.), archit. et ingén. ital. 1543-1607. = (Augustin, comte de Scagnelli), jurisc., litt. ital. du 17e s. = (C.), archit., élève de Bernin. Bruciato (près Côme), 1634; Rome, 1714. = (Fel.), physic. et natural. ital. Pomarolo (Tyrol), 1730-1805. = (le P. Mariano), mathém. ital. 1746-1808.

Fontanelle (J.-Gasp. Dubois), litt. Grenoble, 1737-1812.

Fontanelli (Alph.-Vinc. de), homme d'État, litt. Reggio, 1706-1777.

Fontanes (L. Marcellin de), litt., présid. du corps législ., sénat., gr.-maître de l'univers., enfin pair de Fr. Niort, 1761-1821.

Fontanges (Ma.-Aug. de Scorailles de Roussille, duchesse de), maîtresse de Louis XIV. 1661-1681.

Fontanieu (Gasp.-Moïse), maître des requêtes et compil. 1693-1767.

Fontanini (Juste), archev. d'Ancyre, archéol., controvers. St-Daniel (Frioul), 1666-1736.

Fontenai (P.-Cl.), jés., hist. Paris, 1638-1742.

Fontenay (J.-B. Blain de), peint. de fleurs. Caen, 1654-1715. = (L.-Abel de Bonafons), jés., litt. Castelnau, 1737-1806.

Fontenelle (le Bouyer de), litt., philos., mathém., memb. de l'Acad. fr. et de l'acad. des sc. Rouen, 1657-1757.

Fontenu (N.-F. du), ecclés., archéol. Lilledon, 1667-1759.

Fontrailles (L. d'Astarac, marq. de), seign. fr., un des complices de Cinq-Mars. M. 1677.

Foote (Samuel), act. et aut. com. angl. 1720-1777.

Foppens (J.-F.), érud., bibliogr. Bruxelles, 1689-1761.

Forbin (Claude, chev., puis comte de), chef d'escadre. Gardane (Prov.), 1656-1733. = (L.-N.-Ph., comte de), peint., memb. de l'Inst. La Roque (Bouches-du-Rh.), 1779-1841.

Forbin-Janson (Toussaint de), év. de Digne, puis de Marseille, enfin de Beauvais, ambass. 1625-1713. = (Ch.-Aug.), év. de Nancy, Paris, 1785-1844.

Forbonnais (F. Véron de), écon., memb. de l'Inst. Mans, 1722-1800.

Forcellini (Egidio), philol. Fener (Padouan), 1688-1768.

Ford (J.), ingén.-mécan. angl. Uppark, 1605-1670.

Foreiro, cél. dominic., prédic., théol., hébraïsant. N. Lisbonne; m. 1587.

Forest (P. de la), archev. de Rouen, card., chancel. de Fr. La Suze, 1314-1361. = (J.), peint. paysagiste. Paris, 1636-1712.

Foresti (Ja.-Ph.), hist. ital. 1434-1520.

Forestier (Ant.), poëte lat. N. Paris, au 15e s. = (H.), gén. vendéen. La Pommeraye, 1775; Londres, 1809.

Forfait (P.-Al.-Laur.), ingén., min. de la mar., conseill. d'État. Rouen, 1752-1807.

Forgeot (N.-Julien), aut. dram. Paris, 1758-1798.

Forkel (J.-N.), music. et litt. Meeder (Saxe), 1749-1818.

Forlenze (Jo.-N.-Blaise), oculiste. Picerno (Naples), 1751; Paris, 1833.

Formage (Ja.-C.-César), fabul., poëte lat. et fr. Coupe-Sartre (Normand.), 1749-1808.

Formey (J.-H.-Sam.), écriv. et philos., conseill. privé du roi de Prusse, d'une fam. de réfugiés fr. Berlin, 1711-1797.

Formose, pape. Succ. d'Étienne V; 891; m. 896.

Fornari (Ma.-Vict.), institutrice des Annonciades célestes. Gênes, 1562-1617.

Fornaris (Fabrice de), poëte et act. Naples, 1560-1637.

Fornier (J.), poëte, trad. N. Montauban, 16e s.

Forskal (P.), natural. suéd. Calmar, 1736; Jérim (Arabie), 1763.

Forster (J.), hébraïsant. Augsbourg, 1495-1556. = (J.-Reinhold), voyag. et natural. Dirschau (Prusse), 1729-1798. = (G.), voyag. angl. dans l'Inde. M. 1792.

Forstner (Christ.), jurisc. all., diplomate. Wurtemberg, 1598-1667.

Forsyth (Gu.), cél. jard. écoss. 1737-1804.

Forteguerri (N.), card., poëte. Pistoie, 1674-1735.

Fortescue (J.), jurisc. du 15e s., gr.-chancel. d'Anglet. sous Henri VI.

Fortia de Piles (le comte), litt. Marseille, 1758-1826. = *d'Urban* (le marq. de), hist., géogr., érud. Avignon, 1756-1843.

Fortin, stat. M. Paris, 1832.

Fortis (J.-B.), abbé, litt. Vicence, 1740-1803.

Fortunat (Venantius Honorius Clementianus), év. de Poitiers, poëte lat. N. Cevada (Trévisan); m. 609.

Foscari (F.), doge de Venise, 1423; déposé 1457; m. même année. = (F.), homme d'État, sénat., de la fam. du précéd. Venise, 1704-1790.

Foscarini (P.-Ant.), carme, mathém. Venise, 1580-1616. = (M.), hist., sénat. Venise, 1632-1692. = (Marc), litt. Doge de Venise, 1762; m. même année.

Foschini (Ant.), archit. ital. Corfou, 1741-1813.

Fosco (Placide), sav. méd., dit Prognostes. Montefiori, 1500-1594.

Foscolo (Ugo), poëte ital., litt. Zante, 1776; Londres, 1827.

Fossati (G.), archit., grav., impr. N. Morco (Suisse ital.), 1710.

Fossé (P.-Th. du), litt., hist. Rouen, 1634-1698.

Foster (Sam.), mathém. angl. M. 1652. = (H.), navig. angl. 1797-1831.

Fothergill (J.), méd. angl., natural. 1712-1780.

Foucauld, seign. de Larmidalie, chambell. de Henri IV, gouv. du Périgord. N. 1542.

Foucault (L.), comte de Daugnon, vice-amiral. Marche, 1576-1659. = (Nic.-Jo.), antiq. Paris, 1643-1721.

Fouché (J.), duc d'Otrante, d'abord orator., puis memb. de la convent., min. de la police, gouv. des prov. illyriennes. Nantes, 1763; Trieste, 1820.

Foucher (Pa.), archéol., mathém. Tours, 1704-1778.

Fouchier (Bertr.), peint. holl. Berg-op-Zoom, 1609-1674.

Fouchy (J.-P. Grandjean de), astron., secrét. de l'acad. des sc. Paris, 1707-1788.

Fougeroux de Bondaroy (A.-Den.), archéol., natural. Paris, 1732-1798.

Fou-Hi ou *Fo-Hi*, 1er emp. et 1er législat. de la Chine. V. 2953 av. J.-C.

Foulcher, chroniq., chapel. de Baudouin Ier, roi de Jérusalem. N. Chartres, 1059.

Foulcoie, poëte lat., hagiogr. Beauvais, 1020-1085.

Foulon (J.-F.), contrôl. gén. des fin. N. Saumur, 1715; pendu par le peuple de Paris, 1789.

Foulques, nom de 5 comtes d'Anjou, m. en 938, 958, 1040, 1109 et 1142.

Foulques, dit le Grand, abbé de Corbie, théol., m. 1095.

Foulques de Bénévent, chroniq. du 12e s.

Fouqué (H.-A., bar. de la Motte-), gén. pruss. La Haye, 1698-1774.

Fouqueret (dom. Ant.-M.), bénéd. de St-Maur, érud. Châteauroux, 1640-1709.

Fouquet (N.), surint. des fin. Paris, 1615; citadelle de Pignerol, 1680. = (J.-F.), jés. fr., missionn. en Chine. 1690-1720.

Fouquier Tinville (Ant.-Quintin), accusat. public près le trib. révolutionn. de Paris. N. Hérouel (Picardie); m. sur l'échaf., 1794.

Fouquières (Ja.), peint. de paysages. M. 1659.

Fourcroy (Ant.-F. de), chim., memb. de la conv., du cons. des cinq-cents, direct. gén. de l'instr. publiq. Paris, 1755-1809.

Fourcroy de Ramecourt (C.-Re.), ingén., direct. gén. du génie. Paris, 1715-1791.

Fourier (J.-B.-Jo.), mathém., physic., memb. de l'Inst. Auxerre, 1768-1830. = (F.-C.-Ma.), fondat. de l'école sociétaire ou phalanstérienne. Besançon, 1772-1837.

Fourmont (Et.), oriental., memb. de l'acad. des inscr. Herblay (Seine-et-Oise), 1683-1745. = (Michel), profess. de syriaque, memb. de l'acad. des inscr. 1690-1746. = (C.-L.), oriental., voyag. Cormeilles, 1713-1780.

Fournel (J.-F.), jurisc. Paris, 1745-1820.

Fournier (H.), jurisc. Orléans, 1563-1617. = (G.), jés., ingén.-géogr., voyag. en Asie. Caen, 1595-1652. = (P.-Sim.), grav. et fond. en caractères. Paris, 1712-1768. = (P.-N.), ingén. Paris, 1747-1810.

Fourquevaux (Rai. de Beccarie de Pavie, bar. de), gouv. de Narbonne, ambass. Toulouse, 1509-1574.

Fox (Rich.), év. angl., garde des sceaux sous Henri VII. 1466-1528. = (J.), écriv. protest., controv. Boston (comté de Lincoln), 1517-1587. = (G.), fondat. de la secte des quakers. Dragton (Leicester), 1624-1690. = (C.-Ja.), cél. orat. angl., min. des aff. étrang. Londres, 1749-1806.

Foy (Maxim.-Séb.), gén. et cél. orat. fr. Ham (Picardie), 1775; Paris, 1825.

Fra-Bartolommeo (della Porta), dit il Frate, peint. Florence, 1469-1517.

Fracastor (Jér.), méd., astron., poëte lat. Vérone, 1483-1553.

Fracchi (Ambr. Novidio), poëte lat. du 16e s.

Fra-Diavalo (M. Pozza, dit), chef des insurgés calabrais. Pendu Naples, 1806.

Fra-Giovanni (J.), dit Angelico, peint. toscan. Fiesole, 1387; Rome, 1455.

Fragonard (N.), peint. fr. 1732-1806.

Fraguier (Cl.-F.), litt., poëte lat., memb. de l'Acad. fr. et de l'acad. des inscr. Paris, 1666-1728.

Framery (N.-Et.), composit., aut. dram., litt. Rouen, 1746-1810.

Franc (Mart. le), ecclés. et poëte fr. M. Rome, 1460.

Français de Nantes (Ant., comte de), litt., memb. de l'assemblée législ., du cons. des cinq-cents, préfet, conseill. d'État, enfin pair de Fr. Beaurepaire (Dauphiné), 1756-1836.

France (Ma. de), femme poëte du 13e s.

Franceschetti (Domin.-César), gén. fr. au service du roi de Naples Murat. N. près Bastia, 1776; m. 1835.

Franceschini (Ma.-Ant.), peint. Bologne, 1648-1729.

Francheville (P.), sculpt. N. Cambrai, 1548.

Franchini (F.), poëte lat., év. de Massa. Calabre, 1495-1554.

Francia (F. Raibolini, dit le), peint. Bologne. 1460-1533. = (Ja.), peint., fils du précéd. M. 1557.=(Le doct. Jo.-Gasp.-Rodr. del, dictateur du Paraguay. L'Assomption, 1757-1838.

Francis (Ph.), orat. et homme d'État. Dublin, 1740-1818.

Francisci (Erasme), litt. Lubeck, 1627-1694.

Francius (P. Bransz, dit), orat., poëte lat. et holl. Amsterd., 1545-1705.

Franck, nom d'une fam. d'artistes flam., parmi lesquels on distingue : Jérôme, peint. de port., 16e s. = François, dit le Vieux, peint., frère du précéd. Anvers, 16e s. = Sébastien, peint. de pays. et de bat., fils du précéd. N. 1573. = François, dit le Jeune, peint., frère du précéd. 1580-1642.

Franck (J.-P.), méd. all. 1745-1821.

Franke (J.-Christ.), jurisc. all. N. 17e s.=(J. Valent.) philol. et hellén. dan. M. 1780.

Franckenstein (J.-Aug.), hist., jurisc. 1689-1733.

Franco (B.), dit Semolei, peint., grav. Venise, 1498-1561. = (N.), litt., poëte sat. Bénévent, 1505-1569. = (Véronique), femme cél. par sa beauté et son esprit. Venise, 1554-1591.

Franco-Barreto (J.), poëte portug., ambass. en Fr. Lisbonne, 1600-1664.

Francœur (F.), composit., surint. de la musiq. du roi. Paris, 1698-1787. = (L.-Benj.), sav. mathém. Paris, 1773-1849.

François d'Assise (St), instit. de l'ordre des franciscains. Assise (Ombrie), 1183-1226.

François de Paule (St), fondat. l'ordre des minimes. Paule (Calabre), 1416; Plessis-lès-Tours, 1507.

François Ier, roi de France, fils de Charles d'Angoulême, cousin germ. de Louis XII. N. Cognac, 1494; succ. de Louis XII, 1515; m. 1547.=II, fils aîné de Henri II et de Catherine de Médicis. N. 1544; succ. de son père Henri II, 1159; m. 1560.

François Ier, emp. d'Allem., fils de Léopold de Lorraine. N. 1718; reconnu emp. 1747; m. 1765.=II (Jo.-C.), emp. d'All. N. Florence, 1768; succ. de son père Léopold II, 1792; après la bataille d'Austerlitz, signa le traité de Presbourg, 1805; renonça l'année suiv. à la couronne d'All., et prit le titre de François Ier, emp. d'Autriche; m. 1835.

François Ier, roi des Deux-Siciles. N. 1777; succ. de son père Ferdinand Ier, 1825; m. 1830.

François Ier, duc de Bretagne, fils de Jean V et de Jeanne de Fr. N. Vannes, 1414; succ. de son père 1442; m 1450.=II, dern. duc de Bretagne, fils aîné de Richard, comte d'Étampes, succ. de son oncle Arthur III, 1458; m. 1488.

François (C.-J.), grav. fr. 1717-1769. = (dom. J.), bénéd. de St-Vannes. Acremont (duché de Bouillon), 1722-1791.

François de Neufchâteau (N.-L.), poëte, litt., memb. de l'Acad. fr., de l'assemblée législ., min. de l'intér., présid. du sénat. Saffais (Lorraine), 1750-1828.

Françoise (Ste), dame rom., fondat. de l'ordre des collatines. M. 1440.

Francolin (J. de), héraldiste, N. Besançon, 1520.

Francowitz (Ma.-Flach.), théol. et controvers. protest. Albone (Illyrie), 1521-1575.

Franke (A.-Hermann), philanthrope all. Lubeck, 1663-1727.

Franklin (Benj.), homme d'État, diplom., physic., écon. Boston, 1706-1790.

Franz (J.-M.), géogr. Œhringen (Saxe), 1700-1761.=(J.-G.-Fréd.), méd., litt., érud. Leipzig, 1737-1789.

Fra-Paolo. V. Sarpi.

Frauenhofer (Jo.), cél. optic. Staubing (Bavière), 1787-1826.

Frayssinous (Den.), év. d'Hermopolis, théol., min. des aff. ecclés., memb. de l'Acad. fr. Curières (Aveyron), 1765-1841.

Fréculfe ou *Radulfe*, év. de Lisieux, hist. M. 850.

Frédégaire, dit le Scolastique, chroniq. lat. N. Bourgogne; m. 660.

Frédégise ou *Fridugise*, écr. et poëte lat., chancel. de Louis le Gros. N. Angleterre; m. 854.

Frédégonde, maîtresse, puis femme de Chilpéric Ier, roi de Soissons. N. Mondidier, 543; m. 597.

Frédéric Ier, dit Barberousse, emp. d'Allem., fils de Frédéric, duc de Souabe. N. 1121; élu 1152; m. 1190.=II, emp. d'Allem., fils du Henri VI; roi de Sicile. N. Iesi (Marche d'Ancône), 1194; d'abord succ. de son père; élu emp. 1211; m. 1250.=III, emp. d'Allem., fils d'Ernest, duc d'Autriche. N. 1415; élu 1440; m. Lintz, 1495.

Frédéric Ier, dit le Pacifique, roi de Danemark, fils de Christian Ier. N. 1471; roi 1523; m. 1533.=II, roi de Danemark et de Norwége, fils de Christian III. N. 1524; m. 1588.=III, roi de Danemark. N. 1609; succ. de son père Christian IV, 1648; m. 1670. =IV, roi de Danemark. N. 1671; succ. de son père Christian V, 1699; m. 1730.=V, roi de Danemark. N. 1723; succ. de son père Christian VI, 1746; m. 1766. =VI, roi de Danemark. N. 1768; succ. de son père Christian VII, 1808; m. 1839.

Frédéric Ier, roi de Prusse, fils de Frédéric-Guillaume, dit le Grand-Électeur. N. 1657; érigea ses États en royaume 1700; m. 1713. = *Fréderic-Guillaume Ier*, fils et succ. du précéd. N. 1688; roi 1713; m. 1740.=*Frédéric II*, dit le Grand, 3e fils et succ. du précéd. N. 1713; roi 1740; m. 1786.=*Frédéric-Guillaume II*, fils d'Auguste-Guillaume, neveu et succ. du précéd. N. 1744; roi 1786; m. 1796. = *Frédéric-Guillaume III*, fils et succ. du

précéd. N. 1770; roi 1797; m. 1840.

Frédéric Ier, roi de Suède, fils du landgrave de Hesse-Cassel. N. 1676; associé au trône par sa femme Ulrique-Éléonore, reine de Suède, 1720; m. 1751.

Frédéric Ier, roi de Sicile. V. FRÉDÉRIC II, emp. d'Allem. = II *d'Aragon*, 3e fils de Pierre d'Aragon. Proclamé roi de Sicile, 1296; m. 1337. = III, *d'Aragon*, roi de Sicile, fils de Pierre II; succ. de son frère aîné Louis, 1355; m. 1477.

Frédéric d'Aragon, roi de Naples. Succ. de son neveu Ferdinand II, 1496; dépossédé 1501; m. en F. 1504.

Frédéric Ier (Gu.-C.), duc, puis roi de Wurtemberg, fils de Frédéric-Eugène. N. 1763. Succ. de son père comme duc, 1797; prit le titre de roi, 1805; m. 1816.

Frédéric-Auguste Ier et II, rois de Pologne. V. AUGUSTE.

Frédéric-Auguste Ier, roi de Saxe, fils de l'électeur Frédéric-Christian. N. Dresde, 1750; reçut le titre de roi, 1806; m. 1827.

Frédéric, dit le Beau, duc d'Autriche, 2e fils de l'emp. Albert Ier. N. 1290; se fit couronner emp. 1315; battu et fait prisonn. par son compét., céda ses droits et mourut 1330.

Frédéric, nom de 5 électeurs palatins du Rhin. M. en 1476, 1554, 1576, 1610 et 1632.

Frédéric (Le colonel), fils du roi de Corse Théodore. Se tua à Wesminster, 1797.

Free (J.), litt. et prédic. anglic. Londres, 1711-1791.

Freemantle (sir Th.), amiral angl. 1765-1820.

Fregose ou *Fregoso*, ill. fam. de Gênes, du parti des Gibelins, qui donna à la rép. un grand nombre de doges. Ses memb. les plus remarquables sont: Pierre, archev., card., plus. fois doge, de 1462 à 1488. M. Rome, 1498. = Frédéric, écriv. eccl., archev. de Salerne. M. 1541 = Ant. Filoremo, poëte ital. du 16e s.

Freher (P.), méd. all., écriv. 1611-1682. = (Marquard), jurisc., érud., diplom. Nuremberg, 1565-1614.

Freiesleben (Chr-H.), jurisc., all. Altdorf, 1696-1741.

Freind, (J.), méd. angl., memb. de la chamb. des comm. 1696-1741.

Freinshemius, érud., biblioth. de Christine de Suède. Ulm, 1608-1660.

Freire d'Andreda (Gomez), gén. portug. N. 1726; pendu 1817.

Fremented (Ja.), litt., antiq. N. Tours, 1728.

Fremin (Re.), sculpt. fr. Paris, 1673-1743 = (Al.-Cés.-Annibal), litt., calligraphe. Paris, 1745-1821.

Fréminet (Mart.), 1er peint. de Henri IV. Paris, 1567-1619.

Frémiot (And.), négociat., archev. de Bourges. Dijon, 1575-1641.

Frémont d'Ablancourt (N.), litt., diplom. Paris, v. 1625; La Haye, 1693.

Frenicle de Bessy, arithm., memb. de l'acad. des sc. M. 1675.

Frenzel (J.); dit l'Ancien, chroniq. all. M. 1624. = (J.), dit le Jeune, poëte saxon. 1602-1674.

Frenzel (M.), past. protest., écriv. all. 1613-1706.

Frère (G.), lieut.-gén. fr., comte de l'Empire. Montréal (Languedoc), 1764-1826.

Fréret (N.), philos., oriental., géogr., philol., secrét. perp. de l'acad. des sc. Paris, 1688-1749.

Fréron (Élie-Cath.), litt. et crit. Paris, 1719-1776. = (Stanisl.), litt., memb. de la conv. Paris. 1757; St-Domingue, 1802.

Fresia (Maur.-Ign.), baron d'Oglianto, lieut.-gén. au service de la Fr. Saluces, 1746-1826.

Fresnaye (J. Vauquelin de la), poëte. La Fresnaye (Normand.), 1536-1606.

Fresnel (Augustin-J.), physic., ingén. en chef des p.-et-chauss., Broglie (Normand.), 1788-1827.

Freston (Ant.), poëte et théol. angl. M. 1789.

Freton (L.), seign. de Servas, écriv. milit. Clavisson (Langued.), 1578-1625.

Freudenberger (Uriel), litt., antiq. Berne, 1712-1768. = (Sigism.), peint. Berne, 1745-1801.

Freux (And. des), jés., théol., méd., jurisc., mathém., poëte lat. N. Chartres; m. 1556.

Frey (J.-J.), grav. Lucerne, 1681; Rome, 1752. = (J.), théol., hébraïsant et oriental. Bâle, 1682-1759.

Freycenet (Cl.-L., de Saulses de), navig., sav., memb. de l'Instit. Montélimart, 1775-1842.

Freylinghausen (J.-Anast.), écriv. all., théol. de la secte des piétistes. 1670-1738.

Freytag (Fréd.-Got.), bibliogr. Pforta (H.-Saxe), 1723-1776. = (J.-Dan., bar.), maréch. de camp. Strasbourg, 1765-1832.

Frézier (Amédée-F.), ingén. et voyag. Chambéry, 1682; Brest, 1707.

Frezzi (Fréd.), poëte ital., év. de Foligno. M. 1416.

Friant (L.), lieut.-gén., comte de l'Empire. Morlaincourt (Lorraine), 1758-1829.

Frick (J.), théol. luthér., biblioth. à Ulm. 1670-1739.

Friderici (Dan.), composit. pruss. de la fin du 16e s.

Fridzeri (Ma.-Ant. Frixer, dit), composit., poëte, archit. Vérone, 1741-1800.

Friedel (And.-Chr.), litt. Berlin, 1753; Paris, 1786.

Fries (J.-B.), ichthyolog. suéd., intend. de l'acad. des sc. de Stockholm. 1802-1841.

Friese (Chr.-Théoph.), hist. polon. n. v. 1717; m. 1795.

Friess (J. de), cél. fin. autrich. Mulhausen, 1722; Vienne, 1795. = (Samuel, baron de), gén. fr. Besançon, 1751-1831.

Frimont (J.-Ma., bar. de), gén. autrich. 1759-1831.

Frisch (J.-Léo.), past. protest., natural., philol. all. Sultzbach, 1666-1743.

Frische (dom. Ja. du), érud., bénéd. de St-Maur. Séez (Normandie), 1640-1693.

Frisi (Pa.), mathém., physic. Milan, 1727-1784.

Frisius (Sim.), dessinat. et grav. holl. N. Leuward (Frise), v. 1580.

Frith ou *Frych*, réform. angl. Brûlé, 1533.

Fritsch (Ahasver), érud., jurisc., moral. all. 1629-1701.

Frizon (P.), jés., sav. écriv. N. Champagne; m. 1651. = (N.), jés., litt., bibliogr. N. Reims au comm. du 18e s. = (Léo.), jés., poëte lat. Périgueux, 1628-1700.

Froben (J.), cél. imprim. N. Herbourg (Franconie); m. Bâle, 1527.

Frobes (J.), philos., mathém., érud. all. Golsmar, 1701-1756.

Frobisher (sir Mart.), navig. angl. du 16e s. M. v. 1594

Friedlander (M.), méd. et écriv. Kœnigsberg, 1769; Paris, 1824.

Froelich (Erasme), jés. all., antiq., numism. Gratz (Styrie), 1700; Vienne, 1758.

Froidour (L. de), seign. de Serilly, créat. en Fr. de la sc. des eaux et forêts. M. 1685.

Froïlat Ier, roi d'Oviédo. Succ. de son père Alphonse Ier, 757; assass., 758. = II, roi d'Oviédo, comte de Galice. Usurpa la couronne sur son neveu Alphonse IV, qui le fit poignarder 857. = III, roi de Léon. Succ. de son père Ordono, 923; chassé 924; m. même année.

Froissart (J.), chron. et poëte fr. N. Valenciennes, v. 1333; m. v. 1400.

Fromage (P.), sav. jés., missionn. Laon, 1678; Syrie, 1740.

Fromage des Feugères (C.-M.-F.), agron., vétér. N. Vielte (Normandie), 1770; m. 1812.

Fromageot (J.-B.), canoniste. Dijon, 1724-1753.

Fromaget (N.), litt. et aut. dram. fr. M. 1750.

Fromentières (J.-L. de), prédic. fr, év. d'Aire. 1632-1684.

Fromond (J.-L.), relig. camaldule, sav. physic. Crémone, 1703-1765.

Fronsperg ou *Frundsberg* (G.), avent. all., luthér. fanatique. M. 1527.

Frontin (Sextus Julius), tactic. rom., consul et proconsul en Bret. N. v. 40; m. 106. = (Cl.), poëte lat. du 16e s.

Fronton (Marcus Cornelius), cél. orat. lat., consul. 161.

Fronton d'Emère, rhét. lat. de la fin du 2e s.

Frotté (le comte L.), chef de royalistes en Normandie. N. 1755; fusillé, 1800.

Frugonis (C.-Innocent), poëte ital. Gênes, 1692-1768.

Fruitiers (Ph.), peint. flam. N. Anvers, v. 1625.

Frumence (St), apôtre d'Éthiopie. N. Tyr, v. 360.

Frye (Th.), peint., grav. Irlande, 1710-1761.

Fuchs (Léo.), méd. et bot. bavarois. 1501-1566. = (Théoph.), poëte all. N. 1720; m. v. 1810. = (J.-Christ.), physic. et litt. all. 1726-1795. = (J.-Fréd.), composit. all. N. Mayence; m. Paris, 1821.

Fueille (J.-B. de la), litt. fr. Buzanci, 1691-1747.

Fuente (J.-Léand.), peint. esp. Grenade, 1600-1694.

Fuentes (Bart.), navig. port. du 17e s. Son existence a été contestée. = (Le comte de), gén. esp. N. Valladolid, 1560; tué à la bat. de Rocroy, 1643.

Fuessli, nom d'une fam. de peint. et de grav. suisses du 17e et du 18e s.

Fuessli (Gasp.), lib. et natural. suisse, de la fam. des précéd. 1745-1786. = (J.-Conrad), litt. et hist. all. Wetzlar (Prusse Rhénane), 1704-1775.

Fuet (Ferd.), théol., canoniste. Orléans, 1681-1739.

Fugères (Al.-Conrad), hellén., jurisc., érud. Paris, 1731-1738.

Fugger (Huldrich), camérier de Paul III, biblioph., protect. des sav. 1528-1584.

Fuhrmann (Mathias), hist. all. du 18e s.

Fuiren (G.), bot. Copenhague, 1581-1628. = (H.), méd., natural., voyag., fils du précéd. Copenhague, 1614-1659.

Fulbert, méd., poëte lat., homme d'Etat, écriv. eccl., év. de Chartres. N. Chartres ou Italie, 1027 ou 1031. = Archidiacre de Rouen, écriv. ecclés., hagiogr. V. 1060.

Fulda (Fréd.-C.), philol. et gramm. all. 1724-1781.

Fulgence (St), théol., controvers., év. de Ruspa. N. Septe (Afrique), 463 ou 467; m. 533.

Fuller (N.), théol. et crit. angl. Southampton, 1557-1622. = (Th.), prédic., hist. et biogr. angl. 1608-1661. = (Isaac), peint. angl. du 17e s. = (Th.), méd. et moral. angl. 1654-1754.

Fulrade, abbé de St-Denis, négociat. sous Pépin le Bref. M. ap. 777.

Fulton (R.), mécan. et ingén. amér., appliqua la force motrice de la vapeur à la navig. N. Pensylvanie, v. 1767; m. 1815.

Fulvius (Marcus), Rom., successiv. édile, préteur et consul., enfin censeur. 180 av. J.-C.

Fumagalli (Ange), hist., érud., abbé de Cîteaux. Milan, 1728-1804.

Fumani (Adam), poëte lat. et ital., hellén. N. Vérone; m. 1587.

Fumée (Adam), seign. des Roches, 1er méd. de Charles VII, maître des requêtes, garde des sceaux. 1430-1494. = (Martin), hist., hellén. 16e s. = (Ant.), jurisc., conseill. au parl. de Paris, maître des requêtes. 16e s.

Funck (J.-H.), érud., antiq. Marbourg (Hesse), 1693-1777. = (C.-G.-Ferd. de), lieut.-gén., hist. Brunswick, 1761-1828.

Furbitz (Gui), relig. domin., prédic., doct. en Sorb. M. 1541.

Furetières (Ant.), lexicogr., litt., poëte, memb. de l'Acad. fr. Paris, 1628-1688.

Furgolo (J.-B.), cél. jurisc. Castel-Ferrus (Armagnac), 1690-1761.

Furietti (Jo.-Al.), archéol. ital., card. Bergame, 1685-1764.

Furius (Marcus Bibaculus), poëte épique et satir. lat. N. Crémone, v. 102 av. J.-C.

Furlong (Th.), poëte irland. 1797-1827.

Furnaletto (Bonav.), composit. Venise, 1738-1817.

Furst, l'un des fondat. de la liberté suisse. N. Altorf; m. v. 1317. V. GUILLAUME TELL.

Fursteinberg (Egon de), év. de Metz, prince-év. de Strasbourg, min. de l'élect. de Cologne. 1626-1682. = (Le prince de), feld-maréch. autrich. M. 1804.

Furtembach (Jo.), archit., ingén. all. 1591-1667.

Fusi (Ant.), doct. en Sorb., controv. M. ap. 1633.

Fust (J.), orfév. à Mayence, au milieu du 15e s., l'un des 3 auxquels on attribue l'invent. de l'imprim. M. 1466.

Fuzelier (L.), litt. et aut. dram. Paris, 1672-1752.

Fyaz ou *Feaz-Aly*, cél. doct. mahom. N. v. 1781.

Fyot de la Manche (Cl.), eccl., érud. Dijon, 1630-1721.

Fyrouz ou *Feyrouz Ier*, 1er roi de Perse de la dynast. des Arsacides. Succ. de son père, 83 de J.-C.; chassé, et m. v. 107. = II, roi de Perse de la dynast. des Sassanides. Succ. de son frère Hormous, v. 457; m. 448.

Fyt (J.), peint. de nature morte. N. Anvers, v. 1625.

— G —

Gabbiani (Ant.-Domin.), peint. et grav. florent. 1652-1726.

Gabinius (Quintus), trib. du peuple. Rome, 140 av. J.-C. = (Aulus), partisan de Pompée, trib. du peuple, consul, gouv. de Syrie. Banni v. 40 av. J.-C.

Gabio (J.-B.), hellén. M. Rome, v. 1590.

Gabiot (J.-L.), aut. dram. Salins, 1759-1811.

Gabriel (Ja.), archit. N. 1636. = (Ja.), archit., 1er ingén. des p. et chauss., inspect. gén. des bâtiments du roi, fils du précéd. Paris, 1667-1742. = (Ja.-Ange), fils du précéd., succ. aux diff. places de son père. N. Paris, v. 1710; m. v. 1782. = *de Chinon*, capuc., oriental. M. Tellicchéri, 1670. = *de Sion*, sav. maronite, profess. d'arabe au Coll. de Fr. M. 1648.

Gabrielli (Cath.), cél. cantat. Rome, 1730-1796.

Gacé (C.-A. de Matignon, comte), maréch. de Fr. Paris, 1646-1729.

Gacon (F.), poëte satir. Lyon, 1667-1725.

Gad, 7e fils de Jacob, chef de la tribu de ce nom.

Gadagne ou *Gadaigne* (Th. de), fin., comm. M. Lyon, v. 1600.

Gaddi ou *Gaddo* (Ange), peint. Florence, 1259-1312.

Gadebusch (Fréd.-Conrad), hist. et jurisc. Ile de Rugen, 1719-1788.

Gærtner (Jo.), natural. wurtemburg. Calw, 1752; Londres, 1791.

Gaëtan (St), fondat. de l'ordre des théatins. Vicence, 1480; Naples, 1547.

Gaëtan (J.), pilote ital. au service de l'Esp., au 16e s.

Gaëtano (Octave), jés., hagiogr. Syracuse, 1566-1620. = *della Torre* (le comte Cesare), poëte, antiq. Syracuse, 1718-1808.

Gaffori (J.-P.), méd., chef de l'insurrect. corse. N. Corte; assass., 1753.

Gage (Th.), voyag. irland. M. Jamaïque, 1655.

Gages (J.-Bonav. Dumont, comte de), vice-roi, gouv. de la Navarre. Mons, 1682; Pampelune, 1753.

Gagini (Ant.), cél. sculpt. Palerme, 1480-1571.

Gogliuffi (Marc-Faustin), poëte, improv. en langue lat., profess. de droit civil à Gênes. Raguse, 1764; Novi, 1834.

Gagnier (J.), oriental. et trad. N. Paris, v. 1670; m. 1740.

Gaguin (R.), chroniq. fr., supér. de l'ordre des mathurins. N. v. 1440; m. 1501.

Gaguini (Al.), hist., capit. au service de la Pologne. N. Vérone; m. Cracovie, 1614.

Gail (J.-B.), hellén., profess. au collège de Fr., memb. de l'acad. des inscr. Paris, 1755-1829. = (Edme-Sophie, née Garre), music., femme du précéd. Melun, 1776-1819.

Gaillard (Augier), surnommé le Rondié, poëte burl. N. Rabasteins (Albigeois), v. 1550. = (Gab.-H.), litt., hist., memb. de l'Acad. fr. et de celle des inscr. Ostel (Picardie), 1726-1808.

Gaillard de Lonjumeau (J.), érud., év. d'Apt. Aix, 1654-1695.

Gainas, gén. goth au service d'Arcadius, emp. d'Or. Mis à m. en 400.

Gainsborough (Th.), peint. angl. Sudbury, 1727; Londres, 1788.

Galanti (Jo.-Ma.), public. et litt. ital. 1743-1806. = (L.-Ma., abbé), géogr., écon., frère du précéd. 1765-1836.

Galanus (Clém.), missionn. théatin, oriental., trad. N. Sorrento (roy. de Naples); m. 1661.

Galaup de Chasteuil (F.), dit le Solitaire provençal, sav. maronite, hébraïs. Aix, 1586-1644.

Galaut (J.), poëte fr. Toulouse, 1575-1605.

Galba (Servius Sulpitius), emp. rom. N. 4 ans av. J.-C.; consul sous Tibère, 30; procl. emp., 68; assass., 69. = (Sergius), orat. rom. Préteur en Lusitanie, 161; consul, 144.

Galbaio (Maurice), doge de Venise. Succ. de Monegario, 764; m. 787.

Galdi (Mat.), public. Coperchia (près de Salerne), 1766-1821.

Gale (Th.), érud., antiq. angl. 1636-1702. = (Rog.), antiq., memb. du parl., fils du précéd. M. 1744.

Galeano (Jo.), méd., philos., poëte. N. Palerme, v. 1605; m. 1675.

Galen (J. van.), cél. mar. holl. N. Essen (Westphalie), v. 1600; m. 1653. = (Christ.-Bern.-Evan), prince-év. de Munster, homme de guerre. N. v. 1607; m. 1678.

Galeotti (Al.), jurisc. N. Parme; m. v. 1285. = (Marzio), litt. et sav. ital. N. Narni, v. 1440; m. 1494. = (N.), jés., litt., antiq. Vienne, 1692-1758.

Galère (Caïus Galerius Valerius Maximus), emp. rom. N. Dacie; adopté par Dioclétien, 292; nommé emp. après l'abdic. de celui-ci, d'abord avec Constance Chlore, puis avec Constantin; m. Sardique, 311.

Galfrid ou *Geoffroi de Winesalf*, poëte et hist. angl. du 12e s.

Galfrid ou *Geoffroi de Beaulieu*, domin., hist. fr. M. v. 1274.

Galgacus, chef des Calédoniens; résista longtemps aux Rom. Tué dans une bat., 84 de J.-C.

Galhegos (Man. de), poëte et aut. dram. portug. Lisbonne, 1597-1665.

Galiani (dom Célestin), théol., philos., mathém., antiq. Foggia (Pouille), 1681-1753.

Galien (Cl.), philos., géom., gramm. et cél. méd. grec. N. Pergame, 131; m. âgé. = (Jo.), domin., physic. St-Paulien (Velay), 1699-1762.

Galilée (Galileo Galilei), astron., phys., mathém., le créateur de la philos. expérimentale, invent. du pendule, du thermomètre, de la balance hydrostatique, du compas de proportion, etc. Pise, 1564-1642.

Galin (P.), mathém., music., invent. de la méthode du méloplaste. Bordeaux, 1786-1822.

Galindo ou *Galindon*, dit saint Prudence le Jeune, sav. prélat. N. Espagne; m. 861.

Galindo (Béatrix), dite la

Latine, femme poëte. Salamanque, 1475-1555.

Galitzin (Wasili ou Basile), dit le Grand, min. d'État, ambass. russe. 1653-1713. = (Dimitri, prince de), minéral., ambass., de la fam. du précéd. M. Brunswick, 1803.

Gall ou *Gal* (St), 16e év. de Clermont. N. v. 489; m. 554. = *Gall* (St), fondat. du monast. de son nom, puis év. de Constance. N. Irlande; m. 646.

Gall (J.-Jo.), philos., physiol. fondat. de la phrénologie. Tiefenbrunn (gr.-duché de Bade), 1758; Montrouge, près Paris, 1828.

Gallais (J.-P.), bénéd. écriv. polit. Doué (Anjou), 1756; Paris, 1820.

Galland (P.), profess. d'éloq., puis de grec, rect. de l'Univer. N. Aire, v. 1510; m. 1559. = (A.), hist., ant., conseill. d'État. N. v. 1570. = (Ant.), oriental., antiq., trad., memb. de l'acad. des inscr. Rollot (Picard.), 1646-1715. = (And), orator., érud. N. Venise, 1709; m. 1779.

Galle, nom d'une fam. de dessinat. et de grav. holl., parmi lesquels on distingue : Philippe. N. Harlem, 1537; m. Anvers, 1612. = Théodore, fils aîné du précéd. N. Anvers, 1560. = Corneille, dit le Vieux, frère du précéd. N. Anvers, 1570. = Corneille, dit le Jeune, fils du précéd. N. Anvers, 1600.

Gallegos (Ferd.), peint. esp. Salamanque, 1461-1550.

Gallet (N.), chansonn. Paris, 1700-1757.

Galletti (P.-L.), bénéd., érud. Rome, 1724-1790. = (J.-G.-A.), hist. géogr., historiogr. du duc de Saxe. Altenbourg, 1750-1828.

Galli (J.-Ant.), méd., philos. Bologne, 1708-1784. = (P. Gaytin, comte de la Loggia), sav. magistr. piémont. Turin, 1752-1815.

Gallicioli (l'abbé J.-B.), oriental., antiq. Venise, 1733-1806.

Gallien (Publius Licinius Egnatius Gallianus), emp. rom., poëte, rhéteur. N. 233; assoc. à l'emp. par Valérien, son père, 253; m. 268.

Gallissonnière (Roland.-M. Barrin, marq. de la), lieut.-gén. des armées navales de Fr., gouv. du Canada. Rochefort, 1692-1756.

Gallo (A.), cél. agron. ital. Brescia, 1499-1570. = (And.), mathém., physic., astron. Messine, 1732-1814.

Galloche (L.), peint. fr. 1670-1761.

Gallois (l'abbé J.), linguiste, memb. de l'Acad. fr., de l'acad. des sc., garde de la biblioth. du roi. Paris, 1632-1707. = (Ant.-P., le), bénéd. de St-Maur, prédic., hist. Vire (Normand.), 1640-1695.

Gallus (Caius ou Cneius Sulpitius), astron., consul 166 av. J.-C. = (Cnéus ou Publius Cornelius), homme de guerre, poëte lat. Fréjus, 69-26 av. J.-C. = (Ælius), jurisc. rom., préfet de l'Egypte sous Auguste. = (Caius Vibius Trebonianus), emp. rom. N. v. 206; succ. de Decius, 251; mis à m., 253. = (Flavius Constantinus), nev. de Constantin. Créé césar, 351; gouv. de l'Orient; décap. 354.

Galluzzi (Riguccio), hist. ital. N. Volterra, v. 1743; m. 1801.

Galsuinte ou *Galsonte*, fille d'Athanagilde, roi des Wisigoths. N. v. 540; épouse de Chilpéric, roi d'Austrasie, 566; mise à m. même année.

Galuppi (Baldessaro), composit. ital. 1703-1785. = (Pasquale), profess. de philos. à l'univers. de Naples. Tropea (Calabre), 1770; Naples, 1846.

Galvam (Duarte), hist. portug., ambass. N. Evora, 1435; m. Afrique, 1517. = (Ant.), homme de guerre, hist., fils du précéd. Lisbonne, 1503-1557.

Galvani (L.), anat., physic. Bologne, 1737-1798.

Gama (Vasco de), cél. navig. portug. N. Synies, v. 1450; m. Cochin (Inde), 1525. = (Et.), navig., gouv. de Malacca, de Goa, fils du précéd. M. v. 1550. = (Jeanne), femme poëte portug. Viana, 1515-1586. = (J. de), pilote portug. Découvrit, au commenç. du 17e s., la terre dite de Gama. = (Ant. de Léon y), astron. et géogr. mexicain de la fin du 18e s.

Gamaches (Joachim Rouault de), maréch. de Fr., gouv. de Paris. M. 1478. = (Ph. de), doct. de Sorbonne, litt. 1568-1625. = (Et. de), chan. régulier, litt., astron., memb. de l'acad. des sc. Meulan, 1672-1756.

Gamain (F.), serrurier de Louis XVI; fit l'armoire de fer et la découvrit ensuite aux ennemis du roi. Versailles, 1751-1795.

Gamba (Ja.-F.), voyag. fr., consul à Tiflis. Dunkerque, 1763; Russie, 1833. = (Bart.), philol., bibliogr. ital. Bassano, 1780; Venise, 1841.

Gambart (Adô.), astron. Cette, 1800; Paris, 1836.

Gambey (H.), mécan., memb. de l'Inst. Troyes, 1789-1847.

Gambier (lord James), amiral angl., négociat. 1756-1833.

Gambiglioni (Ange), cél. jurisc. N. Arezzo (Tosc.); m. v. 1465.

Gamelin (J.), peint. fr. Carcassonne, 1739-1803.

Gamurrini (Eug.), hist. ital., relig. du Mont-Cassin. N. Arezzo, v. 1620; m. v. la fin du 17e s.

Gand (H. de), dit le Docteur Solennel, théol. du 13e s.

Gando (N.), habile fond. en caractères. N. Genève; m. Paris, v. 1767.

Gandolfi (Gaetano), peint., dessinat., grav. ital. 1734-1802. = (Ubaldo), peint., dessinat., sculpt., frère du précéd. 1728-1782.

Ganges (Anne-Élisab. de Rossan, marquise de), dite la Belle Provençale. N. Avignon, 1636; assass. par ses deux beaux-frères, devenus amoureux d'elle, 1667.

Ganilh (C.), écon. et jurisc. Allanches (Auv.), 1758-1836.

Ganneron (Aug.-Hipp.), banq., juge au trib. de commerce, memb. de la chamb. des députés. Paris, 1792-1847.

Ganteaume (le comte Honoré), vice-amiral fr., pair de Fr. La Ciotat, 1755-1818.

Gantez (Annibal), music. fr. N. Marseille, commenc. du 17e s.

Garamond (Cl.), cél. grav. et fond. en caractères. N. Paris; m. 561.

Garampi (Jos.), sav. antiq. Rimini, 1725-1792.

Garasse (F.), jés., prédic., poëte, litt., pamphlét. Angoulême, 1585-1631.

Garat (Domin.-Jo.), dit le Jeune, orat., litt., min. de la justice, de l'intér., memb. du cons. des anciens, de l'Inst., sénateur. Bayonne, 1749-1833. = (J.), chant. et composit., profess. au conservat., nev. du précéd. Ustaritz (Béarn.), 1764-1823.

Garay (don Mart. de), homme d'État, min. des fin. en Esp. sous Ferdinand VII. N. Aragon, v. 1760; m. 1823.

Garçam (P.-Ant. Correa y Salema), poëte com. et lyr. portug. N. Lisbonne, v. 1735; m. v. 1775.

Garcia de Paredes (don Diego), fam. capit. esp. Truxillo, 1466-1530.

Garcia de Mascarenhas (Blaise), homme de guerre, poëte portug. Avo, 1596-1656.

Garcia Suelto (Th.), litt., érud., méd., physic. Madrid, 1778; Paris, 1816.

Garcia (Man.), composit. et chant. Séville, 1779; Paris, 1832.

Garcias-Laso ou *Garcilaso de la Vega*, homme de guerre et cél. poëte esp. N. Tolède, v. 1503; m. 1536. = dit l'Inca, hist. esp. Cuzco (Pérou), 1530; Valladolid, 1568.

Garcie, nom de plus. comtes de Castille, et de quelques rois de Navarre, au moyen-âge. On distingue :

Garcie Ier, comte de Castille. N. 938; succ. de son père Fernand-Gonzalès, 970; m. 990.

Garcie Ier ou *Garcie Ximénès*, fils de Garcie, comte de Navarre. Proclamé roi de Navarre, v. 860; m. 880. = II, succ. de son père Sanche-Garcie Ier, 926; m. 970. = III, dit le Trembleur. N. Tudéla, 958; succ. de son père Sanche II, 994; m. 1001.

Gardane (Jo.-Ja.), méd. du 18e s. N. La Ciotat.

Gardel (P.-Gab.), dans., maître de ballets à l'Opéra de Paris. Nancy, 1748-1840. = Sa femme, cél. dans. Auxonne, 1770-1833.

Gardie (Magnus Gab. de la), gr.-chancel., gr.-sénéch. de Suède, diplom. 1622-1686.

Gardin du Mesnil (J.-B.), sav. latiniste. St-Cyr (Normandie), 1720-1802.

Gardiner (Et.), év. de Winchester, gr.-chancel. d'Anglet., diplom. N. v. 1483; m. 1555. = (Gu.), mathém. angl. du 18e s.

Garengeot (Ré.-Ja. Croissant de), chir. Vitré (Bret.), 1688-1759.

Gargiuoli (Domin.), dit Nicco-Spadaro, peint. napolit. du 17e s.

Garibay y Zamalloa (Et.), hist. esp., historiogr. de Philippe II. 1525-1593.

Garidel (P.), méd. et bot. provenç. Manosque, 1659-1737.

Garin, poëte fr. du 12e s.

Garlande (J. de), poëte et gramm. du 11e s. = (Anseau de), homme de guerre, sénéch. de Louis VI. M. 1118.

Garnerin jeune (And.-Ja.), aréonaute fr., invent. du parachute. 1770-1823.

Garnet (H.), jés. impliqué dans la conspir. dite des Poudres, sous Jacques II. N. Nottingham, 1555; pendu, 1606. = (Th.), méd., phys., chim. angl. 1766-1802.

Garnier (R.), poëte trag. La Ferté-Bernard, 1545-1601. = (Séb.), poëte épique fr. du 16e s. N. Blois. = (J.), jés., théol., bibliogr. Paris, 1612; Bologne, 1681. = (Jul.), hellén., érud. N. Connerré, v. 1670; m. 1725. = (J.-J.), historiogr., profess. d'hébreu au Collége de Fr., memb. de l'acad. des inscr. Goron (Maine), 1729-1805. = (le comte Germ.), écon., présid. du sénat, puis pair de Fr., memb. de l'acad. des inscr. Auxerre, 1754-1821.

Garnier-Deschênes (Edme-Hilaire), agron., géogr., mathém. Montpell., 1727-1812.

Garofalo ou *Garofano* (Benvenuto Tisio, dit le), peint. ital. Garofalo (près de Ferrare), 1481-1559. = (Blaise), antiq., hellén., hébraïs. Naples, 1677; Vienne, 1762.

Garran de Coulon (J.-Ph.), jurisc., écriv. polit., memb. de la conv., du cons. des cinq-cents, sénat., comte de l'Empire. St-Maixent (Poitou), 1749-1816.

Garrault (F.), financ., écriv. fr. N. Orléans; m. v. 1632.

Garrick (David), cél. act., poëte, aut. dram. Hereford, 1716-1779.

Garros (P. de), poëte gascon du 15e s. = (P.-Ascension), ingén., mécan., écriv. polit. M. Paris, 1825.

Garsault (F.-Al.), mécan., natural. fr., memb. de l'acad. des sc. N. v. 1693; m. 1778.

Garth (Sam.), poëte angl. Comté d'York, 1671-1718.

Garzi (L.), peint. ital. Pistoie (Toscane), 1638-1721.

Garzia-Hidalgo (Jo.), peint. et grav. esp. Murcie, 1656; m. v. 1712.

Garzoni (J.), méd., litt., hist. Bologne, 1419-1506. = (P.), historiogr., garde des archives secrètes de la républ. de Venise. N. v. 1632; m. v. 1719.

Gasmann (Florian-Léop.), composit. all. 1729-1774.

Gasparin (Th.-A.), memb. de la conv., du comité de salut publ. N. Pont-St-Esprit, v. 1740; m. 1793.

Gasparino, dit Barzizzio ou Barzizzia, écriv., philol. N. Barzizzia (près de Bergame), v. 1370; m. 1431.

Gassendi (P.), cél. philos., dialectic., hist., physic., natural., astron., géom., anat., prédic. Chantersier (Prov.), 1592-1655.

Gassies (J.), peint. Bordeaux, 1786-1852.

Gassion (J. de), maréch. de Fr. Pau, 1609-1647.

Gassner (J.-Jo.), cél. thaumaturge. Bratz (Tyrol), 1727-1779.

Gastaldy (J.-B.), méd. Sisteron, 1674-1747.

Gastelier de la Tour (Den.-Fr.), généalog. Montpell., 1709-1781.

Gaston, nom de 7 comtes de Béarn. Le plus cél. est le dern., *Gaston VII*, fils de Guill. de Moncade. Succ. de son père, 1229; pris par les Anglais, 1250; m. 1290.

Gaston de Foix. V. Foix.

Gaston de France (J.-B.), duc d'Orléans, frère de Louis XIII. N. Fontainebleau, 1608; m. Blois, 1660.

Gaston (Ma.-Jo.-Hyac. de), poëte et trad. Rodez, 1767-1808.

Gasull (A.), peint. esp. du 17e s. M. Valence.

Gataker (Th.), théol., trad., crit. angl. Londres, 1574-1654.

Gatien (St), év. de Tours, un des apôtres des Gaules, au 3e s.

Gatteaux (N.-Ma.), habile grav. Paris, 1751-1832.

Gattel (Cl.-Ma.), lexicogr. et linguiste. Lyon, 1743-1812.

Gatterer (J.-Christ.), géogr., hist. Lichtnau (Bavière), 1727-1789.

Gatti (Bernardin), dit *il Sojaro*, peint. ital. du 16e s. = (Oliv.), peint. et grav. N. Parme, 1568. = (Jér.), music. et peint. Bologne, 1662-1726.

Gattola (dom Érasme), bénéd. du Mont-Cassin. Gaëte, 1662-1734.

Gaubil (Ant.), sav. missionn., jés., mathém., astron., oriental. Gaillac, 1689; Pékin, 1759.

Gaucher (C.-Et.), grav. et litt. Paris, 1740-1804.

Gauden (J.), litt., prédic. angl., év. d'Exeter, puis de Worcester. 1605-1662.

Gaudence (St), év. de Brescia, théol., érud. M. v. 427.

Gaudenzi (Pellegrino), poëte et litt. Forli, 1749-1784.

Gaudin (L.-Pasc.), peint. esp. Villafranca, 1556-1621.

Gauffier (L.), peint. fr. La Rochelle, 1761; Florence, 1801.

Gaugher (N.), physic. fr. N. v. 1680; m. 1750.

Gaulmin (Gilbert), hellén., oriental., poëte lat. Moulins, 1585-1665.

Gaulthier, év. d'Orléans, jurisc., homme d'État. M. 892. = Hist. fr. du 12e s. = *de Térouane*, hist., archidiacre de l'église de Térouane v. 1120. = *de Coutances*, dit le Magnifique, homme d'État. N., selon les uns, en Anglet., selon d'autres à Coutances; m. Rouen, 1207. = *Gaulthier* (Ph.), chan. de la cathédrale de Tournay, théol., poëte lat. N. Lille; m. v. 1201. = (l'abbé Aloysius-Ed.-Cam.), cél. instit. N. v. 1745; m. Paris, 1818.

Gauric (Luc), mathém., astrol. ital. 1476-1558.

Gaussin (J.-Cath. Gaussem, dite Mlle), actr. du Th.-Fr. M. 1767.

Gautherot (N.), music., physic. Is-sur-Tille (Bourg.), 1753-1803. = (Cl.), peint. fr. Paris, 1769-1825.

Gauthey (Emilian-Ma.), ingén., inspect. gén. des p. et ch. Châlon-s.-Saône, 1732-1806.

Gautier de St-Victor, théol. fr. du 12e s. = de Coincy, appelé aussi *Danz-Gautier*, prieur de l'abbaye de St-Médard, poëte. N. Coincy (Soissonn.), v. 1177; m. 1236. = (Hub.), litt., inspect. des p. et ch. Nîmes, 1660-1737.

Gautier d'Agoty (Ja.), peint., grav., anat., natural. N. Marseille, v. 1710; m. 1785.

Gautier de Sibert, hist., érud., memb. de l'acad. des inscr. N. Tonnerre, v. 1725; m. 1798.

Gautieri (Jo.), minéral., inspect. gén. des for. Novare, 1769-1833.

Gautruche (P.), jés., érud. Orléans, 1602-1681.

Gavanti (Bart.), érud., gén. des barnabites. Mouza, 1569-1638.

Gavard (Hyac.), méd., anat. Montmélian, 1753-1802.

Gaveaux (P.), act. et composit. Béziers, 1761-1825.

Gaveston (P. de), favori d'Édouard II, roi d'Anglet. Décap. 1312.

Gaviniès (P.), violoniste, composit., profess. au conservat. Bordeaux, 1726-1800.

Gavirol (Soliman-Ben.), sav. rabb., philos., astron., poëte, music. N. Malaga; m. 1070.

Gawri (le comte de), seign. écoss., un des aut. de la conjuration dite *des lords de Ruthwen*. M. sur l'échaf., 1584.

Gay (J.), poëte angl. Barnstaple, 1688-1732. = (Jo.-J.-Pasc.), archit. Lyon, 1775-1832.

Gay-Vernon (Jo.), maréch. de camp, géom. St-Léonard (Limous.), 1760-1822.

Gayot de Pitaval (F.), litt. Lyon, 1673-1743.

Gaza ou *Gazis* (Théod.), hellén., gramm., trad. N. Thessalonique, v. 1400; m. dans l'Abruzze, 1478.

Gazet (Gu.), hist. ecclés. Arras, 1554-1612.

Gazi-Hassan, gr.-amiral et 1er min. de l'empire Ottoman. Mis à m. 1790.

Gebauer (G.-Chr.), jurisc. Breslau, 1690-1773.

Gebelin. V. Court de Gebelin.

Geber ou *Giaber*, fameux alchim. ar. du 8e s.

Gebhard (J.), philol. Neubourg, 1692-1732.

Gebler (Tobie-Ph., baron de), litt., diplom., vice-chancel. de Bohême et d'Autriche. Zeulenrod (Haute-Saxe), 1726; Vienne, 1786.

Ged (Gu.), impr. écoss., 1er invent. de la stéréotypie. M. 1749.

Geddes (Al.), jurisc. et poëte écoss. N. v. 1710; m. 1802.

Gédéon, 5e juge des Hébreux, v. 1245 av. J.-C.

Gedike (Fréd.), hellén. et théol. Boberow (Brandebourg), 1754-1803.

Gédoyn (N.), jés., érud., memb. de l'Acad. fr. et de l'acad. des inscr. Orléans, 1667-1744.

Geer (L.), homme d'État holl. au 16e s. = (C.), de la même am., natural., maréch. de la cour de Suède. N. Suède, 1720; m. 1778.

Gehema (J.-Abr.), méd. polonais du 17e s.

Gehlen (Ad.-Ferd.), chim. all. M. 1815.

Gehler (J.-C.), natural. Gœttingue, 1732-1796. = (Gu.), jurisc., astron., numism. all. 1696-1765. = (J.-Sam. Traugott), litt., jurisc., physic., mathém. Gorlitz, 1751-1795.

Geiger (J.-Conradin), peint. Zurich, 1597-1674.

Geinoz (F.), érud., memb. de l'acad. des inscr. Canton de Fribourg, 1696; Paris, 1752.

Geisa Ier, roi de Hongrie. Succ. de Salomon, 1075; m. 1077. = II, roi de Hongrie. Succ. de son père Bela II, 1141; m. 1161.

Geladas ou *Elodas* d'Argos, sculpt. grec. V. 460 av. J.-C.

Gelaleddin. V. Djelal-ed-dyn.

Gélase Ier (St), pape. Succ. de St Félix II, 492; m. 496. = II (de Gaëte), pape. Succ. de Pascal II, 1118; m. 1119.

Gélase l'Ancien, écriv. ecclés. év. de Césarée en Palestine, au 4e s. = *de Cyzique*, hist. grec. V. 476.

Geldenhaur (Gérard), litt., poëte lat. N. Nimègue; m. 1542.

Gelder (Arnauld de), peint. holl. Dort, 1645-1727.

Gelée (Claude). V. Lorrain.

Gelenius (Sigismond), sav. philol. N. Prague, 1477 ou 1478; m. 1554 ou 1555.

Gelieu (Jonas de), min. protest., natural., physic. Princip. de Neufchâtel, 1740-1827.

Gelimer, roi des Vandales. Succ. d'Hildéric, 530; détrôné, 534.

Gell (sir W.), archéol. et voyag. angl. Hopton, 1777-1836.

Gellert (Chr.-Ehregott), sav. métallurgiste. Haynichen (Saxe), 1713-1795. = (Christlieb-Fürchtegott), poëte, litt., aut. dram., frère du précéd. 1715-1769.

Gelli (J.-B.), philos., aut. dram. Florence, 1498-1563.

Gelmé (J.-Ant.), poëte improvisat. N. Vérone, 16e s.

Gélon, roi de Syracuse, 485 av. J.-C. M. 478.

Gelu (Ja.), homme d'État, archev. d'Embrun. N. Ivoy, en 1432.

Gemelli-Carreri (J.-F.), cél. voyag. N. Naples, 1651; m. av. 1720.

Geminiani (F.), composit. Lucques, 1680; Dublin, 1762.

Gemista (G.), dit Pléthon, philos. platonic. N. Constant., 15e s.

Gemma (Régnier), dit Frisius ou le Frison, astron., mécan. Dorkum (Frise), 1508-1555.

Gemusæus (Jér.), philol., méd., philos. scolastique. N. Mulhouse, 1505; m. 1543 ou 1544.

Genard (F.), poëte, litt. N. Paris, v. 1723; m. ap. 1756.

Génébrard (Gilb.), bénéd., arch. d'Aix, fougueux ligueur. N. Riom, v. 1537; m. 1597.

Genebrier, numism. fr. N. v. 1750.

Genès (St), notaire à Arles, 3e s. Martyrisé sous Maximilien-Hercule. = (St), coméd. à Rome. Martyrisé 286 ou 303. = (St) év. d'Auvergne, 656. M. v. 662. = (St), év. de Lyon, 663; m. 681.

Genesius (Jo.), hist. du Bas-Empire. V. le m. du 10e s.

Genest (C.-Claude), litt., poëte trag., memb. de l'Acad. fr. Paris, 1659-1719.

Genet (Edm.-C.), homme d'État, min. plénipot. de la républ. fr. aux États-Unis. M. Amérique, 1834.

Genève (R. de), antipape, élu sous le nom de Clément VII, 1378; m. 1394.

Geneviève (Ste), patronne de Paris. N. Nanterre, v. 423; m. v. 512.

Geneys (le chev. Mat. de), gén. piémont., min. de la guerre du roi de Sardaigne. Chaumont (près de Suze), 1763-1831.

Genga (Jér.), peint., archit. N. Urbin, v. 1476; m. 1551. = (Bart.), ingén., archit., fils du précéd. Césène, 1518-1558.

Gengis-Khan. V. DJENGUYZ-KHAN.

Genlis (Stéphanie-Félicité Ducrest de St-Aubin, comtesse de), femme aut., gouvern. des enfants du duc d'Orléans. Chancery (près Autun), 1746; Paris, 1830.

Gennade, théol., patriarche de Constantinople. M. 471. = *de Marseille*, écriv. ecclés. du 5e s.

Gennari (Benedetto de Cento), dit l'Ancien, peint. ital. de la fin du 16e s. N. ap. 1610. = Dit le Jeune, 1er peint. des rois d'Anglet. Charles II et Jacques II, p.-fils du précéd. 1633-1715. = (Jo.), litt. Padoue, 1721-1800.

Gennaro (Jo. Aurèle de), avocat et jurisc. napolitain. 1701-1761.

Genovesi (Ant.), théol., hist., philos. Castiglione, 1712-1769.

Genséric, roi des Vandales. N. Séville, 406; s'empara de Rome, 455; m. Carthage, 477.

Gensonné (Armand), avocat, memb. de l'assemblée législ., de la convent., du parti de la Gironde. N. Bordeaux, 1758; m. sur l'échaf., Paris, 1793.

Gent (Th.), antiq., impr. York, 1691-1778.

Gentien (Ben.), relig. de l'abbaye de St-Denis, théol. du 15e s., aut. d'une hist. de Charles VI, sous le nom de *moine de St-Denis*.

Gentil (And.-Ant.-P.), bernardin, agron. N. Pesmes, 1725 ou 1731; m. 1800.

Gentile-Gentili, cél. méd. N. Foligno, v. 1250; m. v. 1310.

Gentileschi (Orazio-Lomi, dit), peint. de Charles Ier d'Anglet. Pise, 1565; Londres, 1646. = (Artémise), peint., fille du précéd. Pise, 1590; Londres, 1642.

Gentilis (Albéric), jurisc. ital. N. 155; m. Anglet. 1611. = (J.-Valentin), hérés. du 16e s., disciple de Socin. N. Cosenza.

Gentillet (Innocent), public., jurisc. fr. du 16e s. M. Genève.

Gentius (G.), oriental. N. Dahme (princip. de Querfurt), 1618-1687.

Gentleman (F.), aut. et coméd. Dublin, 1728-1784.

Gentz (Fréd. de), public., homme d'État pruss. Breslau, 1760-1832.

Geoffrin ou *Jofrain* (Cl.), prédic. de l'ordre de St-François. N. Paris, v. 1639; m. 1721.

Geoffrin (Ma.-Thérèse Rodet de), femme cél. par son esprit. Paris, 1699-1777.

Geoffroi de Preuilly, cheval. fr. qui passe pour l'invent. des tournois. M. 1068.

Geoffroi d'Auxerre, théol., abbé de Clairvaux, puis de Fosso-Nova, en Italie, secrét. de St Bernard. M. ap. 1180.

Geoffroy ou *Godefroi*, abbé de la Trinité de Vendôme, card., écriv. M. 1138.

Geoffroy (Ét.-F.), méd., profess. de chim., de méd., de pharm., memb. de l'acad. des sc. Paris, 1672-1731. = (Cl.-Jo.), pharm., chim., memb. de l'acad. des sc., frère du précéd. Paris, 1685-1752. = (Ét.-L.), méd., natural., fils de Étienne-François. Paris, 1725-1810. = (L.-Julien), litt., cél. crit. Rennes, 1743-1814.

Geoffroy-St-Hilaire (Ét.), cél. zoologiste, philos., memb. de l'Inst. Étampes, 1772; Paris, 1844.

George (St), prince de Cappadoce. Martyrisé sous Dioclétien.

George Ier, roi d'Anglet., fils d'Ern.-Aug., 1er élect. de Hanovre. N. Osnabrück, 1660; succ. de la reine Anne, 1714; m. 1727. = II (A), fils du précéd. N. 1683; succ. de son père, 1727; m. 1760. = III, fils de Frédéric-Louis, prince de Galles, et petit-fils du précéd. N. 1738; succ. de son aïeul, 1760; m. v. 1820. = IV (Fréd.-A), fils du précéd. N. 1762; gouverna l'Anglet. sous le titre de régent, 1811; succéda à son père, 1820; m. 1830.

George, nom de 11 rois de Géorgie, de 1015 à 1799. Le succ. de George XI, David, céda ses États à la Russie.

George, prince de Danemark, frère de Christian V. N. 1653; épousa Anne, fille de Jacques II, roi d'Anglet., fut nommé gr. amiral après l'avénement de sa femme; m. 1708.

George (Dardi), dit le P. François, profess. de théol. de l'ordre des franciscains, écriv. ecclés. N. Venise, 1460; m. 1540. = V. ACROPOLYTE, DAVID, SYNCELLE.

George de Trébizonde, gramm. grec. N. île de Crète, v. 1428; m. Rome, 1486.

George le Foulon, de Cappadoce, patriarche d'Alexandrie de 356 à 362, concurremment avec St Athanase. Brûlé, 362.

George Pisidès, poëte grec 7e s. N. v. 630.

Georgel (J.-F.), ex-jés., litt. Bruyères (Lorraine), 1751-1813.

Georget (J.), peint. sur porcelaine, élève de David. 1760-1823.

Georgi (J.-Gottlieb), natural. et géogr. N. Poméranie; m. 1802.

Gérando (Jo.-Ma., bar. de), philos., moraliste, philanthrope. N. Lyon, 1772; m. 1842.

Gérard (St), év. de Toul, de 963 à 994.

Gérard de Roussillon, comte de Provence, tuteur de Charles, roi de Provence, et chev. cél. au 9e s.

Gérard (dit Tom ou Tenque), instit. et 1er gr.-maître de l'ordre de St-Jean, de Jérusalem. N. île de Martigue (Provence), v. 1040; m. 1121.

Gérard de Crémone, oriental., astron. N. v. 1114; m. 1187.

Gérard (Balt.), assass. de Guillaume de Nassau, prince d'Orange. N. Willafan (Franche-Comté), 1558; exécuté, 1584. = (L.-P.), chan. de St-Louis-du-Louvre, litt. Paris 1737-1813. = (L.), méd., bot. Cotignac (Var), 1733-1819. = (G.-Jo.), antiq., numism., bibliophile. Bruxelles, 1734-1814. = (F.-Pasc.-Sim.), peint. fr., memb. de l'Inst.; bar. de l'Empire, 1er peint. du roi. N. Rome, 1770; m. Paris, 1837.

Gérard de Rayneval (Jo.-Mat.), diplom., public. Paris, 1736-1812.

Gérard Dow. V. DOW.

Gérard (Ét.-Maur., comte) maréch. de Fr., pair sous Louis-Philippe et min. de la guerre. Dam villiers, 1773; Paris, 1852.

Gérardin (Séb.), natural. Mirecourt, 1751-1816.

Géraud (P.-Hercule-Jo.-F.), litt., érud. Caylar (Hérault), 1812-1844.

Gerberge, femme de Louis IV, dit d'Outre-Mer, et fille de Henri dit l'Oiseleur. M. ap. 968.

Gerberon (dom Gab.), bénéd. de St-Maur, théol. St-Calais (Maine), 1628-1711.

Gerbert. V. SYLVESTRE II. = (Mart.), théol., érud. all. 1720-1793.

Gerbier (P.-J.-B.), cél. avocat fr. Rennes, 1725; Paris, 1788.

Gerbillon (J.-F.), jés., mathém., mission. en Chine. Verdun, 1654-1707.

Gercker (P.-Gu.), diplom., antiq. Saltzwedel (Brandebourg), 1722-1791.

Gerdes (Dan.), théol. protest., écriv. Brême, 1698-1765.

Gerdil (Hyac.-Sigism.), card., théol., philos. Samoens (Savoie), 1718; Rome, 1802.

Gerhard (J.-Ern.), théol. oriental., érud. all. 1625-1668. = (Chr.-Abrah.), natural. pruss. 1738-1821.

Gericault (J.-L.-Théod.-And.), peint. fr. Rouen, 1779; Paris, 1824.

Gering (Ulrich), impr. N. Suisse; m. 1510 à Paris, où il était venu, en 1469, avec Martin Crans et Michel Friburger, pour y fonder une imprimerie.

Gerlac (Peterson), écriv. ascétique. Deventer, 1378-1411.

Gerlac (Benj.-Théop.), philol., érud. Liegnitz (Silésie), 1698-1756.

Gerle (dom Christ.-Ant.), chartreux, visionnaire fanatique. N. Auvergne, 1740; empris., 1794. On ignore l'époque de sa mort.

Germain (St), d'Auxerre, théol., duc sous Honorius, év. d'Auxerre. M. 448. = (St) de Paris, théol., év. de Paris. M. 576.

Germain de Silésie (dom), relig., sav. oriental. M. ap. 1639.

Germain (dom M.), bénéd., érud. Péronne 1645-1694. = (P.), habile ciseleur. Paris, 1647-1682.

Germain y Florente (Bern.), peint. esp. Séville, 1685-1757.

Germain (Sophie), femm. aut., cél. par ses connaissances en mathém. et en phys. Paris, 1776-1831.

Germanicus (Tiberius Drusus Cæsar), fils de Cl. Drusus Nero, neveu et fils adoptif de Tibère. N. Rome, 16 av. J.-C.; vainqueur d'Arminius, chef des Germains, 16 de J.-C.; m. Antioche, 19, probablem. empois. par Pison.

Germanos, arch. de Patras. N. v. 1780; min. des cultes après la régénér. de la Grèce; m. 1836.

Germon (Bart.), jés., érud. Orléans, 1663-1718.

Gerning (J.-Chr.), natural. Francfort, 1744-1802.

Gersdorf (J.), méd. all. du 16e s. = (Ad. Trangott), physic. et natural. all. 1744-1807.

Gerson-ben-Salomon, rabbin esp. du 13e s.

Gerson (Lévi ben), dit aussi Gersonidal, rabbin esp., méd., philos., érud. M. Perpignan, 1370. = (J. Charlier de), dit le Docteur évangélique et très-chrétien, théol., chancel. de l'université de Paris. Gerson, près Rethel, 1363-1429.

Gerstenberg (H.-Gu. de), philos., poëte, aut. dram., crit. all. 1737-1823.

Gerstner (F.-Jo. de), mathém., astron., ingén. Kommotau (Bohême), 1756-1855.

Gertrude (Ste), fille de Pépin de Landen, maire du palais d'Austrasie. 626-659. = (Ste), fille de Louis, landgrave de Hesse et de Thuringe, et de Ste Élisabeth de Hongrie. M. 1297. = (Ste), abbesse de l'ordre de St-Benoît. N. Eisleben (H.-Saxe); m. 1034.

Gervais (St), fils de St Vital et de Ste Valérie. N. Milan; martyrisé avec son frère, St Protais, fin du 1er s.

Gervais, 14e abbé gén. des prémontrés, év. de Séez. N. Anglet.; m. 1228.

Gervais de Tilbury, hist. angl., poëte lat. M. v. 1218.

Gervaise (N.), mission. fr., év. d'Horren, écriv. N. Paris, 1662; massacré par les Caraïbes, 1729. = (dom F.-Arm.), abbé de la Trappe, biogr. N. Paris, v. 1660; m. 1751.

Gery (And.-Gu.), abbé de Ste-Geneviève, prédic. Reims, 1727-1786.

Gésalic, roi des Wisigoths, fils natur. d'Alaric II. Succ. de son père, 507; détrôné et mis à m., 511.

Gesner (Conrad), natural., philol. Zurich, 1516-1565. = (J.-Mat.), philol. et érud. Roth, près d'Anspach, 1691-1761. = (J.), physic., natural. Zurich, 1707-1787. = (Salomon), poëte et litt. Zurich, 1730-1788.

Gessi, dit Guido Secondo, peint. bolonais. 1588-1648.

Gestrin (J.), mathém. suédois du 17e s.

Geta (Publius Septimius), fils de Septime-Sévère, frère de Caracalla. N. 189; associé à l'emp., 198; assass., 212.

Geulinx (Arnold), philos. Anvers, 1625-1669.

Geyer (Eric-Gust.), hist. et poëte suédois. 1783-1847.

Geyler (J.), prédic. Schaffouse, 1445; Strasbourg, 1510.

Geyser (Chr.-Théoph.), grav. Gorlitz, 1742-1803.

Gezelius (G.), théol. et litt. suédois. 1752-1789.

Ghazan-Khan, sultan de la Perse occident., appelé Mohammed après sa convers. à l'islamisme, et 7e prince de la dynast. de Gengis-Khan; 1271-1304.

Gherardesca, plus connu sous son prénom d'Ugolin, noble toscan. Ayant voulu usurper le pouvoir souver. à Pise, fut enfermé, avec trois de ses fils et un de ses p.-fils, dans une tour où ils moururent de faim, 1288. = (Fazio), chef de la républ. de Pise, 1529; m. 1340. = (Ph.), composit. et music. Pistoia, 1730-1808.

Gherardi (Evarista), aut. dram., act. du Théâtre-Ital. de Paris. Prato (Toscane), 1689-1700. = (Ant.), peint. et grav. Rieti (Ombrie), 1664-1702.

Gheyn (Ja. du), dit le Vieux, peint. et grav. Anvers, 1565-1615. = dit le Jeune, dessinat., grav. N. Anvers, v. 1610.

Ghezzi (N.), jés., natural., théol. 1683-1766. = (Séb.), archit., peint., sculpt. ital. du 16e s. M. v. 1650. = (Jo.), peint., fils du précéd. Ancli, 1634-1721. = (P.-Léon), peint., grav., fils du précéd. Rome, 1674-1755.

Ghiberti (Lau.), sculpt. et cisel. florent. N. 1378; m. v. 1456.

Ghilini (J.-J.), hist. milanais du 15e s. = (Jér.), litt. N. Monza (Milanais), v. 1589; m. v. 1670.

Ghinghi (F.), grav. en pierres fines. Florence, 1689-1766.

Ghiradelli (Corn.), relig. francisc. de Bologne, astrol. au 16e s. = (J.-B.-Ph.), poëte dram. Rome, 1623-1653.

Ghisi (J.-B. Bertano ou Britano), dit le Mantuan, peint., sculpt., archit., grav. N. v. 1500. = (G.), peint., dessinat., grav., fils du précéd. N. Mantoue, 1524; m. v. la fin du 16e s. Ses frères, Théodore et Adam, furent égalem. peint. et grav.

Giac (P.), min. et favori de Charles VII. Mis à m. 1427.

Giacobazio (Domin.), card., écriv. ecclés. Rome, 1443-1527.

Giacobi (Jér.), composit. Bologne, 1575-1630.

Giacomelli (Geminiano), composit. Parme, 1686-1741. = (M.-A.), archev. de Calcédoine, théol., philol. Pistoie, 1695-1774.

Giambullari (Bern.), poëte florentin du 15e s. = (P.-F.), litt., philol., fils du précéd. Florence, 1495-1564.

Giannone (P.), litt. napolit. N. terre d'Ischitella, 1676.

Gianotti (Donato), litt. Florence, 1494; Venise, 1563.

Giardini (Fél.), cél. violoniste. Turin, 1716; Russie, 1796.

Gibbon (Éd.), hist., litt. angl. 1737-1794.

Gibbons (Orlando), music. et composit. angl. 1583-1625. = (Grinling), sculpt. et stat. N. Londres; m. 1721.

Gibbs (Ja.), archit. Aberdeen, 1680-1754.

Gibelin (Esprit-Ant.), peint., antiq. Aix, 1739-1814.

Gibert (J.-P.), sav. canoniste. Aix, 1660-1736. = (Balt.), profess. de l'univers. de Paris. Aix, 1662-1741. = (Jo.-Balt.), érud., memb. de l'acad. des inscr., de la même fam. que les précéd. Aix, 1711-1771.

Gibson (Éd.), év. de Londres, jurisc., philol. Knip, 1669-1748. = (Rich.), dit le Nain, peint. angl. N. v. 1615; m. 1690.

Gichtel (J.-G.), visionnaire all. N. Ratisbonne, 1638; m. 1710.

Gié (P., vicomte de Rohan, connu sous le nom de maréchal de). N. Bretagne; maréch. de France. 1475; m. 1513.

Giedde (Ove), amiral et navig. danois. Tomeruso (Scanie), 1594-1660.

Giedroye (le prince Romuald), lieut.-gén. polonais. Palatinat de Wilna, 1750; Varsovie, 1824.

Gielée (Jacquemart), poëte fr. du 13e s.

Giffen (Hubert van), cél. jurisc. all. Buren, dans la Gueldre, 1534; Prague, 1604.

Gifford (Gu.), litt. angl. Ashburton, 1757-1826. = (Richards-Green), hist., écriv. polit. angl. 1758-1818. = (lord R.), légiste, orat., pair d'Anglet. et maître des rôles. Exeter, 1779-1826.

Gigas (Jér.), jurisc. et canoniste ital. M. 1560.

Giggey (Ant.), oriental. et théol. ital. M. 1632.

Gigli (Jér.), poëte, litt. Sienne, 1660-1722.

Gilbert de Sempringham, prêtre angl., fondat. de l'ordre des Gilbertins. N. v. 1084; m. 1189, âgé de 105 ans.

Gilbert (St), fondat. d'un monast. de son nom. M. 1162.

Gilbert, surnommé de la Porée, théol., philos., réaliste, év. de Poitiers. N. v. 1070; m. 1154. = Comte de Montpensier et dauphin d'Auvergne, cél. cap.; servit sous Louis XI et Charles VIII. M. 1496. = (Sir Humphrey), navig. angl. N. Devonshire, 1539; m. dans un naufr. 1583. = (Gab.), poëte fr. du 17e s. M. 1680. = (N.-Jo.-Lau.), poëte satir. et lyrique. N. Fontenoi-le-Château (Lorraine), 1751; m. à l'Hôtel-Dieu de Paris, 1780. = (F.-Hilaire), cél. vétér., memb. de l'Inst. Châtellerault, 1753; Vieille-Castille, 1800. = (L.-Gu.), méd. et physic. Berlin, 1769-1824. = (L.-T.), litt. Paris, 1780-1827.

Gilbert des Voisins, cél. magistrat. fr. 1684-1769.

Gilchrist (John Borthwick), oriental. Edimbourg, 1759; Londres, 1841.

Gildas (St), dit l'Albanien ou l'Écossais, théol. et hist. d'Anglet., discip. de St Patrice. M. 512. = (St), dit le Badonique, fondat. du monast. de Rhuys, aux environs de Vannes. N. Gr.-Bretagne, v. 494; m. 570 ou 581.

Gildas, dit le Sage, écriv. du 6e s., l'un des plus anc. de la Gr.-Bretagne.

Gildon, gouv. d'Afrique sous le règne d'Arcadius et d'Honorius. Se donna la m., 398.

Gilianez, amiral portug. du 15e s.

Gilibert (J.-Emm.), méd. et natural. Lyon, 1741-1814.

Gille (St), cénobite, fondat. d'un monast. dans le Languedoc. N. Athènes; m. 721.

Gilles de Paris, poëte fr., chan. de St-Marcel. N. v. 1164. = (N.), chroniq. fr., notaire et secrét. de Louis XII. M. 1503. = (P.), érud., natural., voyag. fr. Alby, 1490; Rome, 1555. = (J.), composit. N. Tarascon, 1669; m. 1705.

Gillet (L.-Joachim), chan. de Ste-Geneviève, érud. Frémorel (Bret.), 1680-1753.

Gillet de la Tessonnière, aut. dram. fr. N. 1620.

Gillies (J.), hellén., historiogr. d'Écosse. Brechin (Ecosse), 1750-1852.

Gillot (Ja.), canon., écriv. polit., conseill.-clerc au parl. de Paris. M. 1619. = (Cl.), dessinat., peint. et grav. Langres, 1673-1723. = Mathém. fr. du 17e s., élève de Descartes.

Gilly (Dav.), ingén. et archit. pruss. 1748-1808.

Gilon (le card.), surnommé de Paris, biogr., poëte lat., év. de Tusculum, légat. N. Toucy, près d'Auxerre; m. v. 1142.

Gil Vicente, poëte dram. et litt. portug. N. Barcellos, v. 1485; m. 1557.

Gimma (Hyac.), natural. et érud. Bari, 1668-1735.

Ginani ou *Ginnani* (J. comte), cél. natural. Ravenne, 1692-1753.

Ginguené (P.-L.), hist. et litt., memb. de l'Inst. Rennes, 1748-1815.

Giocondo (Fra Giovanni), domin., archit., antiq., litt. N. Vérone, v. 1435; m. ap. 1514.

Gioffredo (P.), hist. piémont. Nice, 1629-1692.

Gioia (Flavio), navig. ital. du 13e s.

Gioja (Melchior), écriv. et écon. ital. Parme, 1767-1829.

Giordani (Vitale), mathém. napolit. Bitonto, 1633-1711.

Giordano (Luc), cél. peint. napolit. 1632-1705. = (Sophie), Piémontaise, peint. en miniat. Turin, 1779-1829.

Giorgi (Marino), doge de Venise. Succ. de P. Gradenigo; m. 1311. = (Domin.), prélat ital., antiq. et bibliogr. La Costa, 1690-1747. = (Ant.-A.), relig. august., théol. et philol. Santo-Mauro (près Rimini), 1711-1797.

Giorgion (G. Barbarelli, dit le), peint. cél. N. Castel-Franco, 1477; m. 1511.

Gioseppino. V. Josepin.

Giottino (Th di Lappo), peint. florent., p.-fils de Giotto. 1324-1356.

Giotto ou *Angiolotto*, surnommé di Bondone, du nom de son père, et de Vespignione, du nom de son pays, peint., sculpt., archit., de l'école florent. 1276-1336.

Giovanetti (F.), jurisc. bolonais. M. 1586.

Giovanni (Seb.), cél. conteur florent., au 16e s.

Giovanni da Fiesole. V. Fra Giovanni.

Giovannini (Ja.-Ma.), peint. et grav. ital. Bologne, 1667-1717.

Giovanezzi (le P. Vito-Mario), litt. et archéol. ital. N. 1727; m. Rome, 1805.

Giovene (Jo.-Ma.), physic., natural., géol. Molfetta (Pouille), 1753-1837.

Giovio (Ben.), érud., poëte lat. Como (Lombard.), 1471-1544. = (Pa.), connu en Fr. sous le nom de *Paul Jove*, év. de Nocéra, hist., litt., frère du précéd. Como, 1483; Florence, 1552. = (Pa.), dit le Jeune, litt., p.-fils de Benoît. Como, 1530-1585.

Giovio (J.-B., comte), litt., poëte. Como, 1738-1814.

Giraldi (Lilio Greg.), poëte lat., érud. Ferrare, 1479-1552. = *Cintio* (J.-B.), poëte, litt., de la fam. du précéd. Ferrare, 1504-1573.

Girard (Ja.), jurisc. fr. N. Tournus (Bresse); m. 1585. = (J.), litt. fr., poëte lat. N. Dijon, v. 1518; m. 1586. = (Alb.), géom. holl. du 16e s. = (Gu.), litt., gr.-archidiacre d'Angoulême. M. 1663. = (J.-B.), jés., prédic., accusé de séduction, de magie et sorcellerie. Dôle, 1680-1733. = (Gab.), l'abbé, gramm., memb. de l'Acad. fr. Clermont (Auv.), 1677-1748. = (P.-Sim.), ingén. des p. et chauss., memb. de l'acad. des sc. Caen, 1765-1835. = (F.-Narcisse), cél. vétér. Paris, 1796-1825. = (Ant.-Gerv.), abbé, profess. de rhétor., inspect. d'académie. Joux, 1752-1822. = (Ph. de), habile mécan. Lourmain (Vaucluse), 1775-1845.

Girardet (P.-Alexis), jés., érud. Nozeroy (Fr.-Comté), 1733-1789. = (Abrah.), grav. Locle (Suisse), 1764; Paris, 1823.

Girardin (René-H., marq. de), maréch. de camp, recueillit J.-J. Rousseau à Ermenonville. Paris, 1735-1808. = (L.-Cécile-Stanisl.-Xa., comte de), présid. de l'assembl. législ., du tribunat, memb. du corps législ.; préfet sous l'Empire, et député sous la Restaur., fils du précéd. Lunéville, 1762; Paris, 1827.

Girardon (F.), cél. sculpt., chancel. de l'acad. de peint. Troyes, 1630; Paris, 1715.

Girardot (J.), sieur de Beauchemin, litt. N. Nozeroy (Fr.-Comté); m. 1651. = (Nic. de), cél. hortic. du 18e s.

Giraud (J.-B.), orator., poëte lat. Troyes, 1701-1776. = (le comte J.), aut. dram., litt., d'origine fr. Rome, 1776-1834. = (J.-B.), sculpt. fr., memb. de l'acad. de peint. Aix (Prov.), 1752-1830. = (P.-F.-Grég.), sculpt., élève du précéd. Luc (Var), 1783-1836.

Giraudeau (Bonav.), jés. fr., hébraïsant, érud. M. 1774.

Girault-Duvivier (C.-P.), gramm., archéol. Paris, 1765-1832.

Girey-Dupré (J.-Ma.), poëte, journal. N. Paris, 1769; m. sur l'échaf., 1793.

Girodet-Trioson (Anne-L.), cél. peint. fr., élève de David. Montargis, 1755; Paris, 1824.

Giron-Garcias de Loaysa (don P.), érud. esp., archev. de Tolède. Talavera, 1542-1599.

Gironcourt (H.-Ant. Regnard de), litt. Nancy, 1719-1786.

Gironi (l'abbé Robustian), bibliogr. ital. 1769-1838.

Giroust (F.), composit. fr. Paris, 1730-1799.

Girs (Gilles), érud. suédois. M 1637.

Girtin (L.), peint. fr. 1773-1802.

Giry (L.), human., hellén., memb. de l'Acad. fr. Paris, 1595-1665. = (Odet-Jo. de Vaux de), abbé de St-Cyr, memb. de l'Acad. fr. M. 1761.

Gisbert (J.), jés. fr., théol. Cahors, 1639-1711. = (Blaise), jés., prédic., litt. Cahors, 1657-1711.

Giscala, juif cél. par ses exactions et ses perfidies, à l'époque du siége de Jérusalem par Titus. Condamné à une prison perpét. après la prise de la ville, 70 de J.-C.

Giscon, fils d'Himilcon, gén. carthag. Chassé par une cabale, puis rappelé v. 338 av. J.-C. = Autre gén. carthag., command. de Lilybée en Sicile. Tué par des soldats révoltés, 239 av. J.-C.

Gismondi (C.-Jo.), minéral., mathém. piémont. N. 1762; m. Rome, 1824.

Gisors (Anselme-Ma. de), litt. Paris, 1767; île de Gorée, 1827.

Gitiadas, sculpt. et prêtre de Lacédémone. V. 724 av. J.-C.

Gittard (Dan.), archit. fr. du 17e s.

Giulay (Ign., comte de), gén. autrich., gouv. de la Croatie. 1765-1831.

Giustiniani (Léo.), hellén. et poëte, procurateur de St-Marc. Venise, 1388-1446. = (Bern.), hist., litt., memb. du conseil des dix, procurat. de St-Marc. Venise, 1408-1489. = (August.), sav. domin., év. de Nebbio en Corse, hellén., hébraïs. Gênes, 1470-1536. = (Jér.), poëte, aut. dram. N. Gênes, v. 1560. = (Marc-Ant.), doge de Venise. Succ. de L. Contarini, 1684; m. 1688. = (Fabio), sav. bibliogr., év. d'Ajaccio. 1569-1627. = (N.-Ant.), bénéd., théol., hist., év. de Padoue. Venise, 1712-1796. = (Laur.), érud., conserv. de la biblioth. de Naples. N. v. 1760; m. 1825.

Gjoeranson (J.), sav. suédois du 18e s.

Glaber (Raoul), bénéd. de Cluny, chroniq. N. Bourgogne; m. Cluny, v. 1050.

Gladbach (C.-J.), méd. et natural. Francf.-s.-le-M., 1736-1796.

Glafey (Ad.-Fr.), jurisc., public. Reichenbach, 1692-1753.

Glandorp (J.), litt., profess. d'hist. à Marbourg. N. Munster; m. 1564.

Glanville (Ranulphe de), jurisc., gr. justicier d'Anglet. sous Henri II. M. 1190. = ou *Glanwille* (Jo.), théol., érud. Plymouth, 1636-1680.

Glaphtorne (H.), aut. dram. angl. du 17e s.

Glaphyra, femme d'Archélaüs, gr.-prêtre de Bellone à Camana en Cappadoce, séduisit Antoine, et obtint de lui le roy. de Cappadoce pour ses fils. = (P.), fille de la précéd., épousa successivement Alexandre, fils d'Hérode, puis Juba, roi de Mauritanie, enfin Archélaüs, roi de Judée.

Glareanus (H.-Loriti), philol., érud. Canton de Glaris, 1488-1563.

Glaser (J.-Fréd.), méd., chim. Wassungen (Saxe), 1707-1781.

Glass (Salom.), théol. protest., hébraïsant. Sondershausen (Saxe), 1593-1656. = (J.), chef d'une secte d'indépendants appelés en Écosse *glassites* et en Angleterre *sandémoniens*. Dundée (Ecosse), 1698-1773.

Glatigny (Gab. de), magistral, érud. Lyon, 1690-1755.

Glauber (J.-Rod.), alchim. all. du 16e s., a découvert le sulfate de soude, dit sel de Glauber. = (J.), dit Polydore, peint. holl. Utrecht, 1646-1726.

Glaucias, sculpt. d'Egine. V. 489 av. J.-C.

Gleditsch (J.-Théoph.), méd. et natural. Leipzig, 1714-1786.

Gleich (Jo.-Aloys), écriv. all. Vienne, 1772-1841.

Gleichen (Fréd.-Gu.), dit Russworm, natural. Beyreuth, 1717-1783.

Glieichmann (J.-Zacharie), litt., érud. all. M. 1758.

Gleim (Gu.-L.), poëte all. Ermsleben, 1719-1803.

Gley (Gérard), humaniste, lexicogr. Gerardmer (Lorraine), 1761-1830.

Gliemann (J.-G.-Théod.), géographe danois, 1783-1828.

Gliscenti (Fabio), méd. et moraliste ital. M. Venise, 1620.

Gloskouski (Mat.), poëte polon. du 17e s.

Gloucester (R. de), moine de l'abbaye de Gloucester, au 13e s., et l'un des plus anc. poëte angl.

Glover (Th.), héraldiste angl. sous le règne d'Elisabeth. M. 1588. = (Rich.), hellén., poëte angl. Londres, 1712-1785.

Gluck (Christ.), cél. composit. de musique lyr. N. sur les frontières de la Bohême, 1704; m. Vienne, 1787.

Glycas, hist. byzantin. N. Sicile, au 12e s.

Glycon, stat. grec, aut. de l'Hercule de Farnèse.

Gmelin (J.-G.), bot. Tubingen, 1709-1755. = (Sam. Théoph.), natural. N. Tubingen, 1745; m. Achmetkent dans le Caucase, 1744. = (J.-Fréd.), méd., chim., bot. Tubingen, 1748-1804. = (Gu.-Fréd.), grav. Badenweiler (Brisgau), 1745; Rome, 1831.

Gnecio, composit. génois. N. v. 1780; m. Turin, 1811.

Gneditsch (N.), poëte russe. Pultawa, 1784-1833.

Gneisenau (A., comte Neidhard de), feld-maréch. au service de la Prusse, gouv. de Berlin. N. Saxe, 1760; m. Posen, 1832.

Gneomar de Natzmer (Dubislaw), feld-maréch. prussien. Marienwerder, 1654-1739.

Gniphon (Marcus Antonius), rhét. et gramm. lat. N. dans les Gaules; profess. à Rome v. la fin du 2e s. av. J.-C.

Gobbo de Carracci (Pietro-Paolo Bonzi, dit), peint. de l'école bolonaise. M. sous le pontif. d'Urbain VIII, commenc. du 17e s.

Gobel (J.-B.-Jo.), év. de Lydda. N. Thann, 1727; nommé év. constitutionnel du départ. de la Seine, 1771; m. sur l'échaf., 1794.

Gobelin (Gilles), teint., fondat. de l'établiss. dit des Gobelins. Viv. sous François Ier.

Gobert (le baron Napoléon), fils du gén. de ce nom, filleul de Napoléon. N. Paris, 1817; m. 1833, en Egypte, où il voyag. après avoir fondé à l'Instit. deux prix annuels de 10,000 fr. de rentes chacun, afin d'être décernés aux aut. des meilleurs ouvrages sur l'histoire de France.

Gobet (N.), hist. et natural. fr. N. v. 1755; m. 1781 ou 1782.

Gockinga (Campegius Hermann), jurisc. holl. N. Groningue, 1748; m. v. 1819.

Goclenius (Rod.), physic., mathém., méd. Corbach (comté de Waldeck), 1547-1628. = (Ro.), méd., litt., fils du précéd. Wittemberg, 1572-1628.

Godard (J.), poëte fr. N. Paris, 1564; m. v. 1625.

Godard d'Aucourt, ferm. gén. et litt. N. Langres; m. 1775. = (J.-B.), natural. Origny (Aisne), 1775-1825.

Goddard (Jonath.), méd., chim. angl., memb. du parl. sous Cromwell. Greenwich, 1617-1674.

Godeau (Ant.), év. de Grasse et de Vence, litt., poëte, memb. de l'Acad. fr. Dreux, 1605-1672.

Godebert, roi des Lombards, Succ. d'Aribert Ier, 661; massac., 662.

Godecharles (Gu.), sculpt. belge. Bruxelles, 1750-1835.

Godefroi de Bouillon, duc de Lorraine, et 1er roi chrétien de Jérusalem. N. 11e s.; chef des croisés; 1096; proclamé roi, 1099; m. 1100.

Godefroi de Viterbe, hist. du 12e s., secrét. de Conrad III, Frédéric Ier et Henri IV.

Godefroy (Den.), philol. et sav. jurisc. Paris, 1549-1622. = (Théod.), hist. et généal., fils du précéd. Genève, 1580; Munster, 1649. = (Ja.), jurisc. et philol., frère du précéd. Genève, 1587-1652. = (Den. 2e), hist., fils de Théodore. M. Lille, 1681. = (Den. 3e), érud. Paris, 1655-1719. = (J.), philol., érud. N. Paris, v. 1660; m. Lille, 1732.

Godégisile, 1er roi vandale connu. Tué dans une bat. contre les Francs, 406. V. Gondégisile.

Godehard (St), év. de Hildesheim. N. Bavière; m. 1038.

Godescard (J.-F.), écriv. ecclés., traduct. N. Rocquemont; 1728; m. Paris, 1800.

Godesky (Cyp.), offic. et litt. polon. 1765-1809.

Godfrey (Th.), mathém., astron. améric. M. Philadelphie, 1749.

Godi (Ant.), hist. du 15e s. N. Vicence.

Godin (L.), astron., memb. de l'acad. des sc. Paris, 1704-1769.

Godinot (J.), doct. en théol., chan. de la métrop. de Reims. 1661-1749.

Godolphin (Sidney, comte de), homme d'Etat, gr.-trésor. d'Anglet. M. 1712.

Godounof ou *Gudenof* (Boris), czar de Russie. Succ. de Fédor, 1598; m. 1604.

Godran (C.), poëte lat. N. Dijon; m. 1577.

Godwin (F.), sav. antiq., év. de Hereford. N. Harington, 1556; m. av. 1638. = (W.), écriv. et litt. angl. N. Wiesbeach (comté de Cambridge), 1755-1836.

Gody (dom Simplicien), bénéd., litt., poëte lat. N. Ornans (Fr.-Comté); m. 1662.

Goebel (H.-D.), hist. Neustadt-s.-l'Aisch (Bavière), 1717-1771.

Goebler (Justin), jurisc., hist. N. St-Goar (Hesse); m. 1567.

Goecking (Léop.-Fréd.-Günther), poëte all. Gruningen (Prusse), 1745-1828.

Goedart (J.), peint. et natural. holl. Middelbourg, 1620-1668.

Goelnitz (Abraham), géogr. N. Dantzig; m. 1642.

Goens (Rykloff van), offic. au service de la Hollande, gouvern. gén. dans l'Inde. N. duché de Clèves, 1619; m. Amsterd., 1682. = (Mich.), philol. N. Utrecht, v. 1745; m. fin du 18e s.

Gœree (Gu.), érud. Middelbourg, 1635-1711.

Goerres (J.-Jo.), philos. et écriv. all. Coblentz, 1776; Munich, 1848.

Goertz (Gu.), bar. de Schlitz, diplom., min. de Charles XII, roi de Suède. Exécuté, 1719. = (J.-Eust., comte de), écriv. polit., diplom. N. Schlitz (Franconie), 1737; m. 1821.

Goethe (J.-Wolfgang), poëte, aut. dram., romanc., natural. et physic. Francfort-s.-le-M., 1749; Weimar, 1832.

Gœttling (J.-Fréd.), chim. all. Bernbourg, 1753-1809.

Gœtz (And.), philol. Nuremberg, 1698-1780. = (J.-N.), poëte et litt. allemand. Worms, 1721-1781.

Gœtz (J.-Chr.), théol., bibliogr. Hoburg (Saxe), 1682-1749. = (J.-A.-Ephraïm), théol., physic., natural. pruss. 1731-1793.

Goffaux (F.-Jo.), litt., memb. de l'assembl. législ. N. près d'Angers; m. Paris, 1836.

Goguet (Ant.-Yves), érud. Paris, 1716-1758.

Goiffon (Jo.), ecclés. fr., astron. M. 1751.

Gois (Et.-P.-Ad.), sculpt., memb. de l'Inst. Paris, 1751-1823.

Golbéry (Sylv.-Meinrad-Xa. de), voyag. en Afrique, statistic. Colmar, 1742-1822.

Goldast de Heimingsfeld (Melchior), hist. suisse. N. pays de St-Gall, 1576; m. 1635.

Goldmayer (And.), astron. et astrol. N. Bavière, 1605; m. 1664.

Goldoni (C.), cél. aut. com. de l'Italie. Venise, 1707; Paris, 1793.

Goldsmith (Olivier), aut. dram., hist., litt. Pallas (Irlande), 1728-1774.

Golikof (Iwan), hist. russe. Koursk, 1735-1802.

Golius (Ja.), sav. oriental. La Haye, 1596-1667.

Gollut (L.), hist. N. Pesmes (Bourg.); m. 1595.

Golniewski (Chrysost.), poëte polonais du 17e s.

Golownin (Basile), navigat. russe, chargé de diverses explorat. de 1810 à 1814, et en 1817.

Goltz (G.-Conrad, bar. de), gén. pruss. Poméranie, 1704-1747. = (le bar. Bern.-Gu. de), diplom. pruss. 1730-1795.

Golzius (Hub.), peint. et antiq. Vanloo (Gueldre), 1526-1588. = ou *Goltz* (H.), peint. et grav. Mulbrecht, 1558-1617.

Gomar (F.), min. protest., chef de la secte des gomaristes ou contre-remontrants. Bruges, 1563-1609.

Gomara (F. Lopez de), hist. ecclés. N. Séville, 1510.

Gombauld (J. Ogier de), poëte fr., memb. de l'Acad. fr. N. St-Just de Lussac (Saintonge), v. 1527; m. 1666.

Gomberville (Marin le Roi de), litt., romanc., memb. de l'Acad. fr. Paris, 1600-1647.

Gomès (Ferd.), gentilh. esp., fondat. de l'ordre milit. d'Alcantara. 1158-1210. = (Bern.-Ant.), méd. et bot. portug.

Gomez de Ciudad-Real (Ferd.), écriv. esp., méd. du roi Jean II. 1388-1457. = (Alvarez), poëte lat. et esp. 1488-1538. = *de Castro* (Alvarez), érud., hist. esp. M. 1580. = *de Oliviera* (Ant.), poëte portug. du 17e s. = *Gomez* (Séb.), peint. esp. du 17e s. N. Grenade. = *de Valencia* (F.), peint. esp.

N. Grenade; m. Mexico, milieu du 18e s.=*Ferreira* (L.), natural. portug., direct. des mines de l'Amérique portug. N. 1680; m. Lisbonne, 1741.=*Gomez* (Mad.-Angélique Poisson, dame de), litt., aut. dram. Paris, 1684–1770.

Gomicourt. V. DAMIENS.

Gondahaire ou *Gondicaire*, roi des Burgondes, allié des Rom. M. dans une bat., 436.

Gondebaud, roi de Bourgogne, et frère de Chilpéric, aut. du code appelé Loi Gombette. M. 517. =ou *Gondevald*, fils naturel de Clotaire Ier. Reconnu roi après la mort de Chilpéric; assass., 585.

Gondemar, roi de Bourgogne et fils de Gondebaud, Succ. de son frère Sigismond, 524; détrôné et m. prisonn., 541.

Gonderic, roi des Vandales, fils et succ. de Godégisile. M. 428.

Gondi (Ph.-Emm. de), gén. des galères, prêtre de l'Orat., fondat. de la congrég. des prêtres de la mission de France. Limoges, 1581–1662.=V. RETZ.

Gondola (J. di Francesco), poëte illyrien. N. Raguse, 1656.

Gondouin (Ja.), archit., memb. de l'Inst. St-Ouen, 1737–1818.

Gondrin (L.-Ant. de Pardaillan de), cél. courtisan de Louis XIV, surint. des bâtim. de la couronne. 1665–1736.=(L.-H. de), arch. de Sens, théol., controvers. 1620-1674.

Gongoray Argote (L.), poëte esp. Cordoue, 1561–1627.

Gonnelli (J.), sculpt. toscan, dit l'Aveugle de Combassi. 1632–1664.

Gonneville (Binot Paulmier de), navig. fr. du comm. du 16e s. N. Honfleur.

Gonthier, hist. du 15e s., poëte lat. N. Allemagne; m 1225. =(J.), anat., méd. de François Ier. Andernach, 1487; Strasb., 1574.

Gontran, 2e fils de Clotaire Ier. N. 525; succ. de son père comme roi de Bourgogne et d'Orléans, 562; m. 593.

Gonzague, nom d'une anc. fam. princière qui, depuis le 11e s., a donné des seign. à quelques souverainetés d'Italie, des gr. dignitaires à l'Église et des princesses à plus. maisons royales. Parmi les personnages qui la composent, on distingue: Jean-François II, marquis de Mantoue, command. des troupes réunies contre Charles VIII, roi de Fr., lors de son expéd. en Italie. N. 1519.=Ferdinand, duc de Molfetta, gén. au service de Charles-Quint, vice-roi de Sicile et gouv. de Milan. 1506–1557.=Hercule, card., légat du St-Siége. N. 1563.=St Louis de Gonzague, jés. N. Château de Castiglione, 1568; m. de la peste à Rome, 1591.=Curtius, poëte et litt. ital du 16e s.=Isabelle d'Este de Gonzague, épouse de François II, et cél. par son goût pour les b.-a. M. 1539.=Marie-Louise de Gonzague, reine de Pologne, épouse de Vladislas, puis de Jean-Casimir. 1612-1667.=Anne, dite la princesse palatine, sœur de la précéd., joua un rôle dans les troubles de la Fronde. M. 1684.

Gonzalez de Berceo (J.), le plus anc. poëte esp. connu. Avila, 1196-1226.

Gonzalez (Ant.), navig. portug. du 15e s.

Gonzalve (Mart.), hérés. esp. N. Cuença, v. 1325; brûlé, 1574.

Gonzalve de Cordoue (Gonçalo-Hernandez y Aquilar), dit le Grand Capitaine, cél. homme de guerre, Montilla (roy. de Cordoue), 1443-1515.

Gonzalvez da Costa (Manuel), astron. portug. Peras-Alvas, 1605–1688.

Good (J. Mason), méd., hébraïs., litt. angl. Epping, 1764–1827.

Goodwin (J.), théol. angl., propagat. de l'arminianisme. 1593-1665.

Gool (J. van), peint. et biogr. La Haye, 1685–1757.

Gorun, roi d'Écosse. Succ. de son frère Congal, 501; assass. 535.

Gorani (le comte Jo.). litt., public. Milan, 1744–1819.

Gordien l'Ancien (Marcus Antoninus Africanus), emp. rom. N. Rome, 157; procl. 237; s'étrangla 6 sem. après.=II. le Jeune, fils du précéd. Assoc. à l'emp. 237; tué dans une bat., même année.=III, le Pieux, petit-fils de Gordien Ier. Procl. emp. 238; assass. 244.

Gordien-Fulgence, moine du 6e s., connu par un ouvr. bizarre, N. v. 465; m. 533.

Gordon (Bern.), cél. méd. de la fin du 13e s. N. dans le Rouergue. = (Patrik), Écossais, feldmaréch. au service de Pierre le Grand. N. Moscou, 1690.=(G.), dit lord Gordon, memb. du parl. d'Anglet. N. 1750; m. prisonn., 1793. = (Th.), écriv. polit., litt. irland. N. 1750.=(And.), bénéd. écoss., physic. Cofforach, 1712-1751.=(Gu.), hist. anglo-améric. N. Hittchin ((Anglet.); m. Ipswich, 1807.

Gori (Th.) érud angl. Aldorton, 1631-1684.

Gorgias, de Leontium, philos. ou sophiste grec, disc. d'Empédocle, V. 440 av. J.-C.

Gori (J. Ant.), antiq. et philos. ital. Florence, 1691–1757.

Gorini (J. Gorio, marq. de), poëte dramatique du 18e s. N. Milan.

Gorlœus (Abrah.), antiq. Anvers, 1549–1609.

Gorm ou *Gormon*, dit le Vieux, prince de Seeland, puis 1er roi de Danemark. M. 935.

Gornicki (Luc), public. polon. de la fin du 16e s.

Gorris (J. de), cél. méd., érud. Paris, 1505–1577.

Gorsse (J.-L.-C.-Ant.-Rai.), litt., statisc. Alby, 1770–1814.

Gorsas (Ant.-Jo.), écriv. pol., memb. de la conv. N. Limoges, 1752; m. sur l'échaf., 1793.

Gorter (Dav.), bot. holl., méd. de la cour de Russie. M. 1785.

Goselini (Julien), litt. Rome, 1525–1587.

Goslin ou *Gozlin*, év. de Paris, archichanc. de Charles le Chauve. M. 886.

Gosse (At.), aut. dram., litt. Bordeaux, 1773–1834.

Gossec (F.), cél. composit. Vergnies (Hainaut), 1734; Passy, 1829.

Gosselin (P.), mathém. du 16e s. N. Cahors.=(J.), astron. et érud., conserv. de la Biblioth. du roi. N. Vire (Normandie); m. 1604.=(Pasc.-F.-Jo.), géogr., archéol., memb. de l'Instit. Lille, 1751–1830.

Gossin (P.-F.), homme d'État, N. Souilly (Lorraine), 1744; m. sur l'échaf., 1794.

Gotter (Fréd.-Gu.), poëte et litt. all. Gotha, 1797.

Gotteschalk, relig. bénéd., hérés. du 9e s. N. Allemag., 806; m. en prison, 868.

Gottigniez (Gilles-P.), jés., astron. Bruxelles, 1630-1689.

Gottleber (J. Chr.), philol., érud. Chemnitz (Saxe), 1733-1785.

Gottsched (J.-Christ.), litt. all. Juditenkirch (Prusse), 1700–1766.

Gottschling (Gasp.), érud. et bibliogr. all. Lobendéau (Silésie), 1679-1759.

Gottwald (Christ.), natural. all. Dantzig, 1636-1713.

Gouan (Ant.), bot. Montpellier, 1733–1821.

Goudelin ou *Goudouli* (P.), poëte langedoc. Toulouse, 1579–1649.

Goudimel (Cl.), composit. du 16e s. N. Besanç., 1520; assass. Lyon, 1572.

Goudin (Mat.-Bern.), mathém., astron. Paris, 1734–1805.

Gouffé (Armand), chansonn. fr., vaudevill. N. v. 1773; m. 1845.

Gouffier (L.), comte de Roanez, marin fr. Périgord, 1648–1734.

Gouge (F.-Ét.), poëte fr. N. Laon, 1724.

Gougelet (P. Mérice), composit. Châlons-s.-M., 1726–1768.

Gougenet (L.), litt. Paris, 1719–1767.

Gouges (Ma.-Olympe de), femme aut., écriv. polit. N. Montauban, 1755; m. sur l'échaf., 1793.

Gough (Rich.), natural. et archéol. Londres, 1735-1809.

Goujet (Cl.-P.), chan. de St-Jacques-l'Hôpital, érud., biblogr. Paris, 1697–1767.

Goujon (J.), cél. archit et sculpt. N. Paris, au comm. du 16e siècle; tué pend. la St-Barthél., 1572. =(J.-M.-Cl.-Al.), memb. de la conv. N. Bourg-en-B., 1766; m. 1795.

Goulard (Th.), anat., chir. N. St-Nicolas-de-la-Grave (Tarn-et-Gar.), v. 1720; m. v. 1790.

Goulart (Sim.), écriv. du 16e s. Senlis, 1543–1628.

Goulet (N.), archit. Paris, 1745-1820.

Goulu (N.), érud., profess. de grec au Collége de France. N. près de Chartres, 1530; m. 1601.

Gourcy (l'abbé de), public. du 18e s.

Gourdin (F. Ph.), antiq., litt. Noyon, 1739-1825.

Gourgues (Domin. de), gentilhomme et marin fr. N. Mont-de-Marsan; m. v. 1595.

Gourmond (Gilles), cél. impr. de Paris. M. v. 1528.

Gournay (Ma. Lejars de), femme cél. par son esprit et son intimité avec Montaigne. Paris, 1566–1645.

Gourville (J. Hérauld, sieur de), financ., diplom. La Rochefoucauld, 1625–1703.

Gousser (Ja.), min. calviniste, controvers., hébraïs. Blois, 1655; Groningue, 1704.

Gouvea (Ant.), jurisc., érud., poëte lat. N. Beja (Portug.); m. Turin, 1565.

Gouvion-St-Cyr (Lau.) maréchal de Fr., min. de la guerre. Toul, 1764-1830.

Gouye de Languemare, érud. Dieppe, 1705–1763.

Govea. V. GOUVEA.

Govinda ou *Gobinda*, chef spirituel et suprême des Syks. N. Patnah (Béhar), 1656; m. 1708.

Gower (J.), poëte angl., fr. et lat. 1320-1402. =(Rich-Halb.), ingén. de la mar. N. Angleterre; m. 1833.

Goya (don Fr.), peint. esp. Fuente-de-Todos (Aragon), 1746; Bordeaux, 1828.

Goyen (J. van), peint. Leyde, 1596-1656.

Gozon (Dieudonné de), gentilhomme provenç., gr.-maître de l'ordre de Jérusalem; suiv. une tradition, il tua un serpent monstrueux qui désolait l'île de Rhodes.

Gozzi (Gasp.), poëte, litt., écriv. Venise, 1713-1786.=(Ch.), poëte dram., litt., frère du précéd. 1702-1786.

Gozzoli (Benozzo), peint. florent. N. v. 1400; m. 1748.

Graaf (Régnier de), méd. holl. 1641–1673.=(N. de), voyag. holl. du 17e s.

Gracchus (Tiberius Sempronius), orat., consul rom., 177 et 163 av. J.-C.=(Tiberius), cél. tribun rom., fils du précéd. et de Cornélie. N. 162 av. J.-C.; assass. 133.=(Caïus), frère du précéd., tribun comme lui. N. 153 av. J.-C.); se donna la m., 121.

Gracian (Jér.), théol., érud. Valladolid, 1543; Bruxelles, 1614. =(Balt.) jés. esp., litt. 1584-1658.

Gradenigo (P.), doge de Venise. Succ. de Dandolo, 1289; m. 1131.=(Bart.), doge. Succ. de Soranzo, 1339; m. 1343.= (J.), doge. N. 1279; succ. de Marino Faliero, 1355; m. 1356.

Gradenigo (J.-August.), év. de Chioggia, litt. Venise, 1744-1774.=(J.-Jér.), sav. prélat ital. Venise, 1708-1786.

Gradi (J.), profess. de droit, érud. fr. Viv. comm. du 16e s.

Grœcinus (Julius), philos. lat. du 1er s. N. Fréjus.

Grœter (Fréd. Dav.), érud. et poëte pruss. 1768-1830.

Grœvius ou *Græfe* (J.-G.), philol., litt., érud. saxon. Naumbourg, 1632-1703.

Graffigny (Françoise d'Issembourg d'Apponcourt.), femme aut. Nancy, 1694–1758.

Grafton (Rich.), impr. et hist. angl. N. v. 1572.—(H.-Fitz-Roy, duc de), homme d'État. Londres, 1736-1811.

Grafunder (Dav.) théol., oriental. N. dans le Brandebourg; m. 1680.

Graham (G.), horlog. mécan. angl. Norsgills, 1675–1751.

Grahame (Ja.), poëte écoss. M. Glascow, 1811.

Grailly (J. de), connu sous le nom de Captal de Buch, cél. cap. du 14e s., au service du roi de Navarre, puis de l'Anglet. M. prisonn., 1377.

Graindorge (And.), méd. Caen, 1616–1676.

Grainville (C.-J. de l'Espine de), conseill. au parlem. de Paris, litt. M. 1754. = (J.-B.-F.-X. Cousin de), litt. N. au Havre, 1746; se tua, 1805. = (J.-B.-Christ.), litt. et poëte. Lisieux, 1760–1805.

Gram (J.), érud. et philol. Jutland, 1685–1748.

Gramberg (A.), poëte all. Oldenbourg, 1772–1816. = (C.-P.-Gu.), litt. all., oriental. Seelfeldt, 1797-1822.

Gramigna (Vinc.), litt. ital. N. Ariccia, v. 1580; m. 1650.

Grammont ou *Gramond* (Gab. de Barthelemy, seign. de), hist. M. Toulouse, 1654.

Grammont (de), nom d'une ill. fam. de Bourgogne, qui a donné trois archev. à Besançon: Antoine-Pierre I, 1615-1698. = François-Joseph, m. 1715.=Antoine-Pierre II, d'abord milit. 1685–1754.

Grammont (Nourry de), chef d'état-major de l'armée révolution. N. La Rochelle, 1752; m. sur l'échaf., 1794.

Gramont, anc. fam. du Bigorre dont les memb. princip. sont: Gabriel, card., diplom. N. Languedoc; m. 1534. = Antoine, maréch. de Fr., vice-roi de Navarre. M. 1678. = Philibert, comte de Gramont, cél. par son esprit et sa galanterie, frère du précéd. N. 1621; m. Londres, 1707. = Antoine, duc de Gramont, ou comte de Guiche, maréch. de Fr., ambass. Paris, 1671-1725.=Louis, duc de Gramont, lieut.-gén. Tué à Fontenoi, 1745.

Gramont (Scipion de), litt., poëte lat. N. en Provence; m. Venise, 1638.

Granby (J. Manners, marq. de), gén. angl. 1721-1770.

Grancolas (J.), doct. en Sorb., controvers. N. Paris; m. 1732.

Grand ou *Grant* (Ja. Le), en lat. Jacobus Magnus, prédic. fr. N. Toulouse, v. 1350.

Grandi (Ja.), méd., litt. Gajato (Modenois), 1646–1691. = (Guido), relig. camaldule, géom. Crémone, 1671–1742.

Grandidier (Ph.-A.), archéol., historiogr. de Fr. Strasb., 1752-1787.

Grandier (Urbain), curé de Loudun, accusé d'avoir ensorcelé les ursulines de cette ville. N. Rovère; brûlé Loudun, 1634.

Grandménil (J.-B. Fauchard de), act. cél. Paris, 1757–1816.

Grandval (N. Racot de), coméd. et aut. Paris, 1676–1753. = (C.-F.), act. du Théâtre-Français, litt. Paris, 1711–1784.

Granet (F.), litt. Brignolles, 1692–1741.

Grangeneuve (Ja.-A.), conventionn., memb. du parti de la Gironde. N. Bordeaux, 1750; m. sur l'échaf., 1793.

Granger (Tourtechot), chir., voyag. en Orient. N. Dijon; m. Bassora, 1734. = ou *Graingier* (Ja.), méd. et poëte écoss. Dunse, 1725; île St-Christophe, 1767.

Grangier (J.), érud., profess. d'éloq. au collége de Fr. N. Châlons-s.-M., v. 1576; m. 1645.

Granié (P.), litt. fr. Béziers, 1755–1819.

Granjon (R.), grav. et fond. en caractères du 16e s.

Grant (C.), homme d'État, philanthrope. N. Écosse, 1746; m. Londres, 1823. = (Mistriss Anna), litt. écoss. Glascow, 1756-1838.

Granvelle (N. Perrenot de), chancel. de Charles-Quint, négociat. N. Ornans (Bourg.), 1486; m. 1550.=(Ant.), archev. de Besançon, card., min. de Charles-Quint et de Philippe II. Ornans, 1517; Madrid, 1586.

Granville (G.), vicomte de Landsdowne, poëte et homme d'État angl. 1667–1735.

Granville Sharp, philanthr. angl. Bradfort-Dale, 1735-1815.

Grapaldi (F.-Mario), poëte et sav. ital. N. Parme, 1405.

Grapius (Zacharie), philol. all. 1671-1713.

Grappin (P.-Ph.), dern. bénéd. de la congrég. de St-Vannes, érud. Ainvelle-lez-Conflans (Fr.-Comté), 1788-1833.

Grasse (F.-Jo.-Pa., comte de), lieut.-gén. des armées navales. Valette (Prov.), 1724-1788.

Grasser (J.-J.), théol. protest., hist. Bâle, 1579–1627.

Grasset de St-Sauveur (Ja.), litt., compil. Montréal (Canada), 1757; Paris, 1810.

Grassi (Horace), jés., astron. Savone, 1582-1654. = (Alfio), offic. et écriv. sicil. N. 1774; m. Paris, 1827. = (Jo.), litt., philol. Turin, 1779–1831.

Grassin (P.), vicomte de Busancy, conseill. au parl. de Paris, fondat. du collége dit des Grassins, en 1569.

Grataroli (Gu.), cél. méd. Bergame, 1516; Bâle, 1568.

Grateloup (J.-B.), grav. Dax, 1735-1817.

Gratien (Flavius Gratianus), emp. d'Occident, N. Sirmium (Pannonie), 359; succ. de son père Valentinien, 378; assass. 383.

Gratien, sav. canoniste ital. du 12e s.

Gratius (Faliscus), poëte lat. du 1er s. av. J.-C., contemp. d'Ovide. = (Ortwinus), controvers. du 16e s.

Grattau (H.), orat. irland., memb. du parlem. d'Anglet. Dublin, 1750; Londres, 1820.

Graumann (J.-Ph.), financier pruss, 1710-1762.

Grave (H. de), bibliogr., érud. N. Nimègue, 1552.= (C.-Jo. de), écriv. N. Ursel (Flandre); m. 1797.

Graverol (F.), antiq., érud. Nîmes, 1644–1694.

Graves (Rich.), litt. angl. Mickleton, 1715–1804.

Gravesande (Gu.-Jacob S'), physic., géom., philos. holl. Bois-le-Duc, 1648–1742.

Gravina (Domin. de), hist. du 14e s. N. Gravina (roy. de Naples). = (P.), poëte lat. N. Palerme, 1453; m. 1527. = (J.-Vinc.), jurisc. et litt. napolit., fondat. de l'acad. des Arcadiens. Roggiano, 1664–1718. =(C. duc de), amiral esp. Naples. 1747–1806.

Gravius. V. GRÆVES.

Gray (Th.), cél. poëte angl. Londres, 1716-1771. = (Et.), physic. angl. M. 1736.

Graziani (Ant.-Ma.), écriv. ital., év. d'Amelia. N. Toscane, 1537; m. 1611. = (Jér.), poëte ital. Pergola, 1604-1675. =(J.), hist. N. Bergame, v. 1670; m. v. 1730. = (J.-B. Ballanti, dit), sculpt. ital. Faenza, 1762–1835.

Grazzini (Ant.-F.), poëte. Florence, 1503-1583.

Greatrakes (Valentin), empirique et visionnaire irl. M. v. 1680.

Greaves (J.), sav. oriental. angl. Colmere, 1602-1652.

Greban de Compiègne (Sim.), poëte fr. du 15e s.

Greco (Domin. Theotocopuli, dit el), peint., fondat. de l'école de Tolède. N. Grèce; m. Tolède, 1625.

Grécourt (J.-B.-Jo. Willart de), poëte licencieux. Tours, 1684-1743.

Greding (J.-Ern.), méd. all. Weimar, 1718–1775.

Green (Mat.), poëte angl. N. v. 1677; m. 1737. = (W.), dessinat. et grav. angl. 1761-1825.

Greene ou *Green* (Nathaniel), gén. améric. N. Warwick (Rhode-Island), 1741; m. 1786.

Grégoire (St), dit le Thaumaturge, théol., év. de Néocésarée

M. v. 270. = de Nazianze (St), Père de l'Eglise grecque, poëte, orat. Nazianze (Cappadoce), 258-389. = de Nysse (St), écriv. ecclés. N. Sébaste (Cappadoce), v. 330; m. 400. = Grégoire (St), év. de Tours, hist., hagiogr. N. Auvergne, 539; m. 593.

Grégoire Ier (St), dit le Grand, pape. N. Rome, 542; succ. de Pélage II, 590; m. 604. = II (St), pape. N. Rome; succ. de Constantin, 715; m. 731. = III, pape. N. Syrie; succ. de Grégoire II, 755; m. 741. = IV, pape. Succ. de Valentin, 827; m. 844. = V (Brunon), pape. N. 972; succ. de Jean XVI, 996; m. Rome, 999. = VI (Gratien), pape. Elu, 1044; déposé, 1046; m. en Allemagne. = VII (Hildebrand), pape. N. Soane (Toscane), v. 1013; succ. d'Alexandre II, 1085; m. Salerne, 1085. = VIII (Albert), pape. N. Bénévent; succ. d'Urbain III, 1187; m. même année. = IX (Ugolin), pape. N. Anagni; succ. d'Honorius III, 1227; m. Rome, 1241. = X (Théalde ou Thiébaut Visconti), pape. N. Plaisance; succ. de Clément IV, 1271; m. Arezzo, 1276. = XI (P. Roger), pape. N. près de Limoges, 1332; succ. d'Urbain V, 1370; m. Rome, 1378. = XII (Angelo Corrario), pape. N. Venise, v. 1325; succ. d'Innocent VII, 1406; m. Rimini, 1417. = XIII (Hugo Buoncompagno), pape. N. Bologne, 1502; succ. de Pie V, 1572; m. 1585. = XIV (N. Sfondrato), pape. N. Crémone, 1535; succ. d'Urbain VII, 1590; m. Rome, 1591. = XV (Al. Ludovisio), pape. N. Bologne, 1554; succ. de Paul V, 1621, m. 1623. = XVI (Mauro Capellari), pape. N. Bellune, 1765; succ. de Pie VIII, 1829; m. Rome, 1846.

Grégoire, roi d'Écosse. Succ. d'Ethus, 875; m. 892.

Grégoire Magisdros, prince arménien de la race des Arsacides de Perse, poëte, litt. N. commenc. du 11e s.; m. 1058.

Grégoire, nom de 12 patriarches d'Arménie, qui succ. au précéd., de 1058 à 1606.

Grégoire, patriarche de Constantinople. N. Morée, 1739; pendu à Constantinople, 1821.

Grégoire (H.), nommé vulg. l'abbé Grégoire, memb. de l'assemblée constit., de la conv., du corps législ., év. constitutionnel de Blois, sénateur. Veho (Lorraine), 1750; Paris, 1831.

Grégoras (Nicéphore), hist. byzantin. N. Héraclée de Pont, v. 1295; m. 1360.

Gregorio (Maurice de), théol. sicil. M. 1651. = (Rosario), antiq. Palerme, 1753-1809.

Grégorius (Publius), écriv. ital., hellén. N. Venise, v. 1469. = (Emm.-Fréd), théol. et philol. saxon. Camentz, 1730-1800.

Grégory (J.), oriental. angl. Amersham, 1607-1646. = (J.), cél. géom. New-Aberdeen (Ecosse), 1636-1675. = (Dav.), géom., astron., neveu du précéd. Aberdeen, 1661-1708. = (J.), méd. écoss. Aberdeen, 1724-1773. = (G.), théol. et litt. Edernin (Irl.), 1754-1808. = (J.-D.), orator., fabuliste. Turin, 1731-1802.

Greiderer (Vigile), relig. francisc., chroniq. all. M. 1780.

Greiff (Fréd.), chim. Tubingen, 1601-1668.

Grenade (L. de), dominic., écriv. ascétique. Grenade, 1505-1588.

Grenailles (F. de la Chatonnière de), litt. Uzerche, 1616-1680.

Grenier (Ja.-Rai., vicomte de), mar. et navig. Guienne, 1736-1803. = (Pa.), gén. et député. Sarrelouis, 1768-1827.

Grenville (G.), memb. du parlem. angl., chancel. de l'échiquier. Buckingham, 1702-1770. = (Gu. Wyndham), homme d'Etat angl., fils du précéd. Londres, 1759-1834.

Greppi (C.), aut. dram. ital. Bologne, 1751-1811.

Gresham (sir Th.), dit le Négociant royal, fondat. de la Bourse de Londres et du collége de Gresham. Londres, 1519-1579.

Greslon (Ad.), jés., missionn. en Chine. Périgueux, 1618-1697.

Gresnick (Ant.-Fréd.), composit. Liége, 1754-1799.

Gresset (J.-B.-L.), poëte, aut. dram., litt., memb. de l'Acad. fr. Amiens, 1709-1777. = (Fé.), philol. Pontarlier, 1795-1851.

Grétry (Ant.-L.-Modeste), cél. composit., écriv., memb. de l'Instit. Liége, 1741; Montmorency, 1813.

Gretser (Ja.), controvers. all. 1561-1625.

Greuze (J.-B.), peint. de l'école fr. Tournus, 1726; Paris, 1805.

Gréville (Foulque), lord Brooke, homme d'Etat et litt. angl. Alcaster, 1554-1628.

Grévin (Ja.), méd. et aut. dram. Clermont en Beauvoisis, 1540; Turin, 1570.

Grew (Néhémie), méd. et bot. N. Coventry, v. 1628; m. 1711.

Grey (Jeanne), arrière-p.-fille de Henri VII, roi d'Anglet. N. Londres, 1527. Procl. reine à la mort d'Edouard VI, malgré sa résistance, et au détrim. de Marie et d'Elisabeth. Le parti de Marie Tudor l'ayant emporté, Jeanne Grey fut décap., ainsi que son mari, le duc Guildfort, 1554.

Grey (Zachar.), litt. et controv. angl. 1687-1766.

Gribaldi (Mat.), jurisc. ital. Chieri, v. 1520; m. 1564.

Gribeauval (J.-B. Vaquette de), tactic., ingén., lieut.-gén. d'artill. Amiens, 1715-1789.

Griff (N.), peint. flam du 17e s.

Griffenfeld (P., comte), jurisc., homme d'Etat danois. Copenhague, 1635-1699.

Griffet (H.), jés., hist., litt. Moulins, 1698-1771. = *de la Baume* (Ant.-Gilb.), litt. Moulins, 1756-1805.

Griffi (Léo.), poëte lat. du 15e s.

Griffier (J.), peint. flam. 1645-1718.

Griffith (mistriss Elisabeth), romanc. anglaise. N. 1793.

Grifon. V. GRIPPON.

Grignan (Franç.-Ma. de Sévigné, comtesse de), cél. par son esprit, sa beauté, et surtout par les lettres de sa mère, Mme de Sévigné. 1648-1705.

Grignon (P.-Clé.), métallurg., antiq. M. Paris, 1785.

Grigorowitsch (Vasili), voyag. russe. Kief, 1702-1747.

Grijalva (J. de), avent. esp. qui découvrit le Mexique, en 1518. = (Fern.), lieut. de Cortez; découvrit la Californie, v. 1533.

Grillet (Re.), horlog. et mécan., fr. du 17e s. = (J.), jés. missionn. fr. du 18e s. = (J.-L.), chan., sav. écriv. La Roche, 1756-1812.

Grillo-Cataneo, litt., homme d'Etat. Gênes, 1759-1834.

Grillo (dom Ange), bénéd. du Mont-Cassin, fondat. de l'acad. des humoristes, au 17e s. = (J.), prédic. Arnay-le-Duc, 1588-1647.

Grimaldi, fam. ill. de Gênes. Ses princip. memb. sont: Robert N. Gênes, fin du 13e s., amiral de Fr. sous Philippe le Bel. = Antoine et Jean, amiraux génois, l'un au 14e, l'autre au 15e s. = Dominique, card.-archev. et vice-légat d'Avignon. M. 1592.

Grimaldi (F.-M.), jés., mathém. 1613-1663. = (Gio-Francesco), dit le Bolognèse, peint., grav., archit. Bologne, 1606-1680. = (Ja.), érud. bolonais. M. Rome, 1623. = (D., marq. de), écon. napolit. Seminara, 1735-1805.

Grimani (Ant.), doge de Venise. Succ. de Loredano, 1521. M. 1523. = (Marino), doge de Venise. Succ. de Cicogna, de 1595 à 1605.

Grimaud (J.-C.-Marg.-Gu. de), profess. de méd. à Montpell. N. Nantes, 1750; m. 1789.

Grimm (Fréd.-Melchior, bar. de), litt. et crit. fr. Ratisbonne, 1723; Gotha, 1807. = (J.-Fréd.-C.), méd. Eisenach (Saxe-Weimar), 1737-1821.

Grimoald, fils de Pépin le Vieux. Maire du palais sous Sigebert II, roi d'Austrasie, 640; mis à m. 656.

Grimoald, nom de 4 princes lombards, ducs de Bénévent. m. en 667, 686, 806 et 827.

Grimoard (comte de), gén., tactic., litt. fr. M. 1815.

Grimod de la Reynière (Al.-Balt.-Laur.), litt. et cél. gastronome. Paris, 1758-1838.

Gringonneur (Jacquemin), peint. fr. du 14e s.

Gringore (P.), poëte fr. M. en Lorraine v. 1480.

Grippon ou *Grifon*, fils de Charles-Martel. Dépouillé de ses Etats par ses frères, 741, se retira en Saxe. Assass., 752.

Grischow (August.), philol. et mathém. all. 1683-1749.

Grisel (l'abbé Jo.), cél. mystique, fondat. de l'adorat. du sacré cœur. Cherbourg, 1703-1787.

Gritti (And.), gén. et doge de Venise. Succ. de Grimani, 1523. 1538.

Grivaud de la Vincelle (Cl.-Madel.), antiq. Châlon-s.-S. 1762-1819.

Grochawski (Stanisl.), poëte polon. du 17e s.

Groddeck (Benj.), oriental. Dantzig, 1728-1778. = (Ern.-Godef.), litt. polonais, 1762-1819.

Grœben (C.-Thierry de), tactic. pruss. Kœnisberg, 1725-1794.

Grognet (P.), poëte et chroniq. N. Toucy, près d'Auxerre; m. v. 1540.

Grognier (L. Furci), zoolog., bot. Aurillac, 1775-1837.

Groignard (Ant.), ingén. de marine. Solliès (Var), 1727-1797.

Grollier (J.), diplom., antiq. Lyon, 1479-1565. = (Nic. de Servière), homme de guerre, mécan., de la même fam. que le précéd. Lyon, 1593-1686.

Grolmann (C.-L.-Gu.), homme d'Etat et jurisc. Giessen, 1775-1829.

Gronov ou *Gronovius*, fam. de sav. Les memb. les plus connus sont: Jean-Frédéric, cél. crit., érud., profess. de b.-lett. à l'univ. de Leyde. Hambourg, 1611-1671. = Jacques, crit., érud., antiq. Deventer, 1646; Leyde, 1716. = Abraham., méd., érud., frère du précéd. = Laurent-Théodore, natural. M. 1778.

Gropp (Ign.), hist., bibliogr. all. 1695-1758.

Gros (P. des), moral. fr. du 15e s.

Gros (le bar. Ant.), peint. fr., élève de David. N. Paris, 1771; se donna la m., 1835.

Grose (F.), litt. et dessinat. angl. N. 1731; m. Dublin, 1791.

Grosier (J.-B.), crit., litt. St-Omer, 1743; Paris, 1823.

Grosley (H.-J.), litt., érud. Troyes, 1718-1785.

Gross (J.-God.), litt. Uhlfeld Bavière), 1703-1768. = (Dav.-Gab.-Alb. de), tactic. Bâle, 1756-1809.

Grosmann (Gust.-Fréd.-Gu.), act., aut. dram. Berlin, 1746-1796.

Grosson (J.-B.-Bern.), archéol. Marseille, 1733; Naples, 1800.

Grosteste-Desmahis (Marin), théol. Paris, 1649-1694.

Grothusen (Chr.-Alb., bar. de), milit., homme d'Etat, conseill. de Charles XII. N. Hollande; tué île de Rugen, 1715.

Grotius (Hugues van Groot, dit), hist., public., jurisc., poëte lat., théol. holl. Delft, 1583; Rostock, 1645.

Grotto (L.), dit l'Aveugle, orat. et poëte ital. Adria, 1541-1583.

Grou (J.-L.), théol., érud., trad. N. dans le Calaisis, 1731; m. comté de Dorset, 1803.

Groubental de Linière (Marc.-Ferd. de), litt. Paris, 1739-1815.

Grouber de Groubental, public., écon. fr. N. Allemagne; m. v. 1800.

Grouchy (N. de), philol., hellén. N. Rouen; m. La Rochelle, 1572. = (Emm., marq. de), maréch. et pair de Fr. Paris, 1766-1847.

Grouvelle (Ph.-Ant.), homme d'Etat, litt. Paris, 1748-1806.

Grozelier (Nic.), orator., litt. érud. Beaune, 1692-1778.

Grubenmann (J.-Ulric et J.), archit. suisse. M. v. 1798.

Gruber (G.-Gu.), composit. all. Nuremberg, 1729-1796. = (J.-Sigism.), érud., bibliogr., fils du précéd. Nuremberg, 1759-1805.

Gruget (Cl.), litt. N. Paris; m. v. 1560.

Grunæus (Sim.), hist. et antiq. silésien. 1564-1628.

Gruner (Théoph.-Sigism.), natural. suisse. M. 1778. = (J.-Fréd.), théol., philol. Cobourg, 1723-1778. = (Chr.-God.), méd., érud. Sagan, Silésie, 1744-1815. = (C.-Just.), écriv., homme d'Etat all. Osnabrück (Hanovre), 1777-1820.

Grupen (Chr.-Ulric), hist. all. 1692-1767.

Gruter (J.), philol., antiq. Anvers, 1560-1627.

Gruyère (M.), dernier comte de), milit. suisse au service de la Fr. M. 1570.

Gryllus, fils de Xénophon, Tué à la bat. de Mantinée, 363 av. J.-C.

Grynæus (Sim.), théol. protest., hellén. Veringen (Souabe), 1493; Bâle, 1541.

Gryph (And.), poëte dram. all. 1616-1664.

Gryphe, fam. d'imprim. all. qui vinrent s'établir à Lyon, à Paris, à Venise. Le plus cél. est Sébastien, qui exerça son art à Lyon. N. Ruellingen (Souabe), 1493; m. Lyon, 1556.

Gua de Malves (J.-Pa. de), géom., érud. Carcassonne, 1712-1786.

Guaccimani (Jo.-Just), poëte ital. Ravenne, 1652-1705.

Guadagni (Léop.-And.), jurisc. ital. Florence, 1705-1785.

Guadet (Marg.-Elie), orat. polit., conventionn. et memb. du parti de la Gironde. N. St-Emilion, 1758; m. sur l'échaf., Bord. 1794.

Guiamar, nom de quatre princes de Salerne, m. 901, 933, 1031 et 1052.

Gualbert (St J.), fondat. de l'ordre de Vallombreuse, dans l'Apennin. N. Florence, 999; m. Possignano, 1073.

Gualdo-Priorato (Galeazzo), comte de Commazzo, hist. et milit. Vicence, 1606-1678.

Guarienti ou *Gueroiero* (Ridolfi), peint. ital. N. Padoue, 16e s.

Guarin (P.), oriental. N. Normandie, 1678; m. Paris, 1729.

Guarini, sav. ital., hellén. Vérone, 1370-1460. = (J.-B.), cél. poëte ital. Ferrare, 1537; Venise, 1612.

Guarnana (Ja.), peint. de l'école vénitienne. Vérone, 1720-1807.

Guarnerius ou *Guarneri*, fam. de luthiers ital. établis à Crémone dans le 17e et le 18e s. Le plus cél. est Joseph, élève de Stradivarius. Ses violons sont datés de 1717 à 1740.

Guarnieri-Ottoni (Aurelio), antiq. ital. Osimo, 1748-1788.

Guasco (Ottavio), litt., antiq., memb. de l'acad. des inscr. Pignerol, 1712-1781.

Guatimozin, dern. emp. indien du Mexique, neveu de Montezuma II. N. vers 1497; succ. de Cuitlahuetzi, 1520; mis à m. par ordre de Cortez, 1522.

Guazzesi (Laur.), litt. toscan. 1708-1764.

Guazzo (Marc), poëte et hist. N. Padoue, v. 1496; m. 1556.

Gude (Marquard), sav. antiq. Rendsbourg (Holstein), 1635-1689. = (Gottlob-Fréd.), théol. Lauban (Saxe), 1701-1756.

Gudin (Et.), gén. fr. Ouroux (Nivern.), 1743-1820. = (C.-Et.-César), gén., nev. du précéd. N. Montargis, 1768; tué à la bat. de Valentina-Goro, 1812.

Gudin de la Brunellerie, litt. Paris, 1738-1812.

Gudme (And.-Christ.), écriv. danois. 1771-1835.

Gudmundus-Andræ, antiq. islandais. M. Copenhague, 1654.

Guébriant (J.-B.), cél. maréch. de Fr. N. au château de Plessis-Budes (Bret.), 1602; m. de ses bless. à Rothweil, 1643.

Guédier de St-Aubin (H.-M.), théol., écriv. eccl. Gournay, 1694-1741.

Guémadeuc (Baudouin de), litt., astron. N. Bretagne, 1734; m. 1807.

Guénard (Ant.), litt., jés. Damblin (Lorraine), 1726-1806. = (Elisa), baronne de Méré, femme aut. Paris, 1751-1829.

Guéneau de Montbéliard (Philib.), litt., natural., collabor. de Buffon. Sémur (Auxois), 1720-1785.

Guénebaud (J.), antiq., méd. N. Dijon; m. 1629 ou 1630.

Guénée (Ant.), ecclés., écriv., memb. de l'acad. des inscr. et b.-lett. Etampes, 1717-1803.

Guer (J.-Ant.), litt. Salanches (Savoie), 1713; Paris, 1764.

Guerchin (J.-F. Barbieri, dit le), cél. peint. de l'école lombarde. Cento, près de Bologne, 1590-1666.

Guerchois (Madeleine), épouse de P.-Hector de), sœur du chancel. d'Aguesseau, femme aut. Paris, 1679-1740.

Guéret (Gab.), avoc. au parl. de Paris, litt. Paris, 1641-1688.

Guéricke (Otto de), cél. physic., invent. de la machine pneumatique. Magdebourg, 1602-1686.

Guérin (F.), humaniste, trad. Loches, 1681-1751. = (P.-Narcisse), peint. fr. Paris, 1774; Rome, 1833.

Guérin du Rocher (B.), ex-jés., litt. N. près de Falaise, 1731; m. 1792.

Guérinière (F. Robichon de la), écuyer de Louis XV, habile vétér. M. 1751.

Gueroult (P.-Cl.-Bern.), gramm. trad. Rouen. 1745-1821. = (P.-Rémi-Ant.-Gu.), litt. Rouen, 1749-1816.

Guerre (Elisab.-Cl.-Jacquet de la), musicienne. Paris, 1759-1729.

Guerrero (Vicence), un des gén. améric. insurgés contre l'Esp. Fusillé 1831.

Guerrie, prédic. fr. du 12e s. M. v. 1157.

Guerrino (Th.), mathém. milanais du 17e s.

Guersens (Julien de), poëte fr. Gisors, 1543-1583.

Guesle (J. de la), ill. magist. du 16e s., 1er présid. du parl. de Bourgogne. M. 1588. = (Ja.), magist., hist., fils du précéd. Paris, 1557-1612.

Guesnay (J.-B.), jés., théol., écriv. Aix (Prov.), 1585-1658.

Guettard (J.-Et.), méd. et natural. Etampes, 1715-1786.

Guette (Gérard de la), surint. des fin. sous Philippe le Long; accusé de concuss. sous Charles IV, m. dans les tourments.

Guedeville (N.), journal., litt. N. Rouen, v. 1650; m. 1720.

Gueusette (Th.-Sim.), litt., romanc. Paris, 1683-1766.

Guevara (Ant. de), prédic. esp., historiogr. de Charles-Quint, év. de Cadix. M. 1544. = (Séb.), poëte esp. Valladolid, 1558-1610. = (don Ph.), peint. et écriv. esp. M. 1563. = (L. Velez), écriv., romanc. esp. Ecija, 1574-1646.

Guglielmi (P.), composit. ital. Massa-Carrera, 1727-1804. = (Domin.), ingén., mathém., méd., astron. Bologne, 1655-1710.

Gui, duc de Spolète et de Camerino, 880; élu roi d'Italie, puis couronné emp., 889; m. 894. = Duc de Toscane. Succ. de son père Adalbert II, 917; fit mettre à mort le pape Jean X, 928; m. 929.

Gui de Lusignan, roi de Jérusalem. Succ. de Baudoin V, 1186; m. roi de Chypre, 1194. = Roi d'Arménie, fils d'Amaury, comte de Tyr et de Sidon. Élu, 1343; massacr., 1345.

Gui de Ravenne, prêtre, hist., géogr. du 9e s.

Gui l'Arétin. V. GUIDO D'AREZZO.

Gui de Doucié, poëte fr. N. Bourgogne; m. ap. 1336.

Gui de Munois, abbé de St-Germain d'Auxerre, hist. M. 1313.

Gui de Tours. V. GUY.

Gui-Pape, jurisc. dauphinois. M. v. 1476.

Guiard, fanatique sous le rè-

gne de Philippe le Bel, v. 1310. M. prisonn. = (Ant.), bénéd. de la congrég. de St-Maur, écriv. eccl. Saulieu, 1692-1760.

Guibal (Bart.), sculpt. Nîmes, 1699-1757. = (Nic.), sculpt., archit., peint., litt., fils du précéd. Lunéville, 1725-1784.

Guibaud (Eust.), orator., théol., humaniste. Hyères, 1711-1794.

Guibert, antipape sous le nom de Clément III, d'abord archev. de Ravenne, puis chancel. de l'emp. Henri IV. M. 1100. = (Bénéd.), abbé de Ste-Marie de Nogent-sous-Couci, hist. Clermont-en-Beauvoisis, 1053-1124. = (C. Ben., comte de), lieut.-gén., gouv. des Invalides. Montauban, 1715-1786. = (Ja.-Ant.-Hipp.), maréch. de camp, tactic., litt., memb. de l'Acad. fr. Montauban, 1743; Paris, 1790.

Guichard (Cl.), antiq. N. dans le Bugey; m. Turin, 1607. = (Et.), philol. fr. du 18e s. = (L.-Anastase), dit le P. Anastase, relig. Picpus, hist. et canon. N. Sens; m. 1737. = (Eléonore), femme aut. Normandie, 1719-1747.

Guichardin ou *Guiacciardini* (F.), hist., jurisc., diplom. Florence, 1482-1540.

Guiche (P. de la), conseill. et chambell. du roi, diplom. fr. 1464-1544. = (Cl. de la), év. de Mirepoix, ambass. de Fr. au concile de Trente. M. Rome, 1555. = (Philib. de la), grand-maître de l'artill., gouv. du Beaujolais et du Lyonnais. N. 1540; m. Lyon, 1598. = (J.-F. de la), comte de la Palice, et connu sous le nom de maréchal de St-Gérant, maréch. de Fr. 1569-1632. = (Diane, dite la Belle Corisandre, comtesse de), maîtresse de Henri IV, veuve de Philibert de Gramont, comte de Guiche. M. 1620. = (Arm. de Gramont, comte de), lieut.-gén., fils du maréch. de Gramont, et arrière-p.-fils de la précéd. 1638-1674.

Guichen (Luc.-Urbain du Bouëxic, comte de), offic. gén. de la marine fr. N. Bretagne, 1712; m. 1790.

Guichenon (Sam.), hist. Mâcon, 1607-1664.

Guidal (Maxime-Jo.), gén. de brigade, qui entra dans la conspir. de Mallet. N. Grasse, 1535; fusillé, 1812.

Guide (Philib.), dit Hégémon, poëte et fabul. Châlon-s.-S., 1555-1585.

Guide (H.-Reni Guido, dit le), cél. peint. de l'école bolonaise. Bologne, 1575-1642.

Guidi (C.-Al.), poëte lyr. ital. Pavie, 1650-1712. = (L.), orator., théol., humaniste. Lyon, 1710-1780.

Guidiccioni (J.), év. de Fossombrone, homme d'Etat, poëte, litt. Via-Reggio (républ. de Lucques), 1480-1541. = (Christ.), év. d'Ajaccio, hellén. Lucques, 1508-1582.

Guido d'Arezzo ou *Gui-l'Arétin*, moine ital., regardé comme l'invent. de notre système musical. N. v. 995.

Guido dit Guido da Siena, peint. du 13e s. N. Sienne.

Guidobono (Bart.), dit le Prêtre de Savone, peint. Savone, 1654-1709.

Guidonis (Bern.), relig. dominic., év. de Tuy en Galice, hist. Puits de Lodève, 1260-1331.

Gui d'Ubaldo (le marq.), mathémat. N. Urbin, v. 1540; m. 1601.

Guienne (C. de France, duc de), frère de Louis XI, d'abord duc de Berri et chef de la Ligue du Bien public. N. château de Montels-lez-Tours, 1446; m. Bordeaux, 1472.

Guienne (de), jurisc. Orléans, 1712-1767.

Guignard (J.), jés. du collége de Clermont (auj. Louis-le-Grand), N. Chartres; pendu et brûlé pour crime de lèse-majesté, 1595.

Guignes (Jo. de), oriental., garde des antiques du Louvre, memb. de l'acad. des inscr. et b.-lettres. Pontoise, 1721-1800.

Guigoud-Pigale (P.), aut. dram. Lyon, 1748-1818.

Guigue, nom de 8 dauphins du Viennois. *Guigue* Ier, dit le Vieux, tige de cette maison, m. 1063; *Guigue* VIII, attaqué par le comte de Savoie, fut tué devant le château de Voinen en 1333.

Guijon (J.), hellén., voyag. et méd. N. Saulieu (Bourgogne), v. 1510. = (Ja.), hell., jurisc., fils du précéd. Autun, 1542-1625. = (J.), mathém., astron., natural., frère du précéd. 1544-1605.

Guilbert (P.), litt. Paris, 1697-1759. = *de Pixérécourt* (C.), aut. dram. Nancy, 1733-1844.

Guildfort V. North.

Guillain (Sim.), statuaire. Paris, 1581-1658.

Guillard (N.-F.), aut. dram. Chartres, 1752-1814.

Guillart (N.-Ant.), arithmétic. N. Orbais (Picardie); m. 1820.

Guillaume (St), surnommé Gellonne, porta les armes sous Charlemagne, qui le fit duc d'Aquitaine; quitta le monde, 808; m. 812, au monast. de St-Guilhem (ou Guillaume) du désert, qu'il avait bâti. = (St), abbé d'Hirsauge, restaurat. de la discipline monast. en Allem. M. 1091. = (St), gentilhomme fr., ermite dans la vallée de Malavalle, près de Sienne. M. 1157. = (St), abbé de St-Thomas-du-Paraclet en Danemark. 1125-1203. = (St), archev. de Bourges, nev. de Pierre l'Ermite. M. 1209.

Guillaume, emp. d'Allemagne. V. plus loin Guillaume II, comte de Hollande.

Guillaume Ier, dit le Bâtard ou le Conquérant, fils de Robert le Diable, duc de Normandie, conquit l'Anglet. et se fit couronner roi, 1066; m. 1087. = II, dit le Roux, fils du précéd., et son succ. 1087; tué à la chasse, 1100. = III, fils de Guillaume II de Nassau, prince d'Orange. N. 1650: stathouder des Provinces-Unies, 1672; élu roi d'Anglet., 1689; m. 1702. = IV, roi d'Anglet., fils de George III. N. 1765; succ. de son frère George IV, 1830; m. 1837.

Guillaume, dit le Lion, roi d'Ecosse. Succ. de son frère Malcolm IV, 1165; m. 1214.

Guillaume Ier, dit le Mauvais, roi de Sicile. Succ. de son père Roger Ier, 1154; m. 1166. = II, ou le Bon, fils et succ. de son père Tancrède, 1193; dépossédé, renfermé par l'emp. Henri VI; m. 1193.

Guillaume Ier, fils de Guillaume V, stathouder de Hollande. N. La Haye, 1772; roi de la Belgique et de la Hollande, avec le titre de roi des Pays-Bas, 1815. Perdit la Belgique à la suite d'une révolution, 1830; m., après avoir abdiqué, Berlin, 1843.

Guillaume, nom porté par plus. comtes de Hollande. Les plus remarq. sont: *Guillaume II*. N. v. 1226; succ. de son père Florent IV, 1234; procl. emp. après la m. de Frédéric II, 1250; tué dans une bat. 1256. = VI, dit le comte enragé, fils de l'emp. Louis de Bavière, et de Marguerite, comtesse de Hollande, cél. par ses violences, s'empara des Etats de sa mère, 1349; m. prisonnier, 1377.

Guillaume. V. Hesse-Cassel et Nassau.

Guillaume. L'Aquitaine a eu 10 ducs de ce nom. Les plus connus sont: *Guillaume Ier*, le saint. V. plus haut Guillaume Gellonne (St). = III, dit Tête d'étoupe, duc d'Aquitaine et comte d'Auvergne, 950. = IV, dit Fier à Bras, fils et succ. du précéd. 963; m. 993. = V, dit le Grand, fils du précéd. N. 959; succ. de son père, 993; m. relig., 1030. = IX, dit le Vieux, guerrier et troub. N. 1071; succ. de son père Guillaume IX, 1086; m. 1126.

Guillaume, dit Longue-Épée, duc de Normandie. N. 900; succ. de son père Rollon ou Raoul, 927; assass., 942.

Guillaume Bras de Fer, l'aîné des 12 fils de Tancrède de Hauteville, cél. conquér., et le 1er chef des Normands dans le roy. de Naples. M. 1046.

Guillaume de Lorris, *de Champeaux*. V. Lorris et Champeaux.

Guillaume de Jumièges, moine de l'abbaye de Jumièges, chroniq. M. v. 1090.

Guillaume de Pouille, poëte lat. et hist du 12e s.

Guillaume, arch. de Tyr, chancel. du roy. de Jérusalem, hist. N. Syrie; m. v. 1188.

Guillaume le Breton, hist. et poëte lat., conseill. de Philippe-Auguste. N. v. 1165; m. ap. 1219.

Guillaume de Mœrbeka ou *de Meerbecke*, sav. dominic. brabançon, chapel. et péniteno. de Clément IV, arch. de Corinthe. N. Meerbecke (Brabant), 1250; m. 1300.

Guillaume d'Auvergne, ou *de Paris*, év. de Paris, théol., philos., mathémat. M. 1249.

Guillaume d'Auxerre, dit aussi Guillaume de Seignelai, év. d'Auxerre, puis de Paris. M. 1223. = Sav. théol., contemp. du précéd.

Guillaume de Chartres, hist., chapel. de Louis IX. M. v. 1280.

Guillaume de Nangis, bénéd. de l'abbaye de St-Denis, hist., chroniq. M. 1302.

Guillaume, dit le frère Guillaume, dominic., peint. sur verre. Marseille, 1475-1537. = (Edme), chan. d'Auxerre au 16e s., invent. de l'instrum. de musique appelé serpent. = (J.-B.), hist. Besançon, 1728-1796.

Guillaumet (Tannegui), chir. de Henri IV. N. Nîmes; m. ap. 1622. = (Alex), archit., litt., direct. de la manuf. des Gobelins, memb. de l'Inst. 1730-1807.

Guillemain (C.-Jacob), aut. dram. Paris, 1750-1799.

Guillemeau (Ja.), cél. chir. fr. Orléans, 1550-1613.

Guillemine ou *Guillemette*, visionn., qui essaya de former une secte au 15e s.

Guillemot (C.-Al.), peint. fr. 1786-1831.

Guilleragues (le comte de la Vergne de), magist., ambass. de Fr. à la Porte-Ott. N. Bordeaux; m. Constantinople, 1684.

Guilleri (les trois frères), brigands fam. sous le règne de Henri IV, rompus vifs à Saintes.

Guillet (Pernette de), Lyonnaise cél. par sa beauté et par ses talents poét. N. 1545.

Guillet de St-George (G.), historiogr. de l'acad. de peint. Thiers (Auv.), 1625-1705.

Guilleville (Gu. de) poëte fr., N. Paris, v. 1295; mort v. 1360.

Guillielm de Balaun, poëte provenç. du 12e s. = *de St-Leydier*, autre poëte provenç., au 13e s.

Guillimann (F.), érud., historiogr. de l'emp. Rodolphe II. N. Romont (canton de Fribourg); m. v. 1612.

Guillon (Ma.-Nic.-Sylv., abbé), év. de Maroc (in partibus), théol., litt., profess. d'éloquence sacrée. Paris, 1760-1847.

Guillot-Gorju, méd. fr. qui abandonna sa profess. pour succ. au cél. farceur Gauthier Garguille. N. v. 1595; m. 1643.

Guillotin (Jo.-Ign.), méd. fr., qui introd. l'usage de l'instr. de supplice appelé de son nom guillotine. Saintes, 1738-1814.

Guillou (J.-Re.), orat. chrét. Châteaudun, 1730-1776.

Guimard. V. Despréaux.

Guimond de la Touche (Cl.), poëte dram. Châteauroux, 1723-1760.

Guines (Ad.-L. de Bonnières, duc de), lieut.-gén. et diplom. Lille, 1735-1806.

Guinet (F.), jurisc. Nancy, 1604-1681.

Guinicelli (Guido), poëte ital. M. 1276.

Guiot (G.), théol., poëte lat. N. Nozeroy (Fr.-Comté); m. 1570.

Guirand (Gaillard), jurisc. et antiq. Nîmes, 1600-1680. = (Cl.), physic. N. Nîmes; m. 1657.

Guiraud (Alex., bar.), poëte fr., aut. dram., memb. de l'Acad. fr. Limoux (Aude), 1788-1847.

Guiraudet (C.-Ph.-Toussaint), litt., lect. de Madame, memb. de l'assemblée constit., préfet sous le consulat. Alais, 1754; Dijon, 1804.

Guiscard (R.), duc de Pouille et de Calabre, un des 12 fils de Tancrède de Hauteville, seign. normand. N. v. 1015; m. Céphalonie, 1085.

Guischardt (C.-Théoph.), prédic., puis aide de camp de Frédéric II. Magdebourg, 1724-1775.

Guise (Claude de Lorraine, comte d'Aumale, et 1er duc de), 5e fils de René II, duc de Lorraine, et tige de l'ill. maison de Guise. N. 1496; servit sous François Ier; m. 1550. = (Jean), frère du précéd., card., év. de Metz, min. d'Etat sous François Ier et Henri II, 1498-1550. = (François de Lorraine, 2e duc de), fils de Claude, cél. capit., gouv. du Dauphiné, lieut.-gén. du royaume. N. Bar, 1519; assass. au siége d'Orléans, 1563. = (Charles de), plus connu sous le nom de cardinal de Lorraine, frère du précéd., min. de François Ier et de Charles IX. 1525-1574. = (Henri Ier de Lorraine, 3e duc de), dit le Balafré, fils de François, homme de guerre et d'Etat, princip. chef de la Ligue. N. 1550; assass. aux Etats de Blois, 1588. = (L. de Lorraine, card. de), arch. de Reims, frère du précéd. N. 1556; tué le lendemain du meurtre de Henri, 1588. = (C. de Lorraine, 4e duc de), fils de Henri Ier de Guise (le Balafré), chef de la Ligue, puis nommé gouv. de Provence par Henri IV. N. 1571; m. Florence, 1630. = (H. II, de Lorraine, 5e duc de), fils de Charles de Lorraine, duc de Guise, d'abord archev. de Reims, puis généralissime des Napolitains insurgés contre les Esp., et gr. chambell. N. 1614; m. 1664. = (L.-Jo. de Lorraine, 6e duc de), prince de Joinville, pair de Fr. N. 1650; m. Paris, 1771. = V. Aumale, Conti, Mayenne.

Guisnée, géom. fr. N. 17e s.; m. 1718.

Guiton (J.), amiral, maire des Rochellois pendant le siége de la ville par le card. de Richelieu. Tué dans une bat. nav., 1646.

Guittone d'Arezzo, poëte ital. du 13e s.

Guizot (Elisab.-Paul. de Meulan, dame), femme aut., épouse de M. Guizot. Paris, 1773-1827. = (Marg.-Andrée-Elisa Dilson), nièce de la précéd., et 2e femme de M. Guizot, litt. 1804-1833.

Guldenstædt (J.-Ant.), méd. et natural. russe. Riga, 1745-1780.

Gulter de Vinegg (J.), écriv. suisse. 1562-1637.

Gulussa, roi des Numides, fils de Massinissa. Après la mort de son père, partagea le royaume avec ses 2 frères, Micipsa et Adherbal, 150 av. J.-C.

Gumppenberg (Gu.), jés. all., prédic. Munich, 1609-1675.

Gundling (N.-Jér.), philos., jurisc., érud. Kirchen-Sittenbach (près de Nuremberg), 1671-1729. = (Ja.-Pa., bar. de), homme d'Etat. hist., conseiller joyeux (bouffon) de Frédéric-Guillaume Ier. N. 1673; m. Potsdam, 1731.

Gunst (P. van), grav. holl. N. 1724.

Gunter (Edm.), astron. et mathém. angl. 1581-1626.

Gunthamond ou *Gondamond*, roi des Vandales. Succ. de Hunnéric, 484; m. 496.

Gunther (J.-Chr.), phys., chim., natural. pruss. 1769-1833.

Gunz (Just.-God.), méd., anatom. saxon. Kœnigstein, 1714-1754.

Gustave Ier ou *Gustave Wasa*, roi de Suède, fils d'Eric Johanson Wasa, seign. suéd. N. château de Lindholm, 1490; élu 1523; m. 1560. = II, ou *Gustave-Adolphe Ier*, le Grand, roi de Suède et cél. capit., p.-fils du précéd. et fils de Charles IX. N. 1594; roi 1611; tué à la bat. de Lutzen, 1633. = III, roi de Suède. Succ. de son père Adolphe-Frédéric, 1771; assass. par Ankarstroem, 1792. = IV, ou *Gustave-Adolphe II*, fils du précéd. N. Stockholm, 1778; succ. de son père, 1792; abdiqua, 1809; m. St-Gall (Suisse), 1837.

Gutberleth (H.), philos. et moral. Hirschfeld (Hesse), 1595; Deventer, 1635.

Gutbier (Gilles), oriental., théol. all. 1617-1667.

Guthrie (W.), écriv. écoss. Brichen (comté d'Angus), 1708-1770.

Guthler (N.), théol., érud. Bâle, 1654-1711.

Gutsmuths (J.-Chr.-Fréd.), instit., écriv. all. Quedlinbourg, 1759-1838.

Guttemberg (J. Gens-Fleisch de Sulgeloch dit), invent. de l'impr. N. Mayence, 1400; associé avec Fust, Strasbourg, 1450; m. 1468. = (C.), grav. Nuremberg, 1744; Paris, 1790.

Gutzikow (M.-Jo.), music. russe. N. Sklow, 1806; m. Aix-la-Chapelle, 1837.

Guy de Tours, poëte. N. Tours, 1551; m. v. 1600.

Guyard (J.), hist. et public. fr. M. v. 1600. = (Bern.), dominic., théol., prédic. Craon (Anjou), 1601-1674. = (Lau.), stat. fr. Chaumont en Bassigny, 1725; Carrare, 1788. = (Adélaïde Labille, femme Vincent, connue sous le nom de Madame), peint., memb. de l'acad. de peint. et de sculpt. 1749-1803.

Guyard de Berville (N.), litt. Paris, 1697-1770.

Guyet (Fr.), philol., poëte lat. Angers, 1575-1655.

Guyétant (J.-F.), chir., méd. Lons-le-Sauln., 1742-1816.

Guyon (Symph.), orator., hist. N. Orléans, v. 1595; m. 1657. = (J. Bouvier de la Motte, dame), cél. mystique, écriv. ascétique. Montargis, 1648-1717. = (Cl.-Na.), litt., hist. Lons-le-Sauln., 1669-1771.

Guyot de Provins, poëte fr. du 13e s.

Guyot Germ.-Ant.), dit Guyot des Fiefs, feudiste fr. Paris, 1694-1750. = (l'abbé Gu-Germ.), prédic., écriv. relig. Orléans, 1724-1800.

Guys (J.-B.), orator., missionn., antiq. La Ciotat, 1611-1694. = (P.-A.), voyag., litt. Marseille, 1721; Zante, 1799.

Guyse (Ja. de), cordel., hist. N. Mons; m. Valenciennes, 1399.

Guyton de Morveau (L.-Bern.), sav. chim., memb. de l'assemblée législ., de la conv., profess. à l'Ecole polytechn., membre de l'Instit., bar. de l'Empire. N. Dijon, 1737; m. 1816.

Guzman (Alph.-Perez de), cél. capit. esp., tige de la maison de Medina-Sidonia. N. Valladolid, 1258; m. 1320. La fam. des Guzman compte plusieurs autres personnages illustres, entre autres: Alphonse, guerrier et poëte. = Fernand-Perez, litt. Viv. tous deux au 15e s.

Guzman (Louise de), régente de Portug., fille de Jean-Emmanuel-Perez, duc de Medina-Sidonia, et épouse de Jean de Bragance. M. 1666.

Gwilym (Dav.-Ap.), barde gallois. 1340-1400.

Gygès, roi de Lydie, fondat. de la dynast. des Mermnades. Usurpa le trône du roi Candaule, v. 718 av. J.-C.; m. 680.

Gylippe, cél. capit. lacédémonien. N. 450 av. J.-C.; m. exilé ap. 414.

Gyllenborg (C., comte de), sénat., milit. et litt. suédois. 1679-1746. = (Gust.-Fr.), poëte suéd. N. v. 1730; m. 1809.

Gillenhielm (C., bar. de), fils nat. du roi de Suède Charles IX, sénat., gr. amiral de Suède. 1574-1650.

— H —

Haas (Gu.), grav. et fond. en caract. Bâle, 1741-1800.

Habacuc, l'un des 12 petits prophètes. Viv. sous Joachim, 600 av. J.-C.

Habert (Ph.), commiss. d'artill., litt., memb. de l'Acad. fr., Paris, 1605-1637.=(Germ.), abbé, litt., memb. de l'Acad. fr. 1610-1655.

Habington (Gu.), poëte angl., hist. Hindlip, 1605-1645.

Haçan, 5e calife, fils d'Ali et de Fatime, fille de Mahomet. Elu à Koufa; m. empois. 669.

Haçan-Ben-Sabbah, chef de la secte des ismaéliens de Perse, ou assassins. Perse, 1050-1124.

Haçan-Burzuk, c'est-à-dire le Grand, chef de la maison des Ilkaniens, gouv. de l'Asie-Mineure, s'empara de Bagdad à la mort de Bohader-Khan. M. 1356.

Haçan-ben-al-Haçan, vulg. Achazen, astron. ar. Bagdad, 980-1038.

Hachette (Jeanne), cél. héroïne de la ville de Beauvais, qui défendit cette ville contre les Bourguignons, 1472.

Hachette (J.-N.-P.), géom., physic., memb. de l'Instit. N. Mézières, 1755; m. 1834.

Hackaert (J.), peint., grav. N. Amsterdam, 1655.

Hackert (Ja.-Ph.), peint., grav. Prenzlau (Brandeb.), 1737-1799.

Haddick (And., comte de), feld-maréch. autrich. Futak (Hongrie), 1710-1790.

Hadi, 55e calife. Succ. de Mahomed-Mohadi, 785; m. 786.

Hadji-Khalfa, sav. turc, nommé aussi Katib-Tchélébi, ou Moustapha, secrét. d'Amurat IV. Constantinople, 1600-1658.

Hadley (J.), astron. angl. du 18e s.

Hadot (Ma.-Adélaïde), aut. dram., romanc. Troyes, 1765-1821.

Hæberlin (F.-Domin.), hist., publie. all. 1720-1787.

Hæn (Ant. de), méd., élève de Boerhaave. La Haye, 1704; Vienne (Autriche), 1776.

Hændel (G.-Fréd.), dit il Sassone, cél. composit. Hall (Saxe), 1684; Londres, 1759.

Hænke (Thaddée), natural., voyag. Kreibitz (Bohême), 1761-1817.

Hafedh (Abd-el-Medjid), 11e calife fatimite. Succ. d'Amyr, 1130; m. 1150.

Haffner (H.), peint. Bologne, 1640-1702. =(Ant.), frère du précéd., et égalem. peint. 1654-1732.

Hafiz (Mohammed), poëte persan. N. Chyraz; m. 1389.

Hagedorn (Fréd. de), poëte all. Hambourg, 1708-1754. = (Chr.-L.), son frère, litt. 1712-1780.

Hagemann (Théod.), sav. feudiste. Blankenbourg (Hanovre), 1761-1827.

Hagenbach (P. de), favori de Charles le Téméraire. Pendu dans une émeute, 1474. = (J.-Gasp.). Zurich, 1700-1765.

Hager (J.-G.), philol., litt. all. 1710-1777. = (Jo.), oriental. Milan, 1750-1819.

Haguenot (H.), méd. Montpellier, 1687-1775.

Hahn (Sim.-Fréd.), hist. all. Klostersbergen (Saxe), 1692-1729. =(L.-Ph.), poëte trag. all. Tripstadt (Palatinat), 1746-1787.

Hahnemann (Sam.-Chr.-Fréd.), méd. all., créateur de l'homœopathie. N. 1755; m. Paris, 1843.

Haillan (Bern. de Girard, seign. du), historiogr. de Charles IX et de Henri III. Bordeaux, 1535-1610.

Hainaut (Jeanne, comtesse de), fille de Baudouin, 1er emp. lat. à Constantinople, régna sur la Flandre pendant la captivité de son époux Fernand, fils de Sanche Ier, roi de Portug. M. 1244.

Haitze ou *Hachs* (P.-Jo. de), litt. Cavaillon, 1648-1736.

Hakem (Biamrillah), calife fatimite d'Egypte. Succ. d'Aziz, 996; assass., 1021.

Hakewill (H.-Ja.), stat. angl. 1815-1853.

Hakluyt (Rich.), écriv. angl. Yatton, 1553-1616.

Hale (Mat.), théol., jurisc., physic. Glocester, 1609-1676.

Haled, vizir et favori du grand-seigneur Mahmoud II. Mis à m., 1822.

Hales (Et.), physic., natural., chapel. du prince de Galles. Beckebourk, 1677-1761.

Halifax (G. Saville, marq. d'), homme d'Etat, garde des sceaux, présid. du conseil sous Jacques II. York, 1630-1695.=(C. Montaigu, comte d'), homme d'Etat et poëte angl., fils du précéd. Horton, 1661-1715.

Hall (Jo.), prélat angl., écriv. satir., théol. Leicester, 1574-1656.

Halle (Cl.-Guy), peint. fr. 1652-1736.=(J.-Noël), 1er méd. de Napoléon, memb. de l'Inst., fils du précéd. Paris, 1754-1822.

Haller (Alb. de), cél. anat., bot., poëte. Berne, 1708-1777.

Halley (Edm.), astron. angl. Londres, 1656-1742.

Halma (l'abbé N.), litt., mathém., archéol. Sedan, 1755-1828.

Haltaus (Chr.-Théoph.), hist., érud. Leipzig, 1702-1758.

Hamad ou *Hammad*, fondat. de la dynast. des Hamadides, qui régn. 137 ans sur l'Algérie. M. 1027.

Hamadani (Bedi-Alzeman), poëte ar. Hamadan, 968; Hérat, 1007.

Hamaker (H. Arent), oriental. Amsterd., 1789-1835.

Hamann (J.-G.), philos. all. Kœnisberg, 1730-1788.

Hamberger (G.-Alb.), mathém. all. 1662-1716.=(G. Erhard), méd., physic., fils du précéd. Iéna, 1697-1755.

Hamconius (Mart.), biogr. all., poëte lat. 1550-1621.

Hamilton, fam. écoss. dont les princip. memb. sont: James, 1er comte d'Arran, lieut.-gén. d'Ecosse, partis. du roi Jacques. M. 1519.=James, 2e comte d'Arran, duc de Chatellerault, futur de Marie Stuart, régent d'Ecosse. M. 1575.=Patrik Hamilton, propagat. de la réforme en Ecosse. N. 1503; brûlé 1527. = James, 1er duc d'Hamilton, défens. de Charles Ier. N. 1606; décap., 1649.=Antoine, comte d'Hamilton, litt., poëte fr. N. Irlande, 1646; m. St-Germ., 1720.

Hamilton (Gu.-Gér.), homme d'Etat, chancel. de l'échiquier. Londres, 1729-1796.=(Sir W.), ambass. Ecosse, 1730-1803. = (Emma Harte, lady), cél. par sa beauté et ses déportements, 2e femme du précéd. N. Comté de Chester, v. 1761; m. Calais, 1815.= (Miss Elisab.), femme aut. Belfort, (Irlande), 1758-1816.

Hampden (J.), cél. patriote angl., conseill. d'Oliv. Cromwell, memb. du long-parlement. Londres, 1594-1645.

Hanbal, sectaire musulm. Bagdad, 786-855.

Hancarville (P.-F.-Hugues d'), sav. archéol. Nancy, 1729-1800.

Hanckius (Mart.), philol. all. 1633-1709.

Hanmer (Th.-Barth.), homme d'Etat, litt. angl. 1676-1746.

Hannetaire (J.-N. Servandoni d'), act., litt. Grenoble, 1719-1780.

Hannon, navig. carthag. v. 509 av. J.-C.=Amiral carthag., battu dev. les îles Ægades par le consul rom. Lutatius, 242 av. J.-C. =Gén. carthag., rival d'Amilcar et d'Annibal. M. 204 av. J.-C.

Hans-Sachse, poëte all., cordonn. Nuremberg, 1494-1576.

Hansch (Mich.-Gottlieb), philos. all. Dantzig, 1683-1752.

Hanway (Jonas), philanth. angl. Portsmouth, 1712-1786.

Haphedh-Ledinillah, 8e calife fatimite d'Egypte. Succ. d'Aboul-Mansor, 1150; m. 1149.

Haquin, nom de sept rois de Norwége. Les seuls remarquables sont: *Haquin Ier*. N. 915; mis à m. en voulant introduire le christianisme dans ses Etats, 963.= VII, qui joignit à la couronne de Norwége celle de Suède. N. 1338; m. 1380.

Harald, nom de plusieurs princes du Danemark; les premiers sont inconnus.=VII, dit Blaatand (à la Dent bleue). Succ. de Gormo III, 930; m. 980.=VIII, fils de Suénon Ier. Succ. de son père, 1014; m. 1017.=IX, fils de Suénon II. Succ. de son père, 1076; m. 1080.

Harald Ier, dit Haarfager (à la belle Chevelure), conquér. et roi de la Norwége. M. 933=II. Succ. d'Haquin Ier, 963; massac. 978. =III, roi de Norwége. N. 1017; tué dans une bat., 1066.=IV, usurpa le trône, 1136; mis à m. même année.

Harant (Christ.), homme de guerre, voyag. Bohême, 1560-1621.

Harcourt, anc. fam. de Fr., dont les princip. memb. sont: Raoul (d'), chanoine de Paris, fondat. du collége d'Harcourt, à Paris, 1280.=Jean II (sire d'), maréch. de Fr. et amiral sous Philippe le Bel, 1293.=Godefroy (d'), dit le Boiteux, fils de Jean III, combattit avec les Angl. à la bat. de Crécy. Tué dans un combat, 1356.=H. de Lorraine (comte d'), dit Cadet la Perle, command. gén. de l'armée du Piémont, 1639; plus tard, gouv. de l'Anjou. M. 1666.=Henri Ier (duc d'), maréch. de Fr., ambass., duc et pair. 1654-1718.

Hardenberg (C.-A., prince de), min. des affaires étrang. de Prusse, chancel. d'Etat. Hanovre, 1750-1822.=(Fréd. de), poëte, litt. Wiederstedt (Saxe), 1772-1801.

Harding (J.), hist. angl. 1378-1466.=(N.), poëte angl. Cambury, 1700-1758.

Hardion (Ja.), hist., litt., memb. de l'Acad. fr. Tours, 1686-1766.

Hardouin (Le P. J.), jés., hist., philol., érud. Quimper, 1646-1729.

Hardt (Hermann van der), philol. all. 1660-1745.

Hardwicke (Ph. Yorke, comte de), homme d'Etat, litt. Angleterre, 1720-1770.

Hardy (Al.), poëte dram. Paris, 1560-1631.

Haren (Onno-Zwier de), poëte holl. Leeuwarden, 1713-1779.

Harenberg (J.-Christ.), hist., hébraïs., théol. all. 1696-1774.

Hareth-ben-Hiliza, poëte ar. du 6e s.

Hariri (Ahen-Mohammed), écriv. ar. Bassora, 1054-1121.

Harlay (Achille de), 1er présid. du parlem. de Paris, sous Henri III, 1536-1616.=(Fr. de), seign. de Champvalon, archev. de Rouen, de la fam. du précéd. Paris, 1625-1695.= *de Sancy*. V. Sancy.

Harlem (C. van), peint. holl. 1562-1638.

Harles (Théoph.-Christ.), érud. all. Culmbach, 1638-1715.

Harley (R.), comte d'Oxford, min. de la reine Anne. Londres, 1661-1724.

Harmenopule (Constantin), jurisc., gr.-chancel. de Jean Paléologue. Constantin., 1320-1383.

Haro (don L. de), min. et favori de Philippe IV, roi d'Esp. Valladolid, 1598-1661.

Harold Ier, roi d'Anglet. Succ. de son père Canut le Grand, 1036; m. 1039.=II, fils du comte Godwin. Procl. roi d'Anglet. 1066; tué à la bat. d'Hastings.

Haroun-al-Raschid, 5e calife abasside, et conquér. N. Rey (Médie), 765; succ. de Hadi, 786; m. 809.

Harpale, astron. grec. V. 480 av. J.-C.

Harpocration (Valerius), gramm. grec d'Alexandrie, du 2e ou du 4e s. ap. J.-C.

Harrington (J.), poëte angl. Kelston, 1561-1612.=(Ja.), public. angl. Upton, 1611-1677.= (H.), méd., music., poëte angl. Kelston, 1729-1816.

Harris (J.), compilat. angl. 1677-1719.=(Ja.), écriv. angl., philos., homme d'Etat. Close, 1709-1780.

Harrison (J.), gén. dans l'armée parlem., concourut à la condamn. de Charles Ier. Pendu 1670. = (J.), horlog., mécan. angl. Foulby (York), 1692-1776. = (Th.), archit. angl. Richmond, 1774-1829.

Harte (Walter), litt., hist. angl. 1707-1773.=V. Hamilton.

Hartenfels (G.-Christ. P. de), méd., natural. Erfurt, 1633-1718.

Hartley (Dav.), méd. et philos. Illingworth, 1704-1757.

Hartmann (J.-Melchior), oriental. bavarois. 1764-1827.

Hartsoeker (N.), méd. et physic. holl. Gouda, 1656-1725.

Harvey (Gu.), cél. méd. angl. qui découvrit la circulat. du sang. Folkston, 1578-1657.

Haselbauer (F.), jés., oriental. Frauenberg (Bohême), 1677-1756.

Hasenclever (P.), industr., écon. all. 1716-1793.

Hasse (J.-Ado.), composit. de musique. Bergedorf (près Hambourg), 1705; Venise, 1783.

Hassel (J.-G.-H.), géogr., statistic. Wolfenbuttel, 1770-1829.

Hasselquist (Fréd.), natural. suédois. 1722-1752.

Hassenfratz (J.-H.), ingén., géogr., ingén. des mines. Paris, 1755-1827.

Hastings, cél. aventur. danois ou champenois du 9e s.=(Warren), gouv. des Indes. Daylesford (Oxford), 1733-1818.=(F. Rawdon-Moira, marq. d'), gr. maître de l'artill. angl., gouv. gén. de l'Inde. 1754-1826.

Hatfield (Th.), év. de Durham, fondat. du collége de la Trinité, à Oxford. M. 1381.

Hatzfeld (Melchior de), gén. all. au service de l'Empire. M. 1658.=(F.-L., prince de), cél. par la clémence de Napoléon, qui l'avait chargé du gouvern. de Berlin, 1806, et qu'il trahit. 1756-1827.

Haubold (Chr.-Gottlieb), jurisc. Dresde, 1766-1824.

Haucal (Ebn-), géogr. et voyag. ar. au 10e s.

Hauff (Gu.), litt. Stuttgard, 1802-1827.

Haug (J.-Christ.-Fréd.), poëte all. 1761-1829.

Haugwitz (Gratien-H.-C., comte de), min. d'Etat pruss. Silésie, 1758-1832.

Hauksbée (F.), physic. angl. N. 1650.

Hauser (Gasp.), enfant mystér. trouvé dans les rues de Nuremberg, 1828. Assass., 1833.

Haussmann (J.-M.), industriel, manufact. Colmar, 1749-1824.

Hautefeuille (F. de), physic., mécan. Orléans, 1647-1724.

Hauterive (Maurice, comte de), diplom. Aspres (H.-Alpes), 1754-1830.

Hauteroche (Noël Lebreton, sieur de), act. et aut. dram. Paris, 1617-1707.

Hauteserre (Ant.-A. Dadin de), jurisc., hist. N. Cahors; m. 1682.

Hautpoul-Salette (J.-Jo. d'), gén. fr. Languedoc, 1750; Eylau, 1807.

Hautpoul (Anne-Ma., comtesse d'), femme auteur. Paris, 1760-1837.

Haüy (l'abbé Ré.-Just), cél. minér., memb. de l'acad. des sc. St-Just (Oise), 1743-1822.=(Valent.) fondat. de l'instit. des Jeunes-Aveugles, frère du précéd. 1745-1822.

Havercamp (Sigebert), philol., numism. Utrecht, 1683-1742.

Havermann (Marg.), Hollandaise, peint. de fleurs. Amsterd., 1720.

Havet (Arm.-Et.-Maur.), natural., litt. Rouen, 1795; Madagascar, 1820.

Hawes (Gu.), méd., philanthr. angl. Islington. 1736-1808.

Hawkesworth (J.), litt. angl., écriv. satir. Islington, 1715-1773.

Hawkins (J.), amiral angl. Plymouth, 1520-1595. = (J.), écon., litt. Londres, 1719-1789.

Hawkwood (J.), cél. capit. angl. M. 1394.

Haworth (Ad. Hardy), entomol., bot. angl. M. 1833.

Haxo (le bar. F.-Ben.), lieut.-gén. de génie, pair de Fr. St-Dizier, 1774-1838.

Haydn (Fr.-Jo.), cél. compositeur. Rohrau (Autriche), 1732-1809.

Hayley (W.), litt. angl. Chichester, 1745-1820.

Hayne (Fréd.-Gottlob.), bot. all. 1763-1832.

Hayton, nom de deux princes chrét. d'Arménie qui rég., le 1er de 1224 à 1268; le 2e de 1289 à 1308.

Hayward (J.), hist. angl. M. 1637.

Hazael, roi de Syrie. Usurpa la cour., 876 av. J.-C.; m. 833.

Hazlitt (W.), écriv. et litt. angl. Maidstone, 1778-1830.

Headley (H.), poëte angl., litt. Instead, 1766-1788.

Hearne (Th.), antiq. angl. 1678-1735.

Heath (J.), hist. angl. Londres, 1629-1664.=(Ja.), grav. angl. 1766-1838.

Hebel (F.-P.), poëte all. Hausen (Bade), 1760-1818.

Hebenstreit (J.-Ernest), méd., voyag. en Afrique. Neustadt (Saxe), 1703-1757.= (Pantaléon), music. et maître de danse all. N. Leipzig, fin du 17e s.; m. en France.

Heber, patriarche, fils de Salé. 3041-2637 av. J.-C.

Heberden (Gu.), méd. Londres, 1710-1801.

Hébert (J.-René), journal. démagogue, surnommé le Père Duchesne. N. Alençon, 1755; m. sur l'échaf. Paris, 1794.

Hécard (Gab.-Ant.-Jo.), litt., philol. Valenciennes, 1755-1838.

Hécatée de Milet, hist. grec. 550 av. J.-C.; 480.

Hecquet (Ph.), méd. fr. Abbeville, 1661-1737.

Hederich (Benj.), philol. Geithen (Saxe), 1675-1748.

Hedin (Suénon-And.), méd. suéd. Smolandie, 1750-1821.

Hedjadj-ben-Yousouf, gén. musulm. M. 713.

Hédouville (Gab.-Théod.-Jo.), gén. fr., ambass. Petit-Loup (Lorraine), 1745-1825.

Hedwig (J.) méd. all., bot. Cronstadt (Autriche), 1730-1799.

Hedwige (Ste), fille de Berthold, duc de Carinthie, femme de Henri, duc de Silésie et de Pologne. M. 1243.=Reine de Pologne, femme de Jagellon (Wladislas V). 1371-1399.

Heemskerk (Ma. van), peint. holl. 1498-1574.=(Ja. van), amiral holl. Tué dans un comb. 1617.

Heeren (Arnold), hist. all. Arberg (près Brême), 1760-1842.

Heerkens (Gérard-N.), méd., poëte lat. Groningue, 1728-1801.

Hegel (G.-Gu.-Fréd.), cél. philos. all. Stuttgard, 1770-1832.

Hégésias, philos. grec, disc. de Parœbatès. 3e s. av. J.-C.

Hégésinus de Pergame, philos. grec de l'école d'Arcésilas. 2e s. av. J.-C.

Hégésippe, orat. grec, poëte com., contemp. de Démosthène.= Hist. eccl., év. de Rome. Viv. de 100 à 180.

Hegewisch (Thierry), hist. Holstein, 1760-1815.

Hegias, sculpt. grec. V. 448 av. J.-C.

Heidegger (J.-H.), théol., hist. Canton de Zurich, 1633-1698.

Heim (Ernest-L.), méd. all. Solz, 1747-1834. = (J.-V.), minéralog., frère du précéd. 1741-1819.

Hein (P.), amiral holl. Delfthaven, 1578; tué dans un comb., 1629.

Heineccius (J.-M.), théol., érud. Eisenberg (Saxe), 1674-1722.

Heinecken (C.-H.), litt. Lübeck, 1706-1792. = (Chr.-J.), enfant prodigieux par sa précocité. N. Lübeck, 1721; m. 1725, âgé de 5 ans.

Heinse (J.-J.-G.), litt. all. 1746-1803.

Heinsius (Daniel), cél. philol., poëte lat., historiogr. des Etats de Hollande. Gand, 1580-1655.= (Nic.), philol., poëte lat. Leyde, 1620-1681. = (Ant.), gr. pensionn. de Hollande, de la fam. des précéd. 1640-1720. = (Otho-

Fred.-Théod.), lexicogr. N. Prusse, v. 1775.

Heinz (Jo.), peint. suisse du 18e s.

Heiss (J. de), seign. de Cogenheim, hist. all. M. Paris, 1688.

Heister (Laur.), méd. Francfort-s.-le-M., 1683-1758.

Hélène (Ste), 1re femme de Constance Chlore et mère de Constantin. Drépané (Bithynie), 247; Nicomédie, 328.

Helgaud, hagiogr., relig. de St-Benoît-s.-Loire, archev. de Bourges. M. 1029.

Heli, gr.-prêtre des Juifs de 1152 à 1112 av. J.-C.

Hélinand (Dan.), poète, hist., théol. fr. M. 1229.

Héliodore, gén. syrien qui entra, 176 av. J.-C., dans le temple de Jérusalem pour le piller, et fut miraculeusement frappé. = de Larisse, mathém. grec, présumé du 2e s. = Romanc. grec, év. de Tricca, en Thessalie, au 4e s. N. Emèse en Phénicie.

Héliogabale ou *Elagabale* (Varius Avitus Bassianus Heliogabalus), emp. rom., fils illégit. de Caracalla. Procl. ap. le meurtre de son père, 217; mis à m., 222.

Hell (Maxim.), jés. all., astron. Schemnitz (Hongrie), 1720-1792.

Helladius, gramm. grec d'Antinoé (Egypte), 4e s.

Hellanicus de Lesbos, hist. grec. Mytilène, 495-411 av. J.-C.

Helliot (J.), chim., memb. de l'acad. des sc. Paris, 1685-1766.

Helman (Isid.-Stanisl.), grav. Lille, 1743-1797.

Helmer (J.-Fréd.), poète holl. Amsterdam, 1767-1813.

Helmont (J.-B. van), cél. méd., philos., alchim. Bruxelles, 1577-1644.

Héloïse, femme cél. par ses amours avec Abailard et nièce de Fulbert, chan. de Paris. N. Paris, 1101; m. monast. du Paraclet, 1164.

Helst (Bart. van der), peint. Harlem, 1613-1670.

Helvétius (Adr.), 1er méd. du duc d'Orléans. Hollande, 1661; Paris, 1727. = (J.-Cl.-Adr.), méd. de Marie Leczinska, fils du précéd. Paris, 1685-1755. = (Cl.-Ad.), philos., litt., fils du précéd. Paris, 1715-1771.

Helvicus (Christ.), sav. chronol. all. 1581-1617.

Helvidius, hérés. arien du 4e s.

Helwig (G.-And.), naturaliste. Angerburg (Prusse), 1666-1748.

Hélyot (P.), sav. relig., hist. Paris, 1660-1716.

Hemmelinck (J.), peint. flam. N. Damme ou Constance, 1450.

Hemprich (Gu.-Fréd.), natural., voyag. Glatz (Prusse), 1796; Afrique, 1825.

Hemskerck (Mart. van), cél. peint. holl. 1498-1574.

Hemsterhuys (Tibère), crit., hellén. Groningue, 1685-1766. = (Fr.), écriv., philos. all. 1720-1790.

Hénault (C.-J.-F.), présid. du parlem. de Paris, poète, hist., memb. de l'Acad. fr. et de l'acad. des inscr. Paris, 1685-1770.

Henderson (J.), tragéd., litt. Londres, 1747-1785.

Henisch (G.), érud., lexicogr. all. 1549-1618.

Henke (H.-Ph.-Conrad), théol. protest. Hehlen (Brunswick), 1752-1809.

Henkel (J.-Fréd.), chim., minéral. Freyberg (Saxe), 1679-1744.

Hennequin (Aymar), év. de Reims, partisan des Guise, trad. M. 1596. = (P.-A.), peint., élève de David. Lyon, 1763; Tournay, 1833. = (Ant.-L.-Ma.), avocat. fr. Monceaux (près Paris), 1786-1840. = (J.-F.-Gab.), écriv., cousin du précéd. N. Lorraine, 1775.

Hennet (Alb.-Jo.-Ulpien), litt., écon. Maubeuge, 1758-1821.

Hennin (P.-M.), diplom., philol., memb. de l'acad. des inscr. Paris, 1730-1807.

Hennuyer (J. le), év. de Lisieux, confess. de Henri II et de Catherine de Médicis. 1497-1578.

Henri, dit l'Oiseleur, emp. d'Allem., fils d'Othon. N. 876; succ. de Conrad Ier, 919; m. 936. = II, le Saint, arrière-p.-fils du précéd. N. 927; succ. d'Othon III, 1002; m. 1024. = III, dit le Noir. N. 1017; succ. de son frère Conrad II, 1039; m. 1056. = IV, fils du précéd. N. 1050; succ. de son père, 1056; déposé, 1106, et m. même année. = V, dit le Jeune, fils du précéd. N. 1081; succ. de son père, 1111; m. 1125. = VI, dit le Cruel, fils et succ. de Frédéric Barberousse, 1190; m. empois. 1197. = V, duc de Luxembourg. Elu emp. à la m. d'Albert Ier, 1308; m. 1313.

Henri Ier, roi de Fr., fils de Robert. N. 1005; succ. de son père, 1031; m. 1060. = II, fils de François Ier et de Claude de France. N. St-Germ.-en-Laye, 1518; succ. de son père, 1547; mortellem. blessé dans un tournoi à Paris et m. 1559. = III, 3e fils de Henri II et de Catherine de Médicis. N. Fontainebleau, 1552; élu roi de Pologne, 1573; succ. de son frère Charles IX, 1574; assass. par Jacques Clément, St-Cloud, 1589. = IV, dit le Grand, fils d'Antoine de Bourbon et de Jeanne d'Albret. N. 1553; d'abord chef du parti huguenot; reconnu roi de Fr. par une partie seulement de l'armée, après la mort de Henri III, 1589; converti au catholic., 1593; reçu dans Paris, 1594; assass. par Ravaillac, 1610.

Henri Ier, dit Beauclerc, roi d'Anglet., 3e fils de Guillaume le Conquérant. N. Normandie, 1068; usurpa la couronne au préjudice de son frère aîné, 1100; m. 1135. = II, fils de Geoffroy Plantagenet. N. 1133; succ. d'Etienne, 1154; m. 1189. = III, fils de Jean-sans-Terre. N. 1207; roi sous la tutelle du comte de Pembroke, 1216; et seul, 1219; m. 1272. = IV, fils du duc de Lancastre. N. v. 1367; usurpa la couronne au préjudice d'Edmont Mortimer, 1399; m. 1413. = V, de Monmouth, fils du précéd. N. 1388; succ. de son père, 1413; m. Vincennes, 1422. = VI, fils du précéd. N. 1421; succ. de son père, 1422, et procl. roi de France à St-Denis; détrôné par Edouard; m. prisonn., 1471. = VII, chef de la fam. des Tudor, d'abord comte de Richemont. N. v. 1455; roi, 1485; m. 1509. = VIII, fils du précéd. N. 1492; succ. de son père, 1509; procl. chef suprême de l'Eglise d'Anglet., 1535; m. 1547.

Henri de Bourgogne, conquit en 1098 le Portugal, dont son fils Alphonse fut le 1er roi. Tué dev. Astorga, 1112. = (le card.), 5e fils d'Emmanuel. D'abord archev. de Braga et d'Evora; roi de Portugal à la m. de Sébastien, 1578; m. 1580.

Henri Ier, roi de Castille. N. 1203; succ. de son père Alphonse III, 1214; m. 1217. = II, dit comte de Transtamare, fils d'Alphonse IX; détrôna Pierre le Cruel, roi de Castille, 1368; m. 1379. = III, dit l'Infirme, fils et succ. de Jean de Castille, 1390; m. 1406. = IV, dit l'Impuissant, fils et succ. de Jean II, roi de Castille, 1454; m. 1474.

Henri, nom porté par 2 rois de Chypre, qui régnèrent de 1218 à 1324.

Henri de Hainaut, emp. lat. de Constantinople. N. 1174; succ. de son frère Beaudouin, 1205; m. 1216.

Henri de Bavière. V. Bavière, d'Haïti. V. Christophe.

Henri de Carinthie, roi de Bohême. Succ. de Wenceslas V, 1306; m. 1335.

Henri de Champagne, roi de Jérusalem. N. v. 1150; élu 1192; m. 1197.

Henri de Portugal, dit le Navigateur, duc de Viseu, 4e fils de Jean Ier, roi de Portug., voyag. et sav. 1394-1460.

Henri de Prusse (le prince), frère de Frédéric II, roi de Prusse, homme de guerre. Berlin, 1726; chât. de Rheinsberg, 1802.

Henri, hérés. du 12e s. M. prisonn. à l'abbaye de Clairvaux.

Henri de Gand, cél. philos. scolast., archidiacre de Tournay. M. 1293.

Henri de Hesse, philos. all. du 14e s.

Henriette de France, reine d'Anglet., fille de Henri IV et de Marie de Médicis. N. Paris, 1609; femme de Charles Ier, 1625; m. Colombes (près Paris), 1669.

Henriette d'Angleterre, duchesse d'Orléans, fille de la précéd. N. Exeter, 1644; mariée à Philippe d'Orléans, 1661; m. 1670.

Henrion (Den.), mathém. fr., ingén. M. 1640. = (F.), antiq., oriental., memb. de l'acad. des inscr. Troyes, 1663-1720.

Henrion de Pansey (P.-Pa.-N.), jurisc., min. de la justice, présid. de la cour de cassat. Trevery (Meuse), 1742; Paris, 1829.

Henriot (F.), command. de la garde nationale parisienne de 1793 à 1794. N. Nanterre, 1761; m. sur l'échaf., Paris, 1794.

Henriques (H.), jés. portug., oriental., missionn. aux Indes, 1520-1600.

Henry le Ménestrel, poète écoss. du 14e s.

Henry (R.), hist. écoss. Stirling, 1708-1790. = *de Richeprey* (P.-R.), écon. Nancy, 1751; Cayenne, 1785. = (N.-E.), chim. jr. Beauvais, 1769-1832. = (Patrick), gouv. de la Virginie, un des fondat. de l'indépendance améric. 1736-1799. = (P.-F.), litt. Nancy, 1795-1833.

Henschenius (God.), jés. flam., hagiogr. 1600-1681.

Henzi (Sam.), poète suisse. N. Berne; exécuté comme conspirat., 1769.

Héphestion, favori d'Alexandre le Grand. M. Ecbatane, 324 av. J.-C.

Héracléonas (Constantin), emp. d'Or., 4e fils d'Héraclius. N. 626; régna conjoint. avec son frère Héraclius Constantin; m. en exil.

Héraclide de Pont, philos. grec, disciple de Platon. V. 357 av. J.-C.

Héraclite d'Ephèse, philos. grec de l'école d'Ionie. V. 500 av. J.-C.

Héraclius, emp. d'Orient. Détrôna Phocas, 610; m. 641. = II (Constantin). N. Constantinople, 612; régna conjoint. avec son frère Héracléonas; m. empois., 641.

Héraclius, roi de Géorgie, de 1760 à 1798.

Hérauld (Didier), avoc., philol. 1579-1694.

Hérault de Séchelles (Ma.-Jo.), memb. de la convent., du comité de salut public. N. Paris, 1760; m. sur l'échaf., 1794.

Herbart (J.-Fréd.), philos. all. Oldenbourg, 1776-1841.

Herbelot (Barth. d'), oriental., profess. au Collége de Fr. Paris, 1625-1695.

Herberay des Essarts (N. d'), écriv. fr., trad. N. Picardie; m. 1552.

Herbers, trouvère du 15e s.

Herberstein (Sigism., bar. d'), hist., diplom. Vippach (Styrie), 1486-1566.

Herbert (lord Ed.), philos. angl. Cherbury, 1581-1648. = (Th.), écriv. angl. et voyag., de la même fam. 1602-1681. = (le bar. d'), diplom., min. de l'Autriche à Constantinople. M. 1802.

Herbin (A.-F.-Ju.), oriental. Paris, 1783-1806.

Herbinius (J.), théol. luthér. et antiq. Pietschen (Silésie), 1633-1676.

Herbst (J.-F.-Gu.), natural. all. Petershagen (Prusse), 1743-1807.

Herder (J.-Gottfried), philos. et écriv. all. Mohrungen (Prusse), 1744-1803.

Heresbach (Conrad), hist. all., érud. 1509-1576.

Héricourt (L. de), jurisc., canoniste. Soissons, 1687-1752.

Hériger, abbé de Lobbes, théol., hist. N. Brabant; m. 1009.

Hérillus de Carthage, philos. stoïc. V. 520 av. J.-C.

Hériot (J.), litt., journal. angl. 1760-1833.

Hérissant (L.-Théod.), diplom., litt. Paris, 1743-1811. = (L.-Ant.), méd., litt., frère du précéd. 1745-1769. = *des Carrières* (J.-Th.), litt., gramm., de la même fam. Paris, 1742-1820.

Hermachus de Mytilène, philos. grec, disc. d'Epicure. V. 270 av. J.-C.

Herman (Martial-J.-Arm.), présid. du trib. révolutionn. N. St-Pol (Artois), 1750; m. sur l'échaf., 1795.

Hermanfroy, fils de Bazin, fit périr ses 2 frères qui régn. avec lui sur la Thuringe. Mis à m., 528.

Hermann (Pa.), bot. Halle, 1646-1695. = (J.), natural. Barr (Alsace), 1738-1800. = (Godef.), philol. all. Leipzig, 1772-1848.

Hermant (J.), curé de Maltot, hist. Caen, 1650-1725.

Hermas (St), aut. grec, 1er s.

Hermbstaed (Sigism.-Fréd.), chim. Erfurt, 1760-1833.

Herménégilde (St), prince des Wisigoths, fils du roi Leuvigilde. Mis à m. pour la foi cathol., 586.

Hermès (G.), théol. cathol. all., chef des Hermésiens. Dreyerwalde (Prusse), 1775-1831.

Hermésianax, de Colophon, poëte grec. V. 338 av. J.-C.

Hermias, philos. chrét. du 2e s. = *d'Alexandrie*, philos. néoplatonic. Fin du 5e s.

Hermida (Benito y Porras-Bermudez-Maldonado), magist. esp., conseill. de Castille. St-Jacques (Galice), 1736-1814.

Hermilly (Vaquette d'), litt. Paris, 1705-1778.

Hermodore, archit. de Salamine. Viv. Rome, v. 104 av. J.-C. = Philos. d'Ephèse. Vint à Rome, 450 av. J.-C.

Hermogène, rhét. grec de Tarse (Cilicie). 180 av. J.-C. = Jurisc. lat. du 4e s.

Hermolaüs, jeune Athénien qui conspira contre Alexandre. Mis à m., 328 av. J.-C.

Hermondaville (H.), méd. et chir. fr. du 14e s.

Hermotime de Clazomène, philos. grec. 6e s. av. J.-C.

Hernandez (F.), méd., natural. esp. du 17e s.

Hérode, dit le Grand et l'Ascalonite, roi des Juifs. 72 av. J.-C.; 2 de J.-C.

Hérode-Antipas, tétrarque de la Galilée, fils du précéd. M. Esp.

Hérode-Philippe, tétrarque de la Batanée, de la Trachonite et de la Gaulonite, frère du précéd.

Hérode-Agrippa Ier, roi de Judée, fils d'Aristobule. M. 44 de J.-C. = II, roi de Judée, fils du précéd., dépouillé de son royaume par Claude. M. 90.

Hérode-Atticus. V. Atticus.

Hérodiade, fille d'Aristobule, femme d'Hérode-Philippe, puis d'Hérode-Antipas, obtint de ce dern. la mort de St Jean-Baptiste.

Hérodien, hist. grec du 3e s. av. J.-C. = Gramm. d'Alexandrie. Viv. Rome au 2e s.

Hérodote, cél. hist. grec. Halicarnasse, 484-406 av. J.-C.

Hérold (J.-Basile), crit., hist. Hochstaed (Bavière), 1511-1581. = (L.-Jo.-Ferd.), cél. composit., élève de Méhul. Paris, 1791-1833.

Héron, mécan. et mathém. d'Alexandrie. 120 av. J.-C. = (B), litt. écoss. M. 1807.

Hérophile, méd. gr., contemp. de Ptolémée-Lagus. 320 av. J.-C.

Hérouville (Ant. de Ricouart, comte de), lieut.-gén. fr. Paris, 1713-1782.

Herrenschwand, écon. suisse du 18e s.

Herrera (Gab.-Alph.), agron. esp. du 16e s. = (Ferd. de), poëte et écriv. Séville, 1515-1595. = (Ant. de Tordesillas-), hist. esp. Cuellar, 1550-1625. = (F.), dit le Vieux, peint. esp. Séville, 1576-1656.

Herrgott (Marquard), bénéd., érud., antiq. Fribourg (Brisgau), 1694-1762.

Herrmann (F.-Ant.), diplom., min. de l'intér. et des fin. en Portug. pour Napoléon. Schelestadt (Alsace), 1758-1837.

Hersan (Marc-Ant.), profess., poëte lat. Compiègne, 1652-1724.

Herschell (Gu.), astron. cél. Hanovre, 1738-1822.

Hersent (G.), orator., chancel. de l'Eglise de Metz. Paris, 1590-1660.

Hervas y Panduro (le P. Lau.), jés. esp., théol., philol., missionn. 1735-1800.

Hervay ou *Hervé* (Noël), philos. thomiste, gén. des dominic. N. Bretagne; m. Narbonne, 1525.

Hervey (Ja.), prédic., écriv. angl. Hardingston, 1714-1758.

Hervilly (L.-Ch., comte d'), offic. gén. fr. N. Paris, 1775; tué Quiberon, 1795.

Herwagen (J.), cél. impr. de Bâle. M. 1564.

Herwart (J.-G.), chancel. de Bavière, mathém. M. 1625.

Herzberg (Ewald-Fréd., comte de), min. de Frédéric II, roi de Prusse, hist. Poméranie, 1725-1795.

Hescham Ier (Aboul-Walid), roi ou calife de Cordoue. Succ. de son père Abdérame Ier, 788; m. 796. = II (Al-Mowaied-Billah), calife de Cordoue. Succ. de son père Al-Hakem II, sous la tutelle du gén. Almanzor, 976; assass., 1017. = III (Abou-Bekr), dern. calife de Cordoue. Procl. 1027; forcé d'abdiquer, 1031; m. 1036.

Hésiode, cél. poëte gr., d'Ascra, en Béotie. Commenc. du 9e s. av. J.-C.

Hesnault (J.), poëte fr. du 17e s.

Hess (C.-E.-Christ.), grav. Darmstadt, 1755-1828. = (L.), peint., grav. Zurich, 1760-1800. = (J.-J.), théol. protest. et litt. Zurich, 1761-1828.

Hesse (Ph., landgrave de), dit le Magnanime, fils et succ. de Guillaume II, 1509. M. 1567. = IV, fils du précéd. N. 1532; succ. de son père, 1567; m. 1592. = (Maurice), fils et succ. du précéd., 1592; abjura le protestant.; m. 1632.

Hesse (Ernest-Chr.), composit. et cél. joueur de basse. Grossgattern (Prusse), 1676-1767.

Hesse-Cassel (G.-Gu., élect. de). N. 1743; privé de ses Etats, 1806 à 1813; m. 1821.

Hesselbach (F.-Gasp.), chir. et anat. all. Hemmelbourg, 1759-1816.

Hésychius, lexicogr. grec d'Alexandrie, dont l'époque est inconnue. = de Milet, écriv. gr. du 6e s.

Hetsch (Ph.-Fréd. de), peint. all. Souabe, 1758-1838.

Hetzel (J.-Gu.-Fréd.), oriental. all. Kœnigsberg, 1754-1824.

Heumann (J.), profess. de jurisprud. Altorf, 1711-1760. = (Christ.-A.), érud., bibliogr. Alstaedt, 1681-1764.

Heurnius (J.), anat. et méd. holl. Utrecht, 1543-1601. = (Othon), méd., philos., fils du précéd. Utrecht, 1577-1650.

Heurtault de Lamerville (J.-M.), écon., memb. de l'assembl. constit. et du cons. des cinq-cents. Rouen, 1740-1810.

Heurteloup (N.), bar., 1er chir. des armées. Tours, 1750-1812.

Heurtier (J.-F.), archit. du roi, memb. de l'Inst. Paris, 1739-1823.

Heusinger (J.-M.), crit., philol. Sundhausen (Gotha), 1690-1751. = (Ja.-Fréd.), philol., nev. du précéd. Useborn, 1718-1778.

Heuzet (J.), human., profess. de b.-lettres. St-Quentin, 1660-1728.

Hévélius (J.), astron. Dantzig, 1611-1687.

Heyden (J. van der), peint. Gorcum (Holl.), 1637-1712.

Heydenreich (C.-H.), philos. de l'école de Kant. Stolpen (Saxe), 1764-1801.

Heylin (P.), théol., poëte angl. Burford, 1600-1662.

Heym (J.), lexicogr. all. Brunswick, 1759; Moscou, 1821.

Heyne (Chr.-Gottlob), cél. crit., érud. Chemnitz (Saxe), 1729-1812.

Heywood (F.), poëte dram. angl. N. Malines, 1565. = (Elisa),

femme auteur. Londres, 1695-1756.

Hiao-Tsong Ier, 11e emp. chin. de la dynast. des Song, Succ. de son père Kao-Tsong, 1161; m. 1194.=II, 9e emp. chin. de la dynast. des Ming. Succ. de son père Hien-Tsong, 1487; m. 1505.

Hickes (G.), philol. Newsham (Anglet.), 1642-1715.

Hiéroclès, préfet de Bithynie, puis gouv. d'Alexandrie sous Dioclétien, instigateur des perséc. contre les chrét., 4e s.=Philos. éclectique d'Alexandrie, au 5e s. =Gramm. grec du 7e s.

Hiéron Ier, roi de Syracuse. Succ. de son frère Gélon, 478 av. J.-C.=II, roi de Syracuse. Elu 269 av. J.-C.; m. 215.

Hiéronyme, roi de Syracuse. Succ. du précéd. 215 av. J.-C.; assass., 214.=de Rhodes, philos. aristotélique. V. 270 av. J.-C.

Higgins (God.), antiq et écon. angl. 1771-1832.

Higgons (Bevil), hist. et poëte angl. 1670-1735.

Higuera (Jér.-Romain), jés., litt. Tolède, 1538-1611.

Hilaire (St), doct. de l'Eglise, év. de Poitiers. M. 567.=(St), év. d'Arles de 401 à 449.=(St), pape. Succ. de St Léon, de 461 à 467.

Hilarion (St), instit. de la vie monast. en Palestine. Gazza, 292; Chypre, 372.

Hildebert, archev. de Tours, philos. et poëte lat. Lavardin, 1057-1134.

Hildebrand, roi des Lombards, en Ital. Régna conjointem. avec son oncle Luitprand de 736 à 744; déposé cette même ann.

Hildegarde (Ste), abbesse du monast. du Mont-St-Rupert. Mayence, 1100-1178.

Hildegonde (Ste), relig. de l'ordre de Citeaux. N. Nuitz (dioc. de Cologne); au 13e s.

Hilduin, hist., abbé de St-Denis, chapel. de Louis le Débonn. M. 842.

Hill (J.), journal., litt., natural. angl. 1716-1775.=(Roland), prédic. angl., apôtre du méthodisme. 1741-1833.

Hillel, dit l'Ancien, doct. juif du 1er s. av. J.-C.=dit le Saint, présid. du sanhédrin de Jérus., v. 30 av. J.-C.=dit le Prince, doct. juif, arrière-p.-fils de Judas le Saint. 3e s. ap. J.-C.

Hiller (Mat.), oriental. all. Stuttgart, 1646-1725.

Hilton (Gautier), cél. écriv. ascétique angl. du 15e s.

Himerius, sophiste grec. N. Prusse (Bithynie), 4e s.

Himilcon, navig. carthag. que l'on croit avoir été contemp. d'Hannon.=Gén. carthag., conquér. d'une partie de la Sicile. Se donna la m. 398 av. J.-C.=Gén. de cavalerie carthag., de la faction Barcine. Passa dans le camp des Rom. avec 2,000 chev., 147 av. J.-C.

Hincmar, archev. de Reims, théol., controvers. 806-882.=Ev. de Laon, nev. du précéd., déposé, puis réhabilité. M. ap. 878.

Hipparchia, femme grecq. qui s'attacha à Cratès le Cynique. N. Maronée (Thrace).

Hipparque, fils de Pisistrate, tyran d'Athènes. Succ. de son père avec son frère Hippias, 528 av. J.-C.; assass., 514.=Astron. et mathém. grec de Nicée (Bithynie). Viv. Rhodes v. 128 av. J.-C.

Hippasus, de Métaponte, philos. pythagoric. 5e s. av. J.-C.

Hippel (Théod.-Théoph. de), litt. all. Gerdauen (Prusse), 1741-1796.

Hippias, fils de Pisistrate, tyran d'Athènes. Succ. de son père avec Hipparque (V. ce nom); chassé 509 av. J.-C.; tué Marathon, 490.

Hippias d'Elis, sophiste grec du 5e s. av. J.-C.

Hippocrate, cél. méd. grec. N. Cos, v. 460 av. J.-C.; m. fort vieux.=de Chio, géom. grec du 5e s. av. J.-C.

Hippolyte (St), év. grec. Martyrisé 240.

Hippon de Rhegium, philos. grec. Comm. du 5e s. av. J.-C.

Hipponax, poëte satir. grec. V. 540 av. J.-C.

Hiram, archit. et sculpt. tyrien. 1000 av. J.-C. = Roi de Tyr, succ. de son père Abibal, 1025 à 985 av. J.-C.

Hirnhaym (Jér.), relig. prémontré, théol., écriv. Troppau (Silésie), 1636-1679.

Hirsch (J.-Christ.), numism. all. 1698-1780.

Hirschfeld (Chr.-Caius-Lau.), agron., litt. Nüchel (Holstein), 1742-1792.

Hirsching (Fréd.-Cl.-Gottlob), bibliogr., hist. Uffenheim, 1762-1800.

Hirtemberg (Joachim-Pastorius de), hist. polon. du 17e s.

Hirtius, gén. rom., lieut. de César. Consul 43 av. J.-C.

Hirtzwig (H.), poëte lat. rect. du gymnase de Francfort, au 17e s.

Hirzel (H.), litt. all. Weiningen (Suisse), 1766-1833.

Hoadly (Benj.), év. anglic., controvers. Westerham, 1676-1761.=(Benj.), méd., litt., fils aîné du précéd. Londres, 1705-1757.

Hoai-Tsong, 15e et dern. emp. chin. de la dynast. des Ming. Succ. de son frère Hi-Tsong, 1627; se pendit, 1644.

Hoang-Ti, emp. chin. et législat. 2698 av. J.-C. suiv. les tradit.

Hoare (Prince), artiste et litt. angl. Bath, 1755-1834.

Hobbes (Th.), philos. angl., écriv. polit., poëte angl. et lat. Malmesbury, 1588-1680.

Hobe (Charlotte de), femme poëte. Chemnitz, 1792-1829.

Hobhouse (Benj.), homme d'Etat angl., advers. de Pitt. Bristol, 1757-1831.

Hocein, fils d'Ali et de Fatimé, fille de Mahomet, considéré par les Chyites comme le 3e iman, ou chef légitime de la religion musulm. Massacré, 680.

Hoche (Lazare), gén. en chef des armées de la républ. fr. N. Montreuil (près Versailles), 1768; m. au quartier gén. de Wetzlard, 1797.

Hocquincourt (C. de Mouchy d'), maréch. de Fr. N. Mouchy (Picardie), 1599; tué Dunkerque, 1658.

Hode (le P. La Mothe, connu sous le nom de), jés., hist. N. Normandie, 1680; m. Hollande, 1740.

Hodges (Gu.), peint. angl., compag. de Cook. M. 1797.

Hodierna (J.-B.), astron., archiprêtre de Palma. Raguse (Sicile), 1597-1660.

Hoedt (G.), peint. holl. 1648-1733.

Hoei-Tsong, 8e emp. chin. de la dynast. des Tsong. Succ. de son frère Tché-Tsong, 1100; m. prisonn. Tartarie, 1135.

Hoel, nom de 6 ducs de Bretagne, morts en 545, 547, 612, 980, 1084 et 1156.

Hoeschel (Dav.), sav. hellén., philol. Augsbourg, 1556-1617.

Hofer (And.), chef des insurgés tyroliens, en 1809. Passeyer, 1767-1810.

Hoff (C.-Ern.-Ado. de), homme d'Etat, statistic. Gotha, 1771-1837.

Hoffbauer (J.-Christ.), philos. all. de l'école de Kant. Bielefeld (Prusse), 1766-1827.

Hoffmann (Maur), anat. Brandebourg, 1622-1698.=(Fréd.), cél. méd. et chim. Halle, 1660-1742. = (Chr.-God.), jurisc., érud. Lauban (Saxe), 1692-1735. =(F.-Ben.), litt. fr., aut. dram. Nancy, 1760-1828. = (Ern.-Théod.-Gu.), cél. romanc. all., composit., dessinat. Kœnisberg, 1776; Berlin, 1822.

Hogarth (Gu.), peint., grav. et litt. angl. Londres, 1697-1764.

Hogendorp (Gysberg.-C. van), homme d'Etat. Rotterdam, 1762-1834.=(Thierry), gén. holl.; min. de la guerre sous Louis Bonaparte. N. Rotterdam, 1761; m. Brésil, 1830.

Hogg (Ja.), dit le berger d'Ettrick, poëte et romanc. angl. Ettrick (Ecosse), 1772-1835.

Hohenlohe (L.-C.-F.-Léopold, prince de), gén. au service de la Prusse, 1746-1818.=(E.-Aloys-Joachim), maréch. et pair de Fr. N. 1765; m. Paris, 1829.

Holbach (P. Thiry, bar. d'), philos. athée du 18e s., litt. Hildesheim (Palatinat), 1723; Paris, 1789.

Holbein (J.), peint. cél. N. Bâle, 1498; m. Londres, 1553.

Holberg (L. bar. de), litt. et poëte dram. danois. Bergen (Norwége), 1684-1754.

Holcroft (Th.), aut. dram. et romanc. Londres, 1744-1809.

Holder (Gu.), instit. et écriv. angl. M. 1697.

Holderlin (Fréd.), poëte et litt. all. Neislingen, 1770-1836.

Holland (H. Fox, lord), homme d'Etat angl., père de Fox. 1705-1774. = (H.-Rich. Vassall), homme d'Etat, litt., p.-fils du précéd. 1772-1840.

Holland (G.-Jonathan), philos. all. Rosenfeld (Wurtemberg), 1742-1784.

Hollmann (Sam.-Christ.), philos. all. 1696-1787.

Holloway (Th.), grav. Londres, 1748-1827.

Holmstroem (Israël), poëte suéd., secrét. de Charles XII. M. 1708.

Holopherne, gén. de Nabuchodonosor Ier. Tué par Judith dev. Béthulie, 659 av. J.-C.

Holstein (J.-L. de), comte de Lethraburg, min. d'Etat danois. 1694-1763.

Holstenius (Luc), chan. et bibliothéc. du Vatican, érud. Hambourg, 1596; Rome, 1661.

Holwell (J.-Sophonie), méd., gouv. du Bengale. Dublin, 1711-1798.

Holzhauser (Bart.), ecclés., visionn. Langnau (près d'Augsbourg), 1613-1658.

Homann (J.-B.), géogr. et cél. grav. de cartes. Kalmach (Souabe), 1664-1724.

Homberg (Gu.), cél. chim., memb. de l'acad. des sc. Batavia, 1652; Paris, 1715.

Home (J.), aut. dram. écoss. Roxburgh, 1724-1808. = (H.), depuis lord Kaimes, philos. et jurisc. écoss. Edimbourg, 1696-1782. =(F.), méd. écoss. du 18e s.

Homère, le plus cél. des poëtes grecs. Viv., selon les uns, dans le 9e s. av. J.-C.; selon les autres, dans le 10e (907 av. J.-C.). Sept villes se disputaient l'honneur de lui avoir donné naissance; Smyrne et Chio sont celles dont les prétentions semblent le mieux fondées.

Hommel (C.-Ferd.), jurisc., litt. Leipzig, 1722-1781.

Hompesch (Ferd. de), dern. gr.-maître de l'ordre de Malte. N. Dusseldorf, 1744; abdiqua et m. à Montpell., 1805.

Hondius ou *Hondt* (Josse), grav., géogr. Flandre, 1546-1611. =(H.), dit le Vieux, grav., fils du précéd. Gand, 1573-1610.=(H.), le Jeune, grav., frère du précéd. Londres, 1580-1640.=(Abrah.), peint. holl. Rotterdam, 1638-1695.

Honert (Roch van den), diplom., poëte lat. Dordrecht, 1572-1638.

Honorat (St), év. d'Arles, au 4e s., fondat. du monast. de Lérins, en 391.

Honoré de Ste-Marie (Blaise Vauzelle, dit le P.), carme, théol. Limoges, 1651-1729.

Honorius Ier, pape. Succ. de Boniface V, 626; m. 638. = II (Lambert), pape. Succ. de Calixte II. 1124; m. 1130. = III, antipape. V. CADALOUS. = III (Censio Savelli), pape. Succ. d'Innocent III, 1216; m. 1227. =IV (Ja. Savelli), pape. Succ. de Martin IV, 1285; m. 1287.

Honorius (Flavius), 2e fils de Théodose. Emp. d'Occident conjointem. avec son frère Arcadius, 395; m. 423.

Honorius d'Autun, écriv. eccl., profess. de théol. à Autun. M. 1140.

Hontheim (J.-N. de), Justinus Febronius, théol. cathol. all., conseill. de l'élect.-archev. de Trèves. 1701-1790.

Honthorst (Gér. de), peint. flam. Utrecht, 1592-1662.

Hooch (P. de), peint. flam. 1643-1708.

Hood (Sam.), amiral angl. Butleigh, 1724-1816.

Hoofft (P. Corn. van), hist., poëte dram. Amsterdam, 1581-1647.

Hooge ou *Hooghe* (Romain de), dessinat. et grav. N. La Haye, v. 1650; m. v. 1720.

Hoogeveen (H.), cél. hellén. Leyde, 1712-1791.

Hoogstraaten (Thierry van), peint. grav. Anvers, 1596-1640.= (David van), écriv., lexicogr. holl., poëte. Rotterdam, 1658-1724.

Hoogvliet (Arnold), poëte holl. 1687-1763.

Hooke (R.), géom. et mécan. angl. Ile de Wight, 1635-1702.= (Nathaniel), hist. Dublin, 1690-1764.=(Luc-Jo.), doct. en Sorb., profess. de théol. Dublin, 1717; St-Cloud, 1796.

Hoole (J.), aut. dram. et litt. angl. Kent, 1727-1803.

Hooper (J.), év. de Glocester, réformat. Brûlé, 1555.

Hope (Th.), litt., antiq. Amsterdam, 1774; Londres, 1830.

Hoppers (Joach.), diplom., jurisc. holl. Sneek (Frise), 1525-1576.

Horace (Quintus Horatius Flaccus), cél. poëte lat., fils d'un affranchi, ami de Tibulle, de Virgile, de Pollion, etc. Venusium (Apulie), 69-9 av. J.-C.

Horaces (les), 3 Rom. qui étaient frères, et qui, 669 av. J.-C., combattirent pour leur patrie contre 3 autres frères qui étaient de la ville d'Albe, et se nommaient Curiaces: ces derniers succombèrent.

Horapollo ou *Horus Apollo*, gramm. grec. Phanœbetys (Egypte), 4e s.

Horatius Coclès. V. COCLÈS.

Hordt (le comte de), gentilh. suédois, lieut.-gén. des armées pruss. M. 1785.

Hormisdas, pape. Succ. de Symmaque, 514; m. 523.

Hormisdas, nom de 4 rois de Perse. M. 272, 311, 458 et 592.

Horn ou *Hornes* (Ph. de Montmorency-Nivelle, comte de), chambell., capit. de la garde flamande du roi d'Espagne. Décap. 1568.

Horn (Gust., comte de), sénat., connét. de Suède, lieut. de Gustave-Adolphe. 1592-1657. = (Arvid-Bern., comte de), sénat. suédois, de la fam. du précéd. 1664-1742. =(Fréd.), comte d'Aminne, gén. suédois. Sudermanie, 1715-1796. =(le comte de), litt., fils du précéd. Banni comme conspirat.; m. Copenhague, 1823.

Horn (G.), hist. et litt. Greussen (Bavière), 1620-1670.=(F.-Christ.), philos., crit., litt. Brunswick, 1781-1837.

Horne-Tooke (J.), public. et philol. Londres, 1736-1812.

Horneck (Ottocar de), hist. et poëte all. 1250-1310.

Horrebow (P.), astron. danois. 1697-1764.=(V.), voyag. Copenhague, 1712-1760.

Horsburg (Ja.), hydrogr. Elim (Ecosse), 1762-1836.

Horsley (Sam.), prélat anglic., érud. 1733-1806.

Hortemels (Fréd.), grav. N. Paris, 1688.

Hortense (Eugénie de Beauharnais), reine de Hollande, fille de Joséphine, depuis impératr. des Fr., et d'Alex. de Beauharnais. N. Paris, 1783; épouse de Louis Bonaparte, 1802; reine de Holl., 1806 à 1810; m. Arenenberg (Suisse), 1837.

Hortensius (Quintus), cél. orat. et consul rom. 113-49 av. J.-C.=(Lamb.), philol., poëte lat. Montfort, 1501-1577.

Horto (Garcias ab), ou de la Huerta, bot. portug. du 16e s.

Hossfeld (J.-Gu.), mathém. all. 1768-1837.

Host (N.-Th.), bot. all. 1763-1834.

Hoste (Pa. l'), jés., ingén. de la mar. Pont-de-Vesle, 1652-1700.

Hostilien (Caïus Valerius Messius Quintus), 2e fils de l'emp. rom. Décius, régna quelq. mois avec Gallus. M. 252.

Hotham (H.), amiral angl. qui reçut Napoléon à bord du Bellérophon. 1776-1833.

Hotman (F.), cél. jurisc. Paris, 1524; Bâle, 1590.=(Ant.), avocat gén. au parlem. de Paris, frère du précéd. M. 1596.

Hottinger (J.-H.), oriental., théol. Zurich, 1620-1667.

Houard (Dav.), jurisc. Dieppe, 1725-1802.

Houbigant (C.-F.), orator., sav. hébraïs. Paris, 1686-1783.

Houbraken (Arnold), peint., grav. Dordrecht, 1660-1719.

Houcein-ben-Mansour, dit Al-Halladj. cél. doct. musulm. de la secte des sofys. Mis à m., 921.

Houchard (J.-N.), gén. fr. N. Forbach (Moselle), 1740; m. sur l'échaf., 1793.

Houdetot (Elisab.-F.-Sophie de la Live de Bellegarde, comtesse de), femme cél. par son esprit et la passion qu'elle inspira à Rousseau. 1730-1813.

Houdon (J.-Ant.), stat., memb. de l'Inst. Versailles, 1741-1828.

Houel (J.-P.-L.), peint., grav. Rouen, 1735-1813.

Houghton (le major), voyag. angl. de la fin du 18e s.

Houlagou, prince mogol et conquér., p.-fils de Gengis-khan. M. 1265.

Houng-Wou ou *Tchou-Youang-Tchang*, emp. chin., fondat. de la 21e dynastie. 1327-1398.

Houteville (Cl.-F.), secrét. du card. Dubois, memb. de l'Acad. fr. Paris, 1688-1742.

Howard (Cath.), fille de lord Edmond, et 5e femme de Henri VIII, qui la fit décap. 1542.

Howard (C.), comte de Nottingham, gr.-amiral d'Anglet. 1536-1624.=(C.), comte de Carlisle, diplom. angl., gouv. de la Jamaïque. 1630-1688. = (J.), philanthrope angl. Hackney, 1726-1790.

Howe (Rich. Scrope, comte), amiral angl. Londres, 1726-1799. =(Gu.), command. des armées de terre dans la guerre d'Amér., frère du précéd. M. 1814.

Howel (Laurence), théol. angl. 1660-1720.=(Ja.), écriv. angl. 1594-1666.

Hrosvita, aut. dram., poëte lat., religieuse du couv. de Gandersheim au 10e s.

Huber (J.), dessinat., natural. Genève, 1722-1750.=(Fr.), cél. natural., fils du précéd. Genève, 1750-1801.=(M.), litt., profess. de langue fr. à Leipzig, trad. N. Bavière, 1727; m. Leipzig, 1804. =(L.-Ferd.), litt., fils du précéd. Paris, 1764-1804. = (Thérèse), femme aut., épouse du précéd. Gœttingue, 1764; Augsbourg, 1829.

Hubert (St), fils de Bertrand, duc d'Aquitaine, év. de Maëstricht et apôtre des Ardennes. N. v. 650; m. 728 ou 730.

Hubert de l'Espine, voyag. fr. en Tartarie, 16e s.

Hubert (Mat.), orator., prédic. Châtillon, 1640-1717.

Hubner (J.), géogr. et hist. Saxe, 1668-1732. = (Mart.), public. danois. Hanovre, 1723-1795.

Hudson (H.), cél. navig. angl. Abandonné par son équipage révolté, 1611, sans que depuis on en ait entendu parler.=(J.), philol. Cumberland, 1662-1719.

Hue (F.), valet de chambre de Louis XVI. Fontainebleau, 1757-1819.

Huerta (Garcia de la), poëte esp. Zafra, 1729-1797.

Huet (P.-Dan), év. d'Avranches, litt., érud., memb. de l'Acad. fr. Caen, 1630; Paris, 1721.

Hufeland (Christ.-Gu.), méd. du roi de Prusse, conseill. d'Etat. Erfurt, 1762-1836.

Hugbalde ou *Ubalde*, moine de St-Amand, music., poëte lat. philos. 840-930.

Hughes (J.), poëte, aut. dram. litt. angl. Marlboroug, 1677-1720.

Hugo (C.-L.), relig. prémontré, év. de Ptolémaïde (*in partibus*), litt., érud. St-Mihiel, 1667-1739. =(Jo.-Léop.-Sigis-

bert, comte, gén. fr. Nancy, 1754-1827.

Hugonet (Gu.), chancel. du duché de Bourgogne sous Charles le Téméraire. Décap. 1477.

Hugtenburg (J. van), peint. de batailles. Harlem, 1646-1733.

Hugues (St), archev. de Rouen, fils de Drogon, duc de Champagne. M. 730. = (St), abbé de Cluny, fils de Delmace, seign. de Sémur. 1024-1109. = (St), év. de Grenoble. 1053-1132.

Hugues le Grand, dit le Blanc et l'Abbé, comte de Paris et duc de Fr. M. 956.

Hugues Capet, fils du précéd., fondat. de la 3e dynastie des rois de Fr. Procl. roi à la mort de Louis V, 987; m. 996.

Hugues de Provence, roi d'Italie, fils de Thibaut, comte de Provence. Succ. en Italie de Rodolphe, roi de la Bourgogne transjurane, 962; chassé, 946, et m. l'année suiv.

Hugues, nom de 5 ducs de Bourgogne, descend. de Robert, et m. 1095, 1142, 1193, 1272 et 1315.

Hugues, comte de Vermandois, 3e fils de Henri Ier, roi de Fr. et l'un des chefs de la 1re croisade. M. 1102.

Hugues de Poitiers, chroniq. du 12e s., moine de Vézélai.

Hugues de Flavigny, bénéd. fr., chroniq. 1065-1115.

Hugues des Payens, de la maison des comtes de Champ., un des fondat. de l'ordre des templ. M. 1136.

Hugues de St-Victor, théol., relig. de l'abbaye de St-Victor, à Paris. M. 1140.

Hugues d'Amiens, théol., archev. de Rouen. M. 1164.

Hugues de Brégi, trouvère du 15e s.

Hugues de St-Cher, dominic., écriv. ecclés. N. St-Cher (Dauphiné); m. 1263.

Hugues (Vict.), commiss. de la conv. aux Iles-sous-le-Vent, puis gouv. de la Guyane. Marseille, 1770-1826.

Hull (Thom.), aut. dram., litt. Londres, 1728-1808.

Hullin de Boichevalier (L.-Jo.), écriv. 1742-1808.

Hullin (P.-A.), gén. fr., présid. du cons. de guerre qui condamna le duc d'Enghien. Paris, 1758-1841.

Humann (J.-G.), homme polit., memb. de la chamb. des déput., min. des fin. Strasb., 1780-1842.

Humbert Ier, dauph. du Viennois. N. v. 1312; céda le Dauphiné à Philippe de Valois, 1345; m. patriarche d'Alexand., 1352.

Humbert (Jo.-Amable), gén. fr. Rouveroye (Vosges), 1767; Nouv.-Orléans, 1823.

Humboldt (C.-Gu., bar. de), philol., chambell. et conseill. privé du roi de Prusse. Poisdam, 1767-1835.

Hume (Dav.), philos. et hist. Edimbourg, 1717-1776.

Humières (L. de Crevant d'), maréch. de Fr., gr.-maître de l'artill. M. 1694.

Hummel (J.-Népomucène), composit. et pianiste all. Presbourg, 1778-1837.

Hunald, duc d'Aquitaine. Succ. de son père Eudes, 735; abdiqua, 745; tué dev. Pavie, 774.

Hunauld (F.-Jo.), méd., profess. d'anat. Châteaubriant (Bret.), 1701-1742.

Huneric, 2e roi des Vandales en Afrique. Succ. de son père Genséric, 477; m. 488.

Huniade (J. Corvin), vaivode de Transylvanie, gén. des armées de Ladislas, roi de Hongrie, 1400-1456.

Hunt (H.), cél. radical angl. Willington, 1773-1835.

Hunter (W.), méd. et chir. écoss. Kilbride, 1718-1783. = (J.), chir et anat., frère du précéd. 1728-1793. = (Gu.), chir. et oriental. Montrose (Ecosse), 1760-1815.

Hunton (Phil.), public. angl. M. 1682.

Huot (J.-J.-Nic.), géogr. et géolog. fr. 1790-1845.

Huré (C.), théol. Champigny-s.-Yonne), 1639-1717.

Hurtault (Maxime-Jo.), archit., memb. de l'Inst. Huningue, 1765; Paris, 1824.

Hurtrel (L.-H.-Jo.), sav. vétér. Montreuil-s.-Mer, 1777-1839.

Hus, dans. et composit. de ballets. 1735-1805. = (Aug.), litt., nev. du précéd. Turin, 1769-1829.

Hus-Desforges (P.-L.), violoncelliste et composit. Toulon, 1733-1838.

Huskisson (Gu.), diplom. angl., présid. du bureau du commerce. N. Birch-Moreton, 1770; écrasé, Liverpool, 1830.

Huss (J.), cél. hérés. N. Huss (Bohême); brûlé, Constance, 1415.

Hussein-Pacha, dit Koutchouk (le Petit), capitan-pacha, favori de Sélim II. Circassie ou Géorgie, 1750; m. 1803. = Dern. dey d'Alger. N. Smyrne, 1773; détrôné, 1830; m. Alexandrie, 1838.

Hutcheson (F.), litt., moral. Irlande, 1694-1747.

Hutchins (Th.), géogr. New-Jersey, 1730-1789.

Hutchinson (J.), philos. angl. 1674-1737. = (Th.), gouv. de Massachussetts. Boston, 1711-1780. = (J.-Hély, comte de Donoughmore), gén. angl. 1757-1832.

Hutten (Ulric de), orat., théol. et réform. avec Luther. N. Franconie, 1488; m. Zurich, 1523.

Huttich (J.), archéol. et numism. Mayence, 1480-1544.

Hutton (Ja.), méd., chim. Edimbourg, 1726-1797. = (C.), mathém. angl. Newcastle-s.-Tyne, 1737-1823.

Huygens (Constantin), seign. de Zuylichem, diplom., poète lat. et holl. La Haye, 1596-1687. = (Christ.), cél. astron. et mathém., fils du précéd. 1620-1695.

Huyot (J.-N.), archit. Paris. 1780-1840.

Huysmans (Corn.), dit de Malines, peint. Anvers, 1648-1727.

Huysum (J. van), peint. Amsterd., 1682-1749. = Juste et Ja., ses frères, furent aussi peintres.

Huzard (J.-B.), agron. et vétér., memb. de l'Inst. Paris, 1755-1839.

Hyacinthe (St), dominic., prédic. Breslau, 1183-1257.

Hyder-Ali, conquér. ind., d'origine ar. N. près Kolar (Maïssour), 1718; m. 1792.

Hygin (St), pape. Succ. de Télesphore, 138; m. v. 142.

Hygin (Caïus Julius Hyginus), gramm. lat., affranchi d'Auguste. N. Alexandrie ou Esp.

Hypatia, fille de Théon, mathém. d'Alexandrie, professa les mathém. et la philos. N. Alexandrie, 370; massac., 415.

Hypatodore ou *Hécatodore*, sculpt. grec. Viv. 372 av. J.-C.

Hypérides, orat. athén., disc. de Socrate. Mis à m. 322 av. J.-C.

Hypsiclès, mathém. d'Alexandrie, 146 av. J.-C.

Hyrcan Ier (J.), souv. pontife et roi des Juifs, fils et succ. de Judas Machabée, 135 av. J.-C. = II, souv. pontife et roi des Juifs, fils d'Alexandre Jannée. Mis à m., 30 av. J.-C.

— I —

Iacaia, avent. turc. Tenta, v. 1655, de détrôner Achmet Ier, en se donnant pour fils de Mahomet III.

Ibarra (Joach.), cél. impr. esp. Saragosse, 1725-1785.

Ibas, Syrien, év. d'Edesse en Mésopot., partis. du nestorianisme. M. 457.

Ibn-al-Atsir, cél. hist. ar. N. Mésopot., 1160; m. 1233.

Ibn-al-Couthyah, lexicogr., gramm. et hist. ar.-esp. M. Cordoue, 978.

Ibn-al-Faradhy, hist. ar.-esp. M. à la prise de Cordoue, 1012.

Ibn-al-Khetib, hist. et biogr. ar. d'Esp. N. Grenade, 1313; m. en prison, 1374.

Ibn-al-Mokaffa, écriv. persan d'origine. M. v. 757.

Ibn-al-Alwardy, géogr. et poëte ar. M. Alep. 1350.

Ibn-Ayyas, géogr. et hist. ar. du 16e s.

Ibn-Djoldjol, méd., biogr. et trad. ar. Cordoue, v. 950.

Ibn-Doreid, poëte et gramm. ar. Basrah, 838; Bagdad, 933.

Ibn-el-Awam, agron. ar. du 12e s.

Ibn-Khaldoun, hist., jurisc., litt. Tunis, 1332; Caire, 1406.

Ibn-Khilcan, biogr. et hist. ar. Arbel, 1211-1281.

Ibn-Wasil, hist., philos., jurisc., litt. Hamah (Syrie), 1207-1268.

Ibn-Younis, cél. astron. ar. 979-1008.

Ibrahim (Aboul-Abdallah), fondat. de la dynast. des Aglabides, gouv. de l'Afrique sous Haroun-al-Raschid. M. 809.

Ibrahim, emp. ottom. Succ. de son frère Amurah IV, 1640; étranglé, 1649.

Ibrahim, dit Halepy, cél. jurisc. ottom. N. Alep, v. 1460; m. 1549.

Ibrahim-Bey, fam. chef des Mamelouks. N. Circassie; m. Dongola (Nubie), 1816.

Ibrahim-Pacha, fils de Méhémet-Ali, vice-roi d'Égypte, cél. milit. et administrat N. à la Cavale, 1792; m. 1848.

Ibycus, poëte lyr. de Rhégium (Italie). V. 560 av. J.-C.

Ickstadt (J.-Adam, bar. d'), jurisc. all. 1720-1776.

Ictinus, archit. grec. V. 450 av. J.-C.

Idace, év. esp., chroniq. du 4e s.

Ide (Ste), comtesse de Boulogne, fille de Godefroy le Barbu, duc de Lorraine. 1040-1113.

Ideler (L.), chronol., profess. d'astron. N. Perleberg (Brandeb.), 1766; m. 1846.

Ides (Everard-Ysbrantz), voyag. all. du 16e s.

Ienichen (Gottlieb-A.), jurisc., philol., hist. Leipzig, 1709-1759.

Iermak, chef de Cosaques, conquér. de la Sibérie. N. v. 1550; m. 1585.

Iiezdedjerded, nom de 5 rois de Perse, de la dynast. des Sassanides, m. 419, 457 et 650.

Iffland (A.-Gu.), aut. et act. Hanovre, 1759-1814.

Ignace (St), surnommé Théophore, doct. de l'Église, év. d'Antioche. N. Syrie; martyrisé 107 ou 116. = (St), patriarche de Constantinople, fils de l'emp. Michel Ier. Élu, 846; m. 877.

Ignace de Loyola (St), d'abord milit., puis fondat. de l'ordre des jés., à Paris, en 1534. N. château de Loyola (Biscaye), 1491; m. 1556.

Ignarra (l'abbé N.), théol., antiq., litt. ital. Pietrabianca, 1728-1808.

Igor Ier, gr.-duc de Russie. Succ. d'Ologer, 913; tué dans un comb., 945. = II, ou *Igor-Olgowitch*, gr.-prince de Russie. Succ. de Wsewolod II, 1146; assass., 1147.

Ihre (J.), philol. et litt. suédois. Lund, 1707-1780.

Iken (Conrad), oriental. et théol. all. Brême, 1689-1753.

Ildefonse (St), archev. de Tolède. Tolède, 607-669.

Ilicino (Bern.), litt., poëte, méd. ital. du 15e s.

Ilive (Jacob), impr. et écriv. angl. M. 1763.

Imad-Eddahlah (Ali) Ier, roi de Perse de la dynast. des Bouïdes. M. 949.

Imad-Eddyn (Mohammed), hist., litt., poëte. Ispahan, 1125-1201.

Imbert (Jo.-Gab.), peint. N. Marseille, 1654; m. chartreux, 1740. = (Gu.), litt., trad. N. Limoges, v. 1743; m. 1808. = (Bart.), poëte, romanc., aut. dram. Nîmes, 1747-1790.

Imbert-Colomès, député au cons. des cinq-cents. Lyon, 1725-1809.

Imhof (Ja.-Gu.), hist. généal. Nuremberg, 1651-1728. = (Gust.-Gu.), gouv. gén. des établiss. holl. dans l'Inde. Amsterd., 1705-1750.

Imilcon, gén. carthag. Se donna la m. 395 av. J.-C.

Imparato (F.), peint. napolit. M. 1565. = (Ferrante), natural. du 16e s. N. Naples.

Imperiale (F.), poëte esp. du 14e s.

Imperiali (J.-Vinc.), homme d'Etat et poëte. N. Gênes; m. 1645. = (J.), méd. et biogr. N. Vicence, 1602; m. v. 1670. = (Jo.-Re.), card., gouv. de Ferrare. Gênes, 1651-1737.

Imperiali-Lercari (F.-M.), doge de Gênes, qui vint offrir sa soumission à Louis XIV, après le bombardem. de Gênes, en 1684.

Ina, roi de Wessex, un des roy. de l'heptarchie saxonne, de 689 à 726.

Inchbald (Elisab. Simpson, ou mistriss), actrice et femme aut. angl. 1753-1821.

Inchofer (Melchior), jés. hongrois, jurisc., hist., astron. Ginsin, 1584; Milan, 1648.

Indebilis, prince des Inergètes (peuple de l'Hispanie), vaincu par Cn. Scipion, 218 av. J.-C.

Inès de Castro, noble Castillane, bél. par l'amour qu'elle inspira à don Pèdre, fils d'Alphonse IV. Celui-ci la fit assass.

Ingeburge ou *Ingelburge*, reine de Fr., fille de Valdemar Ier, roi de Danemark. Epousa Philippe-Auguste, 1193; m. Corbeil, 1236.

Ingenhousz (J.), méd., bot., physic. Bréda (Brabant), 1730-1799.

Inghirami (Th.-Fedra), poëte et orat. lat. Volterra, 1470-1516. = (Curzio), antiq. Volterra, 1614-1655.

Ingouf (F.-R.), grav. Paris, 1747-1812.

Ingrassias (J.-Ph.), anat. N. Palerme, v. 1510; m. 1580.

Inguimbert (Jo.-Domin.), théol., év. de Carpentras. Carpentras, 1683-1757.

Inguife, chroniq. angl. Londres, 1030-1109.

Innocent Ier (St), pape. Succ. d'Anastase, 402; m. 417. = II (Grég. Papi). Succ. d'Honorius II, 1130; m. 1143. = III (Lothaire Conti). Succ. de Célestin III, 1198; m. 1216. = IV (Sinibalde de Fiesque). Succ. de Célestin IV, 1243; m. 1254. = V (P. de Tarentaise). N. Savoie; succ. de Grégoire X, 1276; m. même année. = VI (Et. d'Albret). N. Beissac (Limousin); succ. de Clément VI, 1352; m. 1362. = VII (Cosmat de Meliorati). N. Sulmone (Abruzze), v. 1334; succ. de Boniface IX, 1404; m. 1406. = VIII (J.-B. Cibo). N. v. 1432; succ. de Sixte IV, 1484; m. 1492. = IX (J.-Ant. Fachinetti). N. Bologne, 1519; succ. de Grégoire IV, 1591; m. même année. = X (J.-B. Panfili). N. Rome, v. 1575; succ. d'Urbain VIII, 1644; m. 1655. = XI (Be. Odelcalchi). N. Lombardie, 1611; succ. de Clément X, 1676; m. 1689. = XII (Ant. Pignatelli). N. Naples, 1632; succ. du précéd., 1692; m. 1700. = XIII (Ma.-Ange Conti). N. 1655; succ. de Clément XI, 1721; m. 1724.

Intieri (Bart.), mathém., mécan. et écon. N. Pistoie, v. 1672; m. Naples, 1757.

Intorcetta (Prosp.), jés. et missionn. en Chine. Piazza (Sicile), 1625; Chine, 1696.

Inveges (Augustin), hist. sicil. 1595-1677.

Iphicrate, gén. athén. M. 350 av. J.-C.

Irailh (A.-Sim.), relig., hist. et litt. Puy-en-Velay, 1709-1794.

Irène, impératr. de Constantinople. N. Athènes, v. 752; épousa le fils de Constantin Copronyme, dep. Léon IV, 769; régente, 780; détrônée, 802; m. 803.

Irénée (St), év. de Lyon. N. Grèce, 120 ou 140, martyrisé sous Septime-Sévère, v. 202.

Ireton (H.), gén. angl. M. Limerick, 1651.

Iriarte (Ign.), peint. de l'école esp. Azcoitia (Guipuscoa), 1620-1685.

Irico (l'abbé J.-And.), hist., litt., archéol., philos. Trino (Piémont), 1704-1782.

Irnerius (Werner ou Garnier), jurisc. N. Allemagne ou Milan, v. 1065; m. ap. 1138.

Irwin (Eyler), poëte angl. Calcutta, 1751; Londres, 1817.

Irwing (C.-F. d'), philos. all. Berlin, 1728-1801.

Isaac, fils d'Abraham et de Sara. N. 1892 av. J.-C.; m. 1712.

Isaac Comnène, emp. grec, fils d'un préfet de l'Orient. N. Rome; procl., 1057; abdiqua, 1059; m. 1051.

Isaac l'Ange, emp. grec. Procl. à la place d'Andronic Comnène, 1185; détrôné et mis à m., 1204.

Isaac Levita, sav. rabbin du 16e s.

Isabeau de Bavière. V. Isabelle.

Isabelle (Ste), sœur de St Louis, fondat. du monast. de Longchamp; en 1261; m. 1271.

Isabelle de France, reine d'Anglet., fille de Philippe le Bel. N. 1292; épouse d'Edouard II, roi d'Anglet., 1308; m. en prison, 1358. = *de Bavière*, reine de Fr., fille d'Etienne II, duc de Bavière. N. 1371; épouse de Charles VI, 1385; m. 1435. = *de Castille*, reine d'Esp., fille de Jean II, roi de Castille et épouse de Ferdinand, roi d'Aragon. N. 1450; reine à la m. de son frère, 1474; m. 1494. = *d'Autriche* (Claire-Eugénie), fille de Philippe II, roi d'Esp., et épouse d'Albert, fils de Maximilien II. N. 1566; m. 1633.

Isaïe, le 1er des 4 gr. prophètes, fils d'Amos et nev. d'Amasias, roi de Juda. Supplicié v. 694 av. J.-C.

Isarn (Sam.), poëte et litt. N. Castres, 1637.

Isaure. V. Clémence.

Isboseth, fils de Saül, qui disputa le trône à David. Assass. v. 1047 av. J.-C.

Isée, orat. grec du 5e s. av. J.-C.

Iselin (Ja.-Christ.), théol., litt., oriental. et poëte lat. Bâle, 1681-1737. = (Isaac), philos. all. Bâle, 1728-1782.

Isiaslav, nom de 3 princes qui ont régné en Russie. M. 1078, 1154 et 1161.

Isidore de Charax, hist. et géogr. grec du 3e s. av. J.-C.

Isidore (St), d'Alexandrie. N. Égypte, v. 318; m. Constantinople, 404. = (St), de Péluse. N. Alexandrie, 4e s.; m. 450. = (St), de Séville, chroniq., érud., écriv. eccl. N. Carthagène, v. 570; m. 636.

Isidore Mercator ou Peccator, écriv. ecclés. du 8e s. = Théol., card., archev. de Thessalonique, patriarche de Kiev. 15e s.

Isla (le P.), jés. esp., prédic., litt. Ségovie, 1714; Bologne, 1783.

Ismaël, fils d'Abraham et d'Agar, esclave égypt. 2280 av. J.-C. M. à 137 ans.

Ismaël (Chah), fondat. de la dynast. des Sophys de Perse. 1487-1524.

Ismaël II, roi de Perse, p.-fils du précéd. Empois., 1577.

Isnard (Maximin), memb. de la convent. et du cons. des cinq-cents. N. Grasse (Var), 1755; m. v. 1830.

Isocrate, cél. orat. athén. N. 436 av. J.-C. Se laissa mourir de faim à l'âge de 99 ans.

Issachar, 5e fils de Jacob et de Lia, chef d'une des 12 tribus.

Isselt (M. d'), hist. et prédic. N. Dokhum (Frise); m. 1597.

Istria. V. Capo-d'Istria.

Italinski (And. d'), diplom., érud. N. Pologne, 1743; m. Rome, 1827.

Ittig (Th.), hist., bibliogr. Leipzig, 1643-1710.

Iturbide (don Augustin), emp. du Mexique. N. Valladolid de Mechoacan, 1784; procl. 1822 par les indépendants; fusillé, 1824.

Ivanof (Feodor-Feodorowitch), aut. dram. russe. N. 1777; m. Moscou, 1816.

Ives (Ed.), chir. et voyag. angl. du 18e s.

Ivory (Ja.), géom. angl. N. v. 1785; m. 1812.

Iwan, nom de 5 princes qui ont régné en Russie. Les seuls remarq. sont: *Iwan* III (Wassiliewitch), qui délivra son pays de

la dominat. des Tartares. N. 1441; succ. de Wasili III, 1462; m. 1505. = IV (Wassiliewitch), dit le Terrible, 1er czar de Russie. N. 1529; succ. de son père Basile, sous la tutèle de sa mère, 1533; m. 1584.

Iwan, roi de Suède et de Danemark, dans le 7e s.

Ixnard (M. d'), archit. Nîmes, 1723-1795.

Ixtlilxochitl (Fer. d'Alva), hist. mexic. du 17e s.

Ixiocalt II, 4e roi du Mexique, de 1433 à 1445.

Izquierdo (don Eugenio), diplom. esp. M. Paris, v. 1816.

Izzen-Chollach, poëte turc du 18e s.

— J —

Jaapler (Ebn-Tophail), philos. ar. M. 1198.

Jabin, nom de 2 roi d'Azer dans le pays de Canaan. Le 1er fut vaincu et mis à m. par Josué, v. 1600; et le 2e tué par Débora et Barac, 1396 av. J.-C.

Jabineau (H.), prédic., puis avocat. N. Etampes, v. 1740; m. 1792.

Jablonowski (J., comte de), aïeul du roi Stanislas, poëte et trad. polonais, au 17e s. = (Jo.-Al., prince de), de la fam. du précéd., litt. 1712-1777. = (Vladislas), gén. polon. au service de la Fr. 1769-1802.

Jablonski (Pa.-E.), oriental., antiq. Berlin, 1693-1757. = (C.-Gust.), natural. all. 1756-1787.

Jackson (W.), composit., organ., litt. angl. Exeter, 1731-1803. = (J.), litt. angl. M. 1807. = (W.), hellén., év. d'Oxford. Stramford, 1756-1815. = (le gén. André), présid. des Etats-Unis. N. Caroline du Sud, 1767; m. 1845.

Jacob, patriarche, fils d'Isaac et de Rébecca. N. 2206 av. J.-C.; m. v. 2061.

Jacob de St-Charles (le P. L.), carmélite, bibliogr. Châlon-s.-S., 1608-1670.

Jacob Kolb (Gér.), litt., archéol. Reims, 1775-1850.

Jacobaeus (Oliger), natural., méd., hist., géogr. danois. 1650-1701.

Jacobi (J.-G.), poëte et philos. all. Dusseldorf, 1740-1814. = (Fréd.-H.), cél. philos. all. Dusseldorf, 1743-1819.

Jacobs (P.-F.), peint. Bruxelles, 1780; Rome, 1808. = (Fréd.), hellén., trad. Gotha, 1764-1847.

Jacobsen ou *Jacobson* (M.), cél. marin, dit le Renard de Mer, amiral au service de l'Esp. N. Dunkerque v. 1550; m. 1633.

Jacopone, avoc. et poëte ascét. N. Todi (Ombrie); m. 1506.

Jacotin (le colonel P.), ingén.-géogr. Champigny (près Langres), 1765-1827.

Jacotot (P.), physic., mathém., astron. Dijon, 1755-1821. = (J.-Jo.), cél. institut., invent. d'une nouvelle méthode d'enseign. universel. Dijon, 1770; Paris, 1840.

Jacquart (Ma.-Jo.), mécan., invent. du métier à tisser qui porte son nom. Lyon, 1752-1834.

Jacquelin (Ja.-And.), litt., poëte, chansonn. Paris, 1776-1827.

Jacqueline, comtesse de Hollande, fille de Guillaume VI, comte de Hollande. N. 1400; détrônée 2 fois; m. 1436.

Jacquemard (Et.), poëte et gramm. Paris, 1772-1830.

Jacquemont (Vict.), natural. et voyag. Paris, 1801; Bombay, 1832.

Jacques (St), dit le Majeur, l'un des 12 apôtres, fils de Zébédée et frère de St Jean l'évang. Mis à m. 44. = (St), dit le Mineur, 1er év. de Jérusalem, frère de St Simon et de St Jude. Assommé en 62. = (St), év. de Nisibe (Mésopot.) au 3e s. M. av. 361.

Jacques Ier, roi d'Ecosse, 2e fils de Robert III. N. 1391; assass. 1437. = II, fils du précéd. N. v. 1430; succ. de son père, 1437; tué 1460, au siége de Roxburgh. = III, fils du précéd. N. v. 1453; succ. de son père, 1460; tué dans une bat., 1488. = IV, fils et succ. du précéd., 1488; tué à Flodden, 1513. = V, fils du précéd. N. 1512; succ. de son père sous la régence de la reine, 1513; m. 1542. = VI et VII. V. les deux suiv.

Jacques Ier, roi d'Anglet. (Jacques VI en Ecosse), fils de Darnley et de Marie Stuart. N. 1566; procl. en Ecosse, 1567; en Anglet., 1603; m. 1625. = II, roi d'Anglet. (VII en Ecosse), fils de Charles Ier et d'Henriette d'Anglet. N. 1633; succ. de son frère Charles II, 1685; détrôné, 1689; m. St-Germain, 1701. = V. STUART.

Jacques ou *Jayme Ier*, dit le Conquérant, roi d'Aragon. N. 1206; succ. de son père Pierre II, 1213; m. Xativa (Esp.), 1216. = II, p.-fils du précéd., d'abord roi de Sicile, sous le nom de Jacques Ier. Succ. de son frère Alphonse III comme roi d'Aragon, 1291; m. Barcelone, 1327.

Jacques Ier, roi de Sicile. V. l'art. précéd.

Jacques ou *Jayme* Ier, roi de Majorque, fils puîné de Jacques Ier, roi d'Aragon. N. Montpell., 1248; m. 1311. = II, p.-fils du précéd. Succ. de Sanche, son oncle, roi de Majorque, 1324; tué dans une bat., 1349.

Jacques de Bourbon, comte de la Marche, 2e mari de Jeanne II, reine de Naples. M. Besançon, 1438.

Jacques (le frère); *Jacques* (le cousin). V. BAULOT et BEFFROY.

Jacques (N.), peint. en miniat. Nancy, 1780-1844.

Jacquet (P.), jurisc. et avoc. N. Grenoble; m. 1766. = (J.-Cl.), avoc. et pamphlet. N. Lons-le-Sauln., v. 1730; m. ap. 1781. = (Le P. L.), jés., litt. Lyon, 1732-1794. = (Eug.-Vinc.), oriental., numism. Bruxelles, 1811-1838.

Jacquier (le P. F.), relig. minime, mathém., théol., philos. Vitry-le-Franç., 1711-1788.

Jacquin (N.-Jo.), bot. et chim. Leyde, 1727-1817.

Jaeck (M.), jurisc. all. 1785-1809.

Jagel, duc de Lithuanie, chef de la dynastie dite de Jagellon. N. v. 1354; roi de Pologne en 1386, sous le nom de Wladislas V; m. 1434.

Jahn (J.), oriental., théol., archéol. all. N. milieu du 18e s; m. 1817.

Jakob (L.-H. de), philos. de l'école de Kant, écon., trad. N. Wettin, 1759; m. 1827.

Jallabert (J.), physic., mathém., philos. Genève, 1712-1768.

Jamblique, cél. philos. platonic. N. Chalcide (Syrie), v. 310. = Romano. grec. N. Syrie, fin du 2e s.

James (Th.), théol. et crit. angl. Newport (île de Wight), 1571-1626. = (Th.), navig. angl. du 17e s. = (R.), méd. angl. Kinverston, 1703-1776.

Jamet (P.-C.), litt. et trad. N. Louvières (Normandie), 1701; m. ap. 1770.

Jamin (dom N.), bénéd., écriv. ascét. Dinan (Bret.), 1750-1782.

Jamyn (Amadis), poëte, secrét. et lect. du roi. N. Chaource (Champ.), v. 1538; m. v. 1585.

Janin (le P. Jo.), relig. august., hist., numism. N. Lyon, 1715; m. sur l'échaf., 1794.

Janitius (Clé.), poëte lat. et hist. polon. 1616-1643.

Janoski (J.-Daniel), bibliogr. polon. 1720-1786.

Jansen (H.), litt., trad. La Haye, 1741-1812.

Jansénius (Corneille), théol., év. de Gand. Hulst (Pays-Bas), 1510-1576. = (Corneille), év. d'Ypres, aut. d'ouvrages de théol. qui donnèrent naissance à la secte dite des jansénistes. Acquoi (Holl.), 1585; m. de la peste, 1638.

Janson, dit le Vieux, peint. holl. 1729-1784.

Janson (Toussaint de Forbin de), card., év. de Beauvais, mabass., gr. aumôn. de Fr. N. Provence, 1625; m. Paris, 1713.

Janssens (Willems van), gén. holl. Nimègue, 1762-1835.

Jantet (Ant.-F., abbé), mathém. Bief-du-Fourg (F.-Comté), 1747-1805.

Janvier (St), év. de Bénévent. Martyrisé sous Dioclétien.

Janvier (dom Ré.-Ambr.), bénéd., poëte et trad. Ste-Suzanne (Maine), 1614-1682. = (Antide), horlog.-mécan. St-Claude, 1751; Paris, 1835.

Japhet, fils de Noë. N. 2448 av. J.-C.

Jaquot (Blaise), jurisc. N. Besançon v. 1580; m. ap. 1632.

Jardel, archéol. et biblioph. N. Braine (Soissonn.), v. 1720; m. ap. 1795.

Jardin. V. DUJARDIN.

Jardinier (Cl.-Donat), grav. Paris, 1726-1774.

Jaropol ou *Jaropolk Ier*, gr.-duc de Russie, de 973 à 980. = II, gr.-duc de Russie et gr. prince de Kiew. M. 1138.

Jaroslaw (Jouri ou George), gr.-duc de Russie et fils de Wladimir Ier. Succ. de Swiatopolk, 1018; m. 1054.

Jars (Gab.), minéralog., métall. Lyon, 1732-1769.

Jarry (N.), cél. calligr. N. Paris, v. 1620; m. av. 1674. = (Laur. Juilhard, dit du), poëte, prédic. N. Jarry (près Saintes), v. 1658; m. 1730.

Jason, tyran de Phères (Thessalie). N. v. 415 à 416 av. J.-C.; assass. v. 371 av. J.-C.

Jaubert (le chev. Amédée), oriental., memb. de l'acad. des inscr. Aix, 1779; Paris, 1847.

Jaucourt (L. de), méd., philos., litt. Paris, 1704-1779.

Jeaugeon (N.), mécan. et archéol., memb. de l'acad. des sc. M. Paris, 1725.

Jault (Augustin-F.), jés., méd., oriental. Orgelet (Fr.-Comté), 1700-1757.

Jaureguі y Aguilar (J. de), peint., poëte, trad. Tolède, 1566-1607.

Jaussin (L.-Arnaud), hist. M. Paris, 1767.

Jean-Baptiste (St), fils de Zacharie et d'Elisabeth, prêcha la venue du Messie. Mis à m. 32. = *Jean* l'Evangéliste (St), un des 12 apôtres, fils de Zébédée. N. Bethsaïde (Galilée); m. 99. = (St), dit l'Aumônier, patriarche d'Alexandrie. N. Amathonte (Chypre), v. 550; m. v. 619. = *de Matha* (St), fondat. de l'ordre des trinitaires. N. Provence, 1161; m. 1213. = *de Dieu*. V. DIEU.

Jean, emp. rom. Procl. à la m. d'Honorius, 423; décap., Aquilée, 425.

Jean Ier, dit Zimiscès, emp. d'Or. Succ. de Nicéphore Phocas, 969; empois., 976. = II (Comnène), fils d'Alexis Comnène et son succ., 1118; m. 1143. = III, IV, V, VI, VII. V. VATACE, LASCARIS, CANTACUZÈNE, PALÉOLOGUE.

Jean Ier (St), pape. N. Toscane; succ. d'Hormisdas, 523; m. prisonn., Ravenne, 526. = II, dit Mercure, N. Rome; succ. de Boniface II, 533; m. 535. = III, dit Catelin, N. Rome; succ. de Pélage Ier, 560; m. 573. = IV, de Dalmatie. Succ. de Séverin, 640; m. 642. = V, Syrien. Succ. de Benoît II, 685 ou 686; m. 686. = VI, Grec. Succ. de Sergius Ier, 701; m. 705. = VII, Grec. Succ. de Jean VI, 705; m. 707. = VIII, Romain. Succ. d'Adrien II, 872; m. 882. = IX, bénéd. N. Tibur; succ. de Théodore II, 898; m. 900. = X, Romain. Succ. de Landon, 914; mis à m., 928. = XI, fils d'Albéric, duc de Spolète. N. 906; succ. d'Etienne VII, 931; m. prisonn., Rome, 936. = XII (Octavien), Romain. N. 938; succ. d'Agapet II, 956; déposé, 963; m. 964. = XIII, dit Poule blanche, Romain. Succ. de Léon VIII, 965; m. 972. = XIV (Pi.). N. Pavie; succ. de Benoît VII, 983; m. prisonn., Rome, 984. = XV, fils de Robert. Succ. du précéd., 984; m. 985. = XVI, Romain. Succ. de Jean XV ou de Jean XIV, 985; m. 996. = XVII (Philagathe), antipape. Elu 997; m. 998. = XVIII (Phasian), pape. N. Rome; succ. du précéd., 1003; abdiqua, 1009; m. même année. = XIX, d'abord consul, duc et sénat. de Rome; élu pape à la m. de Benoît VIII, 1024; m. 1033. = XX ou XXI (P.-Julien). N. Lisbonne; succ. d'Adrien V, 1276; écrasé par son palais, 1277. = XXII (Ja. d'Euse), succ. de Clément V, 1316; m. 1334. = XXIII (Balt. Cossa), N. Naples; succ. d'Alexandre V, 1410; déposé, 1414; m. 1419.

Jean Ier, roi de France et de Navarre, fils posthume de Louis X. N. et m. 1316. = II, dit le Bon, roi de France, fils de Philippe V. N. 1319; prisonn. en Anglet. de 1356 à 1360; m. 1364.

Jean dit *Sans-Terre*, roi d'Anglet., 5e fils de Henri II. N. 1166; succ. de son père Richard Cœur de Lion, 1199; m. 1216.

Jean Ier, roi de Castille et de Léon, fils de Henri II. N. 1358; succ. de son père, 1379; m. 1390. = II, roi de Castille et de Léon, fils de Henri III. N. 1405; succ. de son père, 1406; m. 1454.

Jean Ier, dit *le Grand*, roi de Portugal, fils naturel de Pierre Ier. N. 1357; reconnu régent 1383, roi 1385; m. 1433. = II, fils d'Alphonse V. N. 1455; succ. de son père, 1481; m. 1495. = III, fils d'Emmanuel. N. 1502; succ. de son père, 1521; m. 1557. II, duc de Bragance. Elu roi de Portugal, 1654; m. 1656. = V, fils de Pierre II. Succ. de son père, 1689; m. 1750. = VI, 2e fils de Pierre III. N. 1761; régent 1799; succ. de la reine, 1816; m. 1826.

Jean d'Albret, roi de Navarre en 1484; détrôné 1512; m. 1516.

Jean Ier, roi de Suède, fils de Suercher III. Succ. d'Eric, 1220; m. 1223. = II. V. ci-après JEAN, roi de Danemark et de Suède. = III, fils de Gustave Ier. N. 1537; succ. de son frère Eric XIV, roi de Suède, 1568; m. 1592.

Jean, roi de Danemark et de Suède, fils de Christian Ier. N. 1455; succ. de son père, 1481; roi de Norwége, puis de Suède, 1483; m. 1513.

Jean-Albert, duc de Pologne, 3e fils de Casimir IV. N. 1459; procl. à la mort de son père, 1492; m. 1501.

Jean de Luxembourg, dit l'Aveugle, roi de Bohême, fils de l'emp. Henri VII. N. 1295; élu, 1310; tué à Crécy, 1346.

Jean, dit sans Peur, duc de Bourgogne. N. Dijon, 1371; succ. de son père Philippe le Hardi, 1404; assass. Montereau, 1419.

Jean, nom de 6 ducs de Bretagne, qui ont régné: *Jean* Ier, dit le Roux, 1237 à 1286; = II, 1286 à 1305; = III, dit le Bon, 1312 à 1341; = IV, dit Jean de Montfort, m. 1345. Il disputa la couronne ducale à Charles de Blois, et n'est pas compté par quelques hist. au nombre des ducs de Bretagne; = V (ou IV), dit le Vaillant, 1364 à 1399; = VI (ou V), 1399 à 1442.

Jean Ier, duc de Lorraine, fils et succ. de Raoul, 1346; m. 1390. = II, duc de Lorraine et de Calabre, roi de Naples, fils de René d'Anjou. 1424-1470.

Jean Philopon, gramm. d'Alexandrie. N. 6e s.; m. 608.

Jean de Salisbury. V. SALISBURY.

Jean Diacre, hist. N. Naples, 10e s.

Jean Italus, philos. ital. du 12e s.

Jean de Paris, dominic., sav. théol. du 13e s.

Jean de Bruges. V. EYCK.

Jean Paul. V. RICHTER.

Jean Calcar, *Jean de Leyde*, etc. V. CALCAR, LEYDE, etc.

Jeanne (Ste). V. JEANNE DE VALOIS.

Jeanne de Navarre, reine de France, fille de Henri Ier, roi de Navarre. N. 1272; épouse de Philippe le Bel, 1284; m. 1305.

Jeanne de Bourgogne, reine de France, fille d'Othon IV, comte palatin de Bourgogne. Epouse de Philippe le Long, 1307; m. Roye, 1329.

Jeanne de Valois (Ste), fille de Louis XI, épouse du duc d'Orléans, et fondatr. de l'ordre de l'Annonciade. 1464-1505.

Jeanne d'Albret, reine de Navarre, fille de Henri d'Albret, roi de Navarre. N. 1528; épouse de Antoine de Bourbon, duc de Vendôme, 1548; succéda à son père, 1555; m. 1572.

Jeanne Ire, reine de Naples, fille de Charles, duc de Calabre. Succéda à Robert, son gr.-père, 1343; m. 1382. = II, reine de Naples, fille de Charles de Duras. N. 1368; succéda à son frère Ladislas, 1414; m. 1435.

Jeanne Henriquez, reine de Castille et d'Aragon, épouse en secondes noces de Jean II. M. 1468.

Jeanne la Folle, reine de Castille, fille de Ferdinand le Catholique. 1482-1555.

Jeanne d'Arc, dite la Pucelle d'Orléans. N. Domrémy (Lorraine), 1410; bergère jusqu'à l'âge de 18 ans; obtint alors le commandement d'un petit nombre de soldats, 1429, et délivra quelques jours après Orléans, assiégé par les Angl.; fit sacrer Charles VII à Reims, même année; prisonn. devant Compiègne, 1430; brûlée vive à Rouen, 1431.

Jeanne Hachette. V. HACHETTE.

Jeannin (P., dit le Président), 1er présid. au parlem. de Paris, surintend. des fin. Autun, 1540-1622.

Jeanson (Bart.), mécan. et archit. N. 18e s.; m. 1828.

Jeaurat (Edme-Séb.), astron., mathém. et géogr., memb. de l'Acad. des sc. Paris, 1724-1803.

Jefferson (Th.), 3e présid. des États-Unis. N. Shadwel (Virginie), 1743; m. 1826.

Jefferys (Th.), litt. et géogr. angl. 1678-1755.

Jeffrys, *Jeffreys* ou *Jeffery*, gr.-chancel. d'Anglet. sous Jacques II. M. à la Tour de Londres, 1689.

Jegher (Christ.), grav. en bois. N. Allemagne, 1578; m. 1655.

Jehu, roi d'Israël, fils de Josaphat, 876-848 av. J.-C.

Jelgerhuis (J.), peint. holl. 1776 1836.

Jeliote ou *Geliote* (P.), chanteur. N. Béarn, v. 1710; m. 1788.

Jenisch (Bern., bar. de), oriental., hist. Vienne, 1734-1807.

Jenkinson (Ant.), voyag. et diplom. angl. du 16e s.

Jenner (C.), litt. et poëte angl. 1737-1774. = (Ed.), méd. et natural. angl., invent. de la vaccine. Berkeley (Gloucester), 1749-1823.

Jennings (H.-Constant.), antiq. et litt. angl. 1732-1819.

Jenson (N.), impr. fr. établi à Venise. 1420-1483.

Jenyns (Soame), poëte et litt. angl. 1704-1787.

Jephté, juge des Hébreux, 1243 à 1237 av. J.-C.

Jérémie, l'un des gr. prophètes des Hébreux. N. Anathoth, près Jérusalem, 650 av. J.-C.

Jerningham (Ed.), poëte et aut. dram. angl. 1727-1812.

Jéroboam, roi d'Israël. Elu 962 av. J.-C.; m. 943. = III, roi d'Israël, 817 à 776 av. J.-C.

Jérôme (St), doct. de l'Eglise lat. N. Stridon (Pannonie), v. 331; m. 420.

Jérôme Emiliani (le bienheureux); fondat. de la congrég. des Somasques, en Ital. Venise, 1481-1537.

Jérusalem (J.-Fréd.-Gu.), prédic. protest., litt. Osnabrück, 1709-1789.

Jeuffroy (R.-V.), grav. Rouen, 1749-1826.

Joab, gén. des armées de David. M. 1001 av. J.-C.

Joachaz, fils de Jéhu, roi d'Israël, de 848 à 832 av. J.-C.

Joachaz, roi de Juda, fils de Josias. Usurpa le trône, 608 av. J.-C.; détrôné au bout de 3 mois.

Joachim ou *Eliacim*, frère

aîné du précéd. Roi de Juda, 608 à 597 av. J.-C.

Joachim (St), père de la Ste-Vierge, mis par l'Eglise au nombre des saints.

Joachim, dit le Prophète, relig. de l'ordre de Citeaux, fondat. d'une abbaye à Flora. Celico (Calabre); 1130-1202.

Joachim (G.), dit Rheticus, mathém., astron. Feldkirch (Tyrol), 1514-1576.

Joanès (Vicente-), dit Juan de Joanès, peint. esp. Fuente-de-la-Higuera, 1523-1579. = (Juan Vicente), peint., fils et élève du précéd. Viv. 1606.

Joanice ou *Jean* Ier, dit aussi Calojean, roi de Bulgarie, de 1196 à 1207. M. assass.

Joas, roi de Juda, le plus jeune des fils d'Ochosias. Procl. 870 av. J.-C.; tué 831 av. J.-C. = Roi d'Israël, succ. de Joachaz, son père. M. 817 av. J.-C.

Joatham, fils d'Osias, roi de Juda, 752 à 737 av. J.-C.

Job, cél. patriarche. N. pays d'Ur (entre l'Idumée et l'Arabie), v. 1700 av. J.-C.

Jobert (le P. L.), jés., antiq., numism. Paris, 1637-1719.

Jode (P. de), dit le Vieux, grav. Anvers, 1570-1634. = (P.), dit le Jeune, grav., fils du précéd. N. Anvers, 1602.

Jodelle (Ét.), sieur du Lymodin, aut. dram. et com. Paris, 1532-1573.

Joecher (Chr.-Théop.), méd., érud. Leipzig, 1694-1758.

Johanneau (Eloi), philol., crit. N. Contres, près de Blois, 1770; m. Montreuil, pr. Paris, 1852.

Johannot (C.-H.-Alfred), grav., dessinat. et peint. N. Offenbach, 1800; m. Paris, 1837. = (Tony), peint., dessinat. Offenbach, 1783; Paris, 1852.

Johnson (Benj.), dit Ben-Johnson, cél. aut. dram. angl. 1574-1637. = (C.), aut. dram. angl. M. v. 1744. = (Sam.), poëte, philol., moraliste angl. Lichtfield (Warwick), 1709-1784.

Joinville (J., sire de), cél. chroniq. fr. N. v. 1223; m. v. 1317.

Jolly (Ad.-J.-B. Muffat, dit), aut. com., coméd., grav., mécan. Rainey (Seine-et-O.), 1755-1839.

Joly (Cl.), prédic. Buri-e.-l'Orne, 1610-1678. = (Marc-Ant.), aut. com. Paris, 1672-1753. = (Ph.-L.), philol. et litt. Dijon, v. 1680-1755. = (le P. Jo.-Romain), théol., hist. St-Claude (Fr.-Comté), 1715-1805. = (Ma.-Elisab.), artiste com. et dram. Versailles, 1761-1798. = (Jo.), litt., poëte, trad. N. Salins, v. 1770; m. 1840.

Joly de Bevy (L.-Philib.-Jo.), magist., jurisc. Dijon, 1736-1822. = V. FLEURY.

Jomelli (Nicolo), composit. ital. Aversa, 1714-1744.

Jonadab, fils de Réchab, chef de la secte dite des Réchabites. Viv. v. 860 av. J.-C.

Jonas, le 5e des petits proph. N. v. 800 av. J.-C.; m. v. 761.

Jonathan-ben-Uziel, sav. rabbin. V. 1er ou 2e s. de J.-C.

Jonathas, fils de Saül. Tué dans une bat., 1055 av. J.-C. = Frère de Judas Machabée, cél. gén. des Juifs. Mis à m. 144 av. J.-C.

Joncourt (P. de), prédic. protest. M. La Haye, 1726.

Jones (Inigo), cél. archit. Londres, 1572-1651. = (W.), oriental., jurisc., litt. Londres, 1746; Calcutta, 1794. = (Pa.), cél. marin angl. au service des Améric. N. en Ecosse, v. 1736; m. Paris, 1792. = (G.-Mat.), marin angl., voyag., statistic. N. v. 1776; m. Malte, 1850. = (Gu.), mathém. et astron. angl. 1762-1831. = (J.), hist. irland. 1772-1838.

Jong (L. de), peint. holl. 1616-1697.

Jonsius (J.), philol. all. N. dans le Holstein, 1624; m. 1659.

Jonston (J.), natural. et méd. N. Sambter (Posnanie), 1603; m. Silésie, 1675.

Joram, roi de Juda, de 880 à 877 av. J.-C. = Fils d'Achab, roi d'Israël, de 887 à 876 av. J.-C.

Jordaens (J.), cél. peint. de l'école flam. Anvers, 1594-1678.

Jordan (Et.), peint., sculpt., archit. esp. N. Valladolid, 1543; m. v. 1605. = (C.-Et.), litt. pruss. Berlin, 1700-1745. = (Camille), orat. polit., memb. du cons. des cinq-cents, de la ch. des déput., du cons. d'Etat. Lyon, 1771-1821.

Jornandès, hist. goth et notaire du roi des Alains. Devint év. de Ravenne, v. 552.

Josabeth, fille de Joram, roi de Juda, et femme du gr.-prêtre Joad.

Josaphat, fils d'Asa, roi de Juda, de 904 à 880 av. J.-C.

José (Ant.), aut. dram. portug. N. commenc. du 18e s.; brûlé, 1745.

Joseph, fils de Jacob et de Rachel. Mésopotamie, 2115-2003 av. J.-C.

Joseph (St), époux de Marie et père nourricier de Jésus-Christ, était de la fam. de David et charpent. à Nazareth.

Joseph d'Arimathie, un des princip. citoyens de Jérusalem; fit ensevelir le corps de Jésus, et se joignit plus tard à ses disciples.

Joseph Ier, emp. d'All., fils de Léopold Ier. N. 1676; roi de Hongrie, 1689; des Romains, 1690; emp., 1705; m. 1711. = II, fils de l'emp. François Ier de Lorraine. N. 1741; roi des Romains, 1764; emp., 1765; m. 1790.

Joseph ou *Joseph-Emmanuel*, roi de Portug., fils de Jean V. N. 1714; succ. de son père, 1750; m. 1777.

Joseph (F. Leclerc du Tremblay, dit le P.), capuc., agent et confid. du card. de Richelieu. Paris, 1577-1638.

Joseph, roi d'Esp. V. BONAPARTE.

Josèphe (Flavius), hist. et gén. juif. N. Jérusal., 37; m. v. 95.

Joséphine (Ma.-Rose Tascher de la Pagerie), impératr. des Fr. N. Trois-Ilets (Martinique), 1761; épouse du comte de Beauharnais, 1776; du gén. Bonaparte, 1796; couronnée impératr., 1804; séparée de Napoléon, 1809; m. à la Malmaison, 1814.

Josépin (Jo.-Cesari Giuseppino, dit), peint. Arpino (roy. de Naples), 1560; Rome, 1640.

Josias, roi de Juda. Succ. de son père Amon, 639 av. J.-C.; tué dans une bat., 608.

Josse (St), fils de Juthaël, roi de Bret., et frère de Judicaël, fondat. de plusieurs monast. M. v. 668.

Josse, marq. de Moravie. Elu emp. à la m. de Robert, 1410; m. même année.

Josse (L.), poëte et litt. N. Chartres, v. la fin du 17e s. = (F.), chim. et profess. Paris, 1745-1799.

Josselin, sire de Courtenay, vaill. capit. du 10e s., créé comte d'Edesse par Baudouin, son cousin. M. 1131.

Josué, chef du peuple hébreu; était de la tribu d'Ephraïm. Succ. de Moïse. N. Egypte, v. 1534 av. J.-C.; m. 1424.

Joubert (Laur.), méd. de Henri III. Valence (Dauph.), 1529-1583. = (Bar.-Cath.), gén. de la républ. fr. Pont-de-Vaux (Bresse), 1769; tué Novi, 1799. = (Jo.), écriv. fr., inspect. de l'Univers. N. Montignac (Dord.), 1754; m. 1842.

Jouffroy (J. de), card. et gr. aumôn. de Louis XI. N. Luxeuil v. 1412; m. 1473. = *d'Abbans* (Cl.-F.-Dorothée, marq. de), capit. d'infant. et mécan. N. Fr.-Comté, v. 1751; m. aux Invalides, 1832.

Jouffroy (Théod.-Sim.), philos., profess. Les Pontets (Fr.-Comté), 1796-1842.

Jourdain (Alph.), comte de Toulouse. N. Châtel-Pélerin (Syrie), v. 1103; m. en Terre-Sainte, 1148. = (F.-Cl.), dit dom Maur, bénéd. et archéol. Poligny, 1690-1782. = (Amable-L.-Mo.-M. Bréchillet), oriental., litt. Paris, 1788-1818.

Jourdan (Mat. Jouve), dit Coupe-Tête, assassin révolutionn. N. St-Just (près du Puy), 1749; m. sur l'échaf., 1794. = (J.-B.), maréch. de Fr., gouv. des Invalides. Limoges, 1762; Paris, 1833. = (Athan.-J. Léger), jurisc. fr. St-Aubin (Nièvre), 1791-1826. = (Ant.-Ja.-L.), méd., trad. Paris, 1788-1848.

Journu-Auber (Bern.), comte de Tustal, natural. et agric. Bordeaux, 1748-1815.

Jousse (Dan.), jurisc. Orléans, 1704-1781.

Joussouf (Abou-Amrou-ben-Abd'Alberr), comment. et hist. musulm. N. Cordoue, 979.

Jouve (Jo.), jés., litt. Embrun (H.-Alpes), 1701-1750.

Jouvency (le P. Jo.), jés., cél. human. Paris, 1643; Rome, 1690.

Jouvenet (J.), peint. d'hist., memb. de l'acad. de peint. Rouen, 1647; Paris, 1717.

Jouy (V.-Jo.-Et.), aut. dram., litt. Jouy (Seine-et-O.), 1764; St-Germ., 1846.

Jove (Paul). V. GIOVIO.

Jovellanos (don Gasp. Melchior de), homme d'Etat, aut. dram., litt. N. Gijon (Asturies), 1794; tué 1812.

Jovien (Flavius Claudianus Jovius), emp. rom. N. Singidon (Mysie), 330; procl. 363; m. 364.

Jovin, consul rom., homme de guerre. N. Reims, 4e s.; m. 370. = Fils ou p.-fils du précéd. Procl. emp., 411; décap., 415.

Jovinien, hérés. du 4e s., moine de Milan.

Joyeuse, anc. fam. du Gévaudan. Ses princip. memb. sont: = Anne de Joyeuse, d'abord baron d'Arques, favori de Henri III, amiral, duc et pair, gouv. de Normandie. N. 1561; tué à Coutras, 1587. = François, frère du précéd., successiv. arch. de Narbonne, de Toulouse, de Rouen, puis card. N. 1562; m. Avignon, 1615. = Henri, frère des précéd., d'abord comte du Bouchage, et successiv. capuc. sous le nom de frère Ange, chef des Ligueurs, maréch. de Fr., enfin moine pour la 2e fois. N. 1567; m. Rivoli, 1608. = Jean-Armand, maréch. de Fr. 1631-1710.

Juan d'Autriche (don), cél. capit. du 16e s., fils natur. de Charles-Quint. Ratisbonne, 1546; Bouge, près Namur, 1578. = Fils natur. de Philippe IV, roi d'Esp., reconnu par son père et command. de ses troupes en Ital. Madrid, 1629-1679.

Juan y Santacilia (don G.), mécan. et physic. esp. 1712-1774.

Juba, roi de Numidie, fils d'Hiempsal, et son succ. v. 50 av. J.-C. Se fit tuer, 46 de J.-C. = II, fils du précéd. Elevé à Rome, puis roi des 2 Mauritanies et d'une partie de la Gétulie, 50 av. J.-C.; m. 23 de J.-C.

Jubé (A.), bar. de la Pérelle, maréch. de camp. hist. Leuville, près Montlhéry, 1765-1824.

Juda, 4e fils de Jacob, et chef d'une des 12 tribus. = (Lé. de), hérés. Alsace, 1482-1542.

Juda Kakkadosch, rabbin, fondat. de l'école de Tibériade. N. Séphora (Galilée), 120; m. 194.

Juda Rab, fam. doct. Amoraïm. Viv. 3e s.

Judas Machabée, cél. gén. juif. Tué dans une bat., 160 av. J.-C.

Judas Iscariote, l'un des 12 apôtres. N. Iscariote (tribu d'Ephraïm); vendit Jésus, et se pendit de désespoir.

Judas Levita, sav. juif, poëte, philos., gramm. esp. 1090-1140.

Jude (St), apôtre, frère de St Jacques le Mineur et de St Simon, et cousin-germ. de Jésus. M. en Perse ou en Arménie, v. 80.

Judicael, roi de la Bretagne armoricaine, v. 632. M. dans un monast., 658.

Judith, héroïne juive, veuve de Manassès, citoyen de Béthulie (tribu de Siméon). Sauva la ville en tuant Holopherne, gén. de Nabuchodonosor, roi d'Assyrie, v. 659 av. J.-C.

Judith, fille de Welf, comte de Revensberg ou Altdorf (Bav.). Epouse de Louis le Débonnaire, roi de Fr., 819; m. 843.

Juel (N.), lieut.-gén. et amiral danois, 1629-1697.

Juénin (P.), hist. Bourg-en-Bresse, 1668-1749.

Juge de St-Martin, agron. Limoges, 1743-1824.

Jugler (J.-Fréd.), bibliogr. all. 1714-1791.

Jugurtha, roi de Numidie, fils de Mastanabal. Vaincu par les Rom., livré à Sylla et mis à m., 106 av. J.-C.

Juigné (Ant.-Éléon.-Lé. Leclerc de), archev. de Paris de 1781 à 1791. Paris, 1728-1811.

Jules (St), pape. N. Rome; succ. de St Marc, 337; m. 353. = II (Julien de la Rovère), pape. N. Abizal, près Savone, 1441; succ. de Pie III, 1503; m. 1513. = III (J.-Ma. Giocchi), pape. N. Rome, 1487; succ. de Paul III, 1550; m. 1555.

Jules Romain (Giulio Pippi, connu sous le nom de), cél. peint. et archit. Rome, 1492-1546.

Julia Domna (Pia Felix Augusta), femme de l'emp. Septime Sévère. N. Apamée (Syrie), v. 170; m. v. 217.

Julie, fille de César et de Cornélie, et femme de Pompée. M. v. 55 av. J.-C. = Fille d'Auguste et de Scribonie, et femme de Marcellus, d'Agrippa, enfin de Tibère. N. v. 39 av. J.-C.; m. de faim, v. 14.

Julie (Ste), vierge et martyre. N. Carthage; m. pour la foi, Corse, v. 439.

Julien (Flavius Claudius Julianus), dit l'Apostat, emp. rom., fils de Jules Constance et neveu de Constantin. N. Constantinople, 331; d'abord gouv. des Gaules; procl. emp., 361; m. 363.

Julien (St), apôtre et 1er év. du Mans. M. v. 286. = (St), contemp. du précéd. et martyrisé sous Dioclétien.

Julien (le comte), gouv. de l'Andalousie et de Ceuta en Afrique. Combattit contre les Maures de 708 à 710, et avec eux à la bat. de Xérès.

Julien (le card.), légat en Allem., en Hongrie et en Pologne. N. Rome, 1398; m. v. 1444.

Julien (P.), stat. fr. St-Paulien (Auv.), 1731-1804. = (Sim.), dit Julien de Parme, peint. Toulon, 1736-1800.

Julienne (Ste), vierge, martyrisée, Nicomédie, 308.

Jullien (Marc-Ant.), dit de Paris, écriv. fr., public. Paris, 1775-1848.

Julyat (Ferry), poëte fr. N. Besanç., 16e s.

Jumelin (J.-B.), méd., physic., chim. fr. 1745-1807.

Junge (Joach.), philos. et natural. all. Lubeck, 1587-1657.

Jungermann (God.), trad. et comment. N. Leipzig; m. 1610.

Junker (G.-Adam), jurisc. all. Hanau, 1716; Fontainebl., 1805.

Junot (Andoche), maréch. d'emp., duc d'Abrantès. Bussi-le-Gr., près Sémur, 1771; Paris, 1813. = (Laure Permon), femme du précéd., duchesse d'Abrantès, femme litt. Montpellier, 1784; Paris, 1838.

Junquières (J.-B. de), poëte et litt. Paris, 1713-1786. = (J.-B.-Re.), aut. dram., fils du précéd. Villemetry, 1740-1778.

Junte (les), nom d'une cél. fam. d'imprim. ital. à la fin du 15e s.: une branche se fixa à Venise; l'autre à Lyon.

Jurgersen (Gu.), poëte et aut. dram. Schleswig, 1789-1826.

Jurieu (P.), théol. et controvers. protest. Mer (Orléanais), 1637; Rotterd., 1713.

Jurine (L.), méd. et natural. Genève, 1751-1819.

Jussieu (Ant. de), méd., bot., memb. de l'acad. des sc. Lyon, 1686-1758. = (Bern.), cél. bot. du 18e s., memb. de l'acad. des sc., profess., frère du précéd. Lyon, 1699; Paris, 1777. = (Jo. de), méd. et natural., ingén., frère des précéd. Lyon, 1704-1779. = (Ant.-Laur.), bot., profess. au Jard. des Pl., memb. de l'acad. des sc., neveu des précéd. Lyon, 1748; Paris, 1836.

Juste (St), archev. de Lyon, fin du 4e s.

Juste. V. ALEMAGNA.

Juste-Lipse. V. LIPSE.

Justen (Pa.), hist., év. d'Abo (Finlande). N. Viborg; m. 1575.

Justi (J.-H. Gottlob de), minéral. N. Brück, 1720; m. prisonn. à Custrin, 1771.

Justin Ier, dit l'Ancien, emp. d'Or. N. Thrace, 450; procl. 518; m. 527. = II, dit le Jeune. N. Illyrie; succ. de Justinien, son oncle, 565; m. 578.

Justin (St), dit le Philosophe, doct. de l'Église. N. Sichem (Palestine), v. 103; martyr., Rome, v. 167.

Justin, hist. lat. du 2e s. Viv. sous les Antonins.

Justine, impératr. rom., fille de Justus, gouv. du Picenum, et épouse du tyran Magnence, puis de l'emp. Valentinien. M. Thessalonique, 388.

Justine (Ste), vierge et patronne de Padoue. Martyrisée sous Dioclétien.

Justinien Ier, emp. d'Or. N. Tauresium (Dardanie), v. 483; succ. de Justin Ier, son oncle, 527; m. 565. = II, dit Rhinotmète, emp. d'Or. N. v. 670; succ. de Constantin Pogonat, son père, 686; assass., 711.

Juvara (Ph.), archit. Messine, 1685; Madrid, 1735.

Juvénal (Decimus Junius Juvenalis), poëte satir. lat. N. Aquinum, v. 42; m., selon les uns en Egypte, selon d'autres à Rome, à l'âge de plus de 80 ans.

Juvénal ou *Jouvenal des Ursins* (J.), prév. des marchands, puis chancel. de Fr. N. Troyes, v. 1350; m. 1431.

Juvénal des Ursins (J.), hist., archev. de Reims, fils du précéd. M. 1473.

Juvencus (C. Vettius Aquilinus), poëte chrét. N. Espagne, 4e s. = Hist. du 13e s. N. Dalmatie.

Juvenel (Fél.), érud., hist. du 17e s.

— K —

Kaab, poëte ar. M. 662.

Kaas (N.), chancel. de Danemark, théol. 1535-1594.

Kadlubeck (Vinc.), hist. pol. N. Kaskow (Gallicie); m. 1223.

Kaempfer (Engelbert), méd. et voyag. Lemgo (Westphalie), 1651-1716.

Kaestner (Abrah.-Gotthelf), mathém., astron., poëte, Leipzig, 1719-1800.

Kaeuffer (Chr.-Théoph.), hist. Zodel (Prusse), 1757-1830.

Kafour, sultan d'Egypte. D'abord régent; succ. d'Aboul-Casem, 966; m. 968.

Kager (Mathias), peint. et grav. Munich, 1566; Augsbourg, 1634.

Kahle (L.-Mart.), jurisc., litt. Magdebourg (Saxe), 1712-1775.

Kai-Kaous, roi de l'Iran (Perse). Succ. de son père, Kai-Kobad, v. 610 av. J.-C.

Kai-Kaous Ier (Azz-Eddin), 7e sultan de la dynast. des Turcs Sedjoucides d'Anatolie. M. 1219. = II, 10e sultan de la même dynast. M. Seraï sur le Volga, 1278.

Kai-Khosrou, 6e sultan de la dynast. précéd. Tué dans un combat, 1210. = 9e sultan de la même dynast. M. ap. 1244. = 12e sultan de la même dynast. Mis à m. 1283.

Kaïouk, 3e gr. khan ou emp. des Mongols. Procl., 1246; m. 1248.

Kaiserling (Diederich), litt., écriv. N. Courlande, 18e s.; m. 1745.

Kakig Ier, roi d'Arménie, de la race des Pagratides, de 989 à 1020. = II, dernier roi pagratide d'Arménie, p.-fils du précéd. M. assass., 1079.

Kalb (J., bar. de), gén. des armées améric. N. près de Nuremberg, v. 1732; tué dans une bat., 1780.

Kalchberg (J. Népomouk de), aut. dram., hist. Haute-Styrie, 1765-1827.

Kalckreuth (le comte Ade.-Fréd.), feld-maréch. pruss. 1757-1818.

Kalf (Gu.), peint. holl. Amsterdam, 1630-1693.

Kalkar (H. de), dit Æger, chartreux, écriv. ascét. N. Calcar (duché de Clèves); m. 1408.

Kalkbrenner (Chr.), composit. N. Munden (Hesse), 1755; m. Paris, 1806. = (Fréd.), pianiste et composit., fils du précéd. Berlin, 1788; Paris, 1849.

Kall (J.-Chr.), oriental. et philol. pruss. Charlottenbourg, 1714-1775. = (Abrah.), hellén. et hist. Danemark, 1743-1821.

Kalm (P.), voyag. et agron. suéd. Ostro-Bothnie, 1715-1779.

Kamenski (le comte), gén. russe. N. v. 1735; m. ap. 1809.

Kampenhausen (le baron Balthasar de), hist. et public. russe. Livonie, 1772; St-Pétersb., 1823.

Kanne (J. Arnold), oriental., litt., philol. Detmold (Westphalie), 1773-1824.

Kant (Emm.), cél. philos. all. Kœnisberg, 1724-1804.

Kapila, philos. ind. V. le 10e ou le 11e s.

Kapnist (Wasili Wasiliewicht), poëte, aut. com. et trag. Russie, 1756-1813.

Karamzine (N.-Mich.), hist. et litt. russe. Simbirsk, 1765-1826.

Karnkowski (Stan.), hist., théol. N. Pologne, v. 1520; m. 1603.

Karpinski (F.), poëte, aut. trag. et comique polon. N. v. 1760; m. 1813.

Karsten (Wenceslas-J.-Gust.), mathém., physic. Duché de Mecklembourg-Strelitz, 1732-1787. = (F.-Chr.-Et.), sav. agron., frère du précéd. Bützow (Mecklembourg-Schwerin), 1751-1829. = (Did.-L.-Gust.), minéral. et métall. Bützow, 1768-1810.

Katanesich (Mathias-P.), francisc., géogr., numism., archéol., poëte lat. et slavon. Valpo (Slavonie), 1750-1825.

Kater (le capitaine), mathém. et physic. angl. Bristol, 1777; Londres, 1825.

Katona (Et.), hist. Papa (Hongrie), 1732-1811.

Kaufmann (Ma.-Anne-Angélique-Cath.), femme peint. Coire (Suisse), 1741; Rome, 1807.

Kaunitz-Rietberg (Venceslas, prince de), chambell. de l'emp. Charles VI. Vienne, 1711-1794.

Kautz (Constant.-F.-Florian-Ant. de), hist., litt. Vienne (Autriche), 1735-1797.

Kay-Kobad, fond. de la dynast. des Kaïanides de Perse, v. 610 av. J.-C.

Kayssler (Adalbert), philos. all. M. 1822.

Kean (Edm.), cél. act. angl. N. Castle-Court, v. 1787; m. 1833.

Keate (G.), poëte et litt. angl. N. v. 1729; m. 1797.

Keats (sir Rich. Godwin), amiral angl. 1757-1834.

Keder (N.), antiq., numism., poëte. Stockholm, 1659-1735.

Keill (J.), physic., astron. écoss. Edimb., 1671-1721.

Keith (G.), fam. quaker. N. Écosse; m. fin du 17e s. = (G.), aréch. héréd. d'Ecosse, connu sous le nom de Milord Maréchal. N. Kincardineshire, v. 1685; m. près de Potsdam, 1778. = (Ja.), frère du précéd., feld-maréch. au service de la Prusse, ambass. N. Freteressa; tué dans une bat., 1758. = (G. Elphinstone), amiral angl., memb. du parlem. 1746-1823.

Kélaoun (Almalek-Almansour-Saïf-Eddyn), sultan d'Egypte au 13e s. M. 1290.

Kellehoven (Moritz), peint. et grav. Altenrath (duché de Berg), 1768-1831.

Keller (Ja.), en lat. Cellarius, jés., théol., controvers. Seckingen (Souabe), 1568; Munich, 1631. = (J.-Balth.), cél. fond. Zurich, 1638; Paris, 1702. = (G.), ecclés., philos., diplom., hist. all. 1750-1827. = (Dorothée.-L.-Christ., comte de), diplom. pruss. Gotha, 1757-1827.

Kellermann (F.-Christ., duc de Valmy), maréch. et pair de Fr. N. Strasb., 1735; m. Paris, 1820. = (F.-Et.), gén. de divis., pair de Fr. ap. 1830. N. Metz, 1770; m. Paris, 1835.

Kelley (Ed.), poëte lat., alchim. N. Worcester; m. 1695.

Kelly (Hug.), aut. com. et trag., romanc. irland. 1739-1777. = (M.), chant., composit. N. Dublin, v. 1765; m. 1826.

Kemal-Eddyn-Aboul-Kasem Omar, surnommé Ebn-Aladin, hist., litt. et poëte ar. N. Alep, 1292; m au Caire, v. 1361.

Kemble (J.-Ph.), cél. act. angl. Preston, 1757; Lausanne, 1823.

Kempelen (Wolfgang, bar. de), mécan., aut. dram. Presbourg (Hongrie), 1734-1804.

Kemper (J. Melchior), jurisc. Amsterd., 1776-1824.

Kemph (N.), chartreux, philos., théol. N. Strasbourg, v. 1397; m. 1497.

Kempher (Gér.), litt. holl. du 18e s.

Kempis (Th. Haemmerlein, dit *A*), chan. régul. du Mont-St-Agnès, à qui l'on a attribué à tort l'Imitation de J.-C. N. Kempen (Prusse), v. 1380; m. 1471.

Kendi (Abou-Youssouf-Yakoub Ben-Ishah), philos. ar. du 9e s.

Kendrick (J.), navig. améric. N. Boston; tué par accident v. 1800.

Kennedy (Ildefonse), bénéd., natural. Muthel (Ecosse), 1721-1804. = (J.), min. anglic., érud., astron. N. Bradley; m. 1760.

Kennet (White), év. de Péterboroug, écriv., litt. Douvres, 1660-1728. = (Basile), archéol., théol., fils du précéd. Postling (Kent), 1674-1714.

Kenneth, nom de 3 rois d'Ecosse qui régnèrent, le 1er de 604 à 606; le 2e de 833 à 857; le 3e de 976 à 984.

Kennicott (Benj.), prêtre anglic., théol., hébraïs. Totness, 1718-1783.

Kenrick (Gu.), aut. com. et satir. N. Londres; m. 1777.

Kent (W.), peint., dessinat., archit. Yorkshire, 1685-1748. = (Ed.-A., duc de), 4e fils de George III, roi d'Anglet., père de la reine actuelle, Victoria. 1767-1820.

Kenyon (Lloyd, lord), magistr. angl. 1732-1802.

Kepler (J.), cél. astron. Weil (Wittemberg), 1571-1630.

Keppel (A., vicomte de), amiral angl. 1725-1786.

Keralio (L.-Félix. Gunjement de), hist., litt. Rennes, 1731-1793.

Kerckhedère (J.-Gér.), historiogr. de Joseph Ier, antiq. N. Fauquermont (Pays-Bas), v. 1678; m. 1738.

Kerckring (Théod.), anat. N. Amsterdam; m. 1693.

Keresstury (Aloys-Jo. de), érud. hongr. 1763-1825.

Kerguelen-Tremarec (Yves-Jo. de), vice-amiral. Quimper, 1745-1797.

Keri (J.), litt. et philos. hong., év. de Sirmium. M. 1685. = (F.-Borgia), jés., hist. hongr. M. Bude, 1769.

Kerkhove (Jo. van den), peint. Bruges, 1669-1724.

Kern (Vinc. de), cél. chir. Gratz, 1760-1820.

Kerpen (G., bar. de), gén. autrich. 1741-1823.

Kerr (R.), natural. et hist. écoss. M. Edimb., v. 1814.

Kersaint (Arm.-Gui-Sim., comte de), capit. de vaiss., écriv. polit. N. Paris, 1741; m. sur l'échaf., 1793.

Kerym-Khan, souver. de la Perse. S'empara du pouv. v. 1750; m. 1779.

Kessel (J. van), peint. N. Anvers, 1626. = (Ferd.), peint. de J. Sobieski, roi de Pol., et fils du précéd. N. Anvers, 1660. = (J.), peint. et dessinat., neveu du précéd. N. Anvers, 1634.

Kestner (Chr.-Gu.), méd. et bibliogr. pruss. 1694-1747.

Ketbogha, sultan d'Egypte Usurpa le trône, 1294; forcé d'abdiquer 1296.

Ketel (Corn.), peint. N. Gouda (Holl.), 1548; m. 1610.

Ketelaer (N.), impr. holl. du 15e s., associé de Gérard de Leempt.

Kett (H.), ecclés., théol., litt. Norwich, 1761-1825.

Kettilmundsson (Mathias), administ. du roy. de Suède, 1317. M. 1337.

Keuchen (R.), crit., poëte lat. du 17e s.

Keuler (Sim.), mathém. suéd. 1602-1669.

Keylhau (Eberhart), peint. Helsingor (Danemark), 1624; Rome, 1687.

Keysler (J.-G.), archéol. Thurnau (Bav.) 1689-1743.

Khadijah, 1re femme de Mahomet. M. 628.

Khaisang, 3e emp. chin. de la dynast. des Mongols. 1281-1311.

Khaled, gén. de Mahomet, surnommé par lui l'Epée de Dieu. M. 642.

Khalil, gramm. ar. M. Bassora, v. 787.

Khalil-Pacha, gr.-visir d'Amurath II, et homme de guerre. Mis à m. 1455.

Khalyl-Dhâheri, poëte et écriv. ar. du 15e s.

Khang-Hi, emp. de la Chine, poëte et litt. N. 1625; succ. de Tchun-Tchi, son père, 1661; m. 1722.

Kharizi, rabb. esp. du 12e s., poëte et litt.

Khatchadour, poëte armén. du 17e s., év. de Djoulfah; M. Césarée.

Khell (le P. Jo.), relig. de St-Ignace, oriental., numism. Lintz (Autriche), 1714-1772.

Kheraskoff (M.-Matveevitch de), poëte, litt., aut. dram. russe. 1733-1807.

Khiang-Loung, emp. chin. de la dynast. des Mandchoux. N. v. 1709; succ. de son père Young-Tching, 1735; m. 1799.

Khilkoff (le prince And.-Jacob Levitsch), hist. russe. M. 1718.

Khoda-Bendeh, roi de Perse de la dynast. des Sofys. Succ. de son père Ismaël II, 1578; m. v. 1587.

Khondemyr, hist. pers. Viv. à la fin du 15e et au comm. du 16e s.

Khoren (Moïse de), hist. armén. N. v. 370; m. 489.

Khosrou. V. Chosroès.

Kia-King, emp. de la Chine. N. 1759; procl. 1796; m. 1820.

Kickx (J.), bot. et minéral. Bruxelles, 1772-1831.

Kiddermyster (Rich.), bénéd., controv., hist. N. Worcestershire; m. 1531.

Kieffer (J.-Dan.), oriental. Strasb., 1767; Paris, 1833.

Kienmayer (le bar. M. de), gén. autrich. N. v. 1760; m. 1828.

Kiesewetter (J.-God.-C.-Christ.), philos. all. du 18e s.

Kilian (Lucas), grav. Augsbourg (Bav.), 1579-1637. = (Wolfrang), dessinat. et grav., frère du précéd. Augsb., 1581-1662. = (André), de la même fam., dessinat. et grav. Augsb., 1714-1759.

Kilidje-Arslan, nom de plus. sultans seldjoucides de Konieh, qui régnèrent: le 1er, de 1092 à 1107; = le 2e, de 1155 à 1192; = le 3e, de 1204 à 1210.

Killigrew (Th.), litt. et aut. dram., favori de Charles II. Hanworth, 1611-1682. = (Marg.), femme philos., femme de Cavendish, duc de Newcastle. M. 1673.

Kilmaine (C.-Jo.), gén. de la républ. fr. N. Dublin, 1754; m. Paris, 1799.

Kimchi (Jo.), doct. juif, gramm. Viv. Narbonne, v. 1160. = (David), sav. écriv. juif, fils du précéd. N. Narbonne; m. v. 1240.

King (J.), prédic., év. de Londres. Wornal, 1559-1621. = (W.), archev. de Dublin, écriv., controvers. Antrim, 1650-1729. = (W.), litt., pamphlét. Londres, 1663-1712. = (P.), hist., théol., Exeter, 1669-1733. = (W.), public. angl. Stepney, 1685-1763. = (Ed.), public. et antiq. Norfolk, 1735-1807. = (sir Rich.), vice-amiral angl. 1771-1834. = (lord P.), pair d'Anglet., orat. 1775-1833.

Kingston (Élisab. Chudleigh, duchesse de), Anglaise cél. par ses avent. et son esprit. N. Devonshire, 1720; m. près de Fontainebl., 1788.

Kinsbergen (le comte J.-H. van), amiral holl. Doesbourg (Gueldre), 1735-1820.

Kinschot (H. de), conseill. d'Etat du roi d'Esp., gr.-chancel. N. Bruxelles, v. 1579; m. 1654. = (Gusp. de), diplom., litt. holl. La Haye, 1612-1649.

Kinski (F.-Jo.), gén. autrich., tactic. Prague, 1739-1805.

Kioeping (N. Matson), voyag. suéd., 1630-1667.

Kipping (H.), philol., antiq. all. N. v. 1613; m. 1678.

Kirch (Gottfried), astron., direct. de l'observ. de Berlin. Guben (Saxe), 1639-1710. = (Christfried), astron., fils du précéd. Guben, 1694-1740.

Kirchberger (N.-Ant.), bar. de Liebistorf, litt. et agron. Berne, 1739-1800.

Kircher (Athanase), cél. jés. all., physic., mathém., oriental., antiq. Geysen, 1602; Rome, 1680.

Kirchmaier (Th.), controv. protest., poëte lat., hellén. N. Staubing (Bavière), v. 1511; m. 1563. = (C.-Gasp.), poëte lat., philol. Offenheim (Bavière), 1635-1700. = (Sébast.), litt., oriental., frère du précédent. Offenheim, 1641-1700.

Kirchmann (J.), litt., antiq. Lubeck, 1575-1643.

Kirkland (Th.), méd. et chir. angl. 1721-1798.

Kirkpatrick (Ja.), major-gén. angl., oriental. M. Bengale, 1812.

Kirmani (Shehab-Eddyn), écriv. ar. N. Maroc; m. v. 1340.

Kirnberger (J.-Ph.), composit., violoniste. Saalfield (Prusse), 1721-1783.

Kirsten (P.), méd. et oriental. Breslau, 1577; Upsal, 1640.

Kirwan (Rich.), natural., géol., métaphysic. angl. N. Galway (Irlande); m. 1812.

Klaproth (Mart.-H.), chim. et minéral. pruss. Berlin, 1743-1817. = (Ju.-H.), sav. oriental., fils du précéd. Berlin, 1783; Paris, 1835.

Kléber (J.-B.), gén. fr. N. Strasb., 1754; assass. Caire, 1800.

Kleemann (Chr.-Fréd.-C.), peint. et écriv. Altdorf (Bavière), 1735-1789.

Klefeker (J.), jurisc., érud. Hambourg, 1698-1775.

Klein (J.-Théod.), natural. Kœnigsberg, 1685-1759. = (E.-Ferd.), jurisc. pruss. Breslau, 1743-1810. = (G.-M.), philos. all. M. 1820. = (Fréd.-Ant.), théol., prédic. all. 1793-1823. = (Bern.), composit. Cologne, 1794-1832.

Kleinschrod (Gallus-Aloïs-Gasp.), cél. criminaliste. Würtzbourg, 1762-1824.

Kleist (Ervald-Chr. de), milit., poëte et litt. N. Prusse, 1715; m. 1759. = *de Nollendorf* (le comte Fréd.-H.-Ferd.-Emile), feld-maréch. pruss. Berlin, 1763-1823. = Kleist (H. de), poëte et litt. all. Francfort-s.-l'O., 1776; Paris, 1811.

Klenau (J., bar. de Janowitz, comte de), gén. autrich. N. Bohême, v. 1760; m. 1819.

Klengel (J.-Chr.), peint. d'hist., paysag., grav. Kesselsdorf (Saxe), 1751-1824.

Klerck (H. de), peint. flam. N. Bruxelles, v. 1570.

Klingestierna (Sam.), mathém., physic. suéd. 1689-1785.

Klingstet (Cl.-Gust.), peint. en miniat. Riga (Russie), 1657; Paris, 1734.

Klocker (Dav.), peint. Hambourg, 1629; Stockholm, 1698.

Klopstock (Fréd.-Gottlieb), poëte, aut. trag., philol. Quedlinbourg (Saxe), 1724; Hambourg, 1803.

Klotz (Chr.-Ado.), litt., érud. N. Saxe, 1738; m. Berlin, 1771.

Kluber (Jo.-L.), jurisc. et public. all. Thann, 1726-1840.

Klugel (G.-Sim.), profess. de mathém. et de phys. à Halle. Hambourg, 1739-1812.

Kluit (Ad.), hist., érud. Dordrecht, 1735-1807.

Kmeth (Daniel), astron. et mathém. hongrois. 1783-1825.

Knauss (J.-Christ.), géogr., jurisc. Waiblingen (Wurtemb.), 1709-1796.

Knaut (Christ.), bot. Halle (Saxe), 1638-1694.

Knauth (Chr.), érud. Gœrlitz (Prusse), 1706-1784.

Knebel (Emm.-Théoph.), méd. all. Gœrlitz (Prusse), 1772-1809.

Kneller (Gottfried), peint. de portr., élève de Rembrandt. Lubeck, 1648-1723.

Kniaznin (F.-Den.), poëte polon. M. au comm. du 19e s.

Knight (Sam.), écriv. angl. Londres, 1574-1646. = (Ed.), coméd. angl. Birmingham, 1774-1826. = (Th.), coméd. et aut. angl. M. 1820. = (Rich. Payne), antiq., litt. angl. M. 1824.

Kniphausen (Dodou ou Dodo de), gén. holl. N. 1582; tué 1635.

Knittel (F.-Ant.), min. all., théol., philol. 1721-1792.

Knobelsdorf (Hans-G.-Wenceslas), archit. pruss., peint. N. 1697. = (A.-F., bar. de), feld-maréch. pruss. 1723-1799.

Knœpken (And.), dit *Knop* ou *Knopf*, théol. luthér., prédic. N. Custrin (Prusse); m. 1538.

Knoetzscher (J.-Chr.), jurisc. Freiberg (Saxe), 1764-1805.

Knolle ou *Knowles* (R.), appelé *Canolle* par les Fr., cél. capit. angl. sous Edouard III. N. 1317; m. 1406.

Knolles (Rich.), hist. et philol. angl. M. 1610.

Knorr (G.-Wolfgang), grav. all. Nuremb., 1708-1761.

Knorr de Rosenroth (Chr.), théol. et alchim. all. Alt-Rauten, 1636-1689.

Knox (J.), un des princip. chefs de la réforme en Ecosse. Gifford, 1505-1572. = (R.), voyag. angl. du 17e s. = (Vicesimus), litt., prédic. angl. 1752-1821.

Knutsson (Turkel), gr.-maréch. et sénat. de Suède. Décap. 1305.

Knutzen (Mathias), cél. fanatique. N. dans le duché de Slewig, v. 1640; m. à la fin du 17e s. = (Mart.), théol., mathém., philos. Kœnigsberg, 1713-1751.

Kob (J.). philos. all. 1598-1661.

Kobiersyzki, hist. polon. du 17e s.

Koch (Christ.-Gu.), public. et hist. Buxweilher (Alsace), 1737-1813.

Kochanowski (J.), poëte pol. 1532-1584.

Kodhai (Abou-Bekr-Ben-Alabar), écriv. ar.-esp. du 13e s.

Koeberger (Venceslas), peint. flam., archit., antiq. N. v. 1550.

Koecher (Hermann-Fréd.), théol. oriental. Osnabrück, 1747-1792.

Kœchlin (Ja.), industriel, memb. de la chambre des députés. N. Mulhouse, v. 1770; m. 1834.

Koeck (P.), archit., grav. sur bois. N. Alost (Flandre), 1490; m. 1550.

Kœgler (Ignace), jés., missionn. en Chine.

Koehler (J.-Dav.), hist., antiq. Colditz (Saxe), 1684-1755.

Kœnig (G.-Mat.), érud. Altdorf (Saxe), 1616-1699. = (Sam.), mathém., profess. de philos. Budingen (Hesse, 1712. La Haye, 1757. = (J.-Gér.), natural., voyag. Livonie, 1728-1785. = (Fréd.), mécan. all., invent. des presses mécan. M. Oberzell (Bav.), 1833.

Kœnig de Koenigsthal (Gust. G.), public. Altdorf (Saxe), 1717-1771. = (Chr.-Théoph.), érud., litt., frère du précéd. Altdorf, 1711-1782.

Kœnigseck (Loth.-Jo.-G.), feld-maréch. autrichien, diplom. 1673-1751.

Kœnigsmann (And.-L.), érud. danois. Schleswig, 1679-1728.

Koenigsmarck (J.-Christ., comte de), maréch. au service de la Suède. N. Allemagne, 1600; m. 1662. = (Othon-Gu.), gén. distingué, fils du précéd. Minden (Westphalie), 1639-1688.

Koeppen (J.-H.-Juste), hellén., érud. Hanovre, 1755-1791.

Koerner (Chr.-God.), litt. Leipzig, 1756-1831. = (Théod.), poëte all. N. Dresde, 1788; tué près de Leipzig, 1812.

Koes (Fréd.), mathém., astron., géogr. danois. Schleswig, 1684-1766.

Kohl (J.-P.), érud. Kiel (Danemark), 1698-1778.

Kohlschutter (C.-Chr.), jurisc., public. Dresde, 1763-1837.

Koialowicz (Alb.), jés. pol., hist. Lithuanie, 1609-1674.

Kolbe (P.), voyag., astron. bavarois. 1675-1726. = (C.-Gu.), grav. et philol. Berlin, 1757-1835.

Kollarde-Kereszten (Adam F. de), oriental., érud. hongrois. 1723-1783.

Koller (F., bar. de), gén. autrich. Munchengraetz (Bohême), 1762; Naples, 1826.

Kollontay (Hug.), écriv. polit. et chef des dern. révolut. polon. Palatinat de Sandomir, 1750-1812.

Kollowrath (Léop. Krakowski, comte de), homme d'Etat, min. en Autriche. N. Bohême, v. 1726; m. 1809. = (J.-C. Krakowski, comte de), feld-maréch. autrich. Prague, 1748-1816.

Kolyn (N. dit Klaas), bénéd., chroniq. flam. du 12e s.

Komarzewski (J.-B.), bist., mécan., gén. polon. N. 1748; m. Paris, 1809.

Konarski (Stan.), relig. piariste polon., jurisc., litt. N. 1700; m. v. 1775.

Koning (Salom.), peint et grav. N. Amsterd., 1609; m. ap. 1663. = (Corn.), dessinat. et grav. N. Harlem, v. 1642. = (Dav. de), peint. d'anim. et de fleurs. N. Anvers, 1656; m. Rome. = (J.), peint. holl. N. v. 1650.

Koogen (Léon van der), peint. et grav. Harlem, 1610-1681.

Kopiewitch (Elie), sav. écriv., philol. N. Russie, 17e s.

Kopp (J.-Adam), jurisc., public. Offenbach, 1698-1748. = (C.-Ph.), diplom., fils du précéd. 1728-1777. = (Fréd.), écriv. all. Cassel, 1762; Marbourg, 1834.

Koproli ou *Kiuperli* (Méhémet, dit le vieux Kiuperli), gr.-visir pendant la minor. de Mahomet IV. 1575-1661. = (Fazil-Achmet), fils du précéd. N. 1626; succ. de son père comme vizir de Mahomet IV, 1661; m. 1675. = (Mustapha) gr.-visir sous Soliman III, fils du précéd. Tué dans une bat., 1691.

Kornelisz ou Cornelisz (Ja.), peint. holl. N. Oost-Sanen, près d'Amsterd., v. 1470.

Kortholt (Chr.), théol. et controvers. protest. Burg (Holstein), 1633-1694.

Kosciusko (Thaddée), cél. gén. polon. N. Lithuanie, 1746; m. Soleure (Suisse), 1817.

Kosegarten (L.-Théobule), litt., aut. dram., prédic. Grevesmühlen (Mecklemb.), 1758-1818.

Kotaibah, cél. capit. ar. sous le califat de Welid Ier. Tué, 716.

Kothb'Eddyn (Mohammed), hist. ar. N. La Mecque; m. 1580.

Kothrob (Mohammed), poëte et gramm. persan. N. Bassora; m. 821.

Kotzebue (A.-Fréd.-Fer. de), cél. litt. all., hist., aut. dram., écriv. polit. N. Weimar (Saxe), 1761; assass., Manheim, 1819.

Koumas (Constantin-M.), philos., mathém., lexicogr. N. Larisse, v. 1775; m. Trieste, 1836.

Kourakin (Boris-Ivanovitch), gén. et diplom. russe. N. 1677; m. Paris, 1727. = (le prince Al.), diplom. russe. N. 1752; m. Weimar, 1818.

Koutousoff-Smolenskoi (M.), feld-maréch. des armées russes. N. 1745; m. Bunzlau (Silésie), 1813.

Kozeluch (Léop.), composit. N. Walwern (Bohême), 1753; m. 1813.

Kozlofski ou *Kowlouski* (le prince Feodor-Alexiewitch), off.-gén. russe, poëte et aut. dram. Tué 1770.

Krafft (J.-L.), dessinat. et grav. N. Bruxelles, v. 1710; m. fin du 18e s. = (J.-C.), archit., dessinat. Brunn-Infeld (Autriche), 1764; Paris, 1833.

Kraft (Janus), mathém., philos. Norvége, 1720-1765. = (G.-Wolfgang), physic., mathém. Duttlingen (Wurtemb.), 1701-1754.

Krantz (Alb.), chroniq. all. N. Hambourg; m. 1517.

Krascheninnikof (Et.), voyag. russe, natural. Moscou, 1712-1754.

Krasicki (Ign.), litt., poëte, hist., archev. de Guesen. Doubiecko (Gallicie), 1735-1801.

Kratzenstein (Chr.-Théoph.), physic., natural. Wernigerode (Prusse), 1723-1795.

Kraus (J.-Ulr.), dessinat. et grav. Augsb., 1645-1719. = (G.-Melchior), peint., dessinat., grav. N. Francfort-s.-le-M., 1727; m. comm. du 19e s.

Krause (J.-Gottlieb), philol., litt. pruss. 1684-1736. = (J.-B.), bénéd., théol., érud. Ratisbonne, 1700-1762. = (F.), peint. Augsb., 1706-1754. = (J.-Christ.), hist., érud. Artern (Prusse), 1749-1799. = (C.-Christ.-Fréd.), philos. all. Eisemberg (Altenb.), 1781-1832.

Krausneck (J.-Christ.), poëte dram., litt. Zell (Bayreuth), 1738-1799.

Kray de Krayova (le bar. P. de), gén. autrich. Hongrie, 1755-1804.

Krayenhoff (Corn.-Rod.-Théod., bar.), ingén. holl. Nimègue, 1759-1838.

Krebel (Théoph.-Fréd.), géogr., généal. Naumbourg, 1729-1793.

Kreig (J.-Fréd.), gén. au service de la Fr. N. Lahr, en Brisgau, 1730; m. 1803.

Kretschmann (C.-Fréd.), aut. com., litt., poëte. Zittau (Saxe), 1738-1809. = (Théod.-Conrad), jurisc. Bayreuth, 1762-1820.

Kreutzer (Rod.), composit., violoniste, profess. au Conserv. Versailles, 1766; Genève, 1831.

Kreytmayr d'Offensteten et Hatzkofen (Wiguleius-Aloys, bar. de), législ. de la Bavière au 18e s. Munich, 1705-1790.

Kriloff (M.-J.), fabul. russe. Moscou, 1768-1844.

Krudener (Bourcard-Alexis-Constance, bar. de), diplom. russe. N. Livonie, 1744; m. 1802. = (Julienne Vietinghoff, baronne de), femme du précéd., litt., cél. par son mysticisme. Riga, 1766-1824.

Krug (Wilh. Erangott), philos. all. N. près de Wittemberg, 1770; m. 1841.

Kruger ou *Cruger* (Thierry), grav. Munich, v. 1570; Rome, 1650. = (Théod.), théol. protest., érud. Stettin (Prusse), 1694-1751.

Krummacher (F.-A.), écriv. all., min. protest. Tecklembourg, 1768-1845.

Krumpholtz (J.-B.), composit., harpiste. N. Bohême, v. 1760; se donna la m. Paris, 1790.

Krunitz (J.-G.), compilat. Berlin, 1728-1796.

Kruse (Chr.), érud. all. 1753-1827.

Krusenstern (Adam de), navig. russe. N. Esthonie, 1770; m. 1846.

Krusinski (Judas-Thaddée), jés. et missionn. polon. N. v. 1677; m. 1754.

Kuehn (C.-Gottlob), méd., érud. Spergau (Saxe), 1754-1840.

Kuen (M.), relig. august., érud. Weissenhorn (Autriche), 1709-1765.

Kugelgen (Gér. de), peint. N. Bacharach (près Coblentz), 1772; assass. près de Dresde, 1820.

Kuh (Ephraïm-Moïse), poëte érotique, fabuliste. Breslau, 1731-1790.

Kuhl (H.), natural. Hanau (Hesse-Cassel), 1797; Java, 1821.

Kuhlmann (Quirinus), cél. visionn. N. Breslau, 1651; brûlé, Moscou, 1689.

Kuhn (H.-Gottlob), profess. de pathol. et de physiol. à Leipzig. N. Spergau, 1754; m. 1840.

Kulm (J.-Adam), méd., anat. Breslau, 1680-1745.

Kulmann (Elisabeth), femme poëte. St-Pétersb., 1808-1825.

Kunckel (J.), chim. all. Hutten, 1630; Stockholm, 1702.

Kunrath (H.), alchim. N. Saxe, v. 1560; m. 1605.

Kupetzky (J.), peint. de portr. Pessing (Bohême), 1667; Nuremberg, 1740.

Kuster (Ludolphe), sav. philol., hellén. Blomberg (Westphalie), 1670-1716. = (G.-God.), érud., hist. Halle, 1695-1776.

Kuts'ami, écriv. chaldéen que l'on croit antér. au 12e s.

Kuyck (J. van), peint. sur verre. N. Dordrecht, 1530; brûlé comme sectaire, 1572.

Kuypers (Gér.), oriental. holl. du 18e s.

Kya-Buzurk-Oumyd, chef de la secte des ismaéliens, nommés assassins. M. v. 1137.

Kyrle (J.), dit l'Homme de Ross, philanthr. angl. M. 1724.

— L —

(NOTA. Pour les mots qui commencent par *la* et qui ne se trouvent pas ici, cherchez le mot qui suit cet article.)

Laar ou *Laer* (P. van), dit il Bamboccio, à cause de sa diffor., peint. holl. Laaron, 1613-1675.

Labadie (J.), cél. sect. Bourg (Guienne), 1610; Altona, 1674.

Labarbinais le Gentil, voyag. fr. du 18e s.

Labarre (Et.), archit. fr. Ourscamp (Oise), 1764; Vitry-s.-S., 1824.

Labarthe (P.), voyag. fr. Dax, 1760-1824.

Labastie (Jo. Binard, bar. de), archéol. Carpentras, 1703-1742.

Labat (J.-B.), dominic. fr., missionn. aux Antilles. Paris, 1663-1738.

Labbe (Ph.), jés., cél. érud. Bourges, 1607-1667.

Labbé (C.), jurisc. Paris, 1582-1657.

Labbey (Fauste), bénéd., érud. Vesoul, 1653-1727. = *de Pompières* (G.-X.), orat. parlem. Besançon, 1751-1831.

Labé (Louise), dite la Belle Cordière, femme poëte. Lyon, 1526-1566.

La Beaumelle. V. BEAUMELLE.

La Bédoyère (C.-Angélique-F. Huchet de), gén. Fr. N. Paris, 1786; fusillé, 1815.

Labeon (Quintus Fabius), consul 197 av. J.-C. = (Antistius), sénat., jurisc. M. 31 av. J.-C. = (Caïus Antistius), jurisc., hist., fils du précéd. = (Antistius), procons. de la Gaule Narbonnaise, peint. estimé du 1er s. = (Attius), poëte contemp. de Néron.

Laberius (Decimus), cheval. rom., poëte dram. M. 44 av. J.-C.

Labey (J.-B.), géom. fr. 1750-1825.

Labienus (Titus), gén. rom., tribun du peuple, 63 av. J.-C.

La Boétie. V. BOÉTIE.

Laborde (J.-Benj.), 1er valet de ch. de Louis XV, litt. N. 1734; m. sur l'échaf., 1794. = (J.-Jo. de), cél. financ. N. Esp.; m. sur l'échaf., Paris, 1794. = (Al.-L.-Jo., comte de), 3e fils du précéd., député sous la Restaur., aide de camp de Louis-Philippe, memb. de l'acad. des inscr. Paris, 1774-1841.

Laborie (J.-B.-P.), profess. de méd. Montpell., 1797-1825.

Laboullaye-Marillac (P.-C.-Madeleine, comte de), litt., chim. Billom, 1774-1824.

La Bourdonnaie (F.-Regis, comte de), orat., homme polit. N. Angers, 1767; m. 1839.

La Bourdonnais (Bertrand-F. Mahé de), mar., homme d'Etat, St-Malo, 1699-1755.

Laboureur (J. Le), prieur de Juigné, hist. Montmorency, 1623-1675.

Labre (Ben.-Jo.), dit le Vénérable, cél. trappiste. Arnette, 1748; Rome, 1776.

Labrousse (Clotilde-Suzanne Courcelles de), visionn. Vauxain, 1741-1821.

Labrune (J. de), min. protest., litt. M. Tournay, 1743.

La Bruyère. V. BRUYÈRE.

La Caille (N.-L. de), cél. astr. fr. Rumigny près de Rosoy, 1713-1762.

La Calleja (And. de), peint. esp. Riga, 1705-1785.

La Calprenède. V. CALPRENÈDE.

Lacarry (Gille), jés., érud., numism. Castres, 1605-1684.

La Cathelinière (N. Ripault de), chef vendéen. N. v. 1760; m. sur l'échaf., Nantes, 1794.

Lacaze (L. de), méd. de Louis XV. Hambey (Béarn), 1703-1765.

Lacépède (Bern.-Germ.-Et. de la Ville-sur-Illon, comte de), cél. natural., pair de Fr. N. Agen, 1756; m. Paris, 1825.

Lacer (Caius Julius), archit. rom., contemp. de Trajan.

La Cerda. V. CERDA.

Lachaise (F. d'Aix de), jés., confess. de Louis XIV. Aix (Forez), 1624-1709.

La Chalotais. V. CHALOTAIS.

Lachapelle (J. de), litt., poëte trag., memb. de l'Acad. fr. Bourges, 1655-1723. = (Ma.-L. Dugès, Mme), sage-femme en chef de l'Hôtel-Dieu. Paris, 1769-1822.

Lachau (l'abbé Géraud de), antiq. fr. du 18e s.

La Chevardière (R.-L.), homme polit., agron. Paris, 1770-1828.

Lackman (Adam-H.), philol., bibliogr. all. 1694-1753.

Laclède, hist. N. v. 1700

Laclos (P.-Ambroise-F. Choderlos de), maréch. de camp, litt., romanc. Amiens, 1741-1803.

Lacombe (F.), litt. Avignon, 1733-1795.

Lacombe-St-Michel (J.-P.), gén. d'artill., député à l'assemblée législat. et à la conv. Languedoc, 1749-1812.

La Condamine (C.-Ma. de), astron., voyag., memb. de l'Acad. fr., de l'acad. des sc. Paris, 1701-1774.

Lacoste (Elie), convent. N. Montagnac; m. 1803.

Lacour (Didier de), bénéd., réformat. de l'ordre de St-Benoît. Monzeville, 1550-1623. = Peint. fr. Bordeaux, 1746-1814.

Lacretelle (P.-H.), litt. Metz, 1751-1824.

Lacroix du Maine (F. Grudé de), sav. bibliogr. N. au Mans, 1552; assass. Tours, 1592. = (l'abbé L.-Ant. Nicolle de), géogr. Paris, 1704-1760. = (J.-P. de), dit Lacroix d'Eure-et-Loir, memb. de l'assemblée législ., de la conv. N. Pont-Audemer, 1752; m. sur l'échaf., 1794. = (Sylv.-F.), géom., memb. de l'Inst., profess. au Collége de Fr. Paris, 1765-1843.

Lacroix de Constant (C. de), homme d'Etat, diplom. Givry, 1754-1805.

Lacrosse (J.-B. Raimond, bar. de), contre-amiral. Meilhan, 1760-1829.

Lacroze (Mat. Veyssières de), oriental. Nantes, 1661; Berlin, 1739.

Lacruz (Jeanne-Inès de), femme poëte, relig. hiéronymite. Mexico, 1614-1695. = (Manuel de), peint. d'hist. Madrid, 1750-1792.

Lacruz-Cano y Olmeida (Ant. de), géogr. Cadix, 1755-1794.

Lacruz y Cano (Raim. de), poëte dramatique. Madrid, 1728-1795.

Lactance (Lucius Cœlius Firmianus *Lactantius*), rhét. lat., apologiste du christ. N. Afrique; m. Trèves, v. 325.

Lactantius Placidus, gramm. rom. du 6e s.

Lacuée (J.-Gérard de), comte de Cessac, tactic., memb. de l'assemblée législ., du cons. des anciens, de celui des cinq-cents, de l'Acad. fr. Massas (Agénois), 1752-1841.

Lacy (J.), act. et aut. dram. angl. M. 1681. = (don H.), gén. esp. N. St-Roch (près Gibraltar), 1775; fusillé, 1817.

Lacydès, philos. de la 2e acad., qui professa à Athènes. N. Cyrène; m. 215 av. J.-C.

Ladam (Nicoise) dit Grenade, chroniq. M. Béthune, 15e s.

Laderchi (Jo.), orator., hist., écriv. eccl. N. Faenza; m. 1738.

Ladislas, nom de 6 rois de Hongrie, du 11e au 16e s. Le plus remarquable est *Ladislas* VI ou *Vladislas* II, fils de Casimir IV, roi de Pologne. D'abord roi de Bohême; succ. de Mathias Corvin comme roi de Hongrie, 1490; m. 1516. = V. VLADISLAS.

Ladislas ou *Lancelot*, roi de Naples. N. 1376; procl. sous la tutelle de sa mère, 1386; essaya de conquérir l'Italie; m. 1414.

Ladjyn (Melik-al-Mansour-Housam-Eddyn), sultan d'Egypte. Esclave all. devenu mameluk, détrôna Ketbogha et se fit procl., 1296; assass., 1299.

Ladmiral (J.), grav. en couleur. N. Leyde, 1680. = (H.), n. Anzelot (Puy-de-D.), tira sur Collot-d'Herbois, 1794, le manqua et fut exécuté même ann.

Ladoucette (le bar. J.-Ch.-Fr. de), homme polit., litt., antiq. N. Nancy, 1772; m. 1848.

Ladurner (Ant.), pianiste, composit. N. Tyrol, 1764; m. Massy (près Corbeil), 1839.

Ladvocat (L.-F.), litt. Paris, 1644-1735. = (J.-B.), hébraïs., biogr., profess. de Sorbonne. Vaucouleurs, 1709-1765.

Lælius (Caïus Lælius Nepos), cél. consul rom., 210 av. J.-C. = (Caïus Lælius Sapiens), fils du précéd., philos., orat., préteur en Esp., consul 140 av. J.-C.

Laennec (Re.-Théoph.-Hyac.), méd. et profess. Quimper, 1781; Versailles, 1826.

Laensberg (Mat.), chan. de St-Barthélemy de Liége, au 17e s., aut. prés. de l'Almanach de Liége.

Laet (J. de), géogr. et philol. N. Anvers; m. 1649.

Lætus (Quintus Ælius), préf. du prétoire fit tuer Commode et Pertinax, 192; assass. 193.

Lævinus (Publius Valerius), consul rom. 280 av. J.-C. = (Marcus Valerius), gén. rom. et prét., 214 av. J.-C. M. 205.

Lafage (Raim. de), dessinat. et grav. fr. 1654-1684.

La Fare. V. FARE.

La Faye (Ant. de), min. protest., théol., érud. N. Châteaudun; m. Genève, 1618. = (J.-Elie Leriget de), mathém., memb. de l'acad. des sc. Vienne (Dauph.), 1671-1718.

La Fayette (Gilbert Motier de), maréch. de Fr. sous Charles VII. M. 1464. = (Louise Motier de), de la même fam., fille d'honneur d'Anne d'Autriche, aimée de Louis XIII, se retira chez les relig. de la Visitation. M. 1665, au couvent de Chaillot. = (Ma.-Madel. Pioche de la Vergne, comtesse de), femme aut. Le Havre, 1632-1693. = (Ma.-Pa.-Roch-Yves-Gilbert Motier, marq. de), gén., homme de guerre et homme polit., gén. dans la guerre d'Amér., command. de la garde nation. et memb. de l'assembl. nation., au commenc. de la révol., memb. de la ch. des représ. pend. les cent-jours et de la ch. des déput. sous la Restaur. N. Chavagnac (Auv.), 1757; m. Paris, 1834.

La Ferronnays (P.-L.-A. Ferron, comte de), diplom., min. des aff. étrang. sous Charles X. M. 1842.

La Feuillade (d'Aubusson, vicomte de), maréch. de Fr. M. 1691. = (L., duc de la), maréch. de Fr. N. 1673; m. 1725.

Laffémas (Bart. de), écon. fr. N. Dauphiné, 1545; m. v. 1612.

Laffitte-Clavé, gén. et ingén. fr. Clavé, 1750-1793. = (Ja.), financ., homme polit. Bayonne, 1767; Paris, 1844.

Laffon-Ladébat (And.-Dan.), écriv. polit., memb. de l'assembl. législ., du cons. des anciens. Bordeaux, 1746-1829.

Lafitau (Jo.-F.), jés., missionn., hist. N. Bordeaux; m. 1740.

Lafond (C.-Ph.), cél. violoniste. Paris, 1776-1842. = (Jo. de), aut. dram. Paris, 1686-1725.

La Fontaine (J. de), poëte, fabul., memb. de l'Acad. fr. Châ-

teau-Thierry, 1621-1695. = (A.), romanc. all. Brunswick, 1756-1853.

La Force (Ja. Nompar de Caumont, duc de), maréch. de Fr. 1559-1652. = (Arm.), maréch. de Fr., fils du précéd. M. 1675. = (Charlotte-Rose), femme aut., de la même fam. Casenove, 1650-1724.

Laforge (J.), poëte fr. du 17e s.

Lafosse (C. de), peint. Paris, 1640-1716. = (Ant.), poëte dram., nev. du précéd. Paris, 1653-1708. = (Et.-Gu.), méd. vétér. M. Paris, 1765. = (Ph.-Et.), vétér., fils du précéd. M. Villeneuve-s.-Yonne. = (J.-F. de), prédic. Orléans, 1734-1813.

Lafrery (Ant.), impr., édit. de cartes et de grav. N. Salins; m. Rome, 1577.

La Fresnaye. V. FRESNAYE.

La Galissonnière (le marq. Barrin de), lieut.-gén. des armées navales. Rochefort, 1693-1756. = (A.-Fél.-Elisabeth), fils du précéd., memb. de l'assembl. constit., lieut.-gén. à l'armée de Condé. 1740-1820.

Lagalla (Jo.-César), phys. ital. 1571-1624.

La Garde (Ant. Escalin des Aimars, bar. de), homme de guerre et négociat. N. La Garde (Dauph.), v. 1498; m. 1578. = (Ph. Bidard de), aut. dram., litt. Paris, 1710-1767.

Lagerbring (Sven), hist. suéd. 1707-1788.

Lagneau (Dav.), alchim. N. Aix (Prov.), v. 1590; m. v. 1659.

Lagny (Th. Fautet de), mathém., memb. de l'acad. des sc. Paris, 1660-1734.

Lagrange (Jo. de Chancel de), dit Lagrange-Chancel, enfant cél., poëte dram. et satir. Périgueux, 1675-1758. = Erud., litt., trad. Paris, 1738-1775. = (Jo.-L.), cél. géom. N. Turin, 1736; m. Paris, 1813.

Lagrénée (L.-J.-F.), peint. fr. Paris, 1724-1805.

Laguna ou *Lacuna* (And.), méd., érud. Ségovie, 1499-1560.

La Guiche. V. GUICHE.

La Harpe (J.-F. de), poëte dram., litt. et crit. cél. Paris, 1739-1803. = (Améd.-Emm.), gén. de divis. Uttins (pays de Vaud), 1754; tué près Lodi, 1796. = (le col. Fréd.-Cés.), homme polit. Rolle (canton de Vaud), 1754-1838.

Lahire (E. Vignoles, connu sous le nom de), cél. cap. sous Charles VII. M. Montauban, 1442. = (Ph. de), géom., astron., memb. de l'acad. des sc. Paris, 1640-1719. = (Gab. Ph.), géom., fils du précéd. Paris, 1677-1719. = (J.-Nic.), bot., frère du précéd. Paris, 1685-1717.

Lahorie (V.-Cl.-Al. Faneau de), gén. fr., complice de Mallet. N. Gavron (Maine), 1766; fusillé, Paris, 1813.

Lahyre (Lau. de), peint. Paris, 1606-1656.

Laignelot (Jo.-F.), convent., aut. dram. Versailles, 1752-1829.

Laigue (Et.), homme d'Etat, érud., ambass. de Franç. Ier, au 16e s.

Lainé (Jo.-L.-Joach., vicomte), orat., homme polit., présid. de la chambre des députés, min. de l'intérieur, pair de Fr. Bordeaux, 1767-1835.

Lainez (J.), 2e gén. des jés. Siguenca (Esp.), 1512; Rome, 1565.

Laire (F.-X.), bibliogr. Fr.-Comté, 1738-1801.

Lairesse (Gér. de), peint. et grav. Liége, 1640-1711.

Laïs, cél. courtisane. N. Syracuse, v. 420 av. J.-C.

Laisné (Vinc.), prédic. Lucques, 1633; Aix, 1677. = (Ant.), archéol., numism. N. Paris, fin du 17e s.

Lajard (P.-A.), min. de la guerre sous Louis XV. Montpellier, 1757-1808.

Lajolais, gén. fr., complice de George Cadoudal. N. Weissembourg, 1761; m. prisonn. au chât. d'If, 1809.

Lajonchère (Et. Lecuyer de), ingén. fr. Montpensier, 1690-1740.

Lake (Gér., lord-vicomte), gén. angl. 1744-1808.

Lala, femme peint. N. Cyzique (Mysie), v. 80 av. J.-C.

Lalain (Ja.), dit le Bon Chevalier. N. château de Lalain (Hainaut), v. 1421; tué, 1453.

Lalande (M. Rich. de), composit. fr. Paris, 1657-1726. = (Jo.-Jér. Lefrançais de), cél. astron., physic., voyag., memb. de l'Inst. Bourg-en-Bres. 1732-1807.

Lalive de Jully (Ange-Lau. de), introd. des ambass., peint. et grav. Paris, 1725-1775.

Lallemand (le bar. Domin.), gén. fr. Metz, 1774; Etats-Unis, v. 1823.

Lallemant (L.), jés., litt. Châlons-s.-M., 1578-1635. = (P.), prieur de Ste-Genev., chancel. de l'Univ., écriv. ascét. Reims, 1622; Paris, 1673. = (Ja.-Ph.), jés., controv. St-Valery-s.-Somme, 1660-1594. = (Rich. Conteray), impr.-édit., maire de Rouen. 1726-1807. = (Rich.-X.-Fél.), litt., frère du précéd. M. 1810.

Lallement (Gu.), journal., litt. Metz, 1782-1828.

Lallouette (J.-F.), composit. fr. 1653-1728. = (Ambr.), chapel. de Notre-Dame de Paris, litt. 1653-1724.

Lally (Th.-Arthur, comte de), bar. de Tullendally ou de Tollendal en Irlande, offic. gén. au service de la Fr., gouv. de ses possess. dans l'Inde. N. Romans (Dauph.), 1702; condamné comme traître et exécuté, 1766. = (Térophysme-Gér., marq. de Lally-Tollendal), pair de Fr. sous la Restaur., fils du précéd. Paris, 1751-1830.

Laloubère (Sim. de), voyag., diplom., litt., memb. de l'Acad. fr. Toulouse, 1642-1729.

Lama (J.-Bern.), peint., archit. N. Naples, v. 1508; m. 1579. = (J.-B.), peint. N. Naples, 1660.

Lamandé (F.-Laur.), ingén., inspect. gén. des p.-et-ch. Dinan (Bretagne), 1735-1819. = (Mandé), ingén., et égalem. inspect. gén. des p.-et-ch. Sables-d'Olonne, 1777-1837.

Lamanon (R. de Paul, cheval. de), natural., compagn. de Lapeyrouse. N. Salon, 1752; massacré, île de Maouna, 1787.

Lamaque, gén. athén. N. v. 460 av. J.-C.; m. v. 414.

Lamarck (J.-B.-P.-Ant. de Monet, cheval. de), natural., memb. de l'Inst. Bazantin (Somme), 1744-1829.

Lamarque (F.), memb. de la conv., du cons. des cinq-cents. Périgord, 1755-1839. = (Maxim.), gén. fr. St-Sever, 1770; Paris, 1832.

Lamartellière (J.-H.-Ferd.), litt., aut. dram. Ferrette (Alsace), 1761-1830.

La Martillière (J. Favre de), gén. d'artill. Nîmes, 1725-1819.

Lamartinière (Ant.-A. Bruzen de), géogr., compil. Dieppe, 1662-1746.

Lamb (Ja. Bland-Burges), public., poëte angl. Gibraltar, 1752-1824. = (Lady Caroline), née miss Ponsonby, femme poëte angl. 1785-1828.

Lamb (C.), écriv. angl., crit. Londres, 1775-1834.

Lamballe (Ma.-Thér.-L. de Savoie-Carignan, princesse de), surint. de la maison de Marie-Antoinette. N. Turin, 1749; massacr. à la Force, dans les journées de septembre 1792.

Lambert (St), év. de Maëstricht, conseill. de Childéric II. N. 640; assass. 708. = (St), év. de Lyon. N. Térouane; m. 689. = (St), év. de Vence. M. 1454.

Lambert, emp. et roi d'Italie de 894 à 898.

Lambert, bénéd., chroniq. N. Aschaffenbourg (Franconie), 11e s.

Lambert-Begh, prêtre du diocèse de Liége, fondat. de l'ordre des Béguines. M. 1177.

Lambert li Cors (ou le Court), poëte fr. du 12e s.

Lambert (J.), gén. angl. sous Cromwell. M. v. 1692. = (M.), composit. N. Vivonne (Poitou), v. 1610; m. 1696. = (Cl.-F.), compil. M. Paris, 1765. = (J.-H.), géom., physic., philos. Mulhouse, 1728; Berlin, 1777.

Lamberti (Bonav.), peint. ital. Carpi, 1652-1721. = (L.), bellén. Reggio, 1758-1813.

Lamberty (Gu. de), écriv. polit. Grisons, 1660-1742.

Lambesc (C.-Eug. de Lorraine, duc d'Elbeuf, prince de), gr.-écuyer de Fr., colonel du régiment Royal-All. sous Louis XVI. N. 1754; m. Vienne, 1825.

Lambin (Den.), cél. philol. N. Montreuil-s.-M., v. 1516; m. 1572.

Lamblardie (Ja.-Elie), ingén. Loches (Touraine), 1747-1797.

Lambrechts (C.-Jo.-Mat.), jurisc., homme polit. St-Trond (Belg.), 1753; Paris, 1823.

Lambton (Gu.), astron. et ingén. angl. 1748-1823.

Lame ou *Lamme* (Blaise Pupini ou Biagio dalle), peint. N. Bologne, 15e s.

Lamésengère (P. de), litt. Baugé (Anjou), 1761-1831.

Lameth (Théod.), homme polit., maréch. de camp dans la guerre d'Amér., memb. de l'assembl. législ., de la chambre des représ. pendant les cent-jours. Paris, 1756-1857. = (C.), maréch. de camp à l'armée du Nord, memb. de la chambre des déput. sous la Restaur. Paris, 1757-1832. = (Alex.), aide de camp de Rochambeau, maréch. de camp sous La Fayette, préfet sous l'Emp., et memb. de la chambre des déput. sous la Restaur. Paris, 1760-1819.

Lamétherie (J.-Cl. de), natural., physic. Clayette (Mâconn.), 1743-1817.

Lamettrie (Offray de), méd., philos. St-Malo, 1709; Berlin, 1751.

Lamey (And.), érud. Munster (Alsace), 1726-1802.

Lami (F.), bénéd. de St-Maur, philos., controv. Montereau (près Chartres), 1636-1711. = (Bern.), orator., mathém., litt. Le Mans, 1645-1715.

Lamiral (Domin. Harcourt), voyag. N. Lyon, v. 1750; m. 1795.

Lamma (Augustin), peint. N. Venise, 1636.

Lamoignon, anc. fam. du Nivernais, dont les memb. les plus cél. furent: Guillaume, 1er présid. au parlem. de Paris, 1617-1677. = Chrétien-François, présid. à mortier, memb. de l'acad. des inscr., 1er fils du précéd. 1644-1709. = Nicolas de *Lamoignon-Basville*, 5e fils du 1er présid., intend. du Languedoc. 1648-1724. = Guillaume II, de *Lamoignon-Malesherbes*, 2e fils de Chrétien-François, chancel. de Fr. 1683-1772. Pour son fils, voy. MALESHERBES. = Chrétien-François II, arrière-p.-fils du 1er Guillaume, présid. à mortier du parlem. de Paris. 1735-1789.

Lamola (J.), litt., human. Bologne, 1400-1449.

La Monnoie (B. de), érud., litt., memb. de l'Acad. fr. Dijon, 1641-1728.

Lamorinière (Adr.-Gu. Lefort de), litt. Paris, 1696-1768.

Lamorlière (Rochette de), aut. dram., litt. Grenoble, 1704-1785.

La Mothe-Houdancourt (Ph. de), duc de Cardone, maréch. de Fr. 1605-1657.

Lamothe le Vayer (P. de), litt., memb. de l'Acad. fr. Paris, 1588-1672.

La Motte (Ant. Houdard de), poëte, aut. dram., crit., memb. de l'Acad. fr. Paris, 1672-1731.

La Motte-Piquet (le comte Toussaint-Gu. de), cél. mar. Rennes, 1720-1791.

La Motte (J. de Valois, comtesse de), aventurière, cél. par l'affaire du collier. N. Fontette (Champ.), 1756; m. Anglet., 1791.

Lamourette (Ad.), memb. de l'assembl. législ., év. constit. de Saône-et-Loire. N. Frévent, 1742; m. sur l'échaf., Lyon, 1794.

Lamoureux, sculpt., élève de Coustou. N. Lyon, 1674.

Lamouroux (J.-Vinc.-Fél.), natural. Agen, 1770-1825.

Lampillas (D.-F.-X.), litt. Jaën (Esp.), 1739; Gênes, 1798.

Lampride (Ælius Lampridius), hist. lat. du 4e s.

Lampsonius (Domin.), litt. et poëte lat. Bruges, 1532-1599.

Lana Terzi (F.), jés., physic. Brescia, 1631-1687.

Lancaster (H. duc de), d'abord comte de Derby, homme de guerre, descend. d'Edmond, comte de Lancaster et fils de Henri III d'Anglet. M. 1362. = (J. de Gand, duc de), fils d'Edouard III et cél. capit. Gand, 1339-1399. = (Ja.), navig. angl. du 16e s. = (Jo.), cél. par le système d'éduc. qui porte son nom. Londres, 1778; New-York, 1838.

Lancelot (Cl.), solit. de Port-Royal, gramm. Paris, 1615-1695. = (Ant.), érud., memb. de l'acad. des inscr. Paris, 1675-1740.

Lancharès (Ant.), peint. d'hist. Madrid, 1586-1658.

Lancia ou *Lanza* (le marq. Manfred de), cél. capit. N. Caraglia; m. 1248.

Lancilotti (F.), peint. et poëte du 15e s. N. Florence.

Lancisi (J.-Ma.), méd. Rome, 1654-1720.

Lançon (N.-F.), jurisc. Metz, 1694-1767.

Landais ou *Landois* (P.), min. et favori de François II, duc de Bretagne. Pendu, 1485.

Landais (Nap.), lexicogr. Paris, 1803-1852.

Landen (J.), mathém. angl. Peakirk, 1719-1790.

Landenolfe. V. LANDOLFE.

Lander (Rich.), voyag. angl. Truro, 1804; Fernando-Po, 1834.

Landi (Costanzo), litt., numism. Plaisance, 1521-1564. = (le chev. Gasp.), peint. Plaisance, 1756-1830.

Landino (Christ.), poëte lat., érud. Florence, 1425-1504.

Lando (P.), doge de Venise. Succ. d'André Gritti, 1539; m. 1545.

Landolfe, nom de 8 princes de Capoue et de Bénévent, du 9e s. au 11e.

Landon, pape. Succ. d'Anastase II, 914; m. même ann.

Landon (C.-Pa.), peint. et litt. Nonant (Orne), 1760-1826. = (Miss Lætitia), improvisat. et femme poëte. Londres, 1803-1838.

Landriani (Pa.-Cam.), peint. d'hist. Milan, 1570-1619.

Landry (P.), dessinat. et grav. N. Paris, v. 1630.

Landulfe. V. LANDOLFE. = Nom de 3 hist. lat. des 9e, 11e et 12e s.

Lane (sir Rich.), homme d'Etat angl. M. île de Jersey, v. 1650.

Lanfranc, théol. et controv., archev. de Cantorbéry. Pavie, 1005; Anglet., 1089. = (J.), peint., élève de Carrache. N. Parme, v. 1581; m. 1647.

Lanfredini (Jacob), card., écriv. Florence, 1680-1741.

Lang (C.-N.), natural. Lucerne, 1670-1741.

Langallerie (Ph. de Gentil, marq. de), aventurier. N. Motte-Charente (Saintonge), 1656; m. Raab, 1717.

Langara (don J. de), amiral esp. Andalousie, 1730-1800.

Langbraine (Gér.), érud. angl. 1608-1656.

Langdale (Mar.), gén. angl. N. fin du 16e s.; m. 1661.

Lange (Rod. de), érud., poëte lat., doyen de Munster. Westphalie, 1440-1519. = (J.), méd. pruss. 1485-1565. = (J.), jurisc., érud. all. 1503-1567. = (J.-Remi), peint. N. Bruxelles; m. 1671. = (F.), avocat. Reims, 1610-1684. = (J.-M.), oriental., théol. protest. Sulzbach, 1664-1731. = (Lau.), voyag. N. Stockholm, fin du 17e s. = (Jo.), act. du théâtre de Vienne. Würtzbourg, 1751-1829. = (Anne-Fr.-Elisab.), actrice du Th.-Fr. Gênes, 1772; Paris, 1825.

Langeac ou *Langhac* (J. de), év. de Limoges, négociat. N. Langeac (Auvergne); m. 1541.

Langebeck (Ja.), érud. et philol. danois. Jutland, 1710-1774.

Langelande (R.), poëte angl. du 14e s.

Langendyk (P.), poëte holl., historiogr. de Harlem. 1762-1835.

Langeron (le comte Andrault de), homme de guerre au service de la Russie, litt. N. Paris, 1763; m. 1831.

Langetti (J.-B.), peint. Gênes, 1635-1676.

Langhans (G. Gothard), archit. Landshut (Silésie), 1733-1808.

Langhorne (J.), litt. angl. Kirby-Stephen, 1736-1779.

Langlé (Honoré-M.), composit. Monaco, 1741; Paris, 1807.

Langlès (L. Mat.), oriental., memb. de l'acad. des inscr. Péronne, 1763; Paris, 1824.

Langermann (J.-God.), méd. Maxen (près Dresde), 1768-1823.

Langlois (J.-B.), jés., litt. Nevers, 1663-1706. = (Isid.), journal. Rouen, 1770-1800. = (Eust.-Hyac.), dessinat., grav., antiq. Pont-de-l'Arche, 1777-1837.

Langton (Et.), homme d'Etat, poëte, card. et archev. de Cantorbéry. N. Anglet., 12e s.; m. 1228.

Languet (Hubert), écriv. polit. Viteaux (Bourg.), 1518-1581.

Languet de Gergy (J.-B.-Jo.), curé de St-Sulpice à Paris. Dijon, 1675; Paris, 1750. = (J.-Jo.), archev. de Sens, memb. de l'Acad. fr., frère du précéd. Dijon, 1677-1753.

Lanière (N.), peint. et music. ital. 1568-1646.

Lanjuinais (J.-Den.), public., philol., memb. de l'acad. des inscr., député et pair de Fr. Rennes, 1753; Paris, 1827.

Lanneau (P.-Ant.-Vict. Marey de), gramm., fondat. de Ste-Barbe. Bar, 1758; Paris, 1830.

Lannes (J.), duc de Montebello, gén. fr., maréch. d'Empire. N. Lectoure, 1769; tué Essling, 1809.

Lannoy (C. de), cél. capit. fr. du 15e s. N. v. 1470; m. 1527. = (Julienne-Cornélie, baronne de), poëte holl. Breda, 1738-1782.

Lanoue (F. de), dit Bras de Fer, hist. et cél. capit. calviniste. N. Bretagne, 1531; tué au siége de Lamballe (Bret.), 1592. = (Stan. de la), comte du Vair, tactic., p.-nev. du précéd. N. 1729; tué dans un comb., 1760. = (J. Sauvé, dit), act. et aut. dram. N. Meaux, 1701; m. 1761.

Lansberg (Ph.), mathém. et astron. Zélande, 1561-1632.

Lantara (Sim.-Mathurin), peint. de paysages. N. près de Montargis, 1745; m. à l'hôpital de la Charité, 1778.

Lantier (Et.-F. de), litt. Marseille, 1736-1826.

Lantin de Damerye (J.-B.), érud. Dijon, 1680-1758.

Lanzani (And.), peint. d'hist. Milan, 1645-1712.

Lanzi (L.), jés., antiq., philol. ital. N. près Macerata, 1732; m. 1810.

Lanzoni (Jo.), méd., antiq. Ferrare, 1663-1730.

Laodice, sœur et femme d'Antiochus II, roi de Syrie, qu'elle fit périr ainsi que Bérénice. Mise à m. par Ptolémée Evergète, frère de Bérénice.

Lao-Tsée ou *Lao-Tseu*, philos. chin., contemp. de Confucius. N. 600 av. J.-C.

La Pérouse, V. PÉROUSE.

Lapeyre (Ja. d'Auzoles de), théol., chronol., hébraïs. Auvergne, 1610-1642.

Lapide (Cornelius A.), en fr. Corneille de la Pierre, jés., érud. N. Bucold (pays de Liége); m. Rome, 1637.

Laplace (P.-Ant. de), écriv., litt., trad. N. Calais, 1707; m. 1793. = (F.-Ma.-Jo.), human., profess. d'éloq. N. Arras, 1757; m. 1823. = (P.-Sim. de), ill. géom. fr., memb. de l'Acad. fr. Beaumont-en-Auge (Calvados), 1749-1827.

Laplacette (J. de), moral. protest. N. Pontac, 1639; m. 1718.

Lapo, archit. florent. du 13e s.

Lappoli (Mat.), peint. d'hist. N. Arezzo; m. 1504.

Lara, nom d'une ill. maison de Castille, fondée par Ferdinand, comte de Castille, en 970. Les *sept infants de Lara* fils de Gustios,

frère de Ferdinand, furent massacr. par ordre de ce dern. v. 995.

Larcher (P.-H.), hellén., antiq., memb. de l'Inst. N. Dijon, 1726; m. 1812.

Larchevêque, sculpt. fr. 1721-1778.

Lardizabal (don Manuel de), min. de Ferdinand VII. Biscaye, 1750-1823.

La Réveillère-Lepaux, député à l'assembl. constit., à la conv., au cons. des anciens, memb. du Directoire et de l'Inst., chef de la secte des théophilanthropes. Montaigu (Poitou), 1753-1824.

Lareynie (Gab.-Nic. de), lieut.-gén. de police à Paris. N. Limoges, 1625; m. 1709.

Largillière (N.), peint. de portr., memb. de l'acad. Paris, 1656-1746.

Lariboisière (J.-Ambr. Baston de), gén. d'artill. Fougères, 1759; Kœnigsberg, 1813.

Larive (J. Mauduit de), act. trag. du Th.-Fr. La Rochelle, 1744-1827.

Larivey (P. de), poëte dram. N. Troyes; m. v. 1612.

La Rivière (P.-Joach.-H.), memb. de l'assembl. législ. et de la conv. Falaise, 1760; Londres, 1838.

Larmessin (N. de), dessinat. et grav. N. Paris, v. 1640.

Laromiguière (P.), philos., profess. à la fac. des lettres de Paris. Rouergue, 1756-1837.

Larramendi (le P. Manuel de), jés., philol. N. Guipuscoa; m. 1750.

Larrey (Isaac de), hist. Montivilliers, 1638; Berlin, 1729. = (Domin.-J., bar.), cél. chir. milit. Beaudeau (Gasc.), 1766; Paris, 1845.

Larrivée (H.), act. et chant. de l'Opéra. Lyon, 1733-1802.

Larroque (Mat. de), érud., min. et controv. protest. Leirac, 1619-1684.

Larruga (don Eug.), économ. et statisc. esp. M. 1804.

Lartigaut, gramm. fr. du 17e s.

Larue (l'abbé Gervais de), antiq., érud. Caen, 1751-1835. = (Is.-Et. de), hist., conserv. des archives de Fr. sous la Restaur. Nivernais, 1765; Paris, 1830.

Laruette (J.-L.), act. de l'Opéra-Com. N. Toulouse, 1731; m. 1792.

Lasalle (Ant.-C.-L. Collinet de), gén. de caval. N. Metz, 1775; tué Wagram, 1809. = (H.), litt., public. Versailles, 1765-1833.

Lascaris (Théod.), prince grec, gendre d'Alexis l'Ange, devint emp. de Nicée, 1206; m. 1222. = (Théod.), dit le Jeune, emp. grec de Nicée. N. 1222; succ. de Jean Ducas, son père, 1255; m. 1259. = (J.), fils et succ. du précéd. M. l'année de son couronn., 1284.

Lascaris (Constant.), sav. grec qui abandonna Constantinople, 1454. M. Messine, 1493. = (And.-J.), sav. hellén. de la même fam. N. Constantinople; m. Rome, 1535. = (P.), gr.-maître de Malte. Castellar, 1560-1657. = (August.), marq. de Vintimille, écon. Turin, 1776-1838.

Las Cases (le comte Marin-Jo.-Emm.-A.-Dieudonné de), litt., chambell. de Napoléon, qu'il accompagna à Ste-Hélène, enfin memb. de la ch. des députés. Las Cases (H.-Gar.), 1766; m. 1842.

Lascy ou *Lacy* (P., comte de), feld-maréch. des armées russes. N. Irlande, 1678; m. Livonie, 1751.

Lasne (M.), dessinat. et grav. Caen, 1596-1667.

Lasnier (Remi), chir. ocul. M. Paris, 1690.

Lasphrise (Marc de Papillon, seign. de), poëte fr. N. Amboise, 1555; m. v. 1600.

Lassala (Mau.), jés., hist., poëte lat., ital. et esp. Valence (Esp.), 1729-1798.

Lassalle (Ant. de), métaphys., litt. Paris, 1754-1829.

Lassay (Arm.-Lé. de Madaillan de Lesparre, marq. de), offic. gén., gouv. de la Bresse. 1652-1738.

Lassone (Ja.-Ma.-F.), méd. de Louis XVI, natural., memb. de l'acad. des sc. Carpentras, 1717-1788.

Lassus (Orland de), composit. Mons, 1520-1596. = (P.), chir., memb. de l'Inst. Paris, 1741-1807.

Lasteyrie (C., comte de), agronome. Brive (Corrèze), 1759-1849.

Lasthénie, femme ill. de la Grèce. N. Mantinée, 420 av. J.-C.

Lastic (J. Bonpar de), gr.-maître de l'ordre de St-Jean de Jérus. N. Auvergne, v. 1371; m. 1454.

Lastman (P.), peint. et grav. N. Harlem, v. 1581. = (Nic.), peint. et grav., fils du précéd. N. Harlem, 1619.

Lasus ou *Lassus*, poëte et music. grec. V. 550 av. J.-C.

Latham (J.), ornithol. angl. Eltham, 1740-1837.

Latil (J.-B.-Ma.-Anne-Ant. de), card., arch. de Reims. N. Ile St-Marguerite, 1761; m. 1839.

Latimer (Hug.), év. de Worcester, réform. de l'égl. d'Anglet. N. 1470; brûlé Oxford, 1554.

Latini. V. Brunetto.

La Touche-Tréville (L.-Re.-Madeleine Levassor de), vice-amiral, memb. de la conv. N. Rochefort, 1745; m. en mer, 1804.

Latour-Maubourg (Mar.-Vict. Fay, marq. de), gén. de divis., pair de Fr. à la Restaur., min. de la guerre et gouv. des Inval. 1756-1851.

La Tour. V. Delatour et Tour.

Latreille (P.-And.), cél. entomol., profess. au Muséum, memb. de l'acad. des sc. Brives, 1762-1833.

Latrobe (Benj.-H.), archit. angl. Nouvelle-Orléans, 1820.

L'Attaignant. V. Attaignant.

Latude (H. Mazers de), prisonn. pend. 35 ans à Vincennes, à Bicêtre et à la Bastille, à la suite d'intrigues contre Mme de Pompadour. N. Montagnac; mis en liberté, 1784; m. 1805.

Laubanie (Yrieix de Magonthier de), lieut.-gén. St-Yrieix, 1641-1706.

Laubardemont (Ja.-Mart.), conseill. d'Etat sous Louis XIII, juge dévoué à Richelieu.

Laud (G.), archev. de Cantorbéry, homme d'Etat. Reading, 1573, exécuté 1645.

Lauder (W.) crit. écoss. M. 1771.

Lauderdale (J., duc de), homme d'Etat, pair d'Anglet. Ecosse, 1752-1839.

Laudivio (Zach.), litt., poëte lat. N. Vezzano (côte de Gênes), 15e s.

Laudon (Gédéon-Ern., bar. de), feld-maréch. et généraliss. des armées autrich. N. Livonie, 1716; m. 1790.

Laugier de Tassy, hist. fr. du 18e s.

Laugier (Marc-Ant.), litt. provenç. Manosque, 1713-1769. = (And.), chim. Lisieux, 1770-1832.

Laujon (P.), aut. dram., litt., memb. de l'Inst. Paris, 1727-1811.

Launay (J. de), dit Delaunay d'Angers, memb. de la conv. M. sur l'échaf., 1794. = (J.-B.) fond. Avranches, 1769-1827.

Launey (Bern.-Re. Jourdan de), gouv. de la Bastille. N. 1740; massacré, 1789.

Launoy (J. de), dit le Dénicheur de saints, théol., doct. de Sorb. Valderic, 1603-1678.

Lauraguais (L.-Lé.-Félicité de), duc de Brancas, pair de Fr., aut. dram. Paris, 1733-1823.

Laure. V. Noves.

Laurea (Marcus Tullius), affranchi et secrét. de Cicéron, poëte gr. et lat. 62 av. J.-C.

Lauremberg (Gu.), mathém., poëte satir. M. 1658.

Laurenberg (P.), méd., astron., natural. Rostock, 1585-1639. = (J.), érud., poëte grec et lat., frère du précéd. Rostock, 1590-1658.

Laurens (L. des), orator., théol. M. Paris, 1071. = (H.), homme d'Etat améric. M. 1782.

Laurent (St), diacre et martyr. N. Rome; mis à m., 258. = (St), écriv. eccl. Venise, 1380-1465. = (St), sup.-gén. des capuc. Brindes (Calabre), 1559; Lisbonne, 1619.

Laurent (Corneille Baldan), dit de Graff, cél. flibust. du 17e s. N. Dordrecht. = (P.-Jo.), ingén., mécan. Bouchain, 1715-1773. = (P.), grav. Marseille, 1739-1809.

Laurentzen (J.), érud. dan. M. 1729.

Laureti (Th.), peint., dit Thomas le Sicilien. Sicile, 1508-1592.

Lauri nommé aussi des Lauriers (Balth.), peint. de paysages. Anvers, 1587-1641. = (Ph.), peint. fils du précéd. Rome, 1623-1694. = (F.-Laur. Brancati de), card., théol., érud. Lauria (roy. de Naples), 1611-1693.

Laurière (Eusèbe-Jacob de), jurisc., érud. Paris, 1659-1728.

Lauriston (Ja.-Al.-Bern. Law, marq. de), maréch. de Fr., diplom. N. Pondichéry, 1768; m. 1828.

Lauro (Ja.), grav., archéol. N. Rome, 16e s. = (Ja.), dit aussi Jacques du Trevigi, peint. N. Venise, 1550. = (J.-B.), poëte lat., litt. Pérouse, 1582-1629.

Lausus, préfet et gr. chambell. sous Arcadius. V. 400.

Lauth (Alex.), méd., profess. Strasbourg, 1803-1837.

Lautrec (Odet de Foix, connu sous le nom de), maréch. de Fr. au 16 s. Tué dev. Naples, 1528.

Lauwers (N.), dessinat. et grav. flam. N. Leuze, 1620.

Lauzun (Antonin Nompar de Caumont, duc de), cél. courtisan de la cour de Louis XIV. Gascogne, 1632-1723.

La Valette. V. Valette.

Lavalette (le P. Ant. de), jés., supér. des missions de l'Amér. mérid. en 1734. N. près de St-Affrique; condam. pour banquer. frauduleuse, 1762. = (Ma. Chamans, comte de), direct. gén. des postes sous l'Empire, conseill. d'Etat. Paris, 1769-1830.

Lavardin (J. de Beaumanoir, dit), maréch. de Fr., gouv. du Maine. 1551-1614. = (H.-C. de Beaumanoir, marq. de), ambass. à Rome sous Louis XIV. 1643-1691.

Lavater (J.-Gasp.), écriv. suisse, créateur de la physiognomonie. Zurich, 1741-1801.

Lavaur (Gu. de), érud. St-Céré, 1653-1730.

Lavaux (Christ.), avocat fr. 1747-1836. = (J.-C. Thiébault), gramm., lexicogr. Troyes, 1749-1827.

Laville de Mirmont (Alex. de), poëte dram. N. Versailles; m. 1845.

Lavoisier (Ant.-Laur.), cél. chim. N. Paris, 1743; m. sur l'échaf., 1794.

Law (J.), cél. financ. N. Edimbourg v. 1670; m. Venise, 1729.

Lawrence (J.), agron. et public. angl. Colchester, 1756-1836. = (Th.), peint. de portr. Bristol, 1769-1830.

Laya (J.-L.), litt., aut. dram., memb. de l'Acad. fr. Paris, 1761-1833.

Lazius (Wolfang), méd., philol., historiogr. Vienne, 1514-1565.

Lazowski, Polonais réfugié en Fr., 1784, prit part à la révolut. et m. 1793.

Lazzarelli (J.-F.), poëte ital. Gubbio, 1621-1694.

Lazzarini (Grég.), peint. Venise, 1655-1730. = (Dom.), hellén., litt. Marche d'Ancône, 1668-1734.

Leade (Jeanne), mystique angl., fondatr. du culte des philadelphes. 1623-1704.

Leake (sir J.), amiral angl. Comté de Surrey, 1656-1719.

Léandre (St), écriv. ecclés., archev. de Séville au 6e s.

Léang-ou-Ti, emp. de la Chine. Usurpa le trône, 501; mis à m., 549.

Léarque, sculpt. grec. N. Rhegium. Viv. v. 616 av. J.-C.

Lebaillif (Al.-Cl.-Mart.), fabr. d'instr. de phys., chim. St-Fargeau, 1764-1831.

Lebailly (Ant.-F.), litt., fabul. Caen, 1756-1832.

Lebarbier (J.-Ja.-F.), peint., memb. de l'Inst. Rouen, 1758-1826.

Lebas (Js.-Ph.), grav. et dessinat., memb. de l'acad. de peint. Paris, 1707-1784. = (Ph.-F.-J.), memb. de la conv. et du comité de sûreté générale. N. Frévent (Artois), 1765; se tua, 1794.

Lebaud (P.), aumôn. d'Anne de Bretagne, hist. du 16e s.

Lebé (Gu.), grav. et fond. de caract. Troyes, 1525-1598.

Lebeau (C.), hist., poëte lat., profess. au Coll. de Fr., secrét. perp. de l'acad. des inscr. Paris, 1701-1778.

Leberecht (C. de), grav. en médailles. Meinengen, 1749-1837.

Lebeuf (J.), érud., chan. d'Auxerre, memb. de l'acad. des inscr. Auxerre, 1687-1760.

Lebey de Batilly (Den.), jurisc., poëte lat. Troyes, 1551-1600.

Leblanc (Gu.), év. de Toulon, philol., poëte lat. Alby, 1520-1588. = (J.), poëte fr. du 16e s. = (Th.), jés., commentat. Vitry (Champ.), 1599-1669. = (Horace), peint. N. Lyon, 17e s. = (F.), sav. numism. M. Versailles, 1698. = (Cl.), secrét. d'Etat au départ. de la guerre sous Louis XV. 1669-1728. = (J.-Bern.), litt., historiogr. des bâtim. du roi. Dijon, 1707-1781.

Leblanc de Guillet (Ant. Blanc, dit), litt., aut. dram., memb. de l'Inst. Marseille, 1730-1799.

Leblond (J.), seign. de Branville, poëte. N. Evreux; m. v. 1550. = (J.-B.-Al.), archit. Paris, 1679; St-Pétersb., 1719. = (Ja.-Christ.), peint., grav. en manière noire. Francfort-s.-le-M., 1670-1741. = (Gasp.-M.), numism., archéol., memb. de l'acad. des inscr. Caen, 1738-1809. = (J.-B.), méd., natural. Toulongeon, 1747-1815.

Lebon (J.), méd. de Charles IX. N. Champagne, 16e s. = (Jo.), convent., commissaire dans le Pas-de-Calais. Arras, 1765; m. sur l'échaf., 1795.

Leboulanger (J.), présid. au parlem. de Paris sous Louis XI. M. 1481.

Lebras (A.), aut. dram. N. Lorient, 1816; se suicida avec Vict. Escousse, Paris, 1832.

Lebret (Cardin), seign. de Flacourt, jurisc., conseill. d'Etat. Paris, 1558-1655.

Lebreton (And.-F.), impr.-lib., édit. de l'Encyclopédie. Paris, 1708-1779. = (Joach.), secrét. perpét. de l'acad. des b.-arts. N. St-Méen, 1760; exclu de l'Inst., 1815; m. Rio-Janeiro, 1819.

Lebrigant (Ja.), avoc., philol. N. Pontrieux, 1720; m. 1804.

Lebrun (Laur.), jés., poëte lat. Nantes, 1607-1665. = (C.), cél. peint. Paris, 1619-1690. = (Ant-L.), litt. Paris, 1680-1743. = (Ponce-Den. Ecouchard), litt., poëte lyr., memb. de l'Inst. Paris, 1729-1807. = (J.-B.-P.), peint., march. de tabl. Paris, 1748-1813. = (Ma.-Louise-Elisab. Vigée), peint. et litt., femme du précéd. 1755-1842. = (C.-F.), duc de Plaisance, litt., memb. de l'assembl. constit. et du cons. des cinq-cents, 3e consul, archi-trésor. de l'Empire, pair de Fr. sous la Restaur. N. St-Sauveur-Landelin (Normandie), 1739; m. 1827.

Lebrun-Desmarettes (J.-B.), écriv. jansén., liturgiste. Rouen, 1650-1731.

Lebrun-Tossa (J.-Ant.), aut. dram., public. Pierrelatte, 1760-1837.

Lebyd, poëte ar. du 7e s.

Le Camus. V. Camus.

Lecarlier (Ma.-J.-F.-Philibert), memb. de la conv., du cons. des anciens. N. Laon; m. 1799.

Lecarpentier de la Manche (J.-B.), convent. N. Hilleville; m. au Mont-St-Michel, 1829.

Lecat (Cl.-N.), chir., physic. Bérancourt, 1700-1768.

Lecce (Mat. da), peint. ital. du 16e s.

Lecerf (Ph.), bénéd. de St-Maur. Rouen, 1677-1748.

Lecerf de la Vieville (J. H.), garde des sceaux du parl. de Normandie, écriv. Rouen, 1674-1707.

Lechevalier (J.-B.), litt., diplom. Trelly (Normandie), 1752-1836.

Leclair (J.-Ma.), violon., composit. N. Lyon, 1697; assass., 1764.

Leclerc (Dav.), érud., profess. d'hébreu. Genève, 1591-1665. = (J.), théol. protest., crit., écriv. labor., nev. du précéd. Genève, 1657; Amsterd., 1736. = (Dan.), méd., érud., frère du précéd. N. 1652; m. Genève, 1728. = (M.), aut. dram., memb. de l'Acad. fr. Albi, 1622-1691. = (Séb.), dessinat. et grav., memb. de l'acad. Metz, 1637-1714. = (Dav.), peint. Berne, 1680; Francfort, 1738. = (Vict.-Emm.), gén. fr., époux de Pauline, sœur de Napoléon. N. Pontoise, 1772; m. St-Domingue, 1802. = (J.-B.), litt., convent., memb. du cons. des cinq-cents. Chalonnes (Maine-et-Loire), 1755-1826.

Leclercq (Chr.), missionn. en Amér. N. Artois, 1650.

Lécluse (C. de), en lat. Clusius, bot. Arras, 1526; Leyde, 1609. = Litt., act. de l'Opéra-Com. 1737-1792.

Lecoat (Yves-Ma.-Gab.-P.), amiral. Bretagne, 1757-1826.

Lecocq (R.), év. de Laon, homme polit. du 16e s. N. Mondidier; m. en Esp.

Lecointe (C.), orator., négociat. Troyes, 1611-1679.

Lecointe-Puiraveaux (Mat.), memb. de la conv., du cons. des cinq-cents, du tribunat. N. St-Maixent; m. Bruxelles, 1825.

Lecointre (Lau.), dit Lecointre de Versailles, convent. Versailles, 1750-1805.

Lecomte (L.), sculpt. Boulogne (Seine), 1645-1695. = (J.), litt., poëte lat. N. Beauvais; m. 1707. = (L.), jés., missionn., astron. N. Bordeaux; m. 1729. = (Fél.), sculpt. Paris, 1737-1817.

Leconte (Ant.), jurisc., profess. de droit. N. Noyons; m. 1586. = *de la Vererie* (P.-N.), antiq. Alençon, 1728-1808.

Lecourbe (Cl.-Ja., comte), gén. fr. Lons-le-Saulnier, 1762-1815.

Lecouvreur (Adrienne), actr. du Théâtre-Français. N. Fimes; m. 1730.

Lecoz (Cl.), archev. de Besançon. Bretagne, 1740-1815.

Lecreulx (F.-M.), ingén. Orléans, 1734-1812.

Lécuy (J.-B.), anc. gén. des prémontrés, litt. Yvois-Carignan (Ardennes), 1740; Paris, 1834.

Ledain (Olivier), cél. favori de Louis XI. N Thielt, près Courtray; pendu, 1484.

Ledéan (Aimé-J.-L.-N.-Ré.), ingén. Quimper, 1776-1841.

Ledeist de Botidoux, litt. (Uzel (Bret.), 1750-1823.

Lederlin (J.-H.), sav. philol. Strasb., 1672-1737.

Ledermuller (Mart.-Frobene), physic. Nuremb., 1709-1760.

Ledesma (Alph. de), poëte esp. Ségovie, 1552-1623. = (Jo. de), peint. Burgos, 1630-1670.

Ledoux (Cl.), archit. Dormans, 1736-1806.

Ledran (H.-F.), chir. fr. Paris, 1685-1770. = (N.-L.), garde des archives de Fr. St-Cloud, 1687-1774.

Ledru (N.-Ph.), connu sous le nom de Comus, physic. Paris, 1731-1807. = (And.-P.), bot., voyag. Chantenay (Maine), 1761-1831.

Leduc (Gab.), archit. fr. M Paris, 1704.

Leducq (J.), peint., grav. La Haye, 1636-1671.

Ledyard (...), voyag. du 18e s. N. Groton (Connecticut); m. au Caire, 1788.

Lee (Ed.), archev. d'York, négociat. sous Henri VIII. N. comté de Kent, 1482, m. 1544. = (Nathan.), poëte dram. angl. du 17e s. = (C.), gén. angl. N. Cheshire, v. 1730; m. Philadelphie, 1782. = (Anné), violonn. angl.

Manchester, 1735-1782.=(Rich.-H.), homme d'Etat améric. Virginie, 1732-1794.=(Sophie), femme aut. Londres, 1750-1824.

Lee-Lewis (C.), coméd. angl. du 18e s. M. 1804.

Leena, courtisane grecque, amante d'Harmodius et d'Aristogiton. V. 574 av. J.-C.

Leeuwen (Sim.), jurisc., érud. Leyde, 1625-1682.

Lefaucheur (M.), min. et prédic. protest. M. Paris, 1657.

Lefèbre (Val.), peint., grav. N. Bruxelles, 1642.

Lefebure (Sim.), offic. du génie sous Frédéric II. N. Prusse, v. 1720; m. 1770.=(L.-H.), litt., bot., music. Paris, 1754-1839.

Lefebvre (Ph.), litt. Rouen, 1705-1784.=(Arm.-Bernardin), ingén., inspect. gén. des ponts et chauss. 1734-1807.=(F.-Jo.), duc de Dantzig, maréch. de Fr. Ruffach (Alsace), 1755-1820.

Lefebvre-Desnouettes (C.), gén. fr. Paris, 1775-1822.

Lefebvre de Cheverus (J.-L.-Anne-Madeleine), card., archev. de Bordeaux, pair de Fr. Mayence, 1768; Bord., 1836.

Lefèvre (J.), chroniq., év. de Chartres. N. Paris; m. 1390.=(J.), seign. de St-Rémi, de la Vacquerie, etc., chroniq. du 14e s. N. Abbeville.=(N.), philol., érud., précep. de Louis XIII. Paris, 1544-1612.=(Tannegui), philol., sav. humaniste. Caen, 1615-1672.=(Cl.), peint. et grav. Fontainebl., 1633; Anglet., 1675.=(Roland), dit de Venise, peint. de portr. N. Anjou; m. Anglet., 1677.=(J.), astron., memb. de l'acad. des sc. N. Lisieux; m. 1706.=(le P. F.-Ant.), jés., poëte lat. Clairvaux, 1670-1737.=(Ant.-Martial), antiq. Viv. milieu du 18e s.=(P.-F.-Al.), aut. dram. Paris, 1741-1813.=(R.), peint. Bayeux, 1756-1831.

Lefèvre de la Boderie (Gui), oriental., litt. N. près de Falaise, 1541; m. 1598.

Lefèvre-Gineau (L.), physic., memb. de l'Inst. Authe (Ardennes), 1751-1829.

Lefort (F.), homme d'Etat, gén. et amiral de Russie, sous Pierre le Grand. Genève, 1656; Moscou, 1699.

Lefrère (J.), érud., hist. N. Laval; m. 1583.

Legangneur (Gu.), calligr., secrét.-écriv. de Henri IV. N. Anjou, v. 1550; m. 1624.

Legay (L.-P.-Prudent), litt. Paris, 1744-1826.

Legendre (L.), ecclés., hist. Rouen, 1655-1733.=(Gilb.-C.), érud., litt. Paris, 1688-1746.=(L.), memb. de la conv. et du cons. des anciens. Paris, 1756-1797.=(Adr.-Ma.), géom. cél., memb. de l'Inst. Paris, 1752-1833.

Legentil de la Galaisière (Gu.-Jo.-H.-J.-B.), astron. et voyag., memb. de l'acad. des sc. Coutances, 1725-1792.

Léger (St), év. d'Autun, au 7e s. Mis à m. 678.

Léger (Ant.), past. protest., philol., érud. Piémont, 1594-1661.=(F.-P.-A.), aut. dram. Paris, 1765-1823.

Legge (G.), baron de Darmouth, amiral angl. 1647-1691.

Légier (P.), litt., aut. dram. Jussey, 1734-1791.

Légipont (le P. Olivier), bibliogr. Soiron (duché de Limbourg), 1698-1752.

Legnani (Th.), peint., dit il Legnanino. Milan, 1660-1715.

Legobien (C.), jés., hist., proc. des missions de la Chine. St-Malo, 1653-1708.

Legonidec (J.-F.-Ma.-Maur-Agathe), antiq., philol. Conquet (Bretagne), 1775-1838.

Legouvé (J.-B.), litt. Monthrison, 1730-1782.=(Gab.-Ma-J.-B.), poëte, aut. trag., memb. de l'Inst., fils du précéd. Paris, 1764, 1813.

Legrain ou *Legrin* (J.), hist., Paris, 1565-1642.

Legrand (Ja.), relig. aug., prédic., moraliste. Toulouse, 1350-1422.=(le P. Albert), dominic., prédic., hagiogr. N. Morlaix; m. 1640.=(Ant.), philos., théol., missionn. au 17e s.=(P.), cél. flibustier dieppois. M. 1670.=(Marc-Ant.), act., aut. dram. Paris, 1673-1728.=(Joach.), hist. St-Lô, 1653-1733.=(Et.-Ant.-Mat.), oriental. Versailles, 1724-1784.=(Ja.-Gu.), archit. Paris, 1743-1807.

Legrand d'Aussy (P.-J.-B.), jés., érud., antiq. Amiens, 1737-1800.

Legras (Mme), fondat., avec St Vincent de Paul, des sœurs grises. 1591-1662.

Legraverend (J.-M.-Emm.), jurisc. Rennes, 1776-1827.

Legris-Duval (Ré.-M.), prédic., écriv. N. Landernau (Bret.), 1765; m. 1819.

Legroing de la Maison-Neuve (Fr.-Thér.-Antoin., comtesse de), femme aut. Bruyère (Lorraine), 1764-1837.

Legros (P.), sculpt. Paris, 1656-1719.=(Jo.), cél. chant. de l'Opéra. Monampteuil, 1739-1793.

Lehmann (J.-Gottlob), minéral. all. M. St-Pétersb., 1767.

Lehongre (Et.), sculpt., memb. de l'acad. Paris, 1628-1690.

Lehrbach (le comte), diplom. autrich. 1750-1805.

Lehrberg (Aaron-Chr.), litt., philol., érud. Dorpat (Livonie), 1770; St-Pétersb., 1813.

Lehwald (J.), gén. pruss. 1685-1768.

Leibnitz (God.-Gu.), philos., mathém., physic., hist., jurisc., public. Leipzig, 1646-1716.

Leidrade, écriv. eccl., archev. de Lyon. N. Nuremberg, v. 736; m. 816.

Leighton (Al.), théol. Édimb., 1568-1644.

Leiserwitz (J.-Ant.), aut. trag. Hanovre, 1752-1806.

Leissègues (Corent.-Urb.-Ja.-Bertr. de), vice-amiral. Hanvec (Finist.), 1758-1832.

Lejars (L.), litt., contemp. et ami de Ronsard.

Lejay (Cl.), jés., écriv. eccl. N. près Genève; m. 1552.=(Gui-M.), avoc., philol. Paris, 1588-1674.=(Gab.-F.), jés., philol., trad. N. Paris, v. 1657; m. 1734.

Lejeune (J.), orator., prédic. Poligny, 1592-1672.

Lekain (H.-L.), cél. act. trag. Paris, 1728-1778.

Leland (J.), antiq., philol. N. Londres; m. 1552.=(Th.), hist. trad. Dublin, 1722-1785.

Lellis (St Camille de), fondat. des clercs régul. pour le service des malades. Baccianico (Abruzze), 1550-1614.

Lelong (Ja.), orator., érud., bibliogr. Paris, 1665-1721.

Lelorrain (L.), sculpt. Paris, 1666-1743.=(L.-Jo.), peint. et grav. Paris, 1715-1760.=V. Lorrain.

Lely (P. van der Faes, dit le Chevalier), peint., Soest (Westph.), 1518-1680.

Lemaire (Jo.), hist. et poëte fr. du 15e s. N. Hainaut, v. 1473; m. v. 1547.=(Ja.), navig. holl. M. 1616.=(...), peint. fr. Dammartin, 1597-1659.=(M.-Eloi), philol., latiniste. Triaucourt (Meuse), 1767; Paris, 1852.

Lemaistre (Mart.), théol., philol. Tours, 1432-1482.=(Gilles), jurisc. N. Monthléry, v. 1490; m. 1562.=(Ant.), avoc., écriv. jansén. Paris, 1608-1658.

Lemare (P.-A.), gramm. La Rivière (Jura), 1766; Paris, 1835.

Lemarrois (J.-Léo.-F.), lieut.-gén. Briquebec (Manche), 1776-1836.

Lemasson (Innocent), théol., écriv. ascét. Noyon, 1628-1703.

Lemaure (Cath.-Nicole), cantatrice de l'Opéra. Paris, 1704-1783.

Lemazurier (P.-Dav.), litt. Gisors, 1775-1836.

Lembke (J.-Ph.), peint. et grav. Nuremb., 1631; Stockholm, 1721.

Lemercier (Ja.), archit. N. Pontoise, v. 1590; m. 1660.=(Népomucène-L.), litt., aut. dram. memb. de l'Acad. fr. Paris, 1772-1840.

Lemère (Ign.), écriv. eccl. Marseille 1677-1752.

Lemery (N.), chim. Rouen, 1645-1715.

Lémery (L.-R.-Jo.-Cornelier), astron. Versailles, 1728-1802.

Lemierre (Ant.-Marin), poëte et aut. trag. Paris, 1723-1793.

Lemire (Aubert), hist. Bruxelles, 1573-1640.=(Noël), grav. Rouen, 1724-1801.

Lemnius (Sim. Lemechen), poëte lat. N. Margadan (Grisons); m. 1550.

Lemoine (J.), card. et légat. N. Cressi (Ponthieu); m. 1313.=(F.), peint. N. Paris, 1688; se tua, 1737.

Lemonnier (P.), profess. de philos. N. St-Séver, 1675; m. 1757.=(P.-C.), astron., memb. de l'Inst., fils du précéd. Paris, 1715-1799.=(Gu.-Ant.), litt. et trad. St-Sauveur-le-Vicomte, 1721-1797.=(P.-Re.), aut. dram. Paris, 1731-1796.=(Anicet-C.-Gab.), peint. d'hist. Rouen, 1743-1824.

Lemontey (P.-Ed.), litt., hist. Lyon, 1762-1826.

Lemos (P.-J., comte de), homme d'Etat esp. N. v. 1560; m. 1645.

Lemot (F.-Fréd.), stat., memb. de l'Inst. Lyon, 1773-1827.

Lemouturier (Ant.), sculpt. fr. du 16e s.

Lemoyne (P.), jés., prédic., poëte médiocre. Chaumont en Bassigny, 1602-1671.=(J.-L.), sculpt., memb. de l'acad. Paris, 1665-1755.=(J.-B. Moyne, dit), composit. Eymet (Périg.), 1751-1796.

Lemprière (J.), écriv. angl. N. Jersey, v. 1775; m. 1824.

Lenain (L. et Ant.), frères, tous 2 peint. N. Laon; m. 1648.=(P.), trappiste, écriv. ascét. Paris, 1640-1713.

Lenclos (Anne de), connue sous le nom de Ninon, femme cél. par son esprit, sa beauté, ses galanteries. Paris, 1616-1706.

Lenet (P.), procur. au parl. de Dijon, conseill. d'Etat. N. Dijon; m. 1671.

Lenfant (Ja.), min. protest., hist. Bazoche, 1661-1728.=(Al.-C.-Anne), jés., prédic. N. Lyon, 1726; massac., sept 1792.

Lenglet-Dufresnoy (l'abbé N.), érud., philol., compilat. Beauvais, 1674-1755.

Lenguich (God.), hist., public. Dantzig, 1690-1774.

Lenhossek (M. de), méd. de l'emp. d'Autriche, professeur. Presbourg, 1773-1840.

Lennep (J.-Dan. van), hellén. holl. Leuwarden, 1724-1771.=(Dav.-Ja. van), philol. holl. Amsterdam, 1774-1849.

Lennox (Charlotte), femme aut. New-York, 1720; Londres, 1804.

Lenoble (P.-Madel.), public. Autun, 1772-1824.=(Jo.) composit. Manheim, 1753-1829.

Lenobletz (M.), cél. mis ionn. Kérodern (Bret.), 1577-1652.

Lenoir (J.-C.-P.), magistr. fr., lieut. de police. Paris, 1732-1807.=(N.), archit. Paris, 1726-1810.=(Et.), fabric. d'instr. de mathém. Mer (Loir-et-Cher), 1744-1832.=(Al.), archéol. Paris, 1762-1839.

Lenoir-Laroche (J.-J.), public., homme d'Etat. Grenoble, 1749-1825.

Lenormand (Mlle Ma.-Anne), cél. devineresse. Alençon, 1772; Paris, 1845.

Lenôtre (And.), archit., dessinat. de jardins. Paris, 1613-1700.

Lenourry (Den.-N.), sav. bénéd. Dieppe, 1747-1724.

Lens (Bern.), dit le Vieux, dessinat. et grav. Londres, 1659-1725.=(Bern.), grav. et peint. d'aquar., fils du précéd. N. Londres, 1680.=(And.-Corn.), peint. Anvers, 1739-1822.

Lentulus, nom d'une branche de la fam. Cornélia.=*Sura* (Publius Cornelius), consul 71 av. J.-C., complice de Catilina; étranglé, 66.=*Spinther* (Publius Cornelius), consul 53 av. J.-C., et ami de Cicéron.

Lentulus (Cés.-Jo.), feld-maréch.-lieut. au service de l'Autr. Berne, 1682-1744.

Léo (Léo.), composit. N. Naples, v. 1694; m. v. 1744.

Léocharès, sculp. grec du 4e s. av. J.-C.

Léon (St), dit le Grand, pape. N. Rome; succ. de Sixte III, 440; m. 461.=II (St), Sicilien. Succ. d'Agathon, 682; m. 683.=III. N. Rome; succ. d'Adrien Ier, 795; m. 816.=IV. N. Rome; succ. de Sergius, 847; m. 855.=V. N. Ardée; succ. de Benoît IV, 903; empris. et m. même ann.=VI. N. Rome; succ. de Jean X, 928; m. 929.=VII. N. Rome; succ. de Jean XI, 936; m. 939.=VIII. Succ. de Jean XII et déposé, 963; m. 965.=IX (St). N. Alsace, 1002; succ. de Damase II, 1049; m. 1054.=X (de Médicis). N. Florence, 1475; succ. de Jules II, 1513; m. 1521.=XI (Al.-Octavien de Médicis). Succ. de Clément VIII, 1605; m. un mois ap.=XII (Annibal della Genga). N. Genga, près Spolète, 1760; succ. de Pie VII, 1823; m. 1829.

Léon, antipape sous le nom de Grégoire VI; compétit. de Benoît VIII, 1012; chassé peu de temps après.

Léon Ier, dit le Grand, emp. d'Orient. N. Thrace; succ. de Marcien, 457; m. 474.=II, le Jeune, p.-fils du précéd. et son succ. à l'âge de 4 ans, 474; m. au bout de 18 mois.=III, l'Isaurien. N. Isaurie; usurpa l'emp. 717; m. 741.=IV (Chazare). N. Constantinople, 751; succ. de son père Constantin IV, 775; m. 780.=V, l'Arménien. Succ. de Michel Ier, 813; assass., 820.=VI, le Philosophe, litt., jurisc., succ. de Basile le Macédonien comme emp. d'Or., 886; m. 911.

Léon de Byzance, philos., 4e s. av. J.-C.=Diacre, hist. grec. N. Ionie, v. 930.=le Grammairien, hist. Viv. v. 1013.=de Marsi, chroniq. du 12e s.=l'Hébreu, écriv. cabalistique. N. Castille, 15e s.=(J.), l'Africain, géogr. ar. N. Grenade, fin du 15e s.=de Modène (Jura Arie, dit), cél. rabbin. N. Modène, v. 1574; m. 1654.

Léon (Diégo), gén. esp. N. 1804; fusillé, 1840.

Léonard (St), ermite du Limousin au 6e s. M. 559.

Léonard, cél. prédic. dominic. N. Udine; m. 1470.=dit le Limousin, peint. émailleur. N. Limoges, 1480; m. v. 1550.=(N.-Germ.), poëte et litt. N. Guadeloupe, 1744; m. 1793.=V. Vinci.

Léonardi (J.), instit. de la congrég. des clercs régul. de la Mère de Dieu. N. Decimo (pays de Lucques), v. 1540; m. 1609.=ou *Léonardoni* (F.), peint. Venise, 1654; Madrid, 1711.

Léonardo (Jo.), peint. N. Madrid, 1616; empois., 1658.

Léonat, un des gén. d'Alexandre. Périt 323 av. J.-C.

Léonbruno (Lau.), peint. N. Mantoue, v. 1489; m. v. 1537.

Léonce (St), év. de Fréjus. N. Nîmes; m. 432.

Léonce, usurpat. du trône de Constantinople, sous Justinien II, en 695; mis à m. 705.

Léonce-Pilate, sav. grec du 14e s.

Léoni (Z.), il Padovano, peint., sculpt., archit. Padoue, 1531-1605.=(Leone), orfév., sculpt. et grav. en méd. N. Arezzo, 16e s.

Léonicenus (Omnibonus), gramm., philol. N. Lonigo (Vicentin), 1420; m. v. 1500.

Léonidas Ier, roi de Sparte de 491 à 480 av. J.-C.; m. au défilé des Thermopyles.=II, roi de Sparte de 257 à 238 av. J.-C.

Léonidas, nom de 2 poëtes grecs: l'un de Tarente, v. 280 av. J.-C.; l'autre d'Alexandrie, 1er s. de l'ère chrét.

Léonius, chan. de N.-D. de Paris, poëte lat. du 12e s.

Léontieff (Alexis), oriental. russe. M. 1786.

Leontium, courtisane athén. du 3e s. av. J.-C.

Léopardi (A.), archit. et sculpt. N. Venise; m. 1510.=(le comte Ja.), poëte et philol. ital. Recanati, 1798-1837.

Léopold (St), margrave d'Autriche. 1096-1136.

Léopold Ier, emp. d'Allem., fils de Ferdinand III. N. 1640; succ. de son père, 1658; m. 1705.=II (P.-Léop.-Jo.), 2e fils de François Ier et de Marie-Thérèse. N. 1747; succ., comme emp., de son frère Joseph II, 1790; m. 1792.

Léopold I ou II, le Glorieux, duc d'Autriche en 1308; m. 1315.=II ou III, le Preux. N. v. 1350; tué Sempach, 1386.

Léopold, duc de Lorraine; fils de Charles IV. Inspruck, 1679-1729.

Léopold (G.-A.-Sides), litt., poëte, agron. Leimbach, 1755-1827.=(C.-Gust. de), poëte, aut. dram. Stockholm, 1756-1829.

Léosthènes, gén. athén. Tué 223 av. J.-C.

Léotichides, roi de Sparte 491 av. J.-C.; m. Tégée, 467.

Lepaute (J.-And.), cél. horlog. N. Montmédy, 1707; m. 1789.

Lepautre (Ant.), archit. Paris, 1614-1691.=(P.), sculpt. et grav., fils du précéd. Paris, 1659-1744.

Lepays (Re.), sieur du Plessis-Villeneuve, poëte fr. Fougères, 1636-1690.

Lepel (Gu.-H.-Ferd., comte de), archéol. pruss. 1755-1826.

Lepelletier (Cl.), homme d'Etat, canoniste. N. Paris, 1630.=(J.), érud., numism. Rouen, 1633-1711.

Lepelletier de St-Fargeau (L.-M.), memb. de la conv. N. Paris, 1760; vota la m. de Louis XVI, et fut assas. par le garde du corps Pâris, la veille de l'exéc. du roi, 20 janvier 1793.

Lepère (. . .), archit. N. 1762; m. Paris, 1844.

Lépicier (Bern.), grav. et litt. Paris, 1698-1755.=(N.-Bern.), peint., fils du précéd. Paris, 1735-1784.

Lepidus (Marcus Æmilius), triumvir avec Octave et Marc-Antoine. M. en exil, 13 av. J.-C.

Leprevost d'Iray (le vic.), hist., memb. de l'Inst. N. Château-d'Iray (Orne), 1768; m. 1849.

Leprince (J.), peint. Metz, 1733-1781.=(A.-X.), peint. Paris, 1799-1826.

Leprince de Beaumont (Ma.), femme aut. Rouen, 1711-1780.

Léquien (M.), sav. dominic., théol. Boulogne-sur-Mer, 1661-1733.=*de la Neuville* (Jo.), litt. et hist. Paris, 1647-1728.

Lercari (N.-Ma.), card., min. de Benoît XIII. Etat de Gênes, 1675-1757.

Lerebours (Noël-J.), optic. Mortain (Manche), 1762-1840.

Lermé (F. de Roxas de Sandoval, duc de), homme d'Etat esp., min. de Philippe II de 1598 à 1618. M. 1625.

Lerminier (Théodoric-Nilammon), méd. (St-Valery-s.-Somme, 1779-1836.

Leroux (J.-J.), méd. Sèvres, 1749-1832.

Leroy (L.), litt., trad. N. Coutances; m. 1577.=(P.), chan. de Rouen, un des aut. de la Satire Ménippée.=(Julien), cél. horlog. N. Tours, 1686; m. 1759.=(P.), fils aîné du précéd. et égalem. horlog. 1719-1785.=(Ju.-Dav.), archit., érud., autre fils de Julien. 1728-1803.=(Alph.-Vinc.), méd. profess. d'accouch. Rouen, 1741; Paris, 1816.

Lesage (Alain-Re.), litt., aut., com., romanc. N. Sarzeau, près de Vannes, 1668; m. 1747.=(G.-L.), sav. physic. N. Genève m. 1803.

Lesage-Senault (J.-H.), memb. de la conv., du cons. des cinq-cents. N. v. 1760; m. en exil, 1823.

Lesbonax, philos. et rhét. de Mitylène, 1er s. av. J.-C.=Gramm. de Constantinople, postér. au précéd.

Lescaille (Cath.), femme poëte

aut. dram. N. Amsterdam, v. 1640; m. 1711.

Lesrallier (Dan.), litt., écon. Lyon, 1743-1822.

Lescène-Desmaisons (Ja.), litt. Granville, 1750-1808.

Leschenault de la Tour (L.-Théod.), voyag. et bot. Châlon-s.-S, 1773-1826.

Lescherin de Brécour (Ph.-X.). minéral. Versaill., 1771-1814.

Lescot (P.), cél. archit. Paris, 1510-1571.

Lescun (Odet d'Aydie, sire de), cél. favori du duc de Guyenne, frère de Louis XI. M. 1498. = (J.-Pa.), écriv. polit. protest. Décap. Bordeaux, 1622. = (Th. de Foix), capit. du 16e s., et maréch. de Fr. M. v. 1526.

Lescure (L.-Ma., marq. de), gén. vendéen. N. B.-Poitou, 1766; m. de ses bless., 1793.

Lesdiguières (F. de Bonne, duc de), connét. de Fr. St-Bonnet-de-Champsaur (Dauph.), 1543-1626.

Lesfargues (Bern.), impr., litt. N. Toulouse, v. 1600.

Lesley (J.), théol., év. cathol. de Ross (Ecosse), 1527-1596.

Leslie (Ch.), théol., controv., chancel. de Connor. N. Irlande, v. 1660; m. 1732. = (J.), physic. angl. 1766-1832.

Lesparre (And. de Foix, seign. de), capit. fr. du 16e s.

Lespinasse. V. ESPINASSE.

Lessart (Ant. de Valdec de), homme d'Etat, contrôl. gén. des fin. N. Guyenne, 1742; massacré, Versailles, 1792.

Lesseps (J.-B.-Bart, bar. de). voyag., diplom. Cette, 1766-1834. = (Mat.-Maximilien-Prosp., comte de), diplom. Hambourgs. 1774; Tunis, 1832.

Lesser (Fréd.-Chr.), théol., natural. Nordhausen (Prusse); 1692-1754.

Lesser (August. Creuzé, bar. de), litt., aut. dramatique, 1771-1839.

Lessing (Gotthold-Ephraïm), litt., crit., philos., aut. dram. Camentz (Saxe), 1729-1781.

Lessius (Léo.), jés., théol. et casuiste. Brecht, près Anvers, 1554-1623.

Lestang (Ant. de), érud., présid. au parl. de Toulouse. M. 1615 ou 1617.

Lesterp-Beauvais (B.), député aux états-gén. et à la conv. N. Florac (Lozère), 1750; m. sur l'échaf., 1793.

Lestiboudois (J.-B.), bot. Douai, 1715-1804. = (F.-Jo.), également bot. et fils du précéd. Lille, 1759-1815.

Lestocq (J.-Hermann, comte de), 1er méd. de l'impératr. Elisabeth de Russie. N. dans le Hanovre, 1592; m. 1767.

Lestonac (Jeanne de), fondatr. de la congrég. de N.-D. Bordeaux, 1556-1640.

Lestrange (Rog.), litt. et publie. angl. 1616-1704.

Lesueur (Eust.), peint. cél. N. Paris, 1617; m. chartreux, 1655. = (J.), hist. M. 1681. = (J.-F.), composit., profess. au Conserv. N. près d'Abbeville, 1763; m. 1837.

Lesuire (R.-Mart.), poëte, litt. Rouen, 1737-1815.

Lesur (C.-L.), hist. fr. Guise, 1770-1849.

Lesurque (Jo.), N. Douai, 1764; condamné injustement à m. en 1794, comme coupable d'un assassinat commis sur la personne du courrier de Lyon.

Létanduère (H.-F. Desherbiers, marq. de), cél. marin fr. Angers, 1682-1759.

Letellier, peint., neveu du Poussin. Rouen, 1614-1676. = (M.), homme d'Etat, secrét. d'Etat au départ. de la guerre, garde des sceaux. 1603-1685. = (C.-Maurice), archev. de Reims, fils du précéd. M. 1710. = (M.), jés., confess. de Louis XIV. Vire, 1643; La Flèche, 1719. = (Constant), gramm. Boulogne, 1762; Paris, 1841.

Lethière (Gu.-Guillon), peint. N. Guadeloupe, 1769; m. 1832.

Leti (Gregorio), hist. et libell. ital. Milan, 1630-1701.

Letitia. V. BONAPARTE.

Letourneur. V. TOURNEUR. = (C.-L.-F.-Honoré), memb. de l'assemblée législ., de la conv., du direct., préfet, etc. N. Granville, 1751; m. en exil, 1817.

Letronne (J.-Ant.), géogr., érud., archéol; inspect. gén. des études, memb. de l'acad. des inscr. Paris, 1787-1848.

Lettice (J.), litt. angl. 1737-1832.

Lettson (J. Coakley), méd. et natural angl. M. 1815.

Leu. V. LOUP.

Leu (J.-J.), litt., érud. Zurich, 1689-1768.

Leucippe, philos. grec. N. Abdère ou Milet, v. 500 av. J.-C.

Leuckfeld (J.-G.), érud., antiq. Heringen (Saxe), 1668-1726.

Leunclavius (J.), hellén. et philol. all. 1533-1593.

Leupold (Ja.), mécan. Planitz (Bohême), 1674-1727.

Leusden (J.), hébraïs., philol. Utrecht, 1624-1699.

Leuvigilde ou *Léovigilde*, roi des Visigoths, 568; m. 585.

Leuwenhoeck (Ant.), natural. Delft, 1632-1723.

Levaillant (F.), natural., voyag. N. Paramaribo (Guyane), 1753; m. Sezanne, 1824.

Levasseur (J.-C.), grav. du roi. Abbeville, 1734-1816.

Levassor (M.), hist. du 17e s. N. Orléans.

Levau (L.), archit. fr. 1612-1670.

Levavasseur (Bern.-M.-Francis), poëte fr. 1785-1830.

Leve ou *Leyva* (Ant. de), cél. gén. esp. du 16e s.

Levée (Jér.-Balth.), philol., humaniste. Le Havre, 1769; Paris, 1835.

Levêque (Prosp.), bénéd., hist. Besanç., 1713-1781. = (P.), mathém., mécan., memb. de l'Inst. Nantes, 1746-1814.

Lévesque de Pouilly (L.-J.), magist., litt., memb. de l'acad. des inscr. Reims, 1691-1750. = (Sim.), litt., fils du précéd. 1734-1820.

Lévesque (Louise Cavalier, dame), femme aut. Rouen, 1703-1745.

Lévesque de Laravalière (P.-A.), litt., érud., memb. de l'acad. des inscr. Troyes, 1697-1762.

Lévesque (P.-C.), hellén., hist., memb. de l'acad. des inscr. Paris, 1736-1812.

Lévi, 3e fils de Jacob et de Lia, chef de la tribu des lévites. Viv. de 2117 à 1980, ou de 1748 à 1611 av. J.-C.

Levis (F., duc de), maréch. de Fr. Ajac, 1720-1787. = (P.-Marc-Gust.), memb. de l'assemblée constit., de l'Acad. fr., litt. 1764-1830.

Lévizac (J.-Pons-Vict., Lecoutz de), gramm. N. Alby; m. 1813.

Levrier (Ant.-Jo.), litt. Meulan, 1756-1823.

Lewenhaupt (A.-L., comte de), gén. suéd. N. 1659. = (C.-Emile), lieut-gén., maréch. de la diète, de la même fam. N. 1692; décap., 1743.

Lewis (Math.-Grég.), litt. angl., romanc., aut. dram. 1773-1818.

Leyde (J. de), chef des anabaptistes; son nom véritable était Bockelson. N. fin du 15e s.; mis à m., 1536.

Leyde (Lucas Dammesz, dit Lucas de), cél. grav. et peint. Leyde, 1494-1533.

Leyden (J.), poëte et oriental. N. Denham (Ecosse), v. 1775; m. 1811.

Leyva (le frère Ja. de), peint. esp. Daro de la Rioja, 1580-1637.

Lézardière (Ma.-Paul. de), femme jurisc. Poitou, 1754-1835.

Lezay-Marnésia (Cl.-F.-Ad., marq. de), litt. Metz, 1735-1800. = (Ad., comte de), public., fils du précéd. St-Julien (Fr.-Comté), 1770-1814.

Lhéritier de Brutelle (C.-L.), bot. Paris, 1741-1800.

L'herminier (Fél.-L.), chim. Paris, 1779-1833.

Lhermite (Ja.), navig. holl. du 17e s. = (J.-Marthe-A.), contre-amiral fr. Coutances, 1766-1826. = (P.-L.), égalem. contre-amiral et fils du précéd. 1762-1828.

Lhomond (C.-F.), gramm., profess. à l'Univers. de Paris. Chaulnes, 1727; Paris, 1794.

Lhopital (M. de), homme d'Etat, chancel. de Fr., orat., poëte lat. Aigueperse (Auvergne), 1505-1573.

Lhopital (Gu.-F.-Ant., marq. de St-Mesme et comte d'Entremont), géom., memb. de l'acad. des sc. Paris, 1661-1704.

Lhote (Nestor), oriental. et voyag. N. Cologne, d'une fam. fr. 1804; m 1842.

Liard (Jo.), ingén. Rosières-aux-Salines (Meurthe), 1747-1832.

Libanius, sophiste et rhéteur grec. N. Antioche, 314 de J.-C.; m. v. 390.

Libavius (And.), méd. et chim. N. Halle (Saxe); m. 1616.

Libère (St), pape. N. Rome; succ. de St Jules, 352; m. 366.

Liberi (P.). peint. d'hist. Padoue, 1605-1687.

Libertat (P.), avent. et cél. ligueur. N. Marseille; m. 1597.

Libes (Ant.), physic. Béziers, 1760-1832.

Libicki (J.), poëte lat. et polon. du 17e s.

Libon, archit. grec. N. Elide, v. 458 av. J.-C.

Libri (F. Dai), dit le Vieux, peint. ital. du 15e s. = (Jér.), peint. d'hist., fils du précéd. Vérone, 1472-1555.

Liceti (Fortunio), philos. péripatetic., antiq. Rapallo (Etat de Gênes), 1577-1657.

Licherie (L.), peint. N. Normandie; m. 1687.

Lichtenau (Wilhelmine Enke-Rietz, comtesse de), favorite du roi de Prusse Frédéric-Guillaume II. Potsdam, 1754-1820.

Licthenberg (G.-Christ.), physic., moral., litt. N. près de Darmstadt, 1742; m. 1799.

Lichtenstein (Jo.-Wenceslas, prince de), feld-maréch. autrich. Vienne, 1696-1772. = (J.-Jo., prince de), gén. autrich. Vienne, 1760-1833.

Lichthwer (Magn.-God.), poëte et fabul. pruss. Wurzen, 1719-1783.

Licinius Stolo (Caïus), trib du peuple. Rome, 376 av. J.-C.

Licinius Tegula (Publius), poëte dram. lat. Viv. Rome, v. 200 av. J.-C.

Licinius Calvus (Caïus), orat. rom., poëte. N. v. 74 av. J.-C.

Licinius Licinianus (Caïus Flavius), emp. rom. N. Dacie. v. 263; assoc. à l'emp. par Galerius, 307; mis à m., 324.

Licquet (F.-Isid.), poëte com. Candebec, 1787-1832.

Lidonne (N.-Jo.), mathém. Périgueux, 1757-1830.

Liébault (J.), méd. et agron. N. Dijon; m. 1596.

Lieble (P.-L.), bénéd., érud. Paris, 1734-1813.

Liéou-Pang, emp. chin. N. v. 250 av. J.-C., fondat. de la dynastie de Han; m. 195 av. J.-C.

Liesganig (Jo.), astron. Gratz (Styrie), 1718-1799.

Lieutaud (Ja.), astron., memb. de l'acad. des sc. Arles, 1660-1733. = (Jo.), méd. de Louis XVI. Aix, 1703-1780.

Lieven (J.-H., comte de), gén. et sénat. suéd., direct. de l'amirauté. Livonie, 1670-1733.

Lievens ou *Lywins* (J.), peint. et grav. N. Leyde, 1607.

Ligarius (Quintus), procons. en Afrique, combattit contre César, à Thapse, 46 av. J.-C.; mis en accusat., fut sauvé par le discours de Cicéron, et plus tard conspira avec Brutus.

Lignac (Jo.-Ad. le Large de), orator., théol., natural. M. 1762.

Ligne (C.-J., prince de), gén. au service de l'Autriche, poëte, litt. N. Bruxelles, 1735; m. 1814.

Ligorio (Pirro), peint., archit., antiq. N. Naples; m. 1583.

Ligozzi (Ja.), peint. Vérone, 1543-1627.

Liguori (le bienh. Alph.-Ma. de), écriv., fondat. de la congrég. des liguoristes. Naples, 1686-1787.

Lilburne (J.), écriv. polit., indépend. Durham, 1618-1657.

Liliecrantz (J., comte de), homme d'Etat suédois; min. des fin. 1730-1815.

Libienberg (J.-Gu.), chancel. du roi de Suède. M. fin du 18e s.

Lilio (L.), astron. N. Ciro (Calabre); m. 1579. = (G.), poëte dram. angl. 1693-1739.

Lily (W.), instit., philol., poëte lat. Odyhans (Hampshire), 1468-1523. = ou *Lilly* (W.), astrol. angl. Diceworth, 1602-1681.

Limborch (Ph. van). théol. de la secte des remontrants. Amsterd., 1633-1712. = (H. van), peint. La Haye, 1680-1758.

Limiers (H.-Ph. de), crit., hist. M. 1725.

Limon (Geoffroy), intend. des fin. du duc d'Orléans. M. 1799.

Lin (St), 2e pape. N. Volterra; succ. de St Pierre, v. 66; martyrisé, 78.

Linacre (Th.), méd., érud. Cantorbéry, 1460-1524.

Linant (M.), litt. Louviers, 1708-1749.

Lindblom (Alex.), sav. archev. d'Upsal. Ostrogothie, 1747-1819.

Lindebrog, nom. d'une fam. de sav. parmi lesquels on distingue: Erpold, érud. Brême, 1540-1616 = Frédéric, fils du précéd., jurisc., crit. philol. Hambourg, 1573-1647.

Linden (J.-Antonide van der), méd. holl., écriv. Enckhuysen, 1609-1664.

Lindet (A.-Th.), év. constit. de l'Eure, memb. de la conv. N. Bernay, 1743; m. 1823. = (J.-B.-Robert) memb. de la conv., du comité de salut public, frère du précéd. N. Bernay; m. 1825.

Lindsay (Dav.), poëte écoss. 1490-1555. = (R.), de Pelscottie, hist. écoss., contemp. du précéd. = (J.), théol. M. Londres, 1768.

Lindsey (Théoph.), fondat. d'une congrég. d'unitaires à Londres, théol. Middlewich, 1723-1808.

Lingelbach (J.), peint. Francfort, 1625-1687.

Lingendes (J. de), poëte fr. N. Moulins, v. 1580; m. 1616. = (J. de), prédic., aumôn. de Louis XIII, év. de Mâcon. Moulins, 1595-1665. = (Cl.), jés., prédic. Moulins, 1591-1660.

Linguet (Sim.-N.-H.), cél. avocat, écriv. polit., litt. Reims, 1736-1794.

Linière (F. Payot de), poëte satir. Paris, 1628-1704.

Liniers-Brémont (don Santiago), contre-amir. esp. N. Niort, v. 1760; fusillé, 1809.

Linné (L.), cél. natural. suéd., méd., profess. de bot. à Upsal. Rœnshult, 1707-1778.

Linois (C.-Alex.-Léon, comte Durand de), cap. de vaiss. Brest, 1761; Versailles, 1848.

Linschoten (J.-Hug. van), voyag. holl. Harlem, 1563-1633.

Lionne (Hugues), min. d'Etat, diplom. Grenoble, 1611-1671.

Liotard (J.-Et.), peint. en miniat. Genève, 1702-1776. = (P.), bot. fr. 1729-1796.

Lipenius (Mart.), bibliogr. Brandebourg, 1630-1692.

Lippi (Fra-Filippo), peint. N. Florence, v. 1412; m. 1469. = (Lorenzo), peint. et poëte. Florence, 1606-1664.

Lippomani (L.), sav. prélat, présid. du concile de Trente. Venise, 1500-1569.

Lipse (Juste), philol., crit., antiq., profess. à Leyde et à Louvain. Isque (Belgiq.), 1547-1606.

Liron (J.), bénéd. de St-Maur, érud. Chartres, 1665-1748.

Lisfranc (Ja.), cél. chir. N. St-Paul-en-Jarrest (Loire), 1790; m. 1847.

Lisola (F.-Pa., bar. de), public. et homme d'Etat au service de l'Autriche. N. Salins; m. 1613-1677.

Lister (Mart.), méd. et natural. angl. Radcliffe, 1638-1711.

List (Fr.), econ. all. Wurtemberg, 1789-1846.

Littleton (Th.), magist. et jurisc. angl. N. Frankley; m. 1481. = (Adam), philol. Shropshire, 1627-1694.

Littré (Alexis), méd., anat., memb. de l'acad. des sc. Cordes (Albigeois), 1658-1725.

Lieutprand, roi des Lombards d'Italie, fils et succ. d'Ansprand, 712; m. 744.

Liuva Ier, roi des Visigoths. Elu, 567; m. 572. = II, succ. de son père Léovigilde, 601; mis à m. 603.

Liverpool (C. Jenkinson, comte de), public. angl., lord de l'amirauté, min. d'Etat, etc. N. comté d'Oxford, 1727; m. 1808. = (R. Banks), min. d'Etat, fils du précéd. Londres, 1770-1828.

Livie Drusille, impératr. rom., épouse de Tibère Claudius Néron, puis d'Auguste. N. Rome, 58 av. J.-C.; m. 29 de J.-C.

Livie-Liville, fille de Drusus, p.-fille de la précéd. et épouse de Drusus, fils de Tibère. M. dans un cachot, v. 35 de J.-C.

Livingston (W.), homme d'Etat, public. New-York, 1723-1790. = (R.), homme d'Etat, chancel. New-York, 1746-1813. = (Ed.), jurisc., secrét. d'Etat. New-York, 1764-1836.

Livoy (Timothée de). barnabite, litt. Angers, 1652-1726.

Llorente (J.-Ant.), hist. esp. N. près Calahorra, 1756; m. 1823.

Lloyd (W.), prélat angl., théol., érud. Berkshire, 1627-1717. = (H.), tactic. Pays de Galles, 1729-1783. = (R.), poëte angl. 1733-1764.

Lo (St), év. de Coutances v. 328; m. entre 363 et 368.

Loaisel de Tréogate (Jo.-Ma.), litt. Basse-Bret., 1752-1812.

Loaysa (Garcias de), card., gr. inquisit., conf. de Charles-Quint. N. Talavera, v. 1479; m. 1546.

Lobau (G. Mouton, comte de), gén.; maréch. et pair de Fr. après 1830. N. Phalsbourg (Meurthe), 1770; m. Paris, 1838.

Lobel (Mathias de), bot. Lille, 1538-1616.

Lobinau (Gui-Alexis), sav. bénéd. Rennes, 1666-1727.

Lobkowitz (G.-Chr., prince de), gén. autrich. N. 1702; m. 1753 = (Jo.), gén. major, ambass., fils du précéd. 1725-1802.

Lobo (Jér.), jés. missionn. Lisbonne, 1593-1678.

Lobstein (J.-Fréd., chir., anat. Zumpelheim (Alsace), 1736-1784.

Locatelli (L.), méd., chim. N. Bergame; m. 1637.

Loccenius (J.). hist., philol., antiq. Holstein, 1599-1677.

Lochner (M.-Fréd.), natural. Furtz (près Nuremb.), 1662-1720.

Locke (J.), cél. philos. angl. théol. Wrington (près Bristol), 1632-1704.

Locré de Roissy (J.-Gu.), jurisc. fr. N. Leipzig, 1758; m. Paris, 1840.

Locuste, cél. empoisonn. Viv. sous Néron, qui, après l'avoir comblée de faveurs, la fit mettre à m.

Loder (Juste-Chr.), chir. et anat. Riga, 1753-1832.

Ludovisi (L.), card., archev. de Bologne. M. 1632.

Lœfling (P.), bot. suéd. M. 1756.

Lœvenhielm (C.-Gust., comte de), sénat. et min. suéd. M. 1768.

Loffus (Dudley), érud., jurisc. irland. 1618-1695.

Logan (J.), poëte et théol. écoss. 1748-1788.

Logau (Fréd., bar. de), poëte all. Silesie, 1604-1655.

Lohaia (Ibn), cél. doct. ar., cadi d'Egypte. M. 786 ou 790.

Lohenstein (Dan.-Gasp. de), romanc., poëte, aut. dram. Silésie, 1635-1683.

Lohrasp, roi de Perse, de la dynast. des Kaïaniens, regardé comme le même que le Cambyse des Grecs.

Loir (N.-P.), peint. Paris, 1624-1679.

Loiseau (J.-F.), convent. N. Châteauneuf-en-Thimerais, v. 1750; m. 1822. = (J.-Sim.), jurisc. N. Fr.-Comté, v. 1776; m. 1822.

Loisel (Ant.), avoc., érud., jurisc. Beauvais, 1536-1617.

Loiseleur-Deslongchamps (A.-L.-Arm.), oriental. Paris 1805-1840.

Lokman, fabul. ar. très-anc.,

sur laquel on ne sait rien de précis.

Loli (Lau.), peint. et grav. Bologne, 1612-1691.

Lollard (Walter), cél. hérés. du 14e s. N. Anglet.; brûlé Cologne, 1322.

Lollino (L.), év. de Bellune, litt., philol. Candie, 1557-1625.

Lollius (Marius), cons. rom., 21 av. J.-C.

Lolme (J.-L. de), écriv. polit. Genève, 1740-1806.

Lo-Looz (R. de), colonel au serv. de la Suède, tactic., philos. N. pr. Liége, v. 1730; m. 1786.

Lomazzo (J.-Pa.), peint. et litt. N. Milan, 1538; m. v. 1592.

Lombard (P.), dit le Maître des Sentences, théol. scolast. N. près de Novare, v. 1100; m. 1164. = (Lamb.), peint. Liége, 1482-1565. = (Cl.-Ant.), chir. Dôle, 1741-1811. = (J.-Gu.), homme d'État pruss. Berlin, 1767-1812.

Lombard de Langres (Vinç.), litt. Langres, 1765-1830.

Lombardo (P.), archit. et sculp. vénit. du 15e s. = (Ant.), égalem. sculpt. et archit., fils et élève du précéd.

Lomberi (P.), trad. N. Paris; m. v. 1710.

Lombres ou *Lumbres* (Ant. de), diplom. fr. du 17e s.

Lomeier (J.), philol. holl. Zutphen, 1636-1699.

Loménie (Ant. de), secrét. d'État, ambass. de Henri IV à Londres. M. 1638. = (H.-Aug.), comte de Brienne, min. sous Louis XIII, fils du précéd. M. 1666. = (L.-H.), comte de Brienne, secrét. d'État. litt., fils du précéd. 1635-1698.

Loménie de Brienne (Ét.-L. de), card., contrôl. gén. des fin., 1er min. N. Paris, 1727; m. en prison, 1794. = (Athan.-L.-Ma.) min. de la guerre en 1787. M. sur l'échaf., 1794.

Lomi (Aurelio), peint. N. Pise; m. 1622.

Lomonossof (M.-Wassiliewitch), poëte et litt. russe. Deniftoska, 1711-1765.

Lomont (Cl.-J.-B.), memb. de la conv., du comité de sûreté gén., du cons. des cinq-cents. N. Caen, 1749; m. v. 1830.

Londersel (Assuérus), poëte et grav. sur bois. N. Amsterd., 1550.

Longchamps (P. de), litt. N. La Rochelle, v. 1750; m. 1812. = (C. de), litt. N. Ile de Fr., 1768; m. 1832.

Longepierre (Hilaire-Bern. de Requeleyne, bar. de), litt., poëte, aut. dram. Dijon, 1659-1721.

Longhi (P.), peint. de genre. N. Venise, 1702. = (Jo.), cél. grav. Monza (Lombardie), 1766-1831.

Longin (Cassius Longinus), rhét. grec. N. v. 210. = (Flavius Longinus), exarque d'Italie sous Justin II, de 568 à 584.

Longland (J.), prélat angl., orat. sacré. Henley, 1475-1547.

Longobardi (N.), jés., missionn. N. Calatagirone (Sicile), 1565; m. 1655.

Longomontanus (Chr.), astron. Laansberg (Jutland), 1562-1647. = (Rich.-Olivier de), card., év. de Coutances, négociat. fr. M. 1470. = (Gilb. de), philol., méd. de l'arch. de Cologne, Utrecht, 1507-1543.

Longuerue (L. Dufour, abbé de), érud., litt., oriental. Charleville, 1652-1733.

Longueval (Ja.), jés., hist. Picardie, 1680-1735.

Longueville, nom d'une anc. maison de Fr. qui avait pour chef François d'Orléans, fils du cél. Dunois, et m. 1512. Le plus connu des ducs de Longueville est Henri, qui servit sous Louis XIII, fut memb. du cons. de régence pendant la minor. de Louis XIV, et un des chefs de la Fronde. M. 1663. = (Anne-Genev. de Bourbon Condé, duchesse de), sœur du gr. Condé et femme du précéd. N. 1619; joua un rôle dans la Fronde; m. dans la pénitence, 1679.

Longus, romanc. grec. Viv. au 4e ou au 5e s.

Lonicer (J.), litt. et controv. Orthern (comté de Mansfeld), 1499-1569.

Loos (Onésime-H. de), alchim. Sedan, 1725-1785.

Lope de Rueda, poëte dram. N. Séville, v. 1500; m. 1564.

Lope de Véga (Fél.), cél. poëte et aut. dram. Madrid, 1562-1635.

Lopez (Alonzo), crit. et poëte, dit le Pinciano. N. Valladolid, 16e s.

Lopez de Villalobo (Ruiz), voyag. esp. M. Amboine, 1545.

Loredano (Léo.), doge de Venise, de 1503 à 1521. = (P.), doge de 1567 à 1570. = (F.), doge de 1752 à 1762.

Loredano (J.-F.), dit le Vieux, poëte com. N. Venise; m. 1590. = (J.-F.), dit le Jeune, litt. et poëte. Venise, 1606-1661.

Lorentz (Jo.-Adam), 1er méd. de l'armée du Rhin. Ribeauvilliers, 1734-1801.

Lorenz (J.-M.), érud., jurisc. Strasbourg, 1723-1801.

Lorenzana (F.-Ant. de), card. esp., archev. de Mexico, puis de Tolède. Léon, 1722-1804.

Lorenzetti (J.-B.), peint. véronais du 17e s.

Lorenzi (J.-B.), dit Battista del Cavaliere, sculpt. Florence, 1528-1594. = (Bart.), poëte, improvis. Vérone, 1732-1822.

Lorenzini (Ant.), peint. et grav. Bologne, 1665-1740. = (Lau.), mathém. Florence, 1652-1721. = (F.-Ma.), poëte et litt. Rome, 1680-1743.

Loret (J.), poëte fr. N. Carentan; m. 1665.

Lorges. V. Duras. = (J.-Laur. de Durfort-Civrac, duc de), lieut.-gén. et pair de Fr. Lamothe-Montravel, 1745-1826.

Lorgna (Ant.-Ma.), géom. N. Vérone, v. 1730; m. 1796.

Loria ou *Lauria* (Rog. de), cél. amiral ital. N. Loria (roy. de Naples); m. 1305.

Lorieux (A.-Julien-Ma.), jurisc. et litt. Le Croisic (Loire-Inf.), 1797-1842.

Loriquet (le P. J.-N.), jés., cél. profess. et instit., écriv. fr. 1767-1845.

Lorrain (Cl. Gelée, dit le), cél. peint. de paysages. Château-de-Chamagne (Lorraine), 1600-1682.

Lorraine (F. de), gr. prieur de Fr., gén. des galères, frère du duc de Guise. 1534-1563. V. Guise. = (le cheval. de), issu de la fam. des Guise, favori du duc d'Orléans, frère de Louis XIV. M. 1702. = (C.-A. de), feld-maréch. et gouv. des Pays-Bas. Lunéville, 1712-1780.

Lorris (Gu. de), anc. poëte fr. N. Lorris s.-L.; m. v. 1240.

Lorry (Pa.-C.), jurisc. et canoniste. Paris, 1719-1766.

Loth, fils d'Aran et nev. d'Abraham, se retira à Sodome, où il fut sauvé par 2 anges. On ignore l'époque de sa m.

Lothaire Ier, emp. d'Occid., fils de Louis le Débonnaire. N. v. 795; partagea d'abord le pouvoir avec son père, 817; fut reconnu emp., 843; abdiqua et m., 855. = II, emp., fils de Gebhard, comte d'Ansberg. Élu, 1127; m. 1137.

Lothaire Ier, roi de Fr. V. Lothaire Ier, emp. d'Occid. = II, fils de Louis d'Outremer. N. 941; associé au trône, 952; succ. de son père, 954; m. 986.

Lothaire, roi de Lorraine, 2e fils de l'emp. Lothaire Ier. Créé roi, 855; m. 869.

Lothaire, roi d'Italie, fils de Hugues de Provence, qui l'associa au trône, 931; renversé avec lui, 945; empois., 950.

Lotich (P.), dit Secundus, érud., poëte lat. Schluchtern, 1528-1560. = (J.-P.), de la même fam., hist., crit., poëte lat. M. 1669.

Lotter (J.-G.), érud. all. 1699-1735.

Lotti (Cosme), peint., archit., mécan. N. Florence, fin du 16e s.

Lottin (Augustin-Mart.), libr., litt. Paris, 1726-1793. = (Ant.-Prosp.), libr. et litt., frère du précéd. 1739-1812.

Lottini (J.-Ange), sculpt. et poëte. Florence, 1547-1629.

Lotto (Laur.), peint. ital. M. v. 1560.

Loubère. V. Laloubère.

Louet (G.), jurisc. N. Anjou; m. 1608.

Louis Ier, dit le Débonnaire, emp. d'Occid. et roi de Fr., fils de Charlemagne. N. 778; associé à l'emp., 813, et succ. de son père l'année suiv.; m. près de Mayence, 840. = Le Germanique, 3e fils du précéd., roi de la Bavière et de la partie occident. de l'Empire des Francs, dite Germanie. M. 876. = dit le Saxon, roi de Germanie, 2e fils et succ. du précéd. M. 882. = II, dit le Jeune, fils de Lothaire Ier. N. v. 822; associé à l'emp., 849; emp., 855; m. 875. = III, dit l'Aveugle, p.-fils du précéd. N. 880; emp., 900; dépouillé de l'emp. par Béranger, qui lui fit crever les yeux, 903; m. v. 923. = IV, dit l'Enfant, fils d'Arnould de Carinthie. N. 893; emp., 908; m. 912. = V, fils de Louis le Sévère, duc de Bavière. N. 1286; emp. après la m. de Henri VII, 1313; m. 1347.

Louis Ier, roi de Fr. V. Louis le Débonnaire, emp. d'Occid. = II, le Bègue, fils de Charles le Chauve. N. 846; roi d'Aquitaine, 867, et de Fr., 877; m. Compiègne, 879. = III, fils du précéd. et son succ. avec Carloman, 879; m. 882. = IV, d'Outremer, fils de Charles le Simple. N. 920; élevé en Anglet.; succ. de Raoul, 936; m. 954. = V, le Fainéant, fils de Lothaire. N. 967; succ. de son père, 986; m. 987. = VI, le Gros, fils de Philippe Ier. N. 1078; assoc. par son père au gouvern., 1100; seul roi, 1108; m. 1137. = VII, dit le Jeune, fils du précéd. N. 1120; succ. de son père, 1137; m. 1180. = VIII, dit Cœur de Lion, fils de Philippe-Auguste. N. 1187; succ. de son père, 1223; m. 1226. = IX, ou *St Louis*, fils du précéd. N. Poissy, 1215; succ. de son père, sous la régence de sa mère, Blanche de Castille, 1226; majeur, 1236; m. devant Tunis, 1270. = X, le Hutin, fils aîné de Philippe le Bel. N. Paris, 1289; succ. de son père, 1314; m. 1316. = XI, fils de Charles VII. N. Bourges, 1423; succ. de son père, 1461; m. Plessis-lez-Tours, 1483. = XII, dit le Père du peuple, fils de Charles, duc d'Orléans. N. Blois, 1462; succ. de Charles VIII, 1498; m. 1515. = XIII, fils de Henri IV. N. Fontainebleau, 1601; succ. de son père, sous la régence de sa mère, Marie de Médicis, 1610; majeur, 1614; m. 1643. = XIV, dit le Grand, fils du précéd. N. St-Germ.-en-Laye, 1638; succ. de son père, sous la régence de sa mère, Anne d'Autriche, 1643; majeur, 1651; m. 1715. = XV, dit le Bien-aimé, 3e fils de Louis, duc de Bourgogne, 2e dauphin. N. Versailles, 1710; succ. de son bisaïeul, Louis XIV, sous la régence du duc d'Orléans, Philippe, 1715; majeur, 1723; m. 1774. = XVI, 2e fils du dauphin, fils de Louis XV. N. Versailles, 1754; d'abord duc de Berri, prit le titre de dauphin, 1765; succ. de son aïeul, 1774; prisonn. au Temple, après la journée du 10 août 1792; condamné à m. par la conv., 15 janvier 1793, et exécuté le 21. = XVII, 2e fils de Louis XVI. N. Versailles, 1785; enfermé au Temple avec sa fam. en 1792; y m., 1795. = XVIII (L.-Stanisl.-Xav.), frère puîné de Louis XVI. N. Versailles, 1755; d'abord comte de Provence; fut appelé Monsieur à l'avénement de son frère; émigra, 1791; prit le titre de régent après la m. de Louis XVI; et celui de roi après la m. de Louis XVII, son neveu; rappelé en Fr., 1814, en sortit de nouveau de mars à juillet 1815; m. 1824.

Louis-Philippe, roi des Français, fils aîné de L.-Ph.-Jo. duc d'Orléans. N. Paris, 1773; porta le titre de duc de Chartres jusqu'à la m. de son père, 1793; quitta la Fr. cette même année, et n'y rentra qu'en 1814, avec le titre de duc d'Orléans; nommé roi des Français, après la révol. de 1830; renversé par celle de 1848, se réfugia en Anglet., y porta le nom de comte de Neuilly, et m. au château de Claremont, 1850.

Louis Ier, roi d'Esp., fils aîné de Philippe V. N. 1707; procl. lors de l'abdic. de son père, 1724; m. au bout de 8 mois.

Louis Ier, dit le Grand, roi de Hongrie et de Pologne. N. 1326; succ. de son père Charobert, 1342; m. 1382. = II, roi de Hongrie et de Bohême. N. 1506; succ. de son père Ladislas, 1516; périt à la bat. de Mohatz, 1526.

Louis d'Aragon (don), roi de Sicile, fils de Pierre II, et son succ. en 1542; m. 1555.

Louis de Tarente, 2e fils de Philippe, prince de Tarente; épousa Jeanne, reine de Naples, 1347; m. 1362.

Louis Ier, fils de Ferdinand, duc de Parme. N. 1773; créé roi d'Étrurie par Napoléon, 1801; m. 1803.

Louis, dauphin, communém. appelé le Grand Dauphin, fils de Louis XIV, 1661-1711. = Dauphin, fils de Louis XV et père de Louis XVI, de Louis XVIII et de Charles X, 1729-1765.

Louis, dit le Sévère, duc de Bavière, comte palatin. Succ. de son père, Othon l'Illustre, 1253; m. 1294.

Louis (Fréd.-Chr.), appelé communém. Louis-Ferdinand, prince de Prusse, fils de Ferdinand, frère du gr. Frédéric. N. 1772; tué à Saalfeld, 1806.

Louis (St), év. de Toulouse, fils de Charles le Boiteux, roi de Naples. 1275-1298.

Louis, nom de 3 ducs d'Anjou, dont le 1er fut régent de Fr. pendant la minor. de Charles VI. M. 1384, 1417, 1434.

Louis de Dôle (L. Bereur, dit), théol. et prédic. N. Dôle; m. 1636.

Louis de Grenade, dominic., écriv. ascét., prédic. Grenade, 1505-1588.

Louis (Ant.), cél. chir. Metz, 1723-1792. = (le bar. L.-Domin.), homme polit., min. des fin. Toul, 1755-1837.

Louise de Lorraine, reine de Fr., fille de Nic. de Lorraine, comte de Vaudemont. N. 1554; épouse de Henri III, 1575; m. 1601.

Louise-Ulrique, reine de Suède, sœur de Frédéric II, roi de Prusse. N. 1720; épouse de Gustave-Adolphe, 1744; m. 1782.

Louise-Auguste-Wilhelmine-Amélie, reine de Prusse, fille du duc de Mecklembourg-Strélitz. N. 1776; épouse de Frédéric-Guillaume III, 1793; m. 1810.

Louise de Savoie, duchesse d'Angoulême, fille de Philippe, duc de Savoie. N. 1476; mariée à Louis d'Orléans, comte d'Angoulême, dont elle eut François Ier; régente de Fr. pend. l'expéd. de son fils dans le Milanais, 1515 à 1524, et pend. sa captiv., 1525 et 1526; m. 1532.

Louise-Marie de France (Mme), la dernière des filles de Louis XV et de Marie Leckzinska. Versailles, 1737-1787.

Loup (St), év. de Troyes. N. Toul; m. 479. = (St), év. de Sens, sous le règne de Clotaire II. M. 623. = Un autre St du même nom fut év. de Lyon, et m. v. 540.

Loup (Servatus Lupus), abbé de Ferrières, cél. écriv. du 9e s. N. v. 805.

Lourdet de Santerre (J.-B.), aut. dram. Paris, 1752-1815.

Loureiro (J. de), bot. et voyag. portug. N. v. 1715; m. 1796.

Loutherbourg (Ph.-Ja.), peint. Strasbourg, 1740; Londres, 1814.

Louth-Aly-Khan, 7e régent de Perse, et le dern. de la dynast. des Zend. N. 1768; mis à m. avec toute sa fam., 1794.

Louvel (L.-P.), ouvrier sellier. N. Paris, 1783; assass. le duc de Berri, 1820; exécuté même année.

Louvencourt (Ma. de), femme poëte. Paris, 1680-1712.

Louvet de Couvray (J.-B.), convent., romanc., public. Paris, 1760-1797.

Louviers (C.-Ja. de), conseill. d'État de Charles V, en 1376.

Louville (C.-A. d'Allonville, marq. de), diplom. Louville, 1668-1731. = (Ja.-Eug. d'Allonville, chev. de), astron., memb. de l'acad. des sc. 1671-1732.

Louvois (F.-M. Letellier, marq. de), min. de la guerre sous Louis XIV. Paris, 1641-1691.

Louvrex (Mathias-Gu. de), jurisc. Liége, 1665-1734.

Lovat (Sim. Frazer, lord), pair d'Écosse. N. 1657; décap., 1747.

Love (Christ.), min. presbytér., prédic. N. Cardiff, 1618; décap., 1651. = (Ja. Dance, dit), coméd. et aut. dram. angl. N. Londres, 1774.

Loveira (Vasco), écriv. portug. N. v. 1270; m. 1325.

Lovelace (Rich.), poëte, aut. dram. Comté de Kent, 1618-1658.

Lowe (Hudson), gouv. de Ste-Hélène, geôlier de Napoléon. N. Irlande, 1770; m. Londres, 1844.

Lowendahl (Ulric-Fréd. Woldemar de), maréch. de Fr. Hambourg, 1700-1755.

Lowitz (G.-Maurice), astron. N. près de Nuremberg, 1722; massac., Dmitrefsk, 1774.

Lowry (Wilson), grav. angl. 1762-1824.

Lowth (Gu.), théol. Londres, 1661-1723. = (Rob.), crit., philol., év. de Londres, fils du précéd. Winchester, 1710-1787.

Loyer (P. le), sieur de la Brosse, poëte et démonographe. Huillé (Anjou), 1550-1634.

Loys (J.-B.), jurisc., memb. de l'assembl. constit. Sarlat, 1740-1805.

Loyseau (C.), jurisc. Nogent-le-Roi, 1566-1627. = (J.-Sim.), jurisc. N. Fr.-Comté, v. 1776; m. 1822.

Loyseau de Mauléon (Al.-Jér.), avoc. au parl. de Paris. 1728-1771.

Loyson (Olivier), lieut.-gén. N. Damvilliers, v. 1765; m. 1816. = (C.), litt. et public. Chât.-Gonthier, 1791-1820.

Lubersac (l'abbé de), litt., antiq. N. Limousin, 1730; m. 1804.

Lubienecki (Théod.), peint. et grav. Cracovie; 1653-1720. = (Stanisl.), hist., astron., controv. socinien. Cracovie, 1623-1675.

Lubomirski (Stanisl.-Héraclius), gr.-maréch. de Pologne, litt. N. v. 1640; m. 1702. = (Théod.), feld-maréch. d'Autriche, fils du précéd. M. 1745.

Luc (St), évangél. N. Antioche; converti par St Paul, le suivit dans ses voyages; prêcha seul à Corinthe et en Asie; mis à m. en Achaïe, à 84 ans.

Luc de Tuy, hist. ecclés. N. Léon (Esp.); m. 1288.

Luc de Bruges (F.), hébraïs., crit. St-Omer, 1552-1619.

Luc (Ja.-F. de), litt., Genève, 1698-1780. = (J.-And.), physic., natural., fils du précéd. Genève, 1727-1817.

Luca, dit il Santo Luca, peint. florent. du 9e s. = (Ign. de), géogr. autrich. Vienne, 1746-1798.

Lucain (Annæus Marcus Lucanus), poëte lat. N. Cordoue, 38 de J.-C.; condamné à m., 65.

Lucas. V. Leyde. = (Marg.), duchesse de Newcastle, litt. et poëte. N. St-John, v. 1625; m. 1673. = (Pa.), voyag., antiq. Rouen, 1664-1737. = (P.), stat. Toulouse, 1691-1752. = (J.-Ja.-Ét.), capit. de vaiss. Marennes, 1764-1829. = (J.-And.-H.), natural. Paris, 1780-1825.

Lucca (Bart. da), hist., év. de Torcello. N. Lucques, 1236; m. v. 1327.

Lucchesini (J.-Vinc.), litt., orat. sacré. Lucques, 1660-1744. = (le marq. Jér.), diplom., litt. Lucques, 1752-1825. = (César), érud., philol., frère du précéd. Lucques, 1756-1832.

Luce Ier (St), pape. Succ. de St Corneille, 252; m. 253. = II (Gérard). Succ. de Célestin II, 1144; m. 1145. = III (Ubaldo). N. Ubaldo; succ. d'Alexandre III, 1181; m. 1185.

Luce (Ste). V. Lucie.

Luce de Lancival (J.-C. Ju-

lien), poëte, aut. dram., litt. St-Gobin (Picardie), 1766-1810.

Luchet (J.-P.-L., marq. de), litt., romanc., hist. Saintes, 1740-1792.

Luchi (M.-Ange), card., philol. Brescia, 1744-1802.

Lucie (Ste), vierge et martyre. Mise à m. Syracuse, 304.

Lucien, cél. écriv. grec. N. Samosate, v. 120; m. Egypte, v. 200.

Lucien (St), prêtre et martyr. N. Samosate; mis à m. 312.

Lucifer, écriv. ecclés., év. schismat. de Cagliari. M. 370.

Lucilius (Caïus), anc. poëte satir. lat. Suessa (Latium), 149-105 av. J.-C.

Lucille, fille de Marc-Aurèle et de Faustine. N. 146; mariée à Lucius Verus, puis à Claudius Pompeius; mise à m. 184.

Lucinge (C. de), vaill. capit. du 16e s., servait sous Emmanuel-Philibert. ═(Re.), capit., ambass., écriv. polit., fils du précéd. N. 1555; m. v. 1615.

Lucius, écriv. grec du 2e s. N. Patras; viv. sous Antonin.

Lucius Ampelius, aut. lat. On croit qu'il était contemp. de Sidoine Apollinaire, au 5e s.

Luckner (N.), maréch. de Fr. N. Campen (Bav.), 1722; m. sur l'échaf., 1794.

Lucrèce, fille de Spurius Lucretius, préfet de Rome, et épouse de Tarquin Collatin; déshonorée par Sextus Tarquin, se donna la m., 509 av. J.-C.

Lucrèce (Titus Lucretius Carus), poëte lat. N. Rome, v. 95 av. J.-C.; se donna la m. à 44 ans.

Lucullus (Lucius Licinius), Rom. cél. par son luxe et par ses talents milit., fut successiv. questeur en Asie, préteur en Afrique et consul. 115-49 av. J.-C.

Lude (Ja. de Daillon, sieur du), conseill. et chambell. de Louis XII et de François Ier, sénéch. d'Anjou, gouv. de Brescia. M. 1522. ═ (H. de Daillon, duc du), gr.-maître de l'artill., lieut.-gén., duc et pair. N. v. 1640; m. 1685.

Ludeke (Christ.-Gu.), litt. pruss. Schœnberg, 1737-1805.

Ludwig (J.-P. de), jurisc., public., érud. Souabe, 1668-1743.

Ludger (St), 1er év. de Munster en 802. M. 809.

Ludius, peint. rom. du temps d'Auguste.

Ludlow (Edm.), un des principaux chefs du parti républ. en Anglet. N. comté de Wilts, v. 1620; m. 1693.

Ludolf (Job), oriental. Erfurth, 1624-1704.

Ludolfe de Saxe, chartr., écriv. ascét. N. Saxe, v. 1300; m. 1370.

Ludot (J.-B.), litt. fr. Troyes, 1703-1771.

Ludovici (God.), philol., érud. Bareuth, 1650-1724. ═(C. Gunther), profess. et philos. Leipzig, 1707-1778.

Ludwig (Chr.-Théoph.), bot. Brieg (Silésie), 1709-1773.

Luffty ou *Loufty*, homme d'Etat turc du 16e s., gr. visir de Soliman Ier.

Lugo (J. de), card., théol., un des premiers qui répandit l'usage du quinquina. Madrid, 1583-1660.

Luini (Bernardin), dit aussi Luvino ou Luvini, peint. ital. du 16e s. N. Luino.

Luitprand ou *Litprand*, roi des Lombards d'Ital. Succ. de son père Ansprand, 712; m. 714. ═ Hist. lat., ambass., év. de Crémone au 10e s.

Lulle (Raym.), cél. philos. N. Palma (île Majorque), 1235; lapidé Tunis, 1315, par les habit.

Lulli (J.-B.), cél. music. N. Florence, 1633; m. 1687.

Lullin de Châteauvieux (M.), agron. Genève, 1695-1781. ═(J.-And.), lieut.-gén., fils du précéd. 1728-1815. ═ (Jacob-Fréd.), agron., publiciste, fils du précéd. Genève, 1772-1840.

Lumagne (la vénér. mère Ma. de), institutr. des filles de la Providence. Paris, 1599-1657.

Lumiarès (le comte de), litt., antiq. esp. N. Valence, v. 1741; m. 1808.

Luna (don Alvaro de), min. et favori de Jean II, roi de Castille. Connétable 1423; décap. 1453. ═ (Napol. de), litt. ital. du 17e s., secrét et interpr. de Louis XIV.

Lunardi (Vinc.), aéronaute. Lucques, 1759-1799.

Luneau de Boisjermain (P.-Jo.-F.), litt., crit. Issoudun, 1732-1801.

Lunemann (J.-Chr.-H.), philol. Gœttingue, 1787-1827.

Lunghi (Onorio), archit. ital. 1569-1619. ═ (Martino), archit., poëte, fils du précéd. M. 1657.

Lunig (J.-Chr.), diplom. pruss. et compilat. 1662-1740.

Lupi (Ant.-Ma.), litt., antiq. Florence, 1695-1737. ═ (Mario), philol. Bergame, 1720-1789.

Lupot (N.), cél. luthier. Stuttgard, 1758; Paris, 1824.

Luscinius (Othmar), en all. Nachtigall (rossignol), philol. et litt. N. Strasb., 1487; m. v. 1535.

Lushington (W.), orat. et homme d'Etat angl. N. v. 1736; m. 1815.

Lusignan. V. GUI. ═(Et. de), év. de Limisso, hist., écriv. eccl. Nicosie, 1537-1590.

Lussan (Marg. de), femme aut. Paris, 1682-1758.

Luther (Mart.), cél. réformat. N. Eisleben (Saxe), 1483; m. Isleben, 1546.

Lutherburg (Ph.-J.), peint., memb. de l'acad. de Paris. Strasbourg, 1740-1814.

Luti ou *Lutti* (Ben.), peint., et grav. Florence, 1666-1724.

Luvigni (F.), philol. et litt. Udine (Frioul), 1525-1568.

Luxembourg-Ligny (Waleran de), comte de St-Pol, connétable. 1355-1417.

Luxembourg-St-Pol (L. de), card., arch. de Rouen. M. 1443. ═ (J.), frère du précéd., gouv. d'Arras, puis de Paris pour Henri VI; vendit Jeanne d'Arc aux Anglais. M. 1440.

Luxembourg (L. de), nev. du précéd., comte de St-Pol, connétable. N. 1418; exécuté comme traître, 1475. ═F.-H. de Montmorency-Bouteville, duc de), gén. cél., maréch de Fr. 1628-1695. ═ (Chr.-L.), égalem. maréch. de Fr., fils du précéd, 1675-1746. ═(C.-F.-Fréd.), nev. du précéd., maréch. de Fr., mais sans avoir commandé en chef. 1702-1764. ═Madel.-Angél. de Neufville-Villeroi, duchesse de), femme du précéd., et cél. par sa beauté et son esprit, 1707-1787.

Luynes (C. d'Albert, duc de), connét. de Fr., favori de Louis XIII. 1578-1621. ═ (L.-C., duc de Luynes et duc de Chevreuse, écriv. ascét. 1620-1690.

Luynes (P. d'Albert de), arch. de Sens et card. Versailles, 1703-1788.

Luzac (Elie), philos. et public. holl. Noordwich (près de Leyde), 1723-1796.

Luzan (Ignace), poëte et litt. esp., min. sous Philippe V. Saragosse, 1695-1754.

Luzarches (R.), archit. du 13e s.

Luzerne (Cés.-H., comte de la), lieut.-gén., min. de la mar. Paris, 1757-1799. ═ (Anne-Cés.), diplom., min. aux Etats-Unis. Paris, 1741; Londres, 1791. ═(Cés.-Gu.), card., év. de Langres, écriv. eccl., frère du précéd. Paris, 1738-1821.

Luzzo (P.), peint. vénit., surnommé Zarato ou Zarotto. N. Feltre, v. 1460; m. v. 1505.

Lycomède (Jo.-Ma. Arrighi, connu sous le nom de), hist. et écriv. polit. Speloncato (Corse), 1768-1854.

Lycomèdes, Arcadien, contemp. d'Epaminondas. Massacré, v. 506 av. J. C.

Lycon, philos. grec du 4e s. av. J.-C., contemp. d'Aristote.

Lycophron, poëte grec de Chalcis (Eubée), au 2e s. av. J.-C.

Lycosthènes (Conrad Wolfhart, dit en grec), sav. philol. Ruffach (Alsace), 1518-1561.

Lycurgue, législat. de Lacédémone, fils d'Eunome, roi de Sparte. Viv. envir. 898 av. J.-C. ═Orat. athén. N. v. 408; m. v. 325 av. J.-C. ═ Tyran de Sparte, 219 av. J.-C.

Lygdate (J.), poëte et moine angl. 1380-1440.

Lydiat (Th.), chronol. et mathém. angl. Okerton, 1372-1646.

Lydus (J.-Laurentius), écriv. grec. N. Philadelphie (Lydie), 490; m. v. 560.

Lye (Ed.), philol. et antiq. Fotness (Devonshire), 1704-1767.

Lyère (Ad. de), jés., écriv. eccl. Anvers, 1588-1601.

Lylly (J.), poëte dram. angl. N. comté de Kent, v. 1553.

Lynar (Roch. Fréd., comte de), homme d'Etat, écriv. polit. N. Saxe, 1708; m. 1781.

Lincket (M.-Christ. de), jurisc. Marbourg (Hesse), 1643-1726.

Lynde (sir Humphrey), écriv. protest. Comté de Dorset, 1579-1636.

Lyon (G.-F.), navig. angl. Chichester, 1795-1832.

Lyonnet (P.), natural. Maestricht, 1707-1789.

Lyons (Israël), mathém. et bot. Cambridge, 1739-1775.

Lyra (N. de), théol., cordel. N. Lyre; m. 1340.

Lys (J. van der), peint. N. Breda, 1600. ═(du), peint., de la fam. de Jeanne d'Arc. M. Nancy, 1732.

Lysandre, gén. lacéd. M. dans un comb., 395 av. J.-C.

Lysias, cél. orat. athén. N. 495 av. J.-C.; m. 378. ═Gén. d'Antiochus Epiphanes, roi de Syrie, s'empara du pouv. 164; massac., 162 av. J.-C.

Lysimaque, lieut. et un des hérit. d'Alexandre, eut la Thrace en partage. M. dans une bat., 282.

Lysippe, stat. grec. V. 350 av. J.-C.

Lysis, philos. grec. N. Tarente. Viv. v. 388 av. J.-C.

Lysistrate, stat. grec du 4e s. av. J.-C., invent. de la plastique.

Lyte (H.), bot. angl. 1529-1607.

Lyttleton (lord G.), homme d'Etat et litt. Hagley (comté de Worcester), 1709-1773.

— M —

Maas (J.-Gebhard-Ehrenreich), philos. pruss. 1766-1823.

Mabil (P.-L.), litt., profess. d'éloq., homme d'Etat, Padoue, 1752-1836.

Mabillon (J.), bénéd. de St-Maur, cél. érud. St-Pierremont (Champagne), 1632-1707.

Mably (Gab. Bonnot de), hist., public. Grenoble, 1709-1785.

Maboul (Ja.), prédic., év. d'Alet. N. Paris; m. 1723.

Mabuse (J. Gossaert, dit J. de), peint. Maubeuge, 1499-1562.

Macaire (St), l'Ancien, solit. de la H.-Egypte. 300-390. ═ (St), le Jeune, d'Alexandrie (Egypte), solit., contemp. du précéd. M. 394.

Macartney (G., comte de), diplom. angl. Lissanoure (Irlande), 1737-1806.

Mac-Aulay-Graham (Cath. Sawbridge), femme aut. angl. 1733-1791.

Macbeth, prince écoss., fit assass. son cousin Duncan pour régner à sa place, 1040; périt dans une bat., 1057.

Mac-Carthy (N. de), prédic. cathol. Dublin, 1769; Annecy, 1835. ═(J.), géogr. N. en Fr. d'une fam. irland.; m. Paris, 1835.

Macchabée (Mathatias), guerr. juif de la fam. des Asménéens. M. 167 av. J.-C. V. JUDAS et SIMON. ═(Jonathas), l'un des fils du précéd.; succ. de son frère Judas dans le command. des armées juives, 161 av. J.-C.; assass., 143.

Macchabées (les). Nom de 7 frères juifs qui souffrirent le martyre avec leur mère, sous Antiochus Epiphane, 168 av. J.-C.

Macchietti (Jér.), dit del Crocifissajo, peint. ital. N. Florence, 1541.

Mac-Curtin (Hug.), lexicogr. irland. du 18e s.

Macdonald (J.), ingén. angl. Kingsboroug, 1759-1831. ═(Et.-Ja.-J.-Al.), duc de Tarente, maréch. de Fr. Sedan, 1765-1840.

Macé (Re.), bénéd. de Vendôme au 16e s., historiogr. et poëte de François Ier. ═ (J.), carme, prédic., hist., théol. Rennes, 1600-1671.

Macedo (F. de), cordel. portug., dit François de St-Augustin, écriv., profess. de philos. Coïmbre, 1596; Padoue, 1681. ═(J.-Augustin de), poëte portug. N. Evora; m. 1831.

Macedonius Ier, patriarche de Constantin., hérés. Elu, 351; déposé 360. ═II, patriarche de Constant., 494; m. Gangra, 516.

Macer (Emilius), poëte lat. de Vérone, contemp. de Virgile.

Macfarlane (R.), litt., écriv. polit. Ecosse, 1734-1804.

Macham (R.), navig. angl. du 14e s.

Machau (Gu. de), poëte fr. et lat. Champagne, 1282-1370.

Machault (J.-B.), hist. Paris, 1591-1640.

Machault-d'Arnouville (J.-B.), min. d'Etat, garde des sc. 1701-1794.

Machée, gén. carthag., 537 av. J.-C.; m. en 530.

Machiavel (Nic.), cél. écriv. polit., public., hist. Florence, 1469-1527.

Machiavelli (Zenobio de), peint. ital. du 15e s.

Mack de Leibarich (le bar. C.), gén. autrich. Neuslingen, 1752-1828.

Mackenzie (G.), jurisc. et avoc. écoss. Dundee, 1636-1691. ═(H.), litt., aut. dram. Edimb., 1746-1831. ═(Al.), voyag. angl. N. v. 1760.

Mackintosh (Ja.), public., hist., litt. Dores (Ecosse), 1765-1832.

Mac-Laurin (Colin), mathém. écoss. Kilmoddan, 1698-1746.

Mac-Léod (J.), chir. écoss., voyag. en Chine. 1782-1820.

Maclou ou *Malo* (St), év. d'Aleth. N. Pays de Galles; m. Saintes, 565.

Macpherson (Ja.), hist., litt. Kingensie (Ecosse), 1738-1796.

Macquart (Ja.-H.), méd. Reims, 1726-1768.

Macquer (P.-Jo.), chim., memb. de l'acad. des sc. Paris, 1718-1784.

Macrien (Marcus Fulvius Macrianus), l'un des tyrans qui régnèrent sous Gallien. N. Egypte; se fit procl. 260; périt 261.

Macrin (Marcus Opelius Macrinus), emp. rom. N. Césarée (Numidie); succ. de Caracalla, 217; mis à m., 218.

Macrino d'Alba, peint. Alba (Piémont), 1460-1520.

Macrobe (Ambrosius Aurelius Theodosius Macrobius), philos. platonic. et gramm. lat. du 5e s.

Macron (Nævius Sertorius Macro), favori de Tibère, préfet du prétoire. M. 38 de J.-C.

Madalenski (Ant.), gén. polon. 1739-1804.

Madeleine (Ste Marie), Galiléenne. N. Magdalum; se convertit à la vue des miracles de Jésus. M., suiv. la trad., à Ephèse 90. ═ *de Pazzi* (Ste), carmélite. Florence, 1566-1607.

Madeleine de France, reine de Navarre, femme de Gaston de Foix. 1443-1495.

Mader (Joach.), philol., bibliogr. Hanovre, 1626-1680.

Maderno (C.), archit. ital. Bissona (Lomb.), 1556-1629. ═ (Et.), sculpt. Lomb., 1576-1636.

Madier-Montjau (Noé-Jo.), homme polit., memb. de la ch. des députés. St-Andéol, 1754-1830.

Madison (Ja.), 4e présid. des Etats-Unis. Montpellier (Virginie), 1758-1836.

Madjd-Eddaulah (Roustem), roi de la Perse centrale. Succ. de son père Fakhr-Eddaulah, 997; détrôné par Mahmoud, sultan de Gaznah, 1029.

Madox (Th.), antiq. angl., historiogr. royal. M. 1726.

Madrid (Jo.-Ferd. de), homme d'Etat, litt. Carthagène (Amér.), 1789-1830.

Maerland (Ja. van), poëte flam. du 13e s.

Maes (Arnould van), peint., grav., élève de Téniers. N. Gouda, 1620. ═(N.), peint., élève de Rembrandt. Dort, 1632-1693.

Maestlin (M.), astron. N. Wurtemberg; m. 1590.

Maffei (Raphaël), litt. ital. N. Volterra; m. 1506. ═(J.-P.), jés., hist. Bergame, 1535-1603. ═(Ja.), peint. et music. du 17e s. N. Venise. ═(Pa.-Al.), litt., antiq. Volterra, 1653-1716. ═(le marq. Al.), feld-maréch. de Bavière. Vérone, 1662-1730. ═(F.-Scipion), antiq., litt., aut. dram., frère du précéd. Vérone, 1675-1755.

Maffeo-Vegio, poëte lat. Lodi, 1406-1458.

Magallon (C.), diplom., cons. fr. à Salonique et au Caire. Marseille, 1741-1820. ═(F.-L., comte de la Morlière), command. à l'île de Fr., gouv. de l'île Bourbon. 1754-1825.

Magalotti (le comte Lau.), litt. Rome, 1637-1712.

Maganza (J.-B.), dit il Maguano, poëte. Vicence, 1509-1589.

Mage (Ant.), sieur de Fiefmélin, poëte fr. du 16e s.

Magellan (Fern.), cél. navig. portug. du 16e s. M. Zébu (l'une des Philippines), 1522. ═ (J.-Hyac.), physic., de la fam. du précéd. Lisbonne, 1723-1790.

Mageoghegan (Ja.), ecclés., hist. irland. 1702-1764.

Maggi (Bérard de), gibelin, év. de Brescia, maître du gouv. pend. 5 ans. M. 1308. ═ (Jér.), litt., érud. et antiq. toscan, juge dans l'île de Chypre. Mis à m. par les Turcs, 1572. ═(J.), peint. et grav. N. Rome, fin du 16e s. ═(C.-Ma.), poëte lat., litt. Milan, 1630-1699.

Maggio (F.-M.), théatin, oriental. Palerme, 1612-1686.

Magini (J.-Ant.), astron. ital. 1555-1617.

Maggiore (F.), composit. Naples, 1727-1776.

Magistris (Sim. de), orator., oriental. ital. Serra, 1728-1802.

Magliabecchi (Ant.), sav. biblioph. Florence, 1633-1714.

Magloire (St), év. de Dol. N. Pays de Galles, 495; m. 575.

Magnæus (Arne Magnusson, en lat.), hist. et philol. island. Ovenbecke, 1663-1730.

Magnan (Domin.), minime, antiq., numism. Raillane (Prov.), 1731; Florence, 1796.

Magnani (Christ.), peint. ital. Viv. v. 1580.

Magnen (J.-Chrysost.), méd. N. Luxeuil; m. 1661.

Magnence (Flavius Magnentius), tyran, d'abord capit. des gardes de l'emp. Constant. N. Germanie, v. 303; se fit procl. Autun, 349; se donna la m. Lyon, 353.

Magnet (L.), jés., poëte lat. 1575-1657.

Magnière (Laur.), sculpt. fr. 1618-1700.

Magniez (l'abbé L.-F.), lexicogr. N. Paris; m. 1749.

Magnitsch (Lé.-Ph.), mathém. russe. 1669-1739.

Magnocavally (F.-Oct.), comte de Varengo, archit., poëte, aut. dram. Casal. 1707-1788.

Magnol (P.), méd., bot. Montpellier, 1638-1715.

Magnus, nom de 2 rois de Suède et de 7 rois de Norwége et de Danemark. Les plus remarq. de ces derniers sont: *Magnus* Ier, dit le Bon, fils et succ. de son père, St Olaüs, 1034; m. 1048; ═ et *Magnus* VII, dit le Législateur, fils et succ. de Haquin V, 1262; m. 1280.

Magnus (J.), archev. d'Upsal, hist. suéd. Linkœping, 1488-1544. ═(Olaüs), hist., frère du précéd. M. 1568.

Magon, ill. fam. carthagin. Ses memb. les plus cél. sont: *Magon* Ier, gén. qui s'empara des îles Baléares, 702 av. J.-C., et fonda le Port-Mahon. ═VI, frère d'Annibal, qui se distingua à la bat. de Cannes. M. de ses blessures, 203

av. J.-C. = Agronome. Viv. v. 140 av. J.-C.

Magon (C.-Re.), contre-amiral fr. N. Paris, 1763; tué, Trafalgar, 1805.

Magri (Domin.), théol., érud. Malte, 1604-1672.

Mague de St-Aubin (Jo.-Ant.), act. et aut. dram. Compiègne, 1786-1824.

Maharbal, nom de 2 gén. carthag.: l'un dirigea la 1re expéd. en Espagne, v. 510 av. J.-C.; l'autre suivit Annibal en Italie, et commanda la cavalerie à Cannes.

Mahdy (Mohammed Ier, dit Al-), 3e calife abasside de Bagdad. Succ. d'Almansour, 775; m. 785.

Mahdy-Chan (Mirza-Mohammed), hist. persan du 18e s.

Mahé. V. LA BOURDONNAIS. = (l'abbé Jo.), archéol., écriv. fr. Arz (Morbih.), 1760-1851.

Mahmoud Ier, sultan des Turcs. N. 1696; succ. de son père, Mustapha II, 1730; m. 1754. = II, N. 1785; procl. par les janissaires, à la place de Mustapha IV, 1808; extermina cette milice, 1826; m. 1839.

Mahmoudy (Cheikh-al), 7e sultan d'Égypte de la dynast. des Mameluks circass. Procl. en 1412; m. au Caire, 1421.

Mahomet ou mieux *Mohammed*, fondat. de la relig. musulmane. N. La Mecque, 570; se donna comme prophète, v. 610; fut obligé de s'enfuir à Yatreb, 622, époque où commence l'ère des Mahométans, appelée hégyre ou fuite; m. Médine, 632.

Mahomet Ier, emp. des Turcs ottomans, fils de Bajazet Ier. N. 1375; succ. de son frère Monça, 1413; m. 1421. = II, fils d'Amurath II. N. 1430; succ. de son père, 1451; m. 1481. = III, fils d'Amurath III. N. 1568; succ. de son père, 1568; m. 1603. = IV, fils d'Ibrahim. N. 1642; succ. de son père, 1695; m. 1691.

Mahon (Pa.-Aug.-Olivier), profess. de méd. légale. Chartres, 1752-1801.

Maiano (Julien da), archit. Fiesole, 1377-1447. = (Ben.), sculpt., archit., frère du précéd. 1424-1498.

Maichel (Dan.), philol. all. Stuttgard, 1693-1752.

Maier (M.), alchim. all. Rindsbourg, 1568-1622. = (Marc), archéol., numism. fr. du 17e s.

Maignan (Emm.), minime, physic., philos. Toulouse, 1601-1676.

Maikof (Basile Ivanowitch), poëte russe, aut. dram., offic. gén. Jaroslaw, 1725-1778.

Mailhol (Cl.), hellén., hébraïs. Carcassonne, 1700-1775.

Maillac (le P. Moyria de), jés., missionn. en Chine. Maillac (Bugey), 1679-1748.

Maillard (J.), chef du parti royaliste à Paris, pendant la captivité du roi Jean, assassina le prévôt Marcel, au moment où celui-ci allait livrer la ville à Charles le Mauvais, 1356. = (Olivier), frère mineur, prédic. de Louis XI. N. Bretagne, v. 1440; m. 1502. = (Séb.), gén. au service de l'Autriche, ingén. Lunéville, 1746-1822.

Maillé-Brézé (Urbain), maréch. de Fr., diplom., vice-roi de Catalogne. M. 1650. = (Arm.), duc de Fronsac et de Caumont, amiral de Fr. 1619-1646.

Maillebois (J.-B.-F. Desmarets), maréch. de Fr. 1682-1762.

Maillet (Ben. de), écriv. 1656-1738.

Maillet-Duclairon (Ant.), litt., public. Hurigny (Saône-et-L.), 1721-1809.

Mailly (F. de), card.-archev. de Reims. Paris, 1658-1721. = (J.-B.), hist., litt. Dijon, 1744-1796.

Mailly de Nesle (Louise-Julie), dame d'honneur de Marie de Leczinska, et maîtresse de Louis XV, ainsi que ses trois sœurs. 1710-1751.

Mailly d'Haucourt (Jo.-Augustin de), maréch. de camp, command. du Roussillon. N. 1708; m. sur l'échaf., 1793.

Maimbourg (L.), jés., hist. Nancy, 1620-1686.

Maimon (Salom.), philos. juif all. Neschwitz, 1753-1800.

Maimonide (Moses), cél. rabbin, 1er méd. de Saladin. Cordoue, 1136-1209.

Maimoun-ben-Kais, dit Ascha, poëte arabe. M. v. 627.

Mainardi (Lactance), dit le Bolognèse, peint. bolonais du 16e s. = (And.), dit il *Chiaveghino*, peint. N. Crémone. Viv. de 1590 à 1613.

Maine (L.-Aug. de Bourbon, duc du), fils légitimé de Louis XIV et de Mme de Montespan. 1670-1736. = (Anne-Louise, duchesse du), petite-fille du gr. Condé et femme du précéd., cél. par son esprit et ses intrigues. 1676-1753.

Maine de Biran (Ma.-F.-P. Gonthier), philos., homme d'État. Chantéloup (Dordog.), 1766-1824.

Mainfroi. V. MANFRED.

Maintenon (Françoise d'Aubigné, marq. de), femme cél. dans notre histoire. N. dans la prison de Niort, 1635; épousa Scarron, 1652; après la mort de celui-ci, fut chargée d'élever les enfants que Louis XIV avait eus de Mme de Montespan, 1669; enfin épousa secrètement le roi, 1684 ou 1685; m. à St-Cyr, 1719.

Mainvielle (P.), convent. N. Avignon, 1765; m. sur l'échaf., 1793.

Maiques (Isid.), coméd. esp. Carthagène, 1766-1820.

Mairan (J.-J. Dortous de), physic., mathém., litt., memb. de l'acad. des sc. N. Béziers, 1678; m. 1771.

Mairault (Ad.-Mau. de), litt. Paris, 1708-1746.

Maire (Christ.), jés., astron., mathém. N. Anglet.; m. 1760. = (C.-Ant.), jés., prédic. Sept-Fontaines, 1694-1765. = (Le), chir. et voyag. fr. du 17e s.

Mairet (J.), poëte dram. Besançon. 1604-1686.

Mairobert (Mat.-F. Pidanzart de), public. Chaource (Champ.), 1727-1779.

Maironi da Ponti (J.), natural. Bergame, 1748-1833.

Mairot de Mutigney (Ja.-Ph.-A.), poëte lat. Besançon, 1709-1784.

Maison (N.-Jo.), maréch. de Fr. et min. des aff. étrang. sous Louis-Philippe. Épinay, 1770-1840.

Maisonneuve (L.-J.-B. Simonnet de), poëte et aut. dram. Paris, 1745-1819.

Maistre (le comte Jo.-Ma. de), cél. philos. et public. N. Chambéry, d'une fam. fr., 1753; m. 1821.

Maitland (J.), homme d'État, chancel. d'Écosse, litt. 1545-1595. = (W.), antiq. écoss. Brechin, 1693-1757.

Mattaire (M.), philol., bibliogr. France, 1668; Londres, 1747.

Maizeroy (Pa.-Gédéon Joly de), tactic., memb. de l'acad. des inscr. Metz, 1719-1780.

Maizières (Ph. de), cheval. et chancel. du roi de Chypre. Maizières (Picardie), 1312-1405.

Major (Isaac), peint., grav. Francfort-s.-le-M., 1576-1630. = (J.-Dan.), méd., antiq. Breslau, 1634-1693.

Majoragius (Ant.-Ma. Conti, dit), érud., litt., poëte lat. Mariaga (Milanais), 1514-1555.

Majorien (Flavius Julius Valerius Majorianus), emp. d'Occid. Élu, 457; déposé et mis à m., 461.

Makarof, litt. russe. 1765-1804.

Makkary (Ahmed-ben-al), écriv. ar. Tremecen, 1585-1631.

Makrizi, hist. et géogr. ar. Caire, 1360-1442.

Malachie, le 12e des petits prophètes. V. 408 av. J.-C.

Malachie (St), archev. d'Armagh (Écosse), en 1127. M. 1148.

Malachowski (Stanisl.-Nalencz), homme d'État polon. présid. du sénat. 1735-1809.

Malagrida (Gab.), jés., missionn. au Brésil. N. Mercajo (Milanais), 1689; brûlé, 1761.

Malala (J.), hist. grec que l'on croit avoir vécu au 6e s.

Malartic (Anne-Jo.-Hipp., comte de), gouv. des établiss. fr. à l'E. du cap de Bonne-Esp. N. Montauban, 1730; m. 1800.

Malaspina (Ricordano), hist. ital. du 13e s. N. Florence.

Malatesta, fam. souver. de Rimini et d'une partie de la Romagne. Régna aux 13e, 14e et 15e s.

Malatesta (Battista), fille d'Antoine, comte de Montefeltro, femme cél. par son érud. Épouse de Galeotto Malatesta, seign. de Pesaro, 1405; m. dans un monast.

Malcolm, nom de 4 rois d'Écosse, qui régnèrent du 10e au 12e s. Le plus cél. est Malcolm III, fils de Duncan. Fit périr Macbeth, assassin de ce dern., 1047; tué dans une bat., 1093.

Malcolm (Ja.-Peller), grav., antiq. N. Philadelphie; m. 1815. (J.), offic. gén. des armées de la comp. des Indes, gouv. de Bombay. Langholm (Écosse), 1769-1833.

Maldonato (Lau. Ferrer), navig. esp. du 16e s.

Maldonat (J.), jés. esp., théol., comment. 1534-1583.

Malduin, roi d'Écosse, fils de Donald III. Succ. de Ferchard II, 668; m. 684.

Malebranche (N.), cél. philos., théol., physic. Paris, 1638-1715.

Malec-Ben-Anas, chef d'une des quatre sectes orthod. des musulm. Médine, 713-795.

Malée, gén. carthag., conquér. d'une partie de la Sicile, en 536 av. J.-C.

Maleguzzi-Valeri (la comtesse Veronica), litt., philos., aut. dram. Reggio, 1630-1690.

Malek (Djemal-Eddyn-Mohammed), gramm. ar. d'Espagne, origin. de Jaën, 1203-1274.

Malpeyre (Gab. Vendange de), poëte. N. Toulouse; m. 1702.

Malesherbes (Chr.-Gu. de Lamoignon de), homme d'État, litt., memb. de l'Acad. fr., défens. de Louis XVI. N. Paris, 1721; m. sur l'échaf., 1794.

Malet (Cl.-F. de), gén. N. Dôle, 1754; fusillé comme conspir. Paris, 1812.

Maleville (Ja. de), jurisc., avoc., memb. du cons. des cinq-cents, sénat. N. Domne (Périgord), 1741; m. 1824. = (P.-Jo., marq de), présid. de la cour royale, pair de Fr., fils du précéd. 1778-1832.

Malezieu (N. de), précept. du duc du Maine, memb. de l'Acad. fr. et de l'acad. des sc. Paris, 1650-1727.

Malfilâtre (J.-C.-L. de Clinchamp de), poëte. Caen, 1733-1767.

Malherbe (P. de), poëte fr. Caen, 1555-1628. = (don Jo.-F.-M.), sav. bénéd., bibliothéc. de la cour de cassat. Rennes, 1733-1827.

Malibran (Maria-Felicita), cél. cantatrice. Séville, 1809; Manchester, 1836.

Malingre (Cl.), historiogr. de Fr., écriv. Sens. 1580-1655.

Malipieri (Pasc.), doge de Venise. Succ. de F. Foscari, 1457; m. 1462.

Mallarmé (F.-Re.-A.), député à l'assemblée législ. et à la conv. nation. Lorraine, 1756; m. 1835.

Malleolus (Fél. Hæmmerlin, dit), prévôt de Soleure, écriv. polit. Zurich, 1389-1457.

Mallerot, dit La Pierre, sculpt. fr. du 17e s.

Mallery (C. de), dessinat., grav. N. Anvers, 1576.

Malles (Mme), n. de Beaulieu, litt. M. Nontron (Dordogne), 1825.

Mallet (Dav. Malloch, dit), écriv., s.-secrét. du prince de Galles. Écosse, 1700-1765. = (P.), ingén., gramm. N. Abbeville, 1630. = (Edme), litt. Melun, 1713-1755. = (Fréd.), mathém. N. Suède, d'une fam. fr. 1720; m. 1780. = (Ja.-And.), astron. Genève, 1740-1790. = (Pa.-H.), hist., litt. Genève, 1730-1807.

Mallet-Dupan (J.), litt., public. Genève, 1749-1800.

Malleville (Cl. de), poëte, memb. de l'Acad. fr. Paris, 1597-1647.

Mallinkrott (Bern. de), philol. N. Écosse; m. Munster, 1664.

Mallius (Caïus), un des complices de Catilina. Périt avec celui-ci dans une bat., 62 av. J.-C.

Malmesbury (W. Sommerset), dit le Bibliothécaire, bénéd. et hist. angl. du 12e s. = (J. Harris, comte de), diplom. Salisbury, 1746-1820.

Malmignati (Ju.), poëte ital. du 17e s.

Malmy (P.-F.-de-Paule), fondat. de la Trappe d'Aigue-Belle. Reims, 1744-1840.

Maloet (P.), méd., memb de l'acad. N. Clermont (Auv.), m. 1742. = (P.-L.), méd. consult. de Napoléon. Paris, 1730-1810.

Malouet (P.-Vict.), homme d'État, litt. Rouen, 1740-1814.

Malouin (Pa.-Ja.), méd., profess. de chim. Caen, 1701-1778.

Malpighi (Marcel), cél. anat. et méd. Crémone, 1628-1694.

Malte-Brun. V. BRUN.

Malthus (Th.-R.), cél. écon. angl. Rookery, 1766-1834.

Malus (Ét.-L.), physic., memb. de l'Inst. Paris, 1775-1812.

Malvasia (Cés., comte de), antiq. Bologne, 1616-1693.

Malvenda (Th.), domin. esp., hébraïs. 1566-1628.

Malvezzi (Virgilo, marq. de), litt., ambas. Bologne, 1599-1654.

Mamachi (Th.-Ma.), dominic., théol., archéol. Chio, 1713-1792.

Mambrun (P.), jés., poëte lat., crit. Clermont-Ferr., 1600-1661.

Mameranus (H.), impr. de Cologne au 16e s., poëte lat. N. dans le Luxembourg. = (C.), poëte lat., frère du précéd.

Mamercus (Lucius Æmilius), cons. rom., dictat. en 437, 433 et 426 av. J.-C.

Mamert (St), archev. de Vienne en Dauph. M. 477. = (Claudien), écriv., frère du précéd., partagea avec lui le gouvern. de l'Église de Vienne. M. v. 474.

Mamertin (Claude), orat. de Trèves, au 3e s. = Consul en 352, préfet du trésor en Italie, aut. d'un panégyr. de Julien.

Mammée (Julie), mère d'Alexandre Sévère. Massac. avec cet emp., 235.

Mamoun (Abdallah III al), 7e calife abasside, fils d'Aroun-al-Raschid. N. Bagdad, 786; succ. de son frère Amyn, 813; m. 833.

Manara (Prosp., marq. de), litt., 1er min. de Philippe, souver. de Parme. Taro, 1714-1800.

Manassé, fils aîné de Joseph et chef d'une des 12 tribus d'Israël. N. Égypte, 1712 av. J.-C.

Manassès, roi de Juda, fils d'Ézéchias, et son succ. 694 av. J.-C. M. 639. = Cél. gramm. juif. Viv. Espagne, v. le 10e s. = (Constantin), hist. et poëte grec du 12e s. = ou *Rabbi-Menahem*, rabbin ital. N. Recanati, 13e s. = ou *Menassès-ben-Joseph-ben-Israël*, sav. rabbin. Espagne, 1604; Amsterdam, 1659.

Manchester (sir Ed. Montagu, comte de), homme d'État et gén. angl. 1602-1671.

Mancinelli (Ant.), gramm., litt., poëte lat. Velletri, 1452-1506.

Mancini (Pa.), fondat. de l'acad. des Umoristi. N. Rome; m. 1635. = (Ma.), p.-fille du précéd. et nièce de Mazarin. N. Rome, 1639; femme du prince Colonna, 1662; m. en France, v. 1715. = (Hortense), cél. par sa beauté, et sœur de la précédente. N. Rome, 1646; femme du duc de la Meilleraye, 1661; m. séparée de son mari, Londres, 1699. = (Ma.-Anne), sœur des précéd. N. Rome, 1649; femme du duc de Bouillon, 1662; compromise dans l'affaire des poisons, 1680; m. 1704.

Mancini (F.), peint. ital. San-Angelo in Vado, 1723-1758.

Mancinus (Caïus Hostilius), cons. rom. 137 av. J.-C.

Manco-Capac, fondat. et législ. de l'empire du Pérou, 11e s. = II, frère et succ. d'Atahualpa, 1533; fait prisonn. par les Esp., s'évada et se réfugia dans les Andes, 1737; m. quelques ann. ap.

Mandajors (J.-P. des Ours de), hist. Alais, 1679-1747.

Mandar (Théoph.), commiss. du pouv. exécutif, litt. Marines (Seine-et-O.), 1759-1823.

Mandat (Galiot de), command. de la garde nationale de Paris. Tué au 10 août 1792.

Mander (C. van), peint, litt., poëte. Courtrai, 1548-1606.

Mandeville (J. de), voyag. angl. St-Albans, 1300-1372. = (Bern. de), écriv. angl. Dordrecht, 1670; Londres, 1733.

Mandosio (Prosp.), litt., biogr. N. Rome; m. 1700.

Mandrin (L.), cél. brigand. N. près de Romans (Dauph.), v. 1725; roué, 1755.

Manès ou *Many*, hérés., fondat. de la secte des manichéens; n. Perse; mis à m. 274.

Manesse (l'abbé Jo.), natural. Landrecies, 1743-1820.

Manethon, hist., prêtre égypt. Viv. sous Ptolémée Philadelphe, 263 av. J.-C.

Manetti (Giannozo), hist., écriv. Florence, 1356-1459. = (X), natural., litt. Florence, 1723-1785.

Manfred ou *Mainfroi*, roi de Naples et de Sicile, fils naturel de l'emp. Frédéric II. N. 1234; périt à Grandella, 1266.

Manfredi (Bart., peint. ital. Mantoue, 1572-1605. = (Eust.), cél. géom., astron., litt. Bologne, 1664-1739.

Manfredini (le marq. Fréd.), min. du gr.-duc de Toscane. Rovigo, 1743-1829.

Mangeart (dom Th.), bénéd. de St-Vannes, numismate. Metz, 1695-1762.

Manget (J.-Jacob), méd., compil. Genève, 1652-1742.

Mangin (C.), archit. Milry (Seine-et-M.), 1721-1807. = (Cl.), homme polit., préfet de police sous la Restaur. Metz, 1786-1835.

Mangou-Khan, emp. des Mogols, fils de Touli. Couronné, 1250; tué en Chine, 1259.

Maniacès (G.), gén. grec du 11e s. M. assass.

Manilius (Caïus), tribun du peuple rom., 68 av. J.-C. = (Marcus), poëte lat. du 1er s. av. J.-C. Viv. sous Auguste.

Manin ou *Manini* (L.), dern. doge de Venise. N. 1727; élu, 1788; détrôné 1797.

Manley (mistriss), femme de lettres. N. Guernesey; m. Londres. 1724.

Manlius Capitolinus (Marcus), consul rom. 392 av. J.-C., puis tribun milit. Précipité de la roche Tarpéienne, 370.

Manlius Imperiosus (Titus), dictat. rom. 363 av. J.-C.

Manlius Torquatus (Titus), tribun milit., 363 av. J.-C.; consul, 340: était fils du précéd. = Un autre Titus *Manlius Torquatus* fut consul 224 av. J.-C.

Mann (A.-T.) ecclés., physic., litt., antiq. Autriche, 1740-1810.

Manne (L.-C.-Jo. de), écriv., conserv. de la Biblioth. du roi. Paris, 1773-1832.

Männert (Conrad), hist., géog. Altdorf, 1756-1836.

Mannozi (J.), peint. toscan. 1590-1636.

Manoel (F. do Nascimento), poëte. Lisbonne, 1734; Versailles, 1821.

Manrique (Ange), év. de Badajoz, hist. Burgos, 1577-1649.

Mansart (F.), archit. fr. 1598-1666. = (Ju. Hardouin, dit), cél. archit., nev. du précéd. Paris, 1645-1708.

Mansfeld (P.-Ern., comte de), gén. all., gouv. des Pays-Bas. 1517-1604. = (Ern.), cél. gén. du 17e s., fils natur. du précéd. 1585-1626.

Mansfield (W. Murray, lord-comte de), jurisc., homme d'État. Perth (Écosse), 1705-1793.

Mansi (J.-Domin.), érud., théol., arch. de Lucques. Lucques, 1692-1769.

Manso (J.-B., marq. de Villa), litt. Naples, 1570-1645.

Mansour (Abdallah II, al), calife abasside. Succ. de son frère Aboul-Abbas, 754; m. 775.

Mansour-Billah (Ismaël al),

calife fatimite d'Afrique, fils et succ. de Caïm-Biamr-Allah, 946; m. 953.

Mansour (Aboul-Cassem al), souv. de l'Afrique septent., de la Sicile et de la Sardaigne. Fils et succ. de Youçouf, 984; m. 996.

Mansour (Abou-Amer-Mohammed al), cél. capit. maure. N. Torres (Andalousie), 939; m. 998.

Munstein (Christ. Hermann de), hist., gén. au service de la Russie et de la Prusse. Pétersb., 1711-1757.

Mantegna (And.), peint., grav. Padoue, 1430-1505.

Mantouan. V. BATTISTA.

Manuce (Alde), l'Ancien, cél. impr., gramm., hellén. N. Bassiano, 1447; m. Venise, 1515. = (Pa.), impr., fils du précéd. Venise, 1512-1574. = le Jeune, impr., litt., gramm. Venise, 1547-1597.

Manuel Comnène, emp. gr., fils de J. Comnène, et son succ. 1143; m. 1180.

Manuel Paléologue, emp. grec, fils de J. Paléologue. N. 1348; succ. de son père, 1391; m. 1425.

Manuel (don J.), p.-fils de Ferdinand III, et régent puis gouvern. de la Castille. M. 1347. = (N.), peint., poëte satir. et aut. dram. Berne, 1484-1530. = (L.-P.), memb. de la conv., procureur gén. de la commune de Paris. N. Montargis, 1751; m. sur l'échaf. Paris, 1793. = (Ja.-Ant.), orat., memb. de la ch. des déput. Barcelonnette (Prov.), 1775; Paris, 1827.

Manzi (Gu.), érud., litt. Civita-Vecchia, 1784-1821.

Manzoli (P.-Ange), dit Palingène, poëte lat. N. Stellata, près de Ferrare, 16e s.

Mapes (Walter), poëte lat. et angl. du 12e s.

Mapp (Marc), méd., bot. Strasbourg, 1632-1701.

Mara (Elisab.), cantatr. cél. Cassel, 1750-1833.

Marais (Marin), music., composit. Paris, 1656-1728. = (H.), grav. Paris, 1764-1800.

Maraldi (Ja.-Ph.), mathém., astron., memb. de l'acad. des sc. Nice, 1665-1729. = (J.-Domin.), astron., memb. de l'acad. des sc. Paris, 1709-1788.

Maran (dom Prudent), bénéd. de St-Maur, théol., érud. Sézanne, 1683-1762.

Marana (J.-Pa.), hist. Gênes, 1642-1693.

Maranta (Bart.), méd., bot. et litt. ital. du 16e s.

Marat (J.-Pa.), physic., journal., memb. de la conv. N. Baudry (princip. de Neufchâtel), 1746; assass. par Charlotte Corday, 1793.

Maratta ou *Maratti* (Carlo), cél. peint., grav. Marche d'Ancône. 1625-1713.

Marbeuf (P. de), poëte fr. du 16e s. = (le marq. de), gén., gouv. de la Corse. Rennes, 1736-1788.

Marbode, hagiogr., poëte lat., év. de Rennes. M. 1123.

Marbois. V. BARBÉ.

Marc (St), l'un des 4 évangél., compagnon de St Pierre. M. à m. par les idolâtres, 68. = (St), pape. Succ. de St Sylvestre, 336; m. même année.

Marc, hérés. de l'Église d'Or. au 2e s., disciple de Valentin. = (le-P.), linguiste slave. Carniole, 1758-1801. = (C.-Chr.-H.), méd. du roi Louis-Philippe. Amsterd., 1771; Paris, 1841.

Marc-Aurèle (Marcus Aurelius Antoninus Augustus), emp. rom. N. Rome, 121; succ. d'Antonin (qui l'avait adopté), 161; m. Sirmium, 180.

Marca (Lactance della), peint. ital. du 16e s. = J.-B. Lombardelli della, dit Montano de Montenovo, peint. Montenuvo, 1532-1587. = (P. de), hist., théol., mm. d'Etat, arch. de Paris. Gant (Béarn), 1594-1662.

Marcandier (Roch), journ. révolutionn. N. Guise, 1767; m. sur l'échaf., 1794.

Marcassus (P. de), poëte lat. et fr., romanc., trad. Gimont (Gasc.), 1584-1664.

Marceau (F.-Séverin Desgraviers), gén. républic. N. Chartres, 1769; tué 1796.

Marcel (St), év. de Paris, au 4e s. M. 440. = 1er (St), pape. Succ. de St Marcellin, 908, m. 909. = II, pape. Succ. de Jules III, 1555; ne régna que 21 jours.

Marcel (Et.), prévôt des marchands de Paris, sous le roi Jean; assass., 1358, par J. Maillard. V. ce nom. = (Gu.), chronol. Toulouse, 1647-1708. = Cél. maître de danse fr. M. 1759.

Marcellin (St), pape. Succ. de Caïus, 295; martyrisé, 304.

Marcellin, hist. grec du 6e s.

Marcellis (Othon), peint. holl. 1613-1673.

Marcello (N.), doge de Venise, de 1433 à 1474. = (Ben.), composit., violoniste, poëte. Venise, 1686-1739.

Marcellus (Marcus Claudius), gén. rom., 5 fois consul. Prit Syracuse, 212 av. J.-C.; périt dans une embusc., 208. = (Marcus Claudius), consul 51 av. J.-C. Exilé par César, et rappelé par lui; m. assass. par un esclave, 46. = Le Jeune (Marcus Claudius), neveu d'Auguste, qui l'adopta, et lui fit épouser sa fille Julie. M. à 18 ans, 23 av. J.-C. = (Ulpius), jurisc. rom. du 2e s. Viv. sous les Antonins. = dit Empiricus, archiâtre et maître des offices sous Théodose le Gr. N. Bordeaux.

Marcellus (Ma.-L.-Aug. Demartin du Tyrac), homme polit., orat., litt. Marcellus (Guienne), 1776-1841.

Marcet (Al.), méd., physic. Genève, 1770; Londres, 1822.

March des Batailles (Et.), peint. esp. N. Valence; m. 1660.

Marchand (L.), composit., organ. de la chap. de Versailles. Lyon, 1669-1732. = (Prosp.), bibliogr., libr. à Paris, puis à Amsterd. Guise (Picardie), 1675-1756. = (Et.), navig., capit. de la mar. marchande. N. Ile de Grenade, 1755; m. 1793.

Marchangy (L.-Ant. de), litt., avoc. gén. à la cour de cassat. St-Saulge (Nièvre), 1780; Paris, 1826.

Marchant (N.), méd., naturel. M. 1678. = (J.), bot., direct. du Jardin du roi, fils du précéd. M. 1738. = (N. Damas-), litt., antiq. Pierrepont, 1767-1833.

Marche (Olivier de la), poëte, chroniq. La Marche (Bourg.), 1426-1501.

Marchéant (J. le), poëte fr. du 15e s.

Marchena (Jo.), litt. Utrera (Esp.), 1768; France, 1821.

Marchesi (Jér.), peint. ital. 1480-1550. = (F.), peint. ital. Viv. en 1518. = (Jo.), dit il Sansone, autre peintre. N. Bologne; m. 1771. = (L.), cél. chanteur ital. Milan, 1741-1826.

Marchetti (Marc), peint. N. Faenza; m. 1588. = (Al.), litt. Pontormo (Tosc.), 1633-1714.

Marchettis (P. de), méd., profess. d'anat. N. Padoue; m. 1673.

Marchi (F. de), ingén. du 16e s. N. Bologne.

Marchin ou *Marsin* (Ferd. de), maréch. de Fr. 1656-1706.

Marchioni (Carlo), archit., sculpt. Rome, 1704-1780.

Marcien, emp. d'Or. N. Thrace, v. 391; couronné 450; m. 457. = Géogr. grec. N. Héraclée (Pont-Euxin), 4e s.

Marcieu (P.-Emé, comte de), homme de guerre, diplom. Dauphiné, 1686-1778.

Marcile (Théod.), philol. Arnheim (Gueldre), 1548-1617.

Marcion, hérés. du 2e s., chef des Marcionites. N. Sinope.

Marck (La), anc. maison orig. de la Westphalie. Ses memb. princip. sont: Guillaume, chef de la fam., dit le Sanglier des Ardennes, command. d'un corps d'aventuriers. N. v. 1446; décap. 1485. = Robert II, comte de la Marck, servit alternativem. Louis XII et Charles-Quint. M. au serv. de la Fr., 1535. = Evrard, card., év. de Liége, frère du précéd., et connu sous le nom de Cardinal de Bouillon. M. Liége, 1531. = Robert III, comte de la Mark et seign. de Fleurangés, dit l'Aventureux. N. Sedan, v. 1490; servit sous François Ier et fut nommé maréch. de Fr. M. 1537. = Robert, capit. des Cent-Suisses, puis maréch. de Fr., fils du précéd., et connu sous le nom de Maréchal de Bouillon. N. v. 1520; m. prisonn. en Flandre, 1556.

Marcolini (F.), impr., grav. et archit. du 16e s.

Marconi (Roch), peint. ital. Viv. en 1505.

Marconville (J. de), écriv. fr., trad. N. 1540.

Marculfe, moine fr. du 7e s., aut. d'un recueil de formules usitées de son temps pour les contrats et actes publics.

Marcus Græcus, aut. grec que l'on présume avoir vécu au 13e s.

Mardocentès, roi arabe qui s'empara de l'emp. de Babylone, ? 2218 av. J.-C.

Mardochée, un des Juifs captifs à Babylone, v. 595 av. J.-C., fit épouser sa nièce Esther à Asuérus, et découvrit une conspir. tramée contre ce prince. = (dit Japhe (ou le Beau), sav. commentat. juif all. N. 1611.

Mardonius, gén. persan, gendre de Darius. Tué à Platée, 479 av. J.-C.

Mare (Philib. de la), litt., hist., Dijon, 1615-1687. = (N. de la), commiss. au Châtelet, écon. Noisy-le-Gr. 1639-1723. = (P. Bern de la), secrét. d'ambass. et consul, litt. Harfleur, 1753; Bucharest, 1809.

Maréchal (G.), 1er chir. de Louis XIV et de Louis XV. Calais, 1658-1736. = (dom. Bern.), érud., ecclés. Rethel, 1705-1770. = (P.-Sylv.), poëte, litt., écriv. antirelig. Paris, 1750-1803. = V. KEITH.

Marescalchi (Ferd.), diplom. Bologne, 1764-1816.

Marescot (Arm.-Sam.), gén. de génie, pair de Fr. Tours, 1758, 1832.

Marestier (J.-B.), ingén. de la marine. St-Servan, 1780-1832.

Maret (Hug.), duc de Bassano, diplom., min. des affaires étrang., de la guerre, etc. N. Dijon, 1763; m. 1839.

Margaritone, peint., archit., sculpt. Arezzo, 1212-1289.

Margeret, voyag., aventur. fr. du 16e s.

Margraff (G.), méd., voyag. Liebstaedt (Misnie), 1610-1644. = (And.-Sigism.), chim. Berlin, 1709-1782.

Margon (Gu. Plantavit, abbé de), litt. N. Béziers; m. 1760.

Marguerie (J.-J. de), lieut. de vaiss., mathém. Mondeville, 1742-1779.

Marguerit (J.), hist. esp., card., chancel. d'Aragon. M. Rome, 1484. = (don Jo.), lieut.-gén. au service de Louis XIII, et gouv. de la Catalogne.

Marguerite (Ste), vierge et martyre. N. Antioche (Pisidie), 3e s. = (Ste), reine d'Ecosse, fille d'Edouard, prince angl. et épouse de Malcolm III, roi d'Ecosse. N. Hongrie, 1046; m. 1075.

Marguerite, reine de Fr., fille de Raimond Bérenger III, comte de Provence. N. 1219; femme de Louis IX, 1234; m. 1295. = *de Bourgogne*, reine de Fr., fille de Robert II, duc de Bourgogne; femme de Louis le Hutin, 1305; étranglée 1315. = d'Ecosse, fille de Jacques Ier, roi d'Ecosse; femme du dauphin (depuis Louis XI, roi de Fr.), 1428; m. 1444. = *de Valois*, reine de Navarre, sœur de François Ier. N. Angoulême, 1492; épousa le duc d'Alençon, 1509, et Henri d'Albret, roi de Navarre, 1527; m. 1549. = *de France*, duchesse de Savoie, fille de François Ier. N. St-Germain-en-Laye, 1523; femme d'Emmanuel-Philibert, 1559; m. 1574. = *de France*, reine de Navarre, fille de Henri II, roi de Fr. N. 1552, femme du prince de Béarn (depuis Henri IV), 1572; m. 1615.

Marguerite, dite la Sémiramis du Nord, reine de Norwége, du Danemark et de Suède, fille de Waldemar, roi de Danemark. N. 1353; épousa Haquin, roi de Norwége, 1363; se fit nommer reine de Suède, 1387; m. 1412.

Marguerite d'Anjou, reine d'Anglet., fille du roi René. N. 1425; femme de Henri VI, roi d'Anglet., 1445; m. 1482.

Marguerite, comtesse de Richemont et de Derby, fille de J. de Beaufort, duc de Sommerset, femme aut. N. 1441; épousa successiv. le duc de Suffolk, Ed. Tudor, lord Stanley; m. 1500.

Marguerite d'Autriche, fille de l'emp. Maximilien. N. Gand, 1480; mariée à Philibert le Beau, duc de Savoie, 1501; nommée gouvern. des Pays-Bas, 1506; m. 1530. = *de Parme*, fille natur. de Charles-Quint. Mariée à Alexandre de Médicis, duc de Florence, puis à Octave-Farnèse, duc de Parme et de Plaisance; nommée gouvern. des Pays-Bas, 1559; m. en Italie, 1586.

Marguerite (Jo.-Ma., Solar de la), homme de guerre, hist. N. Mondovi, 1644.

Margunio (Emm.), poëte grec, év. de Cerigo. Candie, 1530-1602.

Maria (J.) archit. Vérone, 1458-1534. = (le chev. Herc. de), peint. bolon. du 17e s.

Marialva (J. Coutinho, comte de), chevalier portug. Tué 1471. = (Ant.-L.), homme de guerre, diplom., de la fam. du précéd. N. 1668. = (le marquis de), homme polit., diplom., de la fam. des précéd. M. 1823.

Mariamne, princesse juive, femme d'Hérode le Gr. Mise à m. 30 av. J.-C.

Mariana (J.), jés., théol., hist. esp. Talavera, 1537-1624.

Marianus Scotus, hist., théol. Irlande, 1028; Mayence, 1086.

Maribas-Cathina, le plus anc. hist. de l'Arménie. Viv. 2e s. av. J.-C.

Marie, sœur de Moïse et d'Aaron. N. Egypte, 1578 av. J.-C.; m. Cadès, 1452.

Marie (Ste), la Ste-Vierge, mère de J.-C., de la fam. royale de David; fiancée à Joseph, v. l'âge de 15 ans. S'établit à Nazareth; accompagna le Sauveur pendant ses prédic., et assista à son supplice. L'annivers. de sa m. est célébré le 15 août, sous le nom d'Assomption.

Marie de Béthanie, sœur de Marthe et de Lazare. Se fit remarquer de Jésus par sa foi et son dévouement.

Marie-Madeleine. V. MADELEINE.

Marie dite Marie-Roi, impératr. d'All., fille de Louis Ier, roi de Hongrie. N. 1370; procl. *roi* de Hongrie et de Pologne, 1382; femme de l'emp. Sigismond, 1385; m. 1395.

Marie-Thérèse d'Autriche, impératr. d'All., fille de l'emp. Charles VI. N. 1717; épousa François, duc de Lorraine, 1736; le fit élire emp., 1747; m., 1780.

Marie de Brabant, reine de Fr., fille de Henri duc de Brabant. Mariée à Philippe le Hardi, 1274; m. 1321. = *d'Angleterre*, reine de Fr., fille de Henri VII, 3e femme de Louis XII, 1514; m. 1534. = *Stuart*. V. les reines d'Ecosse. = *de Médicis*, reine de Fr. fille de François II, gr.-duc de Toscane. N. Florence, 1573; épouse de Henri IV, 1600; régente ap. la m. du roi, 1610; m. exilée à Cologne, 1642. = *Thérèse d'Autriche*, reine de Fr., fille de Philippe IV, roi d'Esp. Mariée à Louis XIV, 1660; m. 1683. = *Leczinska*, reine de Fr., fille de Stanislas, roi de Pologne. N. 1703; mariée à Louis XV, 1725; m. 1768. = *Antoinette d'Autriche*, reine de Fr., fille de François Ier, emp. d'Allem. N. Vienne, 1755; épouse du Dauphin (dep. Louis XVI), 1770; enfermée avec lui, au Temple, 1792; m. sur l'échaf., 1793.

Marie de Molina, reine de Castille et de Léon. Epouse de Sanche IV, 1282; m. 1322.

Marie-Louise, reine d'Esp., fille du duc d'Orléans, frère de Louis XIV, et femme de Charles II. N. Paris, 1662; m. 1689. = Reine d'Esp., fille du duc de Savoie, Victor-Amédée, et femme de Philippe V. 1688-1714. = Reine d'Esp., femme de Charles IV, Parme, 1754-1819.

Marie Ire, reine de Portug., fille du roi Joseph. N. 1734; mariée à son oncle D. Pedro, 1760; m. au Brésil, 1816.

Marie Ire, Tudor, reine d'Angleterre, fille de Henri VIII. N. 1515; succ. de son frère Edouard VI, 1553; m. 1558. = II, fille aînée de Jacques II; épouse du prince d'Orange (dep. roi sous le nom de Guillaume III); m. 1695.

Marie de Lorraine, reine d'Ecosse, fille de Claude, duc de Guise. Femme de Louis II d'Orléans, 1534, et de Jacques V, roi d'Ecosse, en 1538; m. 1560. = *Stuart*, reine de Fr. et d'Ecosse, fille de Jacques V et de la précéd. N. Linlithgow, 1542; vint jeune en France, et épousa le dauphin (François II), 1558; de retour en Ecosse après la m. de ce prince, se maria avec son cousin Darnley, 1565, avec Bothwell, 1567; passa en Anglet. à la suite d'une révolte, 1568, et y fut retenue prisonn. par Elisabeth, qui la fit décap. 1587.

Marie-Louise-Joséphine, reine d'Etrurie, fille de Charles IV, roi d'Esp., et femme de Louis Ier, roi d'Etrurie. 1782-1824.

Marie de Bourgogne, fille de Charles le Téméraire, femme de l'archiduc Maximilien. Bruxelles, 1457-1482.

Marie d'Autriche, fille de l'archiduc Philippe, épouse de Louis II, roi de Hongrie, et gouvern. des Pays-Bas. Bruxelles, 1505; Espagne 1558.

Marie-Adélaïde, de Savoie, fille de Victor-Amédée II, femme du duc de Bourgogne, p.-fils de Louis XIV. N. Turin, 1685; m. 1712.

Marie de France. V. FRANCE.

Marie de l'Incarnation, institutr. et 1re supér. des ursulines de la Nouvelle-France. Tours, 1599-1672.

Marie-Louise, impératr. des Français, fille de François Ier, emp. d'Autriche. N. 1791; mariée à Napoléon, 1810; régente pend. les camp. de 1812, 1813, 1814; nommée duchesse de Parme au congrès de Vienne, 1815; m. 1847.

Marieschi, peint., grav., archit. Venise, 1697-1744.

Mariette (J.), dessinat., grav. Paris, 1654-1742.

Marigny (Enguerrand de), 1er min. de Philippe le Bel. N. Normandie, 1260; pendu à Montfaucon, 1315. = (Ja. Carpentier), litt., fr. M. 1690. = (Abel-F. Poisson, marq. de Ménars et de), direct. gén. des bâtiments, frère de la marq. de Pompadour, 1727-1781. = (August.-Et.-Gasp. de Bernard de), chef vendéen. N. Luçon, 1754; fusillé, 1794. = (C.-Re.-L. de Bernard, comte de, vice-amiral, et de la même fam. Sées, 1740-1816.

Marillac (C. de), diplom. Auvergne, 1510-1560. = (Michel), conseill. d'Etat, surint. des fin., garde des sceaux, nev. du précéd. 1563-1632. = (L.), maréch. de Fr., frère du précéd. N. 1572; exécuté, 1632.

Marillier (Cl.-P.), dessinat., grav. Dijon, 1740-1808.

Marin de Tyr, géogr. grec. 1er s.

Marin (St), ermite. N. Dalmatie, 4e s.

Marin, mécan., invent. des fusils à vent, au comm. du 17e s. N. Lisieux. = (F.-L.-Cl. Marini, dit), litt., journal. N. Ciotat, 1721; m. 1809. = (Jo.-C.), sculpt. fr. 1773-1812.

Marinali (Hor.), sculpt. ital. Bassano, 1643-1720.

Marinari (Honoré), peint., grav. Florence, 1637-1715.

Marinas (Henriquez, dit de las), peint. esp. Cadix, 1620-1680.

Marinelli (Lucrezia), femme aut., poëte. Venise, 1571-1653.

Marineo (Lucius), litt., hist. N. Sicile, 1460.

Marini (J.-B.), dit le Cavalier Marin, poëte. Naples, 1569-1625.═(Ben.), peint. ital. du 17e s.═(J.-Ambr.), romanc. N. Gênes; m. 1650.═(Gaëtan), antiq. San-Arcangelo, 1742-1815.

Marinoni (J.-J.), mathém., archit., astron. Udine, 1676-1755.

Marinus, centurion rom. procl. emp. 249; massac. quelques mois après.═Philos. platonic. du 5e s. N. Syrie.

Marion (Sim.), conseill. d'Etat, avoc.-gén. Nevers, 1540-1605.

Marion-Dufresne, navig. fr. du 18e s. Tué 1772, à la Nouvelle-Zélande.

Mariotte (Edme), abbé, physic., memb. de l'acad. des sc. Bourgogne, 1620-1684.

Mariti (l'abbé J.), voyag. en Orient, écriv. N. Florence; m. 1798.

Maritz (J.), cél. fond. et mécan. Berne, 1711; Lyon, 1790.

Marius (Caïus), gén. rom., tribun, préteur, 7 fois consul. N. près d'Arpinum, 155 av. J.-C.; m. Rome, 86.

Marius (Marcus Aurelius Marius Augustus), tyran des Gaules. Procl. emp. à la m. du jeune Victorin, 267; assass. quelq. mois ap.

Marius (le B.), év. d'Avranches, hist. suisse. Autun, 532-596.═(Sim. Mayer, dit), astron. Gunzenhausen (Bavière) 1570-1624.

Marivaux (P. Carlet de Chamblain de), litt., romanc., aut. dram. Paris, 1688-1763.

Marivetz (Et.-Cl. de), physic. N. Langres, 1728; exécuté, 1794.

Marlborough (J. Churchill, duc de), cél. gén. angl. Ash, 1650-1722.═(Sarah Jennings), favorite de la reine Anne, femme du précéd. 1660-1744.

Marliani (Bart.), antiq. N. Milan; m. v. 1650.

Marlinsky (Al. Bestucheff, dit), litt. St-Pétersb., 1801-1837.

Marlowe (Christ.), litt., aut. dram. angl. 1562-1593.

Marlot (dom Gu.), bénéd., érud. Reims, 1596-1667.

Marmol y Carvajal (L.), hist. esp. Grenade, 1520-1599.

Marmontel (J.-F.), litt., aut. dram., historiogr. de Fr., secrét. perpét. de l'Acad. N. Bord (Limousin), 1728; m. 1799.

Marne (L.-Ant. de), grav., archit. Paris, 1673-1755.

Marnix (Ph. de), bar. de Ste-Aldegonde, homme d'Etat, litt. Bruxelles, 1538-1598.

Marollès (M. de), écriv. fr., trad., abbé de Villeloin. Genille (Touraine), 1600-1681.═(G.-F. Magré de), bibliogr. fr. M. 1792.

Maron (St), solitaire. N. Syrie; m. 433.

Maron (J.), patriarche syrien du 7e s., chef de la secte des maronites.═(Thérèse de), femme de Maron, peint. ital., et peint. elle-même. M. 1806.

Marone (And.), cél. improvis. Frioul, 1474-1527.

Marot (J.), secrét. et poëte d'Anne de Bretagne, valet de ch. de Louis XII et de François Ier. Mathieu (Normandie), 1462-1525.═(Cl.), poëte, valet de ch. de François Ier, fils du précéd. N. Cahors, 1495; m. Turin, 1544.═(J.), archit. Paris, 1630-1695.

Marouf (Mohammed), lexicogr. ar. du 9e s.

Maroutha, prélat syrien, écriv. ascét., hist. du 4e s.

Marperger (P.-Ja.), écon. Nuremberg, 1656-1730.

Marpurg (Fréd.-Gu.), music. Brandebourg, 1718-1795.

Marquet (F.-M.), bot., méd. de Léopold, duc de Lorraine. Nancy, 1687-1759.

Marquis (Al.-L.), bot., méd., litt. Dreux, 1777-1828.

Marracci (Hipp.), bibliogr., relig. marianiste. Lucques, 1604-1675.═(L.), sav. oriental., profess. d'ar., relig. marianiste, frère du précéd. Lucques, 1612-1700.

Marre (J. de), aut. dram. Amsterd., 1698-1763.

Marrier (don Mart.), bénéd., érud. Paris, 1572-1644.

Marron (P.-H.), past. protest., présid. du consistoire. Leyde, 1754; Paris, 1832.

Mars (Ant.-J.), jurisc. fr. 1777-1824.═(Mlle), cél. actrice du Th.-Fr. Paris, 1778-1847.

Marsant (l'abbé Ant. de), érud. Venise, 1765-1842.

Marsden (Ju.), oriental. Verval (Irlande), 1755-1857.

Marsh, chim. angl. 1789-1846.

Marshall (W. Humphrey), agron. et litt. angl. M. 1841.═(J.), homme polit. et hist. améric. M. 1835.

Marsham (J.), chronol. Londres, 1602-1685.

Marsigli (L.-Ferd., comte de), géogr., natural., Bologne, 1658-1730.

Marsollier (Ja.), litt., chan. de Ste-Genev. Paris, 1647-1724.═*de Vivetières* (Ben.-Jo.), litt., aut. dram. Paris, 1750-1817.

Marston (J.), aut. dram. angl. du 17e s. contemp. de Ben-Johnson.

Marsus (Domitius), poëte épigramm. lat. du 1er s. av. J.-C.

Marsy (Balt.), sculpt. N. Cambray, 1624; m. 1674.═(Gasp.), sculpt., frère du précéd. 1628-1681.

Marsy (F.-Ma. de), jés., litt. Paris, 1714-1763.═(Cl. Sautereau de), litt. Paris 1740-1815.

Martainville (Alph.), litt., journal., aut. dram. N. Cadix, d'une fam. fr., 1776; m. 1832.

Martel (F.), 1er chir. de Henri IV.═(Et.-Ange), jés. archit. Lyon, 1569-1641.

Martelière (P. de), avoc. fr., conseill. d'Etat. 1560-1631.

Martello (P.-Ja.), poëte trag., diplom. Bologne, 1665-1727.

Martelly (Richaud), coméd., aut. dram. Aix, 1751-1817.

Martène (dom Edm.), bénéd. de St-Maur, érud. St-Jean-de-Lône, 1654-1739.

Martens (Th.), cél. impr. Alost (Belgique), 1450-1554.═(Fréd.), voyag. all. du 17e s.═(Gu.-Fréd. de), diplom. all. Hambourg, 1756; m. 1821.

Marthe, sœur de Lazare et de Marie de Béthanie, recevait ordin. Jésus lorsqu'il venait dans cette ville. On ignore ce qu'elle devint dans la suite.

Martial (Marcus Valerius Martialis), poëte épigramm. lat. Bilbilis (Esp.), 40-103.

Martial d'Auvergne, poëte. Paris, 1440-1508.

Martianay (dom J.), bénéd., philol., St-Sever-Cap, 1647-1717.

Martignac (Et. Algay de), litt. Brives-la-Gaillarde, 1620-1698.═(J.-B.-Silvère Algay, vicomte de), min. de Charles X. Bordeaux, 1776-1832.

Martigues (Séb. de Luxembourg, vicomte de), vaill. capit. du 16e s. Tué dev. St-Jean-d'Angély, 1559.

Marin Ier, pape. N. Toscane; succ. de Théodore, 649; m. 655.═II, succ. de Jean VIII, 882; m. 884.═III, succ. d'Etienne VIII, 943; m. 946.═IV, succ. de Nicolas III, 1281; m. 1285.═V (Ott. Colonna), succ. de Jean XXIII, 1417, m. 1431.

Martin (St), év. de Tours. N. Sabarie (Pannonie), 316; m. 400.═(St), arch. de Braga, écriv. eccl. N. Hongrie; m. 580.

Martin dit Gallus (Français), hist. du 12e s., aumôn. de Boleslas III, le Polonais, hist., archev. de Gnesen. N. Troppau, 13e s.═(And.), orator., profess. de philos. Bressuire, 1621-1695.═(dom Cl.), bénéd. de St-Maur, théol. Tours, 1619-1696.═(F.), Français qui fonda la ville de Pondichéry, dont il devint gouvern. M. v. 1726.═(Dav.), théol. protest. Revel, 1639; Utrecht, 1721.═(J.-B.), dit des Batailles, peint., direct. des Gobelins. Paris, 1659-1753.═(Gab.), libr., bibliogr. Paris, 1679-1761.═don Ja.), bénéd., érud. Fanjau, 1684-1751.═(Benj.), mathém., écriv. Londres, 1704-1782.═(Cl.), major-gén. au service de la comp. angl. des Indes. Lyon, 1732-1800.═(P.), amiral fr. Canada, 1752-1810.═(Vinc.), composit., dit lo Spagnolo. Valence (Esp.), 1754; St-Pétersb., 1810.═(Gu.), natural. angl. Mansfield, 1767-1810.═(J.-Blaise), cél. act. et chant. de l'Opéra-Com. Paris, 1767-1837.═(Aimé), litt., crit. N. Lyon, 1786; m. 1847.

Martinet, avoc. fr. du 17e s.

Martinetti (J.-B.), archit. ital. 1764-1829.

Martinez, nom de plus. peint. esp. Les 2 plus cél. sont: Sébastien, de l'école de Séville. Jaën, 1602-1667.═Bernard, dit Martinez del Barranco. Cuesta, 1738-1791.

Martinez (H.), ingén. mexic., chargé en 1607 du dessèch. du territoire de Mexico.

Martinez-Pasqualis, chef de la secte des martinistes. On le croit Portug et juif. M. Port-au-Prince, 1779.

Martini (Sim.), peint. ital., dit Simon de Sienne, 1280-1344.═(Mat.), théol. et philol. all. Freinhage, 1572-1630.═(Mart.), jés., mission. en Chine. Trente, 1614; Hang-Tcheou, 1661.═(J.-B.), francisc., music. Bologne, 1706-1784.═(G.-H.), numism., archéol., hellén. Annaberg (Saxe), 1722-1794.═(F.-H.-Gu.), méd., natural. Ohsdruf (Saxe-Gotha), 1729-1778.═(J.-P.-Egide), composit. Freystadt, 1741; Paris, 1816.

Martinien (Martinus Martinianus Augustus), emp. rom., associé à l'emp. par Licinius, 323; vaincu par Constantin, quelques mois ap.

Martinusius (G.), cardinal-régent de Transylvanie N. Croatie; assass., 1548.

Martirano (Coriolan), human., poëte lat. N. Cosenza; m. 1557.

Martorelli (Ja.), gramm., antiq. Naples, 1699-1777.

Martos (Iwan-Pétrowitch), sculpt. russe. Ichnia, 1755-1835.

Martyn (W.), hist. angl. 1562-1617.═(J.), méd., bot. Londres, 1699-1778.═(Th.), natural., fils du précéd. 1755-1825.═(H.), oriental. anglic. M. Tocat (Asie-Min.), 1812.

Martyr (P. Vermigli), théol. protest. Florence, 1500; Zurich, 1562.

Marvell (And.), écriv. satir. Kingston (Anglet.), 1620-1678.

Marx (Jacob), méd. juif. Bonn, 1745-1789.

Marzari-Pencati (le comte Jo.), géol. Vicence, 1777-1836.

Masaccio, cél. peint. tosc. St-Giovanni, 1401-1443.

Masaniello (Thomaso Aniello, dit), pêcheur de Naples, chef de la révolte de 1647 contre l'Esp. N. Amalfi, 1622; assass. Naples, 1647.

Mascagni (Donato), peint. Florence, 1579-1636.═(P.), cél. anat. ital. Castellato, 1752-1815.

Mascardi (Jo.), jurisc. N. Sarzana (Etat de Gênes); m. 1650.

Mascaron (Ju.), cél. prédic., orator., év. de Tulle, puis d'Agen. Marseille, 1634-1703.

Mascherino (Octav.), peint. et archit. bolonais du 16e s.

Mascheroni (Lau.), mathém. Bergame, 1750-1808.

Masclef (F.), curé d'Amiens, sav. hébraïs. Amiens, 1663-1728.

Mascou (J.-J.), jurisc. et hist. all. Dantzig, 1689-1762.

Masdeu (J.-F.), jés., hist. Barcelone, 1740-1817.

Masenius (J.), jés. all., poëte lat. Dalen (Prusse), 1606-1681.

Masères (F.), mathém. et litt., angl. 1731-1824.

Maselli (Augustin), archit. hydraulic., direct. des trav. publics de la Lombardie. Rovère, 1757-1833.

Masham (Abigail), favorite de la reine Anne, dirigea en 1714 des négociat. avec la France, pour ramener le prétendant. M. oublié.

Masinissa, roi de Massylie (Numidie), s'attacha aux Rom., reçut en récomp. les Etats de Syphax, et une partie du territ. de Carthage. M. 149 av. J.-C.

Maskelyne (Nevil), astron. Londres, 1732-1811.

Masolino da Penicale, peint., sculpt. toscan. 1371-1415.

Mason (C.), astron. angl. M. Pensylvanie, 1787.═(Gu.), poëte angl. 1725-1797.

Masotti (Domin.), lithotomiste. Faenza, 1698-1779.

Masoud, nom porté par plusieurs princes musulm. Les plus connus sont: Abousaïd, souver. de l'Indoustan, fils de Mahmoud. Usurpa les Etats de son frère Mohammed, 1030; m. assass., 1042.═Gaiath-Eddyn, sultan Seldjoucide de Perse. Se fit procl. 1134; m. 1152.

Masoudy, cél. hist. ar. Bagdad, 900-956.

Masque de fer (l'Homme au), prisonn. qui, depuis 1686 jusqu'à sa m., 1703, a vécu la figure couverte d'un masque, de velours selon les uns, de fer selon les autres, d'abord au château de Pignerol, puis à l'île Ste-Marguerite, enfin à la Bastille. Il fut enterré sous le nom de Marchiali. On en a fait: le comte de Vermandois, un patriarche arménien, don Juan de Gonzague, le min. Fouquet. L'opinion la plus répandue est que c'était un frère adultérin ou un frère jumeau de Louis XIV.

Masquelier (L.-J.), grav. Cisoing (Flandre), 1741-1811.═(N.-F.-Jo.), le Jeune, grav. et de la même fam. Sars, 1760-1809.

Massa (N.), méd., anat. N. Venise; m. 1565.

Massard (J.), grav., memb. de l'acad. de peint. Belesme (Orne), 1740-1822.

Massari (Lucio), peint. Bologne, 1569-1633.

Masse (J.-B.), peint. du roi et grav. Paris, 1687-1767.

Masséna (And.), prince d'Essling, maréch. de Fr. Nice, 1785; Paris, 1817.

Massenbach (le bar. Chr. de), homme de guerre, tactic., litt. Smalkalde (Hesse), 1758-1827.

Massieu (Gu.), litt., archéol., memb. de l'Acad. fr. et de l'acad. des inscr. Caen, 1665-1722.═(J.-B.), trad. Vernon, 1743-1818.

Massillon (J.-B.), cél. prédic., memb. de l'Acad. fr. Hyères, 1663-1742.

Massinger (Ph.), poëte dram. angl. Salisbury, 1584-1640.

Masson (J. Papire-), hist., géogr. St-Germain-Laval, 1544-1611.═(Ant.), peint., grav. Louri (Orléan.), 1636-1702.═(J.), érud. fr. N. 1680; m. Anglet., 1750.═(F.), bot. angl. Aberdeen, 1741; Montréal, 1805.═(F.), stat. fr. 1745-1807.═(C.-F.-Ph.), litt. Blamont, 1762-1807.

Masson de Morvilliers, litt. fr. 1740-1789.

Massuet (Re.), bénéd., érud. St-Ouen (Normand.), 1666-1716.

Masucci (Augustin), peint. Rome, 1691-1753.

Masuccio, archit., sculpt. Naples, 1230-1305.═(Et.), dit il Secondo, archit. Naples, 1291-1388.═Conteur ital. du 15e s.

Mataflorida (Rozalès de), homme polit., gén. royaliste. Séville, 1761; Agen, 1832.

Mateliéf (Corn.), navig. et amiral holl., au 17e s.

Matefeief (Artemon-Sergeiewitsch), 1er min. du czar Michel Michaëlowitsch. 1625-1682.

Mathan, prêtre de Baal et conseill. d'Athalie. Tué 876 av. J.-C.

Mathatias. V. MACCHABÉE.

Mather (Cotton), théol. anglic., érud. Boston, 1663-1728.

Mathews (C.), cél. coméd. angl. 1776-1825.

Mathias (St), disc. de J.-C., admis en remplacem. de Judas Iscariote au nomb. des 12 apôtres. Martyrisé en Colchide.

Mathias, emp. d'Allem., fils de Maximilien II. N. 1557; succ. de son frère Rodolphe II, 1612; m. 1619.

Mathias-Corvin, roi de Hongrie, fils de Jean Huniade. N. Clausenbourg (Transylv.), 1443; succ. de Ladislas V, 1458; m. 1490.

Mathieu de la Redorte (Mau.-Dav.-Jo.), lieut.-gén., pair de Fr. St-Affrique, 1768-1833.

Mathilde (Ste), reine de la Germanie, femme de Henri l'Oiseleur. Veuve 936; m. 968.═(Ste), reine d'Anglet., fille de Malcolm, roi d'Ecosse. Mariée à Henri Ier, 1100; m. 1118.

Mathilde, reine d'Anglet., fille de Henri Ier et de la précéd. Epouse de Henri V, 1111, puis de Geoffroy Plantagenet, 1127; m. en France, 1149.═Reine d'Anglet., fille de Baudouin V, et femme de Guillaume le Conquér. Couronnée 1068; m. 1083.

Mathilde (Caroline), reine de Danemark, fille de Fréd.-Louis, prince de Galles, et femme de Christian VII. N. 1751; m. Zell, 1775.

Mathilde (la comtesse), souver. de la Toscane et d'une partie de la Lombardie. Succ. de son père Boniface III, 1054; épouse de Godefroi le Barbu, puis de Guelfe V; m. 1125, en léguant ses Etats au pape.

Mathon de la Cour (Ja.), mathém. Lyon, 1712-1779.═(C.-Jo.), litt., fils du précéd. N. 1738; m. sur l'échaf., 1793.

Mathurin (St), prêtre et confess. Viv. dans le Gatinais, au 4e ou 5e s.

Mathusalem, patriarche juif, cél. par sa longévité, fils d'Enoch. 4227-3308 av. J.-C.

Matignon (Ja. Goyon de), maréch. de Fr. Loulay (Normandie), 1525-1597.

Maton de la Varenne (P.-A.-L.), litt. Paris, 1760-1816.

Ma-Touan-Lin, cél. lettré chin. 1245-1325.

Matsko (J.-Mat.), astron., mathém. Presbourg, 1721-1796.

Mattei (Loretto), poëte. Rieti, 1622-1705.

Matteis (Pa. de), peint. Naples, 1662-1728.

Matthæi (Chr.-Fréd.), sav. hellén. Grost (Prusse), 1744-1811.

Mattheson (J.), composit. Hambourg, 1681-1764.

Matthew (Tobie), diplom., litt. Oxford, 1578-1655.═(Th.), amiral, angl. 1681-1751.

Matthiæ (Augustin), hellén. Gottingue, 1769-1835.

Matthias (J.-And.), pédagogiste. Magdebourg, 1761-1837.

Matthieu, ou *Lévi*, fils d'Alphée, évangél. et l'un des 12 apôtres. N. Galilée. Etait d'abord publicain. Martyrisé en Perse; selon d'autres, en Ethiopie.

Matthieu d'Edessé, hist. ar
mén. du 12e s. Tué 1144.═*Pâris*, hist. angl., moine de St-Alban. M. 1259.═*de Vendôme*, abbé de St-Denis, régent de Fr. pend. la 2e croisade. M. 1286.═*de Westminster*, chroniq. angl. du 13e s.

Matthieu (P.), hist., poëte. Pesme (Fr.-Comté), 1563-1621.

Matthieu de Dombasle (C.-Al.-Jo.), cél. agron. Nancy, 1777-1843.

Matthiole ou *Mattioli* (P.-And.), méd. et natural. Sienne, 1500-1577.

Matthisson (Fréd. de), poëte lyr. saxon. 1761-1831.

Mattioli (le comte Girolamo Magni ou), min. du duc de Mantoue. Enlevé de Turin, 1679 ou 1685, par ordre du cabinet de Versailles, et conduit à Pignerol, où il m. peu de temps après.═(L.), peint., grav. Crevalcuore (Piém.), 1662-1741.

Mattius (Cneius), poëte lat. du 1er s. av. J.-C.

Maturin (C.-R.), litt. irl., ecclés. Dublin, 1782-1824.

Maturino da Firenze, peint. ital., élève de Raphaël. M. 1527.

Maubert de Gouvest, litt. Rouen, 1721-1767.

Mauburne (J.), abbé de Livry, écriv. ascét. Bruxelles, 1460-1502.

Maucroix (F. de), litt. Noyon, 1619; Reims, 1708.

Maudoud (Aboul-Fethah), sult. de la dynast. des Ghaznévides, de 1641 à 1649.═Schérif-Eddaulah, roi de Mossoul de 1106 à 1114.

Mauduit (Ant.-Re.), mathém. Paris, 1731-1815.

Maugard (Ant.), gramm., hist. Châteauvoué (Lorr.), 1739-1817.

Mauléon (Auger de), sieur de Grannier, écriv. N. Bresse; m. 1633.

Maultrot (Gab.-N.), sav. canoniste. Paris, 1714-1803.

Maunoir (P.-Julien), jés., théol. St-Georges (Bret.), 1606-1683.

Maupeou (Re.-C. de), magistr., vice-chancel. Paris, 1688-1775.— (Re.-Nic. de), chancel. de Fr. N. Paris, 1714; m. en exil, Normandie, 1792.

Mauperché (H.), peint. de paysages, grav. Paris, 1606-1686.

Maupertuis (P.-L. Moreau de), géom., memb. de l'Acad. fr. et de l'acad. des sc. St-Malo, 1698; Bâle, 1759.

Maupin (Aubigny, dite Mademoiselle), actr. de l'Opéra. Paris, 1675-1707.

Maur (St), disciple de St-Benoît, envoyé par lui en Fr., 8e s. pour y fonder des monast.

Maurand (P.), hérét. albig. du 13e s. N. 1199.

Maureillan (Casim. Poitevin, vicomte de), lieut.-gén. Montpell., 1772-1829.

Maurepas (J.-Fréd. Phelippeaux, comte de), min. de Louis XV. 1701-1781.

Maurer (Josias), peint., écriv. Zurich, 1530-1580.

Maurice (St), chef de la lég., thébaine, composée de chrét. Martyrisé, 286.

Maurice (Mauritius Tiberius), emp. d'Or. Arabissa (Cappad.), 539-602.

Maurice, élect de Saxe, fils de Henri de Saxe. N. 1521; succ. de Jean-Frédéric, 1548; m. 1553. =(Fréd.-Gu.), agron. Genève, 1750-1826. =(Th.), hist., poëte. Hertford (Anglet.), 1754-1824.

Mauriceau (F.), cél. accouch. N. Paris; m. 1709.

Maurille (St), arch. de Rouen. N. Reims; m. 1065.

Maurisio (Gér.), chroniq. ital. du 13e s.

Mauro (Fra), rélig. camaldule, cosmogr. du 15e s.

Maurocordato - Scarlati (Al.), 1er interpr. de la Porte-Ott., diplom. Scio, 1636-1709.— (J.-Nic.), hospodar de Moldavie, prince de Valachie, fils du précéd. 1670-1730.

Maurolyco (F.), cél. géom. Messine, 1494-1575.

Maurus (Terentianus), gramm. et poëte didact. lat. de la fin du 1er s. N. Carthage.

Maury (F.), eccl., poëte lat. du 16e s.=(J. Siffrein), card., orat. polit., litt., memb. de l'Acad. fr. Valréas (comtat Venaiss.), 1746; Rome, 1817.

Mautour (Moreau de), sav. antiq., memb. de l'acad. des sc. Beaune, 1654-1737.

Mauvillon (Eléazar), hist., secrét. de Fréd.-Auguste, roi de Pologne. Provence, 1712; Leipzig, 1779.

Mauzinho (Quebedo de Castello Branco), poëte portug. du 16e s.

Mawe (J.), voyag., minéral. Derby, 1764-1829.

Maxence, fils de Maximilien Hercule, un des 6 emper. qui portèrent simultan. la pourpre. Vaincu par Constantin, 312; se noya en fuyant.

Maxime (St), év. de Turin au 5e s.=(St), abbé de Lérins et év. de Riez. M. v. 460.=(St), abbé de Constantinople, théol. M. 662.

Maxime - Pupien (Claudius Pupienus Maximus), emp. rom. Procl. avec Balbin, 257; massac. tous deux quelq. mois ap.

Maxime (Magnus Maximus), tyran des Gaules. Procl. emp. rom., 381; vaincu par Théodos. près d'Aquilée, 388, puis massac.

Maxime (Pétrone), emp. d'Occid. Détrôna Valentinien III, 455; lapidé même ann.

Maxime de Tyr, philos. platonic. du 2e s. N. Tyr; m. Grèce. = *d'Ephèse*, philos. du 4e s., un des maîtres de Julien.= *d'Epire*, philos. et poëte grec du 4e s.; et maître de Julien, comme le précéd.

Maximien-Hercule (Marcus Aurelius Maximianus Hercules), emp. rom. N. Sirmium (Pannonie), 250; assoc. à l'emp. par Dioclétien, 272; s'étrangla, Marseille, 310.

Maximilien (St), martyr en Numidie, 295.

Maximilien Ier, emp. d'Allem., fils de Frédéric III. N. 1459; succ. de son père, 1493; m. 1519. = II, fils de l'emp. Ferdinand Ier. N. 1527; succ. de son père, 1564; m. 1576.

Maximilien-Joseph, roi de Bavière. N. 1756; succ. de son oncle, Charles-Théodore, 1799; m. 1825.

Maximin (Caïus Julius Verus Maximinus), emp. rom. N. Thrace; procl. à la m. d'Alexandre-Sévère, 235; assass. par ses soldats, 238.

Maximin-Daia (Galerius Valerius Maximinus), neveu de Galerius. N. Thrace; partagea l'emp. avec Constantin et Licinius, 311; vaincu par ce dern. à Andrinople, 313; m. Tarse, peu de temps après.

Maxwell (sir Murray), navig. angl. M. 1830.

May (C.), hist., litt. angl., favori de Charles Ier, puis secrét. du parlem. 1594-1650.= *de Romainmotier* (Emm.), hist. Berne, 1734-1799.

Mayenne (C. de Lorraine, duc de), 2e fils du duc F. de Guise, le Balafré, d'abord un des chefs de la Ligue, puis gouv. de l'Ile-de-Fr. sous Henri IV. N. 1554; m. Soissons, 1611.=(H.), gr. chambell. de Fr., gouv. de la Guienne, fils du précéd. N. 1578; tué dev. Montauban, 1621.

Mayer (J.-Fréd.), théol. luthér. Leipzig, 1650-1712.= (Tobie), astron. Marbach (Wurtemb.), 1723-1762. = (And.), géogr., astron. Augsbourg, 1716-1782.= (Christ.), jés., astron. Moravie, 1719-1783. = (J.-Christ.-And.), anat. pruss. 1747-1801. = (J.-Sim.), composit. N. Bavière, 1763; m. Bergame, 1845.

Mayerne-Turquet (L. de), hist., écriv. polit. Lyon, 1550; Genève, 1630. = (Théod.), méd. de Henri IV et de Jacques Ier, fils du précéd. Genève, 1575; Chelsea, 1655.

Mayet (Et.), écriv., direct. des fabr. de soie établies par Frédéric II à Berlin. Lyon, 1751-1825.

Mayeul ou *Mayol* (St), abbé de Cluny. Riez, 906-994.

Mayeur de St-Paul (F.-Ma.), act., aut. dram. N. Paris, 1758; m. 1818.

Maynard (F.), poëte, memb. de l'Acad. fr. N. Toulouse, 1582; m. 1646.

Mayne (Jasper), poëte, théol. angl., chapel. de Charles II. 1604-1672.

Mayno (le frère J.-B.), peint. esp. du 17e s.

Mayr (G.), jés., hébraïs. Rain (Bavière), 1565; Rome, 1623. = (J. de), chef d'un corps de partisans au service de la Prusse, pendant la guerre de Sept-Ans. Vienne, 1716-1759.

Mayre (Ja.), jés., poëte lat., aut. dram. Salins, 1628-1694.

Mazarin (Ju.), card., 1er min. de Louis XIII et d'Anne d'Autriche. N. Rome, 1602; m. Vincennes, 1661.

Mazarredo y Salazar (Jo.-M.), amiral, ambass. Bilbao, 1744-1812.

Mazdak, cél. sect. persan, gr. pontife de Persépolis, au 6e s.

Mazéas (J.-Mathurin), chan. de N.-D. de Paris. Landernau (Bretagne), 1716-1801.

Mazeline (P.), sculpt. fr. 1652-1708.

Mazeppa (J.), hetman des cosaques de l'Ukraine, au 17e s. N. Podolie; s'allia avec Charles XII; m. Bender, 1709.

Mazet (And.), méd., chir. fr. N. Grenoble, 1793; m. Barcelone, où il était allé observer la fièvre jaune, 1821.

Mazo-Martinez (J. Battista del), peint. de Philippe IV. N. Madrid; m. 1687.

Mazois (F.), archit. N. Lorient, 1785; m. 1827.

Mazure (F.-A.-J.), écriv. Paris, 1776-1828.

Mazza (le P. And.), philos., antiq. Parme, 1724-1797. = (Angelo), poëte lyr. Parme, 1741-1817.

Mazzocchi (Alexis-Symmaque), antiq., philol. N. près de Capoue, 1684; m. fou, 1771.

Mazzola (Jo.), peint. Valduggia (Piémont), 1748-1838.

Mazzolari (Jo.-Ma.), jés., poëte lat. Pesaro, 1712-1786.

Mazzolini (L.), peint. Ferrare, 1487-1530.

Mazzoni (Ja.), cél. philos., ami du Tasse. Césène, 1548-1598.

Mazzuchelli (le chev. P.-F.), peint. ital. Morazzone, 1571-1626. = (J.-M., comte de), biogr. Brescia, 1707-1765. = (l'abbé P.), philol. et antiq. Milan, 1762-1829.

Mazzuola (F.), dit le Parmésan, peint., grav. Parme, 1503-1540.

Mazzuoli (J.), dit Bastaruolo, peint. de Ferrare. M. 1589.

Méad (R.), méd. de George II. Stepney, 1673-1754.

Mécène (Caïus Cilnius Mecænas), favori d'Auguste, cél. par la protection qu'il accorda aux sav. et aux artistes. M. 8 av. J.-C.

Méchain (P.-F.-And.), astron., memb. de l'acad. des sc. Laon, 1744-1805.

Meckel (J.-Fréd.), cél. anat. Wetzlar (Prusse), 1714-1774. = (Ph.-Fréd.), méd., fils du précéd. Berlin, 1756; Moscou, 1803. = (J.-Fréd.), dit le Jeune, anat., fils du précéd. Halle, 1781-1833.

Mecklembourg (Ado.-Fréd. de), duc de Schwérin, fils aîné de Jean, duc de Mecklembourg. 1568-1658.

Médard (St), év. de Vermand (St-Quentin), puis de Noyon. Salency (Picardie), 457-545.

Meder (P.-J.), minéral. russe. 1763-1826.

Médicis, ill. fam. florentine qui a pour chef Evrard, gonfalonier de la républ. de Florence en 1378. Ses princip. memb. sont: *Cosme de Médicis*, dit l'Ancien et le Père de la Patrie, cél. commerc., gonfalonier. 1389-1464. = Pierre Ier, fils et succ. du précéd. 1414-1469. = Laurent, dit le Magnifique, fils et succ. du précéd. N. 1448; gouverna d'abord avec son frère Julien (assass. 1478); m. 1492. Il a laissé des poésies. = Pierre II, fils du précéd. N. 1469; succ. de son père, 1492; m. dans un naufr., 1503. = Jean, card. et pape sous le nom de Léon X, frère du précéd. V. LÉON X. = Julien II, 3e fils de Laurent le Magnifique. N. 1478, succ. de son frère, Pierre II, 1512; abdiqua, 1513; m. 1516. = Laurent II, fils aîné de Pierre II; chef de la républ. ap. l'abdic. de son oncle; m. 1519. = Jules, card., pape sous le nom de Clément VII. V. CLÉMENT VII. = Jean, dit l'Invincible et le Grand Diable, l'un des chefs de la ligue contre Charles V. 1498-1526.

Médicis (Alex. de), 1er duc de Florence, fils natur. de Laurent II. Procl. 1532; assass., 1537.= Cosme Ier de), dit le Grand, duc de Florence et gr.-duc de Toscane. 1519-1574. = (F.-Ma. de), fils et succ. du précéd. 1541-1587. = (Ferd. Ier de), card., gr.-duc de Toscane. 1551-1609. = (Cosme II de), fils et succ. du précéd. 1590-1621. = (Ferd. II de), fils et succ. du précéd. 1610-1670.= (Cosme III de), fils et succ. du précéd. 1642-1723. = (J. Gaston de), fils du précéd. et dern. duc de Toscane. N. 1671; succ. de son père, 1723; m. 1737.

Médicis (Catherine et Marie de). V. CATHERINE et MARIE.

Médicis (Hippolyte de), connu sous le nom de Cardinal Hippolyte, fils natur. de Julien de Médicis, duc de Nemours. N. 1511; empois. Itri, 1535.

Médicis ou *Médici* (le chev. don L. de), homme d'Etat napolit. Naples, 1759-1830.

Medina de Medenilla (F.), poëte esp. du 16e s.

Medina (Salvador-Jacinto-Polo de), poëte lyr. et litt. esp. du 17e s.

Medina-Sidonia (Gasp.-Alonzo-Perez de Guzman, duc de), gouv. de l'Andalousie en 1640 sous Philippe IV; tenta de se rendre indépend.; échoua et m. dans l'obscurité. V. GUZMAN.

Medinilla (Balt.-Elisio), poëte esp. Tolède, 1585-1617.

Médyn (Abou), doct. et écriv. ar. N. Fez; m. 1108.

Meel (J.), peint., grav. Flandre, 1599; Turin, 1644.

Meer (J. van der), le Jeune, peint., grav. Schonhooven, 1627-1691.

Meerbeeck (Ad. van), chroniq. flam. Anvers, 1563-1627.

Meermann (Gér.), jurisc., bibliogr. Leyde, 1722-1771.

Meerfelda (Maximil., comte de), gén. autrich. Westphalie, 1766-1814.

Mégalyse, seign. persan, fils de Zopyre, un de ceux qui renversèrent le faux Smerdis, 521 av. J.-C.

Mégasthènes, hist. et géogr. grec du 3e s. av. J.-C.

Mégerditsch, cél. peint. et poëte arménien. M. 1470.

Meggenhoffen (Ferd. bar. de), l'un des chefs de l'illuminisme en Bavière. Burghausen, 1761-1790.

Megiser (Jér.), philol., historiogr. de l'archid. Charles. Stuttgard, 1555-1616.

Méglin (J.-A.), méd. Sultz (Alsace), 1756-1824.

Méhée de Latouche (J.-Cl.-Hip.), journal., public. N. Meaux, 1760; m. 1826.

Méhégan (Gu.-Al. de), litt. fr. La Salle, près d'Alais, 1721; Paris, 1766.

Méhémed-el-Nasser (Abou-Abdallah), roi d'Afrique et d'Esp., de la dynast. des Almoades. Succ. de son père Yacoub-al-Mansour, 1199; m. 1213.

Méhémed - Mohammed ou *Mohamed* Ier, roi de Cordoue, de la dynast. des Ommiades. Succ. de son père Abder-Rahman II, 852; m. 885.

Méhémed (Abou - Abdallah), 1er roi de Grenade, de la dynast. des Nassérides. 1203-1273. = II, Al Fakih, fils et succ. du précéd., en 1273; m. 1302. = III, Al-Amasch, fils et succ. du précéd., 1302; détrôné et mis à m., 1314. = IV, fils et succ. d'Ismaël, 1325; assass., 1333. = V, Aboul-Walid. Succ. de son père Youssouf Ier, 1354; m. 1393. = VI, fils et succ. du précéd., 1379; m. 1392. = VII, dit el Hayzari (le Gaucher), succ. de son père Youssouf III, 1425; détrôné et m. prisonn., 1445.

Méhémed-Baltadjy, gr.-vizir sous Achmet III, 1704; m. exilé, 1713.

Méhémet-Effendi, gr. trésor. de l'emp. ott.; ambass. en Fr., 1720; m. exilé, 1730.

Méhémet Ali, vice-roi d'Egypte. N. à la Cavale (Romélie), 1769; fit massacr. les Mameluks, 1801; assass. 1822.

Méhul (Et.-H.), cél. composit. Givet, 1763; Paris, 1817.

Meibom ou *Meibomius* (J.-H.), dit l'Ancien, litt., public. Lemgow (Lippe), 1555-1625.= (J.-H.), méd., écriv., fils du précéd. Helmstaedt, 1590-1655.= (H.), érud., hist., fils du précéd. Lubeck, 1638-1700. = (Marc), philol., érud., de la fam. des précéd. Schleswig, 1630-1710.

Meichelbeck (C.), bénéd., érud. Bavière, 1680-1734.

Meier (Joach.), sav. philol. pruss. 1661-1752.

Meigret (L.), cél. gramm. N. Lyon, v. 1510.

Meilleraie (C. de la Porte, duc de la), maréch. de Fr., puis surintendant des fin. 1602-1664.

Meinders (Hermann-Ado.), jurisc., archéol., historiogr. Ravensberg, 1665-1730.

Meiner (J.-Werner), philol., hébraïs. Bavière, 1723-1789.

Meiners (Christ.), philos., hist. 1747-1810.

Meissel (A.-H.), diplom. Dresde, 1789-1824.

Meissner (A.-Théoph.), litt. all. Bautzen, 1753-1807.

Meissonnier (Juste-Aurèle), archit., peint., sculpt. et orfèv. Turin, 1695-1750.

Meister (Lé.), past., litt. Zurich, 1741-1811.

Méjanès (J.-B.-Ma. Piquet, marq. de), biblioph. Arles, 1729-1786.

Mekhitar (P.), théol., gramm., fondat. du couv. armén. de Venise. Sébaste, 1676-1749.

Mela (Pomponius), géogr. rom., présumé contemp. de Tibère et de Claude.

Mélanchthon (Ph.), en all. Schwartz-Erde (Terre-Noire), cél. réformat., théol., litt. N. Bretten (B.-Palat.), 1497; m. Worms, 1560.

Malanderhielm (Dan.), géom. et astron. suéd. 1726-1810.

Mélanie (Ste), fille de Ste Albine, d'abord mariée à Pinien, fils de Sévère, préfet du prétoire, embrassa la vie monast. à Jérusalem, 417; m. 439.

Mélanthe, peint. grec, contemp. et disciple d'Apelles.

Mélas, gén. autrich. défait par Napoléon à Marengo. M. 1807.

Melbourne (W. Lamb, vicomte), homme d'Etat d'Anglet., min. de l'intér. 1779-1848.

Melchisédech, gr. pontife et roi de Salem. Il vint au-devant d'Abraham, vainqueur de Chodorlahomor, et reçut de ce patriarche la dîme de tout ce qui avait été pris sur l'ennemi.

Melchthal (Arnold de), l'un des fondat. de la liberté suisse. N. Unterwald. V. TELL (Guillaume).

Méléagre, l'un des gén. d'Alexandre, obtint la Lydie. Tué par ordre de Perdiccas, 323 av. J.-C. = Poëte grec du 2e s. av. J.-C. N. Gadera (Syrie).

Mélèce (St), patriarche d'Antioche en 361; m. 379.

Mélèce, év. de Lycopolis, chef de la secte des Méléciens. M. 326. =(Meletius), méd. grec du 4e s.

Mélèce-Syrique, cél. théol. de l'Eglise gr. Candie, 1586-1664.

Mélendez-Valdez (J.-Ant.), poëte esp. Ribera, 1754; Montpell., 1817.

Meletius, archev. de Janina, géogr. Janina, 1661-1714.

Melfort (J. Drummond, duc de), 1er min. de Jacques II. M. exilé à Angers, 1716.

Méli (J.), poëte. Palerme, 1740-1815.

Melik-Chah, dit Djelal-Eddyn (gloire de la religion), 3e sultan seldjoucide de Perse, succ. de son père Alp-Arslan, 1072; m. 1093. = II, p.-fils du précéd. Succ. de son oncle Masou, 1152; m. 1160.

Mélik-Arslan, 13e sult. seldjoucide de Perse, de 1160 à 1175.

Mélik-el-Adel, sultan d'Egypte et de Damas, dit aussi Malek-Adel, de la dynast. des Ayoubites, et frère de Saladin. N. 1143; m. 1218.

Mélik-el-Afdahl, fils aîné du gr. Saladin, sultan de Damas et de Jérusalem. Elu 1193; dépouillé de ses Etats, 1199; m. Samosate, 1225.

Mélik-el-Kamel-Maser-Eddyn, fils aîné de Mélik-el-Adel. Succ. de son père comme sultan d'Egypte, 1218; m. 1238.

Mélik-el-Modham-Chérif-Eddyn, autre fils de Mélik-el-Adel, s'empara de Damas à la m. de son père, 1218; m. 1227.

Mélik-el-Moadham-Gaiath-Eddyn-Touran-Chah, 9e sultan ayoubite d'Egypte, fils et succ. de Nejm-Eddyn Ayoub, 1249; détrôné et mis à m. par les mamelucks, 1250.

Mélissino, gr.-maître de l'artill. russe. Céphalonie, 1730-1804.

Mélissus, philos. éléatique, homme d'Etat et gén. N. Samos. Viv. v. 450 av. J.-C.

Méliton (St), év. de Sardes, sous Marc-Aurèle.

Mélitus, orat. et poëte grec du 5e s. av. J.-C., un des accusat. de Socrate.

Melius (Spurius), cheval. rom., accusé d'aspirer à la tyrannie. Tué 438 av. J.-C.

Mellan (Ch.), dessinat., grav. Abbeville, 1598-1688.

Melle (Ja. de), numism., antiq. Lubeck, 1659-1743.

Mellier (Gér.), tréosr. de Fr., jurisc. M. 1729.

Melling, peint., dessinat. du cabinet de Louis XVIII. Carlsruhe, 1763-1831.

Mello (P. de), diplom., min. portug. Lisbonne, 1760-1830.

Mello de Castro (J.), érud. portug. Goa, 1658-1721.

Mello e Castro (J. de Almeida de), min. du Portug. Lisbonne, 1767; Rio-de-Janeiro, 1814.

Mello-Freire-dos-Reis (Jo. de), cél. jurisc. portug. 1738-1798.

Mellobaudès, 1er chef franc connu; tribun dans l'armée rom. en 354.

Melon (J.-F.), écon., litt., secrét. du régent. N. Tulle; m. 1738.

Melot (Anicet), érud., memb de l'acad. des inscr. Dijon, 1697-1759.

Melun (Maison de), anc. fam. dont les princip. memb. sont: Adam, vicomte de Melun, gén. de Philippe-Auguste. M. en Anglet., 1220.=Simon, maréch. de Fr., accompagna St Louis en Afr. Tué à Courtrai, 1302. =Charles, gr.-maître de Fr., lieut.-gén. sous Louis XI, 1465; m. sur l'échaf., 1468.= Louis, marq. de Maupertuis) lieut.-gén. des armées du roi. 1634-1721.

Melvil (sir J.), hist. écoss., conseill. privé de Marie Stuart. Hallhill, 1550-1606.

Melville (H. Dundas, vic. de), homme d'Etat angl., lord du sceau privé, gouv. de la banque d'Ecosse, 1er lord de l'amirauté, etc. 1741-1811.

Mély-Janin (J.-M.), litt. Paris, 1776-1827.

Melzi d'Eril (F.), duc de Lodi, homme d'Etat. Milan, 1753-1816.

Memmius, trib. du peuple rom., 112 av. J.-C.

Memmius Gemellus (Caïus), trib. du peup. rom., 1er s. av. J.-C., gouv. de la Bith.; m. exilé à Patras.

Memmo (Tribuno), doge de Venise, 979 à 991.

Memnon, gén. persan sous Darius. M. 333 av. J.-C.= Hist. d'Héraclée, 2e s. av. J.-C.

Mena (Ph. Gil de), peint. Valladolid, 1600-1674. = (P. de), sculpt. esp. Adra, 1620-1693.

Menœchme, stat. grec de Naupacte. Viv. 5e s. av. J.-C.

Ménage (Mat.), cél. érud., litt. Angers, 1613; Paris, 1662.

Ménageot (F.-Gu.), peint. Londres, 1744-1816.

Ménandre, cél. poëte com. grec. Athènes, 342-290 av. J.-C.

Ménandre-Protector, hist. byzant. du 6e s.

Ménard (N.-Hug.), sav. bénéd. de St-Maur. Paris, 1585-1644.=(Cl.), hist. Angers, 1580-1652.= (L.), antiq., memb. de l'acad. des inscr. Tarascon, 1708-1797.

Menas (Sextius), lieut. du jeune Pompée. Il livra à Octave la flotte qu'il commandait, trahit aussi ce dernier, et périt en Illyrie.

Mencke (Othon), philol. Oldenbourg, 1644-1707.=(J. Burckhardt), litt., philol., fils du précéd. Leipzig, 1674-1732. =(Fred.-Othon), érud., fils du précéd. 1708-1754.

Mendana de Neyra (Alvaro), navig. 1541-1595.

Mendelssohn (Moïse), cél. philos. et moraliste israël. Dessau, 1729-1786.

Mendoza (don Inigo Lopez de), poëte esp., favori de Jean II de Castille. 1398-1458. = (P. Gonzalès de), dit le Cardinal d'Espagne, homme d'Etat. Castille. 1428-1495.=(Diego Hurtado de), diplom., hist., litt. Grenade, 1503-1575.=(P. de), gentilh. esp., fondat. de Buenos-Ayres en 1535.= (Bernardin de), diplom. et hist. esp. M. au commenc. du 17e s.= (J.-Gonzalès de), missionn., év. de Chiapa, ambass. en Chine. Castille, 1550-1620.=(Ant.-Hurtado de), poëte, secrét. d'Etat. N. Burgos; m. 1659.

Ménécrate, méd. grec de Syracuse. Viv. v. 630 av. J.-C.

Ménédème, philos. grec d'Erétrie, au 4e s. av. J.-C.

Ménélas, géom. d'Alexandrie. Viv. 1er s.

Menendez (M.-Hyac.), peint. de Philippe IV. N. Oviédo, 1679. =(F.-Ant.), peint., frère du précéd. N. Oviédo, 1682.

Menenius Agrippa, plébéien, nommé sénat. après l'expuls. des rois, 509 av. J.-C.

Menès, 1er roi et fondat. de l'emp. des Egyptiens, v. 2450 av. J.-C.

Menesès (Alexis de), arch. de Goa, vice-roi des Indes, puis du Portug. Lisbonne, 1550-1617.= Osorio (F.), peint. esp. M. 1700.

Menestrier (J.-B. le), numism. Dijon, 1564-1634.=(Cl.-F.), jés., antiq. et héraldiste. Lyon, 1631-1705.

Mengoli (P.), géom. ital. Bologne, 1625-1685.

Mengotti (F.), cél. ingén. et hydraul. ital. des 18e et 19e s.

Mengozzi (Bern.), chant. et composit. Florence, 1758-1800.

Mengs (Ant.-Raphaël), peint. cél. Aussig (Bohème), 1728; Rome, 1779.

Meng-Tseu, phil. chin. Tséou, 400-376 av. J.-C.

Menil-Durand (F.-J. d'Orgeville, bar. de), ingén., tactic. Lisieux, 1722-1799.

Meninski (F. Mesgnien, dit), sav. oriental. Lorraine, 1623; Vienne (Autr.), 1698.

Ménippe, philos. cyn. et poëte, de Gadare (Phénicie). Viv. v. 324 av. J.-C.

Menjaud, peint. Paris, 1772-1831.

Menjot (Ant.), méd. de Louis XIV. Paris, 1615-1696.

Menno, dit *Simonis* (fils de Simon), fondat. de la secte des menonites. Witmaarsum (Holl.), 1496-1561.

Menochius (Ja.), jurisc. Pavie, 1531-1607.=(J.-Et.), jés., érud., fils du précéd. Pavie, 1576-1655.

Ménodore, sculpt. athén., contemp. de Néron, 1er s.

Menot (M.), cordel., prédic. fr., dit Langue d'or. 1450-1518.

Menou ou *Manou*, législat. ind. On croit qu'il viv. v. le 10e ou le 11e s. av. J.-C.

Menou (Ja.-F., baron de), gén. fr. N. Touraine, 1750; m. Venise, 1810.

Menoux (Jo. de), controvers., prédic. Besanç., 1695-1766.

Mentel (J.), le plus anc. impr. de Strasbourg. Schelestadt, 1410-1478. = (J.), érud. Chât.-Thierry, 1597-1671.

Mentelle (Edme), géogr., memb. de l'Inst. Paris, 1730-1815. = (F.-Sim.), ingén. et géogr., frère du précéd. Paris, 1731-1790.

Mentor, ciseleur grec du 5e s. av. J.-C.= de Rhodes, gén. grec, frère de Memnon. Viv. 4e s. av. J.-C.

Mentzel (C.), bot. pruss., sinologue. 1622-1701.

Mentzer (J. Fischart, dit), écriv. burl. et satir. de l'Allem. N. commenc. du 16e s.

Menz (Fréd.), antiq. all. 1680-1749.

Menzikoff (le prince Al. Danilowitch), 1er min. et favori de Pierre le Gr. et de Catherine. N. Moscou, 1674; m. Sibérie, 1729.

Menzocchi (F.), peint. ital. N. Forli, 1550.

Méon (Domin.-Mart.), antiq. St-Nicolas (Meurthe), 1748-1829.

Mérard de St-Just (Sim.-P.), litt. Paris, 1749 1812.

Merati (Jo.), théatin, bibliogr. Venise, 1704-1786.

Meray ben Youssouf, hist. ar. de Jérusalem. M. 1619.

Merbes (Bon de), orator., prédic. Mondidier, 1630-1684.

Mercadier, cél. chef de routiers. M. 1200.

Mercati (M.), natural. ital. San-Miniato, 1541-1593. = (J.-B.), dessinat. et grav. N. Sienne, v. 1600.

Mercator (Marius), aut. ecclés., ami de St Augustin. Viv. v. 456. = (Gér.), géogr. et cosmogr. Rupelmonde, 1512-1594. = (N. Kaufmann), géom., hydraul. N. Holstein; m. Paris, 1687.

Mercier (J.), sav. commentat. N. Uzès; m. 1570. = (L.-Séb.), litt., écriv. polit., aut. dram., memb. de la conv., du cons. des cinq-cents, de l'Inst. Paris, 1740-1814. = (Cl.-F.-X.), litt. Compiègne, 1763-1800. = dit la Vendée, chef royaliste. N. Chât.-Gontier; tué pr. de Loudéac, 1799.

Mercier-St-Léger (l'abbé Bart.), bibliogr. Lyon, 1734-1799

Mercœur (Ph.-Emm. de Lorraine, duc de), capit. de la Ligue. Nomeny, 1548-1602. = (Élisa), jeune fille poëte. Nantes, 1809-1835.

Mercurialis (Jér.), méd., profess. Forli, 1530-1606.

Mercy (F. de), cél. gén. du 17e s., au service de l'élect. de Bavière. N. Longwy; m. 1645. = (Florimond, comte de), gén. au service de l'emp. Léopold, p.-fils du précéd. N. 1666; tué à la bat. de Parme, 1734.

Mercy-Argenteau (F. de), diplom. autrich., de la fam. des précéd. M. 1794.

Méré (G. Brossin, chev. de). litt. N. Poitou; m. 1685. V. GUENARD.

Méreaux (J.-N. Lefroid de), composit. fr. 1745-1797.

Mergey (J. de), capit. protest., aut. de mémoires. Sauvage-Mesnil (Champagne), 1536-1615.

Mériadec (St), év. de Vannes M. v. 666.

Mérian (Mat.), grav. Bâle, 1593-1651. = (Ma.-Sibylle), dessinat., natural., fille du précéd. Francfort, 1647-1717. = (J.-Bern.), philos. N. près de Bâle (Suisse), 1723; m. Berlin, 1807. =(le bar. And.-Ado.), philol. Bâle, 1772-1828.

Merighi (Rom.), camaldule, litt., poëte. Imola, 1658-1737.

Mérille (Edm.), jurisc. Troyes, 1579-1647.

Mérimée (J.-F.-L.), peint., chim., memb. de l'acad. des b.-arts. Paris, 1775-1836.

Merle (Mat. de). cél. capit. protest. Uzès, 1548-1589.

Merlin, surnommé Ambrosius, sav. qui viv. à la cour du roi Arthur, au 5e s. Dans les romans de chevalerie, il joue le rôle de magicien, d'enchanteur.

Merlin de Douai (Ph.-Ant.), jurisc., memb. de l'assembl. constit., de la conv., un des 5 direct. de la Fr., enfin procur. gén. à la cour de cassat., sous l'Empire. N. Arleux (Cambrésis), 1754; m. 1838. = de Thionville (Ant.-Christ.), memb. de l'assembl. législ. et de la conv. Thionville, 1762-1833.

Mermet (Cl.), poëte fr. St-Rambert (Bugey), 1550-1602.= (L.-F.-Emm.), litt. Bouchoux, pr. St-Claude, 1763-1825.

Mérobaudes, command. de la garde de Valentinien, consul de 377 à 383. Mis à m. ap. la défaite de Gratien, même année.

Mérovée, chef franc, fils ou gendre de Clodion le Chevelu, et considéré par quelques hist. comme 3e roi de Fr. 411-457.=Fils de Chilpéric Ier; épousa Brunehaut malgré son père, 576; tué par ordre de Frédégonde.

Merret (Chr.), méd. et natural. angl. 1614-1695.

Merry (St), en lat. Medericus, relig. de St-Benoît, au 7e s. N. Autun.

Merry (R.), poëte, aut. dram. Londres, 1775-1798.

Mersenne (le P. Marin), relig. minime, géom., physic., philos. Oizé (Maine), 1588; Paris, 1640.

Merula (G.), érud. et philol. ital. Alexandrie-de-la-Paille, 1424; Milan, 1494.=(Pa.), hist. holl. Dordrecht, 1558-1607.

Merville (M. Guyot de), aut. dram., litt. N. Versailles, 1696; se noya à Genève, 1755.

Merwan Ier, 4e calife ommiade. Procl. 684; mis à m. 685. =II, dern. calife ommiade, p.-fils du précéd. Procl. 744; détrôné, 750.

Merwaridy (Abdallah-Boyâni, dit al), poëte et hist. persan. M. 1516.

Méry (J.), anat. Vatan (Berri), 1645-1722.=(F.), bénéd. de St-Maur, bibliogr. N. Vierzon; m. 1723.

Merz (Ja.), peint. de portr., grav. Besch (Suisse), 1783; Vienne, 1807.

Mesa (Julia), femme de Julien Avitus, consul en 209, gr.-mère d'Héliogabale; le fit procl. emp., et fut massac. av. lui. V. HÉLIOGABALE.

Mesa (Christ. de), poëte esp. N. Zafra, 1540.

Meschinot (J.), poëte, maître d'hôtel de Charles VIII et de Louis XII. 1450-1509.

Mésenguy (F.-Ph.), écriv. ecclés. Beauvais, 1677-1763.

Mésihi, poëte turc du comm. du 15e s.

Meslier (J.), curé d'Estrepigny (Champ.). On lui attribue un testament dans lequel il rejette tous les dogmes qu'il avait enseignés. N. 1678; m. 1733.

Mesmer (F.-A.), méd. all., aut. de la doctrine du magnétisme animal. Mersebourg, 1734-1815.

Mesmes (J.-J. de), seign. de Roissy, homme d'Etat, négociat., conseill. d'Etat sous Henri II. 1490-1559.=(H.), gén., conseill. d'Etat, chancel. de Jeanne d'Albret. 1532-1596. = (J.-J. de), comte d'Avaux, nev. du négociat. de ce nom, memb. de l'Acad. fr. Paris, 1640-1688.=(J. Ant. de), 1er présid. au parlem. de Paris, memb. de l'Acad. fr. Paris, 1661-1723.

Mesnager (N.), diplom. Rouen, 1658-1714.

Mesnardière ou *Ménardière* (Hipp.-Ju. Pilot de la), poëte, memb. de l'Acad. fr. N. Loudun, 1610; m. 1663.

Messala (Marcus Valerius Corvinus), orat. rom., consul 31 av. J.-C.; m. 9 de J.-C.

Messaline (Messalina Valeria), impératr. rom., femme de Claude, cél. par ses débauches. Mise à m. 48 de J.-C. = Petite-fille du consul. Statilius Taurus, épousée par Néron, 65.

Messenius (J.), jurisc., hist. suéd. 1584-1637.=(Arnold), historiogr. de Suède, fils du précéd. Décap., 1651.

Messerschmidt (Dan.-Théoph.), méd., natural., voyag. Dantzig, 1685-1735.

Messier (C.), astron. fr. Badonviller, 1730-1817.

Messis (Quentin), peint., dit le Maréchal d'Anvers. Anvers, 1450-1529.

Meston (Gu.), poëte écoss. Midmar, 1688-1745.

Mesué (Jahia), cél. méd. ar. N. Khouz; m. 855.

Métaphraste (Siméon le), hagiogr. grec, proto-secrétaire de l'emp Léon, maître du palais. N. Constantinople, 10e s.

Métastase (P.-Bonav. Trapassi, dit), poëte lyr., aut. dram. Rome, 1698; Vienne, 1782.

Metel (Hug.), poëte lat., litt. Toul, 1080-1157.

Metellus, branche de la fam. rom. des Cœcilius. Ses princip. memb. sont: Caïus Cœcilius, dit le Macédonien, consul rom. et préteur 148 av. J.-C.=Quintus Cœcilius, dit le Numidique, cons. 109 av. J.-C., fils du précéd.= Quintus Cœcilius, dit Pius, questeur, tribun, enfin proconsul en 90 av. J.-C, et consul en 80, fils du précéd. M. 63 av. J.-C.=Quintus Cœcilius, dit Pius Scipio, consul 52 av. J.-C., fils du précéd. et p.-fils de Scipion Nasica. Vaincu par César, se tua 46 av. J.-C.

Metezeau (Cl.), ingén. fr., archit. qui constr. la digue de La Rochelle, 1627 à 1628.=(Pa.), théol., fondat. de l'Oratoire avec Bérulle; frère du précéd. M. Paris, 1632.

Méthodius (St), dit Eubulius, év. de Patare et de Tyr, poëte grec, écriv. eccl. Martyr, 312.= (St), moine et peint. du 9e s. N. Thessalonique.

Metius Suffetius, dictat. d'Albe sous Tullus Hostilius. Ecartelé, 665 av. J.-C.

Metius (Adr.), géom. et alchim. holl. Alkmaer, 1571-1635.

Metkerke (Ado.), antiq., philol., diplom. Bruges, 1528-1591.

Metochite (Théod.), hist. grec, mathém., érud. M. 1332.

Méton, astron. athén. du 5e s. av. J.-C.

Metral (Ant.-Ma.-Thérèse), litt. Lamotte (Chambéry), 1778-1839.

Métrodore, philos. grec et méd. Viv. v. 444 av. J.-C.

Mettrie V. LAMETTRIE.

Metzu (Gab.), peint. Leyde, 1615-1658.

Meulen (Ant.-F. van der), cél. peint. de bat. Bruxelles, 1634; Paris, 1690.

Meung (J. de), dit Clopinel, poëte fr. 1260-1320.

Meunier (l'abbé J.-Ant.), litt. Châlon-s.-Saône, 1707-1780. = (Hug.-Al.-Jo.), gén., direct. de St-Cyr. Mont-Louis (Pyrén.-Or.), 1758-1832.

Meursius (J.), cél. philol., antiq et hist. holl. Losdun, 1579; Sora (Danemark), 1639.=(J.-H.), archéol., litt., fils du précéd. 1613-1653.

Meusel (G.), bibliogr. Eyrichshof (Bav.), 1743-1820.

Meusnier de la Place (J.-B.-Ma.-C.), gén. de div., mathém., mécan. Tours, 1754-1793.

Mexia (P.), écriv., historiogr. de Charles-Quint. N. Séville, m. 1552.

Meydany (Mohammed al), écriv. et gramm. ar. M. 1124.

Meyer (J.), hist., litt. Vleten (Flandre), 1491-1552.=(Théod.), peint., grav. Canton de Zurich, 1572-1658. = (Lœvin de), jés., théol., poëte lat. Gand, 1665-1730.=(N.), offic. gén. au service de la Fr., litt. Lucerne, 1763-1805.=(Jonas-Dan.), homme d'Etat, jurisc. Arnheim, 1780-1834.

Meyerberg (Augustin, bar. de), diplom., voyag. Silésie, 1612-1688

Meyeringh (Alb.), peint., grav., Amsterd., 1645-1714.

Meynier (Honorat), hist., ingén., poëte fr. et provenç. N. Pertuis, v. 1570.=(C.), peint., memb. de l'Inst. Paris, 1768-1832.

Meyranx (P.-Stanisl.), méd., natural. N. Béarn, v. 1792; m. 1832.

Meyssonnier (Lazare), méd., alchim. Mâcon, 1602-1672.

Mézerai (F.-Eudes de), cél. hist., secrét. perpét. de l'Acad. fr. Rye (Normandie), 1610-1683.

Mezeray (Joséphine), actr. du Th.-Fr. Versailles, 1772-1823.

Méziriac (Cl.-Gasp. Bachet de), litt., archéol., mathém., memb. de l'Acad. fr. Bourg-en-Bresse, 1581-1638.

Mezzarota (L.), dit le Cardinal de Padoue, homme de guerre, diplom., patriarche d'Aquilée. Padoue, 1391-1465.

Mical (l'abbé), mécan. fr. 1730-1790.

Micault de Lavieuville (Mathur.-Ju.-Anne), lieut-colonel, philanthr. Lamballe, 1755-1829.

Michaelis (J.-H.), oriental. cél. Klettenberg (Hohenstein), 1668-1738.=(J.-Dav.), oriental., théol., p.-fils du précéd. Halle, 1717-1791. = (J.-Benj.), poëte. Zittau (Saxe), 1746-1772.

Michallon (Cl.), sculpt. Lyon, 1751-1799.=(Achille-Etna), paysagiste, fils du précéd. Paris, 1796-1822.

Michaud (Cl.-Ign.-F.), gén. fr. Chaux-Neuve (Fr.-Comté), 1753-1835. =(Jo.), hist., litt., journal., memb. de l'Acad. fr. N. Bourg-en-Bresse, 1767; m. 1839.

Michault (P.), poëte franc-comtois du 15e s. M. 1467.

Michaux (And.), voyag., bot. Satory (pr. Versailles), 1746, Madagascar, 1802.

Michée, dit l'Ancien, proph. juif. Viv. Samarie, 9e s. av. J.-C. =L'un des 12 petits proph., contemp. d'Achaz et d'Ezéchias. Viv. 8e s. av. J.-C.

Michel Ier (Rangabé), dit Curopalate, emp. d'Or. Succ. de Ni

céphore, 811; m. 846. = II, dit le Bègue. N. Phrygie; succ. de Léon l'Arménien, 820; m. 829. = III, dit l'Ivrogne, fils et succ. de Théophile, sous la tutelle de sa mère, 842; tué 867. = IV, dit le Paphlagonien, d'abord commerç. Emp. d'Or., 1034; m. moine, 1041. = V, dit Calafate, succ. de son oncle Michel IV, 1041; détrôné et m. 1042. = VI, dit Stratiotique, succ. de Théodora, 1056; détrôné 1057. = VII (Ducas), dit Parapinace. Procl. emp. avec ses frères Andronic et Constantin, 1067; détrôné, 1078; m. archev. d'Ephèse. = VIII, dit Paléologue. Procl. emp. au préjudice de son pupille, J. Lascaris, 1260; m. 1282.

Michel, roi des Bulgares. Succ. de Caloman, son frère, 1245; tué 1258.

Michel, roi de Pologne, de la fam. des Jagellons. Elu 1669; m. Lamberg, 1673

Michel - Féodorowitz, 1er czar russe de la maison Romanow. N. 1598; élu 1613; m. 1645.

Michel - Attaliote, jurisc., hist., homme de guerre et homme d'Etat, sous Alexis Comnène et ses prédécess. N. Attaliote (Asie-Min).

Michel-Ange Buonarotti, cél. artiste, peint., sculpt., archit., ingén. et poëte. N. au château de Caprèse (Tosc.), 1474; m. Rome, 1563.

Michel-Ange des Batailles ou *des Bamboches* (M.-Ange (Cerquozzi, dit), peint. Rome, 1600-1660.

Michel (J.), poëte gascon. N. Nîmes; m. v. 1700. = (Cl.-L.-Samson), homme d'Etat, mathém., litt. Maubeuge, 1754-1814.

Michelburne (le chev. Ed.), voyag. angl. du 17e s.

Michelet (Et.), poëte. Marseille, 1787-1819.

Micheli, nom de 3 doges de Venise, qui régnèrent: 1096-1102; 1116-1130; 1156-1172.

Michiel (Justine-Renier), femme litt. ital. 1754-1832.

Michot (Ant.), act. com. du Th.-Fr. Paris, 1768-1826.

Michovius (Mathias), méd. et chroniq. polon. M. 1525.

Michu (Ben.), peint. sur verre. N. Paris; m. 1805. = (L.), act. de l'Op.-Com. Reims, 1754-1802.

Micipsa, roi de Numidie, fils de Massinissa. Succ. de son père, 148 av. J.-C.; m. 118.

Mickle (Gu.-Ju.), poëte litt. écoss. 1734-1788.

Micon, peint. grec. Viv. v. 430 av. J.-C.

Middleton (Hug.), ingén. angl. N. Denbigh; m. 1631. = (Conyers), théol. et hist. angl. Richemond, 1682-1750. = (Th. Fanshaw), hellén., théol., év. angl. de Calcutta. Kedleston, 1769-1823.

Mieczislas Ier, roi de Pologne. N. 931; succ. de son père Ziemomysl, 962; m. 992. = II, roi de Pologne. N. 990; succ. de son père, Boleslas Chrobry, 1025; m. 1034.

Miel (Edme-F.-Ant.-Ma.), litt. Châtillon-s.-S. 1775; Paris, 1842.

Mieris (F.), peint. Delft, 1635-1681. = (Gu.), peint., frère du précéd. Leyde, 1662-1747. = (F.), peint. et antiq., oncle du précéd. Leyde, 1689-1763.

Mifflin (Th.), gouv. de la Pensylvanie. 1744-1800.

Migeot (l'abbé Ant.), philos., poëte lat. Chêne-le-Populeux (Ardennes), 1730-1794.

Miger (Sim.-C.), grav., litt., memb. de l'acad. de peint. Nemours, 1736-1820.

Migliava (J.), peint. du roi de Sardaigne. Alexandrie-de-la-Paille, 1785-1837.

Mignard (N.), peint., grav., memb. de l'acad. de peint. N. Troyes, 1608; m. 1668. = (P.), archit., fils du précéd. N. Avignon, 1640; m. 1725. = (P.), cél. peint., dit le Romain, frère de Nicolas. N. Troyes, 1610; m. 1695.

Mignault (Cl.), jurisc. fr. 1536-1606.

Mignon (Abrah.), peint. de fleurs. Francfort, 1640-1679.

Mignot (J.), archit. fr. de la fin du 4e s. = (Et.), doct. de Sorb., archéol., memb. de l'acad. des inscr. Paris, 1698-1771. = (Vinc.), litt., nev. de Voltaire. Paris, 1730-1790.

Mignot (Claudine-Franç., dite Marie), paysanne du Dauphiné, cél. par sa beauté, femme de Portes-d'Amblerieux, puis du maréch. de Lhôpital, enfin de Jean-Casimir, roi de Pologne. M. 1711.

Milbel (Lizinka-Aimée-Zoé Rue), peint. de portr. Cherbourg, 1796; Paris, 1849

Milbert (Ja.-Gér.), peint., natural., voyag. Paris, 1766-1840.

Mildenhall (J.), diplom. angl. du 17e s.

Milé (J.-Francisq.), peint. et grav. Anvers, 1643; Paris, 1680.

Milet de Mureau (L.-Ma.-Ant. Destouff), gén., homme polit. Toulon, 1756-1825.

Milhaut (J.-B., comte), diplom., homme de guerre. Arpajon (Cantal), 1765-1833.

Milizia (F.), archit., hist., ital. Oria, 1725-1798.

Millar (J.), public. écoss Shotts, 1735-1801.

Miller (J.), poëte dram. angl. 1703-1744. = (Ph.), jard. et bot. Ecosse, 1691-1771. = (J.-Mart.), poëte lyr., romanc. N. Ulm, 1750; m. 1814.

Millet (Sim.-Germ.), bénéd. de St-Maur, érud. Venizy (Champ.), 1575-1647.

Millevoye (C.-Hub.), poëte fr. Abbeville, 1782; Paris, 1816.

Millié (J.-B.J-o.), litt. Beaune, 1772-1826.

Millin (Aubin-L.), archéol., natural. Paris, 1759-1818.

Millon (C.), hist., poëte. Liége, 1754-1839.

Millot (l'abbé Cl.-F.-X.), hist., litt. Ornans, 1726-1785. = (Ja.-And.), chir. Dijon, 1738-1811.

Mills (C.), hist., litt. Greenwich, 1788-1825.

Milly (N.-Chr. de Thy, comte de), chim. fr., memb. de l'acad. des sc. 1728-1784.

Milon de Crotone, cél. athlète grec du 5e s. av. J.-C.

Milon (Titus Annius), Rom. gendre de Sylla. Tribun 57 av. J.-C.; tué devant Composa, 48.

Milonof (M. Wassielewitch), poëte russe. 1792-1821.

Miloradowitch (le comte M.), gén. russe. Pétersb., 1770-1820.

Miltiade, cél. gén. athén. du 5e s. av. J.-C. Vainq. à Marathon, 490; m. en prison, 489 av. J.-C.

Miltiade ou *Melchiade* (St), pape de 311 à 314; était succ. de St Eusèbe.

Milton (J.), cél. poëte angl., écriv., secrét. de Cromwell. N. Londres, 1608; m. aveugle, 1674.

Mimaut (J.-F.), diplom., litt. Méru (Oise), 1775-1837.

Mimeure (Ja.-L. Valon, marq. de), menin du dauphin fils de Louis XIV, memb. de l'Acad. fr. Dijon, 1659-1719.

Mimnerme, poëte et music. grec de Colophon, 6e s. av. J.-C.

Mina (F. Espoz y), gén. et homme d'Etat esp. N. Navarre, 1781; m. Barcelone, 1826.

Minard (Ant.), cél. magistr., curat. et conseill. de Marie Stuart. N. Bourbonnais; assass., 1559.

Mind (God.), peint. Berne, 1768-1814.

Minderer ou *Mindererus* (Rai.), méd. de l'emp. et de l'élect. de Bavière. N. Augsb. v. 1700.

Mingarelli (Ferd.), relig., camaldule, théol. Bologne, 1724-1777. = (L.), bibliogr., frère du précéd. 1722-1793.

Minot (G.-Rich.), hist. améric. Boston, 1758-1802.

Minto (Gilb. Elliot, comte), homme d'Etat angl., gouv. gén. du Bengale. 1751-1814.

Minuccio (Minucci), prélat ital., négociat. Serravalle, 1551-1604.

Minutianus (Al.), litt. et impr. milanais. San-Severo, 1450-1521.

Minutius Felix (Marcus), orat. lat. du 3e s. N. Afrique.

Minzochi de San-Bernardo, dit le Vieux, peint. ital. Forli, 1515-1574.

Miollis (Al.-F.), gén. fr. Aix, 1759-1828

Mionnet (Théod.-Edme), numism., memb. de l'acad. des inscr. Paris, 1770-1842.

Miot de Melito (Ant.-Fr.), homme polit., hellén., memb. de l'acad. des inscr. Versailles, 1762-1841.

Miquel-Feriet (L.-C.), colon. d'artill. Auxonne, 1763-1806.

Mirabaud (F.-B. de), litt., memb. de l'Acad. fr. Paris, 1675-1760.

Mirabeau (Vict. Riquetti, marq. de), écon. Pertuis (Prov), 1715-1789. = (H.-Gab. Riquetti, comte de), orat. cél., écriv. polit., fils du précéd. N. Bignon (Gâtinais), 1749; m. Paris, 1791. = Bonif. Riquetti, vicomte de), dit Mirabeau-Tonneau, milit., député aux états-gén. N. Bignon, 1754; m. dans l'émigr., Fribourg en Brisgau, 1792.

Miramion (M. Bonneau, dame de), 2e fondatr. des filles de Ste-Geneviève, dites miramionites. Paris, 1629-1696.

Miran-Chah (Mirza), 3e fils de Tamerlan, conquér., gouv. du Khoraçan. 1366-1408.

Miranda (Rodr. de), peint. esp. du 18 s. = (F.), gén. N. Pérou, 1750; passa au serv. de la Fr., 1791; fit insurger Venezuela en 1811; m. prisonnier à Cadix, 1816.

Mirandole (F. Pic de la), podestat de Modène, chef du parti gibelin. Tué 1321. = (J. Pic, comte de la), enfant-cél., un des descend. du précéd. N. la Mirandole, 1463; m. Florence, 1494.

Miraulmont (P. de), hist., gr.-prévôt de Fr. Amiens, 1550-1611.

Mirepoix, anc. fam. de Fr. Ses princip. memb. sont: Guy de Lévis (seign. de), qui prit le titre de maréchal de la foi. M. 1234. = Guy III, qui servit sous Charles d'Anjou, dans l'expéd. de Naples, et se distingua à Bénévent, 1266. = C.-P.-Gaston-Franç. (duc de), maréch. de Fr., ambass. gouv. du Languedoc. M. Montpell., 1757.

Mirevelt (M.-Janson), peint. holl. Delft, 1568-1641.

Mirkhond (Mohammed), cél. hist. persan. 1433-1498.

Mir-Mahmoud ou *Mahmoud-Chah*, souver. persan, de la dynast. des Afghans. Assassina son oncle Abd-el-Aziz et prit sa place, 1716; déposé et décap., 1725.

Miron (Marc), méd. de Charles IX et de Henri III, d'une fam. qui avait déjà fourni des méd. à plus. de nos rois. M. 1608. = (F.), prévôt des march. de Paris, fils du précéd., fit constr. la façade de l'Hôtel-de-Ville. M. 1609. = (Rob.), égalem. prév. des march. de Paris, intend. du Languedoc. M. 1641.

Miroménil (Hug. de), garde des sceaux sous Louis XV. Orléanais, 1723-1796.

Missiessy (Ed.-Th. Burgues de), amiral fr. Toulon, 1756-1837.

Misson (Maxime), litt. fr., écriv. protest. M. Anglet., 1721.

Mitchell (And.), amiral. Ecosse, 1757-1818.

Mitchill (Sam.-L.), méd. améric. Long-Island, 1763-1831.

Mitelli (August.), peint. Bologne, 1597; Madrid, 1660.

Mitfort (Gu.), hist., homme d'Etat. Londres, 1744-1827. = (J. Freeman), orat., homme d'Etat, frère du précéd. 1748-1830.

Mithridate, nom de plus. rois de divers Etats de l'Asie; les plus connus sont ceux du Pont, savoir: *Mithridate* Ier, 402-363 av. J.-C = II, 337-302. = III, 302-266. = IV, 266-212. = V, 222-186. = VI, 157-123. = VII ou Eupator, dit le Grand, cél. ennemi des Rom., conquér. de la Scythie et d'une partie de l'Asie-Mineure. N. 135 av. J.-C.; se fit tuer par un soldat gaulois, 63, en apprenant la révolte de son fils Pharnace.

Mithridate Ier, roi des Parthes, dit le Grand ou le Dieu. Succ. de son frère Phraate, 164 av. J.-C.; m. v. 139. = II, fils et succ. d'Artaban III, 126 av. J.-C.; m. 86. = III, fils de Phraate III; fit assass. son père pour lui succ., 61 av. J.-C.; détrôné par son frère Orode et égorgé, 55.

Mittarelli (J.-Ben.), camaldule, étud. Venise, 1708-1777.

Mizayld (Ant). méd. et astrol. Montluçon, 1520-1578.

Mnésiclès, archit. grec du 5e s. av. J.-C.

Moawiah, 1er calife ommiade, de 661 à 680. = II, 3e calife ommiade, de 638 à 704.

Mobarez-Eddyn-Mohammed-Chah, fondat. de la dynast. des Modhafèrides; en Perse. M. 1364.

Mocenigo, fam. patricienne de Venise qui a fourni plus. doges: Thomas, 1414-1420. = Pierre, 1474-1476. = Jean, frère du précéd., 1475-1485. = Louis, 1570-1577.

Mocenigo (And.), hist., négociat., de la fam. des précéd. N. fin du 15e s.

Mochi (F.), sculpt. toscan. Mont-Varichi, 1580-1646.

Moclah (Mohammed - Ibn), poëte, ar., invent. des caract. ar. modernes. Bagdad, 886-940. = (Seïd), aut. persan, supér. d'un monast. de derviches à Ispahan en 1675.

Mocquet (J.), apothic. de Henri IV, voyag. N. Vienne (Dauph.), 1575.

Moctader-Billah (Al.), calife abasside de Bagdad. Succ. de son frère Moctafy, 908; massac., 932.

Modeer (Ado.), natural., écon. Stockholm, 1738-1799.

Modène (Esprit de Raymond de Mormoiron, comte de), hist., suivit le duc de Guise dans l'expéd. de Naples. Sarrians (Prov.), 1608-1672.

Modestinus (Herennius), jurisc. rom., consul avec Probus, 228.

Modestus (P.-F.), poëte lat. du 15e s.

Modhaffer-Chah, dern. souver. mulsum. de Guzarate, au 16e s. Se tua, 1592.

Moehsen (J.-C.-Gu.), érud., méd. Berlin, 1772-1795.

Moellendorf (H., comte de), feld-maréch. pruss. 1724-1816.

Moerikhofer (J.-Melchior), graveur en médailles. Frauenfeld (Turgovie), 1706-1761.

Moerk (Ja.-H.), litt. suéd. 1714-1763.

Moeser (Juste), litt., érud. Osnabruck, 1720-1794.

Moet (J.-P.), litt. Paris, 1721-1806.

Moezz-ed-Daulah (Ahmed), le 1er de la race bowaïde qui ait régné à Bagdad. M. 967.

Moezz-Ledinillah, 4e calife fatimite d'Afrique, conquér., fondat. du Caire, où il établit sa dynast. Succ. de son père Mansour-Billah, 952; m. 976.

Moffan (N. de), hist. du 16e s. N. Poligny.

Mogalli (Côme), grav. 1667-1730.

Mohammed, nom porté par un gr. nombre de princes musulm. Les plus cél. sont:

Mohammed II Al-Ghauri, emp. de l'Indoustan, de la dynast. des Ghaurides de Perse; associé au trône par son frère Gaïrath-Eddyn. 1171; m. assass., 1206.

Mohammed-Chah IV, emp. de l'Inde. Succ. de son père Firouz-Chah, 1388; m. 1394.

Mohammed XIII (Ferakh-Syr), emp. mogol de l'Indoustan. Successeur de son père Azem-al-Khan, 1713; empois., 1718. = XIV (Nasser-Eddyn), emp. de l'Indoustan en 1717; perdit l'emp. mogol et m. 1747.

Mohammed (Gaïath-Eddyn Ier), sultan seldjoucide de Perse, 2e fils de Melik-Chah. Procl. 1105; m. 1118. = (Gaïath-Eddyn II), 10e sultan seldjoucide de Perse, p.-fils du précéd., disputa l'emp. à son frère Melik-Chah II, de 1151 à 1159.

Mohammed-ben-Thaher, 5e et dern. prince de la dynastie des thahérides, en 862; détrôné, 872.

Mohammed-Haçan-Khan, fondat. de la dynast. des Khadjars, auj. régnante en Perse. Se déclara indép. à la m. d'Adel-Chah, 1748; s'empara de presque toute la Perse; fait prisonn. par Kérim-Khan et décap., 1758.

Mohammed - Aga, fils du précéd., d'abord prisonn. de Kérim avec son père; s'échappa 1779; reconq. la Perse, et m. assass., 1797.

Mohammed-Bey, souver. de l'Egypte; succ. d'Aly-Bey, qu'il chassa, 1773; nommé alors pacha du Caire; m. de la peste, 1776.

Mohammed - Chah, roi de Perse, fils d'Abbas-Mirza. N. 1810; succ. de son gr.-père Feth-Ali-Chah, 1834; m. 1848.

Pour les autres souver. ou princes du nom de *Mohammed*, V. AKBAR, DJIHAN-GUYR, GHAZAN-KHAN, MAHOMET, MAHMOUD, MASOUD, MEHEMED, MÉHÉMET, MOHTADY, ou leur surnom.

Mohammed - Aly - Hazin, litt., poëte persan. Ispahan, 1691-1779.

Mohammed - ben - abd - el - Wahab (le cheikh), réform. de l'islamisme, et fondat. de la secte musulm. des wahabites, au 18e s.

Mohedano (Ant.), peint. et poëte esp. Antequera, 1561-1625. = (Raphaël et P.-Rodriguez), frères esp., sav. relig. du 18e s.

Mohnike (Théoph. - Chr. - Fréd.), érud., philol. pruss. Grimmen, 1781-1841.

Mohtady - Billah (Mohammed), 14e calife abasside. Succ. de Motaz, 869; massac., 870.

Moine (P.-Cam. le), paléogr. Paris, 1725-1780. V. LEMOINE.

Moira (F. Rawdon, comte de), homme de guerre, gouv. gén. des possess. angl. dans les Indes or. Irlande, 1754; Malte, 1829.

Moïse, chef et législat. du peuple hébreu. N. Egypte, 1725 av. J.-C.; en sortit à la tête des Juifs, 1645; m. Nébo, 1605.

Moïse-ben-Nochmann, rabbin esp., érud. Girone, 1194-1300 = *de Khoren*. V. KHOREN.

Moïse-Alschech, sav. rabbin du 16e s. N. Japhet (Palest.).

Moissy (Al.-Gu. Moustier de), aut. dram. Paris, 1712-1777.

Moithey (Maurille-Ant.), ingén.-géogr. du roi, litt. Paris, 1732-1810.

Moitte (P.-Et.), grav. du roi, memb. de l'acad. de peint. Paris, 1722-1780. = (F.-Aug.), sculpt., fils du précédent. Paris, 1747-1810.

Moivre (Abrah.), mathém. Vitry (Champ.), 1667; Londres, 1754.

Mojon (Jo.), chim. Gênes, 1776-1837.

Moktader-Billah, calife abasside de Bagdad. Succ. de son frère Moktafy, 908; massac., 932.

Moktady-Biamrillah, calife abasside. Succ. de Caïm-Biamrillah, 1075; m. 1094.

Moktafy-Billah, calife abasside. Succ. de son père Motadhed, 902; m. 908.

Moktafy-Leamr-Allah, calife abasside. Succ. de Rasched, 1136; m. 1160.

Mokthar, capit. ar., conquér. N. 622; mis à m., 687.

Molai (Ja. de), dern. gr.-maître des Templiers; arrêté par ordre de Philippe le Bel, 1307; torturé, puis brûlé vif, Paris, 1314.

Molanus (J. van der Meulen, dit), théol. cathol. flam. Lille, 1533-1585. = (Gér.-Walt. van der Meulen, dit), abbé de Lokkum, théol. luther. N. Hameln (Hanovre), 1633; m. 1722.

Molard (F.-Emm.), ingén. Cernoises (Fr.-Comté), 1774-1829.

Molé (Ed.), cél. magistr., conseill., procur. gén., présid. à mortier. Paris, 1558-1614. = (Mat.), 1er présid., garde des sc., fils du précéd. Paris, 1584-1656.

Molé (F.-Re.), act. de la Com.-Fr., memb. de l'Inst. Paris, 1734-1802.

Molesworth (R.), diplom. Dublin, 1656-1725.

Molière (F. de), romanc. fr. N. Autun; m. 1625.

Molière (J.-B. Poquelin, dit), act e \ le plus cél. aut. comique mod. Paris, 1622-1673.

Molières (Ja. Privat de), physic., memb. de l'acad. des sc. Tarascon, 1677-1742.

Molin ou *Dumoulin* (Ja.), méd. de Louis XIV et de Louis XV, profess. d'anat. N. Marvège (Langued.), 1666; m. 1755.

Molina (Alph. de), cordel. esp., missionn. au Mexique, philol. Escalona, 1496; Mexico, 1584. = (L.), jés. esp., aut. d'un ouvr. sur le libre arbitre qui divisa les théol. en 2 sectes, les molinistes et les jansénistes. Cuença, 1555-1601. = (J.-Ign.), jés., philol., litt., natural. Talca (Chili), 1740; Bologne, 1829.

Moline(P.-L.), litt., aut. dram. Montpellier, 1740-1820.

Molineri (J.-Ant.), dit le Carracino, peint. et archit. Savigliano (Piémont), 1577-1640.

Molinet (J.), poëte, chroniq. du 15e s. N. Boulonnais; m. 1507.

Molinier (Gu.), trouhad. toulousain du 14e s., chancel. du collége du gay-savoir. = (J.-B.), orator., prédic. Arles, 1678-1745.

Molinos (M.), théol. esp. N. pr. de Saragosse, 1627; se fixa à Rome et y publia un livre de piété qui fut condamné par Innocent XI. et donna naiss. au molinosisme. M. en prison, 1685.

Moliterno (le prince de), gén. des troupes napolit. en 1799, puis gén. du peuple. M. v. 1840.

Molitor (Gab.), maréch. de Fr., gouv. gén. des Invalides. N. Hayange (Moselle), 1770; m. Paris, 1849.

Moller (Dan.-Gu.), philol., érud. Presbourg, 1642-1712.

Mollérus (J.-H.), homme d'Etat, min. de l'intér., puis de la guerre. Utrecht, 1755-1830.

Mollet (Cl.), jard. de Henri IV et de Louis XIII; traça les jard. de St-Germ., 1595.

Mollevaut (C.), poëte, litt., memb. de la conv. et du corps législ., memb. de l'acad. des inscr. et b.-lettres. N. Nancy, 1776; m. 1844.

Mollican (F.-Nic.), habile fin., comte de l'emp., pair de Fr. Rouen, 1758; Paris, 1850.

Mollon-Adelwald, roi de Northumberland. Succ. d'Osulphe, 758; assass., 765.

Molyn (P. de), dit le Vieux, peint., grav. N. Harlem, v. 1600. = (P.), dit Tempesta, peint., fils du précéd. Harlem, 1637-1701.

Molyneux (Gu.), mathém., physic. Dublin, 1656-1698.

Molza (F.-Ma.), poëte lat. et ital. Modène, 1489-1544.

Mombritius (Bonino), poëte lat., hagiogr., philol. N. Milan, 1424; m. v. 1482.

Momper (Josse de), peint., grav. N. Anvers, 1580.

Monaco, maison princière qui a pour chef Grimaldi IV, amiral de la flotte des croisés. M. 1244. = (Ho.-Gab. Grimaldi-Matignon, prince de), duc de Valentinois, pair de Fr. N. 1778; déposséd. lors de la révol., et réintégré dans ses États en 1814; m. Paris, 1841.

Monaco (M.), hist., litt. du 17e s.

Monaldeschi (J., marq. de), gr. écuyer et favori de Christine de Suède. Assass. 1657, à Fontainebl., par ordre de cette princ.

Monanthsuil (H. de), mathém. Reims, 1536-1606.

Monardès (N.), méd. esp. M. 1578.

Monboddo (Ja. Burnett, lord), philos. écoss. 1714-1799.

Monbron (Fougeret de), litt. N. Parme; m. 1761.

Moncade (Hug.-de), vaill. capit. esp. Successiv. au service de Charles VIII, roi de Fr., de Cés. Borgia, de Gonzalve de Cordoue. Tué, Naples, 1528. = (Fr.), généraliss. de l'armée des Pays-Bas sous l'inf. Isabelle hist., et de la fam. du précéd. Valence, 1586-1635. = (L.-Ant.), théol., év. de Carthagène, card., de la même fam. Motril, 1662-1745.

Monce (Ferd. de la), peint. et archit. Munich, 1678; Lyon, 1753.

Moncey (Rose-Adr.-Jeannot), duc de Conegliano, maréch. de Fr., gouv. des Inval. N. Moncey, près de Besanç., 1754; m. Paris, 1842.

Monciel (Terrier de), homme d'Etat. Fr.-Comté, 1790-1831.

Monclar (J.-P.-Fr. Rippert de); proc. gén. au parlem. d'Aix. M. 1773.

Moncrif (F.-Augustin Paradis de), litt., lect. de Marie Leczinska, memb. de l'Acad. fr. Paris, 1687-1770.

Mondino, anat. milanais. M. 1326.

Mondonville (Jeanne de Juliard), dame toulousaine, fondatr. de la congrég. des Filles de l'Enfance. M. 1703. = (J.-Jo. Cassanea de), composit. N. Narbonne, 1715; m. 1778.

Monegario (Domin.), doge de Venise de 756 à 764.

Monet (Philib.), jés., érud. Bonneville (Savoie), 1566-1643.

Mongault (l'abbé N.-Hub.), trad., memb. de l'Acad. fr. Paris, 1674-1746.

Monge (Gasp.), cél. géom., et l'un des fondat. de l'Ecole Polytechn., sénat., memb. de l'Inst. N. Beaune, 1746; m. 1818.

Mongellaz (Mme), femme aut. Chambéry, 1798-1830.

Mongez (J.-And.), chan., physic., natural. N. Lyon, 1751; m. dans l'expéd. de Lapeyrouse, 1788. = (Ant.), hist., érud., memb. de l'Instit. Lyon, 1747-1835.

Mongin (Edme), év. de Bazas, prédic., memb. de l'Acad. fr. Langres, 1668-1746.

Mongitore (Ant.), biogr., antiq. Palerme, 1663-1743.

Moni (Domin.), peint. Ferrare, 1550-1602.

Moniglia (J.-And.), méd., litt. Florence, 1640-1700.

Monime, femme de Mithridate VII. Se donna la m. par ordre de ce prince, 65 av. J.-C.

Monique (Ste), mère de St Augustin. 332-384.

Monk (G.), gén. angl., gouv. de l'Ecosse; rétablit sur le trône Charles II, qui le créa duc d'Albermale. Devon, 1608-1770.

Monmouth (Ja., duc de), fils natur. de Charles II. N. Rotterdam, 1649; conspira à l'avén. de Jacques II; décap. 1685.

Monneron (les frères), déput. à l'assemb. constit., frapp. des pièces de 10 c. et de 25 c. auxquelles leur nom est resté. L'aîné, Augustin, fit banqueroute, 1798.

Monnet (J.), litt. N. Condrieux; m. 1785. = (Ant.-Grimoald), chim., minéral. Champeix (Auv.), 1734-1817.

Monnier (L.-Gab.), grav. Besanç., 1753-1804. = (Sophie de Ruffey, marq. de), cél. par sa liaison avec Mirabeau. N. Pontarlier, v. 1760; se donna la m., 1789.

Monnoie. V. LA MONNOIE.

Monnot (P.-Et.), sculpt. Orchamps, 1658; Rome, 1733. = (Ant.), anat. Besançon, 1765-1820.

Monod (P.), jés., diplom., écriv. Bonneville (Savoie), 1586-1644. = (H.), homme d'Etat, litt. Morges (Suisse), 1753-1833.

Monoyer (F.-B.), peint. de fleurs. Lille, 1635; Londres, 1699.

Monpou (Hipp.), composit. et pianiste. Paris, 1804-1841.

Monro (Al.), méd. Londres, 1697-1767. = (Donald), chir. des armées, fils du précéd. 1731-1802.

Monroe (Ja.), présid. des États-Unis. N. Monroe's-Creek (Virginie), 1756; m. 1831.

Monrose (L.-Séraph. Barizain, dit), act. com. N. Besanç., 1785; m. fou, 1843.

Mons (J.-H. van), chim. et hortic. Bruxelles, 1765-1842.

Monsiau (N.-And.), peint. Paris, 1754-1837.

Monsigny (P.-Al.), cél. composit., memb. de l'Inst. N. Fauquembourg, 1729; m. Paris, 1817.

Monson (Gu.), amiral angl. South-Carlton, 1569-1643.

Monstier (Artus de), hist., hagiogr. N. Rouen; m. 1662.

Monstrelet (Enguerrand de), chroniq. fr. Flandre, 1390-1453.

Montagioli (dom Cassiodore), bénéd. de Mont-Cassin, écriv. ascét. 1698-1783.

Montagnana (Bert.) méd. de Padoue, profess. v. 1460. Il fut chef d'une fam. de méd., dont le dernier, Ange, est m. en 1678.

Montagne (Mat.), point., grav. N. Anvers; m. Paris, 1666.

Montagnini (C.-Ign.), diplom. piémont. Trino, 1730-1799.

Montagu (J. de), surint. des fin. sous Charles VI, gr.-maître de Fr. en 1408. Exécuté 1409, et réhabilité, 1412.

Montagu (Ed.), présid. de la ch. des comm. d'Anglet., gr.-juge de la cour du banc du roi. M. 1556. = (Ed.), comte de Sandwich, gén. angl., amiral, homme d'Etat. 1625-1672. = (G.), amiral angl. 1750-1829. = (lady M. Wortley-), femme aut., épouse de lord Wortley-Montagu, de la fam. des précéd. Nottingham, 1690-1762. = (Ed.), fils de la précéd., voyag., aventur. qui finit par se faire musulm. 1714-1776.

Montague (Elis.), femme aut. York, 1720-1800.

Montaigne (M. de), cél. écriv. et philos. Montaigne (Périgord), 1533-1592.

Montaigu (P. Guérin de). N. Auvergne; gr.-maître des hospital. de St-Jean-de-Jérusal., 1208; m. 1230. = (Gilles Aycelin de), de la même fam., archev. de Narbonne, chancel., fondat. du collége de Paris qui portait son nom. M. 1318. = (Rich. de), théol. anglic., écriv. Dorney, 1578-1641.

Montalbani (le comte J.-B.), offic. au service de Venise, voyag. Bologne, 1595-1646. = (Ovidio), philol., natural., frère du précéd. 1601-1671.

Montaldi (le P. Jo.), hébraïs., philol. Etats-Rom., 1750-1816.

Montalembert (Adr. de), gén., ingén., memb. de l'acad. des sc. Angoulême, 1714-1800. = (Marc-Re.-Anne-Ma., comte de), pair de Fr., min. plénipot. Paris, 1777-1831.

Montalivet (J.-P. Bachasson, comte de), homme d'Etat, préfet, min. de l'intér. sous l'Emp., pair de Fr. sous la Restaur. N. Sarreguemines, 1766; m. 1823.

Montamy (Didier-F. d'Arclais-), minéral. Paris, 1705-1765.

Montan, en lat. Montanus, hérés. N. Phrygie; m. 212.

Montanari (Geminiano), astron. Modène, 1632-1697.

Montano (J.-B.), cél. méd. Vérone, 1497-1551. = (J.-B.), archit., sculpt. N. Milan, v. 1545; m. 1621.

Montansier (Mlle), directr. de théâtre. Bayonne, 1730-1820.

Montargue (P. de), chef des ingén. de l'armée pruss. Uzès, 1660; Maestricht, 1755.

Montauban (J. de), maréch. de Bretagne, conseill. et chambell. de Charles VII. M. 1466. = (Ph.), de la même fam., homme de guerre, chancel. de Bretagne. M. 1518.

Montauband, cél. flibustier fr. M. Bordeaux, 1700.

Montausier (C. de Ste-Maure, duc de), pair de Fr., gouv. du dauphin, fils de Louis XIV. N. Touraine, 1610; m. 1690. = (Julie de Rambouillet, duchesse de), gouvern. des enfants de Fr., femme du précéd., cél. par son esprit. 1607-1671.

Montazet (Ant. Malvin de), archev. de Lyon, memb. de l'Acad. fr. Agen, 1712-1788.

Montbarrey (Al.-Ma.-Léonor de St-Maurice, prince de), homme d'Etat, min. de la guerre. Besanç., 1732; Constance, 1796.

Montbars, dit l'Exterminateur, cél. chef de flibust. au 17e s. N. Languedoc.

Montbéliard (Léop.-Eberhart, prince de), offic. au service de l'Autriche, 1670-1725.

Montbrun (C. Dupuy, seign. de), cél. chef protest. N. Montbrun, 1530; m. sur l'échaf., 1575.

Montcalm de St-Véron (L.-Jo., marq. de), gén. fr. Candiac (Langued.), 1712; tué, 1759.

Montchal (C. de), archev. de Toulouse, écriv. N. Annonay, 1589; m. 1651.

Montchrestien (Ant.), poëte, aventur. N. Falaise; tué à Tourailles, 1621.

Montdorge (Ant.-Gauth. de), litt. N. Lyon; m. 1768.

Monteclair (M.), music. Chaumont, 1666-1737.

Montecorvino (J. de), frère mineur, missionn. en Tartarie, 1247-1330.

Montecuculli (Séb. de), gentilh. ferrarais, échans. du dauphin, fils de François Ier. Accusé d'avoir empois. ce jeune prince, fut écartelé, 1536. = (Rai. comte de), gén. au service de l'Autriche, tactic. Modenais, 1608, Lintz, 1681.

Montefeltro, anc. maison ital. du parti des gibelins, aux 13e et 14e s. Ses memb. les plus cél. sont: Frédéric (d'), 1er duc d'Urbin, de 1444 à 1482, = Guid'Ubaldo d), dern. duc d'Urbin. M. 1508.

Montègre (Ant.-F. Jenin de), méd. Belley, 1779; m. Port-au-Prince, où il était allé étudier la fièvre jaune, 1808.

Montégut (Jeanne Segla de), litt. Toulouse, 1709-1752.

Monteil (Arnaud-Alex.), hist. fr. Rodez, 1769; Celi (Seine-et-M.), 1850.

Montejan (Re. de), maréch. de Fr. sous Franç. Ier, gouv. du Piémont. M. 1538.

Montelongo (Grég. de), card. ital., advers. de Frédéric II; prit Ferrare, 1240; m. v. 1252.

Montemayor (G. de), poëte esp. N. Portug., 1520; m. 1562.

Montemerlo (J.-Et.), litt., poëte. Tortone, 1515-1572.

Montereau (P. de), cél. archit. fr. du 13e s. M. 1266.

Montespan (Françoise-Athénaïs de Rochechouart de Mortemart, marq. de), cél. maîtresse de Louis XIV. N. 1641; quitta la cour, 1686; m. 1707.

Montesquieu (C. de Secondat, bar. de), cél. juriste, litt., philos. N. La Brède (Gascogne), 1689; m. Paris, 1755.

Montesquiou (P. d'Artagnan), maréch. de Fr., d'une fam. origin. de l'Armagnac. 1645-1725. = Fezensac (Anne-P., marq. de), lieut.-gén., memb. de l'Acad. fr. Paris, 1741-1798. = (F.-X., duc et abbé de), homme d'Etat, émigré pendant la révolut., exilé sous l'Emp., min. de l'intér., duc et pair, memb. de l'Acad. fr. sous la Restaur. N. château de Marsan, 1757; m. 1832.

Montesson (Charlotte-Jeanne Béraud de la Haie de Riou, marq. de), femme aut. N. Bretagne, 1737; m. 1806.

Montet (J.), chim. Beaulieu (Langued.), 1722-1782.

Montezuma Ier, dit Huéhué (le Vieux), roi du Mexique de 1455 à 1483. = II, roi de Mexique. Succ. de son gr.-père Ahuitzol, 1502; tombé au pouv. des Esp., se laissa mourir de faim, 1520.

Montfaucon (Bern. de), bénéd. de St-Maur, hellén., antiq., memb. de l'acad. des inscr. N. Soulange (Languedoc), 1655; m. à l'abb. St-Germ., 1741.

Montferrat, ill. fam. de Lombardie, qui a régné pend. près de 600 ans. Le personnage le plus cél. de ce nom est Guillaume, marq. de Montferrat, dit le Grand, qui combattit Ch. d'Anjou, et fit le métier de condottiere. N. 1254; m. dans une cage de fer, 1292.

Montfleury (Zacharie-Jacob, dit), coméd. de l'hôtel de Bourgogne. N. Anjou, v. 1600; m. 1667. = (Ant.-Jacob), act. et aut. com. 1640-1685.

Montfort (Sim., comte de), cél. capit. du 13e s., chef de la croisade contre les Albigeois. Tué dev. Toulouse, 1218.

Montfort (Ph. 1er de), seign. de Castres, qui suivit St Louis en Palestine, 1250. = (Ph. II), seign. de Castres, command. des troupes provenç. de l'armée de Charles d'Anjou, vice-roi de Sicile, et fils du précéd. M. de la peste dans la dern. croisade de St Louis, 1270.

Montfort (Sim. de), comte de Leicester, fils du chef de la croisade contre les Albigeois, épousa une Anglaise, fut bien accueilli du roi d'Anglet. Henri III, prit les armes contre lui, 1258; vaincu et tué dans la bat., 1265. = V. JEAN, duc de Bretagne.

Montfort (L.-M. Grignion de), jés., missionn., fondat. des missionn. du St-Esprit, et des sœurs de la Sagesse. Montfort (Bret.), 1673-1716.

Montgaillard (Bern. de Percin, de), dit le Petit-Feuillant, cél. prédic. de la Ligue. Montgaillard (Langued.), 1563-1628. = (Gu.-Honoré Rocques, abbé de), historiogr. Montgaillard, 1772-1825. = (Maurice-Ja. Rocques, comte de), écriv. et agent polit. N. Toulouse, 1761; m. 1841.

Montgelas (Maximil.-Jo. Garnerin, comte de), homme d'Etat, min. des aff. étrang. du roi de Bavière. Munich, 1759-1838.

Montgeron (L.-Bas. Carré de), conseill. au parl., partis. du diacre Pâris. N. Paris, 1686; m. exilé, Valence, 1754.

Montglat (F. de Paule de Clermont, marq. de), maréch. de camp sous Louis XIII et Louis XIV, hist. 1610-1675.

Montgolfier (Jo.-M.), cél. mécan., invent. des aérostats, memb. de l'Inst. Vidalon-lez-Annonay, 1740-1810. = (Ja.-Et.), invent. des aérostats, ainsi que son frère Joseph. 1745-1799.

Mongomery, anc. fam. dont l'origine remonte à Roger de Mongomery, qui accompagna Guillaume le Bâtard à la conq. de l'Anglet., et eut un commandem. à la bat. d'Hastings.

Mongomery (Gab.), d'une fam. écoss. qui prétend descendre de la précéd., capit. de la garde écoss. de Henri II, blessa mortell. ce prince dans un tournoi; se réfugia en Anglet., et de retour en Fr., devint un des chefs de l'armée calviniste. Décap., 1576.

Montgommery (Rich.), gén. améric. N. Irlande, 1737; tué dev. Québec, 1775.

Montkasser-Billah (Mohammed IV, dit al), calife abasside de Bagdad, 862; m. même année.

Montholon (J. de), canoniste, chan. de St-Victor. N. Bourgogne; m. 1528. = (F. de), avoc., garde des sceaux. M. 1543. = Son fils François et son p.-Jacques furent égalem. avoc. distingués.

Monthyon (le baron de), cél. philanth. et écon. Paris, 1733-1820.

Monti (P. de), cél. canon., év. de Brescia. N. Venise; m. 1457. = (P. de), homme de guerre, tactic. N. Milan, v. 1470. = (Ph.-Ma.), card., litt. Bologne, 1675-1754. = (Ant.-Fél., marq. de), lieut.-gén. et diplom. au service de la Fr. Bologne, 1681-1738. = (Vinc.), poëte ital., aut. dram. Fusignano, 1753-1828.

Montigny (F. de la Grange-Darquien, sieur de), maréch. de Fr. 1534-1617. = (J. de), év. de St-Pol-de-Léon, litt., memb. de l'Acad. fr. Bretagne, 1637-1671. = (F. Dehaies de), lieut.-gén., gouv. des établiss. fr. au Bengale. Versailles, 1743-1819.

Montjoie (Fél.-Christ. Galart de), litt., écriv. royaliste. Aix, 1756-1816.

Montlosier (F.-Domin. Reynaud, comte de), homme d'Etat, public. Clermont-Ferrand, 1755-1838.

Montluc (Blaise de), cél. capit., maréch. de Fr., hist. Montluc (Guienne), 1502-1577. = (J.), év. de Valence, négociat., frère du précéd. M. 1579. = (J.), seign. de Balagny, fils natur. du précéd., maréch. de Fr. et gouv. de Cambray sous Henri IV. M. 1603.

Montmartin (J. du Mats, seign. du Terchant et de), gentilh. breton, dévoué à Henri IV, gouv. de Vitré en 1589.

Montmaur (P. de), bel espri et cél. parasite. Bétaille (Quercy), 1576-1648.

Montmignon (J.-B.), écriv., journal., gr.-vic. à Paris. Lucy (Aisne), 1757; Paris, 1824.

Montmirail (F.-César Le Tellier, marq. de), colon. des cent-suisses, memb. de l'Acad. des sc. M. 1764.

Montmorency, anc. fam. de Fr. qui a pour fondat. Bouchard, sire de Montmorency, qui viv. en 955. Ses memb. les plus remarq. sont : Matthieu Ier, connétable de Fr., administr. du royaume avec Suger, pend. la croisade de 1147. M. 1160. = Matthieu II, dit le Grand Connétable, vaill. capit. M. 1230. = Anne, maréch., puis gr.-maître de Fr., gouv. du Languedoc. N. Chantilly, 1495 ; m. 1567. = François, (duc de), diplom., maréch. de Fr. 1530-1579. = Henri Ier (duc de), d'abord seigneur de Danville, maréch. de Fr., connétable, frère du précéd. 1544-1614. = Henri II, amiral, fils du précéd. N. Chantilly, 1595 ; se révolta contre Louis XIII ; pris à Castelnaudary, et décap., 1632.

Montmorency-Laval (Mat.-J.-Félicité, duc de), homme d'Etat, pair de Fr. et min. des aff. étrang., gouv. du duc de Bordeaux, memb. de l'Acad. fr. Paris, 1760-1826.

Montmorin-St-Hérem (J.-B.-F., marq. de), lieut.-gén., gouv. de Fontainebl. et de Belle-Isle. 1704-1779. = (Arm.-Marc, comte de), min. des aff. étrang. sous Louis XVI, 1789. M. sur l'échaf., 1792.

Montmort (P.-Rémond de), géom. Paris, 1678-1719.

Montolieu (Isab. de Pollier, baronne de), romanc. Lausanne, 1751-1833.

Montpensier (F. de Bourbon, duc de), connu sous le nom de Prince Dauphin, vaill. capit., fils de Louis II de Bourbon. 1539-1592. = (Cath.-Ma. de Lorraine, duchesse de), fille du duc de Guise et épouse de Louis II, duc de Montpensier. 1552-1596. = (Anne-Ma.-Louise d'Orléans), dite Mademoiselle, fille de Gaston d'Orléans, cél. par le rôle qu'elle joua dans la Fronde, et sa liaison avec Lauzun. Paris, 1627-1693. = (Ant.-Ph. d'Orléans, duc de), frère puîné de Louis-Philippe. N. 1775; m. Anglet., 1807.

Montperlier (Jo.-Ant.-Ma.), aut. dram. Lyon, 1787-1819.

Montpezat-Lettres (Ant. de), maréch. de Fr. M. 1544.

Montréal d'Albano ou *Fra Moriale*, gentilh. provenç., aventur. du 14e s. Décap., 1654.

Montrésor (Cl. de Bourdeille, comte de), favori de Gaston, duc d'Orléans. 1608-1663.

Montreuil (J. de), négociat., memb. de l'Acad. fr. Paris, 1613-1651. = (Mat.), abbé, litt., frère du précédent. Paris, 1620-1692.

Montrose (Ja. Graham, comte et duc de), cél. partis. de Charles Ier. N. Edimb., 1612 ; pendu, 1650.

Montucci (Ant.), litt. Sienne, 1762-1829.

Montucla (J.-Et.), sav. mathém., érud., memb. de l'Instit. Lyon, 1725-1799.

Monvel (Ja.-Ma. Boutet de), act. et aut. dram. N. Lunéville, 1745; m. 1811.

Moor (Karel van), peint. Leyde, 1650-1738.

Moorcroft (Gu.), voyag. angl. M. dans le Turkestan, 1823.

Moore (sir Jonas), mathém. angl. 1617-1679. = (F.), voyag. angl. du 18e s. = (J.), méd., litt. Stirling (Écosse), 1730-1802. = (J.), gén., fils du précéd. N. Glascow, 1761; tué 1809.

Mooser (Aloyse), mécan., cél. fabr. d'orgues et de pianos. Suisse, 1771-1840.

Mopinot (Sim.), bénéd. de St-Maur, érud. Reims, 1685-1724.

Morabin (Ja.), litt., trad. N. La Flèche; m. 1762.

Moralès (L.), peint. esp., dit el Divino. Badajoz, 1509-1586. = (Amb.), historiogr. de Philippe II. Cordoue, 1513-1590.

Morali (l'abbé Octave), philol., hellén. Bonate, 1763-1826.

Morand (Sauv.-F.), chir. en chef des Inval., memb. de l'acad. des sc. Paris, 1697-1773. = (P. de), poëte dram. Arles, 1701-1757. = (J.-Ant.), archit. Briançon, 1727-1794. = (L.-C.-Ant.-Alexis, comte), lieut.-gén., pair de Fr. sous Louis-Philippe. N. Pontarlier, 1770; m. 1835.

Morande (C. Thévenot de), pamphlét. et journal. N. Arnay-le-Duc, 1748; massac., 1792.

Morandi-Manzolini (Anne), femme de l'anatom. Manzolini; ap. la m. de son mari, elle obtint une chaire d'anat. à Bologne, sa patrie. 1716-1774.

Morant (Ph.), antiq., biogr. Jersey, 1700-1770.

Morard de Galle (Justin-Bonav.), vice-amir. Goncelin (Dauph.), 1741-1809.

Morata (Olimpia-Fulvia), femme cél. par son érud. Ferrare, 1526-1555.

Moratin (N.-Fernandez de), poëte et aut. dram. esp. 1730-1780. = (Léandro-Fernandez), cél. poëte, aut. dram., litt., fils du précéd. Madrid, 1760; Paris, 1828.

Morcelli (Et.-Ant.), jés. ital., archéol. Chiari, 1757-1821.

More ou *Morus* (Th.), homme d'Etat, théol., hist. Londres, 1480-1535. = (H.), théol., philos. platonic., poëte angl. Grantham, 1614-1687. = (Ed.), litt. angl. 1711-1757. = (miss Hannah), aut. dram., litt. angl. Happleton, 1745-1833.

Moreau (Re.), méd., profess. à la facult. de Paris. N. Montreuil-Bellay, 1587; m. 1656. = (J.), chan. de Quimper, hist. du 16e s. = (Jacob. N.), écriv., public. St-Florentin, 1717-1803. = (J.-M.), dessinat. et grav. Paris, 1741-1814. = (J.-V.), cél. gén. fr. N. Morlaix, 1763; exilé, à la suite du procès de George Cadoudal, 1801; prit du service dans l'armée des souver. coalisés, 1813; tué à la bat. de Dresde, même ann. = (Hégésippe), poëte fr. N. Paris, 1810; m. 1838, à l'hôp. de la Charité.

Moreau de la Rochette (F.-Th.), agron. Rigni-le-Férou (Yonne), 1720-1791. = (Arm.-Bern.), litt., administ., p.-fils du précéd. Melun, 1787-1822.

Moreau-St-Méry (Médéric-L.-Elie), homme d'Etat, ambass. N. Fort-Royal (Martinique), 1750; m. 1819.

Moreau de la Sarthe (J.-L.), méd. Montfort, 1771-1826.

Moreau de Commagny (C.-F.-J.-B.), vaudevill., litt. Paris, 1783-1832.

Moreau de Rioul (J.-M.-Rai. Ghislain de), homme d'Etat, écriv. Namur, 1765-1835.

Moreelse (N.), peint. Utrecht, 1571-1638.

Morel (Just.), dit Deschamps, poëte fr. du 15e s. N. Flandre.

Morel, fam. d'imprim. établis à Paris, et qui se sont distingués aux 16e et 17e s. Le plus cél. est Frédéric, érud., hellén., poëte lat., nommé doyen des imprim. et des profess. du roi. Paris, 1558-1630.

Morel (dom R.), bénéd. de St-Maur, écriv. ascét. Chaise-Dieu, 1653-1731. = (P.), gramm. Lyon, 1723-1812. = (J.-Ma.), archit., frère du précéd. Lyon, 1728-1810. = (J.-Al.), écriv., music. Loisey (Meuse), 1775-1825. = (Hyac.), litt., poëte patois. Avignon, 1759-1829.

Morel de Vindé (C.-Gilbert), agron., litt., pair de Fr. Paris, 1759-1842.

Morell (And.), antiq., numism. Berne, 1646-1703. = (Th.), philol., lexicogr. angl. Eton, 1703-1784.

Morellet (l'abbé And.), litt., crit., public., memb. de l'Acad. fr. N. Lyon, 1727; m. 1819.

Morelli (Ma.-Madel.), dite Corilla Olympica, cél. improvisatr. Pistoie, 1728-1800. = (l'abbé Ja.), philol. et bibliogr., biblioth. de St-Marc. Venise, 1745-1819.

Morelly, écriv. paradoxal du 18e s., aut., en 1751, du *Code de la Nature*, ouvr. attribué longtemps à Diderot.

Morelos (Jo.-Ma.), prêtre, gén. des insurgés mexic. Fusillé, 1815.

Moreno (José), peint. Burgos, 1642-1668.

Moréri (l'abbé L.), sav. compil. Bargemont (Prov.), 1648-1680.

Moret (Ant. de Bourbon, comte de), fils natur., mais légitimé, de Henri IV et de Jacqueline de Beuil. N. 1607; prit parti pour Gaston, duc d'Orléans; périt à l'affaire de Castelnaudary, 1632, selon les-uns ; m. capucin en 1692, suiv. d'autres. = (le P. Jo.), jés., hist. esp. Pampelune, 1615-1705.

Moreto y Cabana (Augustin), poëte com. esp. du 17e s.

Morgagni (J.-B.), cél. méd. Forli, 1682-1771.

Morgan (H.), chef de flibust. angl. au 17e s. M. Jamaïque.

Morgenstern (J.-Salom.), géogr. et bouff. de la cour de Prusse. Pegau (Saxe), 1706-1785.

Morghen (Raphaël), cél. grav. Naples, 1761; Florence, 1833.

Morgues (Mat. de), jés., prédic., écriv. polit. Velai, 1582-1670.

Morhof (Dan.-G.), sav. philol. Weimar, 1639-1691.

Morice de Beaubois (dom P.-Hyac.), bénéd. de St-Maur. Quimperlé, 1693-1750.

Morigia (Buonincontro), chroniq. ital. du 14e s. = (Ja.-Ant.), dit l'Ancien, l'un des fondat. des barnabites, parent du précéd. Milan, 1632-1708. = (Ja.-Ant.), card., év. de San-Miniato, de Florence, de Pavie. N. Milan, 1632; m. Pavie, 1708.

Morillo (Grég.), poëte satir. esp. du 16e s. = (don Pablo), comte de Carthagène, gén. esp. N. Fuente de Malva, 1777; m. en France, 1837.

Morillon (dom Ju.-Gatien de), bénéd. de St-Maur, érud. Tours, 1633-1694.

Morin (P.), sav. crit., philol. Paris, 1531-1608. = (J.-B.), astrol. Villefranche, 1585-1656. = (J.), orator., oriental., hébraïs. Blois, 1591-1659. = (Sim.), visionn. N. Richemont (Normandie), 1623; brûlé, 1663. = (Et.), oriental. Caen, 1625 ; Amsterd., 1700. = (J.), physic. et mathém., memb. de l'acad. des sc. Meung-s.-Loire, 1705-1764. = (Ben.), libr., écriv. Paris, 1746-1817.

Morison (R.), bot. Aberdeen, 1620-1683.

Morisot (Cl.-Bart.), écriv., poëte lat. Dijon, 1592-1661. = (Jo.-Madel.-Rose), archit. Champeaux (Seine-et-M.), 1767-1821.

Morla (Th.), gén. esp., inspect. de l'artill. M. 1820.

Morlacchi (F.), composit. Pérouse, 1784; Inspruck, 1841.

Morland (sir Sam.), diplom. et mécan. angl. 1625-1697. = (Gu.), peint. angl. 1764-1804.

Morlière (Adrien de la), hist. et antiq. du 17e s., chan. d'Amiens N. Chauny.

Mormando (J.-F.), archit. Florence, 1455-1522.

Mornay (Ph. de), seign. du Plessis-Marly, homme d'Etat, théol., hist., l'un des chefs des huguenots. N. Buhi (Vexin), 1549; m. 1623.

Moro (Christ.), doge de Venise, de 1462 à 1471. = ou *Moor* (Ant.), peint. Utrecht, 1512-1568.

Morogues (Séb.-F. Bigot, vicomte de), capit. de vaiss., tactic. Brest, 1705-1781. = (P.-Ma.-Séb., bar. de), agron. écon., pair de Fr., p.-fils du précéd. Orléans, 1776-1840.

Morone (Jér.), homme d'Etat, négociat. ital. 1450-1529. = (J.), év. de Novare, de Modène, card., présid. du concile de Trente, fils du précéd. 1508-1580.

Morosi (J.), mécan. ital. Ripafratta, 1772-1840.

Morosini (Pa.), diplom. Venise, 1406-1483. = (And.), hist., de la même fam. Venise, 1558-1618. = (F.), cél. capit. vénit. N. 1618 ; élu doge, 1688 ; m. 1694.

Morozzo (le comte C.-L.), mathém., physic. Turin, 1743-1804. = (Jo.), card., frère du précéd. Turin, 1758-1842.

Morell (Benj.), navig. améric. Rye (New-York), 1795; Mozambique, 1839.

Morris, diplom., l'un des fondat. de l'Union améric. Morrisania (New-York), 1752-1816.

Morisson (L.), missionn., cél. sinologue. Morpeth (Northumberl.), 1782 ; Pékin, 1834.

Morse (Jedediah), géogr. N. Etats-Unis; m. 1826.

Mortezinni (Fréd.-Jo., bar. de), visionn., impost. N. Bautzen, 1750.

Mortemart (Gab. de Rochechouart, marq. puis duc de), gouv. de Paris. 1600-1675. = (Victurnien-H.-Eléazar de Rochechouart, vicomte de), offic. de mar., p.-fils du maréch. de Vivonne. Paris, 1757-1785. = (L.-Victurnien de Rochechouart, marq. de), lieut.-gén., pair de Fr. M. 1823.

Mortier (Jér. du), poëte lat. Lille, 1520-1580. = (Ed.-Adr.-Casimir-Jo.), pair et maréch. de Fr., min. de la guerre, présid. du conseil. N. Cambray, 1768; tué lors de l'attentat de Fieschi, 1835.

Mortimer (Roger, comte de), seign. angl. N. v. 1287. Après avoir servi avec zèle Edouard II, il se révolta contre ce prince, le fit assass., fit procl. Edouard III. Pendu, 1330. = (Th.), écriv. angl. 1729-1809.

Morton (J.), archev. de Cantorbéry, homme d'Etat angl. Dorset, 1410-1500. = (Ja., comte de), homme d'Etat écoss., gr. chancel., régent du roy., de la fam. de Douglas. N. Dalkeith, 1550; décap. Edimb., 1581. = (Ja. Douglas, comte de), surint. des archives d'Ecosse, fondat. de l'acad. d'Edimb. 1707-1768.

Morus. V. More. = (Al.), min. protest., controvers., poëte lat. Castres, 1616-1670.

Morveau. V. Guyton.

Morville (J.-B. Fleurian, comte de), diplom., min. des aff. étrang., memb. de l'Acad. fr. Paris, 1686-1732.

Morvilliers (J. de), homme d'Etat, négociat. Blois, 1506-1577.

Moscati (P.), méd. et homme d'Etat. Milan, 1740-1824.

Moscheni (Ma.-Constance), femme poëte, improvisatr. Lucques, 1786-1831.

Moscherosch (J.-M.), litt. all. 1600-1669.

Moschopule (Man.), gramm. grec de la fin du 4e s. = Autre gramm., cousin du précéd. N. Byzance; m. réfugié en Italie.

Moschus, poëte bucolique grec, ami de Bion. Viv. v. 190 av. J.-C. = (J.), moine grec, hagiogr. M. 620. = (Démétr.), poëte, litt. grec du 15e s.

Moseley (Benj.), méd. N. Essex; m. 1819.

Mosellanus (P. Schade, dit), hellén., philol. N. Portog, dioc. de Trèves; m. 1524.

Moscoso d'Alvarado (L.), avent. esp. du 16e s., compagn. de Pizarre, et nommé gén. de la Floride, 1542.

Moser (G.-M.), peint., orfév. Schaffouse, 1707; Londres, 1783. = (J.-J.), public. Stuttgart, 1701-1785. = (F.-C.), homme d'Etat, fils du précéd. Stuttgart, 1731-1798. = (Gu.-God.), agron. Tubingen, 1729-1793.

Mosheim (J.-Laur. de), théol. protest., litt. all. Lubeck, 1694-1755.

Moslemah, cél. capit. ar., fils de Abd-el-Malek. M. 739.

Mosneron (J.), litt., homme d'Etat. Nantes, 1758-1830.

Mossailamah, cél. impost. ar., contemp. de Mahomet. Tué dans une bat., 632.

Mostacfy-Billah (Abdallah IV al), calife abasside de Bagdad. Monta sur le trône, 944; détrôné ap. 16 mois de règne.

Mostadher-Billah (Ahmed V, al), calife abasside de Bagdad. Succ. de son père, Moktady, 1094; m. 1118.

Mostady-Biamr-Alla (Haçan II, al), calife abasside de Bagdad. Succ. de son père Mostanjed, 1170; m. 1180.

Mostaert (J.), peint. d'hist. Harlem, 1499-1555.

Mostain-Billah (Ahmed Ier, al), calife abasside. Succ. de Mokasser, 862; mis à m. 869. = (Fadhl-el-Abbas), calife abasside d'Egypte. Succ. de Mohammed XI, 1406; déposé, 1415; m. 1430.

Mostaly-Billah (Ahmed al), calife fatimite d'Egypte. Succ. de son père, 1094; m. 1101.

Mostandjed (Youçouf al), calife abasside de Bagdad. Succ. de son père Moktafy, 1160; assass. 1170.

Mostanser-Billah (Hakem II), roi ommiade de Cordoue. Succ. de son père Abdérame III, 961; m. 976. = (Temim-Maad-al), calife fatimite d'Egypte. N. Caire, 1029; succ. de son père Dhaher, 1036; m. 1094. = (Djafar-al-Mansour-al), calife abasside de Bagdad. N. 1192; succ. de son père Dhaher, 1226; m. 1243. = (Ahmed-al), 1er calife abasside d'Egypte, frère du précéd. Reconnu, 1269; tué dans un comb., même année. = (Mohammed-al), roi de Tunis en 1249. Assiégé par St Louis, 1270; m. 1276.

Mostarsched-Billah (Fadhlal), calife abasside de Bagdad. Succ. de son père Mostadher, 1118; assass., 1135.

Mostasem-Billah (Abdallah VII, al), dern. calife abasside de Bagdad. Succ. de son père Mostanser, 1243; mis à m., 1258.

Mostowki (le comte Thadée), homme d'Etat, litt. N. Varsovie, min. de l'intér. du gr.-duché de Varsovie, prit les armes pour l'indép. de la Pologne en 1830. M. Paris, 1842.

Motadh-Billah (Ahmed III, al), calife abasside de Bagdad. Succ. de son oncle Motamed, 892; m. 902.

Motadi-Billah, calife abasside de Bagdad. Succ. de Motaz, 869; assass. même année.

Motamed-Billah (Ahmed II, al), calife abasside de Bagdad. Succ. de son cousin Motadi, 870; m. 892.

Motasem-Billah (Mohammed III, al), calife abasside, fils d'Aroun-al-Raschid. Succ. de son frère Al-mamoun, 833; m. 842.

Motawakkel-Billah (Djafar Ier, al), calife abasside de Bagdad. Succ. de son frère Walhek, 847; conquér. de l'Arménie 851-855; assass. 861. = (Mohammed XII), 17e et dern. calife abasside d'Egypte, fils de Mostanser-Yacoub. Pris par Sélim Ier, et forcé de renoncer à ses droits. 1516; m. 1538.

Motenabby (Ahmed al), cél. poëte ar. Koufah, 915-965.

Motharrezzi (Nasser-Ibn-Abd-Elsayd, al), jurisc., philol., poëte ar. Khiva, 1144-1215.

Mothe. V. Lamothe.

Mothy-Billah (Mofaddal, al), calife abasside de Bagdad, fils de Moktader. Succ. de son cousin Mostakfy, 946; m. 974.

Motin (P.), poëte, ami de Régnier. N. Bourges; m. 1615.

Motis (J.), poëte lat. du 15e s. N. Naples.

Motta-Feo y Torres (L. de), amiral et gouv. du roy. d'Angola. Lisbonne, 1769-1825.

Motte V. Lamotte.

Motteux (P.-Ant.), poëte, trad. Rouen, 1660; Anglet., 1717.

Motteville (F. Bertaud, de), dame attachée à la reine Anne d'Autriche, et aut. de Mémoires. N. Normandie, 1621 ; m. 1689.

Mottraye (Aubry de la), voyag. N. 1674; m. Paris, 1743.

Motz (Fréd.-C.-Ado.), min. des fin. de Saxe. 1775-1830.

Moucheron (Fréd.), peint. Embden (Hanovre), 1633-1686. = (Isaac), peint. et grav., fils du précéd. Amsterd., 1670-1734.

Mouchet (G.-J.), lexicogr. Darnetal (Normand.), 1737-1807. = (F.-N.), peint. et grav. Fr.-Comté, 1750-1814.

Mouchi, sculpt. fr. M. 1801.

Mouchon (P.), prédic., écriv., ami de Rousseau. Genève, 1733-1797.

Mouchy (Ant. de), théol.,

chan. de Noyon. N. Ressons; m. Paris, 1574. = (Ph. de Noailles, duc de), maréch. de Fr. N. Paris, 1715; m. sur l'échaf., 1794.

Mouette (Germ.), voyag. fr. du 17e s. 11 ans captif chez les Maures.

Mougin (P.-Ant.), astron. Charquemont (Fr.-Comté), 1755-1816.

Mouhy (C. de Fieux, cheval. de), romanc. Metz, 1701-1784.

Moulin (Gab. du), hist. N. Bernay; m. 1660. = (J.-F.-A.), gén., puis command. d'Anvers. Caen, 1752; Anvers, 1810. = V. DUMOULIN.

Moulines (Gu. de), litt., trad. fr. Berlin, 1728-1802.

Moullah-Firouz-Ben-Kawousz, poëte persan. Inde, 1759-1831.

Mounier (J.-Jo.), écriv. et orat. polit., préfet et conseill. d'Etat sous l'Empire. N. Grenoble, 1758; m. 1806. = (Cl.-Ph.), hom. polit., intend. des bâtim. de la couronne. N. Grenoble, 1784; m. 1843.

Mountfort (Gu.), act. et aut. dram. angl. N. 1659; assass. 1692.

Mourad-Bey, chef des mamelucks; gouv. de la Haute-Egypte. N. Circassie, 1750; m. de la peste, 1801.

Mouradgea-d'Ohsson (Ign.), diplom., hist. suéd., Armén. d'origine. N. Constantinople, 1740; m. Paris, 1807.

Mouravief (M. Nikitisch), poëte, hist. et philos. russe. Smolensk, 1757-1807.

Mourgues (M.), jés., litt. St-Flour, 1642-1713.

Mousa-al-Kadhem, le 7e des 12 imans révérés par les chyites comme califes légit. Mis à m. par ordre d'Aroun-al-Raschid, 799.

Moussa-Ben-Nasser, cél. gén. ar. sous Walid 1er. M. 718.

Mouskes (Ph.), hist., év. de Tournai. M. 1282.

Mousset, poëte fr. du 16e s.

Moussine-Pouschkine (le comte Alex. Iwanowitsch), antiq. russe. 1744-1817.

Moustier (Eléonore-F.-Elie, marq. de), diplom. Paris, 1751-1817.

Mouton (J.-B.-Sylvain), écriv. jansén. Charité-sur-Loire, 1740; Utrecht, 1803. V. LOBAU.

Mouton-Duvernet (Régis-Barth.), gén. fr., gouv. de Lyon en 1815. N. Puy, 1769; m. sur l'échaf., 1816.

Moutonnet-Clairfons (Julien-Ja.), litt. N. le Mans, 1740; m. 1813.

Moyle (Walter), presbytérien, écriv. polit., érud. Baks (Cornouailles), 1672-1721.

Moyria (Gab., vicomte de), agron., litt., poëte. Bourg, 1771-1839.

Moyssant (F.), litt. Andrieu (Normandie), 1735-1813.

Mozart (Wolfgang-Amédée), cél. composit. Saltzbourg, 1756-1791.

Mozin, gramm. N. Lorraine, v. 1765; m. Stuttgard, 1840.

Mozzi (Marc-Ant.), litt., hist., chan. de Florence. 1678-1736. = (L.), jés., controvers. Bergame, 1746-1813.

Mucien (Marcus Licinius Crassus Mucianus), gén. rom., plusieurs fois consul, 52, 70, 74.

Mudge (Th.), mécan. angl. Exeter, 1715-1794. = (W.), major-gén., ingén., fils du précéd. Plymouth, 1762-1820.

Mugnoz. V. MUNOZ.

Muguet de Nanthou (F.-Fél.-Hyac.), homme d'Etat. Besanç., 1760-1808.

Muhlenfels (J.-H. Muller de), alchim., charlat. N. Alsace, 1579; pendu, 1607.

Muis (Siméon Marotte, de), profess. hébr. Orléans, 1587-1644.

Muley-abd-Allah, emp. de Maroc. Succ. de son frère Muley-Ahmed-Dehaby, 1729; m. 1757.

Muley-abd-el-Meleck, roi de Fez et de Maroc. Détrôna son nev. Muley-Mohammed, 1577; périt dans un comb., 1578.

Muley-Ahmed-Dehaby, emp. de Maroc. Succ. de Muley-Ismaël, 1727; m. 1729.

Muley-Ahmed-Lebass-al-Mansour, roi de Fez et de Maroc. Succ. de son frère Muley-Abd-el-Melek, 1578; m. 1613.

Muley-Haçan, roi de Tunis. Succ. de son père Muley-Mohammed, 1533; déposé par son fils, et m. en Italie, 1545. V. l'art. suiv.

Muley-Hamaidah, fils du précéd., qu'il détrôna, 1543; chassé par ses sujets; 1573; m. en Sicile.

Muley-Ismaël, emp. de Maroc. Succ. de son père Muley-Archyd, 1672; conq. Tanger et Larache; m. 1727.

Mulgrave (Const.-J. Phips, lord), capit. de vaiss. angl., voyag. 1734-1794.

Muller (J.), dit Regiomontanus, cél. astron., hellén. Kœningchoven (Franconie), 1436; Rome, 1476. = (And.), oriental., past. Greiffenhagen (Prusse), 1630-1694. = (J.-H.), physic., astron. Nuremb., 1671-1731. = (Ma.-Cl. Einmart), dessinat., peint., grav., femme du précéd. 1676-1707. = = (Jér.-Fréd.), voyag., historiogr. de l'emp. russe. Herford (Westph.), 1705; St-Pétersb., 1783. = (J.-Séb.), peint., bot., grav. Nuremb., 1715; Anglet., 1782. = (Oth.-Fréd.), natural. Copenhague, 1730-1784. = (L.), ingén. et tactic. pruss. 1735-1804. = (Fréd.-A.), poëte all. Vienne, 1767-1807. = (J. de), hist. suisse. Schaffouse, 1725-1809. = (Ad.), public. et écon. all. M. 1829. = (J. Godard de), grav. Bernhausen, près Stuttgard, 1747-1830. = (Otfried), cél. hellén. et antiq. all. Bricq (Silésie), 1797; Castrie (Livadie), 1840.

Mulot (F.-Val.), homme d'Etat, litt. Paris, 1749-1804.

Mummius (Lucius), gén. rom., consul, 146 av. J.-C.

Mummol (Ennius), cél. guerrier bourguig., comte d'Auxerre. Périt dans une révolte, 585.

Munacius Plancus (Lucius), orat. et gén. rom., fondat. de Lyon en 43.

Muncer. V. MUNZER.

Munchhausen (Gerlach-Ado., bar. de), 1er min. de l'élect. de Hanovre, fondat. de l'univers. de Gottingue. Hanovre, 1688-1770.

Munich ou *Munnich* (Burckhard-Christ., comte de), ingén., gén. au service de la Russie. Comté d'Oldenbourg, 1683-1767.

Munoz (Gilles de), chan. de Barcelone, antipape sous le nom de Clément VIII. Abdiqua, 1417.

Munoz (Séb.), peint. esp. Naval-Carnero, 1654-1690. = (J.-B.), philos. et hist. esp. Museros, 1745-1799 = (Th.), ingén. esp., lieut.-gén. de marine. 1745-1823.

Munster (Séb.), hébraïs., théol. Ingelheim (Palatinat), 1489-1552.

Munter (Fréd.), év. de Sélande, oriental., antiq. Gotha; 1760; Copenhague, 1830.

Munting (Abrah.), méd., bot. Groningue, 1626-1683.

Munzer (Th.), secrét. de Luther, puis l'un des chefs des anabaptistes. N. Zwickau (Misnie); mis à m., 1525.

Mura (F. de), dit le Franceschello, peint. napolit. M. 1740.

Muraire (Hon., comte de), jurisc., conseill. d'Etat, 1er présid. de la cour de cassat. Draguignan, 1752-1837.

Murat (Julie de Castelnau, comtesse de), litt. Brest, 1679-1716. = (Joach.), gén. fr., successiv. gouv. de Paris, maréch. et prince, gr.-amiral, gr.-duc de Clèves, enfin roi de Naples. N. La Bastide, près Cahors, 1771; fusillé dans le château de Pizzo, 1815.

Muratori (L.-Ant.), cél. érud., archéol., hist., litt. N. Vignola (Modenais), 1672; m. 1750.

Mure (F. Bourguignon de Bussière de la), méd. et profess. St-Pierre (Martinique), 1717; Montpellier, 1787.

Murena (Lucius Licinius), lieut. de Sylla, chargé de la guerre contre Mithridate, en l'absence de Sylla, 82 av. J.-C. = Lieut. de Lucullus, consul 61 av. J.-C., et fils du précéd.

Muret (M.-Ant.-F.), sav. litt., poëte lat. Muret, près de Limoges, 1526; Rome, 1585. = (J.-L.), Morges (Suisse), 1715-1796.

Murillo (Bert.-Et.), peint. esp. N. Séville, 1618; m. 1682.

Muris (J. de), doct. de Sorb., chan. de Paris. Viv. 14e s.

Murith, bot., antiq. St-Branchier (Valais), 1742-1818.

Murner (Th.), relig. cordel., poëte satir. Strasb., 1465-1535.

Murphy (Arthur), aut. dram., écriv. irland. 1727-1805. = (Ja. Cavannah), voyag., antiq. N. Irlande; m. 1816.

Murr (Christ.-Théoph. de), érud., oriental., litt. Nuremb., 1733-1811.

Murray (Ja., comte de), régent d'Ecosse, fils natur. de Jacques V et frère de Marie Stuart. N. 1531; assass., 1569. = (Ado.), méd., profess. d'anat. Stockholm, 1750-1803. = (Lindley), gramm. N. Pensylvanie, 1745; m. 1826. = (J.), cél. édit. Londres, 1778-1843.

Murville (P.-N.-André, dit), poëte, aut. dram. 1754-1815.

Musa (Antonius), méd. rom. Viv. sous Auguste.

Musæus (J.-C.-Ant.), litt. Iéna, 1735-1788.

Musculus (Wolfgang), hébraïs., théol. protest. Dieuze (Lorraine), 1497-1563.

Musée, anc. poëte grec. N. Athènes, v. le 15e ou 14e s. av. J.-C.

Musgrave (Gu.), méd. et antiq. angl. Carlton-Musgrave, 1657-1721.

Musonius Rufus (Caïus), philos. stoïc., profess. à Rome. N. Volsinium; exilé par Caligula.

Musato (Albertin), hist., poëte lat., négociat. Padoue, 1261-1329.

Musschenbroek (P. van), cél. physic. Leyde, 1692-1761.

Mussel-Pathay (Vict.-Donatien), litt. N. Vendôme, 1768; m. 1832.

Mustapha Ier, emp. des Turcs. Succ. de son frère Achmet, 1617; étranglé, 1623. = II, fils de Mahomet II. Succ. d'Achmet II, son oncle, 1695; déposé; m. 1703. = III, fils d'Achmet III Succ. d'Osman III, 1757; m. 1774. = IV, succ. de son cousin Sélim III, 1807; étranglé dans une révolte, 1808.

Mustapha, fils aîné de Mahomet II, souver. de la Caramanie. Etranglé par ordre de son père, 1470. = Fils aîné de Soliman Ier, gouvern. d'Amasie. Calomnié par Roxelane, sa belle-mère et étranglé par ordre de son père, 1553.

Mustapha-Beiradkar, homme de guerre et homme d'Etat, gr.-vizir en 1808. Assiégé dans le sérail de Constantinople, par le peuple révolté, se fit sauter pour ne pas tomber entre les mains des rebelles.

Msurus (Marc), poëte grec, érud., philol. Retimo (Candie), 1470-1517.

Mutis (Jo.-Célest.), bot. Cadix, 1733-1808.

Muy (N.-Vict. de Félix, comte de), maréch. de Fr. Marseille, 1711-1775.

Muyart de Vouglans (P.-F.), criminaliste. N. Morancé (F.-Comté), 1713; m. 1791.

Muziano (Jér.), peint. ital., dit le Mutin. 1528-1590.

Muzzarelli (Alph.), théol. rom., jés. Ferrare, 1749-1813.

Mydorge (Cl.), géom., physic. Paris. 1585-1646.

Mylius (J.-Christ.), bibliogr., philol. Buttstædt (Weimar), 1710-1757.

Myro ou *Moëro*, femme poëte du 5e s. av. J.-C. N. Byzance.

Myron, sculpt. grec du 5e s. av. J.-C. N. Eleuthère.

Myromide, gén. athén. du 5e s. av. J.-C.

Myrtis, femme poëte grecque du 5e s. av. J.-C. N. Anthédon (Béotie).

Myson, du bourg de Chen, près de Sparte, mis par Platon au nombre des 7 sages de la Grèce, à la place de Périandre.

— N —

Naaman, lieut. de Benadab, roi de Syrie. Viv. v. 884 av. J.-C.

Nabega (Ziad-Ben-Moavia-al-Dobiani), poëte arménien de la fin du 6e s.

Nabis, tyran de Sparte, 205 av. J.-C. Assass., 192.

Nabonassar, roi de Babylone, 748 av. J.-C. M. 734.

Nabopolassar ou *Nabonassar*, roi de Babylone, 626 av. J.-C. M. 605.

Naboth, Juif qui, ayant refusé de vendre sa vigne à Achab, fut mis à m. par Jézabel.

Nabuchodonosor Ier ou *Saosduchée*, dit Arphaxad dans l'Ecriture, roi de Ninive, 667 av. J.-C. M. 647. = II, le Grand, dit aussi Nabopolassar II, roi de Babylone et de Ninive, 605 av. J.-C. M. 562.

Nachtgall. V. LUSCINIUS.

Nadab, fils de Jéroboam, roi d'Israël, 343 av. J.-C. Assass. 341.

Nadal (l'abbé Augustin), litt., poëte fr. médiocre. 1659-1741.

Nadasi (J.), jés. hongr., hist. 1614-1679.

Nadasti ou *de Nadazd* (F.), comte de Forgatsch, hist., conspira contre Léopold Ier. Exécuté, 1671.

Nadault (J.), natural. Montbar, 1701-1782.

Nadir-Chah, dit aussi *Thamasp-Kouli-Khan*, roi de Perse, et conquér. cél. N. Meschd (Khoraçan), 1688; tué par un de ses gén., 1747.

Nadjah, fondat. de la dynast. des Nadjahides, dans l'Yémen. 1021; m. 1060.

Nævius (Cnéius), poëte lat. N. Campanie; m. Afrique, v. 202 av. J.-C.

Nagod (F.-C.), écriv. ascét. Tours, 1734; Baltimore, 1816.

Nahum, un des petits proph. Viv. sous Achab ou Manassé.

Naigeon (Ja.-And.), litt. Paris, 1738-1810. = (J.), peint. fr. Beaune, 1757; Paris, 1833.

Naironi (Ant.-Fauste), sav. maronite du 17e s. M. Rome, 1711.

Naldi (Naldo), litt. ital. N. Florence; m. 1470.

Naldini (Battista), peint. Florence, 1537-1592.

Nalian (Ja.), patriarche armén. de Constantinople, litt. N. Zimara (Pet.-Armén.); m. Constantinople, 1764.

Nancel (N. de), litt. et méd. fr. 1539-1610. = (P.), poëte, fils du précéd. N. Tours, 1570.

Nanek, fondat. du nanéquisme ou religion des Seykhs. N. Talwendy (Lahore), v. 1469; m. 1539.

Nani (J.-B.-Fél.-Gasp.), diplom., hist. N. Venise, 1616.

Nannius ou *Nanning* (P.), philol. holl. Alcmaer, 1500-1557.

Nanonni (Ange), cél. chir. Florence, 1715-1790.

Nansouty (Et.-Ant.-Ma. Champion, comte de), gén. fr. Bordeaux, 1768-1815.

Nanteuil (R.), peint. et grav. Reims, 1630; Paris. 1678. = (P.), com. et aut. dram. fr. M. 1681.

Nantilde, reine de Fr., femme de Dagobert Ier. M. 642.

Napier ou *Neper* (J.), baron de Markinston, mathém. écoss., invent. des logarithmes. 1550-1617.

Napione (C.-Ant.-Galeani), offic., minéral. N. Turin; m. Rio-Janeiro, 1814. = (J. Galeani, comte de), litt., aut. dram.

Napoléon Bonaparte, emp. des Fr., le plus grand homme des temps modernes, fils de Charles Bonaparte et de Letizia Ramolino. N. Ajaccio, 15 août 1769; admis à l'école de Brienne, 1777, et à l'école milit. de Paris, 1784; devint lieut. en 2e au régim. de La Fère, 1785; commanda, comme chef de bataill., l'artill. au siége de Toulon, 1793; ce qui le fit nommer gén. de brigade, puis commandant d'artill. à l'armée d'Italie. Il mitrailla les insurgés des 12 et 13 vendémiaire an IV (4 et 5 octobre 1795), et passa gén. de divis. Bonaparte épousa l'ann. suiv. Joséphine, veuve d'Alex. de Beauharnais; reçut presque immédiatem. le commandem. en chef de l'armée d'Italie, et après les vict. de Montenotte, Mondovi, Castiglione, etc., signa le cél. traité de Campo-Formio, 16 avril 1797. Le 19 mai 1798, il s'embarqua pour l'Egypte, expédition signalée par la prise de Malte, celle d'Alexandrie, les bat. des Pyramides, d'Aboukir, etc. De retour à Paris, en octob. 1799, il opéra le mois suiv. la révolut. dite du 18 brumaire, qui renversa le directoire, et il se fit nommer 1er consul pour 10 ans, 24 décemb. En 1800, il franchit de nouveau les Alpes, gagna les vict. décisives de Montebello et de Marengo, puis revint à Paris, où il faillit être victime de l'explosion d'une machine infernale, 24 décemb. Il signa le traité de Lunéville avec l'Autriche, 9 février 1801, un nouv. concordat avec le pape, 15 juillet suiv., et la paix d'Amiens, avec l'Anglet., 27 mars 1802. Cette même année, 2 août, un sénatus-consulte le nomma consul à vie. Un autre sénatus-consulte organique du 18 mai 1804 lui ayant conféré le titre d'empereur sous le nom de Napoléon Ier, il se fit sacrer à Paris par Pie VII, le 2 décemb. suiv., et couronner roi d'Italie à Milan, le 26 mai 1805. Le 2 décemb. suiv., Napoléon remporta la vict. d'Austerlitz, et le 26, signa le traité de Presbourg. Les campagnes de 1806 et 1807, l'une en Allem., l'autre en Pologne, amenèrent les traités de Tilsitt, 7 et 9 juillet 1807. En 1809, une seconde guerre avec l'Autriche fut terminée par la bat. de Wagram, 5 et 6 juillet, et la paix de Vienne, 14 oct. Le divorce de Napoléon avec Joséphine eut lieu le 16 décemb. suiv., et le 1er avril 1810, il épousa l'archiduchesse Marie-Louise, laquelle lui donna, le 19 mars 1811, un fils qui reçut le titre de roi de Rome. Les hostilités recommencèrent avec la Russie, 22 juin 1812, et après les vict. de Smolensk et de la Moscowa, l'Emp. entra dans Moscou le 14 sept., mais l'incendie de cette ville détermina, le mois suiv., la retraite et bientôt la déroute de l'armée, dont on ne put sauver que des débris. Une nouvelle coalition se forma, 1er mars 1813; elle eut pour résultats, la défaite de Leipzig, 18 et 19 sept., l'invasion de la Fr., l'entrée des alliés dans Paris, 31 mars 1814, enfin l'abdication de Napoléon, 11 avril suiv. Il reçut l'île d'Elbe en souveraineté, s'en échappa quelques mois après, 26 février 1815, débarqua en Fr., 1er mai, rentra dans Paris, 20 mai. Vaincu le 18 juin à Waterloo, il abdiqua de nouveau le 22 du même mois, fut déporté à Ste-Hélène, où il mourut le 5 mai 1821. Les restes de l'Empereur ont été transférés aux Invalides, 15 décembre 1840.

Napper-Tandy (Ja.), négoc., l'un des chefs de l'union irlandaise, qui tenta, 1796-98, de soustraire l'Irlande à l'Anglet. M. réfugié à Bordeaux, 1803.

Narbonne (L. comte de), min. de la guerre sous Louis XVI, lieut. gén. et ambass. sous l'empire. Colorno (duché de Parme), 1755; Torgau, 1813.

Narbonne-Polet-Fritzlar (J.-F., comte de), lieut. gén. fr. M. 1784.

Narcisse, affranchi de Claude et son favori. Exilé, se donna la m., 54 de J.-C.

Narcisse (St), patriarche de Jérusalem. M. v. 216.

Nardi (J.), diplom. et litt. florent. 1476-1540. = (J.), méd. et litt. toscan du 17e s.

Nardin (Th.), négociat. et litt. Besanç., 1540-1616.

Nares (Ja.), organ. angl. Stanwell, 1715-1783.

Narsès ou *Narsi*, roi sassanide de Perse, fils et succ. de Varanès II, de 296 à 303.

Narsès, cél. eunuque, natif de Perse, successiv. chambell., trésorier, ambass. et gén. de Justinien Ier, au 6e s.

Naruszewicz (Ad.-Stan.), hist. et poëte polon. 1733-1796.

Narvaez (Pamphile de), l'un des conquér. esp. de l'Amérique.

N. Valladolid; massac., 1526.

Naser (Aboul-Haçan), de la dynast. des Samanides, roi de la Perse orient. et de la Transoxiane. M. 993.

Nash (Th.), poëte satir. angl. du 16e s.

Nasini (Jo.-N.), peint. et grav. Sienne, 1650-1736.

Nasmith (Ja.), philol. angl. 1740-1808.

Nasreddyn-Hadja, fabul. turc, contemp. de Tamerlan.

Nassau (Adolphe de), emp. V. ADOLPHE. = (Gu. Ier de), dit le Taciturne, stathouder de Hollande et prince d'Orange. N. 1533; assass., 1584. =(Maurice de), fils du précéd., amiral et capit. gén. des prov. de Hollande et de Zélande, puis stathouder des Provinces-Unies. N. 1567; m. La Haye, 1625. =(H.-Fr. de), prince d'Orange, frère du précéd. et son succ. comme stathouder, 1625. M. 1647. = (Gu. II de), prince d'Orange, fils du précéd. N. 1626; succ. de son père, 1647; m. 1650. =(Gu. III de), prince d'Orange. V. GUILLAUME III, roi d'Anglet. = (Gu. IV de), prince d'Orange, et stathouder de 1747 à 1751. = (Gu. V de), fils du précéd. et son succ. (d'abord sous la tutelle de sa mère), de 1751 à 1795.

Nasser-Ledinillah, calife abasside, fils et succ. de Mostadi, 1180; m. 1225.

Nasser-Mohammed (Mélik-al), 9e sultan mameluck d'Egypte et de Syrie, de la dynast. des Baharites. Succ. de son frère Kalil, 1293; m. 1341.

Nassir-Eddyn, dit Al-Thoussi, astron. et mathém. persan. Thous (Khoraçan), 1201-1274.

Natali (P.), hagiogr. vénit. du 14e s.

Nathan, prophète juif qui viv. du temps de David, 10e s. av. J.-C.

Nathan-ben-Jechiel, sav. rabbin juif. M. Rome, 1106.

Nathan (Rabbi-Isaac), écriv. juif du 15e s.

Nativité (Jeanne Le Roger, sœur de la), visionn., sœur converse au couv. des dames urbanistes. Fougères, 1732-1798.

Natoire (C.), peint. fr. Nîmes, 1700; Castel Gondolphe, 1777.

Nait-Dog (Areison), public. suéd. du 17e s.

Nattier (Laurence), grav. en méd. N. Biberach (Souabe); m. Russie, 1763. = (J.-Marc), paint. Paris, 1685-1766.

Naubert (Bénédicte), romancière all. Leipzig, 1755-1819.

Nauclérus (J. Vergen), chroniq. N. Souabe, v. 1430; m. v. 1510.

Naucydès, sculpt. grec. N. Argos. Viv. de 480 à 400 av. J.-C.

Naudé (Gab.), cél. bibliogr., écriv. polit. Paris, 1600-1653. = (Ph.), géom. Metz, 1654; Berlin, 1701.

Naudet (Th.-C.), peint. de paysages. Paris, 1774-1810.

Naumann (J.-Am.), composit. all. N. Blasewitz, près de Dresde, 1745; m. 1801.

Nauséa (Fréd.), litt., théol. all., év. de Vienne. Wurtzbourg, v. 1480; Trente, 1550.

Nausiphanès de Téos, philos. grec. Commenc. du 3e s. av. J.-C.

Nauze (L. Jouard de la), érud., memb. de l'acad. des inscr. Villeneuve-d'Agen, 1696-1775.

Navailles (Ph. de Montault de Bénac, duc de), maréch. de Fr. 1619-1684.

Navarette (Ferd.), missionn. esp., arch. de St-Domingue. N. Castille, v. 1620; m. 1689.

Navarre (P.), gén. esp., ingén., servit sous Gonzalve et sous François Ier. N. Biscaye; m. Naples, 1528. = (Mart. Azpilcueta, ou le Docteur), théol. esp., profess. N. 1493; m. Rome, 1586.

Navarrette. V. FERNANDEZ.

Naville (E.-And.), magistr. genevois. N. 1752; exécuté à la suite d'une insurrect., 1794.

Nawawi (Mohieddin-Abou-Zacharie-Yahia), sav. doct. mahomét. Damas, 1203-1277.

Néalcès, peint. grec de Sicyone, 248 av. J.-C.

Néander (M.), philol. all. Sorau (Prusse), 1525-1595.

Néarque, cél. navig. crétois, chef de la flotte d'Alexandre le Gr., 350 av. J.-C.

Nebrissensis (Aelius Antonius), ou Antoine de Lebrixa, sav. gramm. esp. Lebrixa, 1441-1522.

Néchao Ier, roi d'Egypte, 691 av. J.-C. Tué dans un combat, 683. = II, roi d'Egypte de 617 à 601 av. J.-C.

Necker (Noël-Jo.), bot. Flandre, 1729; Manheim, 1793. = (Ja.), cél. fin., homme d'Etat, min. de Louis XVI. Genève, 1732-1804. = (Suzanne Curchod de Nasse), femme du précéd., litt., fondatr. de l'hospice Necker à Paris. N. canton de Vaud (Suisse), 1739; m. 1794.

Nectaire de Tarsos, patriarche de Constan., succ. de St Grégoire en 381; m. 392. = Théol., patriarche de Constantin. N. Crète; m. 1668.

Nectanebo Ier, roi d'Egypte, de 575 à 363 av. J.-C. = II, p.-fils du précéd. Succ. de Tachos, 363 av. J.-C.; m. Ethiopie, 554 ou 350.

Nedey (Anatole-F.), chir. Besanç., 1730-1794.

Nedjm-Eddyn-Ayoub (Mélik-al-Saleh), sultan d'Egypte et de Damas en 1240; m. 1249.

Née de la Rochelle (J.), litt., antiq. Clamecy, 1602-1772. = (J.-F.), hist., litt., bibliogr., p.-fils du précéd. N. Paris, 1751; m. Nivernais, 1838.

Needham (Marchamont), écriv. polit., méd. Burford (comté d'Oxford), 1620-1678. = (J. Turberville), physic. Londres, 1713; Bruxelles, 1781.

Neefs (P.), peint. flam. N. Anvers, v. 1570; m. 1658 ou 1651.

Neel (B.-Balt.), litt. N. Rouen; m. 1754.

Neer (Art. van der), peint. holl. 1619-1683. = (Eglon van der), peint. d'hist. et de paysages. Amsterd., 1643; Dusseldorf, 1703.

Negelein (Joach.), théol. et numism. Nuremberg, 1675-1749.

Negri (Virginie ou Angél.-Paule-Antoin.), relig. milanaise, écriv. ascétique. M. 1555. = (J.-F.), litt., fondat. de l'acad. des Indomiti. Bologne, 1593-1659. = (P.), peint. vénit. du 17e. = (F.), sav. voyag. ital. N. Ravenne; m. 1698. = (Ju.), jés., litt. Ferrare, 1648-1720. = (Salom.), prêtre de l'Égl. gr., orientaliste. N. Damas; m. Londres, 1729. = (F.), litt. ital. Venise, 1769-1827.

Négrier (Casim.), gén. fr., repres. à l'assemblée nation. ap. la révol. de février. N. au Mans, 1788; tué par les insurgés de juin 1848.

Negro (F.), sav. litt. du 16e s. N. Bassano; m. ap. 1560.

Néhémie, Juif n. à Babylone, pend. la captivité; fut échanson d'Artaxercès Longue-Main, qui lui permit de rebâtir le temple de Jérusal. M. 430 av. J.-C.

Neipperg (Gu. Reinhard, comte de), gén. autrich. 1684-1774. = (Léop., comte de), diplom., chambell. 1728-1792.

Nélée de Scepsis, philos. grec du 3e s. av. J.-C., disc. de Théophraste.

Nélis (Corn.-F. de), év. d'Anvers, érud. N. Malines; m. 1736; Parme, 1798.

Nelson (R.), théol., écriv. angl. Londres, 1656-1714. = (Horace), cél. amiral angl. N. Burnham-Torpe (comté de Norfolk), 1758; tué au combat de Trafalgar, 1805.

Nemeitz (Joach.-Christ.), litt. all. Wismar, 1679; Strasb., 1753.

Némésien (Marcus Aurelianus Opimius Nemesianus), poëte lat. du 3e s. N. Carthage.

Nemesius, philos., év. d'Emèse (Syrie), fin du 4e s.

Nemours (Ja. d'Armagnac, duc de), fils du comte de la Marche, fut gouvern. du Dauphin (depuis Louis XI), dont il épousa la cousine, 1462. Exécuté comme conspir., 1477. = (L. d'Armagnac, duc de), fils du précéd. Servit sous Charles VIII lors de la conquête de Naples; fut nommé vice-roi de ce pays; tué à Cérignole, 1503.

Nemours (Ja. de Savoie, duc de), cél. capit. N. à l'abbaye de Vauluisant (Champ.), 1531; m. Annecy, 1585. = (H. de Savoie, marq. de St-Sorlin, puis duc de), gouv. du Dauphiné, pour les ligueurs; réconcilié ensuite avec Henri IV, 2e fils du précéd. Paris, 1571-1632. = (Henri II de Savoie, duc de), fils cadet du précéd., d'abord archev. de Reims, rentra dans le monde à la m. de son frère aîné et épousa la fille du duc de Longueville. Paris, 1625-1659. = (Ma. d'Orléans, duchesse de), femme du précéd. et aut. de mémoires sur la Fronde. 1625-1707.

Nemrod, p.-fils de Cham, le 1er roi et le 1er conquér. Viv. de 2640 à 2575 av. J.-C.

Nennius, hist. angl. du 10e s.

Neny (Patrik Mac), homme d'Etat. Bruxelles, 1712-1784.

Néobar (Conrad), sav. impr. all. du 16e s.; devint impr. de François Ier. M. 1540.

Néoptolème Ier, roi d'Epire. M. 360 av. J.-C. = II, s'empara de la souveraineté en Epire pend. l'absence de Pyrrhus. M. à m. 205 av. J.-C.

Neper. V. NAPIER.

Nephtali, 6e fils de Jacob et chef de la tribu de ce nom.

Népomucène (St Jean), chan. de Prague, patron de la Bohême. N. Népomuck, v. 1330; mis à m. 1383.

Nepos (Flavius Julius), Dalmate, emp. d'Occid. de 473 à 475. Assass. 480. = V. CORNELIUS NEPOS.

Népotien (Flavius Popilius Nepotianus), emp. d'Occid., d'abord consul. Tué 350, ap. un règne de 28 jours.

Nepveu (F.), jés., écriv. ascét. St-Malo, 1639-1708.

Nerciat (And.-R. Andréa de), litt., romanc. N. Dijon, 1739; m. Naples, v. 1800.

Néri (St Ph. de), fondat. de l'Oratoire en Italie, et de plus. établiss. de charité. Florence, 1515-1595.

Néri (Ant.), chim. florent. du 16e s.

Nérini (D.-Fél.-Ma.), hiéronym., érud. Milan, 1705-1787.

Nerli (Ph.), hist. florent. 1485-1556.

Néron (Caïus Claudius), gén. rom., lieut. de Marcellus, préteur en 214 et consul en 207 av. J.-C. = (Tiberius Claudius), 1er mari de Livie, qu'il céda plus tard à Auguste, et père de Tibère, fut questeur sous César, 47 av. J.-C.

Néron (Lucius Domitius Nero Claudius), emp. rom., fils de Domitius Ænobarbus et d'Agrippine, cél. par sa cruauté et ses débauches. N. Antium, 27; procl. à la m. de Claude, 54; se donna la mort quand Galba eut été procl., 68.

Nersès, nom de 4 patriarches d'Arménie. Le seul cél. est *Nersès IV*, dit Schnorhali (le Gracieux), poëte et invent. de la poésie rimée, selon les Arméniens. N. fin du 11e s.; m. 1173.

Nersès, arch. de Tarse, l'un des Pères de l'Église d'Arménie. 1153-1198.

Nerva (Marcus Cocceius), emp. rom. N. Narni (Ombrie), v. 25; succ. de Domitien, 96; m. 98.

Nesawy (Mohammed-ben-Ahmed-al-Monschy, el), hist. persan du 13e s.

Nesmond (Th. de), arch. de Toulouse, prédic., memb. de l'Acad. fr. M. 1727.

Nessel (Dan. de), bibliogr. all., érud. Minden, 1644-1699.

Nessimi (Emad'-Eddyn), poëte ar. du commencement du 15e s. N. Bagdad; écorché vif comme suspect d'athéisme.

Nessir-Khan, souver. et législat. du Beloutchistan. M. 1795.

Nesson (P. de), poëte fr. du 15e s.

Nestor, chroniq. russe, moine de Kiew. 1056-1116.

Nestorius, cél. hérés. du 5e s. N. Syrie; patriarche de Constantin., 428; condamné et banni 431; m. Libye, 439.

Netschati ou *Nedfati* (Issa), cél. poëte turc du 15e s. M. Constantinople, 1509.

Netscher (Gasp.), peint. all. Prague ou Heidelberg, 1639; La Haye, 1684. = (Constantin), peint., fils du précéd. La Haye, 1670-1722.

Nettelbladt (Chr., bar. de), jurisc., hist., antiq. Stockholm, 1696-1776. = (Dan.), sav. jurisc. et profess. all. Rostock, 1719-1791.

Neuenar (Herman, comte de), érud. all., chancel. de l'université de Cologne. 1491-1530.

Neufgermain (L. de), poëte fr. très-médiocre du 17e s.

Neuhof (Théod.-Et., bar. de), aventur. N. Metz, v. 1690, il finit par se faire procl. roi de Corse sous le nom de Théodore Ier; se réfugia au bout de 8 mois en Anglet., où il m. dans la misère, 1755.

Neumann (Gasp.), hébraïs., philol. all. Breslau, 1648-1715.

Neuser (Ad.), théol. all. du 16e s. M. à Constantinople, où il s'était fait musulm., 1576.

Neuville (P.-C. Frey de), jés., prédic. Vitré (Bret.), 1692-1773. = (Anne-Jo.-Ch. de), frère du précéd., et comme lui jés. et prédic. distingué. 1693-1774. = V. LEQUIEN.

Neuvillé (Didier-P. Chicaneau de), compil. Nancy, 1720-1781.

Nevali, écriv. et moral. turc, v. le milieu du 16e s.

Nevers (L. de Gonzague, duc de), gén. fr., servit la Ligue, puis Henri IV. N. v. 1546; m. 1595.

Nevers (Ph.-Julien Mancini Mazarini, duc de), litt., neveu du card. Mazarin. Rome, 1641; Paris, 1707. = V. NIVERNAIS.

Newcastle (W. Cavendish, lord Ogle, duc de), gén. angl., litt. 1592-1676. = (Marg., duchesse de), poëte, litt., femme du précéd. N. St-John; m. 1673. = (Th. Pelham Holles, duc de), homme d'Etat angl. 1693-1768.

Newcomb (Th.), litt. angl. N. 1671; m. v. 1766.

Newcome (Gu.), théol. et philol. angl., arch. d'Armagh. N. v. 1728; m. 1799.

Newcommen, serrur. angl., invent., v. 1695, de la machine qui porte son nom.

Newdigate (sir Roger), archéol. angl. 1719-1806.

Newland (P.), philos., mathém., astron. Amsterd., 1764-1794.

Newton (J.), mathém. angl., chapel. du roi. Oundle, 1622-1678. = (Isaac), ill. sav. angl., cél. à la fois comme mathém., comme physic. et comme astron. N. Wolsrop (comté de Lincoln), 1643; m. 1727. = (Th.), théol. et litt. angl., év. de Bristol. 1704-1782.

Ney (F.), cordel., diplom. N. Anvers, 16e s.; m. en Esp. = (M.), duc d'Elchingen, prince de la Moskowa, maréch. de Fr., dit le Brave des braves. N. Sarrelouis, 1769; fusillé, Paris, 1815.

Neyn (P. de), peint. et archit. holl. Leyde, 1596-1630.

Nezmi-Zadeh-Effendy, hist. turc de la fin du 17e s.

Nial (O'), dit le Grand, roi irlandais, 379; assass., 402.

Nicaise (St), martyr du 3e s. = (St), év. de Reims au 5e s., et martyr.

Nicaise (l'abbé Cl.), écriv., antiq. Dijon, 1623-1701.

Nicander de Colophon, méd. et poëte grec du 2e s. av. J.-C.

Nicanor, gén. d'Antiochus Epiphane. Tué par Judas Macchabée, v. 142 av. J.-C. = Gramm. d'Alexandrie, au commenc. du 2e s. = V. DÉMÉTRIUS et SÉLEUCUS.

Niccolai (J.-B.), mathém. ital. Venise, 1726-1795.

Nicéphore (St), martyr à Antioche, v. 260. = (St), patriarche de Constantinople, hist. grec. N. Constant., v. 750; m. 828.

Nicéphore Ier, dit le Logothète, emp. d'Or. N. Séleucie; procl. 802; m. 811. = II, dit Phocas. N. 912; succ. de Romain II, 963; m. 969. = III, dit Botoniate. Procl. 1078, après l'abdic. de Michel Ducas; détrôné, 1081; m. dans un monastère.

Nicéphore Blemmydas, écriv. ecclés., abbé du Mont-Athos, au 13e s.

Nicéphore Calliste, moine et hist. byzant. M. v. 1350.

Nicéphore Bryenne, *Nicéphore Grégoras*. V. BRYENNE et GRÉGORAS.

Niceron (J.-F.), relig. minime, mathém., s'appliqua surtout à l'optique. Paris, 1613-1646. = (J.-P.), barnabite, érud., biogr. Paris, 1685-1738.

Nicet ou *Nicetius* (Flavius), orat. et jurisc. gaulois, au 5e s.

Nicet (St), év. de Trèves. M. 566. = (St), év. de Besanç. M. v. 612.

Nicétas (St), de Césarée, abbé du monast. des acœmètes (mont Olympe). M. 824.

Nicétas (Dav.), hagiogr. grec du 9e s.

Nicetas Acominatus ou *Choniatès*, hist. grec. N. Chone (Phrygie); m. Nicée, v. 1216.

Nicétas Eugenianus, romanc. byzant. du 12e s.

Nicholson (W.), bibliogr. angl., arch. de Londonderry. N. Plumland, 1655; m. 1727. = (W.), chim. et physic. Londres, 1753-1815.

Nicias, gén. athén. M. 413 av. J.-C. = Peint. athén. V. 332 av. J.-C.

Nicoclès, roi de Paphos. Se tua avec sa fam. 310 av. J.-C. = Roi de Chypre et de Salamine, fils et succ. d'Évagoras, 374 av. J.-C.

Nicodème, juif de la secte des pharis., contemp. de J.-C. et qui devint son disciple.

Nicolaï (J.-Aymar), descend. de Jean Nicolaï, ill. magistr. du 16e s., fut 1er présid. de la cour des comptes en 1666, et plus tard tuteur de Voltaire. = (Aymar-J.), fils du précéd. et égalem. 1er présid. de la cour des comptes. N. 1709. = (Aymar-Et.-F., marq. de), 1er présid. du gr. conseil et fils du précéd. N. Paris, 1737; m. sur l'échaf., 1794. = (Aymar-Th.-Ma.), 1er présid. de la cour des comptes, memb. de l'Acad. fr., frère du précéd. N. 1747; m. sur l'échaf., 1794.

Nicolaï (Gu.), litt. Arles, 1716-1788. = (N.-Ant.), méd. all. et profess. à Iéna. 1722-1802. = (Christ.-Fréd.), libr. et litt. all. Berlin, 1733-1811. = (N.-Ma.), litt., audit. gén. de la ch. apostol. Rome, 1756-1833.

Nicolas (St), év. de Myre, et suiv. d'autres de Pinara, en Lycie, au 4e ou 5e s.

Nicolas Ier, pape. Succ. de Benoît III, 858; m. 867. = II (Gérard). N. en Bourgogne; succ. d'Etienne IX, 1058; m. 1061. = III (J. Gaëtan Orsini). N. Rome; succ. de Jean XXI, 1277; m. 1280. = IV (Jér.). N. Ascoli; succ. d'Honorius IV, 1288; m. 1292. = V, antipape. V. CORBIÈRE. = V (Th. Parentucelli ou de Sarzane), pape. N. Luny; succ. d'Eugène IV, 1447; m. 1455.

Nicolas, roi de Danemark, fils de Suénon II. Succ. de son frère Eric Ier, 1104; assass., 1134.

Nicolas Damascène, ou de Damas, écriv. grec. N. v. 74 av. J.-C.

Nicolas de Pise, sculpt. et archit. du 13e s. N. Pise; m. v. 1270. = de Cusa. V. CUSA. = = (Augustin), litt., hist. Besanç., 1622-1695. = (P.), géom. N. Toulouse; m. v. 1720.

Nicolay (N.), voyag. fr. La Grave, 1517-1583.

Nicole (Cl.), poëte fr. Chartres, 1611-1696. = (P.), écriv. de Port-Royal, cél. moral. et théol., nev du précéd. N. Chartres, 1625; m. Paris, 1695. = (F.), géom. Paris, 1683-1758. = (N.), archit. Besanç., 1701-1784.

Nicoleau (P.), litt. Bigorre 1734-1810.

Nicolef (Pétrowitch), poëte dram. russe, 1758-1816.

Nicolle (Gab.-H., l'abbé), instit., journal. Fresquienne, 1767; Paris, 1828.

Nicolo (N. Isouard, dit), composit., d'une fam. fr. Malte, 1777; Paris, 1818.

Nicomaque, de Stagyre, méd. de Philippe de Macédoine et père d'Aristote. Viv. v. 380 av. J.-C. = Peint. grec, contemp. d'Apelle. V. 330 av. J.-C.

Nicomède Ier, roi de Bithynie, de 280 à 250 av. J.-C., fondat. de Nicomédie. = II, fils de Prusias, détrôna son père et le fit mourir, 148 av. J.-C. M. 89. = III, fils du précéd., et son succ., 89 av. J.-C. M. 75.

Nicomède, géom. grec du 1er s. av. J.-C.

Nicon, archit. et mathém. du 2e s. N. Pergame. = Moine grec, écriv. ecclés. M. Corinthe, 998. = Patriarche de l'Église russe et hist. 1613-1681.

Nicot (J.), seign. de Villemain, diplom. et litt. Nîmes, 1530-1600.

Nicoudar, dit Ahmed-Khan, prince mogol. Succ. de son frère Abaka-Khan, 1282; détrôné par son fils, 1284; m. peu de temps après.

Nider ou *Nieder* (J.), dominic., théol., mission. M. 1438 ou 1440.

Niebuhr (Carsten), voyag. danois. Ludingsworth, 1733-1815. = (Berthold-George), cél. hist. et philol., fils du précéd. Copenhague, 1776; Bonn, 1831.

Nielly (Jo.-Ma., bar.), vice-amiral fr. 1751-1833.

Niemcewicz (V.-G.), patriote polon., écriv., litt., aut. dram. N. Lithuanie, 1757; combattit en 1794 et en 1831 pour l'indép. de sa patrie; m. en exil, Paris, 1841.

Niemeyer (A.-Hermès), théol., pédagogiste. Halle, 1754-1828.

Niepperg (Ad.-Alb.) comte de), gén. autrich. Salzbourg, 1771; Parme, 1828.

Nieremberg (J.-Eusèbe), jés., natural. Madrid, 1590-1658.

Nieuhof (J.), voyag. holl. du 17e s. N. Useli (Wesph.); disparut sur la côte de Madagasc., 1671.

Nieulant (Gu.), peint. et grav. Anvers, 1584-1635.

Nieupoort (Gu.-H.), érud., philol., profess. à Utrecht. N. 1670; m. v. 1750.

Nieuport (C.-Ferd.-Ant.-Florent le Prud'homme d'Hailly, vic. de), litt., écriv. N. Paris, 1746; m. 1827.

Nieuwentyt (Bern.), méd. et mathém. holl. 1654-1718.

Nieuwland (P.), mathém. et litt. holl. 1764-1794.

Nifo (Augustin), en lat. Niphus, cél. philos. ital. N. v. 1473; m. 1558.

Niger (Caïus Pescennius Niger Justus), gouv. de Syrie. Procl. emp. à la m. de Pertinax, 193; périt 195.

Nigidius Figulus (Publius), sav. Rom., ami de Cicéron; préteur, 59 av. J.-C.; m. 45.

Nihus (Barthld), év. de Myre, controv., érud., poëte lat. Brunswick, 1584-1675.

Nikby-ben-Mas'oud, hist. persan du 14e s.

Nil (St), moine grec et écriv. ascét. du 4e s. N. Ancyre.

Nimmo (Al.), ingén. écoss. Kirkaldy, 1783-1832.

Ninus, fils de Bélus, roi d'Assyrie de 1960 à 1916, et conquér. = II ou *Ninyas*, fils du précéd., régna ap. la m. de sa mère, Sémiramis, de 1874 à 1836 av. J.-C.

Nisas. V. Carrion-Nisas.

Nitard (J.-Evrard), jés., cardin., écriv. ascét., homme d'Etat. N. duché d'Autriche, 1610; m. 1681.

Nithard, appelé aussi Witchard ou Guitard, fils d'Angilbert et de Berthe, fille de Charlemagne, hist. et conseill. de Charles le Chauve. N. av. 790; tué dans un comb. contre les Normands, 858.

Nitsch (Pa.-Fréd. Achat), érud., litt. all. 1755-1794.

Nivelle (J. de), seign. flam. du 15e s., qui abandonna le parti de Louis XI pour celui du duc de Bourgogne. = V. Horn.

Nivernais (L.-J. Barbon-Mancini, duc de), diplom., litt., memb. de l'Acad. fr. Paris, 1716-1798.

Nivers (Gab.), organ. N. Paris, m. 1707.

Nizam-el-Molouk (Koadjah-Haçan), vizir sous Alp-Arslan, sultan ghaznévide. N. Khoraçan, 1017; assass., 1092. = (Tchyn-Zelytsch-Khan), vice-roi du Décan. N. 1648; nommé 1717; m. 1748.

Nizami, poëte persan. N. Candjeh; m. 1180.

Nizzolli, en lat. Nizolius, philos. ital. et sav. philol. Brescello, 1498-1566.

Noailles, anc. fam. origin. du Limousin. Les memb. princip. sont: Antoine, amiral de Fr. sous Henri II. 1504-1562. = François, habile diplom., frère du précéd. 1519-1585. = Louis-Antoine (duc de), card., archev. de Paris. 1651-1729. = (Anne-Jules), maréch. de Fr., frère du précéd. 1650-1708. = (Ad. Maurice, duc de), maréch. de Fr., présid. du conseil des fin., fils du précéd. 1678-1766. = (L., duc de), maréch. de Fr., fils du précéd. 1715-1793. = (Louis-Marie, vicomte de), gén. fr., 2e fils de Ph. de Mouchy (V. ce nom). N. 1756; m. La Havane, 1804. = (J.-L.-F.-Paul, duc de), pair de Fr., memb. de l'acad. des sc. 1739-1824. = (Alexis, comte de), diplom., orat. polit., philanthr., fils du vicomte Louis-Marie. 1783-1835.

Nobili (R.), jés., mission. dans l'Inde. N. Rome, 1606; m. San-Thomé, 1656.

Noble de la Lauzière (J.), litt. Marseille, 1718-1806.

Nodal (Bart. Garcia de), navig. esp. du 17e s.

Nodier (C.-Emm.), litt., philol., memb. de l'Acad. fr. Besançon, 1780; Paris, 1844.

Nodot (F.), érud., litt., munitionn. des armées. M. commenc. du 18e s.

Noé, patriarche, fils de Lamech. N. v. 3908 av. J.-C.; échappa au déluge, 3308; m. à 950 ans.

Noé (Marc-Ant. de), litt., év. de Troyes. La Grimaudière, 1724-1802.

Noël (F.), jés. all., mission., sinologue. N. v. 1640; m. 1715. = (J.-B.), convent. qui refusa de prendre part au jug. de Louis XVI. N. Remiremont, 1727; m. sur l'échaf., 1793. = (P.), peint. de l'école flam. M. jeune, 1823. = Peint. de mar. N. Rouen, v. 1753; m. 1834. = (F.-Jo.), human., inspect. gén. des études. St-Germ.-en-Laye, 1755; Paris, 1841.

Noël de la Morinière (Sim.-Barth.), statistic., ichthyogr. Dieppe, 1765; Drontheim, 1822.

Noet, hérés. du 3e s.

Nogaret (Gu. de), chancel. de Philippe le Bel. N. en Lauragais; m. 1314. = (F.-Fél.), litt., aut. dram. N. Versailles, 1740; m. 1831. = (D.-V. Ramel de), financ., memb. de la conv., du cons. des cinq-cents, min. des fin. N. Carcassonne; m. exilé à Bruxelles, 1827. = V. Valette.

Nogarola (Isotta), dame de Vérone, cél. par sa beauté et son talent pour la poésie. M. 1466. = (Thaddée), jés., théol. N. Vérone, 1729.

Noghera (J.-B.), jés., litt. Barbeno (Valteline), 1719-1784.

Nointel (C.-J. Olier, marq. de), diplom. fr., antiq. M. Paris, 1685.

Noirot (Cl.), écriv. fr. N. Langres, 1570.

Nolasque (St P.) fondat. de l'ordre de la Merci. N. St-Papoul, v. 1189; m. 1256.

Nollet (Domin.), peint. Bruges, 1640; Paris, 1736. = (l'abbé J.-Ant.), physic., memb. de l'acad. des sc. Pimpré (Picard.), 1700; Paris 1770.

Nollikins (J.-F.), peint. N. Anvers; m. Anglet., 1748.

Nombret-St-Laurent, vaudevill. fr. M. Boulogne, 1833.

Noménoé, comte ou duc de Bret. en 824; essaya, sous Charles le Chauve, de se rendre indépend.; m. Vendôme, 851.

Nomsz (J.), poëte et aut. dram. holl. N. Amsterd.; m. 1803.

Nonius Marcellus, gramm. et philos. péripatétic. de Tibur. Viv. 3e s.

Nonnius. V. Nunnez.

Nonnotte (Donat.), peint. du roi. Besanç., 1707-1785. = (Cl.-F.), jés., litt., prédic., théol. Besanç., 1711-1793.

Nonnus, poëte grec. N. Panopolis (Egypte), v. 410 de J.-C.

Noodt (Gér.) juriscons., profess. à Leyde. Nimègue, 1647-1725.

Nooms (Remi), dit Zeeman ou le Marin, peint. de mar. et grav. N. Amsterd., v. 1612.

Noot (H.-N. van der), homme d'Etat, avoc. au gr.-conseil du Brabant, présid. du congrès nation., lors de l'insurrect. des Pays-Bas. Bruxelles, 1750-1826.

Norberg (G.), hist. suéd. Stockholm, 1677-1744. = (Mat.), sav. oriental. suéd. M. Upsal, 1826.

Norbert (St), fondat. de l'ordre des Prémontrés, archev. de Magdebourg. N. Santen (duché de Clèves), v. 1092; m. Magdeb., 1134.

Norbert (P. Parisot, ou le P.), mission. capuc., antagon. des jés. Bar-le-D., 1697-1769.

Norblin (J.-P.), peint. et grav. Misy (pr. Sens), 1746-1830.

Norby (Séverin), amiral dan., servit sous Christian II, puis sous Charles-Quint. Tué dev. Florence, 1530.

Norden (Fréd.-L.), cél. voyag. danois. Gluckstadt, 1708; Paris, 1742.

Nordenflycht (Hedwige-Charlotte de), dame suéd., poëte. 1718-1763.

Nordin (C.-Gust.), hist., antiq. Stockholm, 1749-1812.

Norfolk (Roger Bigod, comte de), maréch. d'Anglet. M. 1270.

Norfolk, anc. fam. angl. Ses memb. les plus ill. sont: J. Howard (1er duc de), homme de guerre, négociat., amiral d'Anglet., d'Irl. et d'Aquit. Tué à la bat. de Bosworth, 1485. = Thomas Howard (2e duc de), homme d'Etat et homme de guerre, fils aîné du précéd. M. 1524. = Thomas Howard (3e duc de), homme d'Etat, lord-lieut. d'Irl., fils aîné du précéd. N. v. 1474; m. 1554. = Charles Howard (4e duc de), homme polit. 1746 1815.

Noris (H.), card., cél. écrit. Vérone, 1631-1704. = (Mat.), poëte dram. N. Venise, v. 1640; m. 1710.

Normand, conseill. au parl. de Dijon, jurisc. N. Paris, 1697. = (Cl.-Jo.), méd. et antiq. Clervaux-lez-Vaudin (Fr.-Comté), 1704-1761.

Normann-Ehrenfels (C.-Fréd. Lebrecht, comte de), gén. wurtembergeois. N. Stuttgard, 1784; m. Missolonghi, 1822.

Norniant (Alexis), cél. avoc. Paris, 1697-1745.

Norris (J.), théol. et écriv. angl. 1657-1711.

Norry (C.), archit. Bercy, 1756-1832.

North (Francis), bar. de Guildefort, lord-garde du gr. sceau sous Charles II. N. v. 1640; m. 1685. = (Fréd. lord, comte de Guildford), cél. homme d'Et., chancel. de l'échiq., 1er lord de la trésorer., min. dirigeant. 1732-1792. = (Fréd., comte de Guildford), gouv. de l'île de Ceylan, des îles Ioniennes; pair d'Anglet., fils du précéd. M. 1827.

North (G.), antiq., numism. Londres, 1710-1772.

Northampton (H. Howard, comte de), homme d'Etat, memb. du conseil privé, gouv. de Douvres. M. 1614.

Norton (Th.), poëte angl. du 16e s. = (lady Françoise), femme aut. N. comté de Dorset; m. 1720.

Norwood (Rich.), géom. angl. du 17e s.

Norzi (Salom.), sav. rabbin de Mantoue, au 17e s.

Nossis, femme grecque poëte. N. Locres, v. 324 av. J.-C.

Nostradamus (M. de Nostradame, dit), méd. et astrol, cél. St-Remi (Prov.), 1503; Salon, 1566. = (Cés.), poëte et hist., fils du précéd. Salon, 1555-1629. = (M.), dit le Jeune, frère du précéd., se mêla aussi d'astrol. Tué 1574.

Nota (Alberto), aut. com. ital. N. Turin, 1775; m. 1847.

Notaras (Chrysanthe), patriarche de Jérusal., théol., géogr. M. 1733.

Notker (le B.), dit Balbulus ou le Bègue, écriv. eccl. N. St-Gall; m. 912. = dit Labio, moine de St-Gall, érud. 1022.

Nottingham. V. Howard.

Noue. V. Lanoue.

Nouet (N.-Ant.), astron. N. Pompey (Lorraine); m. Chambéry, 1811.

Nougaret (P.-J.-B.), romanc., compil. La Rochelle, 1742-1823.

Nouh Ier, de la dynast. des Samanides, souver. du Khoraçan et de la Perse, 943 à 954. = II, p.-fils du précéd. Régna de 976 à 997.

Noulleau (J.-B.), orator., théol., prédic. St-Brieuc, 1604-1672.

Nour-Djihan, femme de l'emp. mogol Djihan-Guir. Nommée sultane, 1611; m. 1645. On lui attribue la découv. de l'essence de roses.

Nour-Eddyn-Mahmoud (Mélik-el-Adel), dit Noradin, fils d'Omad-Eddyn-Zenghi Ier, sultan de Syrie et d'Egypte. Succ. de son père, 1145; m. Damas, 1174.

Nourrit (L.), chant. Montpell., 1780-1832. = (Ado.), cél. chant. de l'Opéra. N. 1802; se donna la m. à Naples, 1839.

Nouvellet (Cl.), poëte fr. du 16e s.

Novalis. V. Hardenberg (Fréd. de).

Novat, en lat. Novatus, hérés. du 3e s. Il s'unit à Novatien.

Novatien, antipape et hérés. du 3e s. Se fit élire en même temps que St Corneille, 251. On ignore l'époque de sa m.

Novella, Bolonaise, cél. par ses connaiss. en philos. et en jurisp. M. 1366.

Noverre (J.-G.), composit. de ballets. Paris, 1727-1810.

Noves (P. Brémond ou Rich. de), troubad. M. 1270. = (Laure de), cél., sous le nom de Laure, par l'amour de Pétrarque. N. Avignon, 1307 ou 1308; épousa Hugues de Sade, 1325; m. de la peste, 1348.

Novidius (Ambr.), poëte lat. du 16e s. N. Forenza (Pouille).

Novikof (N. Ivanowich), litt. russe. Tiechwensk (pr. Moscou), 1744-1818.

Nowairi (Shéhab-Eddyn-Ahmed), hist. et jurisc. ar. N. Egypte, v. 1281; m. 1331 ou 1332.

Noyers (Milès de), bouteillier de Fr., puis porte-oriflamme, exécut. testam. de Louis le Hutin. M. 1350.

Nuck (Ant.), anat. all., profess. à Leyde. N. v. 1660; m. 1692.

Nugent (R. Craggs, bar.), poëte et homme d'Etat angl. N. Irlande, v. 1700; m. 1788. = (Th.), litt. et lexicogr. irland. M. Londres, 1772.

Numa Pompilius, 2e roi de Rome et législat., Sabin d'origine. Nommé succ. de Romulus, 714 av. J.-C.; m. 671.

Numénius, philos. chrét. du 2e s. N. Apamée (Syrie).

Numérien (Marius Aurelianus Numerianus), emp. rom., fils de Carus, et son succ. avec son frère Carus; 284; assass. même ann.

Nunnez ou *Nunez*, en lat. Nonnius (P.), méd. et mathém. portug. 1492-1577. = (Ambr.), méd., profess. à Salamanque. Lisbonne, 1527-1603. = (Ferd.), en lat. Nonnius, surnommé Pincianus, sav. philol. esp., profess. à Salamanque. N. Valladolid, v. 1473; m. 1553. = (J.), peint. esp. du 16e s. = (P.), peint. N. Madrid, v. 1614; m. 1654. = de Sepulveda (Mat.), peint. de Philippe IV, roi d'Esp., en 1640. = de Villavicencio, peint. esp., élève de Murillo. Séville, 1635-1700.

Nuvolone (Pamphile), peint. d'hist. N. Crémone; m. 1651. = (C.), peint., dit le Guido de la Lombardie, fils du précéd. Milan, 1608-1661. = (Jo.), peint., frère du précéd. Milan, 1619-1703.

Nyerup (Erasme), litt. dan. Fionie, 1759-1829.

Nymann (Grég.), anat. et natural. all. N. Wittemb., 1594.

Nysten (P.-Hubert), méd. Liége, 1771; Paris, 1818.

— O —

O (F., marq. d'), surint. des fin. sous Henri III et sous Henri IV. N. v. 1535; m. dans la misère, 1594.

Oatès (Titus), intrigant angl. N. 1619; dénonça une prétendue conspirat. catholique; emprisonné et fustigé comme impost., il recouvra la liberté à la révol. de 1688; m. 1705.

Obeïd-Allah, cél. capit. ar. du 7e s. Tué dans une bat., 685.

Obeïd-Allah-al-Madhy (Abou-Mohammed), fondat. de la dynast. des califes fatimites. N. v. 882; m. 934.

Obelerio (nommé Willère par plus. hist.), doge de Venise, 804; décap., 830.

Obereit (Ja.-Hermann), méd., alchim. Arbon (Suisse), 1725-1798.

Oberkamp (F.-Ph.), profess. d'anat. et de chir. à Heidelberg. M. 1795.

Oberkampf (Christ.-P.), cél. industr., créateur de la manuf. de toiles peintes de Jouy. (Weissenbach, 1738; Jouy, 1815.

Oberlin (Jérém.-Ja.), philol., érud. fr. Strasb., 1735-1806. = (J.-Fr.), philanthr., frère du précéd. Strasb., 1740-1826.

Oberto (F. d'), poëte provenç. du 14e s. M. 1408.

Obicini Obizzino (Th.), mission., profess. de langues orient. à Rome. N. près de Novarre; M. Rome, 1656.

Obradowitsch (Démétrius), sav. hongrois, min. de l'instr. publ. en Servie. N. 1740; m. Belgrade, 1811.

Obrecht (Ulric), jurisc., philol., profess. d'éloq. et d'hist. Strasb., 1646-1701.

Obrégon (Bernardin), instit. des infirmiers-minimes qui soignent les malades en Esp. Las Huelgas, 1540; Madrid, 1599.

Obsequens (Julius), aut. lat. Viv. v. 388.

Ocampo (Florian d'), hist. esp. du 16e s., historiogr. de Charles-Quint.

Ocaritz (don Jo., cheval. de), diplom. esp. N. v. 1750; m. Varna, 1805.

Occam (Gu. d'), cordel., philos. scolast. N. Occam (comté de Surrey), v. 1280; m. Munich, 1343 ou 1347.

Occhiali (Kilig-Ali, dit), capitan-pacha sous Sélim II. N. Calabre; m. Constantin., v. 1577.

Occo (Ado.), méd. et numism. N. Augsbourg, 1524; m. 1605 ou 1606.

Ocellus Lucanus, philos. pythagoric. N. Lucanie; viv. v. 500 av. J.-C.

Ochin (Bernardin), prédic. et controvers ital., cordel., puis capuc., enfin luthér. N. Sienne, 1487; m. dans la Moravie, 1564.

Ochosias, roi d'Israël. Succ. de son père Achab, 888 av. J.-C.; m. 887. = Fils de Joram et d'Athalie, roi de Juda en 877 av. J.-C.; tué par Jéhu, 876.

Ochs (P.), doct. en droit, un des chefs du parti fr. et démocratique en Suisse. N. Bâle, 1749; memb. du direct. après la révol. helvétique de 1798; m. 1808.

Ockley (Sim.), sav. oriental. Exeter, 1678-1720.

O'Connel (Dan., comte), ingén., lieut.-gén. au service de Fr. Decrinant (Irlande), 1742; Meudon (près de Blois), 1833. = (Dan.),

jurisc., avoc., orat. polit. et cél. cathol. irland., dit le Grand Agitateur, puis le Libérateur de l'Irlande. N. comté de Kerry, 1775; m. Gênes, 1847.

O'Connor (Turlogh), dit le Grand, roi de Connaught (Irlande), N. 1088; m. 1156.=(Roderick), roi de Connaught, v. 1171, époque où Henri II, roi d'Anglet., s'empara de l'Irlande.

Octavie, sœur d'Auguste, femme de Claudius Marcellus, puis d'Antoine. M. 4 av. J.-C.=Fille de l'emp. Claude et sœur de Britannicus. Mariée à Néron; mise à m. 62 de J.-C., à l'âge de 20 ans.

Octavien, antipape sous le nom de Victor III. M. Lucques, 1164.

Odalsi (Titi Degli), invent. de la poésie macaronique. N. Padoue, 15e s.

Oddi (Muzio), géom. et ingén. Urbin, 1569-1659.

Odeleben (Othon-Innocent, barde), colonel, ingén. et hist. saxon. Riésa, 1777-1833.

Odenath (Septimius), prince ar. du 3e s., sénat. de la colonie rom. de Palmyre, puis gén. de tout l'Orient. enfin collègue de l'emp. Gallien. Assass., Emèse, 267.

Oderic de Portenau, francisc., cél. missionn. N. Pordenone (Frioul), v. 1286; m. Udine, 1331.

Oderigi da Gubbio, Ital., peint. en miniat. du 14e s.

Odevaere, peint. flam. N. Bruges, 1775.

Odier (L.), méd. Genève, 1748-1817.=(P.-Agathange), administr. distingué. St-Marcellin (Isère), 1774-1825.

Odieuvre (M.), peint. et march. de tabl. N. v. 1690; m. Rouen, 1756.

Odile (Ste), patronne de l'Alsace, abbesse d'Hohenbourg. M. 690.

Odilon (St), abbé de Cluny, théol., hagiogr., poëte lat. Auverg. 962-1048.

Odoacre, chef des Hérules, conq. de l'Italie, qu'il gouv. sous le titre de patrice, 476; attaqué par Théodoric, 489; mis à m. 493.

Odon (St), év. de Cantorbéry. N. Anglet., fin du 9e s.

Odon, frère utérin de Guillaume le Conquér., év. de Bayeux. Aida celui-ci dans son expéd. contre l'Anglet.; exilé à Rouen, à cause de ses exactions, partit pour la Terre-Sainte; m. à Palerme, 1096.

Odon de Deuil, chroniq., chapel. de Louis le Jeune, puis abbé de St-Denis. N. Deuil (près de Montmorency), commenc. du 12e s.; m. 1162.

Œcolampade (J. Hausschein ou), un des aut. de la réforme, controv. Weinsberg (Franconie), 1482-1531.

Œder (G.), méd. et bot. Anspach, 1728-1791.

Œfele (Ant.-Fel. d'), en lat. Evelius, érud. all. Munich, 1706-1780.

Œhlenschlager (Adam), poëte, aut. dram. danois. N. Frederiksborg, près de Copenhague, 1779; m. 1850.

Œlrichs (J.-G. Arnold), sav. all. N. Hanovre, v. 1767; m. 1791.=(J.-C. Conrad), hist. et bibliogr. Berlin, 1722-1798.

Œlschlæger. V. OLÉARIUS.

Œlsner, litt. Silésie, 1760; Paris, 1828.

Œnomaüs, philos. cynique. N. Gadara (Syrie). Viv. commenc. du 2e s.

Œnopidas de Chio, philos. pythagoric. du 5e s. av. J.-C.

Œrn (N.), voyag. et écriv. lapon du 17e s., élevé en Suède.

Œriel. V. ORTELIUS.

Œser (Ad.-Fréd.), peint., mouleur et grav. Presbourg, 1717-1799.

Œtinger (Fréd.-Christ.), sav. philol. wurtembergeois, l'un des chefs des piétistes. Goppingen, 1702-1782.

Œxmelin (Al.-Olivier), voyag. et avent. flam. du 17e s.

O'Farril (Gonzalo), gén. esp. La Havane, 1784; Paris, 1831.

Offa, roi de Mercie, l'un des roy. de l'Heptarchie saxonne, en 757. M. 796.

Ofterdingen (H. d'), poëte all. du 13e et du 14e s.

Ogée (J.), ingénieur-géographe, Chaource (Aisne), 1728-1789.

Oger ou *Ogier le Danois*, dont le vrai nom est Autcaire, cél. dans les rom. de cheval. comme paladin de Charlemagne. M. à l'abbaye de St-Faron, à Meaux, après le milieu du 9e s.

Ogeron de la Brouère (Bertin d'), admin. de la côte fr. de St-Domingue. N. Anjou, 1615; m. Paris, 1676.

Ogier (C.), litt., voyag. Paris, 1595-1654.

Ogilby (J.), litt. écoss. Edimbourg, 1600-1676.

Ogilvie (J.), poëte et litt. écoss. 1733-1814.

Oginski (M., comte), noble polonais, aimé de Catherine II, qui le nomma gr. maréchal de Lithuanie; il prit néanmoins parti pour ses compatriotes. 1731-1803.

Ogive, reine de France, fille d'Edouard Ier, roi d'Anglet., fem. de Charles le Simple.

Oglethorpe (J.-Ed.), gén. angl. Londres, 1698-1785.

Oihenart (Arnault), hist. et poëte basque. N. Mauléon, fin du 16e s.

O'Keefe (J.), aut. dram. N. Dublin, v. 1746; m. 1833.

Okolski (F.-Sim.), hist. polon. du 17e s.

Oktai, gr. khan des Tartares Mongols, fils de Gengis-Khan et son succ. en 1227; m. 1241.

Olafsen (Magnus), sav. past. island. 1573-1636.=(Et.), past. island., érud. N. 1688.=(Eggert), natural. islandais, 1721-1768.

Olahus (N.), homme d'Etat et prélat hongr., arch. de Strigonie, Hermanstad, 1493; Presb., 1568.

Olaus, le 1er des chefs suéd. qui ait porté le titre de roi. 984-1026.

Olaüs Ier, roi de Danemark, ne régna qu'en Jutland. Périt dans un comb. 814.=II, dit Hunger ou l'Affamé. Succ. de son frère Canut IV, 1086; m. 1095.

Olaüs Ier, roi de Norwége, fils de Trygve. N. v. 955; monta sur le trône, 994; introd. le christian. dans ses Etats; m. 1000.=II, dit le Gros ou le Saint. N. v. 992; reconnu roi vers 1014; détrôné, 1031; tué l'ann. suiv.=III, dit le Pacifique, p.-fils du précéd. régna, avec Magnus II, de 1066 à 1069; seul, de 1069 à 1093.=IV, fils de Magnus II, régna avec ses frères Sigurd et Eystein, 1103 à 1116. =V, fils de Haquin VII. N. 1370; succ. de son gr.-père Waldemar comme roi de Danemark, 1376; de son père comme roi de Norwége, 1380; m. 1387.

Olaüs Magnus. V. MAGNUS.

Olavidé (Pa.-Ant.-Jo.), comte de Pilos, homme d'Etat esp., intend. de Séville. N. à Lima v. 1726; m. Andalousie, 1805.

Olbers (Gu.), méd. et astron. all. Brême, 1758-1840.

Oldcastle (J.), dit le bon lord Cobhan, sect. angl. du 14e s., partis. de Wiclef. Fut pendu.

Oldenbuurg (H.), physic. N. Brême; m. Charlton, 1678.

Oldenburger (Ph.-And.), public. N. Brunswick; m. Genève, 1678.

Oldendorp, (J.), jurisc. all. 1506-1567.

Oldfield (Anne), actr. anglaise, Londres, 1683-1730.

Oldham (J.), poëte sat. angl. N. Shipton, 1653; m. 1683.

Oldjaïtou (Gaiath-Eddyn-Mohammed), emp. persan de la dynast. de Gengis-Khan. M. 1316.

Oldoini, (Augustin), jés., érud., bibliogr. N. Spezzia (duché de Gênes), 1612; m. 1685.

Oldsworth (Ed.), litt. angl. 1688-1747.

Oléarius (Ad.), ou plutôt OElschlæger, sav. voyag. all. N. dans le pays d'Anhalt, v. 1600; m. 1671.=(God.), érud. all. 1672-1715.

O'Léary (Arthur), théol. cathol. Cork (Irlande), 1729-1802.

Oleg, 2e gr. duc de Moscovie, conquér., et regardé comme le fondat. de l'empire russe. Régna de 879 à 912.

Oleggio (J. Visconti), tyran de Bologne. M. 1366.

Olenschlæger (J.-Dan. d'), public. all. Francf.-s.-le-M., 1711-1778.

Olesniki (Sbigné), card. polon., év. de Cracovie, ambass. N. v. 1389; m. 1455.

Olga, femme de basse extract. devint femme d'Igor, gr.-duc de Russie, régente à la m. de son époux, 945 à 946; embrassa le christianisme. M. 968.

Olgierd, gr.-duc de Lithuanie, fils de Gédimin, détrôna son frère Iawnut et régna de 1330 à 1381.

Olhagaray (P.), historiogr. de Henri IV, protest. N. Béarn, 16e s.

Olier (J.-J.), écriv. ascét., curé de St-Sulpice. Paris, 1608-1657.

Oliva (Fernandez-Pérez d'), litt. N. Cordoue, 1497; m. v. 1533. =(J.), litt. et bibliogr. Rovigo, 1689; Paris, 1757.

Olivarès (Gaspar-Guzman, comte-duc d'), cél. min. esp. sous Philippe IV. N. Rome, 1587; m. exilé, 1645.

Olive (J.), jés., poëte lat. et fr. N. Cahors, v. 1586; m. 1636. =(Sim. d'), jurisc., conseill. au parl. de Toulouse. N. 1628.

Olivecrantz (J.-Paulin), hom. d'Etat et litt. suéd. Strengnès, 1633-1707.

Oliver (P.), peint. angl. N. 1601; m. v. 1654.=(J.), peint. et grav. angl. N. 1616; m. v. 1700.

Olivet (Jo. Thoulier, abbé d'), litt., gramm., trad., memb. de l'Acad. fr. Salins, 1682; Paris, 1768.

Olivetan (P.-R.), un des chefs de la réforme à Genève, parent de Calvin. N. Noyon; m. Ferrare, 1538.

Oliveyra (F.-O. d'), écriv. portug. Lisbonne, 1702; Hackney, 1783.=(Salom. ben David de), sav. rabbin portug. M. Amsterd., 1708.

Olivier (Ja.), avoc. gén., puis 1er présid. du parlem. de Paris. N. Paris, v. 1460; m. 1519.=(F.), chanc. de Fr., ambass. Paris, 1497-1560.=(Séraphin), profess. de droit canon, cardin., fils de Jacques. Lyon, 1538; Rome, 1609.= (Cl.-Mat.), avoc. et hist. Marseille, 1701-1736.=(Gu.-Ant.), voyag., entomol., membre de l'Inst. Fréjus, 1756; Lyon, 1814.

Ollivier (Remi), litt. Paris, 1727-1814.

Olonnais (J.-Dav. Nau dit l'), cél. flibust. du 17e s. N. Sables-d'Olonne; mangé par les Indiens, 1667.

Olybrius (Anicius), empereur d'Occid. Procl. 472; m. même année.

Olympe (Ste), veuve de Nébride, préfet de Constantinople, N. 368; m. 410.

Olympias, fille de Néoptolème, roi d'Epire, épouse de Philippe, roi de Macédoine et mère d'Alexandre le Gr. Répudiée v. 336 av. J.-C.; égorgée, 317.=Reine d'Epire, fille de Pyrrhus, et femme d'Alexandre, roi d'Epire. M. v. 240 av. J.-C.

Olympiodore, philos. platonic. Viv. Alexandrie, commenc. du 6e s.=Philos. péripatétic., égalem. d'Alexandrie. Viv. fin du 6e s.= Diacre d'Alexandrie de la fin du 7e s.

Olzoffski (And.), homme d'Etat polon., gr.-chancel., arch. de Gnesen, primat du roy. N. Dantzig, 1678.

Omad-Eddyn-Zinghi. V. ZINGHI.

Omar Ier (Abou-Afsa-Ibn-al-Khattab), 2e calife, cousin de Mahomet, conquér. musulm. N. fin du 6e s.; succ. d'Abou-Bekr, 1er calife, 634; assass. 644. On lui attribue l'incendie de la biblioth. d'Alexandrie.=II, 8e calife ommiade. Succ. de Soliman, 717; empois., 720.

Omar (Abou-Hafs-al-Galedh-ben-Schoaïb), fameux capit. ar. du 9e s. N. pr. de Cordoue; m. à Candie, 854 ou 855.

Omar-al-Motawakel-al-Allah (Abou-Mohammed), dit Al-Aftas, dernier roi maure de Badajoz. Succ. d'Yahia, son frère, 1079; décap. avec ses 2 fils, 1094.

Omar (Nadjm-Eddyn-Abou-Afs), dit Al-Nasafi, célèb. doct. musulm. N. 1068 ou 1069; m. Samarcande, 1142 ou 1143.= (Ben-Hafsoun, Ben-Djafar), fam. chef de bandits en Esp. N. Ronda; m. 919.

Omar-Pacha, dey d'Alger à la suite d'une révolution, 1815; étranglé, 1817.

Ommiah, prince d'une tribu arabe qui dominait à la Mecque, et tige de la dynast. des Ommiades. M. commenc. du 7e s.

Omer (St), moine de Luxeuil, év. de Térouanne. M. v. 668.

Ommeganck (J.-B.), peint. de paysages. Anvers, 1775-1826.

Onésicrite d'Egine, hist. grec du 4e s. av. J.-C.

Onésime (St), disciple de St Paul. Martyrisé, 95.

Onias 1er, gr. sacrific. de Judée, de 321 à 300 av. J.-C.=II, fils du précéd. et son succ. de 241 à 229.=III, succ. de son père Simon, 200 av. J.-C.; assass. Antioche.=IV, fils du précéd., bâtit près de Bubastis un temple juif autour duquel s'éleva la ville d'Onium.

Onkelos, rabbin, condisc. de St Paul, selon les uns; serait, suivant d'autres, le même qu'Aquila, contemp. d'Adrien.

Onomacrite, poëte et devin d'Athènes. Viv. v. 516 av. J.-C.

Onomarque, gén. phocéen pendant la guerre sacrée. Vaincu par Philippe, et pendu 353 av. J.-C.

Onosander, tactic. grec du 1er s.

Ons-en-Bray (L.-Lé. Pajot, comte d'), mécan. 1678-1753.

Oost (Ja. van), dit le Vieux, peint. d'hist. Bruges, 1600-1671.

Oosterwick (Ma. van), femme peint. en fleurs. Nootdorp, 1630-1693.

Operman (le comte), gén. du génie. N. Allemagne; m. St-Pétersb., 1832.

Opimius (Lucius), consul rom. 121 av. J.-C., cél. par sa lutte contre les Gracques. M. exilé à Dyrrachium.

Opitz (Mart.), poëte et litt. all. Bunzlau (Silésie), 1597-1639. =(H.), oriental. all. Altenb., 1642-1712.

Oppède (J. Meynier, bar. d'), magist., 1er présid. du parl. d'Aix. Aix, 1495-1558.

Oppenheimer (Dav.-Ben-Abrah.), rabbin, sav. écriv. N. Worms; m. 1737.

Oppenord (Gille-Ma.), archit., intend. des jard. des maisons roy. Paris, 1672-1742.

Oppien, poëte grec d'Anazarbe (Cilicie). Viv. commenc. du 3e s.

Oppius (Caïus), tribun du peuple, qui fit rendre une loi contre le luxe des femmes, 215 av. J.-C.=Lieut. et ami de César, v. 50 av. J.-C.

Opportune (Ste), abbesse de Montreuil (dioc. de Séez). M. 770.

Obsopœus (J.), méd. et philol. Bretten (Palatinat), 1556-1596.

Optat (St), év. de Milève (Numidie). M. 384.

Optatien (Publius Porphyrius Optatianus), poëte lat. du commenc. du 4e s.

Orange. V. les NASSAU.

Orange (Philibert), cél. capit. du 16e s. N. Château de Nozeroy (Bourg.), 1502; nommé vice-roi de Naples, 1528; tué dev. Florence, 1530.

Orcagna (And.), peint., sculpt. et archit. florent. 1329-1389.

Orderic-Vital, hist. N. Anglet., 1075; m. abbaye de St-Evroul-en-Ouche, v. 1150.

Ordinaire (Cl.-N.), orator., natural. N. Salins, v. 1736; m. déporté, 1809.

Oréfice (P.), peint. florent. N. v. 1441; m. 1521.

Oreggio (Augustin), card., théol. Romagne, 1577-1635.

O'Reilly (Al., comte), gén. irland. 1735-1794.=(And., comte), gén. de caval. N. Irlande; m. Vienne, 1832.

Orellana (F.), capit. et voyag. esp. du 16e s. N. Truxillo.

Orelle (Rigaud d'), comte de Novogarola et bar. de Villeneuve, négociat. sous Charles VIII et Louis XII. N. Villeneuve-Lembron (Auv.); m. sous François Ier.

Oresme (N.), écriv. fr., précept. du Dauphin, dep. Charles V, év. de Lisieux. N. Normandie, v. 1320; m. 1382.

Oreste, père de l'emp. Augustule, détrôna, en fav. de celui-ci, Julius Nepos; tué, 476.

Orfanel (Hyac.), mission. esp. N. Valence, 1578; brûlé vif. Japon, 1622.

Orffyré ou *Orphireus* (J.-Elie Bessler, dit), charlatan, tour à tour empirique, horlog., chercheur de trésors, etc. Zittau (Alsace), 1680; Fustemberg, 1745.

Orgemont (P. d'), homme d'Etat, chancel. de Fr., 1373 à 1380. N. Lagny-s.-M.; m. 1389.

Oriani (Barnabé, comte), astron. Milan, 1755-1832.

Oribase, de Pergame, cél. méd. de la fin du 4e s.

Orient (St), év. d'Auch, poëte lat. M. v. 450.

Orient (Jo.), peint. de pays. N. Hongrie; m. Vienne, 1747.

Origène, cél. doct. de l'Eglise. N. Alexandrie, 185; m. 253.

Origny (P. d'), sieur de Ste-Marie, poëte du 16e s. N. Reims. =(Adam), érud., de la même fam. Reims, 1697-1774.=(Ant.-J.-B.-Abrah.), conseill. à la cour des monn., litt. Reims, 1734-1798.

Oriol (P.), en lat. Auréolus, théol. du 13e s., disc. de J. Scot.

Oriolle (P. d'), homme d'Etat, chancel. de Fr. M. 1485.

Orkhan, dit Ghazy ou le Victorieux, 2e sultan ott. N. v. 1281; succ. de son père Othman Ier, 1326; m. 1361.

Orlandi (Pellegrino-Ant.), carme, érud. Bologne, 1660-1727. =(Clé.), archit. Rome, 1694-1775.

Orlandini (N.), jés., hist. de sa comp. Florence, 1554-1606.

Orléans (L., duc d'), 2e fils de Charles V et tige de la 1re maison d'Orléans. Nommé régent de Fr. par Charles VI, 1505; assass. par ordre de Jean-sans-Peur, Paris, 1407.=(C. d'), comte d'Angoulême, fils du précéd. et de Valentine de Milan. N. 1391, vaill. capit. et poëte; m. 1465.=(L. II, duc d'). V. LOUIS XII, roi de Fr.

Orléans (Gaston J.-B. de France, duc d'), fils puîné de Henri IV et frère de Louis XIII. N. 1608; conspira avec Montmorency et Cinq-Mars; fut nommé lieut.-gén. du roy. après la m. du roi; m. 1660.

Orléans (Ph. 1er, duc d'), frère de Louis XIV, et tige de la 2e maison d'Orléans. N. 1640; se distingua dans les camp. des Pays-Bas et de Hollande; m. 1701.= (Ph. II, 2e duc d'), dit le Régent, fils du précéd. N. 1674; devint duc d'Orléans, 1701; rég. du roy. ap. la m. de Louis XIV, 1715, et jusqu'à la majorité de Louis XV, 1723; m. même ann.=(L., 3e duc d'), fils du précéd., cél. par sa piété et son goût pour l'étude. N. 1723; m. à l'abb. de St-Genev., 1752.=(L.-Ph., 4e duc d'), fils du précéd. N. 1725; servit dans les camp. de 1742 à 1744; fut lieut.-gén., puis gouv. gén. du Dauphiné; m. 1785.=(L.-Ph.-Jo., 5e duc d'), fils du précéd. N. St-Cloud, 1747; fut exilé dans ses terres, 1771, pour avoir refusé de siéger au parl. Maupeou; commanda une escadre au combat d'Ouessant, 1778; se montra hostile à la cour dès le commenc. de la révol., et ne fut étranger à aucun de ses actes; prit le nom d'Egalité ap. le 10 août 1792; vota la m. de Louis XVI; accusé d'aspirer à la royauté, fut décrété d'arrest. 7 avril 1793, condamné et exécuté 6 oct. suiv.=(Ferd.-Ph.-L.-C.-Henri), fils de Louis-Philippe (V. ce nom), et de Marie-Amélie, duc de Chartres, puis (après la révol. de 1830), duc d'Orléans et prince

royal. N. Palerme, 1810; m. d'une chute de voiture, près du chât. de Neuilly, 1842. = (Ma.-Christ.-Caroline-Adélaïde-Françoise-Léopoldine, princesse d'), habile sculpt. N. Palerme, 1813; mariée au prince de Wurtemberg, 1837; m. Pise, 1839. = (Adélaïde, princesse de), fille de Philippe d'Orléans, et sœur cadette de Louis-Philippe. N. 1777; m. Paris, 1847.

Orléans (le P. d'). V. DORLÉANS.

Orley (Bern. van), peint. flam. Bruxelles, 1490-1560. = (Rich. van), peint. en miniat., dessinat., grav. Bruxelles, 1652-1732.

Orlof (Grég.-Vladimir), cél. favori de Catherine II, qu'il contribua à mettre sur le trône. N. 1740; m. en démence, Moscou; 1783. = (Alexis), frère du précéd., un des assass. de Pierre III, puis amiral. M. 1808. = (Grég.-Vladimir), de la même fam., sénat. et litt. russe. M. St-Pétersb., 1826.

Orme (R.), hist. angl. N. Andjinga (Indoustan), 1723; m. pr. de Londres, 1781.

Ormea (C.-F.-Vinc. Ferrero, marq. d'), homme d'État piémontais. N. Mondovi; m. 1745.

Ormesson (Olivier Lefèvre d'), intend. et contrôl. gén. des fin., présid. de la ch. des comptes, 1525-1600. = (And.), conseill. au parl., conseill. d'État, fils du précéd. M. 1665. = (Olivier II), conseill. d'État, fils du précéd. M. 1686. = (André II), intend. de Lyon, fils du précéd. 1644-1684. = (L.-F. de Paule), intend. des fin., fils d'André II. 1681-1756. = (L.-F. de Paule), 1er présid. du parl., fils du précéd. 1718-1789. = (Ant.-L.-F. de Paule, Lefèvre d'), conseill. au parl., présid. à mortier, fils du précéd. N. 1753; m. sur l'échaf., 1794.

Ormesson d'Amboise (F. de Paule Lefèvre d'), conseill. au parl., contrôl. gén. et conseill. d'État, de la fam. des précéd. 1751-1807.

Ormond (Ja. Butler, 1er duc d'), gén. et homme d'État angl., vice-roi d'Irlande. 1610-1688. = (Ja. Butler, 2e duc d'), p.-fils du précéd., servit dans les Pays-Bas, et s'étant montré partis. des Stuarts, se réfugia en Fr. Dublin, 1665; Avignon, 1747.

Ornano (Alph. d'), fils de San-Pietro, d'abord gén. des Corses, passa en Fr. et devint maréch. de Fr., lieut.-gén. du Dauphiné, puis de Guienne. M. 1610. = (J.-B.), colonel-gén. des Corses, maréch. de Fr., fils du précéd. N. Sisteron, 1581; m. prisonn. à Vincennes, 1626.

Orneval (d'), aut. dram. N. Paris; m. 1766.

Orobio (Isaac de Castro), écriv. juif. N. Espagne; m. Amsterd., 1687.

Orodes, fils de Phraate III, roi des Parthes. Vaincu par les Rom., 39 av. J.-C.; assass. par son fils, 37.

Orose (Pa.), hist., disc. de St Augustin. N. Tarragone; fin du 4e s.

Orrente (P.), peint. d'hist. N. Monte-Alegro (Murcie), v. 1550; m. 1644.

Orsato (Sertorio), en lat. Ursatus; litt. et antiq. Padoue, 1617-1678.

Orseolo, nom de 3 doges de Venise, qui ont régné, le 1er, de 976 à 978; le 2e, de 991 à 1009; le 3e, de 1009 à 1023.

Orsi (Lelio) dit Lelio da Novellara, peint. Reggio, 1511-1587. = (Prosp.), peint. rom. M. v. 1633. = (J.-Jo.), poëte et litt. bolonais, 1652-1733. = (J.-Augustin), card., écriv. eccl. Florence, 1692-1761.

Orsini, nom d'une fam. rom. Les memb. les plus connus sont : Nicolas, comte de Pitigliano, gén. des Vénit. pend. la ligue de Cambray. 1442-1510. = Lorenzo, seign. de Céri, cousin du précéd. Fut employé par Léon X à la conq. du duché d'Urbin et servit sous François Ier. M. 1536. = Fulvio, en lat. Fulvius Orsinus, sav. antiq., philol. Rome, 1529-1600. = V. BENOIT XIII et URSINS.

Orso, 3e doge de Venise. Succ de Tegagliano, 726; tué, 757.

Orte ou *Orthes* (H. d'Aspremont, vic. d'), gouv. de Bayonne sous Charles IX; refusa, dit-on, d'obéir au roi relativ. à la St-Barthélemy. Ce fait a été contesté.

Ortega (J. de), dominic. esp., mathém. du 16e s. = (Casimir Gomez de), bot. Madrid, 1730-1810.

Ortelius (Abrah. Ortell ou OErtel), géogr. Anvers, 1527-1598.

Ortigues ou *de Lortigues* (Annibal d'), poëte fr. N. Apt, 1570.

Ortiz (Blaise), vic.-gén. de Tolède, érud. de la fin du 15e s.

Orville (Ja. d'), philol. Amsterd., 1696-1751.

Orvilliers (L. Guillouet, comte d'), cél. mar. N. Moulins, 1708; commanda l'armée navale fr. à Ouessant, 1778; quitta la France 1783. On ignore le lieu et l'ép. de sa m. = (J. Tourteau-Tortorel, marquis de), fin., pair de Fr. M. Paris, 1832.

Orzechowski (Stan.), en latin Orichovius, orat. et hist. polon. du 16e s.

Os (J. van), peint. de fleurs. La Haye, 1744-1808.

Osborne (F.), écriv. angl. N. v. 1589; m. 1659.

Osée, le 1er des petits proph. N. v. 864 av. J.-C.; m. 784. = Dern. roi d'Israël, fils d'Ela. Régna de 726 à 718 av. J.-C.

Osiander (And.), cél. théol. protest. Gunzenhauzen (Franconie). 1498-1552. = (J.-Adam.), théol. et philol. Tubingen, 1622-1697.

Osias, *Ozias* ou *Azarias*, roi de Juda, fils et succ. d'Amasias. M. 758 av. J.-C.

Osio (Fé.), écriv. Milan, 1587-1631.

Osius, théol. esp., év. de Cordoue. N. 256; m. 357 ou 358.

Osman. V. OTHMAN.

Osman-Bey, Hongrois. N. v. 1740; colonel au service de l'Autriche, fut dégradé, passa à Constant., s'y fit musulm. M. assass., 1785.

Osmond (St), comte de Dorset et év. de Salisbury, sous Guillaume le Conquér. M. 1099.

Osmond (J.-B.-L.), libraire à Paris et bibliogr. M. 1775.

Osorio (Jér.), évêq. de Silvez, écriv. portug. Lisbonne, 1506-1580.

Ossat (Arnand d'), card., év. de Bayeux, cél. négociat. N. Laroque-en-Magnoac (diocèse d'Auch), 1536; m. 1604.

Osselin (C.-N.), convent. N. Paris, v. 1760; m. sur l'échaf., 1794.

Ossenbeeck (Josse ou J. van), peint. et grav. Rotterdam, 1627-1678.

Ossian, cél. barde et guerr. écoss. du 3e s., fils de Fingal, roi de Morven, époux de Malvina et père d'Oscar.

Ossolinski (G.), homme d'État polon., gr. chancel., diplom. 1595-1650.

Ossory (Th. Butler, comte d'), gén. angl. et pair d'Anglet. Kilkenny, 1634-1680.

Ossuna ou *Ossone* (P. Tellez y Giron, duc d'), homme d'État, vice-roi de Sicile, puis de Naples. N. Valladolid, 1579; m. prisonn. au château d'Alméida, 1624.

Ostade (Ad. van), peint. de l'école holl. Lubeck, 1710; Amsterdam, 1685. = (Isaac), peint., frère et élève du précéd. N. Lubeck, 1612; m. jeune.

Ostermann (And., comte d'), homme d'État, min. et gr. chancel. de Russie. N. Bockum (comté de la Marck); m. Sibérie, 1747.

Osterwick (Ma. van), femme peint. Delft, 1630-1693.

Ostrojski (Constantin-Constantinowitch, prince), vaivode de Kief, et maréch. de Volhynie. M. 1608.

Ostrowski (Constantin), cél. gén. polon. du 16e s. = (Th.-Ad. Rawicz), homme d'État polon., maréch. du gr.-duché de Varsovie, présid. du sénat. 1739-1817.

Oswald (St), roi de Northumberland. Tué dans une bat., 642. = (St), év. de Worcester et d'York. M. 922.

Oswald (Ja.), écriv. et philos. écoss. du 18e s.

Osymandias, roi de Thèbes (Egypte), dans l'intervalle du 20e au 16e s. av. J.-C.

Otby, hist. et poëte ar. du 11e s.

Otfinowski (Valérien), poëte polon. du 17e s.

Otfrid, poëte et théol. alsac. du 9e s.

Other ou *Ottar*, voyag. norwégien du 9e s. M. Anglet.

Othman Ier, dit el Ghazi (le victorieux), fondat. de l'emp. Ottoman et de la dynast. des Osmanlis. N. Soukout (Bithynie), 1259; m. 1326. = II, 16e sultan ottoman. Succ. de Mustapha Ier, 1618; étranglé par les janiss., 1622. = III, 25e sultan ottoman. Succ. de Mahmoud Ier, 1754; m. 1774.

Othman-Ibn-Haffan, 3e calife, gendre de Mahomet. Succ. d'Omar, 644; poignardé, 656.

Otho (G.), oriental. Satenhausen (Hesse-Cassel), 1654-1713.

Othon (Marcus Salvius Otho), emp. rom. N. 32; se fit procl. 69; vaincu par Vitellius, se donna la m. même année.

Othon (St), év. de Bamberg et apôtre de la Poméranie, 1060-1139.

Othon Ier, dit le Grand, emp. d'All., de la 2e dynast. saxonne. Elu roi de Germanie, 936; emp. 962; m. 973. = II, dit le Roux, fils du précéd. N. 955; succ. de son père, 973; m. Rome, 983. = III, fils du précéd. N. 980; Succ. de son père, 983; m. Paterno, 1002. = IV, 3e fils de Henri de Bavière. N. v. 1175; élu emp. 1198, en même temps que Philippe de Souabe; resta seul maître, 1208; m. au chât. de Harzbourg, 1218.

Othon, év. de Freisengen, cél. chroniq. all. M. abbaye de Morimond, 1158.

Othoniel, 1er juge des Israélites, après Josué. Gouverna 40 ans; m. 1514 av. J.-C.

Ott (P.-C., bar. d'), feld-maréch. autrich. N. Hongrie; m. 1809.

Otter (J.), oriental., profess. d'ar. à Paris, memb. de l'acad. des inscr. N. Christienstadt, 1707; m. Paris, 1748.

Otto (Eberhard), jurisc., antiq., philol. Ham (Westph.), 1685-1756. = (L.-Gu.), comte de Mosłay, diplom. Kork (gr.-duché de Bade), 1754; Paris, 1817.

Ottocar Ier (Przemysl), duc de Bohême. Nommé roi, 1198, et reconnu tel par le pape et l'emp. Othon IV, 1203. = II, dit le Victorieux. Succ. de Venceslas III; réunit à la Bohême l'Autriche et la Styrie; tué à la bat. de Laa, 1278.

Otway (Th.), poëte dram. angl. Trottin (comté de Sussex), 1651-1685.

Ouboucha, khan ou prince mongol qui émigra avec sa tribu dans l'emp. chinois, 1770-1771.

Oudeau ou *Odeau* (sœur Françoise), relig. du monast. de St-Louis de Poissy. M. 1644.

Oudeau (Jo.), prédic. Gray (Fr.-Comté), 1607-1668.

Oudegherst (P. d'), hist., jurisc. du 16e s. N. Lille.

Oudenarde (R. van), peint., grav., écriv. Gand, 1663-1743.

Oudendorp (F. d'), philol., profess. d'hist. et d'éloq. Leyde, 1696-1761.

Oudin (César), litt., secrét.-interp. de Henri IV pour les langues étrang. M. 1625. = (Ant.), secrét.-interp., fils du précéd., litt. comme lui, gramm. M. 1653. = (Casimir), bibliogr. de l'ordre des prémontrés. N. Mézières, 1638; m. 1717. = (F.), jés., poëte lat., érud. Vignori (Champ.), 1673-1752.

Oudinet (Marc-Ant.), antiq., numism., memb. de l'acad. des inscr. Reims, 1643-1712.

Oudinot (Nic.-C.), duc de Reggio, maréch. de Fr., pair et command. en chef de la garde nation. sous la Restaur.; gouv. des Invalides sous Louis-Philippe. N. Bar-s.-Ornain, 1767; m. Paris, 1847.

Oudry (J.-B.), peint. et grav. Paris, 1686-1755.

Ouel ou *Howel*, dit le Bon, souver. et législat. du pays de Galles, en 907. M. 948.

Ouen (St), en lat. Audoneus, év. de Rouen. N. v. 609; m. 683.

Oughtred (Gu.), théol. et mathém. angl. Eton, 1574-1660.

Oulough-Beyg (Mirza-Mohammed-Taraghy), roi de la Transoxiane et de la Perse orient., cél. astron. N. Sultanieh, 1394; succ. de son père Chah-Rokh, 1446; m. à m. par son fils, 1459.

Oultreman (H.), érud. Valenciennes, 1546-1605. = (P.), jés., hist., fils du précéd. Valenciennes, 1591-1656.

Ouseley (sir W.), oriental. et voyag. angl. 1771-1842.

Outhier (Reginald ou Renaud), astron. fr. N. Fr.-Comté, 1694; m. 1774.

Outrepont (C. Lambert d'), public. N. Herve (Limbourg); m. Paris, 1809.

Ouville (Ant. le Métel, sieur d'), litt. N. Caen; m. 1656 ou 1657.

Ouvrard (Re.), composit., litt., controv. N. Chinon, v. 1620; m. 1694.

Ouwater (Alb. van), peint. holl. du 14e s. N. Harlem. = (J.), peint. holl. 1747-1793.

Ouzbek-Khan, prince tartare, souver. du Kaptchak et conquér. M. v. 1348, ap. un règne de 30 ans.

Ouzoun-Haçan-Beyg (Abou-Nasr-Modhaffer-Eddyn), dit Uzum Cassan, roi de Perse, de la dynast. du mouton-blanc. Détrôna Géangir, fils de Tamerlan, vainquit les Turcomans du mouton-noir. M. 1478.

Ovalle (Alph. d'), jés., missionn. Santiago (Chili), 1601; Lima, 1651.

Ovando (N.), gentilh. esp., gouv. de St-Domingue, de 1501 à 1508.

Ovasse, peint. de Philippe V, roi d'Esp., au 18e s.

Overbeeck (Bonav. van), peint. et dessinat. Amsterd., 1660-1706.

Overbury (sir Th.), poëte angl. N. 1581; m. empois. à la Tour de Londres, 1613.

Ovide (Publius Ovidius Naso), cél. poëte lat. N. Sulmone, 43 av. J.-C.; exilé dans la Sarmatie par Auguste, 9 de J.-C.; y mourut 17.

Oviedo y Valdez (Gonz.-Ferd. d'), voyag. et hist. esp., intendant d'Haïti N. Madrid, 1478.

Owen (J.), en lat. *Audoenus* dit *Oxoniensis*, poëte lat. N. dans le pays de Galles (Kaernarvon); m. 1622. = (H.), théol. angl. N. v. 1719; m. 1795. = V. CAMBRIDGE.

Oxenstierna (Axel, comte d'), homme d'État, sénat. et chancel. de Suède. N. prov. d'Upland, 1583; m. 1654. = (Benoît), chancel. de Suède, de la fam. du précéd. 1625-1701. = (Gab. Thureson, comte d'), diplom., litt., arrière-nev. d'Axel. Stockholm, 1641-1707.

Oxford. V. HARLEY.

Ozanam (J.), mathém. fr. Boulignneux, 1640-1717.

Ozanne (N.-Ma.), dessinat. de la mar. Brest, 1728-1811. = (P.), ingén., construc. de la mar., grav. Brest, 1737-1813.

Ozarowski (P.), hetman, ou gr. gén. de Pologne, fin du 18e s. Embrassa le parti de la Russie et fut pendu, Varsovie, 1794.

Ozeretskovski, natural. russe. M. 1827.

Ozerof (Vladislas-Alexandrowitch), poëte trag. russe. N. pr. de Tver, 1770; m. 1816.

Ozi (Et.), music. et composit. Nîmes, 1754-1805.

— P —

Pacca (le card.), év. et légat de Velletri, doyen du sacré collége, min. camerlingue de Pie VII. N. Bénévent, 1756; m. 1844.

Pacatien (Titus Claudius Marcius Pacatianus), usurp. Prit la pourpre dans la Gaule mérid., et fut défait par Dèce, v. 249.

Pacci (Côme), archev. de Florence au 16e s., érud.

Paccori (Ambr.), écriv. ascét. Céaucé (Maine), 1649-1730.

Pace (Rich.), secrét. d'État angl., négociat. sous Henri VIII. 1482-1532.

Pache (J.-N.), intend. de la mar. à Toulon, fut, à la révolut., min. de l'intér. avec Roland, min. de la guerre avec Servan, enfin maire de Paris en 1793. M. Thym-le-Moutiers (Ardennes), 1823.

Pacheco (Ma.), femme de Juan de Padilla, dont elle essaya de relever le parti. M. Portug., fin du 16e s. V. PADILLA (don). = (F.), poëte et peint. esp. Séville, 1571-1654.

Pacho (J.-Raim.), voyag. N. Nice, 1794; se tua dans un accès de démence, 1829.

Pachymère (G.), hist. byzant. N. Nice, v. 1242; m. v. 1310.

Paciaudi (P.-Ma.), relig. théatin, sav. antiq. Turin, 1710-1785.

Pacien (St), théol., év. de Barcelone. M. v. 390.

Pacificus, archid. de Vérone, invent. des horlog. à roues et à ressorts. 776-844. = (Maximus), poëte lat. du 15e s. N. Ascoli; m. v. 1500.

Pacificus Picenus, trouvère du 13e s., et le 1er provincial de l'ordre des frères mineurs en Fr.

Pacifique, de Provins (le P.), missionn., capuc. et provincial de son ordre en Arménie. M. Paris, 1653.

Pacino (Eustachio), gentilh. milanais, cél. mar. au commenc. du 15e s.

Pacio (Ju.), jurisc., profess. de dr., au 15e s.

Pacôme (St), solit., instit. de la règle des cénobites. N. H.-Thébaïde, v. 292; 348.

Pacorus, fils d'Orade, roi des Parthes. Contribua au gain de la bat. de Carrhes, contre Crassus, 53 av. J.-C.; tué dans un comb. contre les Rom., 39. = Roi parthe, fils d'Artaban, contemp. de Domitien. Régna de 90 à 107. = Le nom de *Pacorus* a été porté par plus. autres princes parthes, mèdes et arméniens, tous peu importants.

Pacuvius (Marcus), poëte dram. lat. N. Brindes, v. 218 av. J.-C.; m. Tarente, v. 128. = *Calavius*, sénat. de Capoue, qui fit déclarer sa patrie en fav. d'Annibal, après la bat. de Cannes, et le reçut chez lui, 216 av. J.-C.

Padilla (Ma. de), Espagn. cél., maîtresse de Pierre le Cruel. M. Séville, 1361.

Padilla (don Juan de), noble esp., défens. du parti national révolté contre Charles-Quint, en 1520. Organisa la ligue des communes, prit le commandem. gén. Vaincu et pris à Villalar, fut décap. le lendem., 1522. = (F.), Théol. esp., écriv. ecclés. 1527-1607.

Padouan. V. CAVINO.

Padovanino ou *le Padouan* (Al. Varottari, dit le), peint. ital. Padoue, 1590-1650.

Paer (Ferd.), composit. et pianiste, maître de chant de Marie-Louise. N. Parme, v. 1771; m. Paris, 1839.

Paesiello. V. PAISIELLO.

Pætus (Cecina), Rom. qui trempa dans la conjur. de Scribonius contre Claude, et fut condamné à m. Sa femme, Arria, se frappa d'un poignard, et le présenta à Pætus, en disant: « Tiens, cela ne fait point de mal. » Pætus l'imita aussitôt. V. THRASÉAS.

Paez (F.), jés. esp. et missionn. en Abyssinie. Olmedo, 1564; Gorgora, 1622.

Pagan (Blaise-F., comte de), ingén. et astron. fr. N. Marseille, 1604; m. 1665.

Paganel (P.), homme polit., litt., memb. de l'assembl. législ. et de la conv. N. Villeneuve-d'Agen, 1745; m. Liége, 1826.

Pagani (F.), peint. ital. N. v. 1531; m. 1561. = (Gregorio),

fils du précéd. et égalem. peint. Florence, 1558-1601. = (Pa.), peint. Valsoda (Milanais), 1661-1716.

Paganini (Nicolo), cél. violoniste. Gênes, 1784; Nice, 1840.

Pageau (Margarit), poëte du 16e s. N. Vendôme.

Pagenstecher (Al.-And.), jurisc. all. N. 17e s.; m. v. 1730.

Pagès (P.-Ma.-F., vicomte de), voyag. fr. N. Toulouse, 1748; égorgé, St-Domingue, 1793. = (F.-X.), romanc., compil. Aurillac, 1745-1802.

Pagès (Garnier), homme polit., memb. de la ch. des députés, et orat. de l'extrême gauche. M. 1841.

Paget (lord W.), homme d'État et diplom. N. Londres; m. 1564.

Pagi (Ant.), cordel., chronolog. Rognes (Prov.), 1624-1690. = (F.), nev. du précéd., cordel. comme lui, chronol., hist. Lambesc, 1654-1721. = (P.-F., l'abbé), hist. de la fam. des précéd. N. Martigne, v. 1690; m. v. 1740.

Paglia (F.), peint. N. Brescia, 1636. = (Antonio), fils et élève du précéd. Brescia, 1680-1747. = (Angelo), frère du précéd. et égalem. peint. Brescia, 1681-1763.

Pagnest (Am.-H.-Cl.), peint. fr. 1790-1819.

Pagnini (Luc.-Ant.), carme, litt., trad. Pistoie, 1757-1814.

Pagnino (Sante), sav. oriental. Lucques, 1470; Lyon, 1536.

Pahlen (le comte P. de), gouv. milit. de St-Pétersb., fit étrangler Paul III, 1801, et procl. le jeune Alexandre. N. Livonie, 1774; m. 1826.

Paige (J. Le), écriv. de l'ordre des prémontrés, érud. M. 1650. = (Re. Le), érud. Le Mans, 1690-1781. = (L.-Ad. Le), écriv. fr. Paris, 1712-1802.

Paine (Th.), homme d'Etat, public. angl. et ardent républic., se réfugia en France, où il devint memb. de la conv. Thetfort (Norfolk), 1757; Etats-Unis, 1809.

Paisiello (J.), cél. composit. Tarente, 1741; Naples, 1816.

Pajon (Cl.), min. et controv. protest. Romorantin, 1626-1685.

Pajol (P.), gén. de cavalerie, pair de Fr. sous Louis-Philippe. Besançon, 1772; Paris, 1844.

Pajot. V. ONS-EN-BRAY.

Pajou (A.), stat., memb. de l'Inst. Paris, 1730-1809.

Paladini (Ph.), peint. florent. 1544-1614. = (Archangela), peint., music., poëte, fille du précéd. Pise, 1599-1622.

Palæmon, gramm. lat. du 1er s., contemp de Claude et de Néron.

Palafox (J.), jés. et hist. esp. év. d'Osma. 1600-1659. = (don José de), gouv. et cél. défens. de Saragosse, nommé capit. gén. de l'Aragon après le rétabliss. de Ferdinand VII. 1780-1847.

Palamas (Grég.), théol., arch. de Thessalonique, au 14e s.

Palaprat (J. Bigot de), aut. dram. Toulouse, 1650-1721.

Palazzi (J.), hist. N. Venise, 1640; m. v. 1713.

Palearius (Aonius), écriv. du 16e s., poëte lat. N. Veroli (Etats-Rom.); pendu, 1570.

Paléologue (Jean VI), emp. d'Or., fils d'Andronic le Jeune. N. Constantinople, 1332; succ. de son père, 1341; m. 1391. = (Jean VIII), p.-fils du précéd. N. 1390; succ. de son oncle Manuel, 1425; m. 1448. = V. ANDRONIC et MICHEL.

Paléologue (Ja.), hérés. N. Scio, v. 1520; brûlé vif, Rome, 1585.

Paléphate, écriv. grec. N., selon Suidas, Paros ou Priène, et viv. v. 472 av. J.-C. = Suidas et Strabon mentionnent 3 autres Paléphate: il n'en reste rien.

Palestrina (J.-B.-P.-Aloïs de), cél. composit. de musique relig. Palestrina, 1529-1594.

Paletta (J.-B.), anat. et chir. ital. 1747-1832.

Paley (Gu.), théol. et moral. angl. Peterborough, 1743-1805.

Palice (Ja. II; Chabannes, seig. de la), capit. fr. du 15e s., maréch. de Fr. Tué Pavie, 1525.

Palisot de Beauvois (Amb.-Ma.-F.-Jo., bar. de), natural., memb. de l'Inst. Arras, 1752-1820.

Palissot de Montenoy (C.), litt., crit. Nancy, 1730; Paris, 1814.

Palissy (Bern. de), peint., physic., chim., écon. N. La Chapelle-Biron (Périgord), v. 1500; m. à la Bastille, 1589.

Palitzch (J.-G.), paysan saxon, astron. et bot. 1723-1788.

Pallade (St), le 1er év. et le 1er apôtre des Scots. N. Rome, 431; m. v. 450.

Pallade, év. d'Hélénopolis (Bithynie), hagiogr. N. Galatie, v. 368.

Pallade (Rutilius Taurus Æmilianus Palladius), agron. litt., fils d'Exuperantius, préf. des Gaules. N. v. 405. = dit le Sophiste, méd. grec de l'école d'Alexandrie. Viv. Antioche, 6e s.

Palladio (And.), cél. archit. ital. Vicence, 1518-1580.

Pallas, affranchi et favori de l'emp. Claude. Empois., 60.

Pallas (P.-Sim.), cél. voyag. et natural. Berlin, 1741-1811.

Pallavicino (Uberto), avent. ital. du 13e s., chef des gibelins en Lombardie. M. 1269. = (Sforza), card., hist. Rome, 1607-1667. = (Ferrante), litt. et poëte satir. N. Plaisance, v. 1618; décap., 1644.

Pallavicino (N.-Ma.), card., théol. Gênes, 1621-1692.

Pallière (Vinc.-Lé.), peint. fr. 1787-1820.

Palliot (P.), généal., historiogr. du roi. Paris, 1608-1698.

Palluel (F. Cretté de), agron. fr. Dugni (près Paris), 1741-1789.

Palma (Ja.), dit le Vieux, peint. de l'école vénit. N. près de Bergame, 1518; m. 1574.

Palme (Marc d'Alverny de la), ecclés., écriv., érud. Carcassonne, 1711-1759.

Palmer (J.), cél. act. angl. 1741-1784.

Palmieri (Vinc.), théol. ital. Gênes, 1753-1820.

Palmquist (Magnus, bar. de), mathém. suéd. 1666-1729.

Palomarès (F.-X. de Santiago), calligr. esp. du 18e s.

Palomino de Castro y Velasco (Acisclo-Ant.), peint esp. Bujalance, 1653-1726.

Palu (P. de La), dominic., patriarche de Jérus., théol. N. Bresse, v. 1280; m. 1342.

Pamphile, peint. grec du 4e av. J.-C., fut maître d'Apelles.

Pamèle (Ja.), de), théol. Bruges, 1536-1587.

Pamphile (St), de Béryte, fondat. d'une école pour les lettres sacrées, à Césarée de Palestine; martyrisé, 309.

Panætius, philos. stoïc., élève de Zénon. N. Rhodes, v. 190 av. J.-C.; enseign. v. 150.

Panard (C.-F.), chansonn., vaudevill. fr. N. Nogent-le-Rotrou, v. 1694; m. 1765.

Panat (le chev.), contre-amiral fr. 1762-1834.

Panciroli (Gui), jurisc., profess. de dr. à Pavie et à Turin. Reggio, 1523-1582.

Panckoucke And.-Jo.), écriv. et libr. Lille, 1700-1753 = (C.-Jo.), impr.-libr., fils du précéd., fondat. du *Moniteur*, édit. de l'*Encyclopédie méthodique*. N. Lille, 1736; m. Paris, 1798. = (C.-L. Fleury), impr.-libr., édit., trad., fils du précéd. Paris, 1780-1845.

Pandolfe Ier, dit Tête-de-Fer, prince de Bénévent, Capoue, Salerne et Camerino. Succ. de Landolfe IV, son père, 961; m. 981. Quatre autres princes du même nom régnèrent à Capoue.

Panel (Al.-X.), jés., sav. numism. Nozeroy, 1699-1777.

Pangolaki (Nicosios), 1er drogman de la Porte, attaché à Konprouli, sauva les hab. de Candie de la fureur de ce vizir. M. 1673.

Panigarola (F.), prédic. et théol., év. d'Asti, accompagna le card. Caiétan en Fr. Milan, 1548-1594.

Panin (Nikita-Ivanowitch, homme d'Etat russe, min. de Catherine II, 1718-1783.

Panis, avocat, memb. de la conv., du comité de sûreté gén. N. Périgord; m. Marly-le-Roi, 1833.

Pannini (J.-Pa.), archit. peint., Plaisance, 1691-1764.

Panormita (Ant. Beccadelli), litt. Palerme, 1394-1471.

Pansa (Caius Vibius), consul rom. 43 av. J.-C. Tué dev. Modène.

Pantaléon (St), méd., martyr à Nicomédie, sous Galère, 303.

Pantaléon (H.), hist. et litt. Bâle, 1522-1595.

Pantène (St), Sicilien, Père de l'Église, chef de l'école chrét. d'Alexandrie. M. après 216.

Pantoja de la Cruz (J.), peint. esp. Coello, 1551-1610.

Panvinio (Onuphre), théol., hist., antiq. Vérone, 1529-1568.

Panyasis, poëte grec d'Halicarnasse. Viv. 5e s. av. J.-C.

Panzer (G.-Wolfang-F.), bibliogr. Sulzbach, 1729-1805.

Paoli (Hyacinthe), gén., poëte, un des chefs de l'insurrect. des Corses contre Gênes. N. canton de Rostino (Corse); m. Naples, v. 1755. = (Pascal), homme de guerre, homme d'Etat, généraliss. des troupes corses contre Gênes, et plus tard contre les Fr. N. Morosaglia (Corse), 1726; m. Anglet., 1807.

Paolini (Pétronille), poëte, aut. dram., composit. ital. 1663-1726.

Paon ou *du Paon*, peint. fr. N. v. 1740; m. 1785.

Papapodoli (N.-Comnène), litt. et théol. Candie, 1655-1740.

Papebroch, jurisc. flam., hist., chronol. Anvers, 1628-1714.

Papias (St), écriv. grec, év. d'Hiérapie, v. le 2e s. = Gramm. lat. du 11e s.

Papillon (Almague), poëte fr. Dijon, 1487-1559. = (Philib.), érud. Dijon, 1666-1738. = (J.), grav. sur bois. Rouen, 1639-1710. = (J.), dit le Jeune, fils du précéd., et égalem. grav. sur bois. St-Quentin, 1661-1710. = (N.), de la même fam.; suivit la même carrière. Paris, 1698-1776.

Papin (Isaac), théol. protest. Blois, 1657-1709. = (Den.), méd., physic., de la fam. du précéd., le 1er qui ait connu la puissance de la vapeur, et qui l'ait appliquée à la mécanique. N. Blois, v. 1650; m. 1710.

Papinien (Æmilianus Papinianus), cél. jurisc., préf. du prétoire. N. 142; décap., 212.

Papire-Masson. V. MASSON.

Papirius (Publius Sextus), patric. rom. qui, sous Tarquin le Superbe, fut chargé de recueillir les lois rendues sous les 6 premiers rois de Rome.

Papirius Cursor (Lucius), cél. gén. rom., 5 fois consul et 5 fois dictat., de 332 à 308 av. J.-C. = (Lucius), gén. et fils du précéd., 2 fois consul, 293 à 272 av. J.-C.

Papon (J.), hellén., jurisc. Croiset, 1505-1590. = (J.-P.), litt. et hist. fr. Puget-le-Teniers, près de Nice, 1734-1803.

Pappenheim (God.-H., comte de), gén. autrich., conseill. aulique de l'Empire. 1594-1632.

Pappus, mathém. d'Alexandrie. Viv. fin du 4e s.

Paprocki (Bart.), hist., généal., poëte polon. du 15e s.

Paquot (J.-Noël), érud., historiogr. de Marie-Thérèse. Florennes (princip. de Liége), 1722-1803.

Para, roi d'Arménie, fils d'Arsace II, rétabli par Valens, puis assass. par ordre de ce prince 374.

Paracelse (Auréole-Ph.-Théophraste, Bombast de Hohenheim, dit), cél. méd., alchim., thaumaturge. Einsiedeln (canton de Schwitz), 1493; Salzebourg, 1541.

Parades (V.-Cl.-Ant.-R., comte de), aventur., agent polit. de la Fr. en Anglet. Phalsbourg, 1752; St-Domingue, 1786.

Paradin (Gu.), hist. Puiseaux, 1510-1590. = (Cl.), généal., litt., frère du précéd.

Paradis (Pa.), juif converti, 1er profess. d'hébr. au Collége royal. N. Venise; m. Paris, 1559. = *de Raymondis* (J.-Zach.), moral, agron. Bourg, 1740-1800.

Paradisi (le comte Agostino), homme polit., litt. Reggio, 1736-1783.

Paradol (Mme), actr. du Th.-Fr. Paris, 1798-1843.

Parasols (B. de), poëte provenç. N. Sisteron; m. 1383.

Parck (Th.), litt. et grav. Londres, 1759-1834.

Pardaillan. V. GONDRIN.

Pardies (Ign.-Gaston), jés., géom., physic., litt. Pau, 1636-1673.

Paré (Ambr.), cél. chir., père de la chirurg. fr. N. Laval, v. 1517; m. 1590.

Pareja (J. de), peint. esp. Séville, 1606-1670.

Parent (Ant.), mathém. fr., memb. de l'acad. des sc. 1666-1716.

Parent-Duchâtelet (Al.-J.-B.), méd., écon. Paris 1790-1836.

Parent-Réal (N.-Jo.-Ma.), écriv., memb. du corps législ., du tribunal. 1768-1834.

Paret-d'Alcazar (J.), peint. Madrid, 1747-1799.

Pareus (Ph. Wængler, dit), philol., human. N. Hemsbach, pr. de Worms, 1576; m. v. 1648. = (Dan.), philol., fils du précéd. N. Neuhausen, v. 1605; assass., 1645.

Parfaict (F. et Cl., dits les frères), litt., aut. dram. Paris, 1698-1753.

Parfait (St), martyr. N. Cordoue, v. 800; mis à m., 850.

Parini (Jo.), poëte, litt., public. Bosizio (Milan.), 1729-1799.

Pâris. V. MATTHIEU. = (F. de), écriv. eccl., diacre cél. par les prétendus miracles opérés sur son tombeau. Châtillon (Seine), 1690; Paris, 1727. = (P.-Ad.), archit., archéol. fr. 1747-1819. = Ex-garde du corps du comte d'Artois, assass. de Lepelletier de St-Fargeau. (V. ce nom.) Se brûla la cervelle au moment d'être arrêté.

Pâris-Duverney (Jo.), cél. financ. N. Moras (Dauphiné); m. 1770.

Pâris de Montmartel, frère du précéd., garde du trésor, 1730, puis banq. de la cour.

Parisau (P.-Germ.), aut. dram. fr. M. 1793.

Pariset (Et.), méd., litt., écriv. distingué, secrét. perpét. de l'acad. de méd. N. Grand (Vosges), 1770; m. Paris, 1747.

Parisière (J.-César Rousseau de), litt., év. de Nîmes. Poitiers, 1667-1736.

Park (Mungo-), méd. et voyag. N. Fowlshiels (Ecosse), 1771; se noya dans le Niger, 1805.

Parker (Mat.), arch. de Cantorbéry, érud. Norwich, 1504-1575.

Parkhurst (J.), théol. anglic. et hébraïs. Catesby, 1728-1797.

Parme (don Ph., duc de), fils de Philippe V, roi d'Esp., gendre de Louis XV; devint duc de Parme, Plaisance et Guastalla, par suite du traité d'Aix-la-Chapelle. 1720-1765. = (Ferd., duc de), fils du précéd. N. 1751; succ. de son père, 1765; m. 1802.

Parménide, philos. grec, disc. de Théophane. N. v. 504 av. J.-C.

Parménion, cél. gén. de Philippe et d'Alexandre le Gr. N. v. 399 av. J.-C.; m. 329.

Parmentier (J.), navig., trad. et poëte fr. du 16e s. M. ap. 1536. = (Ant.-Cl.), agron., philanthr., memb. de l'Inst. Montdidier, 1737-1813.

Parmesan (le). V. MAZZUOLA.

Parnell (Th.), poëte. Dublin, 1679-1717.

Parny (Evariste-Désiré Desforges, chev. de), poëte érotique, memb. de l'inst. Ile Bourbon, 1753; Paris, 1814.

Parodi (Battista), peint. ital. Gênes, 1674-1730.

Paroletti (Vict.-Modeste), physic. et natural. Turin, 1765-1834.

Paroy (J.-Ph.-Guy Legentil, marq. de), écriv. fr. 1740-1824.

Parr (Cath.), 6e femme de Henri VIII, roi d'Anglet., puis épouse de Th. Seymour, lord-amiral. M. 1548. = (W.), gentilh. gallois, partisan de Marie-Stuart. Décap. 1584.

Parennin (Domin.), jés., missionn. en Chine. N. pr. de Pontarlier, 1665; m. Pékin, 1741.

Parrhasius, peint. gr., contemp. de Zeuxis, v. 420 av. J.-C.

Parrhasius (Aulus Janus), dont le vrai nom est Jean Parisiot, gramm., philol. N. Cosenza, v. 1470; m. 1534.

Parrocel, fam. de peint. fr. On distingue: Joseph, élève de Courtois, memb. de l'acad. 1648-1704. = Charles, fils et élève du précéd. Paris, 1688-1752. = Ignace et Pierre, neveux de Joseph, m. l'un en 1722, l'autre en 1739.

Parseval-Grandmaison (F.-A.), poëte et litt., memb. de l'Acad. fr. Paris, 1759-1814.

Parsons (R.), jés. angl., missionn., controvers. Neither-Stoway, 1547; Rome, 1610. = (Ja.), méd. et antiq. angl. Barnstable, 1705-1770.

Parthamasiris, prince arsacide, fils de Pacorus, roi des Parthes. Procl. roi d'Arménie, puis détrôné par Trajan et mis à m., 106 ou 107.

Parthamaspates, prince arsacide, fils d'Osdroès, roi d'Arménie. Déclaré roi des Parthes par Trajan, 115; chassé par ses sujets, 118.

Parthenay (Ja. Larchevêque de), seign. de Soubise, vaill. capit. calviniste. 1512-1566. = Catherine, fille du précéd., litt., mariée à Ch. de Pont-Kuellevé, puis à René, prince de Léon N. v. 1557; m. prisonn., 1651.

Parthenius de Nicée, poëte grec du 1er s. av. J.-C.

Paruta (Pa.), diplom., historiogr. de Venise. 1540-1598. = (Ph.), poëte et antiq. sicil. N. Palerme; m. 1629.

Pas ou *Paas* (Crispin de), le Vieux, dessinat. et grav. holl. N. Armuyde (Zélande), v. 1536. = (Crispin), le Jeune, grav., fils aîné du précéd., N. Utrecht, 1570. = (Sim.), grav., frère du précéd. M. Utrecht, 1576. = (Madel. de), égalem. grav. et sœur du précéd. N. Utrecht, 1576.

Pascal Ier (St), pape. N. Rome; succ. d'Etienne IV, 817; m. 824. = II (Raimeri), Toscan. Succ. d'Urbain II, 1099; m. 1118.

Pascal, antipape. Élu, 687; se désista même ann. = (Gui de Crême), antipape sous le nom de Pascal III; ap. la m. de l'antipape Victor III. M 1168.

Pascal (Blaise), cél. géom., philos., litt. N. Clermont-Ferrand, 1623; m. 1662.

Paschal ou *Pasquali* (C.), antiq. piémont, ambass. de Henri IV et de Louis XIII. Coni, 1547-1625.

Paschal (F.), aut. dram. fr. du 17e s.

Pascoli (Lé.), biogr., litt. Pérouse, 1674-1744.

Pasinelli (Lorenzo), peint. Bologne, 1629-1700.

Pasini (Jo.), ecclés. ital., hébraïs. M. 1770.

Pasitèles, sculpt. gr. du 2e s. av. J.-C.

Pasor (G.), théol. et philol. all. Herborn, 1570-1637.

Pasquier (Et.), cél. avoc., érud., litt. Paris, 1529-1615.

Passarotti (Bast.), peint. et grav. ital. M. 1592.

Passemant (Cl.-Sim.), astron. et optic. Paris, 1702-1769.

Passerani (Alb. Radicati, comte de), écriv. irrélig., pamphlét. M. ap. 1736.

Passerat (J.), poëte lat. et fr., human. Troyes, 1534-1602.

Passeri (J.-B.), peint., poëte et biogr. Rome, 1610-1679.

Passeroni (l'abbé J.-C.), poëte burl. Lantesca (comté de Nice), 1713-1802.

Passignano (Domin. Cresti da), peint. de l'école florent. Toscane, 1568-1638.

Passionei (Domin.), card., archev. d'Ephèse, érud., antiq. Fossombrone, 1682-1761.

Passow (Fr.), érud. et philol. all. N. Ludwigslust (Meklemb.), 1786; m. 1833.

Passwan-Oglou (Osman), cél. pacha de Widdin. Se révolta contre la Porte, combattit avec succès, puis rentra en grâce. Widdin, 1758-1807.

Pasteur (J.-Dav.), natural. et litt. holl. Leyde, 1765-1804.

Pastoret (J.), présid. du parlem. de Paris, memb. du conseil de régence pend. la minorité de Charles VI. N. v. 1328; m. 1405. = (A.-Emm.-Je.-L., marq. de), de la fam. du précéd., homme d'Etat, jurisc., memb. du conseil des cinq-cents, sénat. sous l'Empire, pair de Fr. et chancel. sous la Restaur., memb. de l'Acad. fr. et de l'acad. des inscr. Marseille, 1756; Paris, 1840. = (Piscatory, marquise de), femme du précéd., remarq. par son esprit et sa bienfaisance, fondatr. des salles d'Asile. 1765-1843.

Pastorius de Hirtenberg (Joachim), hist. polon. Glogau, 1610-1681.

Pastrengo (Gu. de), écriv. ital. du commenc. du 14e s.

Pasumot (F.), ingén., géogr., antiq., minéral. Beaune, 1733-1804.

Paszkowski (Mart.), poëte polon. du 18e s.

Patel (F.), le père, paysagiste fr. N. 1654; tué en duel, 1705. = (P.), le jeune, son fils et son élève, égalem. paysag.

Pater (Pa.), érud., profess. de mathém. Menhardsdorf, 1656-1724.

Patera (Attius), gramm. du 4e s., profess. à Bordeaux, puis à Rome, en 326.

Paterculus (Velleius), hist. lat. N. 18 av. J.-C.

Paterne (St), év. de Vannes. M. 555.

Paterson (Sam.), libr., bibliogr., litt. angl. Londres, 1728-1802. = Amiral angl. 1756-1841.

Patiohi (Ant.), peint. ital. Rome, 1762-1788.

Patin (Gui), méd., profess. au Coll. de Fr. N. Houdan (Beauvoisis), 1601; m. 1671. = (C.), méd., numism., fils du précéd. Paris, 1633; Padoue, 1693.

Patinho (Balth.), marq. de Castellar, diplom. au serv. de l'Esp. N. Milan; m. Paris, 1735. = (Jo.), d'abord jés., puis homme d'Etat, min. en Esp. 1667-1724.

Patisson (Mamert), impr. à Paris, human., hellén. N. Orléans; m. v. 1600.

Patkul (J. Renaud de), gentilh. livonien, lieut.-gén. en Russie, min. plénipot. de Pierre le Grand. M. 1660; écartelé par ordre de Charles XII, 1707.

Patouillet (L.), jés., controvers. Dijon, 1699-1779.

Patrat (Jo.), coméd. et aut. dram. Arles, 1732-1801.

Patrice (St), apôtre et patron de l'Irlande. N. Ecosse, 372; m. v. 464.

Patrick (Sim.), év. anglic., théol. 1626-1707. = (Sam.), sav. philol. angl. du 18e s.

Patrin (Eug.-L.-Melchior), minéral. Lyon, 1742-1815.

Patrix, poëte fr. Caen, 1583-1671.

Patrizzi (F.), philos. platonic., tactic., litt. ital. N. île de Cherso, 1529; m. 1597.

Patrona-Kalil, Albanais, janissaire et chef de la révolte de 1730 contre Achmet III. N. v. 1687; étranglé par ordre de Mahmoud Ier.

Patru (Oliv.), avoc., litt., memb. de l'Acad. fr. Paris, 1604-1681.

Patte (P.), archit. Paris, 1723-1814.

Pattisson (Gu.), poëte angl. Pearsmarsh, 1706-1727.

Patu (A.-P.), litt. Paris, 1729-1757.

Paucton (M.-J.-P.), mathém. La Baroche-Gondoin, 1736-1798.

Paudits (Christ.), peint. N. Basse-Saxe, v. 1618.

Paul-Emile (Lucius Æmilius Paulus), gén. rom., consul 219 et 216 av. J.-C. Tué à Cannes. = dit le Macédonique, cél. capit., fils du précéd. N. 228 av. J.-C.; édile, proconsul, 2 fois consul, enfin censeur en 160, et m. même ann.

Paul (St), apôtre des Gentils, d'abord nommé Saul. N. 2 av. J.-C.; martyrisé avec St Pierre, 65 ou 66. = (St), 1er ermite. N. v. 229; m. Thébaïde, v. 341. = (St), patriarche de Constantinople, en 340; mis à m. par les ariens, 350 ou 351.

Paul (St), pape. Succ. d'Etienne II, 757; m. 767. = II (P. Barbo). Succ. de Pie II, 1464; m. 1471. = III (Al. Farnèse). Succ. de Clément VII, 1534; m. 1549. = (J.-P. Caraffa). Succ. de Marcel II, 1555; m. 1559. = V (Camille Borghèse). Succ. de Léon XI, 1605; m. 1621.

Paul Ier (Petrowitch), emp. de Russie, fils de Pierre III et de Catherine II. N. 1754; succ. de son père, 1762 sous la tutelle de sa mère; étranglé, 1801.

Paul de Samosate, hérés. du 3e s., chef des paulianistes, év. de Samosate, puis patriarche d'Antioche.

Paul d'Egine, cél. méd. grec du 7e s.

Paul Diacre ou *Paul Warnefrid*, hist., poëte lat., secrét. du roi lombard Didier. N. Cividale, dans le Frioul, v. 740; m. au Mont-Cassin, 801.

Paul Jove, Paul Véronèse. V. GIOVIO (Paul) et VÉRONÈSE.

Paul (Pa. de Saumur, dit le chéval.), marin fr., vice-amiral des mers du Levant, 1597-1667. = (l'abbé Amand-Lau.), gramm., trad., humaniste. N. St-Chamas (Prov.), 1740; m. Lyon, 1809.

Paul de la Croix, Ital., fondat. de la congr. des clercs déchaussés de la Croix. M. 1775.

Paule (Ste), dame rom., abbesse du monast. de Bethléem. N. v. 347; m. 407.

Paulet (J.-J.), méd. fr. 1740-1805.

Paulian (Aimé-H.), jés., physic. Nimes, 1772-1802.

Paulin (St), év. de Trèves, en 349. M. exilé, 359. = (St), théol., litt., poëte, év. de Nole. N. Bordeaux, 353; m. Nole, 431. = (St), patriarche d'Aquilée, prédic. de la foi. N. dans le Frioul, v. 730; m. 804.

Paulin de St-Barthélemy (J.-P. Werdin), carme, théol., oriental., mission. aux Indes. Basse-Autriche, 1748-1806.

Pauline. V. BONAPARTE.

Paulli (Sim.), méd., natural., év. d'Aarhusen (Danemark). Rostock, 1603-1680. = (Sim.), impr., érud., fils du précéd. Copenhague, 1644-1715.

Paullini (Chr.-F.), natural., érud., poëte. Eisenach, 1643-1712.

Paulmier de Grentemesnil (Julien le), méd. Cotentin, 1520-1588. = (Ja.), antiq., philol., fils du précéd. Pays d'Auge, 1587-1670.

Paulmy (Ant.-Ré, de Voyer-d'Argenson, marq. de), négociat., min., hist., bibliogr., memb. de l'Acad. fr. N. Valenciennes, 1722; m. 1787.

Paulus (Julius), jurisc. rom. du 2e s. = (P.), homme d'Etat holl. Axel, 1754-1796.

Pausanias, cél. gén., fils du roi de Sparte Cléombrote. Contribua à la vict. de Platée, 479 av. J.-C.; m. de faim, 477. = P., fils du précéd. Régna à Sparte de 409 à 397 av. J.-C.; m. en exil à Tégée. = Ecriv. et géogr. grec du 2e s. Viv. à Rome, où il m. vieux.

Pause (J. de Plantavit de la), érud., hébraïs., év. de Lodève. Gévaudan, 1576-1648.

Pausias, peint. grec. V. 380 av. J.-C.

Pauson, peint. grec. V. 420 av. J.-C.

Pauw (Régnier), magistr., diplom. Amsterdam, 1564-1636. = (Adr.), gr.-pensionnaire de Hollande, fils du précéd. M. 1653. = (Corn.), homme d'Etat, consul à Alep, frère du précéd. N. 1539; m. après 1631. = (J.-Corn. de), philol. N. Utrecht, v. 1680; m. v. 1750. = (Corn. de), écriv., érud. Amsterd., 1739-1799.

Pauwels (J.), composit. belge. 1771-1804.

Pavillon (N.), prédic., év. d'Aleth. N. Paris, 1597; m. 1677. = (Et.), poëte, memb. de l'Acad. fr., nev. du précéd. Paris, 1632-1705. = (J.-F. du Cheyron du), major-gén. de l'armée navale de Fr., tactic. Périgueux, 1730-1782.

Payen (dom Basile), bénéd., érud. Gendrecourt (Fr.-Comté), 1680-1756.

Payne. V. PAINE. = (J.), dessinat. et grav. Londres, 1608-1648. = (Th.), libr. et bibliogr. angl. 1717-1799.

Pazzi (Ja.), banq. de Florence, chef de la conspir. gibeline dite des Pazzi, contre les Médicis. Pendu avec François, son neveu, 1478.

Pearce (Zach.), év. anglic., théol., philol., prédic. Londres, 1690-1774. = (Nathaniel), voyag. angl. East-Acton, 1780; Alexandrie, 1820.

Pearson (J.), év. de Chester, érud., théol. Shoring, 1612-1686.

Pechantré (N. de), aut. dram. N. Toulouse, 1638; m. 1708.

Pechmeja (J.), litt. Villefranche, 1741-1785.

Peck (F.), natural., litt. angl. Stamford, 1692-1743.

Pecorone (Giovanni-Fiorentino, dit il), conteur florent. du 14e s.

Pecquet (J.), cél. anat. fr., memb. de l'acad. des sc. N. Dieppe, v. 1610; m. Paris, 1674. = (Ant.), gr.-maître des eaux et for. de Rouen, litt. Paris, 1704-1762.

Pèdre. V. PIERRE.

Pedro (Ant.-Jo.-Pedro d'Alcantara, dit don), emp. du Brésil, fils aîné de Jean VI, roi de Portugal. N. 1798; procl. emp. constit. du Brésil, 1822; succ. de son père comme roi de Portug., 1826; abdiqua la couronne de Portug. et celle du Brésil en 1826; m. 1834.

Peele (G.), poëte angl. N. Devonshire; m. v. 1597. = (sir Robert), homme d'Etat angl., orat. polit., min. de l'intér. N. Bury (Lancashire), 1788; m. d'une chute de cheval, 1850.

Pegel (Magnus), érud. saxon du 16e s. M. 1610.

Pegge (Sam.), antiq. angl. Chesterfield, 1704-1796.

Peignot (Et.-Gab.), sav. bibliog. N. Arc-en-Barrois, 1767; m. Dijon, 1849.

Peins (Grég.), peint. et grav. all. Nuremberg, 1500-1556.

Peiresc (Nic.-Cl. Fabri de), érud., antiq., philol., natural., astron. Beaugensier (Prov.), 1580-1637.

Peirouse (Ph. Picot, bar. de la), natural. Toulouse, 1744-1818.

Pélage, roi des Asturies. Ap. la bat. de Xerès, 711, se cacha pend. 3 ans dans la Biscaye, puis reconq. son roy. M. 757.

Pélage Ier, pape. Succ. de Vigile, 555; m. 559. = II. Succ. de Benoît Ier, 577; m. 590.

Pélage (Morgan, dit), hérés. du 4e et du 5e s., chef du pélagianisme. N. Gr.-Bret.; m. v. 432.

Pélagie (Ste), comédienne à Antioche, 5e s. M. dans la pénit.

Pélée de Varennes (Ma.-Jo.-Hip.), litt. Sens, 1741-1794.

Pelet de la Lozère (J., comte), convent., min. de la police, pair de Fr. 1779-1842.

Peletier (Ja.), litt. et mathém. Le Mans, 1517-1582. = (Cl. le), présid. au parl. de Paris, prév. des marchands. Paris, 1631-1711.

Peletier de la Houssaie (Fél.), contrôl. gén. des fin. en 1720. M. 1723.

Peletier de Sousi (M. le), intend. des fin., direct. gén. des fortif. Paris, 1640-1725. = (M.-Rob. le), contrôl. gén. des fin., min. d'Etat. N. Paris, 1675; m. 1740.

Peleus (Julien), jurisc., historiogr. de Henri IV. N. Angers; m. après 1622.

Pelham (sir H.), homme d'Etat angl., 1er lord de la trésorer., chancel. de l'échiq. M. 1754.

Pell (J.), mathém. angl. Southwark, 1610-1685.

Pellegrin (Sim.-Jo.), poëte, litt. N. Marseille, 1663; m. 1745.

Pellegrini (Pellegrino di Tibaldo), ou simplem. Tibaldi, peint. et archit. ital. Valdelsa, 1527-1592. = (Domenico), peint., archit., grav., frère du précéd. 1541-1582. = (Camille), philol., hist. Capoue, 1598-1665. = (Pellegrino), peint., archit. de la cour d'Esp. M. 1634. = (Ant.), peint. vénit. 1675-1741.

Pellegrini, cél. chant. ital., profess. au conservat. de Paris. N. v. 1780; m. 1832.

Pellegrino, de Modène, peint., élève de Raphaël. M. 1523. = *di San-Danielo* (J.-Mart. d'Udine, dit), peint. ital. M. 1546.

Pellerin (Jo.), sav. numism. Marly-le-Roi, 1684-1782.

Pelletan (J.-Gab.), voyag. fr. Marseille, 1747-1802. = (Ph.), chir., profess. à la faculté de Paris, memb. de l'Inst. Paris, 1732-1815.

Pelletier (Bertr.), chim., pharm., memb. de l'acad. des sc. N. Bayonne, 1761; m. 1797. = (P.-Jo.), pharm., chim., profess. à l'école de pharm. Paris, 1788-1842.

Pelletier-Volmerange (Ben.), aut. dram. Orléans, 1756-1824.

Pellevé (N. de), card., archev. de Reims, fougueux ligueur. Château de Jony, 1518-1594.

Pellicier (Gu.), homme d'Etat, négociat., bot., év. de Maguelone. N. Languedoc; m. 1568.

Pellieux (Ja.-N.), chir., antiq. fr. 1749-1832.

Pellisson ou *Pellisson-Fontanier* (Pa.), hist., litt., memb. de l'Acad. fr., défens. du min. Fouquet. N. Béziers, 1624; m. 1693.

Pelloutier (Sim.), érud., hist., min. de l'Eglise fr. à Berlin. N. Leipzig, 1694; m. 1757.

Pélopidas, gén. théb., chef de la ligue béotienne avec Epaminondas. M. 364 av. J.-C.

Peltier (J.-Gab.), journal. fr. N. Nantes; m. 1825.

Pembroke (Th.), peint. angl. N. 1700; m. v. 1728. = (Ma.-Henriette), poëte, femme de Henri, comte de Pembroke. M. 1821.

Penn (W.), vice-amiral angl. Bristol, 1621-1670. = (W.), législat. de la Pensylvanie, l'un des chefs de la secte des quakers. N. Londres, 1644; m. dans le Berkshire, 1718.

Pennant (Th.), natural. angl. Downing, 1726-1798.

Penni (F.), peint. florent., dit il Fattore, élève de Raphaël, 1488-1528. = (Lucas), peint., grav., frère du précéd. N. v. 1500.

Pennington (miss), femme poëte anglaise. 1734-1759.

Penrose (Th.), poëte angl. Newbury, 1743-1779.

Penthièvre (L.-J.-Ma. de Bourbon, duc de), fils du comte de Toulouse, gr.-amiral, gr.-veneur, gouv. de Bretagne. Rambouillet, 1725; Vernon, 1793.

Penzel (Abrah.-Ja.), philol. all. Foerten, 1749-1819.

Pépin de Landen, dit le Vieux, maire du palais sous Clotaire II, Dagobert II et Sigebert II. M. 649.

Pépin d'Héristal, dit le Gros, fils d'Ansegise et de Begga, fille du précéd. Il fut duc d'Austrasie avec son cousin Martin, 678; puis seul, 680; m. 714.

Pépin le Bref, 1er roi de la dynast. carlovingienne, fils de Charles-Martel. Procl. roi, 752; m. 768.

Pépin Ier, roi d'Aquitaine, 2e fils de Louis le Débonnaire. 803-838. = II, fils du précéd. Ne put hériter de l'Aquitaine; prit les armes, fut vaincu à Fontenay. M. dans l'abbaye de St-Médard de Soissons, 864.

Pepoli (Romeo), riche citoyen de Bologne, au 14e s. Il voulut se rendre maître de la républ., et m. en exil. = (Tadeo), fils du précéd. Rappelé à Bologne, 1327; parvint à la souveraineté, 1337; m. 1348.

Pepoli (Al.-Hercule, comte), poëte ital. 1757-1796.

Pepusch (J.-Christ.), composit. Berlin, 1667-1752.

Peranda (Santo), peint. Venise, 1566-1638.

Pérard (Et.), érud. 1590-1663.

Pérau (Gab.-L. Calabre), litt. Semur, 1700-1767.

Perault (Gu.), sav. relig. dominic. N. Dauphiné; m. 1275.

Perceval (Spencer), homme d'Etat angl., chancel. de l'échiq., 1er lord de la trésorer. N. Londres, 1772; assass., 1812.

Perchambault (Re. de la Bigotière de), jurisc., présid. du parlem. de Bret. M. 1727.

Percligia, visionn. turc, qui souleva la Natolie. Exécuté, 1418.

Percy (Th.), philol., antiq., év. de Dromore en Irl. Bridgenorth, 1728-1811. = (P.-F., bar.), cél. chir. milit., memb. de l'Inst. Montagney (Doubs), 1754; Paris, 1825.

Perdiccas, l'un des lieut. d'Alexandre, 1er min. d'Aridée, roi de Macéd. Tué 322 av. J.-C.

Pereda (Ant.), peint. esp. Valladolid, 1590-1669.

Péréfixe (Hardouin de Beaumont de), hist., précept. de Louis XIV, év. de Rodez, puis arch. de Paris, memb. de l'Acad. fr. N. Poitou, 1605; m. 1670.

Peregrinus, philos. cynique du 2e s. N. Parium, pr. de Lampsaque; se brûla solennellem. aux jeux olymp., 165.

Pereira (D.-Nunez-Alvarez), homme d'Etat, connétable de Portug. N. v. 1360; m. dans un monast., 1431. = (Gomez), méd. et philos. esp. du 16e s. V. FIGUEIREDO.

Pereire (Jacob-Rodrigue), Esp., 1er instit. des sourds-muets en Fr. 1716-1780.

Pereyra (Vasco), peint. de l'école de Séville. N. Portug.; m. 1618. = (Diogo), peint. portug. 1570-1640. = (Man.), sculpt. portug. 1614-1667.

Perez (J.), litt. esp. Tolède, 1512-1545. = (don Ant.), min. esp., cél. par son amour pour la princesse Eboli, et les persec. que cet amour lui attira. M. Paris, 1611. = (Ant.), jurisc. Alforo-sur-l'Elbe, 1585-1611. = (And.), peint. esp. 1660-1727.

Perfetti (Bern.), improvis. cél. Sienne, 1681-1747.

Pergola (Ange de la), gén. ital. du 15e s., attaché aux gibelins. M. 1427.

Pergolèse (J.-B.), cél. composit. Caserta (roy. de Naples), 1704-1737.

Périandre, tyran de Corinthe et l'un des 7 sages de la Grèce, fils de Cypselus. Succ. de son père, 627 à 584 av. J.-C.

Périclès, cél. homme d'Etat athén., chef du part. démocrat. opposé à Crinon, fut banni, 457 av. J.-C.; seul maître du gouvern. de 444 à 430. M. de la peste 429.

Périer (Ja.-Constantin), mécan., memb. de l'acad. des sc. Paris, 1742-1818. = (Casimir), banq., homme d'Etat, memb. de la ch. des déput. sous la Restaur., min. de l'intér. et présid. du conseil sous Louis-Philippe. N. Grenoble, 1777; m. Paris, 1832.

Pérignon (dom P.), bénéd. de St-Maur, agron. N. Ste-Menehould, v. 1640; m. 1715. = (Domin.-Cath., marq. de), maréch. de Fr., diplom., sénat.; pair de Fr. sous la Restaur. N. Grenade, près de Toulouse, 1754; m. 1818.

Perillus, sculpt. athén. Viv. 770 av. J.-C.

Peringskiœld (J.), antiq. suéd. 1654-1720.

Perino del Vaga (P. Buonaccorsi), peint. florent. 1500-1547.

Périon (Joach.), bénéd., philol. N. Cormeri (Touraine); m. 1559.

Péripot-Duran, sav. rabbin aragon. du 14e et du 15e s.

Perizonius (Ja.), philol., crit. Dam (Grœningue), 1671; Leyde, 1715.

Perkin-Waerbek, dit le faux duc d'York, ou le faux Richard IV, impost. N. Londres; pendu Tyburn, 1499.

Perkins (Elisha), méd. améric., invent. du tracteur métallique, méthode auj. oubliée. M. Plainfield (Etats-Unis), 1800.

Permission (Bern. Bluet,

connu sous le nom de comte de), espèce d'extravagant, qui se fit tour à tour prophète et bouffon, écriv. et vend. de petits livres. M. de misère v. 1606.

Persie (F.-L.), composit. fr., profess. au Conservat. 1772-1852.

Pernetty (Ja.), prêtre, litt., hist. Forez, 1696-1777.=(Ant.-Jo.), bénéd., écriv. ascét., litt., alchim., frère du précéd. Roanne, 1716-1801.

Péron (F.), natural., voyag. Cérilly (Bourbonn.), 1775-1810.

Perotti (N.), gramm. ital., arch. de Siponto. Sassoferrato, 1430-1480.

Pérouse (J.-F. Galaup de la), cél. mar., capit. de vaiss., voyag. N. Albi, 1741; périt, à ce que l'on croit, dans une des îles Vanikoro, v. 1788.

Perpenna, gén. rom., partisan de Marius, lieut. d'Æmilius Lepidus, 79 av. J.-C.; mis à m. 74.

Perpétue (Ste), vierge chrét. Martyrisée avec Ste Félicité, Carthage, 203 ou 205.

Perpinian (P.-J.), peint. esp., théol. et human. M. 1566.

Perrache (M.), sculpt. Lyon, 1685-1750.=Sculpt. et archit., fit exécuter à Lyon la chaussée qui porte son nom. M. 1779.

Perrault (Cl.), archit., méd., physic., natural., memb. de l'acad. des sc. Paris, 1613-1688.=(C.), litt., poète, memb. de l'Acad. fr., frère du précéd. Paris, 1628-1703.

Perreau (J.-And.), litt., public. Nemours, 1749-1813.

Perreciot (Cl.-Ja.), érud. Roulans (Fr.-Comté), 1728-1798.

Perrée (J.-B.-Emm.), contre-amiral. St-Valeri-s.-Somme, 1761; tué dans un comb., 1800.

Perrier (F.), peint. et grav. St-Jean-de-Losne, 1590-1650.=(F.), jurisc. Beaune, 1645-1700.

Perrigny (Taillevis de), capit. de vaiss., hydrogr. Vendôme, 1720-1757.

Perrin (P., dit à tort l'abbé), poète fr., fondat. de l'acad. roy. de musique. N. Lyon, v. 1630; m. 1680.=(Alex.-Stan.), peint. fr. 1761-1832.

Perronnet (J.-Rod.), ingén. des P. et chaus. N. Surène, 1708; m. 1794.

Perrot d'Ablancourt (N.), litt., trad., memb. de l'Acad. fr. Châlons-s.-M., 1606-1664.

Persan (Casim. de), érud. Dôle, 1750-1815.

Perse (Aulus Persius Flaccus), poète satir. lat. Volterra, 34-62.

Persée, dern. roi de Macédoine, fils de Philippe V. Succ. de son père, 179 av. J.-C.; vaincu par les Rom. et mis à m., 167.

Persius (Caïus), orat. rom., tribun, et préteur en 152 av. J.-C.

Persona (Gobelin), chroniq. Westphalie, 1358-1420.

Persuis (Loiseau de), compo-sit. fr., direct. de l'acad. roy. de musique. 1769-1819.

Perthariti, roi lombard, fils d'Aribert. Succ. de la moitié des États de son père, 661; m. 686.

Perthuis de Laillevault (Léon de), agron. Germini-l'Évêque, 1757-1818.

Perti (Ja.-Ant.), composit. ital. et profess. de musique. 1656-1723.

Perticari (le comte Ju.), litt. ital. 1779-1822.

Pertinax (Publius Helvius), emp. rom. N. Ligurie, 126; procl. 193; assass. 87 jours ap.

Pérugin (P. Vanucci, dit le), cél. peint. de l'école rom. Citta-del-Pieve, 1446-1524.

Péruse (J. de la), poète. N. Angoulême, v. 1530; m. v. 1555.

Peruzzi (Bal.), peint., archit. ital. 1481-1536.

Pésarèse (Sim. Cantarini, dit le), peint. et grav. Pesaro, 1612-1648.

Pescatore (J.-B.), poète ital. M. 1558.

Pescennius-Niger. V. NIGER.

Pescetti (J.-B.) composit. ital. M. 1758.

Pesilli (F.), peint. florent. 1426-1457.

Pesmes (F.-L.), connu sous le nom de général St-Saphorin, milit., diplom. N. St-Saphorin (canton de Vaud), 1668; m. 1737.

Pesne (J.), grav. N. Rouen, v. 1623; m. 1700.=(Ant.), 1er peint. du roi de Prusse, fils du précéd. Paris, 1683; Berlin, 1757.

Pesselier (C.-Et.), aut. dram., poète. Paris, 1712-1763.

Pestalozzi (Jér.-J.), méd. Lyon, 1674-1742.=(H.), cél. instit. suisse. 1745-1827.

Pestel (Fréd.-Gu.), jurisc. all. 1724-1805.

Petau (Pa.), chronol., antiq. Orléans, 1568-1614.=(Den.), jés., sav. chronol., p.-nev. du précéd. Orléans, 1583-1652.

Peterborough (C. Mordaunt, comte de), gén. angl., homme d'État, pair d'Anglet. 1662-1735.

Peters (B.), peint. holl. 1614-1671.=(Hug.), pamphlét. angl. et puritain. N. 1599; exécuté, 1660.

Petetin (Jo.-H.-Désiré), méd. Lons-le-Saulnier, 1744-1808.

Pethion ou *Pétion* (Jér.), dit de Villeneuve, maire de Paris en remplac. de Bailly, memb. de la conv., du parti girondin. N. Chartres, 1759; m. fugitif dans les landes de Bordeaux, 1793.

Petiet (Cl.), memb. du cons. des anciens, du cons. des cinq-cents, min. de la guerre, gouv. de la Lombardie, sénat. N. Châtillon-s.-Seine, 1749; m. 1806.

Pétion (Al.-Sabès), homme de couleur. N. Port-au-Pr., 1770; présid. de la républ. d'Haïti, de 1807 à 1815; m. 1818.

Petis (F.), oriental. fr. 1622-1695.

Petis de la Croix (F.), sav. oriental., antiq., voyag., fils du précéd. Paris, 1655-1713.=(Al.-L.-Ma.), oriental., profess. d'ar. au Coll. de Fr. Paris, 1698-1751.

Petit (J.), doct. en théol., apolog. du meurtre du duc d'Orléans par le duc de Bourg. M. 1411.=(Sam.), philol., chronol., théol. protest. Nîmes, 1594-1643.=(P.), mathém., physic. Montluçon, 1594-1677.=(P.), érud., poète lat., méd. Paris, 1617-1687.=(F. Pourfour du), méd. et natural., memb. de l'acad. des sc. Paris, 1664-1741.=(J.-L.), cél. chir., memb. de l'acad. des sc., direct. de l'acad. roy. de chir. Paris, 1674-1750.=(Ant.), méd., memb. de l'acad. des sc. Orléans, 1718-1794.=(Marc-Ant.), chir. Lyon, 1766-1811.=(Alex.-Thérèse), physic. Vesoul, 1791-1820.

Petit-Didier (dom. Mat.), bénéd., litt., év. de Macra. St-Nicolas (Lorr.), 1659-1728.

Petitot (J.), peint. en miniat. et en émail. Genève, 1607-1691.=(Cl.-Bern.), litt. N. Dijon, 1772; m. 1825.

Petit-Pied (N.), sav. canoniste. N. Paris, v. 1650; m. 1705.

Petit-Radel (L.-F.), archit. fr. 1740-1818.=(Ph.), chir., hellén., frère du précéd. Paris, 1749-1815.=(L.-C.-F.), érud., archéol., frère des précéd. Paris, 1756-1836.

Petity (J.-Raf. de), litt. N. St-Paul-Trois-Chât., v. 1715; m. 1780.

Pétrarque (F.), cél. poète ital. et lat., érud., homme polit. Arezzo, 1304; Arqua, pr. de Padoue, 1374.

Petreius (Marcus), gén. rom., lieut. d'Antoine, puis de Pompée. M. v. 46 av. J.-C.

Petreius (N.), hist. dan. du 16e s.=(Théod.), chartreux, bibliogr. et controv. Kampen (Over-Yssel), 1567-1640.

Petremand (J.), jurisc. Dôle, 1580-1621.

Petri (Suffrid), philol. all. 1527-1597.

Pétrone (Petronius Arbiter), écriv. et poète lat. N. Marseille; proconsul en Bithynie, puis favori de Néron, qui le força de s'ouvrir les veines à Cumes, 66.

Pétronille (Ste), martyre. Viv. à Rome du temps de St Pierre, dont on la croit fille.

Pétronille, reine d'Aragon, fille de Ramire II, épousa son tuteur, Raimond Béranger IV, comte de Barcelone, 1151; m. 1172.

Petty (W.), mécan. et écon. angl. Rumsey, 1623-1687.

Peucer (Gasp.), mathém. Bautzen (Saxe), 1525-1602.

Peutinger (Conrad), sav. antiq. Augsbourg, 1465-1547.

Peyrard (F.), mathém., trad., érud. St-Victor-Malescourt (H.-Loire), 1760-1822.

Peyre (Ma.-Jo.), archit. Paris, 1730-1785.=(Ant.-F.), peint., archit., memb. de l'Inst. 1739-1823.

Peyrère (Isaac de la), théol. protest., puis cathol., voyag. Bordeaux, 1594-1676.

Peyron (J.-F.-P.), peint., direct. des Gobelins. N. Aix (Prov.), 1744; m. 1815.

Peyronie (F. Gigot de la), cél. chir., 1er chir. et méd. de Louis XV. Montpell. 1678-1747.

Peyrot (J.-Cl.), poète patois et music. Milhau, 1709-1795.

Peyrouse (la). V. PÉROUSE.

Peyssonnel (C. de), antiq. et diplom. Marseille, 1700-1757.=Antiq., numism., consul gén. à Smyrne, fils du précéd. Marseille, 1727-1790.

Pez (dom Bern.), bénéd., érud. Ips (B.-Autr.), 1683-1735.=(dom Jér.), bénéd., érud. frère du précéd. 1685-1762.

Pezay (Al.-Fréd.-Ja. Masson, marq. de), litt. Versailles, 1741-1777.

Pezenas (Esprit), jés., mathém., astron. Avignon, 1692-1776.

Pezron (Pa.), bernardin de Cîteaux, chronol., philol. Hennebon (Bret.), 1639-1706.

Pfaff (J.-Christ.), théol. luthér. Pfullinge, 1651-1720.=(Christ.-Math.), théol. protest., écriv. Stuttgard, 1686-1760.

Pfaffrad (Gasp.), philos. all. M. 1622.

Pfeffel (J.-Conrad), jurisc., diplom. Pays de Baden, 1684-1738.=(Chr.-Fréd.), sav. jurisc., public., fils aîné du précéd. Colmar, 1726-1807.=(Théoph.-Conrad), poète, litt., aut. dram., frère du précéd. Colmar, 1736-1809.

Pfeiffer (A.), oriental., philol. Lauenbourg (B.-Saxe), 1640-1698.=(J.-Fréd.), écon. Berlin, 1718-1787.

Pfenninger (Mat.), dessinat. et grav. Zurich, 1739-1810.=(H.), peint. et grav. N. Zurich, 1749.

Pfiffer (F.-L. de), lieut.-gén. suisse au service de la Fr. Lucerne, 1716-1802.

Pfintzing (Melchior), poète. Nuremberg, 1481-1535.

Pfister (J.-Chr.), hist. all. N. Wurtemb., 1772; m. 1836.

Pfuguer (Marc-Ad.-Dan), poète et agron. Morges (canton de Vaud), 1777; Paris, 1824.

Phacée, roi d'Israël, d'abord gén. de Phaceia, qu'il fit assass. pour lui succ., 755 av. J.-C. Assass. par Osée, 726.

Phaceia, roi d'Israël. Succ. de Manahem, 754 av. J.-C.; assass. l'année suiv.

Phœnus, astron. athén. V. 432 av. J.-C.

Phalaris, tyran d'Agrigente. N. Crète; usurpa le pouv. v. 566 av. J.-C., et régna 16 ans selon les uns, 30 ans selon les autres.

Pharamond, personnage douteux, longtemps donné comme 1er roi de Fr. Probablement il n'était que chef ou duc des Francs, v. 418 ou 420.

Pharandsem, reine d'Arménie, femme d'Arsace II, cél. par son courage. Mise à m. v. 368.

Pharasmane, nom commun à 7 rois d'Ibérie, qui régnèrent du 1er au 6e s. av. J.-C. Le plus cél. est *Pharasmane* 1er, qui régna de 25 à 54, s'allia aux Rom. et eut pour fils Rhadamiste, époux de Zénobie.

Pharnabase, fondat. de la 1re dynast. des rois d'Ibérie, après avoir délivré ce pays de la dominat. des Perses. Rég. 250 à 225 av. J.-C.

Pharnace 1er, fils de Mithridate V, et roi de Pont, 184 à 157 av. J.-C.=II, fils de Mithridate Eupator. N. 29 av. J.-C. roi du Bosphore, 64; essaya de reconquérir sur les Rom. les États de son père; périt 47.

Phazaël, frère d'Hérode le Gr., gouv. de la Judée. N. 47 av. J.-C.; m. 39.

Phédon, philos. grec de la ville d'Élée, disc. de Socrate. Viv. v. 370 av. J.-C.

Phèdre (Phædrus), philos. épicur. Viv. Athènes, envir. 50 av. J.-C.=(Julius), cél. fabul. lat. N. Piérie (Macéd.), v. 30 av. J.-C. esclave à Rome, puis affranchi par Auguste; m. v. 44 de J.-C.

Phelippeaux (A.-L. Picard), offic. d'artill., ingén. N. Poitou, 1768; émigra 1791; passa au service des Angl., et défendit pour eux St-Jean-d'Acre, 1799; m. peu après de la peste.

Phelypeaux (Rai.-Balt., marq. de), diplom. fr., secrét. d'État. N. v. 1671; m. au Canada, 1713.

Phérécrate, poète de l'anc. coméd. grecque. N. Athènes; viv. v. 420 av. J.-C.

Phérécyde, philos. grec, maître de Pythagore. N. 600 av. J.-C.=Hist. grec. V. 408 av. J.-C.

Phidias, fils de Charmide, cél. sculpt. grec. N. Athènes, 498 ou 497 av. J.-C.; m. 431.

Phidon, tyran d'Argos, v. 667 av. J.-C.

Philarète, gén. arménien, qui resta fidèle à l'emp. grec Romain-Diogène; après la m. de ce prince, il se créa un État indép., puis fut nommé duc d'Antioche. M. 1086.

Philé (Man.), poète grec. N. Éphèse, v. 1275; m. v. 1340.

Philelphe (F.), philol., trad., négociat. Tolentino, 1398-1481.=(Mario), jurisc., litt., fils du précéd. Constantinople, 1426; Mantoue, 1480.

Philémon, poète com. grec du 4e s. av. J.-C.=Gramm. grec. Viv. dans le 5e s., suiv. d'autres, dans le 12e s.

Philibert-Emmanuel, fils du duc de Savoie Charles-Emmanuel; devint gr. amiral d'Esp. sous Philippe III. M. 1624.

Philidor (F.-And. Danican, dit), composit. et cél. joueur d'échecs. Dreux, 1726-1795.

Philipeaux (P.), memb. de la conv. N. Ferrières, 1759; m. sur l'échaf., Paris, 1794.

Philipon de la Madeleine (L.), gramm., litt. N. Lyon, 1734; m. 1818.

Philippe de Thessalonique, poète grec qui viv. probablem. sous Trajan et Nerva.

Philippe (St), un des 12 apôtres. N. Bethsaïde (Galilée); prêcha en Phrygie; m. v. 80.=(St), un des 7 disciples qui furent choisis par les apôtres pour remplir les fonctions de diacre. Prêcha à Césarée; y mour. v. 70. V. NÉRI.

Philippe. Cinq rois de Macédoine ont porté ce nom; les seuls remarquables sont : *Philippe* II, 3e fils d'Amyntas IV. N. 383 av. J.-C.; s'empara du pouv. au préjudice de son nev., 360; gagna la bat. de Chéronée, 338; m. assass., 336.=III. V. ARIDÉE.=IV (ou V), fils de Démétrius; succ. de son oncle Antigone-Doson, 221 av. J.-C.; fut en lutte avec les Rom.; perdit contre eux la bat. de Cynocéphale, 197; m. 179.

Philippe, un des dern. Séleucides, fils d'Antiochus VIII; roi de Syrie 93 av. J.-C.; détrôné par Tigrane, roi d'Arm., 80; m. v. 57.

Philippe, fils d'Hérode le Gr., roi de Judée. Nommé par Auguste tétrarque de Judée, v. 4 av. J.-C.; m. 33 de J.-C.

Philippe (Marcus Julius Philippus), emp. rom. N. dans le Trachonite, v. 204; tuteur de Gordien, 243; le détrôna, 244; tué Vérone, 249.

Philippe 1er, roi de Fr., fils de Henri 1er. N. 1052; succ. de son père, sous la tutelle de Baudouin, comte de Flandre, 1060; excomm. à plusieurs reprises pour avoir répudié Berthe, et épousé Bertrade, femme non divorcée du comte d'Anjou; m. 1108.=II, dit Philippe-Auguste, fils de Louis VII. N. 1165; succ. de son père, 1180; entreprit, avec Richard-Cœur-de-Lion, la 3e croisade, 1190; gagna la cél. bat. de Bouvines, 1214; m. 1223.=III, dit le Hardi, fils de Louis IX. N. 1245; succ. de son père, 1270; m. 1285.=IV, dit le Bel, fils de Philippe III. N. 1268; succ. de son père, 1285; convoqua les premiers états-généraux, 1302; m. 1314.=V, dit le Long, 2e fils du précéd. N. v. 1293; déclaré régent, puis procl. roi, 1316; m. 1321.=VI, dit de Valois, fils de Charles de Valois et p.-fils de Philippe le Hardi. N. 1293; régent du roy. à la m. de Charles IV, et procl. roi 1328; perdit la bat. de Crécy, 1346; m. 1350.

Philippe, emp. d'All., 2e fils de Frédéric Barbe-Rousse. N. 1178; élu emp., 1198; assass. par Othon de Wittelsbach, 1208.

Philippe 1er, dit le Beau, roi d'Esp., fils de Maximilien 1er. N. 1478; souver. des Pays-Bas, 1482; procl. roi de Castille, 1504; m. 1506.=II, fils de Charles-Quint. N. 1527; roi de Naples et de Sicile, 1554, souver. des Pays-Bas, 1555; roi d'Esp., 1556; m. 1598.=III, fils du précéd. N. 1578; succ. de son père, 1598; m. 1621.=IV, fils de Philippe III. N. 1605; succ. de son père, 1621; procl. roi de Portug., 1640; m. 1665.=V, fils du dauphin Louis de Fr., et p.-fils de Louis XIV. N. 1683, et d'abord duc d'Anjou; appelé au trône d'Esp. par le testam. de Charles II, 1700; abdiqua en faveur de son fils Louis, 1724; m. 1746.

Philippe 1er, dit de Rouvres, duc de Bourgogne, p.-fils du duc Eudes VI. Lui succéda, 1349, sous la tutelle de Jeanne de Boulogne, sa mère, 1349; gouverna seul, 1360; m. l'année suiv.=II, le Hardi, 4e fils de Jean, roi de Fr. N. 1342; investi du duché de Bourgogne, 1363; régent de Fr. à la m. de Charles V, et pend. la démence de Charles VI; m. 1404.=III. dit le Bon, fils de Jean-sans-Peur. N. 1396; succ. de son père, 1419; m. 1467.

Philippe d'Alsace, fils de Thierry d'Alsace. Lui succéda, 1169; fut nommé régent de Fr., 1180; m. 1191, au siége d'Acre.

Philippe (Cl.-A.), magistr. fr., négociat. Besanç., 1614-1698.=de la très-sainte Trinité, carme déchauss., mission. dans la Perse et les Indes. Malaucène, 1605; Naples, 1671.

Philippicus-Bardanes, emp. d'Or. Procl. 711; détrôné, 713; m. exilé.

Philippine de Hainaut, reine d'Anglet., fille de Guillaume, comte de Hainaut. Épousa Édouard II, roi d'Anglet., 1328; m. 1369.

Philips (Éd.), litt. angl., nev. de Milton. N. Londres, 1603.=(Cath.), femme aut. Londres, 1631-1664.=(J.), poète. Rampton (comté d'Oxford), 1676-1708.=(Amb.), poète angl. 1671-1749.

Philiste, hist. N. Syracuse, 481 av. J.-C.; périt dans une bat. nav., 411 ou 410.

Phillip (Arthur), navigat. angl. Londres, 1738-1814.

Philodème, philos. épic. N. Gadara (Cœlé-Syrie), environ 1 s. av. J.-C.

Philolaüs, de Crotone, philos. pythagoric. Viv. v. 450 av. J.-C.

Philon de Byzance, tactic. et mécan. grec du 2e s. av. J.-C.=de Larisse, philos. de la nouvelle académie, chef de l'école d'Athènes, 88 av. J.-C.

Philon-le-Juif, philos. platonic. N. Alexandrie, v. 30 av. J.-C. On ignore l'époque de sa mort.

Philon de Byblos (Herennius), hist. grec. 23-101.

Philopœmen, cél. gén., dit le dern. des Grecs, préteur ou généraliss. de la ligue achéenne. N. Mégalopolis (Arcadie), 253 av. J.-C.; m. empois., 183.

Philostorge, hist. eccl., arien. N. Borène (Cappadoce), v. 364; m. ap. 425.

Philostrate, rhét. N. Lemnos. Viv. v. 195.=le jeune, nev. du

précéd. et rhéteur comme lui. Viv. v. 217.

Philoxène, poète grec. Cythère ou Leucade, 440-380.=dit aussi Xénaïas, écriv. syriaque, de la secte des monophysites ou jacobites. év. d'Héliopolis. N. Tahal (Susiane); m. Gangra, 518.

Phlégon, hist. grec N. Tralles (Lydie); viv. 2e s.

Phocas (St), de la prov. de Pont. Martyr, 303.

Phocas, emp. d'Or. N. Chalcédoine; succ. de Maurice, 602; mis à m. 610.

Phocion, homme d'Etat, gén. athén. N. v. 400 av. J.-C.; condamné à boire la ciguë, 317.

Phocylide, poète gnomique du 6e s. N. Milet.

Photius, théol., écriv., patriarche de Constantinople. Porté violemm. au patriarcat à la place d'Ignace, 857, eut avec le pape Nicolas Ier de longues contestat. qui amenèrent le schisme des Grecs. M. exilé en Arménie, 891.

Phraate, nom commun à 5 rois des Parthes qui régnèrent: *Phraate* Ier, 182 à 164 av. J.-C.=II, 139 à 127 av. J.-C.=III, 70 à 71 av. J.-C.=IV, 37 av. J.-C. à 13 de J.-C.=V, nommé roi par Tibère, 36 de J.-C.; m. même ann.

Phranza ou *Phrantzès* (G.), hist. byzant. N. Constantinople, 1401; m. Corfou, ap. 1477.

Phraorte, roi des Mèdes, fils et succ. de Déjocès. Régna de 657 à 635 av. J.-C.

Phryné, de Thespies, cél. courtisane grecque. Viv. 4e s. av. J.-C.

Phrynicus, poète trag. grec, disc. de Thespis. N. Athènes; viv. v. 511 av. J.-C.

Phrynicus Anhabius, gramm. grec. N. Bithynie; viv. 2e s.

Phrynis, poète et music. N. Mitylène, 480 av. J.-C.; m. ap. 457.

Phul, fils de Sardanapale I, roi d'Assyrie. Régna à Ninive, de 759 à 742 av. J.-C.

Pia (Ph.-N.), chim. et pharm. Paris, 1721-1799.

Piacenti (Den.-Grég.), philol., antiq. Viterbe, 1684-1754.

Piali, cél amiral ott. N. Hongrie, av. 1526; m. ap. 1565.

Piast, chef de la 2e dynast. des ducs ou rois de Pologne. Elu 842; m. 861.

Piat (St), martyr. N. Bénévent; accompagna St Denis dans les Gaules; décap. v. 287.

Piat (L.-C.), human., trad. Villeneuve-le-Roi, 1759-1822.

Piazza (Calixte), peint. vénit. du comm. du 15e s.=(Pa.), autre peint. ital. Castel-Franco, 1547-1621.

Piazzetta (J.-B.), peint. ital. Venise, 1682-1754.

Piazzi (Jo.), relig. théatin, mathém., astron. Ponte (Valteline), 1746; Naples, 1826.

Pibrac (Gui du Faur, seigni de), magistr., négociat., moral. et poète. Toulouse, 1529-1584.

Pic de la Mirandole. V. Mirandole.

Picard (J.), prêtre, sav. astron., memb. de l'acad. des sc. N. La Flèche, 1629; m. 1682.=(L.-Ben.), aut. dram., litt., memb. de l'Acad. fr. Paris, 1769-1828.

Picart (Et.), dit le Romain, grav. Paris, 1631; Amsterd., 15 1.

Piccadori (J.-B.), théol., philos., supér. gén. des clercs régul. mineurs. Rieti, 1766-1829.

Piccart (M.), philol. Nuremb., 1574-1620.

Piccini (N.), composit. cél. Bari (roy. de Naples), 1727; Passy, 1800.

Piccinino (N.), cél. capit. ital. au service de Ph.-Ma. Visconti. N. Pérouse; m. 1444.=(Ja.), fils du précéd., lui succéda dans le command. des troupes milanaises, servit successiv. Alphonse d'Aragon et Jean, duc d'Anjou et d'Aragon, étranglé par ordre de ce dernier, 1465.

Piccolomini (Al.), archev. de Patras, philol., litt. Sienne, 1508-1578.=(F.), philos., parent du précéd. Sienne, 1520-1604.=(Alph.), duc de Montemariano, chef de bande au 16e s. Dévasta les Etats de l'Eglise, 1582; passa au service de la Fr.; revint en Ital., où il fut pendu, 1591.=(Oct.), cél. gén. des Impériaux, de la fam. des précéd. Sienne, 1599; Vienne, 1656.

Pichat (M.), aut. dram. Vienne (Dauph.), 1786-1828.

Pichegru (H.), gén. fr., memb. du cons. des cinq-cents. N. Arbois, 1761; compromis dans le complot de George Cadoudal, fut emprisonné au Temple, 1804, et quelques jours ap. on le trouva étranglé dans son lit.

Pichler (Gui), jés., théol. all. M. Munich, 1736.

Pichler (Caroline), femme aut. Allemagne, 1760-1843.

Pichon (Th.), écriv. Vire, 1700; Londres, 1781.=(Th.-J.), théol. Le Mans, 1731-1812.

Picken (And.), litt. angl. Paisley, 1788-1833.

Picot (Bern.-F.-Bertr., marq. de la Motte-), maréch. de camp, gouv. de Mahé, 1734-1797.=(l'abbé M.-P.-Jo.), écriv. fr., hist. N. Neuville-aux-Bois (Loiret), 1770; m. 1841.

Picquet (F.), missionn., ambass., év. (in partibus) de Césarople, puis de Bagdad. Lyon, 1626; Hamadan, 1685.=(F.), missionn. en Am. Bourg-en-B., 1708-1781.

Pictet (Bénéd.), théol. protest. Genève, 1655-1724.=(J.-L.), astron., et de la même fam. Genève, 1739-1781.=(Marc-A.), écriv., natural. Genève, 1752-1825.=(C.), litt., agron., frère du précéd. 1755-1824.

Picton (Th.), gén. angl. N. 1758; tué Waterloo, 1815.

Pidou de St-Olon (F.), diplom. Toulouse, 1640-1720.=(L.-Ma.), théatin, missionn., consul de Fr. en Perse, év. de Babylone. Paris, 1657; Ispahan, 1717.

Pidoux (J.), méd. de Henri III. N. Paris, 16e s.; m. 1610.

Pie Ier (St), pape. N. Aquilée. Succ. de St Hygin, 142; m. 152 ou 157.=II (Æneas Sylvius Piccolomini), orat., diplom., théol., hist., géogr., poète lat. N. Corsignano, 1405; succ. de Calixte III, 1458; m. Ancône, 1464.=III (Ant. Piccolomini). Succ. d'Alexandre VI, 1503; m. 25 jours ap.=IV (J.-Ange Medici ou Medichino). N. Milan; succ. de Paul IV, 1559; m. 1565.=V (M. Ghisleri). N. Bosco, pr. d'Alexandrie, 1504; succ. de Pie IV, 1566; m. 1572.=VI (J.-Ange Braschi). N. Césène, 1717; succ. de Clément XIV, 1775; détrôné et arraché de Rome par Berthier, 1798; m. Valence, 1799.=VII (Grég.-L.-Barnabé Chiaramonti). N. Césène; élu succ. de Pie VI à Venise, 1800; dépouillé de ses Etats par Napoléon, fut relégué à Savone, puis tenu captif à Fontainebl., 1812 à 1814; m. Rome, 1823.=VIII (F.-X. Castiglioni). N. Cingoli, 1761; succ. de Léon XII, 1829; m. 1830.

Piémont (N. Opgang, dit), paysagiste. N. Amsterdam, 1659; m. Piémont, 1709.

Piépape (N.-Jo.-Philipin de), jurisc., magistr. Langres, 1731-1793.

Pierquin (J.), prêtre, écriv. N. Charleville, v. 1672; m. 1742.

Pierre (St), dit le prince des apôtres, d'abord nommé Simon. N. Bethsaïde (Galilée), prêcha à Jérusal., à Antioche. Martyr. à Rome avec St Paul, 65 ou 66.=(St), év. d'Alexandrie, v. 300; martyrisé, 311.=(St), dit Chrysologue, orat., arch. de Ravenne. N. Imola; m. 452.=(St), arch. de Tarentaise. N. St-Maurice (dioc. de Vienne), 1100; m. Bellevaux (Fr.-Comté), 1174.=d'Alcantara, relig. francisc. Alcantara, 1499-1562.

Pierre de Courtenai, emp. de Constantinople. Etait comte de Nevers; suivit Philippe-Auguste en Syrie, 1190; appelé au trône, 1216; fait prisonn. par Théodore l'Ange, 1217; mis à m., 1219.

Pierre Ier, dit le Grand, emp. de Russie, 5e fils d'Alexis. N. 1672; monta sur le trône à la m. de Fédor II, 1682; voyagea incognito en Holl., 1697; fonda St-Pétersb., 1703; gagna la bat. de Pultawa, 1709; m. 1725.=II, fils d'Alexis, et p.-fils du précéd. N. 1715; succ. de Catherine II, 1727; m. 1730.=III, fils de Ch.-Frédéric, duc de Holstein-Gottorp. Succ. de sa tante Elisabeth, 1762; abdiqua même année, et fut mis à m.

Pierre Ier, roi d'Aragon, fils de Sanche Ramire. Succ. de son père, 1094; m. 1104.=II, fils d'Alphonse II, et son succ. en 1196; tué à la bat. de Muret, 1212.=III, dit le Grand, fils de Jacques Ier. N. 1239; succ. de son père, 1276; couronné roi de Sicile, 1282; m. 1285.=IV, dit le Cérémonieux, fils d'Alphonse IV. N. 1319; succ. de son père comme roi d'Aragon, 1336; m. 1387.

Pierre Ier, roi de Sicile. V. Pierre III, roi d'Aragon.=II, fils de Frédéric Ier. Associé au trône de Sicile par son père, 1321; lui succ., 1337; m. 1342.

Pierre dit le Cruel, roi de Castille, fils d'Alphonse XI. N. Burgos, 1334; succ. de son père, 1350; poignardé par Henri de Transtamarre, 1369.

Pierre Ier, dit le Justicier et le Cruel, roi de Portugal, fils d'Alphonse IV. N. 1320; succ. de son père, 1357; m. 1367.=II, 2e fils de Jean IV. N. 1648; régent de Portug., 1667; roi, 1683; m. 1706.

Pierre dit l'Allemand, roi de Hongrie. Succ. d'Etienne Ier, 1038; détrôné, jeté en prison, 1047; m. au bout de 3 jours.

Pierre, dit le Beau ou *Calopierre*, Valaque de naissance, fonda avec Asan, son frère, le 3e roy. de Bulgarie, ou roy. Valaco-Bulgare, aux dépens des Grecs, en 1186; Assass., 1197.

Pierre, dit Mauclerc, fils de Robert, comte de Dreux. Devint duc de Bretagne par son mariage avec Alix, fille de Gui de Thouars, 1212; régent à la m. de celle-ci, 1221, jusqu'à la majorité de son fils, 1236. M. 1248.

Pierre le Bibliothécaire, hist. fr. du 9e s.

Pierre-Alphonse (Rabbi-Moïse-Sephardi), juif converti, méd. et théol. Huesca (Esp.), 1062.

Pierre le Vénérable, abbé de Cluni, sav. théol., poète lat. N. 1092 ou 1094; m. 1156.

Pierre-l'Ermite, cél. pèlerin, qui prêcha et conduisit la 1re croisade, 1095; m. à l'abbaye de Neu-Moutier (pr. Liége), 1115.

Pierre de Blois, théol., érud. N. Blois; m. après 1198.

Pierre des Vignes, chancel. de l'emp. Frédéric II, écriv. N. Capoue, fin du 12e s.; m. 1246.

Pierre de St-André, théol., philos., hist. Lisle (Prov.), 1624-1671.

Pierre de St-Louis (le P.), carme, prédic., poète fr. cél. par son extravagance. N. 1626; m. v. 1684.

Pierre d'Abano, de Lune, Lombart, de Cortone. V. Abano, Lune, Lombart, Cortone.

Pierre (J.-B.-Ma.), 1er peint. du roi. Paris, 1714-1789.

Pierson (J.), philol. et poète. Holswert (Frise), 1731-1759.

Pieters (Gérard), peint. N. Amsterdam, v. 1580.=(Bonav.), peint. de marines. Anvers, 1614-1652.

Pietro (M. di), card., patriarche de Jérusal., canon. Albano, 1747-1821.

Pietrolino, peint. ital du 12e s.

Pigafetta (Ant.), voyag. du 16e s., compagn. de Magellan. N. Vicence.=(Ph.), voyag., de la fam. du précéd. N. Vicence, v. 1533; m. 1603.

Pigalle (J.-B.), sculpt., memb. de l'acad. Paris, 1714-1785.

Piganiol de la Force (J.-Aimar), géogr., litt. N. Aurillac, 1673; m. 1753.

Pigault-Lebrun (Gu.-C.-Ant.), romanc., aut. dram. N. Calais, 1753; m. 1835.

Pigeau (Eust.-N.), jurisc., profess. à l'école de dr. de Paris. N. Montlévêque, 1750; m. 1818.

Pigenat (F.), ligueur fanat., memb. du conseil des quarante, et curé de St-Nicolas-des-Champs, à Paris. N. Autun; m. 1590.

Pighius (Et. Vinand), sav. antiq. Kempen, 1520-1604.

Pigna (J.-B. Nicolucci, dit), hist. et litt. Ferrare, 1529-1575.

Pignatelli (F.), prince de Strongoli, homme d'Etat, min. du roi de Naples Ferdinand IV. N. Naples, 1732; m. 1812.

Pigneau de Behaine (P.-J.-G.), missionn., év. d'Adran (in partibus), vic. apostol. en Cochinchine. Origny, 1741; Cochinchine, 1799.

Pignoria (Lau.), antiq. Padoue, 1571-1631.

Pignotti (Lau.), méd., litt. ital., fabul. Figline (Tosc.), 1739-1812.

Pigray (P.), chir. de Henri IV et de Louis XIII. M. 1613.

Pihan de la Forêt (Pa.), jurisc. Pontoise, 1739-1810.

Piis (P.-Ant.-A.), aut. dram., chansonn. Paris, 1755-1832.

Pikler (le chev. J.), habile grav. en pierres fines. Naples, 1734-1791.

Pilate (Ponce), procurateur de Judée sous Tibère, v. 27 de J.-C. Il abandonna le Sauveur aux Juifs ses ennemis; fut rappelé par Caligula, 37; exilé à Vienne, en Dauph., où il m., 40.

Pilati de Tassulo (C.-Ant.), jurisc. et public. Trente, 1733-1802.

Pilâtre de Rozier (J.-F.), physic., aéronaute. N. Metz, 1756; voulut traverser la Manche, juin 1785, mais le feu prit au ballon, et de Rozier périt.

Piles, nom d'une anc. fam. de Provence. Ses princip. memb. sont: Ludovic, bar. de Baumes, milit. et cél. duelliste. N. v. 1603; tué à l'attaque des îles St-Marg., 1646.=Paul de Fortia (marq. de), cheval. de Malte, gouv. des îles de Marseille. N. Baumes, 1633; m. ap. 1675.=Louis-Alph. de Fortia (marq. de), gouv. de Marseille, 1665-1729.

Piles (Roger de), litt. et peint. Clamecy, 1635-1709.

Pilkington (Lætitia), femme de lettres. Dublin, 1712-1750.

Pille (L.-C.-Ant., comte), gén. de brigade, min. de la guerre. N. Soissons, 1749; m. 1828.

Pillet (Cl.-Ma.), biogr. et bibliogr. N. Chambéry, v. 1773; m. Paris, 1826.

Pilon (Germ.), cél. stat. fr. N. Loué, pr. du Mans, v. 1515; m. Paris, 1590.=(Fréd.), act. et aut. dram. irland. Cork, 1750-1788.

Pilpai ou *Bidpai*, fabul. ind. dont l'existence est problémat. Viv., suiv. quelq. tradit., v. 2000 av. J.-C.

Pimenoff, sculpt. russe. M. 1833.

Pina (Ruy de), historiogr. de Portug. sous Emmanuel. M. 1521.

Pinaigrier, dit le bon Pinaigrier, peint. sur verre fr. N. v. 1490. Ses 3 fils cultivèrent le même art.

Pinart (M.), oriental., hébraïs., memb. de l'acad. des inscr. Sens, 1659-1717.

Pinas (J.), peint. holl. N. Harlem, v. 1596.

Pincianus. V. Nuñez.

Pindare, cél. poète lyr. grec. Thèbes, v. 520-456 av. J.-C.

Pindemonte (Marc-Ant.), litt. Vérone, 1604-1744.=(Hip.), poète, de la fam. du précéd. Vérone, 1753-1829.

Pine (J.), grav. angl. Londres, 1700-1760.

Pineda (J. de), jés. esp., théol. Séville, 1557-1637.

Pinel (le P.), orator., controv., visionn. N. St-Domingue; m. av. 1777.=(Ph.), cél. méd. N. St-Paul (Tarn), 1764; m. 1826.

Pinelli (J.-Vinc.), biblioph. Naples, 1535-1601.=(Matteo), autre biblioph. Venise, 1736-1785.

Pinelo (Ant. de Léon), érud., écriv. améric. N. Pérou, fin du 16e s.

Pingré (Al.-Gui), génovéf., astron., chancel. de l'Univ. Paris, 1711-1796.

Pinheiro-Ferreira (Silvestre), public. portug. Lisbonne, 1769-1847.

Pini (le P. Ermenegild), barnabite, physic., natural., géogr. N. Milan, v. 1750; m. 1825.

Pinkerton (J.), géogr. et antiq. Edimb., 1758; Paris, 1826.

Pinkney (Gu.), diplom. améric. Annapolis, 1764-1822.

Pinson, chir. et anat. fr. 1746-1828.

Pinsson de la Martinière (J.), proc. du roi près la connétablie et maréchaussée de Fr., érud. M. Paris, 1678.

Pinto (Fern.-Mendez), cél. voyag. portug. N. pr. Coïmbre, v. 1510; m. ap. 1558.=(Isaac), juif portug., érud., écon. M. La Haye, 1787.

Pinto-Ribeiro (J.), gentilh. portug., secrét. du duc de Bragance. Il organisa la conspir. de 1640, qui enleva le Portug. à l'Esp., et fit monter Jean IV sur le trône. M. 1643.

Pinturicchio (Bernardin Betti, dit le), peint. de l'école rom. Pérouse, 1454-1513.

Pinzon (Vinc.-Yanez), navig. esp. du 16e s.; le premier qui ait passé la ligne.

Piozzi (Esther Lynch), femme aut. Roswel (Anglet.), 1739-1821.

Piper (C., comte de), homme d'Etat suéd., min. de Charles XII. N. v. 1660; m. prisonn., 1716.

Piquet ou *Picquet* (Cl.), relig. de St-François, théol., philos. N. Dijon; m. ap. 1621.

Piranesi (J.-B.), dessinat. et grav. Rome, 1707-1778.=(F.), grav., fils du précéd. Rome, 1748-1810.

Pirckheimer (Bilibald), philol., hist. Nuremb., 1470-1530.

Piri-Pacha, gr.-vizir des sult. Sélim Ier et Soliman II. M. v. 1523.

Piringer (Ben.), grav. all. Vienne, v. 1776; Paris, 1826.

Piron (Aimé), apoth., poète bourguig. Dijon, 1640-1727.=(Alexis), poète, aut. dram., fils du précéd. N. Dijon, 1689; m. 1773.

Piron de la Varenne, offic. vendéen. N. La Varenne (pr. Ancenis), 1755; périt sur la Loire, 1794.

Pirot (Edme), sav. théol. Auxerre, 1631-1713.

Pirro (Roch), hist. Netto (Sicile), 1577-1651.

Pisani (N.), amiral vénit. du 14e s. M. 1380.=(L.), doge de Venise, de 1735 à 1741.

Pisano (J.), sculpt. et archit., fils de Nic. de Pise. M. 1320.

Pisanski (G.-Christ.), philol. Joannisberg, 1725-1790.

Pisant (dom D.), bénéd. de St-Maur, canon. Sassetot, 1646-1728.

Pisidès. V. George.

Pisistrate, tyran d'Athènes. S'empara du pouv., 561 av. J.-C.; m. 528.

Pison (Lucius Calpurnius Piso), jurisc., hist., orat. rom., 2e s. av. J.-C. Fut censeur, 121 av. J.-C.=(Caïus Calpurnius), cons. rom. 67 av. J.-C.=(Lucius Calpurnius), cons., puis gouv. de Macédoine en 59 av. J.-C., et censeur en 50.=(Cneius Calpurnius), cons. sous Auguste, et gouv. de Syrie sous Tibère. Fit mourir Germanicus.=(Cneius Calpurnius), cons. sous Néron; organisa contre ce prince une conspir. cél.; s'ouvrit les veines quand elle fut découverte.=(Calpurnius Licinianus), fils de Marcus Crassus. Fut déclaré césar par Galba, et assass. 4 jours après, 69 de J.-C.=(Lucius Calpurnius), sénat. rom. Chargé par Macrien de faire périr Valens, 261, se fit procl. emp. et fut massac. au bout de quelq. sem.

Pison (Gu.), natural. holl. du commenc. du 17e s.

Pissaref (Al.), poète russe. 1801-1828.

Pistoia (Le), peint. ital. du 16e s.=(frère Pa. de), peint ital. du 16e s., élève de Bartolomeo della Porta.

Pistorius (J.), érud., controv. Nidda (Hesse), 1546-1608.

Pitard (J.), chir. de St Louis, de Philippe le Hardi, de Philippe le Bel, 1228-1315.

Pitcarne (Archibald), cél. méd. Edimbourg, 1652-1713.

Pithois (Cl.), litt. fr. N. Champ., v. 1596; m. 1676.

Pithon, un des offic. d'Alexandre le Gr., gouv. de la Médie à la m. de ce prince, 323 av. J.-C.; mis à m., 316.

Pithou (P.), sav. jurisc., philol., poëte lat. N. Troyes, 1539; m. 1596.

Pitiscus (Bart.), mathém., astron. Schlaune (Silésie), 1561-1613. = (Sam.), philol., p.-nev. du précéd. Zutphen, 1637-1717.

Pitot (H.), géom., ingén., tactic., memb. de l'acad. des sc. Aramon (Languedoc), 1695-1771.

Pitt (Christ.), poëte angl. Blandford, 1699-1748. = (Th.), gouv. de Madras. Ste-Marie (comté de Dorset), 1653-1726. = (W.), 1er comte de Chatham, cél. homme d'Etat, orat., litt., 1er min. d'Anglet. Westminster, 1708-1778. = (J.), comte de Chatham, gén., gouv. de Gibraltar, 1er fils du précéd. 1756-1835. = (W.), frère cadet du précéd., homme d'Etat, orat. cél. et 1er lord de la trésorer. N. Hayes (comté de Kent), 1759; m. 1806.

Pittacus, l'un des 7 sages de la Grèce. N. Mitylène, 649 av. J.-C.; m. 579.

Pitton (J.-Scolast.), hist. N. Aix. v. 1620; m. 1690.

Pittorio (L. Bigi), en lat. Pictorius, poëte lat. N. Ferrare, 1454; m. v. 1525.

Pizarre (F.), conquér. du Pérou. N. Trujillo, 1475; fonda Lima, 1535; m. assass., 1541. = (Gonzalès), un des frères du précéd. et son compagn. dans toutes les entreprises; fut gouv. de Quito de 1538 à 1541; condamné à m. comme rebelle.

Pizzi (Joach.), litt. Rome, 1719-1790.

Plaat (And.-H.-J., van der), ingén. et hydraul. holl. N. Grave, 1761; m. Anvers, 1819.

Placcius (Vinc.), bibliogr. Hambourg, 1642-1699.

Place (P. de la), jurisc., hist. magistr. N. Angoulême, v. 1520; tué Paris, 1572, à la St-Barthél.

Place (P.-Ant. de la), litt., aut. dram. Calais, 1707-1793.

Placentius (J.-Léo.), ou le Plaisant, poëte lat. N. St-Tron (pays de Liége); m. v. 1548.

Placide de Ste-Hélène (le P.), relig. august., géogr. Paris, 1649-1734.

Placidie (Galla Placidia Augusta), impératr., fille de Théodose le Gr., femme d'Ataulphe, prince goth, puis de Constance III. N. Constantin., v. 388; m. Rome, 450.

Planche (Régnier de la), hist. fr. du 16e s.

Plancher (dom Urbain), bénéd. de St-Maur, hist. Chenus (Anjou), 1667-1750.

Plancus (Lucius Munatius), trib. et consul rom., regardé par quelques-uns comme le fondat. de Lyon. N. 73 av. J.-C.; m. v. 12 de J.-C.

Planer (J.-Ja.), bot. Erfurt, 1745-1789.

Plank (Théoph.-Ja.), hist. eccl. N. Wurtemb., 1751; m. Gœttingue, 1833.

Plant (J. Traugott), litt. Dresde, 1758-1794.

Plantavit. V. MARGON.

Plantin (Christ.), cél. impr. du 16e s. Mont-Louis (Tour.), 1514; Anvers, 1589.

Planude (Maxime), moine grec, écriv. du 14e s. N. Nicomédie.

Platen (Dubislav. Fréd. de), gén. pruss. 1714-1787.

Platière (Imbert de la), connu sous le nom de Maréchal de Bourdillon, maréch. de Fr., diplom. M. Fontainebleau, 1567. V. ROLAND.

Platina (Barth. de Sacchi, dit), hist. N. Piadana, pr. de Crémone, v. 1421; m. 1481.

Platner (J.-Zacharie), méd. et chir. Chemnitz (Saxe), 1694-1747. = (Ern.), méd., moral., fils du précéd. Leipzig, 1744-1818.

Platon, ill. philos. grec, fils d'Ariston, et fondat. de l'école dite académie. Son vérit. nom était Aristoclès. N. Egine, ou Athènes. 429 (ou, selon d'autres, 430), av. J.-C.; m. 348 ou 347.

Platow ou *Platoff* (le comte) hetmann des Cosaques du Don. 1765-1818.

Plaute (Marcus Accius Plautus), poëte com. lat. Sarsine (Ombrie), 227 ou 224-184 av. J.-C.

Plautien (Flavius Plautianus), favori de l'emp. Septime-Sévère; préfet de Rome et cons. N. Afr.; mis à m. comme conspir., 205.

Plavilschtschikof (P.-Al.), aut. dram. russe. Mosc., 1760-1812.

Playfair (J.), mathém., géol., érud. Benvie (Ecosse), 1749-1819.

Plélo (L.-R.-Hipp. de Brehan, comte de), litt., diplom. N. Bretag., 1699; tué, 1734.

Plessis-Richelieu (F. du), capit. des gardes de Henri IV, père du card. de Richelieu. 1548-1590.

Plévil-le-Peley (G.-Re.), vice-amiral fr. Granville, 1726-1805.

Pleyel (Ign.), pianiste et fact. de pianos. Ruppersthal (Autr.), 1757; Paris, 1833.

Pline l'Ancien (Caius Plinius Secundus), écriv. lat., natural., gouv. d'Esp., préfet de la flotte de Misène. N. Côme, 23 de J.-C.; m. victime d'une érupt. du Vésuve, 79. = *le Jeune* (Caius Cecilius Plinius Secundus), hist., orat., homme d'Etat, nev. du précéd. Côme, 61-115.

Plot (R.), natural. angl. 1640-1696.

Plotin, philos. néoplatonic., élève d'Ammonius Saccas. Lycopolis, v. 205; Campania, 270.

Ploucquet (God.), métaphysic. Stuttgard, 1716-1790.

Plowden (C.), jés., casuiste. N. Anglet., 1743; m. Fr.-Comté, 1821. = (F.), hist. et public. irland. M. Paris, 1829.

Pluche (Noël-Ant.), litt., natural. Reims, 1688; Paris 1761.

Plukenet (Léon.), bot. et méd. angl. N. 1642; m. v. 1710.

Plumier (C.), minime, bot. N. Marseille, 1646; m. pr. de Cadix, 1706.

Plunkett (Oliv.), arch. d'Armagh et primat d'Irl. N. comté de Meath, 1629; exécuté comme conspir. 1681.

Pluquet (F.-And.-Ad.), sav. ecclés., profess. de morale au Coll. de Fr. N. Bayeux, 1706; m. 1790.

Plutarque (Plutarchus), biogr. et moral. grec. N. Chéron (Béotie), 48 ou 49; m. très-vieux.

Pluvinel (Ant. de), écuyer, fondat. en Fr. des écoles de manéges dites académies. Crest (Dauphiné), 1555-1620.

Poccetti (Bern. Barbatelli, dit le), peint. ital. N. Florence, 1612.

Pocock (Ed.), théol., oriental. Oxford, 1604-1691. = (Ed.), oriental., fils du précéd.

Pococke (Rich.), voyag., év. d'Ossory, puis de Meath. N. Southampton, 1704; m. 1765.

Podesta (J.-B.), oriental. N. Fazana (Istrie); m. ap. 1674.

Podiebrad (G.), roi de Bohême, fils de Victorin de Cunstat. N. 1420; procl. à la m. de Ladislas, 1458; m. 1471.

Poel (Alb. Egbert ou Eglon van der), peint. de l'école flam. Floriss. en 1647.

Poelenburg (Corn.), dit Brusco ou Salgro, peint. et grav. Utrecht, 1586-1660.

Poellnitz (C.-L., baron de), aventur. all., cél. par ses apostasies. 1692-1775.

Poerner (C.-Gu.), chim. Leipzic, 1732-1796.

Poggi (Sim.-Ma.), poëte trag. Bologne, 1685-1722.

Poggio-Bracciolini, plus connu sous le nom de Pogge, cél. philol., litt., hist. Terranova, 1380; Florence, 1459.

Pohl (J.-Ehrenfried), méd. et bot. Leipzig, 1746-1800. = (J.-Emm.), bot. Vienne, 1784-1834.

Poilly (F.), grav. Abbeville, 1622-1693. = (N.), grav., frère du précéd. 1626-1696. = (J.-B.), grav., memb. de l'acad. de peint., fils de Nicolas. M. 1728.

Poinsinet (Ant.-Al. H.), aut. dram. Fontainebl., 1735; Cordoue, 1769.

Poinsinet de Sivry (L.), litt., aut. dram., antiq. Versailles, 1733-1804.

Pointis (J.-Bern. Desjeans, baron de), chef d'escadre des armées navales de Fr. 1645-1707.

Poiret (P.), écriv. mystique protest. Metz, 1646-1719.

Poirier (dom Germ.), bénéd. de St-Maur, érud., memb. de l'Inst. Paris, 1724-1803.

Poirson (J.-B.), géogr., Vrécourt (Lorr.), 1761; Valence, 1831.

Poissenat (Ph.), bénéd. de Cluny, philol., vice-chancel. de l'univers. de Dôle. M. 1556.

Poisson (N.-Jo.), orator., théol. érud. N. Paris, v. 1637; m. 1710. = (Rai.), act. et aut. dram. N. Paris; m. 1690. = (Den.-Siméon), sav. géom., memb. de l'acad. des sc., memb. du bureau des longit., pair de Fr. N. Pithiviers, 1781; m. 1840.

Poissonnier (P.-Isaac), méd. et chim. Dijon, 1720-1798.

Poitevin (Ja.), physic. et astron. Montpellier, 1742-1807.

Poitiers (P. de), théol. scolast., chancel. de l'Eglise de Paris. M. 1205. = V. DIANE.

Poivre (P.), voyag., intend. des îles de France et de Bourbon. Lyon, 1719-1786.

Polanco (C.), peint. esp. Viv. v. 1648.

Polémon, philos. académic., disc. de Xénocrate. N. Athènes, v. 340 av. J.-C.; m. v. 272. = (Antonius), sophiste de Laodicée; tint école de 98 à 138. = Physiognom. athén. du 2e s. de J.-C., un peu antér. à Origène.

Polémon 1er, roi de Pont. Nommé par Antoine; m. 1er s. de J.-C. = II, fils du précéd. et son succ. en 38 de J.-C.; céda son roy. à Néron, 65.

Poléni (J.), physic., antiq. Venise, 1683-1761.

Polenta, fam. qui régna à Ravenne de 1275 à 1441; avait pour chef Guido Novello, père de Françoise de Rimini.

Poli (J.), physic. Lucques, 1662; Paris, 1714.

Polidore. V. CARAVAGE.

Polier (Ant.-L.-H. de), oriental.; ingén. N. Lausanne, 1741; assass. pr. d'Avignon, 1795.

Polignac (Melchior de), card., arch. d'Auch, diplom., poëte lat., memb. de l'Acad. fr. et de l'acad. des sc. N. Puy-en-Velay, 1661; m. 1741. = (Yolande-Martine-Gabr. de Polastron, duchesse de), favorite de Marie-Antoinette, gouv. des enfants de Fr. N. 1749; m. Vienne (Autr.), 1793. = (le prince Ju. de), fils de la précéd. et du duc Jules de Polignac. N. Paris, 1780, d'abord aide de camp du comte d'Artois (dep. Charles X), fut compromis dans le complot de Georges Cadoudal, devint à la Restaur. pair de Fr., 1816, min. des aff. étrang. et présid. du cabinet, 1829. Condamné, 1830, comme signat. des ordonnances, à une prison perpét., il fut amnistié en 1836; m. St-Germain-en-Laye, 1847. = (Armand, duc de), maréch. de camp, pair de Fr., frère du précéd. 1771-1847.

Polinière (P.), physic. Coutances, 1671-1734.

Politien (Ange), cél. philol. et litt. Monte-Pulciano (Tosc.), 1454-1494.

Polk (James), présid. des Etats-Unis. N. dans le Tenessée, 1795; élu 1845; m. 1849.

Pollajuolo (Ant.), peint., sculpt., orfèvre, grav. Florence, 1426-1498.

Pollich (J.-Ad.), natural. all. Lautern, 1740-1780.

Pollini (Ciro), bot. ital. Alagna, 1783-1833.

Pollion (Caius Asinius Pollio), orat. rom., poëte, hist., protect. de Virgile et d'Horace. N. 77 av. J.-C.; m. 3 de J.-C. = (Trebellius Pollio), hist. lat. Viv. Rome, v. 300.

Polluche (Dan.), érud. Orléans, 1689-1768.

Pollux (Julius), gramm., sophiste grec. N. Naucratis (Egypte), v. 135; m. Athènes, v. 173. = (Julius), hist. grec du 4e s.

Polo (Marco), en fr. Marc Paul, cél. voyag. N. Venise, v. 1250; m. v. 1323.

Poltrot de Méré (J.), gentilh. protest. de l'Angoumois. N. v. 1525; assassina Fr. de Guise, 1563; pris et écartelé même ann.

Polus de Sunium, cél. act. gr., contemp. de Périclès.

Polus (Ren. Pole ou Pool, connu sous le nom de), card., arch. de Cantorbéry, écriv. ecclés. Stowerton-Castle (Strafford), 1500-1558.

Polybe, hist. grec, fils de Lycortas, un des chefs de la ligue achéenne. N. de 210 à 200 av. J.-C.; m. de 128 à 118. = de Cos, méd., disc. et gendre d'Hippocrate. Viv. v. le milieu du 5e s. av. J.-C.

Polycarpe (St), év. de Smyrne, v. 96; martyrisé, 167.

Polyclès, sculpt. grec. V. 180 av. J.-C.

Polyclète de Sicyone, stat. et archit. N. Argos, 480 av. J.-C.; m. v. 405.

Polycrate, tyran de Samos. 6e s. av. J.-C.

Polydore-Virgile ou *Vergile*, hist., philol. N. Urbin, v. 1470; m. v. 1555.

Polyen, hist. grec. N. Macédoine; viv. sous Marc-Aurèle, de 161 à 180.

Polyeucte (St), chrétien qui servait dans l'armée rom. v. 250. Martyrisé, 257.

Polygnote de Thasos, peint. grec. V. 416 av. J.-C.

Polyhistor. V. ALEXANDRE.

Pombal (dom Séb.-Jo.-Carvalho-Melho, comte d'Œyras, marq. de), min. de Portugal. N. Souza, 1699; m. en exil, 1782.

Pomerance (Christ. Roncalli, dit le chevalier dalle), peint. tosc. Volterra, 1552-1626.

Pomey (F.), jés., human., gramm. Comtat Venaissin, 1618; Lyon, 1673.

Pommeray (dom J.-F.), bénéd. de St-Maur, érud. Rouen, 1617-1687.

Pommereul (F.-Re.-J. de), offic.-gén., litt. N. Fougères (Bret.), 1745; m. 1823.

Pompadour (J.-Ant. Poisson, marq. de), cél. favorite de Louis XV. Paris, 1722-1761.

Pompée (Cneius Pompeius Magnus), gén. rom., fils de Pompée Strabo. N. 106 av. J.-C.; triumvir avec Crassus et César, 60 av. J.-C., devint gendre de ce dern., et obtint l'Afrique et l'Esp. Ap. la m. de sa femme Julie et de Crassus, il rompit ouvertem. avec César; vaincu par lui à Pharsale, 48, se réfugia en Egypte, où il fut égorgé par les ordres du roi Ptolémée. = (Cneius), fils aîné du précéd., rassembla une armée pour venger la mort de son père; fut vaincu par César à Munda; mis à m. 45 av. J.-C. = (Sextus), frère du précéd. Ap. la m. de celui-ci, réunit une flotte, et soumit la Sicile, la Corse, la Sardaigne, bloqua Rome, et obtint la paix de Misène, 38 av. J.-C. La guerre ayant recommencé l'année suiv., Sextus Pompée fut vaincu à Myles et à Nauloque, fait prisonnier et égorgé à Milet par ordre d'Antoine, 35 av. J.-C.

Pompée (Trogue), hist. lat. Viv. sous Auguste, de 28 av. à 14 ap. J.-C.

Pompei (Jér.), philol. et litt. Vérone, 1731-1780.

Pompignan (J.-J. Le Franc, marq. de), litt., poëte lyr. et trag., memb. de l'Acad. fr. N. Montauban, 1709; m. 1784. = (J.-G.), arch. de Vienne, memb. de l'assembl. constit., frère du précéd. Montauban, 1715-1790.

Pomponazzi (P.), philos. ital. Mantoue, 1462-1524.

Pomponius (Sextus), jurisc. rom. Viv. sous Adrien et Marc-Aurèle, 117 à 180.

Pomponius Lætus (Julius), érud., philol. Amendotara (Calabre), 1425-1497.

Pomponne (Sim. Arnauld, marq. de), diplom., min. des aff. étrang. et min. d'Etat sous Louis XIV. 1618-1699. V. BELLIÈVRE.

Ponce. V. PILATE. = (J.), capit. esp. du 15e s.; découvrit la Floride. N. prov. de Léon; m. ap. 1521. = (P. de), bénéd. esp., le 1er qui instruisit les sourds-muets. N. Valladolid, 1520; m. 1584. = (N.), litt. et grav. fr. 1745-1831.

Poncelet (le P. Polycarpe), récollet, cél. agron. du 18e s. N. Verdun.

Poncher (Et.), diplom., garde des sceaux, év. de Paris, puis archev. de Sens. Tours, 1446-1524.

Poniatowski (Stan., comte de), noble polon., castellan de Cracovie, et compagnon fidèle de Charles XII. 1678-1762. V. STANISLAS. = (le prince Jo.), nev. de Stanislas-Auguste, gén. polon. N. Varsovie, 1763; servit sous Kosciusko; nommé min. de la guerre, 1806, maréch. de Fr. à Leipzig, 1813; périt 2 jours ap., en traversant l'Elster. = (Stan., prince), autre nev. de Stanislas-Auguste, protecteur des lettres et des arts. Varsovie, 1754; Florence, 1832.

Poninski (Ant.-Lodzia), poëte polon. M. 1742.

Pons (J.-F. de), litt. Marly, 1683-1733. = (J.-L.), astron. Peyre (Dauph.), 1761-1835. = *de Verdun*, litt., poëte, memb. de la conv. et du cons. des cinq-cents. 1747-1844.

Pontanus (J. Jovien Pontano, dit), hist., écriv. et poëte lat., 1er min. de Ferdinand 1er, Alphonse II et Ferdinand II, rois de Naples. Carreto (Ombrie), 1426-1503. = dit aussi *de Ponte* (P.), érud., gramm. N. Bruges, v. 1480. = (Ja.), human., philol. Bruck (Bohème), 1542-1626. = (J.-Isaac), hist. et philol. dan. 1571-1639.

Pontas (J.), cél. casuiste. St-Hilaire-d'Harcouet, 1638-1728.

Pontchartrain (P. Phélipeaux, seign. de), écriv., secrét. d'Etat. Blois, 1569-1621. = (L.-Phélipeaux, comte de), intend. des fin., secrét. d'Etat, chancel., p.-fils du précéd. 1643-1727.

Pont de Veyle (Ant. de Ferriol, comte de), aut. com., lect. du roi. 1697-1774.

Ponte. V. BASSAN et PONTANUS. = (L. de), en fr. Du Pont, écriv. ascét. Valladolid, 1554-1624.

Pontedera (Ju.), bot. Vicence, 1688-1757.

Pontien (St), pape. Succ. d'Urbain 1er, 230; m. en exil, 235.

Pontier (P.), chir. Aix (Prov.), 1711-1789. = (Aug.), méd. et bibliogr. Aix, 1756-1833.

Pontis (L. de), maréch. de bataille, aut. de mémoires. Chât. de Pontis (Prov.), 1583-1670.

Pontius Herennius, gén. samnite qui fit passer les Rom. sous le joug, 321 av. J.-C. Vaincu et mis à m., 292.

Pontoppidan (Eric.-Ericson), théol., poëte lat. et dan., év. de Drontheim. 1616-1678.

Pontormo (Ja. Caruccî da), peint. de l'école florent. Pontormo, 1493-1558.

Pontoux (Cl. de), litt. Châlon-sur-S. 1550-1579.

Ponz (Ant.), peint. et voyag. esp. Bexix, 1725-1792.

Ponzio (Pa.), dit en fr. Maître Ponce, sculpt. du 16e s. N. Florence.

Pool (Jurisen van), peint. de portr. Amsterdam, 1666-1745. = (Hub.), poëte holl. 1689-1733.

Pope (sir Th.), fondat. du collége de la Trinité, à Oxford. N. Dedington, v. 1508; m. 1559. = (Walter), écriv., astron., méd. angl. M. 1714. = (Al.), poëte angl. et cél. crit. Londres, 1688-1744.

Popelinière (Lancelot-Voisin, sieur de la), hist. N. Poitou, v. 1540; m. 1608. = ou *Poupelinière* (J.-Jo. Le Riche de la), financ., bel-esprit. Paris, 1692-1762.

Popham (sir Home Riggs), amiral angl., gouv. gén. de l'Inde. Gibraltar, 1762; Londres, 1820.

Popilius Lenas (Caius), sénat. rom., consul 172 av. J.-C.

Popma (Ausone de), philol., jurisc. N. Alost (Frise); m. 1613.

Popofski (N. Nikititsch), poète russe. N. v. 1730; m. 1760.

Popowitsch (J.-Sigism.), litt., natural. all. 1705-1774.

Poppée (Poppæa Augusta), impératr. rom., femme d'Othon, puis de Néron. M. 65.

Poquet ou *Pocquet* (P.), jurisc. N. Arbois; m. Paris, 1408.

Porbus ou *Pourbus*, peint. holl. N. Gouda, v. 1510; m. 1583. =(F.), peint., fils du précéd. Bruges, 1540-1580. =(F.), dit le Jeune, peint., fils du précéd. N. Anvers, 1570; m. Paris, 1622.

Porcari (Ét.), noble rom., chef d'une conspir. contre le pape Nicolas V. Arrêté et pendu, 1453.

Porcheron (dom Placide), bénéd. de St-Maur, érud. Châteauroux, 1652-1694.

Porcq (J. Le), orator., théol. N. dans l'Artois, 1636; m. 1722.

Pordage (J.), méd. et mystique angl. N. v. 1625; m. Londres, 1698.

Pordenone (le chev. J.-Ant. Licinio-Regillo, dit le), peint. d'hist. Pordenone (Frioul), 1483-1540. =(Ju. Licinio, dit le), surnommé le Jeune ou le Romain, peint. N. Venise, v. 1500; m. Augsbourg, 1561.

Porée (C.), jés., profess. de rhét., poète lat. N. Vendes, pr. de Caen, 1675; m. 1741.

Porlier (D.-J. Diaz), dit el Marquesito, capit. gén. des Asturies. N. Carthagène (Amérique), v. 1775; pendu, 1815.

Porphyre, cél. écriv. grec et philos. néoplatonic., dont le vrai nom était Malk ou Malchus, c.-à-d. roi. N. Tyr, 233; m. Rome, 304 ou 305.

Porpora (N.), composit. Naples, 1685-1767.

Porporati (Ant.), cél. grav. Turin, 1741-1816.

Porquet (P.-C.-F., abbé), poète. Vire, 1728-1796.

Porrée. V. Gilbert.

Porro (F.-Dan.), algébriste. Besanç., 1719-1795.

Porsenna, roi d'Étrurie, qui accueillit Tarquin 508 av. J.-C., et fit la guerre aux Rom. pour rétablir ce prince.

Porta (Jo.) dit Porta del Salviati, peint. de l'école florent. N. Garfagnana, 1520; m. v. 1570. =(Ja. della), sculpt. et archit. N. Milan, commenc. du 16e s. =(Gu.), sculpt., neveu du précéd. N. Porlizza. =(le chev. J.-B.), sculpt., élève et parent du précéd. Porlizza, 1542-1597.

Porta (J.-B.), cél. physic. N. Naples, v. 1540; m. 1615.

Portal (Pa.), chir.-accouch. N. Montpell.; m. 1703. =(Ant., bar.), 1er méd. consult. de Louis XVIII et de Charles X, profess. au Coll. de Fr., memb. de l'Inst. Gaillac, 1742; Paris, 1832.

Portalis (J.-Ét.-Ma.), jurisc., min. des cultes, memb. de l'Acad. fr. N. Beausset (Prov.), 1746; m. 1807.

Porte (Mau. de la), litt. Paris, 1530-1571. =(P. de la), 1er valet de ch. de Louis XIV, aut. de mémoires. 1603-1680. =(l'abbé Jo. de la), compil. Béfort, 1713-1779. =(Sab.), memb. de l'assembl. législ., de la conv., du conseil des cinq-cents, nev. du précéd. M. 1823. =(Arnaud de La), intend. gén. de la mar., intend. de la liste civile de Louis XVI. N. 1737; m. sur l'échaf., 1792.

Porte du Theil (F.-J.-Gab. de La), antiq., hellén., memb. de l'acad. des inscr. Paris, 1742-1815.

Portelance (... de), aut. dram. fr. 1732-1821.

Porter (miss Anna-Ma.), romanc. angl. M. Bristol, 1832.

Porteus (Belby), év. anglic. de Londres, controv. York, 1731-1808.

Porthan (H.-Gab.), antiq. suéd. N. Abo, v. 1739; m. 1804.

Portiez de l'Oise (L.), jurisc., memb. de la conv., du cons. des cinq-cents, du tribunat. M. Paris, 1810.

Portland (Gu. Bentinck, comte de), homme d'État, favori de Guillaume III, pair d'Anglet. 1648-1709. =(G.-M. Cavendish-Bentinck, duc de), homme d'État, min., chancel. de l'univ. d'Oxford, pair, arr.-p.-fils du précéd. Oxford, 1738-1809.

Portus (F.), philol. Candie, 1511; Genève, 1581. =(Æmilius), hellén., fils du précéd. N. Ferrare, v. 1550; m. Heidelberg, 1610.

Porus, roi indien, vaincu et fait prisonn. par Alexandre, v. 327 av. J.-C.

Posadas (F.), dominic. et théol. asc. Cordoue, 1644-1713.

Posidonius, philos. stoïc., contemp. de Cicéron. N. Apamée, 1er s. av. J.-C.

Possel (J.), philol. Parchim (Mecklemb.), 1528-1591.

Posselt (Ern.-H.), hist. et litt. Durlach, 1763-1804.

Possevin (Ant.), cél. jés., érud., bibliogr., diplom. Mantoue, 1534-1611. =(Ant.), méd., poète lat. du 17e s., nev. du précéd.

Possidius (St), disc. de St Augustin, év. de Calame (Numidie), en 397.

Postel (Gu.), cél. visionn., philol., érud., voyag. Dolerie (Normandie), 1510-1581.

Posthume (Marcus Cassianus Latinius Posthumius), l'un des 30 tyrans qui se disputèrent l'empire sous Gallien. Procl. 261; massac., 267.

Posthumius (Aulus), dictat. rom., consul avec T. Virginius, 496 av. J.-C.

Pot (Ph.), filleul de Philippe le Bon, duc de Bourg., et gouv. de cette prov. sous Louis XI et Charles VIII. 1428-1494.

Potamon, philos. d'Alexandrie, chef d'une école éclectique. Au commenc. du 5e s.

Potemkin (Grég.-Alexandrowitch), favori de Catherine II, feld-maréch. et 1er min. N. Smolensk, 1737; m. 1791.

Potenzano (F.), poète, peint. et grav. N. Palerme; m. 1599.

Pothier (R.-Jo.), cél. jurisc. N. Orléans, 1699; m. 1772.

Pothin (St), év. de Lyon. N. v. la fin du 1er s.; martyrisé 177.

Potier (C.), act. com. Paris, 1775-1838.

Potier de Blancmesnil (N.), présid. au parl. de Paris, chancel. de Marie de Médicis. Paris, 1578-1635.

Potier de Gesvres (L.), secrét. des fin., secrét. du conseil, enfin secrét. d'État, frère du précéd. M. 1630.

Potier de Novion (N.), 1er présid. du parl. de Paris, de la fam. des précéd. 1618-1697. =(And.), égalem. 1er présid. au parl. de Paris, p.-fils du précéd. N. 1659; m. 1731.

Potocki (Venceslas), poète polon. du 17e s. =(Stan.-Fél., comte), lieut.-gén. polon. au service de la Russie. 1750-1805. =(Ign.), gr.-maréch. de Lithuanie, cousin du précéd. 1751-1809. =(J. comte), hist. polon. M. Ukraine, 1815. =(le comte Stan.), litt., min. de l'instr. publ. et des cultes du gr.-duché de Varsovie. 1757-1821.

Pott (Percival), chir. angl. Londres, 1713-1788.

Potter (Pa.), cél. peint. holl. Enkhuysen, 1625-1654. =(J.), théol. anglic., antiq., év. de Cantorbéry. 1674-1744. =(R.), hellén. et poète angl. 1721-1804.

Pouchard (Ju.), litt., hellén., memb. de l'acad. des inscr. N. pr. de Domfront, 1650; m. 1705.

Pouchet (F.-Aimé), orator., théol., doct. de Sorb. Montpell., 1666-1723. =(L.-Ezéchiel), manufact., écon. Gruchet (pr. de Bolbec), 1748-1809.

Pougatschew (Yemelka), cosaque, qui se fit passer pour Pierre III, m. depuis 10 ann. N. 1726; exécuté, Moscou, 1775.

Pougens (Ma.-C.-Jo. de), peint., litt., philol., memb. de l'acad. des inscr. Paris, 1755-1833.

Pouget (Bert. du), card.-légat en Ital., chef des guelfes de 1319 à 1334. Chât. du Pouget (Querci), 1280-1351.

Pouilly (J.-Sim. Levesque de), litt., memb. de l'acad. des inscr. Reims, 1754-1820.

Poulain-Duparc (A.-M.), jurisc. Rennes, 1701-1782.

Poulle (L.), prédic. fr. Avignon, 1702-1781.

Poullet, voyag. fr. du 17e s.

Poullin de Lumina (Ét.-Jo.), érud. N. Orléans; m. 1772.

Poupart (F.), anat. et chir., memb. de l'acad. des sc. N. au Mans; m. 1708.

Poupet (C. de), seign. de la Chaux, diplom., chambell. de Charles VIII. N. Poligny, v. 1470; m. 1529.

Pouqueville (F.-C.-Hug.-Lau.), voyag., memb. de l'acad. des inscr. Merlerault, 1770-1838.

Pourchot (Edme), profess. de philos. au coll. des Grassins. Poilli (Bourgogne), 1651-1734.

Pouschkine (Alex.), poète russe, historiogr. N. 1799; tué en duel, 1837.

Poussin (N.), cél. peint. de l'école fr. N. aux Andelys, 1594; m. Rome, 1665.

Poussines (P.), sav. jés., écriv. N. Lauran, pr. de Narbonne, 1609; m. 1686.

Pouteau (Cl.), chir. Lyon, 1725-1775.

Pownal (Th.), écriv., antiq. angl. Lincoln, 1722-1805.

Poyet (Gu.), chancel. de Fr. sous François Ier. N. Angers, v. 1474; condamné pour malversati. 1545; m. 1548. =(Bern.), archit., memb. de l'acad. des b.-arts. N. Dijon, 1742; m. 1824.

Poynter (Gu.), vic. apostol. de Londres, théol. M. 1827.

Pozzi (J.-B.), peint. milan. de la fin du 16e s. =(Jo.-Hipp.), méd. et poète ital. Bologne, 1697-1752. =(Ét.), peint. Rome, 1708-1768.

Pozzo (le chev. Cassiel dal), archéol. N. Turin; m. 1657. =(And.), jés., peint., archit. Trente, 1642-1709. =(le comte Jér. dal), archit. N. Vérone, 1718.

Pozzo di Borgo (le comte C.-And.), homme d'État, ambass. au service de la Russie. Alala (Corse), 1764; Paris, 1842.

Prades (J.-Mart. de), théol. N. Castel-Sarrasin, v. 1720; m. Glogau, 1782.

Pradier, stat. fr. 1796-1852.

Prado (Blas de), peint. esp. N. Tolède; m. 1593.

Pradon (N.), poète dram. Rouen, 1632; Paris, 1698.

Pradt (Domin. Dufour de), diplom., év. de Poitiers, puis archev. de Malines, gr.-aumôn. sous l'Emp., chancel. de la lég.-d'honn. et memb. de la chambre des députés sous la Restaur. N. Allanches (Auv.), 1759; m. 1837.

Pram (Chr.), poète trag. danois. N. Norvége, 1756; m. île St-Thomas, 1821.

Praslin (Cés.-Gab. de Choiseul, duc de), homme d'État, ambass., min. des aff. étrang., pair de Fr. Paris, 1712-1785. =V. Choiseul.

Pratilli (F.-Ma.), sav. antiq. N. Naples, v. 1710; m. 1770.

Pratt (C.), comte de Cambden, jurisc. angl., pair, lord chancel., présid. du conseil. 1713-1794. =(Sam. Jackson), litt. angl. St-Yves, 1749-1814.

Praun (G.-André, bar. de), min. d'État à Brunswick, numism. Vienne, 1701-1786.

Praxilla, femme poète de Sicyone. V. 450 av. J.-C.

Praxitèle, cél. stat. grec. N. Athènes, v. 360 av. J.-C.; m. v. 280. =Cisel. en argent, du 1er s. av. J.-C.

Pray (G.), jés., hist. hongr., érud. 1723-1801.

Precipiano (Humb.-Gu. de), théol., év. de Bruges, puis archev. de Malines. Besançon, 1626; Bruxelles, 1711.

Précy (L.-F. Perrin, comte de), lieut.-gén. Semur, 1742-1820.

Preisler (J.-Justin), peint. et grav. Nuremb., 1698-1771. =(Martin), peint. et grav., frère du précéd. 1700-1754. =(Martin), grav., frère du précéd. Nuremb., 1715; Copenhague, 1794. =(Valent.-Daniel), grav., frère du précéd. 1717-1765.

Prémare (Jo.-H.), jés. fr., missionn., sinologue. M. Chine, v. 1735.

Premierfaict (Lau. de), trad. N. Premierfaict (Champ.); m. 418.

Prémontval (And.-P. Le Guay de), litt. Charenton, 1716; Berlin, 1764.

Presles (Raoul de), jurisc., magistr., secrét. de Philippe le Bel. M. ap. 1319. =(Raoul), litt., canon., magistr., fils natur. du précéd. 1316-1383.

Preslet (J.), orator., mathém. N. Châlons-s.-S.; m. 1690.

Preston (Gu.), litt. Edimb., 1742-1818.

Prétextat (Sts.), év. de Rouen dans le 6e s. Assass. par ordre de Frédégonde, 588.

Preti (Mat.), dit le Calabrais, peint. Taverna (roy. de Naples), 1613-1699.

Preuschen (A.-Théoph.), théol., litt., inv. de la typométrie. Diethard (Hesse), 1734-1803.

Préville (P.-L. Dubus, dit), act. de la Coméd.-Fr. Paris, 1721-1809.

Prévost (Isaac-Bénédict), physic. et natural. Genève, 1755; Montauban, 1819. =(P.), peint. Montigny, près de Châteaudun, 1764-1823. =(P.), litt. Genève, 1751-1839.

Prévost de Lafanniès (M.), magistr., profess. de dr. fr. Orléans, 1696-1749.

Prévost d'Exiles (l'abbé Ant.-F.), romanc., écriv. féc. N. Hesdin (Artois), 1697; m. Chantilly, 1763.

Prévost d'Exmes (F. le), litt. et aut. dram. Exmes (Normand.), 1729-1793.

Prévost St-Lucien (Roch-H.), public. Paris, 1740-1808.

Price (J.), hellén., antiq. Londres, 1600; Rome, 1676. =(Rich.), écriv. polit. angl. 1723-1791.

Prideaux (J.), théol. anglic., év. de Worcester. Stawfort, 1578-1650. =(Humphrey), hist. et antiq. Padstow, 1648-1724.

Priestley (Jo.), théol., physic. et chim. angl. Friedhead, 1733-1804.

Prieur de la Marne, conv., jurisc. N. Châlons, v. 1760; m. exilé Bruxelles, 1827.

Prieur-Duvernois (C.-A.), nommé aussi *Prieur de la Côte-d'Or*, memb. de la conv., du comité du salut public, du cons. des cinq-cents. N. Auxonne, 1763; m. 1832.

Priezac (Dan. de), jurisc., memb. de l'Acad. fr. Château de Priezac (Limousin), 1590-1662.

Prileszki (J.-B.), sav. jés., hagiogr. N. 1709.

Primat (Cl.-F.-Ma.), orator., archev. de Toulouse, sénat. N. Lyon, 1747; m. 1816.

Primaticio (F.), ou *le Primatice*, archit., peint. de l'école bolonaise. Bologne, 1490-1570.

Primus (Antonius), gén. rom., qui contribua à l'élévat. de Vespasien. Toulouse, 24-99.

Pringle (J.), cél. méd. angl. Stickel-House, 1707-1782.

Prior (Mat.), poète et diplom. angl. 1664-1721.

Priscien (Priscianus), gramm. lat. N. Césarée, fin du 4e s.

Priscillien (Priscillianus), hérés. du 4e s. N. Esp.; mis à m. Trèves, 384.

Probus (Marcus Aurelius Valerius), emp. rom. N. Sirmium (Pannonie), 3e s.; procl. 276; massac. 282.

Procaccini (Hercule), l'Ancien, peint. d'hist. N. Bologne, 1520; m. v. 1591. =(Camille), peint., fils aîné du précéd. N. Bologne, 1546. =(Ju.-César), peint. des écoles bolon. et milan., frère du précéd. Bologne, 1546-1626. =(Hercule), le Jeune, peint., nev. des précéd. Milan, 1596-1676. =(And.), grav., peint. du cabinet du roi d'Esp., de la fam. du précéd. Rome, 1667; St-Ildefonse, 1734.

Procida (J. de), gentil. sicil., chef de la conjurat. contre les Fr., dite Vêpres siciliennes. N. Palerme, v. 1225; m. apr. 1302.

Proclus, dit Diadochus (successeur), poète et philos. néoplatonic. N. Xanté (Lycie), ou Byzance, 412; m. 485.

Procope (St), martyr sous Dioclétien, commenc. du 4e s.

Procope, cél. hist. grec. N. Césarée (Palest.), commenc. du 6e s.; m. v. 565. =de Gaza, rhét. et théol. grec. Viv. v. 520.

Procope-Couteau (M. Coltelli, dit), méd. et aut. dram. Paris, 1684-1753.

Procopius (Démétrius), écriv. grec. N. Moscopilis (Macéd.); viv. commenc. du 18e s.

Procopowitsch (Théophane), théol. russe, archev. de Novogorod. Kief, 1681-1704.

Prodicus, sophiste grec, disc. de Protagoras. N. île de Céos; viv. v. 400 av. J.-C.

Prodrome. V. Théodore.

Proisy d'Eppe (Cés. de), écriv. polit. Soissonnais, 1788; Marie-Galande, 1816.

Prony (Gasp.-Clair-F.-Ma., bar. de), ingén., physic., mathém., direct. gén. du cadastre, de l'école des ponts et chauss., memb. de l'Inst. N. Chamelet, pr. de Lyon, 1775; m. 1839.

Properce (Sextus Aurelius Propertius), poète élég. lat. N. Mevania (Ombrie), v. 52 av. J.-C.

Propiac (Cath.-Jo.-Ferd. Girard de), trad. et compil. N. v. 1760; m. Paris, 1823.

Prosper (St), hist. et poète lat. N. Aquitaine, 403; m. ap. 463.

Prosper Tyro, poète et chroniq. N. dans les Gaules, v. la fin du 4e s.

Prost (J.-Cl.), dit le Capitaine Laduson, milit. au service de l'Esp.; fit la guerre de partisan en Fr.-Comté, de 1635 à 1659.

Protade (St), év. de Besanç. M. 624.

Protagoras, sophiste grec, disc. de Démocrite. N. Abdère, v. 488 av. J.-C.; m. 420 ou 415.

Protain (J.-Constant.), archit., dessinat. Paris, 1769-1857.

Protais (St), fils de St Vital et de Ste Valérie, et frère de St Gervais. Martyrisé, 1er s.

Protogènes, cél. peint. grec. N. Caune (Carie); viv. 336 av. J.-C.

Proudhon (J.-B.-Vict.), jurisc., profess., doyen de la faculté de Dijon. N. Chasnans (Bourg.), 1758; m. 1838.

Proust (N.), chim. fr., memb. de l'acad. des sc. N. Angers, 1755; m. 1826.

Provanchères (Siméon de), méd. N. Langres, v. 1540; m. 1617.

Proyart (l'abbé Liévain-Bonav.), biogr. N. Artois, v. 1743; m. 1818.

Prudence (Aurelius Prudentius Clemens), poète lat. chrét. N. dans la Tarragonaise, 348; m. ap. 405.

Prudence (St), év. de Troyes, de 840 ou 845 à 861.

Prudent (Jo.-Hipp.-A. Vauchot, dit le P.), capuc., antiq. Francogney (Bourg.), 1743-1792.

Prudhomme (L.), hist., journal. N. Lyon, 1752; m. 1830.

Prudhon (P.-Pa.), peint. fr., memb. de l'Inst. N. Cluny, 1760; m. 1823.

Prusias Ier, roi de Bithynie, dit le Boiteux, fils de Zielas. Succ. de son père, 235 av. J.-C.; m. 190. =II, dit le Chasseur, fils du précéd., et son succ. en 190 av. J.-C.; mis à m. par son fils Nicomède, 148.

Pryce (Gu.), méd. et minéral. angl. M. fin du 18e s.

Prynne (Gu.), jurisc. angl., memb. du parl. Swanswick, 1600-1669.

Psalmanazar (G.), aventur., puis érud. laborieux, dont on ignore le véritable nom. N. dans le sud de la Fr., 1679; m. 1763.

Psamménite, dernier roi d'Égypte, de la dynast. des Saïtes. Succ. de son père Amasis, et détrôné par Cambyse ap. 6 mois de règne, 525 av. J.-C.

Psammis, roi d'Égypte, fils de

Néchao II. Succ. de son père, 599 av. J.-C.; m. 594.

Psammitique, roi d'Égypte, de la dynast. des Saïtes, Succ. de Néchao Ier, 677 av. J.-C.; régna avec 11 autres rois pend. 15 ans, puis seul, de 652 jusqu'à sa m., 614 av. J.-C.

Psammitique, roi de Corinthe. Succ. de son oncle Périandre, 585 à 582 av. J.-C.

Psammus, roi d'Égypte. Succ. d'Osorchon, de 819 à 810 av. J.-C.

Psammuthis, roi d'Égypte, de la dynast. mendésienne. Succ. d'Achoris, de 380 à 379 av. J.-C.

Psaume (N.), év. de Verdun, théol. Chaumont-sur-Aire, 1518-1575.

Psellus (M.), écriv. byzantin, théol., philos., mathém., etc. N. Constantinople; m. âgé, 1079.

Psinachès, roi d'Égypte, de la dynast. des Tanites. Succ. d'Osochor, de 1021 à 1015 av. J.-C.

Psusennès Ier, roi d'Égypte. Succ. de Sinendès, de 1077 à 1037 av. J.-C. = II. Succ. de Psinachès, 1015 av. J.-C.; détrôné, 979.

Ptolémée Ier, Soter (Sauveur), le 1er Lagide. N. Eordée (Macéd.), v. 360 av. J.-C., un des lieut. d'Alexandre; obtint l'Égypte et la Libye à la m. de ce prince; prit le titre de roi, 307; abdiqua en fav. de son fils, 285; m. 283. = II, Philadelphe (l'ami de ses frères), fils du précéd. N. île de Cos, v. 309 av. J.-C.; procl. roi par son père, 285; m. 247. = III, Évergète (le Bienfaiteur), fils du précéd. N. v. 283 av. J.-C.; succ. de son père, 247; m. 222. = IV (Philopator (l'ami de son père), fils du précéd., et son succ. de 222 à 205 av. J.-C. = V, Epiphane (l'Illustre), fils du précéd. N. 210 av. J.-C.; succ. de son père, 205; empois. 181. = VI, Philométor (l'ami de sa mère), fils du précéd. N. 186 av. J.-C.; succ. de son père, sous la tutelle de sa mère Cléopâtre, 181; prisonn. chez les Syriens, de 170 à 166; périt ap. avoir gagné la bat. de l'Oronte, 146. = VII, dit Physcon (le Ventru), ou par antiphr., Evergète II (le Bienfaiteur), frère du précéd., régna pend. sa captivité, 170 à 166; épousa sa veuve, 146; fit massacr. le jeune Ptolémée Eupator, son neveu, 129; m. 117. = VIII, Soter II, fils du précéd., et son succ., 117 av. J.-C.; se retira en Chypre, de 106 à 88; m. 81. = IX, Alexandre Ier, 2e fils de Physcon ou Evergète II, d'abord roi de Chypre, 114 av. J.-C., puis d'Egypte, 107; chassé 88; tué dans un comb. naval. = X, Alexandre II, fils du précéd. Succ. de son oncle Ptolémée VIII, 81; mis à m. dans une révolte l'ann. suiv. = XI, Aulète (le joueur de flûte), fils natur. de Soter II. S'empara du trône, 81 av. J.-C., et ne fut déclaré roi qu'en 59; chassé, 58; rétabli par les Rom., 55; m. 52 av. J.-C. = XII, ou Denys (c.-à-d., Bacchus), fils aîné du précéd., lui succéda conjointem. avec sa sœur Cléopâtre, 52 av. J.-C.; fit tuer Pompée, 48; perdit une bat. contre César, et se noya dans le Nil en fuyant, 48 ou 47 av. J.-C. = XIII, l'enfant, frère du précéd., fait roi d'Egypte par César à l'âge de 12 ans, et marié à Cléopâtre, 48 av. J.-C.; m. 44. = XIV, Césarion, fils illégit. de César et de Cléopâtre. N. 47 av. J.-C.; nommé roi en 42, et roi des rois, 32; mis à m. 30, par ordre d'Auguste.

Ptolémée Alorités, roi de Macédoine, fils natur. d'Amyntas II; procl. roi au préjud. de son frère Perdiccas, 371 av. J.-C.; détrôné, 368. = Céraune (le Foudre), fils aîné de Ptolémée Soter; roi de Macéd. ap. le meurtre de Séleucus-Nicator, 284 av. J.-C.; périt dans une bat. contre les Gaulois, 280.

Ptolémée, roi de Mauritanie, fils de Juba II et de Cléopâtre, fille de Marc-Antoine. Reconnu roi, 19 ou 20 av. J.-C.; assass., 40, par ordre de Caligula.

Ptolémée, Apion (le Maigre), fils de Ptolémée Evergète II. Régna en Cyrénaïque et en Libye, 116 à 96 av. J.-C.

Ptolémée, roi de Cypre, fils natur. de Ptolémée Soter II, Procl. 81 av. J.-C.; s'empois. 58, pour ne pas être dépouillé par les Rom.

Ptolémée, hist., prêtre égypt. de Mendès, sous le règne d'Auguste. = (Claudius Ptolemeus), astron. et géogr. grec ou égypt. Floriss. Alexandrie, de 125 à 135 de J.-C.

Pubitsku (F.), jés., hist. Commotau (Bohême), 1722-1807.

Publicola (Publius Valerius), collègue de Brutus dans le consulat, après l'expuls. des rois, 509 av. J.-C.; fut encore 3 fois consul. M. 501.

Publius Philo, ill. Rom., 4 fois consul (339, 327, 320, 315 av. J.-C.); dictateur, 339, et le 1er plébéien qui ait été préteur, 337.

Publius Syrus, poëte lat. N. Syrie; viv. Rome, 45 av. J.-C.

Pucelle (Re.), abbé de Corbigny, conseill. au parl., partis. du diacre Pâris. Paris, 1655-1746.

Puffendorf (Sam.), cél. public. et hist. du 17e s. N. Chemnitz (Saxe), 1632; m. 1694.

Puget (P.), archit., peint., sculpt., élève de Cortone. N. Marseille, 1622; m. 1694. = (F.). archit., peint. de portr., fils du précéd. M. 1707.

Puget (L. de), natural. et physic. Lyon, 1629-1709.

Pugin (A.), dessinat. fr. M. Londres, 1852.

Puisaye (le comte Jo. de), gén. royaliste. N. Mortagne, v. 1754; m. Hammersmith, pr. de Londres, 1827.

Puisieux (P. Brulart, marq. de), homme d'État, fils du chancel. Brulart de Sillery. 1583-1640. = (P.-Florent), trad. Meaux, 1715-1772.

Puissant (L.), géom., lieut.-colonel d'état-major. Le Châtelet (Seine-et-Marne). 1769-1843.

Pujol (Al.), méd. fr. 1739-1804.

Pujoulx (J.-B.), litt., aut. dram. St-Macaire (Guienne), 1762-1821.

Pulchérie (Ælia Pulcheria Augusta), impératr. d'Orient, fille de l'emp. Arcadius. N. Constantin., 399; gouverna d'abord sous le nom de son frère Théodose; fut procl. à la m. de ce prince, 450; épousa Marcien; m. 453.

Pulci (L.), cél. poëte ital. N. Florence, v. 1432; m. v. 1487.

Pulgar (Ferd. de), hist. esp. N. 1436; m. 1486.

Pultmann (Théod. Poelmann, dit), sav. philol. N. Cronenbourg, v. 1510; m. ap. 1580.

Pultney (Gu.), comte de Bath, homme d'État, min. et pair d'Anglet. N. comté de Leicester, 1682; m. 1742. = (Rich.), méd. et bot. Loughborough, 1730-1801.

Pupien. V. Maxime.

Purchas (Sam.), érud., chapel. de l'arch. de Cantorbéry. N. 1577; m. v. 1628.

Pure (M. de), abbé et litt. Lyon, 1634; Paris, 1680.

Puricelli (J.-P.), antiq. milanais. 1589-1659.

Pussort (H.), jurisc. fr., conseill. d'État. 1615-1697.

Puthod de Maison-Rouge (F.-M.), archéol., un des hérauts d'armes de Louis XVIII. Mâcon, 1757-1820.

Putschius (Elie), philol. Anvers, 1580-1605.

Putter (J.-Et.), cél. public. all. Iserlohn (Westph.), 1725-1807.

Puylaurens (Gu. de), hist. du 13e s., chapel. de Raymond le Jeune, comte de Toulouse. = (Ant. de Lage, duc de), favori de Gaston, duc d'Orléans, frère de Louis XIII. M. en prison, 1635.

Puységur (Ja. de Chastenet, vicomte de), lieut.-gén., d'une famille origin. de l'Armagnac. 1602-1682. = (Ja.-F. de Chastenet, marq. de), maréch. de Fr., diplom., fils du précéd. Paris, 1655-1743. = (F.-Maxime de Chastenet, marq. de), lieut.-gén., fils du précéd. Paris, 1716-1782. = (Ant.-Hyac.-Anne de Chastenet de), plus souv. nommé comte de Chastenet, 2e fils du précéd., archéol., géogr., marin. 1752-1809. = (P.-L. de Chastenet, comte de), fils du maréchal, lieut.-gén., puis min. de la guerre. 1727-1807. = (J.-Aug. de), év. de St-Omer, puis de Carcassonne, archev. de Bourges, frère du précéd. N. Rabensteins, 1740; m. 1803. = (Arm.-Ma.-Ja.), maréch. de camp, physic., p.-fils du maréch. 1752-1825.

Puyvallée (Ph.-Ja. Bengy de), litt., agron. Bourges, 1740-1823.

Puyvert (Bern.-Em.-Ja., marq. de), lieut.-gén., command. de Vincennes, memb. de la ch. des dép. N. v. 1770; m. Paris, 1832.

Puzos (N.), cél. accouch. Paris, 1686-1753.

Pygmalion, roi de Tyr. N. 883 av. J.-C.; succ. de Matgen, 874; m. 827.

Pylade, cél. pantom. N. Cilicie; viv. sous Auguste, 1er s. av. J.-C.

Pym (J.), homme polit. angl., memb. du long-parlement. 1584-1643.

Pynakker (Adam), peint. holl. N. pr. de Delft, 1621; m. 1673.

Pyrard (F.), voyag. fr. du 16e s. N. Laval.

Pyrgotèles, grav. en pierres fines, contemp. d'Alexandre, 4e s. av. J.-C.

Pyrrhon, philos. grec, chef de la secte des sceptiques, appelée de son nom pyrrhonisme. N. Elis (Pélopon.); viv. v. 340 av. J.-C.; m. v. 288, selon d'autres v. 304.

Pyrrhus, roi d'Epire, fils d'Æacide. N. v. 318 av. J.-C. A la m. de son père, 318, fut supplanté par Néoptolème, son cousin; le tua et commença à régner, 295; envahit la Macédoine, 291; entra en Italie, 280; défit d'abord les Rom., puis fut vaincu, 274; essaya de conquérir le Péloponèse, et fut tué à la prise d'Argos, 272 av. J.-C.

Pythagore, cél. philos. et mathém. grec, fondat. de l'école italique. N. Samos, 584 av. J.-C. selon les uns, 608 selon d'autres; s'établit à Crotone, v. 540; m. v. 504 av. J.-C. (500 selon d'autres, ou même 489.)

Pythéas, astron., géogr., navigat. N. Marseille; viv. au commenc. du 4e s. av. J.-C. = Orat. d'Athènes, contemp. et ennemi de Démosthène.

— Q —

Quade (M.-Fr.), philol. pruss. 1682-1757.

Quadat (St), év. d'Athènes, v. 125, un des apolog. du christ.

Quadrigarius (Quintus Claudius), hist. rom. Viv. Rome, v. 80 av. J.-C.

Quadrio (F.-X.), litt. et érud. ital. 1695-1756.

Quarin (Jo.), méd. Vienne, 1735-1814.

Quanz (J.-Joach.), music. all., maître de flûte du gr. Frédéric. 1697-1773.

Quarrey (J.-Hug.), écriv. ascét. Poligny, 1580; Bruxelles, 1656.

Quatremaire (dom. J.-B.), bénéd. de la congr. de St-Maur, érud. Couzereaux (Normandie), 1611-1671.

Quatremère de Quincy (Ant.-Chrysost.), litt., érud., memb. de l'assembl. législ., du cons. des cinq-cents, de la ch. des députés sous la Restaur., profess. d'archéol., secrét. gén. de l'acad. des b.-arts. 1755-1849.

Quatremère-Disjonval, physic., chef d'état-major, frère du précéd. 1754-1830.

Quatremère de Boissy, écriv., romanc., cousin germ. du précéd., 1754-1834.

Quélen (Hyac.-L. de), arch. de Paris, pair de Fr., memb. de l'Acad. fr. Paris, 1778-1839.

Quenstedt (J.-And.), théol. protest., érud. Quedlinbourg, 1617-1688.

Querbeuf (Yves-Mathur.-M. de), jés., litt., édit. N. Landernau, 1726; m. Allemagne, v. 1799.

Querini (Angelo-Maria), card., litt., philol. Venise, 1680-1759.

Querlon (Anne-Gab. Meusnier de), litt., édit., journal. Nantes, 1702-1780.

Quesnay (F.), chir., chef de la secte des économistes. N. Mercy (Normand.), 1694; m. 1774.

Quesnel (Pasquier), orator., théol. janséniste. Paris, 1634; Amsterd., 1719. = (l'abbé), controv. du 18e s. M. La Haye, 1774.

Quétif (Ja.), dominic., bibliogr. Paris, 1618-1698.

Quetineau (P.), gén. républic. N. Puy-N.-Dame, 1757; m. sur l'échaf., 1794.

Quevedo de Villegas (don F.), homme polit. et litt. esp. Madrid, 1580-1645.

Quien de la Neufville (Ja. le), écriv., memb. de l'acad. des inscr. Paris, 1647-1728.

Quignonez (F. de) card., év. de Palestrina, liturgiste. N. roy. de Léon; m. Veruli, 1540.

Quillet (Cl.), poëte lat. Chinon (Tour.), 1602-1661.

Quinault (Ph.), cél. poëte lyr., memb. de l'Acad. fr. Paris, 1635-1688.

Quinault, fam. d'act. remarq. du Th.-Fr.; Abraham-Alexis, dit Quinault-Dufresne. Paris, 1695, 1767. = Jeanne-Françoise, actr. excell. et femme d'esprit, sœur du précéd. et liée avec Voltaire. M. 1783. = J.-Baptiste, l'aîné, frère des précéd. M. Gien, 1744. = Marie-Anne, l'aînée, restée au théâtre de 1715 à 1722; m. centenaire, v. 1790.

Quincy (C. Sevin, marq. de), hist., brigad. des armées du roi. N. v. 1660; m. v. 1729.

Quinette (Ma.), memb. de la conv., du comité de salut public, un des commiss. envoyés à Dumouriez; min. de l'intér., préfet sous le Consulat, conseill. d'État sous l'Emp. N. Soissons; m. Bruxelles, 1821.

Quinte-Curce (Quintus Curtius Rufus), hist. lat. du 2e, selon d'autres du 4e s.

Quintilien (Marcus Fabius Quinctilianus), cél. rhét. rom. N. Rome, 42 de J.-C.; m. sous Adrien, de 117 à 120.

Quintillus (Marcus Aurelius Claudius), emp. rom. Procl. par les légions d'Italie, 270; se donna la m. 17 j. après.

Quintinie (J. de la), cél. agron. Chabanais, 1626; Versailles, 1688.

Quintus de Smyrne, poëte grec. Viv. 5e ou 6e s.

Quinzano (J.-F. Conti, dit Quintianus, connu sous le nom de), écriv., philol., poëte lat. Quinzano (Brescian), 1484-1557.

Quiqueran de Beaujeu (P.), érud. Arles, 1526-1550. = (P.-Ant. de), cheval. de Malte, cél. marin. Arles, 1626-1687.

Quirini. V. Querini.

Quirino (P.), voyag. vénit. du 15e s.

Quiroga (J.), jés., missionn. Lugo, 1707; Bologne, 1784. = (Ant.), gén. esp. qui prit part à l'insurrect. de l'île de Léon, en 1820. Betanços (Galice), 1784-1841.

Quiros (Pedro-Fernandez de), cél. navig. esp., qui aborda le 1er dans l'Australie. N. v. le milieu du 16e s.; m. Panama, 1614. = (Théod. de), missionn. esp. Vivero (Galice), 1699; Manille, 1662. = (Hyac.-Bern.), dominic. esp., profess. de dr. canon à Rome. Se fit protest. et m. Lausanne, 1758.

— R —

Raban-Maur, archev. de Mayence, théol., hagiogr., hébraïsant, poëte lat. N. Mayence, v. 776; m. 856.

Rabaut (P.), past. protest. à Nîmes. N. Bédarieux, 1718; m. 1795. = *St-Etienne* (J.-Pa.), min. protest., memb. de la constit. et de la conv., fils du précéd. N. Nîmes, 1743; m. sur l'échaf., 1793. = *Pommier* (Ja.-Ant.), min. protest., memb. de la conv., frère du précéd. 1744-1808. = *Dupuis*, memb. du cons. des anc., présid. du corps législ. M. 1808.

Rabbe (Alph.), journal., hist., biogr. Riez (B.-Pyrén.), 1786; Paris, 1830.

Rabelais (F.), méd., cél. écriv. et philos. scept., curé de Meudon. N. Chinon, 1483; m. Paris, 1553.

Rabener (Théoph.-Gu.), poëte et moral. all. Wachau, 1714-1771.

Rabirius (Caïus), cheval. rom., contemp. de Cicéron, qui le fit absoudre de l'accusat. d'avoir assass. le tribun Saturninus. = Poëte rom. du siècle d'Auguste.

Rabotteau (P.-Pa.), poëte et aut. dram. La Rochelle, 1766-1825.

Racan (Honorat de Bueil, marq. de), poëte fr., memb. de l'Acad. fr. La Roche-Racan (Touraine), 1589-1670.

Rachel, 2e fille de Laban et épouse de Jacob, qui en eut Joseph et Benjamin. M. en mettant ce dern. au monde.

Racine (J.), cél. poëte trag. et com., historiogr., memb. de l'Acad. fr. Ferté-Milon, 1639; Paris, 1699. = (L.), poëte, litt., fils du précéd. Paris, 1692-1763.

Racine (l'abbé Bonav.), théol., écriv. jansén. Chauny, 1708-1745.

Racle (Léo.), mathém., ingén. Dijon, 1730-1791.

Radagaise, chef germ., qui dévasta le N. de l'Italie au comm. du 5e s. Vaincu par Stilicon et décap., 405.

Radbert (St Paschase), abbé de Corbie, théol., hagiogr. N. Soissonnais; m. 865.

Radcliffe (J.), cél. méd. angl. Wakefield, 1650-1714. = (Anne), romancière angl. Londres, 1764-1823.

Radegonde (Ste), reine de Fr., fille de Bertaire, roi de Thuringe, captive, puis femme de Clotaire. 519-587.

Radelgise, nom de 2 princes de Bénévent, qui régn., l'un, 839 à 851; l'autre, 881 à 900.

Rademaker (Ghérard), peint. Amsterd., 1672-1711. = (Abrah.), peint. et grav. Amsterd., 1675-1735.

Radet (Et.), gén. fr. qui enleva le pape Pie VII de Rome. N. Lorraine, 1762; m. 1825. = (J.-B.), vaudevill. Dijon, 1752; Paris, 1830.

Radonvillers (Cl.-F. Lysarde, abbé de), litt., philol., memb. de l'Acad. fr. Paris, 1709-1789.

Rady-Billah (Aboul-Abbas-Mohammed VII, al), calife abasside de Bagdad. Succ. de son oncle Caher-Billah, 933; m. 940.

Radzivill, anc. maison polon. de Lithuanie. Ses memb. les plus remarq. sont: Nicolas, palatin de Vilna et gouv. de Livonie. 1500-1567. = Nicolas-Christophe, duc d'Olica et de Nieswitz, voyag., fils du précéd. 1549-1616. = Charles, palatin de Vilna et gouv. de Lithuanie en 1762, cél. par son patriotisme. M. dans la retraite, 1790.

Ræmond ou *Rémond* (Florimond de), érud. Agen, 1540-1602.

Rafaellino del Garbo, peint. ital. N. Florence, v. 1465; m. 1554.

Raffenel (Cl.-Den.), litt. fr. N. Franche-Comté, 1797; m. Athènes, 1827.

Raffles (Th. Stamford), voyag., hist. 1781-1826.

Raggi (Ant.), sculpt. ital., dit le Lombard. 1624-1686.

Raghib-Pacha (Mohammed), gr.-vizir de l'Emp. ott., écriv., diplom. 1702-1767.

Ragimbert, roi des Lomb.; fils de Godebert, roi de Pavie. Succ. de Luitbert, 701; m. même ann.

Ragois (Le), litt., précep. du duc du Maine. M. 1685.

Ragotzky (G.), le Jeune, prince de Transylvanie, de 1667 à 1668. = (F.), liturgiste, fils du précéd. M. 1676. = (F.-Léop.), prince de Transylvanie. N. 1676; procl. par les mécontents, 1701; proscrit, 1711; m. Rodosto, 1735.

Raguenet (F.), litt., hist. Rouen, 1660-1722.

Ragusa (Jér.), jés., philol. N. Sicile, 1665.

Rahn (J.-H.), hist. Zurich, 1646-1708 = (J.-H.), méd., physic. Zurich, 1749-1782. = (J.-R.-G.), jurisc. pruss. Walbech, 1766-1807.

Raidel (G.-Mart.), érud. Nuremberg, 1702-1741.

Raievski (And.), hist. russe du 19e s.

Raimond (St), gén. des dominic., écriv. ascét. Penafort, 1175-1275.

Raimond (J. Arnault), archit., memb. de l'Inst. Toulouse, 1742-1811. V. RAYMOND.

Raimondi (Marc-Ant.), grav. Bologne, 1488-1546. = (J.-B.), philol., oriental. N. Crémone, 1540.

Rainfroi ou *Ragenfroi*, maire du palais sous Dagobert III et Chilpéric II, 714 à 724, puis comte d'Angers. M. 731.

Rainolfe ou *Rainulfe*, 1er duc d'Aquitaine, en 845. Périt en combatt. les Norm., 867.

Rainolfe, aventur. norm., 1er comte d'Averse (en Italie), v. 1029. M. 1059.

Rainssant (P.), méd., numism. Reims, 1640-1689.

Raitch (J.), hist., moine servien. Kurlowitsch, 1726-1801.

Rajalin (Th. de), amiral finlandais. 1673-1741.

Raleigh ou *Ralegh* (Walter), homme de guerre et d'État, navig., hist. N. Devonshire, 1552; décap. 1618.

Rallier des Ourmes (J.-Jo.), mathém. Bretagne, 1701-1771.

Ramazzini (Bern.), méd., physic., poëte lat. Carpi, 1663-1714.

Rambaud d'Orange, troubad. provenç. du 13e s. = *de Vachères*, troubad. du 12e s.

Rambouillet (Ja.), favori de François 1er, capit. des gardes, négociat. M. 1562. = (C.), card., év. du Mans, négociat., fils du précéd. N. 1550; m. Rome, 1585. = (C., marq. de), maréch. de camp, ambass., p.-fils de Jacques. 1577-1652.

Rambures (Dav., sire de), gr.-maître des arbalétriers de Fr. en 1411. Tué Azincourt, 1415.

Rameau (J.-Ph.), cél. composit. N. Dijon, 1683; m. 1764.

Ramel (J.-P.), gén. fr. N. Cahors, 1770; assass. dans une émeute. Toulouse, 1815.

Ramelli (Augustin), ingén. milit., mécan. ital. Muranzana, 1531-1590.

Ramessès ou *Ramsès*, nom commun à 7 rois égypt. de la 18e et de la 19e dynast.; ils régnèrent du 17e au 15e s. av. J.-C.

Ramey (Cl.), sculpt., memb. de l'Inst. Dijon, 1754-1838.

Rami-Méhémet, homme d'État, poëte, gr.-vizir et pacha d'Egypte sous Achmet III. M. commenc. du 18e s.

Ramire 1er, fils natur. de Sanche III, roi de Navarre, fut le 1er roi d'Aragon, 1035; tué dans une bat., 1063. = II, 3e fils de Sanche-Ramirez. Succ. d'Alphonse Ier comme roi d'Aragon, 1134; abdiqua, 1137; m. 1147.

Ramire, nom de 3 rois d'Oviédo et de Léon, qui régnèrent 842-850, 927-950, 967-982.

Ramler (C.-Gu.), poëte et litt. all. Colbarg, 1725-1798.

Raminohun-Roy (le rajah), philos. ind. M. 1833.

Ramond de Carbonnières (L.-F.-Elisab.), homme polit., natural. Strasb., 1755-1827.

Ramos (H.), milit., mathém., litt. esp. Alicante. 1738-1801.

Ramos-Pareja (Bart.), réform. de la musique. Salamanque, 1535-1611.

Rampalle, litt. fr. du 17e s.

Ramsay (And.-M. de), litt., mathém. Ayr (Ecosse), 1686; St-Germ.-en-Laye, 1743. = (Allan), poëte écoss. 1685-1758. = (Dav.), méd. et hist. améric. Assass., 1815.

Ramsden (Jessé), optic. cél. Halifax, 1735-1800.

Ramus (P. la Ramée, dit), mathém., philos. cél., profess. d'éloq. au Coll. de Fr. N. dans le Vermandois, v. 1502; périt au massac. de la St-Barthél., 1572.

Ramusio (J.-B.), hist., voyag., géogr. Venise, 1485-1557.

Rancé (Arm.-J. le Bouthilier de), écriv. ascét., réformat. de la Trappe. N. Paris, 1626; m. 1700.

Ranchin (F.), méd. Montpell., 1560-1641 = (H. de), conseill. à la cour des aides de Montpell. à la fin du 17e s., poëte fr.

Rançonnier (J.), jés., mission. au Paraguay. N. Bourgogne, 1600.

Randolph (Th.), poëte angl. N. 1605. = (Robert), aut. dram., frère du précéd. M. 1671.

Randon de Pully (C.-Jo., comte), lieut. gén. fr. 1751-1832.

Ranfaing (Ma.-Elis. de), dite la vénérable mère Elisabeth de la Croix de Jésus, fondatr. de l'institut. de Notre-Dame du Refuge, en 1631. Remiremont, 1592-1649.

Rannequin (Swalm Renkin, connu sous le nom de), mécan., invent. de la machine de Marly. Liége, 1644-1708.

Ranlzau (Josias, comte de), maréch. de Fr. N. Holstein; m. 1650. = (H.), astrol., litt., de la fam. du précéd. 1526-1598.

Raoul (St), archev. de Bourges de 840 à 866.

Raoul ou *Rodolphe*, fils de Richard, duc de Bourgogne. Succ. de Robert comme roi de Fr., 923; m. 956.

Raoul, archidiacre de Poitiers, prédic. du 12e s. M. dans la croisade de 1101. = de Caen, hist. du 11e s., qui suivit Tancrède en Palest., 1096.

Raoux (J.), peint. fr. Montpell., 1667-1734.

Raphaël (Raffaello Sanzio, dit), cél. peint. et archit. N. Urbin, 1483; m. 1520.

Rapheleng (F. Ravlenghien, dit), sav. oriental., impr. Lanoy, pr. de Lille, 1539-1597.

Rapin (N.), poëte lat. et fr., litt. N. Fontenay-le-Comte, v. 1540; m. Poitiers, 1608. = (Re), jés., poëte lat., controv., crit. Tours, 1621-1687.

Rapin-Thoyras (Pa. de), hist. fr. Castres, 1661; Wesel (Holl.), 1725.

Rapp (J.), gén., pair de Fr. N. Colmar, 1772; m. 1821.

Ras-Welleta-Selassé, vice-roi du Tigré (Abyss.), 1746-1816.

Rascas (P.-Ant.), antiq. Aix, 1567-1620.

Rasche (J.-Christ.), numism. Saxon. 1733-1805.

Rasched-Billah (Abou-Djafar Mansour), calife abasside fils de Mostarched. Assass., 1123.

Raschi (Rabbi-Salomon Jarchi), cél. rabbin fr. Troyes, 1040-1105.

Raschid-Eddyn, hist. persan du 13e s.

Rasès, hist. ar. d'Espagne du 9e s. N. Cordoue.

Rasis. V. RAZI.

Rask (Erasme-Chr.), oriental., philol., profess. d'hist. Brendekilde (Fionie), 1784-1832.

Rasori (J.), méd. cél. Parme, 1766; Milan, 1837.

Raspe (Rod.-Eric), antiq. Hanovre, 1757; Irlande, 1794.

Rastal (J.), litt. et impr. angl. du 16e s.

Rastignac (Aymery Chapt de), év. et gouv. de Bologne, prince de l'Emp. N. Périgord; m. 1590. = (Raimond), lieut.-gén. au temps de la Ligue, de la même fam. Tué dev. La Fère, 1596. = (Arm.-Anne-A.-Ant.), gr.-vic. d'Arles, déput. aux états-gén. N. 1729; massac., sept. 1792.

Ratchis, duc de Frioul; élu roi des Lombards, 744; abdiqua, 749.

Ratcliff (Raoul), litt. et aut. dram. angl. M. 1553.

Ratramne, cél. théol. du 9e s., moine de l'abbaye de Corbie. N. Picardie.

Ratschky (Jo.-F.), poëte all. Vienne, 1757-1810.

Ratte (Et.-Hyac. de), astron. et mathém. Montpell., 1722-1805.

Ratti (J.-Augustin), peint. Savone, 1699-1775.

Rau (Chr.), sav. oriental. Berlin, 1603-1677. = (J.-Ja.), chir. et anat. Bade (Souabe), 1668-1719. = (J. Eberhard), théol. et oriental. all. 1695-1770. = (Sebald-Foulques-Jean), oriental., poëte, prédic. Utrecht, 1765-1807.

Raucourt (Franç.-M.-Antoinette Saucerotte), actr. du Th.-Fr. Nancy, 1756; Paris, 1815.

Raulin (J.), prédic. Toul, 1445-1514.

Rauwolf (Léo.), méd. et bot. N. Augsbourg; m. 1596.

Ravaillac (F.). N. Angoulême; assass. Henri IV, 14 mai 1610; écartelé, 27 du même mois.

Ravenne (J. de), élève de Pétrarque, cél. profess. de b.-lettres en Italie. N. pr. de Ravenne, 1350; m. v. 1420.

Ravensteyn (J. van), peint. holl. N. La Haye, 1580.

Ravisius Textor (J. Tixier de Ravisi, dit), human., rect. de l'Université. N. St-Saulge (Nivern.), 1480; m. 1524.

Rawendy (Ahmed), gramm. ar., sect. du 9e s. M. 905.

Rawlegh. V. RALEGH.

Rawlinson (Christ.), philol. Lancastre, 1677-1732. = (Rich.), antiq. et litt. angl. 1700-1795.

Ray ou *Wray* (J.), en lat. Raius, cél. natural., voyag. Comté d'Essex, 1628-1705.

Ray de St-Geniez (Ja.-Ma.), hist., tactic. St-Geniez, 1712-1777.

Raymond (St). V. RAIMOND.

Raymond, nom de 7 comtes de Toulouse. Les plus connus sont: *Raymond* IV, dit Raymond de St-Gilles, comte de Toulouse, duc de Narbonne, marq. de Provence. N. 1042; un des chefs de la 1re croisade, 1096; m. 1105. = VI, dit le Vieux, fils de Raymond V. N. 1156; succ. de son père, 1194; m. 1222 = VII, dit le Jeune, dern. comte de Toulouse, fils et succ. du précéd. N. Beaucaire, 1197; m. Milhaud, 1249.

Raymond-Bérenger 1er, comte de Provence, 1112-1130. = II, fils et succ. du précéd. 1144-1166. = III, nommé comte de Provence par son frère Alphonse 1er, roi d'Aragon; périt pr. de Montpell., 1181. = IV, fils d'Alphonse II, et son succ. comme comte de Provence et de Forcalquier, 1209; m. 1245.

Raymond de Vinario, méd. du 14e s. N. Béziers. = V. LULLE et SEBUNDE.

Raymond (Joach.-Ma.), gén. fr. Sérignac (Tarn), 1755; Hyder-Abad (Décan), 1798. = (J.-M.), chim. St-Vallier (Drôme), 1756-1817.

Raynal (Gu.-Th.-F.), litt., philos. N. St-Geniez, 1713; m. 1796.

Raynaud (le P. Théoph.), jés., théol., controv. Sespello (comté de Nice), 1583-1663.

Raynouard (F.-Just.-Ma.), litt., philol., aut. dram., memb. du corps législ., secrét. de l'Acad. fr. Brignolles, 1761; Paris, 1836.

Razi (Mohammed-Abou-Bekr-Ibn-Zacaria), cél. méd. ar. N. Razi (Khoraçan), v. 850; m. 923.

Razoux (J.), méd., érud. Nîmes, 1725-1798.

Razzi (J.-Ant.), dit le cheval. Sodoma, peint. N. Verceil, v. 1479; m. 1554.

Ré (Ph.), agron., bibliogr. Reggio, 1763-1817.

Réal de Curban (Gasp. de), public. Sisteron, 1682-1752.

Réal (St-). V. ST-RÉAL.

Réal (And.), memb. de la conv., du cons. des cinq-cents. Grenoble, 1765-1832. = (P.-F., comte), magistr., accusat. public, procur. de la commune, préfet de police sous l'Emp. N. Pays-Bas autrich., 1765; m. 1854.

Réaumur (Re.-Ant. Ferchault de), cél. physic. et natural., memb. de l'acad. des sc. La Rochelle, 1683-1757.

Rebecca, fille de Bathuel et femme d'Isaac; fut mère de Jacob et d'Esaü.

Rebentisch (J.-Fréd.), chir. et bot. all. du 19e s.

Rebolledo (Bernardin, comte de), litt., poëte, comte de l'Emp. et capit. gén. de l'artillerie en Allem. Léon (Esp.), 1597-1677.

Reboulet (Sim.), écriv. fr. Avignon, 1687-1752.

Récamier (Jo.-Cl.-Anthelme), cél. méd. de l'Hôtel-Dieu de Paris, profess. au Coll. de Fr. N. 1774; m. Paris, 1852. = (Mme), femme cél. par sa beauté, son esprit, son goût pour les lettres et pour les arts. Lyon, 1777; Paris, 1849.

Recarède 1er, dit le Catholique, 17e roi des Visigoths en Esp. Succ. de son père Leuvigilde, 586; m. 601. = II, fils du précéd., et son succ. en 620, ne régna que quelq. mois.

Recchi (Nardo-Ant.), méd. et bot. N. Montecorvo, vers le commenc. du 16e s.

Rechenberg (Ad.), théol., controv., érud. Leipzig, 1642 1721.

Recke (Elisab.-Charlotte-Constance, baronne de la), femme litt. Chât. de Schœnburg. 1756-1833.

Record (H.), mathém. angl. N. pays de Galles; m. 1588.

Recupero (Al.), numism. Catane, 1740-1803.

Redern (le comte Sigism. Ehrenreich de), sav. pruss. Berlin, 1715-1789.

Redhwam (Fakr-el-Molouk), sultan seldjoucide d'Alep, de 1095 à 1114.

Redi (F.), cél. natural., poëte, philol. Arezzo, 1626-1697. = (Jo.), peint. ital. Florence, 1665-1726.

Reding (Aloys, bar. de), landamman et gén. suisse. 1755-1818.

Redjeb-Pacha, séraskier de Roumélie sous Soliman III, en 1689. Vaincu à la bat. de Nissa, et étranglé peu de temps ap.

Redouté (P.-Jo.), peint. de fleurs. Belgique, 1759; Paris, 1840.

Reed (Jo.), écriv., aut. dram. Stockton (comté de Durham), 1723-1787. = (Isaac), aut., crit. angl. M. 1807

Rees (Abrah.), profess. de mathém., de théol., de sc. natur. Pays de Galles, 1743-1825.

Réganhac (Gérand Valet de), litt. Cahors, 1719-1784.

Regemortes (L. de), ingén. du 17e et du 18e s., Holland. d'origine. Fit constr. le canal du Loing. = Noël et Louis, ses fils, égalem. ingén. M., le 1er, v. 1790; le 2e, 1776.

Reggio (F.), astron. Gênes, 1743-1804.

Regillianus (Quintus Nonnius), un des 30 tyrans, origin. de la Dacie. Procl. en Mésie, 261; assass. par ses soldats, 263.

Regiomontanus. V. MULLER.

Regis (St J.-F.), jés. fr., prédic. 1597-1640.

Régis (P.-Sylvain Leroy, dit), philos. cartésien. Agenois, 1632-1707. = (J.-B.), jés. fr., missionn. en Chine, de 1708 à 1715.

Regius (H. Leroy ou Duroy), méd., philos. Utrecht, 1598-1679.

Regnard (J.-F.), poëte com. Paris, 1647-1709.

Regnauld de St-Jean-d'Angély (M.-L.-Et.), conseill. d'Etat, comte de l'Empire, procur. gén. près la haute cour. St-Fargeau, 1760; Paris, 1819.

Regnauldin (Th.), sculpt., memb. de l'acad. N. Moulins; m. 1706.

Regnault (Noël), jés., physic. Arras, 1683-1762. = (J.-B., bar.), peint. fr., memb. de l'acad. Paris, 1754-1829.

Régnier (Mathurin), poëte satir. fr. Chartres, 1573-1613. = (Cl.-Ant.), duc de Massa, homme d'Etat, memb. de la constit., du cons. des anciens, conseill. d'Etat, min. de la justice, enfin présid. du corps législ. Blamont (Meurthe), 1746-1814. = (Edme), mécan., conserv. du musée d'artill. de Paris. Sémur, 1751; Paris, 1825.

Régnier-Desmarais (F.-Séraphin), gramm., litt., poëte fr., lat., ital. Paris, 1632-1713.

Régnier-Destourbet (Hipp.-F.), litt. Langres, 1804-1831.

Regulus (Marcus Atilius), gén. rom., consul 256 av. J.-C., fait prisonn. par les Carthag., 251, et mis à m. par eux.

Regulus Serranus (Caius Atilius), consul rom., 257 av. J.-C.

Rehnschold (C.-Gust.), sénat. et feld-maréch. suéd. Stralsund, 1651-1722.

Reicha (Ant.-Jo.), composit., profess. au conservat. de Paris. Prague, 1770; Paris, 1836.

Reichard (H.-A. Ottocar), litt., aut. dram., direct. du théâtre ducal. Gotha, 1751-1828. = (Chr.), agron. Erfurth, 1685-1775. = (J.-Fréd.), composit. Kœnigsberg, 1752-1814.

Reichstadt (F.-C.-Jo. Napoléon, duc de), fils de Napoléon et de Marie-Louise. N. Paris, 1811, et nommé roi de Rome; emmené dans les Etats autrich., où il reçut le titre de duc de Reichstadt, 1814; m. château de Schœnbrunn, 1832.

Reid (Th.), philos., chef de l'école écoss. Strachan (comté de Kincardine). 1710-1796.

Reiffenberg (Fr. de), jés., hist., théol., poëte lat. Pays de Trèves, 1719-1764. = (le baron Fréd. de), litt., écriv. belge, profess. de philos. à l'univers. de Louvain, d'hist. à celle de Liége. N. Mons, 1795; m. 1850.

Reil (J.-Chr.), méd. Rhanden (Ost-Frise), 1759-1813.

Reimar (Hermann-Sam.), philol., natural., profess. de philos. Hambourg, 1694-1748.

Reimmann (Ja.-Fréd.), bibliogr. Grœningue, 1668-1743.

Reina (F.), litt., homme polit. Malgrate (pr. Côme), 1770-1825.

Reinbeck (J.-Gust.), théol. et philos. all., disc. de Wolf. Helle, 1682-1741.

Reineccius (en all. Reineck), érud. all., profess. d'hist. Steinheim, 1541-1595. = (Chr.), théol., hebraïs. Gross-Muhlingen (Saxe), 1668-1752.

Reineggs (Ja.), voyag. et aventur. Eisleben (Saxe), 1744-1793.

Reinesius (Th.), méd., philol., archéol. Gotha, 1587-1667.

Reinhard (F. Wolkmar), moral., prédic., théol. protest. Sulzbach, 1753-1812.

Reinhart (C.-Fréd., comte), diplom., memb. de l'Inst., pair de Fr. Babingen (Wurtemb.), 1751; Paris, 1837.

Reinhold (C.-Léo.), philos. all. Vienne, 1758-1823.

Reinmar, dit l'Ancien, minnesinger du 13e s. = dit le Jeune, minnesinger, fils du précéd.

Reiser (Ant.), past. luthér., controv., bibliogr. Augsb., 1628-1676.

Reiset (Ant., vicomte de), lieut.-gén. fr. N. Colmar, 1775; m. 1836.

Reiske (J.-J.), philol. et oriental. Zoerbig (Saxe), 1716-1774. = (Ernest.-Christ.), hellén., philol., femme du précéd. Kemburg, 1735-1798.

Reitz (J.-Fréd.), érud. all. Braunfels, 1695-1778. = (Fréd. Wolfgang), philol. all., profess. à Leipzig. 1733-1790.

Reland (Adr.), oriental., érud. Ryp (Holl.), 1676-1718.

Rely (J. de), év. d'Angers, rect. de l'Univers., négociat. Arras, 1430-1499.

Remacle ou *Rimail* (St), d'Aquitaine, év. de Tongres, fondat. du monast. de Stavelo, en 661. M. 675.

Remard (C.), litt., biblioph. Château-Thierry, 1766-1828.

Rembrandt (Pa.), cél. peint. et grav. de l'école holl. Leyde, 1606; Amsterd., 1674.

Remer (Ju.-A.), hist., compil. Brunswick, 1736-1804.

Rémi (St), apôtre des Francs, arch. de Reims. M. 533. = (St), arch. de Lyon, théol. M. 875.

Remi (Abrah.), poëte lat. 1600-1646. = (Jo.-Honoré), litt., jurisc. Remiremont, 1738-1782.

Rémond de St-Marc (Toussaint), litt. Paris. 1682-1757. = *de St-Albine* (P.), litt. Paris, 1699-1778.

Remondi (Balth.), év. de Zante, érud., philol., oriental. Bassano, 1698-1777.

Rémus, frère de Romulus, tué par lui, dit-on, pour avoir sauté par dérision le fossé qui entourait la ville de Rome, qu'ils foudaient ensemble. V. ROMULUS.

Rémusat (P.-F. de), litt. Provence, 1755-1803. = (Claire-Elisabeth-Jeanne, comtesse de), litt., dame du palais de l'impératr. Joséphine. 1780-1821. = (J.-P.-Abel), sinologue, memb. de l'acad. des inscr. Paris, 1788-1832.

Renard (Sim.), négociat. N. Vesoul; m. Madrid, 1575. = (J.-Augustin), archit. fr. Paris, 1744-1775.

Renaud d'Eliçagaray (Bern.), cél. ingén. et mar. N. Béarn, 1652; m. 1719.

Renaud, nom de 3 comtes de Bourgogne, qui régnèrent 1027-1057; 1087-1097; 1126-1148.

Renaud ou *Regnauld* (Valère), jés., théol., cél. casuiste. Usie (Fr.-Comté), 1540-1625.

Renaudie (God. de Bapay, seign. de la), dit La Forest, gentilh. calviniste, chef de la conjur. d'Amboise, et tué par trahison, 1560.

Renaudot (Théophraste), méd., biogr., fondat. de *la Gazette de France*. Loudun, 1584-1653. = (Eusèbe), oriental., memb. de l'Acad. fr. et de l'acad. des inscr., p.-fils du précéd. Paris, 1656-1720.

Renault (Aimée-Cécile), fille d'un marchand papetier de Paris, exécutée pour avoir voulu donner la m. à Robespierre, 1794.

Rene (*St*), év. d'Angers au 5e s.

René d'Anjou, dit le bon roi René, comte d'Anjou et de Provence, duc de Lorraine et de Bar, roi de Sicile, 2e fils de Louis II, duc d'Anjou. N. château d'Angers, 1408; m. en Provence, 1480.

René II, duc de Lorraine, fils de Ferri II, comte de Vaudemont. 1451-1508.

Reneaulme (Pa.), méd. et bot. Blois, 1560-1624. = (M.-L. de la Garenne), égalem. méd et bot., memb. de l'acad. des sc., arr.-p.-fils du précéd. Blois, 1675-1739.

Renée de France, duchesse de Ferrare, 2e fille de Louis XII. N. Blois, 1510; épousa Hercule II, duc de Ferrare, 1528; m. Montargis, 1575.

Rengger (Alb.), méd., min. de l'intér. de la républ. de Suisse. Beugg (canton de Berne), 1764-1825.

Rennel (le major J.), offic. angl., érud., géogr., ingén. Chudleigh, 1740-1830.

Renneville (Constantin de), litt. Caen, 1650; Anglet., v. 1724. = (Sophie de), femme aut. Paris, 1771-1822.

Rennie (J.), mécan., ingén. écoss. 1761-1832.

Renou (Ant.), peint., litt., secrét. perpét. de l'acad. de peint. Paris, 1731-1806.

Repelaer van Driel (Okker), min. d'Etat du roy. des Pays-Bas, puis de la Belgique. Dordrecht, N. 1759; m. 1832.

Repnin (N. Vasiliewitch, prince), gén. et diplom. russe. 1734-1801.

Requeno y Vivès (Vinc.), jés., litt., numism., archéol. Calatraho (Aragon), 1734; Tivoli, 1811.

Requesens (L. de Zunigay), gr.-commandeur de Castille, gouv. des Pays-Bas. M. Bruxelles, 1576.

Requier (J.-B.), litt. fr. Provence, 1715-1799.

Resende (Lucius-And.), dominic. portug., litt., érud., poëte lat. Evora, 1498-1573.

Resenius (P.), érud., philol., jurisc., profess. à Copenhague. 1625-1688.

Resnel du Bellay (J.-F. du), litt., memb. de l'Acad. fr. et de l'acad. des inscr. Rouen, 1692-1761

Restaut (P.), gramm. Beauvais, 1696-1764.

Restif de la Bretonne (N.-Edme), romanc. fr. Sacy (Bourg.), 1734; Paris, 1806.

Restout (J.), peint., direct. de l'acad. Rouen, 1692-1768.

Retz (Gilles de Laval; seign. de), maréch. de Fr. N. 1396; pendu et brûlé, 1440.

Retz ou *Raiz* (Alb. de Gondi, dit le Maréch. de), maréch. de Fr. N. Florence, 1522; vint en Fr. avec Catherine de Médicis; m. 1601. = (P., card. de), év. de Paris, frère du précéd. N. Lyon, 1533; m. 1616. = (J.-F.-Pa. de Gondi, card. de), p.-nev. du précéd. N. Montmirail, 1614; fut d'abord coadjut. de son oncle Henri de Gondi, archev. de Paris, puis archev. de Paris lui-même; provoqua et dirigea les troubles de la Fronde; se démit plus tard de son archevêché, et se retira à St-Mihiel, où il m., 1679.

Retzius (Anders Jahan), bot., chim. Christianstadt, 1747-1821.

Reuchlin (J.), philol., hellén., hébraïs., négociat. Pforzheim (duché de Bade), 1455-1522.

Reuilly (J. de), voyag. fr. N. Picardie, 1780; m. 1810.

Reusch (J.-P.), théol., philos. all. Almersbach, 1691-1754.

Reusner (N.), jurisc., poëte lat., homme d'Etat. Lœwenberg (Silésie), 1545-1602.

Reuss (Jérémie-Dav.), philol., bibliogr. Duché de Schleswig, 1750-1837.

Reuvens (J.-Everard), jurisc. Harlem, 1763-1816.

Réveillé-Parise (J.-H.), méd., litt. Schneitzhoeffer, 1782; Paris, 1852.

Rever (Ma.-F.-Gilles), antiq., agron. Dol, 1753-1828.

Rewbell (J.-B.), memb. de la conv., et l'un des 5 direct. de la républ. fr. N. Colmar, 1746; m. 1816.

Rewiczky (C. Emerance de Revissinye, comte de), homme d'Etat, diplom., oriental. Hongrie, 1737-1793.

Rey (J.), méd., chim. N. Bugue (Périgord); m. 1645. = (J.-B.), composit., maître de la chapelle de Napoléon. 1734-1810.

Reyneau (C.-Re.), orator., géom. Brissac (Anjou), 1656-1728.

Reynier (J.-L. Ebnezer), gén. fr., homme d'Etat. Lausanne, 1771; Paris, 1814. = (J.-L.-Ant.), agron., écon., frère du précéd. Lausanne, 1762-1814.

Reynolds (Josué), peint. et litt. Plympton (Devonshire), 1723-1792.

Reyrac (l'abbé F.-Ph. Delaurens, de), poëte, prédic. Château de Longeville (Limous.), 1734-1782.

Reyre (l'abbé Jo.), prédic., écriv. Eyguyères (Prov.), 1735-1812.

Rezzonico (Ant.-Jo.), comte della Torre, érud., crit., chambell. du duc de Parme. Côme, 1709-1785.

Rhadamiste, fils du roi d'Ibérie Pharasmane, et époux de Zénobie, sa cousine. Détrôna son beau-père Mithridate, roi d'Arménie, et attaqué par le roi parthe Artaban, se réfugia dans les Etats de son père. Mais Pharasmane le fit assass., 54 de J.-C.

Rheita (Ant.-Ma. Schyble de), capuc., écriv. eccl., mathém., astron. N. Bohême; m. Ravenne, 1660.

Rhémétalcès 1er, roi de Thrace, oncle et succ. de Rhescuporis II. M. 10 de J.-C. = II, roi de Thrace. Succ. de Rhescuporis III, 19 à 46.

Rhenanus (Beatus), philol., érud. all. Schelestadt, 1485-1547.

Rhescuporis 1er, roi de Thrace, 1er s. av. J.-C. = II, fils de Cotys IV, régna de 16 à 7 av. J.-C. = III, frère et succ. de Rhémétalcès. Mis à m. 19, par ordre de Tibère.

Rhigas, poëte, et l'un des promoteurs de l'insurrect. grecque. N. Velestina (Thessalie), v. 1753; livré à l'Autriche et noyé dans le Danube avec ses compagn., 1798.

Rho (J.), jés., prédic., écriv. ascét. Milan, 1500-1662.

Rhodes (Al. de), jés., missionn. en Perse, Cochinchine, etc., philol. Avignon, 1591-1660.

Rhodiginus (L. Richieri, dit Cœlius), philol., érud. Rovigo, 1450-1525.

Rhodogune ou *Rodogune*, fille de Mithridate, roi des Parthes, mariée à Démétrius Nicanor, roi de Syrie, 140 av. J.-C.

Rhodomann (Lau.), poëte gr. et lat., rect. de l'univ. de Wittenberg. Sassawerf, 1546-1606.

Rhodope, courtisane, native de Thrace. Contemp. d'Esope et esclave avec lui, fut rachetée et s'établit à Naucratis (Egypte).

Rhoupen 1er, le Grand, roi d'Arménie, fondat. de la dynast. des Rhoupéniens, de 1080 à 1095. = II, roi de l'Arménie cilicienne, 1174 à 1185.

Rhyzelius (And.), antiq., philol. suéd., aumôn. de Charles XII. 1677-1753.

Riambourg (J.-B.-Cl.), litt., philos. Dijon, 1776-1836.

Riario (P.), archev. de Florence, card., légat du saint-siége, nev. de Sixte IV. M. 1474. = (Jérôme), prince d'Imola, frère du précéd. Assass., 1488.

Ribadeneira (P.), jés., hagiogr., un des compagnons de St Ignace. Tolède, 1527-1611.

Riballier (Ambr.), doct. de Sorbonne. controv. Paris, 1722-1785.

Ribalta (F.), peint. de l'école de Valence. Castellon-de-la-Plana, 1551-1628. = (J.), peint., fils et élève du précéd. Valence, 1599-1628.

Ribas y Carasquillas (F. de), dominic., prédic., écriv. ascét. Cordoue, 1612-1687.

Ribault (J. de), navig. dieppois du 16e s. Massacré par les Esp., ainsi que ses comp., 1565.

Ribera (Anastase - Pantaléon de), poëte de la cour de Philippe IV. Saragosse, 1580-1629. = (Jo.), dit l'Espagnolet, cél. peint. esp. Xativa, 1588; Naples, 1656.

Ribes (Anne-Arn. de), colonel du génie. St-Félix, 1731-1811.

Ribier (Gu.), conseill. d'Etat, hist., 1575-1663.

Ribit (J.), philol. fr., profess. de grec à Lausanne, en 1541.

Riboutté (F.-L.), aut. dram. Lyon, 1770-1834.

Ricard (Domin.), trad., litt. Toulouse, 1741-1803.

Ricardo (Dav.), écon. Londres, 1772-1823.

Riccardos-Carrillo (Ant.), gén. esp. Séville, 1748-1798.

Ricaut (Pa.), diplom. et hist. angl. M. 1700.

Riccati (Vinc. de), jés. ital., mathém., ingén. Castel-Franco, 1707-1775.

Ricci (Mat.), cél. jés., missionn. en Chine. N. Macerata; m. Pékin, 1610. = (Lau.), gén. des jés. N. Florence, 1703; m. Château-St-Ange, 1775. = (Scip.), év. de Pistoie et de Prato, neveu du précéd. Florence, 1741-1810.

Ricci, nom de plus. peint. ital. Le plus cél. est Sébastien. Civitale-di-Belluno, 1660-1734.

Riccio (Bart. Neroni, dit), peint. et archit. siamois du 16e s. = (Dom.), dit Brusasorci, peint. Vérone, 1494-1567. = (Félix), dit le Jeune, peint., fils du précéd. Vérone, 1540-1605.

Riccioli (J.-B.), jés., astron., érud., chronol. Ferrare, 1578-1671.

Riccoboni (L.), dit aussi Lelio, coméd., aut. dram. N. Modène, v. 1674; m. Paris, 1753. = (Hélène-Virginie), actrice et aut., femme du précéd. Ferrare, 1686-1771. = (Ant.-F.), act. et aut. dram., fils de Louis. N. Mantoue, 1707; m. 1772. = (Ma.-Jeanne de Mézières), actr., litt., femme du précéd. Paris, 1713-1792.

Rich (Ja.-Claudius), oriental. angl., voyag. M. Schiraz, 1821.

Richard (St), év. de Chichester (Anglet.), m. 1253.

Richard 1er, dit Cœur de Lion, roi d'Anglet., fils de Henri II. N. 1157; succ. de son père, 1189; se croisa avec Philippe - Auguste, 1190; tué dev. Chalus en Limousin, 1199. = II, fils du prince Noir. N. 1366; succ. d'Edouard III, à l'âge de 11 ans, 1377; détrôné par le duc d'Hereford (Henri IV), 1399; m. peu de temps ap. dans une prison. = III, duc de Glocester, 4e fils de Richard, duc d'York. N. 1352; nommé régent, 1483; fit assass. ses 2 nev., fils d'Edouard IV, et s'empara du pouv.; tué au combat de Bosworth, 1485.

Richard de Cornouailles, emp. d'All., fils de Jean-s.-Terre. N. 1209; procl. 1257; m. 1272.

Richard 1er, dit sans Peur, duc de Normandie, fils et succ. de Guillaume Longue-Epée, 943; m. 996. = II, dit le Bon, fils et succ. du précéd. en 996; m. 1027.

Richard 1er, prince de Capoue, fils de Rainolf, comte d'Averse. Régna de 1059 à 1078 = II, fils et succ. de Jourdan 1er, de 1098 à 1105.

Richard, comte d'Autun, et 1er duc de Bourg., 877 à 921.

Richard de St-Victor, théol. écoss., prieur de l'abbaye de St-Victor, à Paris. M. 1173. = *de Noves*, troubad. provenç. du 13e s. = ou *Radulphe*, théol. irland., archev. d'Armagh. M. 1360. = *de Cirencester*, bénéd. et hist. angl. N. Westminster, v. 1401.

Richard (Mart.), peint. Anvers, 1591-1636. = (Cl.), jés., mathém. Ornans, 1589-1664. = (J.), écriv. ecclés. Verdun, 1639-1719. = (C.-L.), dominic., doct. de Sorb., écriv. ecclés. N. Blainville Lorraine), 1711; fusillé, Mons, 1794. = (J.-P.), prédic. Béfort, 1743-1820. = (L.-C.-L.-Ma.), bot., voyag., memb. de l'Inst. N. Versailles, 1754; m. 1821. = (Gab.), mission. cathol. dans l'Amér. du Nord. Saintes, 1764-1832. = Méd., bot., profess. à la faculté de Paris, memb. de l'acad. des sc. Paris, 1794 1852.

Richard Lenoir (F. Richard, dit), cél. industriel. N. Trélat (Normandie), 1765; m. 1839.

Richard-Martelli (Honoré-Ant.), litt., aut. dram., act. Aix, 1751-1817.

Richardot (F.), év. d'Arras, orat. sacré. Morei (Fr.-Comte), 1507-1574. = (J. Grusset), présid. du cons. des P.-Bas, négociat., nev. du précéd. Champlitte, 1540-1609.

Richardson (Jonathan), peint., litt. Londres, 1665-1745. = (Sam.), cél. romanc. angl. Comté de Derby, 1689-1761. = (Gu.), agron. irland. 1740-1820.

Riche (Cl.-Ant.-Gasp.), méd., natural. Chamelet (Beaujolais), 1762-1797.

Richelet (Cés.-P.), gramm. et lexicogr. Cheminon (Champ.), 1631-1698.

Richelieu (Arm.-J. du Plessis, card. duc de), cél. min. de Louis XIII, 3e fils de P. du Plessis, seign. de Richelieu. N. Paris, 1585; d'abord év. de Luçon et prédic., aumôn. de la reine-mère, puis du maréch. d'Ancre, devint secrét d'Etat de la guerre et des aff. étrang., 1616; card., 1622; 1er min., 1629; m. 1642. = (Alph.-L. du Plessis de), connu sous le nom de Cardinal de Lyon, frère aîné du précéd., fut successiv. év. de Luçon, d'Aix, archev. de Lyon. M. 1653 = (L.-F.-Armand), maréch. de Fr., memb de l'Acad. fr., p.-nev. des précéd. Paris, 1696-1788. = (Arm.-Emm.), homme d'Etat et homme de guerre, memb. de l'Acad. fr., min. des aff. étrangères et présid. du conseil sous Louis XVIII. Paris, 1766-1822.

Richemont (Artus de Bretagne, duc de), connétable de Fr., 2e fils de Jean V, duc de Bretagne. 1393-1458.

Richepanse (Ant.), gén. fr. Metz, 1770; Guadeloupe, 1807.

Richer (Edm.), syndic de la faculté de théol. de Paris. Chaource (Champ.), 1560-1631. = (H.), litt., aut. dram. Longueil, 1685-1748. = (F.), jurisc. N. Avranches, v. 1718; m. 1790. = (Adrien), hist., frère du précéd. Avranches, 1720-1798.

Richerand (le bar.), cél. profess. à l'école de méd. de Paris. N. Belley; m. Paris, 1840.

Richery (P. de), amiral fr. Allons (Prov.), 1757-1799.

Richmann (G.-Gu.), physic. N. Pernau (Livonie), 1711; m. frappé de la foudre, en faisant des exper., 1773.

Richmond (C. Lenox, duc de), homme d'Etat angl., secrét. d'Etat et gr.-maître de l'artill., 1735-1806. = (C.), gouv. gén. du Canada, nev. du précéd. 1764-1812.

Richter (A.-Gottlob), chir., profess. à Gœttingue. Zœrbig (Saxe), 1742-1812. = (J.-Pa.-Fréd.), cél. philos. et litt. all., appelé vulg. Jean-Paul. Weinsiedel (Franconie), 1763-1825. = (Otto-Fréd.), oriental., voyag. Dorpat (Livonie), 1792-1816.

Ricimer, gén. rom., consul, 459; détrôna Avitus; fit assass. Majorien, puis Anthémius, emp. d'Occident et son beau-père. M. 472.

Ricold de Montecroi, nommé aussi Richard; sav. dominic., missionn. N. Florence; m. v. 1309.

Ridley (le doct. Gloster), litt., théol., prédic. angl. 1702-1774.

Ridolfi (Cl.), dit Claudio Véronèse, peint. Véronè, 1570-1664. = (le cheval. C.), peint et hist. N. Lonigo, 1602; m. v. 1660.

Riedesel (Jo.-Hermann), voyag. et écriv. all. 1740-1785.

Riedinger (J.-Elie), peint. d'animaux et grav. Ulm, 1695-1757.

Riego y Nunez (Raphaël del), lieut.-colonel esp., le promoteur de la révolution de 1820, et nommé à cette époq. maréch. de camp et capit. gén. de l'Aragon. N. dans les Asturies, 1785; fusillé, 1823.

Rienzi ou *Rienzo* (N. Gabrino, dit), orat. et tribun de Rome. N. v. 1310; assass. dans une émeute, 1354.

Ries (Ferd.), music. et composit. Bonn (Prusse), 1784-1838.

Rieter (H.), peint. suisse. Winterthur, 1751-1818.

Rietschoof (J.), peint. Hoorn, 1652-1719.

Rieux (J. de), maréch. de Fr. sous Charles VII. M. 1417. = (P.), seign. de Rochefort, maréch. de Fr., fils du précéd. Fait prisonn., 1437; m. Compiègne, 1439. = (J.), p.-neuv. du précéd., fut successiv. maréch. et lieut.-gén. de Bretagne, commandant du Roussillon. M. 1518.

Rieux, fam. ligueur, command. de Pierrefonds. Pendu, Compiègne, 1593.

Riga (P. de), chan. de St-Denis, poëte lat. M. v. 1209.

Rigaud (Hyac.), cél. peint. fr. N. Perpignan, 1659; m. 1743.

Rigault (N.), sav. philol. Paris, 1577-1654.

Rigny (H., comte de), vice-amir., et sous Louis-Philippe, min. de la mar., puis des aff. étrang. N. Toul, 1782; m. 1835.

Rigoley de Juvigny (J.-Ant.), conseill. au parl. de Metz, litt. N. Dijon; m. Paris, 1788.

Rigord, relig. de St-Denis, hist. Languedoc; m. v. 1207.

Rinaldi (Odoric), supér. gén. des orator., écriv. eccl. Trévise, 1595-1671.

Rincon (And. de), peint. esp. N. Guadalaxara, v. 1446; m. v. 1500.

Ringmann (Mathias), dit Philesius Vogesigena, gramm., litt. N. Schelestadt, v. 1482; m. 1511.

Rink (Fréd.-Théod.), oriental., profess. de théol. à Kœnigsberg. M. v. 1811.

Rinmann (Suénon), minéral. Upsal, 1720-1792.

Rinuccini (Ottavio), poëte florent. M. 1621.

Rioja (P. Soto de), poëte esp. N. Grenade, v. 1590; m. 1658.

Riolan (J.), érud., profess. d'anat. et de méd., doyen de la faculté de Paris. N. Amiens, 1539; m. 1605.

Ripault (l'abbé L.-Madeleine), philol., antiq., bibliothéc. de Napoléon. N. Orléans, 1775; m. 1823.

Ripperda (J.-Gu., duc de), homme de guerre et d'Etat, aventur. N. Groningue, fin du 17e s.; m. Tétuan, 1737.

Riquet (P.-Pa. de), seign. de Bonrepos, cél. ingén., aut. du canal du Languedoc. Béziers, 1604-1680. = (J.-Mathias), présid. à mortier au parl. de Toulouse. = (P.-Paul) de Caraman, tous deux fils du précéd., achevèrent la construct. du canal. V. CARAMAN.

Riquier (St), abbé de Centule dans le Ponthieu. M. v. 645.

Risbeck (Gasp.), hist., écriv.,

all. Hoechst, pr. de Francf., 1750-1786.

Rittenhouse (Dav.), astron. et mathém. améric. Germantown (Pensylv.), 1732-1796.

Ritter (Jérém.-Benj.), méd. et chim. Hirschberg (Silésie), 1762-1807.=(J.-Gu.), physic. Samitz (Silésie), 1766-1810.

Rivals (Ant.), peint. fr. Toulouse, 1667-1735.=(J.-P.), fils du précéd. et peint. comme lui, M. 1785.

Rivard (Domin.-F.), mathém. Neufchâteau (Lorr.), 1697-1778.

Rivarol (Ant., comte de), litt., écriv. polit. N. Bagnols, v. 1754; m. Berlin, 1801.

Rivautella (Ant.), bibliogr., archéol. Piémont, 1708-1755.

Rivaz (P.-Jo. de), mécan. et chronol. St-Gingoulph (Valais), 1711-1772.

Rive (l'abbé J.-Jo.), sav. bibliogr. Apt, 1730-1792.=(P.-L. de la), peint. paysag. Genève, 1753-1815.

Rivet de la Grange (dom Ant.), bénéd. de St-Maur, érud. Confolens (Poitou), 1683-1749.

Rivière (Roch Lebaillif sieur de la), méd. et astrol. N. Falaise; m. 1605.=(Lazare), méd. et prof. à Montpellier. Montpell. 1589-1655.=(Mercier de la), écon. N. v. 1720; m. Paris, 1793 ou 1794.=(C.-F., duc de), lieut.-gén., pair de Fr., gouv. du duc de Bordeaux. N. La Ferté-s.-Cher, 1765; m. 1828.

Rivinus (And. Bachmann, ou lat.), méd. et philol. Halle (Saxe). 1600-1656.

Rixi (le frère J.), peint. Madrid. 1595-1675.=(Francisco), peint. et archit., frère du précéd. Madrid, 1608-1685.

Rizzio ou Riccio (Dav.), secrét. et favori de Marie-Stuart. N. Turin; assass. 1566.

Roa (Mart. de), jés., hist., antiq. N. Cordoue, v. 1563; m. 1637.

Robbé de Beauveset (P.-Honoré), poëte satir. et licenc. Vendôme, 1714-1794.

Robbia (Luca della), cél. sculpt. florent. Viv. v. 1450.

Roberjot (Cl.), curé de Mâcon; se maria lors de la révolut., devin memb. de la conv., du cons. de cinq-cents, min. plénipot. au congrès de Rastadt. N. Mâcon, 1755; assass. avec son collègue, 1799.

Robert (St), abbé de Molême, fondat. de l'ordre de Cîteaux. N. Champagne, v. 1024; m. 1110.

Robert, dit le Fort, tige des Capétiens, comte de Paris, 861, puis comte d'Anjou, 864. Tué dav. Brissarthe, 866.

Robert Ier, roi de Fr., fils du précéd. Elu Soissons, 922; périt dans une bat., 923.=II, dit le Pieux, fils de Hugues Capet. Associé par lui à la couronne, 988, et son succ., 996; m. 1031.

Robert de Courtenay, emp. lat. de Constantinople, fils de P. Courtenay, et son succ., 1219; m. dans l'Achaïe, 1228.

Robert, dit le Bref, emp. d'Allem., fils de Robert le Tenace, comte palatin du Rhin. N. 1352; élu, 1400; m. 1410.

Robert d'Anjou, roi de Naples, 3e fils de Charles II. Succ. de son père, 1309; m. 1343.

Robert Ier, dit le Bon ou le Vaillant, comte d'Artois, 8e fils de Louis VIII; suivit en Egypte St Louis, son frère, et périt à la bat. de Mansourah, 1250.=II, fils posthume du précéd., comte d'Artois et rég. du roy. pend. la captiv. de Charles II. Tué à la bat. de Courtray, 1302.=III, p.-fils du précéd. N. 1287; dépouillé du comté d'Artois, passe du côté des Angl.; m. Londres, 1343.

Robert Ier, dit le Magnifique ou le Diable, duc de Normand., 2e fils de Richard II. Succ. de son frère Richard III, 1028; m. empois. Nicée, 1035; pend. un pèlerinage.=II, dit Courte-Cuisse, fils de Guillaume le Conquérant, et duc de Normandie en 1087; m. prisonn., 1134.

Robert, dit le Vieux, duc de Bourgogne, 3e fils du roi de Fr. Robert II. Investi par son frère Henri II, 1032; m. 1075.

Robert Ier, prince de Capoue et duc d'Averse. Succ. de son frère Richard II, 1106; m. 1120.=II, fils de Jordan II et son succ., 1127, comte-prince de Capoue et comte d'Averse; vaincu par Guillaume Ier, roi de Sicile, 1156, et m. dans les prisons de Palerme, même ann.

Robert Bruce. V. BRUCE. V. aussi STUART, GUISCARD, RUPERT.

Robert d'Auxerre, ou de St-Marien (Abolant), relig. prémontré, hist. M. 1212.=de Lincoln, dit Grosse-Tête, érud., théol., év. de Lincoln. N. v. 1175, m. 1253.=V. ABBRISSEL et GENÈVE.

Robert de Vaugondy (Gilles), géogr. du roi. Paris, 1688-1766.=(Didier), fils du précéd., et comme lui géogr. du roi. Paris, 1723-1786.

Robert (N.), peint. en miniat. et grav. N. Langres, v. 1610; m. 1684.=(Hub.), peint. d'archit., paysag., memb. de l'acad. Paris, 1733-1808.=(F.), géogr. du roi, puis memb. du cons. des cinq-cents. La Charmèle, pr. de Châlon, 1737; Heiligenstadt (Saxe), 1819.=(Léop.), peint. cél., élève de Gérard et de David. N. La Chaux-de-Fonds (Suisse), 1794; se donna la m., Venise, 1835.

Robertis (Don. de), relig. august., orat., poëte, astrol. N. Borgo-san-Sepolcro, pr. de Florence; m. 1542.

Robertson (W.), hist., orat., chapel. du roi, historiogr. d'Ecosse. N. Borthwick, 1721; m. 1793.=(Ét.-Gasp.), physic., aéron. Liége, 1762; Paris, 1837.

Roberval (Gilles Person de), géom., profess. de mathém. au Coll. royal, memb. de l'acad. des sc. N. Roberval (Picard.), 1602; m. 1675.

Robespierre (F.-Maximil.-Isidore), cél. révolutionn., memb. de la conv., présid. du comité de salut public. N. Arras, 1758; m. sur l'échaf., 10 thermidor an 2 (28 juill. 1794).=(Augustin-Bon-Jo.), dit Robespierre le Jeune, memb. de la conv., et frère du précéd. dont il partagea les opinions et le sort. N. Arras, 1764; m. sur l'échaf. le même jour que son frère Maximilien.=(Charlotte), sœur des précéd., aut. de mémoires. Arras, 1761; Paris, 1834.

Robilant (Esprit-ben-Nicolis de), lieut.-gén., ingén., minéral., chim. Turin, 1724-1801.

Robin (J.), bot. fr., garde du Jard. des Plantes. N. 1550.

Robinet (J.-B.-Re.), écriv. fr. Rennes, 1735-1820.

Robins (Benj.), mathém. et physic. angl. Bath, 1707-1751.

Robinson (Ma. Darby, dame), dite la Sapho anglaise, comédi. et poëte. Bristol, 1758-1800.

Robiquet (P.), chim., memb. de l'Inst. N. Rennes, 1780; m. 1840.

Roboam, fils de Salomon, et son succ., v. 962 av. J.-C.; fut d'abord roi des 12 tribus, puis de 2 seulem., Judas et Benjamin. M. 946 av. J.-C.

Robortello (F.), philol. Udine, 1516-1567.

Rob-Roy (c.-à-d. Robert le Roux), cél. montagn. et brigand écoss. dont le vrai nom est Robert Mac-Gregor Campbell. N. v. 1660; m. 1743.

Rocaberti de Perelada (J.-Th.), gén. des dominic., arch. de Valence, théol. Perelada, 1624-1699.

Rocca ou Roccha (Ange), philol. et antiq. Rocca-Contrata (Marche d'Ancône), 1545-1620.

Roch (St), d'une fam. riche de Montpell.; donna son bien aux pauvres, et se consacra, en Italie, au service des pestiférés. 1295-1327.

Rochambeau (J.-B.-Donatien de Vimeur, comte de), maréch. de Fr., qui fit la guerre d'Amér. N. Vendôme, 1725; m. 1807.=(Donatien-Ma.-Jo.), gén. fr., maréch. de camp. N. château de Rochambeau, 1750; tué Leipzig, 1813.

Roche (Et. de la), dit Villefranche, mathém. du 16e s. N. Lyon.

Roche-Aymon (C.-Ant. de la), card., archev. de Reims, gr.-aumôn. de Fr. Mainsac (Limous.), 1692-1777.

Rochechouart. V. MORTEMART.

Rochecotte (Fortuné Guyon, comte de), offic. royaliste. N. Rochecotte (Tour.), 1769; fusillé, Paris, 1798.

Rochefort (Gui de), négociat., chancel. de Fr. sous Louis XI et Charles VIII. M. 1507.=(Gui), chancel. sous Charles VIII et Louis XII, frère du précéd. M. 1507.=(Gu. de), érud., litt., memb. de l'acad. des inscr. Lyon, 1731-1788.

Rochefoucauld (F. de la), card., év. de Senlis, ambass., gr.-aumôn. de Fr. Paris, 1558-1645.=(F. duc de la), cél. moral., d'abord connu sous le nom de prince de Marsillac. Paris, 1613-1680.=(L.-Alex.), duc et pair de Fr., memb. des états-gén. N. 1735; massac. Gisors, 1792.=(Domin.), card., archev. de Rouen. St-Elpis, 1713; Munster, 1800.

Rochefoucauld-Liancourt (F.-Al.-Fréd., duc de La), memb. de l'assembl. constit., lieut.-gén., pair de Fr., écon., écriv. N. 1747; m. Paris, 1827.

Rochefoucauld-Doudeauville (Ambr.-Polycarpe de La), pair de Fr., direct. des postes, min. de la maison du roi, philanthr. 1765-1841.

Rochejaquelein (H. de La), cél. chef vendéen. N. chât. de la Durbelière (Poitou), 1772; tué à Nouaillé, 1794.

Rochelle (Bart. La), act. comique. Paris, 1748-1807.

Rochemore (J.-B.-L.-Timoléon, marq. de), litt. fr. 1695-1740.=(Al.-H.-P.), érud., nev. du précéd. Nîmes, 1735-1790.

Rochester (J. Wilmot, comte de), poëte et courtis. cél. par ses avent. Ditchley (comté d'Oxford), 1648-1680.

Rochon (Alexis-Ma. de), astron., physic., navig., memb. de l'Inst. Brest, 1741-1817.

Rochon de Chabannes (Marc-Ant.-Ja.), aut. dram. Paris, 1730-1800.

Rochow (Fréd.-Everard de), pédagogiste. Berlin, 1734-1805.

Rockingham (C. Watson Wenworth, marq. de), min. d'État, l'un des chefs du parti whig en Anglet. 1730-1782.

Rode (Chr.-Bern.), peint. et grav. Berlin, 1725-1797.=(P.), cél. violoniste, professeur au Conservat. Bordeaux, 1774; Paris, 1835.

Rodella (J.-B.), litt. et biogr. ital. 1724-1794.

Roderic ou Rodrigue, dern. roi des Visigoths en Esp., fils de Théodefred, duc de Cordoue. Vaincu et tué dans une bat., 711.

Rodney (G. Bridge), amiral angl. Londres, 1717-1792.

Rodogune. V. RHODOGUNE.

Rodolphe Ier, de Habsbourg, emp. d'Allem., fondat. de la monarch. autrich., fils d'Albert, comte de Habsbourg. N. 1218, élu 1273; m. Germesheim, 1291.=II, fils de Maximilien II. N. Vienne, 1552; succ. de son père comme emp. d'Allem., 1576; m. 1612.

Rodolphe, roi de Fr. V. RAOUL.

Rodolphe Ier, roi de la Bourg. transjurane, fils de Conrad II. Associé au trône, 886; roi, 888; m. 912.=II, fils du précéd. et son succ. en 912; m. 937.=III, dit le Pieux, ou le Fainéant, p.-fils du précéd. N. 993; succ. de son père Conrad le Pacifique, 994; m. Lausanne, 1032.

Rodolphe, comte de Rheinfelden et duc de Souabe. Elu roi de Germanie, 1077; tué à la bat. de l'Elster, 1080.

Rodriguez ou Sanchez de Aravala, sav. prélat, év. d'Oviedo, hist., négociat. N. Vieille-Castille, 1404; m. Rome, 1470.

Rodriguez (Alph.), jés., écriv. ascét. Valladolid, 1526-1616.=(J.), dit Giram, jés. et mission. portug. Alcouche, 1559-1633.=(Ant.-Jo), bénéd., érud. Lerida (Estremad.), 1705-1781.=(don Ventura), cél. archit. esp. M. Madrid, 1785.

Roebuck (J.), manufac. et chim. angl. Sheffield, 1718-1794.

Roederer (J.-Gu.), méd. Strasb., 1726-1763.=(P.-L., comte de), homme d'État, public., écon., sénat. et conseill. d'État sous l'Emp., pair de Fr. sous la Restaur. Metz, 1754; Paris, 1835.

Roehl (Lamb.-H.), astron. N. Ribbenitz (Meklemb.); m. 1790.

Roelas (P. de las), peint., élève du Titien. Séville, 1560-1620.=(J. de las), dit le Clerc Roelas, peint. N. Séville, de 1558 à 1560; m. 1625.

Roemer (Olaüs), astron. Copenhague, 1644-1710.

Rœmer (J.-Ja.), bot. Zurich, 1761-1819.

Rœntgen (Dav.), mécan. N. Herrnhut, 1745; m. 1807.

Roesel (A.-J.) de Rosenhof, peint., grav., natural. Augustenb., 1705-1759.

Roestraeten (P.), peint. Harlem, 1627; Londres, 1698.

Roger (St), év. de Cannes (roy. de Naples). M. 605.

Roger Ier, dit le Grand Comte, fils de Tancrède de Hauteville. Fut conquér. de la Sicile, dont il reçu l'investit. avec le titre de comte, 1089; m. 1101.=II, comte, puis roi de Sicile, fils du précéd. N. 1093; couronné, 1130; m. 1154.

Roger, duc de Pouille et de Calabre, cousin du précéd., et fils de Robert Guiscard. Succ. de son père, 1085; m. 1111.

Roger de Collerye, dit Roger Bontemps, prêtre, secrét. de l'évêque d'Auxerre, et présid. dans cette ville, d'une société facétieuse dont le chef s'appelait abbé des fous. N. Paris, v. 1470; m. 1540.

Roger (Abrah.), past. protest., voyag. et écriv. holl. du 17e s.=(F.), litt., memb. de l'Acad. fr. Langres, 1776-1842.

Roger Ducos. V. DUCOS.

Roger-Martin, mathém., physic., memb. du cons. des cinq-cents. Stadens (Langued.), 1741-1811.

Rogers (Woode), navig. angl. du 18e s.=(Sam), poëte angl. Londres, 1760-1840.

Roggeveen (Jacob), navig. holl. N. Zélande, 1659. On ignore la date de sa m.

Rogniat (Jo. vicomte), gén. du génie, pair de Fr. N. Vienne (Dauph.), 1767; m. 1840.

Roguet (F., comte), gén. fr., command. de la vieille garde à Waterloo, pair de Fr. en 1834. N. Toulouse, 1770; m. 1849.

Rohan (H., duc de), ill. capit., hist., tactic., chef du parti protest. sous Louis XIII, gendre de Sully. N. château de Blein (Bret.), 1579; m. 1638.=(Anne), sœur du précéd., cél. par son esprit et son courage pend. les guerres civiles. 1584-1646.=(L., prince de), connu sous le nom de chevalier de Rohan, gr.-veneur, colonel des gardes de Louis XIV. N. v. 1635; exécuté comme conspir. Paris, 1674.=(Arm. Gaston de), card., év. de Strasb., gr.-aumôn. de Fr., memb. de l'Acad. fr. Paris, 1674-1749.=(Arm.), dit le cardinal de Soubise, p.-nev. du précéd., év. de Strasb., gr.-aumôn. de Fr., memb. de l'Acad. fr. Paris, 1717-1756.=(Arm.-Ju.), cousin des précéd., arch. de Reims et card. 1695-1762.=(L.-Constantin), frère du précéd., év. de Strasb. et card. 1697-1779.=(L.-Re.-Ed., prince de), card., év. de Strasb., gr.-aumôn. de Fr., ambass. à Vienne, cél. par le rôle qu'il joua dans l'aff. du collier, 1734-1803.

Rohan-Guéménée (Ju.-Hercule-Mériadec, prince de), frère aîné du précéd., vice-amiral, fam. par sa prodigal. et son énorme faillite. N. 1726.

Rohan-Chabot (L.-F.-A., duc de), prince de Léon, puis card. et archev. de Besançon. Paris, 1788; Besanç., 1833.

Rohault (Ja.), physic. Amiens, 1620-1675.

Rohdich (Fréd.-Gu.), gén. pruss., min. de la guerre sous Guillaume II. Potsdam, 1719-1796.

Rokn-ed-Daulah (Abou-Ali-el-Haçau), 1er sultan bouyde d'Ispahan, en 935. M. 976.

Rokn-Eddyn-Soliman, 7e sultan seldjoucide d'Anatolie, fils de Kilidj-Arslan, dont il partagea les États avec ses frères, 1192; régna seul plus tard. M. 1205.

Rokn-Eddyn-Khourschah, 8e et dern. prince de la dynast. des Ismaélides. Succ. de son père Ala-Eddyn-Mohammed, 1255; mis à m., 1257.

Roland, héros cél. dans les rom. de chevalerie, et l'un des pal. de Charlemagne, dont on le croit même neveu. Tué à Roncevaux, 778.=Chef des camisards. N. Mialet; prit le titre de généralissime; tué, 1704.

Roland de la Platrière (J.-Ma.), écon., homme polit., d'abord inspect. gén. du comm. à Lyon, puis memb. de la constit., min. de l'intér., memb. de la conv. N. Villefranche, 1732; proscrit avec les girond.; se tua, 1793.=(Manon-Jeanne-Philippon), femme du précéd., cél. par son esprit et ses opinions révolutionn. N. Paris, 1754; m. sur l'échaf., 1793.

Roland (Ph.-Lau.), stat. N. Amiens, 1746; m. 1816.

Rolander (Dan.), natural., voyag. suéd. du 18e s.

Rolando (L.), anatom. piémontais. 1773-1831.

Rolewinck (Werner), chartr., chroniq. Laer (Westph.), 1425-1502.

Rolin (N.), chancel. de Bourg. sous Philippe le Bon. N. Autun; m. 1461.=(J.), év. d'Autun, card., fils du précéd. M. 1483.

Rolland d'Erceville (Bart.-Gab.), présid. au parl. de Paris. N. 1734; m. sur l'échaf., 1794.

Rolle (M.), mathém., memb. de l'acad. des sc. Ambert (Auv.), 1652-1719.

Rollin (C.), hist., litt., poëte lat., rect. de l'univ. de Paris, memb. de l'acad. des inscr. Paris, 1661-1741.

Rollon, Rolf, Raoul ou Robert Ier, cél. chef norm., 1er duc de la Normandie. Aborda en Neustrie v. 876, et la ravagea; fit un traité de paix avec Charles le Simple, 911; m. 920 ou 927.

Rolt (Rich.), écriv. angl. 1725-1770.

Romagnesi (J.-Ant.), act. et aut. com. N. Namur, d'une fam. origin. d'Italie; m. 1742.=(Ant.-Jo.-Mi.), composit. et édit. de musique, p.-nev. du précéd. Paris, 1781-1850.

Romagnosi (Domin.), public. profess. de dr. à l'univers. de Parme, à celle de Pise, à celle de Milan. N. Salso, pr. de Plaisance, 1761; m. 1835.

Romain (St), soldat dans les armées rom. Martyrisé, Rome, 258.=(St), fondat. des monast. du mont Jura, 1er abbé de St-Claude. M. 460.=(St), év. de Rouen en 626. M. 639.=(St), un des patrons des Moscovites. Martyrisé, 1001.

Romain (Gallesio), pape. Succ. d'Étienne VI, 897; m. 898.

Romain Ier, dit Lécapène, emp. d'Or. N. Arménie; assoc. à l'emp. 919; détrôné 945; m. dans un monast. 948.=II, le Jeune, p.-fils du précéd. et fils de Constantin VII. Empoisonna son père pour régner, 959; m. 963.=III dit Argyre, gendre de Constantin IX et son succ., 1028; mis à m. 1034.=IV (Diogène), associé à l'emp. par l'impératr. Eudoxie, qui l'épousa, 1068. Vaincu et fait prisonn. par les Turcs, 1071, fut relâché, mais en même temps détrôné par Michel VII, qui lui fit crever les yeux.

Romain (Jules). V. JULES.

Roman (J. Helmich), composit. suéd. 1694-1787.=(J.-J. Thérèse), litt. Avignon, 1726-1787.=(J.-B.-L.), sculpt., memb. de l'Inst. N. Paris, 1792.

Romana (don P. Caro y Sureda, marq. de la), gén. esp. N.

homme d'Etat napolit. 1744-1827. =(L.), card., archev. de Naples. St-Onuphre, 1750-1832.

Rufin (Rufinus), min. de Théodose Ier et d'Arcadius, gr.-maître du palais. N. Elusa (Aquitaine), v. 350; massac. Constantinople, 395.

Rufin (Tyrannius Rufinus), prêtre d'Aquilée, théol., écriv. ecclés. N. Frioul; m. Sicile, 410.

Rufus (Publius Rutilius), consul rom. et trib. du peuple, 105 av. J.-C. =(Caïus Musonius), philos. stoïc., contemp. de Tibère. N. Volsinium.

Rufus, méd. et poëte grec du 1er s. av. J.-C.

Rufus Festus ou *Sextus Rufus*, hist. lat. Viv. v. 370.

Rugendas (G.-Ph.), peint. et grav. Augsb., 1666-1742.

Ruggieri (Côme), astrol. florent. du 16e s., qui vint en Fr. avec Catherine de Médicis. =(Constantin), philol. ital., direct. de l'impr. de la Propagande. San-Arcangelo, 1715-1766.

Ruhl (Ph.-Ja.), memb. de l'assembl. législ. et de la conv., ardent jacobin. N. Strasb.; arrêté apr. les journées de prairial, se tua pour échapper à l'échaf., 1795.

Ruhnkenius (Dav.), philol., hellén., érud. Stolp (Poméranie), 1723-1798.

Ruinart (dom Thierry), bénéd. de St-Maur, érud. Reims, 1657-1709.

Ruis-Gonzalez (P.), peint. Madrid, 1633-1709.

Rulhière (Cl.-Carloman de), litt., hist., memb. de l'Acad. fr. N. Bondy, pr. de Paris, 1735; m. 1791.

Rullus (P. Servilius), trib. du peuple rom., 63 av. J.-C.

Rumford (Benj. Thompson, comte de), physic., homme d'Etat, philanth. N. Rumford (Amérique angl.), 1753; m. Auteuil, pr. Paris, 1814.

Rumps (G.-Everard), méd., bot. Solms (Allem.), 1626-1693.

Runeberg (Ephraïm-Otto), ingén. Stockholm, 1722-1770.

Rung (Ph.), litt., biogr. Anglet., 1759-1823.

Runjet-Sing, roi de Lahore. N. 1762; élu 1800; m. 1839.

Runnington (C.), avoc., juriscons. Hertford, 1751-1821.

Rupen V. Rhoupen.

Rupert (R. de Bavière, dit le prince), nev. de Charles Ier d'Anglet., et un de ses princip. gén., physic., chim., nommé amiral à la Restaur. 1619-1682.

Rupprecht (F.-C.), peint., grav., archit. Oberzenn (Bav.), 1779-1831.

Rusbrock (J.), cél. myst., fondat. ou réform. du monastère de Groendal. Rusbrock (Belg.), 1294-1381.

Rusca (F.-Domin.), gén. fr. N. Dolce-Acqua (comté de Nice), 1761; m. 1813. =(Ern.), méd. Milan, 1801-1834.

Rush (Benj.), méd., litt. Pensylv., 1745-1813.

Rushworth (J.), homme d'Etat, compil. Northumberl., 1607-1690.

Russel (W.), 1er duc de Bedford, memb. du long-parlement, 1614-1700. =(W.), homme d'Etat, memb. de la ch. des comm., où il fit partie de l'opposit. N. 1639; exécuté, 1683; réhabil., 1689. =(Edouard), comte d'Orford, amiral, cousin du précéd. 1651-1727. =(J.), duc de Bedford, lord-lieut. d'Irlande, diplom. M. 1771. =(F.), duc de Bedford, homme d'Etat, agron. 1765-1802.

Rustici (J.-F.), sculpt. florent. M. 1540.

Rustique (St), compagn. de St Denis, martyrisé, fin du 3e s.

Rutebeuf, cél. trouvère du 13e s.

Rutgers (J.), philol., poëte lat. Dordrecht, 1589-1625.

Ruth-d'Ans (Pa.-Ern.), théol., écriv. jansén. Verviers, 1653-1728.

Ruthard (C.), peint. holl. Viv. v. 1666.

Ruthven (Gu.), seign. écoss., comte de Gowrie, l'un des meurtr. de Rizzio. Exécuté comme conspir., 1582. =John et Alexandre, fils du précéd. Massacr. tous deux comme conspir., 1600, par ordre de Jacques VI.

Rutilius. V. Rufus. =(Lupus), gramm. lat. du 1er s., contemp. d'Auguste.

Rutilius Numatianus (Claudius), poëte lat. du 5e s., préfet de Rome sous Honorius.

Rutledge (le chev. Ja.), litt. angl. N. 1750; m. en prison, Paris, 1796.

Ruvigny (H. de), agent gén. de la noblesse protest. en Fr. N. 1647; passa en Anglet., y prit du service et fut nommé comte de Galloway; m. 1720.

Ruysch (Fréd.), anat., bot. Leyde, 1638-1731. =(H.), égalem. bénéd. et bot. M. 1727.

Ruysdael (Ja.), cél. paysag. Harlem, 1636-1681.

Ruyter (M.), ill. mar. holl., vice-amiral. Flessingue, 1607; Syracuse, 1676.

Ruyven (P. van), peint. holl. 1650-1718.

Rycke (Just), litt., poëte latt., antiq. Gand, 1587-1627.

Ryckius (Théod.), philol. Arnheim (Gueldre), 1640-1690.

Rye (Ferd. de Longwy, dit), archev. de Besanç. 1556-1636.

Riff (J.), chir. suisse du 16e s.

Ryland (Gu. Wynne), grav. N. Londres, 1732; pendu, 1783.

Rymer (Th.), érud., historiogr. angl. Comté d'York, 1650-1713.

Rysbach (J.-M.), sculpt. Anvers, 1694-1770.

Rzewuski (Wenceslas), gén. pol., poëte, aut. dram. 1705-1779. =Severin, vice-gr.-gén. de Pologne. N. 1743; pendu en effigie comme traitre, 1794.

— S —

Saa (Emm.), jés., théol. comment. Villa de Conde (Portug.), 1530-1596.

Saa de Miranda (F.), poëte portug. Coïmbre, 1495-1558.

Saad-Eddyn-Mohammed, dit Khodjah-Effendi, hist. turc. M. 1600.

Saadi, cél. poëte persan. Chyraz, 1193-1296.

Saadias-Gaon, cél. rabbin, comment. M. 941.

Saarsfield, gén. esp. Madrid, 1795-1837.

Saavedra-Faxardo (Diego de), hist., diplom. Algezarès, 1584-1648.

Sabacon, prince éthiop., conquér. de l'Egypte, 737 av. J.-C. M. 726.

Sabathai-Sevi, aventur. juif qui se donna pour le Messie. N. Smyrne, 1625; mis à m., 1676.

Sabatier (And.-Hyac.), litt. Cavaillon, 1726-1806. =(Raphaël-Bienvenu), chir. consult. de Napoléon, memb. de l'Inst. Paris, 1732-1811. =(l'abbé Ant.), écriv. fr., crit. Castres, 1742-1817.

Sabbagh (M.), oriental., poëte. St-Jean-d'Acre, 1784-1816.

Sabbathier (F.), litt., compil. Condom, 1732-1807.

Sabattier (dom P.), bénéd. de St-Maur, érud. Poitiers, 1682-1724.

Sabbatini (And.), peint. Salerne, 1480-1545. =(Lau.), dit Lorenzino da Bologna, peint. ital. M. 1577.

Sabellicus (Marc-Ant.), hist. Rome, 1436-1508.

Sabellius, hérés. du 3e s., chef du sabellianisme. N. Ptolémaïde.

Sabin, roi des Bulgares. Succ. de Télésis, 763; chassé peu de temps après.

Sabina (Julia), impératr. rom., épouse d'Adrien, qui la força de s'empois., 138.

Sabinien, pape. Succ. de St Grégoire, 604; m. 6 m. après.

Sabinus (Aulus), poëte lat. du 1er s. av. J.-C. =(Masurius), jurisc. du 1er s., chef de l'école des sabiniens. =(Julius), seign. gaulois, qui prit le titre de césar au commenc. du règne de Vespasien. Il resta 9 ans caché dans un souterrain, avec sa femme Epenine, qui lui donna 2 fils jumeaux. On le découvrit enfin; il fut conduit à Rome, où l'emp. le fit mourir, ainsi que ses enfants.

Sablier (C.), litt., philol. Paris, 1693-1786.

Sablière (Ant. Rambouillet de la), litt. fr. M. 1680. =(Mme de la), femme cél. par son esprit et la variété de ses connaiss., épouse du précéd. M. 1693.

Saboli (N.), poëte provenç. Monteux, 1660-1724.

Saboureux de la Bonnelière (C.-F.), litt., trad. Paris, 1725-1781.

Sabunde ou *Sebonde* (Raimond), méd., philos., théol. N. Barcelone; m. 1432.

Sacchi (P.-F.), peint. N. Pavie; m. 1526. =(And.), peint., élève de l'Albane. Rome, 1600-1661. =(C.), peint. et grav. Pavie, 1616-1705. =(Juvénal), litt., music. 1726-1789.

Sacchini (F.), jés., hist. Paciono, pr. de Pérouse, 1570-1625. =(An.-Ma.-Gasp.), cél. composit. Naples, 1735-1786.

Sacheverell (H.), théol. angl., pamphlet., rect. de Southwark. N. v. 1672; m. 1724.

Sacken (le bar.), gén. russe. 1770-1837.

Sackville (G., vic. de), homme de guerre et homme d'Etat angl. 1716-1785.

Sacombe (J.-F.), méd., accouch. Carcassonne, 1760-1822.

Sacrobosco (J. d'Holywood, dit de), astron. angl. M. 1256.

Sacrovir (Julius) Eduen, chef des Gaulois révoltés contre les Rom. sous Tibère. Vaincu, se donna la m., 21 de J.-C.

Sacy (L.-Isaac Lemaistre, dit de), sav. ecclés., trad., direct. de Port-Royal. Paris, 1612-1684. =(L. de), avoc., litt., memb. de l'Acad. fr. Paris, 1654-1727. =(Ant.-Isaac-Silvestre, bar. de), cél. oriental., profess. et administr. de l'école des langues orient. et du Coll. de Fr., memb. de l'acad. des inscr., pair de Fr. Paris, 1758-1838.

Sade (Hugues, de), dit le Vieux, seign. provenç. du 14e s., mari de Laure de Noves, suiv. la trad. =(Jo.-David, comte de), milit. distingué. 1684-1761. =(Ja.-F.-Pa.-Alph., marq. de), abbé, litt., de la fam. des précéd. 1705-1778. =(J.-B.-F.-Jo.), homme de guerre, diplom., écriv., frère du précéd. 1701-1767. =(Donat.-Alph.-F., marq. de), homme cél. par ses vices et aut. de romans infâmes. N. Paris, 1740; m. Charenton, 1814.

Sadeler (J.), grav. Bruxelles, 1550; Venise, 1610. =(Gilles), grav. estimé, nev. du précéd. Anvers, 1570; Prague, 1629.

Sadoc, juif cél., disc. d'Antigone de Socho, fondat. du sadducéisme, v. 248 av. J.-C.

Sadolet (Ja.), card., diplom., litt. Modène, 1477; Rome, 1547.

Sadyatte, roi de Lydie, de 621 à 610 av. J.-C., gr.-père de Crésus.

Sage (Balt.-G.), physic., chim., memb. de l'acad. des sc. Paris, 1740-1824.

Saghany (Mohammed al), astron. ar. M. 989.

Sagittarius (Gasp. Schütze, dit), hist., archéol. Lunebourg, 1635-1694. = Plus. memb. de la même fam. se sont distingués comme sav.

Sahag 1er, patriarche d'Arménie, descend. des Arsacides de Perse. M. 441. = Quatre autres patriarches d'Arménie ont porté le même nom.

Sahed-Ibn-Abad, cél. vizir persan, hist., litt. 940-995.

Sahoudjy ou *Sahou-Radjah*, dern. souver. des Mahrattes, fils et succ. de Sambadjy, 1689. M. 1740.

Saincles (Cl. de), relig. august., théol., controv., partisan de la Ligue. N. Perche, 1525; m. en prison, 1591.

Saint-Aignan (F. de Beauvillier, comte, puis duc de), gouv. de Touraine et du Havre. 1610-1687. = V. Beauvillier.

Saint-Alban (Rich. de Burgho de), comte de Clanricard, noble Irlandais, partis. de Jacques et de Charles Ier. 1565-1635.

Saint-Albin (Alex. Rousselin, Corbeau de), public., biogr., secrét. du min. de l'intér. pendant les Cent-Jours, un des fondat. du journal le Constitutionnel. N. 1773; m. Paris, 1847.

Saint-Allais (Viton de), généal. N. Langres, 1773; m. 1842.

Saint-Amant (Marc-Ant. Gérard de), poëte, memb. de l'Acad. fr. Rouen, 1594-1660.

Saint-André (J. d'Albon, maréch. de), cél. capit. du 16e s., partis. des Guises. Périt à Dreux, 1561. =(J.-Bon), convent., puis consul à Smyrne, et préfet de Mayence sous l'Emp. Montauban, 1749; Mayence, 1813.

Saint-Ange (Ange-F. Fariau, dit de), poëte, trad., memb. de l'Acad. fr. Blois, 1747; Paris, 1810.

Saint-Aubin (Augustin), grav., memb. de l'acad. Paris, 1736-1807. =(Cam.), public., memb. du tribunat. Duché de Deux-Ponts, 1755; Paris, 1820.

Saint-Aulaire (F.-Jo. de Beaupoil, marq. de), poëte, memb. de l'Acad. fr. N. Limousin, 1643; m. 1742.

Saint-Cloot ou *Saint-Cloud* (P. de), trouvère fr. du 13e s.

Saint-Contest (Domin.-Cl. Barberie de), conseill. d'Etat, diplom. Normandie, 1668-1730. =(F.-Domin.), diplom., min. des aff. étrang. 1701-1754.

Saint-Cyran (J. Duvergier de Hauranne, abbé de), théol. jansén. N. Bayonne, 1581; m. 1643.

Sainte-Croix ou *Santa-Croce* (Prosp. de), nonce, card. 1513-1589.

Sainte-Croix (Gu.-Em.-Jo. Guilhem de Clermont-Lodève, bar. de), hist., érud., memb. de l'acad. des inscr. Mormoiron, pr. de Carpentras, 1746; Paris, 1809.

Saint-Elme (Ida), dite la Contemporaine, aventurière, aut. de prétendus mémoires sur la Révol. et l'Emp. M. Bruxelles, 1845, à 67 ans envir.

Sainte-Marthe (Scévole de), dont le vrai nom était Gaucher, homme d'Etat, poëte lat. et fr. Loudun, 1536; Londres, 1623. =(Scévole II et Louis), historiogr. du roi, érud., frères jumeaux et fils du précéd. N. Loudun, 1571; m. le 1er en 1650; le 2e en 1656. =(Abel-L.), gén. de l'Oratoire, érud., fils de Scévole II. 1621-1697. =(Deni.), bénéd. de St-Maur, gén. de son ordre, érud. Paris, 1650-1725.

Sainte-Palaye (J.-B. de la Curne de), érud., memb. de l'Acad. fr. et de l'acad. des inscr. N. Auxerre, 1697; m. 1781.

Saint-Evremond (C.-Marguerite de St-Denis, seign. de), litt. fr. N. St-Denys-le-Guast (Normandie), 1613; m. 1703.

Saint-Fal (Et. Meynier dit), act. fr., élève de Préville. 1760-1835.

Saint-Florentin (L. Phelypeaux, comte de), homme d'Etat, min. sous Louis XV. 1705-1777.

Saint-Foix (Germ.-F. Poullain de), litt., aut. dram. N. Rennes, 1698; m. 1776.

Saint-Gall (le moine de), aut. anonyme des Gestes de Charlemagne, 9e s.

Saint-Gelais (Octavien de), poëte, év. d'Angoulême. N. Cognac, v. 1466; m. 1502. =(Mellin de), poëte, aumôn. du Dauphin, biblioth. de François Ier, nev. du précéd. N. Angoulême, 1491; m. 1558. =(Dubois de), écriv. fr. 1670-1737.

Saint-Genis (A.-N. de), légiste, audit. à la cour des comptes. Vitry-le-Fr., 1741-1808.

Saint-George (le cheval. de), homme de couleur, cél. par son talent pour l'escr. N. Guadeloupe, 1745; devint capit. des gardes du duc de Chartres; m. 1801.

Saint-Germain (Cl.-L., comte de), min. de la guerre sous Louis XVI. N. Vertamboz (Jura), 1707; m. 1778. =(le comte de), aventur. dont on ne connaît pas le vrai nom; se rendit cél. par sa grande fortune et par son charlatanisme. M. Schleswig, 1784.

Saint-Gilles (J. de), ou Jean de Saint-Alban, sav. angl., théol et méd. M. v. 1255.

Saint-Huberti (Antoinette-Cécile Clavel, dite), cantatr. de l'Opéra. N. Toul, 1756; m. assass. pr. de Londres, 1812, avec le comte d'Entraigues, qu'elle avait épousé.

Saint-Huruge (le marq. de), homme polit., qui prit part à tous les troubles de la révolut. N. Mâconnais, 1750; m. v. 1810.

Saint-Hyacinthe (Hyac. Cordonnier, dit Thémiseuil de), litt. N. Orléans, 1684; m. 1714.

Saint-Jorry (P. Du Faur de), en lat. Petrus Faber, jurisc., érud. Toulouse, 1540-1600.

Saint-Joseph (P. Foglia, dit le P. Mat. de), carme, missionn., bot. Macianisio (roy. de Naples), 1617-1691. =(Isid.), carme, théol. hist. N. Douai; m. 1666.

Saint-Julien (P. de), hist., protonot. apostol. Balseure, 1520-1593. =(L.-Gu. Baillet de), litt. Paris, 1720-1780.

Saint-Just (Ant.-L.-Léo de), memb. de la conv. et du comité de salut publ., ami de Robespierre. N. Decize, 1768; m. sur l'échaf., Paris, 1794. =(Godard d'Ancourt de), litt. Paris, 1770-1826.

Saint-Lambert (C.-F., marq. de), poëte, philos., memb. de l'Acad. fr. N. Vezelise (Lorr.), 1717; m. 1803.

Saint-Louis (P. de). Voy. Pierre.

Saint-Luc (F. d'Espinay de), gouv. de Saintonge, et gr.-maître de l'artill. sous Henri IV. Tué, 1597. =(Timoléon), ambass., vice-amiral, maréch. de Fr., fils du précéd. 1580-1644.

Saint-Marc (C.-Hug. Lefebvre de), litt. Paris, 1698-1769. =(J.-P.-And. des Rosins, marq. de), poëte, aut. dram. Guienne, 1728-1815.

Saint-Martin (L.-Cl. de), dit le Philosophe inconnu, cél. théosophe, dont la doct. est une sorte de spiritualisme pur. Amboise, 1743; Aunay, pr. de Paris, 1803. =(J.-Ant. de), oriental, memb. de l'acad. des inscr. Paris, 1791-1832.

Saint-Mauris (Prudent de), jurisc., diplom. N. Dôle; m. 1584.

Saint-Méard (F. Jourgniac de), journal., litt. Bordeaux, 1745-1827.

Saint-Michel (Alexis de), poëte. Lorient, 1793-1827.

Saint-Non (J.-Cl.-Rich., abbé de), dessinat., grav. Paris, 1727-1791.

Saint-Pavin (Den. Sanguin de), poëte, ecclés. Paris, 1600-1670.

Saint-Philippe (don Vinc. Bacallar y Sanna, marq. de), homme d'Etat, litt., hist. esp. Sardaigne, 1660-1726.

Saint-Pierre (Eust. de), bourgeois de Calais, un de ceux qui, selon le chroniq. Froissart, s'offrirent à la m. pour arracher leurs compatriotes à la fureur d'Edouard III, lorsque ce prince s'empara de la ville, en 1347. M. 1371. =(C.-Irénée Castel de), dit l'abbé de St-Pierre, public., écon., philanthr., memb. de l'Acad. fr. en 1695, mais exclu en 1718. N. St-Pierre (Normandie), 1658; m. 1743. =(J.-H. Bernardin de), écriv. fr., memb. de l'Inst. N. Le Havre, 1737; m. 1814.

Saint-Prest (J.-Yves de), hist. fr., direct. des archives aux aff. étrang. M. 1720.

Saint-Priest (F.-Emm. Guignard, comte de), ambass., min. de Louis XVI, pair de Fr. N. Grenoble, 1735; m. 1821.

Saint-Rambert (Gab. de), philos. cartésien. N. Pontarlier; m. 1720.

Saint-Réal (César Richard, abbé de), hist., controv., historiogr. de Savoie. Chambéry, 1639-1692.

Saint-Remy (P. Surirey de), gén. d'artill., érud. Acqueville (Normand.), 1650-1716.

Saint-Saphorin (Arm.-F.-L. de Mestral de), diplom. Pays de Vaud, 1738-1805.

Saint-Silvestre (Juste-L. du Faure, marq. de), lieut.-gén. Paris, 1627-1719.

Saint-Simon (L. Rouvroy, duc de), homme d'Etat, diplom., hist., 1675-1755. = (C.-F. Vermandois de Rouvray), év. d'Agde, memb. de l'acad. des sc., parent du précéd. N. Paris, 1727; m. sur l'échaf., 1794. = (Maximilien-H. de), bot. fr., tactic. 1720-1799. = (Cl.-H., comte de), écon., fondat. d'une école dite industrialiste. Paris, 1760-1825.

Saint-Vincent (Grég. de), jés., cél. géom. Bruges, 1584-1667. = (R. de), conseill. au parlem. de Paris; il joua un rôle dans l'opposit. parlementaire et dans l'aff. du collier. M. en Allem., 1796. = (J. Jervis, lord), amiral et homme d'Etat angl. Meaford, 1734-1823.

Saiter ou *Seiter* (Den.), peint. Vienne (Autr.), 1674-1705.

Sala (N.), composit. ital. 1710-1800. = (Vitale), peint. ital. 1803-1835.

Saladin (Malek-an-Nasz-Salah-Eddyn, dit), 1er sultan ayoubite d'Egypte et de Syrie. N. Tekrit sur le Tigre, 1137; s'empara du pouv. à la m. de Noureddin, 1175; résista aux croisés; m. 1193. = II, sultan ayoubite d'Alep en 1229, et arrière-p.-fils du précéd.; assas. 1261.

Saladin (J.-Pa-M.), memb. de l'assemblée législ., de la conv., du cons. des cinq-cents. M. Paris, v. 1810.

Salatis, roi d'Egypte de 2300 à 2292 av. J.-C., le 1er des rois pasteurs ou hycsos.

Salazar y Mardones (P. de), hist. esp. M. 1570.

Salazar y Mendoza (P. de), hist. esp. du 17e s., chan. de Tolède.

Sale (Ant. de la), litt., romanc. fr. 1398-1462.

Salerne (F.), méd., natural. N. Orléans; m. 1760.

Sales (St F. de), év. de Genève, écriv. ascét., prédic., fondat. de l'ordre de la Visitation. Sales (Savoie), 1567-1622. = (L., comte de), homme de guerre, diplom., frère du précéd. 1577-1654. = (C.), cheval. de Malte, vice-roi de l'île St-Christophe, fils du précéd. N. 1625; tué St-Christophe, 1656.

Salfi (F.), litt., aut. dram. Cosenza, 1759-1832.

Salgar (Modhaffer-Eddyn), chef turcoman, souver. du Farsistan. fondat. de la dynast. des seldjoucides. M. 1171.

Salicetti (Gu.), méd. et chir. N. Plaisance, v. 1200; m. 1280. = (Christ.), memb. de la conv. du cons. des cinq-cents, min. de la guerre et de la police à Naples, sous Joseph et Murat. Bastia, 1767; Naples, 1809.

Salieri (Ant.), composit. ital. Legnano, 1750-1825.

Salis (Ulysse, bar. de), maréch. de camp, gouv. de Coni. Pays des Grisons, 1594-1674. = (C.-Ulysse), homme d'Etat, litt., écon., de la fam. du précéd. N. 1728; m. Vienne (Autr.), 1800.

Salisbury (J. Petit, dit de), moine angl., poëte lat., secrét. de Th. Becket, puis év. de Chartres, en Fr., où il s'était réfugié. M. 1180.

Salle (L. de la), voyag. fr. au Canada. N. Rouen; tué dans une excurs., 1687. = (J.-B. de la), prêtre, fondat. des écoles chrét. Reims, 1651-1719. = (Ph. de la), dessinat., machin. Seissel, 1723-1804.

Salle de l'Etang (Sim.-Philib. de La), agron. Reims, 1700-1765.

Sallé (Ja.-Ant.), jurisc. Paris, 1712-1778.

Sallengre (Alb.-H. de), litt., érud. N. La Haye, d'une fam. fr., 1694; m. 1723.

Salles (J.-B.), méd., memb. de la conv. N. Lorraine, v. 1720; m. sur l'échaf., 1794.

Sallier (l'abbé Cl.), philol., érud., hébraïs., memb. de l'Acad. fr. et de l'acad. des inscr. Dijon, 1685; Paris, 1761.

Sallo (Den. de), conseill. au parlem. de Paris, fondat. du Journal des Savants. Paris, 1626-1669.

Salluste (Caïus Sallustius Crispus), cél. hist. rom., préteur, proconsul. N. Amiterne, 86 av. J.-C.; m. v. 38. = (Secundus Sallustius Promotus), philos., consul avec Julien en 363. N. dans les Gaules; m. v. 370. = Philos. néoplatonic. d'Emèse. Viv. 6e s.

Salm, anc. maison princière d'Allem. Ses memb. princip. sont: Charles-Théodore-Othon, prince de Salm-Kirbourg, gén. au service de l'Autriche, 1er min. M. 1710. = Frédéric, prince de Salm-Kirbourg. N. Limbourg, 1746; se fixa en Fr.; m. sur l'échaf., Paris, 1794. = Joseph, prince de Salm-Dyck, dont les Etats furent réunis à la Fr., 1802, et donnés à la Prusse, 1814. N. chât. de Dyck, 1775. = Constance de Théis, princesse de Salm, poëte, femme aut. N. Nantes, 1767; mariée au précéd., 1803; m. Paris, 1845.

Salmanazar, roi de Ninive, succ. de Téglat-Phalazar, et conquér. de la Judée. Régna de 724 à 712 av. J.-C.

Salmeron (Alph.), théol., compagn. de St Ignace et l'un des fondat. de la société de Jésus. Tolède, 1515; Naples, 1585.

Salmon (J.), dit Maigret, poëte lat., valet de ch. de François Ier. Loudun, 1490-1517. = (F.), doct. de Sorb., érud. Paris, 1667-1736. = (Nathaniel), antiq. angl. 1680-1742. = (Urbain-P.), méd., minéral. Beaufort (Maine), 1767-1805. = (R.), mécan. angl. 1763-1821. = (Emm.-Gonzalez), min. d'Etat esp. M. 1832.

Salnove (R. de), écriv., lieut. de la gr. louveterie du roi. N. Pistoie; m. 1670.

Salomé, princesse juive qui, à l'instigat. de sa mère Hérodiade, obtint de son oncle Hérode Antipas la tête de St Jean-Baptiste. M. 72 de J.-C.

Salomon, 3e roi des Juifs, fils de David et de Bethsabée. N. 1020 av. J.-C.; élu à la m. de son père, 1001; se rendit cél. par sa magnificence, sa justice, sa sagesse, par son goût pour les sciences; construisit le temple de Jérusalem; tomba plus tard dans l'idolâtrie; m. 962 av. J.-C.

Salomon, roi de Hongrie, fils d'André Ier. N. 1045; monta sur le trône, 1063; déposé, 1074.

Salomon, nom de 3 ducs de Bretagne, qui régnèrent, 421-434, 612-632, 851-874.

Salomon. V. Bernard.

Salonine (Publia Licinia Julia Cornelia Salonina), impératr. rom., femme de Gallien. Tuée avec lui, Milan, 268.

Salvien, prêtre de Marseille. N. Cologne ou Trèves, 390; m. 484.

Salvini (Ant.-Ma.), philol., érud., litt. Florence, 1653-1729.

Salvolini (F.), oriental. Faenza, 1809-1838.

Salzmann (J.), méd., chir. Strasbourg, 1679-1738. = (Chr.-Gotthilf), min. protest., écriv. Sœmmerda (pays d'Erfurt), 1744-1811.

Samani (Abou-Ibrahim-Ismaïl al), prince persan, fondat. de la dynast. des Samanides. 847 à 907.

Samaniego (Fél.-Ma.), poëte esp. Bilbao, 1742-1806.

Sambin, archit. du 16e s. N. Dijon.

Samblançay (Ja. de Beaune, bar. de), surint. des fin. sous Charles VIII, Louis XII et François Ier. N. 1465; pendu, 1527.

Salt (H.), voyag. et philol. angl. N. Lichfield; m. 1827.

Saluces (M.-Ant., marq. de), lieut.-gén. et amiral de Guienne sous François Ier. M. 1529.

Saluces de Menusiglio (Jo.-Ange, comte de), physic., chim., gén. d'artill. pendant la révolut. Saluces, 1734-1810.

Salvator Rosa. V. Rosa.

Salverte (Anne-Jo.-Eusèbe Baconnière), homme polit. Paris, 1771-1839.

Salvi (Tarquinio), peint. ital. du 16e s.

Salviati (Hipp.), méd., natural.; litt., aut. dram. Citta-del-Castello, 1514-1572.

Salviani (J.), card., év. de Ferrare, diplom. Florence, 1490-1553. = (Bern.), gén. des galères de l'ordre de Malte, 1er aumôn. de Catherine de Médicis, frère du précéd. M. 1558. = (Léon), litt., de la même fam. 1540-1589. = (F. Rossi de), peint. Florence, 1510-1563. = V. Porta.

Sambucus (J.), érud. hongr., philol., antiq., historiogr. de Maximilien II. 1531-1584.

Samon, roi des Esclavons. Etait un marchand franc natif de Sens; élu, 630; m. 665.

Samonicus, nom de 2 méd. lat., père et fils, qui viv. au 3e s.

Sampietro, cél. chef corse. N. 1501; enleva la Corse aux Génois, 1552; assass., 1567.

Samson, 12e juge d'Israël. Elu, 1172 av. J.-C.; prisonn. chez les Philistins, fit écrouler un palais où se trouvaient les princip. de la nation, et périt avec eux, 1152.

Samuel, 14e et dern. juge d'Israël et prophète. N. Ramatha (tribu d'Ephraïm), 1132 av. J.-C.; élu, 1092; remplacé par Saül, qu'il sacra roi, 1080; m. 1043 av. J.-C.

Samuel, roi des Bulgares, 971; m. 1014.

Samuel d'Ani, doct. armén. du 12e s.

Sanadon (le P. Noël-Et.), jés., trad., poëte lat. Rouen, 1676-1733. = (Dav. Duval), riche colon, offic., public., parent du précéd. La Guadeloupe, 1748-1816.

San-Carlos (Jo.-M. de Carvajal y Vargas, duc de), homme d'Etat esp., 1er min. de Ferdinand VII. Lima, 1771-1828.

Sancerre (L. de), maréch. de Fr., connétable. 1342-1402.

Sanche Ier ou *Sanche-Garcie*, roi de Navarre, de 905 à 926. = II, dit Abarca, 970 à 994. = III, dit le Grand, fils et succ. de Garcie III, en 1001; réunit la Castille à la Navarre, 1028; m. 1035. = IV, fils et succ. de Garcie IV, 1057. Assass. 1076. = V. Voy. Sanche Ramirez. = VI et VII, dern. rois de Navarre de la maison mérovingienne, régnèrent, l'un de 1150 à 1194; l'autre de 1194 à 1234.

Sanche Ier, dit le Gros, roi de Léon et des Asturies, frère et succ. d'Ordogno III, 955; m. 967. = II, le Fort, roi de Castille, fils et succ. de Ferdinand Ier, en 1065; assass., 1072. = III, fils d'Alphonse VIII, roi de Léon et de Castille, n'eut que la Castille, 1157, et ne régna qu'un an. = IV, le Brave, roi de Castille et de Léon, fils d'Alphonse X. Succ. de son père, 1284; m. 1295.

Sanche-Ramirez, roi d'Aragon, fils de Ramirez Ier. Succ. de son père, 1063; s'empara de la Navarre, 1076; m. 1094.

Sanchez (F.), en lat. Sanctius, cél. gramm. Las Brozas (Estremad.), 1523-1601. = (Th.), jés., cél. casuiste. Cordoue, 1550-1610. = (F.), méd. portug., érud. 1562-1632. = (Ant.-Nunez-Ribeiro), 1er méd. de Catherine II, conseill d'Etat. Penamoçor (Portug.), 1699; Paris, 1783. = (Th.-Ant.), bibliogr. Burgos, 1732-1798. = (P.-Ant.), théol., philanthr. Vigo, (Galice), 1740-1806.

Sancho (Ignace), nègre, litt. N. en mer de parents escl., 1729; conduit en Anglet.; y m., 1780.

Sanchoniathon, anc. hist. phénic. de Tyr ou de Béryte. Viv. au 20e, ou au 17e, ou au 14e, ou enfin au 13e s. av. J.-C.

Sancroft (Gu.), prélat angl., écriv. polit., antiq. 1616-1693.

Sanctorius (Santorio, dit), cél. méd. ital. Capo-d'Istria, 1561-1626.

Sancy (N. Harlay de), diplom., surint. des fin. sous Henri III et Henri IV. 1546-1629. = (Achille), év. de Lavaur, diplom., fils du précéd. 1581-1646.

Sand (Christ.), théol. socinien. N. Kœnigsberg (Prusse), 1644; m. en Holl., 1680. = (C.-L.), étud. all., memb. de la Société secrète dite Tugendbund. N. Wunsiedel, 1795; assassina Kotzebue, 1818; exécuté même ann.

Sandby (Pa.), grav. angl. Nottingham, 1732-1809.

Sander (N.), théol., controv. Charlewood (Surrey), 1527-1580. = (Ant.), érud., hist. Anvers, 1586-1664.

Sanders (R.), litt., hist., biogr. Breadalbane (Ecosse), 1727-1783.

Sanderson. V. Saunderson.

Sandies (Ant.), érud., hist. Vicentin, 1692-1750.

Sandjar (Aboul-Hareth-Moez-Eddyn), sultan seldjoucide de Perse, fils de Mélik-Chah Ier. N. Sandjar (Mésopot.), 1086; succ. de son frère Mohammed Ier, 1117; m. 1157.

Sandoval (Prudence de), hist. esp., év. de Pampelune. Valladolid, 1560-1621.

Sandrart (Joachim), peint., biogr. Francfort-s.-le-M., 1606-1688.

Sandrocottus, Indien qui fit soulever quelques provinces à la m. d'Alexandre le Gr., 324 av. J.-C., et se fit couronner à Palibothra.

Sané (Al.-Ma.), litt. Paris, 1773-1818. = (le bar.), ingén. de la mar., memb. de l'acad. des sc. N. Brest, 1755; m. 1832.

Sangallo (Julien Gjamberti, dit de), cél. archit. Florence, 1443-1517. Son frère Antoine et ses nev. suivirent la même carrière. = (Bastiano), peint., décorat., archit., de la fam. des précéd. Florence, 1481-1551.

San-Giorgio (Benvenuto da), hist. et diplom. ital. Montferrat, 1450-1525.

San-Giovanni (J. Manozzi di), peint. ital. N. aux envir. de Florence, 1590; m. 1638.

Sanin (Jo.), hist. russe, fondat. du monast. de Volokolamsk. 1440-1516.

Sanlecque (Ja. de), cél. typogr. Bourbonnais, 1575-1648. = (Ja.), égalem. impr., érud., fils du précéd. M. 1659. = (L.), poëte lat. et fr., chan. de Ste-Geneviève, fils du précéd. Paris, 1652-1714.

Sanmicheli (M.), cél. archit. Vérone, 1484-1559.

Sannazar (Ja.), poëte lat. et ital. Naples, 1458-1530.

Sansac (L. Prévot de), homme de guerre, gouv. des enfants de Fr. sous François Ier et Henri II. Cognac, 1486-1566.

San-Severino (R.), capit. ital. au service de F. Sforza, qu'il trahit pour Louis le Maure. Périt, 1487. = (Ferrante), prince de Salerne, qui servit avec distinct. sous Charles-Quint. Naples, 1507; Avignon, 1568.

San-Severo (Raim. de Sangro, prince de), tactic., mécan., érud. Naples, 1710-1771.

Sanson (N.), géogr. du roi, ingén. milit. Abbeville, 1600-1667. Ses fils André et Guillaume suivirent la même carrière. = (Ja.), carme, hist., de la même fam. Abbeville, 1596-1665.

Sansovino (Ja. Vatti, dit), sculpt., archit. Florence, 1479-1570.

Santabarène (Théod.), relig. de Constantinople, favori de Basile Ier, protégea Photius aux dépens de St Ignace. M. en prison, sous Constantin VII.

Santa-Cruz (Alvarez de Bassano, marq. de), amiral esp. sous Charles-Quint. N. Asturies; m. 1587. = *de Marzenado* (Alvar, marq. de), diplom., tactic., gouv. d'Oran. N. 1687; tué, 1732.

Santander (C.-Ant. de la Cerna), bibliogr., conservat. de la biblioth. de Bruxelles. N. Colindres (Biscaye), 1752; m. 1813.

Santa-Rosa (Santorre, comte de), noble sarde, un des chefs de l'insurrect. de 1821 et min. de la guerre ap. l'abdicat. de Victor-Emmanuel, se réfugia en Fr., puis en Grèce. N. Savigliano, 1783; m. île de Sphactérie, 1825.

Sante (Gilles-Anne-X. de la), jés., litt., poëte lat. Redon, 1684-1762.

Santerre (J.-B.), peint., memb. de l'acad. Magny, 1651-1717. = (Ant.-Jo.), fameux démagogue, brasseur, puis command. de la garde nationale parisienne, et gén. en Vendée. Paris, 1752-1809.

Santeuil ou *Santeül* (J. de), en lat. Santolius, poëte lat., chan. de St-Victor. Paris, 1630-1697.

Santorini (J.-Domin.), cél. anat. Venise, 1680-1736.

Santpons (F.), méd., chir. Balbastro (Aragon), 1723-1797.

Sanudo (Marc), gén. vénit. qui fit partie de la 4e croisade. N. 1153; m. Naxos, 1220.

Sanuto (Marino), dit Torsello, géogr. vénit. et voyag. du 14e s. = (Marino), historiogr. de Venise, parent du précéd. Venise, 1466-1531. = (Livio), noble vénit., géogr., poëte, hist. 1530-1586.

Sanzio (J. de), peint. ital. du 15e s., père de Raphaël. Voy. ce nom.

Sapho, femme poëte de la Grèce. N. Mitylène, v. 612 av. J.-C.

Sapieha (Lé.), gr.-chancel. du roy. de Lithuanie, jurisc., homme de guerre 1557-1633.

Sapor ou *Chahpour* Ier, roi sassanide de Perse, fils d'Artaxerce Ier. Elu 240; m. 271. = II, fils posthume d'Hormisdas II; procl. av. sa naiss., 310 ou 311; défit Julien, 362; m. 380. = III, succ. d'Artaxerce III. Régna de 384 à 389.

Sapor, roi d'Arménie à la m. de Khosrou III. Déposé 420, puis mis à m.

Sara, sœur consanguine et femme d'Abraham. Lui donna un fils, Isaac, à l'âge de 90 ans; m. à 127 ans.

Sarabia (Jo. de), peint. Séville, 1608-1669.

Saracino (C.), peint. Venise, 1585-1625.

Sarasa (Alph.-Ant. de), jés., écriv., moral. Nieuport, 1618-1667.

Sarazin (Ja.), sculpt., 1er rect. de l'acad. de peint. N. Noyon, 1590; m. 1660.

Sarbiewski (Mat.-Casimir), en lat. Sarbievius, jés., poëte lat. Chât. de Sarbiewski (duché de Mazovie), 1595-1640.

Sarchiani (Jo.), écon. San-Casciano (Tosc.), 1746-1821.

Sardanapale, nom porté par plus. princes d'Assyrie; le plus cél., dern. souver. du 1er empire d'Assyrie, renommé par son luxe et sa mollesse, régna de 797 à 759 av. J.-C. Détrôné par Bélésis et Arbacès, il se brûla dans son palais.

Sardi (Gasp.), hist., litt. Ferrare, 1480-1564. = (Alex.), crit., érud., hist., numism. Ferrare, 1520-1588.

Sarmiento (le P. Mart.), bénéd., litt., prédic. Ségovie, 1692-1770.

Sarnelli (Pompée), prélat ital., écriv. ecclés., litt. Polignano, 1649-1724.

Saron-Taki-Khan (Mirza), 1er min. de Perse. N. Tauris, 1565; assass., 1645.

Sarpi (P.), dit Fra Paolo, hist., proc.-gén. de l'ordre des servites, memb. du cons. des Dix. Venise, 1552-1623.

Sarrabat (N.), physic., bot. Lyon, 1698-1737.

Sarrasin (J.-Ant.), méd. du 16e s. N. Lyon. = (M.), natural., missionn. en Amér. Nuits, 1659; Québec, 1736. = (J.-F.), poëte fr. N. Hermanville, pr. Caen, 1603; m. 1654.

Sarrau (Cl.), en lat. Sarravius, jurisc., érud., conseill. au parlem. N. Guienne; m. 1651.

Sarti (Maur), camaldule, érud., biogr. Bologne, 1709-1766. = (Jo.), composit. Faenza, 1730; Pétersb., 1802.

Sartiges (Bertrand de), templier, commandeur de Carlat. N. chât. de Sartiges, pr. de Mauriac. Soutint avec courage l'innocence de son ordre, et passa, 1310, en Allem., où il mourut.

Sartine (Ant.-Rai.-J.-Gab. Gualbert de), administ., fut successiv. conseill. au Châtelet, lieut. crim., maître des requêtes, enfin lieut. gén. de police. N. Barcelone, 1729; m. en Esp., 1801.

Sarytchef (G.), amiral russe, hydrogr. M. 1833.

Sassi (Jo.-Ant.), en lat. Saxius, érud., antiq. Milan, 1675-1751.

Saturnin (St), 1er év. de Toulouse. Martyr au 3e s.

Saturninus (Lucius Apuleius), quest. rom., trib. du peuple, partis. de Marius. Mis à m. 99 av. J.-C. = (Sextus Julius), Gaulois qui se fit procl. emp. à Alexandrie, 280; massacr. quelques mois ap. = (Quintus Sempronius), gén. de Gallien, gouv. de l'Egypte. Procl. emp. 262; massacr. 267.

Saül, 1er roi des Israélites, était de Gabaa; dans la tribu de Benjamin. Sacré 1080 av. J.-C.; périt en combatt. les Philistins à Gelboé, 1040.

Sauli (St Alex.), apôtre de la Corse; théol., prédic. N. Milan, 1535; m. 1592.

Saulnier (C.), relig. prémontré, érud. Nancy, 1690-1738. = (L.-Séb.), litt., fondat. de *la Revue Britannique*, préfet du Loiret. Nancy, 1790; Orléans, 1838.

Saumaise (Bénigne de), litt., conseill. au parlem. de Bourgogne. Semur, 1560-1640. = (Claude), crit., érud., archéol., oriental., comment. Semur, 1588-1658.

Saumarez (Ja.), amiral angl. Guernesey, 1757-1836.

Saunders (Ja. Cunningham), chir. oculiste. Londres, 1775-1810.

Saunderson (N.), aveugle cél., mathém., physic. Thurlston (Yorkshire), 1682-1739.

Saurin (Elie), min. et théol. protest., controv. N. Usseaux (Dauphiné), 1639; m. 1703. = (Jo.), géom., memb. de l'acad. des sc., min. protest., converti par Bossuet, adversaire de J.-B. Rousseau, frère d'Elie, 1659-1737. = (Bern.-Jos.), poète dram., memb. de l'Acad. fr., fils du préced. Paris, 1706-1791.

Saurin (Ja.), controv. et prédic. protest., past. de l'église wallone à Londres. N. Nîmes, 1677; m. 1730.

Saussay (And. du), év. de Toul, érud., controv. Paris, 1589-1675.

Saussure (Horace-Benedict de), natural. et physic. N. Genève, 1740; m. 1799. = (Mme Necker de), litt., fille du précéd. 1765-1841.

Sautel (P. Just.), poète lat. Valence (Dauph.), 1613-1662.

Sauvage (Deni.), grammair., érud., historiogr. de Henri II. M. v. 1587.

Sauvages (F. Boissier de), méd., bot. Alais, 1706-1767.

Sauval (H.), hist. Paris, 1620-1670.

Sauves (Charlotte de Beaune Semblançay, baronne de), dame d'atours de Catherine de Médicis. 1551-1617.

Sauveur (Jo.), mathém., physic., memb. de l'acad. des sc. N. La Flèche, 1653; m. 1716.

Sauvigny (Edme-L. Billardon de), litt. La Rochelle, 1730-1809.

Savage (L.), poète, aut. dram. Londres, 1698-1743.

Savaresi (And.), méd., minéral. Naples, 1762-1810.

Savaron (J.), jurisc., érud. Clermont-Ferr., 1550-1622.

Savart (Fel.), physic., memb. de l'acad. des sc. Mézières, 1791-1841.

Savary (Ja.), administr. Douai, 1622-1690. = (N.), voyag., oriental. Vitré, 1750-1788. = (A.-C.), méd. Paris, 1776-1814. = (Re.), duc de Rovigo, gouv. de la Prusse, command. de l'armée d'Esp., min. de la police sous l'Emp., command. en chef de l'armée d'Afrique sous L.-Philippe. N. Marc (Ardennes), 1774; m. 1833.

Savérien (Al.), litt., mathém. Arles, 1720-1805.

Savigny (Christ. de), érud. du 16e s. N. Château de Savigny, 1540.

Savile (H.), sav. angl., protect. des lettres. Bradley, 1549-1622.

Savioli (L.-Vict.), poète, hist., homme d'Etat. Bologne, 1729-1804.

Savonarola (Jér.), dominic., prédic., écriv. ascét. N. Ferrare, 1452; brûlé, 1498.

Sax (Christ.), en latin Saxius, biogr., bibliogr., compil. Eppendorf (Saxe), 1714-1806.

Saxe-Cobourg. V. Cobourg.

Saxe-Gotha (Ernest, duc de), homme de guerre, protect. des lettres. Altenbourg, 1601-1675. = (Ernest II), protect. des sc. et des lettres. 1745-1804.

Saxe-Gotha et Altenbourg (Emile-Léop., duc de), poète, music. Gotha, 1772-1822.

Saxe-Teschen (Alb., duc de), fils du roi de Pologne Auguste II, command. pour l'Autriche contre les armées fr. Dresde, 1738-1822.

Saxe-Weimar (Bern., duc de), cél. gén. du parti protest. dans la guerre de trente ans. Weimar, 1600-1639.

Saxe (Maur., comte de), fils naturel du roi de Pologne Auguste II, maréch. de Fr., tactic. Dresde, 1696-1750.

Saxo Grammaticus, hist. danois. M. 1204.

Say (J.-B.), écon., memb. du tribunat. Lyon, 1767; Paris, 1832.

Sayn-Wittgenstein (L.-A.-P., prince de), gén. au service de la Russie. N. 1769; se distingua dans la camp. de 1812, fut nommé feld-maréch. en 1825; m. 1843.

Scacchi (Fortunat), philol., antiq., écriv. eccl. Ancône, 1573-1643.

Scacchia (Jér.), ingén., hydraulic. Pieve, 1778-1853.

Scævola (Quintus Mucius), jurisc., préteur en Sardaigne. V. 217 av. J.-C. = Homme de guerre, orat., jurisc., p.-fils du précéd., consul, 45 av. J.-C. = Cousin du précéd., consul 94 av. J.-C., proconsul d'Asie. Assass. par ordre du jeune Marius.

Scala (Bart.), hist., litt., gonfalonier de la rép. de Florence. 1450-1495.

Scaliger (Ju.-C.), érud., commentat., philol., poète lat. Padoue, ou Vérone, ou Venise, 1484-1558. = (Jo.-Justin), érud., philol., chronol., poète lat., fils du précéd. Agen, 1540-1609.

Scamozzi (Vinc.), cél. archit. Vicence, 1552-1616. = (Octave de Bertozzi), litt. N. Vicence, 1726.

Scanderbeg (G. Castriot, dit), chef albanais, fils de J. Castriot, prince d'Albanie. Se rendit cél. par ses succès contre les Turcs.

Scandianèse (Titus-J. Ganzarini, dit Le), poète ital., aut. dram. Scandiano, 1518-1582.

Scannabecchi (Ph.), peint., dit Lippo di Dalmaso. Bologne, 1360-1408. = (Thérèse Muratori), peint. Bologne, 1662-1708.

Scapula (J.), lexicogr. N. Allemagne, v. 1540.

Scaramuccia (L. Pellegrini), peint., grav. Pérouse, 1616-1680.

Sardona (J.-F.), méd. Costiola, province de Rovigo, 1718-1800.

Scarlatti (Al.), composit. N. Naples, 1650; m. 1725. = (Domin.), composit., cél. harpiste, fils du précéd. N. 1683; m. Madrid, 1757. = (Jo.), composit., maître de clavecin, fils du précéd. N. 1718; m. Vienne, 1776.

Scarpa (Ant.), chir. et cél. anat., élève de Morgagni. N. Frioul, 1747; m. 1832.

Scarron (Pa.), litt., aut. com., poète burl. Paris, 1610-1660.

Scarsella (Sigism.), dit Mondino, peint. Ferrare, 1530-1614. = (Hipp.), dit Scarsellino, peint. Ferrare, 1551-1621.

Scaurus (Marcus Æmilius), Romain, qui fut successiv. édile, préteur, gouv. d'Achaïe, consul, 122 à 114 av. J.-C.; enfin prince du sénat.

Scavini (J.-Ma.), méd. Saluces, 1770-1825.

Scevola (L.), litt., aut. dram. Brescia, 1760-1819.

Schaaf (C.), criminal., lexicogr. Nuys, pr. Dusseldorf, 1646-1719.

Schaban Ier (Mélik-el-Kamel) et II (Mélik-el-Aschraf), nom de 2 sultans baharites d'Egypte, 1344-46, et 1363-77.

Schadow (J.-Godefroi), sculpt. pruss. Berlin, 1764-1850. = (Zeno-Ridolfo), sculpt., fils du précéd. Rome, 1786; Berlin, 1822.

Schæffer (Jacob-Christ.), bot., entomol. Querfurt, 1718-1790. = (Geoffroi-H.), philol. all., profess. de litt. grecque. Leipzig, 1764-1840.

Schaharbarz (Roumizan, dit), gén. persan au service de Chosroès II, 614; massacr. 639.

Schaibek-Khan, fondat. de l'emp. des Ouzbeks. Tué dans une bat., 1510.

Schalken (God.), peint. Dort, 1643-1706.

Schall (J.-Adam), jés., missionn. en Chine. Cologne, 1591-1659.

Schaller de St-Joseph (Jaroslaw), ecclés. de Prague, géogr. M. 1809.

Schalmagany (Mohammed-Ibn-Aly, dit al), cél. hérés. musulm. du 10e s. N. Schalmagan; brûlé, 935.

Schams-Eddyn (Iletmich), roi de Delhy. Usurpa le trône, 1210; m. 1236.

Schannat (J.-Fréd.), histi, érud. Luxemb., 1683-1739.

Schard (Sim.), érud., compil. Saxe, 1535; Spire, 1573.

Scharfenberg (G.-L.), entomol. Humpfershausen (Saxe-Meiningen), 1746-1810.

Scharrok (R.), philos. angl. du 17e s.

Schatten (N.), jés., hist., controv. Westphalie, 1608-1676.

Schäufelein (J.), peint., grav. sur bois. Nuremb., 1487-1550.

Schede (Elie), érud., antiq., poète lat. Bohême, 1615-1641.

Schedone (Bart.), peint. Modène, 1570-1615.

Scheel (H.-Othon de), offic. d'artill., direct. des écoles milit. de Prusse, 1745-1807.

Scheele (C.-Gu.), cél. chim. Stralsund, 1742-1786.

Scheffer (J.), litt., érud., archéol. Strasb., 1621; Upsal, 1679. = Peint. N. Manheim; m. 1809.

Schegk (J.), philos. all. M. 1587.

Scheibe (J.-Ado.), composit. Leipzig, 1708-1776.

Scheid (Everard), philol., oriental. Arnheim, 1742-1795.

Scheidt (Balthazar), théol., oriental. Strasb., 1624-1670. = (Chr.-L.), hist., jurisc., historiogr. du roi de Danemark. Waldenbourg, 1709-1761.

Scheiner (Christ.), jés., astron., profess. de mathém. Mundelheim (Souabe), 1575-1650.

Scheikh-Kouli, cél. sectaire musulm. du 16e s.

Schelhorn (J.-G.), bibliogr. Memmingen, 1694-1773.

Scheller (Ern.-J.-Gér.), philol., lexicogr. Ihlow (Saxe), 1755-1803.

Schellings (Gu.), peint. Amsterdam, 1631-1678.

Schelstrate (Em.), théol., controv. Anvers, 1649-1692.

Schems-Eddyn-Mohammed, litt., mahomét. du 17e s.

Schenck (Fréd.), érud., juriste, Pays-Bas, 1503-1580.

Schenckel (Lambert-Th.), mnémoniste, écriv. Bois-le-Duc, 1547-1630.

Scherb (Ph.), profess. de logique et de métaphys. à Altdorf. N. Bischoffzell (Suisse); m. 1605.

Scheremetov (Boris Petrowitch, comte de), gén. de Pierre le Grand. M. 1719.

Scherer (Bart.-L.-Jo.), gén. fr. N. Delle, pr. Béfort, 1735; m. 1804.

Schermer (Luc), poète holl. Harlem, 1688-1740.

Scherz (J.-G.), philol., érud. Strasb., 1678-1754.

Scheuchzer (J.-Ja.), méd., naturál. Zurich, 1672-1733. = (J.), bot., frère du précéd. 1684-1738.

Scheyb (F.-Christ. de), poète, érud. Thiengen, 1704-1777.

Schiaminossi (Raphaël), peint., grav. N. Borgo-San-Sepolcro, 1580.

Schiavone (And. Medula, dit le), peint., grav. Sebenico (Dalmatie), 1522; Vicence, 1582.

Schiavonetti (L.), grav. Bassano, 1765; Brompton, 1810.

Schickardt (Gu.), érud. all., hébraïs., oriental. Herrenberg, 1592-1635.

Schill (Ferd. de), colonel pruss., command. d'un corps franc pend. la camp. de 1806. N. Sothof (Silésie), 1773; tué, 1809.

Schiller (J.-Gasp.), agron. Bitterfeld (Wurtemb.), 1725-1796. = (J.-Fréd.-Christ.), cél. poète all., aut. dram., hist. Marbach (Wurtemb.), 1759; Weimar, 1805.

Schilling (Fréd.-A.), romanc., aut. dram. Dresde, 1766-1839.

Schilter (J.), jurisc., philol., érud. Pegau (Saxe), 1632-1705.

Schimmelmann (H.-C., comte de), homme d'Etat dan., min. et memb. du cons. privé. Poméranie, 1724-1782.

Schimmelpenninck (Rutger-J.), homme d'Etat holl., diplom. Deventer, 1761-1825.

Schinderhannes (J. Buckler, dit), fam. chef de brigands. N. Nastelten, 1779; exécuté, 1803.

Schinner ou *Skinner* (Mat.), dit le Cardinal de Sion, légat apostol. du pape Jules II en Lombard., et command. de plus. corps d'armée dans les guerres d'Italie. N. près de Sion (Valais); m. 1521.

Schirach (Adam-Théoph.), agron., past. en Lusace. N. Klein-Bautzen (Saxe); m. 1773. = (Théoph.-Ben.), philol., biogr. Saxe, 1743-1804.

Schlegel (Jo.-Elie), poète all., aut. dram. N. Meissen (Saxe), 1718; m. 1749. = (J.-Henri), litt., hist., frère du précéd. 1724-1780. = (J.-Adolphe), poète, théol., frère des précéd. 1721-1793. = (Auguste-Gu.), crit. et poète all., fils du précéd. N. Hanovre, 1767; m. Bonn, 1845. = (Fréd.), poète, litt., public., philos. N. Hanovre, 1772; m. 1829.

Schlegel (Théoph.), philol., écriv. Kœnigsberg, 1739-1810.

Schleiermacher (Fréd.-E.-Dan.), théol., prédic., philol. Breslau, 1768-1834.

Schlichtegroll (Ad.-H.-Fréd. de), biogr., numism. Gotha, 1764-1822.

Schlœzer ou *Schlœtzer* (A.-L. de), philol., hist., oriental. Jagstadt (Hohenloe), 1737-1809.

Schlüter (And.), sculpt., archit. Hambourg, 1662; Pétersb., 1713.

Schmauss (J.-Ja.), jurisc., hist. Landau, 1690-1747.

Schmeitzel (Mart.), hist., érud. Cronstadt, 1679-1747.

Schmettau (Sam., comte de), feld-maréch. au service de Frédéric II, diplom. N. Autriche, 1684; m. 1751.

Schmid (J.), théol., litt. Nordlingen, 1639-1689. = (G.-L.), litt. Auenstein (Suisse), 1720-1805. = (C.-Chr.-Erhard), philos. all., partis. de Kant. Heiselberg, 1761-1812.

Schmidel (Casimir-Christ.), méd., bot. Baireuth, 1718-1792.

Schmidt (F.-Willibald), méd. et bot. N. Prague; m. 1796. = (G.-Fréd.), grav. Berlin, 1712-1775. = (Ben.), jurisc., public. all. du parti cathol. N. Vorchheim, 1726; m. 1778. = (M.-Ign.), hist., profess. d'hist. Auenstein (Bav.), 1736-1794. = (Christ.), dit Phiseldeck, hist. Nordheim (Hanovre), 1740-1801. = (Conrad.-Fréd.), théol., philos., hist., fils du précéd 1770-1832.

Schmitz (H.-N.), grav. all. 1758-1790.

Schmutzer (J.-Adam, Jo. et And.), tous trois frères et grav. N. Vienne, commenc. du 18e s.

Schneider (Conrad-Vict.), méd. Bitterfeld (Saxe), 1610-1680. = (Euloge ou J.-G.), hellén., maire de Haguenau, lors de la révolut., accusat. public, démagogue. N. Wipfeld (Wurtzbourg), 1756; m. sur l'échaf., Paris, 1794. = (J.-Gottlob), lexicogr., philol., natural. Kolm (Saxe), 1750-1822.

Schneitzhœffer (J.-Madeleine), composit. N. 1785; m. Montmartre près Paris, 1852.

Schnurrer (Chr.-Fréd.), théol. protest., oriental. Canstadt (Wurtemb.), 1742-1822.

Schœffer (P.), l'un des invent. de l'impr., associé et gendre de Fust. N. Gernsheim (Hesse-Darmst.); m. 1502.

Schœll (Maximil.-Samson-Fréd.), hist., érud. N. pr. de Sarrebruck, 1766; m. 1833.

Schœn (Mart.), dit le Beau Martin, orfèvre, peint., grav. Culmbach, 1420; Colmar, 1486.

Schœnberg (Mat. de), jés., théol. Munich, 1734-1792.

Schœnemann (C.-Traugott-Gottlob), hist. all. Eisleben, 1765-1802.

Schœnfeld (J.-H.), peint. et grav. Biberach (Souabe), 1609-1675.

Schœpf (J.-Dav.), méd., natural. Wunsiedel, 1752-1800.

Schœpflin (J.-Dan.), public., érud., profess. d'éloq. et d'hist. à Strasb., historiogr. de Fr. N. Sulzbourg, 1694; m. 1771.

Scholarius (G.), secrét. de J. Paléologue, puis patriarche de Constantinople. M. 1460.

Scholastique (Ste), vierge, sœur de St Benoît. M. v. 548.

Schomberg (H., comte de), maréch. de Fr., ambass., surintend. des fin. N. Paris, d'une fam. all., 1583; m. 1632.

Schomberg (Arm.-Fréd. de), maréch. de Fr., d'une autre fam. que le précéd., passa en Anglet. à la révoc. de l'édit de Nantes, et s'attacha à Guillaume III. N. 1619; tué Boyne, 1690.

Schonæus (Cornelius), poète lat., aut. dram. N. Gouda (Holl.); m. 1611.

Schook (Mart.), philos. éclect. Utrecht, 1614-1665.

Schoonjans (Ant.), peint. Anvers, 1655-1726.

Shoorl (J.), peint. de l'école ital. 1495-1562.

Schotanus (Chr.), min. protest., hist. holl. 1603-1671.

Schott (And.), jés., philol., érud. Anvers, 1552-1629. = (Gasp.), jés., physic., mathém. Kœnigshofen (Bavière), 1608-1666.

Schouten (Gu. Cornelissen), navig. holl. du 17e s. N. Horn; m. Madagascar, 1625. = (Gautier), voyag. du 17e s. N. Harlem.

Schouwaloff (P.-J., comte de), feld-maréch. russe, favori d'Elisabeth. M. 1762. = (André), chambell. d'Elisabeth, litt., fils du précéd. Moscou, 1727-1798.

Schreber (J.-Chr.-Dan. de), méd., natural. pruss. 1739-1810.

Schreiber (J.-Fréd.), mathém., chir., profess. d'anat. à Pétersb. Kœnigsberg, 1705-1760.

Schrevelius (Corn.), lexicogr., philol. Harlem, 1615-1667.

Schroeck (Luc), méd. Augsb., 1646-1730.

Schrœder (J.-Joach.), oriental. Neukirchen (Hesse-Cassel), 1680-1756. = (C.), gén. autrich. M. 1807.

Schrœter (J.-Sam.), min. luthér., minéral., conchyliol. Rastenburg (Prusse), 1735-1808.

Schubart (Chr.-Fréd.-Dan.), litt., poète, music. all. Lunebourg, 1739-1791.

Schubart de Kleefeld (J.-Chr.), agron. pruss. Zeitz, 1734-1787.

Schubert (F.), composit. Vienne, 1795-1830.

Schulemberg (J. de), maréch. de Fr. sous Louis XIV. M. 1671.

Schulenbourg (J.-Mat., comte de), gén. all. N. Conden, pr. de Magdebourg, 1661; m. 1747.

Schultens (Alb.), past. protest., oriental. Groningue, 1686-1750. = (H.-Alb.), oriental., p.-fils du précéd. 1749-1793.

Schulze (P.-H.), méd., érud., antiq. Colbitz (Prusse), 1687-1744. = (Benj.), mission. luthér., oriental. N. Sonnenbourg (Danemark); m. 1760. = (J.), philos. all., partis. de Kant. Mulhausen (Prusse), 1739-1805. = (Ern.-Conrad.-Fréd.), poète all. Celle (Hanovre), 1789-1817. = (Gottlob-Ern.), philos. Heldrungen (Prusse), 1761-1833.

Schuppen (P. van), grav. Anvers, 1623-1707. = (Ja.), peint.,

fils du précéd. Paris, 1669; Vienne, 1764.

Schurer (Ja.-L.), physic. Strasbourg, 1764-1790.

Schurmann (Anne-Ma. de), femme cél. par ses connaiss. scientifiques. Cologne, 1607-1678.

Schutz (Chr.-Gottfried), philol., litt. Dedersloedt (Prusse), 1747-1832.

Schwab (J.-Christ.), géom., philos., litt. Ilsfed (Wurtemb.), 1743-1821.

Schwandner (J.-G.), érud. Stadelkirchen (Autr.), 1716-1791.

Schwanthaler (E.), sculpt. bavarois. Munich, 1802-1848.

Schwartz (Christ.), peint. Ingolstadt, 1550-1594.=(Berthold), relig. bénéd. du 14e s. N. Fribourg (Brisgau). Selon quelques-uns, il inventa la poudre, que d'autres font remonter à Roger Bacon. =(Chr.-Théoph.), philol., érud. all. 1675-1751.

Schwarzenberg (C.-P., prince de), gén. autrich., ambass. à Pétersb. et à Paris. Vienne, 1771-1819.

Schweder (Christ.-Hermann) jurisc., hist. Colberg, 1678-1741.

Schwediaur (F.-X.), méd., naturalisé Fr. N. Steyer (Autr.), 1748; m. 1824.

Schweidel (G.-Jo.), bibliogr. Nuremberg, 1690-1752.

Schweighæuser (J.), hellén., oriental., doyen de la faculté de Strasbourg. N. Strasb., 1742; m. 1830.=(J.-Geoffroi), philol., antiq., profess. de litt. grecque, fils du précéd. Strasb., 1776-1844.

Schwenckfeld (Gasp. de), sectaire, d'abord partisan de Luther, dont il se sépara pour prêcher des opinions nouvelles. Silésie, 1490; Ulm, 1561.

Schwerin (Christ., comte de), gén. pruss. N. Poméranie, 1684; tué dev. Prague, 1757.

Sciameroni (Ph. Furini, dite), peint. florent. du 16e s.

Sciarra (Marc), cél. chef de bandits qui ravagea l'Italie v. 1592; passa ensuite au service du gouvern. vénit., qui le fit assass.

Scilla (Augustin), peint., natural., archéol. Messine, 1659-1700.

Scina (Domin.), litt., physic. Palerme, 1765-1837.

Scioppius (Gasp. Schopp, en lat.), gramm., érud., philol., controv. Neumarkt (Palatinat), 1576-1649.

Scipions (les), ill. fam. rom. qui faisait partie de la maison des Cornelius. Les memb. les plus cél. sont : Lucius Cornelius *Scipion*, consul, 259 av. J.-C.; censeur, 258. Il soumit la Sardaigne.=Cneius Cornelius, consul, 260 et 254 av. J.-C. Enleva Panorme aux Carthag.=Publius Cornelius, fils du conquér. de la Sardaigne. Consul, 218 av. J.-C.; vaincu par Annibal, sur le Tésin, même année; tué dans une bat. contre Asdrubal, 212.=Cneius Cornelius Calvus, consul, 222 av. J.-C., puis proconsul en Esp. frère du précéd. et tué 29 jours ap. celui-ci, près d'Anitorgis.=Publius Cornelius, dit l'Africain ou le premier Africain, nommé préteur en Esp., 211, l'enleva en 4 ans aux Carthag., 210 à 206 av. J.-C.; termina la 2e guerre punique par la défaite d'Annibal à Zama, 202; accusé de concuss. et condamné à l'exil, se retira à Literum, où il m. 184.=Lucius Cornelius, dit l'Asiatique, frère du précéd. Préteur, 194 av. J.-C., puis consul; triompha d'Antiochus à Magnésie, 191; accusé, ainsi que son frère, fut emprisonné, et rendu plus tard à la liberté. M. dans l'obscurité.=Publius Cornelius Nasica, fils de Scipion Calvus, consul, 222 av. J.-C., et vainq. des Lusitaniens, 192.=Publius Cornelius Nasica Corculum, fils du précéd., consul, 165 av. J.-C., et vainq. des Dalmates.=Publius Cornelius, Nasica Serapion, fils du précéd. Consul, 155 av. J.-C., fit tuer Tiberius Gracchus.=Publius Cornelius Æmilianus, dit le second Africain, fils de Paul-Emile, p.-fils du premier Africain. Edile, 151, et consul, 146 av. J.-C.; détruisit Carthage, 146. Numance, 134; trouvé m. dans son lit, 129 av. J.-C., assass., dit-on, par la factions des Gracques.

Scolari (Ph.), dit Pippo-Spano, cél. capit. ital., gouv. de Hongrie, Uzzano (Tosc.), 1369-1426.

Scopas, sculpt. et archit. grec. N. v. 460 av. J.-C.

Scopoli (J.-Ant.), natural., chim. Tyrol, 1723-1787.

Scoppa (l'abbé Ant.), litt., pédagogiste. Messine, 1762-1817.

Scot. V. Duns.=(J.), dit Erigène, relig. irland., théol., philos. scolast. M. Oxford, 886.=(M.), sav. Écoss. Comté de Frise, 1210-1291.

Scott (Dan.), théol., hellén. N. Londres; m. 1759.=(J.), poëte, écon. Londres, 1730-1783.=(Walter), cél. romanc. et poëte Edimb. écoss. 1771-1832.

Scotti (Ju.-Clém.), ex-jés., aut. d'un pamphlet violent contre la compagn. de Jésus. Plaisance, 1602-1669.=(Marcel-Eusèbe), ecclés., homme polit. N. Naples, 174.. exécuté 1800.=Côme-Galéas), poëte, litt., aut. dram. Merate (Milan), 1759-1821.

Scotto (Alb.), chef des gibelins de Plaisance, en 1290. M. exilé à Crème.

Screta (H.), méd. all. du 17e s.

Scribani (C.), jés., controv., hist. Bruxelles, 1561-1629.

Scribonianus (Furius Camillus), consul rom. en 32. Assass. 42.

Scribonius Largus, méd. rom. du 1er s. de J.-C.

Scriverius (P. Schryver, en lat.), érud., philol., poëte lat., hist. Harlem, 1576-1660.

Scudéri (G. de), poëte, romanc., aut. dram., memb. de l'Acad. fr. N. le Havre, 1601; m. 1667.=(Madelaine de), femme poëte, romanc., litt. N. le Havre, 1607; m. 1701.

Scultetus (Bart. Schultz, ou), mathém. Gœrlitz, 1540-1614.

Scupoli (le P. Lau.), théatin, écriv. ascét. Otrante, 1530-1610.

Scylax, géogr. grec. On ignore l'époque où il a vécu.

Scylitzès (J.), hist. grec du 11e s.

Scymnus, géogr., poëte grec du 1er s. av. J.-C.

Search (Ed.), philos. angl. du 18e s.

Seba (Alb.), voyag., natural. Eetzel (Oost-Frise), 1665-1736.

Sébastien (St), martyr. N. Narbonne, v. 250; mis à m. 288.

Sébastien, roi de Portugal, fils posthume de l'infant Jean. N. Lisbonne, 1554; succ. de son gr.-père Jean III, 1557; m., 1578.

Sébastien del Piombo (Fra Sebastiano Luciano, dit), cél. peint. Venise, 1485-1547.

Sebek-Teghin, fondat. de l'emp. des Turcs ghaznévides. D'abord gouv. de Gaznah; se rendit indépend., 975; conquit l'Hindoustan et le Turkestan. M. 997.

Sebonde. V. Sabunde.

Séchelles (J. Moreau de), intend. du Hainaut, contrôl. gén. des fin. Paris, 1700-1760

Seckendorf (Gu.-L. de), hist., min. et chambell. d'Ernest, 1er duc de Gotha, chancel. de l'univ. de Halle. N. Franconie, 1626; m. 1692.=(Fréd. Hénon, comte de), feld-maréch., diplom., nev. du précéd. Kænigsberg, 1673-1763.

Second (J.), poëte lat., secrét. de l'archev. de Tolède. La Haye, 1511; Tournay, 1536.

Secondat (J.-B., bar. de), public., agron., fils de Montesquieu. Marthillac, 1716-1796.

Secousse (Den.-F.), érud., hist., memb. de l'acad. des inscr. Paris, 1691-1754.

Sedaine (M.-J.), aut. dram., memb. de l'Acad. fr. Paris, 1719-1797.

Sedano (J.-Jo. Lopez de), litt., numism., érud. Alcala de-Henarès, 1729-1801.

Sédécias, fils de Josias et dern. roi de Juda, 597 à 587. Détrôné par Nabuchodonosor, et m. en Chaldée.

Sédelmey (Jér.-Ja.), peint. et grav. Augsb., 1704-1761.

Sédillot (J.-Ja.-Emm.), astron., oriental. Montmorency, 1777-1832.

Sedley (C.), poëte et aut. dram. angl. 1639-1720.

Sedulius (Caïus Cœlius), prêtre, poëte lat. du 5e s.

Seemiller (Séb.), oriental., philol., bibliogr. Veldin (Bav.), 1752-1798.

Sefy (Chah), roi de Perse, de la dynast. des Sofis. Succ. d'Abbas le Gr. de 1628 à 1642.

Segarelle (Gér.), sectaire ital. N. Parme; brûlé, 1300.

Segaud (Gu. de), jés., prédic., confess. du Dauphin. Paris, 1674-1748.

Seghers (Gér.), peint. Anvers, 1589-1651.

Segner (J.-And.), mathém., philos. Presbourg, 1704-1777.

Segni (Bern.), hist., hellén., diplom. N. Florence; m. 1558.

Segrais (J. Regnauld de), poëte, litt., memb. de l'Acad. fr. Caen, 1624-1701.

Séguier (P.), avoc. gén., présid. à mortier, diplom. Paris, 1504-1580.=(Ant.), conseill. au parlem., avoc. gén., ambass., fils du précéd. 1552-1626.=(P.), garde des sceaux, chancel., gouv. de Guienne, p.-fils du 1er Pierre. Paris, 1588-1672.=(Ant.-L.), avoc. gén. au parl., memb. de l'Acad. fr., de la même fam. N. 1726; m. en émigr. Tournay, 1791.

Séguier (J.-F.), bot., érud., archéol. Nîmes, 1703-1784.

Seguin (C.-Ant.), jurisc., érud. Vaivres, pr. Vesoul, 1708-1790.=(Arm.), écon., chim. Paris, 1768-1835.

Ségur (H.-F., comte de), lieut.-gén. 1689-1751.=(Ph.-H., marq. de), maréch. de Fr., homme d'État, min. de la guerre. 1724-1801.=(L.-Ph.), lieut.-gén., diplom., litt. hist., memb. de l'Acad. fr., fils du précéd, 1753-1833.=(Alex., vicomte de), aut. dram., litt., frère du précéd. 1756-1805.

Seguy (Jo.), prédic., litt., memb. de l'Acad. fr. Rhodez, 1689-1761.

Seiboldt (Chr.), peint. Mayence, 1697-1768.

Séid, escl. de Mahomet, fut, avec Ali, le 1er à croire à la mission du prophète, et obtint la liberté. Tué dans un comb., 629.

Séid-Moustapha, ingén. turc des 18e et 19e s.

Seidel (Chr.-H.), min. protest., écriv. all. 1747-1787.=(Charlotte-Sophie), femme poëte, litt., épouse du précéd. Burg (Prusse), 1743-1778.

Seif-ed-Daulah (Abou-Djafar-Amhed III), émir de Saragosse, puis roi de Castille et d'Aragon en 1145; tué, 1146.

Seignelay. V. Colbert.

Seigneux de Correvon (Gab.), légiste, litt., antiq. N. Lausanne; m. 1776.

Seiler (G.-Fréd.), philos., écriv. Erlangen, 1733-1807.

Seislas, roi de Dalmatie, succ. de son père Rodoslas. Détrôné et mis à m. 860.

Seissel (Cl. de), hist., ambass., arch. de Turin. Aix, 1450; 1520.

Séjan (Ælius Sejanus), min. et favori de Tibère. N. Vulsinies; étranglé, 31.

Selchow (J.-H.-Chr. de), jurisc. pruss. 1732-1795.

Selden (J.), homme d'État angl., public., érud., archéol. Salvington, 1584-1654.

Séléné (Cléopâtre), princesse égypt., fille de Ptolémée Evergète II, femme de Ptolémée Lathyre, d'Antiochus Grypus, enfin d'Antiochus Eusèbe. Gouverna pend. la minor. de ses enfants, 80 à 70 av. J.-C.; mise à m. par Tigrane.

Séleucus Ier, dit Nicator (vainqueur), roi de Syrie et chef de la dynast. des Séleucides, conquér. N. 354 av. J.-C.; tué, 279.=II, Callinique (le victorieux), fils d'Antiochus II et son succ. 247 av. J.-C.; m. prisonn., 225.=III, fils du précéd. et son succ. 225 av. J.-C.; assass., 222.=IV, Philopator (qui aime son père), fils d'Antiochus le Gr. et son succ. 186 av. J.-C.; empois., 174.=V, fils de Démétrius II. Procl. roi avec Antiochus Grypus, 125 av. J.-C.; mis à m., 122.=VI, Epiphane (l'illustre), fils d'Antiochus Grypus. Ne régna d'abord (97 av. J.-C.) que sur une partie de la Syrie; périt à Mopsueste, 93.

Seleucus Cybiosactès, fils d'Antiochus Grypus et de Séléné, régna quelques mois sur l'Egypte, 5 av. J.-C.

Sélim Ier, emp. des Turcs, fils de Bajazet II. N. 1467; détrôna son père, 1512; soumit la Syrie et l'Egypte, 1516 et 1517; m. 1520.=II, fils de Soliman II, et son succ., 1566; perdit la bat. de Lépante, 1571; m. 1574.=III, fils de Mustapha III. N. 1761; succ. de son oncle Abdoul-Hamid, 1789; s'allia contre la Fr. lors de l'expéd. d'Égypte; détrôné 1807, et étranglé l'ann. suiv.

Sélis (N.-Jo.), litt., trad. Paris, 1737-1802.

Selkirk (Al.), marin écoss. N. Lasgo (comté de Fife), v. 1680; fut abandonné de 1705 à 1709 dans l'île déserte de Juan-Fernandez. Cette avent. a fourni le sujet de Robinson Crusoë.

Selle (Chr.-Théoph.), méd. Stettin (Prusse), 1748-1800.

Sellius (God.), litt., hist., natural. N. Dantzig; m. Charenton, 1767.

Selve (J. de), homme d'État, 1er présid. du parl. de Paris. M. 1529.

Selves (J.-B.), jurisc., magistr. Montauban, 1757-1823.

Sem, fils de Noé. Il s'établit en Egypte, et vécut de 3408 à 2808 av. J.-C.

Sementini (Ant.), méd. ital. Mondragone, 1743-1814.

Sermini (Ant.), peint. Gênes, 1485-1550.

Sémiramis, reine d'Assyrie, d'abord esclave; devint épouse de Ninus, 1916 av. J.-C.; reine à la m. de ce prince; m. 1874.

Semler (J.-Salom.), théol. protest., écriv. Saalfeld, 1725-1791.

Sémonville (L. Huguet, marq. de), diplom., conseill. d'État, sénat., et sous la Restaur., gr.-référendaire de la ch. des pairs, 1754-1839.

Sempad Ier, le Martyr, roi d'Arménie, fils d'Aschod, et son succ. de 899 à 914.=II, arrière-p.-fils du précéd. Succ. d'Aschod III, de 977 à 989.

Sempronia, mère des Gracques. V. Cornelia.=Femme de Scipion Emilien et sœur des Gracques.

Sempronius Longus (Tiberius), consul rom., 217 av. J.-C.

Sempronius Tuditanus, tribun légionn. à la bat. de Cannes, et consul, 205 av. J.-C.

Sénac (J.), 1er méd. de Louis XV, memb. de l'acad. des sc. N. pr. de Lomber, 1693; m. 1770.=*de Meilhan*, intend. de la guerre, litt., public. Paris, 1736; Vienne, 1803.

Senax (Gab.-Jér.), écriv. polit., secrét. du comité de sûreté gén. de Tours. 1760-1796.

Senault (J.-F.), prédic., écriv. ecclés., supér. gén. de l'Orat. Anvers, 1599-1672.

Sendivog (M.), alchim. polon. 1566-1646.

Senebier (J.), min. protest., natural., bibliogr. Genève, 1742-1809.

Senecé ou Senecay (Ant. Bauderon de), poëte fr. N. Mâcon, 1643; m. 1737.

Senefelder (Aloys), invent. de la lithographie. Prague, 1771-1834.

Sénèque, le rhéteur (Marcus Annæus Seneca), orat. lat., profess. de rhétor. Cordoue, v. 57 av. J.-C.; Rome, 32 de J.-C.=le philosophe (Lucius Annæus Seneca), profess. de philosophie à Rome, moral., fils du précéd. N. v. 2 de J.-C.; reçut de Néron l'ordre de se donner la m., et s'ouvrit les veines, 68.

Senkenberg (H.-Chr., baron de), jurisc., conseill. aulique de l'emp. Francfort-s.-le-M., 1704-1768.

Sennachérib, roi d'Assyrie, succ. de Salmanazar, 712 av. J.-C.; assiégea Jérusalem; assass. 717.

Sennert (And.), oriental., philol. Wittenberg, 1606-1689.

Sensaric (J.-B.), bénéd. de St-Maur, prédic. du roi. La Réole, 1710-1756.

Sepher (P.-Ja.), biblioph. Paris, 1710-1781.

Sepmanville (Cypr.-Ant., bar. de), contre-amiral. Roman, 1762-1817.

Sepichênes (Leclerc de), litt., archéol. N. Paris; m. 1788.

Septime-Sévère. V. Sévère.

Septimius Serenus (Aulus), poëte lat. du 1er s.

Sepulveda (J. Ginez de), hist. et litt. esp., historiogr. de Charles-Quint, instit. de l'infant Philippe. Pizo-Blanco, pr. de Cordone, 1490-1573.

Seradj-el-Daulah (Mirza-Mahmoud-Khan), dern. souv. indépend. du Bengale. Succ. d'Allah-Werdy-Khan, 1756; dépouillé par les Anglais, 1757; m. même année.

Seran de la Tour (l'abbé), litt. fr. du 18e s.

Serassi (P.-Ant.), biogr. Bergame, 1701-1791.

Serbelloni (Gab.), gén. au service de Charles-Quint, de Pie IV, du roi d'Esp., puis vice-roi de Sicile. N. Milan, 1508; m. 1580.=(J.-B., comte de), feld-maréch. au service de Charles VI, de la fam. du précéd. M. 1778.

Sercey (P.-César-C.-Gu., marq. de), vice-amiral. N. Pec (Bourg.), 1753; m. 1836.

Sergardi (L.), poëte satir. lat. Sienne, 1660-1726.

Sergel (J.-Tobie), sculpt., memb. de l'acad. des b.-arts. Stockholm, 1740-1814.

Sergius Ier, pape. N. Palerme; succ. de Conon, 687; m. 701.=II. N. Rome; succ. de Grégoire IV, 844; m. 847.=III. N. Rome; élu après la m. de Théodore, 904; m. 911.=IV. N. Rome; succ. de Jean XVIII, 1009; m. 1012.

Serieys (Ant.), compil. Pont-de-Ceyran (Aveyr.), 1755-1819.

Seriman (Zach.), litt., poëte. Venise, 1708-1784.

Serionne (J. Aicarias de), litt. Châtillon (Vosges), 1709-1792.

Seripando (Jér.), card., diplom., écriv. eccl. Troja (roy. de Naples), 1495-1563.

Serlio (Séb.), archit. Bologne, 1475-1552.

Serment (Louise-Anastasie), poëte lat. et fr. Grenoble, 1642-1692.

Sermet (Ant.-Pasc.-Hyac.), prédic., év. constit. de la H.-Garonne. Toulouse, 1732-1808.

Seroux d'Agincourt. V. Agincourt.

Serpilius (G.), ecclés. all., poëte, controv., bibliogr. 1668-1723.

Serra (Ant.), écon. ital. du 16e s. N. Cosenza.=(M.), peint. Catalogne, 1658-1728.

Serra-Capriola (Ant. Maresca Donnorso, duc de), diplom. Naples, 1750; Pétersb., 1822.

Serrano (Th.), jés., litt., poëte lat., historiogr. Castella (Valence), 1715-1784.

Serrao (J.-And.), év. de Potenza, litt. Castel-Monardo (Calabre), 1731; assass. ap. la révolut de Naples, 1799.

Serre (J. Puget de la), poëte médiocre, écriv. et historiogr. de Fr. N. Toulouse, 1600.=(J.-L.-Igo. de La), aut. dram. Cahors, 1662-1756.=(Hercule, comte de), homme d'État, présid. de la ch. des déput., min. de la justice sous la Restaur. Metz, 1777; Naples, 1822.

Serres (Olivier de), agron. Villeneuve-de-Berg (Vivarais), 1539-1619.=(J.), écriv. calvin., trad., historiogr. de Fr. sous Henri IV, frère du précéd. Rhodez, 1540-1598.

Serroni (Hyac.), théol., arch. d'Albi, intend. de la mar., puis de l'armée de Catalogne. Rome, 1617; Paris, 1687.

Serrurier ou Serurier (Jaume-Mat.-Philibert, comte), maréch. de Fr., sénat., gouv. des In-

val. N. Laon, 1742; m. 1819.

Sertorius (Quintus), gén. rom. N. Nursie (Picenum), v. 121 av. J.-C.; assass. 73.

Servais (St), év. de Tongres. M. 384.

Servan (J.-M.-Ant.), magist., jurisc. Romans (Drôme), 1737-1807. == (Jo.), min. de la guerre en 1792, hist. Romans, 1741-1808.

Servandoni (J.-N.), archit., peint. Florence, 1695; Paris, 1756.

Servet (M.), méd., érud., anti-unitaire. N. Villeneuve (Aragon), 1509; se lia, à Vienne (Dauph.), avec Calvin, qui devint ensuite son advers., et le fit condamner au feu et exécuter, Genève, 1553.

Servi (Constantin de), peint., archit. Florence, 1554-1622.

Servien (Abel), marq. de Sablé, diplom., min. et secrét. d'Etat, memb. de l'Acad fr. N. Grenoble, 1593; m. 1664.

Serviez (Ja. Roergas de), hist., litt. St-Gervais (Langued.), 1679-1727. == (Emm.-Gervais), homme de guerre, litt., p.-fils du précéd. 1755-1804.

Servilie, sœur de Caton d'Utique. Mariée à Junius Brutus, fut mère de Brutus, l'assass. de César.

Servilius, nom de 2 cél. fam. rom. Ses princip. memb. sont : *Servilius Structus Ahala* (Caïus), gén. de la cavaler., 458 av. J.-C.; tua Spurius Melius qui aspirait à la tyrann.; devint consul, 140. == *Servilius Cæpio* (Cneius). consul 205 av. J.-C.; vainq. d'Annibal pr. de Crotone. == *Servilius Vatia* (Publius), dit Isaurius, prét. 85 av. J.-C.; fit la guerre en Cilicie, et prit la ville d'Isaura.

Servin (L.), avoc. gén. au parl. de Paris, conseill. d'Etat, jurisc. M. 1626.

Servius Tullius, 6e roi de Rome, fils d'une captive, fut adopté par la femme de Tarquin l'Ancien; succ. de ce dern., 578 av. J.-C.; assass. par ordre de sa fille Tullie, 534.

Servius Maurus Honoratus, gramm. lat. du 5e s.

Sésac, dit aussi Sésonchis ou Sésonchosis, roi d'Egypte, 980 à 950 av. J.-C.

Sésostris, cél. roi d'Egypte, conquér., fils d'Aménophis-Ramsès; régna, d'après les monum., de 1565 à 1499 av. J.-C. == Plusieurs rois d'Egypte ont porté le même nom.

Sestini (Bart.), improvisat., poëte. N. Pistoïe; m. 1822. == (Domin.), numism., voyag. en Or., archéol. Florence, 1750-1832.

Sesto (César da), dit le Milanese, peint. ital. du 16e s. N. Sesto.

Seth, patriarche, 3e fils d'Adam et d'Eve. Viv. v. 4834 av. J.-C.

Séthos, roi d'Egypte, v. 715 av. J.-C.

Settala (L.), méd. Milan, 1552-1633. == (Manfred), mathém., fils du précéd. 1600-1680.

Seume (J.-Théoph.), litt. Posern (Prusse), 1763-1810.

Sevelinges (C.-L.), litt., trad. N. Amiens, 1768; m. 1832.

Sévère (Septime), Lucius Septimus Severus, emp. rom. N. Septis (Afr.), 146; procl. à la m. de Pertinax, 193; m. York, 211. == II, Flavius Valerius Severus, Illyrien, nommé César par Dioclétien, puis Auguste par Galère, en 506. Envoyé contre Maxence, fut pris dans Ravenne et se fit ouvrir les veines, 307. == III, Vibius Severus. N. Lucanie; procl. 461 ap. la m. de Majorien; m. 465.

Séverin (St) abbé de St-Maurice en Valais. M. 508. == (St.), solitaire. M. Paris, 555.

Severin, pape. N. Rome; succ. d'Honorius, 640; m. au bout de 2 mois.

Severin (Marc-Aurèle), cél. méd., profess. à Naples. N. Tarsia (Calabre), 1580; m. 1656.

Sévigné (Ma. de Rabutin-Chantal, marq. de), femme cél. par son talent épistol. N. château de Bourdilly (Bourg.), 1627; m. en Prov., 1696.

Sevin (l'abbé F.), philol., érud., memb. de l'acad. des inscr. Villeneuve-le-Roi, 1682-1741.

Sewa-Djy, fondat. de l'emp. des Mahrattes. N. Baçaim (Bombay), 1698; m. 1680.

Seward (Gu.), litt. Londres, 1746-1790. == (Anne), femme poëte. Eyam (comté de Derby), 1747-1809.

Sewel (Gu.), hist., philol., lexicogr. Amsterd., 1654-1720.

Sextius Lateranus (Lucius), Rom., trib. du peuple, et le 1er plébéien qui fut cons., 370 av. J.-C.

Sextius Calvinus (Caïus), consul rom. 125 av. J.-C.; fondat. de la ville d'Aix.

Sextius (Publius), quest. du consul C. Antonius, 62 av. J.-C.; fut défendu 2 fois par Cicéron.

Sextus Empiricus, méd. et philos. grec du 2e s. N. Mitylène.

Seybold (Dav.-Chr.), philol., litt. all. 1747-1804.

Seydlitz (Fréd.-Gu. de), gén. pruss. Clèves, 1722-1773.

Seymour (Jeanne), dame d'honn. d'Anne de Boulen, devint la 3e femme de Henri VIII, 1536; m en couches l'année suiv. == (Th.), lord Dudley, gr.-amiral d'Anglet., frère de la précéd. Décap., 1549.

Seyssel. V. SEISSEL.

Sfondrate (F.), card., jurisc., diplom., poëte lat., gouv. de Sienne. Crémone, 1495-1550. == (Célestin), card., théol., controv., de la même fam. Milan, 1649-1696.

Sforce, en ital *Sforza*, ill. fam. ital. qui régna sur le duché de Milan aux 15e et 16e s. == (Ja.-Attendolo), dit *Sforce* à cause de sa vigueur, fils d'un paysan de la Romagne et chef de la fam. N. 1369; commanda un corps de partisans et se mit au service de divers Etats d'Italie, devint gr.-connétable du roi de Naples; se noya dans le Pescara, 1424. == (F.-Alex.), fils natur. du précéd., homme de guerre et homme d'Etat, duc de Milan après la m. de Ph.-Ma. Visconti. 1401-1466. == (Galeas-Ma.), fils du précéd. N. 1445; succ. de son père, 1466; m. 1470. == (J.-Galéas-Ma.), fils du précéd., et son succ. sous la tutelle de sa mère, Bonne de Savoie; renversé par son oncle Ludovic, 1479, qui l'empois., dit-on, 1494. == (Ludovic), dit le More, oncle du précéd., dépouilla son neveu, se fit l'allié de Charles VIII, puis trahit les Fr. Attaqué par Louis XII, 1499; m. prisonn. à Loches, 1510. == (Maximilien), fils du précéd. Mis sur le trône ducal de Milan par la sainte-ligue, 1512; perdit ses Etats après la bat. de Marignan, 1515; m. Paris, 1530. == (F.-Ma.), fils cadet de Ludovic le More, reçut le duché de Milan de Charles-Quint, 1522; m. sans postér., 1535.

Sforze (Bonne), reine de Pologne, fille de Jean-Galéas Sforze. Mariée à Sigismond Ier, 1518; m. duché de Bari, 1557.

Shadwell (Th.), aut. dram. angl., historiogr. de Guillaume III. Stantonhall, 1640-1692.

Shaftesbury (Ant. Ashley-Cooper, comte de), p.-fils de Cooper, comte de Shafterbury (V. COOPER), litt., memb. de la ch. des communes. Londres, 1671-1713.

Shakspeare ou *Shakespeare* (W.), cél. poëte dram. angl. Stratford-on-Avon (comté de Warwick), 1563-1615.

Sharp (Ja.), archev. de St-André; chargé avec Midleton d'organiser le gouv. d'Ecosse. N. comté de Banff, 1618; massac., 1619. == (J.), prédic., archev. d'York. Bradford, 1644-1714. == (Abraham), mathém., astron. Little-Horton, 1651 1742. == (Gu.), cél. grav. angl. Londres, 1749-1824.

Shaw (P.), érud. angl., méd. de George II, profess. de phys. et de chim. 1695-1763. == (Cuthbert), act. et poëte satir. Ravensworth (comté d'York), 1758-1771. == (G.), méd. et natural. angl. Bierton, 1751-1813.

Shebbeare (J.), écriv. polit. Bidderford, 1709-1788.

Sheemakers, sculpt. angl. du 18e s.

Sheffield (J.-Baker-Holroyd, comte de), homme d'Etat, écon. Penn (comté de Buckingham), 1735-1821.

Shelburne (Gu. Petty, marq. de Lansdown, comte de), homme d'Etat angl., secrét. d'Etat, puis chef de l'opposit. 1737-1805.

Shelley (Percy-Bysshe), poëte et aut. dram. angl. 1792-1822.

Shenstone (Gu.), poëte angl. Hales-Owen, 1714-1763.

Sherard (Gu.), bot. N. Oxford, 1759.

Sheridan (Rich. Brinsley), cél. aut. dram., orat., public., memb. de la ch. des comm. N. Dublin, 1751; m. 1816.

Sherlock (Gu.), théol. angl., doyen de St-Paul de Londres. 1641-1707. == (Th.), prédic., controv., év. de Londres, fils du précéd. Londres, 1678-1761.

Shield (Gu.), composit. angl. Comté de Durham, 1754-1828.

Shirburn (Ed.), litt., trad. Londres, 1618-1702.

Shirley (Ant.), voyag. angl., nommé par Philippe IV amiral des mers du Levant. 1565-1631 == (Ja.), human., poëte dram. Londres, 1594-1656.

Shore (Jane), femme d'un orfèvre de Londres, devint maîtresse d'Edouard IV, puis de lord Hastings. Condamnée sous Richard III pour adult., fut dépouillée de tous ses biens, 1482.

Shovel (Cloudesley), amiral angl. 1650-1704.

Siauve (Et.-Ma.), litt., érud. N. St-Etienne; m. 1812.

Sibbald (R.), méd., natural., érud. Comté de Fife, 1643-1720.

Sibilet (M.), poëte fr. Paris, 1512-1589.

Sibouyah (Abou-Baschab-Amrai), gramm. ar. M. 796.

Sibthorp (J.), bot., voyag. Oxford, 1758-1796.

Sibylle, fille d'Amaury Ier, roi de Jérusalem, femme de Guillaume Longue-Epée, puis de Gui de Lusignan, qu'elle fit roi de Jérusal., en 1186.

Sicard, hist. ital., év. de Crémone. M. 1215. == (Cl.), jés., missionn. en Syrie. N. Aubagne (Prov.), 1677; m. 1726. == (l'abbé Roch-Ambr. Cucurron), cél. instit. des sourds-muets. Fousseret (Langued.), 1742; Paris, 1822.

Sichem (Christ. van), dessinat. et grav. holl. M. 1580.

Sicinius Bellutus (Caïus), l'un des 5 trib. élus par le peuple rom. ap. sa retraite sur le Mont-Sacré, 490 av. J.-C.

Sicinius, tribun du peuple ap. la m. de Sylla. Assass. par Curion, 76 av. J.-C.

Siddons (mistriss Sarah), cél. actr. angl. 1775-1831.

Sidi-Mohammed, emp. du Maroc, de la dynast. des Chérifs. Succ. de son père Muley-Abdallah, 1757; m. 1783.

Sidney (H.), homme d'Etat angl., ambass. d'Edouard VI en Fr., gouv. du pays de Galles M. 1586. == (Ph.), homme de guerre et homme d'Etat, poëte, litt., fils du précéd. N. Penshurt (comté de Kent), 1554; blessé mortell. à Gravelines, 1586. == (Algernon), républic. angl., homme d'Etat, lieut.-gén. sous Fairfax, et memb. de la ch. des comm., fils de Robert, comte de Leicester. N. Londres, 1617; exécuté, 1683.

Sidoine Apollinaire (Caïus Sollius Sidonius Apollinaris), poëte lat., préfet du prétoire, patrice, sénat., puis év. de Clermont. N. Lyon, 436; m. 488, et canonisé.

Sidorofsky (J.-Ivanowitsch), litt. russe, érud. 1748-1795.

Siebenkees (J.-Ph.), érud., hellén. Nuremb., 1759-1796.

Siestrzencewicz (Stan.), érud., métropol. des églises cathol. de Russie. Zabludow, 1734-1826.

Siéyès (l'abbé Emm.-Jo.), homme polit., public., memb. de la conv., du comité de salut public, du cons. des cinq-cents, enfin du direct. en rempl. de Rewbell, consul provis. après le 18 brumaire, et plus tard sénat. et comte de l'empire. N. Fréjus, 1748; exilé à Bruxelles, de 1815 à 1830; m. Paris, 1836.

Siffrid de Misnie, chroniq. saxon du 14e s.

Sigalon (X.), peint. fr. Uzès, 1790; Rome, 1837.

Sigaud de Lafond (J.-Re.), chir., physic. Dijon, 1740-1810.

Sigebert Ier, 3e fils de Clotaire Ier. Devint roi d'Austrasie, 561; épousa Brunehaut; assass. par ordre de Frédégonde, Vitry, 575. == II, 2e fils de Dagobert Ier et son succ. comme roi d'Austrasie, 638; m. 656, et canonisé.

Sigebert de Gemblours, bénéd. brabançon, hébraïs., hist., hagiogr. 1050-1112.

Sigée (Louise), en lat. Aloisia Sigea, savante esp. du 16e s., sous le nom de laquelle Nic. Chorier a publié un ouvrage licenc.

Sigéric, roi des Visigoths. Usurpa le trône ap. l'assass. d'Ataulphe, 415; tué lui-même au bout de 7 jours.

Sigismond (St), roi de Bourgogne, fils de Gondebaud, et son succ., 516; détrôné et mis à m. 524.

Sigismond, emp. d'All., fils de Charles IV. N. 1366. Succ. de Louis de Hongrie, son beau-père, 1386; élu emp., 1410; roi de Hongrie à la m. de son frère Venceslas, 1419; m. 1437.

Sigismond Ier, dit le Grand, roi de Pologne. Succ. de son frère Alexandre Ier, 1506; m. 1548. == II, fils du précéd. N. 1520; succ. de son père, 1548; réunit la Lithuanie à la Pologne, 1569; m. 1572. == III, nev. du précéd. et fils du roi de Suède Jean III. N. 1566; élu roi de Pologne, 1587; m. 1637.

Sigmaringen (St Fidèle de), capuc. et martyr. N. principauté de Hohenzollern, 1577; massac. pays des Grisons, où il était allé prêcher la foi, 1622.

Signorelli (L.), peint. toscan. N. v. 1440; m. 1521. == (Léo.), capit. gén. de l'artill. de la républ. de Florence, litt. Pérouse, 1490-1550.

Sigonius (C. Sigonio, en lat.), philos., archéol., érud. Modène, 1520-1584.

Sigorne (P.), physic., philos. Rambercourt-les-Pots (Lorraine), 1719-1809.

Sigovèse, chef gaulois, frère de Bellovèse, se fixa en Germanie, à la tête des Volces Tectosages, 587 av. J.-C., tandis que Bellovèse se dirigeait vers l'Italie.

Siguenza y Gongora (C. de), mathém., poëte lat. Mexico, 1645-1700.

Sigurd Ier, roi de Norvége, fils de Magnus III, et son succ. 1103; m. 1130. == II, fils prétendu de Magnus III; enleva la couronne à Harald IV, qui se prétendait aussi fils de Magnus III; assass., 1155. == III, succ. de Haquin III; et roi de Norvége, de 1162 à 1168.

Silanion, sculpt. grec d'Athènes. Viv. v. 346 av. J.-C.

Silanus (Marcus Junius), quest., édile, préteur en Asie, consul, 62 av. J.-C., enfin procons. en Illyrie. Il était le 2e mari de Servilie, sœur utérine de Caton. == (Marcus Julius), consul 26 av. J.-C., épousa Julie, p.-fille d'Auguste. == (Marcus Junius), orat., consul 18 ap. J.-C.; fut forcé par Claude de se donner la m., 25.

Silberschlag (J.-Isaïe), érud., archit., physic. Aschersleben, 1721-1791.

Silhon (J.), philos., conseill. d'Etat, memb. de l'Acad. fr. N. Sos (Lot-et-Gar.); m. 1666.

Silhouette (Et. de), litt., contrôl. des fin. sous Louis XV. N. Limoges, 1709; m. 1767.

Silius (P.), Rom. qui inspira une folle passion à l'impératr. Messaline, qui l'épousa pend. une absence de Claude. Celui-ci, de retour, força Silius à se donner la m., 48 de J.-C. Messaline fut tuée le soir même.

Silius Italicus (Caïus), poëte lat. N. en Italie ou à Italica (Esp.), v. 25 de J.-C. Il fut consul, 68, puis gouv. de l'Asie-Min.; se laissa mourir de faim à 75 ans.

Sillery (N. Brulard de), homme d'Etat, diplom., chancel. de Fr. N. 1544; m. Sillery, 1624. == (Alexis, comte de Genlis, puis marq. de), capit. des gardes du duc d'Orléans; député aux états-gén. et à la conv., épousa Mme de Genlis. M. sur l'échaf., 1793.

Silva (J.-B.), méd. fr. N. Bordeaux, 1682; m. 1748 == (Donato), litt., érud., collabor. de Muratori. Milan, 1690-1779.

Silvani (Jér.), archit. Florence, 1579-1675.

Silvère (St), pape. Succ. d'Agapet Ier, 536; remplacé par Vigile, fut conduit dans l'île de Palmaria, où il m. de faim, 538.

Silverstolpe (Al.-Gab.), philol. suéd., litt., historiogr., homme d'Etat. 1772-1824.

Silvestre (Israël), dessinat. et grav. Nancy, 1621-1691.

Simard (P.), dominic., inquisit. gén. pour le comté de Bourg. Besançon, 1620-1680.

Siméon 2e fils de Jacob et de Lia, chef de l'une des 12 tribus.

Siméon (St), nev. de la Sainte-Vierge et cousin de Jésus, fut év. de Jérusal., 67, et martyrisé, 107.

Siméon Stylite (St), pieux anachorète, qui passa 26 ans au sommet d'une colonne. N. Sisau (Cilicie), v. 390; m. 460 == (St), dit le Jeune, écriv. ascét. Antioche, 521-592.

Siméon de Durham, hist. angl. du 12e s.

Siméon de Polotsk, écriv. eccl., prédic., poëte, aut. dram. Russie, 1628-1680.

Siméon (Jo.-Jér.), jurisc., memb. du cons. des cinq-cents et du cons. d'Etat ap. le 18 brumaire, min. de la justice et de l'intér. sous la Restaur., puis présid. de la cour des comptes. N. Aix, 1749; m. 1842. == (Jo.-Balth., vic.), négociat., préfet, conseill. d'Etat, pair de Fr., fils du précéd. 1781-1846.

Simi (N.), astron. Bologne, 1530-1564.

Simiane (C.-Emm.-Philib.-Hyac. de), marq. de Pianesse, homme de guerre, diplom., écriv. ascét. Savoie, 1608-1677.

Simiane (Pauline de Grignan, marq. de), p.-fille de Mme de Sévigné, et fille de Mme de Grignan, cél. par son esprit et sa beauté. 1674-1737.

Simler (Josias), hist., érud. Cappel (Suisse), 1540-1576.

Simmias, poëte grec de Rhodes. Viv., selon les uns, au 8e, selon d'autres au 4e s. av. J.-C.

Simnel (Lambert), aventur. qui se fit passer pour le duc d'York, 2e fils d'Edouard IV. Vaincu à Stoke, 1487, par Henri VII.

Simon Macchabée, dit Thasi, pontife juif, 2e fils de Mathathias. Succ. dans le pontific., de son frère Jonathas, 144 av. J.-C.; délivra la Judée et reconq. Jérusalem; assass. avec 2 de ses fils, 136 av. J.-C.

Simon (St), l'un des 12 apôtres. N. Galilée; crucifié en Perse.

Simon le Magicien, hérétique samarit., qui se fit passer pour prophète au commenc. de l'ère chrétienne, et voulut acheter des apôtres le don des miracles, d'où le mot de *simonie*, que l'on applique au trafic des choses saintes.

Simon-Ben-Jokai, rab. du 2e s., regardé comme le chef des cabalistes.

Simon (Rich.), théol., hébraïs., érud., controv. N. Dieppe. 1638; m. 1712. == (Ed.-Th.), litt., poëte lat. Troyes, 1740-1818. == (Vict.), aut. dram., violoniste. Metz, 1755-1820.

Simon de Verville, méd., physic., oriental. N. Rouen, v. 1715; m. Perse, 1757.

Simon de Clavi (Philib.), litt., aut. dram. Semur, 1722-1760.

Simonet (Edme), jés., théol. Langres, 1662-1733.

Simonetta (Ja.), card., négociat., d'une fam. attachée aux Sforce. N. Milan; m. 1539.

Simonide, poëte et philos. grec. N. Iulis (île de Céo), 558 av. J.-C.; m. 468.

Simonneau (C.), dessinat., grav. du roi, memb. de l'acad. Orléans, 1639-1728. == (L.), grav., memb. de l'acad., frère du précéd. M. 1738.

Simplicius, philos. grec du 6e s. N. Cilicie.

Simplicius (St), pape. Succ. de St Hilaire, 468; m. 483.= (St), év. d'Autun, v. 374.

Simpson (Th.), mathém. angl. Bosworth, 1710-1761.

Simson (R.), mathém. écoss. 1682-1768.

Sinan-Pacha, dit Kodjah, ou le Maître, gén. ottom., vizir sous les règnes de Soliman Ier, Sélim II, Amurat III et Mahomet III. N. Florence ou Milan; m. 1595.

Sinan-Youssouf, pacha, gr.-vizir de Sélim Ier. Tué au comb. de Réiodanich, 1517.

Sinclair (C.-Gédéon, bar. de), gén. suéd., tactic. 1730-1805.= Un major suédois du même nom, ambass. à Constantinople, fut assass. par ordre de la cour de Russie, 1739.

Sindhyah (Madhadji), dit Behadour (le Victorieux), prince mahratte, qui se forma dans l'Inde un roy. indépend. au 18e s. N. v. 1743; m. 1794.

Singlin (Ant.), prédic., écriv. ascét., direct. des relig. de Port-Royal. M. 1664.

Sinner (J.-Rod.), litt., philol., bibliogr. Berne, 1730-1787.

Sirani (J.-And.), peint. et grav. Bologne, 1610-1679.

Siret (L.-P.), gramm. Evreux, 1745-1798.

Sirey (J.-B.), arrêtiste, cél. avoc. à la cour de cassat. N. Sarlat, 1762; m. 1845.

Siri (Vict.), relig. de l'ordre de St-Benoît, hist. Parme, 1608-1685.

Sirice (St), pape. N. Rome; succ. de St Damase, 385; m. 398.

Sirmond (Ja.), jés., confess. de Louis XIII, hist., érud. N. Riom, 1559; m. 1651.=(J.), historiogr. du roi, memb. de l'Acad. fr., nev. du précéd. Riom, 1589-1649.= (Ant.), jés., théol., prédic., frère du précéd. Riom, 1591-1643.

Siroès (Kabad II, nommé vulg.), roi de Perse, de la dynast. des Sassanides, succ. de son père Chosroès II, qu'il fit mourir, 628; m. au bout de 9 mois de règne.

Sisebut, roi des Visigoths d'Esp. Succ. de Gnodemar, 612; m. 621.

Sisenand, roi des Visigoths d'Esp. Succ. de Suintila, 621; m. 635.

Sisenna, fils d'Archélaüs, prince de Comans, fit périr Ariobarzane II, roi de Cappadoce, 63 av. J.-C., mais ne put lui succéd. qu'en 42, avec l'aide d'Antoine.

Sisenna (Lucius Cornelius), orat., hist., quest. rom. en Sicile, 77 av. J.-C., gouv. d'Achaïe.

Sisinnius, pape. N. Syrie; succ. de Jean VII, 708; ne régna que 20 jours.

Sismondi (Ugolin), dit Buzzacherino, amiral de Pise, qui gagna sur les Génois la cél. bat. navale de la Melloria, 1241.

Sismondi (J.-C.-Léo. Simonde de), litt., hist., écon. N. Genève, 1773; m. 1841.

Sitalcès, roi de la Thrace Odrysienne, 430 av. J.-C. A l'instig. des Athén., il essaya, mais inutilement, de terminer la guerre de la Chalcidique.

Sixte 1er (St), pape. N. Rome; succ. de St Alexandre, 116 ou 119; martyrisé, 125 ou 129.=II (St). N. Athènes. Succ. de St Etienne, 257; martyrisé, 259. = III, Romain, succ. de Célestin, 432; m. 440. =IV (F. d'Albescola de la Rovère), fils d'un pêcheur et d'abord gén. des frères min. Succ. de Paul II, 1471; m. 1484. =V, ou Sixte-Quint (Fél. Peretti), fils d'un pâtre. N. Montalto, 1521; succ. de Grégoire XIII, 1585; m. 1590.

Sixte de Sienne, prédic., théol., francisc., puis dominic. Sienne, 1520-1569. = de Vesoul (J. Pâris, dit le P.), capuc., oriental. Montaguey-lez-Vesoul. 1736-1792.

Skelton (J.), poëte satir. angl. N. Cumberland; m. 1529.

Skinner (Et.), méd., philol. Londres, 1622-1667.

Skytte (J. Scroderus, dit), sénat. suéd., gouv. de la Livonie, de l'Ingrie et de la Carélie, 1er présid. de la cour royale de Gotha Nikœping, 1577-1645.

Slavinetzki (Epiphane), moine russe, philol., lexicogr. N. 1676.

Sleidan ou *Sleidanus* (J. Philipson, dit), hist. all. Schleide, 1505-1566.

Slingelandt (P. van), peint. Leyde, 1640-1691.=(Sim. van), gr. pensionnaire de Holl. M. 1736.

Sloane (Hans), méd. et bot. irland., voyag. Comté de Down, 1660-1752.

Slodtz (Sébast.), stat. Anvers, 1655; Paris, 1726.=(P. Ambr.), dessinat. du cabinet du roi, profess. de l'école de peint., fils du précéd. M. 1758.=(Re.-Michel), frère du précéd., comme lui, sculpt. et dessinat. du cabinet du roi. Paris, 1705-1764.

Smart (P.), théol. et prédic. angl. du 17e s., poëte lat. = (Christ.), litt., poëte lat. et angl., parent du précéd. Comté de Kent, 1722-1770.

Smeaton (J.), ingén. mécan. angl. Comté d'York, 1724-1792.

Smellie (Gu.), méd.-accouch. N. Ecosse, 1763.

Smerdis, mage de Perse, qui usurpa le trône à la m. de Cambyse, 522 av. J.-C., en se donnant pour le fils de ce prince. Renversé au bout de 7 mois, et massac. ainsi que tous les mages.

Smids (Ludolphe), méd., poëte, aut. dram. Groningue, 1649-1720.

Smith (Th.), litt., hellén., ambass.; min. d'Etat sous Edouard. Saffron-Walden (comté d'Essex), 1514-1577. = (J.), navig. angl., l'un des fondat. des colonies anglo-améric. 1579-1631. = (Th.), érud., oriental. Londres, 1638-1710.=(Edm. Neale), poëte angl., aut. dram. 1668-1710. = (J.), dessinat. et grav. Londres, 1654-1719.=(R.), physic. angl. 1686-1768.=(Gu.), peint. de paysages. N. Chester; m. 1764.=(J.), peint. et grav., frère du précéd. N. Chichester; m. 1764.=(Adam), cél. écon. et moral. N. Kirkaldy (Ecosse), 1723; m. 1790.=(Charlotte), femme poëte, romanc. Stoke (comté de Sussex), 1749-1806.= (Gu. Sydney), cél. mar. angl., contre-amiral, philanthr. Westminster, 1764 1840.=(J.-Th.), dessinat. N. Londres; m. 1833.

Smits (L.), peint. holl., nommé aussi Haricamp. Dordrecht, 1635-1675.=(Didéric), poëte holl. N. Amsterd., fin du 17e s.

Smolett (Tobie), crit., hist., romanc. Dalquhurn (Ecosse), 1720; Livourne, 1771.

Snellius (Willebrod Snell, en lat.), géom. Leyde, 1591-1626.

Sneyders (F.), peint. Anvers, 1579-1657.

Snorro-Sturleson, hist. island. N. Dale-Syssel, 1178; assass., 1241.

Soanen (J.), orator. év. de Senez, partis. du jansén. N. Riom, 1647; m. 1740.

Soave (F.), litt. ital. Lugano; 1743; Paris, 1816.

Sobieski (Ja.), homme de guerre, diplom. polon., au 17e s. =(Jean III), fils du précéd. et roi de Pologne. N. 1629; nommé gr.-gén. de la couronne, 1667; élu roi à la m. de Michel, 1674; m. 1696.

Sobry (F.), litt. Lyon, 1743-1820.

Socaki (Seradj-Eddyn-al), écriv. ar. du 12e s.

Socin (Lelio), cél. hérés., chef des sociniens. Sienne, 1525; Zurich, 1563.= (Fauste), hérés., neveu du précéd., dont il propagea la doctr. 1539-1604.

Socrate, ill. philos. grec, fils d'un sculpteur nommé Sophronisque. N. Athènes, 470 av. J.-C.; accusé d'impiété, fut condamné à boire la ciguë, 400.

Socrate, dit le Scolastique, écriv. eccl. du 5e s. N. Constantinople.

Soden (Fréd.-Ja.-H.), diplom., jurisc., aut. dram., écon. Anspach, 1754-1832.

Soderini (P.), gonfalonier de Florence. N. v. 1450; nommé en 1502 et dépouillé du pouv., 1512. M. en exil.

Soemias (Julie), mère d'Héliogabale, qu'elle avait eu de son commerce adultère avec Caracalla. Tuée avec son fils, 202.

Sœmmering (Sam.-Th.), anat. Thorn, 1775-1830.

Sogdien (Sogdianus), roi de Perse, 2e fils d'Artaxerce Longue-Main. Succ. de son frère aîné qu'il avait fait périr, 425 av. J.-C.; mis à m. lui-même par un autre de ses frères, l'année suiv.

Soissons (C. de Bourbon, comte de), le plus jeune des fils de Louis Ier, prince de Condé. N. 1556; se déclara pour la Ligue, et ensuite pour Henri IV; m. 1612. = (L.), fils du précéd. N. 1604; prit les armes contre la Fr. avec les ducs de Bouillon et de Guise; gagna la bat. de Marfée, 1641, et fut tué ap. la vict.

Soissons (Eug.-Maur. de Savoie, comte de), colonel gén. des Suisses, gouv. de Champ., lieut.-gén. Chambéry, 1633-1673. = (Olympe Mancini, comtesse de), femme du précéd., et 2e nièce de Mazarin, surintend. de la maison de la reine. Exilée à cause de ses intrigues, se réfugia en Flandre, puis en Esp. M. Bruxelles, 1708.

Sojaro (Benj. Galli, dit il), peint. N. Crémone; m. 1575.

Sokman 1er (al-Cothby), roi d'Arménie, de 1100 à 1112.=II, p.-fils du précéd., et succ. de son oncle Ahmed. M. 1184.

Solander (Dan.), natural. danois, voyag. Upsal, 1736-1781.

Solano (F.-M.), marq. del Socorro, homme de guerre esp., servit dans la guerre contre la Fr., devint gouv. de Cadix; égorgé par la populace de cette ville, 1808.

Solari (And.), dit del Gobbo, peint. N. Milan, v. 1480.=(Jo.-Grég.), théol. piariste, poëte, trad. Chiavari, 1737-1814.

Solario (Ant.), dit Zingaro, peint. Civita (Abruzzes), 1382-1455.

Soldani (Maximil.), sculpt., cisel. Florence, 1658-1740. = (Amb.), gén. des camaldules, natural. Toscane, 1736-1808.

Sole (Ant.-Ma. dal), peint. de paysages. Bologne, 1597-1684.= (J.-Jo.), peint. et grav. fils du précéd. Bologne, 1654-1719.

Solemaker, peint. holl. du 17e s.

Soleri (G.), peint. de l'école milan. N. Alexandrie, 16e s.

Solger (Adam-Rod.), past. luthér., bibliogr. N. Nuremb.; m. 1766. = (C.-Gu.-Fréd.), philos. all. M. 1819.

Soli (Jo.-Ma.), peint., archit. Vignola, 1745-1822.

Solie (J.-P. Soulier, dit), composit., act., et chant. Nîmes, 1755-1812.

Solier (F.), jés. fr., hist., écriv. ascét. 1568-1638.

Solignac (P.-Jo. de la Pimpie, chev. de), litt., hist. Montpell., 1687-1773.

Soliman (Abou-Ayoub), calife ommiade de Damas. Succ. de son frère Walid Ier, 715; m. 717.

Soliman, fils de Koutoulmich, chef de la dynast. des sultans seldjoucides de Konieh, en 1074; vaincu à Alep, se tua, 1085. = II. V. ROKN-EDDYN.

Soliman dit Tchelebi, fils de Bajazet Ier. Procl. sultan à Andrinople, 1402; tué, 1410.

Soliman Ier, dit le Grand, cél. sultan ott. et conquér. N. 1494; succ. de son père Sélim Ier, 1520; m. dev. Szigeth, 1566.= II, frère de Mahomet IV, et son succ., 1688; m. 1691.

Soliman, gén. et min. de Sélim Ier, gouv. de l'Egypte, de l'Yémen, gr.-vizir, en 1541.

Soliman-Chah, roi de Perse, fils aîné d'Abas II, et son succ. en 1666. M. 1694.

Soliman Ier, Géorgien, d'abord escl. Se fit nommer pacha de Bagdad, 1750; m. 1762. = II, dit le Vieux, pacha de Bagdad, de 1780 à 1802.

Solimène (F.), peint. Nocera de Pagani, 1657-1747.

Solin (Caïus Julius Solinus), écriv. lat. du 3e s.

Solis (J. Diaz de), navig. esp. du 16e s. = (Virgile), grav. sur cuivre et sur bois. Nuremb., 1514-1570.= (Ant. de), hist., litt., aut. dram., secrét. de Philippe IV. Alcala, 1610-1686.

Solleysel (Ja. de), cél. écuyer. La Clapier, pr. St-Etienne, 1617-1680.

Sollier (J.-B. de), jés., hagiogr. Herseau, pr. de Courtray, 1669-1740.

Solon, cél. législat. d'Athènes et l'un des 7 sages de la Grèce. N. Salamine, v. 650 av. J.-C.; m. Cypre, 559.

Solon, cél. grav. en pierres fines du 1er s. av. J.-C. Viv. sous Auguste.

Solorçano (Alonzo de Castillo y), litt. esp. du 17e s.

Soltikov (P.-Simon), gén. russe, gouv. de Moscou. M. 1772. = (Ivan), gén. et administ., fils du précéd. Devint maréch. et gouv. de Moscou, et y m. 1805. = (N.), gouv. des gr.-ducs Alexandre et Constantin, min. de la guerre, présid. du cons. 1736-1814.

Solvyns (F.-Balt.), grav., voyag., litt. Anvers, 1760-1824.

Sombreuil (Mlle de), fille du gouv. des Invalides. Aux journées de septemb. 1792, elle but un verre de sang pour sauver son père, qui cepend. fut envoyé à l'échaf. quelq. mois ap. Elle émigra, et m. en Fr., 1823. = (C. de), frère de la précéd., un des command. de l'expéd. de Quiberon. Fusillé par les républic., Vannes, 1795

Someren (J. van), magistr., poëte holl. Dordrecht, 1622-1676.

Somers (J.), homme d'Etat, légiste, public., présid. du cons. Worcester, 1650-1716.

Somerset (Ed. Seymour, duc de), frère de Jeanne Seymour, 3e femme de Henri VIII; devint lord trésor. et protect. du roy. Disgracié, et décap., Tower-Hill, 1552.= (Rob. Carr, vicomte de Rochester, puis comte de), favori de Jacques Ier. S'exila, et m. v. 1638.

Somerville (Gu.), poëte angl. Edston, 1692-1742.

Sommariva (J.-B. de), homme d'Etat, direct. de la républ. Cisalpine. Milan, 1680-1826.

Sommer (Gu.), écriv. pol., antiq., érud. Canterbury, 1598-1669.

Sommery (Mlle), Française, femme aut. M. 1790.

Sommier (J.-Cl.), théol., négociat., év. de Césarée. Vauvilliers, 1661-1737.

Sonnenberg (F.-Ant.-Jo.-Ign.-Ma., bar. de), poëte. Munster, 1778-1805.

Sonnerat (P.), voyag. à l'île de Fr. et aux Indes. Lyon, 1745; Paris, 1815.

Sonnin (E.-G.), archit., constr. d'instr. d'optique, Perleberg, 1709-1794.

Sonnini (C.-N.-Sigisbert Manoncourt de), natural., voyag. Lunéville, 1751; Paris, 1812.

Sonthonax (Léger-Félicité), homme d'Etat fr., un des commissaires envoyés à St-Domingue par l'assembl. législ. pour procl. la liberté des hommes de couleur. N. Oyonnax (Bugey), 1763; m. 1813.

Sophie (Ste), veuve, martyrisée à Rome sous Adrien.

Sophie, impératr. de Constantinople, femme de Justin II. (V. ce nom.) = Czarine de Russie, fille d'Alexis Mikaïlowitz. N. 1656; gouverna pend. la minorité de ses 2 frères, Ivan V et Pierre Ier; renversée par ce dern., 1689; m. en prison, 1704.

Sophie-Charlotte, reine de Prusse. N. 1668; mariée à Frédéric Ier, 1684; m. 1705.

Sophie-Dorothée, reine de Prusse, femme de Frédéric-Guillaume et mère du gr. Frédéric. 1687-1757.

Sophocle, cél. poëte trag. grec. N. Colone, pr. d'Athènes, v. 495 av. J.-C.; m. 406.

Sophonie, le 9e des petits proph. Viv. sous Josias, 7e s. av. J.-C.

Sophonisbe, fille d'Asdrubal et femme de Syphax, roi de Numidie. Tombée, ainsi que son époux, entre les mains des Rom., 203 av. J.-C., elle consentit à s'unir à Masinissa, qui ne put la soustraire à la honte du triomphe qu'en lui envoyant du poison.

Sopikof (Basile-Et.), bibliogr. russe. M. 1818.

Soprani (Raph.), biogr. Gênes, 1612-1672.

Sorbière (Sam.), méd., philos., historiogr. du roi. St-Ambroix, 1615; Paris, 1670.

Sorbin (Arnauld), prédic. du roi, hist., év. de Nevers. N. Montauban, 1532; m. 1606.

Sorbon (R.), doct. en théol., chapel. de Louis IX, fondat. de la Sorbonne. N. Sorbon (Champ.), 1201; m. 1274.

Sordello, poëte ital. et provençal du commenc. du 13e s. N. Goito (Mantouan).

Sorel ou *Seurelle* (Agnès), fille d'un gentilh. tourangeau, et cél. maîtresse de Charles VII. Fromenteau, 1409; Jumièges, 1450.

Sorel (C.), sieur de Souvigny, litt., historiogr. de Fr. Paris, 1599-1674.

Soria (F.-Ant.), litt., biogr. napolit. 1750-1799.

Sorinière (Cl. Du Verdier de la), litt. et poëte. Anjou, 1702-1775.

Sornet (Cl.-Ben.), bénéd. de St-Vannes, érud. N. Salins, 1739; m. 1815.

Sosibe l'Ancien, gramm. grec. N. Laconie, 225 av. J.-C. = le Jeune, fils du précéd. Fut min. sous Ptolémée-Epiphane.

Sosigène, astron. d'Alexandrie, 1er s. av. J.-C.

Sosithée, poëte dram. et satir. d'Alexandrie. Viv. commenc. du 3e s. av. J.-C.

Sosthène, gén. macédon. Procl. roi à la m. de Méléagre, 279 av. J.-C.; périt peu de temps ap.

Sostrate, archit. grec de Cnide, au 3e s. av. J.-C.

Sotadès, poëte grec du 3e s. av. J.-C. N. Maronée (Thrace); jeté à la mer par ordre de Ptolémée-Philadelphe, qu'il avait irrité par ses vers.

Soter, pape. N. Fondi; succ. de St Anicet, 168; m. 177.

Sotin de la Coindière (P.-J.-Ma.), min. de la police, ambass. Nantes, 1764-1810.

Soto (Fern. de), navig. et aventur. esp., compagnon de Pizarre, puis gouv. de Cuba. N. Villanueva; périt dans la Floride, 1552.= (Domin.), théol., député au concile de Trente, confess. de Charles-Quint. Cordoue, 1500-1563.

Soubeiran (J. de Scopon), litt., crit. Toulouse, 1699-1751.

Soubeyran (P.), grav., archit. Genève, 1713-1770.

Soubise (Benj. de Rohan, siegn. de), gén. protest., 2e fils de René de Rohan. N. 1589; lutta inutil. contre Louis XIII; m. Anglet., 1641.

Soubise (C. de Rohan, prince de), maréch. de Fr., aide de camp de Louis XV, gouv. de Flandre et de Hainaut. 1715-1787.=(Arm.), dit le card. de Soubise, gr.-aumôn. du roi, memb. de l'Acad. fr. Pâris, 1717-1756.

Soubrany (P.-A. de), homme polit., memb. de la conv. N. Riom, 1750; exécuté, 1795.

Souchay (l'abbé J.-B.), philol., litt., memb. de l'acad. des inscr. N. Vendomois, 1688; m. 1746.

Sou-Ché, lettré chin., historiogr. impér. M. 1101.

Souchet (J.-B.), doct. de Sorb., philol., érud. N. Chartres; m. 1654.

Souciet (Et.), jés., érud., oriental. Bourges, 1671-1744.

Soufflot (Ja.-Germ.), archit., memb. des acad. de peint. et de sculpt., intend. gén. des bât. de la couronne. Irancy (Bourg.), 1714; Paris, 1781.

Souham (le comte Jo.), lieut.-gén. Tulle, 1760-1837.

Soulavie (J.-L. Giraud), litt., hist., vic. gén. du diocèse de Châlons, puis résid. de la républ. fr. à Genève. N. L'Argentière (Ardèche), 1751; m. 1813.

Soulès (F.), litt., trad., public. Boulogne-s.-M., 1750-1809.

Soulié (Fréd.), aut. dram., romanc. N. Foix (Ariége), 1800; m. 1847.

Soult (N.-J. de Dieu), duc de Dalmatie, maréch. de Fr., memb. de la ch. des pairs, et min. de la guerre sous Louis-Philippe, qui créa pour lui le titre de maréchal-gén. St-Amand (Tarn), 1765-1851.

Soumarokov (Al. Petrowicht), poëte et aut. dram. russe. Moscou, 1718-1778.

Soumet (Al.), poëte, aut. trag., memb. de l'Acad. fr. N. Castelnaudary, 1786; m. 1845.

Sourdis (d'Escoubleau de), arch. de Bordeaux, card., parent de Gabrielle d'Estrées. 1650-1728. = (H.), archev. de Bordeaux, intend. de l'artill., frère du précéd. M. 1645.

Souriguières-St-Marc (J.-M.), aut. dram. Bordeaux, 1770-1857.

Southcott (Jeanne), visionn. angl. qui se donna pour prophétesse. 1750-1814.

Southern (Th.), poëte et aut. dram. Dublin, 1660; Westminster, 1746.

Southey (R.), poëte, litt. angl. Bristol, 1774-1843.

Southman (P.), peint. et grav. Harlem, 1580-1646.

Southwell (R.), jés. N. Norfolk, 1560; pendu comme conspir., Tyburn, 1595. = (Nathaniel), jés., biogr. N. Norfolk; m. Rome, 1676.

Souvarow (P.-Alexis-Vasiliewich, comte), cél. gén. russe, gouv. de la Crimée. N. Ukraine, 1750; m. 1800.

Souvigny (Gui de), orator., hellén., philol. Blois, 1598-1672.

Souvré (Gilles de), marq. de Courtanvaux, maréch. de Fr., servit sous Henri III et Henri IV. 1540-1624. = (Ja.), chevalier de Malte, lieut.-gén., gr. prieur de Fr., p.-fils du précéd. M. 1670.

Souza (J. de), philol., oriental. Damas (Syrie), v. 1750; Lisbonne, 1812.

Souza-Botelho (Jo.-Ma.), diplom., litt. Oporto, 1758-1825. = (Mme de, née Filleul), épouse du comte de Flahaut, puis du précéd., femme aut. M. Paris, 1836.

Soye (Ph. de), grav. holl. N. 1558; m. Rome, 1575.

Soyouthi (Al.), écriv. ar. M. 1505.

Sozomène (Hermias), hist. eccl. du 5e s. N. Palestine.

Sozomeno, chan., hist. Pistoie, 1387-1458.

Spada (Léonello), peint., ami du Caravage. Bologne, 1476-1522.

Spada (J.-Ja.), natural., géol. Vérone, 1680-1774.

Spadafora (Placide), jés., human. Palerme, 1680-1691.

Spændonck (Gér. van), cél. peint. de fleurs. Tilbourg (Holl.), 1746; Paris, 1822.

Spalding (J.-Joachim), prédic., memb. du consist. gén. et 1er past. de l'église St-Nicolas de Berlin. N. Triebsess (Poméran.), 1714; m. 1804.

Spallanzani (Lazare), cél. natural. N. Scandiano (duché de Modène), 1729; m. 1799.

Spangenberg (A.-Théoph.), év. morave, théol., inspect. gén. des établiss. moraves de la H.-Lusace. Klettenburg, 1704-1792.

Spangenberg (G.-A.), jurisc. Gœttingue, 1738-1806.

Spanheim (Fréd.), théol. protest. Amberg, 1600-1649. = (Ezéchiel), numism., philol., diplom. Genève, 1629-1710. = (Fréd.), théol., hist., rect. de l'univers. de Leyde, 1632-1701.

Sparre (Eric), sénat. suéd. resté fidèle à Sigismond III. N. 1550; décap. par ordre de Charles IX, 1600.

Sparrmann (And.), natural., voyag. aux Ind. Upland, 1747-1820.

Spartacus, Thrace, qui, après avoir été gladiat., fut chef de la 2e guerre des esclaves en Italie. Vainquit d'abord Claudius et les cons. Gallius et Lentulus, 72 av. J.-C.; tué par Crassus à la bat. de Silare, 71.

Spartien (Ælius Spartianus), un des aut. de l'histoire Auguste. Viv. sous Dioclétien et Constantin 4e s.

Spedialeri (N.), public. Bronte (Sicile), 1741-1795.

Speed (J.), hist. angl. Farrington, 1552-1629.

Spegel (Haguin), archev. d'Upsal, poëte et philol. suéd. 1645-1714.

Spelman (H.), antiq. Congham, 1562-1641.

Spencer (J.), théol., hébraïs., archéol. Bocton (Kent), 1630-1695.

Spendius, escl. rom. réfugié à Carthage, chef de la révolte des mercenaires, 240 av. J.-C.; vaincu par Amilcar l'année suiv. et mis en croix.

Spener (Ph.-Ja.), théol. myst., chef de la secte des piétistes, hérald. N. Ribeauviller (Alsace), 1635; m. 1705.

Spenser (Edm.), cél. poëte angl. Londres, 1553-1598.

Sperling (Othon), méd., natural. N. Hambourg, 1602; m. en prison, Copenhague, 1681.

Speroni, dit degli Alvarotti, aut. dram., litt. Padoue, 1500-1588.

Speusippe, philos. athén., nev. et disc. de Platon, lui succ. comme chef de l'acad. M. 339 av. J.-C.

Spielmann (Ja. Reinhold), chim. Strasb., 1722-1783.

Spiess (Ph.-E.), érud., public. all. Ettenstadt, 1734-1799.

Spifame (Ja.-Pa.), magistr. fr., puis év. de Nevers, abjura ensuite le catholic. et se réfugia à Genève, où il fut décap., 1566. = (Raoul), écriv. fr., frère du précéd. M. Melun, 1565.

Spigel (Adr.), méd. Bruxelles, 1570; Padoue, 1625.

Spilbergen (G. van), navig. angl., voyag. du 17e s.

Spina (Al della), relig. de Pise. M. 1315. On lui attribue l'invent. des lunettes. Selon d'autres, cette découverte est due à Salvino degli Armati, de Florence. = (Jo.), card. qui accompagna Pie VI en Fr. et reçut ses dernières volontés. N. Sarzane, 1756; m. 1828.

Spinelli (N.), jurisc. et diplom. ital. du 14e s. N. Naples. = (Spinello), dit l'Ancien, peint. du 15e s. N. Arezzo. Il eut 2 fils, l'un peint., et l'autre orfévr. et cisel. = (F.-Ma.), prince de Scala, philol., partisan de Descartes. Murano (Calabre), 1686-1752.

Spinola (Ambr., marq. de), cél. gén., au service de l'Esp. dans les Pays-Bas. N. Gênes, 1571; m. 1630. = (Fréd.), amiral esp., frère du précéd. Tué dans un comb., 1603.

Spinosa (Benédict), philos. panthéiste. N. Amsterdam, d'une fam. de juifs portug., 1632; m. La Haye, 1677.

Spiriti (Salvator), hist., poëte. Cosenza, 1712-1776.

Spittler (L.-Timothée, bar. de), hist., min. d'Etat de Wurtemberg. Stuttgart, 1752-1810.

Spitzner (J.-Ern.), past. luthér., natural. Oberalbertsdorf, 1731-1806.

Spohn (Fréd.-A.-Gu.), philol., crit., érud. Dortmund (Prusse), 1792-1824.

Spolverini (Hilarion), peint. de bat. Parme, 1657-1734. = (le marq. J.-B.), administr., poëte. Vérone, 1695-1763.

Spon (C.), méd., poëte lat. Lyon, 1609-1684. = (Ja.), méd., antiq., voyag., fils du précéd. Lyon, 1647; Vevay (Suisse), 1685.

Sponde (J. de), en lat. Spondanus, hellén., trad., comment., maître des req. Mauléon, 1557-1585. = (H.), év. de Pamiers, hist. eccl., frère du précéd. 1568-1643.

Spontini, composit. ital., direct. en Fr. de la musique de l'impératr. Joséphine. 1778-1851.

Spontoni (Cyrus), hist., secrét. du sénat de Bologne. Bologne, 1552-1610.

Spork (F.-Ant., comte de), philanthr., protect. des lettres et des arts. Bohême, 1662-1738.

Spotswood (J.), controv. luthér., l'un des réformat. de l'Ecosse. 1509-1585. = (J.), primat, chancel. d'Ecosse, hist. 1565-1639.

Spragg (Ed.), amiral angl. du 17e s. Tué dans une bat., 1673.

Spranger (Bart.), peint. Anvers, 1546; Prague, 1625.

Sprat (Th.), év. de Rochester, un des fondat. de la société royale de Londres. Tallaton (Devonshire), 1636-1713.

Sprengel (Mat.-Chr.), hist., géogr., statisc. Rostock, 1746-1803. = (Kurt), méd., bot. Voldekow (Prusse), 1766-1833.

Sprenger (Balt.), agron. all. 1724-1791. = (Placide), hist., litt. all. 1755-1806.

Springer (J.-Christ.-Eric de), jurisc., écon. Schwabach (princip. d'Anspach), 1727-1798.

Sprong (Guérard), peint. N. Harlem, 1600.

Spurinna (Vestricius), gén. rom., poëte. N. v. 25 ap. J.-C. Viv. sous Vitellius et Vespasien.

Spurzheim (Gasp.), cél. méd., partisan et propagat. de la phrénologie. N. pr. de Trèves, 1766; m. 1833.

Squarcione (F.), peint. de l'école vénit. Padoue, 1394-1474.

Sse-Ma-Kouang, homme d'Etat et hist. chin. Yug-Tsoung, 1018-1086.

Sse-Ma-Tching, hist. chin. du 7e s.

Sse-Ma-Than, hist. chin. du 2e s. av. J.-C.

See-Ma-Thsian, cél. hist. chin., fils du précéd.

Staal (Marg.-J. Cadier de Launay, baronne de), femme de ch. et confid. de la duchesse du Maine. Paris, 1693-1750.

Stace (Publius Papinius Statius), poëte lat. Naples, 61-96.

Stackouse (Th.), past. protest. angl., controv., philol., érud. 1680-1752.

Stadion (Ph. comte), diplom. au service de l'Autriche. Mayence, 1763-1824.

Stadler (l'abbé Maximilien), organ., composit. Mœlk-s.-le-Danube, 1748-1833.

Stael-Holstein (Eric-Magnus, bar. de), diplom. Suède, 1725; Poligny, 1802. = (Anne-Louise-Germaine Necker, baronne de), femme aut. N. Paris, 1766; exilée par Napoléon, en 1802; revint en Fr., 1815; m. Paris, 1817. = (Aug.), agron., fils de la précéd. Coppet, 1790-1827.

Stafford, anc. fam. d'Anglet., dont les princip. memb. sont: Humphrey, gén. de Henri VI, créé par lui duc de Buckingham, 1465. = Henri, p.-fils du précéd., favori de Richard III, puis en révolte contre lui, et décap., 1485. = Edouard, accusé de trahison envers Henri VIII, et décap., 1521.

Stafford (Gu. Howard, comte de), 2e fils de Thomas, duc de Norfork, partisan des Stuarts. N. 1611; impliqué par le parti whig dans la conspir. des poudres, et exécuté, 1680.

Stahelin (J.-H.), méd., bot. Bâle, 1668-1721. = (J.-Rodolphe), anat., bot., parent du précéd. Bâle, 1724-1796.

Stahl (G.-E.), cél. méd. et chim. Anspach, 1660-1734.

Stahremberg (Guido-Balde, comte de), feld-maréch. autrich., présid. du cons. aulique de guerre. 1657-1737. = (G.-Adam, prince de), min. d'Etat, gouv. gén. des Pays-Bas, nev. du précéd. Londres, 1724-1807.

Stain (C.-Léop., comte de), gr.-maître de l'artill. autrich. Bruxelles, 1729; Souabe, 1809.

Stainer (Rich.), vice-amiral angl. M. 1662.

Stair (J. Dalrymple, comte de), homme de guerre et homme d'Etat, gr.-amiral d'Ecosse, feld-maréch., ambass. N. Edimbourg, 1675; m. 1747.

Stalbent (Adr.), paysag., grav. Anvers, 1580-1660.

Stalens (J.), orator., théol., érud. Duché de Clèves, 1595-1681.

Stamfort (H.-Jo. de), gén. et tactic. holl. Bourges, 1742; Hambourg, 1807.

Stampa (Gaspara), femme poëte. N. Padoue, v. 1525; m. 1554.

Stancari (F.), unitaire, controv., hébraïs. Mantoue, 1501-1574.

Standish (H.), prélat angl., prédic., conseill. de la reine Catherine. M. 1535. = (J.), théol., controv., chapel. de la reine Marie. M. 1556.

Stanhope (Ja., comte de), gén. et homme d'Etat, diplom. angl. 1673-1721. = (C., comte de), pair d'Anglet., physic., mécanic., p.-fils du précéd. 1759-1816.

Stanislas (St), év. de Cracovie en 1072. Martyrisé, 1079.

Stanislas Kotska (St), jés., fils d'un sénat. polon. Chât. de Kotska, 1550; Rome, 1568.

Stanislas Ier, Leczinski, roi de Pologne. N. Lemberg, 1682; placé sur le trône par Charles XII, 1704; renv. ap. la bat. de Pultawa, 1712, rappelé 1733, et bientôt chassé de nouv. par les Russes; obtint, 1738, la souveraineté de la Lorraine et le duché de Bar; m. Lunéville, 1766. = II, Poniatowski, dern. roi de Pol. N. Lithuanie, 1732; couronné à la m. d'Auguste, 1764; perdit une partie de ses prov. dans les partages de 1772 et de 1793; abdiqua, 1795; m. Pétersb., 1798.

Stanley (Th.), écriv., philol. angl. Comté d'Héréfort, 1620-1678.

Stansel (Val.), jés., astron., missionn. Moravie, 1621-1690.

Stanzioni (Murcine), peint. Naples, 1585-1656.

Stapel (J. Bodœus de), bot., méd. N. Amsterdam; m. 1636.

Stapfer (Ja.), homme de guerre au service de la Fr., puis de l'emp. d'All. N. Zurich, 1466. = (J.-Fréd.), théol. protest., écriv. Canton d'Argovie, 1708-1775. = (J.), théol. prédic., frère du précéd. 1719-1801.

Starck (Sam.), théol., oriental. Pyriz (Poméranie), 1640-1697. = (J.-Aug.), théol., oriental., hist., p.-fils du précéd. Schwerin, 1741-1816.

Starowolski (Sim.), ecclés., hist. polon. M. 1656.

Stassart (H.-Ign.-Ph. de), jés., écriv. ecclés. Gand, 1640-1691. = (Ja.-Jo. bar. de), homme d'Etat, public. 1710-1801.

Statira, sœur et femme de Darius Codoman. Ap. la bat. d'Issus, 330 av. J.-C., fut traitée avec égards par Alexandre, qui épousa même sa fille, nommée aussi Statira.

Staudigl (Ulric), bénéd., écriv., érud. Landsberg-s.-Lech, 1644-1720.

Staunton (G.-Léo.), méd. et voyageur irland. N. Galway; m. 1801.

Staupitz (J.), vic.-gén. des augustins, doyen de la faculté de théol. de Wittenberg. M. 1527.

Stay (Ben.), poëte lat., secrét. de Clément XII. Raguse, 1714-1801.

Stedmann (J.-Gab.), voyag. écoss. 1748-1797.

Steele (Rich.), litt., crit., public., aut. dram. Dublin, 1672-1729.

Steen (F. van), peint. et grav. N. Anvers, 1604. = (J.), peint. Leyde, 1636-1689.

Steenwyck (H. van), peint. holl. 1550-1604. = (H.), peint., fils du précéd. N. Amsterd., 1589; m. Londres.

Stefani (P. de), sculpt. Naples, v. 1228; m. 1310.

Stefano de Florence, peint. Florence, 1301-1350.

Steibelt (Dan.), composit. Berlin, 1765; Pétersb., 1825.

Steiguer (N.-Fréd.), le dern. avoyer de la républ. de Berne. Berne, 1729; Augsb., 1799.

Stein (Christ.-God.-Dan.), géogr., compilat. Leipzig, 1771-1830.

Steinbart (Gotthilf-Sam.), philos. all. Züllichau, 1738-1809.

Steiner (Werner), hist. N. Zug (Suisse); m. 1517.

Stella (F.), peint. Malines, 1565; Lyon, 1605. = (Ja.), peint., dessinat., grav. Lyon, 1596-1657. = (Ant. Boussonet), peint. et grav., neveu et élève du précéd. Lyon, 1630-1682. = (Claudine), peint., grav., sœur du précéd. Lyon, 1634-1697. = (Antoinette), grav., sœur des précéd. Lyon, 1635-1676.

Stella (Ju.-César), poëte lat., camérier de Clément VIII et de Paul V. N. Rome, 1564. = (Fortunat-Ant.), impr., édit. Venise, 1757-1833.

Stellini (Ja.), moral. ital. Cividad del Friouli, 1699-1770.

Stelluts (F.), natural. ital. N. Fabriano, 1577.

Stenbock (Magnus, comte de), gén. suéd., gouv. de Scanie. Northalen, 1664-1717.

Steno (M.), doge de Venise. Succ. d'Ant. Vanieri, 1400; m. 1413.

Stenon (N.), anat., écriv. ascét. Copenhague, 1638-1687.

Stephens (Al.), biogr. et litt. écoss. Elgin, 1717-1821.

Stephenson, mécan. angl., invent. des locomotives pour chemins de fer. Comté de Newcastle, 1781-1848.

Stern (Théod. van), grav. et dessinat. holl. N. v. 1500. = (Ign.), peint. Bavière, 1698-1746.

Stenberg (Joach., comte de), natural., chambell. de l'emp. d'Autriche. 1755-1808.

Sterne (Laurence), min. protest., prédic., écriv., romanc. N. Clonmel (Irlande), 1713; m. 1768.

Sterzinger (Ferd.), théatin, théol., érud. Tyrol, 1721-1786.

Stésichore, poëte lyr. grec d'Himère (Sicile). Viv. v. 626 av. J.-C.

Stetten (Pa. de), hist. Augsb., 1705-1786. = (Pa.), litt., érud., frère du précéd. 1731-1808.

Stevens (G.-Al.), coméd., litt. N. Londres; m. 1784.

Stevenson (J.), composit. angl. 1749-1833.

Stevin (Sim.), mathém. et mécan. du 16e s. N. Bruges.

Stewart (Mat.), mathém. Rothsay (île de Bute), 1711-1785. = (Dugald), cél. philos. écoss., fils du précéd. Edimb., 1753-1828.

Stiernhielm (G.), poëte, philol., érud. Suède, 1598-1672.

Stilicon (Flavius Stilico), Vandale, gén. et favori de Théodose, fut nommé tuteur d'Honorius et régent de l'empire d'Occid., 395. Mis à m., 408.

Stilling (J.-H. Jung, dit), mystique all., écon., conseill. aulique du gr.-duc de Bade. Grand (duché de Nassau), 1740-1817.

Stillingfleet (Ed.), év. de Worcester, controv., érud. Grandbourn (comté de Dorset), 1635-1699. = (Benj.), bot., natural., nev. du précéd. 1702-1771.

Stilpon, philos. de Mégare, disc. de Diogène. Viv. v. 300 av. J.-C.

Stirling (Gu.-Al., comte de), poëte écoss., homme d'Etat, fondat. de la colonie de la Nouvelle-Ecosse. 1580-1640. = (Ja.), mathém. écoss. du 18e s.

Stobée (J.), en lat. Joannes Stobæus, compilat. grec que l'on croit avoir vécu v. 450 à 500 ap. J.-C.

Stobée (Kilian), érud. suéd. 1690-1742.

Stocchi (Ferd.), astrol., impost., poëte lat. Cosenza, 1590-1661.

Stock (le B. Sim.), gén. des carmél., écriv. ascét. N. comté de Kent; m. Bordeaux, 1265.

Stockdale (Percival), poëte et litt. écoss. Branxton, 1736-1811.

Stockler (F. de Borgia-Garçao), lieut.-gén., mathém. N. Lisbonne, 1759.

Stockmans (P.), jurisc., écriv. jansén. Anvers, 1608-1671.

Stoerk (Ant., bar. de), méd. de la cour de Vienne. Sulgau (Souabe), 1731-1803.

Stoever (Didier-H.), public., hist., litt. Verden (Hanovre), 1767-1822.

Stoffler (J.), astron. all. Justingen, 1452-1531.

Stofflet (N.), major-gén., puis command. en chef des armées vendéennes. N. Lunéville, 1751; fusillé, Angers, 1796.

Stoke (Em.), poëte et hist. holl. du commenc. du 14e s.

Stolberg (F.-Léop.), diplom.,

litt., poëte. Bramstedt (Holstein), 1750-1819.

Stoll (Maximilien), méd. Erzingen (Souabe), 1742-1782.

Stolle (Théop.), litt., bibliogr. Liegnitz (Silésie), 1675-1744.

Stone (Edm.), mathém. écoss. N. 1768.

Stonhouse (Ja.), méd., théol. Abington (comté de Berk), 1716-1795.

Storch ou *Stork* (N.) anabaptiste, fondat. de la secte des pacifiques. N. Stolberg (Saxe); m. Munich, 1530. = (Amb.), dominic., procur. de l'arch. de Trèves au concile de Trente. Wetteravie, 1501-1557. = (J.) méd. all. Ruhl, 1681-1751. = (Abrah.), peint. de mar. N. Amsterd., v. 1650.

Stotsch (Ph. bar. de), diplom., archéol. Kustein, 1691-1757.

Stothard, peint. et dessinat. angl. 1778-1821.

Stow (J.), hist., antiq. Londres, 1525-1603.

Strabon, cél. géogr. N. Amasée (Cappad.), v. 50 av. J.-C.; m. Rome, fin du règne de Tibère.

Strabus (Walafrid), bénéd., hagiogr., poëte lat., théol. N. Souabe; m. Paris, v. 849.

Strada (Famien), jés., hist. Rome, 1572-1649. = *de Rasberg* (Ja.), antiq., érud. N. Mantoue; m. Prague, 1588.

Stradella (Alex.), composit. et chant. vénit. N. 1650; assass. à Gênes.

Stradivarius (Ant.), cél. fact. d'instrum. à cordes. N. Crémone, v. 1670; m. v. 1728.

Strafford (Th. Wentworth, comte de), homme d'Etat, memb. du parl. d'Anglet., pair, présid. de la cour du Nord et gouv. d'Irlande. N. Londres, 1593; décap., 1641.

Stralenberg (P.-J.), lieut.-colon. suéd., géogr. 1676-1747.

Strambi (Vinc.-Ma.), év. de Tolentino, hagiogr. Civita-Vecchia, 1745-1825.

Strange (R.), grav. N. dans l'une des Orcades, 1725; m. Londres, 1795.

Straparola de Caravage (J.-F.), conteur ital. du 16e s.

Strata (Zanobi da), poëte, litt. ital. Strata, 1312; Avignon, 1361.

Stratico (le comte Sim.), mathém., bibliogr. Zarra, 1735-1824.

Straton, de Lampsaque, philos. péripatétic., disc. de Théophraste, et son succ. au Lycée, v. 289 av. J.-C. = Poëte grec, que l'on croit avoir été contemp. de Septime-Sévère.

Stratonice, fille de Démétrius Poliorcète, mariée à Séleucus Nicator, 299 av. J.-C., et cédée par ce prince à son fils Antiochus Soter.

Strauch (F.-Raimond), relig. esp., théol., év. de Vich. N. Tarragone, 1760; massac., 1823.

Streater (R.), peint. de Charles II, grav. Londres, 1624-1680.

Stritter (J. Gotthelf de), hist. russe. N. Idsteim (Nassau), 1740; m. 1801.

Strœmer (Mart.), astron., physic. Upsal, 1707-1770.

Strogonof (Al. de), seign. russe, protect. des lettres et des arts. N. v. 1750; m. 1811. = (Pr.), milit. distingué, nev. du précéd. Tué dev. Laon, 1814.

Strozzi (Palias), homme d'Etat, érud., diplom. Florence, 1372-1462. = (Titus-Vespasien), négociat., présid. du cons. des Douze, poëte lat. Ferrare, 1422-1501. = (Hercule), fils du précéd, présid. du cons. des Douze et poëte lat. comme lui. N. 1471; assass., 1508.

Strozzi (Ph.), sénat. florent. N. 1488; se déclara contre les Médicis, puis favorisa le rétabliss. du duc Alexandre, 1530; fut exilé, et prit les armes, 1537; vaincu, se donna la m. à Pistoie, 1538. = (P.), gén. des galères au serv. de la Fr., maréch., fils du précéd. Tué dev. Thionville, 1558. = (Léon), cheval. de Malte, chef d'escadre au serv. de la Fr., frère du précéd. N. 1515; tué 1554. = (Ph.), colonel des gardes fr., fils de Pierre. N. Venise, 1551; pris à la bat. des Açores et jeté à la mer, 1582.

Strozzi (Cyriaque), philos., érud. Capalle, pr. Florence, 1504-1565. = (P.), secrét. des brefs sous Paul V. Florence 1575-1640. = (Bern.), dit il Capucino, peint. Gênes, 1581-1644. = (Ja.), poëte, aut. dram. Venise, 1583-1660.

Strudel (P.), peint. tyrol. Clez, 1660-1717.

Struensée (Ad.), théol., écriv. ascét. Neu-Ruppin (Brandebourg), 1708-1791 = (C.-Auguste), homme d'Etat, mathém., tactic., écon., intend. des fin. en Danemark, puis min. en Prusse, fils aîné du précéd. N. Halle, 1737; méd. de Christian VII, roi de Danemark, 1768; 1er min., 1771; accusé de conspirat. et d'adultère avec la reine, fut condamné et décap., 1772.

Strutt (Jo.), antiq. angl., dessinat., grav. 1749-1802.

Struve (G.-Ad.), jurisc., présid du sénat et du consist. à Iéna. N. Magdebourg, 1619; m. 1692. = (Burckhard Gotthelf), profess. d'hist. à Iéna, bibliogr., fils du précéd. 1672-1738.

Struys (J.), voyag. holl. M. 1694.

Stryk (Sam. de), jurisc. Priegnitz, 1640-1710.

Strype (J.). biogr. angl. Shepney, 1643-1737.

Stuart, cél. fam. d'Ecosse, qui monta sur le trône avec Robert II, 1370, et régna en même temps sur l'Anglet. depuis Jacques VI, 1603, jusqu'à la m. de la reine Anne, 1714. V. Jacques, Charles, Marie, Anne. = (Ja.-Ed.-F.), dit le chevalier de St-George, fils de Jacques II. N. 1688; reconnu roi par la Fr. à la m. de son père, 1701; vit échouer plus. tentatives faites pour le rétablir; fit lui-même une descente inutile en Ecosse, 1716; m. Rome, 1766. = (C.-Ed.), dit le Prétendant, comte d'Abany, fils du précéd. N. Rome, 1720; se rendit en Ecosse, 1745, et obtint d'abord quelques succès; vaincu à Culloden, 1746, s'échappa avec peine; m. Florence, 1788.

Stuart (Ja.), archit., antiq., voyag. Londres, 1813-1788. = (Gilb.), litt., écriv. satir. Edimb., 1742-1786. = (C.), gén. angl., homme d'Etat. 1753-1801. = V. Bute.

Stubbs ou *Stubbe* (J.), sav. légiste angl. N. 1541. = (G.), anat., peint. d'animaux. Liverpool, 1736-1806.

Stukeley (Gu.), méd., antiq., numism. Holbech (Lincolnshire), 1687-1765.

Sture (Stènon), dit l'Ancien, admin. du roy. de Suède à la m. de Charles VIII, 1471, fondat. de l'univ. d'Upsal; m. 1503.

Sture (Svante), admin. du roy. de Suède, 1503 à 1513. Etait d'une autre fam. que le précéd. = (Sture), le jeune, fils du précéd. et son succ. comme admin. en 1513; tué dans un comb., 1520.

Sturm (Ja.), magistr., négociat., un des propagat. du luthéranisme. Strasb., 1489-1553. = (J.), human., rect. du gymnase de Strasb. N. Sleida, 1507; m. 1589. = (J.-Christ.), past. protest., profess. de phys. et de mathém. à Altdorf. N. Hilpolstein (princip. de Neubourg), 1635; m. 1703. = Léo.-Christ.), archit., fils du précéd. 1669-1719. = (Christ.-Chrét.), écriv. ecclés., prédic., litt. Augsb., 1740-1786.

Sturme (St), 1er abbé de Fulde, prêcha l'Evang. aux Saxons. M. 779.

Sturz (Helfrich.-P.), diplom., litt. Darmstadt, 1736-1776.

Suard (J.-B.-Ant.), litt., secrét. perpét. de l'Acad. fr. N. Besançon, 1734; m. 1817.

Suarès (F.), jés., sav. théol. Grenade, 1548; Lisbonne, 1617. = (Jo.-Ma.), év. de Vaison, antiq. N. Avignon; m. Rome, 1677.

Sublet des Noyers (F.), intend. des fin. et secrét. d'Etat sous Louis XIII. 1578-1645.

Subleyras (P.), peint. Uzès, 1699; Rome, 1749.

Suchet (L.-Gab.), duc d'Albuféra, maréch. de Fr., pair à la Restaur. Lyon, 1772; Marseille, 1826.

Suckling (J.), poëte angl., litt., aut. dram. Wilton, 1609-1641.

Sue (P.), profess. de chir., puis de thérap. et de méd. légale, secrét. perpét. de l'acad. de chir. 1739-1816. = (J.-Jo.), chir. en chef de l'hôpit. de la Charité, profess. d'anat. au collége de chir. et à l'école de peint., frère du précéd. 1710-1792. = (J.-Jo.), profess. d'anat. et de physiol. à l'école pratique et à l'école de chir., méd. en chef de la garde impér., puis de la maison du roi, fils du précéd. 1760-1830.

Suénon Ier, dit Tyfve-Skeg (barbe fourchue), roi de Danemark. Succ. de son père Harald, qu'il avait fait périr, 985; m. 1014. = II, p.-fils du précéd., vice-roi, puis roi de Danemark. 1047; m. 1074. = III, fils d'Eric Emunde. Usurpa le trône sur Canut V, qu'il fit assass. en 1147; périt, 1157.

Suerker. V. Swerker.

Suétone (Caïus Suetonius Tranquillus), biogr. lat., secrét. d'Adrien. N. v. 70; disgracié, 121.

Suetonius Paulinus, gén. rom., préteur en 37. Commanda l'armée d'Othon contre Vitellius, et trahit le 1er de ces princes, en perdant à dessein la bat. de Bédriac, 69.

Suffolk (Gu. Poll, duc de), gén. angl., commanda le siége d'Orléans. 1429, et fut repoussé par Jeanne d'Arc; accusé de trahison; décap. 1451. = (C. Brandon, duc de), favori de Henri VIII; épousa Marie, sœur de ce prince et veuve de Louis XII, 1515.

Suffren-St-Tropez (P.-And. de), vulg. le bailli de Suffren, mar. fr., chev. de Malte, cél. par ses succès dans les Indes, contre les Angl. N. St-Cannat (Prov.), 1726; m. 1788.

Suger (l'abbé), min. de Louis VI, abbé de St-Denis, régent de Fr. pendant la 2e croisade. N. St-Omer, v. 1082; m. 1152.

Suhm (Ulric-Fréd. de), diplom., ami de Frédéric le Grand. Dresde, 1691-1740. = (L.-Fréd.), hist. et litt., chambell., historiographe royal. Copenhague, 1728-1798.

Suicer (J.-Gasp. Schweitzer, ou), théol., philol., érud. Zurich, 1620-1684.

Suidas, lexicogr. grec que l'on croit avoir vécu au 9e ou au 10e s.

uintila, roi des Visigoths d'Esp. Succ. de Récarède II, 621; détrôné, 631; m. 635.

Sulikow de Solki (J. Démétrius), archev. de Limberg, hist. M. 1603.

Sullivan (J.), gén., homme d'Etat améric. Berwick, 1741-1795. = (Ja.), gouv. du Massachusetts, public. N. 1744.

Sully (Maur. de), év. de Paris, de 1160 à 1196. Il fit poser la 1re pierre de la cathédrale, 1163. = (Eudo de), év. de Paris, succ. du précéd. en 1197. Acheva la cath.; m. 1208.

Sully (Maximilien de Béthune, duc de), homme d'Etat et homme de guerre, surintend. des fin. sous Henri IV, et successiv. gouv. de la Bastille, gr. voyer de Fr., surint. des bât., capit. héréditaire des eaux et riv., gr. maître de l'artill. et des fortif., gouv. du Poitou. Louis XIII le créa, en outre, maréch. de Fr. N. Rosny, 1560; m. 1641.

Sully (H.), horlog. distingué. N. Anglet.; m. Paris, 1728.

Sulpice-Sévère (Sulpicius Severus), hist. eccl. N. Aquitaine, v. 363; m. dans un monast., 410 ou 420.

Sulpice (St), dit égalem. Sulpice-Sévère, év. de Bourges au 6e s. M. 591. = (St), aumônier de Clotaire II, fut aussi év. de Bourges, de 624 à 644.

Sulpitia, dame rom. dont il nous reste une satire. Viv. sous Domitien, v. 90.

Sulpitius Gallus. V. Gallus.

Sulpicius Rufus (Publius), trib. du peuple 88 av. J.-C., et partisan de Marius. Sylla le fit décap.

Sultan-ed-Daulah (Abou-Schoudja), roi de Perse, de la dynast. des bouvaïdes. Succ. de son père Baha-ed-Daulah, 1015; m. 1024.

Sulzer (J.-G.), philos., litt., profess. de philos. et de mathém. à Berlin. Winterthur (Suisse), 1720; Berlin, 1779.

Summonte (J.-Ant.), hist. napolit. M. 1602.

Sunderland (H. Spencer, comte de), homme de guerre, partis. de Charles Ier. N. Althorp, 1620; tué à Newbury, 1643. = (R.), homme d'Etat, ambass. et min., devint, à l'avén. de Guillaume, lord chambell., memb. du cons. privé et gr. justicier. N. 1641; m. Althorp, 1702.

Sun-Tseu, gén. et tactic. chin., antér. à l'ère chrét.

Supersax (G. Auf der Flude, plus connu sous le nom de), homme politique du pays de Vaud, au 16e s., advers. du card. de Sion.

Surcouf (R.), cél. mar. qui se rendit la terreur des Angl. par son intrépidité et ses exploits. St-Malo, 1773-1827.

Surena, gén. d'Orode, roi des Parthes, remporta sur Crassus, à Carrhes (Mésopot.), une vict. cél., 53 av. J.-C. Mis à m. 52, par ordre du roi.

Surenhusius (Gu.), oriental., hébraïs., profess. à Amsterd., commenc. du 18e s.

Surian (J.-B.), év. de Vence, prédic. Chamas, 1670-1754.

Surin (J.-Jo.), jés., direct. des ursulines de Loudun ap. la m. d'Urbain Grandier, et lui-même convulsionn. N. Bordeaux, 1600; m. 1665.

Surius (Lau.), chartreux, hagiogr., écriv. ascét. Lubeck, 1522-1578.

Surrey (C. Howard, comte de), poëte angl., homme de guerre. N. v. 1520; décap., 1547.

Surville (Clotilde de), femme poëte du 15e s. N. château de Vallon, sur l'Ardèche, 1405; m. à plus de 90 ans. Les poésies publiées sous son nom en 1803 sont dues à l'édit., C. de Vanderbourg. = (L.-C. de Hautefort, marq. de), gén. fr. 1698-1721. = (J.-F.-Ma. de), officier de mar. qui devint gouv. de Pondichéri. N. Port-Louis (Bret.), 1717; périt sur les côtes du Pérou, 1770. = (Jo.-Et., marq. de), émigré royaliste. N. Vivarais, 1760; rentré en Fr. avec une mission de Louis XVIII, fut pris et exécuté au Puy, 1798.

Susanne ou *Suzanne*, femme de Joachim, de la tribu de Juda, suivit son époux dans la captiv. de Babylone. Accusée d'adultère par 2 vieillards et menée au suppl., fut sauvée par Daniel, qui prouva son innocence, v. 600 av J.-C.

Suzanne (Ste), vierge et martyre. Mise à m. Rome, v. 295.

Susarion, anc. poëte trag. grec. N. Icarie (Attique); viv. 589 av. J.-C.

Sussmilch (J.-P.), théol., philol., écon. Berlin, 1708-1767.

Sussex (duc de), fils de George III, oncle de la reine Victoria, memb. de la ch. haute. Buckingham-House, 1775-1843.

Sutton (Th.), riche commerç. angl., philanthr., fondat. de l'hôpital dit Charter-House. N. Knaith, 1532; m. 1611.

Suvée (Jo.-Ben.), peint., memb. de l'acad. Bruges, 1743-1807.

Suwarow. V. Souvarov.

Suzannet (P.-J.-B. Constant, comte de), chef vendéen, cousin de H. de La Rochejaquelein. N. Poitou, 1772; périt La Roche-Servière, 1815, dans une émeute.

Suze (H. de Coligny, comtesse de la), femme poëte, cél. par ses talents et sa beauté. 1618-1673.

Svedenborg (Em.), visionnaire, théosophe, métallurg., écriv. mystique. Stockholm, 1688-1772.

Sverker Ier, roi de Suède. Succ. d'Eric IX, de 1129 à 1155. = II, roi de Suède, de 1199 à 1210.

Sverr ou *Sverrer*, roi de Norvége, fils de Sigurd III. Reconq. son roy. sur l'usurp. Magnus VI, de 1179 à 1185; m. 1202.

Sviatopolk, roi de Lorraine, fils natur. de l'emp. Arnoul. Commença à régner, 895; périt en combatt. ses sujets révoltés, 900.

Sviatopolk Ier, dit le Scélérat, gr.-prince de Russie, fils d'Iaropolk Ier. Usurpa le trône sur ses cousins, 1015; chassé 2 fois, 1017 et 1018; m. en Bohême. = II, gr.-prince de Russie, fils d'Isiaslav Ier. Succ. de Wsewolod Ier, 1093; m. 1112.

Sviatoslav Ier, gr.-prince de Russie, fils d'Igor, et son succ., 945. Fit diverses conquêtes, et périt dans une embusc., 973. = II, fils d'Iaroslav Ier. Usurpa le trône sur son frère Isiaslav Ier, et régna de 1073 à 1076. = III, régna à Kief, de 1179 à 1193. = Un autre *Sviatoslav* III, gr.-prince de Vladimir, fut succ. de Iaroslav II, et régna de 1248 à 1253.

Swuan (Jo.), chim., méd. Nord-Hollande, 1774-1826.

Swammerdam (J.), méd., natural., mystique. N. Amsterd., 1637; m. 1680.

Swanevelt (Hermann), dit Hermann d'Italie, peint. Woerden (Holl.), 1620; Rome, 1690.

Swartz (Olaüs), bot. suéd., voyag. Norkœping, 1760-1817.

Swebach (Ja.-F.-Jo.), peint., direct. de la fabr. de porcelaine de l'emp. de Russie. Metz, 1769-1823.

Swediaur. V. Schwediaur.

Sweert (Em.), bot. holl. du commenc. du 17e s.

Sweynheim (Conr.), impr. all. M. v. 1476.

Swieten. V. Van Swieten.

Swift (Jonathan), litt. angl., écriv. satir., doyen de St-Patrick. N. Cashel (Irlande), 1667; m. 1745.

Swinden (J.-H. van), homme d'Etat, physic. La Haye, 1746-1823.

Swinton (J.), érud., philol., antiq. Chershire, 1703-1777.

Switzer (Et.), jardin. angl. M. v. 1745.

Syagrius (Afranius), poëte lat., secrét. de l'emp. Valentinien, préfet de Rome, et consul sous Gratien, 382. = Patrice rom., fils d'Ægidius. Vaincu par Clovis, il fut livré à ce prince, qui le fit m.

Syagrius (St), év. d'Autun dans le 6e s.

Sydenham (Th.), cél. méd. angl. N. Windfort-Eagle (Dorset), 1624; m. 1689. = (Floyer), hellén. angl. 1710-1787.

Sylburg (Fréd.), philol., hellén. Wetter (Hesse), 1536-1596.

Sylla (Lucius Cornelius), cél. Rom. N. 137 av. J.-C; fut successiv. questeur, 107, et servit sous Marius en Afrique; préteur, 92, et propréteur, 91; consul, 90, et se rendit maître d'Athènes l'année suiv. De retour à Rome et nommé dictateur, 82, il signala sa vict. sur son rival Marius par d'horribles proscript.; abdiqua, 79, et m. 78 av. J.-C., à Putéoles, où il s'était retiré. = (Faustus Cornélius), fils du précéd. et partis. de Pompée. N. 83 av. J.-C.; pris à Thapsus et mis à m. par ordre de César, 47. = (Publius Cornelius), partis. de César, nev. du dictat. Fut consul, 65 av. J.-C., et m. 49.

Sylvestre Ier (St), pape. N. Rome; succ. de St Miltiade, 314; m. 335. = II (Gerbert), astron., mathém., mécan., écriv. N. Aurillac (Auv.), v. 930; succ. de Grégoire V comme pape, 999; m. 1003. = III, antipape. Elu 1045, après l'expuls. de Benoît IX; chassé lui-même au bout de 3 mois.

Sylvestre-Gozzolini (St), fondat. de l'ordre des Sylvestrins. Osimo, 1177-1277.

Sylvius. V. Pie II. = (F. de le Boe ou du Bois, en lat.), méd. all. Hanau (Hesse), 1614-1672.

Symmaque, de Samarie, ébionite du 2e s., écriv. et trad.

Symmaque (Quintus Aurelius Avianus Symmachus), orat., écriv., homme d'Etat, le dern. défens. du paganisme, fut successiv. questeur, préteur, pontife, intend. de la Lucanie, enfin préfet de Rome, 384 à 388, et consul, 391. M. Rome, v. le milieu du 4e s.

Symmaque, pape. N. Sardaigne; succ. d'Anastase II, 498; m. 514.

Symphorien (St), martyr sous Marc-Aurèle, v. 179.

Symphrose (Ste), martyre avec ses 7 fils sous Adrien, v. 120.

Syncelle (George le), chronographe grec du 8e s., ainsi nommé de la fonct. qu'il exerçait. Ecrivait de 780 à 800.

Synésius, écriv. grec. N. Cyrène, v. 350; devint év. de Ptolémaïs. M. 401.

Syouti (Al.), hist. et gramm ar. Syout, 1445-1505.

Syphax, roi de Numidie. S'allia d'abord aux Rom. dans la 2e guerre punique, 212 av. J.-C., puis, devenu gendre d'Asdrubal, se déclara pour Carthage; vaincu par Scipion; m. ap. avoir orné le triomphe du vainq., 200 av. J.-C.

Syropulus (Sylvestre), hist. ecclés. du 15e s., gr. ecclésiarque de Florence.

Szalkai (Ant.), poëte hongr., aut. dram. M. Bude, 1804.

Szent-Martoniy (Ign.), jés., astron. de la cour de Portug. Croatie, 1718-1793.

Szymancwski (Jo.), poëte polon. M. 1801.

Szymonowicz (Sim.), poëte polon. Lemberg, 1553-1624.

— T —

Tabari (Abou-Djafar-Mohammed-el-Djorair), hist. et jurisc. ar. Arnol. 858-925.

Tabarin, farceur qui courait la ville et la prov. avec le charlat. Mondor, et fut en vogue en Fr. de 1620 à 1630.

Tabarrani (P.), méd., profess. d'anat. à Sienne. N. Lombricci, 1702; m. 1779.

Tabernæmontanus (Ja.-Théod., dit), méd. et bot. cél. N. princip. de Deux-Ponts, 1520; m. 1588.

Tabor (J.-Othon), jurisc., diplom. Bautzen, 1604-1674.

Tabourot (Et.), sieur des Accords, poëte, litt., procur. du roi. Dijon, 1547-1590.

Tacfarinas, chef numide qui conduisit les bandes afric. révoltées contre Rome, sous Tibère, 17 de J.-C. Tué dans un comb., 25.

Tachard (Gui), jés. et missionn. N. Guienne; m. Bengale, v. 1711.

Tachfin (Aboul-Moezz-Abou-Omar, roi almoravide de Maroc de 1143 à 1146.

Tacite (Caïus Cornelius Tacitus), hist. lat., orat., quest. sous Vespasien; consul subrogé en 97. N. Intéramne (Ombrie), v. 54 ap. J.-C.; m. v. 130 ou 134.

Tacite (Marcus Claudius Tacitus), emp. rom. Succ. d'Aurélien, 275; m., assass., dit-on, 276.

Taconnet (Touss. Gaspard), coméd. Paris, 1730-1714.

Tacquet (And.), jés., mathém., astron. Anvers, 1611-1660.

Tadino (Gab.), gén. et ingén. ital. N. v. 1480; m. 1543.

Tadj-Eddyn (Ali-Ben-Zhaïr), hist. ar. N. Bagdad. M. 1275.

Taftazani (Saad-Eddyn-Mass-Oud al), jurisc. comment., fils d'Omar. M. 1389.

Tafuri (J.-Bernardin), biogr. Nardo (roy. de Naples), 1695-1760.

Tagereau (Vinc.), jurisc., avoc. au parl. de Paris, au 17e s.

Tagliacozzi (Gasp.), chir. Bologne, 1556-1559.

Tagliazucchi (Jér.), litt. Modène, 1674-1751.

Taher. V. Thaer.

Tahureau (Ja.), poëte fr. N. Mans, 1527; m. 1555.

Taie ou *Thai-Lillah* (Aboubekr-Abd-el-Kerim), calife abasside de Bagdad. Succ. de Mothi, 974; forcé d'abdiq., 991; m., 1003.

Taiko-Sama, 1er kubo ou souver. séculier du Japon. Parv. au pouv., 1585.

Tailhié (l'abbé Ja.), compil. N. Villeneuve d'Agen, v. 1700; m. v. 1778.

Taillandier (C.-L.) bénéd., érud. Arras, 1705-1786.

Taillasson (J.-Jo.), peint. et litt., memb. de l'acad. de peint. Blaye, 1746-1809.

Taille (J. de la), poëte. N. Boudaroy, pr. Pithiviers, v. 1540.

Taillepied (Noël), biogr., antiq. N. pr. de Rouen, v. 1540; m. 1589.

Taisaud (P.), jurisc. Dijon, 1644-1715.

Tai-tsou, emp. de Chine de 951 à 954, et fondat. de la dynast. des Tcheou postérieurs.

Tai-tsoung, emp. de Chine, succ. de son frère, 977 à 997.

Takesch ou *Tagasch* (Ala-Eddyn), sultan de Charizm, 1193 à 1200.

Talbert (Fr.-X.) prédic., litt. Besanç., 1728-1830.

Talbot (J.), comte de Shrewsbury, gén. angl. qui commanda en chef dans les guerres contre la Fr., sous Charles VI et Charles VII. N. Blechmore, v. 1373; tué dev. Castillon, 1453. = (C.), lord, gr chancel. d'Anglet. 1684-1753. = (P.), archev. de Dublin, théol. Irlande, 1620-1680.

Tallart (Camille d'Hostun, duc de), maréch. de Fr., min. sous Louis XV. 1652-1728.

Tallemant des Réaux (F.), litt., aumôn. de Louis XIV, memb. de l'Acad. fr. N. La Rochelle, 1620; m. 1693.

Talleyrand (H. de), comte de Chalais, min. et favori de Louis XII. N. v. 1599; m. sur l'échaf., 1626.

Talleyrand-Périgord (Hélie de), card., négociat. 1301-1364. = (Al.-Angélique de), card., pair de Fr., archev. de Paris sous la Restaur. Paris, 1736-1822. = (C.-Maur. de), prince de Bénévent, cél. diplom., neveu du précéd. N. Paris, 1754; év. d'Autun, d'abord fut sous le Direct., le Consulat et au commenc. de l'Empire, min. des relat. extér.; il se maria, après avoir été relevé de ses vœux; signa les traités de Lunéville, d'Amiens, de Presbourg, de Tilsitt, et dev. gr. chambell.; fut nommé memb. du gouv. provis. en 1814, pair de Fr., plénipot. au congrès de Vienne, min. des aff. étrang. sous Louis XVIII, ambass. en Anglet. sous Louis-Philippe; m. Paris, 1838.

Tallien (J.-Lamb.), memb de la conv., proconsul à Bordeaux, et après le 9 thermidor, auquel il avait contribué, memb. du comité de salut public et de la conv., memb. du cons des cinq-cents. Paris, 1769-1820. = (Jeanne-Ma.-Ignace-Thérèse de Cabarrus), femme cél. par sa beauté et ses galant., épouse du précéd., puis du comte de Caraman, plus tard prince de Chimay. N. Saragosse, 1763; m. 1835.

Talma (F.-Jo.), cél. act. trag. Paris, 1763-1826.

Talmont (Gab. de Bourbon, princesse de), femme de Louis II de la Trémouille. M. 516.

Talmont (A.-Ph. La Trémoille, prince de), chef vendéen. Pris, Aval, 1793, et envoyé à l'échaf.

Talon (Omer), litt. Vermandois, 1510-1562. = (Omer), avoc. gén. au parl. de Paris. N. St-Quentin, 1595; m. 1652. = (Denis), avoc. gén. et présid. à mortier, fils du précéd. 1628-1698.

Tambroni (Jo.), litt., érud. Bologne, 1773-1824.

Tamerlan (Timour-Leng ou Timour-Beyg), cél. conquér. mogol. N. Kech, pr. de Samarcande, 1336; procl. khan du Djaggathaï ap. la m. de Toglouk-Timour, 1370; m. Otrar, 1405, en marchant contre la Chine.

Tammeamea, roi des îles Sandwich. M. 1819.

Tanaquil, femme de la ville de Tarquinies, épouse de Tarquin l'Ancien.

Tancarville (Jean II, vic. de Melun, comte de), vaill. capit., gr.-chambellan et gr.-maître de Fr. M. 1382.

Tanchelin, hérés. qui prêcha en Allem. et en Holl. N. Anvers; tué 1115.

Tancrède, prince sicil., l'un des plus cél. guerriers de la 1re croisade; devint prince de Galilée ou Tibériade, 1099; m. Antioche, 1112. = comte de Lecce, fils natur. de Roger, duc de Pouille. Ap. la m. de Guillaume II, fut roi de Sicile, de 1189 à 1194.

Tannegui. V. Du Chatel.

Tanner (Adam), jés., écriv. Inspruck, 1572-1632. = (Mathias), jés., écriv. ecclés., hist. N. Pilsen (Bohême), 1630; m. commenc. du 18e s. = (Th.), biogr. angl. 1674-1755.

Tannevot (Al.), poëte fr. Versailles, 1692-1773.

Tan-Tao-Tsi, min. et gén. chinois. Viv. commencement du 5e s.

Tantarani (Moin-Eddyn-Achmed), poëte ar. Floriss. Bagdad, v. 1090.

Tanucci (Bern.), homme d'Etat, min. sous Ferdinand IV. Stia (Toscane), 1698-1785.

Taò-Kouang, emp. de la Chine. N. 1781; succ. de son père Kia-King, 1820; soutint, de 1839 à 1842, une guerre désastreuse contre les Angl., qui voulaient, malgré sa défense, introd. de l'opium dans ses Etats; m. 1850.

Tapper (Rueward), controv., chancel. de l'univers. de Louvain. Enkhuysen, 1487-1559.

Tarabolous (Ali-Pacha, dit), gr.-vizir d'Achmed II, en 1693. Étranglé par ordre de Mustapha II, 1695.

Tarafah (Amrou-ben-Alabad), poëte ar. de la fin du 6e s.

Taraise, patriarche de Constantinople. M. 806.

Tarbé (L.-Hardouin), impr., tt. Sens, 1728-1784. = (L.-Hardouin), 1er commis des fin., direct. des contrib., enfin min. des fin., fils du précéd. Sens, 1753-1806. = (C.), memb. de l'assembl. législ. et du cons. des cinq-cents, frère du précéd. Sens, 1756-1804.

Tarcagnota (J.), hist. N. Gaëte; m. 1566.

Tardieu, lieut.-criminel de Paris sous Louis XIV, cél., ainsi que sa femme, par son avarice. Assass. par des voleurs, 1665.

Tardieu, fam. de grav. fr.; parmi lesquels on distingue surtout: Nicolas-Henri, memb. de l'acad. Paris, 1674-1749. = Antoine-François, grav.-géogr. 1757-1822. = Alexandre, 1758-1837.

Tardif (Gu.), trad., compil. N. Puy-en-Velay, 1449.

Tardy (J.), conseill. au parl. de Paris. Pendu avec Brisson par les Seize, 1591. = (Cl.), méd. et profess. d'anat. Langres, 1607-1670.

Tarello (Camille), agron. ital. du 16e s.

Targa (Léo.), méd. Vérone, 1750-1815.

Target (Gui-J.-B.), avoc., puis conseill. à la cour de cassat., memb. de l'Acad. fr. Paris, 1733-1807.

Targioni-Tozzetti (J.), méd., bot. Florence, 1712-1783.

Tarik ou *Tarif* (Ben-Zeiad), cél. capit. ar. du 8e s.

Tarin (J.), trad., poëte lat. Beaufort (Anjou), 1586-1666.

Tarnowski (J.), dit le Grand, ill. guerrier polon. Devint comte de l'Emp., et gr. gén. de la couronne. 1488-1571.

Tarquin l'Ancien (Lucius Tarquinius Priscus), 5e roi de Rome. N. Tarquinies, 656 av. J.-C.; nommé roi à la m. d'Ancus Martius; assass. par les fils de ce dern., 576. = le Superbe (Lucius Tarquinius Superbus), 7e et dern. roi de Rome, p.-fils du précéd. Succ. de Servius, son beau-père, qu'il avait fait assass., 534 av. J.-C.; renversé et exilé, 509, à la suite de l'attentat de son fils; m. Cumes, ap. 495. = (Sextus), fils du précéd. Amena la chute de sa fam. et l'abolit. de la royauté en outrageant Lucrèce; tué à la bat. du lac Régille, 496.

Tarrible (J.-Dom.-Léo.), jurisc. Auch, 1755-1821.

Tartaglia (N.), géom. et ingén. du 16e s. M. Venise, 1557.

Tartagni (Al.), jurisc. N. Imola, 1424; m. 1477.

Tartarotti (Jér.), litt. ital. Roveredo, 1706-1761.

Tarteron (J.), jés., trad. Paris, 1644-1720.

Tartini (Jo.), cél. music. N. Pirano (Istrie), 1692; m. 1770.

Taruffi (Jo.-And.), poëte ital. Bologne, 1722-1786.

Tarutius ou Taruntius (Lucius), astron. du 1er s. av. J.-C. N. Firmium, dans le Picentin.

Tasman (Abel-Janssen), cél. navig. holl. N. Hoorn, v. 1600.

Tasse (Bern.), poëte ital. Bergame, 1493-1569.

Tasse (Torquato Tasso, ou le), ill. poëte ital., fils du précéd. N. Sorrente, 1544; enfermé comme fou à Ferrare, 1579 à 1586; m. Rome, 1595, au moment où Clément VIII allait le faire solennellement couronner.

Tasse (Faustin), poëte. N. Venise, 1541. = (Augustin), paysagiste. Pérouse, 1566-1643.

Tassel (Rich.), peint. N. Langres, 1588; m. v. 1666.

Tasset (Jo.), habile joueur de flûte. Chartres, 1732-1820.

Tassie (Ja.), cél. modeleur angl. du 18e s.

Tassillon, duc de Bavière. Se révolta contre Charlemagne; vaincu, 788; m. prisonn. à l'abbaye de Jumièges.

Tassin (Re.-Prosp.), bénéd., érud. Lonlay (Maine), 1697-1777.

Tassoni (Al.), poëte ital., conseill. du duc François Ier. Modène, 1565-1635. = (Al.), écriv. ecclés. Collalto, 1749-1818.

Taste (L.-Bern. de la), év. de Bethléem, théol. Bordeaux, 1692-1754.

Tatien, philos. platonic. N. Syrie, v. 130; devint disciple de St Justin, puis fonda l'hérésie des eucratites, en 172.

Tatischov (Basile Nikitisch), homme d'Etat et hist. russe, 1686-1750.

Tatius, roi des Sabins. Vaincu par les Rom., 745 av. J.-C.; s'établit à Rome, où Romulus l'associa au pouv., puis le fit assass., 742.

Taube (Fréd.-Gu. de), géogr. Londres, 1724; Vienne, 1778.

Taubel (Chr.), impr. all., direct. de l'impr. de Vienne, de 1780 à 1807 ou 1808.

Tauler (J.), dominic., écriv. mystique. N. Alsace, v. 1294; m. 1361.

Taunay (A.), sculpt. N. Paris, 1768; m. Rio-Janeiro, 1824. = (N.-Ant.), peint. fr. 1755-1830.

Taurellus (N.), philos. all. Mümpelgard, 1547-1586. = V. Torelli.

Tavannes (Gasp. de Saulx de), maréch. de Fr. et gouv. de Prov. N. Dijon, 1509; se distingua sous François Ier et ses succ., et montra un zèle excessif contre les protest.; m. 1573. = (Gu. de Saulx, seign. de), lieut. du roi en Bourg., fils aîné du précéd. N. 1555; se déclara pour Henri IV, dès 1589; m. 1633. = (J.), 3e fils du maréch. et frère du précéd. N. 1555; partisan de la Ligue et créé maréch. par Mayenne, ne se soumit qu'en 1595; m. v. 1630.

Tavernier (J.-B.), cél. voyag. N. Paris, 1605; m. Moscou, 1686.

Taxile, roi de l'Inde septentr. Vaincu et dépouillé par Alexandre le Gr.

Taylor (J.), poëte angl. N. comté de Glocester, v. 1584; m. v. 1655. = (Jérémie), théol. anglic., conseill. privé d'Irlande. Cambridge, 1613-1667. = (Brook), philos., érud., mathém. angl. Middlesex, 1685-1731. = (J.), philol., érud. N. Shrewsbury, 1703; m. 1776. = (le chev. J.), oculiste angl. M. Paris, v. 1767. = (Ja.), mécan. angl. 1758-1825. = (Th.), philol., trad. Londres, 1758-1830. = (Zacharie), gén. améric., présid. des Etats-Unis. N. 1780; élu 1849; m. 1850.

Tcheou-Kong, homme d'Etat chinois, législ., philos. Viv. 11e s. av. J.-C.

Tching-Tching-Kong, dit Koxinga, amiral ou pirate chinois qui prit le titre de roi. M. 1670.

Tchourlouli-Ali-Pacha, gr.-vizir d'Achmet III, en 1705. Se vendit à Pierre le Grand; décap. 1771.

Teach, pirate angl., dit Barbe-Noire. N. fin du 17e s.; fut tué dans un combat.

Tebrizi (Abou-Zacaria Yatria, fils d'Ali), connu sous le nom d'Ebn-Alkhatib), litt. ar. Tébriz, 1031-1109.

Tedeschi (N.), dit Panormitain, cél. canoniste, card., archev. de Palerme. N. Sicile, v. 1389; m. 1445.

Tegagliano (Marcel), 2e doge de Venise. Succ. de Paul Anafesto, 717; m. 726.

Teglath-Phalasar, 2e roi du 2e empire de Ninive. Succ. de Phul, 742 av. J.-C.; m. 724.

Tegner (Esias), poëte suéd., théol., év. de Wexia. 1782-1846.

Teia, dern. roi des Ostrogoths, en Italie. Succ. de Totila, 552; vaincu et tué à la bat. de Nocera, 553.

Teichmeyer (Hermann-Fréd.), méd. Minden (Hanovre), 1685-1746.

Teifaschi (Aboul-Abas-Ahmed-al), écriv. ar. du 13e s.

Teissier (Ant.), hist. et controv. protest. Montpell., 1632; Berlin, 1692.

Tékéli (Eméric), cél. magnat hongrois. N. 1658; fut le chef des mécontents révoltés contre l'Autriche, 1676; s'allia à Louis XIV, puis aux Turcs; fut nommé roi de Hongrie par Soliman II; mais chassé de ses Etats, se fit cabaretier à Constantinople, et m. pr. de Nicomédie, 1705.

Téléric, roi des Bulgares. Succ. de Pagan, v. 771; se réfugia, 776, à la cour de Léon, où il épousa la sœur de l'impératr. Irène.

Télésille, femme argienne, cél. par son talent pour la poésie et par son courage. Sauva sa patrie, attaquée par le roi de Sparte Cléomène, 514 av. J.-C.

Télésio (Ant.), litt., poëte lat. Cosenza, 1482-1533. = (Bernardin), philos., mathém., nev. du précéd. Cosenza, 1509-1588.

Télesphore (St), pape. N. Grèce; succ. de Sixte Ier, 127; martyrisé v. 138.

Téligny (L. de), chef protest., gendre de Coligny. Tué à la St-Barthél., 1572.

Tell (Gu.), un des chefs de la révolut. suisse de 1307. N. canton d'Uri; tua, dit-on, Gessler, gouv. du pays pour le duc d'Autriche; m. Bingen, 1354.

Teller (Gu.-Abraham), théol. protest. Leipzig, 1734-1804.

Tellez (Balthazar), jés., hist. Lisbonne, 1595-1675. = *de Sylva*, (don Man.), marq. d'Alegrète, litt. Lisbonne, 1682-1736.

Teluccini (Marius), dit la Bernia, poëte ital. du 16e s.

Temanza (Th.), archit., biogr. Venise, 1705-1789.

Tempelhof (G.-Fréd.), tactic., command. d'artill., puis lieut.-gén. Tramp (Brandeb.), 1737-1807.

Temple (le chev. Gu.), homme d'Etat, diplom., écriv. Londres, 1628-1698.

Tencin (P. Guérin de), card., archev. de Lyon, min. d'Etat, sous le card. de Fleury. N. Grenoble, 1680; m. 1758. = (Claudine-Alexandrine de), femme aut., sœur du précéd., 1681-1749.

Tende (Re. de Savoie, comte de), fils natur. de Philippe II, duc de Savoie, servit sous François Ier, et se distingua à Marignan. M. Pavie, 1525. = (Claude), gouv. et sénéchal de Prov. N. 1507; révoqué à cause de son indulg. pour les protest., 1566. = (Honorat), lieut.-gén. de Guyenne, maréch. de Fr., amiral, frère du précéd. 1509-1580.

Téniers (David), dit le Vieux, peint. flam. Anvers, 1582-1694. — (David), dit le Jeune, cél. peint., fils du précéd. Anvers, 1610-1649.

Tenison (Th.), théol., archev. de Cantorbéry, un des régents d'Anglet. à la m. de la reine Anne. Cottenham, 1636-1714.

Tenivelli (C.), biogr. N. Turin, 1756; fusillé, 1797.

Tennant (Smithson), chim. angl. 1761-1815.

Tennhart (J.), visionn. all. 1661-1720.

Tennemann (W.-Gottlieb), philos. all. M. 1819.

Tenon (Ja.-Re.), chir., memb. de l'Inst. Sépaux, pr. de Joigny, 1724-1816.

Tenterden (C. Abbott, baron), jurisc, vice-présid. de la ch. haute. Cantorbéry, 1762-1831.

Tentzel (Gu.-E.), philol., numism. Amstadt, 1659-1707.

Teramo (Ja. de), dit Palladino, écriv. ascét., archev. de Tarente. Teramo, 1349-1417.

Terburg (Gér.), peint. flam. Zwol, 1608-1681.

Tercier (J.-P.), diplom., érud., memb. de l'acad. des inscr. Paris, 1704-1767.

Térence (Publius Terentius Afer), affranchi, cél. poëte com. lat. N. Afrique, v. 193 av. J.-C.; m. v. 159.

Terentia, femme de Cicéron, qui la répudia. Elle épousa ensuite Salluste, puis Messala Corvinus. M. à 103, et suiv. quelques-uns à 117 ans.

Terentianus. V. Maurus.

Terentius (J.), jés., missionn. N. Constance, 1581; m. en Chine.

Terlon (Hug. de), diplom. N. Toulouse, commenc. du 17e s.

Ternaux (Gu.-L.), cél. industriel, memb. de la ch. des députés. N. Sedan, 1765; m. 1833.

Terpandre, music. et poëte grec. N. Lesbos, v. 676 av. J.-C.

Terrasson (l'abbé J.), litt., memb. de l'Acad. fr. et de l'acad. des sc. N. Lyon, 1670; m. 1750.

Terray (l'abbé Jo.-Ma.), contrôleur des fin. sous Louis XV, intend. gén. des bâtim., direct. des b.-arts. N. Boen (Forez), 1715; m. 1778.

Terrier du Clairon (Cl.-Jo.), magistr., présid. de la ch. des comptes de Dôle. Besanç., 1697-1765.

Tersan (C.-Ph., abbé Campion de), archéol. Marseille, 1736-1819.

Terserus (J.), prélat suéd., théol. N. Dalécarlie, 1605.

Tertullien (Quintus Septimius Florens Tertullianus), doct. de l'Eglise. N. Carthage, v. 160.; m. 245.

Terzi ou *Terzo* (Ottobon), vaill. capit. ital. du 15e s. Tué Rubbiera, dans une confér., 1407.

Tesauro (Alex.), poëte. Fossano, 1558-1621.=(Emm., comte), hist., fils du précéd. Turin, 1591-1677. = (Camille), méd. et profess. de philos. à Salerne, au 16e s.

Tesman (J.), jurisc. et diplom. all. 1645-1695.

Tessaneck (J.), jés., mathém. N. Bohême, v. 1720; m. ap. 1780.

Tessé (Re. de Froulay, comte de), maréch. de Fr., ambass. N. dans le Maine, 1650; m. 1725.

Tessier (H.-Al.), méd., agron., memb. de l'Inst. 1740-1837.

Tessin (Nicodème, comte de), archit., astron., sénat. de Suède, gr.-maréch. de la cour. 1654-1718. =(C.-Gust.), homme d'Etat, négociat., présid. de la chancell. Stockholm, 1695-1779.

Teste (J.-B.), homme polit., min. sous Louis-Philippe. Bagnols, 1780; Paris, 1852.

Testelin (L.), peint. Paris, 1615-1655. = (H.), peint., frère du précéd. N. 1616. M. La Haye, v. 1695.

Testi (Fulvio), poëte ital., secrét. d'Etat d'Alphonse III. N. Ferrara, 1593; m. ap. 1646.

Tetens (J.-N.), écriv. polit., conseill. d'Etat à Copenhague. Schleswig, 1737-1807.

Tetricus (Publius Pivesus ou Pesuvius), préfet d'Aquitaine. Prit la pourpre à Bordeaux, 268; en fut dépouillé par Aurélien, 275.

Tetzel (J.), dominic. qui trafiqua publiq. des indulgences, souleva ainsi les augustins et particul. Luther, et amena par suite la réforme. N. v. 1470; m. de chagrin, à Leipzig, 1519.

Teulié (P.), gén. fr., chargé, lors des guerres d'Italie, d'organiser un gouv. provis. à Vérone et à Vicence. N. Milan, 1765; tué dev. Colberg, 1807.

Teuta, reine d'Illyrie, en 231 av. J.-C. Vaincue par les Rom. et réduite à payer un tribut, 228.

Texeira (Jo.), dominic. portug., généal., érud. N. 1543; m. en Fr., 1604.=(P.), hist. et voyag. portug. N. v. 1570.

Teymouraz, roi de Géorgie. Chassé par Chah-Abbas le Grand, 1614; m. captif, 1659.

Thaarup (Th.), poëte danois. Copenhague, 1749-1821.

Thabet (ben-Corrah-ben-Haroun), méd., mathém., philos. Harran (Mésop.), 835-900.

Thaher (Al-Khouzaï-ben-Hocein-ben-Masab), gén. ar., devint gouv., puis souver. du Khoraçan. M. 822.

Thaïs, cél. courtisane d'Athènes, au 4e s. av. J.-C., devint une des femmes de Ptolémée, roi d'Egypte.

Thaïs (Ste), pieuse pénitente d'Egypte, au 4e s.; avait été courtisane.

Thaï-Tsoung, emp. de la Chine. Succ. de son père Kao-Tsoun, 626.; m. 649.

Thalès, philos. grec, fondat. de l'école ionienne. N. 639 av. J.-C.; se fixa à Milet; m. 548.=ou Thalétas, poëte, music. N. Crète, au 9e s. av. J.-C.

Thallelée, jurisc. grec du 16e s.

Thamar, reine de Géorgie, qui remporta plus. victoires et régna de 1184 à 1206.

Thamasp Ier ou *Thamas*, 2e sofi de Perse, fils de Chah-Ismaïl. Régna de 1524 à 1576.=II, 12e sofi. Succ. de l'usurpat. Aschraf, 1729; déposé par Nadir-Chah, 1734; fut tué, dit-on, 5 ans plus tard.=V. Nadir.

Thamer (Théobald), théol. all., prédic. N. Alsace; m. Fribourg, 1569.

Théagène, de Rhège, hist. grec. Viv. v. 528 av. J.-C.

Théaulon (Et.), peint. N. Aigues-Mortes, 1744; m. 1780.= (Et.), aut. dram. N. Aigues-Mortes, 1787; m. Paris, 1841.

Thècle (Ste), vierge d'Isaurie, convertie par St Paul, 1er s. de J.-C.

Theden (J.-Chr.-Ant.), 1er chir. de l'armée pruss. sous Frédéric le Grand. Steinbeck, 1714-1797.

Théis (M.-Al. de), litt. Paris. 1738-1769. = (Alex., baron de), litt., préfet de la Haute-Vienne. N. Nantes, 1765; m. 1842.

Thekakisqui, chef des Iroquois, l'auxiliaire des Anglais dans la guerre contre l'Améc. 1765-1802.

Thelwall (J.), litt., poëte, pamphlét. Londres, 1766-1834.

Thémines (Pons de Lauzières, marq. de), maréch. de Fr., gouv. de Bretagne. N. v. 1552; m. 1627.

Themison, cél. méd. grec de Laodicée, disc. d'Asclépiade. Viv. sous Auguste.

Thémistius, dit Euphradès (beau parleur), rhét. et sophiste grec. N. Paphlagonie, v. 325; nommé préfet de Constantinople, 384; m. sous Arcadius.

Thémistocle, gén. athén., homme d'Etat. N. v. 535 av. J.-C.; eut part à la bat. de Marathon, 490; vainquit les Perses à Salamine, 480; banni néanmoins pour 5 ans par l'ostracisme, se réfugia chez Admète, roi des Molosses, puis auprès d'Artaxerce Ier, roi des Perses; s'empois., 470 av. J.-C., pour ne pas être forcé de combattre contre sa patrie.

Théocrite, poëte bucolique grec. N. Syracuse; floriss. 3e s. av. J.-C.

Théodat, roi des Ostrogoths, nev. de Théodoric Ier. Monta sur le trône en épousant sa cousine Amalasonte, 534; déposé et tué, 536.

Théodobert Ier, 2e roi d'Austrasie, fils de Thierri Ier, et son succ., 534; m. 548.=II, 6e roi d'Austrasie, fils de Childebert, et son succ., 596. Vaincu à Toul et à Tolbiac, par son frère Thierri, 612, fut livré à Brunehaut, qui le fit mettre à m.

Théodemir, prince visigoth d'Esp. Vaincu à Xérès par les Arabes, 711, se fit des roy. de Murcie, de Valence et du Nouvelle-Castille, un Etat où il se maintint indépendant.

Théodora, impératr. d'Or., femme de Justinien, et d'abord danseuse et courtisane, cél. par ses intrigues et ses caprices. M. 548. =Impératr. d'Or., femme de Théophile. N. v. 815; régente à la m. de son époux, 842; m. enfermée dans un monast., 867.=Impératr. d'Or., fille de Constantin VIII. Régna quelques semaines avec sa sœur Zoé, puis seule, ap. la m. de Constantin IX, de 1054 à 1056.

Théodore de Cyrène, dit l'Athée, philos. grec. Viv. v. 325 av. J.-C.

Théodore (Ste), vierge et martyre sous Dioclétien.

Théodore (St), soldat à Amasée, martyr. N. Arménie ou Syrie; mis à m. 307.

Théodore Ier de Jérusalem, pape. Succ. de Jean IV, 642; m. 649.=II. Succ. de Jean IX, 898; m. même année.

Théodore de Mopsueste, théol., controv., év. de Mopsueste. Antioche, 350-428.

Théodore de Césarée, dit Ascidas, moine de Jérusalem, év. de Césarée sous le règne de Justinien; finit par être déposé et excomm.

Théodore, dit Lecteur, hist. grec du 6e s.

Théodore, év. de Pharan en Arabie, sous Héraclius. Passe pour avoir fondé le monothélisme.

Théodore Studite, écriv. ecclés., abbé du monast. de Stude. Constantinople, 753-826.

Théodore Prodrome, moine grec du 12e s., écriv.

Théodore. V. Gaza, Lascaris, Neuhof.

Théodoret, écriv. ecclés., év. de Tyr. Antioche, 387-458.

Théodoric Ier, roi des Visigoths. Elu à la m. de Vallia, 419; combattit les Rom. de 426 à 436; tué à la bat. de Châlons, 451.=II, 2e fils du précéd. Monta sur le trône en faisant périr son frère Thorismond, 453; assass. par Euric, son autre frère, 466.=III, le même que le suiv.

Théodoric le Grand, roi des Ostrogoths. N. Pannonie, v. 455; chef des Ostrogoths à la m. de son père, 472; les établit en Italie, 489; joignit à cette conquête la Rhétie, la Pannonie, l'Illyrie, la Norique; nommé tuteur de son p.-fils Amalaric, roi des Visigoths, 507, régna de fait sous son nom; m. 526.

Théodose Ier, dit le Grand (Flavius Theodosius), emp. rom., fils du comte Théodose. N. Esp., 346; procl. emp. d'Or. à la place de Valens, Sirmium, 379; maître de tout l'empire après la défaite d'Eugène et d'Arbogast, 394; m. 395. =II, fils d'Arcadius et p.-fils du précéd. N. 399; régna de 408 à 450.=III, receveur à Adramite. Procl. emp. d'Or. par l'armée. 716, fut renversé par Léon III, 717.

Théodose de Tripoli, géom. et astron. grec. N. Bithynie; viv. v. 50 av. J.-C.=dit le Grammairien. N. Syracuse, milieu du 9e s.

Théodotien, trad. de l'Anc.-Testament en grec. N. Sinope; viv. v. 160.

Théodulfe, écriv. eccl., poëte lat., év. d'Orléans. N. Haute-Italie; appelé en Fr. par Charlem.; m. Angers, 821.

Théognis, poëte gnomique grec. N. Mégare, v. 538 av. J.-C.

Théon, dit l'Ancien, mathém. et astron. grec. N. Smyrne; viv. sous Trajan et Adrien, 2e s.= Sophiste ou rhéteur d'Alexandrie. Viv. sous les Antonins, 3e s. = Cél. mathém. et astron. d'Alexandrie. Floriss. de 365 à 390 av. J.-C.

Théophane, hist. et poëte grec, contemp. de César et de Pompée. N. Mitylène.

Théophane (St), hist. grec, confess. M. exilé, Samothrace, 818.

Théophanan, impératr. d'Or. D'abord cabaretière; femme de Romain II, puis de Nicéphore Phocas; les fit périr tous deux, 975 et 969; exilée, puis rappelée en 983.

Théophile (St), Père de l'Eglise, év. d'Antioche. M. v. 190.

Théophile, emp. d'Or., fils de Michel II, et son succ., 829; m. 842.

Théophile, jurisc. grec. Professa à Constantinople; m. v. 530. = dit le Moine ou le Prêtre, écriv. lat. du 12e s. = *de Viau*, poët. fr. N. Boussères-Ste-Radegonde (Agénois), 1590; m. Paris, 1626.

Théophraste, moral. grec, philos., bot. N. Eresus (île de Lesbos), 371 av. J.-C.; m. fort âgé.

Théophylacte, dit Simocatta, hist. grec. N. Egypte, v. 570; m. v. 640.

Théopompe, roi de Sparte, 770 av. J.-C. Pris à la bat. d'Ithome et égorgé, 723.

Théopompe de Chio, hist. et orat. grec. N. v. 368 av. J.-C.

Théos ou *Théot* (Catherine), visionn. qui se donnait pour la mère de Dieu, et fit quelques adeptes pendant la Terreur. N. pr. d'Avranches, 1725; m. à la Conciergerie, 1795

Théotocopuli. V. Greco.

Théramène, gén. et orat. athén. Fut un des 30 tyrans. N. Téos; condamné à boire la ciguë, 405 av. J.-C., comme modéré.

Thérèse, fille naturelle d'Alphonse VI, roi de Castille. Epousa, v. 1090, le 1er comte de Portugal, Henri de Bourgogne, puis, en 1124, Ferd. Paez, comte de Transtamare; m. 1130.

Thérèse (Ste), de Cépède, réformatr. des carmélites, et cél. mystique. N. Avila, 1525; m. au couvent d'Albe, 1582.

Thermes (Paule de la Barthe, seign. de), maréch. de Fr. N. Couserans, 1482; servit sous François Ier et ses succ.; m. 1562.

Théroigne de Méricourt, fille d'un cultivat. du pays de Liége. Vint à Paris, et y prit part à toutes les émeutes, à tous les excès de la révolut.; m. folle à la Salpêtrière, 1819.

Théron, tyran d'Agrigente. N. Béotie; m. v. 470 av. J.-C.

Thésigny (F.-Den. Douillier de), litt. et vaudevill. fr. M. 1825.

Thespis, créat. de la tragédie. N. Icarie, pr. d'Athènes; viv. 540 av. J.-C.

Theudis, roi des Visigoths. Succ. d'Amalaric, 531; assass., Barcelone, 548.

Theudisèle, roi des Visigoths. Succ. du précéd., 548; assass. l'ann. suiv.

Thévenard (Ant.-J.-Ma.), vice-amiral. St-Malo, 1735-1815.

Théveneau (C.-Sim.), mathém. et poëte. Paris, 1759-1821.

Thévenin (F.), chir. N. Paris; m. 1656.

Thévenot (Melchisedech), voyag. Paris, 1620-1692. = (J.), voyag., nev. du précéd. N. Paris, 1633; m. en Perse, 1667.

Thevenot de Saules (Cl.-F.), jurisc. fr. 1723-1797.

Thiard (Pontus de), év. de Châlon-s.-S., un des poëtes de la pléiade de Ronsard. N. chât. de Bissy, dans le Mâconnais, 1521; m. 1605. = (H. de), dit le Cardinal de Bissy, év. de Meaux, de la fam. du précéd. 1657-1737. = (Claude), comte de Bissy, litt., memb. de l'Acad. fr., nev. du précéd. 1721-1810.=(Ausone-Théodose-Ma., comte de), gén. fr., ambass., député. 1772-1852.

Thibaut Ier, roi de Navarre. V. l'art. suiv.

Thibaut, nom commun à plusieurs comtes de la 2e maison de Champagne, issus de Thibaut, dit le Tricheur, comte de Blois et de Chartres, de 924 à 978. Le seul cél. est *Thibaut* IV, dit le Faiseur de chansons, à cause de son talent pour la poésie. N. 1201; succ. de son père Thibaut III, comme comte de Champagne, devint roi de Navarre par son mariage avec Blanche V, 1234; prit part à la croisade de 1239; m. Pampelune, 1253.

Thibaut (J.-Th.), peint. et archit. Montier-en-Der (H.-Marne), 1757-1826.

Thiébault (Dieudonné), litt., secrét. du Directoire, provis. du lycée de Versailles. N. La Roche (Lorraine), 1733; m. Versailles, 1807.

Thielmann (le bar. J.-A.-Fréd. de), gén. saxon. Servit contre la Fr. de 1782 à 1814; m. 1824.

Thiemont ou *Diethmar*, peint., sculpt., fond., arch. de Saltzbourg. N. Bavière, v. 1045; m. Palest., 1101.

Thierri (St), abbé du Mont-d'Hor, pr. de Reims. M. v. 533.

Thierri Ier, fils aîné de Clovis Ier, et 1er roi d'Austrasie en 511; conquit la Thuringe et l'Auvergne; m. 534. = II, roi d'Orléans, de Bourgogne et d'Austrasie, et fils de Childebert II. N. 587; m. Metz, 613.= III, fils de Clovis II. Appelé au trône d'Austrasie par Ebroïn, 670; se soumit à Pepin d'Héristal ap. la bat. de Testry, 687; m. 691. = IV, de Chelles, fils de Dagobert III. Nommé roi de Neustrie par Charles Martel à la place de Chilpéric II, 720; régna de nom jusqu'en 737.

Thierri (J.), philos. N. Pin, pr. de Vesoul; m. 1660.=de Ville-d'Avray (Marc-Ant.), 1er valet de chambre de Louis XVI. N. Versailles; massac. sept. 1792.

Thiers (J.-B.), théol., controv., érud. Chartres, 1636-1703.

Thiéry (N.-Jo.), bot. N. St-Michel (Lorr.), 1739; m. St-Domingue, 1780.

Thillaye (J.-B.-Ja.), méd. Rouen, 1752-1822.

Thilorier (J.-C.), avoc. et mécan. 1751-1818.

Thiriot, ami de Voltaire, fut son agent d'affaires et l'éditeur de quelques-uns de ses ouvr. 1699-1772.

Thiroux d'Arconville (Ma.-Genev.-Charlotte), femme aut. 1720-1805.

Thiroux de Crosne (L.), lieut. gén. de police, fils du précéd. N. Paris, 1736; m. sur l'échaf., 1794.

Thistlewoold (Arthur), ex-lieut. de la milice angl., un des chefs de la conspir. de 1820; arrêté et pendu avec 4 de ses complices.

Thogroul ou *Thogrul* Ier, chef d'une tribu du Khoraçan, fondat. de la dynast. des Seldjoucides. Se révolta contre Masoud, 1039, et prit le titre de sultan; soumit l'Iran, une partie de la Syrie et la Mésopotamie; m. 1063. = II. Voy. Mansoud (Gaiath-Eddyn).= III, dern. sultan seldjoucide de Perse, fils d'Arslan-Chah, et son succ., 1175; tué dans une révolte, 1194.

Thogh-Tekin (Abou-Mansour-Dhahir-Eddyn), 1er min. de Dekak, sultan de Damas; gouverna pend. la min. du fils de ce prince, et fonda la dynast. des Thoghtekanides; m. 1128.

Thomas (St), en grec Didyme, un des 12 apôtres; prêcha l'Evangile chez les Parthes, et, selon la tradit., jusque dans l'Inde.

Thomas d'Aquin (St), dit le Docteur universel, le Docteur angélique, l'Ange de l'école, cél. théol., docteur scolastique, de l'ordre des dominic. N. Rocca-Secca (roy. de Naples), 1227; m. à l'abbaye de Fossé-Neuve, pr. de Frosinone, 1274.

Thomas de Catimpré, théol., hagiogr., prédic. Lewis, pr. de Bruxelles, 1200-1270. = *de Jésus* (le P.), écriv. ascét. Lisbonne, 1529; Maroc, 1581. = *de Paris* (le P.), capuc., philol., missionn. N. v. 1670. = *de Villeneuve* (le B. Garcias, dit), arch. de Valence, écriv. ecclés. Funellona (roy. de Léon), 1487-1555.

Thomas (Ant.-Léo.), litt. fr., poëte, memb. de l'Acad. fr. N. Clermont-Ferr., 1732; m. 1785. = (Ant.-J.-B.), peint. Paris, 1791-1833.

Thomas. V. Kempis et Becket.

Thomasius (Ja.), philol. Leipzig, 1622-1684.=(Chr.), jurisc., fils du précéd. Leipzig, 1655-1728.

Thomassin (L.), orator., écriv.

ecclés. Aix, 1619-1695. = (Sim.), peint. et grav. N. Paris; m. 1732. = (H.-Sim.), grav., fils et élève du précéd. Paris, 1688-1741. = (Th.-Ant.-Vicentini, dit), act. de la Coméd.-Ital., cél. par son talent dans les rôles d'Arlequin. Vicence, 1682; Paris, 1739. = Son fils, Vincent-Jean, 1717-1769, et son p.-fils, Gu.-Adrien, m. 1807, remplirent après lui les mêmes rôles.

Thomire (P.-Ph.), ciseleur en bronze. Paris, 1751-1843.

Thomon (Th.-J. de), archit. Paris, 1759; Pétersb., 1813.

Thompson (James), cél. poëte écoss. Ednam, pr. Kelso, 1700-1748. = (W.), poëte angl. du 18e s. M. v. 1766. = (W.), écriv. et peint. Dublin, 1726-1798.

Thomyris, reine des Massagètes. Vainquit Cyrus en 530.

Thophail (Abou-Djafer-Ibn), philos. et méd. ar. du 12e s. N. Cordoue; m. Séville, 1190.

Thordo (Diaconus), législat. du Danemark, 1er juge de la prov. de Nord-Jutland au 14e s.

Thore (J.), méd. Montault, 1762-1823.

Thorer (Alban), méd., hellén. Winterthur (Suisse), 1489-1550.

Thorild (Th.), philos. et poëte suéd. Gothenbourg, 1759-1808.

Thorillière (Lenoir de la), coméd. de la troupe de Molière, puis de l'hôtel de Bourgogne. M. 1679. = (P.), fils du précéd. et coméd. comme lui. 1656-1731.

Thorismond, roi des Visigoths. Succ. de son père Théodoric, 451; assass., 453.

Thorlaksen, poëte island. M. 1820, très-âgé.

Thornill (Ja.), peint angl. Weymouth, 1676-1734.

Thornton (Bonnel), litt. angl. 1724-1768.

Thorwaldsen (Alb.), sculpt. danois. Copenhague, 1769-1844.

Thott (Othon, comte de), min. d'Etat, antiq. et bibliophile danois. 1703-1785.

Thou (Christ.), 1er présid. au parl. de Paris. 1508-1582. = (N.), év. de Chartres, partisan de Henri IV, qu'il sacra. M. 1598. = (Ja.-Auguste), cél. magistr., hist., poëte lat., fils de Christophe. Paris, 1553-1617. = (F.-Auguste), maître des requêtes, puis conseill. d'Etat, fils du précéd. N. Paris, v. 1607; favorisa le complot de Cinq-Mars; fut exécuté avec lui, Lyon, 1642.

Thouin (And.), profess. de culture au Jardin-des-Plantes, puis jardinier en chef, memb. de l'Inst. Paris, 1747-1823.

Thouret (Ja.-Gu.), jurisc., memb. de l'assemblée constit. N. Pont-l'Evêque, 1746; m. sur l'échaf., 1794. = (Ja.-Augustin), méd., direct. de l'école de méd., frère du précéd. 1748-1810.

Thoutmosis, nom de 3 rois égypt. de la 18e dynast., qui régnèrent du 20e au 17e s. av. J.-C.

Thouvenel (P.), méd., partisan du magnétisme. Lorraine, 1747-1815.

Thouvenin (Jo.), cél. relieur. N. 1791; m. Paris, 1834.

Thraséas (Lucius Pætus), philos. stoïc., sénat. Enveloppé par Néron dans la conspirat. de Pison, s'ouvrit les veines, 66 de J.-C.

Thrasybule, gén. athén., fils de Lycus; renversa les 400; se mit à la tête des bannis pour chasser les 30 tyrans, 404 av. J.-C.; tué dev. Aspende (Cilicie), 390.

Thrasylle, poëte et music. de Philonte (Péloponèse). Viv. v. 37 de J.-C.

Throsby (J.), topographe et antiq. angl. 1740-1803.

Thseng-Tseu ou *Thseng-Tsen*, philos. chinois, disc. de Confucius. N. v. 505 av. J.-C.

Thsin-Chi-Hoang-Ti ou *Houang-Tching*, emp. chin.; le 1er de la dynast. des Thsin. Régna 247 à 210 av. J.-C.

Thucydide, cél. hist. grec. N. Athènes, v. 471 av. J.-C.; servit dans la guerre du Péloponèse; fut exilé pendant 20 ans; m. 395.

Thugut (F.), homme d'Etat autrich., diplom., 1er min. Lintz, 1739-1818.

Thuileries (Cl. du Moulinet, abbé des), écriv. eccl., érud. Séez, 1667-1728.

Thuillerie (Gasp. Coignet de la), diplom. fr. du 17e s. = (F.-J. Juvenon ou Jouvenot, dit la), act. et aut. dram. fr. N. v. 1655; m. 1688.

Thuillier (Vinc.), bénéd. de St-Maur, érud. Couci, près Laon, 1685-1735. = (J.-L.), bot. fr. M. Paris, 1822.

Thulden (Théod. van), peint. et grav. Bois-le-Duc, 1607-1676.

Thulemeyer (H.-Günther), jurisc. all., antiq. Lippstadt, 1642-1714.

Thummel (Maurice-A. de), litt. all. Schœnfeld, 1738-1817.

Thummig (Fr.-Ph.), philos. all. Culmbach, 1697-1728.

Thunberg (C.-P.), natural. et voyag. suéd. M. Upsal, 1798.

Thunmann (J.), érud., antiq. Sudermanie, 1746-1778.

Thurloe (J.), homme d'Etat angl., ambass. Comté d'Essex, 1616-1668.

Thurlow (Ed.), homme d'Etat angl., lord-chancel. Ashfield, 1732-1806.

Thurneisser (Léo.), empirique, érud. Bâle, 1531-1596. = (J.-Ja.), grav. Bâle, 1636-1718.

Thurocz (J.), hist. hongr. N. v. 1420.

Thurot (F.), fam. corsaire. N. Nuits, 1727; périt dans un comb. contre les Angl., 1790. = (J.-F.), hellén., profess. au Coll. de Fr. Issoudun, 1768; Paris, 1832.

Tiarini (Al.), peint. Bologne, 1577-1658.

Tibbon (Juda-Abon), sav. rabbin du roy. de Grenade, fin du 12e s.

Tibère (Tiberius Claudius Nero), emp. rom., fils de Tiberius Néron et de Livie, et cél. par sa défiance et sa cruauté. N. 42 av. J.-C.; épousa Julie, fille d'Auguste; fut adopté par son b.-père et lui succ., 14 de J.-C; m. 37.

Tibère II ou *Tibère-Constantin*, emp. d'Or. Succ. de Justin II, 578; m. 582. = III (Absimare, nommé ensuite), emp. d'Or. Détrôna Léonce, 698; vaincu par Justinien II et décap., 705.

Tibère (Al.), juif d'Alexandrie qui embrassa le paganisme et fut gouv. de Judée, puis d'Alexandrie. Tué au siége de Jérusal., 70.

Tibulle (Albius Tibullus), poëte élég. lat. du 1er s. av. J.-C.

Tickell (Th.), poëte angl. Bredekirk, 1681-1740. = (Rich.), poëte, pamphlet., de la fam. du précéd. M. Hamptoncourt, 1793.

Tiedemann (Dietrich), philos. all., partis. de Locke. N. près de Brême, 1745; m. 1803.

Tielcke (J.-Gottlieb), tactic. saxon, cap. de génie. Tautenbourg, 1731-1787.

Tiepolo (Ja.), doge de Venise. Succ. de P. Ziani, 1229; m. 1249. = (Laur.), doge de Venise, fils du précéd. Succ. de Ranier Zeno, 1268; m. 1275. = (Bohémond), de la même fam., conspirateur qui ourdit un complot à l'effet de remettre tout le pouvoir entre les mains de l'aristocratie, ce qui donna lieu à l'instit. du cons. des Dix; il fut vaincu, et parvint à s'échapper, 1510.

Tiepolo (N.), poëte et philos. vénitien, du 16e s. = (J.-B.), dit Tiepoletto, cél. peint. et grav. Venise, 1692; Madrid, 1769.

Tierney (G.), public. angl., memb. de la ch. des comm. N. Gibraltar, 1761; m. 1830.

Tifernas (Grég.), sav. hellén. N. Citta di Castello, v. 1415; m. Venise, v. 1466.

Tigellin (Sofenius Tigellinus), min. et favori de Néron. Mis à m. par Othon, 69.

Tigny (Marin Grostête de), natural. Orléans, 1736-1790.

Tigrane ou *Dikran* (c'est-à-d. souverain, tyran), nom porté par 8 rois d'Arménie. Les plus cél. sont *Tigrane* Ier, de l'anc. dynast. des Haïganiens, contemp. de Cyrus. Régna de 565 à 520 av. J.-C. = II, dit aussi Valarsace, 1er roi d'Armén. de la dynastie des Arsacides. Mis sur le trône par son frère Mithridate II, roi des Parthes, 128 av. J.-C.; m. 95. = III, dit le Grand, fils du précéd., et son succ. 95 av. J.-C.; déclara la guerre aux Rom.; envahit la Cappadoce et la Syrie, et prit le titre de roi des rois; vaincu par Lucullus, 69, et par Pompée, 64, abandonna ses conquêtes; m. 60 av. J.-C.

Til (Salomon van), théol. protest. Weścop, près d'Amsterd., 1644-1731.

Tiling (Mat.), méd., natural. N. Westphalie; m. 1685.

Tilladet (J.-Ma. de la Marque de), litt., théol., philos. N. Armagnac, v. 1650; m. 1715.

Tillemont (Séb. Le Nain de), hist., élève de Port-Royal. Paris, 1637-1698.

Tilli (M.-Ange), bot. Castelfiorentino, 1655-1740.

Tilliot (J.-Bénigne Lucotte, seign. du), philol., antiq. Dijon, 1668-1750.

Tilloch (A.), écriv., journal. Glasgow, 1759-1825.

Tillotson (J.), prédic., controv. anglic., archev. de Cantorbéry. 1630-1694.

Tilly (J. Tzerclaès, comte de), cél. gén. all. N. Bruxelles; se distingua en Hongrie contre les Turcs et dans la guerre de trente ans; mortellement blessé au passage du Lech, m. à Ingolstad, 1632. = (P.-Al., comte de), écriv. polit. Maine, 1764; Bruxelles, 1815.

Timagènes, hist. grec du 1er s. av. J.-C. N. Alexandrie.

Timanthe, peint. grec. N. Cythnos ou Sicyone; 4e s. av. J.-C.

Timée, philos. pythagoric. N. Locres, commenc. du 5e s. av. J.-C. = Hist. grec. N. Tauromenium (Sicile), v. 350 av. J.-C. = Gramm. grec du 2e au 5e s.

Timocréon, athlète et poëte com. N. Rhodes, v. 476 av. J.-C.

Timoléon, gén. corinthien. N. v. 410 av. J.-C.; fit assass., 345, son frère Timophane, qui voulait usurper le pouvoir; délivra les Syracus. de l'oppression de Denys le Jeune, et repoussa les Carthag.; m. Syracuse, 337 av. J.-C.

Timon, dit le Misanthrope, philos. athén. du 5e s. av. J.-C. = dit le Sillographe, philos. et poëte grec. N. Phlionte, v. 350.

Timon (Sam.), jés., hist., antiq. hongr. 1675-1736.

Timophane, tyran de Corinthe, frère de Timoléon. V. TIMOLÉON.

Timothée, poëte et music. de Milet. N. v. 446 av. J.-C. = de Thèbes, joueur de flûte cél. sous Alexandre le Gr., 4e s. av. J.-C. = Gén. athén., fils de Conon. Se distingua dans la guerre des alliés et dans la guerre sociale, 565 à 356 av. J.-C.; m. en exil.

Timothée (St), disc. de St Paul, puis év. d'Ephèse, v. 51. Martyrisé, 97.

Timour-Chah, souver. des Afghans, fils d'Ahmet. N. 1746; succ. de son père, 1773; m. 1793.

Tinctor, cél. music. de la fin du 15e s. N. Nivelle, à ce que l'on croit.

Tindal (Math.), fameux déiste angl., milit., puis écriv. 1656-1733. = (N.), hist., trad., nev. du précéd. 1687-1774.

Tinelli (Tibère), peint. Venise, 1586-1638.

Tingri (P.-F.), chim. Soissons, 1743-1821.

Tinseau (J.-Ant.), sav. prélat, év. de Belley, puis de Nevers. N. Besanç., 1697; m. 1782. = d'*Amondans* (C.-Ma.-Thérèse-Lé.), maréch.-de-camp, écriv. polit. Besanç., 1749-1822.

Tinte (J.-B.), peint. N. Parme; viv. v. 1590.

Tintoret (Ja. Robusti, dit le), cél. peint. Venise, 1512-1594.

Tiphaigne de la Roche (C.-F.), méd. et litt. Montebourg (Normandie), 1729-1774.

Tippo ou *Tippo-Saeb*, dit Behadour (le Brave), dern. nabab de Maïssour ou Mysore. N. 1749; succ. de son père Haïder-Ali, 1782; lutta contre les Angl., et s'allia contre eux avec Bonaparte, alors en Egypte; périt à la prise de Seringapatam, 1799.

Tiraboschi (Jér.), litt., érud. Bergame, 1731; Modène, 1770.

Tiraqueau (Ant.), jurisc. N. Fontaine-le-Comte; m. 1558.

Tiridate Ier, roi d'Arménie, frère de Vologèse. Usurpa le trône sur Rhadamiste, 62 de J.-C.; m. 75. = II, dit le Grand, fils de Khosrou. Placé sur le trône d'Arménie par les Rom., 259, battit les Parthes et embrassa le christianisme; m. 314.

Tiron (Tullius Tiro), affranchi et secrét. de Cicéron. Il perfect. la tachygraphie.

Tischbein (J.-Ant.), peint. et écriv. Haina (Hesse), 1720-1784. (J.-H.), peint., direct. de l'acad. de Hesse. Haina, 1722-1789. = (J.-H.-Gu.), peint., dessinat., direct. de l'acad. de peint. de Naples, frère du précéd. N. 1751. = (J.-Fr.-Auguste), peint. de portr., frère du précéd. Maëstricht, 1750-1812.

Tisias, orat. grec. N. Sicile; viv. v. 406 av. J.-C.

Tissard (Fr.), sav. profess. N. Amboise; m. 1508. = (P.), jés., poëte lat. Paris, 1666-1740.

Tissier (le P. Bertrand), érud., réformat. de l'abbaye de Bonnefontaine (diocèse de Reims). M. 1670.

Tissot (J.-Mau.), mathém. N. Pontarlier; m. v. 1650. = (Sim.-And.), méd. N. Grancy (pays de Vaud), 1728; m. 1797. = (Clé.-Jo.), méd., chir. milit. Ornans, 1750-1826. = (A.-Pasc.), litt., jurisc. Mornas (Vaucluse), 1782-1823.

Tite (St), disc. de St Paul, év. de Crète. Prêcha l'Evangile en Dalmatie.

Tite-Live (Titus Livius), cél. hist. lat. Padoue, 59 av. J.-C.; 18 ou 19 de J.-C.

Titi ou *Tito* (Santi di), archit. et peint. florent. du 16e s.

Titien (Tiziano Vecelli, dit le), cél. peint. vénit. N. Pieve di Cadore, v. 1477; m. de la peste, Venise, 1576.

Titius (Gottlieb-Gér.), jurisc. all. Nordhausen, 1661-1714.

Titon du Tillet (Evrard), conseill. au parl. de Paris, cél. par la protect. qu'il accorda aux lettres, et par le Parnasse français, monum. en bronze qu'il fit exécuter à ses frais. Paris, 1677-1762.

Titsingh (Is.), voyag. N. Amsterdam, v. 1740; m. 1812.

Tittel (Gottlob-A.), philos. all., advers. de Kant. M. 1816.

Titus (Titus Flavius Sabinus Vespasianus), surnommé les Délices du genre humain, emp. rom., fils de Vespasien. N. 40; prit Jérusalem, 70; succéda à son père, 79; m. 81, empois., croit-on, par son beau-frère Domitien.

Toaldo (Jo.), physic. et astron. ital. Pianezza, 1719-1798.

Tobar (Alonzo-Miguel de), peint. esp. Higuera, 1678-1758.

Tobie, juif captif à Babylone, apr. la destruct. du roy. de Juda par Salmanazar, 718 av. J.-C.; devint pourvoyeur du roi; fut disgracié, puis rétabli dans ses biens sous Sennachérib, 712; recouvra miraculeusem. la vue à l'âge de 60 ans et en vécut encore 40.

Tobin (J.), aut. dram. Salisbury, 1770-1804.

Tochon d'Annecy (Jo.-F.), numism. Mez, pr. Annecy, 1772-1820.

Tode (H.-Julien), natural. all. 1738-1797. = (J.-Clé.), méd. du roi de Danemark, litt. N. Zollenstocker, 1736; m. 1805.

Toderini (J.-B.), litt. Venise, 1728-1799.

Tœpfer (Rodolphe), litt. Genève, 1799-1846.

Tofin de San-Miguel (don Vicente), astron., mathém. esp. N. 1740; m. Madrid, 1806.

Tograi (Mougyad-Eddyn-Abou-Ismaïl-Houcein al), poëte persan, vizir de Masoud II. Fait prisonn. et mis à m. v. 1120.

Togrul. V. THOUGROUL.

Toicq (N. du), jés., missionn. Lille, 1611; Paraguay, 1680.

Toiras (J. du Caylard de St-Bonnet, maréch. de), gén. fr. N. 1585; disgracié par Richelieu, passa au service de la Savoie; tué à la bat. de Fontanelle, 1636.

Toktamouich, khan ou emp. du Kaptchak, descend de Djenguiz-Khan. Se révolta contre Ourousch, khan du Kaptchak, et usurpa le pouv. avec l'aide de Tamerlan, qui plus tard le renversa; tué en Sibérie, 1406.

Toland (J.), cél. incrédule irland., écriv. panthéiste ou plutôt athée. Redcastle, 1670-1722.

Tolède (don P. de), dit le Grand, gén. esp., homme d'Etat, vice-roi de Naples. Alba de Tormès (Castille), 1484; Naples, 1553. = (F. de), vice-roi du Pérou de 1566 à 1581. M. en prison.

Toledo (J. de), peint. N. Tolède; m. 1645.

Tolet (F.), jés., théol., négociat., card. Cordoue, 1532; Rome, 1596.

Tollet (Elisab.), femme poëte angl. 1694-1754.

Tollius (Corn.), philol. N. Utrecht, v. 1620; m. 1662. = (Alex.), philol., frère du précéd. M. Harderwick, 1675. = (Ja.), philol. et alchim., frère des précéd. N. Utrecht, v. 1650; m. 1696.

Tollius (Hermann), sav. philol., profess. de littér. grecque à Leyde. N. Breda, 1742; m. 1822.

Tolomas (C.-F.-X.), jés., litt. Avignon, 1705-1763.

Tolomei (J.-B.), jés., card., négociat. Florence, 1655-1726. = (N.), jés., écriv. ecclés., de la même fam. Sienne, 1699-1774.

Tolommei (Cl.), litt. Sienne, 1492-1555.

Tolosani (Ant.), écriv. ecclés., gén. de l'ordre de St-Antoine de Vienne. Toulouse, 1555-1615.

Tolstoi (le comte P.), diplom. russe. N. v. le milieu du 17e s.; disgracié sous Pierre II; m. dans un monast., 1728.

Tomaselli (Jo.), natural. Soave, pr. Vérone, 1733-1818.

Tomasini (Ja.-Ph.), biogr. Padoue, 1507-1654.

Tommasi (Jo.-Ma.), théol., card. Alicate (Sicile), 1649-1713. = (J. de), dern. gr.-maître titulaire de l'ordre de Naples. N. Crotone, 1731; nommé 1803, mais inutilem., les Angl. ayant refusé de rendre Malte; m. 1805.

Timorée (frère Pa.), arch. de Colocza, et généraliss. de l'armée hongroise sous Louis II. Périt, 1526.

Tondu (P.-H.-Ma.), dit Lebrun-Tondu, homme polit. N. Noyon, 1754; impr., journal. à Liége, min. des affaires étrang. ap. le 10 août; m. sur l'échaf., 1793.

Tonduzzi (J.-César), hist. Faënza, 1617-1673.

Tone (Théobald-Wolf), fondat. de l'associat. des Irlandais-unis. N. Dublin, 1763; pris par les Angl., se pendit dans sa prison, 1798.

Tong (Ezraël), min. purit., litt. Holby, 1621-1680.

Tonstall (Cuthbert), prélat angl., théol., mathém. Facford, 1476-1559.

Tonti, banq. ital. du 17e s. S'établit en Fr. v. 1650, et imagina les emprunts en rentes viagères appelées Tontines. = (le cheval.), aventur. qui accompagna Lasalle en Amér., Il était fils du précéd. M. ap. 1700.

Tooke (W.), litt., hist., chapel. de la factorerie angl. de St-Pétersb. Islington, 1744-1820.

Topal-Osman (c.-à-d. Osman le Boiteux), gén. ott., gr.-vizir de Mahmoud Ier. Périt à la bat. d'Adkerbend, 1733.

Topfer (H.-A.), philos. et mathém. Leipzig, 1758-1833.

Topham (Ed.), litt. angl. M. Doncaster, 1820.

Topino-Lebrun (F.-J.-B.), peint., élève de David. N. Marseille, 1769; m. sur l'échaf., 1801, impliqué dans la conspir. d'Aréna.

Toplady (A. Montague), théol. anglic. Farnham (Surrey), 1740-1778.

Toppi (N.), hist. ital. Chieti, 1603-1681.

Torche (l'abbé de), litt. fr. N. Béziers, v. 1635; m. 1675.

Torcy. V. COLBERT.

Tordenskiold (P. Wessel, dit),

c.-à-d. Foudre-Bouclier, cél. amiral danois. N. Drontheim, 1691; tué en duel, Hanovre, 1720.

Torelli (Guido), gén. ital., d'une fam. qui avait régné à Ferrare. Servit le duc de Milan et J.-Ma. Visconti; m. 1449. = (Lelio), jurisc. N. Fano, 1489; fut successiv. gouv. de Bénévent, audit. de Rota, chancel., 1er secrét. de Cosme Ier; m. Florence, 1576. = (Pomponio), litt. ital., poëte, aut. dram. 1536-1608. = (Ja.), archit. machiniste. Fano, 1608-1678. = (L.), moine de St-Augustin, biogr. Bologne, 1609-1683. = (Jo.), litt., géom. Vérone, 1721-1781.

Toren (Olaüs), voyag. et natural. N. pr. de Gothemberg; m. 1753.

Toreno (le comte de), homme d'Etat esp., écriv., memb. de l'assemblée des cortez. N. Oviédo, 1788; m. 1843.

Torfée (Thormode), érud., historiogr. de Danemark et d'Islande. N. Engoë, îlot pr. de l'Islande, 1648; m. 1719.

Toribio ou *Turibe* (St), arch. de Lima, qui se dévoua au soulag. des Indiens. N. Esp., 1538; m. 1606.

Torné (P.-Anastase), év. constitut., memb. de l'assembl. législ. Tarbes, 1727-1797.

Torniel ou *Tornielli* (Augustin), gén. des barnabites, annaliste, érud. ital. 1543-1622. = (Jér.-F.), prédic., poëte sacré. Camieri, 1693-1752.

Torquemada (J. de), théol., card. Valladolid, 1388-1468. = (Th. de), 1er inquisit. gén. en Esp. Valladolid, 1420-1498.

Torre (les della), ou *Torriani*, cél. fam. ital. qui joua un grand rôle parmi les guelfes, et eut une autorité presque souver. à Milan, de 1242 à 1512.

Torre (Marc-Ant. Mammucca della), de Capo d'Istria, drogman de la légation impér. à Constantinople, 1650 à 1683; nommé comte de l'Empire, 1701. = (J.-Ma. della), physic., érud., direct. du musée d'antiq. de Naples. N. Rome, 1713; m. 1782. = (Bern. della), écriv. ecclés. Naples, 1756-1820.

Torrentino (Lau.), cél. impr. N. Zwoll; s'établit à Florence, m. 1563.

Torrentinus (Hermann van Beck, dit), gramm. N. Zwoll, v. 1450; m. v. 1520.

Torrentius (Lievin van der Beken, dit), philol., poëte lat., év. d'Anvers, puis arch. de Malines. Gand, 1525-1595. = (J.), peint. Amsterd., 1589-1640.

Torrès (L. de), arch. de Montréal, négociat. Malaga, 1533-1584. = (L. da Motta Feo das), amiral portug. Lisb., 1769-1822.

Torricelli (Evangelista), cél. physic. et géom. ital., invent. du baromètre. 1608-1647.

Torrigiano (P.), sculpt. florent. N. 1472; condamné par l'inquis. d'Esp., se laissa mourir de faim, 1522.

Torrijos, gén. esp. N. Madrid, 1791; fait prisonn. par les Fr., 1823; passa en Anglet., puis essaya de rentrer en Esp., et fut pris et fusillé.

Torrubia (Jo.), francisc., hist., natural. N. Grenade; m. 1768.

Torsinello (Horace), jés., hist. Rome, 1545-1599.

Torstenson (Léo., comte de), gén. suédois, gr.-maître de l'artill. 1595-1654.

Tortelli (J.), en lat. Tortellius Aretinus, gramm. Arezzo, 1400-1466.

Tory (Geoffroy), libr. et grav. N. Bourges, v. 1480; m. 1536.

Toscan (G.), conservat. du Jardin des Plantes. N. Grenoble, 1756; m. 1826.

Toscanelli (Pa. del Pozzo), astron. Florence, 1397-1482.

Toschi (Domin.), card., théol., jurisc. Castellarano, 1535-1620.

Tostat (Alph.), sav. théol. esp., év. d'Avila. 1400-1454.

Totila, roi des Ostrogoths en Italie. Succ. d'Eraric, 541; reconq. sur les Grecs une partie de l'Italie; mais vaincu par Narsès à Tagina (auj. Lentagio), 552; m. quelques jours après.

Tott (Cl. Akeson), gén. suéd. M. 1596. = (Cl., comte de), sénat. de Suède, ambass. 1618-1674. = (F. baron de), milit. et diplom., d'origine hongr. N. Champigny, pr. de la Ferté-s.-Jouarre, 1733; émigra, 1790; m. en Hongr., 1793.

Tottleben (Gottlob-H., comte de), aventur., d'abord conseill. dans sa patrie, puis lieut.-gén. au service de la Russie. N. Saxe, v. 1710; m. 1773.

Touchet (Ma.), fille d'un apothicaire d'Orléans, maîtresse de Charles IX, dont elle eut le duc Charles d'Angoulême; épousa ensuite F. Balzac d'Entraigues.

Tou-Fou, cél. poëte chinois, commenc. du 18e s.

Toulichen, diplom. et administr. mantchou. N. 1667.

Toullier (C.-Bonav.-Ma.), jurisc. Dol, 1752-1835.

Toulongeon (F.-Emm., vic. de), public. Chât. de Champlitte, 1748-1812.

Toulouse (L.-Al. de Bourbon, comte de), 3e fils légitimé de Louis XIV et de Mme de Montespan, amiral de Fr. 1678-1737.

Touman-Bey, dern. sultan mameluk d'Egypte. Succ. de Kansou-el-Ghauri, 1516; se défendit, mais inutilem. contre Sélim Ier; pris par lui et pendu au Caire, 1517.

Toumrout ou *Tomrut* (Mohammed-el-Mahdy-ben-Abdallah-Ben), fondat. de la secte et de la dynast. des Almohades. N. Mauritanie, 1087; m. 1130.

Toup (J.), philol. angl. St-Yves (Cornouailles), 1713-1785.

Tour (J.-B. Bonafos de la), jés., prédic., poëte sacré. Montréal, 1712-1777.

Tour du Pin-Gouvernet (Re. de la), chambell. de Henri IV, maréch. de camp. N. Gouvernet (Dauph.), 1543; m. 1619. = (J.-Fréd.), homme d'Etat, min. de la guerre. N. Grenoble, 1727; m. sur l'échaf., 1794.

Tour du Pin-Montauban (Re. de la), lieut.-gén. fr. N. Dauphiné, v. 1620; m. 1687.

Tour du Pin de la Charce (Ja.-F.-Re. de la), prédic., de la fam. du précéd. Ypres, 1720-1765.

Tour d'Auvergne (Théoph.-Malo Corret de la), surnommé le Premier Grenadier de France, cél. homme de guerre, philol. N. Carhaix (B.-Bret.), 1743; tué pr. de Neubourg, 1800.

Tour (Baillet, comte de la), gén. autrich. N. dans le Luxemb.; m. 1806.

Tour. V. Latour et Delatour.

Touran-Chah, nom de 3 rois d'Ormuz, qui régn. 1346-1377, 1436-1466; 1515-1522.

Tourlet (Re.), méd. et hellén. Amboise, 1770-1836.

Tournefort (Jo. Pitton de), cél. bot. et voyag., profess. au Jard. du Roi, memb. de l'acad. des sc. N. Aix, 1656; m. 1708.

Tournely (Honoré), théol. Antibes, 1658-1729.

Tournemine (le P. Re.-Jo.), jés., érud., litt. N. Rennes, 1661; m. 1739.

Tourneur (P. Le), litt., trad. Valognes, 1736-1788. = V. Letourneur.

Tournie (Ja.-Jo.), mécan. St-Claude, 1690-1770.

Tournon (F. de), card., homme d'Etat, arch. d'Embrun, de Bourges, d'Auch, de Lyon, négociat. N. Tournon (Vivarais), 1489; m. 1562. = (C.-Th. Maillard de), card., légat de Clément XI, aux Indes et à la Chine. N. Turin, 1668; m. en prison, Macao, 1710. = (Ph. Camille-Casimir-Marcellin, comte de), homme polit., préfet de Rome, sous l'Emp., préfet, conseill. d'Etat, pair de Fr. sous la Restaur. M. 1833.

Tourreil (Ja. de), litt., memb. de l'acad. des inscr. Toulouse, 1656-1715.

Tourrette (Marc-Ant.-L.-Claret de la), natural. Lyon, 1720-1793.

Tourtelle (Et.), méd., profess. à Strasb. Besanç., 1756-1801. = (Ma.-F.), méd., fils du précéd. Besanç., 1785-1815.

Tourville (Anne-Hilarion de Cotentin, comte de), cél. mar., vice-amiral des mers du Levant, maréch. de Fr. N. chât. de Tourville (Normandie), 1642; m. 1701.

Toussaint (F.-Vinc.), litt. Paris, 1715; Berlin, 1772.

Toussaint-Louverture, nègre, un des chefs de la révolut. de St-Domingue. N. dans cette île, 1743, se rendit maître de toute la colonie, 1800; emmené en Fr., fut enfermé au fort de Joux, et y m., 1803.

Toustain (C.-F.), bénéd. de St-Maur, érud. Repas (Normand.), 1700-1754.

Toutousch (Tadj-ed-Daulah), Turc seldjoucide, fils d'Alparslan et frère de Mélik-Chah. Se fit procl. sultan de Damas à la m. de ce dern.; périt Reï, 1095.

Touttée (Ant.-Augustin), sav. bénéd. de St-Maur. Riom, 1677-1718.

Towers (Jo.), litt., journal., pamphlét. Londres, 1737-1790.

Townley (C.), antiq. angl. 1737-1805. = (Ja.), ecclés., aut. dram. Londres, 1715-1778.

Trabeas (Quintus), poëte com. lat. du 3e s. av. J.-C.

Tracy (le P. Bern. Destutt de), écriv. ascét. Parai-le-Fresi, pr. de Moulins, 1720-1786. = (Ant.-L.-Cl. Destutt de), idéologue, sénat., memb. de l'Inst., pair de Fr. N. Bourbonnais, 1754; m. 1836.

Tradescant (J.), natural. et voyag. holl. N. v. 1656.

Tradonico, doge de Venise. Succ. de J. Particiaco, 837; assass., 864.

Traetta (Th.), composit. Naples, 1727-1779.

Trajan (Marcus Ulpius Trajanus Crinitus), emp. rom. N. Italica, 52; adopté par Nerva, lui succ., 98; soumit la Dacie, et poussa ses conquêtes au delà de l'Euphrate et même du Tigre; m. Selinonte, 117.

Trakhaniot (G.), diplom. russe. M. commenc. du 16e s.

Tralles (Balth.-L.), méd. du roi de Pologne. Breslau, 1708-1797.

Trapp (Jo.), poëte et litt. angl. Cherington, 1679-1747.

Traun (Othon-Ferd., comte de), feld-maréch. autrich., gouv. de la Transylvanie. N. Bavière, 1677; m. 1748.

Trautson (J.-Jo., comte de), card., arch. de Vienne. 1704-1757.

Travasa (Cajétan-Ma.), théatin, écriv. eccl., prédic. Bassano, 1698-1774.

Travot (le bar. J.-P.), lieut.-gén. N. Poligny, 1767; m. 1836.

Trebatius (Caïus), dit Testa jurisc. rom. du 1er s. av. J.-C.

Trebatti (Pa.-Ponce), sculpt. florent., qui fut employé en Fr. sous François Ier. N. v. 1505.

Trébellien (Caïus Annius Trebellianus), pirate qui se fit procl. emp. en Isaurie, sous Gallien, 264; tué l'ann. suiv.

Trebellius. V. Pollion.

Trédia-Kofski (Vassili-Kirilowicht), poëte et litt. russe. 1703-1769.

Treilhard (J.-B., comte), jurisc., homme polit., diplom., d'abord présid. du tribunal crim. de Paris, memb. de la conv., du comité de salut public, du cons. des cinq-cents, fut successiv. plénipot. au congrès de Rastadt, un des direct. de la Fr., présid. du tribunal d'appel de Paris, conseill. d'Etat. N. Brives (Limousin), 1742; m. 1810.

Trellon (Cl.), poëte fr. du 16e s.

Trembecki (M.), poëte et hist. polon. du 18e s.

Tremblay. V. Joseph.

Tremblaye (le chev. de la), litt. fr. Anjou, 1739-1807.

Trembley (Abrah.), natural. Genève, 1700-1784.

Tremellius (Ern.), juif converti, hébraïs. N. Ferrare, v. 1510; m. 1580.

Trémoille ou *Trémouille* (Louis II de la), prince de Talmont, vaill. capit. du 15e et du 16e s. N. 1460; tué à la bat. de Pavie, 1525.

Trémoille (H.-C. de la), prince de Tarente, homme de guerre, servit sous le prince d'Orange et dans les guerres de la Fronde. Thouars, 1620-1672.

Trenck (F., baron de), chef de partisans cél. par sa bravoure et sa férocité, prit du service en Russie, puis en Autriche. N. Reggio, 1711; s'empois. dans les prisons de Vienne, 1725. = (Fr.), offic. au service de Frédéric II. N. Kœnigsberg, 1726; aimé de la princesse Amélie, sœur du roi, et jeté en prison à Glatz, s'évada, passa en Russie, fut repris à Dantzig, 1753, et retenu 10 ans prisonn.; m. en Fr. sur l'échaf. révolutionn., 1794.

Treneuil (Jo.), poëte élégiaque. Cahors, 1763-1818.

Trenta (Ph.), év. de Foligno, poëte trag. N. Ascoli, 1731; m. 1795.

Trento (Jér.), jés., orat. sacré. Padoue, 1728-1784.

Treschow, homme d'Etat suédois, théol. M. Christiania, 1833.

Tresham (H.), peint. et poëte. N. Irlande; m. 1814.

Tressan (P. de la Vergne de), missionn. Langued., 1618-1684. = (L.-Elisab. de la Vergne, comte de), maréch. de camp, litt., memb. de l'Acad. fr. N. au Mans, 1705; m. 1783. = (l'abbé de), gr.-vic. de Rouen, litt., fils du précéd. N. Boulonnais, 1749; m. 1809.

Treuer (Gottlieb-Sam.), public., profess. de dr. publ. à Gœttingue. Francf.-s.-l'Oder, 1685-1743.

Treutler (Jér.), jurisc. all. 1565-1607.

Trevisani (F.), peint. Capo d'Istria, 1656-1746.

Trevisano (Pa.), voyag. N. Venise, v. 1452.

Trew (Ardias), mathém. Anspach, 1597-1669. = (Christ.), méd. et bot., p.-fils du précéd. Lauf (Franconie), 1695-1769.

Trial (Ant.), coméd., memb. du comité révolutionn. N. Avign., 1734; se donna, dit-on, la m., 1795. = (Ma.-Jeanne), actrice, femme du précéd. Paris, 1746-1818. = (Arm.-Emm.), composit., direct. de l'Opéra, fils du précéd. 1770-1803.

Tribolo (Nicolo, dit le), sculpt. Florence, 1500.

Tribonien, cél. jurisc., d'abord avoc. à Constantinople, fut ensuite questeur, maître des offices, consul, enfin préfet du prétoire sous Justinien. N. Side (Pamphylie), commenc. du 6e s.

Triboulet, fou de Louis XII et de François Ier. N. Blois; m. 1536.

Tribuno (P.), doge de Venise. Succ. de J. Particiaco, 888; m. 912.

Tricalet (P.-Jo), écriv. ascét. Dôle, 1696-1761.

Tricaud (Anthelme), litt. Belley, 1671-1739.

Trichet-Dufresne (Raphaël), biblioph. et numism. Bordeaux, 1611-1661.

Tricot (Lau.), gramm., human. Paris, 1720-1778. = (l'abbé), litt. N. Paris, 1754; m. sur l'échaf., 1794.

Triewald (Sam.), poëte, conseill. du duc de Holstein-Gottorp. Stockholm, 1688-1742.

Trigault (N.), jés., missionn. en Chine. Douai, 1577; Nankin, 1628.

Trigueros (don Candide-Ma.), poëte et litt. N. Orgaz (Castille), 1736.

Triller (Dan.-Gu.), poëte all. Erfurt, 1695-1782.

Trimmer (mistriss Sarah), femme aut. Ipswich, 1741-1810.

Trincano (Didier-Grég.), ingénieur. N. Vaux (Fr.-Comté), 1719; m. v. 1792. = (H.-L.-Vict.), mathém., fils du précéd. Besanç., 1734-1785.

Trincavelli (Vict.), méd. et hellén. Venise, 1496; Padoue, 1568.

Trionfetti (Lelio), bot. Bologne, 1647-1722. = (J.-B.), frère du précéd. et bot. comme lui. Bologne, 1656-1708.

Trip (Luc), poëte holl. N. Groningue; m. 1785.

Tripier (N.-J.-B.), cél. avoc., memb. de la ch. des députés, pair de Fr. N. Autun, 1765; m. 1840.

Trippel (Al.), sculpt. Schafhouse, 1747; Rome, 1793.

Trissin (J.-G. Trissino, dit le), cél. poëte, litt., diplom. Vicence, 1478-1550.

Tristan (Nuno), navig. portug. Tué par les nègres sur le Rio-Grande, 1447. = (L.), peint. Tolède, 1586-1640.

Tristan-l'Ermite (L.), grand-prévôt de Louis XI. N. en Flandre au commenc. du 15e s.; servit d'abord sous Charles VII; m. fort âgé. = (F.), poëte et aut. dram., memb. de l'Acad. fr. Souliers (Marche), 1601-1655.

Trithème ou *Trilheim* (J.), chroniq., théol. Trittenheim, pr. de Trèves, 1462-1516.

Tritto (Ja.), composit. Altamura (roy. de Naples), 1785-1824.

Triveth (N.), hist., philol., théol. angl. 1258-1324.

Trivisano (Bern.), philos., érud. Venise, 1652-1720.

Trivulce (J.-Ja.), cél. gén. milanais qui servit la Fr. sous Louis XII et François Ier. N. 1447; m. Arpajon, 1518. = (Théod.), maréch. de Fr., gouv. de Gênes, nev. du précéd. M. 1531. = (Scaramuccia), jurisc., conseill. d'Etat sous Louis XII, év. de Côme et de Plaisance, card., frère du précéd. M. 1527. = (Ant.), év. de Toulon, légat en Fr., de la même fam. M. 1559. = (J.-Ja.-Théod.), card., ambass., vice-roi d'Aragon, de Sicile, de Sardaigne, nev. du précéd. M. 1557.

Trogue-Pompée. V. Pompée.

Troilius (Sam.), arch. d'Upsal, orat., érud. Dalécarlie, 1706-1764. = (Uno), arch. d'Upsal, voyag., érud. Stockholm, 1748-1803.

Trolle (Gust.), arch. d'Upsal. N. Suède v. la fin du 15e s., gouverna en l'absc. de Christiern II; périt en Norvége, 1535. = (Herluf), amiral danois, 1516-1565. = (G.-Hermann de), contre-amiral suéd. 1680-1765.

Trombelli (J.-Chrysost.), philol. Nonantola, 1697-1784.

Trommius (Abrah. van der Trom, en lat.), sav. théol. Groningue, 1653-1719.

Tromp (Mart.), cél. mar. holl., lieut.-amiral. N. La Brille, 1597; tué Latwick, 1653. = (Corn.), fils du précéd., cél. mar. comme lui et lieut.-gén., rival de Ruyter. Rotterdam, 1629-1691.

Tronchet (F.-Den.), jurisc., un des conseill. de Louis XVI, memb. du conseil des cinq-cents, présid. de la cour de cassat., sénat. Paris, 1726-1806.

Tronchin (Théod.), théol. protest. Genève, 1582-1657. = (N. Dubreuil), journal. N. 1640; m. Holl., 1721. = (Théod.), cél. méd., de la fam. des précéd. Genève, 1709-1781. = (J.-Robert), jurisc., parent du précéd. Genève, 1711-1793.

Trono (N.), doge de Venise. Succ. de Christ. Moro, 1471; m. 1473.

Tronson (L.), théol. Paris, 1622-1706.

Tronson du Coudray (Ph.-Ch.-J.-B.), offic. d'artill., tactic. Reims, 1738; Etats-Unis, 1777. = (Gu.-Alex.), avoc., frère du précéd. N. Reims, 1750; offrit de défendre Louis XVI; fut memb. du cons. des anc.; m. déporté à Cayenne, 1798.

Troost (Corn.), peint. dit le Watteau holl. Amst., 1697-1750.

Trouillet (Ja.-Jo.), ecclés., érud. Ornans, 1716-1809.

Trouville (J.-B.-Emm.-Hermand de), ingén. Paris, 1746-1815.

Trublet (N.-C.-Jo.), archidiacre de St-Malo, compil., memb. de l'Acad. fr. N. St-Malo, 1697; m. 1770.

Truchet (J.), mécan. N. Lyon, 1657; m. 1729.

Truchsess de Waldebourg (Gebhard), arch. élect. de Cologne en 1577; embrassa la réforme, et fut excomm. et chassé. M. Strasb., 1601.

Trudaine (Dan.-L.), conseill. d'Etat, intend. gén. des fin. Paris, 1703-1769.

Truguet (Lau.-J.-F.), amiral fr., min. de la mar., ambass., pair de Fr. N. Toulon, 1752; m. 1839.

Trumbull ou *Trumball* (Gu.), homme d'Etat, ambass., lord de la trésorer., secrét. d'Etat. East-Hampsted, 1656-1716.

Trusler (J.), litt. Londres, 1735-1820.

Tryphiodore, gramm. et poëte grec du 5e ou du 6e s. N. en Egypte.

Tryphon (Diodote, dit), usurpat. en Syrie, fit périr son pupille Antiochus VI, 140 av. J.-C.; reçut ou se donna la m. à Apamée, 134. =(Salvius, dit), joueur de flûte, procl. roi de Sicile par les escl. révoltés, 104 av. J.-C.; battu et pris, 99.

Tscharner (N.-Emm.), litt. Berne, 1723-1794.

Tschebotaref (Charitas-Andrewitch), conseill. d'Etat, 1er rect. de l'univ. de Moscou. M. 1815.

Tscherning (And.), poëte et philol. Bunzlau (Prusse), 1611-1659.

Tschirnhausen (Ehrenfried-Walther de), physic. et géom. H.-Lusace, 1651-1708.

Tschudi (Gilles), hist., érud. Glaris, 1505-1572.

Tseu-Ssé, philos. chinois, p.-fils de Confucius. N. v. 515 av. J.-C.; m. v. 453.

Tuaire (F.), peint. Aix (Prov.), 1794-1825.

Tubéron (Quintus Ælius Pœtus Tubero), lieut. en Asie, ami de Cicéron et de Pompée. =(Quintus Ælius), jurisc., orat., de la même fam.

Tubéron (L.), chroniq., abbé de Dalmatie au 16e s.

Tubi (J.-B.), dit le Romain, sculpt. N. Rome, v. 1630; m. Paris, 1700.

Tuccaro (Archange), acrobate ital. que Charles IX attacha à sa personne. N. Aquila, v. 1535.

Tucker (Abrah.), litt., moral. Londres, 1705-1774. = (Josias), écriv. polit. Pays de Galles, 1711-1799.

Tuckey (Ja. Kingston), navig. N. Greenhill (Irl.), 1776; m. 1816.

Tudor (Owen), du pays de Galles, tige de la maison royale des Tudor. Epousa secrètem. Catherine, veuve du roi d'Anglet. Henri V; embrassa le parti de Lancastre; pris et décap. 1461, par ordre d'Edouard IV.

Tuet (J.-C.-F.), philol., human. Ham, 1742-1797.

Tullie, fille de Servius Tullius. Fit périr son 1er mari pour épouser Tarquin le Superbe, et dirigea le complot que celui-ci trama pour faire périr Servius, 534 av. J.-C. = Fille de Cicéron. N. 77 av. J.-C.; épousa en troisièmes noces Dolabella; m. 46.

Tullin (Chr. Braunman), poëte norvégien. Christiania, 1728-1765.

Tullus Hostilius, 3e roi de Rome. Elu à la m. de Numa Pompilius, 669 av. J.-C. Soumit les Fidénates, les Véiens, les Sabins. M. frappé de la foudre, 637 av. J.-C.

Tupac-Aymaru (Jo.-Casimir-Boniface), cacique péruvien. N. Tintaï, 1743; s'étant révolté contre les Esp., fut pris et écartelé, 1781.

Tura (Cosme), peint. Ferrare, 1406-1469.

Turbilly (L.-F.-H. de Menon, marq. de), agron. Anjou, 1717-1776.

Turchi (Al.), dit aussi Alex. Véronèse et l'Orbetto, peint. N. Vérone, v. 1580; m. v. 1650. = (L.), év. de Parme, prédic. Parme, 1724-1803.

Turckheim (J. bar. de), public., memb. de l'assembl. constit. N. Strasb.; m. Altorf, 1824.

Turenne (H. de la Tour-d'Auvergne, vic. de), ill. capit., maréch. de Fr., fils de La Tour-d'Auvergne, vicomte de Turenne et duc de Bouillon. N. Sedan, 1611, d'une fam. protest.; servit d'abord sous Louis XIII, dans la camp. de Roussillon, 1642; fut un instant du parti de la Fronde, mais défit Condé lui-même, et devint l'un des gén. les plus dévoués de Louis XIV; se couvrit de gloire dans les camp. de Hollande et d'Allem.; se convertit au catholic., 1668; tué d'un boulet de canon à Saltzbach, 1675.

Turgot (St), év. de St-André, min. de Malcolm III. Ecosse, 1045-1115.

Turgot (M.-Et.), prév. des marchands, puis présid. du gr. conseil. Paris, 1690-1751. = (Anne-R.-Ja.), bar. de l'Aulne, écon., litt., min. de la mar., puis contrôl. gén. des fin., memb. de l'acad. des inscr., le plus jeune des fils du précéd. N. Paris, 1727; m. 1781. = (F., dit le chevalier), gouv. de la Guyane fr., frère du précéd. Paris, 1721-1789.

Turheim (Ulrich de), minnesinger du 13e s.

Turlot (F.-Cl.), litt. Dijon, 1745-1824.

Turnèbe (Ad.), philol., crit. Les Andelys, 1512-1565.

Turner (Sam.), voyag. angl. 1779-1805. = (Dawson), bot. angl. M. 1818. = (Sharon), hist. angl. 1708-1847.

Turot (J.), public. M. Paris, 1825.

Turpin, *Tulpin* ou *Tilpin* (J.), arch. de Reims, ami de Charlemagne; il passe à tort pour aut. de la Chronique de l'archevêque Turpin.

Turpin (F.-H.), hist. Caen, 1709-1799.

Turpin de Crissé (Lancelot, comte), lieut.-gén., tactic. N. Beauce, 1715; m. en émigr., 1795.

Turreau de Garambouville (le bar. L.-Ma.), lieut.-gén., ambass. aux Etats-Unis. N. Evreux, 1756; m. 1816.

Turretini (Bénédict), théol. protest. Zurich, 1588-1631. = (F.), théol., fils du précéd. 1623-1687. = (J.-Alph.), écriv. ecclés., profess. d'hist. à Genève. 1671-1737.

Turrieu (F. Torrès ou), théol. N. Herrera, v. 1504; m. 1584.

Tusser (Th.), poëte et agron. N. comté d'Essex, 1515; m. v. 1580.

Tutchin (J.), pamphlét. et poëte angl. M. 1707.

Tutilon, bénéd. de St-Gall., peint, stat., poëte, music. M. v. 908.

Twardowski (Sam.), poëte polon. du 17e s.

Twartko Ier, fils d'Et. Cotromanowich, duc de Bosnie, et son succ., 1359; devint roi de Bosnie et de Rascie, 1376; m. 1392. = II, fils du précéd., roi de Bosnie et de Rascie, 1396 à 1443.

Tweddel (J.), litt. et voyag. Northumberland, 1769; Athènes, 1799.

Twiss (Rich.), litt. et voyag. Rotterdam, 1747-1821.

Tycho-Brahé. V. Brahé.

Tychsen (Olouf-Gerhard), numism., oriental. all. Toudern, 1734-1815.

Tydeman (Minard), jurisc., philol. Zwolle, 1741-1825.

Tyers (Th.), litt. et crit. angl. N. v. 1726; m. 1787.

Tymour-Chah, 2e souver. de l'Afghanistan moderne. N. Meschhed, 1746; succ. de son père Ahmed, 1773; m. 1793.

Tympe (J.-Gottfried), théol. Brietz (Magdeb.), 1699-1768.

Tyndale (W.), un des propagat. de la réforme. N. pays de Galles, 1500; brûlé à Augsbourg.

Typotius (Ja. Typoest, en lat.), hist. N. Bruges; m. 1601.

Tyrannion, gramm., géogr., ami de Cicéron. N. roy. de Pont; amené à Rome, où il ouvrit une école.

Tyrrel (Ja.), hist. et écriv. polit. Londres, 1642-1718.

Tyrtée, cél. poëte athén. Viv. 7e s. av. J.-C.

Tyrwhitt (Th.), crit., archéol. Londres, 1730-1786.

Tyson (Ja.), litt., poëte dram. Londres, 1799-1820.

Tysseus (P.), peint. d'hist. Anvers, 1625-1692.

Tytler (W.), litt. Edimb., 1711-1792. = (H.-W.), méd., litt. angl. N. 1752; m. Edimb., 1808.

Tzetzès (J.), poëte et gramm. grec. N. Constantinople, v. 1120; m. 1193.

Tzschirner (H.-Gu.), théol. protest., prédic. Chemnitz (Saxe), 1778-1828.

— U —

Ubaldini (Ruggieri d'), archev. de Pise, en 1276, et l'un des princip. chefs des gibelins. Fit périr Ugolin. V. ce nom. = (Petruccio), hist. N. Florence, v. 1524; m. Anglet., fin du 16e s.

Uberti (Farinata degli), chef des gibelins de Florence. Chassé de la ville, 1250, la reprit et la garda jusqu'en 1266.

Ucello (Pa.), peint. Florence, 1389-1472.

Uchenski (Ja.), archev. de Gnesen et primat de Pologne. M. 1581.

Uchoreus, roi d'Egypte au 22e s. av. J.-C. Il fonda Memphis, suiv. Diodore.

Uden (Lucas, van), peint. Anvers, 1595-1662.

Udine (J. d'), peint. N. 1489; m. Rome, 1562.

Uffenbach (Zacharie-Conrad d'), cél. biblioph. Francfort, 1683-1734. = (J.-Fréd.), poëte lyr. 1687-1769.

Uggeri (l'abbé Ange), antiq. ital. Lombardie, 1754-1837.

Uggione (Marco), peint. Milan. M. 1520.

Ughelli (Ferd.), écriv. ecclés. Florence, 1595-1670.

Ugolin de la Gherardesca, guelfe de Florence. Fut enfermé avec ses enfants dans une tour par Ubaldini; on jeta les clefs de la tour dans l'Arno, et tous ces malheureux périrent de faim, v. 1288.

Ugonius (Mathias), écriv. eccl., év. de Famagouste (Chypre), commenc. du 16e s.

Uhlich (Gottfried), rélig. des écoles pies, hist. St-Pœlten (Autr.), 1743-1794.

Uilkens (J.-Alb.), théol., natural. holl. 1772-1825.

Uladislas. V. Vladislas.

Ulde ou *Uldin*, roi des Huns, 400 à 412; vaincu par les Rom.

Ulefeld (Cornifix ou Corfito, comte d'), min. danois sous Christian IV. M. en Suisse, 1664.

Ulft (Ja. van der), peint. holl. N. Gorcum, v. 1627; m. 1680.

Ulloa y Pereira (L. de), poëte esp. N. Toro; m. 1660.

Ulloa (Ant. d'), gén. et homme d'Etat. Séville, 1718-1795.

Ulphilas ou *Wulfilas*, év. des Goths de Dacie et de Thrace, 4e s.

Ulpien (Domitius Ulpianus), cél. jurisc., préfet du prétoire, princip. min. d'Alexandre-Sévère. N. Tyr, fin du 2e s.; assass. par les prétoriens, 228.

Ulric, comte de Cilley, magnat de Hongrie au 16e s. Tué par le fils d'Huniade, 1456. = (Ph.-Adam), jurisc., agron. all. N. 1692.

Ulrich (J.-Ja.), théol. Zurich, 1566-1638. = (J.-Ja.), écriv. eccl. Zurich, 1683-1731. = (J.-Gasp.), hist. eccl. Zurich, 1705-1768. = (J.-H.), philol. all. M. 1813.

Ulrique-Eléonore, femme de Charles XI, roi de Suède, fille de Frédéric III de Danemark, 1656-1693. = Fille de Charles XI et de la précéd. N. 1688; mariée au prince Fréd. de Hesse-Cassel, 1715; élevée sur le trône à la m. de son frère Charles XII, 1719; abdiq. en fav. de son époux; m. 1744.

Unfroi, 5e fils de Tancrède de Hauteville, chef des Normands en Italie, reçut de Léon V l'investit. de l'Italie mérid. M. 1054.

Unger (J.-Fréd.), écon. all., secrét. du duc de Brunswick. 1716-1781.

Union (D.-L. Firmin de Carvajal y Vergas, comte de l'), gén. esp. N. Lima, 1752; tué devant Figueras, 1794.

Unterberger (Ignace), peint. Karales (Tyrol), 1744-1797.

Unzer (J.-A.), litt. Wernigerode, 1748-1775.

Upham (W.-Ed.), hist. et oriental. angl. M. 1835.

Urbain (St), év. de Langres. N. Colmiers (Champ.); m. 376.

Urbain Ier (St), pape. N. Rome. Succ. de Calixte Ier, 222; martyrisé, 230. = II (Eudes ou Odon), Français. Succ. de Victor III, 1088; prêcha la 1re croisade, 1095; m. 1099. = III (Hubert Crivelli). Succ. de Luce III, 1185; m. 1187. = IV (Ja.-Pantaléon). N. Troyes (Champ.), patriarche de Jérusalem; succ. d'Alexandre IV, 1261; m. 1265. = V (Gu. Grimaud). Succ. d'Innocent VI, 1362; m. Avignon, 1370. = VI (Bart. de Prignano). N. Naples; élu à la m. de Grégoire XI, en concurrence avec Clément VII, ce qui commença le gr. schisme d'Occid.; m. Rome, 1389. = VII (J.-B. Castagna). Succ. de Sixte-Quint, 1590; ne régna que 13 j. = VIII (Maffeo Barberini), poëte ital. et lat. Succ. du pape Grégoire XV, 1623; m. 1644.

Urbain (Ferd. de St-), archit., grav. en médailles. Nancy, 1654-1731.

Urfé (Anne d'), poëte. Forez, 1555-1621. = (Honoré), romanc., frère du précéd. 1567-1625.

Urquijo (Mariano-L., chev. d'), min. esp. N. Vieille-Castille, 1768; m. Paris, 1817.

Urraque, reine de Castille, fille d'Alphonse VI. Epousa Raymond de Bourgogne, puis, en 1106, Alphonse le Batailleur, qui la répudia, 1111; prit les armes; fut vaincu et mourut dans un monast., 1126.

Urrutia (Jo. de), gén. esp. N. Biscaye, v. 1728; m. 1800.

Ursin ou *Ursicin*, antipape, élu le même jour que St Damase, 366. M. dans les Gaules.

Ursin (J.-H.), antiq. M. Ratisb., 1667. = (J.-H.), philol., fils du précéd. 1647-1707. = (J.-Fréd.), philol., trad. Meissen (Saxe), 1735-1796.

Ursins. V. Juvénal. = (Anne-Ma. de la Trémoille, princesse des), femme cél. par son adresse. N. en Fr., v. 1643; veuve du prince de Talleyrand-Chalais et du duc Bracciano-Orsini; devint camerera-mayor de la reine d'Esp., 1re femme de Philippe V, et gouverna les 2 époux; la reine étant morte, 1714, la princesse des Ursins fit épouser au roi Elisabeth Farnèse, qui la fit exiler; elle se fixa à Gênes, puis à Rome, où elle mourut, 1722.

Ursule (Ste), vierge et martyre. Mise à m. Cologne, 384 ou 453.

Urville. V. Dumont.

Usher (Ja.), en lat. Userius, prélat angl., hist. eccl., chronol. Dublin, 1580-1656. = (Ja.), écriv. et philos. angl. 1720-1772.

Ussermann (Emilien), bénéd., érud. St-Ulric (Forêt-Noire), 1737-1798.

Ussieux (L. d'), litt., agron. Angoulême, 1747-1805.

Ustaritz (Gab.), un des chefs de la révolut. de Caracas, dans l'Amér. esp. N. 1772; tué, 1814.

Usuard, relig. de St-Germ.-des-Prés, hagiogr. M. v. 897.

Utenhove (J.-B.), poëte grec et lat. N. Gand, v. 1536; m. 1600.

Uva (Ben. dell), bénéd., poëte sacré. N. Capoue, v. 1530.

Uxelles (N. de Blé, marq. d'), maréch. de Fr. N. Châlons, 1652; m. 1730.

Uz (J.-B.), poëte all. Anspach, 1720-1796.

Uzbek, khan du Kaptchak, de 1305 à 1342. Il étendit sa domin. sur la Russie. Les peuples qui lui obéissaient prirent le nom d'Uzbeks.

Uzès (Aldébert d'), év. de Nîmes. N. Uzès; m. 1180.

Uzzano (N. d'), homme d'Etat florent. Succ. de Th. Albizzi, comme chef de la républ., 1417; m. 1432.

Uzum Cassan. V. Ouzoun Haçan-Beyg.

— V —

Vaca de Guzman (Jo.-Ma.), poëte esp. 1743-1805.

Vacca (Flaminio), antiq. et sculpt. rom. de la fin du 16e s. = (Alvar-Nunez-Cabeza de), gouv. du Paraguay en 1539; son avarice et sa cruauté ayant excité une révolte, il fut déporté en Afrique.

Vaccaro (And.), peint. Naples, 1598-1670. = (F.), peint. et grav. N. Bologne, v. 1636.

Vacchieri (C.-Alb.), litt. et hist. bavar. 1745-1807.

Vachet (J.-Ant. Le), écriv. eccl., instit. des sœurs de l'Union chrétienne. N. Romans, v. 1603; m. 1681. = (Bénigne), missionn. Dijon, 1641-1720.

Vacquerie (J. de La), 1er présid. du parlem. de Paris, sous Louis XI. M. v. 1497.

Vaddère (J.-B.), hist. N. Bruxelles, v. 1640; m. 1691.

Vadé (J.-Jo.), poëte burl., chansonn. N. Ham, 1720; m. 1757.

Vadianus (Joachim de Watt, dit), litt., philol. St-Gall, 1684-1751.

Vadier (Marc.-Gu.-Alexis), memb. de la conv., présid. du comité de sûreté gén. N. Languedoc, 1735; m. exilé, Bruxelles, 1828.

Vaidjan (Abou-Salem-Mohammed, ben Vasteu ou Wascheran), géom. et astron. ar. N. Koufa, v. le milieu du 10e s.

Vaillant de Guelle (Germ.), év. d'Orléans, philol., poëte lat. M. 1587.

Vaillant (Gu.-Hug.), bénéd., poëte lat. N. Orléans; m. 1678. = (Walbrant), peint. et grav. Lille, 1623-1677. = (J.), peint., frère du précéd. N. Lille, 1624. = (Bern.), dessinat., frère des précéd. N. Lille, 1625. = (J.-Foi), voyag., numism., memb. de l'acad. des inscr. Beauvais, 1632-1706. = (Séb.), bot., direct. du Jard. du Roi, memb. de l'acad. des sc. N. Vigny, pr. de Pontoise, 1669; m. 1722.

Vaisselte (Jo.), bénéd. de St-Maur, hist., érud. Gaillac (Languedoc), 1685-1756.

Vakhtang, nom de plus. rois de Géorgie. Le plus cél. est *Vakhtang* V, qui régna de 1703 à 1724, et embrassa le mahomét. Vaincu par Nadir, il se retira en Asie, et m. à Astracan.

Vala ou *Wala*, abbé de Corbie, parent de Charlemagne, intend. du palais de ce prince, et précep. de son fils Lothaire. M. Robbio, 836.

Valada ou *Walida*, princesse mahomét. qui cultiva avec succès la poésie. N. Cordoue; m. 1091.

Valadon (le P. Zacharie), capuc., missionn. N. Auxonne, v. 1680; m. 1746.

Valart (l'abbé Jo.), human., philol. N. Hesdin (Artois), 1698; m. 1781.

Valazé (C.-Eléonore Dufriche de), écon., memb. de la conv. N. Alençon, 1751; condamné à m. avec les Girondins, 1793; se poignarda au prononcé de l'arrêt.

Valcarcel (Jo.-Ant.), agron. esp. N. Valence, v. 1720; m. v. 1792.

Valckenaer (L.-Gasp.), cél. philol. holl. Leeuwarden, 1715-1785.

Valdemar Ier, dit le Grand, roi de Danemark, p.-fils d'Eric III. N. 1131; s'empara du trône, à la m. d'Eric V, 1147; m. 1181. = II, le Victorieux, fils puîné du précéd. Succ. de son frère Canut VI, 1202; m. 1241. = III, fils aîné du précéd., avec lequel il fut co-régent de 1219 jusqu'à sa m., 1231. = IV, 3e fils de Christophe II, et son succ. en 1340; céda l'Esthonie aux Teutons, puis à la Suède et à la Norvége des prov. qu'il reconquit ensuite. M. 1376.

Valdemar, roi de Suède, et le 1er de la dynast. des Folkungs. Elu, 1250, à la m. de son oncle Eric XI; détrôné, 1288; m. en prison, 1293.

Valdès (F.), tactic. esp. du 16e s. = (Lucas de), peint. Séville, 1661-1724. = (Ant.), min. d'Etat esp. N. v. 1753; m. v. 1811.

Valdivia (don P. de), capit. esp., compagn. de Pizarre, qu'il défendit contre Almagro; fonda la Conception, Valdivia, etc.; assommé par les Araucans, 1559.

Valdo (P. de Vaux ou), chef des hérétiques connus sous le nom de Vaudois. N. Vaux, pr. de Lyon, au 12e s.; on ignore l'ép. de sa m.

Valdory (Cl.), jés., écriv. ascét., missionn. N. Rouen, 1601.

Valençay. V. ESTAMPES.

Valence (Cyrus-Ma.-Al. de Timbrune-Timprone, comte de), lieut.-gén. Agen, 1757-1820.

Valenciennes (P.-H.), paysag., memb. de l'acad. Toulouse, 1750-1819.

Valens (Publius Valerius), emp. rom. N. Pannonie, v. 328; associé à l'emp., 364, par son frère aîné Valentinien, qui lui abandonna l'Orient; vaincu par les Goths, dev. Andrinople, et brûlé dans une chaumière où il s'était réfugié avec sa suite, 378.

Valens (Publius Valerius), l'un des 30 tyrans. Était proconsul d'Achaïe; se fit procl. sous Gallien; vainquit et fit tuer son compétit. Pison, 261; tué lui-même au bout de 6 semaines.

Valenti-Gonzaga (Silvio), card. et secrét. d'État de Rome. N. Mantoue, 1690; m. 1756.

Valentia (Grég.), jés. esp., écriv. ascét. Medina-del-Campo, 1551-1598. = (P. de), jurisc., historiogr. de Philippe III. Cordoue, 1554-1620.

Valentin (St), prêtre ital. martyr. Rome, 270, ou Terni, 306.

Valentin, hérés. du 2e s., fondat. d'une des sectes connues sous le nom de gnostiques. N. Egypte; excomm., 145; m. 161. = (Basile), cél. alchim. qui fonda la chimie et la pharm. On croit qu'il naquit à Erfurt, à la fin du 14e s., et l'on ne sait rien de certain sur sa vie. = (Moïse), peint. fr. Coulommiers, 1600-1632. = (M.-Bern.), méd. et natural. Giessen (Hesse), 1657-1726.

Valentine de Milan, fille de Galéas Visconti. Epousa Louis, duc d'Orléans, frère de Charles VI, 1389; essaya de venger l'assass. de son époux; m. 1408.

Valentinien Ier (Flavius Valentinianus), emp. rom. N. Pannonie, 321; procl. à Nicée, à la m. de Jovien, 364; m. 375. = II (Flavius Placidus Valentinianus), fils du précéd. N. 371; procl. à la m. de son père, eut en partage l'Italie, et vint régner à Milan sous la tutèle de sa mère; reçut tout l'Occid. à la m. de Maxime, 388; assass. à Vienne, 389, par le Franc Arbogast. = III (Flavius Placidus Valentinianus), emp. d'Occid., fils de Constance III. N. Ravenne, 419; procl. 425; assass. 455, par Pétrone-Maxime.

Valère (Ste), vierge, martyrisée dans le Limousin, 3e s.

Valère-Maxime (Valerius Maximus), écriv. lat., contemp. de Tibère.

Valeria (Galeria), impératr. rom., fille de Dioclétien. Mariée à Galère-Maximin, 292; exilée et mise à m., 315.

Valérien (Publius Licinius Valerianus), emp. rom. N. v. 190; procl. à la m. de Gallus, 293; vaincu par Sapor, 260; torturé pend. plus. années, puis écorché vif.

Valérien (St), martyr de Bourgogne, sous Marc-Aurèle. Décap. 179. = (St), év. d'Aquilée au 4e s. M. v. 389.

Valerius Flaccus (Caïus), poëte lat., de Setia ou de Padoue. M. v. 111 de J.-C.

Valery (St), 1er abbé du monast. de Picardie qui porte son nom. M. 622.

Valette (J. Parisot de la), 48e gr.-maître de l'ordre de Jérusalem, de 1557 à 1568. = (Bern. de la), amiral de Fr., frère du duc d'Epernon. N. 1553; tué dev. Roquebrune, 1592. = (Bern., duc de la), homme de guerre, fils du duc d'Epernon. Angoulême, 1592-1661. = (L. de Nogaret, card. de la), frère du précéd. Commanda une armée en Allem. et en Italie. 1593-1639. = (L. de Thomas de la), 7e supér. gén. de l'Oratoire. Toulon, 1678-1772. = (Siméon Fagon dit), géom. et poëte. Montauban, 1719-1801. = V. LAVALETTE.

Valguarnera (Mariano), litt., érud. Palerme, 1564-1634.

Valhubert (Ja.-Ma.-Rog.), gén. de brigade. N. Avranches, 1765; tué Austerlitz, 1805.

Valieri (Bernucc), doge de Venise. Succ. de F. Cornaro, 1656; m. 1698. = (Silvestre), fils du précéd. Succ. de F. Morosini comme doge, 1694; m. 1699.

Valiero (Augustin), card., litt., philol. Venise, 1531-1606.

Valincourt (J.-B.-H. du Trousset de), litt., historiogr., memb. de l'Acad. fr. Paris, 1653-1730.

Valkenburg (Dirck ou Thierri), peint. Amsterd., 1675-1721.

Valla (Lau.), sav. philol., poëte lat. Rome, 1406-1457. = (G.), érud., philol. du 16e s. N. Plaisance. = (N. Duval, dit), jurisc. fr. du 16e s., conseill. au parl. de Paris. = (Jo.), orator., théol., philos. N. Lhôpital (Forez); m. 1790.

Valle (N. della), poëte lat. N. v. 1452; m. Rome, 1473. = (P. della), cél. voyag. Rome, 1586-1652.

Vallot (P.-L. de Beauvollier), intend. gén. de l'armée vendéenne. N. v. 1770; m. 1825.

Valois (L. le), jés., écriv. eccl. Melun, 1630-1700.

Valori (Bart.), dit l'Ancien, magistr., ambass. floreut. 1354-1427. = (F.), gonfalonier, ambass. N. Florence, 1439; tué dans une émeute, 1498.

Valperga de Caluso (Th.), astron., mathém., oriental., litt. Turin, 1737-1815.

Valsalva (Ant.-Ma.), anat. ital. Imola, 1666-1723.

Valsecchi (dom Virginius), bénéd. du Mont-Cassin, érud. Brescia, 1681-1739. = (Antonin), dominic., théol., orat. sacré. Vérone, 1708-1791.

Valturio (R.), tactic., érud. N. Rimini; m. fin du 15e s.

Valvasone (Erasme de), poëte ital. Frioul, 1523-1593.

Valverde (Vincent de), missionn. qui accompagna Pizarre au Pérou, et fut nommé év. de Cuzco. N. Oropesa; dévoré par les Indiens, 1543.

Vamba ou *Wamba*, roi des Visigoths. Elu à la m. de Recesvinde, 672; repoussa d'Esp. les Arabes; détrôné, 680; m. dans un monast., 683.

Vammale (Ant. Brès de), orat. sacré. Alais, 1735-1781.

Vanbruch (J.), aut. com. et archit. angl. N. v. 1672; m. 1726.

Vancouver (G.), cél. navig. angl. 1750-1798.

Van Dale (Ant.), méd., crit., antiq. Harlem, 1638-1708.

Vandamme (Domin.-Jo.), comte d'Unebourg, lieut.-gén., pair pend. les cent-jours. Cassel, 1771-1830.

Vanderbourg (C. Bondons de), litt. fr., crit., memb. de l'Acad. fr. N. Saintes, 1765; m. 1827.

Vanderburch (F. de), arch. de Cambray, cél. par sa piété et sa charité. Gand, 1567-1644.

Vander-Hæv (Floris), érud. du 17e s.

Vander-Mæsen (Edme-Mart.), lieut.-gén. N. Versailles, 1767; tué, Bidassoa, 1813.

Vandermonde (N.), géom., memb. de l'acad. des sc. et de l'Inst. Paris, 1735-1796.

Vander-Stæken (Ferd.), écon., public. Gand, 1771-1823.

Vander-Vynckt (Luc-Jo.), hist. et public. Gand, 1701-1779.

Vane (H.), homme d'État angl. sous Jacques Ier et Charles Ier. 1589-1654. = (H.), memb. du parl., conseill. d'État, fils du précéd. N. 1612; décap., 1662.

Van-Eupen (P.-J.-Sim.), prédic. Anvers, 1744-1804.

Van-Hœck (J.), peint. Anvers, 1600-1650.

Van-Hoorebeke (C.-Jo.), bot. Gand, 1790-1821.

Vanière (Ja.), jés., cél. poëte lat. N. Causses, pr. de Béziers, 1664; m. 1739.

Vanini (Lucilio), peint. et philos., cél. par son athéisme et ses mœurs dissolues. N. Taurozano (Terre-d'Otrante), 1585; parcourut une partie de l'Europe; brûlé vif, Toulouse, 1619.

Vanloo (Ja.), peint. holl. N. Lécluze, 1614; s'établit en Fr. et s'y fit natural.; fut reçu memb. de l'acad. de peint.; m. 1670. = (L.), peint., fils du précéd. N. Amsterd.; m. Aix, 1712. = (J.-B.), peint., fils du précéd., profess. à l'acad. Aix, 1684-1745. = (C.-André, dit Carle), 1er peint. du roi, direct. de l'acad. N. Nice, 1705; m. 1765. = (L.-Michel), 1er peint. du roi d'Esp., memb. de l'acad., fils de Jean-Baptiste. N. Toulon, 1707; m. 1771.

Van Loon (Gér.), érud., numism. N. Leyde, 1683.

Vannetti (Clémentin), poëte et litt. Roveredo, 1754-1795.

Vanni (Fornio), peint. du 14e s. N. Pise. = (F.), peint. Sienne, 1565-1610. = (J.-B.), peint. et grav. Pise, 1599-1660.

Vannucchi (André del Sarto), cél. peint. Florence, 1488-1530.

Vanstabel (P.-J.), contre-amiral. Dunkerque, 1742-1797.

Van Praet (Jo.-Basile-Bern.), bibliogr., conserv. de la biblioth. royale, memb. de l'acad. des inscr. Bruges, 1754; Paris, 1837.

Van Swieten (Gér.), méd., élève de Boerhaave. Leyde, 1700-1772.

Van Vitelli (Gasp.), peint. Utrecht, 1647; Rome, 1736. = (L.), archit., fils du précéd. Naples, 1700-1773.

Varagine. V. VORAGINE.

Varanda (J.), méd. N. Nîmes; m. 1617.

Varano (Constance de), femme aut. ital. 1428-1460. = (D.-Alph. de), poëte et litt. Ferrare, 1705-1788.

Varchi (Ben.), hist. et poëte ital. Florence, 1502-1565.

Vardane, roi des Parthes. Succ. de son frère Artaban III, 44; assass. par ses offic., 47.

Vardes (F.-Re. Crespin du Bec, marq. de), courtisan de Louis XIV, cél. par ses intrigues. M. 1688.

Varella y Ulloa (don Jo.), navig. Galice, 1748; la Havane, 1794. = (don Pedro), min. de la mar., puis des fin. sous Charles IV, parent du précéd. M. 1797.

Varenius (Bern. Varen, dit), géogr. N. Amsterd., v. 1610; m. 1680.

Varenne (Ja. de), écriv. polit., greffier des états de Bourgogne. M. v. 1780. = (Ph.-C.-Ma.), agron., fils du précéd. N. Dijon; m. sur l'échaf., 1794.

Vargas (F.), jurisc. et canon. esp. du 16e s. N. v. 1560. — (L. de), peint. Séville, 1502-1568. = (And.), peint. esp. Cuença, 1613-1674.

Vargas-Macciucca (F., marq. de Vatolla), litt. Teramo (Abruzzes), 1699-1785. = (Michel, duc de), antiq., de la même fam. Salerne, 1742-1794.

Vargas y Ponce (don Jo.), navig. et géogr. N. Séville ou Cadix, v. 1755; m. 1821.

Varignon (P.), géom., memb. de l'acad. des sc. Caen, 1654-1722.

Varillas (Ant.), hist. N. Guéret, 1624; m. 1696.

Varin (J.), cél. grav. en méd., memb. de l'acad. de peint. et de sculpt. Liége, 1604-1672. = (Jo.), grav., de la même fam. 1740-1800. = (Ja.), bot. St-Thomas-de-la-Chaussée, pr. de Rouen, 1740-1808.

Varius (Lucius), poëte lat., ami d'Horace et de Virgile. M. v. 10 ou 11 av. J.-C.

Varlet de Lagrange (C.), coméd. de la troupe de Molière. N. Amiens; m. 1692.

Varon (Casimir), litt. fr. N. 1761; m. Mons, 1796.

Varotari (Dario), peint. Vérone, 1539-1596. = (Al.), dit Padovanino, peint. et fils du précéd. N. Padoue, 1590. = (Dario), peint., grav., méd., fils du précéd. Viv. 1660.

Varron (Marcus Terentius Varro), consul rom. 216 av. J.-C. Livra, malgré son collègue, la désastr. bat. de Cannes. = Homme d'État, érud., gramm. N. Rome, 116 av. J.-C., fut successiv. avocat, trib. du peuple, lieut. de Pompée en Esp.; m. 26 av. J.-C.

Varron (Publius Terentius Varro Atacinus), poëte lat. N. Narbonne, 82 av. J.-C.

Vartan, poëte et hist. armén. du 13e s.

Vartomanus (Ludovicus), ou plutôt Louis Varthema ou Barthema, voyag. cél. du 16e s. N. Bologne.

Varus (Publius Quintilius), gén. rom., consul 12 av. J.-C., proconsul de Syrie, enfin gouv. de Germanie. Périt, avec 3 légions qu'il commandait, dans les défilés de Teutberg (Prusse Rhénane).

Vasari (G.), peint., archit., biogr. Arezzo, 1512-1574.

Vasbourg (Rich.), hist., antiq. du 16e s. N. St-Mihiel.

Vasconcellos (M. de), min. portug., chargé de gouv. le Portugal sous Philippe IV; massac. lors de la révol. qui plaça sur le trône la maison de Bragance, 1640. = (Augustin-Manuel de), hist. portug. N. 1583; décap. comme conspirat., 1641.

Vascosan (M.), cél. impr. fr. N. Amiens, v. 1500; m. Paris, 1576.

Vasili Ier (Jaroslawitch), gr.-prince de Russie, fils d'Iaroslav II, et succ. d'Iaroslav III en 1272; m. 1277. = II (Dmitriéwitch), fils de Dmitri IV et son succ., 1389; m. 1425. = III (Vassiliéwitch), fils du précéd. et son succ., 1425; fut plus. fois renversé du trône; m. 1462. = IV, fils et succ. d'Ivan III, 1505; porta le 1er le titre de czar; repoussa les Tartares; m. 1533. = V (Schouiski), czar de Russie. D'abord régent pend. la minor. de Fédor II; s'empara du pouv. ap. avoir chassé un faux Dmitri, 1605; livré à Sigismond, roi de Pologne; m. prisonn. à Varsovie, 1611.

Vasquez de Coronado (F.), voyag. esp. du 16e s.

Vasquez (Gab.), cél. casuiste. Nouv.-Castille, 1551-1604.

Vassal (Fortanier de), card. et négociat. N. Vailhac (Querci); m. 1361.

Vassali-Eandi (Ant.-Ma.), mathém. Turin, 1761-1825.

Vasselier (Jo.), litt. Rocroy, 1735-1798.

Vasselin (G.-Vict.), jurisc., hist. Paris, 1767-1801.

Vasthi, épouse d'Assuérus, roi de Perse; répudiée par ce prince et remplacée par Esther, v. 518 av. J.-C.

Vatable ou *Vateble* (J.), sav. hébraïs., profess. au Collége royal. N. Gamache (Picard.); m. 1547.

Vatace (Jean II Ducas, dit), emp. de Nicée. Succ. de Théodore Ier, son b.-père, 1223; enleva plus. prov. aux Latins; m. 1255.

Vatel, cél. maître d'hôtel. Se tua de désespoir dans une fête que le duc de Condé donnait à Louis XIV, 1671, parce qu'une partie des préparatifs qu'il avait ordonnés avaient manqué leur effet.

Vater (Abrah.), méd. all. Wittenberg, 1684-1751. = (J.-Séverin), linguiste, philol., théol. Altenbourg, 1771; Halle, 1826.

Vatinius (Publius), démagogue rom. Questeur, lieut. de César, préteur, enfin consul en 46 av. J.-C.

Vattel (Emmorich), public. N. principauté de Neufchâtel, 1714; m. Berne, 1767.

Vatteville (dom J. de), abbé de Baumes. N. Besanç., v. 1613; fut d'abord milit., puis chartreux, prit le turban à Constantinople, devint pacha, et, de retour en Europe, obtint l'abbaye de Baumes, et aida Louis XIV à s'emparer de la Fr.-Comté; m. 1705.

Vauban (Séb. Leprestre de), cél. ingén., tactic., maréch. de Fr. N. St-Léger, pr. de Saulieu en Bourgogne, 1633; m. 1707.

Vaucanson (Ja. de), cél. mécan., memb. de l'acad. des sc. N. Grenoble, 1709; m. 1782.

Vaudreuil (L.-Ph. Rigaud marq. de), mar. fr., homme d'État. 1725-1802. Il conquit le Sénégal. = (Jo.-F. de Paule), lieut. gén., pair de Fr., gouv. du Louvre, de la même fam. N. St-Domingue, 1740; m. Paris, 1817.

Vaugelas (Cl. Favre de), gramm., memb. de l'acad. fr. N. Chambéry, 1585; m. 1650.

Vaugiraud (P.-Re.-Ma., comte de), vice-amiral, gouv. de la Martinique. Sables-d'Olonne, 1741-1819.

Vaugondy. V. ROBERT.

Vauguyon (Ant.-Pa.-Ja. de Quélen, duc de la), lieut. gén., gouv. des p.-fils de Louis XV. Tonneins, 1706-1772. = Lieut.-gén., ambass., pair de Fr., fils du précéd. 1746-1828.

Vaulx-Cernay (P., moine de), chroniq. du 13e s.; il prit part à la croisade contre les Albigeois.

Vauquelin, mar. fr. qui défendit la Louisiane et secourut Québec. N. 1726; assass., 1763. = (L.-N.), chim., memb. de l'Inst., profess. à l'école de méd. et au Coll. de Fr. N. St-André d'Hébertot (Calvados), 1763; m. 1830.

Vautier (F.), un des méd. de Louis XIV, surintend. du Jardin du Roi. 1592-1652.

Vauvenargues (Luc de Clapiers, marq. de), cél. moral. N. Aix, 1715; m. 1747.

Vauvilliers (J.-F.), hellén., présid. de la commune pend. la révolut., memb. du cons. des cinq-cents et de l'acad. des inscr. Paris, 1737; Pétersb., 1801.

Vaux (Noël Jourda, comte de), maréch. de Fr. N. chât. de Vaux (Auv.), 1705; m. 1788.

Vauxcelles (J. Bourlet, abbé de), prédic., litt. Versailles, 1734-1802.

Vavasseur (le P. F.), jés., human., philol., poëte lat. Paray, 1605-1681.

Vayrac (l'abbé J. de), hist. fr. du 18e s.

Vayringe (Ph.), mécan. Nouillonpon (Lorr.), 1684-1746.

Vecchietta (Lau. di Piero), peint., sculpt., fond. Sienne, 1482-1540.

Vecchio di san Bernardo (F. Menzocchi, dit il), peint. Forli, 1510-1574.

Vecchus (Jean XI, dit), patriarche de Constant., théol., controv. N. 1298.

Vecelli. V. TITIEN. = (F.), peint., frère et élève du Titien N. Cadore, 1483. = (Horace), peint., nev. du précéd. et fils du Titien. N. Venise; m. de la peste, 1576. = (Marco), nev. et élève du Titien. Cadore, 1545-1611.

Veen (Otto van), peint., hist., poëte. Leyde, 1556-1634.

Véga. V. GARCIAS-LASO et LOPE. = (G., bar. de), offic. d'artill., mathém. Sagoritz (Carniole), 1754-1802.

Vega (Eusèbe de), jés. portug., astron. N. 1718; m. Rome, 1798.

Végèce (Flavius Vegetius Renatus), écriv. milit. lat. Floriss. fin du 4e s. = (Publius Vegetius), aut. lat. qui a écrit sur l'art vétér., et que l'on a souvent confondu avec le précéd. On n'a sur lui aucun renseignement.

Velasco (Grég.-Hernandez de), poëte esp. du 16e s. N. Tolède. = (F. de), gén. esp., vice-roi de Catalogne. M. 1716.

Velasquez (Diego), gén. esp., compagn. de Colomb, soumit Cuba, où il fonda La Havane. N. Cuellas; m. 1523. = (don Diego Rodriguez de Silva), cél. peintre esp. Séville, 1559-1660. = (Al. Gonzalez), peint., archit., sous-direct. de l'acad. de peint. Madrid, 1719-1772. = (Ant. Gonzalez), peint., direct. de l'acad. de peint. Madrid, 1729-1792.

Velasquez Cardenas y Leon (Joaquin), géom., astron. Mexique, 1732-1786.

Velasquez de Velasco (L.-Jo.), antiq. érud., litt. Malaga, 1722-1772.

Velde (Gu. van den), dit le Vieux, dessinat. de marines. Leyde, 1610; Londres, 1693. = (Gu.), dit le Jeune, peint., fils du précéd. Amsterd., 1633; Londres, 1707.

Velde (Adr. van den), peint. et grav. Amsterd., 1639-1672.=(C. Fr. van der), romanc. Breslau, 1772-1824.

Veldeck ou *Veldig* (H. de), minnesinger des 12e et 13e s.

Velléda, prophétesse germ. Excita l'insurrect. des Bataves, 70, puis se déclara pour les Rom. et les aida à pacifier le pays.

Velleius Paterculus, hist. lat., command. de la cavalerie, questeur, trib. du peuple, préteur. N. v. 17 de J.-C.

Vellejus (And.-Séverin), érud., conseill. et historiogr. de Charles II, roi de Danemark. Vedèle. (Jutland), 1542-1616.

Velluti (Donato), gonfalonier, hist. Florence, 1313-1370.

Velly (l'abbé Pa.-F.), jés., hist. Reims, 1709-1759.

Veltheim (A.-Fréd., comte de), archéol., minéral. Duché de Magdebourg, 1741-1801.

Velthuysen (Lab.), théol. protest. Utrecht, 1622-1685.

Veltwyck (Gér.), poëte, négocial., conseill. de Charles-Quint. N. Utrecht; m. Vienne, 1555.

Venance (J.-Fr. Dongados, dit), capuc., litt. N. Carcassonne, 1765; m. sur l'échaf., 1794.

Vence (H.-F. de), commental. de la Bible. N. Pareid (Barrois), 1676; m., Nancy, 1749.

Venceslas Ier, dit le Saint, duc de Bohême, fils de Vratislas. N. 907; succ. de son père, 925; m. 936.=II, duc de Bohême. Succ. de son oncle Conrad, 1191; chassé au bout de 3 mois, et m. en prison, 1194.=III (ou Ier comme roi), fils de Przemislas-Ottocar Ier. N. 1205; associé à son père, 1228; régna seul, 1230; m. 1253.=IV (ou II), dit le Vieux. Succ. comme roi de Bohême de son père Ottocar II, 1283; élu roi de Pologne, 1300; refusa en faveur de son fils la couronne de Hongrie, 1301; m. 1305. =V (ou III), fils du précéd. Elu à 12 ans roi de Hongrie, 1301; la céda à Othon IV en devenant roi de Bohême, 1305; assass. Olmutz, 1306.=VI (ou IV), dit l'Ivrogne, fils de l'emp. Charles IV. N. 1359; succ. de son père comme roi de Bohême et emp. d'Allem.; se fit détester par sa cruauté et ses débauches; fut dépouillé du titre d'emp., 1400, et ne garda que celui de roi de Bohême jusqu'à sa m., 1419.

Vendôme (César, duc de), fils légitimé de Henri IV et de Gabrielle d'Estrées, gouv. de Bretagne, puis de Bourg., surint. gén. du comm. et de la navig. de Fr. N. chât. de Coucy (Aisne), 1594; m. 1665. =(L. duc de), fils aîné du précéd. N. 1612; d'abord vice-roi de la Catalogne pour la Fr. épousa Laure de Mancini, nièce de Mazarin, 1651; prit les ordres ap. la mort de celle-ci, et devint card. et légat; m. 1669.=(L.-Jo., duc de Penthièvre, puis de), cél. gén. fr., maréch. de camp., gouv. de Provence, fils du précéd. N. 1654; se distingua dans toutes les guerres de Louis XIV, mais surtout dans celle de la Success.; m. Vignaroz (roy. de Valence), 1712. =(Ph.), dit le Prieur de Vendôme, lieut.-gén., cheval., et plus tard prieur de Malte. N. 1655; servit en Holl., en Allem., puis en Italie sous Catinat et en Catalogne avec son frère; m. 1727.

Vendramino (And.), doge de Venise, 1476 à 1478.

Venegas (M.). jés. esp., missionn. en Californie au 18e s.

Venel (Gab.-F.), chim. et méd. Combes (Languedoc), 1723-1775.=(J.-And.) méd. orthopéd. Genève, 1740-1791.

Veneroni (J. Vigneron, dit), gramm., secrét. interpr. du roi. N. Verdun, 17e s.

Venette (J. de), chroniq. et poëte. Venette (Oise), 1307-1369. =(N.), méd. La Rochelle, 1632-1698.

Veneziano (Ant.), méd., peint. M. de la peste, Florence. 1383.= (Domin.), peint. N. Venise, 1420; assass., 1476.=(Augustin de Musis, dit), grav. Venise, 1490-1540.

Veniero (Domin.), litt. et poëte ital. Venise, 1517-1582. = (F.), écriv., philos., frère du précéd. M. 1581.=(Lau.), poëte, frère des précéd. M. 1550.

Venini (l'abbé F.), mathém., poëte, litt. Milan, 1737-1820.

Venne (van der), peint. Delft, 1586-1650.

Ventenat (Et.-P.), bot., iconographe, memb. de l'Inst. Limoges, 1757-1808.

Ventidius Bassus (Publius), gén. rom., tribun, préteur, sénat., lieut. d'Antoine dans la guerre de Pérouse.

Venturi (Pompée), jés., litt. Sienne, 1693-1752. = (J.-B.), physic., litt., érud., homme d'Etat. Bibiano (duché de Reggio), 1746-1822.

Venturini (J.-G.-Ju.), offic. de génie, tactic. Brunswick, 1772-1822.

Venusti (Marcel), dit le Mantouan, peint. Mantoue, 1515-1576.

Venuti (Rodolfino), érud., antiq., numism. Cortone, 1705-1763. =(Ph.), antiq., frère du précéd. Cortone, 1709-1769.

Vera (P. de), capit. esp., conquér. des Canaries. Jerez de la Fontera, 1440-1500.

Vera y Figueroa y Zuniga (don J.-Ant. de), poëte, hist., diplom. Catalogne, 1588-1658.

Veranzio (Ant.), cél. négociat., hist., poëte lat., vice-roi de Hongrie, card. Sebenico (Dalmatie), 1504-1573.

Verazzini (J.), navigat. florent. du 16e s.

Verbeecq (Ph.), peint., grav. à l'eau-forte. N. Hollande, 1599; m. v. 1640.

Verbiest (Ferd.), jés., astron., missionn. en Chine. Bruges, 1630; Chine, 1688.

Veroi (J.-B.-Mat.), hist., litt., érud. Bassano, 1759-1795.

Vercingétorix, cél. chef gaulois, du pays des Arvernes. Souleva la Gaule contre César, 53 av. J.-C.; fut, malgré sa valeur, vaincu et étranglé, 47 av. J.-C.

Verdier (J.), méd., gramm., litt. Ferté-Bernard (Maine), 1753-1820.=(J.-H.), méd. orthopéd., nev. du précéd. Paris, 1767-1825. =(Susanne Allut, dame), poëte. Montpell., 1745-1813.

Verdizotti (Ja.-Ma.), peint., poëte lat. et ital., litt. N. Venise, v. 1550; m. 1607.

Vere (le chev. F.), gén. angl., gouv. de Brill. 1554-1608.

Verelius (Olaüs), antiq. suéd. Ragnidstrop, 1618-1682.

Vergara (N. de), dit le Vieux, peint. et sculpt. Tolède, 1510-1574.=(don Jo. de), peint. Valence, 1726-1799.

Vergère (Ange), habile calligraphe, employé par Henri II et François Ier. N. île de Crète.

Vergennes (C. Gravier, comte de), homme d'Etat, diplom., min. des aff. étrangères sous Louis XVI, présid. du cons. des fin. N. Dijon, 1717; m. 1787.

Vergerio (P.-Pa.), hist., litt., profess. de dialect. à Padoue. Capo-d'Istria, 1340-1419.

Vergier (Ja.), poëte fr. N. Lyon; assassiné, Paris, 1720.

Vergniaud (P.-Victorin), orat. polit., d'abord avoc. à Bordeaux, puis memb. de l'assemblée législ., de la conv., un des chefs du parti de la Gironde. N. Limoges, 1759; m. sur l'échaf., Paris, 1793.

Vergy (Ant. de), comte de Dammartin, partisan de Jean-sans-Peur, capit.-gén. de la Bourg. et du Charolais pour le roi d'Anglet. M. 1439.=(Ant.), archev. de Besanç., de la même fam. 1488-1541.

Verheyden (F.-P.), peint., sculpt. La Haye, 1657-1711.

Verheyen (Ph.), cél. anat. Brabant, 1648-1710.

Verhoek (P.), peint., poëte, aut. dram. Bodegrave, 1633-1702.

Verhuel, contre-amiral holland. S'attacha à la fortune de Napoléon, auquel il resta fidèle; devint pair de Fr. M. 1845.

Vérine, impératrice d'Orient, femme de Léon Ier. M. prisonn. dans un chât. de Cilicie, 485.

Veriof-Kin (M. Ivanowitch), litt. et trad. russe. M. 1795.

Verjus (L. de), comte de Crécy, diplom., memb. de l'Acad. fr. Paris, 1629-1709.= (Ant.), jés., écriv., hagiogr., direct. des missions fr. dans les Indes, frère du précéd. Paris, 1632-1706.

Verkolie (J.), peint., grav. en manière noire. Amsterd., 1650-1693.=(N.), fils du précéd., peint., et grav. comme lui. Delft, 1673-1746.

Vermandois (Herbert II, comte de), descend. de Pépin, roi d'Italie. Succ. de son père Herbert Ier, 923; tint Charles le Simple prisonnier à Péronne; m. 943. = Raoul Ier, comte de), fils de Hugues de Fr., et son succ., 1102; gr.-sénéchal, adjoint à Suger, pend. la 2e croisade; m. 1152.

Vermandois (L. de Bourbon, comte de), fils légitimé de Louis XIV et de Mme de La Vallière, amiral. 1667-1683.

Vermeiren (Augustin), carme, poëte flam. Dendermonde, 1656-1703.

Vermeulen (Corn.), dessinat., grav., Anvers, 1644-1702.

Vermeyn (J.-Cornelis), peint. holl. N. Berwick; m. Bruxelles, 1559.

Vermond (l'abbé Mat.-Ja. de), doct. en Sorbonne, biblioth. du collège Mazarin, devint l'instit. de Marie-Antoinette, et joua un rôle dans l'affaire du collier. M. Vienne, 1790.

Vernazza (Jo.), antiq., philol., érud. Albe, 1745-1822.

Verne (Léger-Ma.-Ph. Tranchant, comte de la), litt., tactic. Borrey (Fr.-Comté), 1769-1822.

Vernes (Jacob), past. protest., ami, puis advers. de Rousseau. Genève, 1728-1790.

Vernet (Jacob), théol. protest., litt. Genève, 1698-1789.

Vernet (Cl.-Jo.), cél. peint., memb. de l'acad. N. Avignon, 1714; m. 1789.=(Ant.-C.-Horace, dit Carle), peint., memb. de l'acad., fils et élève du précéd. N. Bordeaux, 1758; m. 1836.

Verneuil (Catherine-Henriette de Balzac d'Entraigues, marq. de), maîtresse de Henri IV. 1583-1633.

Vernier (P.), mathém., direct. des monnaies au comté de Bourgogne, conseill. du roi d'Esp. Ornans, 1580-1637. = (Théod.), memb. de l'assemblée constit., de la conv., du cons. des anciens, enfin sénat.; puis pair de Fr. Lons-le-Saulnier, 1731-1818.

Verninac de St-Maur (Raimond), diplom., litt. N. Gourdon, 1762; m. 1822.

Verniquet (Edme), archit. Châtillon-s.-S., 1727-1804.

Vernon (Ed.), amiral angl. Westminster, 1684-1757. = (James), homme polit. angl., secrét. d'Etat, v. 1698.

Vernulæus (N. de Vernulz, dit), human., aut. dram. lat., historiogr. de l'emp. Ferdinand III. Robelmont (Luxemb.), 1583-1649.

Verny (C.-F.), poëte fr. Besançon, 1753-1811.

Véron (F.), jés., prédic., controv. Paris, 1575-1649. = (P.-Ant.), astron., voyag. Authieux-s.-Buchy, 1736; Timor, 1770.

Véronèse (P. Caliari, dit), cél. peint. N. Vérone, v. 1528; m. 1588.

Verrès (Caïus Licinius), Rom. cél. par ses concussions. N. 119 av. J.-C.; lieut. de Dolabella en Asie, 82; préteur en Sicile, 75; accusé par Cicéron, s'exila sans attendre sa condamnation.

Verri (P.), administr., écon. Milan, 1728-1797.=(Al., comte), litt., aut. dram., frère du précéd. Milan, 1741-1816.= (C.), agron., frère des précéd. Milan, 1743-1823.

Verrius Flaccus (Marcus), gramm. lat. du 1er s. av. J.-C.

Verrochio (And.), sculpt., peint. Florence, 1422 - 1488.

Verrue (Jeanne d'Albert de Luynes, comtesse de), belle-mère et maîtresse de Victor-Amédée II, duc de Savoie. 1670-1736.

Verschaffelt (le chev. P. de), sculpt., archit. Gand, 1710; Manheim, 1793.

Vert (dom Cl. de), bénéd. de Cluny, liturg. Paris, 1645-1709.

Vertot (Re. Aubert, abbé de), hist., memb. de l'acad. des inscr. Benetot, 1655-1735.

Vertron (Cl.-C. Guyonnet de), litt., historiogr. de Louis XIV. N. Nemours; m. 1715.

Vertue (G.), grav., antiq. Londres, 1684-1756.

Verus (Lucius Aurelius), emp. rom., fils d'un autre Verus qui avait été adopté par Adrien; fut lui-même adopté par Antonin et associé à l'emp. en même temps que Marc-Aurèle. M. 169.

Verzosa (J.), litt., poëte lat., négociat. Saragosse, 1525-1574.

Vésale (And.), méd. et anat. cél. N. Bruxelles, 1514; m. 1564.

Vesling (J.), anat., bot., voyag. Minden, 1598-1649.

Vespasiano, hist., biblioph. du 15e s. N. Florence.

Vespasien (Titus Flavius Vespasianus), emp. rom. N. 7 de J.-C.; proclamé à la m. de Galba, 69; m. 78.

Vespuce. V. AMÉRIC.

Vestricius Spurina, gén. et poëte lat. du 1er s.

Vestris (Gaëtan-Apolline-Balthasar), cél. danseur. N. Florence, 1729; m. 1808.= (Anne-Frédérique), danseuse, femme du précéd. 1752-1808.= (M.-Auguste), dit Vestr'Allard), du nom de sa mère, fils naturel du premier, et danseur comme lui. 1760-1838.= (Marie-Rose Gourgault-Dugazon), actr. du Th.-Fr., sœur du coméd. Dugazon et femme de Paco-Vestris. 1746-1804.

Veterani (le comte Fréd.), feld-maréch. autrich. N. duché d'Urbin, v. 1650; m. 1695.

Vetranion, gén. rom., gouv. de la Pannonie. Se fit procl. emp. lors de la révolte de Magnence, 350; reçut une pension de Constance II, et m. à Pruse, 356.

Vettori (F.), méd., litt. Bergame, 1435-1528. =(P.), en lat. Victorius, crit., hist. Florence, 1499-1585. = (Vict.), méd. et poëte. Ortiglia, 1697-1763. = (F.), antiq., numism. N. Rome, v. 1708; m. 1778.

Vezzozi (Ant.-F.), théatin, cél. bibliogr. Arezzo, 1705-1785.

Viaixnes (dom Thierri Fanier de), bénéd. de St-Vannes, théol. jansén. Châlons-s.-M., 1659; Rhynwick, 1755.

Vial du Clairbois (Honoré-Séb.), chef du génie maritime à Brest. N. Paris, 1733; m. 1816.

Viani (Ant.-Ma.), dit le Vianino, peint. N. Crémone, v. 1540. = (J.), peint. Bologne, 1636-1700.=(Domin.), peint., fils du précéd. Bologne, 1668-1711.

Vias (Balthazar de), poëte lat., érud., conseill. d'Etat. Marseille, 1587-1667.

Vibius Serenus (Caïus), délateur rom. sous Tibère. Accusé par son fils, m. dans l'exil.

Vibius Crispus (Caïus), orat. rom. du 1er s.

Vibius Sequester, géogr. lat. qu'on suppose avoir vécu du 5e au 7e s.

Viborg (Eric Nissen), vétér. et agron. danois, 1759-1822.

Vic (Domin. de), partisan de Henri IV. Fut successiv. gouv. de St-Denis, de la Bastille, de Calais, vice-amiral, enfin ambass. en Suisse, 1604.= (dom Cl. de), bénéd. de St-Maur. Sorèze (Langued.), 1670-1734.

Vicat (Beat.-Ph.), jurisc. Aigle (pays de Vaud), 1715-1770.= (Cath.-Elisabeth), natural., femme du précéd. 1712-1772. = (Ph.-Rodolphe), méd., bot., frère du premier. Payerne (Suisse), 1720-1783.

Vicente (Gil), cél. aut. dram. portug. 1480-1557.= (J.), peint. esp. du 18e s.

Vickmann (Burkhard), litt., hist. Riga, 1786-1822.

Vico (J. de), prince de Viterbe et d'Orviète, chef des gibelins de 1552 à 1354.= (Ænea), antiq., grav., numism. N. Parme; m. av. 1560. = (F.), hist. esp. du 17e s., conseill. d'Etat sous Philippe IV. = (J.-B.), cél. philos., hist., jurisc., crit., poëte lat. N. Naples, 1688; m. 1744.

Vicomterie de St-Samson (L. de la), litt., memb. de la conv. N. 1752; m. Paris, 1809.

Vicq-d'Azyr (Fél.), méd., natural., memb. de l'acad. des sc. et de l'Acad. fr. N. Valognes, 1748; m. 1794.

Vicramaditya, prince cél. de l'Inde et conquér. Viv. 1er s. av. J.-C.

Victoire (Ste), vierge et martyre à Rome, 249. = (Ste), martyre à Carthage, 304.

Victoire (Louise-Thérèse, dite Mme), fille de Louis XV et tante de Louis XVI. N. Versailles, 1733; m. dans l'émigr., Trieste, 1799.

Victor (St), de Marseille, soldat de l'armée de l'emp. Maximien. Martyr, 303.

Victor ou *Victorinus* (Claudius Marius), rhét. et poëte lat. N. Marseille; m. 450. = (Marianus), mathém. du 5e s. N. Aquitaine.

Victor Ier (St), pape. N. Afrique; succ. de St Eleuthère, 187; martyrisé, 197. = II (Gebhard). Succ. de Léon IX, 1055; m. 1057. = III, abbé de Mont-Cassin. Elu pape à la m. de Grégoire VII, 1086; m. au bout de 4 mois. = IV, antipape. Elu à la m. d'Adrien, 1159; m. 1164.

Victor dit de Vite, év. de Vite en Byzacène, hist. eccl. lat. M. v. 487. = Ev. de Tunes en Afrique, hist. lat. M. 566.

Victor-Amé ou *Victor-Amédée* Ier, duc de Savoie, fils de Charles-Emmanuel Ier. N. 1587; succ. de son père, 1630; fit la guerre à Louis XIII, puis fut nommé généraliss. des troupes fr. en Italie, 1635; m. Verceil, 1637.= II, duc de Savoie, puis roi de Sardaigne, fils de Charles-Emmanuel II. N. 1665; succ. de son père, sous la tutèle de sa mère, 1675; abdiqua, 1730; m. 1732.=III, roi de Sardaigne, fils de Charles-Emmanuel III. N. 1726; succ. de son père, 1773; m. 1796.

Victor-Emmanuel Ier, roi de Sardaigne, fils de Victor-Amédée III, et frère de Charles-Emmanuel IV. N. 1759; succ. de son frère, 1802; abdiqua à la suite d'une révolte, 1821; m. 1824.

Victor (Victor Perrin, dit le maréch.), duc de Bellune, gén. fr., maréch., min. de la guerre sous la Restaur., et pair de Fr. N. La Marche (Vosges), 1766; m. 1841.

Victorin (Marcus Aurelius Piauvonius Victorinus), fils de Victorine et l'un des 30 tyrans qui prirent la pourpre sous Gallien. Massac. par ses soldats, 268.

Victorin de Feltre, instit. et philanthr. Feltre, 1379-1447.

Victorine (Aurelia Victorina), sœur de Posthume, tyran des Gaules, et mère de Victorin. Fit successiv. donner la pourpre à Victorin le Jeune, son p.-fils, à Marius, à Tetricus; m. 268.

Victorinus (Fabius Marius), orat. et gramm. lat. N. Afrique; m. 370.

Victricius (St), év. de Rouen, missionn., hagiogr., patron des marins. N. dans les Gaules, v. 330; m. 410.

Vida (Marc-Jér.), poëte lat., év. d'Albe. Crémone, 1490-1566.

Vidal (P.), troubad. provenç. M. 1200. = (Ja.), dit le Vieux, peint. esp. Balmaseda, 1583-1615. = (Domin.), peint. N. Valence, 1670. = (Bart.), méd. Martigues, 1741-1805.

Videler ou *Vidiller* (Reinmar), minnesinger du 12e s.

Vidoni (P.), card., érud. Crémone, 1759-1830.

Vidus-Vidius (Guido-Guidi, en lat.), cél. méd., érud. N. Florence; m. 1569.

Vieil (P. Le), peint. sur verre. Paris, 1708-1772. = (Gu.), peint. sur verre, de la même fam. que le précéd. Rouen, 1675-1731.

Vieilh de Boisjolin (Cl.-Augustin), litt., biogr. Paris, 1788-1832.

Vieilleville (F. de Scépeaux, sire de), capit. fr., hist. 1509-1571.

Vieira (Séb.), jés. portug., mis-

missionn. au Japon. Castro-d'Aire, 1570-1634.=(Ant.), jés., prédic., missionn. au Brésil. Lisbonne, 1608; Bahia, 1697.

Viel (C.-F.), archit., écriv. Paris, 1745-1819. =(Et.-Bern.-Al.), prêtre, poëte lat. N. Nouvelle-Orléans, 1756; m. 1821.

Vien (Jo.-Ma.), peint. et grav., memb. de l'acad., sénat. Montpell., 1716-1809.

Vienne (J. de), cél. capit. du 14e s., amiral de Fr. Tué à Nicopolis, 1396.

Viera y Clavijo (don J. de), hist., poëte, physic. N. Canaries, v. 1708; m. 1709.

Viète (F.), cél. géom. N. Fontaine-le-Comte (Vendée), 1540; m. 1603.

Vieussens (Raymond), méd. et anat. N. Rouergue, 1641; Montpellier, v. 1720.

Vieuville (C., marq. de la), surint. des fin., duc et pair de Fr. Paris, 1582-1653.

Vigand (J.), théol., bot. Mansfeld, 1523-1587.

Vigano (Salvator), danseur, maître de ballets. Naples, 1769-1821.

Vigée (L.-Gilles-Bern.-Et.), poëte, aut. dram., litt. Paris, 1755-1820.

Vigenère (Blaise de), érud., trad., alchim., ambass. à Rome. St-Pourçain, 1523-1592.

Viger (F.), jés., hellén. N. Rouen; m. 1647.

Vigier (F.-Ant.), orator. fr., liturg. M. 1760.

Vigilance, hérés., le 1er qu'aient produit les Gaules. N. Calagorris, v. 360.

Vigile, pape. N. Rome. Elu du vivant de Silvère, 537; lui succ., 528; m. 555.

Vigile, év. de Thapse (Afrique), théol., controv. M. 484.

Viglius, jurisc., gouv. de Holl. et de Gueldre. M. 1577.

Vignacourt (Maximilien de), litt., négociat. Arras, 1560-1620. =(Alof de), gr.-maître de l'ordre de Malte. Elu 1601; m. 1622.

Vignau (des Joanots du), diplom. fr. du 17e s.

Vigne (And. de la), poëte et hist. fr., secrét. d'Anne de Bret., orat. en titre de Charles VIII.= (M. de la), méd. de Louis XIII. Vernon (Norm.), 1588-1644. = (Cl.), méd. de Louis XV et de la reine, doct.-régent de la faculté de Paris, 1695-1758.

Vignier (N.), méd. de Henri III, historiogr. de Fr., conseill. d'Etat. Troyes, 1550-1596.=(Jérôme), orator., poëte fr. et lat., p.-fils du précéd. Blois, 1606-1661.

Vignole (Ja. Barozzio, dit), cél. archit. Vignola, 1507-1573.

Vignoli (J.), archéol., numism. Petigliano (Tosc.), 1680-1753.

Vignolle (le comte Mart. de), gén., homme d'Etat, min. de la guerre de la républ. cisalpine. N. Massillargue (Lang.), 1763; m. 1824.

Vigo (J. de), chir. génois du 16e s.

Vigor (Sim.), arch. de Narbonne, théol., prédic. N. Evreux; m. 1575.

Vigoureux (la), cél. empoisonneuse du 17e s. Brûlée à Paris, avec la Voisin et ses complices, 1680.

Viguier (Paule de), femme cél. par sa beauté et son talent pour la poésie. Toulouse, 1518-1610.

Viguier (P.-F.), oriental., comment. Besanç., 1745-1821.

Vilaris (Marc-Hilaire, chim., pharm. Bordeaux, 1720-1792.

Villa (Ghiron-F., marq. de), gén. savoisien au service de Venise. M. Turin, 1668. = (Ange-Théod.), hellén., poëte, litt. N. pr. de Pavie, v. 1720; m. 1794.

Villadomat (Ant.), peint. Barcelone, 1678-1755.

Villalobos (F. Lope de), méd. de Charles-Quint et de Philippe II, poëte. Tolède, 1480-1560.=(Ruy Lopez de), navig. esp. du 16e s. M. à Amboine.

Villalpand (J.-B.), jés., comment. Cordoue, 1552; Rome, 1608.

Villalpande (F. Torrebiauca de), cél. démonologue. N. Villalpande (roy. de Léon), v. 1570.= (J. de), sect. esp., fin du 16e s.

Villamediana (le comte de), courtisan du roi d'Esp. Philippe IV. Inspira de la jalousie à celui-ci, à l'égard de la reine, et périt assass., 1621.

Villamont, voyageur fr. du 16e s.

Villani (J.), cél. hist. N. Florence, v. 1275; m. de la peste, 1348.=(Ph.), hist., litt., neveu du précéd. M. fin du 14e s.

Villani (N.), poëte lat. et ital., crit. N. Pistoie; m. 1640.

Villar (Noël-Gab.-Luce), év. constit. de la Mayenne, memb. de la conv., du cons. des cinq-cents, de l'inst. Toulouse, 1748-1826.

Villaréal (Man.-Fernandez de), consul de Portugal à Rouen. Brûlé vif à Lisbonne, 1650, comme suspect de judaïsme.

Villaret (Gu.), gr.-maître de l'ordre de St-Jean de Jérusalem; y rétablit la discipline. M. 1308.= (Foulques), frère du précéd. et son succ. 1308; conquit l'île de Rhodes; déposé, 1319; m. 1327.

Villaret (Cl.), hist., litt. Paris, 1717-1766.

Villaret de Joyeuse (L.-Th.), amiral, capit. gén. de la Martinique et de Ste-Lucie. Auch, 1750-1812.

Villars (P. de), arch. de Vienne, négociat., écriv. ascét. Lyon, 1517-1592 =(P.), arch. de Vienne, écriv. ecclés. 1543-1613. =(P., marquis de), lieut.-gén., diplom. M. 1678. = (L.-Hector, marq., puis duc de), cél. gén., maréch., puis maréch.-gén. de Fr., memb. de l'Acad. fr. N. Moulins, 1653; gagna la bat. de Denain, qui sauva la Fr., 1712; m. Turin, 1734.=(Honoré-Armand, duc de), prince de Martigues, gouv. de Provence, memb. de l'Acad. fr. 1702-1770.

Villars (l'abbé Montfaucon de), litt., nev. de dom Montfaucon. Toulouse, 1635-1673.=(Domin.), bot. Gapençois, 1745-1814.

Villaut (de Bellefond), voyag. fr. en Guinée, au 17e s.

Villaviciosa (Jo. de), inquisit., poëte. Siguenza, 1589-1658.

Ville (J.-Ign. de La), diplom., direct. des aff. étrangères sous le duc de Choiseul, év. (in partibus) de Tricomie, memb. de l'Acad. fr. 1690-1746.

Villebeon (J. de Nemours), chambell. et min. d'Etat de Louis IX. N. v. 1219; m. Tunis, 1270.

Villebrune (J.-B. Lefebvre de), oriental., philol. Senlis, 1732-1809.

Villedieu (Ma.-Hortense Desjardins, dame de), femme aut., cél. par ses galanteries. N. Alençon, 1632; m. 1683.

Villefore (Jo.-F. Bourgoin de), biogr., memb. de l'acad. des inscr. Paris, 1652-1737.

Villefroy (Gu. de), oriental., fondat. de l'ordre des capuc. hébraïs., profess. d'hébreu au Coll. de Fr. Paris, 1690-1777.

Villegagnon (N. Durand de), chev. de l'ordre de Naples, vice-amiral de Bretagne, hist., controv. M. 1571.

Villegas (Et.-Manuel de), poëte esp. Nagera (Vieille-Castille), 1595-1669. = (Ferd. Ruiz), poëte lat. du 16e s. N. Burgos.

Villegas Marmolejo (P. de), peint. Séville, 1520-1577.

Villegomblain (F. Racine, seign. de), homme de guerre, député aux états de Blois, en 1614.

Villehardouin (Geoffroy de), hist. fr. N. Bar-s.-Aube, v. 1167; fut maréch. de Champagne sous Thibaud V, et après la prise de Constantinople, 1204, nommé maréch. de Romanie.

Villemot (Ph.), astron. Châlon-s.-S., 1651-1713.

Villena (H. d'Aragon, marq. de), fils de Ferdinand Ier, roi d'Aragon, gr.-maître de Ste-Marie de Calatrava. 1384-1436. =(J.-Ferd. Pacheco, marq. de), favori de Henri IV, roi de Castille. M. 1474.

Villenave (Mat.-Gu.), litt., philol. St-Félix-de-Caraman (H.-Garonne), 1762; Paris, 1846.

Villeneuve (Huron de), poëte fr., contemp. de Philippe-Auguste.

Villeneuve (Romieu de), connétable et gr.-sénéchal de Provence. N. v. 1170.=(Hélion de), gr.-maître de St-Jean de Jérusalem. Succ. de Foulques de Villaret, 1319; m. 1346. = (L.), sire de Trans et de Serénon, premier marquis de Fr. N. v. 1451; servit avec distinct. sous Louis XII et François Ier; m. 1516.

Villeneuve (Gu. de), chevalier provençal, maître-d'hôtel de Charles VIII, hist.

Villeneuve (P.-C.-J.-B.-Silvestre), vice-amiral. N. Valensoles (Prov.), 1763; se donna la m. à Rennes, 1806.

Villeneuve - Bargemont (Christ., comte de), litt., static., préfet sous l'Emp. et sous la Restaur. Bargemont (Prov.), 1771-1829.=(L.-Fr., marq. de), dit Villeneuve-Trans, hist., archéol., frère du précéd. 1784-1850.= (le vic. Alban de), écriv., écon., préfet sous l'Emp. et la Restaur., memb. de la ch. des députés, frère jumeau du précéd. 1784-1850.

Villenfagne d'Ingihoul (Hilarion-Noël), érud. Liége, 1753-1826.

Villepadour (L.-P. Tabourеau de), lieut.-gén. d'artill. Paris, 1719-1781.

Villequier (L., duc d'Aumont, marq. de), ambass. en Anglet., en 1713. Paris, 1667-1723.

Villermaules (M.), missionn. au Canada. Chamcey (Suisse), 1667-1757.

Villeroi (N. de Neuville, seign. de), secrét. d'Etat, diplom. 1542-1617.=(C., marq. de), négociat., gouv. du Lyonnais sous Henri IV, fils du précéd. M. 1642.=(N.), gouv. de Louis XIV, maréch. de Fr., fils du précéd. 1597-1685.= =(F. de Neuville, duc de), maréch. de Fr., gouv. de Louis XV, présid. du cons. des fin., fils du précéd. 1643-1730.

Villers)Ph. de), jurisc. N. Dijon, v. 1545; m. 1622.=(C.-F.-Domin.), litt., philos. Boulay (Lorraine), 1767-1815.

Villeterque (Al.-L. de), litt., memb. de l'Inst. Ligny (Barrois), 1759-1815.

Villette (Ph. le Valois, marq. de), offic. de mar. N. 1652; devint chef d'escadre; m. 1707. Il a laissé des mémoires.=(C., marq. de), litt., ami de Voltaire. Paris, 1736-1793.

Villeurnois (C.-Hon. Berthelot de la), agent des Bourbons pend. la révolut. N. Toulon, v. 1750; déporté à la Guiane, 1797; m. Sinnamary, 1799.

Villiers (dom Placide), bénéd. Vesoul, 1640-1689.= (P. de), moine de Cluny, litt. Cognac, 1648-1738.=(Côme de St-Etienne de), relig. carme, prédic. St-Denis, 1683-1758. = (Ja.-F. de), méd. St-Maixent, 1727-1794.

Villiers de l'Isle-Adam (J. de), cél. capit. fr., nommé par le duc de Bourgogne maréch. de fr. et lieut.-gén. du royaume. N. v. 1384; tué dans une émeute. Bruges, 1437.=(Ph. de), gr.-maître de l'ordre de Jerusalem, de la fam. du précéd. N. 1464; élu 1521; se défendit dans Rhodes contre Soliman pend. une année entière. 1522; m. 1534.

Villius Tupulus (Publius), préteur rom., propréteur en Sicile; consul, 199 av. J.-C.

Villoison (J.-B. d'Ansse de), hellén., érud., memb. de l'acad. des inscr. Corbeil, 1750-1805.

Villon (F.), poëte fr. N. Paris, 1431; m. v. 1490.

Villotte (Ja.), jés., oriental., missionn. Bar-le-Duc, 1656-1743.

Vinçart (J.), jés., poëte lat. Lille, 1593-1679.

Vince (Sam.), astron. angl., profess. à l'univ. de Cambridge. M. 1821.

Vincent (St), diacre esp. N. Saragosse; martyr., 304.=V. FERRIER.

Vincent de Lérins (St), relig. de Lérins, écriv. ascét. N. Gaule; m. v. 450.

Vincent de Beauvais, dominic., sav. du 13e s. N. Beauvais, à ce que l'on croit, v. 1200; m. v. 1264.

Vincent de Paul (St), prêtre cél. par sa charité et sa philanthropie, fondat. de la congrég. des sœurs de la charité, de l'établiss. des enfants-trouvés, de l'hospice du Nom-de-Jésus, de l'hôpital de la Salpêtrière. N. Rauquines (Landes), 1576; m. 1660.

Vincent (Isabeau), dite la Bergère de Crest, enthousiaste protest. N. Dauphiné, 1670.=(F.-N.), homme polit., secrét.-gén. du min. de la guerre Bouchotte. N. Paris, 1767; m. sur l'échaf., 1794.= (Gu.), érud., hellén., Londres, 1739-1816. = (F.-And.), peint. d'hist., memb. de l'Inst. Paris, 1746-1816.

Vincent-Devillas (Al.), litt., écon. Nimes, 1725-1794.=(Ja.), litt., fils du précéd. 1758-1825.

Vinci (Léo. de), cél. peint., poëte, écriv., archit., ingén., mécan. Vinci, 1452; Amboise, 1519.

Vinciguerra (Marc.-Ant.), poëte ital., négociat., secrét. de la républ. de Venise. Viv. fin du 15e s.

Vindex (Caïus Julius), Gaulois, propréteur de la Séquanaise sous Néron, se révolta 68, et vaincu par Virginius Rufus, se tua, 69.

Vinding (Erasme), jurisc., érud., philol. Vinding (Sélande), 1615; Copenhague 1684.

Vindius (Verus), jurisc. rom. Viv. sous Antonin le Pieux.

Vinet (Elie), philol., érud., antiq. N. Planches-lez-Barbézieux; m. 1587.

Vinkeboon (Dav.), peint. Malines, 1578-1706.

Vinnius (Arnold Vinnen, en lat.), jurisc. holl. 1588-1657.

Vinot (le P.), poëte lat. N. Nogent-sur-Aube; m. Tours, 1731.

Vintimille-Lascaris (Pa. de), gr. maître de Malte. N. 1560; succ. de Antoine de Paule, 1656; m. 1657.

Vintimille du Luc (C. Gasp. de), archev. de Paris. 1655-1746. =(F.), comte du Luc, ambass., protect. de J.-B. Rousseau. 1653-1740.

Vinuesa (Mat.), prêtre esp., curé de Tamajon; contribua au soulèv. de son pays contre Napoléon; devint chapel. d'honneur de Ferdinand VII au retour de ce prince; assommé par la populace, 1821.

Viole (dom Dan.-G.), bénéd. de St-Maur, hist., hagiogr. Soulairs, 1598-1669.

Vioménil (Ant.-C. du Houx, baron de), lieut.-gén. Fauconcourt (Lorr.), 1728-1792. = (C.-Jo.-Hyac.), maréch. de Fr., frère du précéd. Kuppe (Lorr.), 1734-1827.

Vionnet (G.), jés., poëte lat. Lyon, 1712-1754.

Viotti (J.-B.), cél. violoniste et composit., direct. de l'Opéra, Fontaneto (Piémont), 1755; Paris, 1824.

Viperano (J.-Ant.), litt., chapel. et historiogr. de Philippe II. Messine, 1540-1610.

Viret (P.), théol., l'un des chefs de la réforme en Suisse. Orbe (canton de Vaud), 1511; Béarn, 1571.

Virey (Cl.-Enoch), poëte lat. et fr., litt. Sassenay, 1566-1636. =(Ju.-Jo.), méd., natural., écriv., memb. de l'acad. de méd. N. Hortes (H.-Marne), 1776; m. 1847.

Virgile (Publius Virgilius Maro), cél. poëte lat. N. au village d'Andes, pr. Mantoue, v. 70 av. J.-C.; m. Brindes, 19 av. J.-C.= V. POLYDORE.

Virgile (St), relig. de Lérins, év. d'Arles. N. 624.

Virgille-Labastide (C. du), écon., mécan. St-Benoit (Languedoc), 1682-1755.

Virginie, jeune Romaine tuée par son père au moment où le décemvir Appius allait s'emparer d'elle, 449 av. J.-C.

Virginius Romanus, poëte com. du 1er s. av. J.-C.

Virginius Rufus (Lucius), gén. rom., gouv. de la Haute-Germanie. N. Côme, 14; m. 97.

Viriathe, chef lusitanien, qui se révolta contre les Rom., 149 av. J.-C.; obtint de grands succès; assass. 140, par 2 de ses offic., gagnés par le consul Cépion.

Virieu (F.-H., comte de), memb. de l'assembl. constit. N. Dauphiné, prit part à l'insurrect. de Lyon contre la conv. 1793; commandait l'arrière-garde de l'armée qui essaya de s'échapper de la ville assiégée, et fut tué avec la plupart de ses compagnons.

Virloys (C.-F. Roland le), archit. Paris, 1716-1762.

Virués (Alonzo de), controv., év. de Canarie, prédic. de Charles-Quint. N. Almédo; m. 1545.

Viscaino (Séb.), navig. esp. du 16e s.

Visch (dom C. de), prieur de Dunes, érud., bibliogr. N. Furnes, v. 1596; m. 1666.

Visclède (Ant.-L. de Chalamond de la), litt. Tarascon, 1692-1760.

Visconti, cél. famille de Milan, qui fut longtemps à la tête du parti gibelin. Ses principaux membres sont: Mathieu Ier dit le Grand, seign. perpétuel de Milan, vic. impér. en Italie N. 1250; abdiqua 1322; m. dans un couv., 1323.=Galéaz Ier, souver. de Milan, vic. impér., fils du précéd. n. 1277; souver. à l'abdic. de son père, 1322; m. 1328.=Azzon, fils aîné du précéd. N. 1302; nommé vic. impér. à Milan par l'emp. Louis V; s'empara de quelques villes et prov.; m. 1339.=Luchino, fils de Mathieu le Gr. Succ. de son neveu Azzon, 1339, avec son frère Jean, archev. de Milan; empoisonné par sa femme, 1349.=Jean, archev. de Milan, frère du précéd. avec lequel il fut associé au pouvoir; gouverna seul après la mort de celui-ci; m. 1354.=Matthieu II, nev. du précéd. Partagea la souveraineté avec ses 2 frères, Galéaz et Barnabo, qui l'empois. 1355. = Galéaz II, frère du précéd. et co-seigneur de Milan avc lui en 1354; prit à son service des condiotteri pour se défendre contre les coalisés de Venise. M. 1358.=Barnabo, frère et associé des précéd. 1354, eut à lutter contre différentes ligues formées par les papes; partagea ses États entre ses fils, 1379; empois., 1385, par son nev. qui voulait régner seul.=Jean-Galéaz Ier, duc de Milan, fils de Galéaz II. N. 1347; succ. de son père dans la co-seigneurie de Milan, 1378; s'empara en outre des États de son oncle Barnabo, 1385; m. 1402.=Jean-Marie, fils du précéd. et son succ., sous la tutelle de Catherine Visconti, 1402; la chassa et l'empois. 1404; m. assass. 1412.=Philippe-Marie, frère du précéd. N. 1391; se fit reconnaître comme souver. à Milan ap. le meurtre de Jean-Marie, 1412, puis épousa la veuve de celui-ci et la fit bientôt mettre à m.; agrandit ses Etats par différ. conquêtes; m. 1447.=Gaspard, de la même fam., poëte, négociat. Milan, 1461-1499.

Visconti (J.-B.-Ant.), érud., préfet des antiq. de Rome. Vernazza, 1722-1784.=(Ennius Quirinus), sav antiq., conservat. du musée du Capitole, à Rome, et en Fr., administr. du musée, profess. d'archéol., memb. de l'Inst. N. Rome, 1782; m. 1818.

Visdelou (Cl.), jés. breton, missionn. en Chine, 1656-1737.

Visé (J. Donneau de), aut. dram., fondat. du Mercure de France, historiogr. Paris, 1640-1710.

Visetti (Ja.), ecclés., poëte. N. Padoue, 1736; m. v. 1815.

Vismes de Valga (Anne-P.-Ja. de), direct. de l'acad. royale de musique. Paris, 1745-1819. = (Alph.-Den.-Ma.), litt., frère du précéd. 1746-1792.

Visscher (Rœmer), poëte holl. Amsterd., 1547-1620. = (Anne), femme poëte, fille du précéd. Amsterdam, 1584-1652. = (Ma.), sœur de la précéd., et poëte comme elle. Amsterd., 1594-1649.

Vita (J. de), érud., archéol., canon. Bénévent, 1708-1774.

Vital (St), de Milan, martyr à Ravenne, 62.=(St), fondat. du monast. de Savigny, près Coutances, en 1112. N. Tierceville (Normand.), v. 1060; m. 1122.

Vital, dit de Blois, poëte lat. du 12e s. N. Blois. V. ORDERIC.

Vitalien, gén. scythe qui vint protéger les catholiques contre Anastase, en 513 et en 518 ; fut nommé consul par Justin, 520 ; assass. à Constant., même ann.

Vitalien, pape. N. Signia (Campanie) ; succ. d'Eugène Ier, 657 ; m. 672.

Vitel (J. de), poëte fr. et lat. N. Avranches, v. 156.

Vitelleschi (J.), card., archev. de Florence, 1er min. d'Eugène IV. N. Corneto ; empois., 1440

Vitelli (Ciapino), gén. ital. au service de Philippe II, qui le créa gr. maréch. N. Citta-di Castello ; m. 1576.

Vitellio, mathém. polon. du 13e s.

Vitellius (Aulus), emp. rom. N. 15 ; d'abord consul, puis gouv. milit. de la Basse-Germ. ; procl. à la m. de Galba, 69 ; renversé par Antonius Primus, gén. de Vespasien, et livré à la populace de Rome, qui le mit en pièces, ap. 8 mois de règne.

Vitellius (Erasme), prélat polon., négociat. Cracovie, 1470-1521.

Vitenès, gr.-duc de Lithuanie, fondat. de la dynast. des Jagellons. M. 1315.

Vitério, roi des Visigoths. Succ. de Liuva II qu'il avait fait assass., 603 ; tué lui-même, 610.

Vitet (L.), méd., memb. de la conv. et du cons. des cinq-cents. Lyon, 1736-1809.

Vitigès, roi des Ostrogoths d'Italie. D'abord gén. de Théodoric Ier ; procl. à la place de Théodat, 536 ; se rendit à Bélisaire, 540 ; m. Constant., 543.

Vitiza, roi des Visigoths, fils d'Egiza. Associé au trône, 694 ; régna seul depuis 701 ; renversé par Rodrigue, qui lui succ., v. 710.

Vitré (Ant.) cél., impr. en langues or. N. Paris, v. 1600 ; m. 1674.

Vitringa (Campège), théol. protest., érud., hébraïs. Leuwarde, 1659-1722.

Vitruve (Marcus Vitruvius Pollio), archit. rom. du 1er s. av. J.-C., contemp. d'Auguste.

Vitry (Ja. de), hist., hagiogr., prédic., év. de Ptolémaïs (Terre-Sainte), card. N. Argenteuil ou Vitry-s.-S. ; m. Rome, 1244. = (L. Galluccio de Lhospital, marq. de), vaill. capit., gouv. de Meaux. Il servit dans l'armée de la Ligue, mais se soumit à Henri IV. M. 1611. = (N. de Lhospital, marq. puis duc de), capit. des gardes du corps de Louis XIII ; tua lui-même Concini, et fut nommé maréch. et gouv. de Provence. 1581-1644. = (le P. Edm. de), jés. fr., numism., philol. N. v. 1670 ; m. 1750.

Vittemont (l'abbé J.), négociat., sous-précept. de Louis XV. Dormans, 1655-1731.

Vivarès (F.), grav. St-Jean de Bruel (Rouergue), 1709-1780.

Vivens (le chev. F. de), écon., agron., chim. Chât. de Vivens (Agénois), 1697-1780.

Vivès (J.-F.), litt. esp. Valence, 1492-1540.

Viviani (Vinc.), cél. géom., ingén. Florence, 1622-1703.

Vivien (Jo.), peint., memb. de l'acad. Lyon, 1647 ; Rouen, 1734.

Vivonne (L.-Vict. de Rochechouart, comte, puis duc de Mortemart et de), gén. des galères, gouv. de Champ., enfin maréch. de Fr. et 1er gentilh. de la ch. ; était frère de Mme de Montespan. 1636-1688.

Vladimir, dit le Grand, gr.-prince de Russie, fils de Sviatoslav Ier. Se rendit maître de tous les Etats de son père par l'assass. de son frère Jaropolk, 980 ; soumit les Bulgares, le Khorson, etc. ; embrassa le christian. ; m. 1005. = II, dit le Monomaque, arrière-p.-fils du précéd. et fils de Vsevolod Ier. N. 1053 ; monta sur le trône de Russie, 1113 ; m. 1125.

Vladislas Ier, dit Hermann, duc ou roi de Pologne. Succ. de son frère Boleslas II, 1081 ; m. 1102. = II, fils aîné de Boleslas III. Nommé roi de Pologne, 1138 ; chassé par ses frères qu'il avait voulu dépouiller, 1146 ; m. en exil, 1159. = III, dit Laskonogi (aux jambes grêles), fils de Miecislas III. Elu, 1202 ; déposé, 1206 ; m. 1233. = IV, dit Lokietek (le Nain), fils de Miécislas III et frère de Lech le Noir. Reconnu succ. de ce dern., 1306, après de longs débats ; m. 1333. = V. Voy. JAGELLON. = VI. Voy. LADISLAS VI. = VII, fils de Sigismond, roi de Pologne. N. 1595 ; succ. de son père, 1632 ; m. 1648.

Vladislas Ier, duc de Bohême. Succ. de son compét. Sviatopolk, 1109 ; partagea ses Etats avec son frère Borzivoï ; m. 1125. = II, fils du précéd. Succ. de son oncle Sobieslas Ier, 1140 ; déposé, 1173 ; m. même ann. = III, fils puîné de Brzétislas III, et son succ., 1198 ; abdiqua au bout de 5 mois en fav. de son frère Przemislas Ottocar ; m. 1222.

Vlasta, amazone bohémienne qui voulut fonder un Etat où les femmes domineraient sur les hommes ; en établit le siége sur le mont Vidovlé, 735 ; y fut assiégée par Przémislas, et tuée v. 743.

Vlérick (P.), peint. Courtrai, 1539-1581.

Vlieger (Sim.), peint. et grav. à l'eau-forte. N. Amsterd., v. 1612.

Vlierden (Lamb. de), jurisc., poëte lat. Herstall, pr. de Liége, 1564-1640.

Vliet (Gu. van), peint. d'hist. et de portr. Delft, 1584-1642.

Vlitius (J. van Vliet, en lat.), jurisc., philol., poëte lat. M. Breda, 1666.

Voët (Gisbert), théol. et controv. holl. Heusde, 1593-1680. = (J.), jurisc., de la même fam. Utrecht, 1647-1714.

Vogel (J.-Gu.), minéral., voyag. Ernstroda (duché de Cobourg), 1657-1723. = (Rodolphe), méd., chim., bibliogr. N. Erfurt, 1724. = (Christ.), composit. Nuremb., 1756-1788.

Vogelweide (Walther von der), minnesinger du commenc. du 13e s.

Vogler (J.-Ph.), bot. et méd. Darmstadt, 1746-1802.

Vogli (J.-Hyac.), méd., hist. Bologne, 1697-1762.

Voigt (God.), théol., érud., physic. Delitsch (Saxe), 1644-1682. = (J.), érud. et bibliogr. all. Beverstadt, 1693-1765. = (J.-Chr.), méd. all. 1725-1810.

Voisenon (Cl.-H. Fusée, abbé de), poëte, litt., aut. dram., memb. de l'Acad. fr. N. Voisenon-lez-Melun, 1708 ; m. 1775.

Voisin (Jo.), aumôn. du prince de Conti, hébraïs. N. Bordeaux, 1620 ; m. 1685.

Voisin (Cath. des Hayes, dite la), devineresse et cél. empoisonn. du 17e s. Brûlée, Paris, 1680. = V. VOYSIN.

Voiture (Vinc.), poëte, litt., memb. de l'Acad. fr. N. Amiens, 1598 ; m. 1648.

Volckammer (J.-G.), méd. et bot. Nuremb., 1616-1693. = (J.-Christ.), méd. et bot. du 8e s. N. Nuremberg.

Volckmann (J.-Ja.), litt., géogr., trad. Hamb., 1732-1803.

Volkelius (J.), théol. socinien du 17e s.

Volkoff (Théod.), poëte, peint., coméd. russe. Kostroma, 1720-1763.

Volkyr (Nicole), litt. et hist., trad. N. Bar-le-Duc, v. 1480.

Vollenhove (J.), poëte holl. du 17e s., théol. protest.

Volnais (Mlle), actr. du Th.-Fr. Paris, 1787-1837.

Volney (Constantin-F. Chassebœuf, comte de), oriental., philos., voyag., memb. de l'Inst., vice-présid. du sénat. Craon (Anjou), 1757 ; Paris, 1820.

Vologèse, nom de 5 rois des Parthes, m. en 80, 148, 190, 207 et 220.

Volpato (J.-B.), peint. et litt. Bassano, 1633-1706. = (J.), cél. grav. Bassano, 1733-1802.

Volpi (J.-Ant.), philol., édit., poëte lat. Padoue, 1686-1766. = (J.-B.), anat., frère du précéd. M. 1757.

Volta (A), cél. physic. Côme, 1743-1802.

Voltaire (F.-Ma. Arouet de), poëte épique, dram., satir., hist., crit., romanc., philos., memb. de l'Acad. fr., l'un des hommes les plus cél. du 18e s. N. Châtenay, près de Sceaux, 1694 ; passa 3 ans à la cour du grand Frédéric, 1750 à 1753 ; se retira à Ferney (pays de Gex), 1758 ; revint à Paris, févr. 1778, et y mourut au bout de 3 mois (30 mai).

Volterre (Dan. Ricciardi, dit le Volterran, ou de), cél. peint. et sculpt. Volterra, 1509-1566.

Voltolina (Jo.-Milius), poëte lat. du 16e s. N. Salo (Ital.).

Volusien (Caïus Vibius), fils de l'emp. Gallus. Assoc. à l'emp., 252 ; massac., ainsi que son père, 253.

Vondel (Juste van den), poëte et aut. dram. holl. Cologne, 1587-1679.

Von-Visin (Den. Ivanowisch), litt., aut. dram. Moscou, 1745-1792.

Vopiscus (Flavius), hist. lat. du 4e s. N. Syracuse.

Voragine (Ja. de), dominic., prédic., hist., hagiogr. N. Varaggio (côte de Gênes), v. 1230 ; m. 1298.

Vorst (Ælius-Everhard), méd., bot. Ruremonde, 1565-1624. = (Adolphe), méd. du prince d'Orange, bot., érud. Delft, 1597-1663. = (Conrad van den), théol. protest. Cologne, 1569-1622. = (J.), théol. luthér., controv. hébraïs., philol. Wasselbourg, 1623-1676.

Vortigern, roi breton, élu ap. le départ des Romains, 445 ; assiégé par son compétit. Ambrosius Aurelianus, périt, 485.

Vos (Martin de), peint. Anvers, 1519-1604. = (P.), poëte et aut. dram. N. Amsterdam ; m. 1667.

Voss (J.-H.), cél. poëte et crit. all. Sommersdorf (Mecklemb.), 1751-1826.

Vossius (Gér.), théol., litt. N. pays de Liége ; m. 1609. = (Gérard-J.), litt., philol., érud. Heidelberg, 1577-1649. = (Isaac), litt., érud., fils du précéd. Leyde, 1618 ; Windsor, 1688.

Vouet (Sim.), élève de son père Laurent Vouet. Paris, 1582-1649.

Voulland (H.), memb. de l'assemblée constit., de la conv., du comité de sûreté gén. N. Uzès, 1750 ; m. 1802.

Voyer (Re.), seign. d'Argenson, homme de guerre, diplom. fr., d'une fam. de la Touraine. 1596-1651. = (Re.), comte d'Argenson, diplom., ambass. à Venise, fils du précéd. 1625-1700. = (Marc-René), présid. du conseil, garde des sceaux, inspect. gén. de la police du roy., fils du précéd. N. Venise, 1652 ; m. 1721. (Re.-L.), marq. d'Argenson, min. des aff. étrang., litt., fils aîné du précéd. 1694-1757. = (Marc-d'), comte d'Argenson, lieut.-gén. de police, direct. de la librairie, min. de la guerre, memb. de l'acad. des inscr., frère du précéd. 1696-1764. = (Marc-Re.-Ma.), ordinair. nommé Voyer d'Argenson, aide de camp de Lafayette, préfet sous l'Emp., député de l'opposition sous la Restaur., manufact., agron., p.-fils du précéd. 1771-1842.

Voys (Ari de), peint. holl. N. Leyde, 1641.

Voysin (Dan.-F.), chancel. de Fr., memb. du cons. de régence. Paris, 1654-1717.

Vratislas V. WRATISLAS.

Vrée (Oliv. de), hist., érud. Bruges, 1578-1652.

Vries (J. Fredeman de), peint. holl. Leuwarde, 1517-1604. = (Gér. de), philos. holl. du 17e s. N. Utrecht.

Vrillière (L. Phelipeaux, marq. de la), comte de St-Florentin, min. de Louis XIV, secrét. de la régence. 1672-1725.

Vroom (H.-Corn.), peint. de marines. Harlem, 1566-1617.

Vsevolod Ier, gr.-prince de Kiev. Succ. de Sviatoslav. II, de 1078 à 1093. = II, fils d'Oleg, gr.-prince de Kiev, de 1138 à 1146. = III, gr.-duc de Vladimir, de 1177 à 1212.

Vuez (Arnould de), peint. fr. Oppenois-lez-St-Omer, 1642-1724.

Vuillemin ou *Willemin* (J.), méd., poëte lat. N. Arbois, v. 1540.

Vuillermet (Cl.-F.), jés., prédic. Champagnole, 1728-1789.

Vuitasse (C.), théol., doct. et profess. de Sorb. N. Chauny, 1660 ; m. 1716.

Vulcanius (Bonav. de Smet, en lat.), philol., érud. Bruges, 1538-1614.

Vulson de la Colombière (Marc de), hérald. N. Dauphiné ; m. 1658.

Vyasa, c.-à-d. le compilateur, mouni ou anachorète ind., théol., philos., poëte. Viv., selon les uns, 15e, selon d'autres, 12e s. av. J.-C.

Vzelas Ier, gr.-duc de Russie, arrière-p.-fils de Vladimir 1er. Procl. 1068 ; m. 1101.

Vzevolód. V. VSEVOLOD.

— W —

(NOTA. Cherchez par *V* ou par *Ou* les noms qui ne seraient pas ici.)

Waasen (J. van der), théol. protest., historiogr. de la Frise, conseill. du prince d'Orange. Amsterdam, 1639-1701.

Waast (St), év. d'Arras. M. 540.

Wace (Maitre), dit aussi Guace ou Wistace, poëte anglo-norm. N. Jersey ; m. v. 1184.

Wachter (J.-G.), philol. all., érud., numism. 1673-1757.

Wackerbarth (A.-Christ., comte de), feld-maréch., gén., homme d'Etat. Mecklenb., 1662-1734.

Wadding (P.), jés., théol., canon. Waterford (Irl.), 1580-1644. = (le P. Luc de), francisc., théol., hist. Waterford, 1588-1657.

Wadstroem (E.-Bern.), voyag. Stockholm, 1746-1799.

Wæl (Lucas de), peint. Anvers, 1591-1676. = (Corn.), peint. de bat. et paysag., frère du précéd. Anvers, 1594-1662.

Waflard (Alexis-Ja.-Ma.), aut. dram. N. Versailles, 1787 ; m. 1824.

Waga (Théod.), religieux piariste, hist. et légiste polon. Mazovie, 1739-1801.

Wagenaar (J.), litt., hist. Amsterdam, 1709-1773.

Wagenseil (J.-Christ.), oriental., érud. Nuremb., 1633-1705.

Wager (C.), amiral angl., gr. trésor. de la mar. 1666-1743.

Wagner (J. Ja.), méd., natural. Zurich, 1641-1695. = (P.-Chr.), méd. all. Hof, 1703-1764. = (L.-Fréd.), jurisc., numism. Tubingen, 1700-1739.

Wagnière (J.-L.), litt., secrét. de Voltaire. N. Suisse, 1739.

Wagstaffe (Th.), prélat angl., théol. 1645-1712. = (Th.), controv., litt., fils du précéd. Londres, 1692-1770.

Wahl (Joachim-Ch., comte de), gén. all., lieut.-feld-maréch., gr.-maître de l'artill., gouv. du Palatinat. M. 1694.

Waifre, duc d'Aquitaine, fils de Hunald et son succ., 745 ; soutint une longue guerre contre Pepin. Assass., 768.

Wailly (Noël-F. de), gramm., memb. de l'Inst. N. Amiens, 1724 ; m. 1801. = (Et.-Augustin), litt., provis. du lycée Napoléon. Paris, 1770-1821. = (C.), archit., memb. de l'Inst., de la même fam. Paris, 1729-1798.

Wailly (P.-Jo.), missionn., supér. gén. des lazaristes. N. Vacqueriettes, 1739 ; m. 1828.

Wakedi (Abou-Abdallah-Mohammed), écriv. ar. N. Médine ; m. 822.

Wakefield (Gilbert), litt., crit., philol. angl. Nottingham, 1756-1801.

Walch (J.-G.), théol., philol. Meinengen, 1693-1775. = (J.-E.-Emm.), théol., natural., érud., fils du précéd. Iéna, 1725-1778. = (Chr.-Gu.-F.), théol., hist. eccl., frère du précéd. Iéna, 1726-1784. = (Alb.-G.), litt., philos. all. 1736-1801.

Walcher (Jo.), jés., mathém., ingén. hydraul. Linz, 1718-1803.

Walckenaer (C.-Athan., bar.), natural., géogr., litt., biogr. Paris, 1771-1825.

Waldau (G.-Em.), théol., litt., bibliogr., hist. N. Nuremb., 1745.

Waldeck (G.-Fréd., prince de), gén. all., feld-maréch., puis maréch.-gén. des armées des Prov.-Unies, 1620-1692. = (Chr.-Aug., prince de), gén. qui servit l'Autriche contre la Turquie et contre la Fr. N. 1744 ; m. Portug., 1798.

Waldegrave (Ja., comte de), homme d'Etat angl., gouv. du prince de Galles, fils de George II. 1715-1763.

Waldmann (J.), homme d'Etat, un des chefs de l'armée suisse à la bat. de Morat, bourgmestre de Zurich. N. Bliggenstorf, v. 1426 ; décap., 1487.

Waldpott de Passenheim (H.), 1er gr.-maître des chev. de l'ordre teutonique. M. 1200.

Waldrade, femme du roi de Lorraine Lothaire, qui répudia Theutberge pour l'épouser. M. 880.

Waldschmidt (Bern.), théol. luthér., controv., prédic. Francfort-s.-le-M., 1608.-1665. = (J.-Ja.), méd. Rodheim, 1644-1689. = (Gu.-Ulrich), méd., bot., physic., fils du précéd. Hanau, 1669-1731.

Wale (Ant. de), théol. protest., advers. des remontrants. Gand, 1573-1639. = (J.), méd., anat., fils du précéd. Koukerke, 1604-1649.

Walef (B.-H. de Corte, bar. de), agent polit. qui eut part à la conspir. de Cellamare, litt. Liége, 1652-1734.

Wales (Gu.), astron. angl., voyag. 1754-1798.

Walid Ier (Aboul-Abbas), 6e calife ommiade d'Or. Succ. de son père Abd-el-Malek, 705 ; m. 715. = II (Aboul-Abbas), 2e calife ommiade, fils d'Yésid II. Succ. de son oncle Hescham, 743 ; massac., 744.

Walingford (Rich.), abbé de St-Albans, hist., astron. et mathém. angl. du 14e s.

Walker (Clé.), écriv. presbytér., hist. Cliffe (comté de Dorset), 1600-1651. = (Et.), hist. royaliste angl., roi d'armes de Charles II. M. 1676. = (J.), gramm. Friern-Barnet (Hartford), 1732-1807. = (Jo.-Cooper), litt., érud. Dublin, 1766-1810 = (Adam), mécan., physic. Westmoreland, 1731-1821.

Wall (Ed.), le principal aut. du soulèv. de l'Irlande, en 1641. vice-roi ap. la m. de Charles Ier. M. en Fr., 1651. = (J.), méd., chim., peint. Powick (comté de Worcester), 1708-1776.

Wallace (Gu.), un des héros popul. de l'Ecosse. N. comté de Renfrew, 1276 ; leva une armée d'insurgés contre les troupes d'Edouard Ier ; se fit nommer vice-roi d'Ecosse, et remporta quelq. vict. Mais trahi par les nobles écoss., défait à Falkirk, 1298, livré à Edouard, 1304, fut décap. Londres, 1305.

Wallenbourg (Ja. de), oriental., négocial. Vienne, 1763-1806.

Wallenstein (Alb.-Venceslas-Eusèbe de Waldstein, dit), cél. gén. des Impériaux. N. Bohême, d'une fam. cathol., 1583 ; assass. Egra, 1634, par ordre de l'emp. Ferdinand II.

Waller (Gu.), gén. angl. du 17e s., du parti du parlem. M. 1668. = (Edm.), poëte angl., de la fam. du précéd. Coleshill, 1605-1687.

Wallerius (J. Gottschalk), natural. suéd., profess. à l'univ. d'Upsal. 1709-1785.

Wallin (G.), érud., oriental. Guefle (Suède), 1686-1760.

Wallis (J.), mathém. angl. Ashford (comté d'Essex), 1616-1703.=(G.-Oliv. comte de), feld-maréch. autr. 1671-1743.=(Jo.), de la même fam., min. des fin., chef suprême des tribunaux de justice en Autriche, 1768-1818.=(Sam.), navig. angl. du 18e s. Découvrit Otaïti.

Wallot (J.-Ju.), astron. N. Pauers (Palatinat), 1743; profess. à Paris; m. sur l'échaf., 1794.

Walpole (R.), 1er comte d'Orfort, homme d'État, min. de la guerre, lord de la trésor., chancel. de l'Echiq., secrét. d'État. Houghton, 1676-1743. =(Horace), ambass., frère du précéd, 1678-1757. =(Horace), 3e fils de Robert, poëte, litt., hist. et public. 1717-1797.

Walsh (Gu.), poëte angl., ami de Pope. Abberley (comté de Worcester), 1663-1709.

Walsingham (Th. de), chroniq. angl. du 15e s., bénéd. de St-Albans, historiogr. royal sous Henri VI.=(F.), secrét. d'État, memb. du conseil privé. N. Chislehurt (comté de Kent), 1536; refusa de siéger parmi les juges de Marie Stuart; m. pauvre, 1590.

Walter (J.-Théoph.), anat. pruss. Kœnigsberg, 1734-1818.= V. SCOTT.

Walther (Christ.-Théodose), missionn. protest., linguiste. Soldin (Nouv.-Marche), 1699-1741.

Walton (Isaac), poëte, litt. Strafford, 1593-1683. =(Bryan), oriental. angl., év. de Chester. Cleveland (comté d'York), 1600-1661.

Wandelaincourt (Ant.-Hub.), human., litt., év. constit. de la H.-Marne, memb. de la conv. et du conseil des cinq-cents. Rupt en Vovre (Lorr.), 1731-1819.

Wandelbert, moine de Prum en Belg., hagiogr., poëte lat. N. v. 813.

Wangenheim (Fréd.-Adam-Ju. de), bot. forest., gr. maître des eaux et forêts en Prusse. Saxe-Gotha, 1747-1800.

Wan-Khouly (Mohammed-Ibn-Moustapha), lexicogr. turc du 16 s.

Wanley (Humphrey), antiq., paléogr. Coventry, 1671-1726.

Wan-ly, 12e emp. chinois de la dynast. des Ming. Succ. de son père Mu-Tsoung, 1572; m. 1620.

Wansleben (J.-M.), oriental., voyag. en Egypte. Sommerda (Prusse), 1635-1679.

Warburton (Gu.) sav. prélat angl., chapel. du roi, doyen de Bristol, enfin év. de Glocester. N. Newark-sur-Trent, 1698; m. 1779.

Ward (Séth), év. d'Exeter, profess. d'astron. à l'univ. d'Oxford. Buntingford, 1617-1689.=(Ed.), poëte et aut. dram. Comté d'Oxford, 1667-1731. =(Th.), poëte angl., écriv. satir. du 17e s.=(J.), litt., philol., antiq. Londres, 1679-1758.=(Bern.), écon. N. Irlande; se fixa en Esp., où il fut nommé présid. du comm. et des monnaies. N. fin du 18e s.

Wargentin (P.-Gu.), astron. suéd. Stockholm, 1717-1783.

Waring (Ed.), mathém. Shrewsbury, 1734-1798.

Warmholtz (C.-Gust.), bibliogr. et hist. suéd. 1710-1784.

Warnachaire, maire de Bourgogne sous Clotaire II, auquel il livra Brunehaut, 613.

Warner (Gu.), poëte angl. Comté d'Oxford, 1558-1609. =(Ferd.), théol., litt., hist. Anglet., 1705-1768.=(Jo.) cél. chir. angl. 1717-1801.

Warnery (C.-Emm.), major-gén. au serv. de la Pologne, tactic. N. Morges (pays de Vaux), 1719; m. 1786.

Warren (Jo.), gén. améric., présid. du congrès de Massachussets. N. Roxbury, 1740; tué, 1775.

Warren (J. Dobiose), amiral angl. Cornouailles, 1754-1822.

Warsewitz (Christ.-Stan.), jés., hist. et diplom. polon. M. 1605.

Wartenberg (J.-Casimir-Kolb, comte de), homme d'État autrich., diplom. Kaiserslautern, 1584-1661. =(F.-Gu.), de la même fam., négociat., év. de Ratisbonne et d'Osnabrück, card. 1593-1649.

Wartensleben (Al.-Hermann de), feld-maréch. pruss. Westphalie, 1650-1734. =(Ju.-L.-Gaston), de la même fam., feld-maréch. au service de l'Autriche, 1728-1797.

Warton (Jo.), poëte angl. et litt. Dunsfeld, 1722-1800.=(Th.), litt., érud., frère du précéd. 1728-1790.

Warwick (Rich.), favori de Henri V, fit la guerre en Fr., et dirigea l'inique procédure contre Jeanne-d'Arc. M. 1439.=(Rich. Nevil, comte de), dit le Faiseur de rois, gendre du précéd., et b.-frère du duc d'York, dont il appuya d'abord les prétentions au trône en s'emparant de Henri VI; fit procl. le fils de celui-ci sous le nom d'Edouard IV, 1461; le priva plus tard de sa liberté, mais fut contraint de la lui rendre et de se réfugier en Fr.; se réconcilia avec Henri VI; le tira de la Tour de Londres, le fit procl.; vaincu et tué à la bat. de Barnet, 1471.=(Ed.), p.-fils du précéd. Mis à la Tour par Henri VII, tenta de s'évader, et fut décap., 1499.

Warwick (sir Ph.), secrét. de Charles Ier, memb. du parlem. Londres, 1608-1683.

Waser (Gasp.), oriental., philol., érud. Zurich, 1565-1625.=(H.), past. protest., écon., érud. N. Zurich, 1742; condamné à m., 1780, pour avoir dérobé des titres aux archives de son canton.

Washington (G.), homme d'État, gén., fondat. de la républ. des Etats-Unis, dont il fut le premier présid. N. Bridge-Creek (Virginie), 1732; résigna le pouvoir, 1797; m. 1799.

Wasse (Jo.), physic., philol. Comté d'York, 1672-1738.=(Cornélie Wouters, baronne de), femme aut. Bruxelles, 1739-1802.

Wassenaer (N.-J.), méd. et hist. holl. M. 1632.=(J. van), amiral holl. 1610-1665.

Wassenberg (Evrard de), hist., historiogr. de l'archiduc Léopold-Guillaume. N. Emmerich (duché de Clèves), 1610.

Wastelin (C.), jés., érud. Marimont (Hainaut), 1695-1782.

Watelet (Cl.-H.), recev. gén. des fin., litt., poëte, artiste, memb. de l'Acad. fr. Paris, 1718-1786.

Waterloo (Ant.), paysag., grav. N. Amsterdam, v. 1618; m. à l'hôpital, 1662.

Wathek-Billha (Abou-Djafar Haroun II, al), calife abasside d'Or., fils de Mostasem, et son succ. 842. M. 847.

Watson (Gu.), méd., bot., physic. angl. 1515-1787.=(J.), hist. angl. 1724-1783.=(R.), hist. écoss. St-Andrew, 1730-1780.=(le colonel H.), ingén. en chef de la comp. des Indes-Or. Holbeach (comté de Lincoln), 1737-1780.=(Rich.), théol. et chim. angl. Heversham, 1737-1816.

Watt (Ja), habile mécan. N. Greenock (Ecosse), 1736; m. 1819.

Watteau (Ant.), peint. de genre, memb. de l'acad. Valenciennes, 1684-1721.

Watts (Isaac), min. non conformiste, théol., litt. Southampton, 1674-1748.=(Mme), peint. aut. Anglet., 1792-1815.

Wat-Tyler, ouvrier de Deptford, chef de la révolte de 1381. Tué à Londres dans une conférence où Richard II l'avait attiré.

Wawrzecki (Th., comte), gén. polon., min. de la justice. M. 1816.

Waynflete (Gu.), év. de Winchester, chancel. d'Angleterre. M. 1486.

Webb (F.), prédic., litt. Taunton (Sommerset), 1735-1815.

Webber (J.), peint. et grav. à l'eau-forte. Londres, 1751-1793.

Weber (Vitel), poëte suisse du 15e s.=(Ananias), théol. luthér., prédic., controv. Lindenhayn (Saxe), 1596-1665. =(Ern.), hist., poëte et jurisc. all. M. 1726.=(H.), litt. et sav. édit. angl. M. 1818. =(C.-Ma. de), cél. composit. Eutin (Holstein), 1786-1826.

Webster (Gu), écriv. angl. 1689-1758—(Dan.), homme d'État améric., min. des Etats-Unis. M. Washington, 1852.

Wechel (Chr.), cél. impr. N. Allem.; s'établit à Paris, 1522; m 1554. =(And.), impr., succ. de H. Estienne, fils du précéd. Paris, 1510-1581.

Weckherlin (Gu.-Rod.), poëte all., négocial. Stuttgard, 1584-1651. =(G.-L.), litt., public. Bothnang (Wurtemb.), 1739-1792.

Wedderkopf (Magnus de), jurisc., négociat., 1er min. du duc de Holstein. Hussum, 1638-1721.

Wedel (C.-H. de), gén. pruss., min. de la guerre sous le gr. Frédéric. Uckermark, 1712-1782.

Wedgwood (Josias), cél. manuf. et chim. angl. 1730-1795.

Weenix ou *Vœnix* (J.), peint. Amsterdam, 1644-1719.

Weerdt (Sebald de), navig. holl. du 16e s.

Weerth (J. de), fameux partisan au service de l'Autriche. Brabant, 1594-1652.

Wegelin (Ja.), litt., hist. St-Gall, 1721-1793.

Weichmann (Chr.-Fréd.), poëte et litt. all. N. Brunswick; m. 1769.

Weickard (Melchior-Adam), méd. all. Pays de Fulde, 1742-1803.

Weiden ou *Wéda* (Hermann), archevêque, élect. de Cologne; embrassa le protest.; fut contraint de renoncer à son siége, 1547; m. 1552.

Weidler (J.-Fréd.), astron. Gross-Neuhausen (Prusse), 1691-1755.

Weidling (Chr.), jurisc. et litt. all. Weissenfels, 1660-1731.

Weidmann (Jo.), cél. act. com. du théâtre de Vienne (Autriche), 1742-1810.

Weigel (Erhard), astron., mathém. Weida (Saxe), 1625-1699.

Weiller (Gaëtan de), philos. all., disc. de Jacobi. M. 1826.

Weinreich (Val.), phil., gram., poëte lat. Steina (Hanovre), 1555-1622.

Weise (Chr.), litt., poëte dram., gramm. Zittau, 1642-1708.

Weishaupt (Adam), chef de la secte des illuminés. Ingolstadt, 1748-1822.

Weiss (F.-Rod.), homme d'État, public. Yverdun, 1751-1802.

Weisse (Chr.-Fél.), poëte all., litt., aut. dram. Annaberg (Saxe), 1726-1804.

Weittenaver (Ign.), jés. oriental., philol. Ingolstadt, 1724-1783.

Weitmule (Benessius de), archit. et hist. bohémien du 14e s.

Weller de Molsdorf (Ja.), théol., oriental., hellén., érud. Newkirchen, 1602; Dresde, 1664.

Wellesley (Rich.-Colley, marq. de), comte de Mornington, frère de lord Wellington, gouv. gén. des possess. angl. dans l'Inde, ambass., min. des aff. étrang., lord lieut. d'Irlande, puis vice-roi de ce pays. 1760-1842.

Welli-Eddyn (Ahmed-Erdjer-Oglou), cél. poëte turc, vizir de Bajazet II. N. Bosnie, v. 1450; m. 1495.

Wellington (Arthur Wellesley, duc de), cél. gén. angl., homme d'État, min., ambass. N. Dungham-Castle, 1769; servit d'abord en Holl. et dans l'Inde; fit la guerre de Portugal et d'Esp.; occupa Paris; assista au congrès de Vienne; gagna la bat. de Waterloo, 1815; m. Londres, 1852.

Wells (Ed.), mathém., philol. Corsham (comté de Wilt, 1664-1727.=(Gu-C.), méd. et physic. Charlestown (Caroline du Sud), 1753-1817.

Welser (Marc), homme d'État, hist., érud. Augsb., 1568-1614.

Welsted (Lé.), poëte satir. Abington (comté de Northampton), 1689-1747.

Wenceslas. V. VENCESLAS.

Wendelin (God.), astron., gramm., érud., poëte lat. Campine (Pays-Bas), 1580-1660.

Wengierski (And.), l'un des propagat. du socianisme en Pol. Silésie, 1600-1649.=(Th. Cajetan), poëte polon. 1755-1787.

Wentzel (J.-Fréd.), chim., direct. des mines de Freyberg. Dresde, 1740-1793.

Wen-Wang, command. des armées chin. sous l'emp. Ti-y; fut la tige de la dynast. des Tcheou, 1231-1127 av. J.-C.

Weppen (J.-A.), poëte, aut. dram. Nordheim, 1742-1810.

Werder (Thierry de), poëte all. Werderhausen, 1584-1657.

Werdmuller (J.-Rodolphe), peint. Zurich, 1639-1658.

Werembert, moine de St-Gall, comment., poëte lat., music. N. Coire; m. 884.

Werenfels (Sam.), théol., litt. Bâle, 1657-1740.

Werf (Adr. van der), peint. N. pr. de Rotterdam, 1659; m. 1722.

Werlhof (Pa.-Gottlieb), 1er méd. du roi d'Anglet. à la cour de Hanovre. Helmstadt, 1699-1767.

Werneck (le bar. de), gén autrich. Louisbourg (Wurtemb.), 1748-1806.

Werner (Jo.), peint. N. Berne, 1637; m. 1710. =(Pa. de), gén. pruss. Raab (Hongrie), 1707-1785. =(Abrah.-Gottlob), cél. minéral. Wehlau (Prusse), 1750-1817.=(Fréd.-L.-Zach.), poëte, aut. dram. Kœnigsberg, 1768-1825.

Wernher (J.-Balth., bar. de), jurisc. et public. all. N. Rothenbourg; m. 1742.

Wernsdorff (Gottlieb), philol. Schœnfeld (Saxe), 1668-1729. =(Gottlieb), philol., érud., fils du précéd. Wittenb., 1710-1774. =(E.-Fréd.), érud., frère du précéd. 1718-1782.

Werp (C.), jés., poëte lat. Pays de Liége, 1592-1666.

uuesenbeck (Ma.), jurisc., profess. à Iéna. Anvers, 1551-1586.

Wesley (J.), enthousiaste angl., fondat. du méthodisme. Epworth, 1715-1791.

Wessel (J.), théol., profess. de philos. et de théol. à Cologne. Groningue, 1419-1498.

Wesseling (P.), philol., érud. Steinfurt (Westphalie), 1692-1764.

Wessely (Hartwig), poëte et litt. juif. Copenhague, 1725-1805.

West (Th.), litt. angl., érud. 1706-1769. =(Benj.), peint. améric. Springfield (Pensylv.), 1738-1820.

Westerhof (Arnold-H.), philol. all. du 18e s.

Westermann (F.-Jo.), gén. fr. N. Molsheim (Alsace), 1764; servit en Belgique sous Dumouriez, puis comme gén. en Vendée; condamné en même temps que Danton, et exécuté, 1794.

Weston (Rich.), homme d'État angl., ambass., chancel. de l'Échiq., gr. trésorier du roy. N. comté d'Essex; m. 1635.

Westphal (J.-Ja.-H.), organ. Schwerin, 1750-1825.

Westphalen (Joach.-E. de), érud., public. Schwerin, 1700-1759.

Wetstein, fam. de sav. origin. de Bâle. Ses princip. memb. sont: Jean-Rodolphe, bourgmestre, diplom. Bâle, 1594-1666. =Jean-Rodolphe, fils du précéd., théol., philol., hellén. 1647-1711. =Charles-Antoine, nev. du précéd., litt., poëte lat. et holl. Amsterd., 1743-1797.

Wettz (Justinien-E., bar. de), un des propagat. du luthéran., au 17e s. N. Carniole.

Wetzel (J.-Chr.-Fréd.), philol. et hellén. all. 1762-1810.

Wezel (J.-Chr.), romanc., aut. com. Sondershausen, 1747-1800.

Whalley (P.), litt., crit. angl. Rugby, 1722-1791.

Wharton (Th.), méd. Comté d'York, 1610-1673. =(G.), astron. Kerby-Kendal, 1617-1681. =(H.), théol., érud. Worstead, 1664-1694. =(Th., marq. de), homme d'État angl., memb. de l'opposit. sous Charles II et Jacques II, vice-roi d'Irlande. 1640-1715.

Wheatley (F.), peint. Londres, 1747-1801.

Whiston (Gu.), mathém. et théol. angl. Norton, 1667-1747.

Whitaker (J.), sav. ecclés., hist. Manchester, 1735-1808.=(Th. Dunham), antiq. Rainham (Norfolk), 1759-1821.

Whitbread (Sam.), memb. de la ch. des comm., du parti de l'opposit. Londres, 1758-1815.

White (Th.), lord-maire de Londres, fondat. du coll. de St-Jean à Oxford. Reading, 1492-1566. =(Rich.), érud. et hist. angl. M. 1602. =(Th.), prédic., fondat. du coll. de Sion à Londres. Bristol, 1550-1620. =(Ja.), oriental., prédic. Glocester, 1746-1814. =(M. Kirkel), poëte angl. Nottingham, 1785-1806.

Whithefield (G.), fondat. de la secte des méthodistes calvinistes. Glocester, 1714; Amérique, 1770.

Whitehead (Pa.), poëte satir. Londres, 1709-1774. =(Gu.), poëte lauréat, aut. dram. Cambridge, 1715-1785.

Whitehurst (J.), physic., mécan. angl. 1713-1788.

Whitgift (J.), chapel. d'Elisabeth, arch. de Cantorbéry. Grimsby, 1530-1603.

Whitworth (C.), diplom., ambass. à Pétersb. et à Paris. Comté de Stafford, 1760-1825.

Wiarda (Tilleman-Dothias), hist., philol., jurisc. holl. 1746-1826.

Wibold, év. de Cambray, écriv. M. 965. =Abbé de Stavelo, vice-chancel. de l'emp. sous Conrad, écriv. N. Liége; m. 1158.

Wicherley (Gu.), aut. com. et poëte angl. Clive (comté de Shrop), 1649-1715.

Wichmann (Augustin), abbé de Tongrelo, hagiogr., théol. N. Anvers, 1661. =(Burckhard de), hist. russe. Riga, 1786-1823.

Wiclef (J.), théol., hérés. angl., précurseur de Luther. N. Wicliffe (York), v. 1324; m. 1387.

Wicquefort (Abrah. de), diplom. Amsterdam, 1598; Zell, 1682.

Widenfeld (Adam), jurisc., écriv. Diocèse de Cologne, 1617-1677.

Widmer (Sam.), industriel distingué, nev. d'Oberkampf. N. Suisse, 1767; m. 1821.

Wiedeburg (J.-E.-Basile), mathém., litt. Iéna, 1733-1789.

Wiegleb (J.-Chr.), chim. all. Langensalza, 1732-1800.

Wieland (Chr.-Mart.), cél. poëte, aut. dram., romanc. all. Holzheim (Bav.), 1733; Weimar, 1813.

Wier (J.), méd., démonologue. Grars (Brab.), 1515-1588.

Wigglesworth (M.), poëte améric. 1631-1705.

Wignerod (Ma.-Madel. de), duchesse d'Aiguillon, nièce de Richelieu; seconda St Vincent de Paule dans ses œuvres charitables. M. 1675. =(F.), gouv. du Havre, gén. des galères, frère de la précéd. M. 1646. =(Arm.-J.), fils du précéd. et père du maréch. de Richelieu. 1629-1715.

Wilberforce (Gu.), cél. philanthr. angl. Hull, 1759-1833.

Wilde (Ja. de), numism. holl. du 17e s. =(Ja.), hist. suéd. Courlande, 1679-1755.

Wilford (F.), oriental. N. Hanovre; m. 1822.

Wilfrid (St), moine anglo-saxon, év. de Northumberland, apôtre des Frisons. M. 709.

Wilhem (Gu.-L.-B., dit), music., fondat. des écoles popul. de chant en Fr. N. 1779; m. Paris, 1842.

Wilkes (J.), homme d'État, pamphlét. Londres, 1727-1797.

Wilkie (Gu.), min. protest., litt., poëte angl. Dalmeny, 1721-1772. =(David), peint. écoss. N. Cultes (Fife), 1785; m. 1841.

Wilkins (J.), év. de Chester, prédic., écriv., l'un des fondat. de la société royale de Londres. Fawsley, 1614-1672.=(Dav.), de la même fam., oriental., 1685-1745. =Un autre *nnilkins*, égalem. oriental., fut un des premiers Europ. qui étudièrent le sanscrit. Hartford, 1750-1836.

Will (G.-And.), numism., bibliogr. écriv. Nuremberg, 1724-1798.

Willaumez (J.-B.-Philibert), vice-amiral, pair de Fr. N. Belle-Isle-en-Mer, 1761; m. 1845.

Willarts (Adam), peint. Anvers, 1577-1640.=(Abrah.), peint. fils du précéd. N. Utrecht, 1615.

Willamov (J.-Gottlieb), poëte all. 1737-1777.

Willan (R.), méd. Hill (comté d'York), 1757-1812.

Willedenow (C.-L.), bot., direct. du Jard. bot. Berlin, 1765-1812.

Wille (J.-G.), grav. Kœnigsb., 1717; Paris, 1807.

Willehade (St), apôtre de la Saxe. N. Northumberl.; m. Frise, 789.

Willemet (P.-Re.-F.), bot., voyag. aux Indes. Nancy, 1762; Seringapatam, 1790.=(Re.), bot., direct. du jard. des plantes de Nancy. Norroi, 1735; Nancy, 1807.

Willemain d'Abancourt (F.-J.), litt., poëte. Paris, 1745-1803.

Willemin (N.-X.), antiq., dessinat., grav. Nancy, 1764-1833.

Willemur (L. de Penen, comte de), gén. et homme d'Etat esp. Bigorre, 1761-1836.

Willeram, moine de Fulde, comment., poëte lat. N. Franconie; m. 1085.

Willermoz (P.-Ja.), méd. chim., collabor. de Rozier. Lyon, 1735-1799.=(P.-Cl.-Catherine), méd., anat., fils du précéd. Lyon, 1767-1810.

Williams (Rog.), offic. angl., tactic., hist. M 1595.=(J.), arch. d'York, chancel. d'Anglet. Aberconway, 1582-1650.=(Griffith), év. anglic., théol., écriv. royaliste. Carnarvon, 1589-1672. =(B.), min. protest., missionn., un des fondat. de la colonie de la Providence. Pays de Galles, 1599-1683.=(sir C. Hanbury), litt., poëte, ambass. angl. 1709-1759.= Ephraïm), gén. améric., fond. du coll. Williams, dans le Massachussets. M. v. 1791.=(Dav.), prédic. dissident, écriv. républic., philanthr. Cardigan, 1738-1816.= (Cooper), hist., chapel. de vaisseau. Canterbury, 1767-1816.=(Héléna-Ma.), peint., femme litt. Londres, 1759-1827.

Willibrod (St), apôtre des Frisons avec Wilfrid, év. d'Utrecht. Northumberl., 658-738.

Willis (Th.), méd. angl. Great-Budwin, 1622-1675.=(Brown), sav. antiq., p.-fils du précéd. Blandford, 1682-1760.=(F.), méd. angl. qui s'appliqua particulièrem. à guérir l'aliénation mentale. 1717-1807.

Willot (Amédée), gén. républ., memb. du cons. des cinq-cents. N. St-Germ.-en-Laye, 1757; déporté à Sinnamary, 1797; m. 1823.

Willoughby (Hug.), navig. angl. du 16e s. N. Riseley; périt avec son équip. sur les côtes de Laponie, 1554.=(F.), natural. angl., 1635-1676.

Wilmot. V. Rochester.

Wilmsen (Fréd.-Ph.), litt., dit le Berquin de l'Allemagne. Magdeb. 1770-1831.

Wilson (Arthur, hist., aut., com. Yarmouth (Norfolk), 1596-1652.=(Rich.), paysag., memb. de l'acad. N. comté de Montgomery, 1714; m. 1782.

Wiltheim (Al.), jés., hagiogr., antiq. N. Luxemb., 1604; m. ap. 1674.

Wimpfeling (Jo.), théol., philol., prédic. du chapitre de Spire. Schelestadt, 1450-1528.

Wimpfen-Bornebourg (L.-F., bar. de), gén., tactic. N. Deux-Ponts, 1732; m. Paris, 1800.= (Félix), frère du précéd., gén. N. Deux-Ponts, 1745; commanda l'armée que les girondins proscrits essayèrent d'opposer aux troupes de la conv.; abandonné des siens, fut contraint de fuir: m. 1814.

Winckelmann (J.-Joach.), cél. antiq. N. Steindall (Brandeb.), 1717; assass., Trieste, 1768.

Winckelried (Arnold de), paysan du canton d'Unterwald, cél. par son dévouement à la bat. de Senpach: il se jeta sur les piques de la 1re ligne d'un bataillon autrich., et tombant en avant percé de coups, fit ainsi un vide par lequel les Suisses se précipitèrent, 1386.

Winckler (J.-H.), jurisc., philos. all. Leipzig, 1703-1772.= (Théop.-Fréd.), archéol. Strasb., 1771-1807.

Windham (Jo.), artiste et antiq. Turikenham, 1739-1811.=

Windham (Jo.), artiste et antiq. Turikenham, 1739-1811.= (sir W.), min. d'État angl., memb. de la ch. des comm., chancel. de l'Échiq. N. Orchard-Windham (Sommerset), 1687; m. 1740.= (W.), fils du précéd., min. d'Etat, orat. whig, memb. de la ch. des comm., secrét. d'Etat de la guerre. Londres, 1750-1810.

Windisch (C.-Gottlieb), hist. et public. Presbourg, 1725-1793.

Winéfride (Ste), martyre. N. pays de Galles; abbesse du monast. de Gutherin, au 7e s.

Winghen (Jo. van), dit le Vieux, peint. Bruxelles, 1544-1603.=(Jérémie), peint., fils du précéd. Bruxelles, 1578-1648.

Winsem (P. van), hist. et poëte holl. N. Leuwarde, v. 1586; m. 1644.

Winslow (Ja.-Bénigne), anat., profess. au Jard. du Roi, memb. de l'acad. des sc. N. Odensée (Danemark), 1669; m. Paris, 1760.

Winstantley (W.), biogr. angl. du 17e s.

Winter (G.-Sim.), écuyer et vétér. N. milieu du 17e s.=(N.-Sim. van), poëte holl. N. Amsterd., 1718.=(Lucrèce-Guillelmine), poëte, femme du précéd. Amsterd., 1722-1795.=(J.-Gu. de), vice-amiral holl. N. au Texel, 1750; m. 1812.=(P. de), composit. N. Manheim, 1754; m. 1825.

Winterburger (J.), le plus ancien des typogr. de Vienne, en Autriche. N. comté de Sponheim; imprimr. de 1492 à 1519.

Winterfeld (J.-C.), l'un des lieut. de Frédéric le Gr. N. dans l'Uckermark, 1709; tué en Silésie, 1757.

Winthrop (J.), astron. améric. 1714-1779.

Wintringham (Clifton), méd. angl. M. York, 1748.=(Clifton), méd., fils du précéd. York, 1714-1794.

Winwood (sir Ralph.), min. d'Etat, ambass. N. Northamptonshire, v. 1565; m. 1617.

Winzengerode (le bar. de), gén. au service de la Russie. Wurtemberg, 1769-1818.

Wirtz (J.), peint. et grav. Zurich, 1640-1709.=(J. Conrad), théol. et orat. sacré. Zurich, 1688-1769.

Wishart (G.), Ecossais, le 1er qui prêcha le protestant. dans sa patrie. Brûlé, Edimb., 1545.

Wisniewski (Ant.), prêtre piariste, hist. et philol. polon. 1718-1744.

Wisnowiski (M.-Jérémie Koritrith), gén. polon. M. 1652.

Wissowatzi (And.), théol. unitaire. N. Philippowie (Lithuanie), 1608; m. Holl., 1678.

Wistar (Gasp.). anat., profess. à l'univ. de Pensylvanie. 1761-1818.

Witchell (G.), astron. et géom. angl. 1728-1785.

Withez (N. de Csokouat), poëte hongrois. 1775-1805.

Witezowitch (Pa.), hist. et sav. antiq. N. Zeng (Dalmatie); m. 1773.

Wither (G.), poëte angl. Bentworth, 1588-1667.

Withering (W.), méd. et bot. Willington, 1741-1799.

Withof (J.-B.-Lau.), litt. et poëte. Duisbourg, 1725-1789.

Witikind, cél. chef saxon, l'antagoniste de Charlemagne dans la grande guerre qu'il fit contre la Saxe. Se soumit enfin, reçut le baptême, fut nommé duc de Saxe; et périt dans une bat., 807.=Bénéd. de l'abbaye de Corvey (Westphalie), hist. M. v. 965.

Witold (Al.), gr.-duc de Lithuanie, lieut. du roi de Pologne. Prit aux Russes Novogorod, 1414; m. 1430.

Wits (Hermann), théol. protest. Enckuysen (Holl.), 1636-1708.

Witsen (N.), litt., magistr., négociat., ingén. holl. N. Amsterd., 1640.

Witt (J. de), homme d'Etat. N. Dordrecht, 1625; gr. pensionn. de Holl., 1652; massac. à La Haye, ainsi que son frère, 1672, dans une émeute excitée par les orangistes.=(Corneille), homme d'Etat, gr. bailli de Putten. N. 1623; périt avec son frère Jean, 1672.

Witte (Gilles de), théol. jansén. Gand, 1638-1721.

Wittgenstein-Berlebourg (L.-Ado.-P., prince de Sayn-), gén. au service de la Russie, feld-maréch. 1769-1843.

Wittichius (Christ.), théol. protest. Brieg (Prusse), 1625-1687.

Wlooswick (P.-N., bar. Horn van), archéol. Amsterd., 1742; Paris, 1809.

Wodhull (Michaël), trad. et poëte. Theuford (Northampt.), 1740-1816.

Wœhner (And.-G.), philol. Comté de Hoya, 1693-1762.

Wœlft (Jo.), pianiste et composit. Salzbourg, 1772-1811.

Wœllner (J.-Christ.), past., homme d'Etat, min. d'Etat de Frédéric-Guillaume, chef des aff. ecclés. Dœberitz (Prusse), 1732-1800.

Woken (F.), théol. et oriental. Ravin (Prusse), 1685-1734.

Wollebon (St), év. de Liége, chancel. de l'emp. Henri II. M. 1021.

Wolcott (Rog.), litt., gouv. du Connecticut. Windsor (Amér. du N.), 1679-1767.=(J.), poëte lyr. Dobrook (Devonshire). 1738-1819.

Woldeck d'Arnebourg (J.-G.), gén. pruss. Storckon, 1712-1785

Wolf (Jér.), philol. et trad. Attingen (Souabe), 1516-1581.= (J.-Christ.), théol. et philol. Wernigerode (Prusse), 1683-1739.= (J.-Chrét.), philol., frère du précéd. Wernigerode, 1698-1770.= (E.-Gu.), composit. Gross-Behringen, 1735-1792.=(P.-Ph.), hist. Pfaffenhofen (Bav.), 1761-1808.=(Fréd.-A.), cél. philol., profess. à l'univ. de Halle. N. Haynrode (Saxe), 1757; m. Marseille, 1824.=(B.) peint. holl. 1758-1825.

Wolfe (Ja.), gén. angl. N Westerham, 1726; fit la guerre en Amér.; tué dev. Québec, 1759.= (C.). poëte irland. N. v. 1791; m. 1823.

Wolfersdorf (C.-Fréd. de), gén. pruss. Heila (Saxe-Gotha), 1717-1781.

Wolferus, hagiogr., chan. de Hildesheim (Saxe). M. 1045.

Wolff ou *Wolf* (J.-Chr.), philos. all., profess. de mathém. et de physique à Halle, vice-chancel. de l'univ. N. Breslau, 1679; m. Halle, 1764.

Wolffhart (Conrad), dit Lycosthène, gramm., philol. N. Ruffach (Alsace), 1518; m. 1561.

Wolfgang (St), apôtre de la Hongrie, év. de Ratisbonne. N. Souabe; m. 994.

Wolfgang (G.-And.), grav. Chemnitz (Saxe), 1631-1716.

Wolfter (P.), hist. Manheim, 1758-1805.

Wolgmutt (M.), peint. et grav. Nuremberg, 1434-1519.

Wolke (Chr.-H.), instit., gramm. Jever (Hanovre), 1741-1825.

Wollaston (W.), ecclés. et moral. angl. (comté de Strafford, 1659-1724.=(F.), théol. et astron. N. v. 1731; m. 1815.=(W.), physic. angl. 1766-1828.

Wolle (Christ.), théol. et oriental. Lepzig, 1700-1761.

Wollin (Lau.), contre-amiral suéd. Cimbritshaum, 1734-1818.

Wolsey (Th.), cél. min. angl. sous Henri VII. N. Ipswich (Suffolk), 1471; fut successiv. aumôn. du roi, conseill. d'Etat, arch. d'York, gr. chancel., card. et légat. M. Leicester, 1530.

Wolterus (H.), chroniq., chan. de St-Anschaire à Brême, 15e s.

Woltmann (C.-L. de), hist. et litt. Oldenbourg, 1770-1817.

Wolzogen (L. van), sav. théol. holl., écriv. Amersford, 1632-1690.

Womock (Lau.), théol. anglic., év. de St-David. Norfolk, 1612-1685.

Wood (Ant.), antiq. et biogr. Oxford, 1632-1695.=(J.), navig. angl. du 17e s.=(R.), archéol. irland. Comté de Meath, 1707-1775.

Woodford (Sam.), min. anglic. et poëte. Londres, 1636-1700.

Woodhouse (Ja.), chim. améric. 1770-1809.

Woodward (J.), méd. et natural. angl. Derby, 1665-1722.

Woolstoon (Th.), philos. et controv. Northampton, 1669-1731.

Wordsworth (W.), poëte angl. N. Cockermouth (Cumberland), 1770; m. 1850.

Worgan (J.-Dawes), poëte angl. 1790-1809.

Worlidge (Th.), peint. et grav. angl. Péterborough, 1700-1766.

Worm (Olaüs), méd. et érud. Arhus (Jutland), 1588-1654.

Woronzow (M. Larionowitz, (comte de), favori d'Elisabeth, gr. chancel. de Russie. Pétersb., 1710-1767.

Worsley (Rich.), hist. et antiq. Wight, 1751-1805.

Worthington (Th.), théol. cathol. angl. N. Blainscough; m. v. 1626.=(J.), théol. anglic., écriv. Manchester, 1618-1665.

Wotton (L.), homme d'Etat, litt., ambass. Broughton-Hall (comté de Kent), 1568-1639.= (Gu.), philol. et crit. angl. Wrentham, 1666-1726.

Wouters (F.), peint. N. Lierre (Belg.), 1614; assass., 1659.

Wou-Wang, 1er emp. de la dynast. chin. des Tcheou. N. 1169 av. J.-C.; succ. de Chéousin, qu'il avait renversé, 1123; m. 1116.

Wouvermans (Ph.), peint. Harlem, 1620-1668.

Wranczi V. Veranzio.

Wrangel (Hermann), gén. suéd. N. 1597; nommé maréch. par Gustave-Adolphe; m. 1644. =(C.-Gust.), cél. gén., fils du précéd. N. Upland, 1612; fut successiv. feld-maréch., sénat., maréch. de Suède et présid. du cons. de guerre; m. 1676.

Wranitzki (Pa.), composit., direct. de théâtre à Vienne. N. Bohême, milieu du 18e s.

Wratislas Ier, duc de Bohême. Succ. de Spritignée Ier, 921 à 925, =II. Succ. du duc Spritignée II, et 1er roi de Bohême. Prit ce titre 1061; m. 1093.

Wrède (C.-Ph., prince de), feld-maréch. bavarois. N. Heidelberg, 1767; fit les camp. de 1814 et 1815 contre la Fr.; m. 1830.

Wren (Mat.), homme d'Etat, év. d'Herefort, de Norwich, d'Ely. Londres, 1585-1667.=(Christ.), cél. archit., nev. du précéd. Knoyle, 1632-1723.

Wright (Abrah.), théol. anglic. Londres, 1611-1690.=(J.), antiq., fils du précéd., 1644-1715.= (Jo.), peint. angl. Derby, 1734-1797.

Wrisberg (H.-A), anat. all. St-Andréasberg (Harz), 1739-1808.

Wueneric ou *Veneric*, aut. eccl., év. de Verceil au 11e s.

Wulfade, théol., chan. et économe de l'église de Reims, archev. de Bourges sous Charles le Chauve. M. 876.

Wulfen (J.-X., bar. de), natural. Belgrade, 1728-1805.

Wulfhad (St), fils de l'heptarque saxon Wulfère. Baptisé secrètem., ainsi que son frère, v. 670, et tués tous deux par leur père, qui se convertit plus tard.

Wulfin, dit Boèce, hagiogr. du 9e s., direct. de l'école d'Orléans, sous Louis le Débonnaire.

Wulfran (St), archev. de Sens, en 682; m. 720.

Wunderlich (J.), jurisc. Hamb., 1708-1778.=(J.-G.), érud. all. 1734-1802.

Wunsch (J.-Ja. de), gén. pruss, Wurtemb., 1717-1788.=(Chr.-E.), astron., physic., natural. N. Hohenstein (Prusse), v. 1730.

Wunschwitz (Mathias-Gud. bar. de), gén. des armées impér. et conseill. de Léopold Ier. N. Prague, 1652.

Wurdtwein (Et.-Al.), érud., antiq., év. suffrag. de l'élect. de Mayence. Amorbach, 1719-1796.

Wurmbrand (J.-Gu., comte de), antiq. autrich., min. sous Charles VI et François Ier. 1670-1756.

Wurmser (Dagobert-Sigismond), gén. autrich. N. Alsace, 1724; m. 1797.

Wurtemberg Les princes les plus connus de cette maison sont: Eberhard Ier, comte de Vurtemberg, à la m. de son père Ulric, 1265; soutint plus. guerres afin de parvenir à l'emp., mais inutilem. M. 1335.=Eberhard V, 1er duc de Wurtemberg. Succ. de son frère Louis II, 1457; fonda l'univ. de Tubingen; m. 1497.=Ulric V, 3e duc. N. 1487; élu à 11 ans ap. la déposit. de son oncle Eberhard VI; mis au ban de l'emp., 1516, et exilé pend. 15 ans; m. Tubingen, 1550.=Eberhard-Louis, 10e duc, fils de Guillaume-Louis. N. 1676; succ. de son père, 1677, sous la tutèle de son oncle Frédéric-Charles; m. 1733.=Frédéric, duc, puis roi de Wurtemberg. V. Frédéric.

Wurtz (Pa., bar. de), gén. all. N. Husum (Schleswig); m. 1676.=(G.-Christ.), méd. Strasb., 1756-1823.=(J.-Wendel), controv. all. N. v. 1760, m. 1826.

Wurtzburg (Conrad de), minnesinger du 13e s.

Wurzelbau (J. Ph. de), astron. all., memb. de l'acad. des sc. de Paris. Nuremb., 1651-1725.

Wutgenau (Gottfried-R., bar. de), gén. d'artill. au service de l'Autriche. Biclá (Prusse), 1675-1736.

Wyatt ou *Wyat* (Th.), poëte angl. 1503-1541.=(Ja.), archit. Burton, 1743-1815.

Wyck (Th.), le Vieux, peint. et grav. à l'eau-forte. Harlem, 1616-1686.

Wydra (Stan.), jés., mathém. Kœnigsgrætz, 1741-1804.

Wykeham (W. de), min. d'Etat, garde du sceau privé, secrét. du roi, év. de Winchester, enfin chancel. Wykeham (Hampshire), 1324-1404.

Wynants (J.), paysag. Harlem, 1600-1670.

Wynantz (le comte Godwin de), jurisc., conseill. privé de l'emp. Charles VI. Bruxelles, 1661-1732.

Wyndham V. Vindham.

Wynne (Ed.), jurisc. angl. 1734-1784.=(J. Huddlestow), hist. et litt. Pays de Galles, 1715-1788.

Wynton ou *Winton* (And.), chroniq. écoss., prieur de St-Serf, au 14e s.

Wirwicz (C.), jés. polon., hist., géogr. 1716-1795.

Wittenbach (Dan.), cél. philol. N. Berne, 1746; m. 1820.

Wzabecz (Wenceslas-Joach.), chir. all. 1740-1804.

— X —

Xaintrailles (J. Poton, seign. de), cél. capit. du 15e s., sénéchal du Bordelais et du Limousin, maréch. de Fr. M. Bordeaux, 1641.

Xanthippe, gén. athén. du 5e s. av. J.-C.=Femme de Socrate, fameuse par son humeur acariâtre et impérieuse.

Xanthus de Lydie, hist. grec du 6e ou du 5e s. av. J.-C.

Xaupi (l'abbé Jo.), litt. Perpignan, 1688-1778.

Xavier (St F.-), dit l'apôtre des Indes, missionn. aux Indes et au Japon, et l'un des prem. disciples de St Ignace de Loyola. N. chât. de Xavier (Navarre), 1506; m. île de Sancian, comme il se rendait à la Chine, 1552.

Xénoclès, poëte trag. athén. du 4e s. av. J.-C.

Xénocrate, philos. grec de Chalcédoine, disc. de Platon. Floriss. 5e s. av. J.-C.=Méd. grec. N. Aphrodisé; viv. 1er s. de J.-C.

Xénophane, cél. philos. et poëte grec, chef de l'école éléatique et fondat. du panthéisme. N. Colophon, v. 617 av. J.-C.; m. fort âgé.

Xenophon, gén., hist., philos. athén., disciple de Socrate. N. en Celtique, v. 445 av. J.-C.; m. Corinthe, 355 ou 354.

Xérès (F.), hist. esp. du 16e s.

Xerxès Ier, 5e roi de Perse. Succ de son père Darius Ier, 485 av. J.-C.; soumit l'Egypte révoltée; entreprit contre la Grèce une expéd. cél.; mais vit sa flotte anéantie à Salamine, 480; assass. par Artaban, son capit. des gardes, 472 av. J.-C.=II, roi de Perse. Succ. de son père Artaxercès Longue-Main, 424 av. J.-C.; assass. l'année suiv. par son frère Sogdian.

Ximénès (Rodr.), hist. esp., archev. de Tolède et card. N. Navarre; m. 1247.=(F. de Cisneros), cél. min. d'Etat, archev. de Tolède, card., grand-inquisit., fondat. de l'univers. d'Alcala. Castille, 1437-1517. = (F.), peint. Saragosse, 1598-1666. = (Jo.-Alb.), théol. esp., 1719-1774.=(Léo.), géom., astron., ingén. Trapani (Sicile), 1716-1786. = (Augustin-Ma., marq. de), poëte, litt., aut. dram. Paris, 1726-1817.

Ximeno (Vicente), biogr. N. Valence, fin du 17e s.

Xiphilin (J.), patriarche de Constantinople, de 1066 à 1078. N. Trébizonde.=(J.), dit le Jeune, hist., nev. du précéd. Viv. fin du 11e s.

Xuarès (Rodr.), jurisc. esp. du 15 s.=(Gasp.), bot. Santiago-del-Estero (Paraguay), 1731-1804.

Xylander (Gu. Holtzmann, connu sous le nom de), érud., hellén., philol. Augsbourg, 1532-1576.

— Y —

Yacoub (Ibn-Leitz), dit al Soffar (le Chaudronnier), fondat. de la dynast. des Soffarides, dans le Séistan, 871; m. 879.=II (Abou-Yousouf), dit al Mansour-Billah, de la dynast. des Mérinites. Succ. de son frère Abou-Bekr, comme roi de Fez, 1258; m. Algésiras, 1286.

Yahia al Barmeki (Abou-Aly), vizir d'Aroun-al-Raschid, de la fam. des Barmécides. Ses fils, et surtout Djafar, partagèrent sa faveur, puis sa disgrâce. Ce dernier fut mis à m., 803; son père et ses frères furent exilés.

Yahia (Abou-Zakharia-ben-Aly-ben-Chamia), cél. capit. maure. Assiégé par les Almohades dans Grenade, y périt, 1149.

Yakout (Schéab-Eddyn-abd-Allah), biogr. et géogr. ar. N. en Grèce, 1179; m. 1229. = (Emir-Eddyn-Aboul-Dorr), cél. calligraphe ar. M. 1222.

Yalden (Th.), poëte angl. Exeter, 1671-1736.

Yanez (Fernand), peint. esp. M. 1560.

Yang-ti, emp. de la Chine. Succ. de son frère Owen-ti, 605; m. étranglé par un de ses officiers.

Yao, un des 1ers emp. de la Chine, v. 2357 av. J.-C.; m. 2258.

Yart (Ant.), poëte, litt. Rouen, 1710-1791.

Yberville (Lemoine d'), cél. mar. fr., gouv. de la Louisiane; se signala contre les Angl. Montréal (Canada), 1662-1706.

Yearseley (mistriss. Anna), femme poëte angl. M. 1806.

Yeliu-Thsou-Thsai, surnommé Tsin-King, cél. min. de Gengis-Khan et de ses succ. N. 1190; m. 1244.

Yelverton (H.), jurisc. angl. 1566-1630.

Yèpez (Ant. d'), bénéd. esp., érud. M. 1621.=(Diégo d'), hiéronymite, hist., év. de Tarragone. Yepez, pr. Tolède, 1559-1613.

Yè-nnang, emp. de la Chine, de 894 à 879 av. J.-C.

Yézid Ier, 2e calife abasside. Succ. de Moaviah, 680; m. 683.= II, 9e calife ommiade, nev. de Soliman. Succ. d'Omar II, 720; m. 724.=III, 12e calife ommiade. Succ. de Valid II, 744; m. de la peste au bout de 6 mois.

Yézid ibn Mahleb, cél. gén. musulm., gouv. du Khoraçan, en 702. Il se déclara indép. à Bassora, 720; fut vaincu et périt peu après.

Yézid (Muley-Mohammed-Mahdy al), roi de Maroc. N. v. 1750; succ. de son père Sidi-Mohammed, 1790; m. de ses bless., 1791.

Yglesias (Jo.-de), poëte esp. Salamanque, 1753-1791.

Yhiang, cél. astron. chinois. M. 727.

Ymbise (J. d'), bourgmestre de Gand, qui s'unit aux Esp. Décapité, 1584.

Yon (St), en lat. Ionius ou Æonius, disc. de St Denis. Martyrisé Arpajon, 290.

Yon (...), litt., poëte com. N. Paris, v. 1720; m. 1774.

York (Rich., duc de), fils du comte de Cambridge, régent de Fr. pendant la minorité de Henri VI, puis gouv. d'Irl., se fit déclarer protecteur. Vaincu à Wackefield par Marguerite de Lancastre, 1460; périt dans la bat.=(Fréd., duc d'), 2e fils de George III, év. d'Osnabrück. N. 1763; commanda contre la Fr., dans les Pays-Bas, le corps auxiliaire des Autrich., 1793; m. 1827.

Yorke (Ph.), hist. et généal. angl. N. v. 1743; m. 1803.

Young (Ed.), poëte, litt., prédic., chapel. de Georges III. N. Upham, pr. Winchester, 1681; m. 1765. (W.), érud. angl., gouv. de Tabago. M. v. 1815. = (Arthur), cél. agron. Comté de Suffolk, 1741-1820.=(Mat.), sav. prélat, physic., érud. Comté de Rocommon, 1750-1800. = (Th.), méd. angl. N. v. 1780; m. 1826.

Young-Thing, 3e emp. chin. de la dynast. des Mantchoux. Succ. de son père Khang-Hi, 1623; m. 1735.

Yousouf-Balkin, prince musulm, d'Afrique, fondat. de la dynast. des Zéirites. Régna de 971 à 984.

Yousouf, nom porté par 4 rois de Maroc qui ont joué un rôle peu import. M. 1106, 1184, 1224, 1307.

Ypsilanti (Constantin), prince grec, hospodar de Moldavie, puis de Valachie. N. Constantinople, 1760; m. en Russie, 1816.=(Al.), fils du précéd. N. 1791; servit d'abord la Russie; fut mis à la tête d'une associat. formée pour la délivrance de la Grèce, sous le nom d'Hétérie; vaincu à Drayachan, 1821, se réfugia en Autriche, y fut retenu prisonn. et m. Vienne, 1828. = (Démétrius), frère du précéd. s'étant rendu en Morée, y reçut des insurgés le titre de généralissime, puis fut réduit à un rôle secondaire et m. 1832.

Yrala (Domingo Martinez de), un des conquér. esp. de l'Amérique. N. Vergara (Guipuscoa), v. 1486. m. 1567.

Yriarte (Ign.), peint., Biscaye, 1635-1685. = (don J. de), litt. et bibliogr. Orotova (île de Ténériffe. 1702-1771. = (Domingo), diplom., nev. du précéd. Ile de Ténériffe, 1746-1795.= (Th.), poëte esp., frère du précéd. N. Ténériffe, v. 1750; m. 1791.

Yrieix ou *Yrier* (St), chancel. de Théodebert, fondat. du monast. d'Astane. Limoges, 511-591.

Ysabeau (Al.-Clé.), convent. N. v. 1760; d'abord préfet du coll. des orator. à Tours, vic. gén. de l'év. de cette ville, fut, à la révolut., memb. de la conv., proconsul à Bord., memb. du cons. des anc.; m. Paris, 1823.

Yu, emp. chin., tige de la dynast. des Hia. Succ. de Choun, 210 av. J.-C.; m. 203.

Yvan (Ant.), fondat. de l'ordre des relig. de la Miséricorde. Rians (Prov.), 1576-1653.

Yvard (Victor), agron. et vétér., memb. de l'Inst. N. Boulogne-s.-M., v. 1764; m. 1831.

Yver (Ja.), romanc. N. Niort. v. 1520.

Yves (St), théol., canon., év. de Beauvais. M. 1115.

Yves Hélori (St), dit l'Avocat des Pauvres, patron des avoc. et des gens de loi. N. Ker-Martin (Bret.), 1253; étudia le dr. à Paris, reçut les ordres et fut official à Rennes, et à Tréguier; m. 1303.

Yves de Paris, théol. N. Paris, 1593.

Yvon (P.), controv., disc. de Labadie. N. Montauban, v. 1640. =(l'abbé), litt. N. Normandie, v. 1720; m. v. 1790.=(Ph.-Christ.), méd. Ballon, pr. le Mans, 1719-1811.

Y-Yn, homme d'Etat chinois. min. de Tching-Thang et de Taï-Kia. N. v. 1770 av. J.-C.

— Z —

Zabaglia (N.), mécan., archit. de la basil. de St-Pierre. Rome, 1674-1750.

Zabarella, dit le Cardinal de Florence, négociat., jurisc. Padoue, 1339-1417. =(Ja), philos., comment. Padoue, 1533-1589.

Zaborowa (Ja.), public. polon, du comm. du 16e s.

Zaborowski (Stan.), jurisc. polon. et gramm. du 15e s.=(Ign.), prêtre piariste, mathém. polon. 1754-1803.

Zabuesnig (J.-Christ.), litt. Augsbourg, 1747-1795.

Zabulon, 6e fils de Jacob, et chef d'une des 12 tribus.

Zacagni (Lau.-Al.), eccl., sav. ital., conserv. de la biblioth. du Vatican. 1657-1712.

Zaccaria (F.-Ant.), jés., prédic., litt., érud. Venise, 1714-1795.

Zach (F., bar. de), astron. all. Presbourg, 1754; Paris, 1832.

Zacharie, roi d'Israël, fils de Jéroboam II, et son succ., 767 av. J.-C. Tué au bout de 6 mois.=Le 11e des petits prophètes. Viv. v. 522 av. J.-C.

Zacharie (St), pape. N. Grèce; succ. de Grégoire III, 741; m. 747.

Zacharie, le Chrysopolitain, écriv. ecclés. du 12e s. N. comté d'York. =Capuc, prédic., litt., écriv. eccl. Lisieux, 1582-1660. =(Justin-Fréd.-Gu.), poëte. Frankenhausen (Thuringe), 1726-1777. = (Gotthilf-Traugott), théol., oriental. Tauchardt (Prusse), 1729-1777.

Zachée, hérés. du 4e s., chef de la secte des zachéens.

Zacht ou *Saft-Leeven* (Hermann), peint., grav. Rotterdam, 1609-1685.

Zacuto (Abrah.), méd. juif. Lisbonne, 1575; Amsterd., 1642.

Zahn (J.), eccl., mathém. Carlstadt (Bavière), 1641-1707.

Zaidoun (Aboul-Walid-Ahmed, ibn), écriv. et poëte ar. Cordoue, 1003-1070.

Zainer (Gunther), cél. impr. all. Reutlingen, 1430-1478.

Zaionczek (Jo.), gén. pol. Kamienieck, 1752-1826.

Zakrzewski (Ign. Wissygota), homme d'Etat polonais Bialecz, 1774-1802.

Zaleucus, philos. grec. N. v. 700 av. J.-C.

Zalkind-Hourwitz, juif polon., public. Leutin, 1744-1810.

Zallinger (J.-B. de Tarn), jés., bot. Botzen (Tyrol), 1731-1785. =(Ja.-Ant.), de la même fam., jés., philos., canon. Botzen, 1735-1812.

Zallwein (Grég.), bénéd., canon. Oberwichtach (Bav.), 1712-1766.

Zaluski (And.-Chrysost.), év. de Warmie, diplom., gr.-chancel. de Pologne. 1655-1711.=(And.-Stan.-Kotska), év. de Plock, gr.-chancel. de Pologne, nev. du précéd M. 1758.=(J.-And.), év. de Kief, référend. de la couronne, litt., bibliogr. 1701-1774.

Zaluzanski (Adam), bot. et méd. bohém. du 16e s.

Zalyk (Grég. Georgiades), philol. grec. Thessalonique, 1785-1827.

Zamagna (Bern.), jés., poëte lat. Raguse, 1735-1820.

Zamakhschari (Aboul-Cacem-Mahmoud al), gramm., poëte et litt. ar. Zamakhschar, 1074-1144.

Zambeccari (le comte F.), aéronaute. Bologne, 1756-1812.

Zamboni (Balthazar), litt., érud. Brescia, 1730-1797.

Zambri ou *Zimri*, roi d'Israël. Usurpa le trône par l'assass. d'Ela, 929 av. J.-C., tué quelques jours après.

Zamet (Séb.), cél. fin. ital. N. Lucques, v. 1549; vint en Fr. à la suite de Catherine de Médicis; rendit de gr. services à Henri IV; m. 1614.=(J.), baron de Murat et de Billy, maréch. de camp, fils du précéd. M. 1620.

Zamora (Gasp. de), jés., écriv. ecclés. Séville, 1546-1621. = (Lau.), poëte, théol. de Cîteaux. N. Ocana (Esp.); m. 1614.=(le P. Bern.), sav. relig. esp., hellén., philol. Royaume de Léon, 1720-1785.

Zamoyski (J.-Sarius), gr.-chancel. de Pologne. Skokow (palatinat de Culm), 1554-1605.= (And.), gr.-chancel. de Pologne, légiste. 1716-1792.

Zampi (le P. Fé.-Ma.), prédic. et poëte ital. N. Ascoli; m. 1774.

Zampieri. V. DOMINIQUIN. = (Camille), litt., poëte lat. et ital. Imola, 1770-1784.

Zampini (Mat.), jurisc. du 16e s. N. Recanati; m. en Fr., où il prit parti pour la Ligue.

Zanchi (J.-Chrysost.), érud., poëte lat. et ital. N. Bergame, v. 1490; m. 1556.=(Basile), cél. poëte lat., chan. de Latran, frère du précéd. N. Bergame, 1501; m. en prison, 1588.

Zanchi (F. Térence), hist., jurisc., poëte lat. N. Bergame, 15e s.

Zane (Ja.), poëte lyr. ital. Venise, 1529-1560.

Zanetti (le comte Ant.-Ma.), cél. antiq., grav. Venise, 1680-1766.=(Al.), litt., conserv. de la biblioth. de St-Marc, frère du précéd. 1716-1778. =(Guido), sav. numism. Bassano, 1741-1791.

Zani (Hercule), voyag. N. Bologne; m. 1684.

Zannichelli (J.-Jér.), natural. Modène, 1662-1729.

Zanobi (Sostegno de), poëte florent. du 14e s.

Zanolini (Ant.), oriental. Padoue, 1693-1762.

Zanoni (Ja.), bot. Montechio (Lombard.), 1615-1682.=(Ant.), agron. Udine, 1696-1770.

Zanotti (J.-P.), peint. et poëte bolonais. Paris, 1674-1765. = (Eust.), astron., nev. du précéd. Bologne, 1709-1782.

Zanzale (Jacob Baradée, ou), moine syrien, nommé év. d'Edesse, en 541, par les eutychéens que l'on appela jacobites, d'après son nom. M. 578.

Zapata (Ant.), card., homme d'Etat, vice-roi de Naples, gr.-inquisiteur. Madrid, 1550-1635.

Zapoly (Et.), un des 4 lieut. de Mathias Corvin. M. 1499.

Zappi (J.-B.), litt. N. Imola, v. 1540.=(Félix), arrière-p.-fils du précéd., poëte et fondat. de l'acad. des arcadiens. Imola, 1667-1719.

Zaragoza (Jo. de), mathém. et astron. esp. Alcala, 1627-1678.

Zarate (Augustin de), hist. esp. du 16e s.=(F. Lopez de), poëte esp. N. Logrono; m. 1658.

Zarcali, ou mieux *Ibn-Zarcal*, astron. ar. N. Cordoue, v. 1100 de J.-C.

Zarco (J.-Gonzalès), navig. portug. qui découvrit Madère, 1419, et en devint gouv.

Zaremba (M.-Constantin de Kalinowa), gén. pruss. Kiemelen (Lithuanie), 1711-1786.

Zarlino (Jo.), music., composit. Chioggia, 1519-1599.

Zarnouchi (Borhan-Eddyn), écriv. ar. du 13e s.

Zarotti (Cés.), méd., poëte lat., érud. N. Capo-d'Istria, v. 1610.

Zase (Ulric), jurisc. Constance, 1461-1535.

Zavavi (Aboul-Haçan), gramm. ar. connu sous le nom d'Ibn-Maat. 1168-1230.

Zawadowski (P.-Vassiliewitch), homme d'Etat russe, min. de l'instr. publ. sous Alexandre. 1738-1812.

Zayas y Solomayor (Ma. de), femme aut. N. Madrid, v. 1700.

Zazichoren (Ulrich de), minnesinger du 15e s.

Zbarawski (J.), prince polonais de la fam. des Jagellons. M. 1608.

Zbignev, fils natur. de Vladislas Ier, roi de Pologne. Reçut la Mozavie, se fit céder la Moravie, et régna avec son frère Boleslas III, jusqu'en 1107. M. en exil, v. 1116.

Zéa (F.-Ant.), bot., homme d'Etat, direct. du cabinet bot. de Madrid, min. de l'intér. apr. l'abdic. de Charles IV. Medelin (Nouv.-Grenade), 1770-1822.

Zecchi (J.), méd., archiâtre des Etats pontif. Bologne, 1533-1601.

Zecchini (Pétrone), méd., physiol. Bologne, 1739-1793.

Zech (Bern. de), min. d'Etat en Pol. et dans l'électorat de Saxe. Weimar, 1649-1720. = (F.-X.), jés., sav. canon. Ellingen (Bav.), 1692-1772.

Zedlitz (C.-Abrah.), min. d'Etat, memb. de l'acad. des sc. de Berlin. Schwarzwald (Prusse), 1731-1793.

Zegers (Tacite-N.), théol., écriv. ascét. N. Bruxelles; m. 1559. = (Herc.), peint. et grav. flam. du 17e s.

Zeiad, frère natur. de Moaviah Ier; devint gouv. de toute l'Arabie. M. 673.

Zeibich (C.-H.), théol., érud. Edenbourg (Hongr.), 1717-1763.

Zeid-ben-Thabet, l'un des secrét. de Mahomet et des propagat. de l'islamisme. Il fit la 1re copie complète du Coran.

Zeidan (Muley), roi de Fez et de Maroc, fils et succ. de Muley-Ahmed-Labass, 1603; m. 1630.

Zeidler (J.-God.), poëte all., aut. com. N. Freistadt; m. 1711. = (C.-Séb.), magistr., hist., litt. Nuremberg, 1719-1786.

Zein-Ala-Bedin, roi de Perse de la dynast. des Modhafférides. Détrôné par Tamerlan, 1393.

Zeiri-ben-Mounad, dit al Taclani, chef des Zéirites-Sanhadjites, vaill. capit. et conquér. Tué à la bat. de Masourah, 971.

Zeiri-ben-Atyach, 1er roi zéirite de Fez. D'abord chef d'une tribu ar.; se rendit indép., 988; m. 1001.

Zelada (F.-X.), card. ital., secrét. d'Etat, biblioth. du Vatican. 1717-1801.

Zelaia (Ant.), amiral sicil. Palerme, 1678-1751.

Zelich (Gerasôme), archimandrite illyr. Shegar, 1752-1822.

Zell (Ulrich de), cél. impr. de Cologne. N. Hanau; m. v. 1500.

Zelotti (Pa.), peint. Vérone, 1532-1592.

Zelter (C.-Fréd.), composit., direct. du conserv. de Berlin. 1758-1832.

Zeltner (Gust.-G.), théol., philol., hist, érud. N. pr. de Nuremb., 1672; m. 1758. = (Conrad), érud., frère du précéd. Nuremb., 1687-1720.

Zendjany (Azz-Eddyn), gramm. ar. du 13e s.

Zendrini (Bern.), cél. hydraulic., intend. des eaux, ports, etc., de Venise. Saviore (vallée de l'Oglio), 1679-1747.

Zenghi (Omad-Eddyn), roi de Mossoul et d'Alep. 1084-1145.= II, p.-fils du précéd. Ne régna que sur le Sindjar, et m. 1197.

Zeno (C.), gr.-amiral de Venise. 1334-1418. = (N. et Ant.), cél. voyag., frères du précéd. M., le 1er, en 1395; le 2e, en 1405. = (N.), de la même fam., litt., érud., memb. du cons. des Dix. 1515-1565. = (Apostolo), crit., poëte, aut. dram., historiogr. de la cour de Vienne. Venise, 1668-1750.

Zénob (Clag), 1er patriarche d'Arménie, puis év. et fondat. du monast. de Clag, au 4e s.

Zénobie, femme de Rhadamiste, roi d'Ibérie, lequel, forcé de fuir, la poignarda pour ne pas la laisser au pouv. de l'ennemi, et la jeta dans l'Araxe; mais Zénobie fut

sauvée, et trouva un asile auprès de Tiridate, roi d'Arménie, 55 de J.-C. = Reine de Palmyre, cél. par 'sa lutte contre les Rom. Prit le titre de reine d'Orient ap. la m. d'Odenat, son 2e époux, 267; vaincue par Aurélien, 272, eut pour retraite Tibur, et y m.

Zénobius, sophiste grec du 2e s. Viv. à Rome sous Adrien.

Zénodore, tyran de Césarée de Palestine, sous Auguste; s'empara d'une partie de la Syrie, mais en fut privé par l'emp. en faveur d'Hérode. M. 20 av. J.-C. = Sculpt. grec du 1er s., contemp. de Claude et de Néron.

Zénodote, poète et gramm. d'Éphèse, garde de la biblioth. d'Alexandrie, au 3e s. av. J.-C.

Zénon d'Élée, philos. grec de la secte des Éléates. N. Eléo (Gr.-Grèce), v. 504 av. J.-C.

Zénon, fondat. de l'école stoïcienne ou du Portique. N. Cettium (île de Chypre), v. 340 av. J.-C.; m. v. 260, dans une extrême vieillesse.

Zénon (St), év. de Vérone, sous Julien l'Apostat. N. Afrique; m. 380.

Zénon l'Isaurien, emp. d'Or. Associé à l'emp. par son propre fils, prince enfant qu'il avait eu de la fille de l'emp. Léon Ier et qui périt bientôt, 494; enterré vivant par ordre de sa femme Ariadne, 491.

Zentigrave (J.-Joachim), théol. luthér., litt. Strasb., 1643-1707.

Zepernick (C.-Fréd.), jurisc. Halle, 1751-1801.

Zéphirin (St), pape. N. Rome; succ. de St Victor, 202; m. 218.

Zerbi (Gab.), méd., anat. N. Vérone; m. 1500.

Zernitz (Chr.-Fréd.), poète. Tangermunde (Prusse), 1717-1744.

Zesen (Ph. de), poète, litt., philol. N. Bitterfeld (Saxe), 1619.

Zeune (J.-C.), philol. Slohzenhayn (Saxe), 1736-1788.

Zeutzis, crit. peint. grec. N. v. 475 av. J.-C.

Zevallos (P. Ordonès), voyag. esp. N. Andalousie, 16e s.

Zevecot (Ja.), poète lat. et flam. Gand, 1604-1646.

Zeyan (Abou-Djemaïl), dern. roi maure de Valence. Fut dépouillé de ses États par don Jayme, 1238.

Ziani (Séb.), doge de Venise. Succ. de Michel Vitelli, 1172; m. 1179. = (P.), doge de Venise, fils du précéd. Succ. de H. Dandolo, 1205; remplacé par Ja. Tiepolo, 1229; m. ap. 1227.

Zichem (le P. Eust. de), dominic. flam., controv. Zichem, 1482-1558.

Ziegelbauer (Caractérd), bénéd., érud. Elwangen (Souabe), 1696-1750.

Ziegenbalg (Bart.), missionn., philol. Pulsnitz (Saxe), 1685-1719.

Ziegler (Ja.), théol., mathém., géogr. Landau (Bav.), 1480-1540. = (Jér.), poète lat., biogr. Rothenbourg (Bav.), 1520 - 1564. = (Gasp.), jurisc., canon., litt. Leipzig, 1621-1690. = (Chr.-Ja.-A.), méd. Quedlinbourg, 1755-1795.

Ziesenis (Anne-Cornélie Wattier, dame), actr. holl. Rotterd., 1762-1827.

Ziethen (J.-Joach. de), gén. pruss. Wustrow, 1699-1786.

Zimara (Marc-Ant.), méd., négociat. Galatina (Terre d'Otrante), 1460-1552.

Zimmermann (J.-Ja.), fanat. cél., mathém., propagat. des doctrines de Bœhm. N. Wayhingen (Wurtemb.), 1644-1693; = (J.-G.), méd., philos. Brugg (Suisse), 1728-1795.

Zimorowicz (Sim.), poète russe. N. Lemberg, 1604; m. v. 1629.

Zincke (Chr.-Fréd.), cél. peint. sur émaux. Dresde, 1684-1767.

Zingarelli (N.), music., composit., direct. du conservat. à Naples. Naples, 1752-1837.

Zink (J.-Ja.), diplom. all. Meiningen, 1688-1743. = (Fréd., bar. de), litt. Querfurth (Prusse), 1753-1802.

Zinke (G.-H.), écon. Altenrode (Prusse), 1692-1769.

Zinagref (J.-Gu.), poète all. et lat. Heidelberg, 1591-1635.

Zinn (J.-God.), anat., bot. all. 1727-1759.

Zinzendorf (Ph.-L., comte de), diplom., min. d'État autrich. 1671-1742. = (N.-L., comte de), fondat. d'une secte de frères Moraves nommés Herrnhuters. Dresde, 1700-1760.

Zinzerling (J.), philol., litt. Thuringe, 1590-1618.

Zirardini (Ant.), jurisc., érud., archéol. Ravenne, 1725-1784

Ziska (J. Trocznow, dit le Borgne, ou), cél. chef des Hussites. N. Bohême, v. 1360; se mit à la tête des compatriotes révoltés apr. le supplice de J. Huss, 1417; prit Prague, 1419; força Sigismond à le reconnaître pour vice-roi de Bohême; m. de la peste au chât. de Priscon, 1424.

Zixianof (Pa. Dimitriéwitch), prince géorgien au service de la Russie. M. assass., 1805.

Zizim ou mieux **Djem**, fils de Mahomet II. N. 1459 ; disputa le trône à son frère Bajazet II, 1481 à 1482; se réfugia à Rhodes où il fut retenu captif, puis transféré de prison en prison en Savoie, en Fr., enfin à Rome; livré par le pape Alexandre VI à Charles VIII, fut emmené à Naples, où il m. bientôt empoisonné, 1495.

Zobéide, cousine et femme légitime du calife Aroun-al-Raschild. M. 851.

Zoccoli (C.), archit., hydraulic., jurisc. Naples, 1718-1771.

Zoé, impérat. d'Or., maîtresse, puis 4e femme de Léon VI; chassée à la m. de l'emp., 911, puis rappelée; m. dans un monast., 919.=Impérat. d'Or., fille de Constantin IX et femme de Romain III, en 1028, de Michel IV, qu'elle plaça sur le trône ap. avoir fait périr son 1er époux, 1034; eut pour 3e mari Constantin-Monomaque, 1042; m. 1052.

Zoëga (G.), archéol., oriental. danois. N. Dahler (Jutland), 1755; m. 1809.

Zoes (H.), jurisc. all. Amersfort, 1571-1627.

Zoheir, poète ar., contemp. de Mahomet.

Zoïle, cél. crit. grec, détract. d'Homère. N., à ce que l'on croit, à Éphèse ou à Amphipolis, et viv. 4e s. av. J.-C.

Zolkiewski (Stan.), hetman des armées polon. sous Sigismond III, cél. par ses talents milit. Russie-Rouge, 1547-1620.

Zollikofer (G.-Joach.), cél. prédic. protest. St-Gall (Suisse), 1750-1788.

Zoltan, fils d'Arpad, chef hongrois qui, ap. avoir ravagé l'Europe occid., 907 à 955, jeta les fondem. du roy. de Hongrie. M. 960.

Zomaras (J.), écriv. ascét. et hist. grec du 12e s.

Zonca (Vinc.), archit. et mécan. ital. N. v. 1580.

Zondadari (Marc-Ant.), gr.-maître et réformat. de l'ordre de Malte. Sienne, 1658-1722.

Zoppio (Jér.), litt., auf. dram. N. Bologne; m. 1591.= (Melchior), philos., aut. dram., fils du précéd. Bologne, 1544-1634.

Zoppo di Lugano (J.-B. Discepoli, dit I), peint. milan. 1590-1660.

Zopyre, satrape perse, fils de Mégabyze, cél. par son dévouement à son prince. Pour faciliter à Darius Ier la prise de Babylone, il se fit couper le nez et les oreilles, pénètre dans la place en se donnant comme victime de la cruauté du roi, obtint le gouvern. de la ville et la livra à Darius.

Zorg (H. Kokes, dit), peint. Rotterdam, 1621-1682.

Zorn (Jo.), bot. Kempten Bav.), 1759-1799.

Zoroastre, aut. ou réformat. du magisme, religion. des anc. Perses, des Parthes et des Guèbres. Viv., suiv. l'opinion la plus commune, sous le règne de Darius Hystaspes.

Zorobabel, Juif qui ramena au Judée ses captifs. captifs à Babylone, 536 av. J.-C.

Zosime (St), pape. Succ. de St Innocent Ier, 417 ; m. 418.

Zouhov (Platon), gr.-maître de l'artill. et dern. favori de Catherine II; exilé par Paul Ier, trempa dans l'assass. de ce prince. M. 1817.=(Valérien), command. de l'armée russe dans l'expéd. de Perse, frère du précéd., eut aussi part aux fav. de l'impérat. 1760-1804.

Zouch (M.), litt. angl. Sandal (York), 1737-1815.

Zouski (Vassili), prince russe qui voulut s'emparer du pouv. pend. la minorité d'Ivan IV. Mis à m., 1544.

Zschokke (J.-H. Daniel), hist., aut. d'am., romanc. all. N. Magdebourg, 1770; m. 1848.

Zuallart (J.), voyag., litt. N. Ath (Hainaut), 16e s.

Zuccarelli (F.), peint. et grav. Pitigliano (Siennois), 1712-1788.

Zuccaro ou **Zucchero** (Thaddée), peint. de l'école rom. San-Angelo-in-Vado, 1529-1566.

Zucchelli (Ant.), capuc., prédic., missionn. du 17e s. N. Grosdisca.

Zucchi (J.), peint., élève de Vasari. N. Florence; m. 1590.= (F.), frère et élève du précéd., habile dans la mosaïque. M. 1620.= (N.), jés., prédic. du pape Alexandre VII. Parme, 1586-1670.=(Marc-Ant.), relig. olivetain, cél. improvis. N. Vérone; m. 1764.

Zucco (Accio), poète lat. et ital. N. Summacampagna, au 15e s.

Zucolo (Vital), abbé des camaldules, théol., litt. Padoue, 1556-1630. = (L.), litt., moral. N. Faenza (Romagne), v. 1570.= (L.), jurisc. Santa-Croce, pr. Carpi, 1599-1688.

Zucconi (le P. Jo.), poète, bibliogr. Venise, 1721-1754.

Zuckert (J.-Fréd.), méd., minéral. Berlin, 1737-1778.

Zuichem d'Ayta (Vigile), jurisc., présid. du conseil de Bruxelles. Barthusen (Holl.), 1507-1577.

Zuingle. V. ZWINGLE.

Zulfecar-Effendi, négociat. turc de la fin du 17e s., employé par Soliman III.

Zumalacarreguy (Th.), cél. génér. esp. N. dans le Guipascoa, 1789; command. de la garde royale sous Ferdinand VII, puis dévoué à don Carlos, il fut une terrible guerre de partisan aux christinos; mortellem. blessé dev. Bilbao, 1835.

Zumbo (Gaëtan-Ju.), habile modeleur en cire. Syracuse, 1656; Paris, 1701.

Zumsteeg (J.-Rod.), composit. violoncelliste. Sachseflür (Odenwald), 1760-1802.

Zuniga (don Diego Ortiz de), hist. esp. N. Séville, v. 1601.

Zurbaran (F.), cél. peint esp. Fuente de Castros (Estramadure), 1598-1662.

Zurita (Jér.), hist. esp., canon. Saragosse, 1512-1581.

Zurla (Placide), card., antiq., supérieur gén. de l'ordre des camaldules. Legagno (État de Venise), 1769-1834.

Zurlauben (Béat-Fidèle-Ant.-J.-Domin. Latour-Châtillon de), d'une cél. fam. suisse, lieut.-gén., érud. Hug, 1720-1795.

Zurlo (Jo., comte), homme d'État esp., d'abord direct. des fin., puis min. de la justice, min. de l'intér. sous Murat; de nouv. min. en 1820, et mis en accusat. par les carbonari. N. Naples, 1759; m. 1828.

Zurner (Ad.-Fréd.), ingén. géogr. de la Pologne et de l'électorat de Saxe sous Auguste III. N. Marienoy, v. 1680; m. v. 1740.

Zustris ou **Suster** (Lamb.), peint. N. Amsterd.; m. 1600.

Zuxseri (Bern), jés., prédic., missionn. en Croatie. Raguse, 1683-1762.

Zwanziger (Jo.-Christ.), philos, all., advers. de Kant. Leutschau (Hongrie), 1752-1808.

Zweers (Jér.), poète érot. holl. 1627-1696. = (Corneille), poète holl., aut. dram., p.-fils du précéd. M. 1774.

Zwelfer (J.), méd., chim. Bavière, 1618-1668.

Zwicker (Dan.), théol., d'abord socinien, puis chef de la secte des conciliateurs ou tolérants. Dantzig, 1612-1678.

Zwinger (Théod.), méd., litt. Bâle, 1533-1588, = (Ja.), méd., hellén., fils du précéd. Bâle, 1579-1610. = (Théodore), théol., ter past. des églises de Bâle, fils du précéd. 1597-1654.=(J.), théol., bibliogr., fils du précéd. 1654-1696.=(Théod.), cél. méd., anat., bot., fils du précéd. 1658-1724. = (J. Rodolphe), théol., prédic., frère du précéd. 1660-1708. = (J.-Rodolphe), physic., nev. du précéd. 1692-1777. = (Fréd.), méd., naturel., frère du précéd. 1707-1776.

Zwingle ou **Zwingli** (Ulrich), cél. réformat. N. Wildhaus (canton de St-Gall), 1484; fut d'abord aumôn. des Suisses auxiliaires de Jules II, puis curé de N.-Dame d'Einsiedlen; attaqua v. cette époque, 1515, c.-à-d. 2 ans av. Luther, les dogmes de l'Église rom.; tué à Cappel, 1531, dans la guerre qui eut lieu alors entre les catholiques et les réformés.

Zyll (le P. Othon van), jés., poète lat., hagiogr. Utrecht, 1588-1656.

Zypætas, roi de Bithynie de 323 à 241 av. J.-C. Il se soumit à Alexandre.

Zypæus (H. van den Zype, en lat.), abbé de St-André de Bruges, écriv. ascét. Malines, 1577-1659.=(F.), sav. canon. frère du précéd. 1578-1650.

Zypæus (F. van den), méd., du précéd. 17e s., professe. d'anat. à Louvain, sa patrie.

Zyrlin (G.), past.-protest., poète lat. Lichstahl (Suisse), 1592-1661

DICTIONNAIRE

DES RIMES FRANÇAISES

disposé dans un ordre nouveau

D'APRÈS LA DISTINCTION DES RIMES, EN SUFFISANTES, RICHES ET SURABONDANTES

PAR

NAPOLÉON LANDAIS, ET L. BARRÉ

Professeur de Philosophie.

13

TABLE DES ABRÉVIATIONS

DU DICTIONNAIRE DES RIMES.

Adj. *ectif.*	Déf. *ini.*	Inf. *initif.*	My. *myt. ou myth. ologie* (ter-	Pron. *om.*
Adv. *erbe.*	Diss. *yllabe.*	Impérf. *ait.*	N. *om propre.* [*me de*).	S., *sub. ou subst. antif.*
Anat. *omie* (terme d').	Excl. *amation.*	Impér. *atif.*	Onom. *atopée.*	Sing. *ulier.*
Ant. *iquité* (terme d').	G. *ographie* (terme de).	M. *asculin,*	Part. *icipe.*	Subj. *onctif.*
Arch. *itecture.*	F. *éminin,*	Mar. *ine.*	Pers. *onne ou onnel.*	Théol. *ogie.*
Blas. *on* (terme de).	Id. *em, de même.*	Math. *ématiques.*	Pl. *ou plur. iel.*	V. *erbe.*
Bo. *tanique* (terme de).	Indéf. *ini.*	Mé. *decine* (terme de).	Pop. *ulaire.*	Vi. *eux mot.*
Chim. *ie.*	Indic. *atif.*	Monos. *yllabe.*	Pr. *ononcez.*	Voy. *ez.*
				Zo. *ologie* (terme de).

NOTA. Nous avons donné ces indications, seulement lorsqu'elles nous ont paru nécessaires, pour les termes peu connus, ou en cas de synonymie ; mais nous avons toujours signalé les verbes et les noms propres. En multipliant les explications, nous aurions donné trop d'étendue à cet ouvrage, et l'on trouvera sans doute plus commode de recourir, en cas de doute, au Dictionnaire de la langue.

DICTIONNAIRE

DES

RIMES FRANÇAISES

A

A, AA et AH *

a, *lettre.*
a, *du v.* avoir **
Aa, *g.*
ah! *excl.*
brouhaha
cahin-caha
ha! *excl.*
haha
Nausicaa, *my.*
Sansa, *g.*

AB

Achab, *n.*
Aminadab, *n.*
Assab, *g.*
baobab, *bo.*
Joab, *n.*
Moab, *n.*
nabab
Pundjab
Raab, *g.*
Réchab, *n.*

ABE

Arabe
mosarabe
astrolabe
cosmolabe
litholabe
mésolabe
nyctorlabe
planétolabe
saturnilabe, ou
cronolabe
cacabe, *v.*
crabe
gabe, *v.*
habe
Souabe, *g.*
syllabe
décasyllabe
disyllabe
dodécasyllabe
hendécasyllabe
imparisyllabe
monosyllabe
parisyllabe
polysyllabe
tétrasyllabe
trisyllabe

ABLE

imperturbable
probable, im.
—
applicable, in.
attaquable, in.
communicable, in
confiscable
convocable
critiquable
évocable
explicable, in.
extricable, in.
manquable, im.
moquable
multiplicable
peccable, im.
placable, im.
praticable, im.
prédicable
remarquable
révocable, ir.
risquable
sécable, in.
vocable, *s. m.*
—
accrochable
chevauchable
écorchable
reprochable
irréprochable
abordable, in.
raccommodable, in
accordable, in.
amendable
cédable
défendable, in.
formidable
gardable
grondable
pendable
perdable, im.
recommandable
sondable, in.
soudable
vendable, in.
—
agréable, dés.
balnéable
congéable
corvéable
guéable
malléable
perméable, im.
irrémeable
—
chauffable
inaffable
—
conjugable
haranguable
infatigable
irréfragable
navigable, in.
relégable.
—
assiégeable (4)
changeable
dommageable
échangeable
égorgeable
forgeable
logeable
mangeable, im.
partageable, im.
—
contraignable
empoignable
—
acidifiable (6)
alliable (4), in.
amiable (4)
appréciable (5), in
châtiable (4)
conciliable (5), in
réconciliable (6) ir
diversifiable (6)
enviable (4)
expiable (4) in.
fériable (4)
friable (3)
graciable (4)
insatiable (5)
justiciable (5)
justifiable (5) in.
liable (3)
maniable (4)
mariable (4)
multipliable (5)
négociable (5)
niable (3)
panifiable (5)
parodiable (5)
payable (3), im.
pliable (3)
préjudiciable (6)
rassasiable (5), r.
remédiable (5), ir.
reniable (4)
sanctifiable (5)
serviable (4).
sociable (4), in.
dissociable
variable (4), in.
viable (3)
vitrifiable (5)
—
brûlable
calculable, in.
consolable, in.
contrôlable, in.
ébranlable, in.
préalable
semblable, in.
vraisemblable, in.
sifflable
valable
violable, in.
volable
—
débrouillable, in.
émerveillable
taillable
mortaillable
—
aimable
blâmable
chômable
décimable
écimable
estimable, in.
exprimable, in.
formable
inflammable
plumable
réformable, ir.
transformable
—
abominable
ajournable
aliénable (5) in.
assaisonnable
bâtonnable
bernable
cernable
combinable
convenable, in.
disconvenable
damnable
condamnable
déclinable, in.
déracinable
discernable, in.
disciplinable, in.
expugnable, in.
gouvernable, in.
imaginable, in.
incunable
minable
pardonnable, im.
patinable
prenable, in.
questionnable
raisonnable, dé, ir
rançonnable
soutenable, in.
soupçonnable
subornable
tenable
terminable, in.
—
croyable (3), in.
effroyable (4)
pitoyable (4), im.
ployable (3), im.
plaidoyable (4)
—
avouable
clouable
flouable
jouable
louable
rouable
secouable, in.
—
attrapable
capable, in.
coupable
développable
extirpable, in.
palpable, im.
pavable
—
admirable
adorable
arable
altérable, in.
attirable
césurable
censurable
comparable, in.
considérable
courable
curable, in.
déchiffrable, in.
démontrable, in.
déplorable
désirable
différable
durable
espérable, in.
exécrable
exorable, in.
favorable, dé.
honorable
immensurable
impétrable
inénarrable
labourable
livrable
mémorable, im.
mensurable
commens., in.
mesurable
misérable
montrable
démontr., in.
nombrable, in.
ouvrable
pénétrable, im.
perforable
préférable
recouvrable, ir.
réparable, ir.
requérable
respirable
secourable
séparable, in.
tolérable, in.
tonsurable
transpirable
triturable
vénérable
voiturable
vulnérable, in.
—
abolissable
agaçable
amortissable
bannissable
berçable
cassable
chérissable
commerçable
condensable
connaissable
méconnaiss.
reconnaiss.
convertissable, in
défensable, in.
définissable, in.
effaçable, in.
guérissable, in.
haïssable
indispensable
inversable
passable
périssable, im.
punissable
repoussable
responsable, ir.
rossable
saisissable, in.
tarissable, in.
vexable
—
accusable, in.
amusable, in.
apaisable
apprivoisable, in.
baisable
baptisable
brisable
électrisable
épousable
épuisable, in.
excusable, in.
faisable, in.
imposable
méprisable
métamorphosable
minéralisable
prisable
proposable
rasable
récusable, in.
refusable
supposable
—
acceptable, in.
accointable
accostable, in.
achetable.
rachetable, in.
ajoutable
chantable
charitable
comptable
confortable
constable, *sub.*
contestable, in.
connétable, *sub.*
convoitable
décrottable, in.
délectable
détestable
dilatable
disputable, in.
domptable, in.
écartable
épouvantable
équitable
étable, *sub.*
évitable, in.
exploitable
flottable
fouettable
habitable, in.
imitable, in.
indubitable
insultable
invitable
irritable
lamentable
mainmortable
mettable, im.
mutable
commutable, in.
notable
portable
exportable
importable
rapportable
supportable, in
transportable
potable, im.
prêtable
présentable
profitable
rétable *sub.*
redoutable
regrettable
rejetable
respectable
sautable
scrutable, in.
sculptable
sortable, in.
souffletable
souhaitable
stable, in.
supportable, in.
surmontable, in.
table, *sub.*
testable, in.
traitable, in.
transplantable
Vatable, *n.*
végétable
véritable
visitable
table, *v.*
attable, *v.*
entable, *v.*
—
attribuable
contribuable
destituable
restituable
muable, im.
commuable
transmuable
saluable
tuable
—
achevable, in.
apercevable, in.
approuvable
buvable
concevable, in.
conservable
cultivable
décevable
esquivable
observable, in.
recevable, ir.
redevable
solvable, in.
trouvable, in.

ABLE long.

affable
câble
diable
érable
fable
gable
râble
sable *subst.*
sable, *v.*
ensable, *v.*
accable, *v.*
encâble, *v.*
hâble, *v.*

ABRE

Calabre, *g.*
candélabre
Cantabre, *g.*
cinnabre
délabre, *v.*
fabre
glabre
labre, *zo.*
crénilabre, *zo.*
fissilabre, *zo.*
sabre
scabre, *adj.*
vélabre, *ant.*
cabre, *v.*
sabre, *v.*

AC, ACH, AK et AG.

Isaac *n.*
—
ab hoc et ab hac
bac
bobak, *zo.*
Holbach, *n.*
kolbac
Leybac, *g.*
Rosbach, *g.*
scubac
tabac (*)
tombac
Wittelsbach, *n.*
Wittembach, *n.*
—
kaptchack
—
Évilmérodach, *n.*
—
Armagnac, *g.*
Cognac, *id.*
Cotignac
orignac, *zo.*
Polignac, *n.*
Pourceaugnac, *n.*
Salignac, *id.*
—
ammoniac (4)
Bébriac (3), *g.*
Divitiac (4), *n.*
gaïac (2)
Mauriac, *g.*
Ostiac, *g.*
sandjiack (2)
Tolbiac, *g.*
—
Bellac, *g.*
blac, *zo.*
clac, *onom.*
flic-flac, *id.*
lac
hamac
mac, *partic.*
mic-mac
ranelagh
—
Aurillac, *g.*
Catillac, *g.*
Condillac, *n.*
Ravaillac, *n.*
tillac
—
estomac (*)
sumac
—
almanach (*)
Carnac, *g.*
cornac
coronach
Jarnac, *g.*
—
bivouac
—
Anspach, *g.*
Krapak, *g.*
Mancocapac, *n.*
Sempach, *g.*
—
arack ou rack
Bergerac, *g.*
Boraq (al), *myt.*
crac
cric-crac
Dalayrac, *n.*
frac
Irac, *g.*
Nérac, *id.*
Pibrac, *n.*
Sidrach, *n.*
trac
tric-trac
—
Brissac *g.*
Moissac, *id.*
sac
bissac
cul-de-sac
havre-sac
ressac
—
Pontac, *g.*
tac.
tac-tac
tic-tac
—
Balzac, *n.*
Cabuzac, *g.*
Maisac, *id.*
Neu-Brisach, *id.*
zigzag

ACE et ASSE bref **.

Arbace, *n.*
calebasse
gibbasse
—
arcasse
bécasse
Boccace, *n.*
carcasse
casse, *drogue.*
cocasse
dédicace
efficace, in.
Madécasse, *g.*
avocasse, *v.*
fracasse, *v.*
fricasse, *v.*
tracasse, *v.*
—
chasse
garde-chasse
chasse, *v.*
déchasse, *v.*
pourchasse, *v.*
rechasse, *v.*
—
audace
Candace, *n.*
cardasse, *bot*
cordace, *ant.*
Dace, *g.*
—
galéasse
—
Boniface, *n.*
face
couvreface
contreface
volte-face
post-face
préface
surface
fasce
fasse, *v.*
contrefasse, *v.*
défasse, *v.*
refasse, *v.*
surfasse, *v.*
satisfasse, *v.*
—
agace, *s. f.*
bagasse
fugace
sagace
agace, *v.*
—
cognasse
Ignace, *n.*
teignasse
tignasse
—
bestiasse (4)
biasse (3)
chiasse (3)
coriace (4)
Curiace (4), *n.*
liasse (3)
miliasse (4)
milliasse (4)
—
balasse
culasse
fallace
filasse
glace
brise-glace
Laplace, *n.*
lasse, *adj. f.*
Lovelace, *n.*
mélasse
mollasse
place
populace
Vallace, *n.*
villace
échalasse, *v.*
enculasse, *v.*
glace, *v.*
verglace, *v.*
lace, *v.*
délace, *v.*
désenlace, *v.*
enlace, *v.*
entrelace, *v.*
matelasse, *v.*
place, *v.*
déplace, *v.*
emplace, *v.*
remplace, *v.*
replace, *v.*
—
paillasse
—
contumace
grimace
hommasse
limace
masse
ramasse
damasse, *v.*
grimace, *v.*
mace, *v.*
masse, *v.*
amasse, *v.*
ramasse, *v.*
rimasse, *v.*
—
bonace
bonasse
carnasse
gallinasse
Halicarnasse, *g.*
Lespinasse, *n.*
menace
nasse
Parnasse, *g.*
Pharnace, *n.*
pinasse
tenace
traînasse
cadenasse, *v.*
finasse, *v.*
menace, *v.*
—
coasse (3), *v.*
croasse (3), *v.*
—
fouace (2)
—
carapace
rapace
—
brasse
crasse
cuirasse
Garasse, *n.*
Horace, *n.*
Pancrace, *id.*
paperasse
physionomotrace
race
terrasse
Thrace, *g.*
Samothrace, *id.*
tirasse
trace
vorace
brasse, re., *v.*
crasse, *v.*
décrasse, *v.*
encrasse, *v.*
cuirasse, *v.*
encuirasse, *v.*
débarrasse, *v.*
embarrasse, *v.*
embrasse, *v.*
rembrasse, *v.*
harasse, *v.*
paperasse, *v.*
terrasse, *v.*
trace *et* re., *v.*
—
Alsace, *g.*
Arsace, *n.*
besace
Lusace, *g.*
rosace
—
potasse
savantasse
Stace, *n.*

* Tous les mots terminés en *a* forment entre eux des rimes que beaucoup d'auteurs ont considérées comme suffisantes. Cependant les versificateurs les plus corrects donnent à ces rimes la lettre d'appui semblable, surtout dans les verbes : ils font rimer, par exemple : *aima* avec *forma* et non avec *trompa* ou *chanta*. Ce n'est point ici une distinction de rimes suffisantes à rimes riches ; mais de rimes à peine tolérables à rimes vraiment suffisantes. Voy. donc pour celles-ci les syllabes *ia*, *ca*, *pa*, etc.

** On proscrit généralement comme un hiatus la locution *il y a*. Cependant La Fontaine (fable 7, livre IX) a dit :

O vent donc, puisque vent *y a* !

Quelques poëtes modernes ont cru pouvoir prendre une pareille licence. Il est singulier, en effet, que ces liaisons de syllabes inutilisées aient été considérées par les anciens comme très-harmonieuses, et que nous les rejetions dédaigneusement. Pourquoi *il y a*, en français, est-il plus dur que *res ilia*, la puissance troyenne, en latin ?

* Observez qu'on prononce *Almana*, *estoma* et *taba* ; d'où il suit que ces mots ne riment que pour l'œil avec les autres mots en ac.

** De grands écrivains ont fait rimer *ace* ou *asse* brefs avec *ace* ou *asse* longs ; mais cette rime est défectueuse, surtout pour les mots dont la quantité n'offre rien de douteux. Ainsi, malgré l'exemple de Boileau, *grâce* rime mal avec *préface*.

tétasse — lavasse
Vatace, n. — vivace
rapetasse, v. — crevasse, v.
— — révasse, v.
crevasse — écrivasse, v.

ÂCE, ASSE long.

basse, s. f. — casse, v.
contre-basse — concasse, v.
basse, adj. f. — compasse, v.
main-basse — enchâsse, v.
casse — espace, v.
châsse — lasse, v.
classe — délasse, v.
échasse — passe, v.
grâce — dépasse, v.
disgrâce — outrepasse, v.
grasse, adj. — repasse, v.
Grasse, g. — surpassé, v.
passe — trépasse, v.
impasse — prélasse, v.
passe-passe — sasse, v.
tasse. s. f. — ressasse, v.
Tasse (le), n. — tasse, v.
amasse v. — enlasse, v.
ramasse v. — rentasse, v.

Ajoutez les temps du subjonctif en asses: que j'aimasse, que j'appelasse.

ÂCHE bref.

ache — tache
apalache — vache
attache — zabache, g.
bourrache — amourache, v.
bravache — arrache, v.
cache — attache, v.
cache-cache — rattache, v.
carache — détache, v.
Carrache, n. — cache, v.
cravache — recache, v.
escache — crache. v.
Eustache, n. — recrache, v.
flache — écache, v.
Gamacha, n. — ensache, v.
ganache — hache, v.
gouache — enhache, v.
grenache — rehache, v.
H, lettre. — harnache, v.
mordache — déharnache, v.
moustache — enharnache,v.
panache — panache, v.
patache — empanache, v.
pistache — sache, v. subj.
plumache — tache, v.
rondache — détache, v.
sabretache

ÂCHE long.

bâche — gâche, v.
gâche — lâche, v.
lâche — délâche, v.
mâche — relâche, v.
relâche — mâche, v.
tâche — remâche, v.
bâche, v. — rabâche, v.
fâche — tâche, v.
défâche, v.

ACHME, voy. AGME.

ACLE.

débâcle — réceptacle
habitacle — tabernacle
macle — spectacle
miracle — bâcle, v.
obstacle — débâcle, v.
oracle — racle, v.
pinacle — renacle, v.

ACS, voy AX.

ÂCRE bref.

acre, sub. — pouacre (2)
Acre, g. — quaker (2) pro-
diacre (2) — non. kouacre
archidiacre (4) — sacre
sous-diacre (4) — simulacre
fiacre (2) — massacre, v.
macre — sacre, v.
masseacre — consacre, v.
nacre — resacre, v.
polacre

ÂCRE long.

acre, adj. — sacre, zo.

ACT, ACHT.

abstract — intact
compact, sub. — tact
exact — contact
inexact — yacht

ACTE.

acte — inexacte
entr'acte — intacte, id.
aphracte — pacte
cataphracte — Soracte, g.
cataracte — contracte, v.
compacte, adj. — reconttracte,v.
contracte, adj. — détracte, v.
épacte — rétracte, v.
éxacte, adj. f.

ACTRES.

Bactres, g.

AD.

Allahabad, g. — Joad, n.
Bagdad, g. — Neustadt, g.
Carlsbad, id. — Rastadt, id.
Ciudad, id. — Trinidad, id.
Conrad, n. — Tsad. id.
Gad, id. — vendidad
Galaad, g.

ADE.

aubade — accolade
Bude, g. — arholade
Barbade, id. — ballade
Eubade, n. — cannelade
gambade — Encelade, n.
tribade — enfilade
gambada, v. — escalade
— — estafilade
alcade — Hellade, g.
arcade — gaulade
barricade — malade
cocade — marmelade
cascade — peuplade
cavalcade — pelade
claquade — pholade
décade — Pylade, n.
embuscade — reculade
estacade — régalade
estocade — rémolade
falcade — roulade
foucade — salade
Leucade, g. — sanglade
Mondade, n. — escalade, v.
muscade — estafilado, v.
Orcade, g. — aiguillade
saccade — aillade
barricade, v. — anguillade
ondécade, v. — couillade
succade, v. — feuillade
bambochade — fusillade
bronchade — gargouillade
alidade — grillade
brandade — mitraillade
débandade — œillade
ambreade — persillade
Carnéade, n. — poinuillade
oréade, myth. — pointillade
étouffade — taillade
fade — œillade, v.
griffade — taillade, v.
rebuffade — chamade
Strophade, g. — fumade
aiguade — gourmade
bourgade — hamade, blas.
brigade — nomade
fougade — pommade
rhagade. — pommade, v.
arlequinade
jade — cantenade
orangeade — capucinade
Alcibiade (5), n. — carabinade
annonciade (5) — cassonade
asclépiade (5) — colonnade
ausoniade (5) — dragonnade
chélidoniade (6) — esplanade
chiliade (4) — fanfaronnade
dryade (3) — gabionnade
hamadryade (5) — gasconnade
dunciade (4) — grenade
Eurybiade (5), n. — Grenade, g.
franciade (4) — limonade
héliade (4) — marinade
henriade (4) — Ménade, myth.
Huniade (4), n. — monade
iliade (4) — panade
jérémiade (5) — pantalonnade
lusiade (4) — pasquinade
messiade (4) — pastonade
milliade (4) — mainade, v. m.
myriade (4) — promenade
ommiade (4) — satinade
pariade (4) — sérénade
pléiade (3) — tarlupinade
athéniade (4) — panade, v.
strapsade (4) — penade, v.
thyade (3)
thyniade (4)
tiberiade (5)

pennade, v. — ambassade
— — anspassade
almohade, hist. — cassade
escouade (3) — dissade, zo.
quade (2) — écaveçade
Troade, g. q. — embrassade
— — façade
croupade — glissade
échappade — maussade
escapade — palissade
étoupade — passade
estrapade — rassade
galopade — palissade, v.
espade, v. — arquebusade
estrapade, v. — carnisade
algarade — cruzade
baliistrade — Dinarzade, n.
Belgrade, g. — pavesade
Benserade, n. — pesade
bigarade — rasade
bourrade — risade
camarade — Schéhérazade,n.
centigrade — ballottade
charade — bonnetade
Désirade (la), g. — boutade
dorade — capilotade
estrade — incarsade
goinfrade — mousquétade
grade — pimentade
mascarade — pintade
parade — pintade
pétarade — rodomontade
poivrade — souffletade
rade — stade
rectograde — Van Ostad, n.
rétrograde — ruade (3)
retirade — saltade (3)
revirade — dissuade, v.
sporade — persuade, v.
Sporade, g. — bravade
tirade — travade
dérade, v. — vade
dégrade, v. — évade, v.
rétrograde, v. — invade, v.

ADES.

Eubades, n. — Strophades, g.
Orcades, n. — Sporades, g.
Carnéades, n. — Cyclades, g.

Ajoutez-y les pl. des noms en ade et les 2es pers. sing. des verbes en ader; tu t'évades, etc.

ADNE.

Ariadne (4), n.

ADRE.

cadre, s. — cadre, v.
escadre — encadré, v.
ladre

AÉ.

Aglaé, my. — Pasiphaé, my.
Danaé, id. — Tychobrahé, n.

AEL, voy EL.

AF, AFF et APH.

Asaph, n. — paf!
Falstaff, n.

AFE, APHE.

agrafe, subst. — néographe
anépigraphe — opisthographe
apographe — orihographe
architectonog. — pantographe
arrestographe — paragraphe
autographe — pasigraphe
bibliogr. (5) — polygraphe
biographe — stéganographe
calligraphe — sténographe
cartographe — syngraphe
chalcographe — tachygraphe
chirographe — télégraphe
chorégraphe — topographe
chronographe — typographe
cosmographe — vigigraphe
démonographe — Ascalapha, my.
épigraphe — bibliotaphe
épisiolographe — cénotaphe
géographe — épitaphe
glossographe — carafe
hagiographe (5 — estafe
historiogr. (6) — gaffe
holographe — girafe
hydrographe — paraphe
hymmographe — paiarafe
iconographe — scaphe
lexicographe — agrafe, v.
lithographe — dégrafe, v.
mimographe — ragrafe, v.
mythographe — piaffe (2), v.

AFLE.

rafle, sub. — rafle. v.
érafle, v.

AGE.

âge, long — fangage
non-âge — dégage, v.
ambuhaje, v. ms — engage
colombage — coehanillage
embage, ant. — coquillage
herbage — douillage
gambage — enfantillage
jambage — feuillage
libage — gaspillage
— — grappillage
blocage — gribouillage
bocage — grillage
boucage — habillage
cage — rhabillage
caqnage — mouillage
marcage — pastillage
mérécage — pillage
pacage — pointillage
parcage — quillage
placage — sautillage
saccage — sillage
trincage — taillage
encage, v. — tortillage
pacage, v. — treillage
saccage, v. — treillage, v.
branchage — formariage (5)
clichage — remariage (5)
embuchage — monnoyage (4)
fanchage — obligé (4)
fourchage — pliage (3)
rabâchage — quayage (3)
— — repatriage (5)
abordage — reliage (4)
accommodage — sciage (3)
raccommodage — seigneuriage (5)
adage — triage (3)
badaudage — verbiage (4)
bandage — voyage (3)
bavardage — voyag (3) v.
blindage — revoyage(4),v.
bordage — assemblage
brigandage — attelage
clabaudage — avalage
cordage — bâelage
débardage — déblâclage
dévidage — bariolage
échafandage — batelage
étendage — bstifolage
galvaudage — boesselage
guindage — bottelage
hourdage — boursouflage
ladage — carrelage
marivaudage — cartilage
ravaudage — cavalage
rendage — chablage
ribordage — chambellage
tordage — chanlage
vagabondage — cinglage
cordage, v. — collage
— — coulage
foage — crénelage
affeage — cuvelage
marriage — doublage
monnéage — emballage
paréage — désemballage
péage — enallage, trope.
— — encollage
acridophage — entoilage
anthropophage — renoilage
astacophage — établage
chélonophage — étalage
crithophage — détalage
entomophage — cloisonnage
galactophage — consolinage
homophage — cousinage
ichthyophage — crayonnage
lithophage — échevinage
lophophage — écrénage
monophage — engrenage
œsophage — espionnage
pantophage — fanage
phthirophage — fascinage
polyphage — fournage
sarcophage — glanage
scalophage — grelonage
taurophaga — gremage
théophage — griffonnage
zoophage — grimelinage
bilfage — jardinage
chauffage — lainage
réchauffage — lamanage
— — laminage
bagage — libartinage
bastingage — limousinage
élagage — maçonnage
gage — mégainage
contro-gage — manage
mori-gage — maquignonnage
langage — ménage, sub.

volage — minage
soulage, v. — moulinage
— — moutonnage
accastillage — nage, s. f.
bailliage (3) — panage
barbouillage — patelinage
bousillage — patronage
chevillage — pèlerinage
coquillage — pennage
— — personnage
— — poulinage
— — prélinage
— — rabbinage
— — racinage
— — raffinage
— — Sassenage, g.
— — satinage
— — sauvage
— — savonnage
— — tabarinage
— — tannage
— — tatilonnage
— — tâtonnage
— — tavernage
— — tonnage
— — vinage
— — voisinage
— — apanage, b.
— — bornage, e.
— — débannage, e.
— — déménage, e.
— — ménage, v.
— — nage, v.
— — renage, v.
— — surnage, v.

brouage — arrimage
fouage — chômage
— — chomage, sub.
— — dommage, sub.
— — ensimage
— — estimage
— — fermage
— — fromage
— — fumage
— — hommage
— — image
— — brise-image
— — mage
— — archimage
— — plumage
— — ramage
— — roumage
— — dommage, v.
— — dédommage,v.
— — endommage,v.
— — image, v.
— — ramage, v.

page, masc.
page, fém.
fausse-page
stéréotypage
tapage, sub.
propage, v.
tapage, v.

Abencourage
Aboulfage, n.
afforage
amarrage
démarrage
ancrage
arbitrage
arrérage
attirage
barrage
calfeutrage
cirage
compérage
courage
décourage
dorage
éclairage
effeurage
encrage
entourage
ferrage
fenêtrage
feutrage
flourage
forage
fourrage
ferrage
grage
labourage
liserage
mesurage
remesurage
mirage
murage
naufrage
ombrage
orage
outrage
ouvrage
parage
pâturage
plâturage
replâturage
pressurage
rage
remesurage
mal-rage
passe-rage
sauvage
saxifrage
sévrage
serrage
suffrage
ferrage

* Ce mot rime mal avec les mots en age brefs; mais on tolère cette rime parce qu'il n'y en a pas d'autres.

Ménage, n.

tirage
  soutirage — caquetage
vitrage — Carthage
accomparage, v. — colportage
apparage, v. — cottage
  déparage, v. — coultage
décourage, v. — démalage
encourage, v. — emblehotage
eorage, v. — encliquetage
fourrage, v. — ermitage
naufrage, v. — étage
ombrage, v. — faciage
outrage, v. — fagotage
— faltage
— flottage
apprentissage — frottage
blanchissage — fruitage
bossage — gargotage
brunissage — héritage
chaussage — laitage
corsage — lestage
cuissage — délestage
décatissage — matelotage
dégrossage — montage
enfonsage — otage
équarrissage — papillotage
forçage — paquetage
garansage — empaquetage
graissage — parentage
hersage — parquetage
houssage — partage
lambrissage — pilotage
lotissage — plantage
message — pointage
nourrissage — pontage
passage — pontonage
pâtissage — portage
pétrissage — reportage
prossage — potage
remplissage — radotage
sage — rapiécetage (3)
— ribolage
arrosage — souchetage
bisage — stage
boisage — Tage, g.
empesage — tricotage
Osage, n. — tripotage
paysage — valotage
pertuisage — vellage
posage — avantage, v.
présage — désavantage, v.
usage — étage, v.
  mésusage — partage, v.
non-usage — départage, v.
visage
dévisage, v. — coouvage
envisage, v. — écobuage
présage, v. — nuage
— remuage
abattage — suage
affaitage — roussage
affutage — tuage
agiotage
ajustage — arrivage
ajutage — halivage
arpentage — breuvage
  réarpentage — Caravage, n. pr.
avantage — chevage
davantage — cuvage
désavantage — esclavage
hachotage — lavage
halilotage — pavage
battage — ravage
briquetage — rivage
cabotage — salvage
cahotage — sauvage
cailletage — veuvage
caillotage — ravage, v.

AGME et ACHME.
diaphragme — tétradrachme
drachme

AGNE bref.
Allemagne, g. — Cocagne
alpagne — compagne
aragne — Espagne, g.
Ascagne, n. — Limagne, id.
bague — Montaigne, n.
Bretagne, g. — montagne
campagne — Mortagne, g.
Cassagne, n. — pagne
Cerdagne, g. — Rotagne, g.
Charlemagne, n. — accompagne, v.

AGNE long.
gagne, v. — regagne, v.

AGRE.
chiragre — podagre
gonagre — pudendagre
ischiagre — Méléagre, my.
mentagre — OBagre, g.
pellagre — onagre

AGUE.
bague — dague
Biragne, n. — Guilloragne, n.
Copenhague, g. — girovague

madrague — drague, v.
Prague, g. — élogue, v.
loutenague — extravague, v.
vague, sub. — vogue, v.
dague, n. — divague, v.

AH, ahi, ahie, voy. A, aï, aïe.

**AI, AY, EI et EY termi-
naisons monosyllabes*.**
bai — Alderney, g.
bey — Annonai, id.
Bombay — Artenay, id.
Botany-bay — aitorney
— Epernay, g.
Tokai — Epinay, id.
quai — Fontenay, id.
— Vernay, id.
dey — Mornay, id.
gai — Parthenay, g.
papegai — Tournai, id.
Paraguay, g. — Douai, g.
Uruguay, g. — Pûpai, n.
geai
Bugey, g. — brai
— Cambrai, g.
bai**! — caravansérai
— Courtrai, g.
cabai — écofrai
— frai
balai — défrai
Barclay, n. — Gray, g.
Belley — Guibrai, id.
Beverley, n. — Mézerai, n.
débial — minerai
  remblai — Murray, n.
délai — Terray, id.
Barbry, n. — vrai.
lai
virelai — Anglesey, g.
lai, adj. — essai
rubis-balai — Guernesey, g.
Seignelay, n. — Jersey, id.
Velai, g.
Viroflai, g. — Catay, g.
— étai
Chimai, g. — maigre
Funai, id. — Hervey, n. pr.

Ajoutez-y les premières pers.
des prét. déf. de la conjugaison: *tombai, marquai, bor-
dai, changeai, allai, fumai,
donnai, palpai, dorai, versai,
portai, trouvai*, etc. Plus, pour
la rime riche en *rai*, les premières personnes de tous les futurs : *ai-
merai, irai, ferai*, etc.

AI, terminaison dissyllabe.
Aï, g. — spahi
Abisuï, n. — ébahi, v.
Adonaï, g. — envahi, v.
Galigaï, id. — haï, v.
Sinaï, g. — trahi, v.

Ces mots riment aussi avec ceux
où i est précédé d'une voyelle:
obéi, ouï, etc.; et moins richement avec les mots en *bi, ci, di,
fi*, etc.

**AÏA, ayant, ayant, aïd, voy. YA,
iant, aït.**

AIDE.
aide, sub. — plaide, v.
laide, adj. f. — replaide, v.
aide, v.

Joignez-y les mots terminés en
ède, comme *remède, v. aède*.

**AIE, terminaison féminine
avec i non mouillée.**
annaie — claie
baie — coudraie
houlais — craie
braie — effraie
fausse-braie — fougeraie
cannaie — foutelaie
cerisaie — frênaie
châtaigneraie — fresaie
chênaie — futaie

* Les mots de cette catégorie riment
encore, quoique assez pauvrement, avec
ceux en *é* appuyé de la même consonne,
comme *bey* avec *tombé*, etc., etc.
« *Hai! ma sœur!...*
Qu'est-ce donc que vous dire ce *hai*
Et qu'à de surprenant le discours que
(je fai?) »
(MOLIÈRE.)
On a ici un exemple de cette liberté
des anciens poëtes, qui consiste à supprimer le *t* final des premières personnes de l'indicatif, conformément à
l'étymologie et aux règles du vieux langage.

gaie — morte-paie
laie — plaie
ivraie — pommeraie
jonchaie — raie
La Haie, g. — ronceraie
maie — roseraie
mala'e, adj. f. — sagaie ou zagaie
monnaie — saie
moiseraie — saussaie
orfraie — taie
oseraie — tremblaie
pagais — vraie
paie

Ajoutez-y la première et la
troisième pers. du prés. de l'ind.
et du subj., et la deuxième et la
troisième de l'impér. des verbes
en *ayer* : *j'essaie, qu'il gaie,
balaie, qu'il bégaie*. Soignez-y
encore la première pers. du subj.
du verbe *avoir, que j'aie*. — Les
secondes personne en *aies* riment
avec les pluriels des noms en *aie*.

AIE mouillé, voy. AYE.

**AIE, terminaison fémin. formant
deux syllabes plus e muet final.**
aie — haie, part. fém.
Achaïe, g. — ébahie, id.
haïe ! — envahie, id.
Isaïe, n. — trahie, id.
Panchaïe, g.

Ajoutez-y *obéie* et moins richement les rimes en *bie, die,
fie*, etc.

AIE voy. AYE.
AIENT voy. l'obs. sur AIT.
**AIER, éjer, éyer; aige ou eige,
aigle, aigue. voy. AYER;
ège, ègle, ègue.**

AIGRE et EGRE.
aigre — maigre
hessaigre — nègre
vinaigre — Ségro, g.
alègre

AIL.
aiguail — gouvernail
ail — mail
attirail — Montmirail, g.
bail — plumail
sous-bail — poitrail
hersail — portail
bétail — rail
camail — sérail
corail — caravansérail
dail, zo. — soupirail
détail — tramail
émail — travail
épouvantail — vantail
éventail — ventail
fermail — vitrail

AILE voy. ELE.
**AILLA, aillard, aillard, voy.
LLA, llant, llard.**

AILLE (il mouill.)
aille, v. — rongeaille, v.
baille — piaille, v.
bâille, v.
antiquaille — volaille
blocaille — limaille
caille — maille
écaille — contremaille
contr'écaille — ronce-maille
monacaille — ronge-maille
racaille — marmaille
rocaille — rimaille
caille — semaille
carcaille, v. — chamaille, v.
écaille, v. — émaille, v.
— contremaille
blanchaille — mouille, v.
— rimaille, v.
bordaille
crapaudaille — canaille
godaille — grenaille
maraudaille — moinaille
médaille — moutonaille
merdaille, pop. — penaille
londaille — sonnaille
truandaille — sonnaille
godaille, v. — tenaille, v.
faille, sub. — cornaille, v.
faille, v. — encanaille, v.
défaille, v. — encornaille, v.
— grenaille, v.
— sonnaille, v.
mangeaille — tenaille, v.

tournaille, v. — bataille
— courtaille
paille — court-paille
— fatutaille
ripaille — pretintaille
tripaille — taille
empaille, v. — basse-taille
dépouille, v. — contre-taille
  épaille, v. — entaille
rempaille, v. — entre-taille
harpaille, v. — haute-taille
ripaille, v. — retaille
— valentaille
ferraille — aviaille, v.
mitraille — ravitaille, v.
moraille — bataille, v.
muraille — bretaille, v.
pierraille — détaille, v.
traille — enfutaille, v.
braille, v. — taille, v.
débraille, v. — entaille, v.
déraille, v. — entretaille, v.
éraille, v. — retaille, v.
ferraille, v.
raille, v. — fouaille (2)
taraille, v. — huaille (3)
— touaille (5)
saille, v. — victuaille (4)
  tressaille, v. — fouaille (5), v.
— touaille (5), v.
bisaille — jouaille (3), v.
grisaille — crevaille
gueusaille — trouvaille
cisaille, v. — écrivaille, v.
grisaille, v. — travaille, v.
gueusaille, v. — retravaille, v.
— vaille, v.

AILLES.
accordailles — fonçailles
aumailles — funérailles
bronailles — Nosailles, n.
broussailles — tenailles
cisailles — ouailles (3)
Cornouailles, g. — relevailles
entrailles — représailles
épousailles — Versailles, g.
fiançailles — Xaintrailles, n.

Ajoutez-y le pl. des noms en
aille et les 2es pers. sing. des
temps des verbes en *aille*.

**AILLÉ, ée, ailler, ailleur, ail-
leux, ailli, aillir, aillon, voy.
LLE, ée, ller, lleur à eur,
lleux à eux, lli, llir à ir, llon.**

AILS.
attirails — mails
bercails — poitrails
camails — portails
dails, zo. — rails
détails — sérails
épouvantails — caravansérails
éventails — tramails
gouvernails — travails

AIM, voy. AIN.
AIME, voy. EME.

**AIN, AIM, AING, EN,
EIN et EING.**
Albain, g. — Gomorrhéen
aubain — herculéen
bain — Iduméen
Urbain, n. — Jebuséen
— manichéen
Africain — néméen
Américain — phlégréen
Armoricain — Phocéen
biquain — Platéen
dominicain — saducéen
franciscain — Vendéen
Lekain, n.
Lucain, id. — faim
Mexicain — abat-faim
publicain — mal-faim
républicain — meurt-de-faim
Vulcain, myth. — génovéfain
Bouchain, g. — gain
prochain — regain
daim — Ain (l'), g.
dédain — Champlain, id.
Jourdain, g. — chapelain
Jourdain, n. — Chaplain, n.
mondain — châtelain
soudain — plain
— plein
Achéen — terre-plein
Amorrhéen — poulain
Asmonéen — vilain
Chaldéen — archivilain
élyséen — demain
Européen — après-demain
Galiléen

lendemain — boute-en-train
surlendemain — entrain
germain, adj.
Germain, n. — dessein
Germain, g. — essaim
humain — Pourcain (St), g.
inhumain — sain
surhumain — maï-saïn
main — sein
arrière-main — seing
avant-main — diocésain (4)
baise-main — certain
bonne-main — incertain
cache-main — fusain
entre-main — sixain
tourne-main — sizain
Main, Mein, g. — Toulousain
Romain — zain
Denain, g. — Abdéritain
nain — Aquitain
nonnain — certain
— incertain
comparing, v. m. — châtain
pain — Constantinopolit.
gagne-pain — cucurbitain
messepain — étain
parpaing — étain
— hautain
sirain — huitain
contemporain — métropolitain
Dupuytren, n — Napolitain
forain — plantain
alibiforain — puritain
frein — antipuritain
chanfrein — sacristain
grain — samaritain
Lorrain — tramain
merrain — train
parrain — trentain
quatrain — ultramontain
refrain
rein — couvain
riverain — douvain
serein — écrivain
souverain — levain
suzerain — Louvain, g.
terrain — sylvain
soutterain — vain
train — vainc†, v.
avant-train — convainc, v.

Ajoutez-y les mots en *in*, avec
lesquels le précédent riment bien,
surtout quand la consonne est
appuyée par la lettre précédente
semblable.

AINCRE.
vaincre, v. — convaincre, v.

AIND et eind, voy. AINT.
**AINDRE et eindre, voy.
INDRE.**
**AINE, EINE et ENE
long.**
aubaine — dégaine, v.
ébène, sub. — engaine, v.
ébène, v. — rengaine, v.

Africaine — aborigéne
Américaine — cyanogène
Armoricaine — hétérogène
Duquesne, n. — homogène
Mexicaine — hydrogène
publicaine — nitrogène
républicaine — oxygène
— bourgène, bot.
chaîne — Carthagène, g.
garde-chaîne — Cévennes, id.
chêne — Diogène, n.
Duchesne, n. — Gène, g.
prochaine — Origène, n.
déchaîne, v. — Protogène, id.
désanchaîne, v. — Théogène, id.
enchaîne — gène, v.
renchaîne — morigène, v.

bedaine — baine
bourdaine
Bridaine, n. — aliène
cadène, v. m. — hyène
calembredaine — hygiène
daine
fredaine — Aisne (l')
Modène, g. — Aisne (l'), g.
molybdène — maine
mondaine — baleine
Sedaine, n. — châtaine
Trudaine, id. — Cyllène, my.
— Cyllène, g.
faine — galène
génovéfaine — glène
suphène — haleine
— courbe-haleine
dégaine — hellène
gaine — phithellène

* Ces deux impératifs sont peu employés, surtout à la fin du vers.

Hélène, *n.*
laine
tire-laine
Madeleine
marjolaine
phalène
plaine
pleine, *adj. f.*
porcelaine
scalène
Silène, *n.*
vilaine, *adj. f.*
Vilaine, *g.*
halène, *v.*
laine, *v.*
—
Alcmène, *n.*
Anaximène, *id.*
catéchumène
Chimène, *n.*
Cléomène, *id.*
Clymène, *id.*
Comnène, *id.*
Dindymène, *my.*
domaine
énergumène
Hippomène, *n.*
humaine
inhumaine
germaine
Ismène, *n.*
Maine, *g.*
Melpomène, *n.*
Orchomène, *g.*
phénomène
prolégomène
romaine
semaine
Stalimène, *g.*
Théramène, *n.*
mène, *v.*
amène, *v.*
démène, *v.*
emmène, *v.*
formène, *v.*
malmène, *v.*
promène, *v.*
ramène, *v.*
remène, *v.*
surmène, *v.*
—
ilaine
—
Osroène, *g.*
troène
—
pène
peine, *subst.*
peiné, *v.*
—
arène
carène
contre-carène
contemporaine
Cyrène, *n.*
foraine
Hippocrène, *my.*
gangrène
graine
Irène, *n.*
Lorraine, *g.*
marraine
migraine
mordine
murène
raine
reine
vice-reine
rêne
riveraine
sereine
sirène
souterraine
souveraine
suzeraine
Touraine, *g.*
traîne
Ukraine, *g.*
ébrène, *v.*
enbrène, *v.*
écrène, *v.*
encrène, *v.*
enfrène, *v.*
chanfreine, *v.*
enchifrène, *v.*

refrène, *v.*
engrène, *v.*
désengrène, *v.*
rengrène, *v.*
engrène, *v.*
gangrène, *v.*
graine, *v.*
grène, *v.*
égrène, *v.*
halbrène, *v.*
serène, *v.*
rasserène, *v.*
traîne, *v.*
entraîne, *v.*
rentraîne, *v.*
—
Arsène, *n.*
cène
Damascène, *g.*
épicène
Mécène, *n.*
Messène, *g.*
obscène
Philoxène, *n.*
Polyxène, *id.*
poxène
pyroxène
saine
malsaine
toute-saine
scène
avant-scène
seine
Seine, *g.*
assène, *v.*
forcène
sène, *v. m.*
—
Antisthène, *n.*
Aquitaine, *g.*
Borysthène, *id.*
Callistène, *n.*
capitaine
centaine
certaine
incertaine
cinquantaine
Démosthène, *n.*
Eratosthène, *id.*
fontaine
futaine
hautaine
huitaine
La Fontaine, *n.*
Léosthène, *id.*
lointaine
métropolitaine
mitaine
croquemitaine
napolitaine
patène
phlyctène
Plisthène, *n.*
pretentaine
puritaine
quarantaine
quartaine
Samaritaine
sentène
soixantaine
tiretaine
trentaine
tungstène
ultramontaine
vingtaine
—
aveine
neuvaine
vaine
veine
verveine
—
Cantacuzène, *n.*
diocésaine
dizaine
douzaine
misaine
ozène
quatorzaine
quinzaine
seizaine
Toulousaine
treizaine
Trézène, *g.*

AINES voy. ÈNES.

AINS et EINS.

ains, *v. m.* (on prononce le *s*)
Bourbonne-les-Bains, *g.*

étains
Reims (on prononce le *s*)
reins (les)

Joignez-y les pluriels des noms en *ain* et *ein* et les 1re et 2e pers. du prés. de l'ind. et de l'imp. des verbes en *aindre* et *eindre*.

AINT et EINT.

astreint
restreint
atteint
aveint, *v. m.*
ceint
déceint
demi-ceint
maint

peint
dépeint
repeint
plaint
complaint
saint
teint
Toussaint (la)

Joignez-y le part. passé des verb. en *aindre* et *eindre* comme *craint*, *enfreint*, etc., plus la trois. pers. sing. du prés. de l'ind. des mêmes verbes ; plus encore la trois. du prét. déf. de quelques verb. en *enir* : *il tint*, *il vint*, etc.

AINTE et EINTE.

atteinte, *s. f.*
complainte
contrainte
crainte
empreinte, *sub.*
enceinte, *sub.*
enceinte, *adj. f.*
épreinte

étreinte
feinte
mainte, *adj. f.*
plainte
restreinte, *sub.*
sainte, *sub.*
teinte
demi-teinte

Plus la fém. des adj. et part. en *aint* et *eint*. Voy. aussi les rimes en *inte* qui vont assez bien avec celles-ci.

AIR, *monosyllabe*.

air
pet-en-l'air
air, *aspect.*
Blair, *n.*
Bonair, *g.*
chair
clair
éclair
flair

laird
pair, *sub.*
pair, *adj.*
impair
nonpair
vair *blason*
contre-vair
menu-vair

Voy. les terminaisons en *er* où *r* se prononce ; elles peuvent rimer avec celles-ci, surtout quand la consonne d'appui est la même (*) et particulièrement au pluriel : *les airs*, *les mers*.

AIR, *dissyllabe*, voy. IR.

AIRE.

aire
Aire, *g.*
—
lombaire
sacrolombaire
syllabaire
—
antiquaire
apothicaire
Beaucaire, *g.*
bibliothécaire
sous-bibl.
Caire, *g.*
hypothécaire
joncaire, *bot.*
lecticaire
Macaire, *n.*
matricaire, *bot.*
mousticaire
persicaire, *bot.*
précaire
reliquaire
rubricaire
salicaire
sicaire
suburbicaire
vicaire
provicaire
—
chaire
—
abécédaire
calendaire
décadaire
dromadaire
hebdomadaire
lampadaire
lapidaire
légendaire
récipiendaire (6)
référendaire
secondaire
signandaire
solidaire
—
laquéaire
linéaire
interlinéaire
—
affaire
chirographaire
faire

savoir-faire
faire, *v.*
contrefaire, *v.*
défaire, *v.*
forfaire, *v.*
méfaire, *v.*
parfaire, *v.*
refaire, *v.*
satisfaire, *v.*
surfaire, *v.*
—
vulgaire
—
haire
—
alliaire (4)
apocrisiaire (6)
auxiliaire (5)
bénéficiaire (6)
bestiaire (4)
biliaire (4)
biviaire (4)
triviaire (4)
bréviaire (4)
ciliaire (4)
confidentiaire (6)
congiaire (4)
domiciliaire (6)
épiaire (4)
fiduciaire (5)
foliaire (4)
herniaire (4)
incendiaire (5)
intermédiaire (6)
ultramédiaire
judiciaire (5)
extrajudiciaire
miliaire (4)
milliaire (4)
mobiliaire (5)
immobiliaire
nobiliaire (5)
pécuniaire (5)
pénitentiaire (6)
péricardiaire (6)
plagiaire (4)
plénipotent. (7)
rétiaire (4)
rudiaire (4)
scriniaire (4)
silentiaire (5)
stipendiaire (5)
subsidiaire (5)
tertiaire (4)
vendémiaire (5)
vestiaire (4)
revestiaire
—
alvéolaire (5)
ancillaire
angulaire
quadrangulaire
triangulaire
rectangulaire
annulaire
armillaire
articulaire
interarticul.
atrabilaire
aululaire
auriculaire
axillaire
sous-axill.
basilaire
biloculaire
bolaire
bullaire
calcéolaire (5)
cancellaire
caniculaire
capillaire
multicapill.
capitulaire
capsulaire
cartulaire
cellulaire
circulaire
Claire, *n.*
claire, *adj. f.*
consulaire
proconsul.
corollaire
corpusculaire
crépusculaire
crupellaire, *ant.*
cubiculaire
cymbalaire
dentalaire
domicillaire
éclaire, *bot.*
épistolaire
esclaire, *fauc.*
exemplaire
filaire
folliculaire
formulaire
funiculaire
glaire
globulaire
insulaire
intercalaire
interlobulaire
jubilaire
jugulaire
lenticulaire
lanlaire
manipulaire
matriculaire
maxillaire
intermaxill.
médullaire
molaire
musculaire
naviculaire
nummulaire
oculaire
binoculaire
monoculaire
ollaire
orbiculaire
demi-orbicul.
ovalaire
papillaire
particulaire
patibulaire
pédiculaire
perpendiculaire
piaculaire
polaire
populaire
pupillaire
ranulaire
réticulaire
salaire
scapulaire
scrofulaire
séculaire
similaire
dissimilaire
solaire
luni-solaire
spéculaire
titulaire
tutélaire
vallaire
valvulaire
vasculaire
vermiculaire
vésiculaire
vexillaire
vocabulaire
éclaire, *v.*

flaire, *v.*
glaire, *v.*
plaire, *v.*
complaire, *v.*
déplaire, *v.*
—
brumaire
frimaire
grammaire
légitimaire
maire
mammaire
primaire
sommaire
ulmaire
victimaire
vimaire.
—
actionnaire (5)
annonaire
antiphonaire
apollinaire
aquilonaire
attractionn. (6)
binaire
ternaire
quaternaire
quinaire
sénaire
septenaire
novénaire
dénaire
calaminaire
campanaire
catilinaire
centenaire
cessionnaire (5)
concession. (6)
concubinaire
concussionn. (6)
constitutionn. (7)
anti-const.
convulsionn. (6)
coronaire
culinaire
débonnaire
décennaire
démissionn. (6)
dictionnaire (5)
disciplinaire
diurnaire (4)
doctrinaire
expéditionn. (7)
factionnaire (5)
fictionnaire (5)
fluxionnaire (5)
fonctionnaire (5)
fractionnaire (5)
hymnaire
imaginaire
lectionnaire (5)
légionnaire (5)
libitinaire
liminaire
préliminaire
linaire
luminaire
lunaire
sublunaire
mercenaire
millénaire
missionnaire (5)
oblationnaire (6)
occasionnaire (6)
octogénaire
quadragénaire
quinquagén.
sexagénaire
septuagénaire
nonagénaire
ordinaire
extraordinaire
originaire
partenaire
pétitionnaire
pétitionnaire
poitrinaire
pulmonaire
questionnaire
religionnaire (6)
co-religionn.
rémissionn. (6)
réquisitionn. (7)
rétentionn. (6)
révolutionn. (7)
contre-révol.
ultra-révol.
sanguinaire
saponaire
scissionnaire (5)
séminaire
sermonnaire
stationnaire (5)
thonaire
tortionnaire
traditionnaire (6)
urinaire
valétudinaire
vétérinaire
vinaire

visionnaire (5)
—
actinozoaire
entomozoaire
zédoaire
—
paire, *s. f.*
paire, *adj.*
impaire
repaire
—
agraire
arbitraire
céroféraire
thuriféraire
cinéraire
contraire
funéraire
honoraire
horaire
laraire
libraire
littéraire
numéraire
surnumér.
onéraire
téméraire
temporaire
tubéraire, *bot.*
usuraire
vulnéraire
abstraire, *v.*
attraire, *v.*
distraire, *v.*
extraire, *v.*
rentraire, *v.*
retraire, *v.*
soustraire, *v.*
braire, *v.*
portraire, *v.*
raire, *v.*
traire, *v.*
—
adversaire
anniversaire
commissaire
fidéi-comm.
pro-comm.
compromissaire
corsaire
dispensaire
émissaire
faussaire
glossaire
janissaire
nécessaire
pessaire
universaire
—
antidosaire
Bélisaire, *n.*
Césaire, *id.*
garnisaire
rosaire
désaire, *v.*
—
adjudicataire
atramentaire
blattaire
brévetaire
caudataire
célibataire
censitaire
cicutaire
Clotaire, *n.*
collataire
commanditaire
commendataire
commentaire
complémentaire
supplémentaire
complimentaire
consignataire
résignataire
dataire
dentaire
dépositaire
entrepositaire

dévolutaire
diamantaire (5)
dignitaire
donataire
co-donataire
élémentaire
éventaire
feudataire
grabataire
hastaire
héréditaire
incidentaire
indultaire
institutaire
lactaire
légataire
colégataire
locataire
co-locataire
sous-locataire
Lothaire, *n.*
mandataire
médicamentaire
militaire
monétaire
mousquetaire
nominataire
notaire
pronotaire
protonotaire
orbitaire
pandectaire
pariétaire
parlementaire
pituitaire
planétaire
plantaire
prolétaire
propriétaire
réfractaire
réglementaire
reliquataire
sacramentaire
sagittaire
salutaire
sanitaire
secrétaire
sous-secrétaire
sectaire
sédentaire
serpentaire
sexdigitaire
solitaire
stellionataire (6)
testamentaire
tributaire
trinitaire
antitrinitaire
ubiquitaire
unitaire
universitaire
volontaire, *in.*
Voltaire, *n.*
taire, *v.*
—
annuaire (4)
bustuaire
douaire (3)
mi-douaire (4)
électuaire
statuaire
mortuaire
obituaire
promptuaire
ripuaire
sanctuaire
somptuaire
statuaire
suaire (3 *ou* 2)
textuaire
tumultuaire
usufructuaire
—
calvaire
olivaire
ovaire
salivaire
valvaire

Ajoutez à chaque catégorie les mots en *bère*, *dère*, etc., qui riment bien avec ceux-ci, *v.* ÈRE.

AIRS voy. les mots en AIR et en ER (*pron.* ère) au pluriel.

AÏS (pron. *a-ice*).

Anaïs, *n.* (3)
Copaïs, *g.* (3)
Laïs, *n.* (3)

maïs (2)
Ptolémaïs, *g.* (4)
Thaïs, *n.* (2)

AIS et AIX.

ais, *s. m.*
—
rabais
—
Beaumarchais, *n.*
—
dadais
dais
Courlandais

Finlandais
Groënlandais
Hollandais
Irlandais
Islandais
Néerlandais
—
faix
arrière-faix
portefaix
surfaix
faits, *pl.*
parfaits, etc.
fais (*je tu*), *v.*
défais, *v.*
méfais, etc.
—
Lauragais, *n.*
Portugais
—
jais
Langeais, *g.*
—
hais (*je tu*)
—
biais
liais
niais
—
Alais, *g.*
Anglais
ablais
Beaujolais, *g.*
Bordelais
Calais, *g.*
Malais
Morlaix, *g.*
palais
plaids
Rabelais, *n.*
relais
Saint-Gelais, *n.*
—
Marseillais
Versaillais
—
mais
désormais
jamais
—
Albanais
Avignonais
Bayonnais
Bolonais
Boulonnais
Bourbonnais, *g.*
Caennais (*pron.* *kané*)
Dijonnais
Gâtinais, *g.*
harnais
Havanais
Japonais
Javanais
Lanjuinais, *n.*
Lyonnais (2 *ou* 3)
Milanais
Nivernais
Orléanais
panais
Polonais
punais

Rouennais (2)
Véronais
connais, *v.*
reconnais
méconnais
nais, *v.*
—
ouais
pouais
—
épais
paix
pais, *v.*
repais
—
laquais
—
attraits, *pl.*
engrais
Ferrarais
frais, *sub.*
faux-frais
frais, *adj.*
marais
rais
Segrais, *n.*
Vivarais, *g.*
abstrais, *v.*
distrais, *v.*
extrais, *v.*
retrais, *v.*
soustrais, *v.*
brais, *v.*
parais, *v.*
apparais, *v.*
disparais, *v.*
reparais, *v.*
portrais, *v.*
trais, *v.*
Plus la prem. et la deux. pers. de tous les conditionnels.
—
Broussais, *n.*
Desaix, *id.*
Dumarsais, *id.*
Ecossais
Français
Maïençais
sais (*je tu*), *v.*
—
Chalotais, *n.*
Maltais
Nantais
Piémontais
tais, *v.*
—
Beauvais, *g.*
Gervais, *n.*
mauvais
vais (*je*), *v.*

Ajoutez à chaque catégorie la première et la deuxième pers. de l'imp. de l'ind. des verbes : *dérobais*, *cherchais*, *défendais*, *étouffais*, *larguais*, *chargeais*, *liais*, *allais*, *brillais*, *aimais*, *prenais*, *jouais*, *échappais*, *tirais*, *effaçais*, *étais*, *savais*.

Ajoutez-y encore le plur. des noms en *ai*, *bais*, *geais*, *délais*, etc., et celui des noms en *ait*.

Ajoutez-y enfin les mots en *ès* (*pron.* *è*) : lorsque cette terminaison est précédée de la même lettre d'appui, ils riment fort bien avec ceux-ci. Voy. les mots en *bès*, *cès*, *dès*, à la terminaison ÈS.

AISE, AIZE, EISE, EIZE, ESE et EZE.

aise, *sub.*
aise, *adj.*
—
Bèze, *n.*
baise, *v.*
—
épischèze
Niortaise, *n.*
—
chaise
Lachaise, *n.*
—
diapédèze
hydropédèze
fadaise
Courlandaise
Finlandaise
Groënlandaise
Hollandaise
Irlandaise
Islandaise
Néerlandaise
—
Ephèse
—
Borghèse, *n.*
Portugaise
Radagaise, *n.*

—
exomologèse
Vologèse, *n.*
—
dièze (3)
niaise
biaise, *v.*
dièze, *v.*
niaise, *v.*
dévidise, *v.*
—
Anglaise
alaise
alèze
Blaise, *n.*
Bordelaise
falaise
Falaise, *g.*
Galèze, *g.*
glaise
laise
lèse, *adj. f.*
Malaise
mélèse
Pergolèse, *n.*
alèse, *v.*
allèse, *v.*
lèse, *v.*

(*) Mais les mots en *air* ne riment nullement avec ceux en *er* prononcé *é* ; ainsi *air* et *léger* ne forment point une consonance.

ALGUE.

algue

ALE voy. ALE bref.

ALME.

alme, v. m.   palme
calque   dispalme
diophthalme   palme, mesure.
ichthyophth.   salme
microphthalme   scalme
monophthalme   spalme

ALPE.

palpe, v. et f.   scalpe, v.

ALPES.

Alpes, g.   scalpes, v.
palpes, v. et s. pl.

ALQUE.

calque, sub.   calque, v.
calafalque   décalque, v.
Ménalque, n.   défalque, v.

ALS.

astrals, pl.   navals
avals   royals
bals   originals
cals   pals
chapals   pascals
fatals   pénals
filials   régals
gavials   serrals
narvals

ALSE.

salse   valse, v.
valse

ALT.

Anhalt, g.   malt
cobalt   smalt

ALTE.

asphalte   Malte, g.
pissasphalte   Mozialte, n.
retinasphalte   Rivesalte, g.
basalte   exalte, n.
halte

ALVE.

salve   quadrivalve
valve   trivalve
bivalve   univalve
multivalve

AM en prononçant le M.

Abraham, n.   Potsdam, id.
Amsterdam, g.   Priam, n.
Bedlam, n.   quidam
Bedlam, n.   Rôdam, n. (3)
Birmingham, id.   Rotterdam, g.
Buckingham, id.   Saardam ou Sar-
Cham, n.   dam (5 ou 2) g.
goddam   Siam, g.
Ham, g.   Surinam, id.
islam   lamlam
Jéroboam, n.   Vérulam, g.
lingam   Wagram, g.
Nottingham, g.

Pour les mots dont la finale am
est nasale comme *Adam*, *dam*
(dommage) *quidam* (qui se prononce des deux manières), etc.,
voy. les terminaisons : *dan*, etc.

AMBE.

ambe   ingambe
dithyrambe   jambe
flambe, bot.   mi-jambe
iambe (3)   jambe, v.
choriambe (4)

AMBLE et EMBLE.

amble, sub.   désassemb., v.
ensemble, id.   rassemble, v.
tremble, id.   semble, v.
Zemble, g.   ressemble, v.
amble, v.   tremble, v.
assemble, v.

AMBRE et EMBRE.

ambre   gingembre
Cambre, g.   membre
chambre   novembre
anti-chambre   Sambre, g.
grand'chambre   septembre
décembre   cambre, v.
Delambre, n.   démembre, v.

AME bref et AMME.

amalgame   misogame
Bergame, g.   monogame
bigame   polygame

---

trigama   gramme, poids.
brame   centigramme
came   décagramme
dame   décigramme
belle-dame   hectogramme
buiss-madam,   kilogramme
madame   milligramme
notre-dame   myriagramme
tredame   hippopotame
triple-madame   jusquiame (4 et 3)
trou-madame   lame
carthame, bot.   Pergame, g.
Dalame, n.   Pyrame, n.
diciame   rame
drame   sésame
mélodrame   trame
mimodrame   trédame
entame   vidame
épithalame   affame, v.
estame   amalgame, v.
femme   brame, v.
sage-femme   brame, v.
gamme   dame, v.
gramme, lettre.   dédame, v.
anagramme   diffame, v.
chronogramme   entame, v.
épigramme   étame, v.
monogramme   rétame, v.
programme   rame, v.
tautogramme   trame, v.

AME long et ASME.

âme   clame, v.
blâme   déclame
fame, v. p.   proclame, v.
flamme   réclame, v.
oriflamme   enflamme, v.
infâme   renflamme, v.
réclame   pâme, v.
blâme, v.

AMES long.

Le pluriel des noms précédents
en *âme*; la deuxième pers. du
sing. du prés. de l'ind. des verbes
en *âmer*, et la première person.
du plur. du parfait de l'ind. de
tous les verbes de la première
conjugais., *nous aimâmes*, *nous
chantâmes*, etc.

océan   chenapan
Péan, myth.   égipan
    empan
fanfan   Draguignan, id.
façon (?)   Frohignan, id.
    Grignan, n.
argoman, mar.   Lusignan, id.
catogan   Marignan, g.
Vigan (le), g.   Perpignan, id.
ouragan   Pompignan, n.
Carignan, g.   Saint-Aignan, g.

AMINE voy. ANE.

AMP.

camp   mestre de camp
aide de camp   champ
maréchal de c.   Fécamp, g.

V. les rimes en *cani*, *chant*,
gant, etc.

AMPE et EMPE.

crampe   détrempe
estampe   acclampe, v.
hampe   campe, v.
hippocampe   estampe, v.
lampe   jampe, v.
cul-de-lampe   rampe, v.
pampe   trempe, v.
tampe   détrempe, v
trempe   retrempe, v.

AMPES.

Étampes, g.

Ce mot rime avec le pl. des
noms et la deuxième pers. des
verbes de la liste précédente.

AMPHRE.

camphre

AMPRE.

pampre   épampre, v.

AMPS.

Les pluriels des noms en *amp*
riment avec ceux des mots en *an*,
ant, *ens*, soutenus par une lettre
d'appui. Voy. AN, DANT, GANT,
CHANT, etc.

AN, AON et EN.

An   hauban
aban   Laban, n.
Chanaan   Liban, g.
Japhan   Anti-liban
    Montauban, g.
Alban (mont), g.   oliban
Artaban, n.   ruban
auban   trahin
ban   arrière-ban
forban   Vauban, n.

---

anglican   merlan
Astracan, id.   Meulan, g.
Balkan, g.   Milan, id.
baltragan   milan
Boscan, n.   mycholian
boucan   portulan
bouracan   Roselan, g.
Caen, g.   Tamerlan, n.
cancan   uhlan
carcan   Alcman, n.
encan   alderman (*)
Fécamp, g.   aman oxi
Gallican   amman
Hircan, n.   Aman, n.
kan   Birman
Kouli-kan, n.   bosman
Tchingis-kan   catman
kaïmakan   Caraman, n.
Orcan, n.   daman, zool.
pélican   delcman ou
Racan, n.   dolman
Rubican, id.   dragman
Toscan   esquiman, mar.
toucan   firman
Vatican, g.   Gusman, n.
vulcan   iman
    laudanman (**)
Adam, n.   Léman, g.
Apidan, g.   Lockman, n.
Cédan, id.   maman
Cardan, n.   Man (*), g.
Dourdan, g.   musulman
Eridan, id.   Osman, g.
Gévandan, id.   Ottoman
Houdan, n.   roman, adj.
quidan   roman, g.
Nandan, g.   Soliman, n.
ramadan   talisman
redan   toman
Sédan, g.   truchman
soudan
    Buchanan
    Canan, id.
    Dinan, g.
    nanan
    Ouam, g.

Rohan, n.
    Tayoam, g.
    Foang, id.

---

juzan, mar.   orviétan
Khazan, n.   Parisien ou
Parmesan   Parisian, g.
partisan   Satan, n.
paysan (3)   Sadjestan, g.
Pisan   sultan
ramazan   Tabaristan, g.
    tan
antan   taon
Argentan, g.   titan
autan   Tristan, n.
bezestan   Turkestan, g.
Boulan, g.   Vatan, id.
cabestan   va-t'en
Cajéan   Juan (don), n.
capitan   Juan (golfe)
Carentan, g.   Tétuan, g.
charlatan   Chouan (4)
Daghestan, g.   Cordouan
Fenlan, n.   Mantoua (3)
Frangistan, g.   Rouan
Gulistan, g.   Rouen
Hindoustan, g.   Albinoran, g.
Lucation, id.   Chirvan, id.
Kaboulistan, id.   divan
mahométan   Erivan, g.
Masulipatan, g.   Morvan, id.
Malhan, n.   Nouchirvan, id.
mitau, v. m.   Yan, id.
Moultan, g.   van
Nathan, n.
Négapatan, g.

ANC et ANG.

banc   Franc (peuple)
bang (*)   franc (monnaie)
blanc   hareng
cul-blanc   orang-outang
étang   rang
flanc   sang
franc, adj.

ANCE, ANSE, ENCE et ENSE.

anse   séance
    bienséance
bombance   messéance
    préséance
éloquence   surséance
fréquence
impeccance   défense
séquence   offense
conséquence   enfance
inconséq.
vacance   arrogance
    Brogance, g.
chance   élégance
    inélégance
abondance   extravagance
redondance   ganse
surabondance   manigance, s. p.
ascendance
descendance   agence
condescend.   allégeance
transcend.   contingence
cadence   convergence
décadence   divergence
intercadence   dérogeance
concordance   engeance
discordance   exigence
confidence   Fulgence, n.
correspondance   indigence
crédence   indulgence
danse   intelligence
contredanse   inintellig.
dense   négligence
dépendance   obligeance
indépendance   régence
litigependance   correégence
dissidence   urgence
présidence   vengeance
résidence   agence, v.
évidence   déngence, v.
providence
impudence   Magnence, n.
incidence   répugnance
coïncidence
outrecuidance   hanse
prudence   alliance (4)
imprudence   mésalliance
jurisprudence   audience (4)
Prudence, n.   fiance (3) v. p.
tendance   confiance (4)
intendance   défiance (4)
surintendance   méfiance (4)
cadence, v.   croyance (3)
danse, v.   expérience (5)
    inexpérience
créance   faïence (3)
mécréance   insignifiance (5)
récréance   insouciance (5)
doléance   luxuriance (5)
condoléance   Malence, g. (5)
déchéance   obédience (5)
    oubliance (5)

patience (4)   dispense
impatience (5)   impense
prévoyance (4)   récompense
clairvoyance (4)   pense, v.
improvoyance   compense, v.
sapience (4)   dépense, v.
science (3)   dispense, v.
conscience (3)   récompense, v.
prescience (4)
ambulance   adhérence
balance   cohérence
corpulence   incohérence
dissemblance   espérance
ressemblance   transparence
vraisemblance   assurance
invraisembl.   castrance
équipollence   concurrence
équivalence   occurrence
excellence   conférence
préexcellence   circonférence
féculence   déférence
gravelence   différence
indolence   indifférence
insolence   préférence
lance   rance
nonchalance   délivrance
opulence   deshérence
pestilence   Durance, g.
pétulance   équipondérance
purulence   prépondér.
somnolence   exubérance
turbulence   Florence, n.
Valence, g.   France, id.
vigilance   garance
violence   ignorance
virulence   outrance
balance, v.   persévérance
lance, v.   protubérance
    élance, v.
    xplance, v.
bienveillance   remembrance
malveillance   révérence
surveillance   irrévérence
défaillance   souffrance
vaillance   tempérance
    intemper.
accoutumance   Térence, n.
désaccoutum.   tolérance
alphitomance   intolérance
chiromance   transe
géomance   vétérance
nécromance   sérance, v.
onomance
ornithomance   absence
pyromance   accense
rhabdomance   adolescence
clémence   alcalescence
inclémence   concupiscence
Clémence, n.   connaissance
démence   méconnaiss.
manse   préconnaiss.
mense   recognaiss.
Nuance, g.   convalescence
romance, s.   crescence
romance, adj.   décrescence
semence   décence
véhémence   indécence
commence, v.   déhiscence
recomm., v.   indéhiscence
ensemence, v.   déliquescence
recense, v.   délitescence
abstinence   dissemblance
continence   vraisemblance
incontinence   invraisembl.
pertinence   effervescence
impertinence   efflorescence
appartenance   essence
assonance   quintessence
consonance   innocence
dissonance   intumescence
résonnance   jouissance
contenance   conjouissance
lieutenance   nonjouissance
sous-lieuten.   réjouissance
convenance   licence
disconvenance   magnificence
inconvenance   munificence
prévenance   naissance
provenance   renaissance
souvenance   obéissance
désinence   désobéissance
éminence   puissance
imminence   impuissance
prééminence   toute-puiss.
proéminence   réminiscence
finance   réjouissance
gouvernance   résipiscence
ordonnance   réticence
permanence   turgescence
convienne, v.   encensé, v.
déconten., v.   recense, v.
finance, v.   aisance
ordonnance, v.   bienfaisance
dépense   malfaisance
    Byzance, g.

---

*Il faut se garder de faire rimer
fuan (pron. fou) avec *Phéan*, *Lyçsan*,
etc., ni se font pas non plus imiter La
Fontaine qu'il a fait rimer avec *content*
(*le Loup et le Chasseur*, VIII, 25). Le
mot rime bien avec *triomphant*, *éléphant*, *enfant*, etc.

** La finale des mots *alderman*, *lan-
dauman*, *Man*, se prononce également
ane; et ainsi prononcée fait un rime aut
qu'entre eux.

* On prononce ordinairement *bang*
et alors on met un peu rimer avec
banc, *blanc*, *rang*, etc.

médisance-
Maxence, id.
Mésence, id.
plaisance
complaisance
déplaisance
Plaisance, g.
présence
suffisance
insuffisance
Usance

accointance
appétence
inappétence
compétence
incompétence
assistance
consistance
inconsistance
résistance
subsistance
concomitance
constance
circonstance
distance
inconstance
instance
restance
substance
Constance, g.
doutance, v. m.
existence
coexistence
inexistence
préexistence
exorbitance
horicnse, adj.
Horlense, n.
importance

ANCHE et ENCHE.

amélanche, bot.
anche
avalanche
blanche
carte-blanche
Blanche, n.
branché
clenché
dimanche
éclanché
franche
hanche
Mallebranche, n.
manche, g. m.
manche, g. f.
Manche (la), g.
pervenche
planche

ANCHES.

Avranches
Ce mot rime avec le plur. des noms et les pers. des verbes de la liste précédente.

ANCRE et ENCRE.

ancre
cancre
chancre
d'Ancre, n.
encre

ANCS et ANGS.

Le pl. de tous les noms en ANC et ANG. Voy. l'observ.

AND, end, voy. BANT, cant, dant, etc.

ANDE et ENDE.

bande
plate-bande
contrebande
prébende
sarabande
bandé, v.
rebandé, v.

judicande
multiplicande
Samarcande, g.

marchande, adj.
marchande, v.
romarch., n.

déodande
dividende

appréhende, v.

fende, v.
pourfende, v.
refende, v.

"Ou devrait prononcer à l'allemande blinde; ainsi considéré, ce mot rimerait avec ceux en inde.

inadvertance
intermittence
jactance
Laclance, n.
laitance
omnipotence
prépotence
parlance
pénitence
impénitence
pitance
potence
quittance
repentance
stance
sentence
quittance, v.
tance, v.

affluence (4)
affluence (4)
nuance (3)
nuance (3)
influence, v.
nuance, v. (3)

avance
chevance
connivence
jouvence
mouvance
observance
inobserv.
Provence, g.
redevance
survivance
Vence, g.
avance, v.
devance, v.

revanche
Sanche, n.
tranche
tranche
Villefranche, g.
anche, v.
déclanche, v.
démanche, v.
ébranche, v.
embranche, v.
endimanche, v.
épanche, v.
étanche, v.
revanche, v.
tranche, v.
retranche, v.

ancre, v.
désancre, v.
échancre, v.
encre, v.

défende, v.

propagande
Urgande, n.
brigande, v.

légende

friande, adj. (3)
viande (2)
affriande, v. (4)
viande, v. (3)

blende
chalande, adj. f.
Courlande, g.
Finlande, id.
Hollande, id.
Irlande, id.
Islande, id.
Uplande, id.
Zélande, id.
galande
glande

guirlande
houppelande
lande
achalande, v.
désachal., v.
brelande, v.
hollande, v.

Allemande
amande
amende
Armande, n.
calmande
commande
demande
Flamande
gourmande, adj.
limande
Marmande, g.
Normande
réprimande
amende, v.
ramende, v.
caimande, v.
gourmande, v.
mande, v.
commande, v.
contrem., v.
demande, v.
recomm., v.
redemande, v.
remande, v.
réprimande, v.

companande
épande, v.
répand-re, v.
pende, v.

ANDES et ENDES.

Andes (les), g.
calendes

Joignez-y le plur. de tous les noms et la deux. pers. sing. de tous les verbes de la liste précéd.

ANDRE et ENDRE.

Alexandre, n.
Anaximandre, n.
bélandre, mar.
calendre
Cassandre, n.
cendre
Cliandre, n.
coriandre (4)
Corisandre, n.
esclandre
Évandre, n.
flandre
Flandre, g.
gendre
Léandre, n.
Lysandre, id.
malandre
Méandre, g.
Ménandre, n.
Nicandre, id.
oléandre
Pachysandre, b.
palissandre
Pisandre, n.
salamandre
Scamandre, g.
scaphandre
scolopendre
selandre
Sylvandre, n.
tendre
Terpandre, n.
calandre, v.
défendre, v.
descendre, v.
condes., v.

dépende, v.
répende, v.
suspende, v.

brande, bot.
girande
grande
Ingrande, g.
jurande
Mirande, g.
offrande
réintégrande
reade, v.
varande, v.

descende, v.
condesc., v.
redescende, v.

faisande, adj.
faisande, v.

Ostende, g.
tende, v.
attende, v.
contende, v.
détende, v.
entende, v.
rétende, v.
sous-ent., v.

truande, adj.
truande, v.

lavande
provende
vende, v.
mévende, v.
revende, v.
survende, v.

redescend., v.
épandre, v.
répandre, v.
fendre, v.
pourfendre, v.
refendre, v.
pendre, v.
appendre, v.
dépendre, v.
répendre, v.
suspendre, v.
prendre, v.
apprendre, v.
déappr., v.
comprend., v.
entrepr., v.
mépr. (se), v.
rapprend., v.
reprendre, v.
surprend., v.
rendre, v.
tendre, v.
attendre, v.
détendre, v.
distendre, v.
entendre, v.
étendre, v.
prétendre, v.
rétendre, v.
sous-ent., v.
sous-tend., v.
vendre, v.
mévendre, v.
revendre, v.
survendre, v.

ANE et ANNE brefs.

Anne, n.
banne
cabane
banne, v.
chicane
ricane
rubane, v.
enrubane, v.

anglicane
arcane
barbacane
cane
canne
gallicane
hurricane
incane
rubicane
sarbacane
tocane

ÂNE et ANNE brefs.

Toscane, g.
boucane
cancane, v.
canne, v.
chicane, v.
ricane, v.
tracane, v.

bardane, bot.
Mundane, n.

Alphane, n.
apsane
chlorophane
cymophane
diaphane (4)
Aristophane, n.
colophane
Epiphane, n.

faue, s.
profane
Xénophans, n.
fane, v.
effane, v.
profane, v.

gourgane, bot.
organe
ganne, v.
engaine, v.

ahane, v.

Ariane, n.
Bactriane, n.
badiane, v.
Diane, myt. (3)
gentiane, bot.
Guyane, g.
tiane (3)
Louisiane, g. (4)
marsiliane, mar.
médiane
nicotiane, bot.
obsidiane, min.
piane-piane
Sogdiane, g.
strontiane
valériane

trajane

Castellane, n.
Catalane
glane
piane
Roxelane
splane, bot.
glane, v.
plane, v.
aplane, v.

Castillane
Santillane, n.

angiomane
bibliomane
épitmane
iconomane
mélomane
métromane
monomane
papimane
xénomane
Arimane, myth.
Birmane
Brachmane
manne
Musulmane
Ottomane
Romane
émane, v.

banane

campane
frangipane

Albane, n.
âne
coq-à-l'âne
dos-d'âne
guide-âne
pas-d'âne
peau-d'âne

ÂNES.

Cannes, g.
Fontanes, n.

Ajoutez-y les plur. des noms et les deux. pers. sing. des verbes des deux listes précédentes.

ARFLE, voy. ENFLE.
ANG, voy. ANC.

ANGE ou ENGE.

alfange
ange
archange
change
latire-de-ch.
contre-change
échange
rechange
étrange
Fenestrange, g.
fontange
frange
Gange, g.
Lagrange, n.
ange
lavange
losange
louange (3)

panne
paonne
empane, v.
pane, v.
trépane, v.

filigrane
cisjurane
transjurane
membrane
migraine, zo.
Tigrane, n.
urane
tyranne
urane
safrane, v.
ensafrane, v.
crassane, bot.
lampsane, id.
rossane, id.
Persane

alesane
artisane
balzane
basane
cartisane
courtisane
faisane
Lausanne, g.
Parmesane
paysanne
pertuisane
Pisane
Sézanne, g.
Suzanne, g.
tisane

capitane
Calme, g.
Echatane, id.
plastane
soutane
sultane
tane
tartane
titane
tramontane
charlatane, v.
tanne, v.

douane
écouane
iguane, zo.
Padouane
rousane
douaire, v.
douane, v.
rouanne, v.

caravane
Havane, g.
pavane
savane
vane
pavane, v.
vanné, v.

crâne
péricrâne
Jeanna, n.
dame-jeanne
manne, méd.
Marianne, n.

ÂNES.

Vannes, g.

mélange
mésange
Michel-Ange, n.
grange
paravange, ant.
phalange
Saint-Ange, n.
Solange, n.
vendange
vidange
change, v.
échange, v.
rechange, v.
frange, v.
louange (5), v.
mange, v.
entre-mang.-v.
remange, v.

range, v.
arrange, v.
dérange, v.

vendange, v.
venge, v.
vidange, v.

ANGES.

Coulanges, g.
Ganges, ville.

Ajoutez-y les plur. des noms et les deux. pers. sing. des verbes de la liste précédente.

ANGLE.

angle
acutangle
obtusangle
quadrangle
récipiangle
rectangle

triangle
sangle
étrangle, v.
sangle, v.
dessangle, v.

ANGRES.

Langres, g.

ANGUE.

carangue, mar.
gangue
harangue
langue

varangue
écangue, v. ugr.
harangue, v.
tangue, v. mar.

ANLE.

branle
chambranle

branle, v.
ébranle, v.

ANNE, voy. ANE.

ANQUE.

banque
blanque, jeu.
franque, adj. f.
manque
vademanque
palangue, mar.

Salamanque, g.
saltimbanque
débanque, v.
flanque, v.
manque, v.

ANS, ENS, AMPS, EMPS, ANDS, ENDS, ANCS, ANGS, ANTS, ENTS.

forbans
haubans

accidens
ascendants
descendants
dans
dedans, adv.
dents
dissidents, etc.

céans
léans, v. m.
mécréants
Orléans, g.

enfants
infants
refends, s. pl.
fends, v.
pourfends, v.
refends, v.

gens
indulgents, etc.

gants
intrigants, etc.

Catalans
Douriens, g.
flagellants
lents
lents, etc.

diamants
éléments
Le Mans, g.
Romans, g.
mens, v.
démens, v.

manans
tenants, etc.
spens, adj.
guet-apens
dépens, s. pl.

suspens, adj.
en suspens
pends, v.
dépends, v.
repends, etc. v.

répens, v.
dedans, adv.
parents
prends, v.
reprends, v.

aboutissants
accens
accénts
cens
deux cents, etc.
encens
innocens
sans, prép.
sens, subst.
bon-sens
contre-sens
double-sens
non-sens
Sens, g.
descends, v.
redescends, v.
sens, v.

agonisans
brisants
exposants, etc.

assistants
aulans
battants
concertants
débutants
pénitente
temps
contre-temps
entre-temps
longtemps
printemps
traitants
tends, v.
distends, etc.

ANT, AND, ENT et END.

Cette rime ne serait même pas suffisante sans la lettre d'appui, à cause du grand nombre de mots en ant. Voy. donc à bant, cant, chant dant, etc.

ANTE, ANTHE, ENTE et ENTHE.

ante, archit.
enis, subst.
ente, v.

Abante, g. a.
corybante

acanthe
lioncanthe
polyacanthe
priacanthe
pyracanthe
albicante, v.
Alicante, g.
aliquante
bacchante
cinquante
croquante
sécante
cosécante
brocante, v.
décante, v.
fréquente, v.

chante, v.
déchante, v.
rechante, v.
enchante, v.
déchant., v.

édante
Dante, n.
incidente
intendante
surintendante
pédante
édente, v.
pédante, v.

béante, adj.
Cléante, n.
fainéante, adj.
fainéante, v.

fente
forfante
hiérophante
sycophante
infante
enfante, v.

fringante
gigante, mar.
paraguante
gants, v.
dégante, v.
égante, v.

Agrigente, g.
engageante
gente
régente
tangente
cotangente
constangente
argenta, v.
diligente, v.
régente, v.

hante, v.
rehante, v.

adiante
amiante (3 ou 4.)
assiente
communiante
efficiente
faciente (2)
insouciante
médiante
méliante
mendiante
riante
suppliante
variante
oriante, v.
déoriante, v.
patiente, v.
impatiente, v.

Atalante, n.
galante
galante
lente, subst. f.
lente, adj. f.
Pallante, n.
plante
postulante
Salente, g.

ensanglante, v.
planta, v.
complante, v.
déplanta, v.
implante, v.
replante, v.
supplante, v.
violenta, v.

brillante; v.

aimante
amante
Bradamante, n.
Carmenia, myth.
Erymanthe, g.
mante
menthe
palamanta, mar.
Rhadamanta, n.
tourmente
aimante, v.
argumente, g.
augmente, v.
ciments, v.
commente, v.
rechante, v.
enregimente, v.
désemb., v.
fermente, v.
foments, v.
instrumenta, v.
mente (que je), v.
démente, v.
médicaments, v.
parlemente, v.
pacements, v.
tourmente, v.

Canente, myth.
consonante
gouvernanta
nonante
Rosinanta, n.

Cloanthe, n.
xoanthe, zool.
charpente
Lépanta, g.
serpentine
pente
soupente
arpente, v.
charpente, v.
repente, v.
serpenta, v.

amarante
aumrants
Charente, g.
courante
Dorante, n.
Otrante, g.
parente
quarante
rente
Tarente, g.
trente
Trenta, g.
apparente, v.
rente, v.

absente
amiante
descente
innocente
soixante
battante
sente (que je), v.
consente, v.
présente, v.
ressente, v.

Xante, g.
Zante, id.
exempte, v.
plaisante, v.
présente, v.
représente, v.

attente
détente
entente
sous-entente
battante
militante
octante
patente
pénitente
septante

tanté — reventé
tente — surventé
tenté, v. — aggravante, v.
attente, v. — épouvante, v.
intenté, v. — invente, v.
rétenté, v. — vante, v.
contente, v. — vente, v.
sustente, v. — contrevente, v.
— dévente, v.
épousante — évente, v.
servante
sirvente — flamboyante
Suivante — foudroyante
vente — payante
mévente — voyante

Ajoutez à chacune de ces catégories le fém. des subst. et adj. ver-
baux en ent et ant, dont la terminaison est soutenue par la même
lettre d'appui.

ANTRE et ENTRE.
antre — ventre
centre — bas-ventre
chantre — concentre, v.
grand-chantre — entre, v.
sous-chantre — rentre, v.
diantre (2) — éventre, v.
ontre, prép.

ANTS, voy. ANS.

ANVRE.
chanvre — Vanvre, g.

AO.
Bilbao, g. — cacao

Voy. les terminaisons en ao, co,
éo, qui forment avec celle-ci des
rimes suffisantes.

AON, dissyllabe.
Lycaon, myth. — Phaon, id.
Machaon, n. pr. — Pharaon, id.

Voy. les terminaisons on et ont
qui forment avec celles-ci des rimes
suffisantes.

AP.
cap — Gap, g.
drap* — hanap
sparadrap — jalap

APE et APPE.
agape — attrape
cape — Trape (la)
chape — attrape, v.
porte-chape — rattrape, v.
Esculape, myth. — décape, v.
étape — drape, v.
étrape — échappe, v.
grappe — réchappe, v.
happe — égrappé, v.
nappe — frappe, v.
pape — rattrape, v.
antipape — happe, v.
Priape, myth. — jappe, v.
râpe — lape, v.
nape — râpe, v.
satrape — sape, v.
soupape — lape, v.
tape — détape, v.
trape — retape, v.

APES.
Gonapes — Jemmapes, g.

Plus les pl. des noms et les deuxièmes pers. des verbes de la liste
qui précède.

APHE, voy. AFE.

APHTE.
aphte — naphte

APLE.
Hierapte, g.

Plus, par licence, les mots en
aples en supprimant le s.

APLES.
Etaples, g. — Naples, g.
hexaples — gros de Naples

APPE, voy. APE.

APRE.
âpre — malâpre, v.
câpre — diapré, v.
câpré, mar.

* On prononce dra et sparadra. Ces
deux mots se riment donc avec les autres que pour l'œil, c'est-à-dire qu'ils
ne riment pas. Draps au pl. rime avec
embarras. Voy. AS.

APS.
laps — relaps

Le pluriel des mots en ap et apt
rime mal avec des deux mots, parce
que dans ceux-ci le s se fait entendre.

APT.
Apt, g. — rapt

APTE.
apte, adj. — adapte, v.
bapte, ant. — capte, v.

AQUE, bref.
abaque — Valaque, id.
hobaque, zool. — claque, v.
tombaque — flaque, v.
— plaque, v.
caque
caque, v. — alexipharmaque
— eudaque, v. — Andromaque, n.
chaque — Callimaque, id.
— Clitomaque, id.
bardaque — Iconomaque
— Lysimaque, id.
Èsque, n. — Symmaque, n.
— Télémaque, id.
actiaque — esfomaque, v.
ammoniaque
aphrodisiaque — cloaque
anti-aphrodis,
artériaque — opaque
cardiaque
démoniaque — braque
dionysiaque — caraque
ébriaque — patraque
égyptiaque — sandaraque
élégiaque — baraque (se), v.
génethliaque — braque, v.
héliaque — craque, v.
hypocondriaque — détraque, v.
Iliaque — embraque, v.
maniaque — traque, v.
simoniaque
syriaque — casaque
thériaque — Cosaque
zodiaque — Lampsaque, g.

jaque — attaque
— fausse-attaque
ablaque — Itinaque
brucolaque — attaque, v.
claque — taque, v.
flaque
kakerlaque — bivouaque, v.
laque
plaque — vaque, v.
Polaque, g.

AQUE long.
Jacque — Pâque

AQUES.
actinaques — héliaques
dionysiaques — Jacques, n.
génethliaques — Pâques (les)

Plus les pl. des subst. de la liste
précédente.

AR.
Aar, g. — Abofar, n.
Candahar, id. — Giafar, id.
Sennaar, id. — nénufar
— Putiphar, n.
Bar, g.
Dunbar, id. — Agar, n.
Escobar, id. — Bisnagar, g.
Héquidambar, b. — angar ou
Malabar, g. — hangar
Monibar, id. — réalgar
Nicobar, id. — Trafalgar, g.
Zanguebar, id.
— caviar
Amilcar, n.
Bomilcar, id. — dollar
car, conj. — vélar
Carr, n. — Weimar, g.
Issachar, id.
Madagascar, g. — Calmar, g.
Montgiscar, id. — cauchemar
Oscar, n. — Colmar, g.
trocar — coquemar
— jaquemar
char — Montélimar, g.
— Mortemar, id.
Cédar, n. — Omar, n.
deftèrdar — Valdemar, id.
Gondar, g. — Volmar, id.
hospodar — Weymar, g.
sélicdar
— thénar

hypothénar — sélictar
— Tatar
casoar
par, prép. — jaguar (2)
Macassar, g. — Bolivar, n.
Nabonassar, id. — Temesvar, g.
Nabopolassar, n. — Var, g.

coleotan — basar
Costar, n. — César, n.
Gibraltar, g. — Elzévar, id.
instar — Salmanasar, id.
nectar — Tégiatphalazar
patar

Ajoutez à ces catégories les
mots en ard et en art, dans lesquels le d et le t ne se font pas
sentir.

ARBE.
barbe — joubarbe, b.
Barbe (sainte) — rhubarbe
Iarbe (3), n. — ébarbe, v.

ARBES.
Tarbes, g.

Et le pl. des noms de la liste
précédente.

ARBRE.
arbre — marbre, v.
marbre, s.

ARC et ARCK.
En prononçant le c.
arc — Lamark, n.
Danemarck, g. — Marc, id.
Jeanne-d'Arc, n. — marc
Hydepark, g. — parc

ARC, avec le c muet.
mare, poids. — St-Marc (place)
traquenard

ARCE et ARSE.
comparse — tarse
darse, mdr. — métatarse
éparse — Tharse, g.
farce — farce, v.
garce

ARCHE.
arche — démarche
Luzarche, g. — Marche, g.
marche — patriarche
contre-marche — marche, v.

ARCK, voy. ARC.

ARD et ART.
art — ringard
— Stuttgard, g.
bard
Jean-Bart, n. — songeard, v.
jobard
lombard — cagnard
— campagnard
bécard — guignard
brancard — grognard
brocard — mignard, adj.
broquart — Mignard, n.
coquart — moniagnard
écart — poignard
frocart — Regnard, n.
Picard
placard — hart
quart
avant-quart — Bayard, n.
demi-quart — boyard
encart — criard
Sicard, n. — fuyard
— liard (1)
Bouchard, n. — milliard (3)
Houchard, id. — Montbéliard, g.
mouchard — savoyard
Ponchard, n. — yard
richard
Montrichard, g. — Abélard, n.
— Bollart, id.
dard — Chastelard, id.
élendard — foulard
— porte-étendard — gueulard
Houdard, n. — lard
Médard, id. — rodilard
pendard — tranchelard
soudard — malard
— mouillard
blafard — papelard
caffard — pelard
fard — piaulard (3)
— riflard
égard — soulard
Gard, g.
hagard — habillard
rognard — béquillard

billard — avant-part
braillard — champart
brouillard — quote-part
brouillard, adj. — plupart (la)
chevrillard — poupard
colin-maillard — rempart
corbillard — part, v.
éguillard — repari, v.
escarbillard
frétillard — Gérard, n.
guillard, s. — Girard, id.
gaillard, adj. — pleurard
grenouillard
mazillard — busard
oreillard, zool. — camisard
paillard — Corvisart, n.
pillard — guensard
quillard, v. m. — hasard
raillard — lézard
souillard — Mozart, n.
vétillard — musard
vieillard — nasard
— puisard
braquemart
Clamart, n. — brassart
camard — bussard
houard — cuissard
jacquemart — drossart
juhard — essart
plumart, v. m. — Froissard, n.
Ronsard, g. — houssard ou
— hussard
Bernard, n. — pansard
Ferté-Bern. (la) — poissard
Roche-Ber. (la) — Ronsard, n.
binard — sart
canard
cornard — bâtard
Reinhard, n. — piantard
épinard — tard
goguenard
Léonard, n. — retard
nard — têtard
Panard, n. — vontard
penard
renard — bicouard (3)
ruinart — couard (2)
traquenard — débuard (3)
— Édouard, n. (3)
bezoard — gadonard
— Rochechopard
caméléopard — Stuart, n.
chat-pard — Stewart (Dugald)
léopard
départ — havard
frappart — buvard
part — boulevart
à part — Hovard, n.

Les terminaisons en art précédé
de la lettre d'appui, riment bien
avec celles-ci.

ARDE.
arde, v. — mignarde
— poignarde
harde
bombarde — criarde
guimbarde — liarde, v.
hallebarde
barde, v. — papelarde
bombarde, v. — poularde
débarde, v. — delarde, v.
embarde, v. — larde, v.
— entrelarde, v.
anacarde
carde — gaillarde
cocarde — nasillarde
périnarde — paillarde, adj.
bocarde, v. — billarde, v.
brocarde, v. — débillarde, v.
carde, v. — paillarde, v.
placarde, v.
— camarde
bouclarde
écharde — bénarde
darde, v. — Oudenarde, g.
— renarde
darde, sub. — camarde, v.
blafarde — renarde, v.
farde, v.
— mansarde
garde — Sarde, g.
corps-de-g.
arriéro-garde — lézarde
avant-garde
contre-garde — nasardo
grand'garde — hasarde, v.
sauve-garde — lézarde, v.
sous-garde
hagarde — bâtarde
mégarde — mouiarde
garde, v. — oatarde
contre-garde, v. — poissarde
regarde, v. — tarde, v.
— retarde, v.
cagnarde
accagarde — bavarde, v.

Plus les féminins des noms en
ard.

ARDES.
bardes, s. f. pl. — Sardes, g.

Joignez-y les pl. des noms et les
deuxièmes pers. des verbes de la
liste qui précède.

ARDRE.
ardre, v. m. — Ardres, g.

En supprimant par licence la s.

ARE, ARRE et ARRHE.
are — Translamare, n.
décare — Viridomare, id.
— amarre, v.
barbare — chamarre, v.
barre
gabare — Ténare, myt.
barre, v. — narre, v.
débarre, v. — énarre, v.
rembarre, v. — enarche, v.

Acare, zool. — gemmipare
bécarre — ovipare
carre — ovovivipare
escarre — vivipare
Icare, myt. — Lespare, g.
scara, zool. — spare, zool.
accare, v. — écappare, v.
carre, v. — compare, v.
contre-carre — désempare, v.
— espare (s'), v.
Kildare, g. — pare, v.
Pindare, n. — dépare, v.
Tyndare, myt. — répare, v.
— prépare, v.
fanfare — rempare, v.
Lafare, n. — sépare, v.
phare
effare, v. — Carrare, g.
— Ferrare, id.
lagarre — rare
Bulgare — tartarare
cigare — Tarare, g.
épingare, v. m.
gare — Cyazare, n.
Mégare, g. — Sarre, g.
bigarre, v.
égare, v. — bizarre
gare, v. — Lazare, n.
— Pézare, g.
ignare — Pizarre, n.
Briare, g. — catarche
centiare — cithare
déclare — hectâre
— kilaire — Patare, g.
millaire
myriare — talare, adj. s. f.
tiare — tartare
— Tartare, myt.
Clare, g. — tàre, v.
Lare, myt.
déclare, v. — avare
redéclare, v. — Delavare, g.
— Navarre (la)
Castellamare, g. — vare
gémare
Lamare, g. — fouarre, v.
mare — Jouarre, g.
simarre — Ferté-J-, id.
tintamare

ARES.
arthes

Ajoutez-y le pl. des noms et la
deuxième pers. des verbes de la
liste qui précède.

ARGE.
harge — targe
charge — émargé, v.
décharge — charge, v.
surcharge — décharge, v.
large — recharge, v.
litharge — surcharge, v.
mârge

ARGNE.
épargne — épargne, v
hargne, s. v.

ARGUE.
houtargue — subrécague
cargue — cargue, v.
Camargue, g. — largue, v.
largue, mar. — hargue, v.
pigargue, zo. — targue, v.

ARGUES.
Vauvenargues

Ajoutez-y le pl. des noms et la
deuxième pers. sing. des verbes de
la liste qui précède.

ARLE.
Charle, n. — départe, v.
Marie, g. — réparle, v.
parle, v.

ARLÈS.
Arles, g. — déparles(tu) v.
Charles, n. — reparles (tu) v.
parles (tu), v.

ARME.
alarme, g. — Parthe, g.
arme — vacarme
carme — arme, v.
charme — désarme, v.
gendarme — charme, v.
larme — gendarme, v.

ARN.
Béarn, g. — Tarn, id.

ARNE.
acarne, bot. — acharne, v.
carne, v. m. — décharne, v.
darne — écharne, v.
lucarne — incarne, v.
marne — marne, v.
Marne, g.

ARPE.
carpe, anat. — harpe
métacarpe — Laharpe, n.
carpe, bot. — Polycarpe, n.
péricarpe — Scarpe, g.
écharpe — écharpe, v.
escarpe — escarpe, v.
contre-escarpe — harpe, v.

ARQUE.
anatarque, méd. — Aristarque, n.
hydrotarque — barque
alytarque, ant. — Hipparque, n.
asiarque — Lamarque, id.
biarque (5) — marque
comboliarque — contremarque
chiliarque — remarque
etimarque — Néarque, myt.
exarque — Parque, myt.
gymnasiarque — Pétrarque, n.
hiérésiarque — arque, v.
monarque — débarque, v.
pentarque — embarque, v.
polémarque — rembarque, v.
polyarque — marque, v.
tétrarque — démarque, v.
xystarque — remarque, v.

ARQUES.
Arques, g.
Joignez-y le pl. des noms et les deux. pers. sing. des verbes de la liste qui précède.

ARRE et arrhe, voy. ARE.

ARS.
ars — jars
Cinq-Mars, n. — Mars, myt.
échars, v. m. — Thouars, g.
épars — Villers, n.

Le s de Mars ne se prononce point à la rime; c'est pourquoi, de même que tous les mots de cette liste, il rime avec le pl. des noms en ar, ard, et art.

ARSE, voy. ARCE.
ART, voy. ARD.

ARTE et ARTHE.
Bonaparte, n. — Sarthe, g.
carte — Sparte, id.
pancarte — tarte
charte — écarte, v.
marte, zo. — parte (que je), v.
Marthe, n. — départe (se), v.
Parthe, g. — reparte, v.
quarte

ARTES.
Descartes
Plus, le pl. des noms et la deux. pers. sing. des verbes de la liste précédente.

ARTRE.
chartre — Montmartre, n.
dartre — tartre
martre

ARTRES.
Chartres, g.
Plus le pl. des noms de la liste précédente.

* Vacarme ne s'emploie guère qu'au sing. Cependant La Fontaine a dit :
  La nuit, et son obscurité,
  Se saisirent et ses autres charmes
  De la reine des bois n'arrêtaient les
          [vacarmes.
  Liv. X, fab. 13.

ARTZ.
quartz

ARVE.
Algarve, g. — larve, zool.
Arve, g. — Larve, myt.

AS en prononçant s.
as — Calas, id.
Abas, myt. — Dorylas, id.
Abbas, n. — Douglas, id.
Barabas, id. — Faublas, id.
Iarbas, id. (3) — Gillias, id.
Phorbas, id. — Hylas, myt.
— Iolas, v.
Arcas, n. — Ladislas, id.
Blacas, id. — las!
Brancas, id. — Mélas, g.
Calchas, id. — Mélas, n.
Dorcas, id. — Ménélas, id.
Lichas, id. — Micislas, id.
Perdiccas, id. — Pallas, myt.
Phocas, id. — Pallas, v.
Phocas, id. — Praemislas, id.
Saccas(Amm.) id — Rasselas, id.
— Stanislas, id.
Brasldes, n. — Vaugelas, id.
Callicratidas, id. — Vladislas, id.
Charondas, id.
Dundas, id. — guérillas, f. pl.
Epaminondas, id — Tordésillas, g.
Eudamidas, id. — Varillas, n.
Hormisdas, id.
Léonidas, n. — Acamas, myt.
Midas, id. — Alcidamas; v.
Pélopidas, id. — Athamas, id.
Suidas, id. — Damas, g.
vindas — Mimas, myt.
— Thamas, n.
pancréas, méd. — Thaumas, myt.
Pythéas, n.
— Aubenas, g.
Castagnas, g. — Jonas, n.
Escarbagnas (d') — Mécénas, g.
Céphas, n. — Pezenas, g.
Cléophas, id. — Satanas, n.
per fas et nefas
— Bagoas, n.
Acragas, g. — Joas, n.
gas — psoas, méd.
Micromégas, g.
— lampas
Adonias, n. — lépas, zool.
Archias, id.
Augias, n. — Algésiras, g.
Bias, id. — Arras, id.
Chabrias, g. — Barras, n.
Ctésias, id. — Carpentras, g.
épispadias, méd. — Chiraz, id.
hypospadias, id. — Coutras, id.
Ezechias, n. — Duras, id.
Gorgias, id. — Evagoras, n.
Josias, id. — Madras, g.
Mareyas, id. — Patras, id.
Malthias, id. — Protagoras, n.
Ninias, id. — strass
Ochosias, id. — Torrès-Vedras, g.
Osymandias, id.
Pausanias, id. — Abraxas, ant.
Pansias, id. — ambesas
Phidias, id. — Buxas, g.
Phlegias, id. — Las-Casas, n.
Prusias, id.
Tirésias, id. — Amyntas, n.
xiphias, zool. — Archias, id.
— Dubartas, id.
Cujas, n. — Eurotas, p.
— Jonathas, n.
Agésilas, n. — Nicétas, id.
Arcésilas, id. — vasistas
Atlas, myt. et s.
D'Anglas (B), n. — Elvas, g.
Bolislas, n. — Privas, g.

AS prononcé.
as (tu), — Judas, n.
bas, adj. — gas
branle-bas — Dugas, n.
du haut en bas
haut et bas — galimatias
Pays-bas
tout-à-bas — jas
bas, sub.
Carahas, n. — abdalas
cabas — bacalas
— cannelas
allercas; v. — cervelas
bacchas — chasselas
cas — Colas, n.
choucas — coutelas
fracas — échalas
Lucas, n. — glas
tracas — lacs (filets)
— antrelas
pourchas, v. — las, adj.
— lilas
— matelas

Nicolas, n. — boutras
soulas, v. — bras
verglas — fier à bras
— débarras
acomas, bot. — embarras
amas — fatras
ramas — gras
damas — harás
frimas — hypocras
Thomas, n. — matras
gullithomas — mort-aux-rats
— platras
ananas — ras
faguenas — sassafras
jacomas — Plus les deux
onas, zool — pers. du sing. de
sabrenas — tous les futurs:
— tu auras, tu
— rendras, etc.
appas
compas — sas
lampas
Maupas, n. — baffetas
Maurepas, id. — galetas
pas — taffetas
antropas
fauxpas — tas
pas, adv.
repas — brouas
trépas — Papouas, n.
— canevas
— vas (je, tu).
aras, zool.

Ajoutez à chacune de ces catégories la deuxième pers. sing. du prét. déf. des verbes en er, dont la terminaison est soutenue de la même lettre d'appui : tu tombas, tu manquas, tu cherchas, etc.

Ajoutez encore à chacun le pl. du subst. en a et at, dont la terminaison est soutenue par la même lettre d'appui : babas, falbalas, papas, etc., combats, avocats, chats, candidats, etc.

ASE et AZE.
Anastase, n. — périphrase
antonomase — stase
paronomase — anastase
Athanase, n. — antipéristase
base — diastase
case — métastase
Caucase, g. — hypostase
chrysoprase — protase
crase — rase, adj. f.
épicrase — topaze
distichiase — ukase
éléphantiase — vase, s. m.
embase — vase, s. f.
emphase — viédaso, v. m.
épilase — base, v.
protase — blase, v.
extase — case, v.
gaz — décase, v.
gymnase — écrase, v.
Métasiase, n. — embrase, v.
occase, adj. — évase, v.
Oromase, ant. — extravase, v.
Pégase, n. — transvase, v.
patasé — gaze, v.
Pharnabase, n. — jase, v.
phase — phrase, g.
phrase — paraphrase, v.
phrase — périphrase, v.
antiphrase — rase, v.
métaphrase
paraphrase

ASME.
acrotériasme
asthme, pr. asme — plasme
enthousiasme — cataplasme
Erasme, n. — métaplasme
marasme — pléonasme
miasme. (3) — sarcasme
orgasme — spasme
phantasme — enthousiasme, v.

ASNE, voy. ANE long.

ASPE.
Campaspe, n. — jaspe, s.
Hydaspe, g. — jaspe, v.
Hystaspe, n.

ASPRE.
aspre, monnaie.

ASQUE.
basque, s. f. — flasque
Basque, g. — frasque
Bergamasque,id — masque
casque — masque, v.
fantasque — dème-que, v.

ASSE, voy. ACE bref ou long.

AST.
Arbogast — bombast
Ast, p. Asti, g. — hast (armes d')
Renaud d'Ast — toast *
halast

ASTE.
antispaste — gymnaste
polyspaste — iconoclaste
baste — Jocaste, n.
casie — mélopiaste
chaste — métaphraste
contraste — paraphraste
dynaste — pédéraste
ecclésiaste (5) — scoliaste (4)
enthousiaste (5) — Théophraste, n.
fasté; v. — vasié
laste, adj. — contraste, v.
néfaste — dévaste, v.

ASTES.
fastes (les)
Plus le pl. des noms et les deuxièmes pers. sing. des verbes de la liste précédente.

ASTRE.
astre — Lancastre, n.
cadastre — piastre (2 ou 3)
désastre — pilastre
épigastre — poétaste (4)
hypogastre — Zoroastre, n.

AT et ATH, en prononçant le t.
Ath, g. — pat (t, de jeu)
Bath, g. — Rabbath, g.
Cattegat, id. — Radstadt, id.
exéat — spath
transéat — feldspath
fat — Schelestadt, id.
fint — Tokat, g.
Goliath, n. — veniat
magnificat — vivat
mat (t, de jeu)
opiat (2)

AT bref, prononcé a.
célibat — nougat
combat — renégat
débat — seringat
ébat
grabat — goujat
rabat — margageat
rabat — orangeat
bat (il) — orgeat
abat
combat — assignat
débat — auvergnat
rabat
rebat — Alciat, n.
— burgraviat
avocat — landgraviat
certificat — margraviat
délicat — collégiat
ducat — commissariat
exarchat — estropiat, v. m.
patriarchat — infortiat
tétrarchat — médiat
muscat — immédiat
pontificat — notariat
reliquat — noviciat
syndicat — patriciat
— plagiat (5)
concordat — secrétariat
concordat — vicariat
mandat
soldat — apostolat
— capitoulat
abigéat — cardinalat
baccalauréat — consulat
béat — proconsulat
créat — vice-consulat
méat — éclat
— généralat
achat — miellat
préachat — oblat
rachat — péculat
élat — plat
— œil-de-chat
— pied-de-chat
chatte — pays-plat
— pied-plat
crachat — préfat
entrechat — provincialat
— pugilat
calfat — Surlat, g.
califat
agrégat — corbillat
camerlingat
dogat — climat
intcrrogat — économat
légat — format
ablégat — primat
vice-légat

* Pour faire rimer tout avec les mots qui précèdent on est obligé de prononcer en deux syllabes to-ast. Mais la prononciation la plus exacte est celle de l'Anglais ; tôt; ce mono-syllabe rime avec Alost.

agnat — Montferrat, g.
— Murat, n.
alternat — Morat, id.
assassinat — nacarat
auvernat — odorat
catéchumenat — oxyrrat
Culinat, n. — Palaprat, n.
citronnat — Peyrat, g.
concussionnat (5) — préceptorat
décanat — presbytérat
diaconat — priorat
archidiaconat — protectorat
sous-diaconat — provisorat
externat — quadrat
grenat — rat
incarnat — restorat
mandarinat — regrat
Palatinat, g. — scélérat
pensionnat — stathoudérat
personnat — verrat
sénat — visirat
stellionnat
triumvirat — forçat
triennat — pissat

ASTRE.
épiscopat — colzat
archiépiscopat — marquisat
— rosat
— caillot-rosat, b
— Ararat, g.
— Baccharat, id. b
barat — aérostat
castrat — apostat
cédrat — archonat
cantumvirat — attentat
— Ciotat (la), g.
décemvirat — combat
duumvirat — consulat
quinquévirat — état
triumvirat — co-état
contrat — tiers-état
doctorat — intestat
Dorat, n. — ab-intestat
Duprat, id. — potentat
électorat — résultat
Garat, n. — Salvetat (la), g.
hospodarat
ingrat — adéquat
jurat — reliquat
magistrat
majorat — louvat
Murat, n. — gravat

AT long, prononcé â.
appât — mât
bât

Plus la troisième pers. sing. de l'imparfait du subj. des verbes en er: qu'il aimât, qu'il chantât. Deux de ces verbes riment richement entre eux quand la finale a la même lettre d'appui : chantât, portât.

ATE, ATHE et ATTE bref.
Phraate, n. — bisulfate
— hyposulfate
acrobate — hydrosulfate
andabate — protosulfate
hyperbate — sous-sulfate
hypnobate — calfate, v.
stylobate
batte — agate
columbate — Agathe, n.
batis(ce,qu'il) — frégate
abatte — Newgate, g.
combatte, v. — vulgate
débatte, v.
rabatte, v. — aluminiate
rebatte, v. — hydroalumin.
— antimoniate
Achate, g. — arséniate
Basilicate, g. — molbate
Hécate, myt. — opiate
Mascate, g. — prussiate
silicate — séléniate
hydrosilicate — Spartiate, n.

chatte — jatte
— cul-de-jatte
date
antidate — aspalathe, bot.
contre-date — écarlate
post-date — Galate, g.
datte — laté
iodate — chanlate
hydriodate — omoplate
Mithridate, n. — plate
molybdate — platé
Tiridate, n. — dilate, v.
date, v. — éclate, v.
antidate, v. — flatte, v.
contre-date, v. — frélate, v.
post-date, v. — latte, v.
— contralate, v.
Antiphate, n. — relate, v.
Nîpate — translate, v.
phosphate
sulfate — acousmate

Amate, n.
aromate
automate
casemate
chromate
Dalmate, g.
diplomate
mate, adj. f.
polymathe
Sarmate, g.
Sauromate, id.
stigmate
tomate
—
annate
hemate
biothanate
capitanate
carbonate
bicarbonate
sous-carbonate urate
hydrocarbon.
cyanate
hydrocyanate
kinate
natte
sonate
succinate
Tornate, g.
natte, v.
denate, v.
—
Croate
Carpathe, g.
hepate, zo.
patin-
spathe, bot.
aristocrate
autocrate
démocrate
baraite
borate
sous-borate
phthroborate
Callistrate, n.
chlorate
hydrochlorate
citrate
disparate
Erostrate, n.

ATE long.
hâte
hâté
pâle
coupe-pâle
gâte-pâle
hâte, v.
débâte, v.

ATES bref:
pénates
Plus les pl. des noms en-ate bref et atte et les deuxièmes pers. des verbes indiqués à l'avant-dernière liste.

ATES long.
La deuxième pers. pl. des prétérits déf. des verbes en er, aimâtes, tombâtes.

ATRE bref et ATTRE.
quatre
battre, v.
abattre, v.
combattre, v.
débattre, v.

ÂTRE long.
acariâtre (5)
albâtre
archiâtre
atre
bellâtre
blanchâtre
bleuâtre
brunâtre
Cléopâtre, n.
Châtre (la), g.
douceâtre
écolâtre
emplâtre
filiâtre, v. m.
linâtre, id.
folâtre
gentillâtre
grisâtre
hippiatre (4)
iconolâtre
idolâtre
jaunâtre

Euphrate, g.
Harpocrate, myt.
Hippocrate, n.
ingrate
Iphicrate, n.
Isocrate, id.
Marsile, g.
nitrate
Phérécrate, n.
philorate
pirate
Pisistrate, n.
Polycrate, id.
rate f. de rat
Socrate, n.
Surate, g.
tartrate
soustartrate
Xénocrate, n.
baratte, v.
dérate, v.
gratte, v.
regratte, v.
pirate, v.
rate, v.
—
Samosate
—
acétate
sousacétate
cantate
Eustathe, n.
épistate, ani.
prostate, méd.
antiprostate, id
lactate
tungstate
constate, v.
—
fluate (3)
ouate (2 ou 3)
ouate, v. (2 ou 3)
cravate
savate
cravate, v.
—
embâte, v.
gâte, v.
hâte, v.
mâte
démâte, v.
tâte, v.
reflâte, v.
—
ébâtre (s'), v.
embâtre, v.
rabâtre, v.
rebâtre, v.
—
Malâtre, n.
marâtre
multâtre
noirâtre
olivâtre
opiniâtre (5)
parâtre
pâtre
plâtre
rougeâtre
ronssâtre
saumâtre
théâtre
amphithéâtre
verdâtre
chêâtre, v.
folâtre, v.
idolâtre, v.
opiniâtre (s'), v.
plâtre, v.
emplâtre, v.
replâtre, v.

AU et EAU.
eau
—
barbeau
bau
beau
corbeau
escabeau
flambeau
porte-flambeau
Isabeau, n.
Mirabeau, n.
Mirebeau, g.
Rochambeau, t.
tombeau
—
rideau
bandeau
bardeau
bâtardeau
chandeau
diédeau
épi-d'eau
masse-d'eau
poule-d'eau
bédeau
brigandeau
cadeau
Colardeau, n.
coquardeau
cordeau
faisandeau
fardeau
fricandeau
Landau, g.
Moldau, id.
Orday, id.
radeau
resardeau
rideau
rondeau
serdeau
—
fléau
préau
—
Giogan, g.
Tergau, id.
—
Gargeau, g.
Fargeau (6t), g.
Tourangeau
agneau
—
aloyau (3)
bacaliau (3)
boyau (2)
cabaliau (3)
fabliau (3)
hoyau (2)
joyau (2)
Landivisiau, g.
noyau (2)
tayau] (2)
tuyau (2)
—
Belleau, n.
Boileau, id.
bouleau
Breslau, g.
cableau
doubleau
aro-doubleau
Fontainebleau, g
Mont-Doubleau
pilau
rouleau
tableau
tuileau
van-l'eau
—
chalumeau
chaimeau
chrémeau
enclumeau
grumeau
hameau
hommeau
gentilhommeau
jumeau
Longjumeau, g.
ormeau
pommeau
rameau
Rameau, n.
trémeau
trumeau
—
anneau
haleineau
banneau
Bruneau, id.
Castelnau, g.
cerneau
chaineau
chaponneau
chêneau
citerneau

converseau
e-fourceau
faisceau
jouvenceau
lionceau
Marceau, g.
Marceau, n.
monceau
morceau
Nassau, n.
pannonceau
pinceau
plumeseau
ponceau
pourceau
nuceau
Rousseau, n.
ruisseau
sceau
seau
sourlceau
tasseau
trousseau
vaisseau
varmisseau
verseau
—
bateau
bluteau
boiteau
bulteau
cailleteau
chamiseau
chapiteau
château
Neufchâteau, g.
Pontchâteau, g
couteau
dalbloteau
écriteau
enfaiteau
étau
fronteau
gâteau
linteau
—
Voyez les mots en â long qui riment avec ceux-ci à toute rigueur, quand la terminaison est supportée par la lettre d'appui, et surtout au pluriel.

AU.
copahu
Voy. à la lettre U.

AUBE.
aube
Aube, g.
Arcis-s.-Aube
daube
Bar-sur-Aube
daube, v.

AUCE et AUSSE.
Beauce (la), n.
chausse
fausse
gausse
hausse
sauce
chausse, v.
déchausse, v.
rechausse. v.
exauce, v.
hausse, v.
exhausse, v.
fausse, v.
gausse, v.
sauce, v.
Plus tous les mots terminés en osse long.

AUCH.
Auch

AUCHE.
débauche
ébauche
gauche
chevauche, v.
débauche, v.
ébauche, v.
embauche, v.
fauche, v.

AUD, voy. AUT.

AUDE.
Aude, g.
badaude
baguenaude
billebaude
blaude
chaude
main-chaude
chiquenaude
Claude, n.
Reine-Claude
courtaude
émeraude
faraude
grimaude
gringuenaude
lourdaude
maraude
mauricaude
nigaude
noiraude
pataude
penaude
quinaude
ribaude
rougeaude
rustaude
sourdaude
badaude, v.
clabaude, v.
échafaude, v.
galvaude, v.
grimaude, v.
maraude, v.
ravaude, v.
sabronaude, v.
taraude, v.

AUDES.
laudes
Plus les pl. des noms et les

liteau
loqueteau
louveteau
menteau
blanc-manteau
porte-manteau
marteau
Milau, g.
morte-eau]
Potau, n.
plateau
poteau
quarteau
rateau
serpenteau
tourteau
tréteau
—
cornuau (3)
gluau
gruau
truau
—
haliveau
Beauvau, n.
biveau
buveau
caveau
cerveau
daveau
cuveau
écheveau
godiveau
niveau
manivcau
niveau
nouveau
renouveau
soliveau
veau
mont-de-veau
pied-de-veau
ris-de-veau
viveveau

deux. personnes des verbes de la liste qui précède.

AUF.
sauf. Voy. les mots en of.

AUFFE.
chauffe
chauffe, v.
échauffe, v.
réchauffe, v.

AUGE.
auge
Auge, g.
bauge
jauge
sauge
jauge, v.
patauge, v.

AULE, aume, aune, voy. OLE long, ome long, one long.

AUPE et OPE.
gaupe
taupe
tope *
—

AUR.
saur (hareng)
Voyez les mots en or.

AURE, aus, ausse, voy. ORE aux, osse long.

AUT, AUD, AULT et AULD.
Archambaud, n.
baud
clabaud
Gombaud, n.
ribaud
Thibaut, n.
boucaut
Escaut, g.
Larochefoucauld
méricaud
panicaul
—
artichaut
chaud
fer-chaud
réchaud
—
badaud
lourdeaud
sourdaud
—
Brifaut, n.
défaut
échafaud
gerfaut
faut (il), v.
défaut, s. et v.
—
nigaud
Pigault, n.
saligaud
trigaud
—
rougeaud
—
Château-Regnau,
—
Brunehaut, n.
haut
Milhau, g.
—
falant !
Verguiaud, n.
—
saland
spoland, v. m.
velaut !
—
grimaud
Voy. les mots en au et et long.

AUTE, voy. OTE long.
AUTRE, voy. OTRE long.

AUVE et OVE.
alcôve
chauve
fauve
mauve
guimauve
quinquenove, jeu
sauve
sauve, v.

AUVRE et OVRE.
Hanovre, g.
pauvre

AUX et EAUX.
aulx
baux
Caux, g.
déchaux (carmes)
Bordeaux, g.
Despréaux, n.
réaux
artichauts
chaux
aux, adj.

sinaud
Grippe-Minaud
grenait
Raimaut, g.
monaut
peinaud
quipaud
Quinault, n.
Renaud, id.
Château-Ron.
crapaud
Châtellerault, g.
Clairaut, n.
furaud
Fontevraut, g.
Hérault, g.
héraut
maraud
Miraut, v.
noiraud
Perrault, n.
taraud
Boursaut, n.
goussaut
moussaut
saut
ressaut
soubresaut
suraut
Bertaud, n.
courtaud
Montaud, g.
pétaud
pétaud
quartaut
Restaut, n.
rustaud
Vaud, g.
vaut (il), v.
prévaut, v.
revaut, v.

faux, subj.
faux (je), v.
—
Yssengeaux, g.
—
bestiaux (3)
matériaux
pénitentiaux
préjudiciaux
sapientiaux
—
glaux, bot.
—
émaux
éskimaux
gemmaux
Mœaux, g.
plumeaux
—
nominaux
paraphernaux
—
champeaux
—
apparaux
coraux
Desbarreaux, n.
—
Ajoutez-y les pl. des noms en al et ail, qui ne sont point indiqués à ôls et uils, et cœux des noms en ax, aud et aux. Les rimes en ôs et en oux long sont encore employées avec celles-ci, surtout quand la terminaison a la même lettre d'appui.

AUZE, voy. OZE.

AVE.
have
have, v.
cava, adj.
cave
cave, v.
encave, id.
—
have
—
angusticlave
laticlave
conclave
enclave
esclave
lave
déclave, v.
enclave, v.
emblave, v.
lave, v.
délave, v.
relave, v.
—
Barnave, n.
Scandinave, g.
—
épave
pave, v.
dépave, v.
repave, v.
—
aggrava

AVENT prononcé âve.

libéraux (arts)
ouvreaux
soupiraux
vitraux
—
ciseaux
houseaux
naseaux
—
Cartaux, n.
Citeaux, g.
dolaux
fiaux
taux
surtaux
vantaux
—
canivaux
Clairvaux, g.
Marivaux, n.
Roncevaux, g.
travaux
—
Vaux, g.
vaux (je, tu), v.
prévaux, v.

réaggravé
architrave
Boerhave, pron
bourave (3)
ou boérave (4)
—
betterave
brave
burgrave
landgrave
margrave
rhingrave
Drave, g.
entrave
étrave
grave
Grave, g.
Morave, id.
rave
chou-rave
aggrave, v.
réaggrave, v.
brave, v.
dégrave, v.
entrave, v.
désentrave,
grave, v.
—
cassave
Sava, g.
—
Batave, g.
Gustave, n.
Octave, n.

savent (ils, elles)
Plus les troisièmes pers. pl. du prés. de l'ind. et du subj. des verbes en aver. Ils bavent, qu'ils gravent.

AVRE.
cadavre
havre
Havre (le), g.
navre, v.

AX.
Ajax, n.
anthrax
Artapax, n.
Astyanax (4)
borax
climax
contumax
Dax, g.
Hipponax, n.
Meridarpax, id.
méningophylax
Pertinax, n.
Psicarpax, id.
smilax, bot.
storax
styrax
syrax
Syphax, n.
thorax

AXE.
Araxe, g.
axe
parallaxe
Saxe, g.
taxe
surtaxe
syntaxe
mataxe, v.
relaxe, v.
taxe, v.
surtaxe, v.
surtaxa

AYA, voy. IA.
AVANT, voy. IANT à la lettre I.

* Quoique l'on prononce tope et non tôpe, ces mots riment ensemble à cause du petit nombre de ceux qui appartiennent à cette terminaison.

plaise, v.
complaise, v.
déplaise, v.
Marseillaise
Versaillaise

cymaise
hématémèse
Saumaise, n.

Albanaise
Albanèse, m
Avignonaise
Bayonnaise
Bolonaise
Boulonnaise
Bourbonnaise
Caennaise
Chersonèse, g.
Elaphonèse, id.
Myonèse, id.
Péloponnèse, id.
Proconèse, id.
Dijonnaise
Farnèse, n.
genèse
fournaise
Hayanaise
Javanaise
Lyonnaise
manganèse
muşonnaise
Milanaise
Orléanaise
Polonaise
pennaise
Rouennaise
Véronaise
Véronèse, n.

aposiopèse
trapèze
apaise, v.
empèse, v.
pèse, v.
repèse, v.

AISSE ou ESSE long et ECE.

est-ce
abaisse
abbesse
baisse, sub.
baisse, v.
abaisse, v.
rabaisse, v.
rebaisse, v.

caisse
qu'est-ce?
décaisse, v.
encaisse, v.
rencaisse, v.

Edesse
déesse
confesse
fesse
professe
affaisse, v.
rafaisse, v.
confesse, v.
reconfesse, v.
professe, v.
Végèce
nièce
pièce
emporte-pièce
pièce, v.
rapièce, v.
laisse

La longueur ou la brièveté de la terminaison esse n'étant pas bien marquée, on fait rimer avec ces mots-ci plusieurs autres qui passent généralement pour être en esse bref. *Voyez* ESSE bref.

AIST voy. ET.

AIT.

abstrait, adj.
distrait
extrait
fortrait
attrait
fait, sub.
bienfait, id.
forfait, id.
imparfait, id.

---

soupèse, v.

aphérèse
diérèse
exérèse
synérèse
braise
catachrèse
Corrèze, g.
diurèse
euphraise
Ferraraise
fraise
Thérèse, n.
treize
fraise, v.

Désèze, n.
diocèse
Ecossaise
Française
Mayençaise
seize

Maltaise
mortaise
Nantaise
paracentèse
Piémontaise
Tarentaise
thèse
antithèse
diathèse
ecthèse
épenthèse
hypothèse
métathèse
parenthèse
prothèse
synthèse
emmortaise, v.
taise, v.

mauvaise
Vaise, g.

lesse
laisse, v.
délaisse, v.
relaisse, v.

naisse, v.
renaisse, v.
connaisse, v.
reconnaisse, v.
méconnaisse, v.

épaisse, adj.
dépèce, v.
paisse, v.
repaisse, v.

compresse
graisse
Grèce, g.
Lucrèce, n.
presse
thréno, ant.
graisse, v.
dégraisse, v.
engraisse, v.
paraisse, v.
apparaisse, v.
comparaisse, v.
disparaisse, v.
reparaisse, v.
presse, v.
empresse, v.
oppresse, v.

cesse, sub. et v.

Lutèce

méfait, id.
parfait, id.
plus-que-parf.
fait, part.
contrefait
défait
imparfait
parfait
refait

---

stupéfait
laid
lait
plaid
portrait
retrait
soulait
trait
brait, v.
paraît, v.
apparaît, v.
disparaît, v.
reparaît, v.
fait, v.
contrefait, v.
défait, v.
forfait, v.

Joignez-y la trois. pers. sing. de tous les imparf. de l'ind. *aimait, finissait,* etc., mais observez que la rime n'est riche entre de pareilles consonnances que quand elle est soutenue par la lettre d'appui. Les troisièmes pers. sing. du conditionnel riment richement en *rait.* Ce que l'on dit ici, des sing. en AIT et RAIT peut se dire aussi des pluriels en AIENT et RAIENT qui forment entre eux des rimes masculines.

Voy. encore les rimes en AY dont les terminaisons les plus longues *secret, concret,* riment avec celles-ci, surtout avec la lettre d'appui.

AITE bref.

défaite
entrefaite *
laite
faite

Ajoutez-y le fém. des participes en *ait. Voy.* aussi les désinences en *ète* et *ette* bref qui riment bien avec celle-ci.

AITE long.

Voy. la rime en *ête* long : *conquête, fête,* riment bien avec faite.

AÎTRE.

maître
reître
traître
connaître, v.
méconnaît, v.
reconnaître, v.
naître, v.
renaître, v.

Tous ces mots riment avec ceux qui sont terminés en *tre* bref.

AIX voy. AIS ou EX.

AIZE voy. AISE.

AL.

Baal, myth.
Wahal, g.

Abisal, n.
Adharbal, id.
Asdrubal, id.
Annibal, id.
hal
Ilhobal, n.
Maharbal, id.
Sétubal, g.
Tubal, n.
verbal
procès-verbal

amical
arsénical
bancal
bocal
buccal
cal
cervical
chacal
chirurgical
clérical
cortical
ducal
grand-ducal
fiscal
grammatical
local
médical
monacal
musical
ombilical
pascal, adj.
Pascal, n.
patriarchal

* L'ennemi vient avec l'entrefaite.
La Fontaine, liv. VI, fab. 8.

Ciudadreal, g.
Téal
floréal
franc-réal, bot.
idéal
linéal
réal
Saint-Réal, n.
Whitehall, g.

fiellal
triomphal

conjugal
égal
coégal
inégal
Fingal, n.
frugal
Galt, n.
jugal
illégal
madrigal
Oriégal, g.
Portugal, g.
régal
Saint-Gall, g.
Sénégal, id.
théologal

signal

abbatial
acromial
adverbial
allodial
antimonial
armorial
assessorial
bénéficial
bestial
brachial
bronchial
canonial
cémétérial
cérémonial
comitial
collégial
colonial
consistorial
cordial
crucial
curial
custodial
dictatorial
directorial
douanial
équinoxial
fiscarial
facial
férial
filial
gavial
glacial
historial
immémorial
impérial
initial
inquisitorial
jovial
labial
lilial
loyal
déloyal
martial
Martial, n.
matrimonial
mémorial
menial
nuptial
paroissial
partial
impartial
patrimonial
pluvial
prairial
présidial
primatial
primordial
proverbial
provincial
radial
rémissorial
royal
Port-Royal
seigneurial
sénatorial
social
solsticial
spécial
territorial
testimonial
tibial
trivial
vicarial
victorial

anévrisme
animal

---

anomal
baptismal
brumal
centésimal
chrismal
décimal
duodécimal
infinitésimal
lacrymal
mal, adj.
mal, sub.
haut-mal
normal
anormal
quadragésimal
rhumatismal
thermal
vigésimal

arsenal
automnal
bacchanal
banal
bruinal
canal
cardinal
chenal
confessionnal
coronal
décanal
diaconal
diagonal
diurnal
doctrinal
échenal
fanal
final
génal
hivernal
infernal
inguinal
intestinal
jardinal
journal
Juvénal, n.
longitudinal
machinal
marginal
matinal
matutinal
médicinal
méridional
national
antinational
nominal
nundinal
obsidional
ordinal
original
orthogonal
patronal
pénal
poitrinal
processionnal
pronominal
Quirinal, g.
racinal
rational
Raynal, n.
rénal
ruminal
septentrional
spinal
stationnal
terminal
tribunal
trinal
vaginal
vénal
vernal
vicinal
viminal
virginal

nopal
pal, blas.
contrepal
papal
principal

---

vice-amiral
contre-amiral
Aral, g.
arbitral
astral
augural
austral
cadastral
caporal
catarrhal
central
centraviral
duumviral
décemviral
triumviral
cérébral
claustral
conjectural
corporal
crural
déméral
diamétral
doctoral
électoral
général, adj.
général, sub.
géométral
guttural
humoral
intégral
latéral
bilatéral
collatéral
trilatéral
unilatéral
libéral
illibéral
littéral
littoral
lustral
magistral
minéral
mistral
moral, jm.
mural
némoral
oral
Oural, g.
pastoral
pectoral
préceptoral
presbytéral
archi-presbyt.
Rhinthal,
sacerdotal
rectoral
rural
sépulcral
sidéral
sororal
spiral
théâtral
vertébral
viscéral

saramoussal
colossal
commensal
coxal
dorsal
Frédérickshall,
paradoxal
Provençal
reversal
transversal
Upsal, g.
vassal
arrière-vassal
vavassal

ALC.
talc

ALE et ALLE.
âtable
balle
porteballe
lira-balle
brimballe
bubale
cabale
cannibale
oucubale, bot.
escanbale
cymbale
Héliogabale ou
Elagabale, n.
Lamballé, g.
timbale
halle, v. m.
cabale, v.
déballe, v.
désemballe, v.
emballe, v.

buccale
cale
Canolle, g.
chrysocale

---

vanxhall

Casal, g.
causal
nasal

augustal
azimuthal
Betal, n.
brutal
Cantal, g.
capital
Chaptal, n.
costal
intercostal
cristal
cubital
dantal
départemental
dodrental
dotal
épatal
étal
expérimental
fatal
fondamental
frontal
occipito front.
génital
Héristal (d'), g.
hôpital
Hôpital (l'), n.
horisontal
instrumental
marital
mental
métal
demi-métal
natal
Natal, g.
occidental
occipital
sincipital
oriental
pariétal
piédestal
pontal
présidental
prévôtal
quartal
quintal
Rhinthal, g.
sacerdotal
sacramental
santal
sentimental
Staal (de), n.
Stael (de), id.
Sthal, id.
transcendantal
total
végétal
vital

aval
carnaval
cheval
Christoval, n.
estival
fronteval, bot.
Laval, g.
naval
nerval
rival
co-rival
val
contre-val

cervicale
discale
dominicale
écale
escale
faim-calle
fécale
grammaticale
hémérocale
ombilicale
parcale
recale, v.
discale, v.
intercale, v.

amygdale
Candale, n.
candale
dalle
étimordale?
glénoïdale?

---

hémorrhoïdale
modale
pédale
pyramidale
rixdale
sandale
scandale
synodale
vandale

boréale
linéale
réale
acéphale
anencéphale
autocéphale
Bucéphale, n.
cynocéphale
cynocéphale
dracocéphale
encéphale
hydrocéphale
macrocéphale
mésocéphale
tricéphale
Céphale, n.
épiomphale
exomphale
hétéromphale
hydromphale
pneumatomph.
Omphale, n.
philosophale
rafale
afale, v.
râfale, v.

astragale
Bengale, g.
cigale
conjugale
égale
espringale
astragale
figale
fraingale
gals
galle
martingale
regale
régale
théologale
égale, v.
engalle, v.
régale, v.

halle
Halle, g.

Anchiale, g. (4)
épiale (4)
equinoxiale (6)
Euryale, n. (4)
filiale (4)
fluviale (4)
glaciale (4)
impériale (5)
initiale (5)
martiale (4)
mercuriale (5)
nuptiale (4)
paroissiale (5)
pluviale (4)
primatiale (5)
spéciale (4)

Aumale, g.
hamale
lacrymale
malle
normale

---

sous-normale

anale
annale
bacchanale
cardinale
décennale
diagonale (5)
finale
obsidionale (6)
Ménale, g.
stationnale (5)
opale
pale, sub.
pale, sub.
Sardanapale, n.
vernale
cathédrale
centrale
conjecturale
générale, adj.
générale, sub.
gutturale
lustrale
morale, adj.
morale, sub.
murale
numérale
pastorale
puerpérale (5)
rostrale
sépulcrale
spirale
surale
trale, xo.
colossale
mensale
Pharsale, g.
sale, adj.
salle
succursale
transversale
exhale, v.
sale, v.
dessale, v.
essale, v.
resale, v.

Altale, g.
capitale
crotale
décrétale
dentale
digitale, bot.
étale
expérimentale
génitale
instrumentale
palatale
pétale
apétale
monopétale
polypétale
sagittiale
stalle
Tantale, n.
vestale
talle
étale, v.
étale, v.
insaltle, v.
réinstalle, v.
talle, v.
cavale
estivale
intervalle
navale
novale
orvale
ovale
avale, v.
ravale, v.

Ajoutes à chaque catégorie les féminins des adjectifs en *bal, val, dal,* etc.

ALE long ou ASLE.

Bâle
Dombasle, n.
hâle, sub.
mâle
pâle
râle, sub.
hâle, v.
râle, v.

ALES.

amygdales
annales
bacchanales
Galles, g.
juvénales
lupercales
neptunales
nudipédales
pyramidales?
vicennales
vulcanales

Ajoutes-y le pluriel des subst. et adj. en *ale* et le deux. pers. du prés. des verbes en *aler. Voy.* LER : *tu exhales,* etc.

AYÉ, dissyllabe.

Andaye (3), g.   Biscaye (3), g.
aye ! (2)   Blaye (2), g.

Voy. les mots en aie.

AYE, prononcé ée trisyllabe.

abbaye

Ce mot rime avec les mots en ahie et eie, trahie, obéie, etc.

AYER et **ÉIER** dissyllabe.

brayer (2)   bayer, v.
clayer   bégayer, v.
métrayer   bordayer, v.
aégrayer   brasseler v. (3)
balayer, v.   brayer, v.
carloyer, v.   étayer, v.
débloyer, v.   frayer, v.
remblayer, v.   grasseler, v.
défrayer, v.   layer, v.
délayer, v.   payer, v.
effrayer, v.   planchéier, v.
enrayer, v.   rayer, v.
essayer, v.   relayer, v.

Voy. les mots en oyer, uyer et même ier (ce qui ne forme qu'une rime rigoureusement suffisante.)

AZ.

gaz

Voy. les mots en AS (en pron. z), qui peuvent fournir des rimes à ce mot unique de sa terminaison.

AZE, voy. **ASE**

B

BA.

Alba, g.   Juba, id.
Alibaba, n.   kaaba
baba   macouba
Cuba, g.   Rosalha, m.
galamba, bot.   Saba, g.
Galba, n.   simarouba, bot.

Plus les troisièmes pers. du sing. du prét. déf. des verbes en ber et il enjamba.

BAC, bai, bal, ban, voy. **AC**, ai, al, an.

BANT.

absorbant   flambant
banc   incombant
char-à-banc   succombant
Brabant, g.   plombant
enjambant   regimbant

Plus les part. prés. des verbes en ber.

BAR, bas, bat, voy. **AR**, as, at.

BÉ

abbé   jubé
A starbé, n.   Merchacébé, g.
B (pron. bé).   Nosse-bé, id.
Barnabé, n.   Niobé, myt.
Calybé, myt.   Phébé, id.
carabé   sigisbé
chalybé   Thébé, myt.
Delphobé, n. (4)   Thisbé, id.
enharbé   Zétulhé, n.
Hébé, myt.

Ajoutez-y le part. passé des verbes au ber, absorbé, etc.

BEAU, voy. **AU.**

BÉE.

abée   Lilyhée, g.
Alphésibée, n.   lobée, bot.
amébée, ant.   Maclubée, n.
bée   Mélibée, n.
Belhsabée, n.   Péribée, myt.
dérobée (à la)   plombée
enjambée   retombée
Eubée, g.   scarabée
flambée   sigisbée
gerbée   Sidénobée, n.
jacobée, bot.   trabée, ant.

BEL, voy. **EL.**

BER.

absorber, v.   désembourber
adouber   embourber
arramber, mar.   dérober
bomber   ébarber
cacaber   enjamber
courber   renjamber
recourber   exhiber
cuber   inhiber
dauber   prohiber
débourber ou   flamber

fourber   plomber
gerber   surplomber
engerber   radonber
gober   regimber
herber   succomber
dherber   syllaber
énherber   tomber
imbiber   retomber

BET, voy. **ÉT** et **AIT.**

BEU, voy. **EU.**

BI et **BY.**

Albi, g.   fourbi
alibi   Irak-Arabi, g.
Aahby, g.   Obi, id.
biribi   rabbi
Darby, g.   subi
ébaubi   Trilby, n.

BIE.

amphibie   Libye, g.
Arabie, g.   lubie
Corbie, id.   Nubie, g.
ébaubie   subie
Eusébie, n.   Tobie, n.
Fontarabie, g.   Trébie, g.
hydrophobie   Zénobie, n.
Lesbie, n.

BIN, bir, bis, bit, bll, ble, blir, blis, bo, bois, bol, voy. **IN**, ir, is, it, li, lle, o, ois, ol.

BON.

Annobon, g   Casaubon, n.
barbon   charbon
bon   Gibbon, n.
bonbon   Hennebon, g.
revenant-bon   jambon
Bourbon, n.   Sorbon, n.
bubon   Strabon, id.

Voy. les rimes en ond. Les terminaisons en ont ne riment pas avec celles-ci.

BOR, bos, bot, bou, brer, voy. **OR,** os, ot, ou, rer.

BU.

barbu   fourbu
bu   herbu
embu   tribu
imbu   zébu
rebu

C

ÇA, KA et **QUA.**

Acca, n.   Lodoïska, n.
Angélica, id.   Malacca, g.
Banca, g.   Marica, myt.
Borca, id.   mica
Barca (de la), n.   Moka, g.
caca   Nasica, n.
circumcirca   Ourika, id.
Crusca,   pica
Huesca, g.   raca
inca   Rébecca, n.
ka, lettre   aloka
Kamtschatka, g.   sonica
Leczinaka, n.   Xaca, g et myt.

Ajoutez-y les troisièmes pers. sing. en gua des prét. déf. des verbes en quer.

ÇA, voy. **SA** dur.

CAL, voy. **AL.**

CANT, voy. **QUANT.**

ÇANT, voy. **SANT** dur.

CAR, cat, voy. **AR,** at.

CÉ, voy. **SÉ** dur.

CEAU, voy. **AU.**

CÉE, cent, cer, voy. **SÉE,** sant, ser durs.

CET ceu, ceux, voy. **ET,** eu, eux.

CHA.

bacha ou   préchi-précha
pacha

Ajoutez-y la troisième pers. sing. en cha des prét. déf. des verbes en cher.

CHAIT, voy. **AIT.**

CHANT,

approchant   penchant, sub.
attachant   penchant, adj.
détachant   perchant
brochant   relâchant
plain-chant   sachant
cherchant   desséchant
recherchant   tâchant
couchant   touchant
dépêchant   touchant, p. et a.
louchant   touchant, prép.
marchand   tranchant
méchant   trébuchant

CHAT, voy. **AT.**

CHE.

débauche   archevêché
débouché   fiché
déhanché   marché
duché   panaché
archiduché   empanaché
endimanché   péché
enfourché   péché, part.
entiché   Psyché, n.
évêché   touché

Ajoutez-y les part. passe. masc. sing. des verbes en cher.

CHÉE.

accouchée   Marduchée, n.
affichée   Michée, n.
archée   nichée
bouchée   ruchée
brochée   sachée
chevauchée   Siciliés, n.
couchée   trachée
fauchée   tranchée
jonchée   trochée

Ajoutez-y les part. pass. sing. fém. des verbes en cher.

CHER.

archer   démancher, v.
boucher   emmancher, v.
bêcher   dépêcher, v.
clocher   empêcher, v.
cocher   redépêcher, v.
coucher   dérocher, v.
maraîcher   doucher, v.
marcher   ébaucher, v.
nocher   ébrécher, v.
pêcher   écacher, v.
plancher   éclancher ou
porcher   écrancher, v.
rancher   écorcher, v.
rocher   effaroucher, v.
rucher   embrocher, v.
toucher   empocher, v.
vacher   rempocher, v.
accrocher, v.   endimancher, v.
décrocher, v.   ensacher, v.
amouracher, v.   entacher, v.
aucher, v.   épancher, v.
approcher, v.   épinocher, v. n.
rapprocher, v.   pincher, id.
arracher, v.   épluseher, v.
attacher, v.   escarmoucher, v.
détacher, v.   essoucher, v.
rattacher, v.   étancher, v.
bâcher, v.   fâcher, v.
rebâcher, v.   défâcher, v.
barocher, v.   refâcher, v.
boucher, v.   ficher, v.
aboucher, v.   afficher, v.
déboucher, v.   fourcher, v.
emboucher, v.   désaffourch, v.
reboucher, v.   enfourcher, v.
brancher (se), v.   gâcher, v.
ébrancher, v.   guillocher, v.
brocher, v.   lâcher, v.
bûcher, v.   contre-hacher
cacher, v.   rehacher, v.
recacher, v.   harnacher, v.
chercher, v.   enharnach., v.
rechercher, v.   houher, v.
chevaucher, v.   hucher, v.
clocher, v.   joncher, v.
coucher, v.   jucher, v.
accoucher, v.   déjucher, v.
découcher, v.   lâcher, v.
recoucher, v.   relâcher, v.
cracher, v.   lécher, v.
recracher, v.   mâcher, v.
débaucher, v.   remâcher, v.
embaucher, v.   marcher, v.
débucher, v.   démarcher, v.
embûcher, v.   moucher, v.
déclancher, v.   émoucher, v.
décocher, v.   nicher, v.
défricher, v.   dénicher, v.
déhancher, v.   panacher, v.

empancher, v.   assécher, v.
pécher, v.   dessécher, v.
repêcher, v.   ressécher, v.
pôcher, v.   tacher, v.
repôcher, v.   détacher, v.
percher, v.   torcher, v.
picocher, v. (2)   toucher, v.
pocher, v.   retoucher, v.
rabacher, v.   trancher, v.
reprocher, v.   retrancher, v.
révancher, v.   tricher, v.
sécher, v.   trucher, g.

CHET, cheux, voy. **ET.**
eux.

CHI et **CI** ital. pron. TCHI.

affranchi   Pulci, n.
bin-bachi   Vichi, g.
Buonamici, n.   Vinci, n.
bestangi-bachi   affranchi, part.
Cinci, n.   fléchi, id.
Clichi, g.   réfléchi, id.
kamichi   irréfléchi, id.
mamamouchi

Plus les part. des autres verbes en chir.

CHIE.

anarchie   batrachomyoma,
dyarchie   gigantomachie
hiérarchie   logomachie
monarchie   naumachie
oligarchie   antéôchie
pentarchie   lysimachie
tétrarchie   Valachie

Ajoutez-y les part. passés fém. des verbes en chir.

CHIER, chir, chit, voy.
IER, ir, it.

CHON.

alluchon   coquelachon
barbichon   cornichon
Berrichon   Fanchon, n.
bichon   félichoa
bouchon   fourchon
tire-bouchon   gedichon
capuchon   greluchon
cachichon   manchon
califourchon   mouchon
capuchon   torchon
cochon

CHONS.

Les pl. des noms de la liste précédente riment avec les troisièmes pers. du présent de l'indic. et de l'impératif des verbes en cher. Nous marchons, approchons, etc.

CHU.

branchu   crochu
chu   fichu
décha   fourchu
échu

CI, sie, voy. **SI,** sie durs.

CIER, cieux, cin, cion, cir, cis, cit, co, col, voy. **IER,** ieux, in, ion, ir, is, it, o, ol.

CON.

Bacon, n.   Gaçon, n.
balcon   gascon
basilicon   Helicon, g.
boucon   hypérïcon, bot.
catholicon   lexicon
cocon   Mâcon, g.
Dracon, n.   Montfaucon, id.
façon   Rubicon, id.
flaçon   Tarascon, id.
flocon

ÇON, voy. **SON** dur.

CONS, voy. **QUONS.**

COR, cou, crer, ction, voy. **OR,** ou, rer, ien.

CU et **CUL.**

cocu   Curucucu, zool.
cul   écu
(Nous ne don-   vaincu
nons pas le   convaincu
composés de ce   inconvaincu
mot ; ils appar-   invaincu
tiennent tous au   vécu
langage bas et   survécu
même grossier)

D

DA.

Adda, g.   lambda
agenda   Léda, myt.
aza Jmiida   Lérida, g.
Bouddha, n.   Munda, id.
Breda, g.   olla-podrida
bredi-breda   Pérunda, myt.
Canada, g.   Procida, n. et g.
dâ!   réséda
nenni-dâ!   Sierra-Nevada, g
oui-dâ! (2)   soda
   Torquemada, n.
edda, litt.   Thuneolda, n.
hallebarda   véda
Ida, g.   Velléda, n.
Juda, n.   Vida, id.
Juida, g.

Plus la troisième pers. sing. du prét. déf. des verbes en der.

DAL, voy. **AL.**

DANT et **DENT.**

abondant   trident
redondant   dissident
surabondant   président
accident   vice-président
incident   résident
accommodant   évident
incommodant   provident
accordant   fécondant
concordant   fendant
discordant   fondant
adjudant   impudent
aidant   intendant
antécédent   sous-intendan
précédent   surintendant
ardent   intercedent
ascendant   mordant
condescendant   outrecuidant
descendant   occident
transcendant   pédant
attendant (en)   antré-prédant
contendant   pendant, prép.
prétendant   cependant
cédant   pendant, p. et a.
excédant   dépendant
coïncidant   indépendant
commandant   perdant
confident   persuadant (4)
consolidant   plaidant
contondant   président, part.
obtondant   résidant
corrodant   prudent
dent   imprudent
ardent   regardant
brèche-dent   rendant
chien-dent (2)   répondant
cure-dent   correspondant
rendent   résidant
sur-dent   tendant
tire-dent   prétendant

Aj. à cette catégorie les part. pr. des verbes en dre, qui sont en dant : vendant, attendant, etc.

DAR, dard et dart, das, dai, dau, voy. **AR,** ard et art, as, at, au.

DÉ.

accordé   dévergondé
affidé   échaudé
amandé   iridé
amendé   mondé
bordé   outrecuidé
Condé, g. et n.   possédé
D (lettre)   prétendé
débordé   plénipréhende
débridé   procédé
dégingandé   ildé
dey   Vadé, n.
   validé

Plus le part. passé masc. sing. des verbes en der.

DEAU, voy. **AU.**

DÉE.

abordée   Dandaœ, g.
accordée   glandée
Amédée, n.   idée
Ardée, g.   Judée, g.
Asmodée, n.   Médée, n.
bordée   ondée
Chaldée, g.   spondée
cordée   dispondée
coudée   Tydée, n.
débridée   Vendée, g.
dévergondée

Plus le part. passé fém. sing. des verbes en der.

DEL, dem. voy. **EL**, em.

DER.

abcéder, v.
abonder, v.
inonder, v.
redonder, v.
surabonder, v.
aborder, v.
accommoder, v.
incommoder, v.
raccommoder, v.
accorder, v.
concorder, v.
désaccorder, v.
discorder, v.
recorder, v.
recorder, v.
accouder, v.
schalander, v.
déchalander, v.
affriander, v. (4)
aider, v.
entr'aider (s')
amender, v.
émender, v.
ramender, v.
appréhender, v.
badauder, v.
baguenauder, v.
bander, v.
débander, v.
rebander, v.
barder, v.
débarder, v.
barricader, v.
bavarder, v.
blinder, v.
bombarder, v.
border, v.
déborder, v.
reborder, v.
bouder, v.
brelander, v.
brider, v.
débrider, v.
brigander, v.
brocarder, v.
broder, v.
rebroder, v.
cagnarder, v.
accagnard, (s')
caïmander ou
quémander, v.
canarder, v.
carder, v.
recarder, v.
céder, v.
accéder, v.
concéder, v.
décéder, v.
intercéder, v.
précéder, v.
prédécéder, v.
procéder, v.
superséder, v.
rétrocéder, v.
clabauder, v.
coïncider, v.
consolider, v.
reconsolider, v.
corder, v.
décorder, v.
corroder, v.
couder, v.
couriander, v.
cuider, v. m.
darder, v.
débander (se), v.
débonder, v.
débarder, v.
embarder, v.
débillarder, v.
déborder, v.
décider, v.
dégrader, v.
dérader, v.
dévergonder, v.
dévider, v.
dilapider, v.
échafauder, v.
échauder, v.
élider, v.
éluder, v.
colluder, v.
préluder, v.
escalader, v.
estocader, v.
évaduer (s'), v.
excéder, v.
exhérédér, v.
oxuder, v.

transsuder, v.
faisander, v.
fécander, v.
féconder, v.
fonder, v.
refonder, v.
frauder, v.
fronder, v.
galvauder, v.
gambader, v.
garder, v.
goder, v.
goguenarder, v.
gourmander, v.
grader, v.
dégrader, v.
gronder, v.
guider, v.
guinder, v.
reguinder, v.
hasarder, v.
hollander, v.
homicider, v.
hourder, v.
infeoder, v.
intimider, v.
lapider, v.
larder, v.
délarder, v.
liarder, v.
liquider, v.
mander, v.
commander, v.
contremander, v.
décommander, v.
demander, v.
redemander, v.
marauder, v.
marchander, v.
remarch..
mignarder, v.
minander, v.
monder, v.
émonder, v.
nasarder, v.
nigauder, v.
obséder, v.
oxyder, v.
désoxyder, v.
paillarder, v.
palissader, v.
panader, v.
peleuder, v. m.
persuader, v.
dissuad..(4),v.
pétarder, v.
placarder, v.
plaider, v.
poignarder, v.
pommader, v.
posséder, v.
déposséder, v.
présider, v.
résider, v.
rader, v.
ravauder, v.
regarder, v.
renarder, v.
réprimander, v.
rétrograder, v.
rider, v.
péder, v.
sabreuauder, v.
scander, v.
scinder, v.
rescinder, v.
seconder, v.
solder, v.
sonder, v.
souder, v.
dessouder, v.
ressouder, v.
tailauder, v.
taluder, v.
tarander, v.
tarder, v.
attarder, v.
retarder, v.
truander, v. m.
valider, v.
invalider, v.
revalider, v.
vider, v.
vidar, v.
évider, v.
revider, v.
survider, v.
vilipender, v.

*Céder, de _cogitare_ : on a dit plus
anciennement _cuiter_. Ce mot était déjà
vieux du temps de La Fontaine, qui l'a
cependant employé :
   Tel, comme dit Merlin, _cuide_ en-
      igniquer _purpui_,
   Qui souvent s'engeigne lui-même.
            Liv. XI. fab. 4.

DET, deu, deux, dez, voy.
ET, eu, aux, ès.

DI.

Bondi, g.
qadi
candi
décadi
  primidi
  duodi
  tridi
  quartidi
  quintidi
  sextidi
  septidi
  nonidi
  lundi
mardi
mercredi

joudi
vendredi
samedi
midi
effendi
reis-effendi
étourdi
Gassendi, n.
hardi
lady
mylady
Lodi, g.
robaudi
rebondi

Plus les part. passés sing. masc.
des verbes en _dir_.

DIE.

Acadie, g.
Arcadie, n.
callipédie
cyropédie
encyclopédie
gymnopédie
orthopédie
Candie, g.
Candide, n.
comédie
  tragédie
  tragicomédie
Élodie, n.
étourdie (à l')
hardie
incendie
inédie
Livadie, g.
Lombardie, g.
Lydie, g. et n.
maladie
Médie, g.

mélodie
palinodie
parodie
psalmodie
prosodie
rapsodie
Nicomédie, g.
Normandie, g.
Numidie, id.
perfidie
Picardie, g.
Pisidie, id.
amodie, v.
congédie, v.
dédie, v.
étudie, v.
mendie, v.
parodie, v.
remédie, v.
répudie, v.

Plus les fém. des part. passés
des verbes en _dir_.

DIEN, dieux, din, din, dire,
dis, dise, dit, do, dol, voy.
IEN, ieux, in, ir, ire, is, ise,
it, o, ol.

DON.

abandon
amidon
Automédon, n.
hedon
bidon
bondon
bourdon
 faux-bourdon
brandon
bridon
cardon
céladon
chardon
Château-Landon
cordon
corindon
Cordon, n.
cotylédon
croquelardon
Cupidon, myt.
cynorrhodon
Didon, n.
dindon
diodon, zool.
don

don, titre esp.
dom, portug. et
dom, relig.
édredon
espadon
Eurymédon, my
fredon
Gardon, g.
guerdon, v. m.
guéridon
guidon
hécatombédon, v.
Laomédon, n.
lardon
Mendon, g.
Mudon, id.
myrmidon
pardon
Pradon, n.
rigodon
Sarpédon, n.
Sidon, g.
tendon
Thermodon, g.

DONS.

Le pl. des noms en _don_, rime
avec la prem. pers. pl. du prés. de
l'ind. et de l'impér. des verbes en
der. Nous aidons, procédons.
Il faut y joindre les mêmes pers.
de quelques verbes en _endre_ :
_Défendons, descendons, fen-
dons, pendons, rendons, dé-
pendons, tendons, vendons_; et
de leurs composés, ainsi que du
verbe _perdre : Perdons._

DOR, dos, dod, dod, voy. **OR**,
os, ot, pu.

DU.

ardu
assidu

capendu
dodu

*On disait anciennement _die pour
dise_; et les poètes ont longtemps con-
servé cette locution. Elle ne serait
plus admise aujourd'hui, même comme
licence.

**Faute de cultiver la nature et ses
dons,
Oh ! combien de Césars deviendront
      Laridons!
            La Font., liv. VIII, fab. 23.

du, art. comp.
individu
mal-entendu
pendu
prétendu
résidu
défendu, part.
 indéfendu, id.
descendu, id.
  condescendu, —
  redescendu, id.
dû, id.
indû, id.
redû, id.
épandu, id.
répandu, id.
fendu, id.
pourfendu, id.
refendu, id.
fondu, id.
confondu, id.
morfondu, id.
refondu, id.
mordu, id.
démordu, id.
pendu, id.
appendu, id.
dépendu, id.

suspendu, id.
perdu, id.
éperdu, id.
rebbe, n. m.
rendu, id.
répondu, id.
correspondu, —
tendu, id.
attendu, id.
entendu, id.
étendu, id.
inattendu, id.
inentendu, id.
prétendu, id.
retendu, id.
sous-entendu, —
tondu, id.
tordu, id.
détordu, id.
retordu, id.
vendu, id.
invendu, id.
mévendu, id.
survendu, id.

DUE.

Les fém. des adj. et des part.
de la liste précédente fournissent
la rime en _due_.

E

É, rime non suffisante. voy.
BÉ, cé, dé, fé, etc.

ÉA et ÆA

Æa, g.
alinéa
althœa, bot.
Carnéa, myt.

collectanéa
miscellanéa
Rhéa, g.

Plus la troisième pers. sing.
du parf. déf. des verbes en _éer_:
il créa;
— De un grand nombre de noms
scientifiques et plantes.

ÉAL, voy. **AL.**

ÉANT.

agréant
maugréant
béant
bréant
créant
récréant
recréant
déchéant
fiéant

mécréant
néant
faînéant
séant
bienséant
malséant
messéant
suppléant

ÉAS, éat, eau, eaux, voy. **AS**,
al, au, aux.

EB.

Aureng-Zeb, n. Horeb, g.
Caleb, id.

EBE.

cubèbe
ebbe
éphèbe

Érèbe, myt.
Eusèbe, n.
Turnèbe, id,

EBES.

Thèbes, g.   Célèbes (les), id.

Plus les pl. des subst. en ÈBE

ÉBLE et **AIBLE.**

faible

hièble (3)

ÈBRE.

algèbre
célèbre
Èbre, g.
funèbre

vertèbre
zèbre
célèbre v.
concélèbre. v.

EBRES.

ténèbres

Plus le pl. des subst. et la
deuxième pers. sing. des verbes de
la liste précédente.

EC et **ECH.**

Abimélech, n.
Anderlecht, g.
arec
avec
Balbeck, g.
Bar-du-Bec, id.
bec
avant-bec

blanc-bec
caquet-bec-bec
Bolbec, g.
Candebec, n.
chebec
copeck
échec
Gossec, n.

grec
 lamu-grec
 y-grec
Hastembeck, g.
Leck, id.
Lamech, n.
Lautrec, g.
Lubeck, g.
Malahissède, g.
pec (hareng)

Pec (le), g.
Québec, id.
rebec
salamalec
sec
martin-sec
teck (bois de)
Utrecht, g.
varech

ECÉ, voy. **ESSE**

ÈCHE et AICHE long.

bêche
bobèche
Campêche, n.
chevêche
crêche
dépêche
drèche
fraîche
grièche (5)
laîche
pêche

pêche, fruit.
prêche
rêche, v. m.
revêche
bêche, v.
empêche, v.
pêche, de pêcher
rapêche, v.
prêche, v.

ÈCHE bref.

Ardèche, g.
blèche
brèche
calèche-
flammèche
flèche
Flèche (la), g.
lèche
mèche

sèche, adj. f.
sèche, zool.
allèche, v.
ébrèche, v.
lèche, v.
pèche, de pêcher
sèche, v.
dessèche, v.
fessèche, v.

ÉCHT, voy. **EC** et **ECT.**

ECLE.

siècle (2)   Tèèle, n.

ECQUE, voy. **EQUE.**

ECRE, et **EKER** pron.
EKRE.

Aboubekre, n. Necker, g.
Necker, id.   exècre, v.

ECS pron. **ÈS.**

échecs

Plus la pl. des noms en _ec_,
en _ect_ et en _ef_.

ECT.

abject
aspect
circonspect
correct
incorrect
direct

indirect
infect
intellect
respect
porte-respect
suspect

Les subst. en _ec_ peuvent rimer
avec ceux-ci sans qu'il faille dénaturer l'orthographe *.

EC.

abjecte
architecte
circonspecte
collecte
correcte
dialecte
directe
indirecte
infecte
secte

suspecte
affecte, v.
délecte, v.
humecte, v.
infecte, v.
désinfecte, v.
réinfecte, v.
injecte, v.
inspecte, v.
objecte, v.
respecte, v.
suspecte, v.

ECTES.

panductes

Plus le pl. des noms et la deux.
pers. sing. des verbes de la liste
précédente.

ECTRE.

Electre, n.   spectre

ED.

Alfred, n.
Ethelred, id.
Flumstéed, id.

lamed
Mohamed, ou
Mohammed, id.

ÈDE.

Andromède, n.
Archimède, id.
avélanède, bot.
bipède

capripède
lissipède
lagopède
millipède

grec
Pec (le), g.
quadrupède
vélocipède
Calprencède (la)
Diomède, id.
Ganymède, id.
guède
intermède
Lacépède, n.
Lèyde, g.
Mède, id.
Nicomède, n.
Palamède, id.
remède
Samothède, g.
Suède (2), id.
Tancrède, id.
sède (2)

parallélépip.
quadrupède
vélocipède
rebec
concède, v.
décède, v.
accède, v.
intercède, v.
précède, v.
procède, v.
recède, v.
rétrocède, v.
succède, v.
déprède, v.
exhérède, v.
obsède, v.
possède, v.
dépossède, v.

Folède, g.
cède, v.
concède, v.

Voy. les rimes en _aide_, qui vont
bien avec celles-ci.

ÈDRE.

cèdre
dodécaèdre
exhèdre
hexaèdre
icosaèdre
octaèdre

polyèdre
tetraèdre
éphèdre, ant.
Pèdre (don), n.
Phèdre, n. m. f.

ÉÉ (2).

Cette rime est formée par les
part. passés masc. sing. des verbes
en _éer_ comme _créé, agréé_, etc.
Les premières pers. du parf. déf.
des mêmes verbes je _créai, j'a-
gréai_, peuvent à la rigueur rimer
avec ces part.

ÉÉE (3).

Cette rime est formée par le
féminin des part. en _éé_.

ÉE, rime non suffisante, voy
bée, cée, dée, éo, fée, etc.

ÉEN, voy. _éin_ à **AIN.**

ÉER.

agréer
désagréer
maugréer
ragréer
béar
créer
recréer

procréer
gréer
dégréer
guéer
récréer
suppléer

EF et **EPH.**

aleph
bref, s.
bref, adj.
brief (2), v. m.
chef
couvre-chef
sous-chef
dérachief
méchef

clef *
fief (1)
arrière-fief(4)
grief (2)
Joseph, n.
nef
relief (2) **
bas-relief (3)
Wiclef, n.

ÉFE, EFFE et **ÈPHE.**

F, lettre.
greffe, s.
Josèphe, n. f.
syculèphe

Téllaphe, n.
greffe, v.
fieffe, v.

EFLE.

nèfle   trèfle

ÈGE et EIGE.

allège
arpège
Arriège (3 ou 4)
beige
collège
Corrège (le), n.
cortège
drège
liège (2)
Liège (2) g.
manège
neige
neige
Norwège, g.
piège (2)
pieige (2)

sacrilège
privilège
siège (2)
solfège
sortilège
collège
abrège, v.
agrège, v.
rengrège, v.
allège, v.
neige (il), v.
protège, v.
siège, v.
assiège, v.
désassiège, v.

On peut ajouter à ces rimes les
formes interrogatives des verbes

* Cette rime ne se trouve pas dans
les anciens poètes : aujourd'hui l'on clef se
prononçais toujours clé ce rime qu'y-
voc les mots en la.

** La Fontaine a fait ce mot de deux
syllabes dans sa fable intitulée le Rat
et les mots des deux chamos, et,
quoi qu'en disent quelques prosodistes
modernes, nous croyons qu'on doit l'i-
miter. Re-li-ef serait dur.

en *aie*, et *ai-je* aimé-je,
donnai-je, aurai-je, écrivai-
je, etc., etc. *

ÉGES.

Barèges, g.

Plus la pl. des noms et la
deuxième pers. des verbes de la
liste précédente.

ÉGLE, EIGLE, AIGLE.

aigle   seigle
Aigle (l'), g.   règle, v.
espiègle (3)   dérègle, v.
règle

ÉGME.

apophthegme   flegme
éteignm, *méd.*   déflegme, v.

ÈGNE, EIGNE, AIGNE.

brehaigne, v. m.   craigne, v.
châtaigne   daigne, v.
duègne (2 ou 3)   dédaigne, v.
empeigne   enfreigne, v.
enseigne, g. m.   éteigne, v.
enseigne, s. f.   enseigne, v.
Mascareigne, g.   épreigne, v.
Montaigne, n.   éteigne, v.
musareigne   étreigne, v.
peigne   geigne, v.
règne   geigne, v.
interrègne   imprègne, v.
Sardaigne, g.   peigne (peigner)
teigne   peigne (peindra)
astreigne, v.   dépeigne, v.
restreigne, v.   plaigne, v.
atteigns, v.   complaigne, v.
aveigne, v.   règne, v.
baigne, v.   saigne, v.
ceigns, v.   teigne, v.
enseigne, v.   reteigne, v.
contraigne, v.

ÈGRE, voy. AIGRE.

EGS.

legs

Ajoutez à ce mot le pl. des
subst. et adj. en *ect, et et adj.
respects, bienfaits, secrets,*
etc., et le deuxième pers. du du
prés. ind. des verbes: *vous allez,
parlez,* et quelques pers. de certains autres : *je mets, tu promets,* etc.; mais la consonne d'appui est nécessaire pour constituer
une rime riche.

ÈGUE.

bègue   lègue, v.
collègue   allègue, v.
Diègue (2), m.   délègue, v.
fabrègue, bot.   relègue, v.
Nimègue, g.   subdélègue, v.

ÈGUES.

grègues

Joignez-y les pl. des noms et
la deuxième pers. des verbes de la
liste précédente.

EI-monosyllabe, voy. AI.

EI dissyllabe.

obéi   Pompéi
désobéi

Ces mots riment avec ceux qui
se terminent en *aï,* dissyllabe, et
ahi, comme *trahi.*

ÉYER, eiye, eigle, eigne, voy.
AYER, ège, ègle, ègne.

EIL.

appareil   orteil
conseil   pareil
grand-conseil   non-pareil
Corbeil, g.   soleil
éveil   sommeil
réveil   vermeil
méteil   vieil

EILLA, eillant, eillard, voy.
ILLA, llant, llard.

EILLE.

abeille   vide-bouteille
bouteille   corbeille

corneille   avant-veille
groseille   surveille
Marseille, g.   vieille
merveille   appareille, v.
oreille   désappareille
cique-oreille   conseille, v.
cure-oreille   déconseille, v.
perce-oreille   dépareille, v.
oseille   émerveille, v.
pareille   sommeille, v.
salsepareille   veille, v.
seille   réveille, v.
treille   surveille, v.
veille

EILLÉ, eiller, eilleur,
eilleux, eilli, eillir, eillon, voy.
ILLÉ, llée, ller, lleur, lleux,
lli, llir, llon.

EIN, eind, eindre, eine, eins,
eint, einte, voy. AIN, aint,
indre, aine, ains, aint, ainte.

EIR, éis, éît, dissyllabes,
voy. IR, is, ît.

EITRE, voy. AITRE.

EISE, EIZE, voy. AISE.

EL et ELL.

Azael, n.   pestilentiel (5)
Ismaël, id.   anti-pestil. (7)
Israël, id.   pluriel (2 ou 3) *
Gabel, id.   potentiel (4)
Raphaël, id.   préjudiciel (5)
Saül (de *), id.   providentiel (5)
      semestriel (4)
Abel, n.   trimestriel (4)
bel *pour* beau   substantiel (4)
Charles ou Phi-   consubstantiel
lippa-le-Bel.   Uriel (3), n.
Babel, g.   véniel (3)
Campbell, n.
Gibel, g.   Kehl, g.
Jésabel, n.   Kunkel. n.
Jambel   nikel
Lobel, n.   quel
Zorobabel, id.   auquel
      duquel
Herschell, n.   lequel
Michel, id.
Rachel, id.   calomel
      caramel
Adel, g.   Carmel, n.
Agnadel, id.   Duhamel, n.
aludel   formel
Arondel, n.   ghimel
Biondel, id.   hydromel
bordel   cunumel
Brodel, n.   oxymel
Coromandel, g.   picromel
Malek-Adhel, n.   rhedomel
      Memel, g.
réel   Mermel, g.
Archangel, g.   additionnel
estrangel   anel, v. m.
gel   apinel, bot.
dégel   ascensionnel (5)
      charnel
agnel   colonel
      lieutenant-col.
artériel (4)   conditionnel
artificiel (5)   constitution. (5)
superficiel (4)   anti-constitut.
céletiel (4)   inconstitution.
ciel (1)   conventionnel (5)
arc-en-ciel (3)   correctionnel (5)
concordanciel (5)   criminel
confidentiel (5)   lieutenant-cri.
Daniel, n. (3)   éternel
différentiel (4)   co-éternel
essentiel (4)   fraternel
excrémentitiel(6)   insurrectionnel
exponentiel (5)   intentionnel
Ézéchiel (4), n.   juridictionnel
fiduciel. ast. (4)   Lunel, g.
fiel (1)   Lyonel, n.
Gabriel, n. (3)   maternel
Gamaliel, id. (4)   matutinel
industriel (4)   occasionnel
lixiviel (4)   originel
matériel (4)   paternel
immatériel (5)   personnel
mercuriel (4)   impersonnel
miel (1)   unipersonnel
ministériel (5)   processionnel
obédianthul (6)   proportionnel
officiel (4)   rationnel
pénitentiel (5)   irrationnel

solennel   Marmontel, id.
traditionnel   mortel
      immortel
Joël, n.   pastel
Noël   Réthel, g.
      Tell, n.
appel   Vatel, id.
rappel
archipel   actuel (5)
Coypel, n.   annal (3)
napal, bot.   bisannuel (4)
scalpel   trisannuel (4)
      Caramuel, g. (4)
cacrel, bot.   casuel (3)
corporel   consuel (3)
monestrel   contractuel (4)
naturel   conventuel (4)
surnaturel   cruel (2)
Sorel (Agnès), n.   duel (1 ou 2)
saturel, v. m.   Emmanuel, n. (4)
temporel   éventuel (4)
Arbrissel (d'), n.   graduel (3)
Axel, g.   habituel (4)
Cassel, g.   individuel (5)
cancel, v. m.   manuel (3)
jouvencel   mensuel (5)
Marcel, n.   menstruel (3)
miazel   mensuel (3)
poncel, v. m.   Miguel, n. (2)
scel   mutuel (3)
   contre-scel   Pantagruel (4)
      perpétuel (4)
Texel, g.   ponctuel (3)
universel   Raguel, n. (2)
Ursel, g.   rituel (3)
      Samuel, n. (3)
Appensel, g.   sensuel (3)
Arzel, id.   sexuel (3)
carrousel   spirituel (4)
Wesel, g.   Ézéuel, g. (3)
      textuel (3)
accidentel   usuel (3)
autel   virtuel (5)
   maître-autel   visuel (3)
bétel
cartel   Cromwell, n.
castel, v. m.   Bridwell, g.
Châtel, n.   Bothwell, n.
cheptel   Hartwell, g.
hôtel
   maître-d'hôtel   Louvel, n.
listel   Machiavel (Sou4)
martel, v. m.   Revel, g.
Martel (Ch.), m.

ELBE.

Elbe (île d'), g.

ELCE, voy. ELSE.

ELCHE.

Velche, g.

ELE long. ESLE, AILE.

aile   prêle, bot.
ale (bière)   bêle, v.
Bayle, n.   grêle, v.
frêle   mêle, v.
grêle, g.   démêle, v.
Noale, n.   entremêle, v.
pêle-mêle   vêle, v.
poële (2)

ELE bref, voy. ELLE.

ELFE.

elfe, myth.   guelfe

ELFES et ELPHES.

adolphes   elfes
Dolphes, g.   guelfes

ELL, voy. EL.

ELLE et ELE.

ella   Achelle
belle   Rochelle (la), g.
colombelle   échala, v.
Cybèle, n.
escabelle   Addio, m.
flabelle   asphodèle
gabelle   Andelle, g.
Isabelle, m.   hardelle
libella   chantelle
lobèle, bot.   citadelle
mirabelle   cordelle
obèle   fidèle, adj
ombelle   infidèle
rebella   hardielle
ribambelle   Jodelle, n.
gabèle, v.   judelle, zool.
grabelé, v.   mardelle
libelle, v.   modèle
rebelle (je me) v.   pyramidelle, sq.
      ridelle

Angèle, n.   anchapèle, v.
urodèle, zool.   compelle, v.
vergadelle   expelle, v.
cadèle, v.   compèle, v.
cordèle, v.   escoupèle, v.
grondèle, v.   grispèle, v.
      pèle, v.
Angèle, m.
Aulo-Gèle, id.   quelle
fahagelle, bot.   laquelle
margelle   sequelle
nigelle
Tourangelle   airelle
Urgèle, m.   Aurèle, n.
gèle, v.   Marc-Aurèle
congèle, v.   bourrelle
dégèle, v.   chanterelle
regèle, v.   crécerelle
flagelle, v.   Fénestrelle, g.
fiduciele (5)   lingarelle
kyrielle (4)   marguerelle
mercurielle (5)   marelle ou mér-
nielle (2 ou 5)   ombrelle
révérentielle (6)   parelle
vielle (3)   pastorelle
voyelle (5)   pastourelle
mielle, v. (2)   pereile
démielle, v.(3)   poutralla
emmielle, v. 3   querelle
nielle, v.(2 ou 3)   sauterelle
      tourelle
parallèle   tourterelle
antiparallèle   bourrelle, v.
      carrèle, v.
alumelle   décarrèle, v.
cannamelle   recarrèle, v.
Columelle, m.   querelle, v.
femelle   entrequerelle
gamelle
Gargamelle, m.   aisselle
jumelle   ancelle, v. m.
munelle   bancelle
paumelle   bixcelle
plumelle   bronchocèle
Philomèle, myt.   bubonocèle
pommelle   cystocèle
semelle   encéphalocèle
grummelle v.   entérocèle
jumelle, v.   épiplocèle
pommelé (se) v.   gastrocèle
      hydrocèle
      hystérocèle
ascensionnelle 6   liparocèle
campanelle   mégalocèle
cannelle   ophthalmocèle
carnèle   oséocèle
canelle ou se-   pneumatocèle
   cincenelle   sarcocèle
citromelle   scrotocèle
coccinelle   spermatocèle
colonnelle   séatocèle
empenanelle   varicocèle
flanelle   celle
fontanelle   crecelle
escarcelle   escarcelle
jargonnelle   ficelle
martinelle   Involucelle
Parnelle, m.   isocelle
péronnelle   jouvencelle
pianelle   mancelle
pimprénelle   molucelle
Polichinelle, n.   nacelle
prunelle   parcelle
ritournelle   pédicelle
sanguinelle   pucelle
sentinelle   sarcelle
spinelle   selle
soldanelle   boutéselle
soutanelle   sphacèle
tonnelle   syncelle
tournelle   protosyncelle
turbinelle   tunicelle
vendle   vaisselle
      garde-vaisselle
cannèle, v.   vermicelle
carnèle, v.   violoncelle
décarnèle, v.   amoncelle, v.
crenelle, v.   hôsselle, v.
empencelle, v.   cancelle, v.
granèle, v.   cèle, v.
tonnelle, v.   recèle, v.
      chancèle, v.
moelle (2)   dépucelle, v.
tire-moelle   ensorcèle, v.
émoelle, v.   morcèle, v.
      excelle, v.
Apelle, n.   excelle, v.
chapelle   précelle, v.
Chapelle (la), g.   ficele, v.
Chapelle, m.   enficèle, v.
coupelle   harcèle, v.
érysipèle   morcèle, v.
polle   parcelle, v.
appelle, v.   ruisselle, v.
épelle, v.   scelle, v.
interpelle, v.   contrescelle, v.
capèle, v.   descelle, v.
décapèle, v.   selle, v.
chapèle, v.   dessele, v.

ressele, v.   rattele, v.
sphacèle, v.   baitele, v.
      bollbie, v.
bacelle   embottèle, v.
damoiselle   bretèle, v.
demoiselle   crotèle, v.
donzelle   démantèle, v.
mademoiselle   dentèle, v.
et mam'selle   écartèle, v.
filoselle   contr'écartèle
gazelle   empantèle, v.
limoselle   empistèle, v.
Moselle, g.   encastèle, v.
roselle   enchantèle, v.
touselle   grattele, v.
zèle   martèle, v.
cisèle, v.   pantèle, v.
musèle, v.   ratèle, v.
emmuselle, v.   sautèle, v.
énoisèle, v.   crnelle (3)
      écuelle (3)
bagatelle   loquèle (3)
bretelle   mammelle (4)
brocatelle   ruelle (3)
cautèle   truelle (3)
clientèle (4)
Compostelle, g.   rouelle (3)
curatèle   denielle
dentelle   Estelle, m.   bartavelle
      caravelle
granitelle   ceryelle
gratelle   gravelle
locustelle   javelle
mitelle   Javelle, g.
mortelle   manivelle
Immorielle   Nivelle, g.
parentèle   nouvelle
patelle   cuvèle, v.
Praxitelle, m.   déchevèle, v.
rapatelle   échevèle, v.
salvatelle   enjavèle, v.
sautelle   grivele, v.
telle   nivelle, v.
tortelle   renivèle, v.
tutelle   révèle, v.
apatèle, v.
crételle, v.   Ajoutez à chacune de ces caté-
attèle, v.   gories le fém. des noms en *el,*
déitèle, v.   avec l'appui de la consonne, *belle,*
      etc.

ÉLES et ELLES.

Arbelles, g.   Dardanelles, id.
Bruxelles, id.   Échelles, id.
Celles, id.   écrouelles
Chellas, id.   etelles
Chazelles, id.   Selles, g.
Courcelles, id.

Et les pluriels, etc.

ELME.

Anselme, n.   Saint-Elme (feu)

ELPHE, voy. ELFE.

ELQUE.

quelque

ELSE.

Celsa, n.   Paracelse, n.

ELT et ELD.

Barnavelt, n.   Crevelt, id.
Belt (grand), g.   Laufeld id.
Belt (petit)

ELTE.

Gélte, g.   svelte
Pelte, ant.   velte

EM pron. EME.

Achem, g.   item
Bethléem, id.   Jérusalem, g.
Ephrem, n.   Mathusalem, n.
harem   requiem
Harlem, g.   Santarem, g.
hem!   Sem, n.
idem   Sichem, g.
ibidem   tu autem, *latin.*

EMBE, amble, ambre, voy.
AMBE, amble, ambre.

ÉME, ÈME, EMME
et AIME.

aime   stratagème
crème (ictère)
      empyrème (4)
apachème   pénultième (4,5)
dême   antépénultième
diadème   quantième (3)
Nicodème, n.   tantième (3)
œdème   unième (3)
      deuxième (3)
gemme   troisième (3)
j'aime   quatrième (4)*

Footnotes:

* Ce nom, ne prononçant ordinairement de Stal, on trire pas alors en *el,*
mais en *al,* aussi bien que le nom de de
Mlle de Staal et celui du chimiste
Stahl.

*: Je n'est qu'un singulier; ajoutez du du
          (au *pluriel*)
MOLIÈRE, *Femmes sav.*

* Quatrième est à peu près le seul
de ces noms de nombre où *tème* dans
laquel la terminaison soit de trois syl-

* Il faut prendre garde néanmoins
que plusieurs de ces formes ont quelque chose de dur à l'oreille.

** On prononce assez souvent Montagne, et ainsi prononcé ce nom rime
a vec les mots en agne.

cinquième (5)   moi-même, etc.
sixième (5)
septième (5)   épigénème
huitième (5)   épiphonème
neuvième (5)
dixième (5)   Bohême, g.
unième (5)   poème (5)
douzième (5)
treizième (5)   blasphème
quatorzième (4   Polyphème, n.
quinzième (5)   blasphème, n.
seizième (5)
dix-septième   Barême
dix-huitième   birème
dix-neuvième   multirème
vingtième (5)   trirème
vingt-uniem.   Brême, g.
[me (4) etc.   mi-carême
trentième (5)   carême
cinquantième(4   cinème
cinquantième   apichérème
soixantième (4   extrême
soixante-dix   suprême
septantième (4   théorème
quatre-vingt   crème, v.
quatre-vingt-   crème, v.
[dixième (6)   écrème, v.
nonantième(4)
centième (5)   apostème
deux-centième   emphysème
millième (5)   seime
millionième 5   sème, v.
billionième(5)   parsème, v.
—   ressème, v.
Angoulême, g.   sursème, v.
blême   —
emblème   abstème
problème   baptême
lemme   érythème
analemme   exanthème
dilemme   halithème
Néoptolème, n.   xéranthème
Triptolème, id.   système
—   thème
enthymème   anathème
même   apothème
elle-même   épithème
lui-même   Trithème, n.

EMME pron. **AME**,
voy. **AME** bref.

EMNE.

indemns   contemne, v.

EMPE, emple, ample, voy.
AMPE, ample, ante.

EMS pron. **EMPSE**.
Rems, fleuve.

EMS pr. **ANS**, voy. **ANS**.
EN pron. **AN**, voy. **AN**.

EN pron. **ENE**.
abdomen   hymen
Baden, g.   Philopœmen, n.
ben   lichen
cyclamen   Niémen, g(2ou3)
éden   Ruben, n.
gluten   Yémen, g (3)

EN pron. **INE**.
Aberdeen, g.(3) spleen (1)

EN pron. **EIN**, voy. **AIN**.

ENCE, ence, ence, end, ende
et endre, voy, **ANCE**, anche,
ancre, and, ande et andre.

ÈNE et **ENNE** long, voy.
AINE.

ÈNES et **ENNES.**
Ardennes, n.   paralipomènes
Arbènes (les), id.   prolégomènes
Athènes, id.   rênes (les)
Avesnes, id.   Rennes, g.
Clazomènes, id.   Surènes, id.
Démosthènes, n.   Valenciennes, id
Génès: g.   Varennes, id.
Mycènes, id.   Vincennes, id.

Ajoutez-y le pl. des noms en
ène, enne, aine, eine et les
deuxièmes pers. des verbes en ène
et enne. Observer cependant que
pour que les rimes soient riches,
il faut la lettre d'appui. Voy. à
AINS et à **IENNE.**

labra lè-me. Dans les autres, on la fait
dissyllabe lè-me.
Comme le plus vaillant, je prétends la
[troisième.
Si quelqu'une de vous touche à la qua-
[trième.
La Font., I. G.

ENFLE.

enfle   renfle
désenfle

ENG pron. **AN**, voy. **ANC.**

ENGE, voy. **ANGE.**

ENGS, voy. le pl. des désinences en **ANC.**

ENNE bref.

enne (lettre)   apprenne, v.
gehenne   comprenne, v.
prenne, v.   surprenne, v.

Ajoutez-y les terminaisons en
ienne, et surtout celles dans
lesquelles i-en est dissyllabe.
Voy. à I.

ENRE.

genre

ENS pron. **ANSE.**
Argens (d')   sens, sub. pl.
cens   Sens, g.
Lens, g.

ENS pron. **INSE.**
Camoëns (le), n. Rubens, id.

ENS dont le s est-muet, voy.
ANS.

ENS pron. **IN**, voy. **AINS**
et **IENS.**

ENSE, voy. **ANSE.**

ENT muet.

Cette terminaison féminine ne
se rencontre qu'à la troisième pers.
pl. des temps des verbes, quand la
troisième pers. du sing. est en e
muet; elle forme donc des rimes
comme celles-ci : aiment et sè-
ment riment entre eux comme
aime et sème; de même, renou-
vellent, révèlent; formèrent,
aimèrent; rendirent, defen-
dirent. Il faut observer que précédée de ai sans consonne intermédiaire dans les imparfaits et les
conditionnels, ne fait pas une
rime féminine; mais bien une
rime masculine : ils tombaient,
ils combattaient; ils seraient,
ils aimeraient, etc.

ENTE, entre, ent, envre, voy.
ANTE, antre, ant, andre.

EOIR, eoire, eois, eoise, voy.
OIR, oire, ois, oise.

EON monosyl., voy. **GEON.**

ÉON dissyllabe.
Actéon, n.   mézéréon, bot.
Anacréon, id.   muséon, mieux
caméléon   [muséum
Égéon, n.   Odéon
Éon (d'), id.   Panthéon
Gédéon, id.   Siméon, n.
Iléon   Timoléon, id.
Léon, g. et n.   xylostéon, bot.
Napoléon, n.

EP.
Alep, g.   salap
cep   sep
julep

ÉPE *.
crèpe   crèpe, v.
guêpe   recêpe, v.

EPH, éphe, voy. **ÉF**, etc.
Dieppe (2 ou 3) steppe

ÉPRE.
lèpre   vèpra, v.

ÉPRES.
vèpres (les)
Il rime avec le pluriel du mot
lèpre.

EPS.
biceps   princeps (édition
ceps   reps
crepts   seps
forceps

* A cause du petit nombre de mots
qui appartiennent à ces deux terminaisons, épa et eppe riment ensemble.

EPSE,
atalepse   syllepse
métalepse

EPT.
sept   trésept

Ces mots riment avec ceux en
et, dans lesquels t se prononce,
parce que dans sept le p ne se
fait point entendre.

EPTE.
adepte   accepte, v.
inepte   excepte, v.
précepte   intercepte, v.
septe

EPTRE *.
sceptre

ÈQUE et **ECQUE** **.
arèque (noix d')   pastèque
arecque, v.   pithèque
bibliothèque (5)   cercopithèque
hypothèque   Sénèque, n.
extrinsèque   dissèque, v.
intrinsèque   rebèque, v.
grecque   défèque, v.
Mecque (la), g.

ÈQUE **.
évêque   for-l'évêque
archevêque   Pont-l'Évêque
co-évêque

ÈQUES.
Èques (les), g. obsèques

Joignez-y le pl. des noms et la
deuxième pers. des verbes des
deux listes précédentes.

ER, dans lequel r se prononce
Abner, n.   hier (1 on 2)
Alber   hiver
Alger, g. ***   Jemmar, n.
amer   Jupiter
Antipater, n.   Kirsch-Wasser
aster   Kléber, n.
auster   Lavater, id.
belvéder   Leicester, id.
calender   Lucifer, id.
cancer   Luther, id.
casiasquicz ou   magister
cassi-ascher   —
clair   hasse-mer
cher, adj.   bras-de-mer
Cher, g.   haute-mer
Chesler, id.   outre-mer
coruner   pleine-mer
cuiller   Mesmer, n.
messer
Dnieper, g.(2,3)   Monster, g.****
Éliézer, n. (4)   Niger, g.
enfer   Omer(S), n et g.
éther   outremer
Esther, n.   partner
Euler, id.   Prater, id.
Faber, id.   porter
fer   Scaliger, id.
mâchefer   Séver (St), id.
fier (1)*****   spencer
frater   slahouder
gasier   tér
Gesler, n.   ver
Gessner, id.   Werther, n.
Glauber, id.   Weber, id.
Glocester, g.   Westminster

Voyez la terminaison en air:
elle rime bien avec celle-ci. Celle
en ert peut aussi, à la rigueur,
fournir des rimes semblables;
mais il faudrait la lettre d'appui

* C'est à tort que des Dict. des rimes indiquent le mot spectre comme
appartenant à cette terminaison. Voy.
à spectre : y pourrait faire fausse rime
de spectre ou sceptre.
** A cause du petit nombre de mots
de la terminaison èque, ils riment avec
ceux en èque et ecque.
*** Suivant l'ancienne prononciation,
car aujourd'hui on ne prononce généralement Algé, en qui rime avec chan-
gé. Voy. Ges.
**** Plusieurs poètes classiques ont
fait rimer ces mots avec ceux en ar
fer; aujourd'hui on y fait sentir les
deux r. Cette prononciation était la plus
juste, on prononçait r ou eur plutôt
que bre, il en résulte qu'ils rimeraient
mal avec les mots français mer, fer, etc.
***** La fin de ces noms étrangers,
devant se prononcer ro ou eur plutôt
que bre, il en résulte qu'ils rimeraient
mal avec les mots français mer, fer, etc.

---

pour qu'elles ne fussent point
faibles : on fait donc rimer hiver
avec couvert, et mieux encore
hivers avec couverts.

ER prononcé sans faire sentir
le r.

Ces deux lettres ne suffisent pas
pour faire une rime. Voy. les terminaisons où elles sont accompa-
gnées de la lettre d'appui **AER**,
CER, **CHER**, **DER**, **ÉRR**, etc.

ERBE.
acerbe   adverbe
gerbe   proverbe
herbe   Vitarbe, g.
imberbe   gerbe, v.
Malherbe, n.   engerbe, v.
superbe   enherbe, v.
verbe

ERC.
clerc   mauclerc

maître-clerc

La fin de ces mots se prononçant ère sans faire sentir le c, ils
riment avec les terminaisons en
air et en er dur.

ERCE et **ERSE.**
adverse   Properce, n.
avarse   tierce, s. f. (2)
cosinus-verse   tierce, adj.f.(2)
converse   herce, v.
diverse   disperce, v.
inverse   exerce, v.
obverse   gerce, v.
perverse   herce, v.
renverse (à la)   perce, v.
sinus-verse   reperce, v.
traverse   tierce, v. (2)
transverse   verse, v.
verse (2)   boulverse, v.
Aigue-Perse   controverse,v.
Artaxerce, n.   converse, v.
berce   déverse, v.
commerce   malverse, v.
Erse, g.   renverse, v.
gerse   reverse, v.
perce (en)   tergiverse, v.
Perse, g.   traverse, v.

PERCHE.
berche   recherche, s. f.
cerche   cherche, v.
Guerche (le)   recherche, v.
perche   perche, v.
Perche (le), g.

ERCLE.
cercle   quart de cercle
demi-cercle   couvercle

ERD, voy. **ERT.**

ERDE.
perde, v.   reperde, v.

Ces mots, qui ne peuvent rimer
ensemble, ne consonnent qu'avec
un mot très-grossier.

ERDRE.
perdre, v.   reperdre, v.

ÈRE et **ERRE.**
ère   vachère
ère, s. f.
sère, v.   Abdère, g.
vère, v.   débarcadère
   embarcadère
aubère   Madère, g.
Cerbère, myt.   adhère, v.
libère, g.   considère, v.
Celtibère, g.   modère, v.
Parabère (de),n.   —
pubère   acidifère
impubère   apatifère
Tibère, n.   antimonifère
libère, v.   argentifère
délibère, v.   aurifère
   baccifère
bouchère   bismuthifère
chère   bractéifère
bonne-chère   bulbifère
dimanchère   célérifère
enchère   chylifère
folle-enchère   conifère
sur-enchère   coralifère
jachère   corymbifère
porchère   crucifère
torchère   cupdifère
   fructifère
   lactifère
   lanifère

---

lapifère   béan-pè...
lethifère   compère
mammifère   grand-père
marguritifère   prospère
métallifère   vipère
ombellifère   vitupère, v.
pestifère   espère, v.
prolifère   désespère, v.
rorifère   opère, v.
rotifère   coopère, v.
séminifère   prospère, v.
somnifère   récupère, v.
soporifère   vupère, v.
spicifère   vitupère, v.
stanmifère   —
stolonifère   équerre
aurifère
thurifère   frère
vélocifère   beau-frère
Fère (la), g.   confrère
sphère   parère
atmosphère
hémisphère   —
planisphère   Auxerre, g.
ferre, v.   Glycère, n.
déferre, v.   Rhinocère, ville
enferre, v.   imaginaire
referre, v.   Sancerre, g.
cautère, v.   serre
défère, v.   desserre
infère, v.   ulcère
profère, v.   vicaire
refère, v.   acère, v.
transfère, v.   insère, v.
   lacère, v.
   macère, v.
bergère   serre, v.
bocagère   desserre, v.
boulangère   enserre, v.
étagère   resserre, v.
étrangère   ulcère, v.
fougère
horangère   Isère, g.
horlogère   Lèsbre, id.
lanigère   misère
thyrsigère   —
légère   acrotère
lingère   adultère
mégère   alexitère
ménagère   Angleterre, g.
mensongère   anthère
orangère   coléoptère
passagère   diptère
viagère   périptère
gère, v.   pseudodiptère
exagère, v.   pseudopéript.
ingère, v.   artère
suggère, v.   trachée-artère
   —
hère   bannière, bot.
guère   Bruxère, g. a.
naguère   caractère
guerre   cautère
   cimeterre
chambrière (4)   civatère
épinglière   cratère
fondrière   Cythère, g. a.
La Sablière, n.   délétère
marbrière   Despautère, n.
meurtrière   équilatère
nitrière   quadrilatère
plâtrière   trilatère
poivrière   estère
poudrière   esterre, mar.
prière   Finistère, g.
sablière   fumeterre
salpétrière   ictère
soufrière   magistère
ventrière   mésentère
vitrière   ministère
   mystère
colère   Nanterre, g.
galère   panthère
accélère, v.   patère
colère, v.   phylactère
   presbytère
caillère   Santerre, g. n.
rahouillère   sauveterre
   sciatère
amère   susquilatère
chimère   spinthère
commère   statère
éphémère   stère
Homère, n.   —
mère   décastère
belle-mère   hectostère
commère   kilostère
dure-mère   myriastère
grand-mère   pie-mère
commère, v.   cantatère
   militaire
scarsonère   baptistère
tonnerre   monastère
paratonnerre   phalanstère
dégénère, v.   terre
gènère, v.   arc-en-terre
rémunère, v.   charbon de t.
   sauve-terre
père   parterre

tige-lettre renterre
tremble-terre retorre
uretère —
uvocrithre Noverre, *g.*
Volterra, *g.* primevère
altère, *v.* sévère
désoltère, *v.* Sévère, *n.*
réitère, *v.* trouvère
terre, *v.* verre
atterre avère, *v.*
déterre révère, *v.*
enterre persévère, *v.*

Les terminaisons en *aire* riment bien avec celles-ci, surtout avec la lettre d'appui. Celles en *ère* et *aire* riment moins bien, surtout quand *id; iai* sont monosyllabes. Voy. *airs,* et *ière* à l.
Ajoutez-y tous les fém. des adj. en *er.*

ERF.

cerf serf
nerf —

Ces trois mots riment au sing. Mais au pl. *cerfs, nerfs* étant prononcés *cers, ners,* riment seuls ensemble. *Serfs* faisant entendre le *f* n'a pas de rime.

ERG.

Bamberg, *g.* Lansberg (Math.)
Berg, *n.* Nuremberg, *g.*
Furstemberg, *n.* Schomberg, *n.*
Guttenberg, *id.* Spitzberg, *g.*
Kœnigsberg, *g.* Wurtemberg, *id.*

Ces mots peuvent rimer à la gueur avec les terminaisons *er, air, ert.*

ERCE.

alberge cire-vierge (4)
asperge absterge, *v.*
auberge déterge, *v.*
berge asperge, *v.*
canneberge, *bot.* converge, *v.*
cierge (2) diverge, *v.*
concierge (3) enverge, *v.*
flamberge émerge, *v.*
ramberge, *mar.* immerge, *v.*
serge amberge, *v.*
verge goberge, *v.*
porte-verge héberge, *v.*
vierge (2)

ERGNE.

Auvergne, *g.* hergne, *v. m.*

ERGUE.

exergue vergue
Rouergue, *g.* enverge, *v.*

ERGUES.

Bergues, *g.*

Joignez-y le pl. des noms et la deux. pers. sing. du verbe de la liste qui précède.

ERLE.

berle, *bot.* gris-de-perle
merle ferle, *mar. v.*
Monimerle, *g.* déferle, *v.*
perle

ERME.

berme angiosperme
derme terme
échinoderme Terme, *myt.*
épiderme afferme, *v.*
ferme, *v.* ferme, *v.*
sous-ferme désenferme, *v.*
terre-ferme enferme, *v.*
ferme, *adj.* referme, *v.*
germe renferme, *v.*
Lerme, *g.* et *n.* germe, *v.*
Palerme, *g.* regerme, *v.*
sperme

ERMES.

thermes, *s. pl.*

Ajoutez-y le pl. des noms et la deux. pers. sing. des verbes de la liste qui précède.

ERNE.

alterne citerne
subalterne externe
Artapherne, *n.* Falerne, *g.*
Averne, *myt.* Palerne, *g. a.*
baliverne giberne
Berne, *g.* Holospherne, *n.*
caserne interne
caverne lanterne

Laverne, *myt.* terne, *adj.*
Lerne, *g. a.* alterne, *v.*
Lucerne, *g.* baliverne, *v.*
luzerne berne, *v.*
moderne cerne, *v.*
paterne, *v. m.* concerne, *v.*
quaterne discerne, *v.*
Salerne, *g.* dècerne, *v.*
Sauterne, *id.* consterne, *v.*
Saverne, *id.* prosterne, *v.*
Sterne, *n.* gouverne, *v.*
taverne hiverne, *v.*
terne, *s.* lanterne, *v.*

ERPE.

Euterpe, *myt.* serpe

ERPES.

herpes serpes, *pl.*

ERQUE.

Albuquerque, *n.* luperque, *ant.*
Dunkerque, *g.* Steinkerque, *g.*

ERRE, voy. ÈRE.

ERS pron. É.

andouillers (3) Angers, *g.*

Joignez-y le pl. des noms en *er* comme *dangers, légers.* Voyez aussi la terminaison IERS.

ERS pron. ÈRE.

Boufflers, *n.* univers
convers vers, *s. pl.*
divers vers, *prép.*
anvers, *s.* devers
Gers, *g.* envers
Manœrs, *id.* perds, *v.*
Nevers, *id.* reperds, *v.*
pers sers, *v.*
pervers dessers, *v.*
revers ressers, *v.*
travers

Ajoutez-y les pl. des noms en *er* et *air* (pron. *ère*), ainsi que de ceux en *ert.* Voy. aussi la terminaison *iers.*

ERS pron. ERCE.

Anvers, *g.*

ERSE, voy. ERCE.

ERSTE.

Werste, *g.*

ERT et ERD pron. ÈRE.

Albert, *n.* entr'ouvert
Childebert, *id.* rouvert
Colbert, *id.* pivert
concert Robert, *n.*
déconcert Bois-Robert
couvert aunes-Robert
découvert souffert, *part.*
recouvert vert
désert Cap-Vert, *n.*
dessert Vert-Vert, *n.*
disert apport, *v.*
expert pard, *v.*
Gilbert, *n.* reperd, *v.*
haubert sert, *v.*
Herbert, *n.* dessert, *v.*
offert, *part.* ressert, *v.*
ouvert, *v.*

ERT pron. ERTE.

Perth, *g.* Donawert, *g.*

ERTE.

alerte, *adj.* et *s.* Lserta, *n.*
Berthe, *n.* Mélicerte, *id.*
Caserte, *id.* *s.* offerte, *part*
certe *pour* certes alfierte, *s. f.*
couverte, *part.* ouverte
découverte, *id* entr'ouverte
recouverte rouverte
déserte, *adj.* perta
desserte soufferte
diserte verte
experte concerte, *v.*
fierte, *v. m.* déconcerte, *v.*
inerte

ERTES.

certes

Joignez-y le pl. des noms et la deux. pers. sing. des verbes de la liste précédente.

ERTRE.

tertre

ERVE.

conserva préserve, *v.*
Minerve, *myt.* réserve, *v.*
réserve énerve, *v.*
conserve, *v.* serve, *subj.*
observe, *v.* resserve, *id.*

ÉS ou EZ pron. É.

assez Milanez, *id.*
chez nez
Fez, *g.* cache-nez
Forez, *id.* sonnez

Les pl. en *ez* dans les noms, et les deux. pers. pl. en *ez* dans les verbes, riment avec ces mots: mais il faut que la lettre d'appui soit semblable. *Assez, percés, effacés, terrasses,* etc., *nes, amenés, prenes,* etc. Voy. *ves, des, ches, des, res,* etc.

ÉS pron. È.

abcès procès
accès profès
agrès succès
congrès insuccès
décès très
échecs mets, *v.*
excès admeis, *v.*
exprès démets, *v.*
meis entremets, *v.*
entremets omets, *v.*
osselets permets, *v.*
près promets, *v.*
auprès soumets, *v.*

Ajoutez-les pl. des noms en *et* et *ait.* Voy. aussi les rimes en *ais,* qui vont bien avec cette désinence, surtout quand la lettre d'appui est semblable.

ÉS et EZ pron. ÈCE.

Alvarès, *n.* Pharès
Ambes (bec d')*g.* Méphistophélès
Agnès, *n.* Meix, *g.*
aloès Oxygès, *myt.*
Aranjuez, *g.* Palès, *myt.*
Averroës, *n.* paires (ad)
Bénarès, *g.* Pérez, *n.*
aspergès Périclès, *id.*
Cébès, *n.* Reix (de), *id.*
Cérès, *myt.* Rhodès, *g.*
cortès, *p. f.* Rodriguez, *n.*
Cortez (Fern.), *n.* Saint-Dies, *g.*
Damoclès, *n.* Saint-Tropez, *id.*
Dioclès (5), *id.* Sanchez, *n.*
florès (faire) Sèes (2), *g.*
Grgès, *n.* Senex (1), *id.*
Henriques, *id.* Suez, *id.*
Hermès, *myt.* Teutatès, *id.*
Hernandez, *n.* Thalès, *n.*
honores (ad) Thésaurochryso-
Inès, *n.* nicochrysidès
Inverness, *g.* Uzès, *g.*
kermès Vélasques, *n.*
alkermès Verrès, *id.*
Lombez, *g.* Xercès, *id.*
Lopez, *n.* Xerxès, *id.*
Mansanès, *id.* Artaxercès, *id.*
Mançanarez, *g.* Xérès, *g.*
Mané-Thécel- Verneà, *n.*

ESCE, voy. ESSE.

ESDE.

Dresde, *g.*

ÈSE, voy. AISE.

ESLE.

ESLE, esme, esne, espè, espre, esque, dont le *s* est muet, voy. ÈLE, èvie, ène, èpe, èpre, èque.

ESQUE pron. ÈCQUE.

arabesque mauresque
barbaresque pédantesque
burlesque pittoresque
charlatanesque presque
chevaleresque romanesque
fresque soldatesque
gigantesque todesque
grotesque

ESSE bref.

esse, *lettré* morbidesse
  rudesse
duchesse
archiduchesse fesse
évêchesse fesse, *v.*
richesse —
  dogesse
déesse gasse
  largesse
grandesse sagesse

sauvagesse forteresse
  impresse
borgnesse ivresse
ivrognesse ladresse, *v. m.*
  maîtresse
hardiesse (4) mulâtresse
liesse (3) pairesse
acquiesce, *v.* paresse
  pauvresse
diablesse pécheresse
drôlesse prêtresse
faiblesse recommander-
mollesse sécheresse
noblesse siresse, *v. m.*
simplesse tailleuresse
blesse, *v.* tendresse
  tigresse
gentillesse traîtresse
vieillesse venderesse
  vengeresse
kermesse adresse, *v.*
messe caresse, *v.*
basse-messe dresse, *v.*
grand'messe rodresse, *v.*
Permesse, *g. a.* intéresse, *v.*
promesse désintéresse, *v.*
  paresse, *v.*
abbesse presse, *v.*
ânesse empresse, *v.*
chanoinesse oppresse, *v.*
diaconesse progresse, *v.*
finesse transgresse, *v.*
Gonesse, *g.* tresse, *v.*
jeunesse retress, *v.*
larbonnesse —
moinesse cesse
patronesse grossesse
  princesse
Bcène, *n.* suissesse
bœsse
  altesse
prouesse comtesse
  vicomtesse
papesse délicatesse
  étroitesse
adresse hautesse
maladresse hôtesse
allégresse justesse
bailleresse petitesse
Bressu, *g.* poétesse (4)
caresse politesse
chasseresse impolitesse
compresse prestesse
défenderesse prophétesse
demanderesse scélératesse
détresse tristesse
devineresse vitesse
doctoresse —
dogaresse vesse
enchanteresse vesce, *bot.*
expresse vesse, *v.*

ESSE long, voy. AISSE.

On fait quelquefois rimer ces terminaisons longues avec les brèves; mais c'est une licence peu agréable à l'oreille.

EST pron. É, voy. ET long.

EST pron. ÈCTE.

Brest, *g.* ouest (1)
Bukarest, *id.* nord-ouest
Ernest, *n.* sud-ouest
est Pest, *g.*
nord-est S.-Priest (5), *id.*
sud-est test (serment du)
test test !

ESTE.

Aceste, *n.* presta
agreste reste
Alceste, *n.* sébaste, *bot.*
alpagreste sieste (2)
anapeste Thyeste (5) *myt.*
anbeste Trieste (5), *g.*
bupreste veste
céleste soubreveste
ceste zeste
conteste, *v. m.* admoneste, *v.*
digeste este, *v. m.*
Este (d'), *n.* infeste, *v.*
funeste leste, *v.*
geste délaste, *v.*
incesta manifeste, *v.*
indigeste moleste, *v.*
manifeste peste, *v.*
modeste empeste, *v.*
immodesta reste, *v.*
Oreste, *n.* teste, *v.*
peste atteste, *v.*
peste ! conteste, *v.*
malepeste ! déteste, *v.*
polychreste proteste, *v.*
Preneste, *g. a.*

ESTRE dont le *s* ne se prononce pas, voy. ÊTRE.

ESTRE pron. ESTRE.

alpestre ménestre, *v. m.*
bourgmestre orchestre
quartier-mest. palestre
vaguemestre pédestre
campestre rupestre
Chester (*pron.* sémestre
chestre), *g.* trimestre
Clytemnestre, *n.* sénestre
équestre (3) séquestre
Hypermnestre, *n.* sylvestre, *adj.*
Leicester (*pron.* Sylvestre, *n.*
Leicestre), *g.* terrestre

ÉT long et AIT long.

acquet profit
conquêt lât
apprêt est (il), *v.*
arrêt naît, *v.*
bénêt renaît, *v.*
forêt connaît, *v.*
genêt méconnaît, *v.*
intérêt pali, *v.*
prêt, *adj.* repaît, *v.*
prêt, *sub.*

Ces mots riment avec les désinences en *ait,* surtout quand la lettre d'appui est le même : *bénêt, renaît,* etc.

ET, AIT et AID.

et sous-préfet
alphabet fait, *v.* et *part.*
Babet, *n.* contrefait, *id.*
barbet défait, *id.*
carbet refait, *id.*
courbet satisfait, *id.*
gabet surfait, *id.*
galoubet anget
gibet Bourget (le), *g.*
gobet budget
quolibet jet
sorbet forget
Thibet, *g.* objet
  projet
blanchet trajet
bochet sujet
brèchet —
brochet Puget, *n.*
cachet rouget
colifichet Rouget (de l'Isle)
crochet surget
Danchet, *n.* Target, *n.*
déchet —
émonchet beignet
fauchet poignet
fichet avant-poignet
flanchet Ajoutez ici la
fourchet trois. pers. sing.
guichet de l'imp. de l'ind.
hochet des verbes en
louchet *aindre* et *eindre,*
richet *contraignait, feignait,*
ricochet Brèguet, *n.*
rochet daguet
sachet droguet
souchet élinguet
Suchet, *n.* ginguet, *v. m.*
tranchet guet (1)
trébuchet longuet
Tronchet, *n.* muguet (2)
échet, *v.* —
  inquiet (3)
baudet jalet (2)
bidet joliet (3)
farfadet cadet liciet (5), *bot.*
faudet vaciet (5), *id.*
Girodet, *n.* —
godet agnelet
muscadet aigrelet
verdet Alet, *g.*
  angelet
Ajoutez ici la appelet
trois. pers. sing. archelet
de l'imp. del'ind. argoulet
de plusieurs ver- aimadoulet
bes en *dre, pen-* —
dait, rendait, Bagnolet, *g.*
etc. ballet
  bâtelet
attifet bavolet
buffet Berthollet, *n.*
défet blet
effet bolet
fait boulet
bienfait bourrelet
contrefait bracelet
défait, *adj.* cabriolet (4)
forfait camouflet
imparfait capelet
méfait Capulet, *n.*
parfait carrelet
plus-que-parf. Catelet (le), *g.*
stupéfait, *adj.* cerfelet
Japhet, *n.* chalet
préfet

chapelet
Chasselet, g.
châtelet
chevalet
Cholet, g.
ciselet
collet
complet
incomplet
replet
Corcelet, n.~
corsselet
cotylet
couplet
doublet
filet
flageolet
fiet, zool.
follet
friolet
Gallet, n.
galet
gantelet
gibelet
gilet
gobelet
goulet
grandelet
grelet
jalet
Jodelet, n.
laid
lait
madrigalet
maigrelet
mantelet
marjolet
martelet
Malet, n.
mallet
miquelet
Morellet, n.
mortelet, v. m.
mulet
chausse-mulet
surmulet
Nollet, n.
oiselet
onglet
orgelet
osselet
ourlet
palet
pampulet
Paraclet
pistolet
plaid, v. m.
plaid-(écossais)
poulet
grenelet
prunelet
récollet
reflet
réglet
Richelet, n.
roitelet
relet
rondelet
rossignolet
rousselet
serpolet
seulet, v. m.
sifflet
soufflet
steriet, zool.
stylet
Taillet, g.
tendelet
tiercelet (5)
tennelet
Triboulet, n.
triolet (5)
valet
varlet
verdelet
violet (5)
virolet
volai
plait, v.
complait, v.
déplait, v.
voulait, v.

barillet
billet
brésillet
coureaillet
douillet
feuillet
tourne-feuill.
grassouillet
grenouillet
œillet
juillet
maillet
millet
œillet
paillet

armet
Calmet (dom), n.
calumet ou
chalumet
flamet
fumet
gourmet
guillemet
Mahomet, n.
plumet
soumet
met, v.
admet, v.
commet, v.
compromet, v.
démet, v.
entremet(s')u.
omet, v.
permet, v.
promet, v.
remet, v.
soumet, v.
transmet, v.

alphamet
Anet, g.
baronnet
bassinet
bâtonnet
binet
bonnet
bourdonnet
brunet
buissonnet (3)
cabinet
cadenat
carnet
chanet
cochonnet
cordonnet
cornet
cousinnet
cramponnet
Danet, n.
estaminet
farinet
finet
garçonnet
genet
havenet
jardinet
jaunet
jeunet
lansquenet
martinet
méлинet
mentonnet
moulinet
ognonnet
patronnet
Plantagenet, n.
Poinsinet, id.
rohinet
sadinet, v. m.
sansonnet
signet (pr. sinet)
sonnet
Taconnet, n.
tantinet
tenet
Vernet, n.

Ajoutes ici la
deux. pers. sing.
de l'imp. de l'ind.
de quelq. verb. :
tenait, deve-
nait, prenait,
etc.

Arouet (5), n.
brouet (2)
cahrouet (5)
couet (2)
écouet (5)
fouet (1)
gouet (2)
jouet (2)
mouet (2)
rouet (1 ou 2)
souhait

Capet, n.
clapet
Japet, myt.
parapet
pet
toupet

acquêt
conquêt
affiquet
baquet
barbuquet
hériquet
héquet

berniquet
bilboquet
biquet
bisliquet
bosquet
bouquet
bourriquet
briquet
Brisqugt, n.
caquet
chiquet
chonquet
claquet
cliquet
Coquet (le), g.
criquet
croquet
équiboquet
Fouquet, n.
freluquet
friquet
haquet
hoquet
loquet
Malplaquet, n.
mousquet
naquet
niquet
paltoquet
paquet
parquet
perroquet
piquet
quinquet
roquet
sanpiquet
sobriquet
toquet
torquet
tourniquet
traquet
trinquet
triquet
virebouquet

basset
bourcet
cabasset
cet, pron.
Condorcet, n.
corset
courcet
doucet
éparcet
fausset
foncet
gousset
graisset
grasset
Gresset, n.
housset
lacet
placet
sasset
tercet
veraet

Ajoutes ici la
trois. pers. sing.
de l'imp. de l'ind.
de plusieurs ver-
bes en ir: finis-
sait, avertis-
sait, etc.

Plus la même
person. des ver-
bes en aître et
oître: naissait,
croissait.

Bajazet, n.
basset
biset
creuset
griset
liset
marmouset

Ajoutes ici la
trois. pers. sing.
de l'imp. de l'ind.
des verbes en
aire: plaisait,
faisait, etc.

Plus la même
person. de quel-
ques verbes en
ire: lisait, suf-
fisait, etc.

Colliolet, n.
fustet
motet
protet
tantet
tet

bluet (2)
Bossuet, n. (2)
cornuet
fluot (2)

livret
Loiret, g.
maigret
Mairet, n.
millaret
minaret
panvret
portrait
propret
regret
retrait
sauret
suret
labouret
tendret
Théodorat, n.
Tintoret, id.
tiret
tauret
traceret
trait
Tarcaret, n.
Villaret, id.
trait, v.
abstrait, v.
distrait, v.
extrait, v.
rentrait, v.
soustrait, v.

Ajoutes ici la
troisième person.
sing. du condi-
tionnel de tous
les verbes.

barbetie
bette
courbette
diabète
herbette
jambette
brochette
buchette
cachette
fourchette
pochette
sachette
achète, v.
cachète, v.

cadette
delte
védette
endette, v.

bouffette
moffette

bougette
cuogete
gougele
indigète
logette
rougette
sagette, v. m.
vergete
jette, v.
dejette, v.
interjette, v.
projette, v.
rejette, v.
végète, v.

baguette
guinguette
languette
longuette
guête, v.

castagnette
lignette
signette
vignette

aiguillette
assiette
braïette
brahiette
cendriette
Damiette, g.
diète
Henriette, n.
historiette
inquiète
joliette
layette
mauviette
miette
Orvièle, g.
sarriette
sayette
serviette

ablette
ampoulette

Huet (2), n.
menuet (2 ou 3)
muet (2)

brevet
canivet
cavet
chevet
couvet
D'Olivet, n.
duvet
fauvet
Givet, g.
havet
Louvet, n.
navet

Ajoutes à chacune de ces séries
les trois. pers. sing. des imparfaits
des verbes en er dont la terminaison est précédée de la même lettre
d'appui : à buv, tombait, suc-
combait : à chav, cherchait,
arrachait, etc.

ET pron. ÊTE.

Achmet, n.
Albret, g.
aneth
beth
débat
fait, s. m.
Japhet, n.

Lisboth, id.
Macbeth, id.
Nazareth, g.
sept, m. de n.
Seth, n.
tacet

ÈTE bref et ETTE.

Gaëte, g.
saette, v. m.

amulete, s. m.
arbalète
athlète
areuglette
bachelette
bagnolette
bandelette
blelte
bielette
bisselette
casselète
ciboulette
cordelette
côtelette
croutelatte
darielette, v. m.
doublette
échelette
empiète
épaulette
escarpolette
espagnolette
femmelette
follette
galette
gargoulette
gimbleltte
glotte
goélette
gouttelette
gribleltte
hâtelette
houlette
Lavalelle, m.
mallette
merlolte
molette
mulette
omelette
palette
paulelte
poulette
psallette
ragingletta
réglette
roulette
sellette
squeulette
tartelette
toilette
Valette (de la) g.
Villaite, g.
violette

brochette
huchette
casselelte
caudelcité
cachette
ciboulette
cerdelette
côtelelte
croutelalte
darielette, v. m.
doublette
échelette
emplette
épaulette
escarpolette
espagnolette
femmelette
follette

aiguillette
adouillelte
billette
caillette
chenillette
chevillette
cueillette
douillette
feuillette
fillette
gentillette
grenouillelta
griboullette
mouillelte
oreillette
pailliette
quenouillelta
quillette

chou-navet
nivet
Olivet, g.
orvet
ravet, zool.
rivat
chasse-rivet

Ajoutes ici la
trois. pers. sing.
du préb. de l'ind.
de quelques ver-
bes en ire : é-
crivait, et en
voir : devait,
pouvait.

rillette
taillette
vrillette
aiguillète, v.
feuillète, v.

Admète, myt.
allumette
comète
flammette
gourmelet
palmette
pommette
ramette
mette, subj. v.
commette, v.
compromet., v.
démette, v.
émette, v.
entremette, v.
omette, v.
permette, v.
prémette, v.
promette, v.
remette, v.
soumette, v.
transmette, v.

Annette, n.
Antoinette, id.
Aristènète, id.
baïonnette
bannette
baronnette, s.
Barcelonnette, g.
bergeronnette
blondinette
bonnette
brunette
cadenette
canette
chaïnette
chansonnette
chardonnette
chipinette
clarinette
cornette
cousinette
épine-vinette
épinette
finette, adj. f.
Finette, n.
genette
herminette
Jeannette, n.
lunette
maisonnette
Manette, n.
marionnette
mignonnette
minette
Nanette, n.
Ninette, id.
nonnette
ratuette
renette
rouennette
saynète
savonnette
serinette
sornette
tenette
Tiennette, n.
tinette
Toinette, n.
Trinette, id.
admonète, v.
bonnète, v. m.

cacoëthe (4)
poëte (3)
archipoète

atirapete
axipète
centripète
carpette
escampette
escopette
escoupette
pompette
rapete
recoupette
serpette
tapete
trompette
appète, v.
répète, v.
trompette, v.

banquette
blanquette
broquette
casquette
cliquette
conquête, bot.
coquette
damasquette

étiquette
fourquette
franquette
frisquette
jaquette
loquette
marquette
moquette
paquette
plaquette
raquette
roquette
torquete
trinquette
turquette
baquete, v.
baquète, v.
étiquette, v.
marquetə, v.

Joignez à chacune de ces catégories le fém. des adj. en et avec
la même lettre d'appui.

ÉTÉ long et ÈTE long.

arbalète
arrête
bête
malebête, v.m.
crête
Crète, g.
faîte
fête
trouble-fête
honnête
déshonnete
malhonnête
prête
prophète
quête
conquête
enquête
contre-enquête
requête
tempête
tête
casse-tête
coupo-tête

Voy. les mots en aite qui riment bien avec ceux-ci.

ÈTES et ETTES bref.

Charmettes (los)
goguettes
massorètes
mouchettes

Joignez-y les pl. des noms et
les deux. pers. sing. des verbes de
la série qui précède.

ÊTES long.

êtes (vous)

Joignez-y le pl. des noms et la
deux. pers. sing. des verbes de la
série. précédente.

ÊTRE bref et ETTRE.

glossopètre
ichthyopètre(5
hypêtre
lettre
contre-lettre
mètre
centimètre
millimètre
décamètre
hectomètre
kilomètre
myriamètre(5)
dimètre
heptamètre
hexamètre
tétramètre
trimètre
aérométre
nèmomètre
antigéométre
aréométre
baromètre
calorimètre
chronométre
diamètre
dynamomètre
électromètre
audiomètre(5)
galvanomètre
géométre
goniomètre (5)
graphomètre

ÊTRE long.

Bicêtre, g.
champêtre
chevêtre, v. m.
être, s.
bien-être
mal-être
peut-être, ad.
fonêtre
guêtre

bluette
buette
muette
suete

aloustie
brouette
chouette
couette
flouette
girouette
Ivette, g.
lavette
navette
pivette
buréte, v.

Joignez à chacune, de ces catégories le fém. des adj. en et avec
la même lettre d'appui.

serre-tête
tue-tête (à)
arrête, v.
dévanièle, v.
éléte, v.
fête, v.
refète, v.
hébète, v.
prète, v.
apprête, v.
quête; v.
acquête; v. m.
conquête, id.
enquête, id.
requête, id.
tempête, v.
vête, subj.
revête, v.
survête, v.

olivettes
oubliettes
pincettes

holomètre
hydromètre
hygromètre
manomètre
mécomètre
métromètre
micromètre
odontmètre
pantomètre
puramètre
périmètre
psychromètre
radiomètre
thermomètre
udomètre
impètre, v.
maître, v.
admettre, v.
commeltre, v.
compron., v.
démettre, v.
démettre, v.
émettre, v.
entremet., u.
ometre, v.
pérmettre, v.
promeltre, v.
remettre, v.
soumettre, v.
transmeltre, v.
pénétre, v.

hêtre
prêtre
archi-prêtre
relire, v. m.
salpêtre
guêtre, v.

bavette
buvette
civette
olavette
crevette
cuvette
darivelte
brouette
éprouvelte
fauvette
Ivette, bot.
Ivette, g.
lavette
navette
pivette
burète, v.

---

* Et je faisais claquer mon fouet
    [(tout comme un autre.)
RACINE, Plaideurs.

Entre deux ou greuier par un trou fort
    [étroit.
Liv. III, fab. 17.

* La Fontaine fait rimer fouet avec
étroit, parce qu'autrefois on a prononcé étret.
Damoiselle belette, au corps long et
    [fluet.
L'huet.

Voy. les mots terminés en *aître* qui riment avec ceux-ci.

ÊTRES.

ancêtres	êtres (les)

Joignez-y les pl. des noms en *être* et en *aître*.

ETS.

aguets (être aux)	entremets
mets	

Joignez-y le pl. des noms en *et, ait, aid;* plus la prem. et la deux. pers. sing. du verbe *mettre* et de ses composés : *je mets, tu promets*, etc.; plus encore les mots en *ais* et *ès* pron. *è* : *je fais, palais, succès.*

EU.

alleu	couvre-feu
aveu	garde-feu
désaveu	feu, *adj.*
bleu	hébreu
corbleu	heu
cordon-bleu	jeu
morbleu	enjeu
palsembleu	neveu
parbleu	arrière-neveu
tête-bleu	petit-neveu
ventre-bleu	peu
Eu, *g.*	peu-à-peu
feu	vœu
boute-feu	

Ces mots peuvent rimer avec ceux en *ieu;* mais la rime est à peine suffisante.

EUBLE.

meuble, *adj.* etc.	meuble, *v.*
immeuble, *id.*	démeuble, *v.*
garde-meuble.	

EUCTE.

Polyeucte (4), *n.*

EUDE.

Euda, *n.*	leude

EUDES.

Eudes, *n.*	leudes, *s. pl.*

EUE.

bleue (2), *adj.*	trousse-queue
queue (2)	lieue (2)
hoche-queue	banlieue (3)
rouge-queue	demi-lieue (4)

EUF *et* ŒUF.

Babeuf, *n.*	éteuf, *v. m.*
bœuf	Marbeuf, *n.*
arrête-bœuf	mœuf, *v. m.*
œil-de-bœuf	neuf
Bourganeuf, *g.*	neuf, *adj.*
Brébeuf, *n.*	œuf
Elbeuf, *g.*	veuf

Ces mots riment entre eux au pl., excepté *bœufs* et *œufs*, qui se prononcent *beu* et *eu* et qui riment avec les pl. en *eux.*

EUGLE.

aveugle	beugle, *v.*
aveugle, *v.*	meugle, *v.*
désaveugle, *v.*	

EUIL.

accueil	Excideuil, *g.*
recueil	fauteuil
Argenteuil, *g.*	Luxeuil, *g.*
Auteuil, *id.*	Mareuil, *id.*
bouvreuil	Montreuil, *id.*
Breteuil, *n.* et *g.*	Nanteuil, *n.* et *g.*
breuil	œil
cercueil	orgueil
cerfeuil	Santeuil, *n.*
chevreuil	Septeuil, *id.*
deuil	seuil
demi-deuil	treuil
écueil	Verneuil, *g.*
écureuil	

EUILLA, euillant, *voy.* **LLA**, llant.

EUILLE.

feuille	cueille, *v.*
chèvre-feuille	accueille, *v.*
double-feuille	recueille, *v.*
mille-feuille	feuille, *v.*
perce-feuille	défeuille, *v.*
porte-feuille	effeuille, *v.*
sur-feuille	refeuille, *v.*
brouille, *v.*	

EUILLÉ, euillée, euiller, euilli, euillie, euillir, *voy.* **LLÉ**, llée, ller, lli, llie, llir.

EUL.

aïeul (2)	filleul
bisaïeul	glaïeul (2)
trisaïeul	ligneul
Achéul (S.), *g.*	linceul
Bailleul, *id.*	seul
épagneul	tilleul

EULE.

aïeule (3)	pet-en-gueule
bisaïeule	meule
trisaïeule	seule
bégueule	veule
épagneule	gueule, *v.*
éteule	dégueule, *v.*
filleule	égueule, *v.*
gueule	

EUME.

empyreume	neume

EUNE *bref.*

jeune, *adj.*

EUNE *long.*

jeûne, *s.*	déjeûne, *v.*
jeûne, *v.*	

EUPLE.

peuple	dépeuple, *v.*
peuple, *bot.*	repeuple, *v.*
peuple, *v.*	

EUQUE.

pentateuque	phaleuque (vers)

EUR.

douleur	fendeur
labeur	pourfendeur
—	fondeur
chœur	fraudeur
chroniqueur	froideur
cœur	frondeur
crève-cœur	gardeur
sacré-cœur	grandeur
craqueur	grondeur
escroqueur	hideur
liqueur	laideur
marqueur	lourdeur
moqueur	maraudeur
piqueur	odeur
plaqueur	olindeur, *v. m.*
pronostiqueur	plaideur
sophistiqueur	profondeur
trafiqueur	pudeur
traqueur	impudeur
troqueur	quémandeur
vainqueur	raccommodeur
—	radeur
accoucheur	ravaudeur
afficheur	rodeur
arracheur	roideur
bambocheur	rondeur
blancheur	sondeur
brocheur	splendeur
chercheur	strideur
boucheur	tiédeur
déboucheur	tondeur
bracheur	vendeur
débaucheur	covendeur
embaucheur	revendeur
défricheur	verdeur
dénicheur	—
écorcheur	agréeur
émoucheur	—
éplucheur	chauffeur
faucheur	coiffeur
fraîcheur	touffeur
gâcheur	—
mâcheur	chargeur
marcheur	déchargeur
moucheur	égorgeur
pécheur	forgeur
pêcheur	fourrageur
prêcheur	gageur
rabacheur	jaugeur
tricheur	largeur
trucheur	logeur
—	louangeur
accordeur	majeur
ambassadeur	mangeur
ardeur	nageur
bardeur	plongeur
boudeur	ravageur
brodeur	rongeur
bandeur	rougeur
cardeur	songeur
clabaudeur	tapageur
commandeur	vendangeur
débardeur	vengeur
défendeur	verbiageur
demandeur	vidangeur
dévideur	voltigeur
entendeur	voyageur
fadeur	—

baigneur	pleur
barguigneur	querelleur
gagneur	racleur
grogneur	racoleur
lorgneur	ribleur
peigneur	saleur
seigneur	sarcleur
monseigneur	siffleur
—	persiffleur
brigueur	souffleur
écangueur	tonneleur
épilogueur	trembleur
haranguour	triacleur
langueur	valeur
ligueur	non-valeur
longueur	vielleur
rigueur	voleur
vigueur	—
vogueur	appareilleur
—	artilleur
aboyeur (3)	bailleur
antérieur (4)	bâilleur
balayeur (3)	barbouilleur
bayeur (2)	batailleur
citérieur (4)	bousilleur
crieur (2)	brailleur
essayeur (3)	bredouilleur
extérieur (4)	bretailleur
fossoyeur (3)	corailleur
frayeur (2)	criailleur (3)
giboyeur (3)	cueilleur
grasseyeur (3)	détailleur
guerroyeur (3)	écrivailleur
hongroyeur (3)	émailleur
inférieur (4)	empailleur
ingénieur (4)	ferrailleur
intérieur (4)	gaspilleur
lieur (2)	grapilleur
relieur (3)	habilleur
marieur (3)	harpailleur
maréyeur (3)	meilleur
monnayeur (3)	nasilleur
oublieur (3)	pailleur
parieur (3)	piailleur (3)
payeur (2)	rimailleur
plieur (2)	rocailleur
postérieur (4)	roupilleur
pourvoyeur (3)	tailleur
prieur (2)	tirailleur
grand-prieur	travailleur
rentrayeur (3)	veilleur
rieur (2)	réveilleur
scieur (2)	vétilleur
sieur (1)	—
monsieur (2)	allumeur
supérieur (4)	animeur
tutoyeur (3)	clameur
ultérieur (4)	dîmeur
—	dormeur
ambleur	endormeur
assembleur	écumeur
avoleur	escrimeur
Barfleur, *g.*	étameur
bateleur	fumeur
botteleur	humeur
brûleur	imprimeur
cabaleur	parfumeur
cabrioleur	rameur
cajoleur	rimeur
enjoleur	rumeur
chaleur	semeur
Chandeleur	tumeur
ciseleur	—
colleur	affineur
contrôleur	raffineur
enrôleur	approvisionneur
couleur	assaisonneur
cribleur	baragouineur
débacleur	berneur
doubleur	bonheur
douleur	boulineur
souffre-doul.	bouquineur
écornifleur	carillonneur
emballeur	cerquemaneur
émouleur	chicaneur
rémouleur	corneur
ensorceleur	crayonneur
fileur	damasquineur
fleur	devineur
arrière-fleur	dîneur
chou-fleur	Elseneur, *g.*
passe-fleur	empoisonneur
fouleur	enlumineur
gabeleur	étalonneur
griveleur	faneur
haleur	flagorneur
Harfleur, *g.*	flaneur
Honfleur, *id.*	glaneur
heur	gouverneur
malheur	harponneur
javeleur	honneur
jongleur	déshonneur
Lafleur, *n.*	jeûneur
leur	meneur
monopoleur	mineur
mouleur	moissonneur
niveleur	patelineur
oiseleur	patineur
pâleur	planeur
parleur	preneur
pileur	entrepreneur

prôneur	enfonceur
questionneur	enfouisseur (4)
raisonneur	engrosseur
ramoneur	envahisseur
rançonneur	épaisseur
ricaneur	farceur
semonneur, *v. m.*	farcisseur
sermonneur	fesseur
souteneur	fidéjusseur
suborneur	finasseur
tambourineur	finisseur
tanneur	fléchisseur
tâtonneur	fourbisseur
teneur	fournisseur
tisonneur	fricasseur
tourneur	gausseur
traîneur	grosseur
vanneur	herseur
veneur	housseur
grand-veneur	laceur
—	Levasseur, *n.*
attrapeur	noirceur
coupeur	noircisseur
dupeur	oppresseur
envelopeur	passeur
frappeur	repasseur
grimpeur	penseur
peur	pétrisseur
pipeur	polisseur
sapeur	possesseur
sopeur	précurseur
soupeur	progresseur
stupeur	transgresseur
torpeur	professeur
trapeur	ravisseur
trompeur	rapetasseur
vapeur	redresseur
—	régisseur
acquéreur	semonceur
aigreur	sœur
assureur	belle-sœur
bafreur	consœur
chiffreur	suceur
déchiffreur	tousseur
coureur	tresseur
avant-coureur	vasseur
couvreur	vernisseur
cureur	verseur
écureur	—
discoureur	abuseur
doreur	aiguiseur
éclaireur	allégoriseur
empereur	amuseur
erreur	attiseur
flaireur	baiseur
ferreur	biaiseur
fourreur	briseur
fureur	causeur
gaufreur	chamoiseur
goureur	confiseur
horreur	croiseur
jureur	dévaliseur
laboureur	diviseur
Lecouvreur, *n.*	dogmatiseur
maigreur	empeseur
massacreur	faiseur
mesureur	contrefaiseur
ouvreur	friseur
pâtureur	gloseur
peintureur	jaseur
picoreur	tiseur
pleureur	magnétiseur
pressureur	moraliseur
procureur	pindariseur
terreur	poseur
tireur	priseur
—	proviseur
abaisseur	réviseur
abrutisseur	septembriseur
agresseur	tamiseur
antécesseur	temporiseur
intercesseur	thésauriseur
prédécesseur	toiseur
successeur	—
aplanisseur	abatteur
assesseur	abducteur
avertisseur	adducteur
avilisseur	conducteur
bâtisseur	introducteur
blanchisseur	producteur
boxeur	réducteur
brasseur	séducteur
brunisseur	traducteur
casseur	abréviateur
censeur	accélérateur
chasseur	accepteur
confesseur	acclamateur
connaisseur	réclamateur
convertisseur	accompagnateur
crosseur	accubiteur
curseur	accusateur
damasseur	acheteur
danseur	acteur
défenseur	administrateur
offenseur	admirateur
dégraisseur	adorateur
détrousseur	affronteur
écosseur	agioteur (4)
encenseur	agitateur
enchérisseur	agriculteur
endosseur	ajusteur

amateur	distributeur
amodiateur (5)	docteur
ampliateur (4)	dominateur
amplificateur	dompteur
argumentateur	écoteur
annotateur	éditeur
appariteur	rééditeur
appointeur	édificateur
appréciateur (5)	électeur
dépréciateur	emprunteur
approbateur	émulateur
désapprobat.	entremetteur
improbateur	équateur
argenteur	érecteur
armateur	ergoteur
arpenteur	escamoteur
auditeur	estimateur
auteur	éventeur
bachoteur	exacteur
barboteur	exagérateur
batteur	examinateur
bienfaiteur	excitateur
malfaiteur	excréteur
blasphémateur	excubiteur
bretteur	exécuteur
brocanteur	exploiteur
brouetteur (3)	explorateur
buccinateur	expositeur
caboteur	exportateur
calculateur	importateur
calfateur	exterminateur
captateur	extirpateur
caqueteur	fabricateur
centuriateur (5)	facteur
certificateur	fagoteur
chanteur	falsificateur
enchanteur	fauteur
chuchoteur	fécondateur
coacteur	flatteur
coadjuteur	flotteur
collaborateur	fondateur
collecteur	fornicateur
colleteur	fouetteur (2)
colporteur	fréteur
commentateur	affréteur
compétiteur	frotteur
compilateur	fureteur
complimenteur	générateur
compositeur	régénérateur
composteur	gesticulateur
compotateur	gladiateur (4)
compteur	glossateur
conciliateur (5)	guetteur
réconciliateur	hauteur
condensateur	illuminateur
conjurateur	imitateur
conscripteur	immolateur
consécrateur	imposteur
conservateur	improvisateur
consolateur	indagateur
désolateur	indicateur
consommateur	informateur
conspirateur	infracteur
inspirateur	inoculateur
constricteur	inquisiteur
constructeur	inspecteur
consulteur	instigateur
contemplateur	instituteur
contempteur	instructeur
conteur	interlocuteur
raconteur	interpolateur
continuateur	interrogateur
contradicteur	interrupteur
contrefacteur	inventeur
correcteur	investigateur
corrupteur	invitateur
créateur	jactateur
crocheteur	jeteur
cultivateur	jouteur
curateur	justificateur
débiteur	Laffecteur, *n.*
déchiqueteur	lecteur
décimateur	législateur
codécimateur	lenteur
décorateur	lesteur
décroteur	libérateur
définiteur	licteur
délateur	liquidateur
délesteur	littérateur
démonstrateur	machinateur
dénonciateur (5)	médiateur
déprédateur	menteur
déserteur	minéralisateur
dessinateur	modérateur
destructeur	moiteur
détenteur	moniteur
codétenteur	admoniteur
détracteur	moteur
dévastateur	promoteur
devorateur	multiplicateur
dictateur	mystificateur
diffamateur	narrateur
digesteur	navigateur
directeur	négociateur
dispensateur	nomenclateur
disputeur	nominateur
dissecteur	dénominateur
dissertateur	noteur
dissimulateur	novateur
dissipateur	numérateur
distillateur	observateur

obturateur
opérateur
coopérateur
orateur
ordonnateur
organisateur
désorganisat.
réorganisateur
ostentateur
pasteur
percepteur
persécuteur
perturbateur
pesanteur
planteur
pointeur
ponctuateur
porteur
rapporteur
précenteur
précepteur
sous-précept.
prédicateur
présentateur
préteur
prêteur
apprêteur
prévaricateur
procurateur
profanateur
prometteur
pronateur
propagateur
prosateur
proscripteur
protecteur
provéditeur
puanteur
qualificateur
questeur
quêteur
enquêteur
radoteur
récitateur
recruteur
recteur
co-recteur
ex-recteur
récupérateur
rédacteur
rédempteur
réformateur
régistrateur
relateur
régulateur
rémunérateur
réparateur
répétiteur
restaurateur
restituteur
rhéteur
riboteur
rioteur
sacrificateur
sanctificateur
sauteur
scarificateur
scripteur
scrutateur
sculpteur
sectateur

sécréteur
secteur
sénateur
senteur
serviteur
solliciteur
soucheteur
souscripteur
spectateur
spéculateur
spoliateur
stateur
stimulateur
stucateur
subrogateur
supinateur
supplantateur
tateur
taxateur
tentateur
testateur
traditeur
traiteur
tricoteur
triomphateur
trotteur
tuteur
cotuteur
protuteur
subrogé-tuteur
usurpateur
vanteur
vecteur
ventilateur
vérificateur
versificateur
viateur
violateur
visiteur
zélateur
—
Lesueur, *n.*
lueur
rueur
sueur
tueur
—
amadoueur
boueur
joueur
loueur
renoueur
—
baveur
buveur
éleveur
releveur
encaveur
enjoliveur
faveur
défaveur
ferveur
graveur
laveur
paveur
receveur
rêveur
sauveur
saveur
serveur
trouveur
viveur

EURE et EURRE.

antérieure (5)
beurre
chantepleure
citérieure (5)
demeure
Eure, *g.*
extérieure (5)
heure
demi-heure
inférieure (5)
intérieure (5)
leurre
majeure
meilleure (5)
mineure

postérieure (5)
prieure (5)
Soleure, *g.*
supérieure (5)
ultérieure (5)
affleure, *v.*
défleure, *v.*
effleure, *v.*
désaffleure, *v.*
demeure, *v.*
redemeure, *v.*
désheure, *v.*
fleure, *v.*
meure, *subj.*
pleure, *v.*

EURE *pron.* URE, *voy.* URE.

EURS.

ailleurs (2)
d'ailleurs (2)
couleurs
pâles-couleurs
feurs, *v. m.*
mœurs

pleurs
plusieurs (2)
vapeurs
Vaucouleurs, *g.*
meurs, *v.*

Plus les pl. des noms en *eur*, excepté *messieurs* qui se prononce *messieux.*

EURT.

heurt
meurt, *v.*

EURTE.

Meurthe, *g.*
heurte, *v.*

EURTRE.

meurtre

EUS *voy.* EUX.

EUSE et EUZE.

bourbeuse
bulbeuse
herbeuse
verbeuse
—
accoucheuse
afficheuse
arracheuse
bambocheuse
brocheuse
chercheuse
coucheuse
découcheuse
cracheuse
débaucheuse
embaucheuse.
défricheuse
dénicheuse
écorcheuse
éplucheuse
fâcheuse
faucheuse
gâcheuse
mâcheuse
moucheuse
émoucheuse
pêcheuse
prêcheuse
rabâcheuse
raccrocheuse
tricheuse
trucheuse
—
accordeuse
bardeuse
boudeuse
brodeuse
cardeuse
clabaudeuse
dévideuse
fraudeuse
gardeuse
grondeuse
hasardeuse
hideuse
maraudeuse
plaideuse
pondeuse
quémandeuse
raccommodeuse
ravaudeuse
rôdeuse
tondeuse
vendeuse
co-vendeuse
revendeuse
—
chauffeuse
coiffeuse
—
avantageuse
changeuse
fangeuse
gageuse
logeuse
louangeuse (4)
mangeuse
marécageuse
nageuse
neigeuse
nuageuse
ombrageuse
orageuse
outrageuse
tapageuse
vendangeuse
voyageuse
—
baigneuse
cagneuse
dédaigneuse
gagneuse
grogneuse
hargneuse
ligneuse
lorgneuse
peigneuse
rogneuse
soigneuse
teigneuse
—
aboyeuse
acrimonieuse
ambitieuse
apparieuse
artificieuse
astucieuse
audacieuse
avaricieuse
balayeuse
bilieuse
calomnieuse
capricieuse
captieuse
cérémonieuse

chassieuse
consciencieuse
contagieuse
copieuse
crieuse
curieuse
délicieuse
dévotieuse
dispendieuse
ennuyeuse
envieuse
époutieuse
essayeuse
fastidieuse
furieuse
giboyeuse
glorieuse
gracieuse
disgracieuse
grasseyeuse
guerroyeuse
harmonieuse
ignominieuse
impérieuse
industrieuse
ingénieuse
injurieuse
insidieuse
joyeuse
judicieuse
laborieuse
licencieuse
lieuse
relieuse
litigieuse
luxurieuse
malicieuse
maréyeuse
marieuse
mélodieuse
minutieuse
miséricordieuse
mystérieuse
obséquieuse
odieuse
officieuse
oublieuse, *adj.*
oublieuse, *s.*
parcimonieuse
parieuse
payeuse
pernicieuse
pestilencieuse
pieuse
plieuse
pourvoyeuse
précieuse
prodigieuse
radieuse
religieuse
rentrayeuse
révérencieuse
irrévérencieuse
rieuse
sanieuse
scabieuse
séditieuse
sentencieuse
sérieuse
silencieuse
soucieuse
spacieuse
spécieuse
spongieuse
studieuse
superstitieuse
tutoyeuse
vicieuse
victorieuse
yeuse (5)
—
anguleuse
argileuse
assembleuse
avaleuse
botteleuse
cabaleuse
cajoleuse
enjoleuse
calleuse
cauteleuse
colleuse
crapuleuse
doubleuse
ensorceleuse
fabuleuse
fileuse
fistuleuse
frauduleuse
frileuse
galeuse
glanduleuse
globuleuse
graveleuse
houleuse

huileuse
javeleuse
lamelleuse
mielleuse
miraculeuse
moelleuse
monopoleuse
mouleuse
musculeuse
nébuleuse
niveleuse
oiseleuse
oiseuse
parleuse
persiffleuse
populeuse
querelleuse
recéleuse
rouleuse
sableuse
sarcleuse
scandaleuse
scrofuleuse
scrupuleuse
siffleuse
souffleuse
trembleuse
tuberculeuse
voleuse
vielleuse
virgouleuse
—
appareilleuse
bailleuse
barbouilleuse
batailleuse
bousilleuse
brailleuse
bredouilleuse
chatouilleuse
croustilleuse
cueilleuse
écailleuse
écrivailleuse
émailleuse
empailleuse
rempailleuse
gaspilleuse
grapilleuse
habilleuse
merveilleuse
orgueilleuse
pailleuse
périlleuse
piailleuse
pointilleuse
pouilleuse
remailleuse
rocailleuse
roupilleuse
sourcilleuse
tailleuse
travailleuse
vieilleuse, *adj.*
vétilleuse
—
allumeuse
brumeuse
dormeuse
endormeuse
écumeuse
fameuse
fumeuse
gommeuse
Meuse, *g.*
parfumeuse
rameuse
venimeuse
—
albumineuse
alumineuse
anti-vermineuse
assaisonneuse
baragouineuse
bitumineuse
boutonneuse
buissonneuse
cartilagineuse
caverneuse
charbonneuse
chicaneuse
cotonneuse
crayonneuse
enlumineuse
entrepreneuse
épineuse
faneuse
farineuse
flagorneuse
flaneuse
fuligineuse
gangréneuse
gélatineuse
glaneuse
glutineuse
haineuse
jardineuse
jeûneuse
laineuse
lanugineuse
légumineuse

libidineuse
limoneuse
lumineuse
malineuse
membraneuse
meneuse
moissonneuse
mucilagineuse
oléagineuse
patelineuse
patineuse
poissonneuse
prôneuse
questionneuse
raffineuse
raisonneuse
rançonneuse
rancuneuse
résineuse
ricaneuse
ruineuse
sablonneuse
savonneuse
sermonneuse
soupçonneuse
suborneuse
tendineuse
tisonneuse
volumineuse
—
adipeuse
attrapeuse
dupeuse
enveloppeuse
nopeuse
pompeuse
pulpeuse
sirupeuse
trompeuse
—
aqueuse
belliqueuse
craqueuse
ébauqueuse
escroqueuse
moqueuse
muqueuse
troqueuse
variqueuse
visqueuse
—
acquéreuse
affreuse
amoureuse
assureuse
aventureuse
cadavéreuse
cancéreuse
catarrheuse
cendreuse
chaleureuse
chancreuse
chartreuse
Chevreuse, *g.*
coureuse
creuse, *adj. f.*
Creuse, *riv.*
dangereuse
dartreuse
désastreuse
désireuse
discoureuse
doucereuse
douloureuse
écureuse
fibreuse
fiévreuse
filandreuse
flaireuse
gaufreuse
généreuse
glaireuse
goîtreuse
goureuse
heureuse
bienheureuse
malheureuse
jureuse
langoureuse
liquoreuse
malencontreuse
mesureuse
nombreuse
onéreuse
ouvreuse
peureuse
phosphoreuse
pierreuse
plantureuse
plâtreuse
pleureuse
poreuse
poudreuse
procureuse
rigoureuse
savoureuse
scabreuse
séreuse
soporeuse
squirrheuse
sulfureuse

ténébreuse
Terneuse, *g.*
tubéreuse
valeureuse
vaporeuse
véreuse
vigoureuse
vitreuse
creuse, *v.*
—
angoisseuse
blanchisseuse
brasseuse
brunisseuse
casseuse
chanceuse
connaisseuse
crasseuse
danseuse
écosseuse
farceuse
fesseuse
finisseuse
fricasseuse
graisseuse
gypseuse
mousseuse
osseuse
paresseuse
penseuse
polisseuse
ravisseuse
repasseuse
rapetasseuse
remplisseuse
siliceuse
tousseuse
tresseuse
vernisseuse
—
abuseuse
amuseuse
baiseuse
boiseuse
briseuse
causeuse, *adj.*
confiseuse
empeseuse
faiseuse
friseuse
gazeuse
gaseuse
liseuse
magnétiseuse
moraliseuse
oiseuse
oseuse
quartzeuse
priseuse
vaseuse
—
acéteuse
acheteuse
affronteuse
agioteuse
ajusteuse
alimenteuse
Ambleteuse
barbotteuse
boiteuse
brocanteuse
calamiteuse
capiteuse
caqueteuse
chanteuse
chuchoteuse
colporteuse
comateuse
complimenteuse
conteuse
raconteuse
convoiteuse
coûteuse
dépiteuse
disetteuse

disputeuse
douteuse
duveteuse
emprunteuse
entremetteuse
ergoteuse
érysipélateuse
fagoteuse
filamenteuse
flatteuse
fouetteuse (5)
frotteuse
goutteuse
goûteuse
honteuse
juteuse
laiteuse
ligamenteuse
médicamenteuse
menteuse
nécessiteuse
œdémateuse
pâteuse
pituiteuse
porteuse
rapporteuse
prêteuse
apprêteuse
pyriteuse
quêteuse
quinteuse
radoteuse
sarmenteuse
sauteuse
séléniteuse
souffreteuse
tourmenteuse
tricoteuse
trotteuse
vaniteuse
venteuse
visiteuse
—
affectueuse
anfractueuse
défectueuse
difficultueuse
fastueuse
flatueuse
fluctueuse
fructueuse
infructueuse
impétueuse
incestueuse
majestueuse
monstrueuse
montueuse
onctueuse
présomptueuse
remueuse
respectueuse
somptueuse
spiritueuse
tortueuse
tueuse
tumultueuse
vertueuse
voluptueuse
—
boueuse
joueuse
loueuse
—
baveuse
buveuse
couveuse
enjoliveuse
graveuse
laveuse
morveuse
nerveuse
receveuse
rêveuse
trouveuse

EUSSE, *voy.* UCE.

EUT *pron.* EU.

meut, *v.*
émeut, *v.*
peut, *v.*

pleut, *v.*
veut, *v.*

EUT *pron.* U, *voy.* UT.

EUTE.

émeute
meute
thérapeute

ameute, *v.*
rameute, *v.*

EUTRE.

feutre
maheutre, *v. m.*
neutre

pleutre
feutre, *v.*
calfeutre, *v.*

EUVE.

fleuve
neuve
Terre-neuve
preuve
épreuve
émeuve, *id.*
pleuve, *id.*

contre-épreuve
sémi-preuve
veuve
Villeneuve, *g.*
meuve, *v. subj.*
treuve *

EUVRE et ŒUVRE.

couleuvre
œuvre
chef-d'œuvre

grand-œuvre
manœuvre

EUX.

eux
—
bourbeux
bulbeux
corymbeux
gibbeux
globeux
herbeux
verbeux
—
fâcheux
flacheux
gâcheux
—
deux
entre-deux
filardeux
hasardeux
hideux
—
avantageux
fangeux
jeux
enjeux
marécageux
neigeux
nuageux
ombrageux
orageux
outrageux
—
cagneux
dédaigneux
grogneux
hargneux
ligneux
rogneux
saigneux
soigneux
teigneux
vergogneux
—
fongueux
fougueux
gueux
Périgueux, *g.*
rugueux
—
acrimonieux **
ambitieux
arsénieux
artificieux
astucieux
audacieux
avaricieux
bilieux
calomnieux
capricieux
captieux
cérémonieux
chassieux
consciencieux
contagieux
copieux
curieux
incurieux
délicieux
dévotieux
dispendieux
envieux
facétieux
factieux
fallacieux
fastidieux
furieux
glorieux
gracieux
disgracieux
malgracieux
harmonieux
ignominieux
impérieux
industrieux
injurieux
insidieux
judicieux
injudicieux
laborieux
licencieux
litigieux
luxurieux

malicieux
mélodieux
minutieux
miséricordieux
immiséricordi.
mystérieux
obséquieux
odieux
officieux
inofficieux
parcimonieux
pécunieux
impécunieux
pernicieux
pestilencieux
pieux, *adj.*
précieux
prodigieux
radieux
religieux
irréligieux
révérencieux
irrévérencieux
roupieux
sanieux
séditieux
sententieux
sérieux
silencieux
soucieux
spacieux
spécieux
spongieux
studieux
superstitieux
vicieux
victorieux
—
angleux
anguleux
argileux
calleux
cauteleux
crapuleux
cribleux
fabuleux
fistuleux
frauduleux
frileux
galeux
glanduleux
globuleux
gratteleux
graveleux
grumeleux
houleux
huileux
lamelleux
mielleux
miraculeux
moelleux (2)
musculeux
nébuleux
populeux
rateleux
sableux
scandaleux
scrofuleux
scrupuleux
tuberculeux
—
casilleux
chatouilleux
croustilleux
écailleux
lentilleux
merveilleux
orgueilleux
périlleux
pointilleux
pouilleux
rocailleux
sourcilleux
vétilleux
—
brumeux
écumeux
fameux
fumeux
gommeux
rameux

* On disait autrefois *treuver*, *épreuver*, et les anciens poëtes, Molière, La Fontaine, ont employé *treuve*, *épreuve*, comme rimant avec *veuve*, etc. Ces rimes ne seraient plus admises aujourd'hui.

** Tous les mots rangés ici sont en *i-eux* dissyllabe, ceux en *ieux* monosyllabe peuvent rimer avec ceux-ci, mais beaucoup moins bien avec les autres mots en *eux*. Voyez-les à la terminaison *ieux* monosyllabe.

venimeux, albugineux, albumineux, alumineux, antivermineux, aréneux, haragonineux (4), bitamineux, boutonneux, breneux, buissonneux, cartilagineux, caverneux, charbonneux, charneux, cotonneux, crayonneux, épineux, intérépineux, éroginoux, farcineux, farineux, fuligineux, gangréneux, gazonneux, gélatineux, glutineux, haineux, laineux, lanugineux, légumineux, libidineux, limoneux, lumineux, matineux, membraneux, mucilagineux, oléagineux, poissonneux, résineux, ruineux, sablonneux, savonneux, soupçonneux, tendineux, urineux, vertigineux, vineux, volumineux — hypophosphor., pierreux, planiureux, plâtreux, pleureux, poreux, poudreux, preux, rigoureux, savoureux, scabreux, séreux, soporeux, squirrheux, sulfureux, hypocsulfureux, tartareux, ténébreux, terreux, valeureux, vaporeux, véreux, vigoureux, vitreux.

adipeux, loupeux, polypeux, pompeux, pulpeux, sirupeux, peux, v. (je, tu).

aqueux, belliqueux, muqueux, queux, variqueux, visqueux.

affreux, amoureux, aventureux, butyreux, cadavéreux, cancéreux, catarrheux, cendreux, chaleureux, chancreux, creux, songe-creux, dangereux, dartreux, désastreux, désireux, doucereux, douloureux, Dreux, g., Évreux, id., fibreux, fiévreux, filandreux, généreux, glaireux, goîtreux, hébreux, pl., heureux, bienheureux, malheureux, ichoreux, langoureux, lépreux, levreux, liquoreux, lustreux, malandreux, malencontreux, nidoreux, nitreux, hypénitreux, nombreux, onéreux, peureux, phosphoreux.

angoisseux-, chanceux, crasseux, glaceux, graisseux, gypseux, mousseux, oseux, paresseux, siliceux, hydrosiliceux, terrasseux.

boiseux, óaseux, gazeux, glaiseux, quartzeux, vaseux.

soéteux, alimenteux, argenteux, Batteux (le), n., boîteux, calamiteux, capiteux, conateux, convoiteux, coûteux, dépiteux, disetteux, douteux, duveteux, doûteux, érysipélateux, excrémenteux, filamenteux, goulteux, honteux, juteux, laiteux, anti-laiteux, ligamenteux, marmiteux, médicamenteux, nécessiteux, œdemateux, pâteux, piteux, impiteux, v., maupiteux, id, pituiteux, pyriteux, quinteux, sarmenteux, séléniteux, souffreteux, tourmenteux, vaniteux, venteux, affectueux, anfractueux, défectueux, difficultueux, fastueux, flatueux, fluctueux, fructueux, infructueux, impétueux, incestueux, majestueux, monstrueux, montueux, onctueux, présomptueux, respectueux, somptueux, spiritueux, tortueux, tumultueux, vertueux, voluptueux.

houssu, aveu, pl., désaveu, id., baveux, cheveux, pl., éveux — morveux, nerveux, néveux, pl., verveux, vœux, pl., vœux, v. (je, tu).

EUZE, voy. EUSE.

ÈVE et AIVE.
brève, élève, Ève, n., sève, Genève, g., Geneviève, n., glaive, Glaudève (g.), grève, grieve (3), Lodève, g., rêve — sève, trève, achève, v., paruchève, v., crève, v., enève, v., grève, v., lève, v., élève, v., enlève, v., relève, v., soulève, v.

ÈVES.
Trèves, g.
Joignez-y le pl. des noms et la deux. pers. sing. des verbes de la série précédente.

ÈVRE.
Bièvre (2), g., chèvre, fièvre (2), genièvre (3), lèvre, lièvre (3) — mièvre (2), Nièvre (2), g., orfèvre, pièvre, sèvre, v.

ÈVRES.
Sèvres, g.
Plus les pl. des noms et les deux. pers. sing. des verbes de la catégorie précédente.

EX.
Essex, g. et n., index, Middlesex, g. — perplex, v. m., Sussex, g. et n., vertex.

EXE.
annexe, circonflexe, complexe, perplexe, connexe — convexe, sexe, desexe, v., vexe, v.
sexte, bissexte, texte — contexte, prétexte, prétexte, v.

EXTE.
dextre, adextre — ambidextre.

EZ pron. É, voy. ÉS.
EZ pron. ÈZE, voy. ÈS.
ÈZE et EIZE, voy. ÈSE.

F

FA et PHA.
alpha, buffa (opéra), Caffa, g., fa — F-ut-fa, Jaffa, g., Mustapha, n., sofa.
Plus la trois. personne sing. du parf. défini des verbes en fer et pher : coiffa, apostropha, etc.

FAI, fait, fal, voy. AI, ait, al.

FANT, FEND et PHANT.
bouffant, adj., Duesfland, n., échauffant, adj. refend, subst., éléphant, enfant, gâte-enfant, étouffant — deffant, infant, triomphant, adj., fend, v., refend, v.
Plus les part. prés. des verbes en fer et pher : agraffant, apostrophant, etc.

FAR, fat, voy. ART, at.

FÉ et PHÉ.
auto-da-fé, Santa-Fé, g., café, ébouriffé — échauffé, réchauffé, fieffé (2), Urfé (d'), n.

Plus le part. passé masc. des verbes en fer et en pher : attifé, paraphé, etc.

FÉE et PHÉE.
Alphée, g., bouffée, Céphée, myt., coryphée, fée, fieffée (3) — Morphée, myt., nymphée, ant., Orphée, myt., trophée, Typhée, myt.
Plus le fém. du part. passé des verbes en fer et pher : coiffée, apostrophée, etc.

FEND, voy. FANT.

FER et PHER pron. FÉ.
agraffer, désagraffer, dégraffer, ragraffer, apostropher, attifer, biffer, bouffer, briffer, v. m., chauffer, réchauffer, coiffer (2), décoiffer, recoiffer — débiffer, v. m., étoffer, étouffer, gaffer, greffer, griffer, parapher, philosopher, piaffer (2 ou 3), pouffer, rebiffer (se), tarifer, triompher (5), truffer.

FI et PHI.
bouffi, défi, fi, fifi, t. popul. — salsifi, sophi, suffi.
Tous les mots terminés en i forment entre eux des rimes rigoureusement suffisantes; excepté ceux en ui diphthongue, qui ne peuvent rimer qu'ensemble.

FIE et PHIE.
achthéographie(6, angiographie, bibliographie 6, biographie, cacographie, chorégraphie, chronographie, cosmographie, cryptographie, géographie, glyptographie, horographie, ictnographie, iconographie, isographie, lithographie, logographie, micrographie, monographie, nécrographie, organographie, orthographie, paléographie, pasigraphie, polygraphie, runographie, scénographie, sciagraphie, sélénographie, stéganographie, stéréographie, tachygraphie, topographie, typographie, uranographie, atrophie, cacotrophie, dystrophie, bouffie, gastrorrhaphie, orphie, Philadelphie, g., Sophie, n., amplifie, v., harbifie, v., certifie, v., clarifie, v., défie, v., diversifie, v., dulcifie, v., édifie, v. — faleifie, v., fortifie, v., frigifie, v., glorifie, v., gratifie, v., identifie, v., justifie, v., lénifie, v., liquéfie, v., lubrifie, v., modifie, v., mollifie, v., mortifie, v., mystifie, v., ossifie, v., pacifie, v., personnifie, v., purifie, v., putréfie, v., qualifie, v., ramifie, v., raréfie, v., ratifie, v., rectifie, v., revivifie, v., sacrifie, v., scarifie, v., signifie, v., simplifie, v., solidifie, v., spécifie, v., stupéfie, v., substantifie, v., tartufie, v., torréfie, v., tuméfie, v., vérifie, v., versifie, v., vitrifie, v., vivifie, v., atrophie, v., crucifie, v., fie, v., confie, v., défie, v., méfie, v., softie, v.

FIER, fin, fir, fis, fit, voy. IER, in, ir, is, it.

FLÉ, flée, fler, fli, flie, voy. LÉ, lée, ler, li, lie.

FON et PHON.
Belléro phon, my, bouffon, Buffon, n., carafon, chiffon — Ctésiphon, n., griffon, siphon, Typhon, myt., Xénophon, n.
Ces mots riment mal avec ceux en fond et font.

FRER, voy. RER.

FU.
touffu
Voy. les rimes en-u : bu, du, etc.

G

GA.
aga, alpaga, Astorga, g., bécabunga, bot., Ladoga, g., Malaga, id., oméga — Onéga, g., Parga, id., Riga, id., seringa, bot., Véga, n., Volga, g., saïga, zool.

GAT, voy. AT.

GÉ.
abrégé, âgé, agrégé, chargé, clergé, congé, enragé, gagé, dégagé, g, lettre., jugé, mal-jugé, litharge — losangé, mitigé, naufragé, négligé, obligé, co-obligé, orangé, ouvragé, préjugé, protégé, rangé, arrangé, dérangé, soulagé, etc.
Plus les part. pass. masc. des verbes en ger.

GEA monosyll., voy. JA.

GÉANT et GENT.
abstergent, détergent, affligeant, agent, argent, vif-argent, assiégeant (3), assiégeant, coustringent, restringent, changeant, contingent, convergent, divergent, décourageant, encourageant, dérogeant, diligent, émergent, engageant, enrageant, exigeant — gent, entregent, gent, adj., indigent, indulgent, insurgent, intelligent, inintelligent, négligeant, part., négligent, ad., p., obligeant, désobligeant, outrageant, partageant, copartageani, plongeant, réfringent, régent, corégent, sorgent, soulageant, urgent.
Plus les part. prés. des verbes en ger.

GÉE.
Aggée, n., Androgée, id., apogée, périgée — Argée, myt., cagée, dragée, Égée (mer), escourgée, gorgée, hypogée, nagée, orangée, rangée, rengrégée, v. m., Sigée, g.
Plus le fém. des adj. et des part. en gé.

GEL, voy. EL.

GENT, voy. GÉANT.

GEON, ION et JONC (on ne fait point sentir le c.
badigeon, bourgeon, Dijon, g., donjon, drageon, drugeon, escourgeon, esturgeon — goujon, haubergeon, jonc, pigeon, plongeon, sauvageon, surgeon.

GEONS.
Cette rime est formée par le pl. des noms de la liste précédente et par la prem. pers. plur. du prés. indic. des verbes en ger : nous partageons, nous mangeons.

GER pron. JÉ.
Alger, g., baillager (3), barrager, Béranger, n., berger, bocager, boulanger, danger, étranger, fromager, herbager, hommager, horloger, imager, léger, chevan-légar, lignager, linger, louager, manger, blanc-manger, garde-manger, ménager, mensonger, messager, oranger, passager, péager (3), potager, usager, verger, viager (3), abréger, v., abroger, v., adger, v., arroger, v., déroger, v., interroger, v., proroger, v., réinterrog., v., subroger, v., délarger, v., affleager (4), v., affliger, v., alliger, v., agréger, v., rengréger, v. m., ségréger, v., alléger, v., apanager, v., arréager, v., asperger, v., avantager, v., désavantager, v., bouger, v., boulanger, v., carréger, v., charger, v., échanger, v., rechanger, v., charger, v., décharger, v., recharger, v., surcharger, v., colliger, v., recolliger, v., converger, v., diverger, v., corriger, v., recorriger, v., décager, v., encager, v., décourager, v., encourager, v., rancourag., v., dédommager, v. — endommag.,v., démanger, v., dévisager, v., envisager, v., diriger, v., ériger, v., engranger, v., enverger, v., éponger, v., étager, v., exiger, v., figer, v., fonger, v., forger, v., reforger, v., fouger, v., fourrager, v., franger, v., refranger, v., fumiger, v., fustiger, v., gager, v., contre-gag.,v., dégager, v., engager, v., rengager, v., goberger (se), v, gorger, v., dégorger, v., égorger, v., engor.(s'),v., regorger, v., rengorger (se), grager, v., gruger, v., héberger, v., insurger, v., juger, v., adjuger, v., déjuger, v., préjuger, v., loger, v., déloger, v., rologer, v., allonger, v., élonger, v., prolonger, v., rallonger, v., louanger, v., manger, v., arrér-man.(s'),v., remanger, v., marger, v., émarger, v., mélanger, v., ménager, v., aménager, v., emménager,v., mitiger, v., nager, v., surnager, v., négliger, v., neiger, v., obliger, v., désobliger, v., ombrager, v., outrager, v.

ouvrager, v. — rédiger, v.
pacager, v. m. — saccager, v. m.
partager, v. — siéger (2), v.
dépariager, v. — assiéger (3), v.
potanger, v. m. — désons. (4), v.
ploiger, v. m. — rentég. (5), v.
contre-pl., id. — singer, v.
plonger, v. — songer, v.
replonger, v. — soulager, v.
présager, v. — submerger, v.
propager, v. — transiger, v.
proléger, v. — vendanger, v.
purger, v. — venger, v.
ranger, v. — verbiager (4), v.
arranger, v. — vidanger, v.
déranger, v. — voltiger, v.
ravager, v. — voyager, v.
— revoyager, v.

GET, gour, voy. ET, eux.

GI.

bostangi — mugi, v.
ngi, v. — régi, v.
régi, v. — rougi, v.
élargi, v. — rugi, v.
reïergi, v. — surgi, v.

GIE.

adénologie — périssologie
aitiologie — pharmacologie
amphibologie — philologie
analogie — phrénologie
angeiologie — physiologie
anthologie — pneumatologie
anthropologie — psychologie
antilogie — pygologie
apologie — rhabdologie
aranéologie — sarcologie
archéologie — sémeiologie (6)
arétologie — somatologie
astralogie — spermatologie
aviceptologie — technologie
battologie — terminologie
cacologie — théologie
céphalalgie — toxicologie
chirologie — uranologie
cholédologie — zoologie
chondrologie — allotriophagie
chronologie — anthropophagie
conchyliologie — bougie
cosmologie — Bougie, g.
dermologie — cardialgie
doxologie — céphalalgie
embryologie — cystalgie
emménologie — gastralgie
entérologie — névralgie
entomologie — nostalgie
étiologie, voy. — odontalgie
dilvulogie — ophthalmologie
étymologie — chirurgie
eulogie — liturgie
galactologie — métallurgie
gamologie — théurgie
généalogie — clergie, v. m.
géologie — démagogie
glossologie — pédagogie
hiérologie (6) — effigie
hymologie — élégie
ichnologie — énergie
ichthyologie (6 — Géorgie, g.
iconologie — hémiplégie
idéologie — paraplégie
lithologie — hémorrhagie
métérologie — ménorrhagie
mimologie — léthargie
minéralogie — magie
myologie (5) — Ogygie, g.
mythologie — orgie
nécrologie — scænopégie
néologie — statilégie
névrologie — stralégie
nosologie — syzygie
odontologie — tabagie
ornithologie — vigie
ostéologie — effigie, v.
pasthéologie — réfugie, v.
pathologie

Plus le fém. des parl. passés des verbes en gir : rougir, élargir, etc.

GIER, gin, gion, gir, gis, gil, voy. IER, in, ion, ir, is, il.

GNANT.

enseignant — poignant
épargnant — régnant
joignant, part. — répugnant
Lalnignant, n. — résignant
plaignant — saignant
complaignant

Plus les part. prés. des verbes en gner, un aindre et en eindre.

GNÉ.

Sévigné, n. f.

Plus les part. pass. masc. des verbes en gner. Les mots en né riment également avec cette désinence.

GNÉE.

araignée — poignée
cognée — saignée
lignée

Plus les part. passés fém. des verbes en gner. Les mots en née riment également avec cette désinence.

GNER.

accompagner, v. — ivrogner, v.
baigner, v. — ligner, v.
bargaigner, v. — aligner, v.
besogner, v. — forligner, v.
embesogn., v. — interligner, v.
cligner, v. — souligner, v.
cogner, v. — lorgner, v.
encogner, v. — peigner, v.
recogner, v. — repeigner, v.
daigner, v. — provigner, v.
dédaigner, v. — rechigner, v.
éborgner, v. — refrogner, v.
égratigner, v. — régner, v.
eloigner, v. — roguer, v.
empoigner, v. — saigner, v.
enseigner, v. — dessaigner, v.
renseigner, v. — ressaigner, v.
épargner, v. — signer, v.
gagner, v. — assigner, v.
regagner, v. — consigner, v.
grogner, v. — contresign., v.
guigner, v. — désigner, v.
hogner, v. — réassigner, v.
imprégner, v. — résigner, v.
impugner, v. — soigner, v.
répugner, v. — soussigner, v.
indigner, v. — témoigner, v.
— trépigner, v.

Les mots en ner riment aussi avec cette désinence.

GNI et GNY.

Cluguy, g. — Lagny, g.
Coligny, n. — Marigni, n.

Voy. les rimes on ni et un ny.

GNIÉ.

compagnie — magnie, v. m.

Voy. les rimes en nie.

GNON.

Avignon, g. — Lignon, g.
Bourguignon — lumignon
brugnon — maguignon
champignon — moignon
chignon — ognon
compagnon — pignon
Grignon, g. — rognon
grognon — taïgnon
guignon — tignon
Lamoignon, n. — trégnon

GNY, voy. GNI.

GON.

Arragon, g. — jargon
Dagon, myt. — Magon, n.
dragon — parangon
sang-de-drag. — gros-parangon
éstragon — patagon
fbourgon — segon
Harpagon, n.

GRER, voy. RER.

GRIN, voy. IN.

GU.

aigu — axigu
ambigu — Pégu, g.
bégu — zagu
contigu

GUA, guant, voy. GA, gand.

GUÉ.

aiguë — ciguë
ambiguë — contiguë
bisaiguë — oxiguë

GUÉ.

délégué, p. et s. — langué
subdélégué — pargué
gué — fatigué

Plus les part. passés masc. des verbes en guer.

GNÉ.

Cette rime est formée par le fém. des part. passés des verbes en guen.

GUER.

baguer — instiguer
briguer — intriguer
carguer — larguer
conjuguer — élarguer
subjuguer — léguer
daguer — alléguer
dialoguer — déléguer
épiloguer — préléguer
homologuer — reléguer
diguer — subdéléguer
endiguer — liguer
distinguer — morguer
divulguer — narguer
doguer — naviguer
draguer — prodiguer
droguer — promulguer
bauverguer — ralinguer
fatiguer — seringuer
fringuer — targuer (se)
giguer — vaguer
ginguer, v. m. — divaguer
haranguer — extravaguer
incaguer, v. m. — voguer

GUET, voy. ET.

GUI, GUY et GHI.

gagui — Missolonghi, g.
gui — Tanneguy, n.

Voy. aussi la désinence ui qui rime avec celle-ci.

GUIER, guin, guir, guis, guil, gut, gui. IER, uin, uir, uis, uil, ui.

GUY, voy. GUI.

H

HA.

brouhaha — ha !
cahin-caha — haha

Voy. les rimes en a pur, c'est-à-dire en AI, HA, IA, ÔA; ÙA dissyllabes.

I

Pour la terminaison I, voy. les terminaisons en i pur, c'est-à-dire en AI ou ABI, SI, oï, UI, qui riment bien ensemble.

Voy. aussi les mots en bi, ci, di, fi, etc., qui ne peuvent rimer qu'à peine avec les premiers.

IA dissyllabe.

acacia — Maya, myt. (3)
Bahia, g. — Maria, n.
Bastia, id. — papiria (loi)
camélia — paria
échicléaria — papilla (loi)
dahlia — sépia
dia (4) (2 ou 3) — séria (opéra)
Doria, n. — tibia
hortensia — Victoria, n.
Lin, n. — Vittoria, g.
magnolia

IA monosyllabe.

alléluia (4) — thuya, bot (2)
aloia (4) (5)

Cette rime comprend en outre les trois pers. sing. des prét. déf. des verbes en ayer, éier, oyer et uyer : paya, gravéia, aboya, appuya.

IABLE diss., voy. ABLE.

IABLE monosyllabe.

diable — payable
impayable

IANT dissyllabe.

ambiant * — client

* Ces désinences ne forment pas de rime, même rigoureusement suffisante,

communiant — étudiant
conciliant — excipiant
confiant — récipiant
défiant — expédiant
méfiant — friand
contrariant — humiliant
défiant — inconvéniant
édifiant — ingrédiant
faisfiant — insouciant
fortifiant — liant
justifiant — luxuriant
mortifiant — mendiant
raréfiant — négociant
rubufiant — officiant
sacrifiant — orient
sanctifiant — patient
signifiant — impatient
insignifiant — pliant
slancfiant — quotient
vivifiant — radiant
afficiant — irradiant
coefficient — rassasiant
déficient — riant
émollient — souriant
rémollient — suppliant
escient — variant

IANT monos., ou AYANT, OYANT, UYANT,

aboyant — grassoyant
ayant — grossoyant
atfrayant — larmoyant
retrayant — noyant
bruyant — ondoyant
broyant — oyant, v. m.
délayant — payant
effrayant — soudoyant
flamboyant — trayant
foudroyant — verdoyant
fuyant — clairvoyant
faux-fuyant — prévoyant

IAT dissyllabe, voy. AT.

IB.

abih — Tipou-Saïb, n.

IBE.

bribe — imbibe, v.
Caraïbe — vzhibe
Polybe, n. — inhibe
scriba — prohiba

IBLE.

bible — invincible
éligible — irascible
inéligible — miscible
exigible — ostensible, v.
fongible — passible, im.
incorrigible — possible, im.
intolligible — rémissible, ir.
inintelligible — réversible
réfrangible — sensible, in.
— submersible, in.
— transmissible, in.
inextinguible
faillible — divisible, in.
infaillible — fusible, in.
— lisible, il.
— loisible
— nuisible
— persuasible
— plausible

crible — traduisible, in.
horrible — risible
terrible — visible, im.
crible, v.

— combustible, in.
Accessible, in. — comestible
admissible, in. — compatible, in.
dessible, in. — contemptible
cible — convertible, in.
compréhensib., in. — corruptible, in.
compressible, in. — destructible, in.
inompressible, in. — indéfectible
inompucsible — irrésistible
défensible — perceptible, im.
extensible, in. — prescriptible, im.
flexible — réductible, ir.
inflexible — susceptible
réflexible
immarhassuible
indisible — amovible, in.
innascible

IBRE.

calibre — libre
équilibre — Tibre, g.
fibre

IC, ICH et ICK.

agaric — Garrick, id.
antique — Ganserio, id.
Alaric, n. — mastic
arsenic — Munich, g.
aspic — pachalic
aslic — pig
basilic — publie
brick — rio-h-rié
carrick — rick, zool.
Copernic, n. — syndic
crick, zool. — Théodéric, n.
Dantzick, g. — tic
diagnostic — trafic
pronostic — Warwick, g.
fisc — Vic, g.
Frédéric, n. — Zurich, id.

ICE, ISSE et YSSE.

lisse, v. — abréviatrice
byssa — accusatrice
— actrice
appendice — admiratrice
Cléodice, myth. — adoratrice
Eurydice, id. — agitatrice
indice — ambassadrice
Mylhidice, myth — approbatrice
préjudice — improbatrice
Xénodice, myth — avarice

lisse (que je), v. — cicatrice
et ses comp. — Clarisse, n.
— collaboratrice
Alice, n. — conciliatrice
calice — conductrice
cilice — conservatrice
blysse, chim. — consolatrice
complice — continuatrice
coulisse — coopératrice
délice — corruptrice
Doralice, n. — créatrice
éclisse — Cyparisse, n.
Galice, g. — débitrice
lice — délatrice
lisse — dénonciatrice
malice — dentifrice
songe-malice — déprédatrice
mélisse — destructrice
pelisse — détentrice
police — dévoratrice
réglisse — diffamatrice
supplice — directrice
Ulysse, n. — dispensatrice
clisse, v. — dissimulatrice
clisse, v. — dissipatrice
glisse, v. — distributrice
plisse, v. — dominatrice
pâlisse, v. — éducatrice
plisse, v. — émulatrice
déplisse, v. — exagératrice
replisse, v. — examinatrice
police, v. — excitatrice
polisse, v. — exécutrice
treillisse, v. — exterminatrice
— fautrice
prémisse — génératrice
misse (que je), v. — improvisatrice
et ses comp. — indagatrice
immisce, v. — informatrice

Béronice, n. — inquisitrice
génisse — inspectrice
jaunisse — inspiratrice
Nice, g. — instigatrice
Phénisse, n. — interlocutrice
Polynice, id. — interrogatrice
Stralonice, n. — introductrice
vernisse, v. — inventrice
— investigatrice
áruspice — Jocrisse, n.
auspice — justificatrice
extispice — Lariesse, g.
frontispice — lectrice
épice — législatrice
tout-épice — libératrice
hospice — machinatrice
précipice — matrice
propice — Maurice, n.
Sulpice, n. — médiatrice
épice, v. — modératrice
pisse, v. — motrice
tapisse, v. — promotrice
— narratrice
esquisse, s. — navigatrice
esquisse, v. — négociatrice
náquisse (que je) — nourrice

avec celles an upv, cavr, oavr, etc. La
Fontaine ayant fait rimer priant avec
lisant s'en excuse lui-même:
Au-dessus du zéphir, et le priant (trois
De perdre à son amant...
Je vous arrête à cette rime,
Dira mon vétéran à l'instant, etc.
Liv. II, fab. I.

novatrice — lutrice
observatrice — usurpatrice
opératrice — varice
ordonnatrice — vérificatrice
organisatrice — versificatrice
désorganisatrice — violatrice
Patrice, n. — zélatrice
persécutrice — crisse, g.
perturbatrice — essaurisse, v.
prédicatrice — lambrisse, v.
prévaricatrice
procuratrice — exorcise
profanatrice — Narcisse, n.
propagatrice — saucisse
protectrice
qualificatrice — armistice
récitatrice — solstice
réclamatrice — factice
réconciliatrice — fictice
rectrice — justice
récupératrice — haute-justice
réformatrice — injustice
régulatrice — notice
réparatrice — tontisse
répétitrice — apetisse, v.
restauratrice — rapetisse
restitutrice — ratisse, v.
sacrificatrice — sentisse (q. je)
sanctificatrice — lisse, v.
sarisse, ant.
scrutatrice — Suisse (2), f.
séclatrice — puisse (2), v.
séductrice
spectatrice — écrevisse
spéculatrice — novice
spoliatrice — service
eliminatrice — vice
tentatrice — écrivisse, v.
testatrice — sévisse, v.
traductrice — visse (à visser)
triomphatrice — visse (que je).

Ajoutez à chacune de ces séries
les prem. et trois. pers. du prés.
du subj. des verbes réguliers en
ir ayant la même lettre d'appui.
Ainsi, que je croidisse rime richement avec appendice ; qu'il
abolisse avec calice, etc.

Ajoutez de même la prem. de
l'imparf. du subj. des verbes en
DRE : que je rendisse, prisse,
craignisse, etc.

ICES et ISSES.

blandices — jectisse
comices — prémisses
épices (pain d') — prémisses
hallanodices — novices
immondices

Ajoutez-y les pl. des noms et
les deux. pers. des verbes de la
liste qui précède.

ICH, voy. IC.

ICHE.

acrostiche — fiche
hémistiche — flamiche
macrostiche — friche
pentacrostiche — godiche
affiche — lerviche
Autriche, g. — miche
bobiche — niche
biche — postiche
botiche — pouliche
bouliche — riche
bourriche — stockfiche
caniche — défriche, v.
chiche — déniche, v.
pois-chiche — fiche, v.
corniche — affiche, v.
derviche — niche, v.
fétiche — triche, v.

ICK, voy. IC.

ICLE et YCLE.

article — tricycle
hernicle — manicle
cycle — sicle
épicycle

ICT.

district — Mastrikt (2)
Maestricht (pron. strict

ICTE.

Picte, n. — viadicte
stricte, f. — dicte, v.

ID pron. IDE.

Cid (le), n. — Madrid, g.
David, id. — Valladolid, id.

ID pron. I, voy. YT.

IDE et YDE.

Adélaïde, n. — Simonide, id.
Aménaïde, id.
Danaïde, myth. — amygdaloïde
Thébaïde, g. — asteroïde
Ituphide, n. — caryophylloïda
morbide — cissoïde
— conchoïda
acide, — myth. — condyloïda
Alcide, myth. — coralloïda
Chalcide, g. a. — coronoïde
décide — cycloïde
fratricide — épicycloïda
homicide — ellipsoïde
infanticide — ficoïde
liberticide — hémorrhoïda
parricide — ichoroïde
régicide — rhomboïde
suicide — ricinoïde
tyrannicide — sphénoïde
Eacide, myth. — sphéroïde
lucide — styloïde
translucide — trapésoïde
oxyde — upsiloïde
hyperoxyde
protoxyde — Aganippide, m.
permaxyde — cupide
Phocide, g. — Euripide, n.
subside — hispide
décide, v. — intrépide
oxyde, v. — limpide
désoxyde — Pélopide, ant.
— philippide
Colchide — rapide
— sapide
candide — stupide
sordide — turpide
splendide — lapide, v.
Thucydide, n. — dilapide, v.
achillaïde
Aneïde — liquide, adj. ets
néréide — liquide, v.
séïde — aride
bride — ascaride
multifide — Atride, ant.
perfide — bride
— cantharide
algide — Doride, g.
Alpide (mont) — Floride, g.
égide — hespéride, ont.
rigide — hybride
turgide — Icaride, g.
— Locride, id.
guide, s. — putride
guide, s. — ride
invalide — torride
Aulide, g. — tyndaride, ant.
chrysalide — bride, v.
Elide, g. — débride, v.
éphélide — ride, v.
Euclide, v. — déride, v.
Héraclide, ant.
périscélide, id. — préside, v.
solide — réside, v.
surstilide
valide — abastide, ant.
invalide — Aristide, n.
consolide, v. — Atlantide, g.
élide, v. — hastide
valide, v. — caroliide
invalide, v. — caryatide
Armide, n. — Elephantide, g.
chlamyde, ant. — épinyctide
éphmide, id. — fétide
humide — hydatide
pyramide — hypoglottide
timide — Palus-Méotide
intimide, v. — parotide
pyramide, v. — Druïde (5)
— fluide (5)
Adonide, ant. — Guide (le)(3), n.
Aonide, id.
Dardanide, id. — avide
Epinmide, n. — livide
Eumenide, myth — Ovide, n.
Gnide, g. — vide
Memnonide, myt — vide, v.
Méonide, ant. — revide, v.
Océanide, myth — survide, v.
Saronide, ant. — dévide, v.

IDES.

Aonides, ant. — hespérides, id.
éphmelides — hydatides
éphmérides — idos
épinyctides — Memnonides, d.
Eumenides, myt. — Océanides, myt.
hémorrhoïdes — Pétopides, ant.
Héraclides, ant.

Joignez-y le pl. des noms et la
deux. pers. des verbes de la liste
précédente.

IDRE et YDRE.

anhydre — clepsydre
cidre — hydre

IE, voy. AÏE, bie, cie, die, etc.

IÉ dissyllabe,

allié — lacinié
délié — licencié
rallié — maléficié
asphyxié — molié
associé — mortifié
avarié — immortifié
convié — notarié
domicilié — oublié
épié — plié
estropié — replié
excommunié — privilégié
graciê — radié
disgracié — réconcilié
fascié — répudié
folié — stibié
exfolié — strié
initié — trié
labié

Ajoutez-y en général tous les
part. pass. masc. sing. des verbes
en ier, et pour avoir des rimes
riches accouplez ceux qui ont la
même lettre d'appui. Voy. IER.

IÉ monosyllabe.

Amitié — moitié
inimitié — pitié

Ces trois mots ne riment bien
qu'entre eux ; la rime avec une terminaison dissyllabe, bien que portant la lettre d'appui, comme châtié,
est à peine suffisante. Les part. en
ayé, oyé, uié, appartiennent
aussi à cette rime monosyllabe.

IED pron. IÉ monosyl.

pied * — petit-pied
chausse-pied — plain-pied
chausse-pied — tire-pied
chèvre-pied — trépied
contre-pied — sied, v.
couvre-pied — sied, v.
marche-pied — messied, v.
passe-pied

IÉE trisyllabe.

criée — labiée

Et en général le fém. de tous les
adj. et part. en ié.

IÉE dissyllabe.

Cette rime est formée par les
part. passés fém. en ayée, éiée,
oyée, uyée.

IEL, voy. EL.

IEN dissyllabe.

colombien — praticien
académicien — Priscien, n.
Aétien — Prussien
Alsacien — pythagoricien
antiscien — rhétoricien
périscien — sulpicien
aristotélicien — tacticien
arithméticien — théoricien
Béotien — Titien, n.
capétien — tribunitien
chiromancien
géomancien — Autrichien
nécromancien — monarchien
dialecticien (5)
Dioclétien(5),n. — Claudien, n.
Domitien, n. — comédien
Egyptien — gardien
fabricien — ange-gardien
Gratien, n. — Indien
Hattien — Lydien
Helvétien — mastudien
hératien — méridien
Languedocien — nœud-gordien
logicien — quotidien
Lucien, n. — Rhodien
magicien — tragédien
mathématicien
mécanicien — Delphien
milicien
musicien — Arpien
Népotien, n. — carlovingien ou
opticien — carolingien
parnassien — chirurgien
paroissien — cocygien
patricien — collégien
péripatéticien — Géorgien
physicien — mérovingien
métaphysicien — œsophagien
platonicien — pharyngien

* On n'écrit plus pié. Il n'est donc
plus permis de faire rimer ce mot avec
ceux enié.

---

glosso-pharyn, — Ethiopien
Phrygien — métacarpien
stygien — olympien
théologien — Ulpien, n.

Aurélien, n. — Adrien, n.
Brésilien — nérien (4)
Elien, n. — Algérien
Eolien — arien
Italien — Assyrien
Julien, n. — Asturien
lien — Carien
Maximilien, n. — Dorien
Quintilien, id. — épicurien
régalien — fératrien
salien — galérien
Sicilien — grammairien
Tertullien, n. — grégorien
Tyrolien — historien
virgilien — Istrien
Westphalien — lutherien
— Mégarien
Bohémien — nestorien
Maximien, n. — oratorien
— presbytérien
Acarnanien — prétorien
adonien — sénatorien
Athénien — Syrien
Ausonien — Vaterien, n.
Babylonien — vénérien
bourbonien — Victorien, n.
cicéronien
Essénien — ambrosien
Ionien (4) — Arlésien
Lacédémonien — carchésien
Laconien — cartésien
Lithuanien (5) — étésien
Macédonien — Parisien
newtonien — Silésien
Océanien — Vespasien, n.
papinien
pyrrhonien — Corinthien
sardonien — Pythien
Sidonien
saturnien — diluvien
Ukranien — Jovien, n.
Valentinien, n. — Octavien, id.
— Péruvien
— vésuvien
IEN monosyllabe.
ancien — sons-doyen
Bastien, n. — entretien
bien — faubourien
bien, adv. — maintien
bien, s. — mien, pr.
combien — mitoyen
biscaïen (3) — moyen, adj. ets
chien — plébéien (3)
citoyen — rien
concitoyen — varrien
chrétien — sien, pr.
antichrétien — soutien
bonchrétien — tien, pr.
néochrétien — Troyen
doyen

Les mots de cette catégorie riment à peine suffisamment avec
ceux de la précédente, même quand
la lettre d'appui est semblable.

IENNE (IEN dissyllabe).

andrienne — julienne
autienne — méridienne
appienne (voie) — messénienne
Brenne, g. — milonienne
Caspienne (mer) — persienne
césarienne — quotidienne
fabienne

Ajoutez à ces mots le fém. des
adj. en ien dissyllabe ; mais observez que la rime pour être riche
doit avoir la lettre d'appui.

IENNE (IEN monosyl.)

ancienne — mienne, pr.
autienne — mitoyenne
Autrichienne — mordienne
Bastienne, n. — parisienne
Cayenne, g. — moyenne, s. ets
chienne — palenne
citoyenne — plébéienne
concitoyenne — Sienne, g.
chrétienne — sienne, pr.
antichrétienne — tienne, id.
néochrétienne — Troyenne
doyenne — Vienne, g.
Etienne, n. — chienne, v.
faubourienne — moyenne, v.
Guiane, id. — tienne (que je)
Mayenne, id. — abstienne (m'),
Mayenne, n. — appartienne, v.

* Cette quantité est la seule admise
aujourd'hui, quoique la Fontaine ait
fait ancienne de quatre syllabes :

Nous devons l'apologue à l'ancienne
[Grèce.
Liv. III, fab. 1.

---

contienne, v. — convienne, v.
détienne, v. — devienne, v.
entretienne, v. — disconvienne
maintienne, v. — intervienne, v.
obtienne, v. — mésavienne, v.
retienne, v. — provienne, v.
soutienne, v. — proviennent, v.
vienne (que je) — ressouvienne
advienne, v. — revienne, v.
contrevienne, v. — subvienne, v.

Ces mots riment à peine suffisamment avec ceux en ienne dissyllabe ; même quand la lettre
d'appui est semblable.

IENS dissyl. pron. I-IN.

étésiens (vents) — Phrygiens
Lydiens

Ajoutez le pl. des mots en ien
dissyllabe.

IENS monosyl.

tiens, v. — deviens, v.
abstiens, v. — disconviens, v.
appartiens, v. — interviens, v.
contiens, v. — mésaviens, v.
détiens, v. — parviens, v.
entretiens, v. — proviens, v.
maintiens, v. — reviens, v.
obtiens, v. — rediens (*)
retiens, v. — ressouviens, v.
soutiens, v. — reviens, v.
viens, v. — souviens, v.
contreviens, v. — surviens, v.
conviens, v.

Ajoutez ici le pl. des noms en
ien monosyllabe.

IENT monos. pron. -IN.

tient et comp. comme ci-dessus.
vient et comp. comme ci-dessus.

**IENT pron. I-AN dissyl.,
voy. ANT.**

IER pron. IÉ monosyl.

cahier — brigadier
porte-cahier — buandier
feste-cahier — contrebandier
— cardier
brayer — cordier
drayer — dinandier
aiguiser, v. — faisandier
bayer, v. — grenadier
hayer, v. — hallebardier
hégayer, v. — hebdomadier
bordayer, v. — landier
brayer, v. — lavandier
carisier, v. — limonadier
délayer, v. — minaudier
remblayer, v. — moutardier
défrayer, v. — muscadier
dilayer, v. — pétardier
effrayer, v. — radier
égayer, v. — renardier
rayer, v. — saladier
enrayer, v. — taillandier
essayer, v. — verdier
frayer, v. — vivandier
grassayer, v. — cadier
languéyer, v. — estafier
layer, v. — greffier
monnayer, v. — Montgolfier, n.
payer, v. — bergier
surpayer, v. — cagier
relayer, v. — ciergier
aubier — Vergier, n.
bourbier — Vigier (bains)
caroubier
colombier — châtaignier
gibier — Regnier, n.
herbier
jujubier — baguier
aubier, so. — droguier
plombier — figuier
sorbier — Séguier, n.
— viguier
Fléchier, n.
pistachier — Allier, g.
— atelier
apandier — aselier
accaodier — bachelier
baguenaudier — baudelier
bombardier — batelier
bordier — hélier
brelandier — buissonier

* La Fontaine a usé d'une forme
légitimement admise par les anciens
poétes, en supprimant l'r d'un mot de
cette série à l'impératif :

Quitte ces bois et redevien,
Au lieu de loup, homme de bien.
Liv. XII, fab. 1.

bourrelier
bricolier
cannellier
couvier
cellier
chandelier
chancelier
archi-chancel.
vice-chancel.
chandelier
chapelier
chevalier
collier
cordelier
croulier
écolier
épistolier
escalier
espalier
étalier
familier
fustier
goëlier
gondolier
hallier
hôtelier
hospitalier
inhospitalier
huîtier
journalier
Letellier, n.
mallier
micocoulier
millier
mobilier
Montpellier, g.
oiselier
palier
particulier
pilier
pincelier
poêlier (2)
Pontarlier, g.
prunellier
râtelier
régulier
irrégulier
roulier
séculier
sallier
singulier
sommelier
soulier
timbalier
toilier
tonnelier
tuilier
vermicellier
violier (3)
volier

aiguillier
bouillier
clincaillier
chenillier
coquillier
écaillier
groseillier
joaillier
mancenillier
marguillier
médaillier
quillier

baumier
cimier
cormier
coutumier
fermier
fumier
gommier
infirmier
larmier
limier
palmier
paumier
premier
ramier
sommier

amidonnier
aiénier
ânier
antiphonier
aumônier
bananier
bâtonnier
boucanier
boutonnier
braconnier
brandevinier
brelandinier
buissonnier
calvanier
canonnier
cantinier
carabinier
carlonnier
casanier

centenier
cinquantenier
dizenier
clissonnier
charbonnier
charnier
chaudronnier
chaufournier
Chénier, n.
chicanier
citronnier
cordonnier
cornier
colonnier
crinier
cuisinier (3)
denier
gagne-denier
mi-denier
dernier
avant-dernier
dindonnier
douanier (2)
ébénier
éperonnier
étaminier
façonnier
farinier
fauconnier
féronnier
fontainier
foulonnier
fournier
geinier
galonnier
garennier
gonfalonier
grainier
grenier
héronnier
hunier
jardinier
jetonnier
latanier
lanternier
latanier
limonier
marinier
marronnier
maroquinier
matinier
meunier
moulinier
moutonnier
myrobolanier
nautonnier
palefrenier
panier
percheminier
pigeonnier
pionnier (3)
poissonnier
pontonnier
printanier
prisonnier
prunier
quartinier
rancunier
roulinier
rubanier
rudanier
saunier
faux-saunier
sablonnier
savonnier
semainier
tavernier
timonier
tisonnier
toudinier
vannier

avoyer
Boyer, n.
cacaoyer
foyer
loyer
noyer
platoyer
voyer
aboyer, v.
apitoyer, v.
atermoyer, v.
avoyer, v.
convoyer, v.
dévoyer, v.
envoyer, v.
fourvoyer, v.
hordoyer, v.
bornoyer, v.
broyer, v.
rebroyer, v.
charroyer, v.
chatoyer, v.
choyer, v.
corroyer, v.
côtoyer, v.
coudoyer, v.
festoyer, v.
flamboyer, v.
fossoyer, v.

foudroyer, v.
giboyer, v.
grossoyer, v.
guerroyer, v.
joindoyer, v.
rejointoyer, v.
larmoyer, v.
louvoyer, v.
moyer, v.
nettoyer, v.
noyer, v.
octroyer, v.
ondoyer, v.
ployer, v.
déployer, v.
employer, v.
reployer, v.
remployer, v.
rudoyer, v.
tournoyer, v.
tutoyer, v.
verdoyer, v.

clapier
croupier
drapier
étapier
fripier
guêpier
papier
pompier
pourpier
taupier
tripier
troupier

banquier
boutiquier
échiquier
Pasquier, n.
perruquier
piquier
reverquier

armurier
aventurier
barrier
camérier
carrier
ceinturier
cellerier
charrier
cirier
confiturier
courrier
Courrier, n.
couturier
couverturier
douairier
fourrier
Fonrier, n.
guerrier
laurier
manufacturier
mûrier
ordurier
Perrier, n.
pierrier (2)
poirier
fossier
serrurier
teinturier
terrier
trésorier
usurier
verrier
voiturier

acier
artificier
audiencier
balancier
bénéficier
bessatier
boursier
caissier
carnassier
châvesier
cognassier
consrier
crémier
cuirassier
Dacier, n.
dépensier
devancier
dossier
écrivassier
épicier
faïencier (3)
faissier
fessier
financier
finassier
foncier
glacier
gracier
grossier
huissier
justicier
haut-justicier

lancier
massier
matelassier
mégissier
mercier
gruyer
messier
Montaœlan, n.
Montpensier, g.
nourricier
obédiencier
officier
paperassier
pâtissier
peaussier
pénitencier
plumassier
pressier
primicier
princier
redevancier
romancier
sorcier
sourcier
survivancier
tapissier
tonnacier
terrassier
tracassier
tréfoncier

alezier
arbousier
arquebusier
balisier
brasier
cerisier
éclusier
fraisier
framboisier
gésier
gazier
gosier
Grandgousier, n.
Laveisse, id.
menuisier
merisier
obusier
osier
phrasier
soitisier

abricotier
aiguilletier
allier
angedotier
argentier
baluetier
balustier
banqueroutier
bâtier
béatifier
bigarreautier
bijontier
bimbelotier
bistortier
blatier
boitier
bonnetier
bossetier
bouquetier
briquetier
brouistier
bavetier
cabaretier
cabotier
cafetier
carottier
cartier
chantier
charcutier
charpentier
charretier et
chartier
chassetier
chipotier
chocolatier
cloutier
cocotier
coffretier
comptoir
coquetier
côtier
courtier
croûtier
dattier
Demoustier, n.
doigtier
dominotier
droitier
entier
flibustier
forestier
fruitier
gantier
gargotier
gasetier
gravatier
grainctier
guichetier
hatier

contre-hatier
héritier
layetier (3)
louvetier
lunetier
lutier
maltôtier
métier
gâte-métier
miroitier
mortier
moutier
mulatier
nattier
noisetier
panetier
papetier
passementier
pelletier
portier
psautier
quartier
ratier
regrattier
rentier
routier
sabotier
savetier
sentier
setier
demi-setier

IER dissyllabes.

congédier, v.
dédier, v.
étudier, v.
expédier, v.
humidier, v.
mendier, v.
pardier, v.
psalmodier, v.
répudier, v.
stipendier, v.

atrophier, v.
barbifier, v.
béatifier, v.
bonifier, v.
certifier, v.
clarifier, v.
corporifier, v.
déifier, v.
diversifier, v.
dulcifier, v.
édifier, v.
falsifier, v.
fortifier, v.
fructifier, v.
gémnifier
glorifier, v.
gratifier, v.
identifier, v.
justifier, v.
lapidifier, v.
lénifier, v.
lignifier, v.
liquéfier, v.
modifier, v.
mollifier, v.
mondifier, v.
mortifier, v.
mystifier, v.
notifier, v.
ossifier, v.
pacifier, v.
personnifier, v.
pétrifier, v.
purifier, v.
putréfier, v.
qualifier, v.
ramifier, v.
raréfier, v.
ratifier, v.
rectifier, v.
réédifier, v.
revivifier, v.
sacrifier, v.
sanctifier, v.
scarifier, v.
signifier, v.
simplifier, v.
spécifier, v.
stratifier, v.
stupéfier, v.
tartuffier, v.
torréfier, v.
tuméfier, v.
vérifier, v.
versifier, v.
vitrifier, v.
vivifier, v.
crucifier, v.
conlier, v.
défier, v.
mélier, v.
orthograph., v.
solfier, v.

tabletier
tripotier
Hennyyr, g.
Hennuyer, n.
bouclier
épinglier
girollier
néflier
sanglier
templier
allier, v.
mésallier, v.
rallier, v.
concilier, v.
réconcilier, v.
domicilier, v.
exfolier, v.
lier, v.
délier, v.
relier, v.
oublier, v.
pallier, v.
plier, v.
déplier, v.
multiplier, v.
remplier, v.
replier, v.
supplier, v.
publier, v.
résilier, v.
spolier, v.
émier, v.
calomnier, v.
communier, v.
excommun., v.
nier, v.
dénier, v.
renier, v.
ingénier (s'), v.
manier, v.
remanier, v.
copier, v.
recopier, v.
épier, v.
estropier, v.
expier, v.
pépier, v.
arbalétrier
baudrier
calandrier
cendrier
chambrier
chartrier
cloîtrier
coudrier
destrier
encrier
février
gaufrier
genévrier
levrier
madrier
manouvrier
marbrier
méséttrier
meurtrier
négrier
ouvrier
patenôtrier
plâtrier
poivrier

pondrier
salpêtrier
sémestrier
suorier
titrier
vitrier
apparier, v.
désappar., v.
approprier, v.
désapprop., v.
exproprier, v.
rapropr., v.
armorier, v.
carier, v.
charrier, v.
colorier, v.
contrarier, v.
crier, v.
décrier, v.
écrier (s'), v.
récrier (se), v.
excorier, v.
expatrier, v.
rapatrier, v.
historier, v.
injurier, v.
inventorier, v.
marier, v.
démarier, v.
remarier, v.
parier, v.
déparier, v.
pilorier, v.
prier, v.
salarier, v.
trier, v.

Ces terminaisons dissyllabiques
riment à peine avec celles en ier
monosyllabe, même quand la lettre
d'appui est semblable : dernier
rime très-faiblement avec le verbe
dénier, mais très-richement avec
denier, subst.

IER pron. **IÈRE**, voy. **AIR**.

IÈRE et **IERRE** monos.

bière
bierre
jambière
herbière
Plombière, g.
robière
tourbière

fléchière
marechière

bandière
batardière
brelandière
busudière
canardière
chandière
civadière
crapaudière
glandière
grenadière
minandière
pétaudière
renardière
vivandière

théière (3)

Buffière, n.
lière
troflière
Tuffière, n.

aiguière
Laromiguière, n.
Lesdiguière, id.

batelière
belière
cavalière
chancelière
vice-chancel.
chandelière
chapelière
cordelière
coutelière
croulière
toilière
épaulière
familière
filière
fourmilière
hospitalière
journalière
Lierre, g.
lierre
machelière
mobilière
Molière, n.
muselière
particulière

varier, v.
vicarier, v.
asphyxier, v.
associer, v.
balbutier, v.
bénéficier, v.
circonstancier, v.
différencier, v.
initier, v.
justicier, v.
licencier, v.
négocier, v.
officier, v.
préjudicier, v.
quintessenc., v.
remercier, v.
scier, v.
sentencier, v.
soucier, v.
supplicier, v.
transsubstan., v.
vicier, v.

extasier (s'), v.
fasier, v.
rassasier, v.

démarier, v.
épontiller, v.

convier, v.
dévier, v.
envier, v.
obvier, v.
renvier, v.

régulière
irrégulière
Rhullière, n.
rosolière
séculière
sommelière
teltière
toilière
Vallière (La), n.
volière

aiguillère
bandouillère
coquillère
cuillère
maryuillère
serpillère

chaumière
coutumière
crémière
gentilhommière
larmière
Lemière, n.
oulmière
paumière
sannière
tremière (rose)

Asnière, g.
aumônière
bobinière
bonbonnière
boudinière
brelandière
boissonnière
cantonnière
capucinière
charbonnière
chaudronnière
chiffonnière
cressonnière
crinière
cuisinière
dindonnière
épinière
façonnière
farinière
fauconnière
garçonnière
héronnière
houblonnière
jardinière
lanière
limonière
linière
Linière, n.

luzernière
manière
marnière
matinière
melonnière
meunière
mentonnière
minière
ognonière
ornière
pépinière
plénière
poitrinière
poissonnière
poussinière
roncinière
sablonnière
safranière
sapinière
sablonnière
talonnière
tanière
Vanière, n.

cloyère
Labédoyère, n.
noyère
toyère

croupière
Dampierre, g.
paupière
pierre
porte-pierre
Pierro, n.
rapière
Robespierre, n.
roupière
Saint-Pierre (de)
soupière
tapière
taupière
troupière
épierre, v.

banquière
boutiquière
busquière
La Jonquière, n.
perruquière
acquière, v.
conquière, v.
enquière, v.
requière, v.

armurière
arrière
aventurière
barrière
benrrière
carrière
clairière
cellerière
confiturière
couturière
courrière
avant-courrière
derrière
douairière
empierrera
ferrière
fourrière
hauturière
pierrière
roturière
tarière
teinturière
terrière
tourrière
usurière
verrière
arrière, v.

baissière
brassière
carnassière
coursière
dépensière
devancière
dossière
épicière

financière
foncière
surfoncière
garancière
gargoussière
gibecière
glacière
grimacière
Lariboisière, n.
officière
poussière
princière
saucière
saucissière
sourcière
tapissière
tenancière
tiercière
tracassière

ardoisière
braisière
croisière
glaisière
lisière
menuisière
rasière
rizière
rosière

altière
argentière
banqueroutière
bonnetière
bouquetière
butière
cafetière
charcutière
chatière
chocolatière
cloutière
cocotière
culotière
devantière
faîtière
frontière
fruitière
gantière
grenetière
héritière
jaretière
jésuitière
laitière
lingotière
litière
miroitière
panetière
pantière
pattière
pissotière
platière
portière
potière
ratière
rentière
rotière
sabotière
sorbetière
tabatière
tôlière
tourlière
tripotière
turbotière
usufruitière

bruyère
gruyère
La Bruyère, n.
tutère

Bavière, g.
boudière
chenevière
civière
étrivière
jouère
rivière
sonclavière

Ajoutez à chacune de ces séries
les fém. des adj., en ier monosyllabe. Quant aux terminaisons en
iaire et ière dissyllabes, elles riment faiblement avec celles-ci,
même quand la lettre d'appui est
semblable.
Les terminaisons en ère riment
encore à la rigueur avec celles-ci.
C'est ici qui la première,
Seigneur, vous appela de ce doux nom
(de père.

RACINE, Iphigénie.

IÈRE dissyl., voy. AIRE.

IÈRES.

Hyères (2 ou 3) Deshoulières, n.
Ajoutez-y le pl. des noms fém.
en ère.

IERGE, voy. ERGE.

IERS monosyllabe.
Béziers, g. / Pithiviers, id.
Brinvilliers, n. / Poitiers, id.
Damvilliers, g. / Rambervilliers
Désangiers, n. / Verviers, id.
Louviers, g. / voltiers
Noirmoutiers, id.

Plus le pl. masc. des subst. et adj. terminés en ier. (pron. ié) monosyllabe.

IES pron. I.
adonies / lamies
androgénies / litanies
anomies / lochies
aphrodisies / mégalésies
Asturies, g. / nénies
complies / aristéries
délies / orgies
érodies ou / pacalies
érotidies / paganalies
féries / patilies
furies / phagésies
gémonies / terminalies
harpies / tulleries
hécatéries / volcanies

Joignes-y le pl. des noms en ie et la deux. pers. des temps des verbes dont la pron. est en ie; mais pour obtenir une rime riche il faut que les deux terminaisons aient la même lettre d'appui: adonies, tu renies; Asturies, tu cries. Voy. BIS, CIE, DIE, etc.

IES.
Cette terminaison, tant monosyl. que dissyll., est formée par le pl. des noms en iet et en ied, et avec les deux pers. pl. en iez.

IET dissyl., voy. ET et AIT.

IEU monosyllabe.
Boteldieu (S), n. / tête-dieu.
caïeu / Dolomieu, n.
camaïeu / essieu
Chaulieu, n. / lieu
Dieu / milieu
adieu / tonlieu
demi-dieu / Mathieu, n.
danger-adieu / fesse-mathieu.
Fête-Dieu / Montesquieu, n.
fille-dieu / moyeu
Hôtel-Dieu / pieu
mordieu! / épieu
Pâque-Dieu / Richelieu, n.
pardieu! / Saulieu, g.
prie-dieu / Tardieu, n.
porte-dieu

IEUE monosyllabe.
lieue / banlieue
A cause de leur petit nombre, ces mots riment avec ceux en eue.

IEUX monosyllabe.
ajeux (2) / lieux
Bayeux, g. / milieux
caïeux (3) / Lisieux, g.
camaïeux (3) / mieux
cieux / moyeux
dieux / pieux, subs. pl.
adieux / épieux
demi-dieux / Rieux, g.
ennuyeux / soyeux
essieux / vieux
giboyeux / rouvieux
joyeux / yeux

Ces mots riment à la rigueur avec ceux en eus ou ieus dissyll.

IEZ monosyllabe.
Cette terminaison comprend les deux. pers. pl. de l'imp de l'ind., du conditionnel, du pres. et de l'imp. du subj., dans tous les verbes: vous aimiez, vous aimerriez, que vous aimeriez, que vous aimassiez. La rime a besoin d'être soutenue par la lettre d'appui. Les pl. en iés monosyll., comme amitiés, pieds, etc., riment encore à la même condition avec ces formes verbales.

IEZ dissyllabe.
Cette terminaison comprend les deux. pers. pl. du pres. et de l'imp. de l'ind., de l'imper. et du pres. du subj. pour les verbes en ier: vous priez, vous priez, priez, que vous priez. Ces formes verbales riment avec le pl. des noms en iés dissyll., comme mariés.

IF.
if / alternatif
Baïf, n. / amplatif
roastbeef ou / annulatif
rosbif / apéritif
gérondif / appellatif
maladif / appréciatif
tardif / attentif
canif / rétentif
esquif / augmentatif
chérif / attributif
étrif / contributif
tarif / distributif
abérif / auditif
abstersif / augmentatif
détersif / carminatif
appréhensif / causatif
compréhensif / chétif
répréhensif / coagulatif
compressif / cognitif
expressif / collectif
oppressif / colligatif
répressif / communicatif
convulsif / commutatif
révulsif / permutatif
décursif / transmutatif
discursif / comparatif
offensif / complétif
éversif / explétif
subversif / confortatif
excessif / conceptif
innocessif / déceptif
processif / perceptif
successif / réceptif
expansif / conjonctif
expulsif / disjonctif
impulsif / subjonctif
répulsif / connotatif
immersif / consécutif
lascif / subsécutif
massif / consolatif
passif / consomptif
pensif / constitutif
ponsif / constructif
possessif / destructif
poussif / instructif
progressif / contemplatif
récif / exentif
réflexif / rétentif
répréhensif / contractif
responsif / copulatif
suspensif / correctif
tensif / directif
abusif / corruptif
conclusif / craintif
exclusif / cumulatif
décisif / curatif
incisif / datif
diffusif / déclaratif
divisif / défectif
évasif / effectif
oisif / ineffectif
suasif / profectif
persuasif / démitif
visif / délibératif
ablatif / démonstratif
collatif / déprécatif
illatif / dépuratif
relatif / dérivatif
superlatif / descriptif
translatif / désignatif
abortif / déterminatif
abstractif / exterminatif
altératif / dévolutif
extractif / révolutif
accélératif / digestif
accusatif / diminutif
actif / dispensatif
coactif / distinctif
inactif / extinctif
réactif / donatif
rétroactif / dormitif
adjectif / dubitatif
objectif / électif
subjectif / énonciatif
adjudicatif / énumératif
administratif / éradicatif
admiratif / estimatif
adoptif / évacuatif
adulatif / évaporatif
adventif / exagératif
adversatif / excitatif
affectif / récitatif
affirmatif / exclamatif
confirmatif / exfoliatif
infirmatif / exhortatif
afflictif / expéditif
altératif / explicatif
/ exculécrotif
/ facultatif
/ fautif
/ fédératif
/ fermentatif
/ fictif

figuratif / perspectif
finitif / pignoratif
fixatif / plaintif
fomentatif / plumitif
fréquentatif / portatif
frustratif / positif
fugitif / postpositif
furtif / prépositif
génératif / préparatif
glutinatif / préservatif
agglutinatif / présomptif
conglutinatif / primitif
gravatif / privatif
gustatif / probatif
hâtif / approbatif
illuminatif / réprobatif
imaginatif / productif
imitatif / improductif
impératif / reproductif
incarnatif / prohibitif
inchoatif / pulsatif
indicatif / pungitif
inflictif / purgatif
informatif / répurgatif
initiatif / putatif
insinuatif / putréfactif
instrumentatif / raréfactif
intellectif / stupéfactif
interprétatif / rébarbatif
interrogatif / réductif
prorogatif / réduplicatif
introductif / réfrigératif
intuitif / rémollitif
invectif / rémunératif
inventif / représentatif
préventif / respectif
itératif / restauratif
réitératif / restrictif
jointif / résumptif
justificatif / rétardatif
laxatif / rétif
législatif / révocatif
lénitif / roboratif
limitatif / corroboratif
locatif / sanguidicatif
lucratif / sédatif
maturatif / sensitif
médiatif / séparatif
mémoratif / significatif
commémoratif / solutif
rémémoratif / dissolutif
mitigatif / résolutif
modificatif / soporatif
motif / spéculatif
natif / sternutatif
négatif / substantif
nominatif / suppuratif
nuncupatif / tentatif
obstructif / transitif
désobstructif / intransitif
olfactif / unitif
opératif / végétatif
coopératif / vindicatif
opiatif / vocatif
oppositif / vomitif
opletif / votif
palliatif / juif (1)
partitif / suif (1)
pendentif / vif
pénétratif

IFE, IFFE, IPHE et YPHE.
apocryphe / pontife
Calphe, n. / Ténérife, g.
califfe / atife, v.
chiffe / biffe, v.
escogriffe / briffe, v.
glyphe / débiffe, v.
diglyphe / griffe, v.
dirigrlyphe / agriffe, v.
hiéroglyp.(5)* / robiffe, v.
triglyphe / tarife, v.
logogryphe

IFLE et IFFLE.
moraifle / siffle, v.
écornifle, v. / persiffle, v.
runifle, v.

IFRE et IFFRE.
chiffre / chiffre, v.
fifre / déchiffre, v.
piffre, pop. / empiffre, v. pop.

IGE et YGE.
Adige, g. / callipyge
apophyge / lige
Bige, ant. / litige

* La Fontaine, dans la fable intitulée: le Fou qui vend la Sagesse, a donné à ce mot un h aspiré et quatre syllabes seulement:
..... Ce sont ici hiéroglyphes tout purs.
L'usage actuel s'est prononcé autrement.

prestige / dirige, v.
prodige / érige, v.
quadrige / exige, v.
stryge / rédige, v.
tige / transige, v
vertige / lige, v.
vestige / refige, v.
voltige / fumiga, v.
affige, v. / fustige, v.
indige, v. / mitige, v.
collige, v. / navige, v. m.
recollige, v. / néglige, v.
corrige, v. / oblige, v.
recorrige, v. / désoblige, v.

Plus les formes interrogatives en is-je: dis-je, fis-je, répondis-je.

IGLE.
bigle / sigle.

IGME et YGME.
horborygme / paradigme
énigme / phénigme

IGNE et YGNE.
bénigne / égratigne, v.
bigne / guigne, v.
cygne / indigne, v.
digne / ligne, v.
condigne / aligne, v.
indigne / coligne, v.
Digne, g. / forligne, v.
guigue / interligne, v.
ligne / souligne, v.
carvilinge / provigna, v.
interligne / rechigne, v.
mixtiligne / signe, v.
rectiligne / assigne, v.
maligne / consigne, v.
signe / contresigna, v.
consigne / désigne, v.
insigne / réassigne, v.
vigne / résigne, v.
barguigne, v. / soussigne, v.
cligne, v. / trépigne, v.

IGRE.
Aligre (d'), n. / dégigre, v.
tigre / émigre, v.
Tigre, g. / tigre, v.

IGUE.
bigue / prodigue
bourdigue / Rodrigue, n.
brigue / sarigue?
digue / brigue, v.
fatigue / fatigue, v.
figue / intrigue, v.
gigue / ligue, v.
intrigue / prodigue, v.
ligue

IGUES.
Martigues, n.
Ajoutez-y le pl. des noms et la deux. pers. des verbes de la liste précédente.

IL pron. ILE.
alguazil / mil, n. de n.
anil / mil
avril / morfil
babil / Myrtil, n.
béril / Nil
bil- / partil
Brésil, g. / péril
charil / pistil
cil / puéril (3)
civil / quintil
incivil / sextil
courtil / bissextil
exil / sil
fil / subtil
pourfil / tortil
profil / vil
grosil / viril
il / volatil

Plus les formes interrogatives de la trois. pers. sing.: dit-il, fit-il. Voy. l'observ. qui termine l'article suivant.

IL pron
baril / grésil
cabril / gril
cherril / ménil
émeril / nombril
fenil / outil
fournil / persil
fusil / sourcil
gentil

* Je la crois fine, dit-il,
Mais le moindre grain de mil
Ferait bien mieux mon affaire.
LA FONTAINE.

Ces mots riment mal avec les mots terminés en i simple; ils riment encore moins avec ceux dont la désinence est en ui, et point du tout avec ceux en il sonnant ile **.
Cependant gril, nombril et persil se prononcent souvent en faisant entendre la L: si l'on adopte cet usage, on fait rentrer ces mots dans la catégorie d'alguazil, etc. Pour les pl. voy. ILS.

ILDE.
Bathilde, n. / Mathilde, n.
Clotilde, id. / tilde
Herménég, id.

ILE, ILLE non-mouillé, YLE et YLLE.
île / agropile
bile / éolipyle
atrabile / hécatompyle
débile / heptapyle
indélébile / Euripyle, n.
indélébile / Kypripyle, id.
habile / pile
inhabile / primipile
malhabile / pile, v.
labile / compile, v.
mobile / empile, v.
immobile / dépile, v.
nubile / épile, v.
sibyle / opile, v.
jubile, v. / désopile, v.
/ presqu'île
Achille, n. / squille
chyle / tranquille
Eschyls, n.
trochile / Chérile, n.
/ Cyrille, id.
condyle / febrile
crocodile / fibrille
édile / Pérille, n.
idyle / puérile
spondyle / sourrile
/ virile
affile
bibliophile / ancile, ant.
négrophile / Cécile, n.
chrysophylle / codicille
hétérophylle / docile
buxaphyle / indocile
monophylle / domicile
pentaphylle / facile
triphylle / difficile
Déiphile, n. / focile
Eriphile, id. / fossile
file / imbécile
chef de file / Lucile, n.
serre-file / scissille
Pamphile, n. / sessille
Théophile, id. / Sicilia, g.
file, v. / ustensile
affile, v. / vacille, v.
dafile, v. / asyle
éfaufile, v. / Basile, n.
enfile, v. / Thrasylle, n.
émorfile, v. / exile, v.
faufile, v. / aquatile
profile, v. / Bathylle, n.
raffile, v. / cotyle
renfile, v. / dactyle
tranchefile, v. / ductile
/ fertile
argila / infertile
Argile, g. / fluviatile
évangile / futile
fragile / hostile
vigile / Lucrétile, g.
Virgile, n. / mercantile
/ Myrtile, n.
annihile / mityle
/ projectile
Deiille, n. / pulsatile
île (l') / reptile
Belle-île, (l') / rutile
Lille, (l') / sazatile
Lille, g. / sectile
/ serratile
Cadmile, myt. / style
Emile, n. / amphiprostyle
Pa-l-Emile, id. / aréostyle
/ épistyle
Undecimile, n. / oustyle
assimile, v. / péristyle
/ prostyle
Troïle, n. / prenostyla
Zoile, id. / xystyle

** La Fontaine a écrit, fab. I, I, X:
Mais comment le corps l'entend-il?
C'est là le point. Je vois l'ennui!....
Cette rime n'est que pour les yeux. On bien permit autrefois prononcçait-on entendu, comme on le fait encore dans certaines provinces.

subtile
tactile
intactile
textile
tortile
utile
inutile
versatile
volatile
distille, v.
mutile, v.
ruffle, v.
titille, v.
ventile, v.

huile
tuile
huile, v.
anhuile, v.
tuile, v.

ILLA pron. ILELA, voy. **LA.**
ILLA mouillé, voy. **LLA.**
ILLANT, illard, voy.
LLANT, llard, à **ANT** et à **ARD.**

ILLE mouillé.

bille
bisbille
gobille
babille, v.
bille, v.
dégobille, v.
gambille, v.
babille, v.
déshabille, v.
rhabille, v.

armadille
brindille
cédille
cévadille
codille
grenadille
mandille
puceadille
spadille
brandille, v.
fendille, v.
mordille, v.
pendille, v.

fille
belle-fille

anguille
guille, v.

alchimille
camomille
charmille
ormille
ramille
Vintimille, n.
fourmille, v.

anille
campanille
centenille
chenille
cochenille
conille
guenille
Manille, g.
nille
Pétronille, n.
souquenille
vanille
connille, v.
échenille, v.
enguenille, v.

estampille
étoupille
goupille
papille
roupille
torpille
éparpille, v.
estampille, v.
étoupille, v.
gaspille, v.
goupille, v.
grapille, v.
houspille, v.
pille, v.
roupille, v.
toupille, v.

héquille
coquille
esquille
jonquille
quille
contre-quille
roquille
héquille, v.
écarquille, v.

Anville (d'), n.
Baskerville, id.
calville
civile
incivile
Fréville, n.
serville
Séville, g.
Tocqville, n.
vaudeville
ville
villa
Abbeville, id.
Angerville, id.
Belleville, id.
Charleville, id.
Hermanooe, id.
hôtel-de-ville
Joinville, g.
Thionville, id.

cascarille
coudrille
drille
écrille
escadrille
étrille
grille
Mascarille, n.
quadrille
soudrille
vrille
brille, v.
écaville, v.
étrille, v.
grille, v.
vrille, v.

ancille
fancille
tonsille
verticille
bousille
cille, v.
sille, v.
désille, v.
soucille, v.
ustensille, v.

brasille
brésille, v.
égosille, v.
fusille, v.
grésille, v.
nasille, v.

apostille
bastille
béatille
bétille
cannetille
castille, pop.
Castille, g.
courtille
croustille
écoutille
flotille
frétille
gentille
lentille
mantille
mercantille, sub.
pacotille
pastille
potentille
tille
tourmentille
vétille
volatile
apostille, v.
chantille, v.
émonstille, v.
éventille, v.
frétille, v.
gantille, v.
outille, v.
pétille, g.
pointille, v.
pontille, v.
tortille, v.

escrime
grime
prime
rime
monorime
arrime, v.
comprime, v.
déprime, v.
exprime, v.
imprime, v.

cheville
aiguille, v.
porte-aiguille

cheville, v.
recroqueville, v.

ILLÉ, voy. **LLÉ.**

ILLES mouillé.

Antilles, g.

Ajoutez-y le pl. des noms et la deux. pers. des verbes en ille.

ILLIEUR et **ILLIEUX,** voy. lleur à **EUR** et lleux à **EUX.**

ILLI, illou, voy. **LLI,** llon.

ILPHE ou **YLPHE.**
sylphe

ILTRE.
philtre
filtre, v.

ILVE ou **YLVE.**
sylve

IM pron. IME.
Antrim, g.
Ephraïm (c), n.
Ibrahim (s), id.
interim
Joachim, n.

Ces mots ne riment en aucun façon avec ceux en im pron. ein, Voy. in.

IMBE et **YMBE.**
corymbe
limbe

IMBRE.
Cimbre
Coïmbre (s), g.

IME et **YME.**
abîme
abîme, v.
chyme
cacochyme
parenchyme
dîme
didyme, méd.
épididyme
Didyme, n.
Dindyme, g.
dîme, v.
rédime, v.
vidime, v.

régime

ginglyme
lime
millime
sublime
Solime, g.
Zulime, n.
lime, v.
élime, v.
relime, v.
sublime, v.

mime
pantomime
mime, v.

anonyme
coprepyme
éponyme
homonyme
pseudonyme
synonyme

longanime
magnanime
pusillanime
unanime
minime
sémiminime
Nonime, n.
anime, v.
ranime, v.
envenime, v.
désenven, v.
renvenime, v.

crime

timbre, v.

opprime, v.
réimprime, v.
déprime, v.
supprime, v.
escrime (s'), v.
grime (se), v.
périme, v.
prime, v.
rime, v.
trime, v.

amplissime
bassissime
bellissime
circonspectiss.
clarissime
éminentissime
excellentiss.
faussissime
fourbissime
généralissime
grandissime
habilissime
ignorantissime
illustrissime
ingratissime
nobilissime
parvissima ou
parvulissime
pédantissime
rarissime
révérendiss.
richissime
savantissime
sérénissime
simpliciss, ou
simplissime
cime
décime
maxime
Maxime, n.
proxime
approxime, v.
décime, v.
ensime, v.
escime, v.
érysime, bot.
infinitésime
millésime
nonagésime
quadragésime
quinquagésime
septuagésime
sexagésime
Onésime, n.
Zosime, id.

centime
épithème, bot.
estime
mésestime

Fatime, n.
intime
intime
légitime
illégitime
maritime
Philotime, n.

IMNE et **YMNE.**
hymne
Médimne, ant.

IMPE et **YMPE.**
guimpe
Olympe, g.

IMPHE ou **YMPHE.**
lymphe
nymphe

IMPLE.
simple, adj.
simple, sub.

IN pron. INE.
albarracin
Eidolin, n.
Glasslyn, g.

IN, AIN, EIN et **IM.**
ain

Caïn, n.
Albain, g.
Albin, n.
aubain
bain
Barbin, n.
carabin
chérabin
corbin
bec de corbin
Forbin, n.
Gobin (saint), n.
jacobin
lambin
Lubin, n.
rabbin
Sabin, g.
urbain
Urbain, n.
Urbin, g.

Africain
Algonquin
Américain
Armoricain
arlequin
baldaquin
Berquin, n.
bisequin
bouquin
brodequin
canequin
casaquin
coquin
chasse-coquin
ver-coquin
cramequin
Dominique(le) n.
faquin
franciscain
Lekain, n.
Lucain, id.
mamequin
marasquin
maroquin
mesquin
Mexicain
Naskin, g.
palanquin
Pasquin, n.
Pékin, g.
Potemkin, n.
publicain
ramequin
républicain
requin
taquin
Tarquin, n.
Tonquin, g.
turquin
vilbrequin
Vulcain.

Avranchin
Bouchain, g.
Cochin, n.
échin
Guerchin (le), n.
prochain
Rostopchin, n.
Tronchin, id.

victime
estime, v.
mésestime, v.
intime, v.
légitime, v.
victime, v.

Mélimyne, g.

Olymps, n.
grimpe, v.

paranymphe

Simple, n.
pimple, zo.

Inn (angl.)
spleen (pron. spline)

Aladin
Aldovrandin, id.
Almoradin, id.
tadain
anodin
badin
baladin
bavardin
bernardin
Bernardin, n.
blondin
Bodin, n.
boudin
bourdin
bredindin
citadin
colydin, zo.
Conradin, n.
contadin
daim
Dandin, n.
dédain
ébroudin
godin
gourdin
gradin
gredin
Grenadin
Guichardin, n.
guilledin
Hasdin, g.
incarnadin
jardin
Jourdain, g.
Jourdain, n.
mondsin
mnscadin
Noureddin, n.
Odin, myt.
ondin
paladin
péricordin
Péterwaradin, g.
rondin
Saladin, n.
smaragdin
soudain
taltadin
vertugadin

sigrefin
Bafin, n.
Goflin, id.
Cucufin, id.
dauphin
faim
abat-faim
male-faim
meurt-de-faim
fin
aftn
enfin
fin, adj.
demi-fin
superfin
genevéfain
joséphin
Rufin, n.
séraphin

bregin
engin
male-angin
Hygin, n.
longin

Longin, n.
isqdvagin
vagin
béguin
duguin
gain
regain
sanguin
consanguin
agnelin
alcalin
apostolin
aquilin
architriclin
balin
Berlin, g.
bouiln
caballin
cacolin
cacolin, xo.
câlin
capitolin
capolin, bot.
carlin
carolin
chapelain
Chapelain, n.
châtelain
cipolin
Colin, n.
coqualin
corallin
crancelin
craquelin
crépuscolin
cristallin
Cuchullin, n.
déclin
enclin
drelin
Dublin, g.
Duguesclin, n.
escalin
espolin
din
francolin
gibelin
gobelin
Jocelyn, n.
grelin
grimelin
grivelin
Gosselin, n.
kaolin
kremlin
Laroche-Jaquel.
lin
malin
Marcellin, n.
masculin
Merlin, n.
moulin
opalin
orphelin
pascalin
patelin
plain
plein
terre-plein
Poquelin, n.
poulain
poupelin
Praslin, n.
ravelin
ravelin
Rollin, n.
rondelin
salin
salvelin
séranccolin
sibyllin
staphylin
glosso-staphyl.
tandelin
Tigellin, n.
tremplin
vélin
vilain
archi-vilain
ainsolin

Benjamin, n.
bramin
carmin
chemin
cumin
demain
après-demain
lendemain
surlendemain
Firmin, n.
gemin
germain
humain

inhumain
surlumain
main
arrière-main
avant-main
baisa-main
tourne-main
Muin, g.
Maximin, n.
ormin
parchemin
romain
Antonin, n.
Apennin, g.
benin
Bernin, n.
canin
Denain, g.
féminin
fescennin
funin
Gonin (matire)
léonin
Menin, g.
monin
nain
nonnain
Saturnin, n.
Thiouvenin, id.
Alboin, n.
Ebroïn, id.
aubépin
calepin
canepin
cisalpin
transalpin
clampin
Crépin (saint)
Crespin, n.
escarpin
étoupin
galopin
gossaupin
gouspin
grappin
harpin
Jupin, myt.
lapin
lopin
lupin
orpin
pain
gagne-pain
masse-pain
Papin, n.
pépin
perlimpinpin
pin
poupin
Rapin, n.
sapin
Scapin, n.
supin
taupin
turlupin
Torpin, n.
vulpin
archi-patelin
adultérin
Alexandrin
azorrin
ballarin
boulingrin
brin
burin
canarin
chagrin
chambourin
citrin
colubrin
crin
erin-crin
Castrin, g.
cyprin
écrin
erchin
Favorin, n.
flandrin
floria
forain
aljiforain
frelin
furin
Geoffrin, n.
gorgerin
grain
Londrin
Lorrain
lutrin
Macrin, n.
mandarin
Mandrin, n.

magnain
garde-magasin
Pont-de-Beauvoi
quinzain [ain, g.
raisin
Sarrasin
sixain
Toulousain
voisin
circonvoisin
zain
Abdéritain
aimantin
Aquitain
argentin
Aventin (mont)
Augustin, n.
Saint-Augustin
baltotin
bénédictin
biscotin
bouquetin
brigantin
brigittin
buffletin
bulletin
butin
cahotin
cachetin
caillaoptiy
cajestin
calepin
calfatin
callixtin
calotin
cassetin
catin, pop.
cérulin
cérain
incertain
chatain
chevrotin
chicotin
clandestin
Collatin, n.
colletin
Constantin, n.
Cottin, id.
crétin
crotin
cucurbitain
culottin
destin
diablotin
éléphantin
enfantin
étain
étain
fagotin
festin
Florentin
fretin
Frontin, n.
galantin
galetin
gazetin
génétin
gigantin
gratin
Guilloquin, n.
hautain
huitain
hutin, n, m.
ignorantin
intestin
Justin, n.
lamantin
latin
libertin
loignain
lutin
Martin, n.
matin
réveille-matin
mâtin
médisatin
mutin
Napolitain
observantin
Palatin (mont)
palatin
palatin, anat.
glosso-palatin
pantin
Pantin, g.
patin
Patin (gui), n.
Photin, n.
plotin
plantain
Plotin, n.
potin
puritain
anti-péritain
patain, yog.
quadratin
Quimper-Corent.
Quintin, n.
Robertin, id.
roxantin
Romerantin, g.

Limousin, ou

* Pour oin monosyllabe. Voy, à D.

roquetin | théatin
rotin | thym
sacristain | Mintin
Saint-Quentin, n. | tourmentin
samaritain | trémtin
satin | Tventin ou
scrutin | Tridentin
serpentin | Tripolitain
Stetin, g. | Triestotin, n.
sirapontin | trottin
tain | ultramontain
Tarentin | Vicentin
tetin | vingtain

Les noms allemands en *stein*, prononcés à la française, *stin*, peuvent rimer avec cette terminaison : *Holstein, Walstein* ou *Wallenstein*, etc.

	Louvain, g.
alevin	nervin
boivin	Poitevin
Calvin, n.	provin
cavin	ravin
Chauvin, n.	Sylvain, n.
Corvin, id.	vain
couvain	vin
douvain	banvin
échevin	brandevin
écrivain	passe-vin
épurvin	pas-de-vin
Langevin, n.	sas-de-vin
levain	tâte-vin

INC et INQ.

cinq | zinc.

INCE, INSE et INSSE.

mince | grince, v.
pince | mince, v.
prince | émince, v.
Port-au-Princ pince, v. |
province | rince, v.
évince, v. |

Plus la prem. et la trois. pers. de l'imp. du subj. des verbes *tenir, venir*, et de leurs composés : *tinsse, vinsse, continsse*, etc.

INCHE.

clinche | guinche
griuché |

INCT.

distinct | succinct
instinct |

Ces trois mots riment avec ceux en *aint* et *eint*. Voy. cette terminaison.

INCTE.

distincte | succincte

Ces deux mots peuvent rimer avec ceux qui se terminalent en *ainte* et *einte*. Voy. cette terminaison.

INDE.

blinde | Olinde, g.
Clorinde, n. | Pinde, id.
Inde, g. | quinde, v.
coq-d'Inde | scinde, v.
dinde | olinde, v.
poule-d'Inde | rescinde, v.
Mélinde, g. |

INDES.

Brindes, g. | Indes (les), g.

Plus le pl. des noms et la deux. pers. sing. des verbes de la liste précédente.

INDRE, EINDRE et AINDRE.

cylindre | enfreindre, v.
geindre | éteindre, v.
guindre | étreindre, v.
Indre, g. | feindre, v.
atteindre, v. | geindre, v.
aveindre, v. | peindre, v.
ceindre, v. | dépeindre, v.
enceindre, v. | plaindre, v.
chanfreindre, v. | complaindre, v.
contraindre, v. | restreindre, v.
craindre, v. | teindre, v.
empreindre, v. | déteindre, v.
épreindre, v. | reteindre, v.

INE.

Albine, n. | cannabine
babine | carabine
bobine | colombine

* Pour *urs*, monosyllabe, *voy.* à la lettre U.
Pour *ster* monosyll., à la lettre O.

Colombine, n. | rousseline
concubine | saline
asbine, bot. | santqline
Sabine, g. | tourmaline
Sabine, n. | ursuline
bine, v. | albeline
bobine, v. | bouline, v.
carabine, v. | caline, v.
combine, v. | coqueline, v.
lambine, v. | décline, v.
 | incline, v.
apalachine | recline, v.
Chine, g. | discipline, v.
Cochinchine | mouline, v.
échine | patoline, v.
machine | pouline, v.
échine, v. |
machine, v. | albumine
 | alumine
badine | balsamine
burgandine | bromine
citadine | calamine
Claudine, v. | cardamine
crapaudine | chaumine
ferrandine | Condamine (la), n.
gourgandine | étamine
incarnadine | flamine
Médine, g. | hémine, ant.
sardine | hermine
soufdine | mine
Udine, g. | contre-mine
visitandine | salamine, g.
badine, v. | Tourantmine, n.
daudine, v. | vermine
jardine, v. | abomine, v.
rondine, v. | chemine, v.
 | achemine, v.
dauphine | contamine, v.
Delphine, n. | dissémine, v.
fine | domine, v.
genovéfine | prédomine, v.
Joséphine, n. | culmine, v.
morphine | élimine, v.
affine, v. | enlumine, v.
raffine, v. | illumine, v.
confine, v. | examine, v.
 | fulmine, v.
albugine | incrimine, v.
angine | mine, v.
apalagine | contre-miné, v.
asparagine | recrimine, v.
aubergine | rumine, v.
Egine, g. | termine, v.
fungine | détermine, v.
misogyne | extermine, v.
monogyne | prédétermine, v.
onérogyne ou |
onirogyne (5). | canine
origine | daphnine
plombagine | féminine
rugine | léonine
imagine, v. | quinine
 | ranine
héguine | héroïne
doguine |
sanguine | Agrippine, n.
sanguine, v. | Alpine
 | subépine
Adeline, n. | Campine, g.
alcaline | Cisalpine
Aline, n. | chopine
aveline | crépine
berline | épine
bouline | lapine
câliné | Lépine, n.
cameline | Philippine, id.
capeline | popine
carline | poupine
carmaline | Proserpine
Caroline, n. | rapine
Céline, id. | sapine
chevaline | chopine, v.
colline | clopine, v.
coraline | épine, v.
coralline | turlupine, v.
carmaline |
crystalline | coquine
discipline | quina
indisipliné | aquine
ondelline | taquine
geline | bouquine, v.
Jacqueline, n. | coquine, v.
javeline | accoquine, v.
maline | damasquine, v.
mandoline | emmanequine, v.
margaline | maroquine, v.
martiline | taquine, v.
Messaline, n. |
moscatelline | alexandrine, adj.
mousseline | Alexandrine, n.
néphéline | amphimérine
orpheline | ansérine
papeline | anthérine
pacaline | asarine
patéline | aventurine
Pauline, n. | Catherine
nicheline | canarine
Pline, n. | Césarine, n.
praline | chagrine

* Pour *urs* et *cuins avec eu* et *eu* d'une syllabe diphthongue, *voy.* à la lettre U et à la lettre O.

---

citrine | usine
clarine | voisine
Corinne, n. | circonvoisine
czarine | cousine, v.
doctrine | cuisine, v.
Dorine, n. | ébousine, v.
ellébourine | enasisine, v.
érine | lésine, v.
errhine | magasine, v.
farine | ommagasine, v.
Jean-Farine | voisine, v.
fibrine | avoisine, v.
leitrine |
mariné | amaranthine
aigus-marine | annotine
garde-marine | argentine
pinse-mariné | Augustine, n.
Marine, n. | barboline
mahurine | bénédictine
mazarine | bottine
narine | brigantine
Nérine, n. | brogatrine
Palastrine, g. | buratine
poitrine | cactine
purpurine | cantine
serine | carbatine
terrine | castine
thorine | chevrotine
trine | Christine, n.
urine | clandestine
utérine | Clémentine, n.
vérine | cortine
verrine, ant. | courtine
vipérine | Custine, n.
burine, v. | dictine
chagrine, v. | écarlatine
ondoctrine, v. | églantine
enfarine, v. | élatine
entérine, v. | émétine
marine, v. | Ernestine, n.
amarine, v. | Faustine, id.
émarine, v. | feuillantine
émarine, v. | Florentine, a. n.
tambourine, v. | galantine
urine, v. | gélatine
 | guillotine
Alcine, n. | Justine, n.
assassine | libertine
auspicine | Libitine, myt.
balancine | litbine
bassino | narcotine
bécassine | palatine
branche-ursine | Palestine, g.
capucine | platine
cassine | ratine
crapoussine | rétine
doucine | routine
duracine | sabbatine
fascine | sacristine
glucine | sertine
houssine | sérotine
Lucine, n. | serpentine
médecine | sixtine (chapelle)
Messine, g. | tartine
morticine | térébenthine
oursine | tétine
piscine | tine
Plavcine, n. | tohline
racine | Valentine, n.
Racine, n. | destine, v.
vaccine | prédestine, v.
assassine, v. | festine, v.
bassine, v. | guillotine, v.
calcine, v. | libertine, v.
fascine, v. | lquine, v.
houssine, v. | mâtine, v.
médecine, v. | mutine, v.
organsine, v. | obstine, v.
patrocine, v. | patine, v.
racine, v. | piétine, v.
déracine, v. | ratine, v.
enracine, v. | ratine, v.
ratiocine, v. | routine, v.
vaccine, v. | tartine, v.
 |
cousine | bruine (5) *
cuisine | Eleusine, myt.
Eleusine, myt. | ruine (5)
Euphrosyne, n. | ruine (5), v.
gésine |
kxsine | alvine
lésini | Angevine
limosine | génovine
limodine | octavine
Méhusine, n. | ravine
résine |
gomme-résine | alevine, v.
saisine | avine, v.
Sarrasine | devine, v.

INES.

Comines, g. et n. | latrines
Dessalines, n. | Luynes (2 ou 3)
Gravelines, g. | Malines, g.
Guines, id. | Nundines, ant.

* Pour *cuins et cuins avec eu* et *eu* d'une syllabe diphthongue, *voy.* à la lettre U et à la lettre O.

Philippines, g. | sétines
Sartines, n. |

Plus le pl. des noms et les deux. pers. sing. des verbes de la série précédente.

INGE.

 | Thuringe, g.
linge | singe, v.
méninge |
singe |

Plus les formes interrogatives de la prem. pers. en *ins, ains* et *eins : vins-je, plains-je, steins-je*. Il faut observer cependant que ces formes sont très-dures.

INGLE.

épingle | cingle, v.
tringle | épingle, v.

INGRE.

malingre |

INGUE.

bastingue | Gronūghe, id.
bastringue | méringue
boulingue | Nordlingue, g.
camerlingue | seringue
carlingue | bastingue, v.
Domingue, n. | bastringue, v.
S.-Domin., g. | distingue, v.
élingue | fringue, v.
ralingue | ralingue, v.
Flessingue, g. | seringue, g.
Huningue, id. |

INGUES.

Sorlingues, g. |

Plus les pl. des noms et les deux. pers. sing. des verbes de la liste précédente.

INMES.

finmes (nous) | vinmes (vous)

Et les prem. pers. pl. du prét. déf. des composés des verbes *tenir et venir*.

INQUE et YNQUE.

ornithorhynque | trinque, v.
pinqué | vainque, subj.
requinque (se), v. | convainque

INRENT.

tinrent (ils) | vinrent (ils)

Et leurs composés.

INS.

conûns | Provins, g.
Gobelins | quatre-vingts
lambrequins | six-vingts
Lérins (îles), g. | Quinze-Vingts
Moulins, id. | Salins, g.
Pontius (marais) | Vervins, id.

Ajoutez-y le pl. des noms en *in, ain, ein, eint* et *eint*, et les prem. et deux. pers. sing. du prés. de l'ind. des verbes en *aindre, eindre, aincre : crains, étreins, vaincs*, etc.; plus encore les prem. et deux. pers. sing. du prét. déf. des verbes *tenir, venir* et de leurs composés. *Je tins, tu vins*, etc.

INSE et *isse*, voy. INCE.

INT, AINT et EINT.

quint, v. m. | craint, id.
Charles-Quint | éteint, id.
quint-et-req. | étreint, id.
Sixte-Quint | feint, id.
saint | plaint, id.
vingt |
coint, v. et part. |
tint (je, il) *et composés*. |
vint (je, il) *et composés*. |

Voy. les verbes en *aindre* et *eindre*.

INTE, INTHE, AINTE et EINTE.

absinthe | mainte
Aminte, n. | Philinte, n.
atteinte | pinte
coloquinte | plinthe
complainte | quinte
contrainte | sainte
Corinthe, g. | térébinthe
crainte | teinte
empreinte | dreinte, v.
enceinte | pinte, v.
Hyacinthe(4), n. | suinte, v.
jacinthe | tinte, v.
labyrinthe |

Ajoutez-y le fém. des part. en *aint et eint*.

INTES.

Cette rime est formée par le pl. des noms et participes, et la deux. pers. des verbes de la liste précédente, à quoi il faut ajouter : *vous tintes, vous vintes*, et les composés de ces deux verbes.

INTRE et EINTRE.

cintre | peintre

INX et YNX.

laryax | sphinx
lynx | syrinx
pharynx |

INZE.

quinze |

ION *dissyllabe*.

Albiou, g. | décurion
biblion, zool. | embryon
Bion, n. | Géryon, n.
gabion (2 ou 3) | histrion
ischion | holothurion
 | horion
Clodion, n. | Hypérion, n.
Dion, bot. | Mérion, id.
enchiridion | morion
ludion | Orion, n.
maisionerdon | septentrion
Pandion, myt. | septentrion
 | sensorion *pour*
amphion | sensorium
escosion (3 ou 4) | visorion *pour*
 | visorium
contagion |
légion | abannation
peripion | suranation
region | abdication
religion | prédication
irréligion | indication
 | co-indication
abellion | contre-indicat.
ardelion | abduction
Asphalion, n. | adduction
billion | conduction
million | déduction
trillion, etc. | induction
Bucolion, ant. | introduction
galion | production
Gamélion, ant. | réocconduction
ganglion | réduction
Hexamilion, ant. | reproduction
Idalion, g. | séduction
Ilion, id. | traduction
lion | aberration
dent-de-lion | abjection
fourmi-lion | abjuration
pied-de-lion | adjuration
Lyon, id. | conjuration
poition, bot. | déjection
Pollion, n. | disjection
Pygmalion, id. | éjection
rébellion | injection
stellion, zoo. | interjection
tabellion | objection
talion | projection
 | subjection
Boédromion, ant | ablactation
Endymion, n. | ablaquéation
 | ablation
aunion | collation
communion | corrélation
post-communion | délation
Lanion, g. | législation
opinion | oblation
Parménion, n. | prélation
union | prolation
réunion | relation
 | translation
champion | ablution
croupion | abolition
ectropion | abrévation
espion | abrévation
hypopyon | absorption
laupion | résorption
morpion | abstention
ORnopion, n. | attention
epion p. opium | contention
pion (1 ou 2) | détention
principion | instinction
Scipion, n. | intontion
scorpion | manuication
ustcapion | obtention
 | prétention
alérion | rétention
Altpérion, ant. | accélération
Amphitryon, n. | accomination
Anthestérion, a. | acceptation
Arion, n. | acception
bothrion | conception
brimborion | déception
brion | exception
centurion | interception
chorion | intussuscept.
curion | pérception

réception
susception
acclamation
conclamation
déclamation
proclamation
réclamation
accumulation
accusation
excusation
récusation
acquisition
disquisition
inquisition
perquisition
réquisition
action
coaction
exaction
inaction
réaction
rétroaction
transaction
adaptation
addition
condition
dédition
déperdition
édition
extradition
perdition
reddition
tradition
vendition
ademption
coemption
exemption
rédemption
péremption
préemption
adition
ambition
prétérition
sédition
transition
adjudication
administration
admiration
adoration
adulation
affabulation
confabulation
affectation
affection
confection
défection
infection
perfection
désinfection
imperfection
réfection
affirmation
confirmation
affixion
crucifixion
préfixion
affliction
infliction
agglomération
agglutination
conglutination
agitation
agnation
cognation
ségrégation
congrégation
désagrégation
ségrégation
agression
digression
ingression
progression
transgression
Alcyon, myt.
aliénation
altération
adultération
altercation
amodiation (6)
ampliation (5)
amplification
béatification
bonification
certification
chylification
dulcification
classification
corporification
délicification
édification
falsification
fortification
fructification
glorification
gratification
lapidification
mellification
mercurificat.
modification

momification
mollification
mortification
mystification
ossification
pacification
panification
pétrification
purification
qualification
ramification
ratification
rédification
réédification
révivification
sanctification
sanguification
scarification
signification
simplification
spécification
stratification
vérification
versification
vitrification
vivification
amputation
animation
annexion
avocation
commixion
annihilation
annonciation
dénonciation
énonciation
prononciation
renonciation
annulation
anticipation
participation
apparition
disparition
réapparition
appellation
épellation
interpellation
application
complication
duplication
explication
implication
inapplication
multiplication
réduplication
supplication
appréciation
dépréciation
appropriation
réappropriation
approbation
désapprobation
expropriation
approximation
arbitration
argumentation
arrestation
articulation
désarticulation
ascension
aspersion
dispersion
aspiration
conspiration
expiration
inspiration
perspiration
respiration
transpiration
assertion
désertion
insertion
assignation
consignation
désignation
réassignation
résignation
assimilation
association
désassociation
assomption
consomption
présomption
résomption
atténuation
exténuation
attestation
contestation
protestation
attribution
contribution
distribution
redistribution
rétribution
attrition
contrition
audition
augmentation
auscultation
autorisation
bifurcation
calcination
canonisation
capitation

décapitation
capitulation
récapitulation
captation
carbonisation
carnation
incarnation
cassation
castramétation
castration
caution
acquit-à-caut.
précaution
cavillation
célébration
cémentation
centralization
décentralisat.
Ceroyon, myt.
certification
cessation
cession
accession
concession
discession
incession
intercession
précession
procession
succession
rétrocession
cinération
incinération
circonscription
conscription
description
inscription
proscription
prescription
souscription
suscription
transcription
circonspection
inspection
introspection
rétrospection
circonvallation
contrevallation
circonvention
contravention
convention
intervention
invention
non-intervent.
prévention
obvention
réconvention
subvention
circonvolution
contre-révol.
dévolution
évolution
involution
révolution
circulation
cirsion
citation
excitation
incitation
récitation
suscitation
civilisation
clarigation
claudication
coagulation
coalition
coction
concoction
coercition
coercation
cognition
cohabitation
collaboration
élaboration
collection
récollection
dilection
élection
intellection
prédilection
prolection
commémoration
commination
communication
excommunicat.
comparation
compensation
compilation
expilation
opilation
désopilation
complexion
concaténation
conciliation
réconciliation
concrétion
coopération
discrétion
excrétion

indiscrétion
sécrétion
concussion
discussion
excussion
percussion
répercussion
succussion
condensation
confession
profession
configuration
transfiguration
confiscation
conflagration
déflagration
confortation
reconfortation
confrontation
reconfrontat.
congélation
conglobation
congratulation
consécration
exécration
obsécration
consécution
inexécution
persécution
conservation
observation, in.
préservation
réservation
considération
inconsidérat.
consolation
désolation
consolidation
constellation
consternation
prosternation
constipation
constitution
institution
prostitution
reconstitution
restitution
substitution
constriction
restriction
construction
déconstruction
instruction
obstruction
reconstruction
substruction
consultation
contamination
contemplation
continuation
continuation
conversation
tergiversation
conviction
éviction
convulsion
division
évulsion
révulsion
cooptation
copulation
incorporation
correction
direction
érection
incorrection
insurrection
résurrection
porrection
corroboration
corruption
éruption
incorruption
interruption
irruption
cotisation
création
procréation
récréation
dation
désalbation
débilitation
décantation
décimation
déclaration
déclination
inclination

décollation
décoration
décortication
excortication
éructation
éruction
défécation
défécation
définition
déflegmation
défloration
dégénition
délectation
déligation
délinéation
démarcation
démonstration
dénudation
dénudation
dépilation
épilation
horripilation
dépravation
rédhibition
déprécation
imprécation
exhumation
inhumation
dépuration
opuration
expatriation
députation
imputation
réputation
supputation
expiation
exploitation
expolition
exsudation
oxidation
transudation
extirpation
extravasation
extortion
détérioration
détermination
extermination
prédétermin.
détestation
détonation
intonation
détonsion
dévastation
subvastation
dévotion
indévotion
diction
bénédiction
condiction
contradiction
incontradict.
indiction
interdiction
juridiction
malédiction
prédiction
diffamation
diffluation
dilatation
dimension
diminution
imminution
disculpation
inculpation
discursion
excursion
incursion
intercursion
dissension
dissertation
dissipation
distinction
indistinction
extinction
intinction
divagation
évagation
extravagation
divarication
prévarication
divination
divulgation
domination
prédomination
donation
dotation
dubitation
ébullition
éducation
édulcoration
égalisation
éjaculation
élévation
élimination
élongation
élucidation
émanation
émancipation
embrasation
émersion
immersion
submersion
dégustation
habilitation
émulation

émulsion
équation
équitation
éradication
érudition
estimation
évacuation
évaluation
exacerbation
exagération
exaltation
examination
exaspération
excavation
excoriation
exhalation
exhérédation
exhibition
imploration
imprégnation
inanition
inauguration
incarnation
incantation
incarcération
incinération
incrimination
récrimination
incrustation
incubation
indignation
induration
inflammation
infatuation
inféodation
infestation
inflation
initiation
inondation
inquiétation
insolation
installation
instauration
instigation
intégration
interpolation
interprétation
intimidation
intronisation
intuition
investigation
invitation
irrigation
irritation
irrogation
irrision
Ixion, n.
jactation
jonction
adjonction
conjonction
disjonction
injonction
jubilation
jussion
fide-jussion
navigation
négation
abnégation
dénégation
lacération
dilacération
lallation
lamentation
lapidation
lévigation
libation
délibation
prélibation
libération
délibération
libration
licitation
limation
limitation
délimitation
linition
liquation
coliquation
liquidation
lixiviation
livraison
allocation
collocation
opération
coopération
relocation

réhabilitat.
habitation
cohabitation
habituation
allocution
herborisation
hésitation
homologation
humectation
humiliation
ignition
illumination
imagination
imbibition
imitation
immatriculation
immolation
immortalisation
impanation
impastation
impétration
imploration
imprégnation
inanilion
incamération
incarnation
incarcération
incinération
incrimination
récrimination
minéralisation
mission
admission
commission
compromis.
démission
dimission
émission
immission
intromission
omission
promission
prémission
permission
rémission
transmission
modération
immodération
modulation
monition
admonition
mordication
motion
commotion
émotion
locomotion
prémotion
promotion
mutation
commutation
copermutation
permutation
transmutation
mutilation
narration
natation
nation
naturalisation
navigation
négation
abnégation
dénégation
neutralisation
nomination
dénomination
notation
annotation
connotation
dénotation
notion
prénotion
novation
innovation
rénovation
numération
énumération
nutation
nutrition
objurgation
obreption
subreption
obsécration
occultation
occupation
désoccupation
inoccupation
préoccupation
oculation
inoculation
ondulation
opération
coopération
option

locution
allocution
circonlocution
collocation
subordination
insubordinat.
lotion
lustration
illustration
luxation
macération
machination
maculation
immaculation
mastication
maturation
médiation
immédiation
méditation
préméditation
mélioration
amélioration
menstruation
mention
migration
émigration
immigration
transmigration
mission
admission
commission
compromis.
plantation
implantation
supplantation
transplantation
polarisation
pollicitation
pollution
ponction
componction
ponctuation
population
dépopulation
portation
déportation
exportation
importation
portion
disproportion
proportion
position
apposition
composition
déposition
disposition
indisposition
exposition
imposition
interposition
juxta-position
préposition
proposition
recomposition
réimposition
supposition
superposition
transposition
postulation
potion
précipitation
préconisation
préparation
réparation
séparation
préhension
appréhension
compréhension
répréhension
présentation
représentation
pression
compression
dépression
expression
impression
oppression
répression
suppression
prestation
privation
probation
approbation
désapprobat.
exprobation
improbation
procuration
Procyon, n.
promulgation
pronation
prognostication
propension
propagation
suspension
propitiation
prostration

adoption
ordination
coordination
réordination
subordination
insubordinat.
organisation
désorganisat.
réorganisation
oscillation
oscitation
ostentation
ovation
oxydation
paction
palpitation
parturition
répartition
pagination
passion
compassion
pénétration
pérégrination
perforation
imperforation
perpétuation
perturbation
pétition
appétition
compétition
répétition
répudiation
résiliation
Stocion, n.
responsion
rétractation
révélation
rogation
abrogation
dérogation
érogation
interrogation
prorogation
subrogation
surérogation
rotation
rumination
salivation
salination
salutation
sanction
saturation
scintillation
scion
scission
abscission
exscission
rescission
section
dissection
intersection
résection
sécularisation
dissémination
sensation
séquestration
session
insession
obsession
possession
dépossession
sidération
simulation
dissimulation
Sion, g.
situation
solennisation
sollicitation
solution
absolution
dissolution
résolution
irrésolution
sommation
consommation
contré-somm.
sophistication
spéciation
spiritualisation
spoliation
sputation
stagnation
station
stercoration
stillation
distillation
stipulation
strangulation
sublimation
subornation
subtilisation
succion
suffocation
suffusion
superfétation
superstition
supination
suppuration

protection
publication
pulsation
pulsion
compulsion
dépulsion
expulsion
impulsion
propulsion
répulsion
pulvérisation
punition
purgation
expurgation
quotation
quartation
radiation
irradiation
radication
éradication
ration
réalisation
rébaptisation
récupération
réfrigération
réfutation
réitération
relaxation
rémunération
répétition
répudiation
résiliation
responsion
rétractation
révélation
rogation
abrogation
dérogation
érogation
interrogation
prorogation
subrogation
surérogation
rotation
rumination
salivation
salination
salutation
sanction
saturation
scintillation
scion
scission
abscission
exscission
rescission
section
dissection
intersection
résection
sécularisation
dissémination
sensation
séquestration
session
insession
obsession
possession
dépossession
sidération
simulation
dissimulation
Sion, g.
situation
solennisation
sollicitation
solution
absolution
dissolution
résolution
irrésolution
sommation
consommation
contré-somm.
sophistication
spéciation
spiritualisation
spoliation
sputation
stagnation
station
stercoration
stillation
distillation
stipulation
strangulation
sublimation
subornation
subtilisation
succion
suffocation
suffusion
superfétation
superstition
supination
suppuration

suspicion
taxion
taxation
temporisation
tension
distension
extension
intension
tentation
térébration
titillation
titubation
torsion
contorsion
distorsion
extorsion
intorsion
rétorsion
traction
abstraction
attraction
contraction
détraction
distraction
extraction
protraction
rétraction
soustraction
transubstantiat.
trépidation
tribulation
trituration
ulcération
usurpation
vacation
vaccination
vacillation
validation
invalidation
vaporation
évaporation
variation
végétation
vendication
revendication
vendition
vénération
ventilation
verbération
réverbération
version
animadversion
aversion
conversion
diversion
éversion
interversion
inversion
perversion
reversion
subversion
vésication
vexation
vibration
violation
visitation
vitriolisation
vocation
convocation
évocation
invocation
provocation
révocation
univocation

vocifération
volatilisation
volition
votation

adhésion
cohésion
allusion
collusion
illusion
profusion
arrosion
corrosion
érosion
circoncision
concision
décision
excision
incirconcision
incision
indécision
occision
précision
réclusion
clôsion
collision
élision
conclusion
exclusion
forclusion
réclusion
contusion
dérision
irrision
dissuasion
persuasion
division
subdivision
éclosion
évasion
invasion
fusion
affusion
confusion
diffusion
effusion
infusion
profusion
transfusion
intrusion
lésion
occasion
vision
prévision
provision
révision
ustion
adustion

Amphictyon, ant
bastion
bastion
combustion
gestion
suggestion
digestion
indigestion
mixtion
immixtion

alluvion
gavion

ION monosyllabe.

broyon
colon
crayon
escoffion
gabion
lamproyon

Noyon, g.
pleyon
rayon
sayon
Guyon, n.

IONNE dissyllabe.

Bayonne, g.
tatonne, g.
Yonne (l'), g.

crayonne, v.
rayonne, v.

IONNE triss., voy. **ONNE.**

IONS.

Nyons, g.
Rogations.

salvations

Ajoutez : 1 le pl. des noms des deux séries précédentes ; plus les prem. pers. de quelques temps des verbes dont les unes ont la terminaison dissyllabe, les autres l'ont monosyllabe ; à savoir : Monosyllabe : 1o le prés. de l'ind. et de l'impér. des verbes en ayer, eyer, oyer, uyer : essayons, employons, appuyons. 2o L'imparf. de l'ind., le conditionnel, le prés. et l'imp. du subj., sauf quand la terminaison est précédée de b, dr, bl, pl, fl. : nous aimions,

nous aimerions, que nous aimions, que nous aimassions.
Dissyllabe : 1o le prés. de l'ind., l'imp., l'impér. et le prés. du subj. des verbes en ier : nous ni-ons, nous pri-ons, pri-ons, que nous li-ions.
2o L'imp. de l'ind. et le prés. du subj. des verbes en ayer, eyer, oyer, uyer : nous pay-i-ons, que vous employ-i-es.
3o L'exception indiquée ci-dessus au 2o, nous voudri-ons, nous troubli-ons, que nous comtempli-ons, que nous enfli-ons.
Sur toutes ces rimes en ion et en ions, il faut observer que les rimes les plus riches dans les dissyllabes ensemble avec la lettre d'appui, ou les monosyllabes ensemble avec la lettre d'appui : il est encore permis de faire rimer dissyllabe avec monosyllabe, la lettre d'appui étant la même ; une rime moins riche encore vers celle des dissyllabes sans lettre d'appui semblable ; mais les autres combinaisons sont tout-à-fait défectueuses.

IPE, IPPE, YPE.

Aganippe, n.
Aloippe, n.
cippe
Aristippe, n.
équipe
Euripe, g.
fripe, v. m.
gipe, id.
grippe
guenippe, pop.
lippe
Lippe, g.
municipe
nippe
Ohdipe, myt.
Pausilype, g. ou Pausilippe, id.
Philippe, n.
pipe
polype
principe
ripe
tripe
tulipe
type

antitype
archétype
éctype
monotype
polytype
prototype
stéréotype (5)
Xantippe, n.
accipe, v.
antiéipe, v.
émancipe, v.
excipe, v.
participe, v.
chipe, v.
constipe, v.
dissipe, v.
équipe, v.
réquipe, v.
étripe, v.
fripe, v.
grippe, v.
guipe, v.
nippe, v.
pipe, v.

IPHE, voy. IFE.

IPLE.

disciple
condisciple
multiple
équimultiple

périple
triple
triple, v.

IPRE ou YPRE.

Cypre ou Chypre, g.

Ypre pour Ypres, g.

IPSE et YPSE.

Apocalypse
éclipse
ellipse
paralipse

gypse
Juste-Lipse, n.
solipse

IPTE et YPTE.

crypte

Égypte.

IQUE.

alcaïque
caïque
chaldaïque
choraïque
Cyrénaïque, g.
hébraïque
Jamaïque, g.
judaïque
laïque
mosaïque
mosaïque
mosaïque, adj.
pharisaïque
prosaïque
saïque
spondaïque
trochaïque
voltaïque
albique
arabique
mosarbique
bique
bombique
cubique
dithyrambique
iambique (4)

syllabique
dissyllabique
monosyllabiq.
alambique, g.
anarchique
antimonarch.
hiérarchique
monarchique
oligarchique
bachique
béchique
bronchique
chique
colchique
stomachique
thoracique
chique, v.
encyclopédique
épisodique
mélodique
parodique
prosodique
fatidique
juridique
véridique

hellanodiquè
héraldique
méthodique
périodique
synodique
modique
mélydique
numidique
pudique
impudique
spasmodique
antispasmod.
sporadique
abdique, v.
indique, v.
vendique, v.
revendique, v.
ambréique
caséique
—
aurifique
béatifique
calorifique
frigorifique
honorifique
horrifique
lactifique
lapidifique
magnifique
maléfique
mirifique
ossifique
pacifique
prolifique
scientifique
soporifique
spécifique
sudorifique
tabifique
vénéfique
vivifique
Coufique
delphique
graphique
adénograph.
biographique
chorograph.
cosmograph.
géographique
hydrograph.
iconographi.
logographique
orthograph.
scénograph.
sélénograph.
télégraphique
topographique
typographique
hiéroglyphique
philosophique
saphique
séraphique
trafique, v.
—
anagogique
démagogique
paragogique
pédagogique
psychagogique
antalgique
antiodontalg.
odontalgique
otalgique
antihémorrhag.
Belgique, g.
chirurgique
liturgique
métallurgique
oystoplégique
énergique
géorgique
léthargique
logique
—
amphibolog.
analogique
apologique
astrologique
chronologique
cosmologique
dialogique
étymologique
généalogique
géologique
hagiologique
iconologique
météorologic.
mythologique
néologique
pathologique
phdilologique
physiologique
tautologique
théologique
tropologique
magique
tragique
—
angélique
archangélique

apostolique
applique
duplique
réplique
supplique
anglique
antique
bucolique
catholique
néocatholique
pseudocathol.
céphalique
clique
colique
cyrclique
encyclique
géocyclique
dactylique
diabolique
echolique
hyperbolique
parabolique
symbolique
éolique
famélique
gallique
hydraulique
idyllique
Iamblique, n.
malique
mélancolique
amimélancol.
métallique
oblique
oxalique
phallique
plique
publique
république
rafique
salique
sicilique
silique
lantalique
variolique
antivariolique
vitriolique
applique, v.
complique, v.
desapplique, v.
duplique, v.
explique, v.
implique, v.
réplique, v.
triplique, v.
—
dialque
éolique
hérolque
stolque
—
épique
éthiopique
hydropique
microscopique
périscopique
téléscopique
olympique
pluianthropique
misanthropique
philippique
pique
topique
tropique
typique
pique, v.
dépique, v.
repique, v.
—
Afrique, g.
algébrique
allégorique
panégorique
Amérique, g.
amphigourique
Armorique, g.
barrique
borique
floohorique
bourrique
brique
camphorique
calorique
aloatrique
aloptrique
dioptrique
cérique
chimérique
chlorhydrique
chlorique
hydrochlorique
cimérique
cirique
climatérique
colérique
erique
darique
diandrique
dodécandrique

harmonique
enharmonique
philharmon.
hellanique
Hernique, g.
hygiénique (5)
inique
ionique (4)
ironique
laconique
macaronique
manique
Martinique, g.
mécanique
nique
œcuménique
organique
inorganique
panique
phagédénique
phonique
euphonique
phrénique
pique-nique
platonique
pulmonique
punique
rabbinique
runique
Salonique, g.
sardonique
scénique
sorbonique
splanchnique
Stratonique, n.
succinique
talismanique
technique
Nerique, g.
polytechnique
pyrotechnique
tentonique
Thessalonique, g.
tonique
diatonique
trébellianique
triquenique, v.m.
tunique
tyrannique
vulcanique
Véronique, n.
xénonique
communique, v.
entrecomm. v.
fornique, v.
—
benzoïque
dioïque
épiploïque
eubolque
héroïque
stolque
—
épique
fabrique, g.
prévarique, v.
—
—
—
—
Amérique, g.
acétique
achérontique
aconstique
Adriatique, g.
agnatique
cognatique
alphabétique
anacréontique
analeptique
antianaleptiq.
? diptorique
acataleptique
cataleptique
épileptique
iatraleptique
proleptique
analytique
paralytique
anapestique
anonalistique
antihelmintique
antique
antispastique
épispastique

gynandrique
tétrandrique
icosandrique
polyandrique
dorique
dyssentérique
antidyssentér.
mésentérique
électrique
empirique
exotérique
isotérique
fabrique
salarique
fluorique
gastrique
digastrique
épigastrique
hypogastrique
générique
géocentrique
homocentrique
historique
humérique
hystérique
istrique
ictérique
idolâtrique
lubrique
lyrique
métaphorique
satirique
phosphorique
métrique
baromètrique
géométrique
symétrique
trigonométriq.
nitrique
numérique
panégyrique
spagyrique
pindarique
pléthorique
psorique
antispirique
triquenique
pylorique
pyrrhique
pythagorique
rhétorique
rubrique
satirique
sciatérique
ephérique
atmosphérique
hémisphérique
sulfurique
hydrosulfuriq.
taur-ique
tellurique
théorique
trique
urique
fabrique, v.
prévarique, v.
—
éthiopique
musique
phthisique
antiphthisique
physique
métaphysique
métaphysique, v.
épiscotique
éclatique
érotique
arralique
escharotique
esthétique
éthique
étique
eucharistique
exégétique
exotique
fanatique
fantastique
flegmatique
frénétique
galactique
géomantique
gelyrlique
gothique
gymnastique
iuclltzrc
anthactique
cachectique
helvétique
hépatique
cysthépathique
hérétique

antipathique
apathique
idiopathique
sympathique
aphoristique
apocalyptique
Apodictique
apologétique
aquatique
arctique
antarctique
aristocratique
bureaucratique
démocratique
gyrécocratique
théocratique
aromatique
arithmétique
arthritique
ascétique
somasgétique
asiatique
asthmatique
athlétique
Atlantique, g.
Attique, id.
authentique
ballistique
Baltique, g.
Bétique, id.
boutique
cabalistique
caustique
caractéristique
catalectique
acatalectique
éclectique
hypercatalect.
cathartique
ancathartique
eccathartique
emeticethart.
procathartique
caustique
encaustique
celtique
cénobitique
chromatique
achromatique
cosmétique
critique
cystique
despotique
diaphorétique
diaphragmatique
diapnotique
diascostique
didactique
diplomatique
diétetique
dogmatique
domestique
dramatique
drastique
ecclésiastique
écliptique
ellliptique
cephractique
ectylotique
élastique
emblématique
problématique
émétique
—
—
emphatique
emphytéotique
empyreumatique
enchitique
énigmatique
épigrammatique
épizootique
—
—
hémoptysique
musique
phthisique
antiphthisique
physique
métaphysique
paralytique
anapestique
anthelmintique
antique
antispastique
épispastique

hermétique
hydrotique
hypnotique
hypothétique
identique
ischurétique
jésuitique
lactique
lévitique
linguistique
lithique
cystolithique
lithontriptique
logistique
syllogistique
lunatique
lymphatique
magnétique
malactique
margaritique
massorétique
mathématique
méphitique
antiméphitique
monastique
morganatique
mousliqua
mystique
mutique
mystique
mythique
narcotique
nautique
numérétique
optique
orchestique
pancréatique
parénétique
pathétique
patriotique
pépastique
peptique
péripatétique
pharmaceutique
phlegmatique
cystophlegm.
phlogistique
antiphlogistiq.
plastique
pleurétique
pneumatique
popliiique
portique
pragmatique
pratique
prismatique
probatique
prophétique
prophylactique
pyrétique
rachitique
rustique
sabbatique
sarcotique
sceptique
schismatique
sciatique
scillitique
sclérotique
scolastique
scorbutique
antiscorbutiq.
séméiotique
septique
socratique
spasmatique
spathique
sphéritique
spermatique
splénétique
statique
aérostatique
axiatique
hémostatique
hydrostatique
hypostatique
métastatique
péristatique
statistique
stigmatique
styptique
sylvatique
symptomatique
synallagmatique
tactique
thérapeutique
traumatique
tungstique
urétique
Utique, g.
vanatique
védatique
zygomatique
authentique, v.
déphlogistique, v.
diagnostique, v.
pronostique, v.
mastiqua, v.

démastique, v. tique, v.
politique, v.
pratique, v.
rustique, v.
sophistique, v.

IR.

Altaïr, g.
ébahir (s'), v.
envahir, v.
haïr, v.
entre-haïr (s'),
trahir, v.

fourbir, v.
refourbir, v.
subir, v.

avachir, v.
blanchir, v.
déblanchir, v.
reblanchir, v.
enrichir, v.
fléchir, v.
réfléchir, v.
fraîchir, v.
rafraîchir, v.
franchir, v.
affranchir, v.
gauchir, v.
dégauchir, v.

nadir
abasourdir, v.
assourdir, v.
désourdir, v.
abâtardir, v.
alladir, v.
agaillardir, v.
ragaillardir, v.
alourdir, v.
amoindrir, v.
applaudir, v.
approfondir, v.
arrondir, v.
attendrir, v.
baudir, v.
ébaudir, v.
rebaudir, v.
blondir, v.
bondir, v.
rebondir, v.
brandir, v.
candir, v.
dégourdir, v.
engourdir, v.
enhardir, v.
renhardir, v.
enlaidir, v.
étourdir, v.
froidir, v.
refroidir, v.
gaudir, v.
grandir, v.
agrandir, v.
ragrandir, v.
ourdir, v.
roidir, v.
deroidir, v.
tiédir, v.
attiédir, v.
verdir, v.
reverdir, v.

obéir, v.
désobéir, v.

saphir
pseudosaphir
zéphir

agir, v.
réagir, v.
élargir, v.
relargir, v.
mugir, v.
régir, v.
rougir, v.
dérougir, v.
rugir, v.
surgir, v.

languir, v.

abolir, v.
accomplir, v.
ameublir, v.
anoblir, v.
ennoblir, v.
assouplir, v.
avilir, v.
ravilir, v.
démolir, v.
embellir, v.
emplir, v.
remplir, v.
ensevelir, v.
désensevelir, v.
établir, v.
préétablir, v.
rétablir, v.

faiblir, v.
affaiblir, v.
mollir, v.
amollir, v.
ramollir, v.
pâlir, v.
pollir, v.
dépolir, v.
repolir, v.
raffolir, v.
salir, v.
assalir, v.
tollir, v. m.
tripolir, v.

raffollir, v.
bouillir, v.
débouillir, v.
rebouillir, v.
cueillir, v.
accueillir, v.
recueillir, v.
faillir, v.
défaillir, v.
refaillir, v.
jaillir, v.
rejaillir, v.
saillir, v.
tressaillir, v.
vieillir, v.
dévieillir, v.

Adjemyr, g.
Casimir, s. et n.
Clodomir, g.
émir
Vladimir, n.
affermir, v.
raffermir, v.
blêmir, v.
dormir, v.
endormir, v.
rendormir, v.
frémir, v.
gémir, v.
vomir, v.
revomir, v.

avenir
souvenir
rassouvenir
aplanir, v.
replanir, v.
assainir, v.
bénir, v.
rebénir, v.
honnir, v.
obeunir, v.
rabounir, v.
brunir, v.
embrunir, v.
rembrunir, v.
rebrunir, v.
finir, v.
définir, v.
préfinir, v.
garnir, v.
dégarnir, v.
regarnir, v.
hennir, v.
honnir, v.
jaunir, v.
munir, v.
démunir, v.
prémunir, v.
punir, v.
racornir, v.
rajeunir, v.
tenir, v.
abstenir (s'), v.
appartenir, v.
contenir, v.
détenir, v.
entretenir, v.
maintenir, v.
retenir, v.
soutenir, v.
unir, v.
déunir, v.
réunir, v.
venir, v.
avenir, v.
circonvenir, v.
convenir, v.
devenir, v.
disconvenir, v.
intervenir, v.
mésavenir, v.
parvenir, v.

prévenir, v.
provenir, v.
recouvrenir, v.
ressouvenir, v.
revenir, v.
souvenir, v.
survenir, v.
vernir, v.

soupir
assoupir, v.
clapir, v.
crépir, v.
recrépir, v.
croupir, v.
accroupir, v.
déguerpir, v.
glapir, v.
réchampir, v.
lapir (se), v.

Abouhir, g.
faquir, g.

aguerrir, v.
ahurir, v.
aigrir, v.
amoindrir, v.
ramoindrir, v.
appidoir, v.
appauvrir, v.
chérir, v.
courir, v.
décourir, v.
concourir, v.
discourir, v.
encourir, v.
parcourir, v.
recourir, v.
découvrir, v.
enchérir, v.
surenchérir, v.
équarrir, v.
férir, v.
fleurir, v.
défleurir, v.
refleurir, v.
guérir, v.
maigrir, v.
amaigrir, v.
ramaigrir, v.
mourir, v.
moisir, v.
mûrir, v.
nourrir, v.
ouvrir, v.
entr'ouvrir, v.
rouvrir, v.
périr, v.
pourrir, v.
quérir, v.
acquérir, v.
conquérir, v.
enquérir, v.
reconquérir, v.
requérir, v.
rabougrir, v.
souffrir, v.
tarir, v.
tenir, v.

élixir
accourcir, v.
raccourcir, v.
adoucir, v.
amincir, v.
chancir, v.
durcir, v.
dédurcir, v.
endurcir, v.
éclaircir, v.
enforcir, v.
épaissir, v.
étrécir, v.
rétrécir, v.
farcir, v.
grossir, v.
dégrossir, v.
engrossir, v.
noircir, v.
obscurcir, v.
rancir, v.
reussir, v.
roussir, v.
sancir, v.
transir, v.

plaisir

* sur étant monosyllabe, cette terminaison serait mieux placée à la
diphthongue U; mais le pe-
tit nombre de mots ainsi terminée autorise à les faire rimer avec ceux en
ouvir, quoique ceux-ci sient la terminaison dissyllabe.

déplaisir
désir
loisir
visir
choisir, v.
geôlir, v.
moisir, v.
saisir, v.
dessaisir, v.
ressaisir, v.

martyr
repentir
tir
Tyr, g.
abêtir, v.
ébêtir, v.
rabêtir, v.
aboutir, v.
amboutir, v.
embottir, v.
abrutir, v.
débrutir, v.
alentir, v.
ralentir, v.
amortir, v.
anéantir, v.
aplatir, v.
appesantir, v.
assortir, v.
dessortir, v.
assujettir, v.
avertir, v.
convertir, v.
divertir, v.
intervertir, v.
subvertir, v.
bâtir, v.
rebâtir, v.
blottir, v.
catir, v.
décatir, v.
côtir, v.
empuantir, v.
engloutir, v.
flatir, v.
investir, v.
travestir, v.
lotir, v.
motir, v.
mentir, v.
démentir, v.
nantir, v.
partir, v.
compartir, v.
départir, v.
repartir, v.
répartir, v.
pâtir, v.
complatir, v.
ramottir, v.
repentir (se), v.
rôtir, v.
assentir, v.
consentir, v.
pressentir, v.
ressentir, v.
sertir, v.
sortir, v.
ressortir, v.
vêtir, v.
dévêtir, v.
revêtir, v.

IRME et YRME.

infirme
diasyrmé
affirme, v.

IRNE ou YRNE.

Smyrne, g.

IRPE.

extirpe, v.

IRQUE.

cirque

IRSE et YRSE.

Agathyrse, g.
cirse, bot.

IRTE et YRTE.

Absyrte, n.

IRTES et YRTES.

myrtes, s. pl.

IS, IX, IZ ou YS pron. I.

bis, adj.
brebis
rubis
pseudorubis
tabis

* Pour la rime en ière monosyllabe,
voy. la diphthongue vi à la lettre U.

quatuorvir
quindécemvir
triumvir
Eleuvir, n.
Guadalquivir, g.
assouvir, v.
chauvir, v.
chevir, v.

IRE, YRE, YRRRE.

Lahire, n.
Zaïre, id.

sbire

déchire, v.

dire
oui-dire
dire, v.
contredire, v.
dédire, v.
entredire, v.
interdire, v.
maudire, v.
prédire, v.
redire, v.
adire (j', il), v.
porphyre
Zéphire, myt.
confire, v.
déconfire, v.

argyre, ant.
hydrargyre
Cynégyre, n.
hégire
Stagire, g.

collyre
désire
lyre
phlyre, bot.
podalire
tire-lire
délire (je, il), v.
élire, v.
lire, v.
relire, v.

cachemire
Commire, n.
mire, v. m.
myrrhe
Palmyre, g.
Thénaire, n.
Zamire, id.
mire, id.

Cinyre, n.
Déjanire, id.

apyre
caquepire
Épire, g.
pire
Shakspeare, pr.
Shakspire (3)
vampire
Zopyre, n.
aspire, v.

IRME et YRRE.

infirme

gravir, v.
havir, v.
ravir, v.
servir, v.
asservir, v.
desservir, v.
resservir, v.
sévir, v.

conspire, v.
expire, v.
inspire, v.
respire, v.
soupire, v.
transpire, v.
empire, v.

squirrhe
squire ou squira

rira

sourire
circonscrire, v.
décrire, v.
écrire, v.
inscrire, v.
prescrire, v.
proscrire, v.
souscrire, v.
transcrire, v.
frire, v.
rire, v.
sourire, v.

Anticyre, n.
cire
adipocire
chauffe-cire
cyrrhe
Hécyre, n.
poncire
aire
mesire
circoncire, v.
occire, v.
cire (je, il), v.
décire, v.

Alzire, n.
désire, v.

Kanlire, g.
martyre, s. m.
martyre, adj. f.
satyre, myt.
satire, litt.
tire

élire
Tityœe, n.
tire, v.
altire, v.
dédire, v.
élire, n.
retire, v.
sottire, v.

navire
Vira, g.
vau-de-vire, litt.
chavire, v.
revire, v.
dévire, v.

confirme, v.
infirme, v.

Ajoutez à chacune de ces catégories, outre les temps des verbes
en is, le pl. des noms en i, en it
et en il pron. i : défis, conscrits,
sourcils, etc.

IS pron. ICE.

Anaïs, n.
Athénaïs, id.
Azaïs, id.
Calaïs, myt.
Laïs, n.
Naïs, myt.
Tanaïs, g.
Thaïs, n.

Anubis, myt.
bis i
Cléobis, m.
ibis
Nabis, n.
ora pro nobis
pubis
raminagrobis
Sysigambis, n.

hachis
gauchis, v.; etc.

fondis
judis
maravédis
paradis
radis
salmigondis
taudis
viandis
dis, v.
rendis, v.
perdis, v.
verdis, v.

cruelâr
fils (enfants), pl.
salsifis
fis, v.

logis
gis (tu; il), v.
rougis, v.

Gbeblis, g.
coulis
coulicoulis
nolis
palis
rossolis
roulis
surplis
torticolis
lis, n.

chamaillis
dégobillis
gargouillis
gazouillis
margouillis
patrouillis
pouillis
taillis
treillis
jaillis, v.

mis, adj.
commis
fidéicommis
compromis
hormis
samis
tamis
mis, v.

Ascenis, g.
anis
Cenis (mont)
Denis, n.
Saint-Denis, g
vernis
finis, v.

pis
tant-pis
pis, subst.
tapis
assoupis, v.

acquis
conquis
exquis
requis
croquis
marquis
plaquis
acquis (je, tu)

bris
débris
coloris
gris
vert-de-gris
lambris
mépris
panaris
Paris, g.
perdrix
pourpris
pris
surprix
prix
ris
souris
souris, zool.
ris, v.
pris, v.

Alexis, n.
assis
rassis
surais
châssis
concis
circoncis
incirconcis
indécis
occis
précis
glacis
lacis
Plessis (le), g.
poncis
précis, subst.
ramassis
retroussis
sis, part.
roussis, v.

brisis
choisis, v.

abattis
appentis
boutis
caillebotis
cliquetis
culbutis
feuilletis
grenetis
lattis
pâtis
pilotis
lortie
bâtis, v.

Louis, s. et n.
jouis, v. (2)

blepis, v. (2)

avis
chênevis
chervis
cochevis
davis
davis
indivis
lovis
mauvis
parvis
vis, v. m.
servis, v.

Bruaye, id. (2)
Chrysêis, id.

Aménophis, n.
Capsis, id.
fils (au sing.)
Iphis, n.
Memphis, g.
Onuphis, myt.
ophis
Tiphys, n.

Kirghis, n.

Agis, n.

Achlys, myt.
agasylis, bot.
Amaryllis, n.
anagallis, bot.
Annapolis, g.
Diospolis, id.
Heliopolis, id.
Hermopolis, id.
Hiérapolis, id.
Persépolis, id.
Ratopolis, id.
Biblis, myt.
Civilis, n.
Cornwallis, g.
Eupolis, n.
Gentis, id.
Hispalis, g.
lia
parulis, méd.
Philis, n.
siphillis, méd.
Tiflis, g.
Artémis, myt.
Chromis, n.
Isis, myt.
legomys, zool.
misa
ne quid nimis, l.
Sémiramis, n.
sémis, ant.
Thémis, myt.

Adonis, myt.
Daphnis, n.
Coronis, myt.
Erinnys, id.
lyohnis, bot.
pénis, méd.
Théognis, n.
Trénis, id.
Tunis, g.

hédypnois, bot.
Simois, g.

A Kempis, n.
Apis, myt.
Capys, n.
faux-lapis
Sérapis, myt.
Thespia, id.

Abaris, n.
anagyris, bot.
baccharis, id.
berberis, id.
bothyris, id.
Botaris, n.
Busiris, id.
Cenchris, myt.
Cloris, n.
Chloris, myt.
cidaris, ant.
clitoris, méd.

Doris, n.
Epicharis, n.
Eucharis, id.
Glaris, g.
Harris, n.
Iris, myt.
Lascaris, n.
Lycoris, id.
Lorris (Guill.), n.
méliceris, méd.
Moris, n.
Moris (lac), g.
Nitocris, n.
ophrys, bot.
Osiris, myt.
Paris, n.
Phlaris, n.
Procris, myt.

Acis, myt.
cacis, bot.
Cluicis, g.
coccyx, méd.
décussis, ant.
Ducis, n.
épistaxis, méd.
galéopsis, bot.
macis, id.
Médicis, n.
métemphraxis
six
Tircis, n.
Zeuxis, id.

Auasis, n.
Chrysis, id.
éléphantiasis
Eleusis, g.
Lachésis, id.
lithiasis, méd.
Némésis, n.
oasis
phymosis, méd.
paraphymosis
satyriasis, id.
sclérosis, id.
trichiasis, id.

Anatlis, myt.
Atergatis, id.
arthritis, méd.
Athis, myt.
Bétis, id.
Cotys, myt.
Crathis, id.
Dicrys, id.
Galanetis, id.
gratis
Itys, myt.
isatis, zo.
Mégnitis, myt.
métis, id.
Métis, myt.
milis
pardalis
Parisatis, n.
Téthys, myt.
Thetis, id.
favete linguis
unguis, méd.

Davis (détroit de)
Clovis, n.
Mnévis, myt.
vis
tourne-vis

ISC.

fisc

ISE et IZE.

archaise, v.
judaïse, v.
hébraïse, v.

bise
Cambyse, n.
Mégabyse, n.
Soubise, g. et n.
Lise, v.
Isbise, v.

accise
assise
incise
circoncise, v.
incise, v.
précise, v.
exercise, v.
francise, v.

Anchises, n.
chisé
franchise
affranchise, v.

balourdise
cafardise
cagnardise
chalandise
couardise
friandise
gaillardise
gourmandise
lourdise
mérchandise
mignardise
paillardise
dise, v.
contredise, v.
dédise, v.
entredise, v.
prédise, v.
redise, v.

peyse, pop.
dépayse, v.

épophyse

Column (lower middle)

Bacchyse, myt.
pron. kis.
orchis
cryptorchis
rachis, méd.
Rubriquis, id.
stachys, bot.
serkis

Amadis, n.
caddis
Cadix, g.
de profundis
dix
Grisaldis, n.
Smerdis, n.

Briséis, id.

diaphyse
épiphyse
symphyse
Céphise, *n.* et *g.*
colaphise, *v.*
confise, *v.*
déconfise, *v.*
—*
guise
Guise, *n.*
Guise, *g.*
aiguise, *v.*
déguise, *v.*
—
alise, *bot.*
analyse
balise
église
Elise d'où
Lise, *n.*
valise
alcalise, *v.*
alcoholise, *v.*
analyse, *v.*
paralyse, *v.*
animalise, *v.*
apostolise, *v.*
brutalise, *v.*
catholise, *v.*
centralise, *v.*
décentralise, *v.*
civilise, *v.*
coalise, *v.*
criminalise, *v.*
cristallise, *v.*
démoralise, *v.*
dévalise, *v.*
égalise, *v.*
élise, *subj.*
évangélise, *v.*
fédéralise, *v.*
fertilise, *v.*
fleurdelise, *v.*
formalise, *v.*
généralise, *v.*
immortalise, *v.*
légalise, *v.*
lise, *subj.*
relise, *v.*
métallise, *v.*
minéralise, *v.*
municipalise, *v.*
nationalise, *v.*
neutralise, *v.*
nolise, *v.*
partialise, *v.*
personnalise, *v.*
réalise, *v.*
régularise, *v.*
ridiculise, *v.*
rivalise, *v.*
spiritualise, *v.*
subtilise, *v.*
symbolise, *v.*
tranquillise, *v.*
verbalise, *v.*
volatilise, *v.*
—
Artémise, *n.*
chemise
Crimise, *myt.*
mise
entre-mise
main-mise
remise
Tamise, *g.*
anatomise, *v.*
économise, *v.*
phlébotomise, *v.*
remise, *v.*
tamise, *v.*
mise, *part.* et comp.
—
conyse
Denise, *n.*
Nise, *n.*
Venise, *g.*
adonise, *v.*
agonise, *v.*
anise, *v.*
canonise, *v.*
divinise, *v.*
éternise, *v.*
féminise, *v.*
fraternise, *v.*
humanise, *v.*
impatronise, *v.*
indemnise, *v.*
intronise, *v.*
latinise, *v.*
organise, *v.*
désorganise, *v*
préconise, *v.*

solennise, *v.*
tympanise, *v.*
tyrannise, *v.*
—
Héloïse, *n.*
Moïse, *id.*
—
Pise, *g.*
—
exquise
marquise
acquise, *part.*
conquise
requise
—
brise
cerise
crise
hypercrise
frise
maîtrise
ophryse, *bot.*
prêtrise
prise, *subst.*
entreprise
méprise
reprise
surprise
prise, *part.*
comprise, etc.
aérise, *v.*
algébrise, *v.*
allégorise, *v.*
arrise, *v.*
autorise, *v.*
brise, *v.*
caractérise, *v.*
cautérise, *v.*
cicatrise, *v.*
électrise, *v.*
familiarise, *v.*
favorise, *v.*
frise, *v.*
défrise, *v.*
gargarise, *v.*
grise, *v.*
dégrise, *v.*
herborise, *v.*
maîtrise, *v.*
martyrise, *v.*
particularise, *v.*
pindarise, *v.*
popularise, *v.*
dépopularise,
porphyrise, *v.*
prise, *v.*
déprise, *v.*
méprise, *v.*
pulvérise, *v.*
régularise, *v.*
satirise, *v.*
sécularise, *v.*
singularise, *v.*
symétrise, *v.*
temporise, *v.*
thésaurise, *v.*
vespérise, *v.*
—
bêtise
convoitise
cytise
expertise
fainéantise
feintise
mignotise
sottise
vaillantise
anagrammatise, *v*
épigrammat.
anathématise, *v.*
aromatise, *v.*
attise, *v.*
baptise, *v.*
débaptise, *v.*
rebaptise, *v.*
cotise, *v.*
courtise, *v.*
dogmatise, *v.*
émotise, *v.*
fanatise, *v.*
magnétise, *v.*
pactise, *v.*
poétise, *v.*
sympathise, *v.*
—*
devise
divise, *v.*
subdivise, *v.*
vise, *v.*
avise, *v.*
devise, *v.*
improvise, *v.*
ravise, *v.*
révise, *v.*

ISER, *voy.* SER.

* Pour la terminaison *uise* monosyllabe, *voy.* à la diphthongue ui, lettre U.

ISME.

archaïsme
caraïsme
hébraïsme
judaïsme
sivaïsme
—
clubisme
hobbisme
strabisme
—
catéchisme
fétichisme
monachisme
monarchisme
schisme
—
accisme
anatocisme
anglicisme
atticisme
catholicisme
exorcisme
gallicisme
grécisme
gnosticisme
mutacisme
mysticisme
ostracisme
paroxysme
scepticisme
solécisme
stoïcisme
—
badaudisme
bouddhisme
druidisme (4)
crocidisme
hermaphrodisme
méthodisme
—
déisme
épicuréisme
saducéisme
sabéisme
théisme
athéisme
monothéisme
panthéisme
polythéisme
—
analogisme
astrologisme
dialogisme
néologisme
paralogisme
syllogisme
magisme
—
aristotélisme
cardinalisme
cataclysme
embolisme
fatalisme
fédéralisme
gentilisme
idéalisme
industrialisme
journalisme
machiavélisme
matérialisme
immatérialisme
ministérialisme
nationalisme
naturalisme
nihilisme
noctambulisme
somnambul.
nominalisme
parallélisme
pétalisme
probabilisme
provincialisme
ptyalisme
rationalisme
réalisme
royalisme
sentimentalisme
vandalisme
—
animisme
conformisme
non conform.
euphémisme
islamisme
optimisme
thomisme
—
anachronisme
métachronism
parachronisme
prochronisme
synchronisme
anglicanisme
arianisme
arminianisme
brownisme
calvinisme
cartésianisme
charlatanisme

christianisme
cynisme
érastianisme
galénisme
galvanisme
gasconisme
germanisme
hellénisme
italianisme
jacobinisme
jansénisme
laconisme
latinisme
luthéranisme
mécanisme
molinisme
musulmanisme
neptunisme
nestorianisme (6)
newtonian. (6)
onanisme
ossianisme
paganisme
pélagianisme (6)
sémi-pélagian.
perkinisme
phrénisme
platonisme
presbytérian.
puritanisme
pyrrhonisme
quakérian. (6)
rabbinisme
républicanisme
socinianisme
stahlianisme (5)
vulcanisme
voltairianisme
zénonisme
—
égoïsme
héroïsme
—
anthropomorph.
zoomorphisme
néographisme
sophisme
philosophisme
—
papisme
priapisme
sinapisme
—
anévrisme
aphorisme
astérisme
catastérisme
barbarisme
caractérisme
cathétérisme
elléborisme
empirisme
épicurisme
figurisme
fleurisme
gargarisme
lavatérisme
macarisme
mesmérisme
naturisme
porisme
prisme
pythagorisme
rigorisme
spagyrisme
—
spinosisme
—
absolutisme
anathématisme
automatisme
bigotisme
datisme
despotisme
donatisme
dyspermatisme
éclectisme
éréthisme
ergotisme
expertisme
fatisme
fanatisme
hyguenotisme
idiotisme
jésuitisme
kantisme
magnétisme
mahométisme
méphitisme
mutisme
narcotisme
népotisme
pathétisme
patriotisme
pédantisme
péripatétisme
prélatisme
presbytisme
prosélytisme

protestantisme
quiétisme
rhumatisme
scotisme
syncrétisme
tolérantisme
intolérantisme
—

congruisme (4)
fatuisme (4)
ubiquisme (4)
—
vichnouisme (4)
—
civisme
incivisme

ISQUE.

astérisque
bisque
brisque
disque
lentisque
ménisque
morisque

obélisque
risque
trochisque
bisque, *v. pop.*
confisque, *v.*
risque, *v.*

ISSE, *voy.* ICE.

IST.

Christ
antechrist

ISTE, ISTHE *et* YSTE.

mosaïste
—
cambiste
clubiste
—
anarchiste
monarchiste
catéchiste
chiste *pour* kyste
—
encyclopédiste
eudiste
fondiste
méthodiste
modiste
parodiste
rhapsodiste
propagandiste
—
déiste
théiste
polythéiste
—
orthographiste
sophiste
gymnosophiste
philosophiste
—
apanagiste
apologiste
chronologiste
étymologiste
minéralogiste
mythologiste
ontologiste
physiologiste
aubergiste
bandagiste
Egisthe, *n.*
gagiste
engagiste
légiste
liturgiste
métallurgiste
paysagiste
trismégiste
—
droguiste
—
banquiste
kiste, *comm.*
kyste, *méd.*
—
annaliste
analyste
buraliste
cabaliste
Caliste, *n.*
capitaliste
criminaliste
duelliste
fataliste
fédéraliste
formaliste
formuliste
impérialiste
journaliste
libelliste
liste
machiavéliste
matérialiste
immatérialiste
modaliste
moraliste
naturaliste
nominaliste
nouvelliste
oculiste
orientaliste (6)
régaliste
ritualiste
royaliste
universaliste
violoncelliste
vocabuliste

—
éventailliste
médailliste
—
académiste
alarmiste
alchimiste
anatomiste
atomiste
zootomiste
chimiste
conformiste
non-conform.
fumiste
myste
optimiste
palmiste
pessimiste
physionomiste
psalmiste
Rhadamiste, *n.*
thomiste
—
hâtoniste
bouquiniste
bourbonniste
calviniste
canoniste
congréganiste
ébéniste
galéniste
harmoniste
hellénisté
humaniste
hymniste
janséniste
laniste, *ant.*
latiniste
machiniste
martiniste
organiste
pianiste
rabbiniste
symphoniste
violoniste
—
égoïste
—
alpiste
copiste
harpiste
papiste
trappiste
épiste, *v.*
dépiste, *v.*
—
algébriste
allégoriste
aoriste (4)
Ariste, *n.*
armoriste
caméristе
choriste
cithariste
coloriste
Evariste, *n.*
figuriste
fleuriste
floriste
guitariste
herboriste
humoriste
juriste
lazariste
liquoriste
miniaturiste
panégyriste
particulariste
pépiniériste (6)
puriste
rigoriste
robespierriste (5)
sacriste
séminariste
terroriste
triste

attriste, *v.*
contriste, *v.*
—
acéphalocyste
hypocyste
ciste, *bot.*
controversiste
exorciste
publiciste
assiste, *v.*
insiste, *v.*
persiste, *v.*
subsiste, *v.*
—
spinosiste
xyste, *ant.*
existe, *v.*
coexiste, *v.*
préexiste, *v.*
désiste, *v.*
résiste, *v.*
—
améthyste
anabaptiste

artiste
Baptiste, *n.*
batiste
compuliste
dentiste
dogmatiste
donatiste
dramatiste
grammatiste
anagrammat.
épigrammat.
kantiste
piétiste (4)
—
casuiste (4)
congruiste (4)
ubiquiste (4 ou 5)
vacuiste (4)
—
archiviste
Arioviste, *n.*
conclaviste
étuviste
improviste (à l')

ISTHME.

isthme

Comme on prononce à peu près ISME, ce mot peut rimer avec ceux en *isme*.

ISTRE.

bistre
cuistre (2)
ministre
raphanistre *ou* rapistre, *bot.*
registre

sinistre
sistre
administre, *v.*
calamistre, *v. m.*
registre, *v.*
enregistre, *v.*

IT *ou* ID *pron.* I.

acabit
débit
gambit
habit
obit
subit
—
achit, *bot.*
—
bandit
condit
crédit
discrédit
dit
contredit
dédi
édit
inédit
interdit
maudit
susdit
érudit
inérudit
—
profit
confit
déconfit
—
conflit
délit

quasi-délit
lit
châlit
chauffe-lit
pissenlit
—
bénit
nid
—
dépit
répit
—
acquit
—
conscrit
manuscrit
postscrit
proscrit
rescrit
contrit
écrit
esprit
bel-esprit
sanscrit
—
appétit
petit
gagne-petit
—*

A chacune de ces séries ajoutez les trois. pers. sing. du prés. de l'ind., du prét. défini, et de l'imp. du subj. des verbes réguliers en *ir* : *il finit, il finit, qu'il finît.* Plus les part. passés sing. masc. des verbes en *ir*.

IT *pron.* ITE.

Abrazit, *n.*
accessit
aconit
coït, *méd.*
déficit
fortuit (2)
Goldsmith, *n.*
granit
gratuit (2)
huit (1)
in dix-huit

introït
Judith, *n.*
Pitt, *id.*
prétérit
prurit
rit
Smith, *n.*
Tilsit, *g.*
transit
turbith
Witt (de), *n.*

ITE *et* YTE.

caraïte
mandaïte
galaïte
sinaïte
—
barnabite
cénobite
colombite
cucurbite
moabite
morabite

orbite
presbyte
débite, *v.*
habite, *v.*
cohabite, *v.*
déshabite, *v.*
réhabite, *v.*
—
malachite
onychite
—
Aphrodite, *myt.*

* Pour la terminaison *uit* monosyllabe, *voy.* à la diphthongue ui, lettre U.

Epaphrodite, *n*
hermaphrodite
chondrodite
clevelandite
commandite
redite
scorodyte
mandite
smaragdite
synodite
Troglodyte, *g.*
crédite, *v.*
accrédite, *v.*
décrédite, *v.*
discrédite, *v.*
médite, *v.*
prémédite, *v.*
—
agraphite
anthropomorph.
graphite
Laffitte, *n.*
lithophyte
néophyte
zoophyte
ophite
phosphite
Pierrefitte, *g.*
soffite
sulfite
profite, *v.*
—
aréopagite
Brigitte, *n.*
gite
phalangite
agite, *v.*
gîte, *v.*
—
acolyte
agalmatolithe
arachnéolithe
botryolithe
carpholithe
chalcolithe
chrysolithe
datolithe
hippolithe
ichthyolithe
lépidolithe
malacolithe
natrolithe
néphrolithe
oolithe
pharmacolithe
picrolithe
zéolithe
zoolithe
ampélite
angélite
baalite
berzélite
carmélite
cellite
céphalite
encéphalite
chroïcolyte, *chi.*
gazolyte, *id.*
leucolyte, *id.*
cimolite
cosmopolite
élite
Héraclite, *n.*
hétéroclite
Hippolyte, *n.*
hyalite
insolite
Ismaélite, *g.*
Israélite, *id.*
monothélite
pospolite
prosélyte
sahlite, *minér.*
satellite
stylite
vélite
alite, *v.*
délite, *v.*
ralite, *v.*
débilite
élite, *v.*
facilite, *v.*
habilite, *v.*
réhabilite, *v.*
milite, *v.*
périclite, *v.*
—
abrahamite
adamite
préadamite
—
Adramyte, *g.*
ammite
armite
azymite
calamite
catamite
chatemite
chromite
comite
diaphragmite

ermite
limite
marmite
mite
palmite
sodomite
stalagmite
sulamite
sunamite
termite
imite, *v.*
limite, *v.*
délimite, *v.*
—
alcyonite
ammonite
amydonite
antimonite
aronite *pour* saronite
aragonite
arsénite
ascalonite
axinite
balanite
bélemnite
bénite
bergmanite
céraunite
childrénite
conite
ceylanite
delphinite
essonite
fahlunite
franklinite
gabronite
gadolinite
granite
laumonite
lignite
Madianite, *g.*
mélanite
mexicanite
nécronite
péritonite, *méd.*
préhnite
rhodonite
sélénite
succinite
sunnite
uranite
turbinite
vauquelinite
vivianite
granite, *v.*
—
allochroïte
dichroïte
benzoïte
—
crispite, *minér.*
Lapithe, *myt.*
petrepite
pite
crépite, *v.*
décrépite, *v.*
décapite, *v.*
dépite, *v.*
palpite, *v.*
précipite, *v.*
—
quitte, *adj.*
acquitte, *v.*
quitte, *v.*
—
achryte
Amphitrite, *myt.*
anhydrite
archimandrite
arthrite
asurite
baryte
botryte
cédrite
cérite
Charite, *myt.*
chlorite
cordiérite
Démocrite, *n.*
dendrite
élatérite
émérite, *adj.*
entérite, *méd.*
Euryte, *myt.*
favorite
fritte
fulgurite
gastrite
glaubérite
guérite
hypocrite
lazarite
lèche-frite
marguerite, *bot.*
mérite, *sub.*
démérite, *id.*
nacrite
néphrite
nitrite
Pertharite, *n.*

pétorite	félicite, *v.*
pharmacosidérite	licite, *v.*
phosphorite	nécessite, *v.*
pyrite	sollicite, *v.*
rite	—
sybarite	bronzite
tartrite	chamoisite
Théocrite, *n.*	composite
détrite, *v.*	incomposite
effrite, *v.*	magnésite
hérite, *v.*	parasite
cohérite, *v.*	pétasite
déshérite, *v.*	photisite
irrite, *v.*	visite
mérite, *v.*	contre-visite
démérite, *v.*	hésite, *v.*
—	visite, *v.*
Amalécite, *g.*	revisite, *v.*
anthracite	—
ascite	acétite
chalcite	agustite
Cocyte, *myt.*	apatite
explicite, *adj.*	Asphaltite (mer)
implicite, *id.*	hématite
gibsite	hépatite
glossite	humboldtite
licite	klaprothite
illicite	orthite
marcassite	stalactite
moroxite	stéatite
plébiscite	Tite, *n.*
réussite	tripartite
Scythe, *g.*	—*
site	invite, *s.*
Tacite, *n.*	lévite
Thersite, *id.*	Moscovite
cite, *v.*	vite, *adj.* et *adv.*
excite, *v.*	évite, *v.*
incite, *v.*	gravite, *v.*
récite, *v.*	invite, *v.*
ressuscite, *v.*	désinvite, *v.*
suscite, *v.*	réinvite, *v.*

Ajoutez à chacune de ces séries les fém. des adj. et part. en *it* (avec la lettre d'appui).

ITÉ, *voy.* TÉ.

ITHME *et* YTHME.

algorithme	rhythme
logarithme	

ITRE *et* YTRE.

arbitre	nitre
franc-arbitre	aphronitre
sur-arbitre	pitre, *pop.*
bélitre	Pointe-à-Pit., *g.*
chapitre	pupitre
élytre	regitre, *v. m.*
épitre	titre
huître (2)	vitre
litre	arbitre, *v.*
myrialitre	chapitre, *v.*
kilolitre	enregitre, *v. m.*
hectolitre	mitre, *v.*
décalitre	emmitre, *v.*
décilitre	récalcitre, *v.*
centilitre	titre, *v.*
millilitre	attitre, *v.*
gazolitre	fortitre, *v. m.*
mitre	vitre, *v.*

IVE.

Dive, *myt.*	inscrive, *id.*
endive	prescrive, *id.*
récidive	proscrive, *id.*
récidive, *v.*	souscrive, *id.*
—	suscrive, *id.*
ogive	transcrive, *id.*
—	prive, *v.*
déclive	rive, *v.*
olive	—
salive	censive
solive	cive
Tite-Live, *n.*	défensive
élive, *v.*	offensive
enjolive, *v.*	gencive
salive, *v.*	lessive
—	missive
baillive	lessive, *v.*
—	—
Ninive, *g.*	affirmative
connive, *v.*	alternative
—	conjonctive
esquive, *s. f.*	copulative
esquive, *v.*	expectative
—	imaginative
grive	initiative
rive	invective
dérive	négative
arrive, *v.*	perspective
dérive, *v.*	prérogative
mésarrive, *v.*	sensitive
écrive, *subj.*	tentative
décrive, *id.*	active, *v.*

* Pour les rimes en *uite*, voy. à la diphthongue *ui*, lettre U.

captive, *v.*	vive !
cultive, *v.*	qui-vive
invective, *v.*	vive, *v. subj.*
motive, *v.*	revive, *v.*
—*	survive, *v.*
convive	ravive, *ind.*

Joignez à chacune de ces séries le fém. des adj. en *if*, avec la lettre d'appui.

IVES.

archives	incisives
avives	Maldives, *g.*

Plus le pl. des noms et les deux pers. sing. des verbes de la liste précédente.

IVRE.

cuivre (2) **	livre, *v.*
délivre, *méd.*	délivre, *v.*
givre	redélivre, *v.*
ivre	suivre, *v.* (2) **
livre, *s. m.*	ensuivre (3)
livre, *s. f.*	poursuivre (3)
vivre, *s. m.*	vivre, *v.*
enivre, *v.*	revivre, *v.*
désenivre, *v.*	

IX *et* YX *pron.* ICSE.

Béatrix, *n.*	onyx
bombyx	agate-onyx (4)
Cadix, *g.*	Oryx, *g.*
Céyx, *myt.*	Perdix, *myt.*
Cocatrix, *n.*	phénix
Eryx, *g.*	préfix
Félix, *n.*	sandix
lapix (3) *myt.*	Styx, *myt.*
larix	Vercingétorix, *n.*

IX *pron.* I, *voy.* IS.

IXE.

fixe	Péréfixe, *n.*
affixe	prolixe
préfixe	rixe

IXTE.

Calixte, *n.*	sixte, *sub.*
mixte	Sixte, *n.*

IZE, *voy.* ISE.

J

JA.

caboja, *bot.*	déjà
jà, *v. m.*	

Joignez-y les trois pers. sing. du prét. déf. des verbes en *ger.* : *il jugea, songea*, etc.

JANT, *voy.* GEANT.

JAT, *voy.* AT.

JET, *voy.* ET, ait.

JON, jonc, *voy.* GEON.

K

KA, *voy.* CA.

L

LA.

Abyla, *g.*	cela
Alcala, *id.*	celui-là
Angola, *id.*	delà
Atala, *n.*	halte-là
Attila, *id.*	holà
Caligula, *id.*	par delà
Caracalla, *id.*	par là
Dalila, *id.*	voilà
Davila, *id.*	Loyola, *n.*
falbala	Paméla, *id.*
gala	quinola
Hécla, *g.*	Scévola, *n.*
la, *art.* et *pron.*	Scylla, *id.*
là, *adv.*	Sylla, *id.*
au-delà	Totila, *id.*

LANT *et* LENT.

accablant	rappelant
allant	avalant
ambulant	bêlant
appelant	blanc

* Pour *uive* monosyllabe, *voy.* à la diphthongue *ui*, lettre U.

** Ces terminaisons *uivre* appartiennent plutôt à la diphthongue *ui*, mais elles riment avec les mots en *ivre*, à cause du petit nombre de ce groupe.

fer-blanc	pantelant
branlant	parlant
brûlant	pestilent
cabalant	pétulant
calmant	plant
capitulant	complant
caracolant	postulant
chaland	pulvérulent
chancelant	purulent
circulant	reculant
collant	régalant
consolant	relent
désolant	Roland, *n.*
corpulent	ronflant
coulant	roulant
découlant	ruisselant (3)
croulant	salant
Cumberland *	sanglant
Friedland *	sanguinolent
Groenland *	semblant
Gothland	beau-semblant
Maryland	ressemblant
Northumberl.	faux-semblant
désopilant	sifflant
dolant	somnolent
indolent	stimulant
ensorcelant	stipulant
désensorcelant	succulent
équipollent	talent
équivalent	métalent, *v. m.*
étincelant	tremblant
excellent	truculent
excellant, *part.*	turbulent
féculent	vacillant
flagellant	valant
flanc	équivalant, *p*
foulant	prévalant
frolant	vigilant
galand **	violent (3)
galant	virulant
trousse-galant	volant, *adj.*
gland	cerf-volant
insolent	camp-volant
lent	passe-volant
miaulant (3)	pont-volant
moulant	volant, *subst.*
nonchalant	voulant
opulent	

Ajoutez-y les participes présents des verbes dont l'infinitif est en *ler*.

LAT, *voy.* AT.

LÉ.

ailé	filé
ampoulé	effilé
anglé	enfilé
angulé	parfilé
quadrangulé	fuselé
annulé	grelé
articulé	engrelé
inarticulé	gringolé
barbelé	grivelé
bariolé (4)	immatriculé
blé	immaculé
brûlé	intitulé
bullé	isolé
câblé	jubilé
Champmêlé, *n.*	lé
cannelé	mafflé
celé	mérellé
recelé	muselé
châtelé	nébulé
clavelé	ombellé
clé ***	onguiculé (4)
constellé	operculé
coulé	particulé
déchevelé ****	pédiculé
échevelé	pelé
défilé	perlé
démêlé	pommelé
dentelé	potelé
denticulé	sablé, *adj.*
écervelé	Sablé, *g.*
échauboulé	salé
Eglé, *n.*	scellé
endiablé (3)	sellé
ensorcelé	Sémélé, *myt.*
esseulé	simulé
étincelé	dissimulé
étiolé (4)	sphacelé
é o lé	Thulé, *g.*

* On peut prononcer à l'allemande *Fridland, Grenland*, en deux syllabes, et faire sentir pour tous ces mots composés de *land* le *d* final.

** Orthographe de La Fontaine :
Nos *galands* y voyaient double profit à [faire.
Liv. IX, fab. 17.
Ici *galand* veut dire presque *fripon*. *Voy.* GALANDE.

*** Orthographe tolérée à cause du son ; mieux *clef*.

**** Mainte veuve pourtant fait la [déchevelée,
Qui n'abandonne point le soin du [demeurant.
LA FONTAINE, XII, 30.

tourellé	vérolé
triflé	virolé
triboulé	vitriolé (4)
tubulé	voilé
variolé (4)	dévoilé
vermiculé	zélé

Plus le participe passé masc. des verbes dont l'infinitif est en *lé* ; — plus encore la prem. pers. du prét. déf. de ces mêmes verbes : *j'accablai, j'allai*, etc., et les autres mots en *lai*. *Voy.* à AI.

LEAU, *voy.* à AU.

LÉE.

allée	giboulée
contre-allée	giroflée
Amyclée, *g.*	goulée
Apulée, *n.*	gravelée
Aquilée, *g.*	grivelée
assemblée	gueulée
avalée	Héraclée, *g.*
batelée	immaculée
bélée	mausolée
boulée	mêlée
Camélée, *bot.*	miaulée (3)
cannelée	onglée
céphalée	palée
Chariclée, *n.*	Pélée, *n.*
clavelée	pellée
coulée	Penthésilée, *n.*
culée	poêlée
dégelée	ratelée
dentelée	reculée
écuellée (3)	roulée
emblée (d')	tablée
Galilée, *g.*	truellée (4)
Galilée, *n.*	vallée
gelée	volée
gantelée, *bot.*	

Plus le fém. des adj. et partic. en *lé*. *Voy.* LÉ.

LENT, *voy.* LANT.

LER *et* LLER *non mouillé.*

découpler, *sub.*	baller *
parler, *id.*	barioler (4)
franc-parler, *id.*	batifoler
pourparler, *id.*	bêler
	beugler
verbes.	bigler
accabler	bosseler
accoler	botteler
racoler	embotteler
achaler	boucler
aciduler	déboucler
aduler	bourreler
affaler	boursoufler
raffaler	bousculer
affistoler	branler
raffistoler	ébranler
affoler	bretteler
raffoler	bricoler
affrioler (4)	brimbaler
affubler	brûler
deffubler	cabaler
désaffubler	câbler
agneler	cabrioler (4)
aller	cajoler
raller	enjoler
ambler	calculer
amonceler	caler
anneler	recaler
annihiler (4)	canceller
annuler	canneler
appâteler	capituler
appeler	caracoler
entr'appel. (s')	caracouler
épeler	carneler
rappeler	carreler
articuler	décarreler
désarticuler	recarreler
assembler	céler
désassembler	déceler
rassembler	recéler
assimiler	centupler
atteler	décupler
dételer	quadrupler
réatteler	quintupler
avaler	sextupler
dévaler	septupler
envaler	tripler
ravaler	détripler
aveugler	cercler
désaveugler	chabler
bâcler	chanceler
débâcler	chapeler

* Votre serviteur, Gille......
Arrive en trois bateaux, exprès pour [vous parler,
Car il parle ; on l'entend ; il sait [danser, *baller*.
LA FONT., *le Singe et le Léopard*.

Coste a tort de croire que *baller*, déjà vieux de son temps, signifie la même chose que danser. *Baller*, c'était danser en cadence, avec des poses gracieuses, des révérences, etc.

chauler	filer
chenaler	ferler
chevaler	déferler
cingler	ficeler
circuler	déficeler
ciseler	enficeler
coaguler	fignoler, *pop.*
coller	fioler (2) *id.*
décoller	filer
recoller	affiler
combler	défiler
compiler	effiler
dépiler	effaufiler
empiler	enfiler
opiler	faufiler
désopiler	parfiler
confabuler	profiler
congratuler	renfiler
consoler	tranchefiler
désoler	flageller
contempler	formuler
contrôler	fouler
cordeler	refouler
couler	froler
découler	gabeler
écouler	gauler
coupler	geler
accoupler	congeler
découpler	dégeler
désaccoupler	regeler
raccoupler	gesticuler
crapuler	gonfler
craticuler *ou*	dégonfler
graticuler	regonfler
créneler	granuler
crételer	grêler
cribler	grippeler
recribler	grisoller
croquignoler	griveler
crouler	grommeler
écrouler	grumeler
culer	engrumeler
acculer	gueuler
éculer	dégueuler
reculer	égueuler
cumuler	engueuler
accumuler	hâbler
cuveler	haler
débagouler, *pop.*	hâler
déballer	déhâler
désemballer	harceler
emballer	héler
remballer	huiler
décheveler	hurler
écheveler	immatriculer
dégringoler	immoler
démanteler	infibuler
emmanteler	insoler
démantibuler	installer
denteler	réinstaller
dépuceler	intabuler
dessoler	intercaler
détaler	interpeller
étaler	interpoler
distiller	intituler
doler	jabler
doubler	enjabler
et comp.	javeler
tripler	enjaveler
quadrupl., etc.	jubiler
ébouler	libeller
écaler	maculer
écarteler	marteler
contr'écartel.	mêler
échauler	démêler
écornifler	emmêler
égaler	entremêler
embler, *v. m.*	remêler
emmietter (3)	meubler
emmitoufler	démeubler
emmuller	remeubler
empaler	meugler
encasteler	miauler (3)
enchanteler	modeler
endiabler (3)	moduler
enfler	monopoler
désenfler	morceler
renfler	moufler
engaler	mouler
engouler	contre-mouler
engreler	surmouler
enrôler	museler
désenrôler	démuseler
ensorceler	emmuseler
désensorceler	mutiler
entoiler	nieller (3)
rentoiler	niveler
épauler	reniveler
épiler	oculer
équipoller (4)	inoculer
érafler	oiseler
établer, *v. m.*	onduler
étinceler	osciller
étioler (4)	ourler
étoiler	panteler
étrangler	parler
exceller	déparler, *pop.*
précéller	reparler
exhaler	piauler (3)
exiler	piler
expeller	repiler

pommeler	desceller
postuler	seller
prêler	desseller
pulluler	reseller
repulluler	sembler
pupuler	siffler
quereller	persiffler
s'entre-querel.	signaler
râcler	simuler
rafler	dissimuler
râler	souffler
rateler	essouffler
rebeller (se)	soûler
récapituler	dessoûler
récoler	spéculer
régaler	sphacéler
régler	stimuler
dérégler	stipuler
regouler, *v. m.*	styler
renâcler	tabler
renifler	attabler
renouveler	entabler
ressembler	taveler
ressemeler	titiller
révéler	tonneler
rifler, *pop.*	tréfler
rigoler, *v. m.*	trembler
rissoler	tringler
ronfler	trôler, *pop.*
rossignoler	troller
roucouler	troubler
rouler	tuiler
dérouler	vaciller
enrouler	vêler
ruisseler (3)	ventiler
sabler	vermouler (se)
assabler	vieller (2)
ensabler	violer (3)
sabouler	virguler
saler	voiler
dessaler	dévoiler
ressaler	envoiler
sangler	revoiler
dessangler	voler
sarcler	convoler
sauteler	envoler (s')
sceller	revoler
* contre-sceller	

LET, *voy.* **ET** *et* **AIT**.

LEUX, *voy.* **EÛX**.

LI *et* LY.

alcali *ou*	Nephtali, *id.*
kali	néroli
Ali, *n.*	nulli, *v. m.*
bali *ou*	oubli
pali	Paoli, *n.* (3)
bengali	paroli
brocoli	Piccadilly (rue)
Chili, *g.*	pli
établi	repli
Farinelli, *n.*	poli
Ganganelli, *id.*	impoli
hallali	Rivoli, *g.*
joli	Sully, *n.*
Lulli, *n.*	Tékéli, *id.*
Mably, *id.*	tripoli, *subst.*
Marly, *g.*	Tripoli, *g.*
Montécuculli, *n.*	vermicelli, *ital.*
Nelly, *id.*	

Ajoutez-y les part. passés masc. des verbes en *lir*. *Voy.* à IR.

LIE.

Amélie, *n.*	Mingrélie, *g.*
Anatolie, *g.* ou	Nathalie, *n.*
Natolie	oublie
ancolie	Pamphylie, *g.*
anomalie	plie
aphélie	Podolie, *g.*
périhélie	polie
Athalie, *n.*	impolie
Apulie, *g.*	poulie
Aurélie, *n.*	scholie
balie (langue)	scolie
cacochylie	Thalie, *myt.*
Castalie, *myt.*	trachélie
Clélie, *n.*	Tullie, *n.*
connétablie	Westphalie, *g.*
Cornélie, *n.*	concilie, *v.*
Dalécarlie, *g.*	réconcilie, *v.*
Élie, *n.*	domicilie, *v.*
Émilie, *id.*	exfolie, *v.*
Eolie, *g.*	humilie, *v.*
Etolie, *id.*	lie, *v.*
Eulalie, *n.*	allie, *v.*
folie	délie, *v.*
Gétulie, *g.*	désallie, *v.*
Hersilie, *n.*	mésallie, *v.*
homélie	rallie, *v.*
Idalie, *g.*	relie, *v.*
Italie, *id.*	oublie, *v.*
jolie	pallie, *v.*
Julie, *n.*	plie, *v.*
lie	déplie, *v.*
lobélie	multiplie, *v.*
mélancolie	replie, *v.*
supplie, *v.*	résilie, *v.*
publie, *v.*	spolie, *v.*

Enfin toutes les prem. et trois. pers. du prés. de l'ind. et du subj. et la deux. pers. de l'impér. des verbes en *lier*. *Voy.* à IER.

Ajoutez-y le fém. des part. pass. des verbes en *lir*. *Voy.* à IR.

LIES.

accalies, *ant.*	complies
arvalies	floralies

Joignez-y le pl. des noms et la deux. pers des verbes en *lie* de la liste précédente.

LIER, lin, lion, lir, lis, *voy.* **IER**, in. ion, ir, is.

LLA *non mouillé*, *voy.* **LA**.

LLA *mouillé*.

Cette rime est formée par la trois pers. sing. du prét. déf. des verbes en *ller* mouillé : *travailla*, *veilla*, *effeuilla*, *pilla*, *mouilla*, etc.

LLANT.

bienveillant	pétillant
malveillant	saillant
bouillant	assaillant
brillant	tressaillant
faux-brillant	sémillant
défaillant	taillant
effeuillant	tortillant
feuillant	vaillant
fourmillant	veillant
frétillant	surveillant
grouillant	

Plus les participes prés. des verbes en *ller* et de *cueillir* et composés.

LLARD, *voy.* **ARD**.

LLÉ *non mouillé*, *voy.* **LÉ**.

LLÉ *mouillé*.

artillé	embarillé
bastillé	mitraillé
embastillé	oreillé
déguenillé	paillé
dépenaillé	persillé

Plus les part. passés masc. des verbes en *ller* mouillé.

LLÉE *mouillé*.

aiguillée	feuillée
appareillée	guillée
corbeillée	quenouillée
éveillée	veillée

Plus les part. passés fémin. des verbes en *ller* mouillé.

LLER *non mouillé*, *voy.* **LER**.

LLER *mouillé pron.* LLÉ.

andouiller, *sub.*	bredouiller
conseiller, *id.*	débredouiller
cornouiller. *id.*	bresiller
écailler, *id.*	bretailler
feuiller, *id.*	breuiller, *v. m.*
genouiller, *id.*	briller
groseiller, *id.*	brouiller
marguiller, *id.*	débrouiller
oreiller, *id.*	embrouiller
pailler, *id.*	entre-brouiller
poulailler, *id.*	rebrouiller
quiller, *id.*	broutiller
quincailler, *id.*	cailler
verbes.	carcailler
agenouiller	chamailler
aiguiller	entre-chamail.
apostiller	charbouiller
appareiller	chatouiller
désappareiller	cheviller
dépareiller	ciller
rappareiller	déciller
avitailler	sourciller
ravitailler	cisailler
habiller	coailler (3)
bailler	cocheniller
bâiller	conseiller
entre-bailler	déconseiller
barbouiller	corailler
débarbouiller	cornailler
batailler	criailler (3)
béquiller	croustiller
biller	dardiller
bouiller	débiller
boursiller	débrailler
bousiller	dégobiller
brailler	déguenillér
brandiller	dépouiller
brasiller	driller
écailler	mitrailler
écarbouiller	mordiller
écarquiller	mouiller
échantiller	remouiller
écheniller	nasiller
égosiller	outiller
émailler	pailler
embastiller	empailler
émerveiller	épailler
émoustiller	rempailler
encanailler	patrouiller
encastiller	pendiller
enfutailler	persiller
engueniller	pétiller
éparpiller	piailler (2, 3)
épouiller	piller
érailler	pointiller
essoriller	pontiller
estampiller	pouiller, *v. m.*
étoupiller	pretintailler
étriller	quiller
rétriller	quouailler (3)
éventiller	railler
ferrailler	recoquiller
feuiller	recroqueviller
défeuiller	rimailler
effeuiller	rouiller
refeuiller	dérouiller
fouailler	enrouiller
fouiller	roupiller
fourmiller	routailler
fresiller	sautiller
fusiller	siller, *voy.* ciller
gambiller	dessiller
gargouiller	smiller
gaspiller	sommeiller
gazouiller	sonnailler
goailler (3)	souiller
godailler	dessouiller
goupiller	tailler
grapiller	détailler
grenailler	entailler
grenouiller	entretailler
grésiller	retailler
gribouiller	teiller
griller	tenailler
grisailler	tirailler
grouiller	tortiller
gueusailler	désentortiller
guiller (2)	entortiller
habiller	détortiller
déshabiller	toupiller
rhabiller	tournailler
barpailler	travailler
houspiller	retravailler
hurlebiller	veiller
gantiller	éveiller
gouailler	réveiller
mailler	surveiller
contre-mailler	vermiller
démailler	verrouiller
ramailler	vétiller
remailler	vriller

LLER *mouillé pron.* LLÈRE, *voy.* **ER**.

LLERS *mouillé*.

andouillers.

Joignez-y le pl. des subst. en LLER; ils riment avec ceux des subst. en *lier*. *Voy.* IER monos.

LLEUR, lleux *mouillés* et *non mouillés*, *voy.* **EUR** *et* eux.

LLI *non mouillé*, *voy.* **LI**.

LLI *mouillé*.

Andilly, *g.*	accueilli, *id.*
bailli	recueilli, *id.*
bouilli	enorgueilli, *id.*
Chantilly, *g.*	failli, *id.*
failli	jailli, *id.*
Gentilly, *g.*	rejailli, *id.*
Neuilly, *id.*	sailli, *id.*
Wailly, *n.*	assailli, *id.*
bouilli, *part.*	tressailli, *id.*
débouilli, *id.*	vieilli, *id.*
rebouilli, *id.*	envieilli, *id.*
cueilli, *id.*	

Et en général les part. passés masc. des verbes en *llir* mouillé. *Voy.* à IR.

LLIE.

bouillie	saillie

Plus le fém. des part. de la série qui précède.

LLIR, *voy.* **IR**.

LLON *mouillé*.

aiguillon (3)	billon
ardillon	boquillon
bâillon	bouillon
barbillon	Bouillon, *g.*
bataillon	bourbillon
bouvillon	médaillon
brouillon	modillon
carillon	moinillon (3)
carpillon	Mont-Morill., *g.*
Châtillon, *g.*	morillon
chevillon	morillon
chocaillon, *v. m.*	négrillon
coquillon	oisillon
corbillon	oreillon
cotillon	paillon
Crébillon, *n.*	papillon
Crillon, *id.*	pavillon
croisillon	penaillon
durillon	pendillon
écaillon	postillon
échantillon	ranguillon
échillon	ratillon
écoutillon	réveillon
écouvillon	Roussillon, *g.*
émérillon	sénillon
étavillon	sillon
étranguillon	souillon
étrésillon	taillon
faraillon	tâtillon
faucillon	tenaillon
Frétillon, *n.*	tortillon
gerbillon	touaillon, *v. m.*
goupillon	toupillon
graillon	tourbillon
grapillon	tourillon
grillon	trompillon
guenillon	verdillon
haillon	vermillon
houspillon	vrillon
Massillon, *n.*	

LLONS *mouillé*.

Cette rime est formée par le pl. des noms de la série précédente et par la prem. pers. pl. du prés. de l'ind. des verbes en *ller* mouillé. *Voy.* ci-dessus.

LO, *voy.* **O**.

LON *et* LLON *non mouillés*.

Absalon, *n.*	frelon
aiglon	galon
Apollon, *myt.*	houblon
aquilon	jalon
Avalon, *g.*	mamelon
ballon	melon
bellon	merlon
boulon	Milon, *n.*
colon	moellon (2)
coulon	pantalon
diachylon (4)	phyllon
doublon	pilon
échelon	poêlon (2)
épulon, *ant.*	sablon
escabellon *ou*	salon
scabellon	selon, *prép.*
étalon	Solon, *n.*
félon	talon
Fenélon, *n.*	Toulon, *g.*
filon	vallon
passe-filon	Villon, *n.*
flonflon	violon
foulon	Wallon, *g.*

LONS *et* LLONS *non mouillés*.

Chalons (sur Saône)	valons, *v.*
Châlons (sur Marne)	préval., *v.*
voulons (nous), *v.*	

Plus la prem. pers. pl. du prés. de l'ind. et de l'impér. des verbes en *ler* et *ller* non mouillés. *Voy.* ci-dessus.

LU.

absolu	poilu
dissolu	pollu, *v. m.*
irrésolu	impollu, *id.*
résolu	râblu, *pop.*
bien-voulu	superflu
mal-voulu	trelu
chevelu	vermoulu
dévolu	fallu, *part.*
révolu	lu, *id.*
élu	élu, *id.*
glu	réélu (3), *id.*
ergo-glu	relu, *id.*
goguelu	moulu, *id.*
goulu	rémoulu, *id.*
gourlu	remoulu, *id.*
hurlubrelu, *pop.*	plu (de plaire)
joufflu	plu (de pleuvoir)
lanturlu, *pop.*	résolu, *part.*
mafflu	valu, *id.*
mamelu	prévalu, *id.*
pelu	voulu, *id.*
patte-pelu *	

* *Une patte pelue* est une patte couverte de poils; un *patte-pelu* est un animal poilu quant à la patte, ou fig. hypocrite : c'est ainsi que La Fontaine a dit.

Deux francs *patte-pelus*, qui des frais (du voyage, etc.

(*Le Chat et le Renard.*)

M

MA.

alisma	gamma
Brahma, *n.*	lama
coma	Lima, *g.*
comma	Montézuma, *n.*
cosmorama	Numa, *id.*
diorama (4)	Panama, *g.*
géorama	sigma
néorama	Talma, *n.*
panorama	tréma
stéréorama	Uléma
uranorama	Zama, *g. a.*
Emma, *n.*	Zuléma, *n.*
Gama, *id.*	

Plus la trois. pers. sing. du prét. déf. des verbes en *mer* : *il aima*, etc.

MAND *et* **MANT**, *voy.* **MENT**.

MAT, *voy.* **AT**.

MÉ.

accoutumé	nommé
inaccoutumé	dénommé
affamé	innommé
animé	surnommé
aimé	susnommé
bien-aimé	novissimé, *lat.*
consommé	optimé, *id.*
embrumé	pommé
famé	ramé
malfamé	résumé
Fatmé, *n.*	rimé
gommé	bout-rimé
gourmé	semé
imprimé	clair-semé
informé	sublimé
intimé	vidamé
lamé	

Plus les part. passés masc. des verbes en *mer*.

MEAU, *voy.* **EAU**.

MÉE.

accoutumée	Némée, *g. a.*
affamée	plamée
Apamée, *g.*	plumée
armée	pommée
camée	Ptolémée, *n.*
Crimée, *g.*	Ptolomée, *id.*
framée	pygmée
fumée	ramée
Idumée, *g.*	renommée

Plus le fém. des adj. en *mé* et des part. passés des verbes en *mer*.

MENT, MAND, MANT.

Noms.	affaiblissement
abaissement	affaissement
rabaissement	affaitement
surbaissement	affóagement
abandonnement	affectionnement
abâtardissement	affermissement
abattement	affinement
aboiement	affleurement
abolissement	affranchissement
abonnement	affrètement
abornement	affublement
abouchement	agacement
abouement	agencement
abougement	agrandissement
aboutissement	agrément
abrègement	désagrément
abrutissement	aheurtement
accablement	aiguisement (4)
accaparement	aimant
accensement	aisément, *v. m.*
accoisement	ajournement
accommodement	ajustement
accompagnement	alignement
accomplissement	aliment
accouchement	allaitement
accouplement	allèchement
accourcissement	allégement
accoutrement	Allemand, *g.*
accrochement	amaigrissement
accroissement	Amand (St), *g.*
accroupissement	amant
acculement	améliorissement
acharnement	aménagement
achement, *v. m.*	amendement
acheminement	amenuisement (5)
achèvement	ameublement
achoppement	ameublissement
acquiescement (5	amollissement
acquittement	ramollissement
adoucissement	amortissement
affadissement	amusement

anéantissement
animant, *adj.*
ranimant, *id.*
anoblissement
anonement
apetissement
rapetissement
aplanissement
aplatissement
appariement (4)
apparlement
appauvrissement
appesantissement
applaudissement
appointement
désappointem.
apprivoisement
approfondissem.
approvisionnem.
apurement
arasement
argument
Armand, *n.*
armement
désarmement
arpègement
arrachement
arrangement
dérangement
arrentement, *v. m.*
arrhement, *id.*
arrondissement
arrosement
assablement
ensablement
assaisonnement
asservissement
assommant
assortiment
assoupissement
assouplissement
assouvissement
assujétissement
assurement
atermoiement (4)
attachement
détachement
attendrissement
atterrissement
attiédissement (5
attouchement
attroupement
augment
avancement
avènement
avertissement
aveuglement
avilissement
avisement, *v. m.*
avitaillement
avortement
baillement
balancement
balbutiement
bannissement
bâtiment
batellement
battement
bégaiement
bêlement
bernement
beuglement
biaisement
billonnement
blanchiment
bombardement
bombement
bondissement
bordement
bouillonnement
bouleversement
bourdonnement
braiement
brandillement
branlement
bracquement
bredouillement
brisement
broiement
brouillement
bruissement
brûlement
caillement
caimand, *v. m.*
calamant
calmant
campement
cantonnement
capilament
casernement
cautionnement
cément
chancellement
changement
chargement
charmant
châtiment
chatouillement
chevrotement
chopement
cillement

ciment
claquement
classement
clément
clignement
clignotement
clochement
coassement
comblement
command, *v. m.*
commandement
commencement
compartiment
compassement
complément
supplément
complètement
compliment
comportement
déportement
emportement
consentement
contentement
mécontentem.
convertissement
coulement
couronnement
crachement
crachotement
craquement
craquètement
crément
creusement
croassement
croisement
croulement
croupissement
crucifiement
dandinement
débâclement
débandement
débarrassement
déboitement
débordement
débouchement
débouquement
déboursement
remboursem.
débridement
débrouillement
décampement
décèlement
déchainement
déchargement
déchaussement
déchiffrement
déchirement
décintrement
décochement
décollement
découlement
découragement
encouragement
décréditement
décrochement
décroissement
décrument
dédommagement
défoncement
renfoncemnet
défrichement
dégagement
engagement
rengagement
dégauchissement
dégorgement
engorgement
regorgement
rengorgement
dégourdissement
engourdissem.
dégravoiment
déguerpissement
déguisement
délabrement
délaissement
délassement
délaiment
délogement
démaigrissement
démanchement
démantellement
dément, *v.*
démembrement
déménagement
démeublement
déniaisement
dénigrement
dénombrement
dénouement
dénuement
département
dépècement
dépenaillement
dépérissement
dépeuplement
dépouillement
déracinement
dérobement
désabusement
désintéressement

désœuvrement
désossement
dessèchement
détriment
développement
enveloppem.
dévêtissement
dévoiement
dévoilement
dévouement
diamant
diffamant
dirimant
discernement
divertissement
document
dormant
doublement
durcissement
endurcissement
ébabissement
ébattement
ébaudissement
éblouissement
éboulement
ébourgeonnem.
ébranchement
ébranlement
ébrasement
ébrouement
écachement
écarquillement
écartement
écartillement
échappement
échouement
éclaircissement
écoulement
écrouissement
effondrement
écroulement
également
égarement
égueulement
élancement
élargissement
élément
éloignement
émargement
embarquement
débarquement
désembarqué.
rembarquém.
embasement
embaumement
embellissement
emboîtement
embrâsement
embrassement
embrouillement
emmanchement
emménagement
émolument
empalement
empatement
empâtement
empêchement
empellement
empilement
empoisonnement
empoissonnem.
empressement
emprisonnement
empuantissement
encadrement
encaissement
encastillement
encastrement
encavement
encensement
enchaînement
enchantement
désenchantem.
enchérissement
enchifrenement
enclavement
encombrement
encorbellement
endossement
enfaitement
enfantement
enfoncement
enfourchement
engouement
engraissement
engravement
engrènement
rengrènement
enivrement
enjambement
enjoliment
enjouement
enlacement
enlèvement
relèvement
soulèvement
enregistrement
enrichissement
enrôlement
enrouement
ensaisinement

enseignement
renseignement
ensevelissement
ensorcellement
désensorcellem.
entablement
entassement
entendement
entérinement
enterrement
entêtement
entonnement
entortillement
entraînement
entrelacement
entretènement
envahissement
enveloppement
envoûtement
épaississement
épamprement
épanchement
épanouissement
éparpillement
épaulement
épluchement
épuisement
équarrissement
équipement
éraillement
errement
escarpement
espacement
établissement
rétablissement
étalonnement
étanchement
éternuement
étêtement
étincellement
étiolement
étonnement
étouffement
étourdissement
étranglement
étrécissement
étuvement
évanouissement
évasement
événement
excrément
fermant
ferment
ferrement
filament
finement
finissement
firmament
Flamand, *g.*
flamant
fléchissement
flottement
fondement
foudroiement
fourmillement
fourniment
fournissement
fourvoiement
fragment
frappement
frémissement
frétillement
frissonnement
froissement
frôlement
froment
froncement
frottement
gargouillement
garnement
garniment
gauchissement
gazonnement
gazouillement
gémissement
gisement
glapissement
glissement
gloussement
gonflement
regonflement
gourmand
gouvernement
graillement
grasseyement
grésillement
grincement
grognement
grondement
habillement
harnachement
débarnachem.
haussement
exhaussement
rehaussement
surhaussement
hennissement
hochement
hurlement
instrument
intervertissem.

pervertissem.
investissement
travestissem.
jaillissement
rejaillissement
jappement
jugement
jument
jurement
lavement
Lallemant, *n.*
licenciement
ligament
linéament
liniment
logement
lotissement
mandement
maniement
remaniement
manquement
médicament
ménagement
meuglement
ment (il)
miaulement
moment
monument
mouvement
mugissement
nantissement
négligemment
nettoiement
nivellement
Normand
obscurcissement
ondoiement
ornement
orpiment
ossement
paiement
pansement
pantoiment, *mé.*
parachèvement
parement
parlement
passement
pavement
penchement
percement
perfectionnement
pétillement
piment
placement
déplacement
emplacement
remplacement
pointement
poliment
portement
prédicament
prosternement
raccommodement
raccordement
raccourcissement
raccoutrement
raccornissement
radoucissement
raffermissement
raffinement
rafraîchissement
ragrément
raisonnement
rajeunissement
rajustement
râlement
ralentissement
ralliement
rampement
rançonnement
rapatriment
rapprochement
rasement
rassasiment
ravalement
ravissement
ravitaillement
rayonnement
réajournement
rebondissement
recèlement
recensement
réchauffement
récolement
recoquillement
recoupement
recouvrement
recrutement
recueillement
reculement
redoublement
redressement
réfléchissement
refoulement

refrognement
refroidissement
régalement
régiment
réglement
déréglement
relâchement
remboîtement
rembourrement
rembrunissement
rembûchement
remercîment
remuement
renchérissement
renflement
rengrégement
reniement
reniflement
renoncement
renouement
renouvellement
renversement
repeuplement
repoussement
résonnement
resplendissement
resserrement
retardement
retentissement
retirement
retordement
retranchement
rétrécissement
retroussement
revêtement
revirement
ricanement
rompement
ronflement
roulement
déroulement
enroulement
rudiment
rugissement
saccagement
sacrement
saignement
saisissement
dessaisissement
sarment
sautillement
sauvement
savourement
scellement
secouement
sédiment
segment
sentiment
assentiment
pressentiment
ressentiment
serment
serrement
sifflement
signalement
soubassement
soulagement
soutènement
sucement
suintement
tarissement
tâtonnement
tégument
tempérament
tènement
testament
tiercement
tintement
tiraillement
tortillement
tourment
tournoiement
tracement
trafiquement
traitement
transissement
trébuchement
tremblement
trépassement
trépignement
tressaillement
triplement
truchement
tutoiement
vagissement
véhément
versement
vêtement
vieillissement
violement
virement
voltigement
vomissement

Plus les part. prés. des verbes en *mer*.

Adverbes.

abominablement
abondamm., sur.
absolument
abstractivement
absurdement
abusivement

académiquement
accessoirement
accidentellement
activement
actuellement
adjectivement
admirablement
adroitement
adverbialement
proverbialem.
affablement
affectionnément
affectueusement
affirmativement
affreusement
agilement
agréablem., dés.
aigrement
aisément
allégoriquement
allégrement
alphabétiquem.
alternativement
altièrement
ambigûment
ambitieusement
amèrement
amiablement
amicalement
amoureusement
amphibologiquem
amplement
analogiquement
analytiquement
anatomiquement
anciennement
angéliquement
annuellement
antécédemment
précédemment
antérieurement
apostoliquement
apparemment
âprement
arbitrairement
arbitralement
ardemment
aristocratiquem.
arithmétiquem.
arrogamment
artificiellement
artificieusement
artistement
assidûment
assurément
astronomiquem.
atrocement
attentivement
aucunement
audacieusement
austèrement
authentiquement
autrement
avantageusement
désavantageus.
aveuglément
avidement
barbarement
bassement
bellement
bénignement
bestialement
bêtement
bizarrement
blanchement
bonnement
bourgeoisement
bravement
brièvement
brillamment
brusquement
brutalement
bruyamment
burlesquement
calomnieusement
candidement
canoniquement
capitulairement
capricieusement
captieusement
carrément
casuellement
catégoriquement
catholiquement
cauteleusement
cavalièrement
cérémonieusem.
certainem., in.
chagrinement
charitablement
charnellement
chastement
chaudement
chèrement
chétivement
chichement
chimériquement
chrétiennement
cinquièmement
circulairement
civilement in.

clairement
clandestinement
cléricalement
collatéralement
collectivement
collusoirement
illusoirement
comiquement
comment
commodém., in.
communément
communicativem.
comparativement
compétemment
incompétemm.
complètem., in.
concurremment
conditionnellem.
confidemment
confidentiellem.
conformément
confusément
congrûment, in.
conjecturalement
conjointement
conjugalement
consciencieusem.
consécutivement
conséquemment
subséquemm.
considérablem.
consistorialement
constamm., in.
constitutionnell.
consubstantiell.
consulairement
contentieusement
continuellement
continûment
contradictoirem.
convenablement
conventionnell.
conventuellement
copieusement
cordialement
corporellement
correctement
cosmiquement
coulamment
courageusement
couramment
courtoisement
coutumièrement
couvertement
craintivement
criminellement
croustilleusem.
cruellement
crûment
cumulativement
curieusement
damnablement
dangereusement
débilement
débonnairement
décemment
indécemment
décidément
décisivement
dédaigneusement
défavorablement
défectueusement
définitivement
délibérément
délicatement
délicieusement
démesurément
démocratiquem.
démonstrativem.
déplorablement
déréglément
dernièrement
désastreusement
desespérément
désintéressément
désordonnément
subordonném.
despotiquement
déterminément
détestablement
deuxièmement
dévotement, in.
dévotieusement
dextrement
diablement
diaboliquement
diagonalement
dialectiquement
diamétralement
diatoniquement
différemment, in.
difficilement
diffusément
dignement
condignement
indignement
distributivement
directement, in.
discrètement, in.
disertement
disgracieusement

dissolument
distinctement, in.
diligemment
diversement
divinement
dixièmement
docilement
doctement
dogmatiquement
dolemment
doublement
doucement
doucettement
douillettement
douloureusement
douteusement
douzièmement
droitement
drôlement
dûment, in.
durement
ecclésiastiquem.
écharsement
économiquement
effectivement
efficacement
effrénément
effrontément
effroyablement
également, in.
élégamment
éloquemment
éminemment
emphatiquement
énergiquement
énigmatiquement
ennuyeusement
énormément
enragément
entièrement
éperdûment
épouvantablem.
équitablement
équivalemment
erronément
essentiellement
éternellement
étonnamment
étourdiment
étrangement
étroitement
évangéliquement
éventuellement
évidemment
exactement
excellemment
excessivement
exclusivement
exécrablement
exemplairement
exorbitamment
explicitement
expressément
extérieurement
extravagamment
extrêmement
fabuleusement
facétieusement
falotement
familièrement
fantasquement
fantastiquement
fastidieusement
fastueusement
fatalement
faussement
favorablement
féodalement
fermement
fertilement
fervemment
fièrement
figurativement
figurément
filialement
finalement
finement
fixément
flatteusement
faiblement
folâtrement
follement
foncièrement
fondamentalem.
forcément
formellement
fortement
fortuitement
fraîchement
franchement
fraternellement
frauduleusement
fréquemment
froidement
fructueusement
frugalement
funestement
furieusement
furtivement
gaillardement
galment

galamment
gauchement
généralement
généreusement
gentiment
géométriquement
glorieusement
gloutonnement
goulument
gracieusement
graduellement
grammaticalem.
grandement
graphiquement
grassement
gratuitement
gravement
grièvement
grossièrement
grotesquement
habilement
hardiment
harmonieusem.
harmoniquement
hasardeusement
hâtivement
hautainement
hautement
héréditairement
hermétiquement
héroïquement
heureusement
hideusement
hiérarchiquem.
historiquement
honnêtem., dés.
honorablement
honteusement
horizontalement
horriblement
hostilement
huitièmement
humainem., in.
humblement
humidement
hyperboliquem.
hypostatiquem.
hypothécairem.
hypothétiquem.
identiquement
ignoblement
ignominieusem.
ignoramment
imbécilement
immensément
immuablement
impénétrablem.
impérativement
imperceptiblem.
impérieusement
imperturbablem.
impétueusement
implicitement
importunément
opportuném.
impossiblement
impudemment
impunément
incessamment
incestueusement
inclusivement
exclusivement
incommutablem.
incomparablem.
incompatiblem.
incompréhensibl
inconsidérément.
inconsolablement
incontestablem.
incorrigiblement
incroyablement
indéfiniment
indépendamment
indéterminément
indispensablem.
indissolublement
individuellement
indivisiblement
indolemment
indubitablement
indulgemment
industrieusement
inébranlablement
inespérément
inévitablement
inexorablement
infailliblement
infatigablement
inférieurement
infiniment
inflexiblement
ingénieusement
ingénûment
iniquement
injurieusement
innocemment
innombrablement
inopinément
insatiablement
inséparablement
insidieusement

insolemment
instamment
insipidement
intégralement
intelligiblement
intensivement
intérieurement
intimement
intrépidement
intrinsèquement
intuitivement
invinciblement
inviolablement
ironiquement
irréconciliablem.
irrémédiablem.
irrémissiblement
irréparablement
irrépréhensibl.
irréprochablem.
irrésistiblement
irrévocablement
isolément
itérativement
jeunement
joliment
journellement
joyeusement
judiciairement
extrajudiciair.
judicieusement
juridiquement
justement, in.
laborieusement
lâchement
laconiquement
lamentablement
langoureusement
languissamment
largement
lascivement
latéralement
légalement, ill.
légèrement
légitimement, ill.
lentement
lestement
libéralement
librement
licencieusem. (6)
licitement, ill.
lisiblement
littéralement
logiquement, ill.
longitudinalem.
longuement
louablement
lourdement
loyalement (4)
déloyalement
lubriquement
lugubrement
luxurieusement 6
machinalement
magistralement
magnanimement
magnifiquement
maigrement
majestueusement
malencontreusem
malicieusement 6
malignement
manifestement
manuellement
maritalement
massivement
matériellement
immatériellem
maternellement
mathématiquem.
matinalement
maussadement
mécaniquement
méchamment
médiatement (5)
immédiatem.
médiocrement (5)
mélancoliquem.
mélodieusement
mêmement
mentalement
mercantilement
mercenairement
méritoirement
merveilleusem.
mesquinement
métaphoriquem.
métaphysiquem.
méthodiquement
mignardement
mignonnement
militairement
ministériellem.
miraculeusement
misérablement
miséricordieuse.
modérément, im.
modestem., im.
modiquement
mollement
momentanément
monacalement
monarchiquem.
mondainement
monstrueusem.
moralement
mortellement
moyennement
mûrement
musicalement
mutuellement
mystérieusement
naïvement
nasalement
nationalement (5)
naturellement
surnaturellem.
nécessairement
négativement
nettement
neutralement
neuvièmement (4)
niaisement (4)
noblement
nocturnement
nombreusement
nominativement
nommément
nonchalamment
non-seulement
notablement
notamment
notoirement
nouvellement
nuitamment (3)
nullement
nûment
numériquement
obligeamm., dés.
obliquement
obscurément
obstinément
occasionnellem.
oculairement
odieusement
œcuméniquem.
offensivement
officiellement
officieusement
oisivement
onctueusement
onzièmement (4)
opiniâtrement 6
opportunément
opulemment
oratoirement
orbiculairement
ordinairement
extraordinair.
orgueilleusement
originairement
originalement
originellement
ostensiblement
outrageusement
outrément
ouvertement
pacifiquement
pairement
impairement
paisiblement
palpablement
paraboliquement
pareillement
paresseusement
parfaitement
imparfaitem.
partialement (5)
impartialem.
particulièrement
partiellement (4)
passablement
passagèrement
passionnément 5
passivement
pastoralement
paternellement
pathétiquement
patiemment
patriotiquement
pauvrement
pédantesquement
pédestrement
péniblement
péremptoirement
perfidement
périlleusement
périodiquement
pernicieusement
perpendiculaire.
perpétuellement
personnellement
impersonnell.
pertinemment
impertinemm.
perversement
pesamment
petitement
pétulemment
philosophiquem.
physiquement
piètrement (4)

pieusement (4)
piteusement
pitoyablement
impitoyablem.
pittoresquement
plaintivement
plaisamment
complaisamm.
plantureusement
platement
plausiblement
pleinement
poétiquement
poliment
politiquement
pompeusement
ponctuellement
pontificalement
populairement
posément
positivement
possessoirement
postérieurement
pratiquement
préalablement
précairement
précieusement
précipitamment
précisément
préférablement
préliminairem.
prématurément
premièrement 4
présentement
présidialement
présomptueusem
pressamment
pressément
prestement
prévôtalement
primitivement
primordialement
principalement
privativement
privément
probablement
problématiquem.
processionnellem
prochainement
prodigalement
prodigieusement
proditoirement
profondément
profusément
progressivement
prolixement
promptement
prophétiquement
proportionnelle.
proportionném.
proprement
malproprem.
improprem.
provisionnellem.
provisoirement
prudemment, im.
publiquement
pudiquement, im
puérilement
puissamment (3)
purement, im.
quatorzièmement
quatrièmement 5
quinzièmement
quittement
radicalement
raisonnablem., ir
rapidement [dé.
rarement
récemment
réciproquement
réellement
règlement
régulièrement, ir
relativement
religieusement
irréligieusem.
résolument, ir.
respectivement
respectueus., ir.
révérencieus., ir.
révéremment, ir.
richement
ridiculement
rigidement
rigoureusement
robustement
roidement
romanesquem.
rondement
roturièrement
royalement
rudement
rustiquement
sacramentalem.
sacrilégement
sagement
sainement
saintement
salement
salutairement
satiriquement
savamment
savoureusement
scandaleusement
sciemment, in.
scientifiquement
scolastiquement
scrupuleusement
sèchement
secondement
secrètement
séculièrement
séditieusement
seizièmement
semblablement
sensément
sensiblement, in.
sensuellement
sentencieusem.
séparément
septièmement
sérieusement
serrément
serviablement
servilement
seulement
sévèrement
simplement
simultanément
sincèrement
singulièrement
sinistrement
sixièmement
sobrement
sociablement
socialement
soigneusement
solennellement
solidairement
solidement
solitairement
sommairement
somptueusement
sordidement
sottement
soudainement
souplement
sourdement
souverainement
spacieusement
spécialement
spécieusement
spécifiquement
sphériquement
spirituellement 6
splendidement
spontanément
stoïquement
strictement
studieusement
stupidement
subitement
sublimement
subrepticement
substantiellem.
substantivement
subtilement
successivement
succinctement
suffisamment
superbement
superficiellement
supérieurement
superlativement
superstitieusem.
supportable., in.
sûrement
symétriquement
synodalement
synthétiquement
systématiquem.
tacitement
taquinement
tardivement
tellement
témérairement
temporairement
temporellement
tendrement
terriblement
textuellement
théologiquement
théoriquement
tièdement
tiercement
timidement
tolérablem., in.
tortueusement
totalement, in.
tragiquement
traîtreusement
tranquillement
transversalement
treizièmement
trigonométrique.
triomphalement
triplement
tristement
trivialement
troisièmement
tumultuairement

tumultueusement
turbulemment
tyranniquement
ultérieurement
unanimement
unièmement
uniformément
uniment
uniquement
universellement
usuellement
usurairement
utilement, in.
vaguement
vaillamment
validement, in.
variablement, in.
véhémentement
véniellement
verbalement
véritablement
vertement
verticalement
vertueusement
vicieusement
victorieusement
vigilamment
vigoureusement
vilainement
vilement
violemment
virilement
virtuellement
visiblement, in.
vitement
vivement
vocalement
volontairement
voluptueusement
vraiment
vraisemblablem.
vulgairement

MER *pron.* MÈRE, *voy.* les mots en **AIR** *et* en **ER** *pron.* ÈRE.

MER *pron.* MÉ.

verbes.
abîmer
accoutumer
désaccoutum.
raccoutumer
affamer
affermer
sous-affermer
affirmer
confirmer
infirmer
reconfirmer
aimer
désaimer
entr'aimer (s')
raimer
alarmer
allumer
rallumer
amalgamer
anagrammer
animer
ranimer
apostumer
aramer
armer
désarmer
arrimer
assommer
blâmer
blasphémer
bramer
calmer
chalumer
charmer
décharmer
chaumer
déchaumer
chômer
comprimer
déprimer
exprimer
imprimer
opprimer
réimprimer
réprimer
supprimer
consommer
consumer
présumer
résumer
costumer
crémer
écrémer
damer
dédamer
décimer
déclamer
proclamer
réclamer
déflegmer
despumer, *v. m.*
diffamer
dîmer
écimer
écumer
embaumer
empaumer
enflammer
enrhumer
désenrhumer
ensimer
entamer
rentamer
enthousiasm. (5)
envenimer
désenvenimer
renvenimer
escrimer
espalmer
essaimer
essimer
estimer
désestimer
mésestimer
étamer
exhumer
inhumer
fermer
défermer
enfermer
refermer
former
conformer
déformer
difformer
enformer
informer
reformer
réformer
transformer
fumer
effumer
enfumer
exfumer
parfumer
gendarmer
germer
regermer
gommer, dé.
gourmer
humer
intimer
légitimer
limer
élimer
relimer
nommer
dénommer
renommer
surnommer
palmer
pâmer
paumer
périmer
plumer
déplumer
emplumer
remplumer
primer
ramer
rédimer
rimer
semer
parsemer
resemer
sursemer
sommer,
spalmer
sublimer
tramer
trimer
vidimer

MET, meux, *voy.* ET, eux.

MI et MY.

agami
ami
ennemi *
ammi
amomi
Barthélemy, *n.*
Bergami, *id.*
Domremy, *g.*
fourmi *
gummi
mi
demi
emmi, *v. m.*
parmi
mi (note)
Noëmi, *n.*
queussi-queumi.
Remi, *n.*
salmi
Valmy, *g.*
affermi, *part.*
raffermi
blêmi
dormi
dédormi
désendormi
endormi
redormi
rendormi
frémi
gémi
renformi
vomi
revomi

* Quoique La Fontaine ait fait rimer *amis* avec *ennemis* (fab. 2, VIII), c'est une négligence qu'il ne faut pas imiter.

MIE.

académie
adynamie
didynamie
azoodynamie
amie
ennemie
mamie
anatomie
androtomie
angiotomie (5)
artériotomie
bronchotomie
cardiotomie
cystotomie
dichotomie
embryotomie
entérotomie
gastrotomie
glossotomie
hystérotomie
latomie
laryngotomie
lithotomie
myotomie (4)
néphrotomie
nymphotomie
oncotomie
ostéotomie
phlébotomie
stéréotomie
zootomie
anémie
anomie
agronomie
antinomie
astronomie
astynomie
autonomie
dactylonomie
économie
gastronomie
physionomie
zoonomie
bigamie
cryptogamie
monogamie
phanérogamie
polygamie
bonhommie
prud'hommie
boulimie
cadmie
cacochimie
chalémie
chimie
alchimie
Déidamie, *myt.*
dolomie
endormie
épidémie
endémie
Euphémie, *n.*
Hippodamie, *n.*
homonymie
métonymie
synonymie
infamie
Jérémie, *n.*
Lamie, *myth.*
Laodamie, *n.*
lipothymie
loxodromie
palindromie
mie, *v. m.*
mie (de pain)
mie, *nég.*
momie
ophthalmie
échinophtalm.
énophthalmie
exophthalmie
hydrophthalm.
lagophthalmie
sodomie
trémie
vidamie
émie, *v.*

Plus les part. passés fém. des verbes en *mir. Voy* à IR et à MI.

MIER, mieux, min, mion, mir, mis, mit, mo, *voy.* **IER**, ieux, in, ion, ir, is, it, o.

MON.

Ammon, *n.*
artimon
Aymon, *n.*
Cimon, *id.*
démon
flegmon
gnomon
goëmon (3)
ichneumon
limon
Memnon, *n.*
momon
mon
Philémon, *n.*
Salomon, *id.*
saumon
sermon
Simon, *n.*
Strymon, *g.*
timon
Timon, *n.*

MONS *pron.* MON.

Cette rime est formée par le pl. des noms de la liste précédente, celui de tous les subst. en *mont* (*voy.* à ONT), et enfin la prem. pers. pl. du prés. de l'ind. et de l'impér. des verbes en *mer*.

MONS *pron.* MONCE.

Mons, *g.*
mons, *abrév. de* monsieur.

* La Fontaine a écrit la *fourmis* et a fait rimer ce mot avec *petits* (rime faible dans tous les cas). C'est probablement une réminiscence de l'ancienne règle grammaticale qui mettait un *s* final à tous les substantifs employés comme sujets, quoique cette règle ne s'appliquât qu'aux noms masculins ; mais La Fontaine avait remarqué cette orthographe dans ses vieux auteurs, sans trop la raisonner. *Fourmi* a pu primitivement être masculin à cause de son origine grecque μυρμηξ masc., et en éolique βυρμαξ du même genre.

MU.

mu, *part.*
ému, *id.*
promu, *id.*

MUE.

mue, *subst.*
mue, *part. fém.*
émue, *id.*
promue, *id.*
mue, *v.*
commue, *v.*

MY, *voy.* MI.

N

NA.

ana *et dérivés.*
asiniana
bobéch., etc.
Angélina, *n.*
Anna, *id.*
Bérésina, *g.*
Cana, *id.*
Catilina, *n.*
Cinna, *id.*
Dina, *id.*
donna
Dwina, *g.*
Enna, *id.*
Etna, *id.*
Guadiana (4), *g.*
hosanna
Iéna (2 *ou* 3), *g.*
Janina, *id.*
kina *ou*
quinquina
Malvina, *n.*
Mina, *id.*
mischna
Nina, *n.*
Perpenna, *id.*
pinchina
Porsenna, *n.*
Sierra-Morena, *g.*
Sina *pour*
Sinaï, *id.*
Wilna, *id.*

Plus la trois. pers. sing. du prét. déf. des verbes en *ner*.

NANT et NENT *adj. et sub.*

abstinent
continent, *adj.*
incontin., *id.*
accoquinant
assassinant
avenant
avenant (à l')
bouillonnant (3)
chagrinant
continent, *sub.*
culminant
déclinant
inclinant
réclinant
déterminant
exterminant
prédétermin.
Dinand, *g.*
Dinant, *id.*
dominant
prédominant
donnant
éminent
imminent
prééminent
proéminent
prominent
suréminent
épargnant
étonnant
Ferdinand *ou*
Fernand, *n.*
fulminant
gênant
glutinant
gouvernant
immanent
permanent
incontinent, *adv.*
joignant
lancinant
maintenant, *adv.*
manant
moyennant, *pr.*
opinant
préopinant
ordinand
ordinant
pertinent
impertinent
ponent
déponent
prenant
carême-pren.
entreprenant
surprenant
raisonnant
rayonnant
récriminant
ruminant
sonnant
assonnant
consonnant
dissonnant
mal-sonnant
résonnant
stagnant
tenant
abstenant
appartenant
attenant
contenant
lieutenant
maintenant
retenant
sous-lieuten.
soutenant
testonnant *
tonnant
détonnant
tournant
pont-tournant
venant
contrevenant
convenant
inconvenant
intervenant
prévenant
provenant
revenant
survenant

Ajoutez-y les part. prés. des verbes en *ner*, celui des composés de *venir* et *tenir*.

Les rimes en *gnant* vont assez bien avec celles-ci. *Voy.* à ANT.

NAT, *voy.* AT.

NÉ.

acorné
encorné
acheminé
actionné (4)
aîné
albuginé
alterné
amené
archidiaconé (6)
atourné, *v. m.* **

* Ces deux veuves, en badinant...
L'allaient quelquefois *testonnant*,
LA FONT., I, 17.

C'est-à-dire *ajustant* sa tête.

** Ce chien-ci donc étant de la sorte
[*atourné*.
LA FONT., VIII, 7.

C'est-à-dire *orné, paré*.

aviné
enviné
baleiné
basané
cautionné
capuchonné
carné
chantonné
chevronné
cicoroné
citronné
clariné
cloisonné
complexionné (5)
coloné
cutané
intercutané
Dapiné, n.
Dauphiné, g.
destiné
prédestiné
déterminé
indéterminé
détourné
Dioné, n. (3)
discipliné
indiscipliné
donjonné
donné
dieudonné
doyenné (3)
dragonné
effréné
égréné
elléboriné
embéginé (4)
embruiné (4)
émétilonné
enchifrené
enfariné
enguignomné
envoisiné
erroné
extemperaneé
fleuronné
forcené
fortuné
infortuné
géminé
goujonné
harminé

Plus les part. passés. masc. des verbes en ner. La rime en gné va assez bien avec celle-ci.

NEAU, voy. EAU.

NÉE.

alnée
année
apée
brachypnée
dyspnée
araignée
athénée, s. m.
Athénée, n.
aumônée
avannée
borraginée
boudinée
charbonnée
chaudronnée
cheminée
Chéronée, g.
citronnée
cognée
colomnée, bot.
condamnée
Coronée, g.
cutanée
Cyanée, n. g.
dessinée
dînée
après-dînée
dionée, bot.
Dionée, n.
donnée
Dulcinée, n.
échinée
fournée
graminée
Guinée, g.

Plus la fém. des adj. en né; plus encore la fém, des part, passés des verbes en ner. La rime en gnée mouillé va assez bien avec celle-ci. On peut encore chasser ici le masc. des d'adj; latins en neus, qui autrefois avaient le masc. en née comme la fém, ; ce

* Ce mot italien rimerait mieux sa sa rime qu'on ne masc., car la véritable prononciation est tchitchéréde, en faisant entendre à la fin un é très-ref.

** Pour taupinière.
La maindre taupiné était mont à nos [yeux.
La Font., le Rat et l'Huître.

igné
illuminé
innominé
inopiné
instantané
intentionné
Linné, n.
lionné (3)
mammilonné
mannequiné
mariné
emmariné
marronné
mezzo-terminé
momentané
mutiné
né, adj.
iené
mort-né
puiné (2)
obstiné
opertané
ordonné
désordonné
insubordonné
subordonné
passionné (4)
pavillonné
pédané
péroné
Phryné, n.
pignonné
Progné, n.
proportionné
disproport.
raffiné
raisiné
raisonné
René, n.
safrané
satiné
saumoné
séjourné, v. m.
sené
simultané
spontané
succédané
tanné
turbiné
veiné
vileué, blas.

guinée, s.
haleinée
haquenée
hyménée
Idoménée, n.
Irénée, n.
journée
macaronnée
maisonnée
mannée
Mantinée, g.
matinée
Méditerranée
menée
Minée, n.
ordonnée
Pénée, g.
pérînée
poêlonnée (3)
poignée
pryianée
rançonnée
saignée
Salmonée, n. g.
saugrenée
saumonnée (4)
scammonée
sénée (rime)
tannée
taupinée **
terrinée
tournée
traînée
vinée

sont temporanée, momentanée, opertanée, pédanée, simultanée, spontanée, subterranée, succédanée.

NÉES.

Pyrénées.

Plus le pl. de tous les noms de la liste précédente.

NENT, voy. NANT.

NER.

déjeûner, sub.
dîner, id.
après-dîner, id.
verbes.
abandonner
abominer
abonner
désabonner
réabonner
accoquiner
acertainer, v. m.
acharner
décharner
écharner
actionner (4)
additionner (5)
conditionner
affectionner
confectionner
désaffection.
perfectionner
affiner
raffiner
agglutiner
conglutiner
ahaner
aiguillonner
ajourner
réajourner
aléviner
a'iéner (4)
alterner
alumner
ambitionner
ameulonner
amydonner
anonner
aplaner
approvisionner (6)
aréner
assaisonner
désassaisonner
assassiner
asséner
aumôner
auner
avillonner
aviner
avironner
babouiner (3)
embabouiner
badigeonner
badiner
bâillonner
baliverner
baraguiner (4)
bassiner
bâtonner
embâtonner *
baudoinner (3)
béliner
berner
besogner, v. m.
bigorner
hillonner
biner
rebiner
bistourner
blasonner
bobiner
boudonner
débobonner
borner
aborner
boucaner
bouchonner
bouffonner
bougonner
bouillonner
bouliner
bouquiner
bourdonner
bourgeonner
ébourgeonner
rebourgeonner
boulonner
débeutonner
reboutonner
braconner
bruiner (3)
embruiner
buriner

* Amas de bâtons.
La Font., II, 18.

dîner
discipliner
disséminer
dodeliner
dodiner
dominer
prédominer
donner
adonner (s')
entre-donner
médonner
pardonner
redonner
douaner
dragonner
durillonner
ébéner
ébonisner
échantillonner
échiner
écœuner (4)
écouvillonner
écussonner
effeminer
éliminer
emballiollonner
embéguiner
embesogner
emboheliner
emmagasiner
emmanequiner
empaner
empoisonner
désempoison.
rempoisonner
empisonner
déempoison.
emprisonner
désemprison.
remprisonner
enchevalonner
encapuchonner
enchaîner
désenchaîner
enchifrener
désenchifrener
encourtiner
endoctriner
enfariner
engamner, v. m.
engaigner, id.
enluminer
enrhumer
ensaisiner
entériner
entonner
environner
épeironner
époinçonner
époumonner (s')
escardonner
escarner, v. m.
espadonner
espionner (4)
estramaçonner
étalonner
étançonner
étrenner
étrésillonner
examiner
façonner
réfaçonner
faner
fasonner (2)
fasciner
ferrer
festiner
festonner
flagorner
fleuronner
folichonner
forcener
fourgonner
fredonner
friponner
frisonner
frissonner
fulminer
gabionner
galonner
ganser
gangrener
garçonner
gasconner
dégasconner
gazonner
gêner
gironner
glaner
godronner et goudronner
goujonner
goupillonner
gourdiner

gouverner
grapiner
dégrapiner
gréner
égrener
engrener
rengrener
désengrener
griffonner
grimeliner
griaonner
guerdonner
guillotiner
halbrener
haleiner
harponner
hérissonner
hiverner
houblonner
housiner
illuminer
illusionner
désillusionner
imaginer
importuner
impressionner
impugner, v. m.
incarner
incriminer
récriminer
intentionner (5)
jalonner
jargonner
jargoner
jaliponner
jouter
déjeuner
lambiner
lambiner
lanterner
lanterner
jasnçonner
lésiner
lésiner
liaisonner (5)
libertiner
latiner
machiner
mâchonner
maçonner
remagonner
maquignonner
mariner
marimonner
marmitonner
marmonner
marner
maroquiner
marronner
mâtiner
médeiner
mener
amener
démener
emmener
formener
maimener
promener
remener
remmener
surmener
mentionner
miner
contreminer
mitonner
mixtionner (4)
moissonner
morigéner
motionner
moyenner
mutiner
nasonner
obstiner
occasionner
opiner
préopiner
ordonner
désordonner
réordonner
subordonner
organiser
orner
paissonner
papillonner
parangonner
passionner (4)
patoliner
patiner
patrociner
patronner
empaironner
pavaner (se)
painer
pocioloner
pensionner (4)
pétillonner (5)
pétuner, v. m.

piétiner (5)
pistonner (5)
pigeonner
pionner (2)
piaffonner
planer
plastronner
polissonner
pomponner
pouliner
profaner
prôner
proportionner
disproportion.
questionner (4).
raisonner
ranconner
ranconner, v. m.
ramoner
rapiner
rataliner
ratiociner, v. m.
rayonner (3)
refréner
rejalonner
révolutionner
ricaner
rognonner
rondiner
rouanner (3)
routiner
rubaner
ruiner (3)
ruminer
sablonner
safraner
ensafraner
sanctionner (4)
satiner
sauner
savonner
séjourner
semoncer, v. m.
séréner, v. m.
rasséréner
sermonner
sillonner
sonner
résonner
soumissionner

Les infin. en gner riment assez bien avec ceux-ci.

NET, neuz, voy. ET, euz.

soupçonner
strapassonner
suborner
suranner
talonner
tambouriner
tamponner
tanner
taquiner
tatillonner
tâtonner
terminer
déterminer
exterminer
prédéterminer
testonner
tignonner, v. m.
déligonner
tisonner
tonner
détonner
étonner
entonner
toupillonner
détoupillona.
tourbillonner
tourner
contourner
détourner
entourner
retourner
traîner
entraîner
rentraîner
trépaner
trogonner
détrogonner
trôner
détrôner
introner
trotliner
turlupiner
uriner
vacciner
venaer
vaticiner
veiner
venser
vermillonner
voisiner
avoisiner

NÉS et NEZ.

nez   pied-de-nez
cache-nez   sonnez

Ajoutez-le pl. des noms en né. Joignez-y encore le pl. des mots en nets : cornets, etc. Plus les deux, pers. pl. du prés. de l'ind, et de l'imp. des verbes en ner. Plus enfin les mêmes pers. des verbes venir, tenir, prendre, et de leurs composés. Les mots en gnés, gnez riment encore assez bien avec ceux-ci.

NI et NY.

Albany, n.
Albéroni, n.
Antony, g. et n.
banni
Bellini, n.
boni
bronillamini (4)
Cassini, n.
calimini (en)
Chauny, g.
Cluny, id.
Coligny, n.
Concini, id.
Duni, n.
Fupny, id.
fini
défini
indéfini
infini
gémini
Goldoni, n.
Indoustani, g.
jarni !
Jenny, n.

Justiniani, n.
lazzaroni
macaroni
Mancini, n.
Mansoni, id.
nenni
nid
Orsini, n.
Paganini, id.
penny
Piccini, n.
puni
impuni
Rimini, g.
Rosny, id.
Rossini, n.
Sacchini, id.
Sponlini, id.
Terni, g.
Tortoni, n.
Trani, g.
part. aboni
aplani, etc.

Plus les part. passés masc. de tous les verbes en nir, excepté tenir, venir, et leurs composés.

NIE.

Abyssinie, g.
Acarnanie, id.
agonie
anthropogénie
géogénie
antiphonie

aphonie
baryphonie
cacophonie
diaphonie
euphonie
symphonie
Arménie, g.

arthrodynie
cystodynie
gastrodynie
atechnie
odontotechnie
pyrotechnie
atonie
monotonie
Ausonie, g.
avanie
baronie
Bithynie, g.
Bosnie, g.
Bothnie, id.
California, id.
Calédonie, id.
Calpurnie, n.
Campanie, g.
capitainie
Céphalonie, g.
cérémonie
chancnie
chapellenie
chélidonia, ant.
colonie
cosmogonie
pantogonie
théogonie
diaconie
embryoctonie
épiphanie
théophanie
Esclavonie, g.
Eugénie, n.
Franconie, g.
génie
Germanie, g.
harmonie
Herminie, n.
Hyrcanie, g.
ignominie
insomnie
Ionie, g.
Iphigénie, n.
ironie
Junie, n.
Laconie, g.
Laponie, id.
Larinie, n.
litanie
Lithuanie, g.
Livonie, id.
Lusitanie, id.
Lycaonie, id.
manie
andromanie

anglomanie
bibliomanie
dansomanie
démonomanie
érotomanie
gloutomanie
métromanie
mélomanie
monomanie
nymphomanie
papimanie
périgrinoman.
théâtromanie
typhomanie
xénomanie
Mauritanie, g.
Mélanie, n.
Méonie, g.
Misnie, g.
ménie, ant.
néoménie, g.
Occitanie, g.
Pannonie, id.
Paphlagonie, id.
parcimonie
Pensylvanie, g.
physiognomonie
pneumonie
péripneumonie
polygynie
Polymnie, myt.
Poméranie, g.
postliminie, v. m.
prestimonie, id.
Roxanie, n.
Romanie, g.
sanie
simonie
Transylvanie, g.
tyrannie
Uranie, n.
vilenie
Virginie, n. et g.
volhinie
zizanie
calomnie, v.
communie, v.
désexcommun.
excommunie, v
ingénie, v.
manie, v.
renie, v.
nie, v.
dénie, v.
renie, v.

Plus la fém. de tous les adj. et part. en ni. Voy. NI.

NIER, voy. IER.

NIEUX, nin, nion, nir, nis, nit, no, voy. IEUX, in, ion, ir, is, it et o.

NOM et NON.

Agamemnon, n.
ânon
Arnon, g.
cabanon
canon
nomocanon
chaînon
Chinon, g.
Coësnon, id. (3)
Conon, n.
ampaçon
fanon
gallranon
goufanon
guenon
Hannon, n.
Junon, id.
linon
Maintenon, g. n.
Memnon, n.

minon
Ninon, n.
nom
prête-nom
pronom
renom
surnom
non
sinon
Parthénon
Pénon, n.
Sinon, n.
tenon
Toinon, n.
Tournon, g.
Trianon, g. (3)
tympanon
Voisenon, n.
Zénon, n.

NU.

bienvenu
malvenu
parvenu
prévenu
revenu
charnu
chenu
conu
inconnu
contenu
détenu
continu
cornu
biscornu
grenu
saugrenu
grennu
ingénu
manu, adj. et id.
nu
tenu, adj.
cônnu
méconnu

reconnu
tenu, part.
abstenu, id.
contenu, id.
détenu, id.
entretenu, id.
maintenu, id.
obtenu, id.
soutenu, id.
venu, id.
circonvenu, id.
convenu, id.
devenu, id.
disconvenu, id
intervenu, id.
obvenu, v. m.
parvenu, p.
prévenu, id.
revenu, id.
ressouvenu, p.
souvenu, id.
subvenu, id.
survenu, id.

NUE.

bienvenue, *subst*, nue, *subst.*
déconvenue,*id* nue, *adj. f.*
Plus le fém. des part. passés
terminés en **nu.**

NY. *voy.* **NI.**

O

Bilbao, *g.*
cacao
Lao, *n.*
Macao, *g.*
Mindanao, *id.*
Néchao, *n.*
Abo, *n.*
Bembo, *id.*
hobo
Cacambo, *n.*
Colombo, *n.*
lavabo
Sancho, *n.*
apoco
banco
baroco (in)
caraco
Castelfranco, *g.*
coco
coquerico
écho
Jéricho, *g.*
Kosciusko, *n.*
Ludovico, *id.*
Mexico, *g.*
Monaco, *id.*
musico
Pachéco, *n.*
Porto-Rico, *g.*
quiproquo
Smolensko, *g.*
statu quo
Vasco, *n.*
absurdo (ab)
calando
crescendo
crédo
grado
Oviédo, *g.*
Prado
quasimodo
Quévédo, *n.*
rinforzando
Sangrado, *n.*
secundo
smorzando
Bornéo, *g.*
Matéo, *n.*
Fo, *n.*
Sapho, *n.*
albugo
Cérigo, *g.*
Ciudad-Rodrigo
Congo, *g.*
Carthago (delenda
embargo
ergo
fandango
go (tout de)
gogo (à)
hidalgo
impétigo
indigo
Laméго, *g.*
largo
Loanga, *g.*
lumbago
Marengo, *g.*
plombago
quos ego, *lat.*
Riégo, *n.*
Sani-Iago, *g.*
Tabago, *id.*
Ugo, *n.*
vertigo
virago
adagio
Bonifacio, *n.*
Chio, *g.*
Clio, *n.*
Enyo, *id.* (3)
folio
folio (in)
imbroglio
Io, *n.*
Marforio, *n.*
Mincio, *g.*
oratorio
pasticcio

Reggio, *g.*
Sanzio, *n.*
Sihenyo, *id.*
tertio
trio
Aelio, *n.*
Archangelo, *n.*
  [Michaël-Angel.
Bartholo, *id.*
Dandolo, *id.*
Foscolo, *id.*
Golo, *g.*
Malo (Saint), *id.*
Masaniello, *n.*
Montebello, *n.*
Othello, *n.*
Passiello, *id.* (4)
populo
Saint-Lô, *g.*
solo
Waterloo, *g.* (5)
Vanloo, *n.* (2)
Venlo, *g.*
altissimo
decimo
diodecimo
undecimo
ecce homo, *lat.*
prestissimo
primo
Relimo, *g.*
septimo
Albano, *g.*
andantino
Arno, *g.*
casino
Celéno, *n.*
domino
Fossano, *g.*
Grodno, *id.*
Ino, *n.*
Ivanhoe, *id.*
Locarno, *n.*
Lograno, *id.*
Lugano, *id.*
Marino, *n.*
nono
piano
forte-piano
Ryno, *n.*
Théano, *id.*
Zeno, *id.*
Pô, *g.*
allégro
Carol(Annibal)n
Castro, *g.*
cicero
Corsaro, *n.*
Faliéro, *id.*
Faro, *g.*
Figaro, *n.*
haro
Héro, *n.*
numéro
Pedro, *n.*
Pezaro, *g.*
Rio-Janeiro, *id.*
Taro, *id.*
Trocadéro, *id.*
zéro
alto-basso
Calypso, *n.*
ex professo
verso
amoroso
doloroso
Gozo, *g.*
grazioso
maestoso (4)
furioso
Toboso, *g.*
abrupto (ex)
affetto
Alecto, *n.*
allegretto
alto
Callisto, *n.*

Ceto, *id.*
Clotho, *id.*
concerto
Colytto, *n.*
Dorcato, *id.*
dito
ex-voto
Erato, *n.*
fagotto
incognito
irato (ab)
iterato
loto
Manto, *n.*
memento
Oporto ou
  Porto, *g.*
petto (in)
Bidassoa, *g.*
boa
Jacob, *n.*
Job, *id.*
Déiphobe, *n.*
globe
lobe
épilobe
Macrobe, *n.*
orobe, *bot.*
Grenoble, *g.*
noble
archinoble
célèbre
opprobre

OC, OCH et OQ pron. OQUE.

bloc
choc
coq
estoc
froc
Languedoc, *g.*
hoc
ad hoc
manioc (3)

OC pron. O.

broc
croc *
accroc

Ces mots riment assez bien avec
les mots en **ot,** surtout au pl. **ocs**
et **ots.**

OCE, *voy.* **OSSE.**

OCHE.

Antioche, *g.* (4)
arroche
bamboche
basoche
brioche
broche
tourne-broche
caboche
cloche
coche
croche
anicroche
bancroche
double-croche
triple-croche
quadruple-cr.
épinoche
filoche
galoche
Hoche, *n.*
loche
mailloche
médianoche
mioche, *pop.*
moche
pinoche (2)
pocho
proche
approche

OCHES.

galloches

Plus les pl. des noms ei les

Pitho, *n.*
presto
quarto
in-quarto
quinto
Quito, *g.*
recto
san-benito
sexto
Tagliamento, *id.*
Tinto, *id.*
duo
bravo
octavo
in-octavo
Goa, *g.*
roh
probe
robe
garde-robe
euglobe, *v.*
dérobe, *v.*
gobe, *v.*
ignoble
garde-noble
vignoble
sobre
Maroc, *g.*
Médoc, *id.*
roc
Roch (vent)
siroc (vent)
tic-toc
toc-toc
troc
escroc
racaroc
reproche
roche
sacoche
synecdoche
taloche
xeroche, *min.*
accroche, *v.*
décroche, *v.*
approche, *v.*
rapproche, *v.*
balloche, *v.*
broche, *v.*
débroche, *v.*
ombroche, *v.*
rembroche, *v.*
décloche, *v.*
encloche, *v.*
recroche, *v.*
guilloche, *v.*
hoche, *v.*
pinoche, *pop.*
piocho, *v.* (2)
pocho, *v.*
rempoche, *v.*
reproche, *v.*
Loches, *g.*

Plus les pl. des noms 'ei les

* La Fontaine a fait rimer ce mot
avec *hoc* et avec *coq* (liv. V, fab. 8, et
liv. 11, fab. 3), ce qui implique qu'il
le prononçait *croque*; mais cet exemple n'est pas à imiter.

* Co mot rime mieux en *o,* car on le
prononce à l'anglaise *Ivané.*

deux. pers. sing. des verbes de la
série précédente.

OCLE.

Agathocle, *n.*
binocle
monocle
Empédocle, *n.*
Étéocle, *id.*

OCQUE, *voy.* **OQUE.**

OCRE.

médiocre

OCTE.

docte

OD.

éphod

ODE.

antipode
apode
branchiopode
gastéropode
lycopode
polypode
code
Commode, *n.*
custode
diacode
élode
éphode, *anat.*
exoda
méthode
période
synoda
géode
hématode
Hérode, *n.*
Hésiode, *id.*

ODES.

antipodes (les)

Ajoutes-y le pl. des noms et
les deux. pers. des verbes de la
série précédente

OÉ dissyllabe.

aloé
Arsinoé, *n. et g.*
Callirhoé, *n.*
Chloé, *id.*
évohé!
Hippothoé, *n.*
Ivanhoé (4), *id.**

OELE et OELLE.

moëlle (2)

Ces mots peuvent rimer avec
ceux en **oile.**

OENE.

troëna (3)

Voy. les rimes en **êne.**

ŒUD pron. EU.

nœud

Vay. les rimes en **eu** et en
eut : *peu, peut* riment avec
nœud. Deux, vœux, je peux
riment encore mieux avec nœuds.

ŒUF, ŒUVRE, *voy.*
EUF, EUVRE.

OF.

Azof, *g.*
lof
Menzicof, *n.*

Ajoutes—y grand nombre de
noms d'hommes et de villes russes
terminés en *of, off* ou *ow.*

OFE, OFFE et OPHE.

Christophe, *n.*
étoffe
limitrophe
pédotrophe
offe
philosophe
strophe

OFFRE.

coffre
offre
coffre, *v.*
encoffre, *v.*

OFLE.

Girofle

iode (3)
mode, *s. m. et f.*
commode
incommode
ode
épisode
épode
rhapsode
spode
antipode
vayrode
accommode, *v.*
incommode, *v.*
raccomm., *v.*
brode, *v.*
corrode, *v.*
infecrde, *v.*
rode, *v.*
Rhodes, *g.*
Leucothoé, *n.*
Méroé, *g.*
Noé, *n.*
Ocyrhoé, *id.*
Ocyrhoé, *id.*
Siloé, *g.*
Zoé, *n.*
poële (2)
antistrophe
apostrophe
boustrophe
catastrophe
apostrophe, *v.*
lofe, *v.*
offre, *v.*
mésoffre, *v.*
suroffre, *v.*

OGE.

Allobroge, *g.*
doge
éloge
enclologe
horloge
martyrologe
ménologe
nécrologe
loge
Page (le), *n.*

Ces mots peuvent rimer à la
rigueur avec ceux en **auge,** parce
que le son **au** est long des deux
côtés. *Voy.* AUGE.

OGES.

Limoges, *g.*
Vosges (les), *g.*

Plus le pl. des noms et la deux.
pers. sing. des verbes de la série
précédente.

OGME.

dogme.

OGNE.

alogne
besogne
Bologne, *g.*
Boulogne, *id.*
Bourgogne, *id.*
carogne, *pop.*
charegne
Catalogne, *id.*
cigogne
Cologne, *g.*
Carogna, *id.*
Dordogne, *id.*
Gascogne, *id.*
Gigogne, *n.*
ivrogne
Pologne, *g.*

OGRE.

dogre, *mar.*

OGUE.

analogue
apologue
archéologue
astrologue
catalogue
chronologue
chrysologue
décologue
dialogue (4)
églogue
épilogue
géologue
hérésiologue(6
homologue
idéologue
lithologue
météorologue
minéralogue
monologue
mythologue
néologue (4)
paléologue

OGUES.

hrogues.

Ajoutes-y le pl. des noms et la
deux. pers. sing. des verbes de la
liste précédente.

toge
épitoge
ahroge, *v.*
déroge, *v.*
interroge, *v.*
proroge, *v.*
subroge, *n.*
loge, *v.*
déloge, *v.*
cardiogma
rogne
Sologne, *g.*
trogno
rouge-trogne
Valogne, *g.*
vergogne
vigogne
besogne, *v.*
embesogne, *v.*
cogne, *v.*
racogne, *v.*
grogne, *v.*
ivrogne, *v.*
refrogne ou
renfrogne, *v.*
rogne, *v.*
ogre
paradoxologue
philologue
prologue
assogue
bogue
démagogue
emménagogue
hydragogue
mystagogue
pédagogue
ptyalagogue
synagogue
pirogue
rogue
vogue
dialogue, *v.*
épilogue, *v.*
homologue, *v.*
drogue, *v.*
vogue, *v.*

former des rimes en *oi*, dans la
poésie légère et le style marotique.

OIA et OYA, *voy.* **IA.**

OIBLE.

foible

Ce mot avec son ancienne orthographe se prononçant comme selon
la nouvelle, *faible,* voy. la rime
en **aible** et en **ible.**

OID, *voy.* **OIT.**

OIDE.

froide
roide *

OIE et OYE.

baudroie (3)
Pistoie, g.
charmoie
proie
Courbevoie, *g.*
Savoie, *g.*
courroie
soie
foie
pau-de-soie
ivroie, *v. n.***
ver-à-soie
joie
Troie, *g.*
rabat-joie
voie
mont-joie
croie, *subj.*
lamproie
dévoie, *ind.*
Millevoye, *n.*
foudroie, *id.*
monnoie, *v. m.***
crossoie, *id.*
oie
nettoie, *id.*
patte-d'oie
ploie, *subj.*
ormoie
voie, *id.* etcomp.

Ajoutez-y le prés. de l'ind. et
du subj. des verbes en **oyer.**

OIÉ et **oyé, oier** et **oyer,** *voy.*
IÉ, ier.

OIF.

soif.

OIEFE.

coiffe, *sub.*
décoiffe, *v.*
coiffe, *v.*
recoiffe, *v.*

OIGNE.

poigne
rejoigne, *v.*
éloigne, *v.*
oigne, *v.*
joigne, *v.*
poigne ***, *v.*
adjoigne, *v.*
rejoigne ***
conjoigne, *v.*
rempoigna ***
déjoigne, *v.*
soigne, *v.*
enjoigne, *v.*
témoigne, *v.*

OIL.

nigroil, *zool.*
passe-poil
poil
tire-poil
contre-poil

OILE.

étoile
entoile, *v.*
poile
rentoile, *v.*
toile
voile, *v.*
entre-toile
dévoile, *v.*
voile, *s. m.*
anvoile, *v.*
voile, *s. f.*

Les mots en **oële, moëlle,
poële,** riment avec ceux-ci.

OIN, OINC, OUIN dipht.

bahouin (2)
groin
baragouin (5)
loin
Baudouin (2) *n.*
Loing, *g.*
bédouin (2)
maringouin
banjoin (2)
coin (2)
vieux-oing
récoin (2)
poing
Duguay-Trouin (2
sagouin
foin
soin
abat-foin
besoin
aubifoin
talapoin
sainfoin
tintouin
tire-foin

Ces mots en **oin** et **oint** peuvent à la rigueur rimer avec les
précédents.

* On écrit aujourd'hui plus généralement *raide,* et l'on prononce ordi-
rondo a encore son décrépit qui marque à la forme nouvelle de ce mot.
** Autrefois ces mots s'écrivaient
ainsi et se prononçaient comme *joie,
oie, Pistoie, Savoie, Froie,* avec la terminaison *aoie.* Voy. LA FONTAINE.
*** Dans ces trois mots la terminaison
se prononce *ogne*; ils peuvent rimer
avec *besogne,* etc. Voy. OGNE.

OINDRE.

moindre (2)
joindre, v.   disjoindre, v.
adjoindre, v.   enjoindre, v.
conjoindre, v.   rejoindre, v.
déjoindre, v.   oindre, v.
       poindre

Ces mots peuvent à la rigueur rimer avec les mots en *endre*.

OINE.

aigremoine   idoine, *id.*
Amboine, *g.*   limoine
Antoine, *n.*   Macédoine, *g.*
avoine   moine
bétoine   antimoine
Chalcédoine, *g.*   patrimoine
cassidoine   péritoine
chanoine   pivoine
chélidoine   sardoine
exoine, v. m.   stramoine

OINFRE.

goinfre (2)   goinfre, v.

OINS et OINTS.

accoints, v. m.   moins
conjoints   néanmoins

Joignez-y le pl. des subst., adj. ai part, en *oin*, *oing* et *oint*. Plus la prem. et la deux. pers. sing. du prés. de l'ind. et de l'imp. des verbes en *oindre*. Voy. OINDRE.

OINT.

accoint   appoint
joint   arrière-point
adjoint   contre-point
conjoint   embonpoint
oint   rond-point
point, *adv.*   tiers-point
point   trépoint
à point   pourpoint

Voy. les rimes en *oin* et *oing*. Plus la trois. pers. sing. du prés. de l'ind. et la part. passé masc. des verbes en *oindre*. Il joint, disjoint.

OINTE.

jointe   pointe, v.
ointe   appointe, v.
pointe   contrepointe, v.
contre-pointe   dépointe, v.
contre-pointe   désappointe, v.
trépointe   empointe, v.
accointe, v.   épointe, v.
désaccointe, v.

Plus le fém. des part. passés des verbes en *oindre*.

OINTS, voy. OINS.

OIR.

ébarboir
boucher   bougeoir
broche   égrugeoir
crachoir   nageoir
décrochoir
ébauchoir   baignoir
embauchoir   égraignoir
emboucher   éteignoir
éplucher   peignoir
échoir   affiloir
hachoir   birloir
juchoir   démêloir
mouchoir   couloir
émouchoir   loir, zool.
nichoir   Loir, g.
séchoir   Chat.-du-L., g.
trauchoir   parloir
choir, v.   râcloir
déchoir, v.   refouloir
échoir, v.   rifloir
       saloir
accordoir   sarcloir
accoudoir   chaloir, v.
boudoir   nonchaloir, v.
brodoir   douloir, v.
détendoir   condouloir, v.
étendoir   falloir, v.
dévidoir   souloir, v.
évidoir   valoir, v.
échaudoir   équivaloir, v.
fondoir   prévaloir, v.
fondoir   vouloir, v.

chauffoir   agenouilloir
réchauffoir   cueilloir
étouffoir   égrilloir
greffoir   tailloir

hoir   fermoir

germoir
alésoir
affinoir   amusoir
écharnoir   arrosoir
éternoir   brisoir
entonnoir   égrisoir
laminoir   puisoir
manoir   rasoir
noir   reposoir
promenoir
       accotoir
attisoir   ajoutoir
soupoir   ajustoir
découpoir   battoir
aspoir   blutoir
désespoir   boutoir
égrappoir   comptoir
       dortoir
taquoir   égouttoir
       entoir
desserroir   éventoir
miroir   frottoir
ouvroir   grattoir
terroir   heurtoir
tiroir   plantoir
apparoir, v.   déplantoir
comparoir   sautoir
       trottoir
amorçoir
aplatissoir   abreuvoir
aspersoir   achevoir
blanchissoir   avivoir
brunissoir   dérivoir
déchaussoir   devoir
dégraissoir   lavoir
dépecoir   pouvoir, v.
déversoir   revoir, v.
dressoir   rivoir
emboutissoir   savoir
encensoir   apercevoir, v.
épissoir   concevoir, v
équarrissoir   décevoir, v.
houssoir   percevoir, v.
lissoir   recevoir, v.
moussoir   asseoir, v.
ostensoir   devoir
perçoir   redevoir, v.
polissoir   mouvoir, v.
poussoir   démouvoir, v.
repoussoir   émouvoir, v.
prescrire   promouvoir, v.
ringoir   pleuvoir, v.
rôtissoir   pourvoir, v.
soir   dépourvoir, v.
honsoir   pouvoir, v.
tragoir   ramentevoir, v.
trémoussoir   savoir, v.
seoir, v.   voir, v.
asseoir, v.   entrevoir, v.
rasseoir, v.   prévoir, v.
surseoir, v.   revoir, v.

OIRE.

boire   poire
déboire
pour-boire   croire, v.
ciboire   accroire, v.
boire, v.   décroire, v.
emboire   mécroire, v.
       accessoire
Coire, g.   balançoire
       commissoire
mâchoire   compulsoire
lardoire, v.   démissoire
radoire   glissoire
       lussoire, g.
clifoire   passoire
foire   pâtissoire
       polissoire
Grégoire, n.   possessoire
Gringoire, id.   ressassoire
       rôtissoire
bajoire   suspensoire
mangeoire
nageoire   collusoire
       illusoire
avaloire   décisoire
brunloire   incisoire
couloire   dérisoire
doloire   infusoire
fouloire   provisoire
gloire   suasoire
jabloire
Loire, g.   absolutoire
Mugloire, n.   adjutoire
râcloire   ambulatoire
       attentatoire
armoire   auditoire
écumoire   blasphématoire
grimoire   calculatoire
mémoire   caquetoire
moire   combinatoire
       comminatoire
baignoire   congratulatoire
bassinoire   conservatoire
noire   observatoire
attrapoire   consistoire

consolatoire
contradictoire
criminatoire
déballoire   récriminatoire
déclamatoire
déclaratoire
déclinatoire
décrotoire
dédicatoire
délégatoire
définitoire
dépilatoire
dépuratoire
épuratoire
diffamatoire
dilatoire
dînatoire
distillatoire
directoire
divinatoire
discrétoire
échappatoire
excrétoire
écritoire
élévatoire
émonctoire
empatoire
évocatoire
exécutoire
exhalatoire
explatoire
frustratoire
fumigatoire
génitoire
histoire
imprécatoire
inflammatoire
interlocutoire
invocatoire
jaculatoire
juratoire
laboratoire
lacrymatoire

OIS.

Arbois, g.   alénois (cresson)
Collot-d'Herbois   Aminois, g.
bois   Autunois, id.
garde-bois   Bernois, id.
gâte-bois   Carthaginois, id.
lentbois   Champenois, id.
mort-bois   Chinois, id.
perchbois   Cochinchinois
Dubois, n.   Danois, g.
Jolibois, g.   Dauphinois, id.
Marbois, n.   Duchesnois, n.
bois, v.   Dunois, id.
       Embrunois, g.
anchois   Génois, id.
Cauchois, g.   Hibernois, id.
choix   Illinois, id.
       minois
Bade's, g.   noix
Bazadois (le), id.   casse-noix
Suédois, id.   sournois
Vaudois, id.   tapinois
Vermandois, id.   tournois, adj.
dois, v.   Valentinois, g.
redois, v.   Viennois, id.
fois   empois
autrefois   Mirepoix, g.
maintefois   poids
parfois   poids
quelquefois   poix
souventefois
toutefois   criquois
Foix, g.   Dantisquois, id.
       Iroquois, id.
Albigeois, g.   narquois
Bambergeois, id.   sourisquois
bourgeois
Brigeois, g.   Auxerrois, g.
Fribourgeois, id.   Barrois, id.
Grégeois (feu)   Bavarois, id.
Hambourgeois, id.   Calabrois, id.
Liégeois, id.   croix
villageois   porte-croix
       rose-croix
gingois
       Ferrarois, g.
Briois, g.   Hongrois, id.
       Navarrois, id.
Blois, g.   trois
Gallois, id.   crois (de croire)
Gaulois, id.   décrois, v.
Lillois, id.   mécrois, v.
Valois, n. et g.   croie (de croître)
       accrois, v.
Angoumois, g.   décrois, v.
chamois, zool.
mois   Aunois, g.
Rhémois, g.   Buzançois, id.
Siamois, id.   François, n.
       conçois, v.
       déçois, v.
Adénois, id.   perçois, v.

masticatoire
méritoire
monitoire
notoire
obligatoire
offertoire
olfactoire
ondulatoire
oratoire, subst.
oratoire, adj.
oscillatoire
péremptoire
pétitoire
préparatoire
prétoire
probatoire
promontoire
propitiatoire
purgatoire
purificatoire
réclibitoire
réfectoire
réfrigératoire
rémunératoire
réquisitoire
résolutoire
révolutoire
rogatoire
interrogatoire
surérogatoire
ruptoire
sacrificatoire
satisfactoire
souspitoire
sternutatoire
sublimatoire
suppositoire
territoire
transitoire
vacillatoire
vésicatoire
vexatoire
victoire
vomitoire

ivoire
voltre

Amboise, g.   Carthaginoise
framboise   fiche
gerboise, zool.
boise, v.   poise, v. m.
emboise, v.   Irlaquoise
Cauchoise, g.
       Ambroise, n.
ardoise   bavaroise
Suédoise, g.   croise, v.
vaudoise, zool.   entrecroise, v.
Vaudoise, g.
       Pantoise, g.
bourgeoise   toise
vergeoise   entretoise
villageoise   toise, v.
débourgeoise, v.   entoise, v.
       retoise, v.
l'Oise
lilloise   cervoise
       grivoise
armoise   apprivoise, v.
moise   rapprivoise, v.
siamoise   grivoise, v.

OISSE.

angoisse   décroisse, v.
paroisse   froisse, v.
croisse, v.   poisse, v.
accroisse, v.   empoisse, v.

OIT et OID.

Benoît, n.   choit, v.
broît   déchoit, v.
accroît   échoit, v.
surcroît   conçoit, v.
fletroît   perçoit, v.
étroit   aperçoit, v.
doigt   reçoit, v.
droit, adj.   accroît, v.
maladroit   décroît, v.
endroit   croît, v.
droit   mécroît, v.
passe-droit
exploit   doit, v.
froid   redoit, v.
soit !   soit, v.
       ainsi-soit !   voit, v.
toit   pourvoit, v.
       avant-toit   prévoit, v.
boit, v.   revoit, v.
emboit, v.

OITE.

       étroite, v.
benoîte   moite
boîte   boîte, v.
voite   convoite, v.
doite   emboîte, v.
droite   exploite, v.
adroit*   maladroite

OITRE.

cloître   décroître, v.
goître   recroître, v.
croître **   surcroître, v.
accroître, v.

OITS, voy. OIS.

OIVE.

boive, v.   aperçoive, v.
conçoive, v.   reçoive, v.
déçoive, v.   doive, v.
perçoive, v.   redoive, v.

OIVRE.

poivre   poivre, v.

*Adroite, étroite, étaient prononcés et même écrits autrefois *adrette, étrette, etc. mes. adret, étret. C'est pourquoi La Fontaine fait rimer et mor étroites avec bélettes. Ce serait aujourd'hui un archaïsme ridicule.

** Croître s'est prononcé être (de croère). C'est pourquoi La Fontaine l'a fait rimer avec m altre (l. II, f. 11).

aperçois, v.   Génevoise, g.
reçois, v.   gravois
       Louvois, n.
Artois, g.   pavois
Comtois ou   voix
   Franc-Comtois   abat-voix
courtois   porte-voix
discourtois   vois, v.
matois   dépourvois, v.
pantois   entrevois, v.
Parisis, g.   pourvois, v.
patois   prévois, v.
       revois, v.
bavois, v.

Ajoutez à chacune de ces séries les pl. des noms en *oi* et en *oit*, avec la même lettre d'appui.

OL.

alcohol (3)   bémol
Bristol, g.   Pampol, g.
bol   Pignerol, id.
campagnol   Pouzzol, id.
capiscol   Pol (Saint-), g.
caracol   Rivarol, n.
col   sol
       hausse-col   entre-sol
licol   sol (ou son)
dol   sol, mus.
Espagnol   g-ré-sol
Ferréol (St-), g.   Tyrol, id.
fol   viol (2)
girasol   vitriol (5)
parasol   vol
tournesol
Mogol, g.   convol
mol   vol (larcin)

OLDE.

solde   solde, v.

OLE et OLLE brefs.

abolle   dariole (3 ou 4)
acanthabole   étudiole (5)
arthrembole   fiole (2 ou 5)
discobole   foliole (4)
fariboie   gloriole (4)
hyperbole   gratiole (4)
métabole   barniole (4)
parabole   luziole (3 ou 4)
péribole   rubiole (4)
symbole   lavatole (4)
obole   variole (4)
       victoriole (5)
agricole   viole (2 ou 5)
barbacole   affriole (4), v.
fructicole   cabriole (4), v.
ignicole   Eole (2 ou 5), n.
régnicole   affiole (3 ou 4)
républicole   viole (5), v.
serpenticole
sylvicole   molle
viticole   rémolle
Arcole, g.   immole, v.
bricole
caracole   Nole, g.
colle
clrysocolle   bibliopole
ichthyocolla   monopole
lithocolla   consple
ostéocolle   métropole
écale   pentapole
Nicole, n.   Walpole, n.
protocole   équipole, v.
bricole, v.   interpole, v.
caracole, v.   monopole, v.
colle, v.
       décolle, v.   acerola, bot.
recolle, v.   banderole
racole, v.   bouterole
recole, v.   casserole
       cicérole
cadole   farerole
Candole (de), n.   flammerole
échandole   fumerole
girandole   farolle
gondole   girole
idole   grolle
mandole   Mirand, (Pic de) liserole
dole, v.   moucherole
dédole, v.   muserole
       parole
alvéole   pélerole
       pétrole
aureole   pyrole
créole   pyrole
Eole, n.   scarole
fasséole   tirolle
Réole (la), g.   trolle
malléole   Varole, n.
       vérole
folle, adj.   virole
affolle, v.
batifole, v.   bousole
cajole, v.   console
gingeole   émissole
rougeole   rissole
       sole
rigole   console, v.
dégringole, v.   insole, v.
       rissole, v.
Brignole, g.
carmagnole   camisole
chantignole   Fiésole, g.
croquignole   Mausole, n.
lignole   Ozole, g.
torgnole, pop.   désole, v.
rossignole, v.   isole, v.

       Bartholo, n.
artériole (3)   Capitole
babiole (3)   diastole
bestiole (3 ou 4)   péristole
cabriole (4)
Carniole, g.   systole
carriole (3 ou 4)   étole

Pactole, g.
pistole
stole, onjt.
rafatiole, v.

Scévole, n.
vole
dévale
tire-vole
vole, v.
contrôle
envole (s'), v.
révole, v.

bénévole
malévole
frivole

OLE long et AULE.

acaule
amplexicaule
Cardaule, n.
Dôle, g.
drôle
épaule
gaule
Gaule (la), g.
geôle
môle
Paule, g.
pôle
rôle
contrôle

garde-rôle
saule
enjôle, v.
épaule, v.
frôle, v.
gaule, v.
miaule (5), v.
piaule (5), v.
rôle, v.
contrôle, v.
enrôle, v.
désenrôle, v.
trôle, v.

OLFE et OLPHE.

Adolphe, n.
Astolphe, id.
golfe

Pandolphe, n.
Rodolphe, id.

OLM.

Malcolm, n.

Stockholm, g.

OLSQUE.

Volsque, g.

OLTE.

archivolte
récolte
révolte
volta

viravolte
récolte, v.
révolte, v.

OM et OMB.

Colomb, n.
dom
nom
prénom
pronom

renom
surnom
plomb
aplomb
tire-plomb

Voy. les noms en um.
Ces mots riment aussi avec ceux
en on, quand la terminaison a la
même lettre d'appui. Voy. LON-
DON et NON.

OMBE.

bombe
catacombe
colombe
hécatombe
palombe
rhombe
strombe
tombe

trombe
bombe, v.
plombe, v.
surplombe, v.
tombe, v.
retombe, v.
succombe, v.

OMBES.

catacombes
Dombes, g.

lombes

Ajoutez-y le pl. des subst. et
la deux. pers. sing. des verbes de
la série précédente.

OMBLE.

comble, subst. comble, v.
comble, adj.

OMBRE.

concombre
décombre
encombre
hombre
nombre
ombre
pénombre
scombre

sombre, adj.
encombre, v.
désencomb., v.
nombre, v.
ombre, v.
chombra, v.
sombre, v.

OME bref ou OMME.

agronome
astronome
autonome
gastronome
métronome
comme
homme
bonhomme
gentilhomme
prud'homme
ignivome
lithotome
pommé

rogomme
Rome, g.
somme, s. f.
somme, g.
nomme, v.
dénomme, v.
renomme, v.
surnomme, v.
somme, v.
assomme, v.
pomme, v.

OME long et AUME.

baume, s. m.
baume, s: f.
embaume, v.

Côme (saint)
chrôme
myrosarôme
ostéosarcôme

chôme
chôme, v.
dôme
Vendôme, g.

zygôme

axiome
dacryome
idiome
royaume

condylôme
staphylôme
Guillaume, n.
Villaume, id.

binôme
monôme
polygône
tétragône
trinôme
carcinôme
lipôme

Bapaume, g.
lipôme

arôme
brôme
chrôme
Drôme, g.
hippodrome
palindrome
Jérôme, n.

psaume

aneriotome
atôme
cystiome
dichotome
épitome
hystérotome
kiotôme
lithotome
névrotome
pharyngotome
stéréotôme
Brantôme, n.
Chrysostome
cyclostome
lagostome
peristôme
symptôme
tome, s. et v.

OMES et OMMES brefs.

sommes (nous), v.

Ajoutez-y le pl. des noms et la
deux. pers. sing. des verbes en
ome bref et en omme.

OMNE, voy. ONE bref et ONNE.

OMPE.

estompe
pompe
clysopompe
Théopompe, n.
trompe
estompe
pompe, v.

repompe, v.
rompe, subj.
corrompe, v.
interrompe, v.
trompe, v.
détrompe, v.

OMPHE.

triomphe, s. m.
triomphe, v.

triomphe, v.

OMPRE.

rompre, v.
corrompre, v.
dérompre, v.

interrompre, v.
réinterrompre

OMPS et OMPTS.

prompt, adj. pl
rompt, v.
corrompt, v.

interromps, v.
réinterromps,
rompt, v.

Ces mots riment aussi avec les
terminaisons en ons, onts, onds,
oms, et particulièrement quand
cette désinence est appuyée de la
consonne r : mourons, fronts,
ronds.

OMPT.

prompt
rompt, v.
corrompt, v.

interrompt, v.
réinterrompt, v.

Ces mots riment aussi avec les
terminaisons ont et ond, particulièrement quand ces désinences
sont appuyées de la consonne r :
front, rond.

OMPTE et OMTE, voy.

ON, voy. les désinences AON,
bon, con, don, éon, etc.

ONC.

donc
adonc, v. m.

Monck, n.
onc, v. m.

ONCE et ONSE.

Alphonse, n.
annonce
renonce
Ildephonse, n.
nonce
internonce
once

Ponce, n.
pierre-ponce
quinconce
réponce
ronce
semonce

Les anciens poëtes disaient aussi
onecque, adonecque, onecque et
donecque, adonecque, onecque. Voy. les
désinences.

pausme
courte-pausme
paume, v.
empaume, v.
renonse, v.
engonce, v.
fonce, v.

annonce, v.
dénonce, v.
énonce, v.
prononce, v.
renonce, v.

défonce, v.
enfonce, v.
renfonce, v.
fronce, v.
défronce, v.
ponce, v.
semonce, v.

ONCHE.

Bronche, anat.
conche, v. m.
ponche p. punch

tronche, pop.
bronché, v.
jonche, v.

ONCHES.

bronches, s. pl. Conches, g.

Plus le pl. des noms et la deux.
pers. sing. des verbes de la liste
précédente.

ONCLE.

carboncle
furoncle

oncle
pétoncle

OND, ONG et ONT.

bond
faux-bond
furibond
moribond
nauséabond
pudibond
vagabond

facond
fécond
infécond
rubicond

Grammont, g.
mont
amont
contre-mont
rodomont
Pharamond, n.
Piémont, g.
Remiremond, g.
Sigismond, n.
Talmont, g.
Vanhelmont, n.
semond, v.

fond
tire-fond
plafond
profond
fond, v.

confond, v.
morfond, v.
parfond, v.
refond, v.
font (ils), v.

gond
gond
second, pr. segon
jone
ajone

front
affront
rond
tronc, pr. tron.

Plus la trois.
pers. pl. de tous
les futurs: aime-
ront, fileront,
etc. Remarquez
seulement que la
rime de deux fu-
turs ensemble est
peu agréable.

blond
long
barlong
oblong

sont (ils), v.
ont (ils), v.

Bachaumont, n.
Chaumont, g.
Clermont, n.
Evremont (saint)
Giraumont, bot.

obtond, v.
tond, v.
retond, v.
surtond, v.
vont (ils), v.

ONDE.

honde, s.
furibonde
moribonde
nauséabonde
pudibonde
vagabonde

facond
inféconde
Golconde, g.
iraconde, v. m.
Joconde, v.
rubiconde
féconde, v.

blonde
l'onde

monde
mappemonde
monde, v. m.
démonde, v.
immonde

une onde
inonde, v.

profonde
fonde (de fondre)
confonde, v.
morfonde, v.
parfonde, v.
refonde, v.
fonde (de fonder)
refonde, v.

arconde
Gironde, g.
ronda
fronde, v.
gronde, v.

réponde, v.
corresponde, v.
ponde, v.
reponde, v.

sonde, subst.
sonde, v.

aphone
microphone
bouffonne
cacophone
sieconde, adj. f.
dévergonde, v.

Trébisonde, g.

tonda, v.
retonde, v.
semonce

* Ce mot se prononce ordinairement
dongue, et par conséquent il ne rime
que fort mal dans cette catégorie.

ONDRE.

hypocondre
Londre, pour
Londres,
effondre, v.
fondre, v.
confondre, v.
morfondre, v.
parfondre, v.
refondre, v.

répondre, v.
correspondre
obtondre, v.
pondre, v.
repondre, v.
semondre, v.
tondre, v.
retondre, v.
surtondre, v.

ONDRES.

Londres

Plus le pl. des noms et la deux.
pers. des verbes de la série
précédente.

ONDS, ONS et ONTS.

Châlons, g.
fonds
tréfonds
fonts, pl.

recvions (à)
répons
titons (à)
Soissons, g.

Plus le pl. des noms en ond,
ont, on, oms, omps, et le preu.
et deux. pers. sing. de ces mots,
des verbes en ondre. Plus encore
les prem. pers. pl. de plusieurs
temps de tous les verbes : aimons,
tombons. (Pour ceux en ions
monosyllabe, voy. IONS.) La rime
n'est très-bonne qu'autant que la
lettre d'appui s'y trouve. Voy.
BON, CON, DON, etc.

ONE bref et ONNE.

bonne
belle et bonne
toute bonne
carbone
Lisbonne, g.
Ratisbonne, id.
Sorbonne
désabonna, v.
abonne, v.
charbonne, v.

Gasconne
braconne, v.
briconne, v.
gasconne, v.
dégasconne, v.

cochonne, adj. f.
bichonne, v.
bouchonne, v.
encapuchonné, v.
mâchonne, v.

belladone
cotylédone
acotylédone
dicotylédone
monocotylé-
cuspidone, bot.
Dodone, g.
donne
madone
abandonne, v.
amydonne, v.
bondonne, v.
débondonne, v.

bourdonne, v.
chardonne, v.
cordonne, v.
pardonne, v.
redonne, v.
espadonne, v.
fredonne, v.
guerdonna, v.
guidonna, v.
ordonne, v.
coordonne, v.
désordonne, v.
réordonne, v.
subordonne, v.

Abéone, n.
Adéone, n.

agone
belle et homme ambygone
décagone
dodécagone
ennéagone
heptagone
hexagone
isogone
kilogone ou
chiliogone
octogone
orthogona
oxygone
pentédécagone
polygone
tétragone
trigone
angone
brigone
dragonne
gonne, s. m.
Gorgène, n.
mangone
Pomone, n.
Tarragone, g.
Télégone, n.
Gougone, v.
fourgonne, v.
jargonne, v.

Barjonne, n.
badigeonne, v.
bourgeonne, v.
ébourgeonne, v.
dragonne, v.
pigeonne, v.
goujonne, v.
pigeonne, v.

mignonne
dégulgnonne, v.
maquignonné, v.
rognonne, v.

Alcyone (4)(*)
Bryone, bot.
espionne
Hésione, n.
Hermione, id.
lionne
Yonne, g.
actionne, v.
additionne, v.
conditionne, v.
affectionne, v.
confectionne,
perfectionne, v.
ambitionne, v.
approvisionne, v.
cautionne, v.
précautionne,
collationne, v.
émulsionne, v.
espionne, v.
gabionne, v.
impressionne, v.
intentionne, v.

mentionne
mixtionne, v.
occasionne, v.
passionne, v.
pensionne, v.
pétitionne, v.
pionne, v.
proportionne, v.
disproportion
questionne, v.
révolutionne, v.
sanctionne, v.

Barcelonne, g.
Bellone, n.
Calonne (de), id.
colonne
entre-colonne
mellone
Olonne, g.
Salone, g.
étalonne, v.
galonne, v.
houblonne, v.
pilonne, v.
sablonne, v.
talonne, v.

Castiglions, g. (4)
aiguillonne, v.
billonne, v.
bouillonne, v.
carillonne, v.
déiompillonne, v.
échantillonne, v.
écouvillonne, v.
égravillonne, v.
embataillonna, v.
étrésillonne, v.
goupillonne, v.
nasillonne, v.
papillonne, v.
sillonne, v.
tatillonne, v.
tourbillonne, v.

anémone
argémone
Crémone, g.
Lacédémone, id.
Pomone, f.
salmone
époumonne, v.
marmonne, v.
sermonne, v.

amoné
nona
Ochone, n.
anoune, v.
canonne, v.

fripoune
porpoune
caponne, v.
chaponne, v.
friponne, v.
anjuponne, v.
harponne, v.
lanlponne, v.
pomponne, v.
impenne, v.

aurone
barone
Caldérone, g.
cicérone
couronne
crons
Garonne, g.
isochrone
opsichrone
synchrone
matronne
patronne
Péronne, g.
Pétrone, n.
Varone, g.
chapcronne, v.
déchaperonne
enchaperonne
citronne, v.
couronne, v.

Ancône, g.
aumône
aune
Babylone, g.
Beaune, id.
cône
faune, n. et f.
Hippone, g.
jaune
prône

découronne, v.
environne, v.
éperonne, v.
encadronne, v.
fleuronne, v.
gaudronne, v.
goudronne, v.
patronne, v.
empatronne, v.
plastronne, v.

Carcassonne, g.
consonne
personne
polissonne
arçonne, v.
désarçonne, v.
façonne, v.
façonne, v.
frissonne, v.
garçonne, v.
maçonne, v.
polissonne, v.
rançonne, v.
sonne, v.
dissonne, v.
soupçonne, v.
strapassonne, v.
tronçonne, v.
Ausone, n.
achaisonne, v. m.
assaisone, v.
dessaisonne, v.
blasonne, v.
empoisonne, v.
emprisonne, v.
désemprisonne
foisonne, v.
grisonne, v.
liaisonne, v. (4)
maisonne, v.
raisonne, v.
déraisonne, v.
résonne, v.
tisonne, v.

abrotone, bot.
antochtone
antônne
bariotone
Blackstone, n.
Crotone, g.
crotonne
monotone
Latone, n.
Suétone, id.
tonna
bâtonne, v.
détonne, v.
détonnionne, v.
replantonne, v.

cantonne, v.
cartonne, v.
colonne, v.
entonne, v.
festonne, v.
marmitonne, v.
mitonne, v.
moutonne, v.
nuilotonne, v.
pelotonne, v.
pistonne, v.
tâtonne, v.
tastonne, v.
tonne, v.
détonne, v.
entonne, v.
chancelonne
enchaperonne

Savone, g.
couronne, v.

ONE long et AUNE.

Rhône, g.
Saône, id.
trône
archi-trône
zône
aumône, v.
aune, v.
prône, v.
trône, v.
détrône, v.
intrône, v.

* Voy. à cette diphtongue, lettre I,
les mots dans lesquels cette terminaison n'est que de deux syllabes, comme
Baïonne, etc.

ONFLE.

gonfle, v. — regonfle, v.
dégonfle, v. — ronfle, v.

ONG, voy. OND.

ONGE.

allonge — fonge, v.
prolonge — longe, v.
axonge — allonge, v.
conge — délonge, v.
hiconge — élonge, v.
épange — forlonge, v.
longe — prolonge, v.
mensonge — rallonge, v.
Monge, n. — plonge, v.
oronge — replonge, v.
Saintonge, g. — ronge, v.
songe — ronge, v.
éponge, v. — rexonge, v.

ONGLE.

ongle — jongle
jongle, sub. — jongle, v.

ONGRE.

congre — hongre, v.
hongre

ONGRES.

congrès, s. pl. — Tongres, g.
hongres, a. pl. — hongres (lu), v.

ONGUE.

diphthongue — barlongue
triphthongue — oblongue
longue

ONNE, voy. ONE bref.

ONQUE.

conque — quelconque
doncque, v. m. — quiconque
jonque — tronqua, v.
oncque, v. v.

ONS pron. ON, voy. ONDS.

ONS pron. ONCE.

Mons, g. — Pons (St-), g.
mons p. monsieur

ONSE, voy. ONCE.

ONSTRE.

monstre

ONT, voy. OND.

ONTE, OMPTE, OMTE et UNTE.

Amathonte — retonte
archonte — surtonte
compte — affronte, v.
décompte — confronte, v.
escompte — reconfronte, v.
mécompte — compte, v.
comte — décompte, v.
vicomte — escompte, v.
conte — mécompte, v.
Cresphonte, n. — conte, v.
fonte — conte, v.
refonte — raconte, v.
Géronte, n. — reconte, v.
honte — démonte, v.
juxte — éhonte, v.
monte — dempte, v.
remonte — monte, v.
Pessinunte, g. — démonte, v.
ponte — remonte, v.
prompte — surmonte, v.
Sagonte, g. — ponte, v.
tonte

ONTRE.

contre — rencontre
basse-contre — montre
ci-contre — montre, v.
encontre — démontre, v.
haute-contre — remontre, v.
mal-encontre — rencontre, v.

ONTS, voy. ONDS.

ONZE.

bonze — bronze, v.
bronze — rebronze, v.
onze

OON.

Laocoon, n. — Thermodoon, g.

Voy. les mots en on pur, c'est-à-dire en aon, éon, ôon disyll., uon et yon, qui riment bien avec ceux-ci.

OP pron. OPE.

bishop (vin chaud).

OP pron. O.

galop — trop, adv.
sirop

Ces mots peuvent rimer avec ceux en ot. pron. ô. Voy. OT.

OPE et OPPE bref.

opa — enveloppe
— intérlope
apocope — Lope, n.
ostéocope — Pénélope, id.
syncope — varlope
baréocope — développe, v.
écope — enveloppe, v.
hagioscope — galope, v.
hélioscope
horoscope — Canope, g.
higroscope — Penope, n.
hydroscope — Parthénope, id.
kaléidoscope o — Sinope, g.
microscope — Stanhope, n.
télescope — nope, v.
thermoscope
stéréoscope — pope
phénakiscope — Pope, n.
Procope, n.
syncope, v. — Erope, n.
échoppe — Europe, n. et g.
— Eutrope, n.
Rhodope, n. et g. — gyranthrope
— lycanthrope
Alciope, n. — misanthrope
Antiope, id. — philanthrope
Calliope, id. — théophilanthr.
Cassiope, id. — Mérope, n.
Dryope, id. — trope
myope — antitrope
— héliotrope
antilope — Ésope
cyclope
églope — hyssope
hémérolope
nyctalope — métope
Dolope, g. — tope, v.

OPE long, voy. AUPE.

OPHE, voy. OFE.

OPLE.

Andrinople, g. — Trajanop, id.
Constant., id. — sinople

OPRE.

propre — impropre
amour-propre — malpropre

OPS.

anchilops — Hélops, n.
égilops — Ops, id.
Cécrops, n. — Pélops, id.
éthiops (3)

OPSE.

coriopse, bot. — mopse

OPTE.

Copte, g. — adopte, v.
opte, v. — adopte, v.

OQ, voy. OC.

OQUE et OCQUE.

bicoque — interloque
coque
Pococke, n. — moque
emberlucoque, v.
choque, v. — Orénoque
— époque
synecdoque — poque
phoque — baroque
suffoque, v. — défroque
Antiloque, n. — croque, v.
Archiloque, id. — défroque, v.
breloque — enfroque, v.
colloque — escroque, v.
gastriloque — réciproque, v.
pectoriloque — troque, v.
soliloque
ventriloque — toque, v.
Euryloque, n. — toqua, v.
Locke, n.
loque — équivoque
pendeloque — univoque
éloque, v. — équivoque, v.
débloque, v. — évoque, v.
emblogue, v. — invoqua, v.
colloque, v. — provoque, v.
disloque, v. — réciproque, v.

OR et AUR.

or, sub. — Tabor, g.
or, conj. — tapabor
argumentabor — cor
Thabor ou — décor

encor — Elphénor, n.
ichor — Phanor, id.
— Prothoénor, id.
corridor — ténor
Ender, g.
Fodor, n. — Sapor, n.
fructidor
messidor — balassor
thermidor — Cursor, n.
Labrador, g. — essor
Lindor, n. — Luxor, g.
matador — Nérigiissor, n.
baréocope — Windsor, g.
Philidor, id.
régidor — Azor, n.
corrégidor — Almanzor, id.
— Nabuchodon., id
confitéor — trésor
— Adamastor, n.
for — Alastor, id.
— alligator
Belphégor, n. — Amyntor, n.
Chundernag., g. — butor
Mac-Grégor, n. — castor
— Castor, n.
Melchior (4); n. — Crantor, id.
Montémayor, id. — Fracastor, id.
— Hector, id.
major. — Mentor, id.
échoppe — Mnestor, id.
serg.-major — Nestor, id.
quinte-major — Philopator, id.
tierce-major — Philométor, id.
— Pictor (Fab.), id.
bicolor — Salinator, id.
tricolor — Salvator. id.
l'or — Stator (Jupiter)
similor — Stentor, n.
— Thestor, id.
Chodorlasom., g. — Victor, id.
Montmaur, n.
Saint-Maur, g. — cruor
— fluor
Agénor, n. — spathfluor
Aliénor, id., ou — quatuor
Éléonor, ou — sextuor
Léanor — chim.
athanor, chim.

Ces mots riment bien avec ceux en ord et ort, surtout quand la lettre d'appui est la même, et avec s au pluriel.

ORBE.

euphorbe, bot. — théorbe (4) ou
orbe, sub. — tuorbe (3)
Orba, g. — absorbe, v.
sorbe, bot. — résorbe, v.

ORC et ORK.

porc — New-York, g.
York, n. et n.

ORCE et ORSE.

amorce — rétorse
Corse, g., — torse, sub. m.
divorce — amorce, v.
écorce — divorce, v.
entorse — écorce, v.
force — force, v.
morse, zool. — efforce, v.
torse, adj. — renforce, v.
— détorse

ORCHE.

porche — écorche
torche, subst. — torche, v.

ORD et ORT, pron. OR.

bord — coffre-fort
abord — contre-fort
babord — déconfort
bas-bord — effort
d'abord — pied-fort
débord — raifort
rebord — réconfort
sabord — renfort
contre-sabord — Francfort, g.
tribord — Hartford, id.
vibord — Lafort, n.
Chambord, g. — Montfort, id.
Swedenborg, id. — Oxford, g.
— Rochefort, id.
accord — Strafford, id.
désaccord — Tournefort, id.
discord
accort — gord, pêche.
— Périgord, g.
dort, v.
endort, v. — lord
rendort, v. — mylord
fort — mort, s. et adj.

male-mort — St-Jean-Pied-
mord, v. — de-Port, g.
démord, v.
rémord, v. — sort
— consort
nord — ressort
— sort, v.
pore — ressort, v.
port
apport — bitord
déport — nasitort, bot.
haute-à-port — tort
passe-port — tord, v.
rapport — détord, v.
support — retord, v.
transport

ORDE.

butorde — aborde, v.
concorde — déborde, v.
discorde — reborde, v.
miséricorde — corde, v.
corde — accorde, v.
décaccorde — concorde, v.
heptacorde — décorde, v.
hexacorde — désaccorde, v.
monocorde — discorde, v.
octocorde — raccorde, v.
pentacorde — recorde, v.
tétracorde — morde, v.
tricordé — démorde, v.
exorde — remorde, v.
horde — torde, v.
orde, s. m. — détorde, v.
borde, v. — retorde, v.

ORDRE.

ordre — démordre, v.
contre-ordre — remordre, v.
désordre — tordre, v.
sous-ordre — détordre, v.
mordre, v. — retordre, v.

ORE, ORRE et AURE.

bore — rhabdophore
ellébore — téléphore
abhorre, v. — zoophore
arbore, v. — éphore
désarbore, v. — Nicéphore, id.
corrobore, v. — Télesphore, id.
élabore, v. — fore, v.
— parfore, v.
écore
encore — ignore, v.
manticore, zool.
nécore — Anaxagore, n.
Stésichore, n. — mandragore
Therpsichore, id — Pythagore, n.
acore, v.
décore, v. — méliore, v.
éduloore, v. — améliore, v.
picore, v. — Aglaure, n.
— bicolore
achore, méd. — incolore
Shore (Jeanne), n. — multicolore
— tricolore
Apollodore, n. — unicolore
Artémidore, id. — cidore
Asclépiod., id. — Const.-Chlore, n.
Athénodore, id — Dulaure, id.
Cassiodore, id. — Flore, n. et s.
Diodore, id. (4) — biflore
Eudore, id. — miriflore
Épidaure, g. — multiflore
Héliodore, n. — pauciflore
inodore — quadriflore
Isidore, n. — rariflore
iaodore — uniflore
Madaura, g. — frélore
mandore — Laure, n.
moldore (4) — pylore
Pandore, n. — Roquelaure, n.
Polydore, id. — colore, v.
Théodore, n. — décolore, v.
adore, v. — clore, v.
dédore, v. — déclore, v.
redore, v. — éclore, v.
surdore, v. — enclore, v.
odore, v. — forclore, v. m.
aubodore, v. — déflore, v.
météore — implore, v.
amphore — explore, v.
anaphore — Baltimore, g.
Bosphore, g. — cap-de-more
canéphore — Gomorrhe, g.
cystophore — mère ou maure
électrophore — matamore
épiphore — rémore
galactophore — sycomore
hiérophore — rémémore, v.
hydrophore
lampadophora — Éléonore ou
métaphore — Lénore ou
phosphore — Lénore, id.
pyrophore — sonore

insonore — Métaure, g.
honore, v. — phthore
déshonore, v. — pléthore
— store
madrépore — taure
pore — centaure
évapore, v. — bucentaure
incorpore, v. — minotaure
désincorpore, v. — thore, bot.
— tore
aurore — expectore, v.
pérore, v. — instaure, v.
— restaure, v.
Açora, g.
saure — carnivore
massore — frugivore
ossore, n. — herbivore
saure, v. — ignivore
sore, v. — insectivore
— omnivore
Isaure, n. — dévore, v.

ORF.

Altorf, g. — Puffendorf, n.
Dusseldorf, id.

ORGE.

forge — forge, v.
Georges, n. — reforge, v.
gorge — reforge, v.
coupe-gorge — dégorge, v.
rose-gorge — égorge, v.
rouge-gorge — engorge, v.
orge — entr'égorge, v.
grain-d'orge — regorge, v.
salorge — rengorge, v.

ORGES.

Georges, n. — Forges, g.

Plus le pl. des noms et la deux. pers. des verbes en la liste qui précède.

ORGNE.

borgne — lorgne, v.
éborgne, v.

ORGUE.

morgue, s. f. — morgue, v.
orgue, s. m.

ORGUES.

Lorgues, g. — orgues, s. f. pl.

ORLE.

orle

ORME.

corme — rétiforme
énorme — scutiforme
forme — sétiforme
aériforme — théiforme (4)
conforme — trapéziforme
difforme — uniforme
falciforme — vermiforme
fusiforme — Lorme, n.
gangliforme — Panorme, g.
informe — dormé, v.
infundibulif. — tricolore
léntiforme — endorme, v.
mammiforme — forma, v.
multiforme — conforme, v.
myrtiforme — déforme, v.
napiforme — difforme, v.
paupiniforme — enforme, v.
piliforme — informe, v.
pisiforme — reforme, v.
plate-forme — réforme, v.
puriforme — réinforme, v.
pyriforme — transforme, v.
réforme

ORMS.

Worms, g.

OBNE.

bigorne — orne
borne — Orne, g.
corne — viorne (3)
capricorne — bigorne, v.
clavicorne — borne, v.
écorne — aborne, v.
licorne — corne, v.
salicorne — décorne, v.
trinorns — écorne, v.
cromorne — encorne, v.
dagorne — flagorne, v.
ligorne — orne, v.
maliforne — désorne, v.
morne, adj. et s. — suborne, v.

ORPHE.

amorphe et comp.

ORQUE.

Majorque, g. — rétorque
Minorque, id. — remorque, v.
orque, s. m. — extorque, v.
remorque — retorque, v.

ORRE, *voy.* **ORE.**

ORS *et* **ORPS.**

Cahors, *g.* — recors
corps — remords
arrière-corps tors, *adj.*
avant-corps détors
haut-le-corps retors
justaucorps dors, *v.*
lors, *v. m.* pour endors, *v.*
hors — rendors, *v.*
boute-hors (5) mors, *v.*
dehors (2) démors, *v.*
Gisors, *g.* remors, *v.*
lors sors, *v.*
alors ressors, *v.*
dès-lors tors, *v.*
mors détors, *v.*
porte-mors retors, *v.*
Ajoutez-y le pl. de tous les noms en *ord* et en *ort*.

ORSE, *voy.* **ORCE.**

ORT, *voy.* **ORD.**

ORTE.

accorte — conforte, *v.*
aorte (5) déconforte, *v.*
bistorte réconforte, *v.*
cloporte pause
cohorte escorte, *v.*
escorte exhorte, *v.*
forte porte, *v.*
colle-forte apporte, *v.*
eau-forte colporte, *v.*
main-forte comporte, *v.*
morte déporte, *v.*
cote-morte emporte, *v.*
feuille-morte importe, *v.*
main-morte rapporte, *v.*
porte remporte, *v.*
fausse-porte reporte, *v.*
redorte supporte, *v.*
retorte transporte, *v.*
sorte sorte, *v.*
sports, *v. m.* ressorte, *v.*
avorte, *v.*

ORTS, *voy.* **ORS.**

ORVE.

morve

ORZE.

quatorze quatre-vingt-
soixante-quat. quatorze.

OS *pron.* **O**, *voy.* **AUX.**

OS *pron.* **OCE.**

Carabes, *mar.*
Lesbos, *g.* albinos
custodi-nos, *lat.*
Argos, *g.* exaudi-nos
Colchos, *id.* emprosthotonos
Cos, *id.* epitholonos
Marcos, *id.* Lemnos, *g.*
mérinos
Abydos, *g.* Minos, *n.*
afrancesados tétanos
Ténédos, *g.* Tines, *g.*
Atropos, *n.*
alphos Népos (Cornél.)
Paphos, *g.*
Æges-Potamos, *g.* anagros
Argos, *id.* Andros, *g.*
azygos ditrachycéros
Burgos, *g.* monocéros
rhinocéros
années (3) Imbros, *g.*
Palecios, *g.* Paros, *id.*
Antiparos, *id.*
Biblos, *g.* Scyros, *id.*
Carlos, *g.* Tros, *n.*
Délos, *g.*
Hélos, *id.* Naxos, *g.*
los, *v. m.* Thasos, *id.*
mélos Athos, *g.*
Pelos, *g.* éthos *ou*
Pylos, *id.* ilhos
Vasconcellos, *n.* lotos
pathos
Amos, *n.* Bastas, *g.*
Samos, *g.* Séthos, *n.*
Palamos, *id.* bénédicat vos, *l.*

OSE *doux*, **OZE** *et* **AUSE.**

ose dose, *v.*
anthracose apothéose
cause emphytéose
hypersarcose apothéose, *v.*
sysarcose
métempsycose anamorphose
cause, *v.* métamorphose
pseudomorph.
chose cyphose
dose gomphose
apodose lymphose
théodose

phlogose présuppos., *v.*
propose, *v.*
grandiose (4) recompos., *v.*
ichthyose (4) rupose, *v.*
pluviose (4) suppose, *v.*
transpose, *v.*
alose
ankylose amaurose
xpomylosé ampharthrose
chylose diarthrose
clause synarthrose
close, *adj.* chlorose
déclose couperose
glose idiorrhose
hélose lurose
glose, *v.* madarose
osé, *v.* Monrose, *n.*
morose
anastomose nécrose
chymose névrose
ecchymose aponévrose
Fornose, *g.* synnévrose
anastomose, *v.* rose
rose, *v.*
apocénose synchondrose
arrhose, *v.*
acatanose couperose, *v.*
grypose rose, *v.*
hypolypose
pause apocolocyntose
pose blépharoptose
pause, *v.* cataptose
pose, *v.* hystéroptose
appose, *v.* paramptose
compose, *v.* exostose
décomp., *v.* hypérostose
dépose, *v.* périostose
dispose, *v.* hématose
entrepose, *v.* pneumatose
expose, *v.* Potose, *g.*
impose, *v.* Toriose, *id.*
indispose, *v.* ventose
interpose, *v.*
oppose, *v.* virtuose
postpose, *v.*
prépose, *v.* nivose

OSME *pron.* **OCEME.**

Cosme, *n.* mégacosme
macrocosme microcosme

OSME *pron.* **OME**, *voy.* **OME** *long.*

OSNE, *voy.* **ONE** *long.*

OSQUE.

kiosque Osque, *v.*
Manosque, *g.*

OSSE *et* **OCE** *bref.*

bosse génioglosse
chasse-bosse hippoglosse
malchosse hydroglosse
perce-bosse hyoglosse
cabosse hypoglosse
Carabosse (fée) mésoglosse
serre-bosse ophioglosse
débosse, *v.* styloglosse
embosse, *v.* colosse
fosse
cosse molosse
Ecosse, *g.* Panglosse, *v.*
précose polosse
écosse, *v.* véloce

Cappadoce, *g.* noce
Cynodoce, *n.* quinosse
dosse
Mendoce, *id.* atroce
sacerdoce brosse
carrosse
négoce crosse
Sarragosse, *g.* porte-crossa
drosse
ankyloglosse féroce
basioglosse rosse
bugiosse crosse, *v.*
cératoglosse drosse, *v.*
cynogiosse

OSSE *long*, **AUSSE** *et* **AUCE.**

Beauce, *g.* déchausse, *v.*
chausse rechausse, *v.*
fausse dégrosse, *v.*
fosse engrosse, *v.*
basse-fosse désosse, *v.*
gausse exausse, *v.*
grosse, *g. et d.* fausse, *v.*
hausse gausse, *v.*
Lafosse, *n.* hausse, *v.*
sauce exhausse, *v.*
adosse, *v.* rehausse, *v.*
endosse, *v.* sauce, *v.*
chausse, *v.*

OST.

Alost, *g.* ost, *v. m.*
Aost, *id.* toast, *p. tost*

* M. de Lamartine, dans son *Childe-Harold*, a pourtant fait *toast* de deux syllabes : *à ce brillant to-ast.*

OSTE *et* **AUSTE.**

anaguoste riposte
Arioste, *n.* staroste
holocauste accoste, *v.*
hypocauste poste, *v.*
imposté aposte, *v.*
périoste (4) déposte, *v.*
posté, *s. m.* riposte, *v.*
posté, *s. f.* toaste, *p. tosté, v.*

OSTRE.

colostre

OT *bref* *et* **OP** *pron.* **O.**

cahot falot
sabaoth (4) flambelot
flot
chabot galop
écharbot goulot
escarbot grelot
étambot halot
filbot halot
paquebot ilot
jabot jalot
nabot javelot
pied-bot Lancelot, *n.*
rabot lot
sabot Lot, *g.*
Talbot, *n.* matelot
turbot méliiot
Michelot, *n.*
abricot miquelot
chicot Millot, *n.*
coquelicot mulot
écot Soufflot, *n.*
subrécot
haricot billot
mechicot caillot
massicot maillot
persicot vieillot
picot
tricot marmol
mot
bachot bon-mot
bichot
manchot annot
bardot godenot
Jeannot, *n.*
Angot, *n.* Junot, *id.*
argot limot
berlingot minot
bigot palinod
cagot
ergot capot
escargot galipot
fagot pipot
gigot pot
Goth, *g.* fouille-au-pot
Ostrogoth hochepot
Wisigoth tripot
larigot
lingot algarot
magot cuivrot
Margot, *n.* Diderot, *n.*
ragot garrot
Turgot, *n.* Marot, *n.*
mercerot
Clos-Vougeot, *n.* Pierrot, *n.*
pérot
Mignot, *n.* perrot
vignot Poltrot, *n.*
rôt
Amyot, *n.* sarrot
chariot (2) sirop
loriot tarot
tassiot trop
troi
Andelot, *g.*
angelot cuissot
ballot sot
ballot, *adj.* Tissot, *n.*
blmbalot
blot Hottentot, *g.*
brûlot Vertot, *n.*
cachalot Yvetot, *g.*
Callot, *n.*
camelot dévot
complot indévot
culot pavot
dalot, *mar.* pivot
D'Herbelot, *n.* diableaot
fallot

OT *long.*

dépôt bientôt
entrepôt plutôt
impôt plus tôt
suppôt tantôt
prévôt clot, *v.*
rôt éclot, *v.*
aussitôt enclot, *v.*

Ces mots en *ot* long riment assez bien avec ceux en *aut* et *aud*, surtout quand la lettre d'appui est la même. *Voy.* AUD.

OTE *bref* *et* **OTTE.**

cahote ballote, *v.*
hotte (la) camelote, *v.*
complote, *v.*
barbotte doriote, *v.*
botte flotte, *v.*
tire-botte emflotte, *v.*
caillebotte mulotte, *v.*
ribotte paiote, *v.*
barbotte, *v.* pillotte, *v.*
cabote, *v.* pilote, *v.*
rabotte, *v.* sanglote, *v.*
cabote, *v.* tremblote, *v.*
rabote, *v.* bouillote
ribote, *v.* papillotte
vieillatte
aliquote bonillote, *v.*
cote démaillotte, *v.*
cotte emmaillote, *v.*
crocotte remaillotte, *v.*
marcotte papillotte, *v.*
sercote
scote bergamote
asticote, *v.* marmotte
chicote, *v.* motte
cote, *v.* Lamotte, *n.*
école, *v.* Lamothe, *id.*
picote, *v.* escamote, *v.*
tricote, *v.* marmotte, *v.*
manchotte actinote
cluchotte, *v.* céanole
crachotte, *v.* gélinote
huguenote
anecdote linotte
antidote menotte
Hérodote, *n.* Montenotte, *g.*
antidote, *v.* Nonotte, *id.*
dote, *v.* noie
radote, *v.* garde-note
quenole
emphytéole Polygnote, *n.*
gargota ptérénola
ragota, *adj.* triptéronote
ravigote emmenotte, *v.*
redingote note, *v.*
argole, *v.* annote, *v.*
dégote, *v.* dénole, *v.*
ergote, *v.*
fagote, *v.* capota
gargoie, *v.* compote
gigote, *v.* sapote
gringote, *v.* chipote, *v.*
magote, *v.* clapote, *v.*
ragote, *v.* décompote, *v.*
ravigote, *v.* empote, *v.*
empote, *v.*
bourguignotte tapote, *v.*
pagnotte tripote, *v.*
clignote, *v.*
grignotte, *v.* astéroté
mignote, *v.* carotte
saignote, *v.* Cléombrote, *n.*
crotte
candiole (4) dicrote
fanariote (5) Epirote, *g.*
galiote (4) grotte
griatie (5) Marotte, *n.*
idiote (5) prote
iialiote (5) rote
Mariotte, *n.* trotte
pairiote (4) chevrotte, *v.*
compatriote crotte, *v.*
riote (3) décrotte, *v.*
riote (5), *v.* retrotie, *v.*
frotte, *v.*
bacelotte, *v. m.* garote, *v.*
balotte numérote, *v.*
calotte sirote, *v.*
camelotte trotte, *v.*
Charlotte, *n.*
charlotte sotie, *adj.*
culotte assote, *v.*
sans-culotte jassote, *v.*
éclaiotte sugote, *v.*
flotte
gibelotte azota
giotta baisotte, *v.*
épigiotte
polygiotte Aristote, *n.*
goulotte asymptote
hulotte
ilote, *g.* chênavote
iselotte gavote
loite Javoie, *n.*
matelotte vole
pelote huvote, *v.*
pilota pivote, *v.*
trullotte vloyote, *v.*
villotte

OTE *long et* **AUTE.**

côte maliote
entre-côte naute
garde-côte aéronaute
fuéle Pentecôte
hante Plaute, *n.*
hôle

ôte, *v.* ressaute, *v.*
saute, *v.*

OTRE *bref.*

notre votre

OTRE *long et* **AUTRE.**

apôtre patenôtre
autre peautre (2)
épautre (5) vôtre
Le Nôtre, *n.* vautre, *v.*
nôtre

OU, OUL *et* **OUP.**

ou cantalou *ou*
où cantaloup
Acambou, *g.* clou
bambou tire-clou
Barbou, *n.* filou
hibou flou
tabou gabelou
Topinambou, *g.* giouglou
beaucoup grelon
cou loup
brise-cou
casse-cou caillou
coupe-cou mou
doucou
pain-de-coucou burnou
coup Daunou, *n.*
contre-coup genou
courcouou genoux
licou Mènou, *n.*
Moscou, *g.* Vichnou, *id.*
onicou (3)
roucou Maupou (2), *n.*
yacou (3) Papou, *g.*
abouchouchon pou
cachou arrou
caoutchou (3) barrou
chou brou
mantchou atrou
écrou
amadou frou-frou
guilledou garou
Indou, *g.* loup-garou
padou Kaï-Khosrou, *g.*
Mérou (mont) *id.*
Corfou, *g.* Pérou, *id.*
fou Rotrou, *n.*
archifou trou
gardefou
bouche-tron
cagou verron
gorgou, *zool.*
grigou saoul, *pr. sou.*
Pégou, *g.* sou
sagou grippe-sou

OUA.

Moskowa, *g.*

Plus la trois. pers. sing: du parf. déf. des verbes en *ouer* : *il loua.*

OUAI.

Cette rime est formée par la prem. pers. sing. du parf. déf. des verbes en *ouer* : *je jouai.*

OUAIS.

ouais! (1)

Joignez-y les prem. et deux. pers. sing. de l'imparf. de l'ind. des verbes en *ouer* et le plur. des mots en *ouet* et *uet.*

OUAIT, *voy.* **OUET.**

OUAS.

Cette rime est formée par la deux. pers. sing. du prét. déf. des verbes en *ouer.*

OUANT.

Cette rime est formée par les part. prés. des verbes en *ouer.*

OUB.

radoub

OUBE.

caroube radoube
adoube, *v.* radoube, *v.*

18

OUBLE.

double   double, v.
gras-double   dédouble, v.
sémi-double   redouble, v.
rouble   rendouble, v.
trouble   trouble, v.

OUC.

Babouc, n.   Glouc, n.
bambouc   Kalmouk, g.
bouc   Malbrouk, pop.
barbe de bouc   Mamelouk, g.
caoutchouc   pouc
Fernambouc, g.   sambouc, v. m.
Gluck, pron.

OUCE, voy. **OUSSE**.

OUCHE.

babouche   touche
bouche   retouche
mouille-bouche   bouche, v.
cartouche, s. m. et f.   abouche, v.
Cartouche, n.   débouche, v.
couche   embouche, v.
douche   rebouche, v.
escarmouche   couche, v.
farouche   accouche, v.
gargouche   découche, v.
La Touche, n.   recouche, v.
louche   douche, v.
mouche   effarouche, v.
chasse-mouche   escarmouche, v.
gobe-mouche   louche, v.
oiseau-mouche   mouche, v.
pied-de-mouc.   émouche, v.
mitouche (sainte)   remouche, v.
piédouche (3)   touche, v.
rouche   attouche, v.
Scaramouche, n.   retouche, v.
souche

OUCLE.

boucle   déboucle, v.
escarboucle   emboucle, v.
boucle, v.   reboucle, v.

OUD, voy. **OUT**.

OUDE.

consoude   accoude, v.
coude   résoude, v.
soude   soude, v.
boude, v.   dessoude, v.
coude, v.   ressoude, v.

OUDRE.

coudre   moudre, v.
foudre, m. et f.   émoudre, v.
poudre   remoudre, v.
absoudre, v.   poudre (je, il), v.
dissoudre, v.   dépoudre, v.
résoudre, v.   époudre, v.
coudre, v.   repoudre, v.
découdre, v.   saupoudre, v.
recoudre, v.

OUE.

boue   loue, v.
emboue, v.   loue, v.
—   alloue, v.
accoue, v.   sousloue, v.
écoue, v.   reloue, v.
roucoue, v.   renfloue, v.
secoue, v.   —
—   moue
échoue, v.   —
déchoue, v.   noue
—   noue, v.
Cordoue, g.   dénoue, v.
gadoue   renoue, v.
Padoue, g.   —
doue, v.   Capoue, g.
amadoue, v.   —
—   Carlsruhe, pron.
bafoue   Carlsroue, g.
—   proue
fagoue   roue
engoue, v.   bouteroue
—   ébroue, v.
houe   écroue, v.
houe, v.   enroue, v.
—   désenroue, v.
joue   froue, v.
bajoue   rabroue, v.
joue, v.   roue, v.
déjoue, v.   troue, v.
rejoue, v.   —
—   Mantoue, g.
Bourdaloue, n.   toue
cloue, v.   tatoue, v.
décloue, v.   toue, v.
désencloue, v.   —
encloue, v.   voue, v.
recloue, v.   avoue, v.
floue, pop.   désavoue, v.
reloue, v.   dévoue, v.

OUÉ *dissyllabe.*

avoué, s.

Plus le part. passé masc. sing. des verbes en *ouer*.

OUÉE *trisyllabe.*

bouée   renouée
brouée   trouée
nouée

Plus le fém. des part. passés des verbes en *ouer*.

OUER *dissyllabe.*

amadouer, v.   rejouer, v.
ramadouer, v.   louer, v.
bafouer, v.   louer, v.
clouer, v.   allouer, v.
déclouer, v.   relouer, v.
désenclouer, v.   sous-louer, v.
enclouer, v.   nouer, v.
reclouer, v.   dénouer, v.
déchouer, v.   renouer, v.
échouer, v.   rabrouer, v.
douer, v.   renflouer, v.
ébrouer, v.   rouer, v.
écrouer, v.   secouer, v.
engouer, v.   sorfouer, v.
enrouer, v.   tatouer, v.
désenrouer, v.   touer, v.
flouer, pop.   trouer, v.
frouer, v.   vouer, v.
houer, v.   avouer, v.
jouer, v.   dévouer, v.
déjouer, v.   désavouer, v.

OUET *dissyl.*, voy. **ET**.

OUET *monosyllabe.*

fouet   rouet
gouet

OUEUX, voy. **EUX**.

OUF.

ouf   pouf, pr. pouf.
pouf

OUFFE.

bouffe   épouffe, v.
touffe   étouffe, v.
bouffe, v.   pouffe, v.

OUFLE et **OUFFLE.**

écoufle   emmitoufle, v.
maroufle   souffle, v.
moufle   boursoufle, v.
pantoufle   essouffle, v.
souffle

OUFRE et **OUFFRE.**

gouffre   soufre, v.
soufre   ensoufre, v.
engouffre, v.   souffre, v.

OUG.

joug   Marleborough, n.*

OUGE.

bouge   bai-rouge
carouge   pied-rouge (5)
gouge   bouge, v.
Montrouge, g.   fouge, v.
rouge

OUGRE.

lougre **

OUGUE.

fougue   affougue, v.
Pougue, g.

OUI *dissyllabe.*

Gouy, g.   évanoui
oui ***, adv.   foui
oui (2), adj. et p.   enfoui
inoui, part.   joui
ébloui, part.   conjoui
écroui   réjoui
épanoui   roui

OUIE *trisyllabe.*

ouïe

Plus le fém. des part. en *oui*.

OUIL.

fenouil

* Vulgairement *Malbrouck* (3) rimant en *ouc*.
** Pas d'autre rime qu'un mot très-grossier.
*** L'adverbe affirmatif *oui* est monos. et se prononce comme s'il commençait par un *h* aspiré; sauf quand il est précédé de *que*: je crois qu'oui. En vers on peut le mettre après une voyelle, sans qu'il y ait hiatus:
Oui, oui, vous nous contez une plaisan-[terie.
MOLIÈRE.

OUILLA, ouillant, ouillard, voy. **LLA**, llant, llard.

OUILLE.

andouille   débredouille, v.
bredouille   brouille, v.
brouille   débrouille, v.
citrouille   embrouille, v.
cornouille   charbouille, v.
dépouille   chatouille, v.
douille   dépouille, v.
empouille   écarbouille, v.
fouille   fouille, v.
gargouille   farfouille, v.
grenouille   refouille, v.
gribouille   gargouille, v.
houille   gazouille, v.
niquedouille   grenouille, v.
patrouille   gribouille, v.
pouille   grouille, v.
Pouille, g.   mouille, v.
quenouille   remouille, v.
rouille   patouille, v.
souille   patrouille, v.
Trémouille (la) n   pouille, v.
agenouille, v.   épouille, v.
barbouille, v.   rouille, v.
débarbouille, v.   dérouille, v.
bouille, subj.   enrouille, v.
rebouille, id.   verrouille, v.
bredouille, v.   déverrouille, v.

OUILLÉ, ouillée, ouiller, ouilleur, ouilleux, ouilli, ouillie, ouillir, ouillon, voy. **LLÉ**, llée, ller, lleur, lleux, lli, llie, llir, llon.

OUIN, voy. **OIN**.

OUINE *dissyllabe.*

chafouine (5)   gouine (2)
fouine (2)   baragouine (4), v

OUIR *dissyllabe.*

éblouir, v.   jouir, v.
écrouir, v.   conjouir, v. m.
épanouir, v.   réjouir, v.
évanouir, v.   ouir, v.
fouir, v.   rouir, v.
enfouir, v.

OUIS.

cambouis (2)   Louis, s. et n.

Plus le pl. des part. passés des verbes en *ouir*: *ouis, inouis*, etc.

OUIT *dissyl.*, voy. **IT**.

OUL *.

capitoul   Stamboul, g.
Frioul, g. (2)   Toul, id.
Raoul, n. (2)   Vesoul, id.

OULE.

ampoule   recoule, v.
boule   croule, v.
ciboule   écroule, v.
empoule   empoule, v.
foule   engoule, v.
houle   foule, v.
moule, m.   refoule, v.
contre-moule   moule, v.
moule, f.   contre-m., v.
poule   surmoule, v.
roule   roucoule, v.
semoule   roule, v.
saoule ou soule   déroule, v.
boule, v.   enroule, v.
éboule, v.   saboule, v.
déboule, v.   soûle, v.
coule, v.   dessoule, v.
découle, v.   vermoule, v.
écoule, v.

OULPE.

coulpe, v. m.   poulpe, zool.

OULQUE.

foulque, zool.   boulque

OULT.

moult, v. m.   Soult, n.

OULTE.

soulte

OUME.

afioume   Fiume, g.

OUP *pron.* OU.

beaucoup   contre-coup
cantaloup   loup
coup

* *Saoul* ou *soûl* pron. *sou* ne rime pas avec ces mots. *Vesoul* se prononce aussi quelquefois *Vezou*.

Ces mots riment avec ceux en *ou*, surtout quand la consonne d'appui est la même.

OUP *pron.* OUPE.

group   houp!

OUPE et **OUPPE.**

catadoupe   soupe
chaloupe   taroupe
coupe (vase)   toupe
soucoupe   troupe
coupe   attroupe, v.
entre-coupe   coupe, v.
fausse-coupe   découpe, v.
recoupe   entre-coupe
croupe   recoupe, v.
étoupe   empoupe, v.
groupe   étoupe, v.
Guadeloupe, g.   détoupe, v.
houppe   houppe, v.
loupe   soupe
poupe

OUPLE.

couple, s. m. et f.   accouple, v.
accouple   découple, v.
souple   désaccouple
couple, v.

OUPS.

coups   loups

Voy. les rimes en *ous* et *oux*.

OUQUE.

bouque   abouque, v.
felouque   débouque, v.
fouque   embouque, v.

OUR et **OURG** *pron.* OUR.

Augsbourg, g.   Kafour, g.
bourg   —
faubourg   Gour, g.
Brandebourg, g.   —
calembour ou   jour
calembourg   abat-jour
Cherbourg, g.   avant-jour
Cobourg, id.   bonjour
Edimbourg, g.   faux-jour
Fribourg, id.   belle-de-jour
Hambourg, id.   séjour
Hombourg, id.   —
labour   Saint-Flour, g.
Luxembourg, g.   —
Neubourg, id.   amour
Pétersbourg, id.   Amour, g.
Phalsbourg, g.   humour
Philipsbourg, id.   Lammermoor, g.
Presbourg, id.   Seymour, n.
rambour   Timour, id.
Saltzbourg, g.   —
Strasbourg, id.   pour
tambour   Visapour, g.
topinambour   —
cour   Mesrour, n.
arrière-cour   —
avant-cour   autour, s.
haute-cour   Moncontour, g.
basse-cour   pastour, prov.
Raucour, n.   tour, s. f.
—   tour, s. m.
Adour, g.   atour
cavalcadour   autour, adv.
Pandour, g.   alentour
Pompadour, n.   contour
troubadour   détour
Ventadour, n.   entour
Balfour, id.   pourtour
carrefour   retour
four   vautour
chaufour

Les mots en *ourd* et en *ourt* peuvent quelquefois rimer avec ceux-ci, surtout quand la lettre d'appui est la même, et au pl.

OURBE.

bourbe   décourbe, v.
courbe   recourbe, v.
fourbe   débourbe, v.
Lecourbe, n.   désemb., v.
tourbe   embourbe, v.
courbe, v.

OURCE et **OURSE.**

bourse   source
course   débourse, v.
ourse   embourse, v.
ressource   rembourse, v.

OURCHE.

fourche   affourche, v.
affourche   désaffourche, v.
fourche, v.   enfourche, v.

OURD et **OURT.**

Azincourt, g.   concourt, v.
court, adj.   discourt, v.
lourd   encourt, v.
balourd   parcourt, v.
sourd   recourt, v.
court (il), v.   secourt, v.
accourt, v.

OURDE.

bourde   lambourde
coquelourde   lourde
falourde   balourde
gourde   sourde
happelourde

OURDRE.

ourdre, v. m.   sourdre

OURE et **OURRE.**

aroure   coure, v.
bourre   accoure, v.
tire-bourre   discoure, v.
bravoure   encoure, v.
Collioure, g. (4)   parcoure, v.
courre, s. m.   raccoure, v.
goure   recoure, v.
mâchemoure   secoure, v.
macroure   courre, v. m.
Pandoure, g.   recourre, id.
bourre, v.   entoure, v.
embourre, v.   fourre, v.
débourre, v.   défourre, v.
ébourre, v.   goure, v.
rebourre, v.   savoure, v.
rembourre, v.

OURG, voy. **OUR**.

OURGE.

gourge

OURGES.

Bourges, g.   courges, pl.

OURME.

bourme   gourme
chiourme (2 ou 3)   gourme, v.

OURNE.

Libourne, g.   séjourne, v.
Livourne, id.   tourne, v.
tourne   atourne, v.
retourne   chantourne, v.
ajourne, v.   contourne, v.
réajourne, v.   détourne, v.
défourne, v.   retourne, v.
enfourne, v.

OURPRE.

pourpre, adj.   empourpre, v.

OURQ.

hourq   ourq

OURS.

Bouhours, n.   toujours
cours   Tours, g.
concours   velours
décours   passe-velours
discours   cours, v.
parcours   accours, v.
recours   concours, v.
secours   discours, v.
Nemours, g.   encours, v.
ours   parcours, v.
rebours   secours, v.

Ajoutez-y le pl. des noms en *our, ourg* et *ourt*.

OURSE, voy. **OURCE**.

OURT, voy. **OURD**.

OURTE.

courte   écourte, v.
tourte

OUS et **OUX.**

absous   aigre-doux
dissous   sain-doux
résous   entrevoux
bernous   époux
cantalous, pl.   gabelous, pl.
Châteauroux, g.   fous, id.
chiaoux   genoux, id.
choux, pl.   houx
porte-choux   jaloux
clous, pl.   loups, pl.
corradoux   Manchoux, g.
coups, pl.   nous
courroux   poiloux
cous, pl.   pouls
Doubs, g.   poux, pl.
doux   remous, id.

roux | foux
sous, *prép.* | Trévoux, *g.*
dessous | vertuchoux
sous, *pl.* | vous
topinambours, *td.* | rendez-vous
tous, *adj.*

Ajoutez-y là pl. des mots terminés par oût, oud et oûl, et quelques formes des verbes en *oudre.*

OUSCHE, voy. OUCHE.

OUSE et OUZE.

arbouse | talmouse
blouse | Toulouse, *g.*
bouse | ventouse
douze | couse, *v.*
épouse | découse, *v.*
jalouse | recouse, *v.*
Mulhouse, *g.* | blouse, *v.*
Naplouse, *td.* | épouse, *v.*
pelouse | jalouse, *v.*
Pérouse, *g.* | ventouse, *v.*
Schaffhouse, *td.*

OUSSE et OUCE.

Cadarousse, *g.* | trousse
carousse | vire-rousse
douce | couronne, *v.*
taille-douce | éclabousse, *v.*
gargousse | émousse, *v.*
gousse | glousse, *v.*
housse | housse, *v.*
mousse, *s. f.* | débousse, *v.*
mousse, *s. m.* | mousse, *v.*
mousse, *adj.* | pousse, *v.*
pamplemousse, *b* | entrepousse, *v*
pouce | repousse, *v.*
pousse | rebrousse, *v*
repousse | tousse, *v.*
surpousse | trémousse, *v.*
recousse ou | trousse, *v.*
r.-s.-couse, *v. m.* | débrousse, *v.*
rousse | retrousse, *v.*
secousse

OUST, voy. OUT.

OUSTE.

langouste | varvousie, *poche*
mangouste

OUT.

août, *pron.* ôû. | haut-goût
bout | ragoût
about | knout *
déboût | marabout
debout | moût
passe-debout | surmoût
coût | tout
égout | atout
goût | partout
arrière-goût | passe-partout
avant-goût | surtout
bon-goût | vatout
dégoût

Plus la trois. pers. du sing. du
présent de l'ind. des verbes en
oudre.

OUTE.

absoûté | boute, *pop.*
dissoûté | arc-boule, *v.*
aspergoûté | déboute, *v.*
banqueroûté | broute, *v.*
croûte | doute, *v.*
écroûté | dérouté, *v.*
sœur écouté | doute, *v.*
mièvre-goûté | redoute, *v.*
goutte | écoute, *v.*
joute | écroûte, *v.*
redouté | encroûte, *v.*
route | filoute, *v.*
déroûté | goûte, *v.*
passe-route | dégoûte, *v.*
soûte | ragoûte, *v.*
toute | goûte, *v.*
voûte | dérouté, *v.*
août (8), *v.* | joute, *v.*
ajouté, *v.* | velouté, *v.*
rajoute, *v.* | voûte, *v.*
surajouté, *v.*

OUTRE.

coûté | poutré
loutre | accoûtré, *v.*
outré, *t.* | raccoûtre, *v.*
outre, *prép.* | outre, *v.*

OUVE.

douve | désapprouve, *v.*
louve | éprouve, *v.*
couve, *s.* | improuve, *v.*
accouve, *v.* | reprouvé, *v.*
louve, *subj.* | réprouve, *v.*
mauve, *subj.* | trouve, *v.*
prouve, *v.* | controuve, *v.*
approuve, *v.* | retrouve, *v.*

* On prononce souvent knoûte, et
qui rend cette rime peu exacte,

OUVRE.

louvre | recouvre (*de* re-
rouvre | couvré); *v.*
couvre, *v.* | ouvre, *v.*
découvre, *v.* | enf'ouvre, *b.*
recouvre (*de* | rouvre, *v.*
rebouvrir) *v.*

OUVRES.

Doûvres, *g.* | Louvres, *td.*

Ajoutez-y le pl. des noms et la
deux. pers. sing. des verbes de la
liste qui précède.

OUX, voy. OUS.

OUZE, voy. OUSE.

OVÉ, voy. AUVE.

OVRE, voy. AUVRE.

OX. ;

coupox, *méd.* | Palafox, *n.*
Fox, *n.*

OXE.

boxe | orthodoxe
équinoxe | paradoxe
douce, *v.* | boxe, *v.*
hétérodoxe

OYA, oyé, oyar, oyon, voy.
IA, ié, ier, ion.

OYE, voy. OIE.

OZE, voy. OSE.

OW, voy. OFF.

P

PA.

Agrippa, *n.* | Monomotapa, *g.*
ajoupa | papa
kappa | Spa, *g.*
mea-culpa

Plus la trois. pers. sing. des
prét. déf. des verbes en *per.*

PAI, pais, pait, voy. AI, ais
et ait.

PAN, PANT, PEND
et PENT.

arpent | serpent
chenapan | épand, *v.*
clopin-clopant | répand, *v.*
occupant | pend, *v.*
participant | dépend, *v.*
pimpant | suspend, *v.*
rampant | repent (il se), *v.*

Plus la part. prés. des verbes
en *per.*

PANTE ou PENTE, voy.
ANTE.

PAT, voy. AT.

PÉ.

accipé | groupé
récipé | happé
Calpé, *g.* | huppé
canapé | huppé
coupé | P (lettre).
croupé | ripopé *
échappé | spé, *liturg.*
éclopé | Tempé, *v.*
escarpé

Plus la mas. sing. du part.
passé des verbes en *per.*

PÉE.

après-soûpée | écopée
argyropée | épée
galéoscopie | porte-épée
épopée | pie, *s. f.*
éthopée | limpée
mélopée | lippée
pharmacopée | Ménippée(satire)
prosopopée | napée, *myt.*
Cassiopée (5), *n.* | pipée
cyclopée | Pompée, *n.*
Delopée (5), *n.* | poupée
Diacôpée(5), *td.* | priapée (4)
développée | ripopée, *pop.*
échappée

Plus le fém. des adj. et part.
en *pé.*

PÉI, voy. EI.

PEND et PENT, voy.
PANT.

PER.

verbes | anticiper
acciper, *v. m.* | émanciper

* Ripopée fém. est populaire,

---

exciper | grimper
participer | gripper
attrouper | agripper
camper | grouper
décamper | agrouper
chipper | happer
chopper | harper
achopper | horoscoper
consciper | chopper
couper | hupper
découper | incréper, *v. m.*
entrecouper | japper
recouper | jasper
surcouper | lamper
créper | lapper
encréper | mapper
crisper | nipper
décaper | occuper
développer | occuper
envelopper | dépréoccuper
disculper | préoccuper
inculper | palper
dissiper | piper
draper | polytyper
dûper | stéréotyper
échapper | pomper
réchapper | ramper
écharper | raper
éclopper | récéper
égrapper | saper
eschaper | serper
équiper | souper, *v. et s.*
réquiper | syncoper
escarper | tuper
estamper | délaper
estremper | retaper
étamper | treper
étemper | attreper
étouper | détraper
détomper | rattraper
étriper | tremper
ex[ir]per | attremper
frapper | détremper
entre-frapper | retremper
refrapper | tromper
tripper | détromper
galopper | usurper

PET, peux, voy. ET, eux.

PHA, phant, phé, phée, pher,
phi, phie, phir, phon, voy.
FA, faut, fé, fée, fer, fi, fie,
fir, fon.

PI.

api | assoupi, *part.*
champi, *s. m.* | champi
charpi | échampi
crépi | rechampi
Crépy ou | crépi
Crespy, *g.* | croupi
porc-épi * | accroupi
Mississipi, *g* | décharpi
pipi | dégurpi
thiaspi | glapi
Zoppi, *n.*

PIE.

amblyopie | galéantropie
diplopie | lycanthropie
hémétalopie | misanthropie
myopie | philanthropie
nyctalopie | scanthropie
asclépie | encyprotypie
carpie | polytypie
Caspie, *v. m. p.* | stéréotypie
Caspienne, *g.* | Éthiopie, *g.*
centroscopie | harpie
cranioscopie | Olympie, *g.*
géléoscopie | pépie
hématoscopie | pie, *s. f.*
hépatoscopie | pie, *adj.*
kéraunoscopie | impie
métoposcopie | soanlthropie
odontoscopie | salrapie
oniroscopie | tapie, *adj. f.*
organoscopie | toupie
ouroscopie | utopie
teratoscopie | copie, *v.*
uranoscopie | rećopie, *v.*
charpie | épie, *v.*
chipie | estropie, *v.*
copie | expie, *v.*
cynanthropie

PIER, pieu, pieux, pin, pion,
pir, pire, pis, pit, pli, plie,
plier, plir, voy. IER, ieu,
ieux, in, ion, ir, ire, is, it, li,
lie, lier, lir.

* On écrit aussi porc-épic, mais on
prononce toujours de même,

PON et POND.

capon | Lapon, *g.*
chapon | pompon
coupon | tarare-pompon
crampon | poupon
crépon | tampon
croupon | colin-tampon
fripon | tapon
gipon | pond, *v.*
harpon | répond, *v.*
Japon, *g.* | répond, *v.*
jupon | correspond, *v.*

PRÉR, voy. RER.

PU.

crépu | rompu
lippu | corrompu
pu (*de pouvoir*) | interrompu
pu (*de paître*) | trapu
répu

Q

QUA, pron. KA, voy. CA.

QUAND, QUANT
et CANT.

attaquant | manquant
choquant | marquant
clinquant | mordicant
communiquant | piccant
conséquant | piquant
conséquent | prédicant
inconséquent | quand
croquant | quant
délinquant | radical
éloquent | suffoquant
estomaquant | trafiquant
fabricant | vainquant
flanquant | convainquant
fornicant | vacant
fréquent

Plus les autres part. des verbes
en *quer. Voy.* aussi CAN.

QUAT, voy. AT.

QUÉ.

abdiqué | effianqué
alambiqué | musqué

Plus les part. passés masc. des
verbes en *quer.*

QUÉE.

abdiquée | flaquée
authentiquée | mosquée
béquée | requinquée
compliquée

Plus le fém. des part. passés
des verbes en *quer.*

QUENT, voy. QUANT.

QUER.

verbes | disloquer
abdiquer | communiquer
abéquer | conliscquer
abouquer | convoquer
débouquer | évoquer
embarquer | invoquer
abcaquer | provoquer
alambiquer | reconvoquer
antiquer | révoquer
appliquer | coquriquer
dupliquer | craquer
compliquer | critiquer
expliquer | croquer
impliquer | débaquer
répliquer | desembarquer
arquer | embarquer
attaquer | rembarquer
authentiquer | débusquer
baraquer | embusquer
bifurquer | défalquer
bivaquer | défaquer
bloquer | defroquer
débloquer | enfroquer
braguer | délinquer, *v. m.*
braquer | détorquer
brusquer | retorquer
busquer | disséquer
calquer | domestiquer
décalquer | effiaquer
caquer, *v. m.* | effianquer
chiquer, *pop.* | emberlucoquer
enire-choquer | encaquer
chroniquer | équivoquer
claquer | escroquer
colloquer | estomaquer

---

fabriquer | plaquer
forniquer | politiquer
friquer | poquer, *v. m.*
hypothéquer | pratiquer
inculquer | prévariquer
interloquer | pronostiquer
manquer | reliquer
marquer | remorquer
contremarquer | requinquer
démarquer | revendiquer
remarquer | risquer
masquer | roquer
démasquer | rustiquer
remasquer | sophistiquer
masliquer | suffoquer
démastiquer | taquer
métaphysiquer | tiquer
moquer | toquer
musquer | traluquer
offusquer | traquer
parquer | triusquer *
piquer | tronquer
apiquer, *mar.* | troquer *
dépiquer | vaquer

QUET, queux, voy. ET, eux.

QUI et KI.

Acqui, *g.* | Sobieski (4)
Créqui, *g. et n.* | Poniatowski (4)
qui

QUIE.

thalassarquie | Turquie, *g.*

QUIER, quin, quis, quit, voy.
IER, in, is, it.

QU, quo, voy. CU, co.

R

RA.

Agrá, *g.* | non plus ultra ou
Alcantara, *td.* | nec plus ultra
anthora, *bot.* | opéra
Bassora, *g.* | remora
dapifèra, *bot.* | Sahara (3) ou
datura, *td.* | Sahra (2), *g.*
Débora, *n.* | Sara, *n.*
Egra, *g.* | Statira, *td.*
et cætera, *lat.* | Sumatra, *g.*
Jura, *g.* | Zamora, *td.*
Marmara (mer) | Zara, *td.*
Niagara (4), *g.*

Plus les trois. pers. du prét.
déf. des verbes en *rer.*

RAIE, rait, ral, voy. AIE,
ait, al.

RANT, REND et RENT.

adhérent | enivrant
cohérent | enquérant
incohérent | requérant
inhérent | émigrant
altérant | rentrant
déférent | errant
différent | expectorant
équidifférent | exubérant
indifférent | figurant
altérant | flagrant
apparent | fragrant
transparent | Franc, *g.*
conspirant | ferrant
respirant | marée. ferrant
soupirant | garant
altérant | arrière-garant
cathédrant | gérant
Childebrand, *n.* | belligérant
Clerm.-Ferr., *g.* | vice-gérant
colorant | hareng
concurrent | intérocurrent | Hildebrand, *n.*
oceurrent | ignorant
réourrent | impétrant
conquérant | intégrant
consacrant | intérant
considérant | Laurent, *n.*
corroborant | mourant
courant | nombrant
contré-cour. | odorant
déchirant | odorlfférant
délibérant | offrant
demeurant | dutrant
désespérant | parant
déshonorant | parent
devorant | pénétrant
différand | perforant
durant | persévérant
émigrant | pleurant
endurant | préparant

prépondérant — tisserand
rang — tolérant
récalcitrant — intolérant
réfrigérant — torrent
Rembrandt, n. — vibrant
remontrant — prend, v.
rencontrant — apprend, v.
restaurant — comprend, v.
révérant — désapprend, v.
révèrent — entreprend, v.
irrévèrent — éprend (s'), v.
souffrant — méprend (se)
tempérant — rapprend, v.
intempérant — reprend, v.
tirant — surprend, v.
attirant — rend, v.

Plus le part. prés. masc. sing. des verbes en rer et de quelques verbes en rir.

RAT, voy. AT.

RÉ.

acéré — conjuré
aéré — letiré
affairé — illettré
ambré — libéré
André, n. — délibéré
archiprêtré — indélibéré
arrhé — liseré
arriéré — loré, blas.
assuré — madré
avéré — manière
auguré — marbré
beaupré — membré
bourré — mesuré
bigarré — démesuré
Buyuk-Déré, g. — miséré
cabré — mitré
cambré — modéré
camphré — immodéré
carré — morré
cendré — narré
cirrhé — noli-me-tangère
Champré, n. — obéré
con amore, ital. — ouvré
Coré, n. — paré
couturé — réparé
cuivré — Paré (Amb.), n.
curé — pestiféré
degré — Pingré, n.
délabré — poiré
dénaturé — pourpré
désœuvré — pré
déterré — Grand-Pré, g.
dinpré — prématuré
dies iræ, lat. — prieuré
doré — raturé
mordoré — référé
dulcoré — réméré
édulcoré — sacré
effaré — sesquialté
effondré — serré
émigré — sidéré
empourpré — soufré
enamouré — sulfuré
enlanguiré — taré
ensépulturé — tempéré
éploré — intempéré
évaporé — tigré
fédéré — Tigré, g.
confédéré — timbré
gré — timoré
malgré — titré
givré — vertébré
illitré — invertébré
inconsidéré — vairé
inespéré — vitré
infiltré — Vitré, g.
invétéré
involouré
juré

Plus les part. passés masc. et les prem. pers. du prét. déf. des verbes en rer.

REAU, voy. EAU.

RÉE et RRHÉE.

airée — Briarée, n.
aménorrhée — camphrée
blénorrhée — Caprée, g.
cystirrhée — cendrée
diarrhée — centaurée
dysménorrhée — Césarée, g.
galactorrhée — chambrée
gonorrhée — charrée
hémorrhée — chicorée
hépatirrhée — chorée
leucorrhée — dichorée
onorigonorrh. — contrée
otorrhée — Corée, g.
pairrhée — courée
arrhée — cuillérée
Astrée, n. — curée
Atrée, id. — Cythérée, g.
beurrée — denrée
Borée, n. — diaprée
bourrée — durée

échauffourée — Nérée, n.
empyrée — Nirée, id.
entrée — nacrée
rentrée — Pétrée, g.
panerée — picorée
Érythrée, g. — Pirée, g.
éthérée — pirrée
florée — purée
germandrée — pyrée
Gorée, g. — Rhée, n.
hyperborée — simagrée
livrée, g. — soirée
livrée — Sprée, g.
marée — sucrée
chasse-marée — Térée, n.
contre-marée — urée
haute-marée — ventrée
mijaurée — vérrée
Morée, g.

Plus les fém. des adj. et des part. passés en ré. Plus la prem. et la trois. pers. sing. du prés. de l'ind. et du subj. et la deux. de l'impér. des verb. en réer : agrée.

REL, voy. EL.

REND, rend, voy. RANT.

RER.

verbes.
abhorrer — chiffrer
accaparer — déchiffrer
accorer — cintrer
accélérer — décintrer
accoutrer — cirer
acérer — décirer
adhérer — cloîtrer
administrer — coffrer
adorer — encoffrer
adultérer — collaborer
aérer — élaborer
affleurer — colorer
agglomérer — décolorer
airer — concentrer
altérer — confédérer
désaltérer — conférer
amarrer — déférer
démarrer — différer
emmarrer — inférer
ambrer — préférer
améliorer — proférer
amurer — référer
ancrer — transférer
désancrer — vociférer
apurer — conjecturer
dépurer — considérer
épurer — corroborer
arbitrer — cuivrer
arborer — curer
arer — écurer
arrher — récurer
aspirer — déblatérer
conspirer — déclavétrer
inspirer — enchevêtrer
expirer — déchirer
respirer — déclarer
soupirer — décorer
transpirer — défleurer
assurer — dégénérer
rassurer — régénérer
atterrer — délabrer
déterrer — démembrer
enterrer — demeurer
augurer — dénaturer
inaugurer — dénigrer
aventurer — déparer
avérer — déplorer
bafrer — déshonorer
balustrer — désirer
barrer — dévorer
débarrer — digérer
billebarrer — ingérer
embarrer — dorer
rembarrer — redorer
beurrer — surdorer
bourrer — durer
débourrer — endurer
ébourrer — échancrer
embourrer — éclairer
rembourrer — édulcorer
cadrer — effondrer
calamistrer — égarer
calandrer — éjarer
calibrer — emboidurer
cambrer — émigrer
capturer — immigrer
carrer — empirer
contre-carrer — empourprer
célébrer — encastrer
concélébrer — encombrer
censurer — décombrer ou
chamarrer — désencombrer
chambrer — engendrer
chapitrer — réengendrer
châtrer — engouffrer
chavirer — rengouffrer

enivrer — remontrer
désenivrer — marer
entourer — claquemurer
entrer — contremurer
rentrer — démurer
énumérer — murmurer
épamprer — narrer
épicrer — navrer
errer — nombrer
désespérer — dénombrer
prospérer — obérer
essorer — oblitérer
évaporer (s') — obscurer
éventrer — odorer
éverrer — ombrer
exagérer — obombrer
exaspérer — opérer
exécrer — coopérer
expectorer — opiniâtrer (s')
explorer — outrer
facturer — ouvrer
manufacturer — parer
ferrer — comparer
déferrer — déparer
enferrer — préparer
feutrer — remparer (se)
figurer — réparer
configurer — séparer
défigurer — pâturer
filtrer — peinturer
infiltrer — pénétrer
flairer — persévérer
flâtrer — picorer
fleurer — plâtrer
folâtrer — déplâtrer
fourrer — emplâtrer
garer — pleurer
galifrer — poivrer
gaufrer — poudrer
gérer — époudrer
glairer — pressurer
goinfrer — procurer
guêtrer — raturer
hongrer — récalcitrer
honorer — reconrer
déshonorer — récupérer
idolâtrer — registrer
ignorer — enregistrer
impétrer — rémémorer
implorer — remémorer
incamérer — rencontrer
incarcérer — réverbérer
incorporer — révérer
désincorporer — sabrer
réincorporer — sacrer
insérer — consacrer
instaurer — ressacrer
restaurer — saturer
intégrer — saurer
réintégrer — savourer
invétérer — séquestrer
itérer — serrer
réitérer — desserrer
jacberer — enserrer
jurer — resserrer
abjurer — soufrer
adjurer — ensoufrer
conjurer — suggérer
laborer — suppurer
labourer — tarer
lacérer — tempérer
leurrer — obtempérer
libérer — tarrer
délibérer — timbrer
liserer — tirer
livrer — contretirer
délivrer — détirer
lustrer — étirer
illustrer — retirer
délustrer — soutirer
macérer — titrer
mâchurer — fortitrer
manœuvrer — tolérer
marbrer — tonsurer
marer — torturer
massacrer — triturer
mesurer — ulcérer
remesurer — exulcérer
mirer — vautrer
admirer — vénérer
mitrer — vibrer
modérer — vinaigrer
moirer — virer
montrer — revirer
démontrer — vitupérer
— voiturer

BET, voy. ET.

RHÉE, voy. RÉE.

RI et RY.

abri — Alféri (3), n.
alangouri, v. m. — Allegri, id.

amphigouri — Salisbury, g.
Beni, g. — Scudéri, n.
bistouri — Thierry, id.
cabri — tilbury
Cagliari (4), g. — tory
canari — Uri, g.
Cantorbéry, g. — aguerri, part.
carbonari — ahuri, id.
céléri — aigri, id.
Chambéry, g. — désaigri, id.
charivari — amoindri, id.
colibri — ramoindri, id.
condottieri (4,8) — appauvri, id.
cri — appétri (5), id.
décri — attendri, id.
Dubarry, n. — ratienri, id.
émeri — chéri, id.
endolori, adj. — enchéri, id.
favori — renchéri, id.
Fleuri, n. — équarri, id.
Grétry, id. — flétri, id.
Guilléri (3), id. — fleuri, id.
Henri, id. — défleuri, id.
Bon-Henri — effleuri, id.
houri — refleuri, id.
hourvari — guéri, id.
Ivry, g. — maigri, id.
jury — amaigri, id.
Landri, n. — nourri, id.
mari — dénourri, id.
marri — péri, id.
Mauri, n. — dépéri, id.
Montgomery, g. — pétri, id.
Moréri, n. — repétri, id.
Ory, id. — pourri, id.
pari — rahougri, id.
péri — tari, id.
pilori — terri, id.
Pondichéry, g.
pourri
pot pourri

RIE.

aciérie — braverie
aérométrie — Brie, g.
calorimétrie — briqueterie
cosmométrie — broderie
cyclométrie — brouillerie
géométrie — brûlerie
goniométrie — brusquerie
longimétrie — buanderie
stéréométrie — Bucharie, id.
symétrie — Bulgarie, g.
tautométrie — cachotterie
trigonométrie — cafarderie
affûterie — cafarie
affinerie — Cafrerie, g.
raffinerie — cagnardarie
affronterie — cagoterie
agacerie — cajolerie
agrie — canardarie
Alexandrie, g. — Canarie, g.
allégorie — capitainerie
catégorie — caqueterie
fantasmagorie — Carie, g.
ânerie — causerie
apothicairerie — cavalerie
argenterie — centurie
argousquerie — chamoiserie
Arie, g. — chancellerie
Arria, n. — chanterie
artillerie — charcuterie
Assyrie, g. — charlatanerie
astérie — charpenterie
aumônerie — chaudronnerie
autourserie — chaufferie
avarie — chevalerie
avironnerie — chevecerie
badauderie — chicanerie
badinerie — chrie
bâfrerie — chuchoterie
baratterie — clabauderie
barbarie — closerie
Barbarie, g. — clouterie
batterie — coadjutorerie
contrebatterie — cochonnerie
bavarderie — commanderie
béguinerie — complanterie
béhérie — conciergerie
bergerie — confiserie
bigoterie — confrérie
bijouterie — coquetterie
bimbeloterie — coquinerie
bizarrerie — corderie
blanchisserie — cordonnerie
bluterie — coterie
boiserie — coutellerie
boisellerie — couterie
bonneterie — craquerie
borderie — crénerie
boucherie — criaillerie
bouderie — crierie
bouffonnerie — cristallerie
boulangerie — croiserie
boutonnerie — crucherie
bouverie — cuisinerie
brasserie — curie
— damasquinerie
— daterie
— décadrie

diandrie — hôtellerie
dodécandrie — huisserie
ennéandrie — hypocondrie
gynandrie — hystérie
heptandrie — Ibérie, g.
hexandrie — Illyrie, id.
icosandrie — imprimerie
monandrie — incurie
octandrie — indigéterie
polyandrie — industrie
pentandrie — infanterie
tolrandrie — infirmerie
triandrie — Ingrie, g.
décurie — intempérie
diablerie — Istrie, g.
diurerie — ivrognerie
distillerie — jaserie
doctrorerie — joaillerie
dominoterie — jonglerie
draperie — jugerie
droguerie — juiverie
drôlerie — ladrerie
duperie — lainerie
dyssenterie — laiterie
dysurie — lanternerie
hématurie — lasserie
ischurie — laterie
pyurie — idolâtrie
strangurie — onolâtrie
ébénisterie — ophiolâtrie
échansonnerie — pyrolâtrie
écorcherie — ploutolâtrie
écornillerie — zoolâtrie
écrivaillerie — léproserie
écurie — lésinerie
Égérie, n. — lévretterie
entomerie — librairie
épicerie — Ligurie, g.
ergoterie — lingerie
escroquerie — lorgnerie
espièglerie — lormerie
essaverie — losangerie
étouperie — lôterie
étourderie — lourdirie
Étrurie, g. — louveterie
fâcherie — lutherie
façonnerie — maçonnerie
factorerie — main-fleurie
faïencerie — mairie
faïanderie — mandrerie
faisanderie — mangerie
fanfaronnerie — maréchallerie
fauconnerie — marguillerie
féerie — Marie, n.
ferronnerie — bain-marie
figuerie — maroquinerie
filerie — marcoterie
flagornerie — marqueterie
flatterie — matelasserie
folâtrerie — maussaderie
fonderie — mégisserie
forfanterie — ménagerie
foulerie — menterie
fourberie — menuiserie
frairie — mercerie
franc-maçonnerie — mesquinerie
fréterie — messagerie
friperie — métairie
friponnerie — métterie
fromagerie — miévrerie
fruiterie — minauderie
furie — miroiterie
gagerie — moinerie
gagnerie — moiperie
galanterie — moufterie
ganterie — moquerie
gaucherie — mousqueterie
gausserie — mutinerie
gendarmerie — nègrerie
glacerie — Neustrie, g.
gloutonnerie — niaiserie
goblèterie — niguaudarie
gogueunarderie — nonnerie
goinfrerie — oeilletterie
grairie — oiselierie
ségrairie — Ombrie, g.
grédinerie — orangerie
grésserie — orfèvrerie
grimacerie — oublierie
grivélerie — pagnoterie
gronderie — pairie
grosserie — panèterie
gruerie — papeterie
guéuserie — parcheminerie
guinderie — parlementerie
hâblerie — parlerie
harangerie — passementerie
herberie — pâtisserie
Hespérie, g. — patrie
hoirie — paysannerie
Hongrie, g. — péausserie
horlogerie — pêcherie
— pédanterie
— pelleterie
— pénitencerie
— sous-pénitence
— pénurie
— périphérie
— piaillerie
— picoterie
— piétrerie

pillerie
piperie
piraterie
pitancerie
plaidoirie
plaisanterie
plâtrerie
plomberie
pointillerie
poissonnerie
polissonnerie
poltronnerie
porterie
poterie
poucerie
pouillerie
pourpeinterie
pourroirie
prairie
pinçerie
provisorerie
pruderie
prudotarie
puinasserie
puterie
quincaillerie
quinquatrie, *ant.*
rabâcherie
raderie
radoterie
raillerie
rapinerie
ravauderie
roctorerie
regraterie
renarderie
reniflerie
rêverie
raillerie
ribauderie
robinerie
rôtisserie
rouennerie
rubanerie
ruffannerie
saloperie
Samarie, *g.*
sans-culoterie
savaterie
savonnerie
scorie
sécherie
secrétairerie
seigneurie
sellerie
sénatorerie
sergentaillerie
sergenterie
série
serrurerie
Sibérie, *g.*
singerie
sirerie
sommellerie
soirie
sonnerie
sophistiquerie
sorcellerie
sorcerie
soufflerie
Stirie, *g.*
sucrerie
suisserie
supercherie
Sylphirie, *myt.*
Syrie, *g.*
tabletterie
taillanderie
tannerie
tapisserie
taquinerie

RIEN, rien, rieux, rin, rion, ris, rif, *voy.* **IEN**, ier, ieux, in, ion, is, if.

RON.

Aarón, *n.*
Achéron, *myt.*
aileron
alleteron
ankyloblépharon
aouteron (3 ou 4)
Aveyron, *g.*
aviron
baron
biberon
Biron, *n.*
bûcheron
Byron, *n.*
Campistron, *id.*
Caron *méme*
Charon, *id.*
ceinturon
chaperon
charron
chaudron
Chéron, *n.*
chevron
Chiron, *n.*
Cicéron, *id.*

Tartarie, *g.*
tartufferie
teignerie
teinturerie
tenderie
théorie
tiraillerie
tisserunderie
toilerie
tointerie
tracasserie
trainerie
tréflerie
tremperie
trésorerie
tricherie
tricoterie
tringanderie
triperie
tromperie
truanderie
tuyrie
tuillerie
Urie, *n.*
vacherie
vannerie
vanterie
vénerie
verrerie
verroterie
vesperie
vétillerie
Véturie, *n.*
vicairie
vieillerie
vignerie
vinaigrerie
vitrerie
voilerie
voirie
volérie
Zacharie, *n.*
abrie, *v.*
apparie, *v.*
désapparie, *v.*
rapparie, *v.*
approprie, *v.*
désapproprie, *v.*
exproprie, *v.*
carie, *v.*
charrie, *v.*
contrarie, *v.*
crie, *v.*
décrie (s'), *v.*
récrie (s'), *v.*
excorie, *v.*
expatrie, *v.*
rapatrie, *v.*
historie, *v.*
industrie, *v.*
injurie, *v.*
inventorie, *v.*
luxurie, *v.*
marie, *v.*
démarie, *v.*
parie, *v.*
déparie, *v.*
pilorie, *v.*
prie, *v.*
déprie, *v.*
reprie, *v.*
rectorie, *v.*
sourie, *v.*
salarie, *v.*
seigneurie, *v.*
tôie, *v.*
varie, *v.*
vicarie, *v.*

passe-Cicéron
citron
citron
Chiron, *n.*
Coron, *g.*
Cythéron, *g.*
décaméron
heptaméron
diatessaron
environ
éperon
escadron
fanfaron
fleuron
forgeron
Fréron, *n.*
fumeron
giron
glouteron.
gudron *ou*
goudron
grateron
héron

Hiéron, *n.*
Huron, *g.*
juron
laideron
laiteron
lamperon
larron
levron
liseron
litron
Lycophron, *n.*
macaron
marron
Mascaron, *n.*
Maugiron, *id.*
mitron
Moron, *g.*
mousseron
mousseron
mouron
Myron, *n.*
natron
Néron, *n.*
Oléron, *g.*

RU.

béchâru
bourru
bru
congru
incongru
crû, *sub.*
cru, *adj.*
écru
dru
féru, *v. m.*
lusturéru, *pop.*
malôtru
mômbru

RUS, *voy.* **US.**
RY, *voy.* **RI.**

S

SA pron. CA.

assa (latilda)
babiroussa, *zo.*
bassa
ça
deça
sudeça
or ça
par deçà
cabeça

Plus la trois. pers. sing. du prét. déf des verbes en *ser* dur, en *cer* et en *xer ; versa, menaça, bossa.*

SA pron. ZA.

Cimarosa, *n.*
Elisa *ou*
Lisa, *n.*
Gaza, *g.*
gazaa, *téal.*

Plus la trois. personne sing. du prét. déf. des verbes en *ser* pron. *zer.*

SANT ou SENT dur, CANT ou CENT.

aboutissant
absent
accent
acescent
adoucissent
adressant
affaiblissant
agaçant
agissant
alcalescent
amortissant
appétissant
assortissant
assoupissant
assourdissant
assujétissant
attendrissant
avilissant
blanchissant
blondissant
bondissant
brandissant
caressant
cassant
cent
demi-cent
cessant
incessant
chérissant
coin-mergant
compatissant
connaissant
méconnaissant

paleron
patron
pâturon
Piron, *n.*
perron
plastron
poltron
potiron
puceron
Pyrrhon, *n.*
quarteron
Qaiheron, *g.*
Scarron, *n.*
Sisteron, *g.*
tendron
thalictron
Tiron, *n.*
teron
toxicodendron
vairon
Varron, *n.*
vigneron
zédarón, *astr.*

lassant
marcescent
menaçant
mugissant
naissant
renaissant
nourrissant
obéissant (4)
désobéissant
offensant
Onessant, *g.*
pâlissant
passant
contre-passant
pensant
perçant
pressant
pubescent
puissant
impuissant
tout-puissant
quiescent (5)
rafraîchissant

Ajoutez ici les part. prés. des verbes en *ser, cer,* et de quelques verbes en *ir,* qui se terminent en *issant,* comme *finissant, abôlissant,* etc.

SANT et ZANT.

agonisant
amusant
baisant
baptisant
rebaptisant
besant
bisant (2 ou 3)
biendisant
contredisant
médisant
bienfaisant
malfaisant
satisfaisant
caprisant, *méd.*
causant
cicatrisant
composant
cuisant
déposant
exposant
imposant
opposant
proposant

Ajoutez ici les part. prés. de quelques verbes en *ire,* qui font *isant,* comme *détruisant,* etc.

SAT, *voy.* **AT.**
SAU, sceau, seau, *voy.* **AU.**

SÉ dur et SSÉ, CÉ, XÉ.

abécé
Aïssé, *n.*
amiantacé
androsacé
baissé
surbaissé
balancé
brétissé, *blas.*
cadenassé
cadencé
calicé
incalicé
cassé
concassé
cavacé
censé
Clarmacé, *n.*
chassé
Chassé, *n.*
chaussé
déchaussé
Circé, *n.*
clissé
convulsé
révulsé
coriacé
crossé
crustacé
cuirassé
damassé
débauncé
décamlanancé
déplacé
Dircé, *n.*
dressé
Dubois-Crancé
élancé
éminicé
engoncé
énoncé
esténcé
extradossé
extrapassé

Plus les part. pass. masc. et les prem. pers. du prét. déf. des verbes en *ser* dur, *sser, cer, xer.*

ramollissant
ravissant
récent
repoussant
resplendissant
retentissant
rougissant
rugissant
saisissant
sang
spinescent
versant
vexant
descend (il), *v.*
condescend, *v.*
redescend, *v.*
sent, *v.*
consent, *v.*
pressent, *v.*
ressent, *v.*

duisant, *v. m.*
épiscopisant
gazant
gnouisant
gisant
hébraïsant (4)
héritant
jusant
luisant (2)
reluisant (3)
méprisant
posant
plaisant
complaisant
incomplaisant
malplaisant
présent
présent (4)
rasant
séduisant
suffisant
insuffisant
tranquillisant

façé
fiancé
fossé
foliacé
foncé
fromentacé
froncé
furfuracé
herbacé
glacé
glissé
intéressé
désintéressé
Jessé, *g.*
lampassé *blas.*
lardacé
Macé, *n.*
malacostracé
Manassé, *n.*
Nicé, *id.*
Nocé, *id.*
ostracé
passé
trépassé
potencé, *blas.*
pressé
empressé
prononcé
ramassé
récépissé
relaissé
relavé
requiescatin pace
sensé
insensé
strapassé
tiercé
tracé
verglacé
vernissé
versé
voté

SÉ doux et ZÉ.

accusé
aisé
malaisé
alisé
arasé
arborisé
ardoisé
avisé
malavisé
boisé
bronzé
civilisé
incivilisé
coupcrosé
croisé
déniaisé
Dreux-Brézé, *n.*
épousé

Plus les part. pass. et les prem. pers. prét. déf. des verbes en *ser* doux.

SÉE dur et CÉE.

alcés
Alcée, *n.*
amentacée
Boadicée, *n.*
brassée
caducée
carossée
côtacée
chaussée
rez-de-chaus.
cirrée
cucurbitacée
fessée
fiancée
engrossée
fricassée
glacée
gynécée
Laodicée, *g.*
liliacée
muréhaussée
Nicée, *g.*

Plus les fém. des adj. et part. passés en *sé* dur, *ssé, cé, xé.*

SÉE doux et ZÉE.

arborisée
billevesée
brisée, *s.*
brisée, *adj.*
colisée
croisée
écluasée
élysée
épousée
fusée
malaisée
malavisée
musée

SE doux et ZE.

accusé
extravasé
frisé
gazé
housé
organisé
posé
composé
décomposé
déposé
disposé
exposé
reposé
surcomposé
roxé
rusé
loisé

nymphéacée
Odansée, *g.*
odyssée
panacée
passée
pensée
arrière-pensée
Persée, *n.*
Phocée, *g.*
pincée
poussée
renonculacée
rhinantacée
rosacée
rubiacée
Scée, *g.*
sénéchaussée
testacée
théodicée
traversée
violacée, *bot.*

Plus les adj. et part. passés en *sé* doux, *ssé, cé, xé.*

musée
nausée
Osée, *n.*
pesée
prisée
risée
roséée
rusée
Thésée, *n.*
toisée
visée
Zuiderzée, *g.*

Plus le fém. des adj. et part. pass. des verb. en *ser* doux et *zer.*

SENT, *voy.* **SANT.**

SER dur, CER, SSER, SCER, XER.
verbes.
accencer
accenser
recenser
acquiescer
adosser
endosser
affaisser
agacer
agencer
ramasser
amorcer
annexer
annoncer
dénoncer
énoncer
prononcer
renoncer
ancer
apetisser
rapetisser
apiécer
dépiécer
rapiécer
avancer
devancer
avocasser
balisser
abalasser
rabaisser
balancer
contrebalancer
bercer
blesser
bosser
bourcer
brasser
brosser

cadenasser
cadencer
caresser
casser
concasser
cesser
chausser
déchasser
pourchasser
rechasser
chausser
déchausser
rechausser
classer
clisser
coasser
commencer
compenser
dépenser
dispenser
récompenser
compulser
condenser
confesser
professer
converser
coutumacer
cosser
courroucer
crasser
décrasser
encrasser
incrasser
crevasser
crisser
croasser
crosser
cuirasser
enculrasser

SER doux et ZER.
verbes.
acaser
accoiser
accuser
excuser
récuser
adoniser (s')
agoniser
aiguiser
alcaliser
alcoholiser
aléser

damasser
danser
débarrasser
embarrasser
désembarras.
débosser
débourser
embourser
rembourser
décaisser
encaisser
décontenancer
défoncer
enfoncer
renfoncer
dépecer
désosser
disperser
divorcer
dresser
adresser
redresser
échalasser
déchalasser
éclabousser
éclipser
écorcer
écosser
embacer
embrasser
rembrasser
éminicer
émousser
encenser
enchasser
enculasser
engoncer
engrosser
ensemencer
épicer
épisser
espasser
esquisser
estrapasser ou
strapasser
exaucer
exercer
expulser
facer
forcer
fausser
fesser
fancer
financer
fixer
foncer
forcer
efforcer
renforcer
fracasser
froisser
froncer
défroncer
garancer
gausser
gercer
glacer
glisser
gloasser
graisser
dégraisser
engraisser
rengraisser
grimacer
grincer
harasser
hausser
exhausser
rehausser
hérisser
herser
housser
immiscer
influencer
intrasser
lacer
délacer
enlacer
laisser
délaisser
lambrisser
lancer
forlancer

relancer
lasser
délasser
lisser
luxer
malaxer
manigancer
masser
matelasser
menacer
mousser
nuancer
offenser
palisser
panser
paperasser
passer
compasser
dépasser
outrepasser
repasser
surpasser
trépasser
pâtisser
penser
repenser
percer
contreperger
transpercer
pincer
contrepincer
placer
déplacer
replacer
remplacer
replacer
plisser
poisser
dépoisser
policer
pousser
repousser
préfasser
presser
oppresser
quinsser
quittancer
rapetasser
ratisser
rebrousser
relaxer
retresser
ressasser
rimasser
pincer
rosser
sasser
saucer
semoncer
sérancer
sucer
tancer
tapisser
taxer
relaxer
surtaxer
terrasser
tirasser
tiercer
tisser
tousser
tracasser
tracer
retracer
transgrasser
treillisser
trémousser
tresser
retresser
trousser
détrousser
étrousser
retrousser
valser
verniser
verser
boulverser
déverser
malverser
reverser
renverser
tergiverser
traverser
visser
dévisser

algébriser
allégoriser
alléger
amenuiser
amuser
anagrammatiser
analyser
anastomoser
anathématiser
anatomiser
animaliser
aniser
apaiser
apostoliser
apprivoiser
aromatiser
arquebuser
arriser
arroser
attiser
autoriser
baiser
baptiser
débaptiser
rebaptiser
baser
bémoliser
blaiser
blaser
blouser
boiser
déboiser
emboiser
braser
briser
bronzer
brutaliser
canoniser
caractériser
caser
catéchiser
catholiciser
décatholiciser
causer
cautériser
centraliser
chamoiser
cicatriser
civiliser
coaliser
colophiser
cotiser (té)
courtiser
creuser, ré
criminaliser
cristalliser
croiser
décroiser
dégoiser
déguiser
démaiser
dépayser
détiser
dévaliser
deviser
dièser
diviniser
diviser
subdiviser
dogmatiser
doser
ébraser
écraser
économiser
égaliser
égoiser
égriser
électriser
embraser
émétiser
emmortaiser
empeser
désempeser
épiscopiser
épouser
éterniser
évangéliser
évaser
extravaser
exorciser
familiariser
fanatiser
favoriser
fédéraliser
féminiser
fertiliser
fleurdeliser
formaliser
fraiser
framboiser
franchiser
fraterniser
friser
défriser
fuser
gargariser
gazer
généraliser
glaiser
gloser

gracieuser
griser
gueuser
gueuser
herboriser
humaniser
immortaliser
impatroniser
improviser
inciser
indemniser
individualiser
infuser
transfuser
introniser
jalouser
jaser
judaiser
latiniser
légaliser
léser
magnétiser
maîtriser
martyriser
mépriser
métalliser
métamorphoser
minéraliser
monseigneuriser
moraliser
démoraliser
municipaliser
muser
nationaliser, dé.
naturaliser
neutraliser
niaiser
noliser
organiser
désorganiser
oser
pactiser
paralyser
paraphraser
particulariser
particulariser
pavoiser
pédantiser
périphraser
personnaliser
peser
contrepeser
souspeser
reposer
phlébotomiser
pindariser
poétiser
populariser, dé.
porphyriser
poser
apposer
composer, ré.
contreposer
entreposer
déposer
disposer
exposer
imposer, ré.
indisposer
interposer
opposer
proposer
présupposer
proposer
reposer
supposer
transposer
prédiser
préconiser
priser, v. n.
priser, v. a.
dépriser
prophétiser
puiser
épuiser
pulvériser
raser
araser
réaliser
refuser
régulariser
ridiculariser
rivaliser
ruser
satiriser
scandaliser
séculariser
singulariser
solenniser
spécialiser
spiritualiser
subtiliser
symboliser
symétriser
sympathiser
tabiser
tamiser
temporiser
thésauriser
toiser
tranquilliser
transvaser

tympaniser
tyranniser
user
abuser
mésuser
désabuser
ventouser

SEUX, voy. **EUX.**

SI dur et **CI.**

abassi
Boissy, g.
Bussy, n.
ci
céci
celui-ci
ici
voici
révoici
Clamecy, g.
Coucy, g.
coussi-coussi
Issy, g.
merci
Montmorency g.
Nanci, g.
Passy, id.
Poissy, id.
raccourci
reversi
roussi
Ronsci, g.
si
ainsi
aussi
souci
sourcil s
Vassy, g.

verhaliser
viser
aviser
raviser
réviser
volatiliser

accourci, part.
raccourci, id.
adouci, id.
radouci, id.
aminci, id.
arsi, v. m., id.
chanci, part.
dúrci, id.
déduřci, id.
anduřci, id.
renduřci, id.
éclairci, id.
enforci, id.
épaissi, id.
étréci, id.
rétréci, id.
forci, id.
grossi, id.
dégrossi, id.
noirci, id.
rancíri, id.
obscurci, id.
ranci, id.
réussi, id.
roussi, id.
sanci, id.
transi, id.

Et généralement les part. passés masc. des verbes en **si** dur et en cir.

SI doux et **ZI.**

Choisi, v.
cramoisi
lazzi
Pestalozzi, n.
quasi, adv.
quasi, subst.

choisi, part.
moisi, id.
saisi, id.
dessaisi, id.
ressaisi, id.

Et généralement les part. passés masc. des verbes en sir pron. sir.

SIE dur, **CIE** et **TIE.**

acatalepsie
analepsie
catalepsie
épilepsie
adipsie
polydipsie
aéromancie
chiromancie
gastromancie
nécromancie
onomancie
oniromancie
pégomancie
pyromancie
uromancie
agalaxie
asiantie, ant.
alopécie
Ambracie, g.
anapétie
anoraxie
cynorexie
lycorexie
apepsie
dyspepsie
apoplexie
cataplexie
cystaplexie
apprexie
argutie
Aricie, n.
aristocratie
autocratie
démocratie
ochlocratie
oligocratie
panératie
polycratie
aristocratie
théocratie
asphyxie
ataraxie
autopsie
Béotie, g.
cachexie

calvitie
canitie
Cassie, n.
chassie
Cilicie, g.
Circassie, id.
Croatie, g.
Dacie, id.
Dalmatie, id.
digitis
diplomatie
éclaircie
éclampsie
embryulcie
esquinancie
facétie
fiducie
Galatie, g.
galaxie
Gallicie, g.
goétie
Helvétie, g.
hétérodoxie
énorthodoxie
orthodoxie
hystérotomotoc.
tomotoxie
impéritie
ineptie
Iencophlegmatie
Lycie, g.
malucie s
messie
minutie
monnesie
Murcie, g.
myrmécie
Nigritie, g.
académtie
parnassie
périblepsie
péripétie
pharmacie

* Dans la fable 13 du livre XII. La Fontaine a fait rimer, selon Coste, souci avec aussi; mais M. Crapelet écrit sourci au lieu de souci ; dans ce cas même il faudrait écrire sourcil, de l'apercillim : la rime n'est pas juste; une raison suffisante pour altérer l'orthographe. De même dans la fable intitulée Philémon et Baucis, il faut écrire souicis quelque ce mot rimé avec antis.

Phénicie, g.
phymacie
primatie
Porcie, n.
prophétie
prophylaxie
Russie, g.
scie
scotie
Sélencie, g.
superficie
suprématie
transie
turcie
tutie
vacie
vessie
casse-vessie
vert de vessie
apprécie, v.
déprécie, v.

SIE doux et **ZIE.**

acrasie
acrisie
agénésie
mégalanthrôp.
palingénésie
ayngénésie
ambroisie
amnésie
anamnésie
amaphrodisie
Andalousie, g.
angiectasie
artériectasie
Aphrodisie, g.
apostasie
coprostasie
hémostasie
némostasie
Asie, g.
Aspasie, g.
athanasie
Australasie, g.
Austrasie ou
Ostrasie, id.
bourgeoisie
clunésie
courtoisie
discourtoisie
cyrtosie
docimasie
dyspermasie
énurésie
étisie
eucrasie
fantaisie
fœndésie
Gélasie, n.
gnodésie
hémétasia, ant.
hémoptysie
hérésie

associe, v.
désassocie, v.
ballutie, v.
diffaraoie, v.
essentie, v.
gracio, v.
diagracie, v/
regracie, v.
justicie, v.
licencie, v.
négocie, v.
officie, v.
préjudicie, v.
remercie, v.
scie, v.
sentencie, v.
solàcie, v.
soucie, v.
supplicie, v.
vicie, v.

hydropisie
hypérésie
hypocrisie
jalousie
lithiasie
Makenaïs, g.
Magnésie, g.
magnésie
Malaisie, g.
Malvoisie, id.
mégalésie, ant.
métonomasie
Mœsie, g.
Mysie, id.
Pagéeie, id.
Papousaie, id.
paralysie
paronomasie
paraphrasie
paraplésie
phagésie, ant.
pharmacoposis
philohiosie
phlegmasie
phthisie
pleurésie
paraploursésie
poésie
Polynésie, g.
pyanésie
sabazie, ant.
saisie
Silésie, g.
Sosie, n.
tamiaisie, bo.
Xénélasie, ant.
apóstasie, v.
extasie, v.
fantaisie, v.
rassasie, v.

Smithson, n.
son, pron.
son
unisson
soupçon
saison
tenson

SON doux, **ZON.**

avalaison
bison
blason
calaison
cargaison
cervaison
cloison
combinaison
comparaison
conjugaison
couvaison
déclinaison
inclinaison
démangeaison
diapason
échauffaison
exhalaison
fauchaison
fenaison
fouillaison
effeuillaison
fanfreson
flavaison
flottaison
foison
garnison
gason
grison
Grison, g.
guérison
horizon
Jason, n.
liaison
Lison, n.

SSANT et **SSENT**, voy.
SENT dur.

SU dur et **ÇU.**

bossu
cossu
fessu
issu
ossu
mousau
pançu
su
insu

SU doux et **ZU.**

visum-vism
cousu, part.

SUE dur et **CUE.**

aperçue, s. f.
bossue, adj. v.
cossue
fessue
issue, sub.
massue
moussue
pansue
sangsue

SUE doux et **ZUE.**

cousus, part.
décousus, id.

T

TA.

aqua-tinta
bêta
Calcuta, g.
delta
duplicata
errata
êta
Géta, n.
Golgotha, g.
Gotha, id.
iota (3)

Plus la trois. pers. sing. du prét. déf. des verbes en ter.

TANT, TEND et TENT.

acceptant
argumentant
assistant
consistant
existant
persistant
préexistant
résistant
attristant
contristant

tesson
Thompson, n.
tierçon
tresson
tronçon
Vaucanson, n.
Wilson, id.

livraison
lunaison
maison
Nason, n.
norvaison
nuaison
oison
Brid'oison, n.
olivaison
oraison
péronaison
pamoison
pendaison
peson
Pison, n.
poison
contre-poison
porchaison
prison
raison
déraison
saison
arrière-saison
salaison
saxon
Saxon, n.
tormidaison
tiáon
toison
tondaison
trahison
vanaison
soh-son

décousu, id.
récousu, id.

aperçue, part.
conçue, id.
déçue, id.
inaperçu, id.
perçue, id.
reçu, id.
su, id.
tissu, id.

décousu, id.
récousu, id.

aperçue, part.
conçue, id.
déçue, id.
parçue, id.
reçue, id.
sue, v.
ressue, v.

recousue, id.

Jugurtha, n.
nota
Obta (2); g,
placenta
prorata
recta
strata
thêta
Vesta, n.
Volta, id.

battant
combattant
boutant
arc-boutant
contrebontant
broutant
cahotant
chantant
commettant
compétent

incompétent
compiant
concertant
concomitant
contestant
constant
distant
équidistant
extant
inconstant
instant
résistant
consultant
content
maleontent
mécontent
contestant
protestant
coûtant
débitant
débutant
rebutant
dégoûtant
ragoûtant
dépistant
dépitant
dilatant
éclatant
équantant
empiétant
étant
étant
excitant
exorcitant
exorbitant
exploitant
fébricitant
flottant
fréquentant
habitant
haletant
humectant
impotent
omnipotent
prépotent
inquiétant (4)
insultant
intermittent
rémittent

irritant
latent
hutant
Iuttant
méritant
montant
remontant
nécessitant
nonobstant
octant
orang-outang
palpitant
parlant
pénitent
impénitent
permanant
coparmutant
persécutant
portant
important
supportant
récitant
repentant
répercutant
représentant
résultant
révoltant
sanglottant
sautant
tant
autant
pourtant
tentant
tourmentant
traitant
sousirritant
tremblottant
végétant
tend (il), v.
atiendj, v.
détend, v.
étend, v.
entend, v.

Ajoutez ici les part. prés. des verb. en *ittre, ettre*, et ceux de quelques verb. en *tir*, qui se terminent en *tant*, comme *partant*.

TAT, tau, voy. **AT**, au.

TÉ et **THÉ.**

absurdité
accessibilité
inaccessibilité
acerbité
acidité
âcreté
activité, in.
actualité
admissibilité, in.
adverbialité
adversité
affabilité
affecté
affinité
affronté
affronté
agilité
alité
allodialité
amabilité
ambiguïté
aménité
amirauté
vice-amirauté
admirabilité
inadmissibilité
ancienneté
andanté
anfractuosité
animalité
animosité
annualité
bisannualité
triennalité
annuité
antériorité
antiquité
anxiété
aparté
âpreté
apparenté
appointé
ardité
ardité
âpreté
assermenté
asserté
assiduité
Astarté, n.
atrocité
austérité

authenticité
autorité
aridité
banalité
benoâté
bénédicité
bénignité
bestialité
bonté
bôcaté
breveté
brièveté
brutalité
caducité
calamité
callosité
canonicité
capacité, in.
capillarité
captivité
carbonaté
carbonité
casematé
casualité
catholicité
catholicité
causticité
cavernosité
cavité
concavité
écôté
célébrité
célérité
charité
chasteté
chereté
chrétienté
cité
civilité, in.
clandestinité
clarté
combustibilité, in.
comité
commensalité
commensur., in.
commodité, in.
communauté
compacité
compatibilité,in.
complexité
complicité
compréhens., in.
compressibilité

comptabilité
comté
Franche-Comté
vicomté
conformité
congruité, in.
consanguinité
constitution., in.
consubstantialité
contemporanéité
conteste, in.
contiguité
contractilité
contrariété
conventualité
conexité
cordialité
corporéité
corruptibilité, in.
côté
crédibilité, in.
crédulité, in.
cruauté
crudité
curiosité, in.
courité
débilité
déclivité
décolleté
défectuosité
dégoûté
déhonté
dénié
densité
denté
édénié
andenté
quadidenté
trident
déporté
emporté
députés
co-député
dératé
ératé
destructibil., in.
dextérité
diaphanéité
difficulté
difformité
uniformité
digité
dignité, in.
dilatabilité
disparité
diversité
divinité
divisibilité, in.
docilité, in.
douté
domesticité
dompté, im.
ductilité
duplicité
dureté
écarté
écharseté
côté
écourté
édilité
efficacité, in.
égalité, in.
élasticité
électricité
éligibilité, in.
empâté
enkysté
énormité
entêté
entité
épaté
équité
iniquité
été
éternité
éventé
éventualité
excentricité
exempté
excitabilité
incitabilité
exilité
expansibilité
expérimenté, in.
extensibilité
extrémité
facilité
faculté
faillibilité, in.
familiarité
fatalité
fatuité
fausseté
fécondité, in.
félicité, in.
féodalité
farouqué
férocité
Ferté (La), g.
fertilité, in.
feuilleté

fidélité, in.
fierté
fixité
flaccidité
fatuosité
fleureté
flexibilité, in.
flotté
légalité, il.
légitimité, il.
léthalité
Léthé, myt.
levroté
libéralité, il.
liberté
limité, il.
limpidité
liquidité
littéralité
lividité
localité
longanimité
longévité
magnanimité
pusillanimité
loquacité
loyauté
déloyauté
lubricité
majesté
lèse-majesté
majorité
malignité
malléabilité
masculinité
matérialité, im.
maternité
maturité
prématurité
méchanceté
médiocrité
mendicité
minorité
miscibilité
mobilité, im.
modicité
mondanité
monstruosité
moralité, im.
mordacité
morosité
mortalité
mucosité
multiplicité
municipalité
muriaté
muscosité
mutabilité, im.
commutab., im.
transmutabil.
myasticité
naïveté
nativité
nationalité
naturalité
nécessité
netteté
neutralité
nouveauté
nubilité
nudité
numéroté
obésité
obliquité
obscénité
obscurité
œcuménicité
officialité
oisiveté
onctuosité
ongleté
opacité
opiniâtreté
orienté
désorienté
papauté
pareté
parité
partialité, im.
particularité
passibilité, im.
pâté
paternité
pauvreté
peccabilité, im.
pénétrabilité, im.
perceptibil., im.
perdriminté
perfectibilité
perméabilité, im.
perpendicularité
perpétuité
perplexité
personnalité
perspicacité
perspicuité
perversité
phosphaté
piété, im.
picoté
planté, v. n.

laité
lascivité
latinité
taxité
prolixité
polyanthé
pommelé
ponctualité
ponté
poplité
popularité, in.
porosité
possibilité, im.
postériorité
postérité
précocité
précipité
précocité
prévôté
primauté
principalité
principauté
priorité
privauté
probabilité, in.
probité, im.
prodigalité
propreté
malpropreté
propriété, im.
prospérité
proximité
puberté
publicité
pudicité, im.
puérilité
pupillarité
pureté, im.
qualité
quantité
qualité
rancidité
rapacité
rapidité
rareté
raucité
réciprocité
réflexibilité
réfrangibilité
régularité, ir.
reproductibilité
responsabilité
ridicule
rigidité
risibilité
rivalité
rotondité
royauté
vice-royauté
rugosité
rusticité
sagacité
sainteté
saleté
salubrité, in.
santé
satiété
sauveté
scolarité
scurrilité
sécurité
sensibilité, in.
sensualité
septennalité
sérénité
sérosité
servilité
sévérité
sincérité
simplicité
simultanéité
sincérité
singularité
sinuosité
sociabilité, in.
solennité
solidité
somptuosité
sordidité
soudaineté
souveraineté
spécialité
sphéricité
spiritualité
spontanéité
stabilité, in.
stérilité
stupidité
suavité
sublimité
subtilité
sulfaté
superfluité
supériorité
surdité
susceptibilité
suzeraineté

planté, part.
implanté, id
plausibilité
pluralité
polyanthé
pommelé
ponctualité
ponté
taciturnité
tardiveté
témérité
temporalité
temporanéité
ténacité
tendreté
ténuité
thé
torticité
tortuosité
totalité
traité
tranquillité
trinité
trivialité
tubérosité
ubiquité
unanimité
unité
universalité
université
urbanité
usité, in.
utilité, in.
vacuité
validité, in.
vanilé

Plus les part. passés masc. et moins bien les premières personnes prét. déf. des verbes en ter. Voy. AL.

TEAU, voy. AU.

TÉE et THÉE.
Adrastée, n.
Althée, id.
Amalthée, id.
Anthée, id.
Aristée, id.
assiettée
athée
buttée
boutée
charretée
coryphée
dentée
dictée
duigtée
Dorothée, n.
effrontée
Épiméthée, n.
Erechthée, id.
Eurysthée, id.
éventée
fromentée
frottée
futée
Galathée, n.
hébétée

Plus le fém. des adj. et part. passés en té.

TEND et tent, voy. TANT.

TER.

verbes.
abriter
absenter
présenter
représenter
abuter
accepter
intercepter
acclimater
déclimater
accointer
accoster
accoter
acheter
racheter
conquéter
enquêter
acquiter
adapter
admonester
affaiter
affecter
désinfecter
infecter
affréter
affronter
affûter
agioter
agiter
aiguilleter
aimanter
ajouter
ajuster
désajuster
rajuster
suralimenter
alimenter
aliter
alinter
ampater
députer

variabilité, in.
variété
validité
vélocité
véloité
vénalité
ventôsité
véracité
verbosité
vérité
contre-vérité
versatilité
vétusté
viabilité
viduité
viloté
virginité
virilité
visibilité, in.
vitalité
vivacité
volatilité
volonté
volubili
volupté
voracité
vanilé

Plus les part. passés masc. et moins bien les premières personnes prét. déf. des verbes en ter. Voy. AL.

TEAU, voy. AU.

TÉE et THÉE.
hécatée, ang.
holtée
jatée
jetée
jointée
lactée
laitée
Leucothée, n.
montée
nuitée
Nyctée, n.
Panthée, id.
pâtée
pelletée
Penthée, n.
Pitthée, id.
polythée
potée
potée
Prométhée, n.
Protée, id.
révoltée
sagittée
Timothée, n.
Tyrtée, id.

Plus le fém. des adj. et part. passés en té.

TEND et tent, voy. TANT.

TER.

verbes.
ajuster
apparenter
appâter
empâter
compter
contracter
délacter
désargenter
argoter
argumenter
arpenter
arrêter
assermenter
asserter
disserter
assister
insister
accréditer
fréquenter
fréler
frisoter
naqueter
natter
décréter
asserter
asticoter
dater
attrister
convoiter
augmenter
avorter
baisoter
baloter
banqueter
baratter
baster, v. m.
débâter
émerauder
goutter
délicoter
dégouster
délicater
déliciter
domailleter
emmailloter

boiter
déboîter
emboîter
boiter
déboîter, v. et g.
bouter
archbouter
déhonter
bréveter
brillanter
briqueter
brocanter
brocheter
brouter
buffleter
buter
débuter
rebuter
caboter
cacheter
décacheter
cahoter
calotter
décalotter
caneter
caqueter
caroller
compoter
chanter
déchanter
désenchanter
enchanter
charcuter
charpenter
chatier
chevreter
chicoter
chipoter
échucheter
cimenter
citer
réciter
clignotter
cliquanter
cliqueter
clouter
colleter
décolleter
colporter
commenter
compoter, dé.
complimenter
comploter
compter
décompter
escompter
mécompter
précompter
concerter
déconcerter
conforter
réconforter
consister
canoter
consulter
contenter
mécontenter
conter
raconter
contracter
détracter
rétracter
contraster
convoiter
copier
coqueter
coter
coupler
couler
craqueter
créditer
accréditer
décréditer
discréditer
crotter
décrotter
culbuter
dater
antidater
convredater
débiliter
décanter
décapiter
déchiqueter
décrépiter
décréter
échaffoter
encrouter
décliqueter
délecter
délibérer
domailleter
emmailloter

remmailloter
dépaqueter
empaqueter
rempaqueter
dépister
dépiter
dépoter
empoter
dérouter
déserter
détriter
dévaster
dicter
dilater
translater
diligenter
discuter
disputer
doigter
dompter
dorloter
doter
redoter
douter
ébruiter
écarter
éclater
écloter
écouter
écourter
édenter
innocenter
inquiéter
effriter
émietter
commenter
émolumenter
émotter
empiéter
emprunter
enfaîter
ensanglanter
enregimenter
enter
souffleter
désenter
éter
régater
épousseter
épouvanter
draîter
éreinter
argoter
escamoter
escorter
essarter
ester
liciter
oliquoter
éviter
exalter
excepter
exciter
inciter
susciter
exécuter
exister
exempter
coexister
expérimenter
exploiter
faciliter
fagoter
fainéanter
féliciter
fermenter
feuilleter
filouter
flotter
fomenter
forjeter
fouetter
frelater
frisquenter
frisoter
froter
furgeter
ganter
galeter
gargoter
garroter
gâter
gigotter
giter
glouglouter
gobeloter
goster
goûter
dégoûter
goutter
délicoter
chrobliter
encroûter
déguiter
panneauter
papilloter
parlementer
regratter

graviter
grelotter
grignoter
gringotter
gueuter
habiliter
réhabiliter
habiter
cohabiter
haleter
hanter
hâter
hébéter
hériter
déshériter
hésiter
heurter
humecter
hutter (se)
imiter
imputer
reporter
supporter
importer
incidenter
incruster
infester
manifester
injecter
interjeter
projeter
rejeter
sarjeter
jouter
lamenter
latter
contre-latter
délâter
later
alester
déluster
liciter
limiter
loueter
luter
futter
marcotter
marmotter
marqueter
mâter
démâter
mater
médicamenter
méditer
préméditer
mériter
démériter
mignoter
mijoter
minuter
molester
monter
démonter
remonter
surmonter
montrer
démontrer
remonter
motter
moucheter
muleter
naqueter
natter
dénatter
nonanter
nécessiter
noter
annoter
dénoter
numéroter
opiner
adopter
coopter
orienter
désorienter
ôter
ouater (2)
palpiter
panneauter
papilloter
pannexoter
Grâtier
parqueter

passementer
patienter
impatienter
pédanter
peloter
péricliter
permuter
persécuter
pester
picoter
piéter
piloter
pinter
pirater
pivoter
plaisanter
planter
déplanter
implanter
replanter
supplanter
transplanter
pocheter
pointer
appointer
contrepointer
désappointer
empointer
poster
agoster
précipiter
prêter
apprêter
prétexter
profiter
quitter
acquitter
racquitter
raboter
alester
radoter
rater
raviroter
récolter
recruter
redouter
reflater
réfracter
réfuter
régenter
régretter
relater
renter
arrenter
résulter
révolter (se)
rioter
riposter
roter
router
saboter
sangloter
savater
sariter
scruter
sculpter
serpenter
siroter
soixanter
solliciter
souffleter
souhaiter
subsister
sucoter
suinter
susciter
sustenter
tacheter
saluter
tapoter
tarabuster
tâter
templater
tenter
attenter
intenter
tester
attester
contester
détester
protester
tinter

toster	velter
tourmenter	venter
traiter	éventer
maltraiter	vergeter
trembloter	violenter
tricoter	visiter
tripoter	vivoter
trompeter	voleter
trotter	voluter
valeter	voter
vanter	voûter
végéter	

TET, teux, *voy.* **ET**, eux.

TI.

agouti	mal-bâti
Amati, *n.*	mufti *ou*
apprenti	muphti
cati	outil (*pr.* outi)
Cinti, *n.*	parti, *adj.*
Christi	mi-parti
Lacryma-Chr.	parti, *sub.*
Palma-Christi	relenti
concetti, *pl.*	rôti
Conti, *n.*	Scaferlati, *n.*
converti	tutti
démenti	Viotti, *n.*
dilettanti, *pl.*	Ypsilanti, *id.*
Facciolati, *n.*	abêti, *part.*
Frascati, *g.*	abouti, *id.*
gentil (*pr.* genti)	abruti, etc., *id.*
Haïti, *g.* (3)	

Et en général tous les particip. passés masc. sing. des verbes en *tir*.

TIE et THIE.

amnistie	Ostie, *g.*
angustie	partie, *s.*
antipathie	départie, *v.m.*
apathie	repartie
anthropopat.	contre-partie
eupathie	partie, *adj.*
idiopathie	charte-partie
métriopathie	pédérastie
sympathie	philautie
apprentie	polymathie
Carinthie, *g.*	pythie
Clytie, *n.*	rôtie
Cyntie, *id.*	sacristie
dynastie	Samogitie, *g.*
épizootie (6)	Sarmatie, *id.*
eucharistie	Scythie, *id.*
garantie	sortie
hostie	sotie, *v. m.*
modestie	starostie
immodestie	tutie
Orithye, *n.*	châtie, *v.*
ortie	

Plus le fém. des part. passés des verbes en *tir*.

TIE (*pron.* CIE comme dans *argutie*), *voy.* **SIE** *dur*.

TIÉ *monosyllabe.*

amitié	pitié

Voy. **IÉ** *monosyllabe.*

TIENT *pron.* TIEIN *monos.* *voy.* **IENT.**

TIENT *pron.* CIANT *diss.*, *voy.* **IANT** *dissyllabe.*

TIER, tieux *monos.* et *diss.*, *voy.* **IER**, ieux *monos.* et *dissyllabe.*

TIF, tin, tion, tir, tis, tit, to, *voy.* **IF**, in, ion, ir, is, it, o.

TON et THON.

Aëthon, *n.*	Danton, *n.*
Alecton, *id.*	dicton
Argenton, *g.*	dit-on, *v.*
Aristogiton, *n.*	ducaton
Aubenton, *g.*	esponton
avorton	factoton
baralipton	feston
barbiton, *ant.*	feuilleton
baryton	fronton
bâton	glouton
béton	Gnathon, *n.*
Boston, *g.*	Hamilton, *id.*
bouton	hanneton
tire-bouton	hoqueton
Breton	jeton
brocheton	Johnston, *n.*
canton	laiton
Canton, *g.*	laqueton
capiton	Lauriston, *n.*
carton	laveton
Caton, *n.*	liston
centon	lithontripton
Charenton, *g.*	Manéthon, *n.*
chaton	Marathon, *g.*
Chatterton, *n.*	marmiton
coton	Marton, *n.*
porte-coton	menton
croton	Méton, *n.*
croûton	Milton, *id.*
miroton	Preston, *g.*
miton	raton
moineton	rejeton
molleton	rogaton
mousqueton	Sanchoniaton
mouton	santon
Newton, *n.*	séton
œilleton	taon (*pr.* ton)
Othon, *n.*	teston
panneton	téton
pâton	Teuton, *g.*
peloton	thon
peton	Tithon, *n.*
Phaéton, *n.*	ton
Phlégéton, *myt.*	semi-ton
piéton	triton
piston	tonton
Python, *myt.*	toton
piton	Triton, *myt.*
Platon, *n.*	truiton
Pluton, *id.*	valeton
ponton	Washington, *n.*
poulpeton	Warburton, *id.*

TU.

défructu	combattu, *id.*
fétu	courbattu, *id.*
impromptu	débattu, *id.*
paîtu	embattu, *id.*
pointu	rabattu, *id.*
têtu	redébattu, *id.*
tortu	tu (de taire), *id.*
tu, *pron.*	vêtu, *id.*
vertu	dévêtu, *id.*
battu, *part.*	revêtu, *id.*
abattu, *id.*	

TUE.

abattue	statue
battue	têtue
laitue	tortue
pointue	

Ajoutez-y le *fém.* des adj. et part. terminés en *tu*.

TUS, *voy.* **US.**

U

U, *voy.* **AÜ**, bu, du, etc., aux lettres *a*, *b*, *d*, etc. — Le part. du verbe *avoir*, *eu*, rime avec tous les mots terminés en *u*.

UA *dissyllabe.*

Gargantua, *n.*	Stronua, *myt.*

Plus la trois. pers. sing. des prét. déf. des verbes en *uer*.

UAND et UANT *diss.*

affluent	évacuant
confluent	gluant
effluent	insinuant
influent	obstruant
atténuant	désobstruant
bruant	puant
chat-huant (3)	remuant
concluant	suant
excluant	truand
congruant	tuant
constituant	

Et généralement tous les part. prés. des verbes en *uer*.

UBE.

bube	jujube
cube	marrube
Danube, *g.*	tube
Hécube, *n.*	cube, *v.*
incube	incube, *v.*
succube	

UBLE.

chasuble	résoluble
soluble	irrésoluble
dissoluble	truble
indissoluble	affuble, *v.*
insoluble	

UBRE.

lugubre	insalubre
salubre	

UC et UCH.

aqueduc	bon-duc
viaduc	grand-duc
Balaruc, *n.*	Habacuc, *n.*
Baruch, *id.*	Luc, *id.*
caduc	mameluck
mal-caduc	stuc
duc	suc
archi-duc	truc
Bar-le-duc, *g.*	

UCE et USSE.

astuce	accrûsse
aumusse	décrûsse
Bruce, *n.*	déchusse (déchoir
capuce	dusse
Luce, *n.*	redusse
Manuce, *id.*	eusse
prépuce	fusse
Prusse, *g.*	lusse
puce	élusse
répuce	mourusse
Russe, *g.*	musse (mouvoir)
Vespuce, *n.*	émusse
imparf. subj.	promusse
	parusse
busse (de boire)	apparusse
imbusse	comparusse
aperçusse	disparusse
conçusse	reparusse
déçusse	plusse
perçusse	complusse
reçusse	déplusse
connusse	pusse
méconnusse	résolusse
reconnusse	susse (de savoir)
courusse	tusse
accourusse	valusse
concourusse	prévalusse
discourusse	voulusse
parcourusse	musse, *pr. ind.*
recourusse	épuce, *v.*
secourusse	suce, *v.*
crusse (croire)	resuce, *v.*
crûsse (croître)	

UCHE.

autruche	merluche
baudruche	peluche
bûche	perruche
capeluche	ruche
coqueluche	débûche, *v.*
cruche	épluche, *v.*
embûche	buche, *v.*
fanfreluche	déhuche, *v.*
freluche	juche, *v.*
guenuche	déjuche, *v.*
huche	peluche, *v.*
lambruche	trébuche, *v.*

UCRE.

involucre	sucre
lucre	sucre, *v.*

UD.

sud	talmud

UDE.

amplitude	lippitude
aptitude	longitude
inaptitude	mansuétude
arctitude	multitude
attitude	platitude
béatitude	plénitude
Bude, *g.*	prélude
certitude	promptitude
incertitude	prude
cornude	quiétude (4)
décrépitude	inquiétude
étude	rectitude
exactitude	rude
inexactitude	servitude
Gertrude, *n.*	similitude
gratitude	consimilitude
ingratitude	dissimilitude
habitude	solitude
inhabitude	sollicitude
hébétude	turpitude
lassitude	vicissitude
latitude	élude, *v.*
Latude, *n.*	prélude, *v.*

UE.

cohue	fondue, *id.*
hue	descendue, *part.*
hue, *v.*	condescendue
—	redescendue
barbue, *adj.* et *s.*	défendue
bue, *part.*	due
fourbue	indue
herbue	redue
imbue	épandue
Kotzebue, *n.*	répandue
—	fendue
vaincue, *part.*	pourfendue
convaincue	refendue
invaincue	fondue
—	confondue
branchue, *part.*	morfondue
crochue	parfondue
chue	refondue
déchue	pendue
échue	appendue
rechue	dépendue
—	suspendue
assidue	perdue
ardue	éperdue
dodue	reperdue
étendue, *s. f.*	pondue
rendue	avenue
répondue	déconvenue
tendue	éternue, *v.*
attendue	Plus les *fém.* des adj. en *nu*.
détendue	
distendue	—
étendue	repue
prétendue	rompue
retendue	corrompue
rétendue	interrompue
tondue	pue, *v.*
retondue	—
surtondue	charrue
vendue	coquecigrue
mévendue	crue, *sub.*
revendue	crue, *adj.*
survendue	écrue
—	grue
touffue	menstrue
—	morue
aiguë	recrue
bisaiguë	rue
ambiguë	rue, *bot.*
ciguë	verrue
contiguë	courue, *part.*
exiguë	accourue, etc.
—	crue
absolue	accrue, etc.
dissolue	apparue, etc.
irrésolue	rue, *v.*
résolue	—
chevelue	bossue
conclue	cossue
dévolue	issue
révolue	massue
émoulue	moussue
goulue	sangsue
joufflue	conçue, *part.*
lue	déçue
élue	perçue
réélue	reçue, etc.
mamelue	bossue, *v.*
moulue	sue, *v.*
pelue	ressue, *v.*
plus-value	—
poilue	battue
pollue, *v. m.*	laitue
impollue, *id.*	statue
rablue	tortue
superflue	battue, *part.*
value	abattue
vermoulue	combattue
voulue	débattue
évalue, *v.*	rabattue
pollue, *v.*	rebattue
—	tue (de taire)
feuillue	vêtue
—	revêtue
émue, *part.*	statue, *v.*
mue	tue, *v.*
promue, *part.*	—
mué, *v. m.*	vue
remue, *v.*	bévue
—	boulevue
connue	contre-vue
inconnue	entrevue
cornue	longue-vue
nue	revue
tenue	vue, *part*
maintenue	entrevue
retenue	revue
venue	

UAU, *voy.* **AU.**

UÉ *dissyllabe.*

gradué	nué *
habitué	ponctué
Josué, *n.*	sinué

Et le part. passé masc. des verbes en *uer*.

UÉE *trisyllabe.*

buée	constituée
nuée	suée
prostituée	Plus les part. f.

UENT, *voy.* **UANT.**

UER *dissyllabe.*

verbes.	instituer
abluer	prostituer
accentuer	restituer
arguer	substituer
atténuer	continuer
exténuer	discontinuer
attribuer	décruer
contribuer	dégluer
distribuer	engluer
redistribuer	dénuer
rétribuer	diminuer
bossuer	écobuer
conspuer	effectuer
constituer	éternuer
destituer	évacuer
évaluer	transmuer
évertuer	nuer
fluer	obstruer
affluer	désobstruer
refluer	perpétuer
graduer	polluer
habituer	ponctuer
déshabituer	puer
réhabituer	ruer
huer	saluer
infatuer	resaluer
désinfatuer	situer
influer	statuer
insinuer	suer
muer	ressuer
commuer	tuer
remuer	tumultuer

* Pour *nuancé* :
Un arc-en-ciel *nué* de cent sortes de [soie.
La Font., II, 17.

UET *dissyll.*, *voy.* **ET.**

UEUSE, ueux, *voy.* **EUSE**, eux.

UF.

tuf	puff

UFFE.

Tartuffe, *n.*	truffe
Rebuffe, *id.*	truffe, *v.*

UFLE.

bufle	mufle

UGE.

axifuge	grabuge
centrifuge	juge
fébrifuge	gruge, *v.*
lucifuge	égruge, *v.*
refuge	juge, *v.*
subterfuge	adjuge, *v.*
transfuge	méjuge, *v.*
vermifuge	préjuge, *v.*
déluge	

UGES.

Bruges, *g.*

Ajoutez-y le pl. des noms et la deux. pers. des verbes qui précèd.

UGNE.

impugne, *v.*	répugne, *v.*

UGUE.

fugue	conjugue, *v.*
contre-fugue	subjugue, *v.*
Hugue, *n.*	fugue, *v.*

UI *monosyllabe.*

appui	aujourd'hui
autrui	mesfui, *v. m.*
celui	lui, *pron.*
ennui	Porentrui, *g.*
essui	fui, *part.*
ressui	enfui, *id.*
étui	lui, *id.*
Haüy, *n.* (3)	relui, *id.*
liui, *v. m.*	nui, *id.*

Autrefois on supprimait le *s* de la prem. pers. des verbes en *uir* et *uire* pour former des rimes de cette série : *je fui* ; même *je sui*.

UIA et UYA *diss.*, *voy.* **IA.**

UID, *voy.* **UIT.**

UIE *dissyllabe.*

fuie	désennuie, *v.*
pluie	essuie, *v.*
parapluie	ressuie, *v.*
suie	fuie, *subj.*
truie	enfuie (s'), *id.*
appuie, *v.*	refuie, *id.*
ennuie,	

UIF *monosyllabe.*

juif	suif

Voy. les rimes en *if*.

UIN *monosyllabe.*

Alcuin, *n.* (2)	suin (1)
doguin (2)	suint (1)
juin (1)	

UIR *monosyllabe.*

cuir	enfuir, *v.*
fuir, *v.*	refuir, *v.*

Voy. les rimes en *ir*.

UIRE *dissyllabe.*

bruire, *v.*	cuire, *v.*
construire, *v.*	décuire, *v.*
détruire, *v.*	recuire, *v.*
entre-détr., *v.*	duire, *v. m.*
instruire, *v.*	conduire, *v.*

déduire, *v.* renduire, *v.*
éconduire, *v.* reproduire, *v.*
enduire, *v.* séduire, *v.*
induire, *v.* traduire, *v.*
introduire, *v.* luire, *v.*
produire, *v.* reluire, *v.*
reconduire, *v.* nuire, *v.*
réduire, *v.*

UIS *monosyllabe.*

buis puits
huis, *v. m.* puis (pouvoir) *v.*
Maupertuis, *n.* suis (d'être), *v.*
pertuis suis (suivre), *v.*
mille-pertuis poursuis, *v.*
puis, *adv.*

Plus la prem. et la deux. pers. du prés. de l'ind. et la deuxième de l'impér. des verbes en *ir* et en *uire.*

UISE *dissyllabe.*

cuise, *v*, épuise, *v*,
puise, *v.*

Plus la prem. et la trois. pers. du prés. du subj. des verbes en *uire : que je construise, qu'il conduise,* etc.

UISSE *dissyllabe.*

cuisse Suisse, *adj.* et *s.*
Suisse, *s. f.*, *g.* puisse (pouvoir)

Voy. les rimes en *ice* et *isse.*

UIT *et* **UID** *monos.*

conduit minuit
déduit, *v. m.* suit, *v*
réduit, *v.* ensuit (s'), *v.*
muid poursuit, *v.*
nuit

Plus la trois. pers. du prés. de l'ind. des verbes en *uir* et en *uire*; ainsi du prét. déf. du verbe *fuir* et composés. Plus enfin le part. passé masc. de *cuire, construire, duire* et composés.

UITE *dissyllabe.*

conduite ensuite
cuite poursuite
recuite truite
fuite annuite, *v.*
suite

Plus le féminin des part. passés en *uit.*

UL *pron.* ULE.

accul vice-consul
recul cumul
calcul Méhul, *n.*
consul nul
proconsul Saül, *n.*

Cul et ses autres composés, se prononçant *ou,* riment avec *vaincu,* etc. *Voy.* CU.

ULBE.

bulbe

ULCE *et* **ULSE.**

bisulce compulse, *v.*
trisulce expulse, *v.*
Trivulce, *n.*

ULCRE.

fulcre sépulcre

ULGUE.

divulgue, *v.* promulgue, *v.*

ULE *et* **ULLE.**

acétabule confabule, *v.*
Aristobule, *n.* démantibule, *v.*
bulle infibule, *v.*
Cléobule, *n.* intabule, *v.*
conciliabule —
funambule adminicule
noctambule animalcule
préambule appendicule
somnambule auricule
fustibule bascule
galbule canicule
globule caroncule
lobule cicatricule
mandibule clavicule
postibule conventicule
rabule corpuscule
Thrasibule, *n.* crépuscule
Tibulle, *id.* cuculle
tribule, *bot.* cuticule
vestibule denticule
draconcule —
duriuscule (5) Iule, *n.*
facule —
fascicule bajule
fécule Jule, *n.*
filicule —
follicule cellule
fonticule libellule
forficule pilule
Hercule, *myt.* Lulle (Raym.) *n.*
indicule pullule, *v.*
janicule —
lenticule émule
locule flammule
Luculle, *n.* formule
macule lacrymule
majuscule mule
matricule Romule, *n.*
minuscule cumule, *v.*
molécule accumule, *v.*
monocule formule, *v.*
monticule simule, *v*,
muscule, *ant.* dissimule, *v.*
nubécule stimule, *v.*
opercule —
opuscule antennule
orbicule campanule
ovicule canule
panicule, *bot.* énule, *bot.*
pannicule, *anat.* inule, *id.*
particule lunule
pécule nulle
pédicule pinnule
pédoncule ranule
pellicule vénule
perpendicule annulle, *v.*
portioncule granule, *v.*
radicule —
réticule copule
ridicule crapule
silicule manipule
testicule scrupule
tubercule stipule
utricule manipule, *v.*
véhicule stipule, *v.*
ventricule —
vésicule aspérule
articule, *v.* curule
bouscule, *v.* férule
calcule, *v.* Hérule, *g.*
circule, *v.* mérule
craticule, *v.* trulle
cule, *v.* brûle, *v.*
accule, *v.* —
écule, *v.* capsule
recule, *v.* fissule
émascule, *v.* passule
gesticule, *v.* péninsule
immatricule, *v.* Ursule, *n.*
inocule, *v.* —
macule, *v.* Augustule, *n.*
spécule, *v.* capitule
torticule, *v.* Catulle, *n.*
— ergastule, *ant.*
acidule espatule, *bot.*
cédule Faustule, *n.*
crédule fistule
incrédule Gétule, *g.*
crépidule mutule
filipendule noctule
module pinnatule
pendule plantule
pyxidule pustule
Théodule, *n.* rotule
acidule, *v.* sénatule
adule, *v.* sextule, *ant.*
module, *v.* situle
ondule, *v.* spatule
— sportule, *ant.*
scrofule tarentule
— Vistule, *g.*
frangule capitule, *v.*
gule récapitule, *v.*
ligule intitule, *v.*
régule postule, *v.*
virgule —
coagule, *v.* ovule
virgule, *v.* uvule
valvule

ULES.

Jules, *n.*

Ajoutez-y le pl. des noms et la deux. pers. des verbes de la série précédente.

ULSE, *voy.* **ULCE.**

ULTE.

adulte insulte
catapulte occulte
consulte, *s. f.* tumulte
jurisconsulte consulte, *v.*
sénatus-cons. insulte, *v.*
culte résulte, *v.*
inculte

UM *pron.* OME.

Capharnaüm, *g.* album
Nahum, *n.* —
— album-græcum
cæcum Riom, *g.*
Dominus vobisc. Samnium, *id.*
Gorcum, *g.* sensorium, *méd.*
tétrapharmacum silicium, *min.*
vadé-mécum sodium, *id.*
véni-mécum strontium, *id.*
— thorinium, *id.*
Condom, *g.* zirconium, *id.*
lédum *bot.* zythium, *ant.*
pudendum, *lat.* —
— coagulum
calcanéum diachylum
castoréum glabellum
caséum Tusculum, *g.*
géum, *bot.* —
muséum balsamum
te-deum opobalsamum
théséum chrysanthémum
— maximum
sagum, *ant.* minimum
targum —
— duodénum
Actium, *g.* galbanum
aluminium, *min.* in-æternum, *lat.*
anoplothérium jéjunum
mégathérium laudanum
paléothérium solanum
Antium, *g.* sternum
barium, *min.* —
bdellium, *bot.* arum, *bot.*
cadmium, *min.* asarum, *id.*
calcium, *id.* colostrum, *méd.*
cérium, *id.* décorum
compendium électrum
columbium, *min.* élæosaccharum
critérium forum
damasonium, *bot* garum
delphinium, *id.* labarum
Dyrrachium, *g.* rhum
élatérium, *ph.* sacrum, *méd.*
éphippium, *ant.* sanctum sanctor.
géranium, *bot.* sæcula sæculor.
glaucium, *id.* sérum
glucynium, *min.* variorum
Ilium, *g.* —
iridium, *min.* Epsom (sel d')
ittrium, *id.* pensum
laserpitium, *bot.* infusum
Latium, *g.* ad usum
Léontium, *n.* Berg-op-zoom
lépidium, *bot.* (*pron.* som)
lithium, *min.* —
magnésium, *id.* défrutum
méconium, *méd.* dictum
minium, *min.* factotum
opium factum
osmium, *min.* post-scriptum
palladium, *ant.* rectum
palladium, *min.* mésorectum
pallium, *ant.* retentum
potassium, *min.* scrotum
quadrifolium, *bot* septum, *ant.*
quinquennium ultimatum
triennium —
rhodium, *min.* caput-mortuum

UMB.

rumb

UMBLE.

humble

UME.

allume, *s. f.* rallume, *v.*
amertume apostume, *v.*
apostume, *pop.* consume, *v.*
bitume présume, *v.*
brume résume, *v.*
costume costume, *v.*
coutume despume, *v.*
écume écume, *v.*
enclume enrhume, *v.*
grume désenrhume, *v.*
Hume, *n.* exhume, *v.*
légume inhume, *v.*
plume fume, *v.*
porte-plume enfume, *v.*
posthume exfume, *v.*
rhume parfume, *v.*
volume hume, *v.*
accoutume, *v.* plume, *v.*
désaccoutume déplume, *v.*
raccoutume, *v.* emplume, *v.*
allume, *v.* remplume, *v.*

UMES.

fûmes (nous), *v.* crumes (nous), *v.*
eumes (nous), *v.* pumes (nous), *v.*

Plus le pl. des noms et la deux. pers. des verbes de la série précédente.

UN *et* **UM.**

alun Embrun, *g.*
Autun, *g.* falun
brun Irun, *g.*
Châteaudun, *g.* importun
commun opportun
diaprun (3) inopportun
Issoudun, *g.* tribun
jeun (à) un
Lauzun, *n.* aucun
Loudun, *g.* chacun
Melun, *id.* quelqu'un
nerprun trente-et-un
parfum Verdun, *g.*
petun Yverdun, *id.*

UNE.

Béthune, *g.* Neptune, *myt.*
Bellune, *id.* Opportune, *n.*
brune Pampelune, *g.*
commune pécune
dune prune
fortune rancune
demi-fortune Rodogune, *n.*
infortune tribune
hune une
importune aucune
inopportune chacune
opportune quelqu'une
lacune alune, *v.*
lagune défune, *v.*
lune

UNT.

défunt emprunt

UNTE.

défunte emprunte, *v.*
junte remprunte, *v.*

UNTE *pr.* ONTE, *v.* **ONTE.**

UPE.

dupe occupe, *v.*
huppe désoccupe, *v.*
jupe préoccupe, *v.*
dupe, *v.*

UPLE.

centuple, *s.* et *v.* quadruple, *id.*
décuple, *id.* quintuple, *id.*
nonuple, *id.* septuple, *id.*
octuple, *id.* sextuple, *id.*

UQ, *voy.* **UC.**

UQUE.

caduque nuque
eunuque perruque
fétuque sambuque
heiduque (3) éduque, *v. pop.*
noctiluque reluque, *id.*

UQUES.

Lucques, *g.* Moluques (les), *g*,

Plus le pl. des noms et la deux. pers. des verbes de la série précédente.

UR.

admittatur, *lat.* obscur
Arthur, *n.* clair-obscur
azur pur
déléatur impur
dur Réaumur, *n.*
fémur Saumur, *g.*
futur Ségur, *n.*
gur Sémur, *g.*
mur sur, *adj.*
avant-mur sûr, *id.*
contre-mur sur, *prép.*
mûr Tibur, *g.*
Namur, *g.*

URBE.

Iturbe, *n.* turbe, *v. m.*

URC.

turc

URDE.

absurde turde

URE.

hure (la) obscure, *v.*
— procure, *v.*
barbure recure, *v.*
ébarbure —
bure bavochure
carbure brochure
courbure écorchure
fourbure embauchure
garbure embouchure
saburre enchevauchure
— enfourchure
cure enguichure
Epicure, *n.* épluchure
Mercure, *n.* et *s.* fichure
obscure, *adj. f.* fourchure
phénicure hachure
piqûre contre-hachure
procure mâchure
sinécure mémarchure
cure, *v.* mâchure, *v.*
écure, *v.*
— tubulure
bandure turelure
bordure voilure
dure conclure, *v.*
froidure peinturlure, *pop.*
iodure —
hydriodure chevillure
laidure émaillure
morfondure éraillure
ordure feuillure
procédure refeuillure
regardure maillure
soudure mouillure
verdure rouillure
dure, *v.* souillure
endure, *v.* taillure
embordure, *v.* entaillure
— —
chauffure armure
surchauffure bromure
échauffure entamure
coiffure étamure
étruffure fermure
phosphure germure
sulfure imprimure
hydrosulfure Lémure, *myt.*
— mure
rognure mûre, *adj. f.*
— murmure
augure paumure
envergure empaumure
figure ramure
augure, *v.* saumure
inaugure, *v.* mure, *v.*
figure, *v.* claquemure, *v.*
défigure, *v.* contremure, *v.*
transfigure, *v.* demure, *v.*
— emmure, *v.*
antimoniure murmure, *v.*
arséniure —
balayure charnure
chiure cyanure
liure damasquinure
reliure écharnure
paliure écornure
rayure enchaînure
dérayure enluminure
enrayure glanure
régayure Palinure, *n.*
sciure planure
séléniure rainure
striure tenure
— tournure
chargeure —
égrugeure nouûre
enverjure —
gageure coupure
goujure découpure
injure épure
parjure estampure
mangeure guipure
vergeure jaspure
jure, *v.* pure
abjure, *v.* impure
adjure, *v.* rapure
parjure (se), *v.* rompure
— tapure
accolure trempure
allure dépure, *v.*
annelure épure, *v.*
bariolure suppure, *v.*
bosselure —
brûlure acérure
cannelure ancrure
carrelure barrure
chevelure borure
ciselure cambrure
colure carrure
coulure chamarrure
criblure chlorure
crénelure cirure
dentelure dorure
doublure échancrure
écartelure effleurure
échauboulure embarrure
effilure embourrure
encâblure ferrure
encastelure forure
enflure fourrure
désenflure gaufrure
éraflure hydrure
fêlure marbrure
filure membrure
foulure navrure
gravelure nerf-férure
grumelure parure
miellure phthorure
emmiellure retirure
molure serrure
moulure terrure
vermoulure —
parfilure blessure
pelure boufissure
râclure brouissure
réglure bruissure
salure cassure
silure encassure
soufflure censure
boursoufflure chancissure
tavelure chaussure
tellure déchaussure
commissure
cotissure

crépissure
crissure
damassure
éclaboussure
effaçure
élargissure
ombrassure
enchassure
enlaçure
épissure
étirécissure
farcissure
lissure
contre-fissure
flétrissure
foarbissure
fressure
froissure
fronçure
gélissure
gerçure
lissure
luxure
meurtrissure
moisissure
morsure
moussure
noircissure
ourdissure
pinçure
plissure
polissure
pressure
rancissure
ratissure
rinçure
salissure
saussure
sertissure
sure, *a. f.*
sûre, *a. f.*
ternissure
tissure
tonsure
vernissure
voussure
  arrière-vouss.
assure, *v.*
rassure, *v.*
censure, *v.*
pressure, *v.*
tonsure, *v.*
—
baisure
brisure
césure
creusure
croisure
cynosure
décousure
embrasure
évasure
feisure
mesure
surmesure
présure
rasura
usure
azure, *v.*
mesure, *v.*
ramesure, *v.*
—
abréviature
acupuncture
agriculture
angusture
architecture
arcluro
armature
aventure
mésaventure
batture
bouture
cadrature *ou*
  quadrature
capillature
capture
caricature
ceinture
cléricature
clôture
confiture
déconfiture
conjecture
conjoncture
courbature
couture
couverture
créature
cubature
coiture
curvature
dature
déchiqueture
denture

devanture
dictature
droiture
écriture
emboiture
empâture
enture
épointure
facture
manufacture
fermeture
filature
forfaiture
fourniture
fracture
friture
future, *a. s. f.*
garniture
géniture
primogéniture
progéniture
imposture
inculture
investiture
jointure
lecture
législature
ligature
littérature
maculature
magistrature
mâture
miniature
mixture
monture
moâture
mouchature
nature
nomenclature
nonciature
internonciat.
nourriture
ossature
ouverture
contre-ouvert.
peinture
pointure
portraiture
posture
pourriture
préfecture
sous-préfect.
prélature
préture
questure
rature
rentraiture
roture
rudenture
rupture
sacrifiature
sculpture
sépulture
signature
soibature
stature
structure
suture
tablature
teinture
température
tenture
texture
contexture
toiture
tonture
torture
troncature
voiture
aventure, *v.*
capture, *v.*
clôture, *v.*
conjecture, *v.*
dénature, *v.*
enceinture, *v.*
enapinture, *v.*
manufacture, *v.*
pâture, *v.*
peinture, *v.*
rature, *v.*
azure, *v.*
torture, *v.*
triture, *v.*
voiture, *v.*

URES.
Dioscures (les), *myt.*

Plus le pl. des noms et la deux.
pers. sing. des verbes de la série
qui précède.

URGE.
démurge   purge, *s. f.*
dramaturge   insurge, *v.*
thaumaturge   purge, *v.*
épurge   expurge, *v.*
Panurge, *n.*   repurge, *v.*

URLE.
curle   hurle, *v.*

URME.
turme

URNE.
cothurne   taciturne
diurne   urne
nocturne   Vulturne, *g.*
Saturne, *n.*

URNES.
Furnes, *g.*   Minturnes, *g.*
Plus le pl. des noms en *urne.*

URPE.
turpe, *v. m.*   usurpe, *v.*

URQUE.
Turque   bifurque, *v.*

URS.
Voy. le pl. des mots en *ur.*

URSE.
Accurse. *n.*

US pron. UCE.
Emmaüs, *n.*   Jean Huss, *n.*
OEnomaüs, *n.*
Danaüs, *id.*   Aétius, *id.*
Amphiaraüs, *id.*   Ammonius, *id.*
            Antonius, *id.*
Balbus, *n.*   Apicius, *id.*
bibus   Apollonius, *id.*
choléra-morbus   Arius, *id.*
jacobus   Arminius, *id.*
obus   Bavius, *id.*
omnibus   Berzelius, *id.*
Phébus, *n.*   Caïus, *id.*
Probus, *id.*   Cassius, *id.*
quibus   Cneïus, *id.*
rasibus   Cœlius(mont).
rébus   Confucius, *n.*
           Curtius, *n.*
Ancus, *n.*   Darius, *id.*
Antiochus, *id.*   Décius, *id.*
Assarceus, *n.*   Démétrius, *id.*
Attieus, *id.*   Ennius, *id.*
Bacchus, *id.*   Fabius, *id.*
blocus   Fabricius, *id.*
Bochus, *n.*   Favonius, *myt.*
Britannicus, *id.*   Gaïus, *n.*
Cacus, *id.*   Grotius, *id.*
Caractacus, *id.*   Harmodius, *id.*
fucus   Helvétius, *id.*
Galgacus, *n.*   Héraclius, *id.*
Germanicus, *id.*   Honorius, *id.*
Gracchus, *id.*   Hostilius, *id.*
Inachus, *id.*   Jansénius, *id.*
Malchus, *id.*   Laïus, *id.*
Marcus, *id.*   Lélius, *id.*
Moschus, *id.*   Ligarius, *id.*
mordicus   Livius, *id.*
mucus   Manlius, *id.*
Pittacus, *id.*   Marius, *id.*
Plancus, *id.*   Ménénius, *id.*
Priscus, *n.*   Mévius, *id.*
Seleucus, *id.*   Modius, *ant.*
Spartacus, *id.*   Mummius, *id.*
Tétricus, *id.*   Papirius, *id.*
Vopiscus, *id.*   Pompéius, *id.*
Zaleucus, *id.*   Pompilius, *id.*
Indus, *g.*   Publius, *id.*
modus   radius, *anat.*
Nyctéus, *n.*   Roscius, *n.*
         Sertorius, *id.*
Rufus, *n.*   Sirius, *astr.*
tophus   Silius, *n.*
typhus   Sperchius, *g.*
        Stradivarius, *n.*
Argus, *n.*   Tatius, *id.*
Cethegus, *id.*   Trophonius, *id.*
Ferragus, *id.*   Tullius, *id.*
fongus   Vadius, *id.*
Juliomagus, *g.*   Virgilius, *id.*
Lagus, *n.*   Virginius, *id.*
Longus, *id.*   Vitellius, *id.*
Négus, *id.*   Vossius, *id.*
Néomagus, *g.*
tragus   angelus
anti-tragus   Bélus, *n.*
calus

carolus
Caylus, *n.*
convolvulus
Lucullus, *n.*
Palus, *g.*
Quélus, *n.*
Régulus, *n.*
Romulus, *id.*
Tellus, *n. f.*
Tholus, *g.*
Tullus, *n.*

Académus, *n.*
Cadmus, *id.*
committimus
gaudeamus
humus
Momus, *n.*
Nostradamus, *id.*
oremus
Ramus, *n.*
Rémus, *id.*
thymus, *anat.*
vidimus
agnus
anus
Brennus, *n.*
Cycnus, *id.*
Janus, *id.*
Linus, *id.*
in manus
Ninus, *n.*
sinus, *géom.*
co-sinus
Vénus, *n.*
Achéloüs, *g.*
Alcinoüs, *n.*
Antinoüs, *id.*
Pirithoüs, *id.*
échinopus
habeas corpus
lagopus
lycopus

abus
cabus, *bot.*
bus (je)(debaire)
chus (je, tu)
dus (je, tu)
confus
diffus
infus
refus
fus (je, tu)
jus
verjus
flux
influx
reflux
inolus
perolus
reclus
plus
surplus
talus
conclus (je, tu)
inclus
valus (je, tu)
camus
mus (je, u)
émus

carolus
acarus, *zool.*
Arcturus, *astr.*
Astraeus, *n.* (4)
Burrhus, *id.*
chorus
Cyrus, *n.*
Fleurus, *g.*
Garus (élixir de)
huméris, *anat.*
Morus (Thomas)
papyrus
Piérus, *n.*
Porus, *id.*
Pyrrhus, *id.*
Taurus(mont), *g.*
utérus
Varus, *n.*
virus
byssus, *bot.*
Cassius, *id.*
Crassus, *id.*
Ipsus, *g.*
Issus, *g.*
Nessus, *n.*
plexus
sus!

agnus-castus
albertus
Brutus, *n.*
cactus. *bot.*
Cincinnatus, *n.*
Clitus, *n.*
cubitus
foetus
hiatus
lotus
Malthus, *n.*
Plutus, *n.*
prospecins
Titus, *n.*
unigenitus(bulle)
Xuthus, *n.*

US et UX pron. U.
connus (je, tu)
méconnus
reconnus
pus
pus (je)(pouvoir)
pus (de paitre)
  repus
abstrus
intrus
courus (je, tu)
  accourus
crus (je, tu)
parus (je, tu)
sus, *adv.*
dessus
pardessus
pardessus, *s.*
sus (en)
conçus (je, tu)
aperçus
reçus, etc.
sus (je) (savoir)
confus
obtus
rétus (*bot.*)
tus (je) (de taire)
Jésus

Ajoutes à chacune de ces séries
le pl. des noms et des part. en *u,*
ud et *ut.*

USC.
busc   musc

USCLE.
muscle

USE et UZE.
Abreuse, *v.*   obtuse
abstruse   cornemuse
intruse   Druse, *g.*
Aréthuse, *myt.*   écluse
arquebuse   excluse
  perce-arqueb.   forcluse
béruse   recluse
huse   excuse
camuse   Méduse, *n.*
céruse   muse
confuse   Péluse, *g.*
diffuse   Phaéfuse, *n.*
infuse   Raguse, *g.*
contusa

ruse
Suza, *g.*
Syracuse, *id.*
Vaucluse, *id.*
accuse, *v.*
excuse, *v.*
récuse, *v.*
amuse, *v.*
arquebuse, *v.*

USQUE.
brusque
Etrusque, *g.*
jusque
mollusque
lambrusque
brusque, *v.*

fusc, *v.*
infuse, *v.*
transfuse, *v.*
muse, *v.*
refuse, *v.*
ruse, *v.*
use, *v.*
abuse, *v.*
mésuse, *v.*

busque, *v.*
débusque, *v.*
embusque, *v.*
musque, *v.*
emmusque, *v.*
offusque, *v.*

USSE, voy. **UCE.**

USTE.
adusie   Procuste *ou*
arbuste   Procuste,*myt.*
auguste   robuste
Auguste, *n.*   Salluste, *n.*
buste   ajuste, *v.*
frusté   rajuste, *v.*
juste   déguste, *v.*
injuste   incruste, *v.*
Locuste, *n. f.*   tarabuste, *v.*

USTRE.
baluste   frustre, *v.*
illustre   lustre, *v.*
lustre   illustre, *v.*
rustre   relustre, *v.*

UT pron. U.
acut   secourut
affût   crut (de croire)
bahut   crut (de croitre
début   accrut
fût   décrut
institut   dut
rebut   eut
salut   fallut
scorbut   fut
statut   lut
substitut   élut
tribut   relut
attribut   réélut
  verbes.   moulut
aperçut (il)   mourut
conçut   parut
perçut   apparut
reçut   comparut
but   disparut
imbut   reparut
rebut   plut (de pleuvoir)
chut   replut
échut   plut (de plaire)
déchut   complut
rechut   déplut
connut   pourvut
méconnut   put (de pouvoir)
reconnut   résolut
courut   sut
accourut   valut
concourut   prévalut
discourut   vécut
encourut   survécut
recourut   voulut

Ajoutez-y la trois. pers. sing.
imparf. subj. de tous ces verbes:
qu'il aperçût, qu'il bût, etc.

UT et UTH pron. UTE.
azimuth   luth
Beelzebuth, *n.*   occiput
bismuth   précipit
but   sinciput
but-à-but   Bruth. *g.*
chut !   rut
comput   Ruth, *n.*
lut   rut

UTE et UTTE.
brute, *adj.*   dispute
brute, *s. m.*   émute*, *v. pour*
Brute, *n.*   émeute
butte   flûte
butte (en)   glutte
cahute   gomme-gutte
chute   hutte
chape-chute   lutte
parachute   minute
culbute   saquebutte
cusoute   volute

Mars autrefois mit tout l'air en émute.
Certain sujet fit naître la dispute.
Là Fonr., les Vautours et les Pig.

verbes   exécute
affute   persécute
ampute   flûte
député   hutte
bahuie   jute
buto   lute
buto   déluie
charcute   lutte
culbute   minute
débute   permute
robute   recrute
discute   réfute
dispute   scrute
impute   talute
répute   volute
suppute

UTES.
instituies

Plus le pl. des noms et la deux.
pers. des verbes de la série qui
précède.

UVE.
cuve   cuve, *v.*
étuve   décuve, *v.*
manilive   encuve, *v.*
pédiluve   étuve
Vésuve, *g.*   réluve
Vitruve

UX sonnant U, voy. **US.**

UX pron. UKSE.
Pollux, *n.*   Redux (Fortuna)

UXE.
luxe   déluxe, *v.*
luxe, *v.*

UYA, uyé, uyer, voy. **IA,**
ié, iée, ier.

UZ *.
Santa-Cruz, *g.*   Vera-Cruz, *g.*

UZE, voy. **USE.**

V

VA.
Almaviva, *n.*   Narva, *g.*
brava   Nerva, *n.*
Calatrava, *g.*   Néva, *g.*
Canova, *n.*   Pultava, *id.*
Java, *g.*   vah!
Jéhova   va (il) *et imp.*
Moscova, *g.*

Ajoutez-y la trois. pers. sing.
du prét. déf. des verbes en *ver:*
il réva.

VANT, VEND et VENT.
aggravant   desservant
avant   souscrivant
au-devant   souvent
auparavant   suivant
devant   ensuivant
ci-devant   poursuivant
dorénavant   vent
passavant   abat-vent
avant, *p.*   abrivent
Bénévent, *g.*   auvent
bravant   brise-vent
couvent   contre-vent
décevant   engonlevent
recevant   évent
percevant   évent (à l'
dissolvant   paravent
résolvant   porte-vent
fervent   vivant
grévant   auvivent
grivant   vend (il), *v.*
mouvant   mévend, *v.*
rêvant   revend, *v.*
savant   survand, *v.*
servant

Ajoutez ici le part. prés. de
tous les verbes en *ver* et de quel-
ques verbes en *voir, oire, ir,*
ire, œudre et *bare,* qui se termi-
nent en *vant: devant, pouvant,*
buvant, servant, écrivant, ab-
solvant, vivant, suivant, etc.

VAT, vau, voy. **AT,** au.

* Ces deux mots riment avec ceux
en *us* pron. uce.

VÉ.

Agavé, *n. et b.*	privé
avé	soing-privé
dérivé, *s.*	relevé
Logouvé, *n.*	réprouvé
levé, *s.*	salvé
oboyé	senevé
cauvé	v, *lettre.*
pavé	

Joignez-y le part. passé masc.
de tous les verbes en *ver*.

VÉE.

abat-chanvée	main-levée
arrivée	Mérovée, *n.*
cavée	navée, *v. m.*
corvée	couvée
couvée	privée
cuvée	relevée
étuvée	travée
javée	uvée

Plus le fém. des part. passés
en *vé*.

VEND *et* vent, *voy.* **VANT.**

VER.

verbes.

abreuver	cultiver
abriver	cuver
achever	décuver
parachever	encuver
activer	déclaver
aggraver	enclaver
réaggraver	dépraver
arriver	emblaver
dériver	endéver
mésarriver	énerver
aviver	engraver
raviver	enjoliver
baver	entraver
braver	désentraver
captiver	esquiver
caver	étuver
encaver	graver
chever	dégraver
cliver	innover
conniver	invectiver
conserver	laver
observer	relaver
préserver	lessiver
réserver	lever
couver	élever
crever	enlever
prélever	désapprouver
relever	improuver
soulever	reprouver
lover	réprouver
motiver	récidiver
mouver	rêver
paver	river
dépaver	saliver
repaver	sauver
priver	suiver
prouver	trouver
approuver	controuver
éprouver	retrouver
contre-éprouv.	

VET, veux, *voy.* **ET,** eux.

VI.

allouvi	havi, *part.*
charvi *pour*	ravi, *id.*
charvis	servi, *id.*
chenavi *pour*	asservi, *id.*
chonovis	desservi, *id.*
couvi	sévi, *id.*
onvi (à l')	suivi (2), *id.*
assouvi, *part.*	poursuivi, *id.*

VIE.

allouvie	couvie
Cracovie, *g.*	Ségovie, *id.*
anvie	Sylvie, *n.*
Flavie, *n.*	Varsovie, *g.*
Fulvie, *id.*	vie
Livie, *id.*	eau-de-vie
Moldavie, *g.*	survie
Moravie, *id.*	convie, *v.*
Moscovie, *id.*	dévie, *v.*
Octavie, *n.*	obvie, *v.*
Pavie, *g.*	envie, *v.*

Plus le fém. des part. en *vi*.

VIER, vieux, vin, vir, vis, vit,
vo, voir, *voy.* **IER,** ieux, in,
ir, is, it, o, oir.

VON.

esclavon	savon

VU.

dépourvu, *s.*	entrevu, *part.*
imprévu, *adj.*	pourvu, *id.*
vu, *part.*	prévu, *id.*
dépourvu, *id.*	revu, *id.*

X

XA, xant, xé, xée, xer, xie, xin,
xion, xon, *voy.* **ŞA,** xant, xé,
xée, xer, xie, xin à in, xion à
ion, xon, avec x prononcé dur
comme ç.

Y

YANT, *voy.* **IANT** monos.
YAU, yaux, *voy.* **AU,** aux.
YEU, yeux, *voy.* **IEU,** ieux.

Pour **Y** suivi de consonnes comme
YCLE, yde, ydre, ygme, ygne,
yle, ylphe, ym, yme, ymne,
ympe, ymphe, ynx, ype, yphe,
ypre, ypse, ypte, yr, yre, yrne,
yrse, yrie, ys, yse, ythme, yx,
voy. **I** suivi des mêmes consonnes, ICLE, ide, idre, etc.

Z

Pour la lettre **Z** suivie d'une
voyelle, comme ZI, xie, xier,
xieux, xin, xion, xis, xit, xo,
xon, xu, xue, *voy.* **S** doux suivi
des mêmes voyelles SI, xie, xier
à ier, xieux à ieux, in, ion, etc.

DICTIONNAIRE DES HONONYMES

COMPRENANT

LES HOMONYMES HOMOGRAPHES ET LES HOMONYMES HOMOPHONES

DICTIONNAIRE DES PARONYMES

DICTIONNAIRE DES ANTONYMES

OU

DES MOTS OPPOSÉS ENTRE EUX

PAR LEUR SIGNIFICATION.

DICTIONNAIRE DES HOMONYMES

On appelle *homonymes* les mots de la langue qui, avec une forme semblable, ont des significations différentes.

Les homonymes parfaits sont en même temps *homographes* et *homophones*, c'est-à-dire qu'ils s'écrivent exactement avec les mêmes lettres, pareillement accentuées, outre qu'ils se prononcent de la même manière.

Les homonymes purement homophones ont entre eux des différences d'orthographe qu'il importe d'observer : on y comprend même des mots qui diffèrent par quelque nuance de prononciation, un accent, une H initiale muette ou aspirée.

Les homonymes-homographes sont peu nombreux : on les trouvera dans la liste qui suit ; et ils seront néanmoins répétés dans le dictionnaire des homonymes-homophones, parmi lesquels les premiers se trouvent nécessairement compris, puisqu'en général ils possèdent à la fois les deux conditions.

Quant aux significations diverses de tous ces mots, elles sont indiquées au dictionnaire et au complément sous l'orthographe convenable, sauf les désinences des verbes pour lesquelles il faut recourir à la grammaire. Les désignations grammaticales et quelques indications sommaires suffiront ici.

HOMONYMES-HOMOGRAPHES

— A —

A, s. m.(lettre). — A, n. géogr. — a (il), v.
abattis, s. m. — abattis (j'), v.
adresse, s. f. — adresse, v.
aide, s. m. — aide,s.f. — aide,v.
aimant, s. m. — aimant, p. adj.
aimante, v. — aimante, adj. f.
aire, s. f. — Aire, n. géogr.
allée, s. f. — allée, part. f.
amende, s. f. — amende, v.
ancre, s. f. — ancre, v.
arrhes, s.f.pl. — arrhes (tu), v.
asperge, s. f. — asperge, v.
aune, s. m. (arbre). — aune, s. f. (mesure).
autour, prép. — autour, s. m.

— B —

badine, v. — badine, s. f.
bar, s. m. — Bar, géogr.
bas, adj. et adv. — bas, s. m.
batine, p. f. — batine, s. f.
bière, s. f. (boisson). — bière, s. f. (cercueil).
bois, s. m. — bois,v. (de boire)
braque, adj. — braque (je, il), v.
brave, adj. — brave, v.
bure, s.f.(étoffe). — bure,s.f.(puits).
but, s. m. — but (il), v.

— C —

cache, s. f. — cache,s.f.(monnaie). — cache,v.
cadre, s. m. — cadre, v.
caille, s. f. — caille, v.
cale, s. f. — cale, v.
cannes, s. f. pl. — Cannes, n.géog.
carpe, s. m. — carpe, v.
casse, s. f. (drogue). — casse (typogr.).
casse, s. f. (action de casser).
casse, v.
castor, s. m. (instrument). — Castor,n. myth.
charme, s. m. (beauté). — charme, s. m. (arbre).
charme, v.
chasse, s. f. — chasse, v.
chaussée, p.a.f. — chaussée, s.f.
char, adj. et... — Cher, n. géogr.
chère, adj. f. — chère, s. f.
cire, s. f. — cire, v.
colle, s. f. — colle, v.
commande, v. — commande, s. f.
comptant, part. — comptant, s. m.
conseiller, v. — conseiller, s. m.
conserve, v. — conserve, s. f.
console, s. f. — console, v.
continent, s. m. — continent, adj.
cor, s. m. (instrument). — cor, s. m. (verrue).
cornette, s. f. (bonnet). — cornette, s. m. (officier).
cors, s. m. pl. (instruments). — cors, s. m. pl. (verrues).
cors, s. f. pl. (de cerf).
cours, s. m. — cours, s. f. pl. — cours, v.

cousin, s. m. (parent). — cousin, s. m. (insecte).
crêpe, s. m. (étoffe). — crêpe, s. f. (pâtisserie). — crêpe (il), v.

— D —

derrière, prép. — derrière, s. m.
devant, prép. — devant, s. m. — devant, part.
dictons,s.m.pl. — dictons, s. f.
don, s. m. — Don, n. géogr. — don,s.m.(titre).
dû, part. — dû, s. m.
dure, adj.et s.f. — dure, v.

— E —

éclaire, s. f. — éclaire, v.
élan,s.m.(saut). — élan, s. m. (animal).
entraves,s.f.pl. — entraves (tu), v.
entre, prép. — entre, v.
envers, prép. — envers, s. m.
envie, s. f. — envie, v.
été, s. m. — été, part.
étale (mer),adj. — étale (il), v.
être, v. — être, s. m.

— F —

faire, v. — faire, s. m.
fausse, adj. f. — fausse, v.
faux, adj. et s. — faux, s. f. — faux, adv.
fou, s. m. — fou, adj.
fier, adj. m. — fier, v. (*).
file, s. f. — file, v.
fin, adj. — fin, s. f.
fois, s. f. pl. — Foi, n. géogr.
fond, s. m. — fond (il), v.
fonds, s. m. — fonds (je, il), v. — fonds, s. m. pl.
fort, s. m. et adj. — fort, prép.
fort,adj.et adv. — fort, s. m.
fou, s. m. et s. — fou, s. m. (oiseau).
fraie, s. f. — fraie, v.
frais, s. m. pl. — frais, adj.
franc, adj. — Franc, n. géogr.
fumée, s. f. — fumée, part. f.

— G —

glace, s. f. (liqueur gelée). — glace, s. f. (miroir).
glace, v.
grasse, adj. f. — Grasse, n.géogr.

— H —

halle, s. f. — Halle, n.géogr.

— I —

iris, s. m. — Iris, n. myth.

— J —

joue, s. f. — joue, v.
jus, s. m. — jus, adv.

— L —

la, pron. f. — la, art. f.
leste, adj. — leste, v.
leurre, s. m. — leurre, v.
lice,s.f.(champ-clos). — lice, subst. f. (chienne).
lice, s. f. (lapis-serie).
lie, s. f. — lie, v.
liège, s. m. — Liège, n. géogr.
lions, s. m. pl. — lions, v.
lisse, adj.
lisse, s. f. — lisse, v.
lit, s. m. — lit, v.
livre, s. m. — livre, s. f. — livre,v.
loches, s.f.pl. — Loches, n.géog.
louer (vanter),v. — louer, v.(prendre ou donner à loyer).
loure, s. f. — loure, v.
lustre, s. m. — lustre, v.

— M —

main, s. f. — Main, n. géogr.
mais, s. m. pl. — mais, conj.
manche, s. m. — manche, s. f.
manne, s. f. (panier). — manne, subst. f. (nourriture céleste).
mante, subst. f. (manteau). — mante, s. f. (insecte).
mantes, s. f. pl. — Mantes, n.géog.
mauve, s. f. (oiseau). — mauve, subst. f. (plante).
marc, s. m. — Marc, n. pr. (*).
menton, s. m. — Menton, n. gé.
mentons,s.m.pl. — mentons, v.
mépris, s. m. — mépris, verbe et part.
meurs, v. — Meurs, n. géogr.
mille, s. m. — mille, n. de n.
mine, s. f. (figure). — mine, s. f. (de poudre).
mine, s. f. (de métal).
mine, s. f. (de plomb).
mine, v.
mou, s. m. — mou, adj.
mouche, s. f. — mouche, v.
mousse, s. m. — mousse, s. f.
nue, s. f. — nue, part. f.
mula, s. f. (animal). — mule, subst. f. (chaussure).
mûre, s. f. — mûre, adj. f.

— N —

neuf, adj. m. — neuf, n. de n.
noyer, s. m. — noyer, v.
nue, s. f. — nue, adj. f.
nuit, s. f. — nuit, v.
nuits, s. f. pl. — Nuits, n.géogr.

— O —

ombre, s. f. — ombre, subs. m. (poisson). — ombre, v.
oublie, s. f. — oublie, v.
outre, s. f. — outre, prép.

— P —

pair, adj. f. — paire, s. f.
palais, s. m. — palais, s. m. (de la bouche).
pan, s. m. — Pan, n. myth.
panse, s. f. — panse, v.
paris, s. m. pl. — Paris, n. géogr.
part, s. f. — part, s. m. — part, v.
pas, s. m. — pas, particule.
pêche, subs. f. (fruit). — pêche, subst. f. (act. de pêcher).
pêche, v.
pensée, subs. f. (idée). — pensée, subs. f. (fleur).
pensée, part. f.
perse, adj. — Perse,n.f.géog.
perse, subst. f. (étoffe). — Perse, adj. et s. géogr.
pie, s. f. — Pie, n. pr.
pieux, s. m. pl. — pieux, adj. (*).
pis, s. m. — pis, adv.
plainte, s. f. — plainte, part. f.
plane, s. m. — plane, s. f. — plane, v.
poêle, subst. m. (drap). — poêle, subs. f. (à frire).
point, s. m. — point,particule. — point, v.
poisson(animal). — poisson(mesure), s. m.
poix, s. f. — Poix, n. géogr.
pompe, subs. f. (luxe). — pompe, s.f.(hy- dreul.).
ponte, s. f. — ponte, s. m.
porte, s. f. — porte, v.
pose, s. f. — pose, v.
présent, s. m. — présent, adj.
prêt, adj. f. — prêt, s. m.
prête, adj. f. — prête, v.
puis, adv. — puis (je), v.

— R —

raie, s.f.(trace). — raie, s. f. (poisson). — raie, v.
rennes,s.m.pl. — Rennes,n.géog.
romans,s.m.pl. — Romans, n. géo.
ris, s. m. (rire). — ris (de veau), s. m.
ris, s. m. (marine).
rue, s. f. (chemin). — rue, s. f.(plante). — Rue, n. géog.
ruine, subs. f. — ruine, v.

— S —

sale, adj. — sale, v.
sales, adj. pl. — sales (tu), v. — Sales, n. géog.
salons, s. m. pl. — salons, v.
savons,s.m.pl. — savons (nous), v.
serre, s. f. — serre, v.
sens, s. m. — Sens, n. géogr.
sol, s. m. (terrain). — sol, s. m. (sou).
sole, s. f. (du cheval). — sole, s. f. (poisson).
somme, sub. m. (sommeil). — somme, s. f. — Somme, n.géog.
sommes,s.m.pl. — sommes (tu), v. — sommes(nous),v.
son, s.m.(bruit). — son, s. m. (du blé). — son, adj. poss.
sonnez, s. m. — sonnez (vous), v. — sort (il), v.
souci, s. m.(chagrin). — souci, subst. m. (fleur).
soude, s. f. — soude, v.
sous, s. m. pl. — sous, prép.
souris, s. f.(animal). — souris, subst. m. (rire). — souris, v.

— T —

tache, s. f. — tache, v.
tâche, s. f. — tâche, v.
taillons,s.m.pl. — taillons(nous),v.
tapir, s. m. — tapir (se), v.
tapis, s. m. — tapis, n. pl.
tartare, adj.et s. — Tartare, myth.
teint, s. m. — teint, v.
tendre, adj. — tendre, v.
teigne, s. f. — teigne(que je),v.
terme, s. m. — Terme, n.myth.
tendons,s.m.pl. — tendons(nous) v.
tien, pron. — Tien, n. myth.
ton, s. m. — ton, adj. poss.
tour, s. m. — tour, s. f.
tours, s. m. pl. — tours, s. f. pl. — Tours, n. géog.
tortue, adj. f. — tortue, v.

— V —

vague, adj. — vague, s. f.
vaux, s. m. pl. — vaux (je, tu), v. — Vaux, n.géogr.
vers, s. m.(poé- — vers, s. m. (animaux).
vers, prép.
vesse, s. f. — vesse, v.
voie, s. f. — voie (que je, qu'il), v.
voile, s. m. — voile, v.
vol, s. m. (d'un oiseau). — vol, s. m. (act. d'un voleur).
volant, s. m. — volant, part. m.

HOMONYMES-HOMOPHONES

— A —

A, s. m. (lettre). à, prép. a (il), v. A, géogr. ah! interj. as (tu), v. ha! interj.
abaisse, v. abaisse, s. f. abbesse, s. f.
abaque, s. m. ab hac (ab hoc et), adv.
à bas, locut. abats, s. m. pl. abats, v. abas, s. m.
abattis, s. m. abattis (j'), v.
abbé, s. m. abée, s. f.
aboi, s. m. abois, s. m. pl. aboie, v.
abord, s. m. abhorre, v.
accord, s. m. accore, s. m. accort, adj.
accru, p. accrue, s. f.
accueil, s. m. accueille, v.
ache, s. f. bache, s. f. hache, v.
achète, v. hachette, s. f.
achronique, adj. acronyque, adj.
acier, s. m. assieds, v. à scier, loc.
acquêt, s. m. haquet, s. m.
acquis, p. acquit, s. m. à qui, locut.
acre, s. f. âcre, adj. Acre, géogr.
actionnaire, s. m. actionnèrent, v. (*).
Adam, n. pr. adent, s. m.
admette, v. Admète, myth.
admis, v. et p. à demi, locut.
admire, admirent (d'admirer), admirent (d'admettre).
adresse, s. f. adresse, v. Adresse, géogr.
à faire, locut. affaire, s. f.
affront, s. m. aphron, s. m. bot.
agate, s. f. Agathe, n. pr. f.
agent, s. m. Ajan, géogr.
ah! int. aï, s. m. haï, p. Aï, géogr.
aide, s. m. aide, s. m. aide, v.
aiguayer, v. égayer, v.
ail, s. m. aille, v.
aile, s. f. ale, s. f. (bière), elle, pron. elle, s. f. (lettre).
ailé, adj. héler, v.
aimant, p. adj. aimant, s. m.
aime, v. emme, s. f.
aine, s. f. Aisne, géogr. haine, s. f. Haine, géogr. enne, s. f.
air, s. m. aire, s. f. Aire, géogr. aire, v. n. ère, s. f. erre, v. erre, s. f. haire, s. f. hère, s. m.
ais, s. m. ait, v. es (tu), v. ès, prép. est (il), v. haie, s. m. hait, v.
alan, s. m. allant, p. adj.
alène, s. f. haleine, s. f. halène, v.
alette, s. f. allaite, v. halète, v.
alèze, s. f. alèse, v. à l'aise, loc.
allée, s. f. allée, p. aller, v. Alais, géogr. halée, p.
allié, p. et s. allier, v. alliez (vous), v. Allier, géogr. hallier, s. m.
amadou, s. m. amadoue, v.
amande, s. f. amende, s. f. amende, v.
amant, s. m. amman, s. m. Amand, n. pr.
ami, amie, s. amict, s. m. ammi, s. m.
an, s. m. en, prép. et pron.
anche, s. f. hanche, s. f.
ancre, s. f. ancre, v. encre, s. f. et v.
âne, s. m. Anne, n. f.
andante, s. m. endente, v.
anglet, s. m. Anglais, n. géogr.
anoblir, v. ennoblir, v.
anse, s. f. hanse, s. f.
antre, s. m. entre, v. entre, prép.
Anvers, géogr. envers, s. m. envers, prép. en verre, loc.
août, s. m. houx, s. m. houe, s. f. ou, conj. où, adv.
appas, s. m. pl. appât, s. m.
appel, s. m. appelle, v. Apelles, n. pr.
apprêt, s. m. après, prép. et adv.
appris, v. et p. à prix, loc. tu as pris, v.
appui, s. m. appuie, v.
apte, adj. Apt, géogr.

* Nous ne citerons pas tous ces homonymes adj. ou subst. en aire et verbes en èrent : ils sont nombreux et faciles à trouver.

** Nous ne citerons pas tous ces substantifs en et, homonymes du verbe en ait : ils sont nombreux et faciles à trouver, de même que beaucoup de substantifs dérivés des verbes.

ara, s. m. Arras, géogr. haras, s. m.
Aran, géogr. hareng, s. m.
arc, s. m. Arques, géogr. arque, v.
archer, s. m. archet, s. m.
are, s. m. are, v. arrhe, v. arrhes, s. f. pl. ars, s. m. pl. art. s. m. hart. s. f.
arer, v. arrher, v. arrêt, s. m.
arête, s. f. arrête, v.
armet, s. m. armait, v. armée, s. f.
armons, s. m. pl. armons, v.
arrangèrent, v. harengère, s. f.
asperge, s. f. asperge, v.
assise, s. f. assise, p. Assise, géogr. assises, s. f. pl.
Até, myth. athée, s. m. hâter, v.
atelier, s. m. attelliez, v.
attelles, s. f. pl. attèle, v.
au, art. aulx, s. m. pl. eau, s. f. haut, adj. o! excl. oh! ho! interj. os, s. m.
aubain, sub. m. au bain, locut. aubin, s. m. hobin, s. m.
aube, s. f. Aube, géogr.
Aude, géogr. ode, s. f.
aunaie, s. f. aunaient (ils), v.
aune, s. f. aune ou aulne, s. m. Aulne, myth. aune, v. Eaune, géogr.
auneur, s. m. honneur, s. m.
auspice, s. m. hospice, s. m.
auster, s. m. austère, adj.
autan, s. m. autant, adv. ôtant, p.
autel, s. m. hôtel, s. m.
auteur, s. m. hauteur, s. f. hotteur, s. m.
automne, s. m. othonne, s. f. bot.
autour, prép. autour, s. m.
avant, prép. adv. avent, s. m.
aval, s. m. avale, v.
avenir, s. m. à venir, locut.
avide, adj. à vide, loc.
azote, s. m. azoth, s. m.

— B —

badine, v. badine, s. f.
Baptiste, n. pr. batiste, s. f.
Bacchanal, s. m. bacchanale, s. f.
bah! interj. bas, s. m. bas. adj. bas, adv. bat, s. m. bât, s. m. bat (il), v.
Baguères, géogr. bannière, s. f.
bai, adj. baie, s. f. bé, s. m. bey, s. m. bée, adj.
bail, s. m. baille, s. f. baille, v. bâille, v.
bailler, v. a. bâiller, v. n. baillet, adj. baillait (il), v. bâillait (il), v.
bâillon, s. m. bâillons, v.
bal, s. m. balle, s. f. Bâle, géogr.
balai, s. m. balais, adj. ballet, s. m. ballé, p. balaie, v.
ban, s. m. ban, s. m. banc, s. m.
bar, s. m. Bar, géogr. bard, s. m. barre, s. f. barre, v.
bardeau, s. m. bardot, s. m.
baron, s. m. barrons (nous) v.
basilic, s. m. basilique, s. f. basilique, adj.
Bass, géogr. basse, adj. et s. f.
bassinet, s. m. bassinet, s. m. bot. bassinait, v.
Batan, géogr. battant, s. m. battant, p. et adj.
Bath, géogr. batte, s. f. batte, v. bâte, v.
bâton, s. m. bâtons, v. battons, v.
battu, p. battue, s. f.
bau, s. m. baud, adj. Baud, géog. beau, adj. bot, adj. baux, s. m. pl. Baux, géogr. beaux, adj. m. pl.
Beauce, géogr. bosse, s. f.
beauté, s. f. botté, p.
bécarre, s. m. bécard, s. m.
beignet, s. m. baignait, v.
bel, belle, adj. Bel, myth. bêle, v.
belette, s. f. blette, s. f. blette, adj. s.
bénéficiaire, adj. et s. m. bénéficière, s. f. bénéficièrent (ils), v.
béni, part. bénit, adj.
Bernay, géogr. berné, p.
berne, s. f. berne (je, il), v. Berne, géogr.
bête, s. f. et adj. bette, s. f.
biais, s. m. biez, s. m.
bière, s. f. bière, s. f.
bill, s. m. angl. bille, s. f.
billion, s. m. billon, s. m.
binet, s. m. biner, binait (il), v.
bise, s. f. bise, adj. Bize, géogr.
Blamont, géogr. blâmons, v.
bleime, s. f. blême, adj.
bol, s. m. bol ou bowl, s. m.
bois, s. m. bois, v.
boite, s. f. boite, v. boîte, s. f.
Bombay, géogr. bombé, part.
bon, adj. et s. m. bond, s. m.
bonace, s. f. bonasse, adj. f.
Bonn, Bone, géogr. bonne, adj. et s. f.
bord, s. m. Bort, géogr.
bouchée, s. f. boucher, s. m. boucher, v. bouchet, s. m. bouchait (il), v.
bouchon, s. m. bouchons, v.
boue, s. f. bout, s. m. bout, v.
bouilli, part. et s. m. bouillie, part. et s. f.
bouillon, s. m. Bouillon, géogr. bouillons, v.
boulaie, s. f. boulet, s. m. bouler, v.
bourg, s. m. Bourg, géogr.
Bourre, s. f. bourre, v.
bourreler, v. bourrelet, s. m.
brai, s. m. braie, s. f. brait, v.
brème, s. f. Brême, géogr.
breuil, s. m. breuilles, s. f. pl.
brick, s. m. brique, s. f.
Brie, géogr. bris, s. m.
brigand, s. m. briguant, p.
brocard, s. m. brocart, s. m. broquart, s. m.
brocher, brochait, v. brochet s. m.
brou, s. m. Brou, géogr. brout, s. m.
bru, s. f. brut, adj. m.
bruir, v. a. bruire, v. n.
brusc, s. m. bot. brusque, adj.
brut, adj. m. brute, s. f.
bure, s. f. (étoffe), bure, s. f. (puits), burent, v.
but, s. m. but (il), v.
bute, s. f. bute, v. Bute, géogr. butte, s. f. butte, v.

— C —

çà, adv. et interj. ça, pron. ç'a, locut. sa, adj. poss. sas, s. m.
cabillaud, s. m. cabillots, s. m. pl.
cache, s. f. cache, s. f. cache, v.
cachet, s. m. cachait, v.
cachette, s. f. cachète, v.
cadi, s. m. cadis, s. m. Cadix, géogr.
cadran, s. m. cadrant, part.
cadre, s. m. cadre, v.
Caen, géogr. camp, s. m. kan, s. m. quand, conj. quant, conj. qu'en, locut.
cahot, s. m. chaos, s. m.
caisse, s. f. qu'est-ce, locut.
cal, s. m. cale, s. f. cale, v. calle, s. f. Calle (la), géogr.
calambour, s. m. calembourg, s. m.
caler, v. Calais, géogr.
Cambrai, géogr. cambré, p.
canaux, s. m. pl. canot, s. m.
candi, s. m. candi, adj. Candie, géogr. Candy, géogr.
cane, s. f. canne, s. f. Cannes (en France), géogr. Cannes (en Italie), géogr.
cap, s. m. cape, s. f.
capelan, s. m. caplan, s. m.
capital, adj. et s. m. capitale, s. f.
capre, s. m. câpre, s. f.
car, conj. carre, s. f. carre, v. quart, s. m.
caracol, s. m. caracole, s. f. caracole, v.
cardon, s. m. cardons, v.
caret, s. m. carrait, v.
carier, v. carrier, s. m.
Carming, géogr. carmin, s. m.
carte, s. f. quarte, adj. et s. f.
cartier, s. m. quartier, s. m.
castor, s. m. Castor, myth.
Caune, géogr. cône, s. m. Cosne, géogr.
ce, pron. dém. se, pron. pers. cé (lettre), s. m. Cé, géogr. cep, s. m. ces, pron. dém. c'est, locut. saie, s. f. sait, v. ses, adj. poss. s'est, locut.
céans, adv. séant, adj. e s. m.
ceignons, v. saignons, v.
ceins, v. ceint, p. cinq, n. de n. sain, adj. saint, adj. et s. m. sein, s. m. seing, s. m.
celer, v. sceller, v. seller, v.
céleri, s. m. sellerie, s. f.
celle, pron. cèle, v. scel, s. m. scelle, v. sel, s. m. selle, s. f. Selles, géogr. selle, v.
cellier, s. m. sellier, s. m.
cène, s. f. saine, adj. f. scène, s. f. seine, s. f. Seine et Senne, géogr.
cens, s. m. cense, s. f. sens, s. m. Sens, géogr.
censé, adj. sensé, adj.
cent, n. de n. c'en, locut. sang, s. m. sans, prép. s'en, locut. sens, s. m. Sens, géogr. sent, v.
cerf, s. m. serf, s. m. sert, v. serre, s. f. serre, v. Serre, géog.
certes, adv. serte, s. f.
Cèse, géogr. seize, n. de n.
cession, s. f. session, s. f. cessions (nous), v.
cette, pron. dém. Cette, géogr. sept, n. de n. Seth, n. pr.
cha, s. m. chas, s. m. chat, s. m. Shah, s. m.
chaîne, s. f. chêne, s. m.
chair, s. f. chaire, s. f. cher, adj. m. Cher, géogr. chère, s. f. chère, adj. f.
chais, s. m. chez, prép.
champ, s. m. chant, s. m.
chapelet, s. m. chapelait, v. chapelé, p.
charme, s. m. charme, s. m. bot. charme, v.
chartre, s. f. Chartres, géogr.
châsse, s. f. chasse, s. f. chasse, v.
chassie, s. f. chassis, s. m.
chaud, adj. et s. m. chaux, s. f. chaut (il), v.
chauler, v. Cholet, géogr.
chaume, s. m. chaume, v. chôme, v.
chaumons, v. chômons, v. Chaumont, géogr.
chausse, s. f. chausses, s. f. pl. chausse, v.
chaussée, s. f. chaussée, adj. f.
chausson, s. m. chaussons, v.
cheminée, s. f. cheminer, v.
chlore, s. m. clore, v.
choc, s. m. choque, v.
chœur, s. m. cœur, s. m.
chrême, s. m. crême, s. f. Crême, géogr.
chut, interj. chute, s. f. chute, v.
ci, adv. si, conj. sis, p. six, n. de n. s'y, locut. scie, s. f. et v.
cil, s. m. sil, s. m. s'il, locut.
cilice, s. m. silice, s. f.
cille (je), v. scille, s. f. sille, s. f. sille (je), v.
cire, s. f. cire, v. cirrhe, s. m. sire, s. m. scires, s. f. pl. sir (mot anglais). Cyr, n. pr.
ciron, s. m. cirons, v. Scyron, myth. scierons, v.
cite, v. Scythe, géogr. site, s. m.
claie, s. f. clé s. f.
clain, s. m. clin, s. m.
clair, adj. et s. m. Claire, n. pr. f. clerc, s. m.
clamp, s. m. clan, s. m.
clause, s. f. close, adj.
clou, s. m. Cloud, n. pr. cloue, v.
coi, adj. quoi, pron.
coin, s. m. coing, s. m.
col, s. m. colle, s. f. colle, v.
collet, s. m. collait, v.
colombe, s. f. Colomb, n. pr.
colon, s. m. colon, s. m. collons, v.
colonel, s. m. colonelle, adj. f.
commande, s. f. commande, v. commende, s. f.
compact, s. m. compacte, adj. 2 g.
complant, p. et s. m. contant, p. content, adj.
complet, adj. complait, v.
compte, s. m. compte, v. comte, s. m. conte, s. m. conte, v.
comtat, s. m. compta, v. conta, v.
confie, v. confit, p. qu'on fit, locut.
conseil, s. m. conseille, v.
conseiller, s. m. conseiller, v.
conserve, s. f. conserve, v.
convaincs, v. convins, v.
coq, s. m. coque, s. f. coke, s. m.
cor, s. m. cor, s. m. corps, s. m. cors, s. m. pl.
Corbeil, géogr. corbeille, s. f.
cordon, s. m. cordons, v.
cornette, s. f. cornette, s. m.
corroi, s. m. corroie, v.
cosse, s. f. cosse, v.
cote, s. f. côte, s. f. cotte, s. f. quote, adj. f. cote, v.
cou, s. m. coud, v. coup, s. m. coût, s. m.
couloir, s. m. couloire, s. f.
coupon, s. m. coupons, v.
cour, s. f. courre, v. cours, s. m. court, adj. court, v.
courroi, s. m. courroie, s. f.
courtisan, s. m. courtisant, p.
couvant, p. couvent, s. m.
craint, v. crin, s. m.
crêpe, s. m. crêpe, s. f. crêpe, v.
crête, s. f. Crète, géogr.
creusé, adj. f. creuse, v. Creuse, géogr.
creuset, s. m. creusait, v.
cri, s. m. cric, s. m. crie, v. chrie, s. f. Christ, s. m.
crois (de croire), v. croît, v. et s. m. croix, s. f.
croisé, p. et s. m. croisée, s. f.
croquet, s. m. croquait, v.
cru, adj. cru (de croire), p. crû (de croître), p. crû, s. m. crue, s. f. crut (de croire), v. crût (de croître), v.
cuir, s. m. cuire, v.
cure, s. f. Cure, géogr. cure, v.
curé, s. m. curée, s. f. curer, v.
cycle, s. m. sicle, s. m.
cygne, s. m. signe, s. m. signe, v.

— D —

dague, s. f. dagues, s. f. pl.
dais, s. m. dé, s. m. des, art. dès, prép. dey, s. m. D (lettre).
dam, s. m. Dan, n. pr. dans, prép. d'en, locut. dent, s. f.
dame, s. f. dame ou dam! interj. dame, v.
danse, s. f. dense, adj. danse, v.
date, s. f. datte, s. f. date, v.
daube, s. f. daube, v.
davantage, adv. d'avantage, locut.
déceler, v. désceller, v. desseller, v.
décent, adj. descend, v.
décente, adj. descente, s. f.
décime, s. m. décime, s. f. décime, v.
décor, s. m. décore, v.
decri, s. m. décrit, p. et v. décrie, v.
défaire, v. défère, v. déferre, v.
défais, v. défait, part. des faits, locut. d'effet, locut. défets, s. m. pl.
défaite, s. f. défaite, p. f.
défens, s. m. défends, v.
déférant, p. adj. déférent. adj. et s. m. déferrant, p.
déférer, v. n. déferrer, v. a.
défi, s. m. défie, v. défis, v.
dégoûter, v. dégoutter, v.
délacer, v. délasser, v.
délai, s. m. délais, s. m. délaie, v.
délit, s. m. délie, v. Delhy, géo.
déni, s. m. dénie, v.
dépare, v. départ, s. m.
dépens, s. m. pl. dépends, v.
derrière, prép. derrière, s. m.
désir, s. m. désire, v.
dessein, s. m. dessin, s. m.
dessert, s. m. et v. desserre, v.
déteint, p. détint, v.
deux, n. de n. d'eux, locut.
devant, p. devant, prép. devant, s. m.
devin, s. m. devint, v.
dicton, s. m. dictons, v.
différend, s. m. différent, adj. différant, p.
Dinan, géogr. dînant, p. Dinant, géogr.
Dîner, v. et s. m. dînée, s. f.
dis, v. dix, n. de n.
discours, s. m. discourt, v.
divers, adj. m. d'hiver, loc.
doigt, s. m. d'oie, locut. doit, v.
dol, s. m. Dol, géogr. Dôle, géogr. dole, v.
dolant, p. dolent, adj.
dom, s. m. don, s. m. don, s. m. Don, géogr. dont, pron.
d'or, locut. dore, v. dors, v.
dot, s. f. dote, v.
d'où, locut. Doubs, géogr. doux, adj.
Douai, géogr. doué, p.
du, art. dû, p. et s. m. dut, v.
dur, adj. dure, s. f. dure, v.
duret, adj. durait, v.

— E —

Eause, géogr. ose, v.

échecs, s. m. pl. échet, v.
écho, s.m. Echo, n. f. écot, s. m.
éclair, s. m. éclaire, s. f. éclaire, v.
éclat, s. m. Hécla, géogr.
écossais, adj. et s. m. écosser, v.
effort, s. m. éphore, s. m.
égard, s. m. égare, v.
eh! excl. hé! interj. et, conj.
élan, s. m. élan, s. m.
Elie, n. pr. m. Ely, géogr.
élisez, v. Élysée, s. m. Elisée, n. pr. m.
émouchet, s. m. émoucher, v.
empire, s. m. empire, v.
emploi, s. m. emploie, v.
enfer, s. m. enferre, v.
ennui, s. m. ennuie, v.
enseigne, s. m. anseigne, s. f. enseigne, v. enceigne, v.
enter, v. hanter, v.
entours, s. m. pl. entoure, v.
entraves, s. f. pl. entrave, v.
entretien, s. m. entretient, v.
envi (à l'), locut. envie, s. f. en vie, v. en vie, locut.
environ, adv. environs, s. m. pl. envierons, v.
envoi, s. m. envoie, v.
épars, adj. épars, s. m. épart, s. m.
épi, s. m. épie, v.
épicer, v. épisser, v.
épier, v. n. épier, v. a.
ergo, conj. latin. ergot, s. m.
ers, s. m. erse, s. f. erse, adj. herse, s. f. herse, v.
essai, s. m. essaie, v.
esse, s. f. (lettre), Hesse, géogr. est-ce, loc.
essor, s. m. essore, v.
essui, s. m. essuie, v.
Estaire, géogr. ester, v. n. estère, s. f. esterre, s. m. Esther, n. pr. f.
étai, s. m. étaie, s. f. étaie, v. étais, v. été, s. m. été, port.
étaim, s. m. étain, s. m. éteint, v. et p.
étal, s. m. étale, adj. étale, v.
étalon, s. m. étalons, v.
étampe, s. m. Etampes, géogr.
étang, s. m. étant, p. et s. m. étend, v. et tant, locut.
éthique, s. f. étique, adj.
être, s. m. être, v. hêtre, s. m.
Eu, géogr. eux, pron. heu, interj. œufs, s. m. pl.
eu, part. U, lettre. hue, s. f. hue, v.
eûmes (nous), v. hume, v. Hume, n. pr. m.
Eure, géogr. heur, s. m. heure, s. f. heurt, s. m.
eurent, v. hure, s. f. Ur, géogr. ure, s. m.
eûtes, v. hutte, s. f.
éveil, s. m. éveille, v.
évidant, p. évident, adj.
exaucer, v. exhausser, v.
excellant, p. excellent, adj.
exil, s. m. Exilles, géogr. exile, v.
expédiant, p. expédient, s. m.

— F —

fabricant, s. m. fabriquant, p.
face, s. f. fasce, s. f. fasse, v.
faim, s. f. feint, adj. feint, v. fin, s. f. fin, adj.
faire, v. faire, s. m. fer, s. m. ferre, v. Fère (la), géogr.
fais, v. fait, p. et s. m. faix, s. m.
faisan, s. m. Fezzan, géogr. faisant, p.
faîte, s. m. faites, v. fête, s. f.
fane, s. f. fane, v. faonne, v.
faon, s. m. fend, v.
fard, s. m. fare, s. f. phare, s. m.
fascine, s. f. fascine, v.
fatigant, adj. fatiguant, p.
fauchet, s. m. fauchait, v.
fauchon, s. m. fauchons, v.
fausse, adj. fausse, v. fosse, s. f.
faussé, p. fausset, s. m. faussait, v. fossé, s. m.
faut (il), v. faux (je, tu), v. faux, s. f. faux, adj. et s. m.
fèces, s. f. pl. fesse, s. f.
féret, s. m. ferret, s. m. ferrait, v.
férie, s. f. féerie, s. f.
ferment, s. m. fermant, p. adj. ferrement, s. m.
fêtu, s. m. fais-tu, locut.
feu, s. m. feu, adj.
fi, interj. fils, s. m. fis, v. fie, v.
fiction, s. f. fixions, v.
fier, adj. fiert, v. fier, v.
fil, s. m. file, s. f. file, v.
filet, s. m. filait, v.

filtre, s. m. philtre, s. m. filtre, v.
flair, s. m. flaire, v.
flan, s. m. flanc, s. m.
flotte, s. f. flotte (poisson), s. f. flotte, v.
flue, v. flux, s. m.
flûte, s. f. flute, (navire), s. f. flute, v.
foi, s. f. Foi, n. pr. foie, s. m. fois, s. f. Foix, géogr.
fond, s. m. fond, v. fonds, s. m. font (ils), v. fonts, s. m. pl.
for, s. m. fore, v. fors, prép. fort, adj., adv. et s.m.
forçà, v. forçat, s. m.
force, s. f. forces, s. f. pl. force, v.
foret, s. m. forêt, s. f. Forêts et Forez, géogr. forait, v.
forma, v. format, s. m.
foudre, s. m. et f. foudre, s. m. (tonneau).
fougère, s. f. Fougères, géogr.
foule, s. f. foule, s. f. foule, v.
four, s. f. Fours, géogr. fourre, v.
fourni, p. et adj. fournil, s. m.
frai, s. m. fraie, s. f. fraie, v. frais, adj. frais, s. m. pl fret, s. m.
frette, s. f. frète, v.
franc, s. m. franc, adj. Franc, hist.
fuie, s. f. fuis, v.
Fumay, géogr. fumé, p. fumée, s. f. fumait, v. fumet, s. m.
fume, v. fûmes, v.
fur (au), locut. furent, v.
fusilier, s. m. fusiller, v.
fût, s. m. fut, v.
futaie, s. f. futé, adj.

— G —

gabie, s. f. Gabies, géogr.
gai, adj. gué, s. m. guet, s. m.
Gaillon, géogr. galion, s. m.
gaîté, s. f. guettez, v. guetté, p.
gale, s. f. Gall, géogr. et n. pr. galle (noix de), s. f. Galles, myth. Galles, géogr.
Gand, géogr. gant, s. m.
Gard, géogr. gare, s. f. gare, interj. gare, v. gars, s. m.
garde, s. m. garde, s. f. garde, v.
gardon, s. m. Gardon, géogr. gardons, v.
gaule, s. f. Gaule, géogr. gaule, v.
gaz, s. m. gaze, s. f. gaze, v.
G, s. m. geai, s. m. j'ai, locut. jais, s. m. jet, s. m.
gemme, adj. j'aime, v.
gène, s. f. gêne, v. Gênes, géogr.
gent, gens, s. gent, adj. Jean, n. pr. j'en, locut. jan, s. m.
gente, adj. f. jante, s. f. j'ente, locut.
gentille, adj. f. jantille, s. f.
gît, v. Gy, géogr. j'y, locut. J, s. m., lettre.
glace, s. f. glace, s. f. glace, v.
gobbe, s. f. gobe, v.
gour, s. m. gourd, adj. goure, s. f. goure, v.
gourmer, v. gourmet, s. m.
goutte, s. f. goûte, v.
grâce, s. f. grasse, adj. Grasse, géogr. Grats, géogr.
graisse, s. f. graisse, v. Grèce, géogr.
grave, adj. grave, v. Grave, géo.
Gray, géogr. gré, s. m. grès, s. m.
greffe, s. m. greffe, s. f. greffe, v.
gril, s. m. gris, adj.
grillon, s. m. grillons, v.
grison, adj. Grison, géogr. grisons, v.
guère, adv. guerre, s. f.
gueule, s. f. gueules, s. m. blason. gueule, v.
guide, s. m. guide, s. f. guide, v.
guidon, s. m. guidons, v.
Guingamp, géogr. guingan, s. m.

— H —

hâle, s. m. hâle, v. hale, v. halle, s. f. Halle, géogr.
haro, interj. Arau, géogr.
haute, adj. f. hôte, s. m. hotte, s. f. ôte. v.
hautesse, s. f. hôtesse, s. f.
Hélène, n. pr. Hellène, n. géogr.
hem! interj. Hem, géogr. aime, v.
Hérault, géogr. héraut, s. m. Héro, myth. héros, s. m.
hier, adv. Hyères, géogr.
hochet, s. m. hochait, v.
hom! interj. homme, s. m. heaume, s. m.

homard, s. m. Omar, n. pr.
hombre, s. m. ombre, s. f. ombre, s. m. ombre, v.
Hor, géogr. hors, prép. or, s. m. or, conj. ord, adj. ores, adv.
hostie, s. f. Ostie, géogr.
hou! excl. houe, s. f. houx, s. m. houe, v. ou, conj. où, adv.
hui, adv. huis, s. m. huit, n. de n. Huy, géogr.
hune, s. f. une, adj. et art.

— I —

ici, adv. Issy, géogr.
il, pron. île, s. f. Ill, Isle et Ille, géogr.
indu, adj. indut, s. m.
intension, s. f. intention, s. f.
Iris, myth. iris, s. m.
ivraie, s. f. Ivrée, géogr.

— J —

Jacques, n. pr. m. jaque, s. f.
Japon, géogr. jappons, v.
jarre, s. f. jars, s. m.
jeûne, v. et s. m. jeune, adj.
j'eus, v. jus, s. m.
jonchée, s. f. jonchets, s. m. pl. joncher, v.
joue, s. f. joue, v.
jouer, v. jouet, s. m.
jouis, v. Jouy, géogr.
Juda, n. pr. Judas, n. pr. et s. m.
jura, v. Jura, géogr.

— L —

la, art. la, pron. la, s. m. là, adv. las! interj. las, adj. lacs, s. m. pl. l'a, locut.
labour, s. m. Labour, géogr. laboure, v.
lac, s. m. lacq (de roupies), s. m. laque, s. 2 g.
lacerat, s. m. lacerait, v. lasserait, v.
lacet, s. m. laçait, v. lassait, v.
lai, adj. lai, s. m. l'ai, locut. laid, adj. laie, s. f. lais, s. m. lait, s. m. l'ait, locut. lé, s. m. les, art. lez, prép. legs, s. m. l'est, locut.
laiche, s. f. lèche, s. f. lèche, v.
laide, adj. Leyde, géogr.
laitê, adj. Léthé, myth. l'été, loc. l'était, locut.
laise, s. f. lèze. adj.
Laon, géogr. l'an, locut. l'en, locut. lent, adj.
Lar, géogr. lard, s. m. Lares, myth.
lavoir, s. m. la voir, locut. l'avoir, locut.
lavons, v. l'avons, locut.
légat, s. m. légua, v. léguât, v.
lente, adj. f. lente, s. f.
lest, s. m. leste, adj. leste, v.
leur, pron. leur, adj. poss. leurre, s. m. leurre, v. l'heure, locut.
lovier, s. m. leviez, v.
lice, s. f. lice, s. f. lice, s. f. lis, s. m. lisse, adj. lisse, s. f. lisse, v. Lys, géogr.
lie, s. f. lie, v. lit, s. m. lis, s. m. lit, v.
liège, s. m. Liège, géogr.
lierre, s. m. lièrent, v.
lieu, s. m. lieue, s. f.
limier, s. f. limiez (vous), v.
lion, s. m. lions, v. Lyon, géogr.
lippe, s. f. Lippe, géogr.
lire, v. lyre, s. f. l'ire, locut.
lissé, s. m. lissé, p. lycée, s. m.
livre, s. m. livre, s. f. livre, v. l'ivre, locut.
livret, s. m. livrait, v.
Lo, géogr. lods, s. m. pl. lot. s. m. los, s. m.
looh, s. m. looch, s. m. Locke, n. pr. m. Loke, myth. loque, s. f.
loche, s. f. loche, v. Loches, géog.
loin, adv. Loing, géogr.
loir, s. m. Loir, géogr. Loire, géogr.
l'on, locut. long, adj. l'ont, locut.
lord, s. m. lors, adv. l'or, locut. Laure, n. f.
Lot, géogr. Loth, n. pr. m. lotte, s. f.
loue, v. loup, s. m.
louer, v. louer, v.
lourd, adj. loure, s. f. loure, v.
lui, pron. lui, p. luis, luit, v.
lustre, s. m. lustre, v.
lut, s. m. luth, s. m. l'ut, locut. lute, v. lutte, s. f. lutte, v.

lut (il), v. l'eut, locut.
luter, v. lutter, v. Luther, n. pr.
luxe, s. m. luxe, v.

— M —

ma, adj. poss. Ma, myth. mât, s. m.
mâche, s. f. mâche, v
magister, s. m. magistère, s. m.
mai, s. m. maie. s. f. mais, conj. mes, adj. poss. mets, s. m. met, v.
mail, s. m. maille, s. f.
main, s. f. maint, adj. Main ou Mein, géogr.
Maine, géogr. mène, v.
maintien, s. m. maintient, v.
maire, s. m. maire, adj. mer, s. f. mère, s. f. mère, adj. f.
maison, s. f. Maisons, géogr.
maître, s. m. mètre, s. m. m'être, locut. mettre, v. mestre, s. m.
mal, s. m. adv. male, adj. f. mâle, adj. et s. m. malle, s. f.
Man, géogr. Mans, géogr. mens, v.
manche, s. m. manche, s. f Manche, géogr.
mande, v. Mende, géogr.
mânes, s. m. pl. manne, s. f. manne, s. f.
mante, s. f. mante, s. f. Mantes, géogr. mente, v. menthe, s. f.
marc, s. m. mare, s. f. Marc, n. pr. Mars, myth. et s. m.
marchand, s. m. marchant, part.
marche, s. f. marche, v. Marche, géogr.
marché, s. m. marcher, v.
marguerite, s. f. Marguerite, n. pr. Marguerite, géogr.
mari, s. m. marri, adj. Marie, n. pr. marie, v.
martyr, adj. et s. m. martyre, adj. et s. f. martyre, s. m.
mastic, s. m. mastique, v.
mat, adj. m. mat, s. m. mate, adj. f. mate, v. matte, s. f.
mâter, v. mater, v.
mâtin, s. m. matin, s. m.
Maur, n. pr. maure, adj. et s. mors, v. mors, s. m. mort, s. f. mort. p. et s. m.
mauve, s. f. mauve, s. f. Mauves, géogr.
maux, s. m. pl. Meaux, géogr. mot, s. m.
même, adj. et adv. m'aime, loc.
menton, s. m. Menton, géogr. mentons, v.
mépris, s. m. mépris. p.
messe, s. f. Metz, géogr.
meurs, v. mœurs, s. f. pl. Meurs, géogr.
mi, particule. mi, s. m. mie, s. f. mie, négation. mis, p. mis, v. m'y, locut.
mil, s. m. mil, n. de n. mille, n. de n. mille, s. m.
mine, s. f. mine, s. f. mine, v.
mire, s. f. myrrhe, s. f. mire du v. mirer, mirent du v. mettre.
mite, s. f. mythe, s. m. mites (vous), v.
moi, pron. mois, s. m.
Moka, géogr. moqua, v.
mole, s. f. mole, s. m. molle, adj.
mon, adj. poss. mont, s. m. m'ont, locut.
monde, s. m. monde, adj. monde, v.
morné, adj. mort-né, adj.
motet, s. m. mottait, v. m'ôtait, locut.
mou, adj. mou, s. m. moud, v. moue, s. f. moût, s. m.
mouche, s. f. mouche, v.
moule, s. m. moule, s. f. moule, v.
moulin, s. m. Moulins, géogr.
moulure, s. f. moulurent (ils), v.
mouron, s. m. mourons, v.
mousse, s. m. mousse, s. f. mousse, v.
mue, s. f. mu, p.
mule, s. f. mule, s. f. mules, s. f. pl.
mur, s. m. mûr, mûre, adj. mûre, s. f. mure, v.
Muret, géogr. murait, v.
muse, s. f. muse, v.

— N —

nais, v. n'ai, locut. né, p. net, adj. n'est, locut. nez, s. m.
navet, s. m. n'avait, locut.
nette, adj. Nèthe, géogr.
neuf, adj. neuf, n. de n.
neufs, adj. pl. nœud, s. m.

ni, conj. nid, s. m. n'y, locut. nie, v.
Nil, géogr. nille, s. f.
nions, v. Nyon, géogr.
noie, v. noix, s. f.
nom, s. m. non, particule négative. n'ont, locut.
nome, s. m. nomme, v.
noue, s. f. noue, v. nous, pron.
nourrice, s. f. nourrisse, v.
noyer, s. m. noyer, v. noyé, p. et s. m.
nu, adj. nue, s. f. n'eut, loc.
nuit, s. f. nuit, v. Nuits, géogr. Nuys, géogr.

— O —

oing (vieux), s. m. oint, s. m. oint, v. et p.
on, pron. ont, v.
officier, s. m. officier, v.
once, s. f. once, s. m.
ordinand, s. m. ordinant, s. m.
onglée, s. f. onglet, s. m.
orne, s. m. Orne, géogr. orne, v. Horn, géogr.
oubli, s. m. oublie, s. f. oublie, v.
oui, adv. ouï, v. ouie, s. f.
outre, s. f. outre, prép. outre, v.

— P —

padou, s. m. Padoue, géogr.
page, s. m. page, s. f.
pain, s. m. peins, v. peint, p. pin, s. m. Pin, géogr.
pair, adj. et s. m. paire, adj. f. père, s. m. pers, adj. m. perd, v.
pairle, s. m. blason. perle, s. f.
paix, s. f. paît, v. pet, s. m. paie, s. f. paie, v.
pal, s. m. pale, s. f. pâle, adj. palle, s. f.
palier, s. m. pailler, s. m. pallier, v.
paierons, v. perron, s. m.
palais, s. m. palais, s. m. Palès, myth. palet, s. m. palée, s. f.
palme, s. m. palme, s. f.
pan, s. m. Pan, myth. pan! excl. paon, s. m. pend, v.
panne, s. f. pane, v. paonne, s. f.
panneau, s. m. paonneau, s. m.
panse, s. f. panse, v. pense, v.
panser, v. a. penser, v. n. penser, s. m. pensée, s. f. pensée, s. f. bot.
par, prép. pari, s. m. part, s. f. part, v.
paraisse, v. paresse, s. f. paresse, v.
parant, p. adj. parent, s. m.
parante, adj. parente, s. f.
parc, s. m. Parque, myth. parque, v.
parce que, conj. par ce que, loc.
pari, s. m. Paris, géogr. Pâris myth. parie, v.
parquer, v. parquet, s. m.
Parthe, hist. parte, v.
parti, s. m. partie, part. partie s. f. partit, v.
parure, s. f. parurent, v.
pas, s. m. pas, particule. pât, s. m.
pâte, s. f. patte, s. f.
pâté, s. m. pâtée, s. f.
pater, s. m. patère, s. f.
pâtis, s. m. pâtis, v.
Pau, géogr. peau, s. f. Po, géog. pot, s. m.
Paul, n. pr. Paule, géogr. pôle, s. m.
paume, s. f. pomme, s. f. paume, v.
pause, s. f. pause, v. pose, s. f. pose, v.
pec (hareng), adj. m. Pecq (le), géogr. pecque, s. f.
pèche, s. f. pêche, s. f. pèche, v. pêche, v.
péché, s. m. pêcher, s. m. pécher, v. pêcher, v.
peine, s. f. pène, s. m. penne, s. f. peine, v.
peinte, p. pinte, s. f. pinte, v.
pêle, v. pelle, s. f.
perçant, p. adj. persan, adj. s.
perce (en), locut. Perse, géogr. perse, adj. Perse, n. pr. m. perse, adj. f. perse, s. f. perce, v.
percée, adj. et s. f. Persée, myth.
perte, s. f. Perth, géogr.
peu, adv. peux (je, tu), v. peut (il), v.
pic, s. m. pique, s. f. et m. pique, v.

pie, s. f. pie, adj. Pie, n. pr.
pis, s. m. pis, adv.
pieu, s. m. pieux, adj.
pilier, s. m. piller, v.
pilori, s. m. piloris, s. m.
pinçon, s. m. pinçons, v. pinson, s. m.
piqué, s. m. piquet, s. m. piquez, v.
piton, s. m. Python, myth.
placet, s. m. plaçait, v.
plaid, s. m. plaid, s. m. plaie, s. f. plaît, v.
plain, adj. et s. m. plaint, p. plein, adj.
plaine, s. f. pleine, adj. f.
plainte, p. plainte, s. f. plinthe, s. f.
plan, adj. et s. m. plant, s. m.
plane, s. m. plane, s. f. plane, v. plane, adj. f.
plat, adj. plat, s. m.
pleurs, s. m. pl. pleuré, v.
pli, s. m. plie, s. f. plié, v.
plu, part. plus, adv.
plumet, s. m. plumait, v.
plutôt, adv. plus tôt, loc.
poêle, s. m. poêle, s. f. poêle, s.
poids, s. m. pois, s. m. poix, s. f. Poix, géogr. pouah! excl.
poing, s. m. point, s. m. point, négat. point, v.
poire, s. f. poire, s. f.
poisson, s. m. poisson, s. m. poisons, v.
police, s. f. police, v. polisse, v.
polissoir, s. m. polissoire, s. f.
polisson, s. m. poliçons, v. polissons, v.
pompon, s. m. pompons, v.
pompe, s. f. pompe, s. f. pompe, v.
Pons, géogr. pont, s. m. pond, v.
ponte, s. m. ponte, s. f.
poulé, adj. posté, s. m. ponter, v.
ponton, s. m. pontons, v.
porc, s. m. porc, s. m. port, s. m.
porte, s. f. porte, v.
poste, s. m. poste, s. f. poste, v.
pou, s. m. pou (de soie), s. m. pouls, s. m.
pouce, s. m. pousse, s. f. pousse, v.
Pouille (la), géogr. pouilles, s. f. pl.
poupard, s. m. poupart, s. m.
pratique, adj. pratique, s. f. pratique, v.
près, s. m. prés, prép. prêt, adj. prêt, s. m.
prémices, s. f. pl. prémisses, s. f. pl.
présent, adj. présent, s. m.
président, p. président, s. m.
pressant, part. pressent, v.
prétant, part. prétend, v.
prête, adj. prête, v.
prêteur, s. m. prêteur, s. m.
prévot, s. m. prévaux, v.
prière, s. f. prièrent, v.
primal, s. m. prima, v.
pris, p. prix, s. m. prie, v.
prison, s. f. prisons, v.
pronostic, s. m. pronostique, v.
Protée, myth. protêt, s. m.
prou, adv. proue, s. f.
provin, s. m. Provins, géogr. provint, v.
pu, part. pue, v. pus, v. pus, s. m.
puce, s. f. pusse, v.
pugile, s. m. pugille, s. m.

puis, adv. puis, v. puits, s. m.
Puy, s. m. et géogr.
pur, pure, adj. purent, v.
pyrique, adj. pyrrhique, adj.

— Q —

quel, quelle, adj. qu'elle, locut.
Kehl, géogr.
quelque, adj. et adv. quel que, quelle que, locut.
quêtant, p. qu'étant, locut.
quête, s. f. quête, v.
quoi, pron. coi, adj.
quoique, conj. quoi que, locut.

— R —

racloir, s. m. racloire, s. f.
raie, s. f. raie, s. f. raie, v.
rais, p. rois, s. m. pl. rê, s. m.
Ré, géogr. reis, s. m. Rois, géogr. raz, prép.
raine, s. f. reine, s. f. rêne, s. f.
renne, s. m. Rennes, géogr.
raisonne, s. f. réponse, s. f.
raisonner, v. résonner, v.
ramier, s. m. ramiez, v.
rang, s. m. rang, s. m. rend, v.
rappel, s. m. rappelle, v.
ras, adj. et s. m. rat, s. m.
rauque, s. m. roc, s. m. Roch, n. pr. roque, v.
récollet, s. m. récoler, v.
record, s. m. recors, s. m.
recru, s. m. recru, adj. recrue, s. f.
recul, s. m. recule, v.
reflux, s. m. reflue, v.
régal, s. m. régal, régale, adj. régale, s. m. régale, s. f. régale, v.
regrès, s. m. regret, s. m.
Reims, géogr. rince, v.
rein, s. m. Rhin, géogr.
rempart, s. m. rempare, v.
rentraire, v. rentrèrent, v.
renvoi, s. m. renvoie, v.
repaire, s. m. repère, v.
répons, s. m. répond, v.
résidant, p. adj. résident, s. m.
restaurer et restor, s. m. restaure, v.
réveil, s. m. réveil, v.
révérant, p. révérend, adj.
rhombe, s. m. rumb, s. m.
rich, s. m. riche.
Riom, géogr. rions, v. rion, s. m.
ris, s. m. rie (de veau), s. m. ris, s. m. marine, ritz, s. m. pl. riz, s. m. ris, v.
rob, s. m. robe, s. f.
rode, s. f. rode, v. Rhodes, géog.
rognon, s. m. rognons, v.
roi, s. m. rouet, s. m. Roye, g.
roman, adj. et s. m. Roman et Romans, géogr.
romps, v. rond, adj. et s. m. sous, prép.
rot, s. m. rot, s. m. rôt, s. m.
roti, s. m. rotis, v. rotis, v.
ruban, adj. rouant, adj. blas.
rouan, part. Rouan, géogr.
Rouci, géogr. roussi, s. m. roussi, p. et adj. m. roussis, v.
roue, s. f. roux, adj. roux, v.
roué, adj. rouaili, v. rouet, s. m.
Rubicon, géogr. rubicond, adj.
ruine, s. f. ruine, v.
rue, s. f. rue, s. f. rue, v. Rue,

géogr. rut, s. m.
rut, s. m. Ruth, n. pr.

— S —

Saba, géogr. sabbat, s. m. s'abat, v.
sable, s. m. Sables (les), géogr. sable, v.
sabre, s. m. Sabres, géogr. sabre, v.
saignée, s. f. saigner, v. ceignes (vous), v.
saigneur, s. m. seigneur, s. m.
saime, s. f. s'aime, v. sème, v.
sainte, adj. Saintes, géo. ceinte, part.
saisi, part. saisie, s. f. saisie, v.
saie, adj. sale, v. Sales, géogr. salle, s. f.
saleron, s. m. salerons, v.
salon, s. m. salons, v. Salons, géogr.
salut, s. m. salue, v.
sandal, s. m. sandale, s. f. condal, s. m.
santé, s. f. sentez (vous), v.
santon, s. m. sentons, v.
Saône, géogr. sonne, v.
satire, s. f. satyre, s. m. myth. s'attire, v.
saumon, s. m. sommons, v.
saur, saure, adj. saure, v. sort, s. m. sort, v.
Saumur, géogr. saumure, s. f.
saumerie, s. f. sommerie, s. f.
saut, s. m. sceau, s. m. Sceaux, géogr. seau, s. m. sot, adj.
Sauve, géogr. sauve, v.
savon, s. m. savons, v.
sceptique, adj. septique, adj.
scier, v. sied, v.
scieur, s. m. sieur, s. m.
scierie, s. f. Syrie, géogr.
Seraing, géogr. serein, adj. serin, s. m.
serment, s. m. serrement, s. m.
Seurre, géogr. sœur, s. f.
sillot, s. m. sillait, v.
singe, s. m. singe, v.
soc, s. m. socque, s. m.
sol, pron. sois, z. f. soit, v. soit, conj.
soir, s. m. seoir, v.
sol, s. m. sol, s. m. sole, s. f. sole, s. f. sole, s. f. saule, s. m.
sommeil, s. m. sommeille, v.
somme, s. m. somme, s. f. Somme, géog. somme, v. sommes, v.
sommal, s. m. sommer, v.
sonde, s. f. sonde v. Sund, géo.
sonnet, s. m. sonnet, s. m. sonner, v.
sou, s. m. soûl, adj. et s. m. saoul, v.
souci, s. m. souci, s. m. Soucy, géogr. soucis, v.
soudan, s. m. Soudan, géogr. soudant, p.
soude, s. f. soude, v.
soufflot, s. m. soufflait, v. soufflé, s. m.
soufre, s. m. soufre, v. souffre, v.
soulier, s. m. Souliers, géogr.
Sour, géogr. sourd, adj. et s. m.
souris, s. f. souris, s. m. souris, v.

soutien, s. m. soutient, v.
statue, s. f. statue, v. statut, s. m.
stil, s. m. style, s. m. style, v.
suaire, s. m. suèrent, v.
substitue, v. substitut, s. m.
succin, s. m. succinct, adj.
suce, v. susse (que je), v. sus, adv.
sue, v. sut, v. su, part.
suie, s. f. suis, v. a. suis (je), v.
sur, prép. sûr (assuré), adj. sur (aigre), adj.
sureau, s. m. suros, s. m.

— T —

Ta, adj. poss. tas, s. m. t'a loc.
tac, s. m. taque, s. f.
tache, s. f. tache, v. tâche, s. f. tâche, v.
tain, s. f. tait, v. t'ait. locut. Tay, géogr. tes, adj. poss. thé, s. m. T. s. m. t'est, locut. têt, s. m.
taillon, s. m. taillons, v. talion, s. m.
tain, s. m. teint, s. m. teint, v. thym, s. m. Tain, géogr. tin, s. m. tint, v.
thème, s. m. t'aime, locut.
taire, v. Tar, géogr. tar, adv. terre, s. f. terre, v.
taise, v. thèse, s. f.
taisez, v. Thésée, n. pr.
tan, s. m. tant, adv. tend, p. temps, s. m. t'en, locut.
tante, s. f. tente, s. f. tente, v.
taisson, s. m. tesson, s. m.
tancions, v. tension, s. f.
tanne, s. f. tanno, v. Thann, géog.
taon, s. m. thon, s. m. ton, adj. poss. ton, s. m. tond, v.
tap, s. m. tape, s. f. tape, v.
tapir, s. m. tapir, v.
tapis, s. m. tapi, p. tapis, v.
tard, adv. tare, s. f. tare, v.
tartare, adj. et s. Tartare, myth.
tau, s. m. taux, s. m. tôt, adv.
taupe, s. f. tope, interj. et v.
taure, s. f. tore, s. m. tords, v.
tors, adj. tort, s. m. Thor, myt.
teigne, s. m. teigne, v.
teinte, p. teinte, s. f. tinte, v. tintés (vous), v.
tel, telle, adj. Tell, n. pr. Tel, Tell, géogr.
tendon, s. m. tendons (nous), v.
tenon, s. m. tenons (nous), v.
tendre, adj. tendre, v.
Tercère, géogr. tercèrent (ils), v.
terme, s. m. Terme, myth. thermes, s. m. pl.
thonaire, s. m. tonnerre, s. m. tonnèrent, v. Tonnerre, géogr.
Thonon, géogr. tonnons, v.
Thrace, géogr. trace, s. f. trace (je), v.
tic, s. m. tique, s. f. tique, v.
tien, pron. Tien, myth. tiens, tient, v.
tigre, s. m. Tigre, géogr.
tir, s. m. tire, s. f. tire, v. Tyr, géogr.
tirant, p. et s. m. tyran, s. m.
tirat, s. m. tirait (il), v.
toi, pron. toit, s. m.
torin, torine, adj. torine, s. f.
toue, s. f. toue, v. tout, adj. s. m. tout, adv. toux, s. f.
tour, s. f. tour, s. m. tourd, s. m. Tours, géogr.

Tournay, géogr. tourné, p. tourner, v.
tournoi, s. m. tournois, adj. tournois, v.
trace, s. f. Thrace, géogr.
trait, s. m. très, particule. trais (je), v.
transfert, s. m. transfère, v.
trentain, s. m. Trentin, géogr.
trève, s. f. Trèves, géogr.
tribu, s. f. tribut, s. m.
troc, s. m. troque, s. f. et v.
Troie, géogr. anc. Troyes, géog. mod. trois, m. de n.
trop, adv. trot, s. m.
trop, adv. trope, s. m.
trout, s. m. vase, s. f.
tu, pron. tû, p. tue, v. tut, v.

— U —

Urbain, n. pr. Urbin, géogr.

— V —

vacant, adj. vaquant, p.
vague, adj. vague, s. f. vague, v.
vain, vins, vint, v. vaines, v.
vaine, adj. f. veine, s. f. Veynes, géogr.
vair, s. m. ver, s. m. verre, s. m. vers, s. m. vert, vert, adj. et s. m. Veyre, géogr.
vaisé, s. m. vesce, s. f. vesse, v.
vesce, s. f. vesse, s. f. vesse, v.
veux, v. veux, v. Y, s. m.
vice, s. m. vis, s. f. visse, v. visse (que je) de voir), v.
vil, vile, adj. ville, s. f.
viol, s. m. viole, s. f. viole, v.
violant, part. violent, adj.
viscères, s. m. vissèrent (ils), v.
vivier, s. m. Viviers, géogr.
tivais, v.
vois, s. f. voix, s. f. vois, v.
voilà, prép. voila, v.
voile, s. m. voile, s. f. voile, v.
voir, v. voire, adv.
vol, s. m. vol, s. m. vole, s. f. vole, v.
volant, adj. volant, s. m.
volaili, adj. m. volatile, s. m. volatille, s. f.
volée, s. f. volée, p. volet, s. m. volez, v.
vous, v. vous, pron.
vu, part. vue, s. f.
voyer, s. m. voyez, v.

— Z —

zèle, s. m. Zell, géogr.
zéphyr, s. m. Zéphyre, myth.
zest, s. m. et interj. zeste (de noix), s. m.

DICTIONNAIRE DES PARONYMES

La liste des paronymes offre, comme celle des homonymes, un genre d'utilité spécial. En étudiant ou analysant les homonymes-homographes, on s'exerce à distinguer des significations différentes sous des formes semblables. En comparant entre-eux les homonymes-homophones, on arrive à représenter à propos par une orthographe différente des formes des locutions qui sonnent de même à l'oreille, mais qui doivent présenter à l'esprit des idées diverses. Enfin quand on sera familiarisé avec les paronymes, on évitera les confusions entre des termes qui ont un rapprochement assez prononcé entre eux pour tromper une oreille, une plume ou un œil peu exercés, mais qui pourtant ne peuvent passer pour offrir ni la même orthographe, ni la même prononciation.

Les erreurs de paronymes sont la marque la plus fréquente d'une éducation incomplète ; et plus encore que les fautes d'homonymie, elles décèlent hautement ce défaut, attendu que les personnes peu instruites les laissent échapper dans la conversation aussi bien que dans l'écriture.

Cet appendice du dictionnaire peut servir à trouver un mot oublié, quand on se rappelle son paronyme.

La recherche des paronymes est encore très utile pour la lecture des écritures mal formées et la correction des épreuves typographiques.

On ne trouvera cependant point, dans notre liste des paronymes, ces mots qui ne peuvent être l'objet d'une méprise, même de la part des personnes les plus distraites ou les moins instruites, mots que plusieurs grammairiens ont placés dans la leur.

— A —

abcès	accès
abéquer	abouquer
abhorrer	arborer
abjection	objection
abonnement	hbreuement
abréger	abréger
abstersif	abstractif
abstraire	distraire
abyme	azyme
académicien	académiste
acajou	sapajou
acarne	sclarée
accident	incident
accoter	accotter
accotoir	accoudoir
accoupler	coupler
accoutrer	raccoutrer
accrocher	raccrocher
acculer	éculer
aside	aride
acquéror	acquitter
acquis	acquit
acte	âcre
addition	adition
adhérence	adhésion
adhérent	inhérent
adjection	adjonction
adjonction	injonction
adoration	odoration
aérien	aétien
	arien
aéromètre	anémomètre
	aromate
	affutage
affaitage	
affectif	effectif
	affectif
affectueux	affecté
affermer	affirmer
affilé	éfilé
affluence	influence
agioter	agiter
aquatique	aquatique
agneau	anneau
agonie	atonie
aigle	aigre
ajouter	ajuster
alène	arène
alléger	allocution
allocation	allocution
allusion	illusion
	alluvion
aloès	aloi
altératif	alternatif
altération	alteration
altérer	altérer
ambe	ambre
	amble
amenablement	ameublissement
amiablement	amicalement
amiante	amirante
amical	amiral
amplateur	amplificateur
amulette	amusette
amurer	amarrer
anagogique	analogique

analeptique	cataleptique
analogisme	anatocisme
anche	ange
ancre	antre
angélus	engelure
Annibal	cannibale
annihiler	annuler
anonyme	paronyme
antenne	antienne
anthologie	angiologie
antichrèse	antithèse
antidater	antidoter
antipode	antispode
aotique	attique
aplaneur	aplanisseur
aplanir	aplatir
apocryphe	apographe
apologue	prologue
apophyge	apophyse
apostème	apostème
apostrophe	catastrophe
appareiller	apparier
apparaître	apparoir
appâter	appâter
appeau	à peau (greffe)
apprentis	apprenti
âpre	apis
aptitude	altitude
arabe	arable
aramer	arrimer
araser	arroser
arbitrairement	arbitralement
arcot	argot
arctitude	rectitude
aréole	auréole
argenter	arpenter
argot	ergot
armorier	armurier
arôme	atome
arracher	attacher
arrenter	attenter
arrhes	erres
auspice	suspice
aspic	astic
assembler	attabler
asserteur	assesseur
assoupir	assouvir
assoupissement	assouvissement
assure	azure
astique	attique
astrologue	astronome
ataxie	ataraxie
atelier	râtelier
atour	autour
atteindre	aveindre
atterrer	altérir
auge	jauge
automate	tomate
avanie	avarie
avénement	événement
aveuglement	aveuglément

— B —

babine	badine
bachique	béchique
bagne	pagne
baguer	biguer
bail	bal

bail	baiser
baiser	blaiser
bajoue	bijou
balise	baliste
baliste	batiste
balourde	falourde
bamboché	bancroche
banane	basane
bandière	bannière
bandit	hardi
banquet	baguet
banquet	banquier
baptême	barème
barbarie	barberie
barbeau	bardeau
barbouiller	bredouiller
bard	dard
barder	border
bardeur	bordeur
barème	birème
barge	marge
baromètre	thermomètre
barrette	bavette
has	pas
base	vase
basin	bassin
basque	casque
	masque
basse	passe
buste	vaste
	caste
	fasta
bât	mât
bâtard	batave
bâtonnier	bâtoniste
batte	lutte
	matte
	natte
	patte
battre	ébattre
baver	braver
béant	géant
	néant
bêche	pêche
bec	pec
bedeau	bereau
bégu	bègue
béqueter	biqueter
bernicles	bernique
besogne	bisogne
bestialement	bêtement
beurrée	bourrée
bey	dey
biaise	maïs
biche	fiche
bidon	bridon
bijou	bijou
bill	bile
	bille
biographie	bibliographie
bireté	mis
bis	pis
bisque	disque
	risque
blanche	branche
blandir	blondir
blanque	flanque
blèche	brèche
blinda	brinde
bobo	dodo

bol	dol
	pôle
Bologne	• Boulogne
bomber	tomber
bonde	ronde
	sonde
bonze	bronze
bosselage	bottelage
boudeur	bourdeur
boudin	boulin
boue	moue
bouillir	ébouillir
boule	poule
boulette	poulette
	roulette
bouliche	bourriche
boulinier	boudinier
bouloir	bootoir
bourbelier	bourdelier
bourgeonner	ébourgeonner
bourrade	boulade
bourrelier	bourrier
bourrer	ébourrer
bourrique	boutique
bousiller	bonsiller
braise	fraise
brancher	broncher
	ébrancher
brandon	bridon
branler	ébranler
brasiller	brésiller
brasser	brosser
brassin	bressin
brelandier	brelandinier
brider	broder
brigue	brique
brisement	broiement
broc	broc
	croc
	froc
	proche
broche	proche
brochette	broquette
brone	brouet
bronetier	brouter
brusquer	busquer
broyant	bruyant
buffle	mufle
burette	burette
burin	butin
buse	buste
	butte
	lutte

— C —

cabale	cabane
cabochon	capachon
cabotin	calotin
cabre	sabre
	cadre
cabrer	cadrer
cabrillet	cabriolet
cabron	capron
cacher	écacher
cadrat	carat
cacis	cacique
casier	cahier
	caquier
cago	gage
caïeux	camaïeux
caillot	Callot

calament	calement
calamite	calamité
calfat	califat
calfater	calfeutrer
calin	caniu
calme	scalme
calotin	culotin
calque	talc
cancre	chancre
canneler	carreler
canon	fanon
capital	capital
capitole	capitoul
capter	capturer
caracoler	caracouler
carafe	parafs
carde	garde
carder	corder
cardon	chardon
	cordon
cargao	largue
	nargue
	targue
carme	charme
carogne	charogne
carrier	cartier
carte	charte
	charte
caserne	caverne
cassette	cassolette
cassier	casier
cassine	castine
caste	chaste
catacombe	hécatombe
catalogue	décalogue
cataplasme	métaplasme
catochite	entorchite
caveau	cuveau
carée	cuvée
célébrité	célérité
cellererie	sellerie
cendre	gendre
centaure	stentor
centre	ventre
céphalalgie	céphalalgie
ceps	seps
cerceau	cerneau
cercler	sarcler
champagne	campagne
champignon	champion
chanceler	canceler
chancelier	chandelier
changer	charger
chanson	échanson
chanteur	chantre
chapeau	chapiteau
chapelain	châtelain
chapellenie	châtelenie
charbon	chardon
charbonnière	chardonnière
charrier	charroyer
charte	chartre
chauffer	échauffer
chef	clef
chenille	cheville
chétif	chétif
chicoter	chipoter
chiffre	chiffre
choir	échoir
chorégraphie	chirographie

chucheter	chuchoter
cigale	cigare
cigogne	vigogne
cimbre	timbre
cimeterre	cimetière
circoncire	circonscrire
circonscription	circonspection
ciron	citron
clapier	clavier
clapir	glapir
claquin	craquin
clignement	clignotement
cligner	clignoter
cloche	croche
clore	éclore
clouer	clouter
clouvière	clouvière
coactif	coercitif
coailler	coraller
coasser	croasser
cocher	nocher
cocon	coco
colérique	calorique
collatif	collectif
collecteur	collecteur
collision	collusion
colorer	colorier
combe	comble
combiner	concubiner
comique	conique
commendataire	commanditaire
comme	gomme
communication	excommunicat.
compagne	compagnie
comparaitre	comparoir
compasser	compenser
compartir	compatir
compétent	complant
compléter	compiloter
compositeur	compositeur
comporte	compote
concave	conclave
conceptionnaire	concessionnaire
concessionnaire	concussionnaire
concurrent	conquérant
condigne	consigne
confiance	confidence
confirmer	conformer
confit	confit
confortation	confrontation
confusion	contusion
congiaire	congruaire
congre	congrès
conjecture	conjoncture
consciencieux	contentieux
conséquent	considérable
conservation	conversation
consoler	consoler
consommer	consumer
consternation	constellation
consterner	prosterner
constricteur	constructeur
constriction	construction
constringent	contingent
contenance	continence
contendant	contendant
contenir	convenir
contenu	continu
contiguité	continuité
continuation	continuement
continuellement	continument
contracter	contraster
contraster	contrister
conversion	convulsion
convulsion	évulsion
coopter	copter
coraline	cornaline
corbeau	cordeau
corbeille	corneille
cordage	corsage
cordelière	Cordillères
cormier	cornier
cornette	corvette
corline	courline
coteau	couteau
coter	cotiser
coton	Caton
couder	coudoyer
coudoyer	soudoyer
coudre	soudre
coulant	croulant
coulamment	couramment
couler	écouler
couleur	coureur
coulis	coutil
coulpe	coupe
coupeau	copeau
couple	souple
coupler	coupeller
court	gourd
courbature	courbure
coursier	courtier
—	courrier
cousin	cousin
coût	goût
coûter	écouter
coutre	loutre
—	poutre
coutumier	couturier

couver	cuver
crampe	rampe
craquer	croquer
crédibilité	crédulité
crémaillère	crémière
créneler	crételer
créner	écréner
crêpe	crête
crève	grève
crier	écrier
crime	grime
cris	gris
croquer	escroquer
croter	trotter
crouler	écrouler
croupe	groupe
cruauté	crudité
cube	tube
culier	cuvier
cunette	cuvette
curage	cuvage
curer	écurer
cymbale	timbale
cynisme	civisme

— D —

daigner	dédaigner
dais	jais
darce	tarse
dartre	tartre
débâiller	débeller
débander	débarder
débanquer	débarquer
débat	ébat
débauche	ébauche
débaucher	déboucher
débit	dédit
débiter	débuter
débotter	débutter
débarder	débordar
débris	dépris
décager	dégager
décalquer	délaïquer
décanter	déchanter
décela	détèla
décevoir	percevoir
—	recevoir
déhausser	déchausser
déchirer	décirer
déchoir	échoir
décarner	dessiler
décision	dérision
déclamatoire	déclaratoire
déclamation	déclaration
décocher	décrocher
décoller	décolleter
découpler	dédoubler
décrépiter	décrépiter
décrier	récrier
décuire	recuire
décrément	décraisement
décupler	décupler
déduire	réduire
défendant	défenseur
défendu	détendu
déférence	différence
défiance	méfiance
défier	défiler
—	édiler
défleurer	déflorer
—	défleurir
—	affleurer
dégoiser	déguiser
dégoter	dégoûter
dégot	dégout
dégoutter	égout
déhanché	démanché
déiste	théiste
déjection	éjection
—	projection
déjeuner	jeûner
délaisser	délaisser
délester	détester
délicater	délonger
déloger	délonger
démancher	démarcher
démission	émission
démouvoir	émouvoir
dénier	renier
dénouer	dévouer
denter	édenter
dentelure	denture
déparer	déparier
dépaver	dépraver
dépeindre	déteindre
dépister	dépiter
dépiler	déprier
dépoter	dépiter
dépouiller	dérouiller
dépréciation	dépréciation
dépuration	députation
dérader	dérider
déraisonnablem.	déraisonnement
dérider	dévider
désert	dessert

desaler	dessoler
dessiner	destiner
dessous	dissous
dátaler	dételer
déterminer	exterminer
détorse	entorse
détremper	détromper
détroit	étroit
détrousser	étrousser
devancière	devantière
devers	revers
dévideur	dévineur
devin	divin
devis	dorvis
dévisager	envisager
dévoiement	dévouement
dévôtement	dévôtement
diabétique	diabolique
diablement	diaboliquement
diaconat	diagonal
dictame	dictamni
diététique	diurétique
digérer	diriger
diguer	doguer
dilatoire	dilatatoire
dilection	direction
dimeur	dineur
discursif	discussif
discuter	disputer
dispenser	disperser
dissection	dissension
diversifié	versifié
dodeliner	dodiner
dodiner	dominer
dolcement	doucement
domiciliaire	domiciliaire
donation	dotation
doucement	doucettement
douceur	douleur
doux	toux
drageon	drugeon

— E —

ébat	état
ébrouer	écrouer
écaler	écailler
écarner	éclarner
écart	égard
échauder	échauffer
échapper	écharper
écharde	écharpe
écharser	écharseter
écime	élime
ôcimer	écumer
éclaircir	éclairer
éclectique	écliptique
éclipse	elliptique
—	ellipse
—	ellipsa
—	anllipse
éclipser	éclisser
écluse	recluse
école	étole
économique	œcuménique
écorce	Ecosse
écorcer	écorcher
—	écosser
écouler	écrouler
écourter	écouter
écouillon	écouvillon
écrier	écrira
effaner	faner
effleurer	fleurer
effraction	infraction
—	fraction
—	fractura
égaler	égaliser
égard	regard
égorger	engorger
—	regorger
égrisoir	égrugeoir
élocution	locution
emballer	empaler
embaumer	empaumer
embaucher	emboucler
embraser	embraser
émender	amender
émergent	émargeant
—	émargent
émersion	immersion
émétique	hermétique
émettre	mettre
—	mente
éminent	imminent
émonder	mander
émoucher	moucher
émouchoir	mouchoir
émousser	mousser
émouvoir	mouvoir
empailler	rempailler
empaler	empiler
emparer	empenner
—	remparer

empater	empirer
empêcher	empâter
empeigne	empêcher
enseigne	
emphatique	emphractique
empire	empyrée
amplir	remplir
empoisonner	empoisonner
encager	engager
encaver	encaver
enchérir	enrichir
encloure	enclore
enclouer	enrouer
enduire	induire
énerver	nerver
unioncer	engoncer
enfuir	enfouir
enfumer	effumer
engelure	engrelure
engerber	enherber
engraisser	engrosser
enigme	phénigme
enjaler	enjôter
enluminer	illuminer
ennuyant	ennuyeux
enrôler	enrouler
ensabler	entabler
entacher	enticher
entailles	entailles
entrepreneur	entreteneur
envergure	enverjure
épancher	étancher
éparer	parer
épaté	étalé
épaler	épiler
épigramme	épigraphe
épier	piler
épisser	pisser
éplucher	plucher
épode	exode
épopée	éthopée
épouffer	pouffer
épreinte	étreinte
éprouver	prouver
épuiser	puiser
érater	rater
érotique	exotique
erse	herse
éruption	irruption
escafe	estafe
escalade	escapade
escalier	espalier
escarbot	escabeau
espace	escargot
espatula	espèce
estafier	spatule
estatilde	enflade
éteindre	étreindre
étendre	tendre
éternité	éviternité
étirer	tirer
étoffer	étouffer
étourdeau	étourneau
étrécir	rétrécir
étreindre	épreindre
étrousser	détrousser
évacuer	évaluer
évader	évider
évasion	invasion
éveil	réveil
éveiller	réveiller
éventaire	inventaire
éventer	venter
évier	lévier
évolution	révolution
exorquer	existant
exoration	extorquer
exécution	exécution
excursion	incursion
exfumer	exhumer
exode	exorde
expansibilité	extensibilité
expansible	extensible
expirer	respirer
expiation	expilation
expiatoire	expiration
exporter	expurgatoire
exportation	importer
—	importation

— F —

fable	féable
fabre	sabre
facétieux	factieux
facilité	faculté
facond	fécond
factice	fictif
faction	fiction
facule	fécule
famine	farine
fange	frange

fantasquement	fantastiquement
farineux	farineux
fatalisme	fatisme
fatisme	fatuisme
faute	santé
fauteur	sauteur
faux	vaux
—	veaux
fécule	férule
fendant	fondant
fendu	fondu
feindre	peindre
—	teindre
fonte	fiente
—	vente
far	ver
fériable	friable
fermentation	fomentation
fermer	former
fic	pic
ficelle	fielle
—	fiable
figurativement	figurément
filo	fil
—	fils
—	fille
fileuse	filandière
filâtre	foiâtre
filon	filou
fise	fiss
flacon	flocon
flairer	fleurer
flaque	flasque
flasque	frasque
flatter	flâtrer
fleurer	flotter
—	florir
—	flairer
fleurissent	florissant
floraison	floitaison
foie	joie
folie	jolie
foncer	forcer
—	fronser
fonction	ponction
fonder	fondre
fongueux	fougueux
formaliste	formuliste
furs	hors
—	lors
—	tors
fort	port
—	sort
—	tort
fourbe	tourbe
fourbir	fournir
fournisseur	fourbisseur
foudroyer	fourvoyer
fourier	fourrier
fourniment	fournissement
fracasser	fricasser
fraction	friction
fragilité	frugalité
frapper	fripper
frein	refrain
frigoter	frisotter
frime	grime
—	prime
frisure	friture
fugitif	furtif
fumeur	fureur
funèbre	funéraire
funin	furin
—	fusin

— G —

gabelle	gamelle
gabion	gavion
gai	jaï
gaîc	haie
—	paie
galée	gelée
Gamache	ganache
garçonner	gasconner
garnement	garniment
gâter	gîter
gaudir	égaudir
gaule	saule
géhir	gémir
—	géoir
gélasme	gélatine
gémeau	jumeau
gendre	genre
géologie	néologie
gergure	germure
gibelet	gobelet
gibelin	gobelin
giguer	ginguer
globe	loba
gobe	jobe
gober	hober
—	jober
gohet	godet
gobin	godin
—	gonin
godronner	goudronner
goitre	guêtre
gorger	égorger

goulée — gueulée
gousse — housse
goûter — égoutter
gradation — graduation
grade — gradé
gradin — gredin
grager — grager
Grassin — grappin
— — grattin
grainer — grenier
gravelée — grivelée
gravelure — gravure
graver — grever
— — gravir
gravité — griveté
gravois — grivois
gré — pré
grécaliser — gréciser
gredin — grelin
greffer — griffer
grisonner — grisonner
grimper — guimper
griser — égriser
— — grisailler
— — grisonner
guéder — guider
guider — guinder
guimauve — guimaux
guordon — guéridon
guerdonner — guidonner
gueuler — égueuler
Guiane — Guienne

— H —

habileté — habilité
habillement — habillement
habitable — habitacle
habitation — habitation
hacher — hocher
— — hucher
hagard — hangard
hâle — pâle
haleter — haleter
hanche — manche
— — tanche
hardelle — haridelle
harmonieusem. — harmoniquement
hausser — housser
haulainement — hautement
hâve — lèvre
hébreux — herbeux
henrir — honnir
heptagone — hexagone
herbeux — herbu
hériter — hésiter
hochet — huchet
hombre — nombre
— — ombre
— — sombre
homériste — humoriste
hoquet — loquet
hormis — hormis
houppe — hoppe
houpper — hupper
hoyau — huyau
humidité — humilité
hydropique — hidrotique
hyène — hygiène
hypothèse — hypothèque

— I —

iambe — jambe
ichnographie — iconographie
ide — idée
— — idée
idée — odéo
idem — ibidem
— — item
ignoble — vignoble
illettré — illitéré
illisible — inlisible
immaculé — immatériculé
immoralité — immortalité
impanation — impastation
impartible — impassible
impassible — impossible
impropère — impropre
impropreté — impropriété
imprudence — impudence
impudence — inanition
inaction — inanition
inamissible — inadmissible
inceste — insecte
inclinaison — inclination
inconstance — inconséquence
inconvénient — ingrédient
incrédibilité — incrédulité
inculquer — inculper
inculte — insulte
indication — indication
indigène — indigent
indigeste — indigète
indigne — insigne
inédie — inédit
infecter — infester
infection — inflaxion
nférer — insérer

intérieur — intérieur
infirmer — informer
inflexion — infliction
influencer — influer
ingérer — insérer
injection — injonction
insatiable — insociable
— — insaturable
ineu (à l') — issue (à l')
insertion — incession
instituteur — instructeur
intelligent — intelligible
intempérant — intempéré
intension — intention
interpellation — interpolation
intervention — interversion
invectif — inventif
invention — inversion
inversion — conversion
invertir — investir
invincible — invisible
ionique — ironique

— J —

jacinthe — Zacinthe
japper — jasper
jarre — jars
jauger — juger
joindre — oindre
— — poindre
jonction — onction
joué — jouet
jouir — réjouir
judiciaire — judicieux
jugement — jurement
juger — jugère
justicier — justifier

— L —

lac — lacs
— — laps
— — las
laceur — lagure
lâcher — tâcher
lacis — lapis
— — lavis
lactée — laitée
lactifère — léthifère
lacune — lagune
laineux — laiteux
lainier — laitier
laitière — litière
lampriilon — lamproyon
lancer — élancer
landit — landier
landier — lundi
lapin — lapin
large — largue
lasser — laisser
latanier — latinier
latin — latin
laver — lever
lavette — layette
laveuse — lavandière
lavis — levis
lecteur — licteur
légion — lésion
léguer — liguer
lépreux — lévreux
lever — élever
libération — libration
licence — ligence
licitation — limitation
licorne — litorne
liège — piège
lieu — lieue
ligne — ligue
ligueur — liqueur
limace — limas
limbe — nimbe
limer — élimer
limon — linon
linéament — liniment
linge — singe
liquidation — liquéfaction
liqueur — liquide
lire — élire
lisière — litière
Livourne — Libourne
lobule — locule
location — locution
loch — loche
logique — logistique
logographe — logographe
lopin — lapin
lotion — lotos
loto — lotos
lourd — sourd
loyaliste — royaliste
lubin — lupin
— — lutin
lustration — lutation
lutin — lutrin

— M —

macaron — mascaron
mâcher — mécher
machicatoire — masticatoire
machicot — massicot
magique — manique
maigre — maigue
mailler — émailler
maillet — maillot
maillier — mailler
maître — mestre
Malaga — Malaca
malade — salade
Malherbe — Malesherbes
malicieusement — malignement
mandarin — Mandrin
manant — menant
manducable — manquable
manquablement — immanquablem.
maniable — mariable
manteau — marteau
mappe — nappe
marcotte — marmotte
maréage — mariage
marger — émarger
marine — mâtine
— — narine
marmot — marmotte
marquer — masquer
martel — mortel
matelas — matelot
mâter — matter
matinal — matineux
maudire — médire
médaillon — modillon
médiante — mélianthe
médiation — méditation
médionner — médonner
méditer — mériter
mélisse — métisse
— — milice
ménade — monade
ménagère — messagère
mendole — mensole
mesclin — mesquin
mesurable — misérable
— — métal
métallique — métallurgique
méthode — métope
métis — motif
méromètre — micromètre
métropole — monopole
meubler — meugler
mignardement — mignonnement
mignon — pignon
— — ligron
militaire — militaire
mince — pince
misanthrope — philanthrope
mission — mixtion
mitonner — mixtionner
mile — myrte
mobiliaire — nobiliaire
modicité — modicité
modificatif — mondificatif
modifier — mondifier
môle — rôle
molière — moulière
monceau — morceau
moral — mural
morailles — mortailles
morale — modale
morion — motion
motion — notion
moucheture — mouchure
mouron — mouton
mouver — mouvoir
moyeu — moyeu
muer — nuer
mulet — mulette
mystérieusement — mystiquement

— N —

nalade — noyade
nasal — natal
— — naval
nef — nèfle
népotien — nécromien
noirceur — noirciseur
nommément — nominativement
notablement — notamment
notamment — nuitamment
notice — novice
nouveauté — nouvelleté

obédience — obéissance
obombrer — ombrer
obscénité — obscurité
obtention — obvention
occasion — occision

officiel — officieux
oisif — oiseux
oncle — ongle
onyx — oryx
opale — ovale
opportun — importun
orage — otage
organisté — orangiste
oreille — oseille
orge — orgue
originaire — original
original — original
— — original
ostention — ostentation
ouirage — ouvrage

— P —

pacane — pavane
pacifiquement — paisiblemen.t
paillasse — paillasson
pairesse — paresse
paladin — palatin
palatine — patine
palier — palier
palme — spalme
palon — ballon
palpable — papable
panache — patache
panais — punais
pancarpe — pancarte
Pandore — pandoure
panelerie — papelerie
panetiere — pautiere
pantomètre — pentamètre
papal — papable
papelin — patelin
papier — pépier
papillon — pavillon
paquet — parquet
parabole — péribole
parade — pariade
paradoxisme — paroxysme
paralytique — parasitique
paraphrase — paraphrasie
paravent — passavant
parquer — parqueter
parente — patente
parlement — partement
parti — partial
parure — pâture
passepierre — percepi'acre
pataud — Petaud
pateliner — patiner
patelle — patène
pâler — pater
patère — pater
pâtis — pavis
pâtisserie — tapisserie
pâtisser — tapissier
patois — parois
patricien — praticien
patroiner — patroner
paturon — poltron
yaumière — paupière
pédale — pétale
pédicule — pellicule
— — pédoncule
peindre — teindre
peinture — penture
pelé — perlé
peler — pilor
penaillon — pendillon
pendant — perdant
pensum — pinson
pepie — pepin
percepteu.r — précepteur
péricarde — péricarpe
périélèse — périérèse
permission — permixtion
perruche — perruque
perspicacité — perspicuité
pestilent — postulant
peton — piéton
pétrée — pétreuse
— — pétrie
pétrifié — putréfié
peureuse — pieureuse
Piast — piastre
picoter — picoler
pierrerie — piétrerie
pilot — pilote
piocher — pocher
pitance — potence
plaidable — plaidoyable
plie — pluie
plier — player
poème — proème
poilu — pollu
pointiller — pointillon
poison — poisson
poissonnerie — polissonnerie
poiment — politiquement
polographie — polygraphie
ponte — pontière
pontière — portière
porter — poster
portion — potion

posage — potage
postériorité — postérité
potage — patager
poudre — poutre
poliot — poulot
pouillot — pouliot
précédent — président
précéder — prédécéder
— — procéder
précis — précais
précocité — précogité
prédication — prédiction
préjudiciable — préjudiciel
prélonge — prolonge
premier — prunier
prémotion — promotion
— — pronom
prénom — pronom
préposition — proposition
proscrire — proscrire
préséance — présence
présure — prêture
prévenir — provenir
principalité — principauté
prisable — privable
priser — proser
prodige — prodigue
profiler — profiler
prolifère — prolifique
propice — propine
prometteur — promoteur
propreté — propriété
proportionnelle. — proportionném.
prostase — protase
protecteur — protuteur
proviseur — provéditeur
prytanée — prytanes
puceau — pureau
pudique — publique
purée — pureté
puritanisme — putanisme
Pylade — Pilate

— Q —

quartal — quintal
quartanier — quartenier
quelconque — quiconque
questeur — quêteur
quibus — quitos
quintil — quintille

— R —

raboter — radoter
racage — ravage
racine — ravine
raconter — recouter
radeau — rideau
radier — ramier
radoter — ragoter
raffoler — raffolir
raison — saison
ramage — ravage
râpe — rapi
rapetasser — rapiéceter
rapiécer — rapiéceter
rapport — report
rasade — rassade
rasière — ratière
rasoir — ravoir
rassemble — ressemble
rassurer — raturer
rassure — rature
ralure — rayure
rebarder — reborder
rebâtir — rebâtir
rebord — record
rebourgeonner — reboutonner
rebours — recours
rebrécher — rebricher
rebrousser — retrousser
rébus — rebut
recaler — rectaler
— — récoler
— — reculer
recasser — rechasser
recelé — reculé
recèlement — récolement
recevable — redevable
rechasser — reclausser
récif — récratif
récidif — récréatif
récolter — recoller
récolte — révolte
recouvrer — recouvrir
récuser — recupérer
redire — redite
redormi — rendormi
refection — raréfaction
— — réfection
refendu — refondu
reformer — réformer
réfeter — réfuter

DICTIONNAIRE DES PARONYMES.

refouiller	refouiller	roulier	roulier	séreux	séveux	thénar	Ténare
refonte	remonte	roupieux	rouvieux	sergenter	serpenter	tendon	tendron
régaler	regeler	route	loute	sermonner	semoncer	tendresse	tendreté
règlement	régiment		voûte	servir	sertir	tendu	tondu
règles	regrès	rubanière	rudanière	servante	saivante	tenir	ténor
regratter	regretter	ruer	suer	silène	sirène	terrasse	tétasse
regrettable	rejettable		tuer	singer	songer	testacé	tirasse
remarquer	remorquer	rueller	ruiler	soc	socle	teston	cétacé
rembourrement	remboursement	rum	rumb	socier	soucier	texture	teton
remener	remmener	runique	tunique	solidaire	solitaire	Tibre	tissure
remolade	rémoulade	J usé	russe	sommelier	sommier	timonier	tigre
renfoncer	renforcer			sonder	fonder	tinet	tisonnier
rengainer	rengrener	**— S —**		souci	sourcil	tintin	tiret
réparable	séparable	sabine	saline	soudre	soudard	tirelire	tintouin
repartir	répartir		sapine	soudard	soudre	tirepoint	tiretaine
repas	trépas	sablière	sablonnière	soulèvement	soutènement	toile	trépoint
répandu	répondu	sagacité	sagamité	soupirer	soutirer	tombeau	voile
reposer	reposer	salade	salaison	souris	houris	tonique	tombereau
répéter	répéter		salure	spacieux	spécieux	tonsure	tunique
repic	répit	salicaire	salivaire	spécialité	spéciosité		tonture
répliquer	repiquer	sulin	sapin	sphénoïde	sphéroïde	topographe	torturer
reposer	répouser		satin	sphérique	sphérite	iordeur	typographe
répréhensible	répréhensif	salive	solive	splénétique	splénique	tordre	torpeur
résine	rétine	salon	selon	stalactite	stalagmite		tortiller
résolu	révolu	salvation	salivation	stature	structure	tortue	torturer
retenu	revenu	salve	valve	stimuler	stipuler	toupet	touret
retendu	retordu	sandal	santal	stomacal	stomachique	toupillon	tourillon
retirade	ravirade	sandale	scandale	storax	thorax	traban	trapan
retirer	revirer	sapin	supin	atrophe	strophie	traditeur	traducteur
	reviser	saucière	saunière	stupeur	stupidité	tramer	trimer
rétraction	rétrolation	saunage	sauvage	subjectif	subjonctif	transporter	transposer
rêver	river	saumache	saumâtre	subrogation	surérogation	transverse	traverse
revirer	reviser	savate	sonate	substance	subsistance	trapan	trépan
révolutif	révulsif	savonneux	savoureux	subvenir	survenir	traquer	troquer
rhombe	trombe	scabin	Scapin	suc	sucre	trépan	trépas
risée	rosée	scarifier	scorifier	succulent	truculent	tribun	tribut
	rusée	scion	sillon	sujet	surjet		tribu
risque	rixe	sébile	sibylle	surmulet	surmulot	tricher	trucher
rivière	rizière	sectaire	sectateur	suppuration	supputation	tricotage	tricoterie
riz	rize	sédition	séduction	syncrèse	syndérèse	tricoter	tripoter
rogations	rogatons	ségréger	ségreyer	synthèse	syndrèse	trinquer	tronquer
romance	romans	scille	teille		syntaxe	trique	triple
romescot	romesteo		veille			trôler	troller
rongeur	rougeur	seime	seine	**— T —**		tronc	trône
rosace	rosage	selle	zèle	Tabarin	tamarin	trot	trotte
rose	rosse	semelle	senelle	tabis	tamis	truffière	tufflère
rosée	rusée	semestre	senestre	tabut	talut	truie	truite
rossane	rosiane	sensibilité	sensiblerie	tactile	textile		
rotule	roture		sensualité	tanche	tranche	**— U —**	
ronelle	ruelle	sérénité	sévérité	tarte	tartre	ultion	ustion
rougeâtre	roussâtre			taupière	taupinière	unique	urique
rougir	roussir			tompe	temple		
rouiller	souiller						

unité	usila
utenaille	ustensile

— V —

vacant	vagant
vaccine	vachine
vaguer	vaguer
	voguer
valide	valise
valse	valve
valve	vulve
valvulaire	vasculaire
variolique	vérolique
vaucour	vantour
végète	vergette
veille	vieille
	vielle
vêlin	venin
vendange	vidange
vénimeux	vénéneux
vénusté	vétusté
véracité	véridicité
verdeur	verdure
verdillon	vermillon
verdir	vernir
verga	vierge
varnir	vernisser
vérole	virole
verrerie	verroterie
	vitrerie
vertige	vestige
vesce	vesse
	veste
vigie	vigile
vinage	visage
violer	voiler
vitaux	vitraux
vitement	vivement
vivifier	vitrifier
vocation	votation
	vacation
voiture	voiture
volater	volter
voussoir	voussure

— Y —

yeuse	yeux

— Z —

zoolithe	zoophyte

DICTIONNAIRE DES ANTONYMES

L'étude des *antonymes*, c'est-à-dire des mots opposés entre eux par leur signification, doit présenter des avantages analogues à ceux que l'on tire de l'examen des *synonymes*. C'est par ceux-ci que la plupart des lexicographes suppléent à la difficulté des définitions : mais n'auraient-ils pas dû profiter également des autres? Pour un esprit vraiment grammatical, le sens d'un terme s'éclairera dans ses nuances les plus délicates, s'il le compare avec l'expression plus ou moins directement inverse, comme s'il le rapproche des à peu-près similaires.

L'écrivain, de son côté, peut manquer de la forme convenable à sa pensée et saisir fortement la forme opposée : en cherchant celle-ci dans la liste des antonymes, il trouvera le mot qu'il appelait.

Les exercices de ce genre, qui pourront être introduits dans l'enseignement, seront même plus utiles à la culture de l'esprit que ceux qui ont pour objet les *homonymes, paronymes*, etc ; car ils fixeront l'attention sur les idées, beaucoup plus que sur la forme, sur l'assemblage de lettres et de syllabes.

A une époque enfin où l'antithèse est encore très à la mode, bien qu'il soit en même temps de mode d'en dire beaucoup de mal, ce recueil de mots présentés dans un ordre antithétique semble avoir une certaine opportunité.

On ne doit pas s'attendre néanmoins à trouver ici tous les vocables de la langue mis en contraste; mais seulement un certain choix. En effet, les termes qui expriment une idée métaphysique ou morale, une action, une situation, sont presque les seuls qui possèdent leur antonyme. Les noms d'objets purement matériels n'en ont nul besoin, de même qu'on ne trouve pas de synonymes dans cette zone de la langue. En outre, certains mots qui pourraient avoir naturellement leur opposé en manquent tout-à-fait en français, et l'on n'y supplée que par une tournure négative. C'est là une des misères de notre idiome, misères qui d'ailleurs font mieux apprécier les ressources et la souplesse d'invention d'un langage si pauvre en lui-même.

Le travail dont nous donnons ici la première esquisse sera donc utile par les lacunes mêmes qu'il fait apercevoir : il renfermera non point la partie matérielle du langage, mais ce qu'il a de plus intellectuel, c'est-à-dire les plus profonds mystères de l'organisation humaine.

On peut remarquer que comme, dit-on, il n'y a pas de véritables synonymes, il n'y a guère non plus d'antonymes parfaits. Et comme les synonymes sont souvent en opposition par leurs nuances, de même deux antonymes peuvent se rapprocher par certains points. Ces nuances pourront être expliquées plus tard, et quelques esprits délicats tels que Girard, Beauzée, Roubaud et M. Guizot, pourront trouver sur ce thème des développements aussi ingénieux que ceux auxquels la synonymie a donné lieu.

Souvent un groupe de synonymes répond à un groupe d'antonymes, ce qui peut amener des comparaisons encore plus curieuses : les uns s'éclaircissent alors par les autres. Ces groupes seront indiqués dans la liste, quelquefois même avec les intermédiaires ou termes neutres.

De deux antonymes, l'un peut être positif, l'autre négatif; l'un exprime une qualité bonne, l'autre la qualité mauvaise opposée. C'est presque toujours au premier, placé à son ordre alphabétique, que l'antonymie doit se trouver inscrite ; sans quoi les répétitions doubleraient cette liste. De même, pour abréger, on ne s'attache qu'à un seul mot de chaque famille d'idées, tantôt au verbe, tantôt au substantif, et à celui surtout qui présente le plus nettement l'antonymie.

On pourrait distinguer diverses classes d'antonymes, car ils ne forment pas toujours entre eux une opposition directe, comme les mots *bien, mal; bon, mauvais; départ, retour :* mais souvent ils n'indiquent que des différences moins marquées : ce sont ou les parties opposées d'un même tout, ou des genres caractérisés d'une même classe, etc. Nous avons cru, dans ce premier travail, devoir laisser au lecteur le soin d'établir ces distinctions.

Nous avons dû négliger la plupart des antonymes formés par l'apposition des particules initiales, dont nous donnons d'abord la liste. Il eût été inutile de nous occuper des terminaisons qui indiquent le passif et l'actif, etc., comme *ant, é; issant, i; ateur, ataire*, etc.

Nous espérons qu'on jugera avec indulgence ce travail, qui offrait quelque difficulté par cela seul qu'il était sans précédent.

Louis Barré.

PARTICULES INITIALES.

Les privatifs : a ou an-, dé ou . . . .
dés, in-, non-, sans-,

anté *ou* anti-, pré-	post
ad-	a *ou* ab-, apo-
avant-	arrière-
cis-, citra-	tra *ou* trans-, ultra-
bien-, en-	mal, mé *ou* més, dys-
hyper-, per-	hypo-, sub-
iso-, homo-, homœo-	allo-, hétéro-
in-, intra-, in-, en ou em-, endo-	s ou ex-, extra-, exo-, for-
magni-, méga-, macro-	parvi-, micro-
panto-, poly-, bi ou di-, tri-, tétra-,	mono-, oligo-, uni-, soli-
etc., multi-	
proto-	deutéro-, trito- etc.
syn-, con-	anti-, contre-, contra-, di ou dis

PRÉPOSITIONS.

à	de, loin de	devers	à l'opposite
avant	pendant, après	entre, parmi	autour de |gré
avec	sans, outre	moyennant, par	nonobstant, mal-
compris	excepté, hormis	durant, vers	depuis, dès
dans, chez	hors de |sauf	pour, envers	contre
devant	derrière	sur	sous
		voici	voilà

ADVERBES.

Adverbes de temps.

alors	auparavant , a-
	près , ensuite,
	depuis
anciennement	nouvellement
autrefois	présentement, à
	l'avenir
aussitôt, tout de	plus tard , plus
suite, tôt, bien-	tôt, tantôt, tard.
tôt	
aujourd'hui	demain , hier,
	avant-hier
d'abord, déjà	encore, enfin, ne
	plus
souvent, toujours	quelquefois , ra-
	rement, jamais

Adverbes de lieu.

dedans	dehors
dessus	dessous
devant	derrière
droite (à)	à gauche, au mi-
	lieu
ici, ibidem, ça	là, ailleurs
ici-bas	là-haut
où	hors de quoi, d'où
partout	nulle part
près	loin

Adverbes de quantité.

beaucoup, bien,	peu, trop peu,
prou	guère
assez	trop, pas du tout
autant, aussi	plus, moins, da-
	vantage

Adverbes de manière.

ainsi	autrement
ab irato	de sang-froid
bien	mal
certainement	peut-être
conséquemment	nonobstant
faiblement	fort
oui	non
par suite	néanmoins
point	si fait
etc.	etc.

CONJONCTIONS.

afin que	pour que ne, du
	peur que

avant que	aprèsque, lorsqu-
car	cependant
et	mais
or	donc
parce que	quoique
partant	pourtant
pourvu que	à moins que
si	si ne, sinon
etc.	etc.

PRONOMS.

autrui	soi-même
ceci, celui-ci	cela, celui-là
on, quelqu'un	personne
y	

SUBSTANTIFS, ADJECTIFS, VERBES.

— A —

abnégation, dé-	égoïsme
vouement	
abondance	disette, privation,
	besoin, famine,
	pénurie

aborigène, autochthone, indigène, natif, national	aubain, étranger
abriter	exposer
abscisse	ordonnée
absolu	relatif, conditionnel
absorber	rendre, résorber
absoudre	condamner
abstinence	usage, jouissance, abus
abstrait	concret, discret
académie	lycée, portique
accéder	s'opposer
accélérer	retarder
accentué	faible, incolore
accepter	refuser
acception	exception
accidenté	monotone
acclamation	huée
accomplir	imaginer, projeter
accorder	refuser, brouiller, fausser
accoutumer	désaccoutumer
accroître	diminuer
accréditer	discréditer
accueillir	rejeter, chasser
accumuler, amasser	disperser
accuser	excuser, défendre
acérer, aiguiser	émousser
achat	vente
achever	commencer
acide, acre, aigre	doux, sucré, alcali
acoustique	diacoustique, phonocamptique
acquiescer à	se refuser à
actif	passif
actif (verbe)	passif, neutre, déponent
actuel, présent	passé, futur
adagio	andante, presto, allegro
addition	soustraction
adhérer	se détacher de
adjacent	éloigné, détaché
adjonction	élimination
admettre	exclure
adresse	gaucherie
aduler	réprimer, gourmander
adventice	profectice
affabilité	hauteur, rudesse, grossièreté
affaires	plaisirs
affermir	ébranler, renverser
afficher	tenir secret
affidé, affilié, adepte	étranger, profane
affirmer	nier
affranchir	asservir
agacer	calmer, apaiser
agencer, ajuster	déranger
agent	patient
agglomération	dispersion
agile	lourd
agiter	calmer, reposer
agréable	pénible, déplaisant, odieux
agreste, rural, rustique	urbain, civil
aguerrir	intimider
aide, soutien	opposition
aïeul, grand père	bisaïeul, trisaïeul, etc.
aigu	obtus
aimer, chérir	haïr, détester
aîné	cadet
aisance	difficulté, gêne
aise	mécontent
ajouter à	retrancher de
alarmer	rassurer
alimenter	laisser périr
aliquote	incommensurable
allécher	dégoûter
allégation	dénégation
alléger	alourdir, appesantir
aller	venir
alleu	fief, tenure
allonger	raccourcir
allonyme	pseudonyme, anonyme
allumer	éteindre
alpha	oméga
alphabétique	méthodique
altimétrie	longimétrie, planimétrie, stéréométrie
amabilité	grossièreté, rudesse
ambidextre	droitier, gaucher
ambitieux	modeste, désintéressé
amélioration	détérioration
amener	emmener
aménité	aigreur
ameuter	disperser, calmer
ami	ennemi
amincir	épaissir
amitié	inimitié
amnistier	punir, châtier
amour	haine, indifférence

amour-propre, vanité	modestie, humilité
amphiscien	périscien, antiscien, ascien
amplifier, développer	réduire, abréger
amuser	ennuyer
anachorète, ermite	cénobite
anachronisme	méta-, para-
anacréontique	pindarique
analeptique	débilitant
ancêtres	descendants
ancien	nouveau
anfractueux, anguleux	droit ou courbe, continu
ange	démon
animal	minéral, végétal
animer	paralyser
annélides	vertébrés, crustacés, insectes, mollusques, rayonnés
anorexie	appétit, boulimie
antécédent	conséquent
antérieur	postérieur
anticiper	réserver
antinomie	concordance
antipathie, aversion	sympathie
antique	moderne
antonomase	paronomase
antonymie	synonymie
anxiété, inquiétude	tranquillité
aoriste	parfait
apaiser	exciter
à part, séparément	ensemble
aparte	haut
apathie	vivacité
apercevoir	s'aveugler sur
apéritif	obstruant
aphérèse	diérèse
aphonie	baryphonie
apitoyer	endurcir
aplatir	arrondir, etc.
aplomb	obliquité
apogée	périgée
apologie	critique, blâme
apparaître	disparaître
apparent	latent
appétence	répugnance
applaudir, claquer	siffler
application	négligence
apporter	emporter
apprécier	méconnaître
apprendre	oublier
apprenti	maître
apprivoiser	effaroucher
approbation	blâme
approcher	éloigner
approfondir	combler
approprier	gâter
approximatif	exact
appuyer	abandonner
après - dînée, - midi	matinée
à-propos	à contre temps
apte	impropre
aptitude	inhabileté
aquatile, -tique	terrestre
aqueduc	viaduc, caliduc
aqueux	terreux, sec
aquilin (nez)	droit, grec, camus
aquilon, borée	autan, auster
arbitraire	légal
arbitral	judiciaire
archaïsme	néologisme
arctique, nord, septentrional, boréal	antarctique, sud, méridional, austral
ardent, fervent	tiède, glacé, éteint
ardu	aisé, facile
argumenter	affirmer, nier
aristarque	zoïle
aristocratie	démocratie
aristotélicien	platonicien
armer	désarmer
armistice	hostilités
aromatique	puant, infectant
arracher	attacher
arrérages, arriéré	avances
arrêter (s')	poursuivre
arrière	avant
arriver	partir
arrogance	humilité
artère	veine
artificiel	naturel
artificieux	franc, droit
artiste	barbare, bourgeois, ouvrier, artisan, manœuvre
ascendant	descendant
ascétique	voluptueux
aspérité	poli
aspirante	foulante
aspirer	expirer, respirer
assaillir, attaquer	défendre, protéger
assainir	infecter
assembler	séparer
assentiment	dissentiment
assidu	inexact
assimiler	distinguer

assister	délaisser
association	divergence, isolement, coterie
assoupir	éveiller, exciter
assujétir	délivrer
assumer	récuser, rejeter
assurer	mettre en doute
astuce	franchise
atrophie	hypertrophie
atarder	accélérer
atteindre	manquer
atteler	dételer
attendre	devancer
attendrir	endurcir
atténuant	aggravant
attester	nier
attiédir	refroidir
attirer	repousser
attiser	étouffer, éteindre
attraction, attrait	répulsion
attrister	égayer
aubade	sérénade
aube	crépuscule
aucun	tous
augmenter	diminuer
auriculaire	oculaire
aurore	soir, couchant
austère	gracieux
authentique	suspect
autocrate, despote	chef constitutionnel
autographe, original	copie
autoriser	prohiber
autre	même
aval	amont
avancer	reculer
avant-scène, proscénium	post-scénium
avarice, ladrerie, lésinerie	libéralité, générosité, prodigalité
avenant	disgracieux
avènement	abdication
avenir, présent	passé
avide	indifférent
avisé	imprudent
avitailler	affamer
aviver	effacer
avoir	manquer
axipète	axifuge

— B —

babil, loquacité	silence, taciturnité
bacchante	vestale
bachelier	docteur, licencié
bâcler, sabrer	élucubrer
badin	sérieux
bâfrer	goûter, savourer
balbutiement	éloquence
balourdise	finesse
banal	recherché
bannir	rappeler
baptême	extrême-onction
baragouiner	parler net
barbarisme	solécisme
barbon	blanc-bec
barbouiller	peindre, écrire
barbu, poilu	ras, imberbe
baron	varlet
baroque	régulier
barrer	désobstruer
baryton	ténor, soprano
bas de casse	capitale
base	sommet
bas-relief	ronde-bosse
basse	dessus
bassesse	grandeur d'âme, fierté
basse-taille	haute-contre
bat (du poisson)	tête
bâtard	légitime
bâti, faufilé	cousu
bâtir	démolir
batracien	saurien, chélonien, ophidien
battologie	laconisme
bavard, babillard, loquace	silencieux, taciturne, sobre de paroles, discret
béatifier	damner
beau	laid
beau-fils, etc.	beau-père, etc.
bégayer	articuler
bégueule	bonne femme
bel-esprit	sot
belligérant	neutre
belliqueux, martial, guerrier	pacifique
bémol	dièze
bénédicité	grâces
bénédiction	malédiction, anathème, imprécation
bénéfice, gain	perte
bénéfice	fief
benêt	dégourdi
bénévole	contraint, forcé
bénignité	malignité
berner	encenser
besogner, travailler	fainéanter, chômer
bête	spirituel
bêtise	génie
bévue	découverte
biais (de)	droit
bibliophile	bibliomane
bien	mal
bien-être	souffrance
bienfaisance	méchanceté
bienfait	injure
bien-fonds	mobilier, capital
bienheureux	maudit, damné
biennal, bisannuel	annuel, triennal
bienséant	malséant, inconvenant
bienveillance	malveillance, animadversion
biffer, raturer, supprimer	rétablir, restituer
bigarré	monochrome, uni
bigoterie	dévotion, piété, impiété
bilieux	flegmatique, nerveux, sanguin
bimane	quadrumane
binocle	lunette simple
bis	une seule fois, ter, etc.
bisaiguë	hache
bise	vent du sud, de l'est, zéphir
bizarre	uni, régulier
blâme	louange, éloge
blanc	noir
blanchir	salir
blaser	réveiller
blasphémer	adorer, honorer
blesser	caresser, guérir
bleu	orangé
blond	brun, châtain
bluette	œuvre
bobo	blessure grave
bœuf	vache, taureau
boire	manger
bon	mauvais, méchant
bonasse	finaud
bonheur, félicité	malheur, adversité
bonhomme	sournois
bonté	malice
bord	milieu
bosse	enfoncement
boucher, fermer	ouvrir
bouger	rester en place
bouillant	froid, tiède
bouilli	rôti
boule, sphère	cube
bourgeois	ouvrier, paysan, noble
bourgeon	bouton
bourru, brusque	doux, poli
bout	commencement
boutique	magasin
bravoure, valeur, courage	poltronnerie, lâcheté
bref, court	long
briguer	dédaigner
brillant	terne
brouillon	rangé; copie, mise au net
bruit	silence
brûler	geler
brumeux	radieux, clair
brutal	civil
bucolique	héroïque
bulbe	tubercule

— C —

cachotterie	franchise
cadavre	corps
cadencé	rompu, brisé
caduc	vigoureux, vivace
cafard, cagot	dévot, pieux
calcul	élan
calendes	ides, nones
calleux	uni
calme	trouble, courroux
calomnier	prôner, exalter
camper	marcher, poursuivre
candeur	noirceur
canonisation	anathème, damnation
cantabile, chant	récitatif
capital	travail, talent; intérêts
capitaliste	propriétaire, prolétaire
caprice	passion
capter	négliger, dédaigner
cardinal	ordinal
carême	carnaval
carnivore	frugivore, omnivore, granivore, piscivore
carré	rond, barlong
caryatide	atlas
casuel	régulier
catalecte	acatalectique
cause	effet
causeur	silencieux, retenu
caustique	flatteur
cavale, jument	cheval, coursier
cavalier	fantassin
cave	plein
cécité	vue
céder	garder, résister
célèbre, fameux	obscur, inconnu
céleste	terrestre, infernal
cellule, cabinet	salon, salle
cénotaphe	tombeau, sépulcre, sarcophage
censitaire	adjoint
censure	éloge
centigramme, etc.	hectogramm., etc.
central	excentrique
centripète	centrifuge
cercle	carré
cérémonie	sans-façon
certain, positif, démontré	aléatoire, chanceux, probable, possible, conjectural, hypothétique, éventuel
cesser	continuer
chair, viande	os
chaland	marchand
chaleur	froidure
champ	ville
champêtre, rural	citadin, urbain
champion	agresseur
changer	demeurer
chant	parole
charade	énigme, logogriphe
charitable	dur, égoïste
charlatan	savant, modeste
charmant, aimable	déplaisant
Charybde	Scylla
chaste, pudique	lascif, érotique, libertin, dévergondé
châtier, punir	récompenser
chaud	froid
chauve, tondu	chevelu
chef	subordonné
chef-d'œuvre	rapsodie
chef-lieu	dépendance
chenille	papillon
cher	bon-marché
chercher	éviter
chétif	vigoureux
chevalier	écuyer
chevet	pied
chèvre	bouc
chevrotant	assuré
chiche	généreux
chiffonné	empesé
chimère	réalité
chiquenaude	horion
chiragre	podagre
chorée	ïambe
chose	mot, personne
christianisme	paganisme
chromatique	diatonique, enharmonique
chronique	aigu, inflammatoire
chuchoter	crier, brailler
chyle	chyme
ciel	terre, enfer
cime	pied, racine
cimenter	ébranler
cintre	voûte plate
circonspect	étourdi
circonstance	fond
circuit	ligne droite
circulant (capital)	engagé
cisalpin	transalpin
ciseler	estamper, mouler
citadin	villageois
cité	bourgade
civil	grossier, rustique
civil	militaire
civilisation	barbarie; socialisme, etc.
clair, intelligible, compréhensible	obscur, ambigu, équivoque
clairvoyance	aveuglement
clameur	silence
clandestin	avoué, public
clapoteux, houleux, agité	calme, uni
clarifier	troubler
clarté	obscurité, nettetété, ambages
classer	déranger, mêler, brouiller
classique	romantique
clémence	rigueur
clérical	laïque
client	patron
clique	union
cliver	scier
clocher	marcher droit
cloîtrer	séculariser
club	conciliabule
coaction, coercition	attraction, douceur
coaguler	liquéfier
coaliser	brouiller
codicille	testament
cœur	tête, esprit
cognat	agnat
cohabitation	séparation
cohérence	confusion
cohésion	adhésion
cohorte	légion

cohue	cénacle, coterie
coléoptère	aptère, diptère, hémiptère, lépidoptère, névroptère,
colère	calme, sang-froid
colérique	froid, placide
collatéral	direct
collectif, partitif	propre, individuel, commun
collégial	épiscopal
colonne	pilastre, pilier
coloris	pâleur
coloriste	dessinateur
colosse, géant	nain, pygmée, myrmidon, na-
combat, lutte	paix [bot
combinaison	mélange
combler	laisser vide
combiner	séparer
comburant	combustible
comédie	tragédie, drame
comète	planète, étoile, satellite
comique	tragique, sérieux
comité	assemblée
commencer	finir, aboutir, continuer, se pro-
commentaire	récit [longer
commérage	rapport exact
commerce	isolement
commerce	industrie
commère	compère
commodat	usure, prêt
commun	rare, privé
communauté	société
communaux	propres
communicatif	réservé
communiquer	cacher, être séparé de
communication	obstacle
compacte	rare, poreux
compagnon	maître, apprenti
comparer	opposer
comparse	acteur
comparution	défaut
compassion	dureté
compétiteur	associé
compilateur	original
complaire	irriter, vexer, taquiner
complaisant	désobligeant
complément	supplément
complexe, com-	simple
complice [posé	auteur principal
complies	vêpres
compliment	injure, sarcasme
comporter	rejeter
composer	analyser
compositeur	exécutant
compressibilité	expansibilité
comprimer	dilater
compromettre	dégager
comptant	à terme
concave, creux	convexe, plein
concentrer	disséminer
concentrique	excentrique
concert	charivari, désaccord
concis	diffus, long
concision	précision
concupiscence	chasteté
concurrence	association
condenser	raréfier, dilater
condescendre	se refuser à
confesser, avouer	nier
confiance	défiance, méfiance
confidentiel	public, officiel
confiner	être loin, séparé
confirmer	démentir
conflit	union
confluent	diffluent
confondre	démêler, distin-
conforme	différent [guer
conformité	diversité
confort	privation
conforter	affaiblir
confus	clair, précis
congédier	admettre
conirostre	pressirostre, etc.
conjecture	certitude
conjonctif	disjonctif
conjuguer	décliner
connaissance	ignorance
connaisseur	amateur
connaître	ignorer
connexe	annexe
conquêt	acquêt
consanguin	utérin
consécutif	interrompu
consentir	refuser
conséquence	prémisses
conserver	dissiper, aliéner
considérer	mépriser
consoler	aigrir, désoler
consolider	ébranler
consommer	produire
consonnance	dissonnance
consonne	voyelle
conspirer	s'opposer à
conspuer	exalter
constance	légèreté
constiper	relâcher
constituer	renverser
constitutionnalisme	absolutisme
construire, édi-	démolir
conte, fable [fier	vérité
contemporains	aïeux, neveux, postérité
contention	relâchement
contenu	contenant
contester	admettre
contigu	lointain, éloigné
continence	lubricité
continent	voluptueux, li-
continental	insulaire [bertin
contingent	nécessaire
continu	interrompu
contraction	allongement, prolongement
contradiction	concert, accord
contralto	soprano
contraire	semblable, favorable
contrarier	aider, appuyer
contraste	similitude
contrefaçon, copie	original
contrepoint, harmonie	mélodie
contrition, repentir	attrition, remords, endurcissement
controversé	reconnu
convaincre	persuader
convenable	inconvenant, dé-
convergent	divergent [placé
convertir	pervertir
convoiter	dédaigner
copieusement	mesquinement
copulatif	disjonctif
coq	poule, chapon
coquin, fripon	honnête homme
corde	glaive
cordonnier	savetier
coriace, dur	tendre
corps	esprit, âme
corpulent	mince
correct	fautif
correctif	palliatif
correctionnel	civil, criminel
corriger	gâter
corroborant	atténuant
corvée	travail attrayant, amusement
cosinus	sinus, sin.-verse, cosinus-verse
cosmique	héliaque
cosmopolite	casanier; patriote
côté	face
couchant	passant, d'arrêt, courant
coucher	découcher, dresser
coulant	raide; stagnant, courant
couleur	pâleur; métal
coupant, tranchant	contondant
courage, bravoure, intrépidité	poltronnerie, faiblesse, peur
courbe (ligne)	droite
courir	marcher, être en
courroux	calme [repos
courroucer	apaiser
coursier	rosse, bidet
courte-pointe	couverture
courtisane, laïs, phryné, messaline	vierge, increèce, vestale, pénélope
coûteux	bon marché, gratuit
coutumier	inaccoutumé
couvert	vivre
couvi (œuf)	frais
couvre-chef	couvre-pieds
couvrir	mettre au jour
coxal	fémoral, crural, tibial, péronéal
craindre	attendre, braver, désirer
crainte	désir, espoir
craintif	brave, courageux, hardi
crânerie	poltronnerie
crapule	volupté, sobriété
crasse	propreté
crasser	nettoyer
crasseux	propre; libéral
crayonner	dessiner
créance	défiance, doute
créancier	débiteur
créateur	démolisseur, destructeur
créateur	créature
crédibilité	impossibilité, invraisemblance
crédit	débit; discrédit
créditer	débiter
créer	détruire, anéan-
crême	petit-lait [tir
crément	augment
crépu	plat, lisse
crescendo	minuendo
crésus	irus, job, lazare
crétin	génie
creuser	repousser
cri	parole, chant
criard	silencieux, harmonieux
crime	bonne, belle action
criminel	civil, correction-
crin	cheveu, poil [nel
crise	stagnation
critique	louange
croasser	coasser
croche	droit
croire	douter
croissant	pleine lune
croître	diminuer
Croix	Croissant
croquer	achever, lécher
crouler	être debout, durer
croupe	garrot, poitrail
croupier	ponte, banquier
croupir	couler
croûte	mie, toile
croûton	peintre, grand-
cru	cuit [maître
cruauté	humanité
crue	retrait, diminution, baisse
cryptogame	phanérogame
cristal	verre
cuber	carrer
cubitus	radius, humérus
cuir	peau
cuisinier	gargotier, mar-
cul	tête [miton
culasse	bouche
culminant	infime
cultivable, -vé	stérile
cupide	désintéressé
curable	mortel
curatif	palliatif
curé	vicaire
curie	centurie, tribu
curieux	indifférent
cursive, expédiée	à main posée
curviligne	rectiligne
cyclique	épique
cycloïde	cercle, ellipse, épicycloïde, etc.
cylindre	phère, cône
cynique	platonique
cynisme	retenue

— D —

dactyle	anapeste
damassé	uni
dame	vassale, demoiselle; seigneur
danser	marcher, courir
dater	antidater, postdater
dation	donation [dater
datisme	laconisme
débâcle, dégel	gelée
débander (se)	former (se), rallier (se)
débauché	sage, continent
débaucher	embaucher
débile	vigoureux
débitant, détail-	marchand, négo-
déblai [lant	remblai [ciant
déblatérer	parler
déboire	satisfaction
débonnaire	méchant, acariâtre
debout	renversé, à terre
débouter	faire droit
débraillé	tiré à 4 épingles
début	clôture; retraite
décadence	progrès
décence	impudeur
décès, trépas, mort	naissance, vie, existence
décevoir	satisfaire
décharné, maigre	gras
déchet	croît
déchoir	se maintenir, croître
décider	remettre, ajour-
déclamatoire	simple [ner
déclarer	céler
déclimater	acclimater
déclin	ascension, aurore
déclinable	conjugable
déclinaison	inclinaison (de la boussole)
déclivité	horizontalité
décoction	infusion
décorer	dégrader
décorum	mauvaise tenue
découler	jaillir
découplé	noué, trapu
décours	croissance
décousu	lié
décrier	vanter, prôner
dédain, mépris	admiration
dédire	appuyer, maintenir, confirmer
défendeur	demandeur
défense	attaque
défenseur	agresseur, ministère public
déférence	dédain
déficit	excédant, boni
défilé	terrain ouvert
défini	indéfini, infini,
définitif	provisoire [fini
défricher	stériliser
défunt, décédé	survivant
dégagé	embarrassé
dégainer	rengainer
dégât	embellissement
dégénérer	s'améliorer
dégorger	obstruer
dégourdir	abrutir
dégoût	appétit
degré	minute, seconde
dégrossir, ébau-	achever
déguenillé [cher	habillé, bien vêtu
déguerpir	occuper
déguisement	costume
déhonté	pudique
déiste	théiste, athée
déjeuner	souper, dîner,
déjouer	favoriser [goûter
délabrer	réparer, restaurer, conserver
délai (avec)	instant (à l')
délation	connivence
délectable	insupportable
délétère	respirable, vital
délibératif (pouvoir)	consultatif
délibératif (genre)	judiciaire, démonstratif
délicat	grossier
délices	tourments
délié	plein
délié, mince	épais
délit	crime, faute
délire, démence	saine raison
délivrer	asservir
déluge	sécheresse
démagogie	tyrannie
demander	refuser, recevoir
démanteler	fortifier
démarcation	confusion
démasquer	déguiser
démembrer	unir
démentir	appuyer
demeurer	partir, s'en aller
demi	entier
démonétiser	frapper, émettre
démonstration	réfutation
démotique, enchorial	hiératique
dénégation	aveu
dénier	accorder
dénigrer	exalter, prôner
dénominateur	numérateur
dénoncer	céler
dénouement	nœud, péripétie,
dense	rare [exposition
dénué	pourvu, riche
départ	retour, arrivée
département	arrondissement, canton, commune
dépasser	égaler, rester audessous
dépayser	rapatrier
dépêcher (se)	se ralentir
dépendant, subordonné	indépendant, libre; maître, chef
déperdition	accroissement
dépérir	se refaire, croître
dépit, rancune	tendre souvenir, oubli, pardon
déployer	resserrer, con-
déportation	exil [centrer
déposer	élire
déposséder	mettre en possession
dépouiller	garnir, orner, en-
dépourvu	fourni [richir
dépraver	moraliser
déprécier, dépriser	vanter, rehausser
dépression, affaissement	soulèvement
déprimer	relever
de profundis	Te Deum, Mag-
député	électeur [nificat
dérisoire	sérieux
dérober	restituer
désastre	salut, prospérité
descendre	monter
descriptif	consoler
désopiler	obstruer
destin, sort, fatalité, hasard, destinée	providence
désuétude	usage
détail	ensemble, gros
déterminantes (causes)	premières, secondes, occasionnelles, concomitantes, préexistantes
détourné	direct
détracteur	prôneur, partisan
détrempe, fres-	huile
détresse [que	prospérité
détriment	profit
détrôner	introniser
dette	avoir, créance
deuil	joie
développer	envelopper
devenir	cesser
dévier	suivre
dévoiement, diar-	constipation; res-
dévoiler [rhée	cacher [serrement
devoir	droit
dévot	impie
dextérité	maladresse
dextre	senestre
diagnostic	pronostic
diagonal	latéral
dialectique	logique, rhétori-
dialogue	monologue [que
dialyse	synérèse
diamètre	périmètre
diane, réveil	retraite
diaphane, tran-	opaque
diatribe [sparent	encomium, éloge
didactique	épique, lyrique, dramatique
dièdre (angle)	trièdre
diffamer	exalter
différence	ressemblance, i-
différentiel	intégral [dentité
difficile	aisé
diffraction	réfraction
diffusion	concentration
digestif	indigeste
digitigrade	plantigrade
dignité	trivialité, vulgarité
dilapider	économiser, gérer
dilatoire	accélérant
diligence	lenteur
diminuer	agrandir, grossir
diminutif	augmentatif
diorama	panorama, néorama
diphthongue	voyelle, triphthongue
diplomatie	sincérité
dire	taire
direct	oblique, réfléchi, inverse
discernement	aveuglement
discussion	vote muet
disjoindre	adjoindre, réunir
disparate	conformité, harmonie
dispendieux, coûteux	à bon marché, peu coûteux, gratuit
dispenser	astreindre, obli-
disperser	rassembler [ger
disponible	engagé
dispos	incommodé
disposer	réserver
disputer	être d'accord, céder
disputeur	placide, débonnaire, conciliant
disséminer	concentrer
dissension	union, accord
dissentiment	unanimité, assen-
dissimulé	franc [timent
dissipé	rangé
dissolu	moral, sage
dissonance	consonnance
dissoudre	réunir, agréger
dissuader	persuader
distance	proximité
distinct	identique
diurne	nocturne
divaguer	argumenter, raisonner
divers	unique, uniforme
divertir	ennuyer
dividende	diviseur
divin	humain
diviser	réunir, multiplier
divorce	mariage, union
divulguer	cacher
docile	rétif
doit	avoir
dolent	gai, joyeux
domaine	jouissance, usu-
domestique, valet	maître [fruit
domicilié	vagabond, passager
dominante	médiante, tonique
dominer	servir
dommage	bénéfice, profit
dompter	libérer, affranchir
donner	ôter
dorien	attique, éolien, ionien

dorique	ionique, corinthien, toscan, composite
dormant	mobile
dormir	veiller
dos	poitrail
dot	douaire
dotal (régime)	communauté
double	moitié, simple
doucement	bruyamment, vigoureusement
douillet	dur
douleur	plaisir
doute	certitude
doux	grave, amer, rude, aigre, acerbe, âcre
dramatique	froid
dresser	abattre
droit	torto, oblique
droite	gauche
droiture	improbité
dru	clair semé
ductile	cassant
dulie (culte de)	latrie
dupe	fripon
duplique	réplique, tri-
dur	mou, tendre
durable	passager

— E —

eau	feu
ebbe	jusant, flux
ébène	ivoire
ébranler	raffermir
écarter	rapprocher
échancrer	arrondir
échanger	garder
échapper	être pris, atteint
échauffer	rafraîchir
échec	succès; triomphe
échevelé	coiffé
échoppe	boutique, magasin
échouer	débarquer; réussir
éclaircir	embrouiller, assombrir
éclairer	obscurcir
éclat	obscurité
éclectique	systématique, dogmatique, syncrétique
éclipser	faire ressortir
écliptique	équateur, méridien
éclore	disparaître
économe	prodigue, dépensier, dissipateur
écouter	rejeter
écraser	relever, rehausser
écrouer	libérer, élargir
écru	blanchi
éden, paradis, olympe	gehenne, enfer, tartare
écurie	étable
éducation	instruction
effaroucher	rassurer
effectif, réel	apparent, illusoire
efféminé	viril
effervescence	froideur
efficace	impuissant
effronterie	pudeur, timidité
effrayer	rassurer
égal	plus grand, plus petit
égaler	dépasser, excéder, ne pas atteindre
égard	mépris
égarer	guider
élancé	trappu
élargir	rétrécir
élasticité	inflexibilité, raideur
élastique	cassant
électeur	élu, éligible
électif	héréditaire
élégance	rudesse, grossièreté
élément	corps composé
élémentaire	supérieur
éléphant	ciron
élever	abaisser, abattre
éliminer	réintégrer
élision	heurtement, hiatus
élite	lie, écume, rebut
ellipse	pléonasme
éloignement	proximité
éloigner	rapprocher
éloquence	mutisme
émanciper	interdire
embarras	netteté, facilité
embaumer	empuantir
embellir	enlaidir
embonpoint	maigreur
embouchure	source
embrasser une religion	abjurer
émérite	en activité
émerveiller	désenchanter, désillusionner
émettre	retenir
émeute	manifestation
éminence	vallée
éminent	abject
émission (de la lumière)	vibration
émollient	astringent
émolument	charge
émouvoir	refroidir
emparer (s')	perdre, rendre
empesé	aisé, coulant
empester	désinfecter
emphase	simplicité
empirer	s'améliorer
empirique	dogmatique
emplir	vider
emploi	retraite
emprisonner	délivrer
emprosthotonos	opisthotonos
emprunter	prêter
émulation, rivalité	envie, jalousie
encaisser, embourser, recevoir	payer, débourser, rembourser
encan (à l')	à l'amiable
enclume	marteau
endetter	libérer
endosseur	créeur
endormir	éveiller
endurant	récalcitrant
endurcir	attendrir
énergie	faiblesse
énerver	fortifier
enfance, adolescence	vieillesse, caducité
enfantin	vieillot
enflammer	calmer
enfreindre	observer
engageant	décourageant
engloutir	vomir
engouement	dénigrement
engourdir	dégourdir, réveiller
engraisser	maigrir
enhardir	intimider
énigmatique	clair
énigme	truisme, naïveté
enivrer	dessoûler
enjôler	détromper
enjoliver	simplifier
enjoué	sérieux
ennoblir	dégrader, rabaisser
ennui	amusement, récréation
énoncer	indiquer, dissimuler
enorgueillir	humilier
énorme	infiniment petit
enrichir	appauvrir
entendre	être sourd
entente	brouille
entêté	faible de volonté
enthousiasme	froideur
entier	partiel
entraver	favoriser, aider
entrée	sortie
entremets	relevé, entrée, rôt, dessert
entreprenant	timide
entrer	sortir
entre-sol	mansarde
entretenir	négliger
entretien	construction, dépenses prem.
envahisseur	défenseur
envenimer	adoucir
envers	endroit
envier	féliciter (se)
environnant	lointain
épaisseur, profondeur	longueur, largeur
épaissir	amincir
épargne	dépense
éparpiller	réunir
épars	concentré
épée	robe
épeler	lire
éperdu	calme
éphémère	durable, éternel
épicé, relevé	fade
épichérème	syllogisme, enthymème
épicuréisme	stoïcisme
épidémique	endémique
épiderme	derme
épigastre	abdomen, hypogastre
épigramme	madrigal
épilogue	prologue
épine	fleur, rose
épineux	facile, fleuri
épique	lyrique, etc.
épisode	action principale
épitaphe	épithalame
épitase	protase
épitomé, abrégé, résumé	paraphrase, développement
épode	ode, strophe, antistrophe
épopée	drame, ode
épouse	concubine
épouvantable	récréatif
équateur	méridien
equation, égalité	identité, différence
équiangle	obtusangle, rectangle
équestre (ordre)	bourgeoisie, paysans
équilibre	rupture
équinoxe	solstice
équitable	inique
ériger	renverser
errant	fixe, stable
errer	se diriger
erreur, mensonge	science, certitude, vérité
erroné	positif, certain
érudit	ignorant, illettré
escarmouche	bataille
escompte	intérêt
espace	immensité
espadon	fleuret
espèce	genre, individu
esprit	matière
esquisse	tableau
essence	substance
essentiel	accidentel
est	ouest
estampé	ciselé
esthétique	moral, religieux
estime	mépris, dédain
estival	hibernal, hyémal
établir, instituer	abolir, renverser
étage	rez-de-chaussée
étaler	cacher, entasser
étalon	hongre
étancher	raviver
été	hiver, printemps, automne
étendue	durée
éternel	temporel, passager
étiolé	vigoureux
étiologie	séméiologie, etc.
étique	gras
étonnement	indifférence
étourderie	réflexion, prudence
étourdi	posé
étranger	national
être	néant
étreindre	lâcher
étroit	large
étudier	négliger
eubages	druides, vacerres, bardes
euphonie	cacophonie
eurus	notus, aquilon, auster
eustyle	aréostyle, systyle
évangélique	judaïque, païen
évaser	resserrer
évasion	sortie
événement	bagatelle
évidence	incertitude, obscurité
éviter	rechercher
évolution	involution, ré-
évoquer	renvoyer
exagération	atténuation
exaltation	tiédeur
exaspérer	calmer
exaucer	rejeter, repousser
excellent	très-mauvais
excès	défaut, manque
exciter	apaiser, étouffer
exclure	admettre
exclusif	général
excrétion	sécrétion
excrément	récrément
excursion	incursion
excuser	accuser, charger
excuse	aggravation
exécrer	chérir, adorer
exécuter	négliger
exécutif (pouvoir)	législatif, judiciaire
exemple, modèle, original	imitation, copie
exempt de	sujet à, astreint
exercer	négliger
exercice	repos
exergue	légende
exhausser	abaisser
exhéréder	avantager
exhorter	dissuader
exiger	prier
exigu	énorme
exiler, bannir	rappeler
existence	néant
exorbitant	raisonnable
exorde	péroraison
exotique	indigène
expansif	concentré
expectant	agissant, curatif
expédient	procédé
expédier	traîner en longueur
expéditif	lent
expérimental	mathématique
expert	inhabile
expirer	aspirer, respirer; commencer
explicite, exprès	obscur, vague
exploiter	délaisser
exposant	coefficient
exprès	correspondance
exprimer	renfermer
exquis	détestable
extenseur	fléchisseur
extirper	enraciner
extorquer	demander
extradition	asile
extrémité	origine, commencement
exubérant	exigu
exultation	abattement

— F —

fable	histoire
fabricant	détaillant
face	derrière, côté
facétieux	grave
fâcher	apaiser
facilité	difficulté, gêne
façon	matière
factice	naturel
factieux	patriote
facultatif	obligatoire
faculté, activité	réceptivité
fade	sapide, relevé
faible	fort, puissant
failli	réhabilité
faillir	résister
faillite	banqueroute
faim	manque d'appétit
fainéant	travailleur
fait	discours, parole, mot
faîte	fondement
falaise	grève, dunes
fallacieux	franc, droit, sincère
falsifier	rétablir
familiarité	réserve
fanatique	indifférent
fanfaron	brave
fantaisie	résolution
fantastique	réel
faquin	héros
farce	haute comédie
faribole	chose sérieuse
farine	son
far-niente	activité, travail
farouche	apprivoisé
fasciner	désabuser, éclairer
faste	simplicité
fastidieux	amusant, divertissant
fatuité	modestie
fatigant	supportable
faubourg	ville
faune	flore
faute	bonne action
fauteur	opposant
faux	vrai
faveur	inimitié, disgrâce
favorable	opposé
favoriser	combattre
fébrifuge	fiévreux
fécond, fertile	stérile
fédéral	unitaire
feinte	audace
félonie	droiture, fidélité
fendre	casser
fenêtre	porte
fer	or, plomb, etc.
férié	ouvrable
ferme	mou, tremblant
fermer, clore	ouvrir
fermier	propriétaire
féroce	doux, timide
festin, banquet	repas
fétichisme	déisme
fétide	suave, odorant, sain
feudataire, vassal	seigneur, suzerain
fibreux	tendineux, nerveux, osseux
fiction	réalité
fidèle, loyal	traître
fidélité	adultère
fiel, bile, absinthe	miel, douceur
fier	timide, modeste
figuré (sens), trope	sens propre
figure, forme	matière
filial	paternel, maternel
fille	garçon; femme
filleul, eule	parrain, marraine
filouterie	probité
fin	commencement, début
fin	grossier
final	initial
fissipède	solipède
fixe	mobile
fixer	remuer, agiter
flagrant	caché, secret
flanc	devant, derrière
flâner	travailler
flanquer	découvrir
fléau	bénédiction
flétrir	exalter
fleur	fruit, bouton
fleuve	ruisseau, rivière,
flexible	roide
florissant	déchu
flottable	navigable
flotter	sombrer, enfoncer
fluide	solide, liquide
foi	incrédulité
fol *ou* fou	sage
folâtre	grave
folie	raison
fond	dessus, superficie, surface
fonder	détruire
fondre	solidifier
foncier	mobilier, personnel
force, vigueur	faiblesse
forcer	engager, empêcher
forêt	bosquet, bois, bocage
forte	piano
fortifier	démanteler, affaiblir, amoindrir
fortuit	prévu, préparé
fortune	misère
fossé	talus, revers
fougueux	calme
fourberie	droiture, probité
fourni, muni, garni	manquant
fournir	priver, refuser
fourreau	lame
fourvoyer	redresser
foyer	circonférence
fraction	tout, entier
fragile	solide
frais	flétri, passé
franchise	dissimulation, cachoterie, ruse
fraternel	sororial
fraternité	orgueil aristocratique
fréquent	rare
fréquenté	désert
friable	résistant
friand	sobre, simple dans ses goûts
frisé	lisse
frire	fricasser, bouillir, rôtir, griller, sauter
frivole	sérieux
froment	orge, seigle, avoine
front	menton
frugal, sobre	gourmand, luxurieux
frugalité	intempérance
frustrer	satisfaire
fugace	durable, permanent
fuir	demeurer, attendre, résister, combattre,
fumeux	clair, brillant
fureur, emportement	douceur, calme
furtivement	ouvertement
fût	base, chapiteau

— G —

gâche	pêne
gâcher	travailler à loisir
gages	appointements, salaire
gagner	perdre
gai, gaillard	triste, sombre
galénique	hippocratique
galerne	mistral, garbin
galop	trot, pas
garçon	fille
garder	abandonner, perdre, laisser
garni	dégarni, non meublé
gaulois	franc
gaz	liquide, solide
gémonies, roche tarpéienne	capitole
général	particulier
générateur	engendré
généreux	étroit, avare
génie, esprit, talent	stupidité, sottise, idiotisme, ineptie, nullité
gentil, païen	juif
gentil	disgracieux, laid
gentilhomme, noble	roturier, vilain
géométral	perspectif
germe	développement
gibelin	guelfe
glace	vapeur
glacial	brûlant
glaire, albumine	jaune d'œuf
glaise	craie, sable
glaner	récolter
glas	sonnerie
globe, sphère	cube
gloire	déshonneur, obscurité
glorieux	flétrissant
glorifier	abaisser, humilier
glose	texte
glossaire	vocabulaire, lexique, dictionnaire

glouton — délicat, gourmet
gnome — sylphe, salamandre, ondin
gnomique — mythique
gnostique — éclectique
golfe — promontoire, cap, détroit
gorger — priver
gothique (écriture) — romane, onciale, bâtarde, coulée, anglaise
gouache — lavis, huile
gouffre, abîme — pic
goulu — sobre, modéré
gourmander — louer
gourmé, guindé — aisé, gracieux
goût — béotisme
goutte — mer, océan, déluge
gracier — amnistier [loge
gracieux — rude, grossier
graduellement — soudain
grain — masse, quintal
grain — tempête
graisse, gras — viande, maigre
graminée — légumineuse, etc.
grammaire — rhétorique, poétique
grammairien — écrivain, orateur, poète
grand — petit, médiocre, mesquin
grandelet — petiot [moyen
grandiose — exigu
grandissime — argile, grès, terre, marbre, etc.
granit —
graphique — explicatif
gratifier — s'acquitter
gratis — chèrement
gratuit — conditionnel
grave — insignifiant, léger
graver — dessiner, sculpter, peindre
gravir, grimper, escalader — descendre, dégringoler
grêle — pluie, neige
grelot — sonnette
grenade — boulet, bombe
grenier — cave, fobus
griffe — ongle, serres
griffonner — écrire, dessiner à jeun
gris — grande dame
grisette — accort
grogner — flatter, caresser
gros — petit, chétif, mince
grotesque — sublime [se
grouper — disséminer, dé...
gué — pont, tunnel
guenon — vénus
guérir — aggraver
guérissable — incurable
guérisseur, char... — médecin
guerre [latan — paix
guêtre — botte
gueule — bouche
gueules — argent, or, azur, sinople, pourpre, sable
gueux — riche, propriétaire
goguehette — geôlier [taire
goidon — drapeau, éten...
guigner, lorgner — regarder [gard
guillotine — garrot, potence, fusillade, bûcher
gutturale — (con... labiale, linguale, palatale, nasale, aiffa...
gynécée — andron

— H —

habile — maladroit, manche, ignorant
habitant, domicilié — étranger, forain
habituel, accoutumé — extraordinaire
hâbleur [upné — modeste
haineux — aimant
halte — marche, séjour, station
hameau — cité, ville, bourg
hanter, fréquenter — éviter [village
harangue — propos familier
harceler — laisser tranquille
hardi, courageux — timide, poltron
harmonie — mélodie, antagonisme
harmonieux — discordant
hase — lièvre
haste (arme d') — (et arme de)
hâte — lenteur
hâler — retarder
hâtif, précoce — tardif
hausse — baisse
haut — bas
hautain — timide

haute-futaie — taillis
hauteur — profondeur, longueur, largeur
hâve, pâle — rouge, rubicond
hebdomadaire — quotidien, mensuel, annuel
héberger — éconduire, repousser
hellénisme — latinisme, gallicisme, etc.
hémagogue — hémostatique
héméralopie — nyctalopie
herbacé, annuel — vivace, bisannuel
héréditaire — électif
hérédité — communauté
hérissé — lisse
hésiter — légataire
héroïsme — lâcheté
herse — rouleau
hésitation — décision
hétérodoxe — orthodoxe
heureux [rétiqua — infortuné
heurter — effleurer
hexaèdre (solide) — tétraèdre, octaèdre, dodécaèdre, icosaèdre
hexamètre — pentamètre
hic — hoc
hideux — charmant
hiérarchie — égalité, confusion
hiératique — démotique ou chorial
hiéroglyphique — phonétique ou alphabétique
idéographique
hilarité — tristesse
hisser — abattre, baisser
historique — anecdotique
histrion — comédien
hobereau — grand seigneur
holocauste — offrande
homœopathe — allopathe
homme — femme
honneur — affront, indignité, ignominie
honoraire — exerçant
honoraires — appointements
honorer, glorifier — mépriser, rabaisser
honte — gloire [ser
honteux — fier, glorieux
horizontal — vertical, perpendiculaire
horrible — agréable
hostile — amical
hôte (qui reçoit) — hôte (qui est reçu)
hôtel — chaumière, maison, caserne, hutte, palais
hôtelier — voyageur
houblon — vigne
houille — bois
houppe — limier
husteur — aqueux
huitain — distique, quatrain, dizain
hurlement — cri, chant
hyades — pléiades
hydracide — oxacide ou acide
hydraulique — hydrodynamique, statique
hydrocèle — sarcocèle
hydrogène — oxygène
hygiène — thérapeutique
hymen, mariage — célibat, concubinage
hyperbole — litote [nage
hypercole — cercle, ellipse, parabole
hypothèse — franchise, loyauté
hysope — cèdre

— I —

idéal, imaginaire — réel
iconoclaste — iconolâtre
idée — sensation, sentiment, objet
identique — différent
idéologue — positif
idolâtrie — monothéisme
idylle — épopée
ignoble — noble
île — continent, presqu'île
illusion — réalité [qu'île
illustre — célèbre, ignoré
ilote — (fameux) spartiate

image — objet
imagination — raison, jugement
imbécillité — force d'âme
imitation — modèle
immense — infiniment petit
immersion — émersion
immigration — émigration
imminent — éloigné
immonde — pur
immunité — charge
impératif — persuasif
impétueux — calme
implicite — explicite
impliquer — dégager
implorer — rejeter
important — nul
imposant — ridicule, grotesque
imposer — conseiller [que
imposteur — révélateur
impôt — droits civiques
impotent — valide
imprégner — exprimer
imprimé — manuscrit
impromptu — médité, préparé
improviser — élucubrer, travailler
impudence — modestie [vailler
impunité — châtiment
incendie — inondation
incessant — intermittent
incident — principal
incliné — perpendiculaire
inclus — non compris
incognito — ouvertement
inconsidéré — réfléchi
incriminer — disculper
incuse (médaille) — en relief
indécis — résolu
index, indicateur — médial, annulaire, auriculaire
indice — preuve
indifférence — intérêt
indigence, pan... — opulence, richesse
indiquer (vrai) — céler [ge
indispenser — préparer, prévenir en faveur de
indivis — partagé
indolence — activité
induction — déduction
indulgence — sévérité
industrieux — maladroit, paresseux
inédit — publié [sœux
ineffable — facile à décrire
infanterie — cavalerie, artil...
infanticide — parricide [lerie
infatué — dégoûté
infect — embaumé, odo...
inférieur — supérieur [rant
infester, ravager — peupler, enrichir
infime — suprême
infinitif — indicatif, impératif, subjonctif
informe — confirmé
inflammation — extinction
inflexible, inexo... — facile, clément
rable — débonnaire
infliger — accorder, concéder, épargner
informer — tenir dans l'igno...
in-folio, etc. — in-quarto, in-8°
infortune — prospérité
infraction — observation
infus, inné — acquis
infusion — décoction
ingambe — estropié, boiteux
ingénieux — stupide [peur
ingénu — roué, faux, trompeur
ingérer (s') — ne pas se mêler
inguinale (hernie) — ombilicale [de
inhalation — exhalation
inhérent — indépendant
inhumer — exhumer
inique — juste
initial — final
initié, adepte — profane
innocent — coupable
innover — conserver
inoculation — vaccine
inondation — sécheresse
in plus — en retiration
inquiet — tranquille
inquiéter — rassurer
inquisiteur — indifférent
insérer, ajouter — retrancher
insidieux — franc, loyal
insigne — insignifiant
insinuer — déclarer
insinuant — importun, gros...
insister — se désister [sier
insolent — respectueux
insolite — accoutumé
insomnie — coma, assoupissement
insouciant — soucieux, attentif, intéressé
insoumis —
installer — chasser, renvoyer

instamment — légèrement
instar (à l') — au contraire de
instiguer, inciter — détourner, dis...
instinct — raison [suader
instituer — abolir
instruire, former — abêtir, abrutir
instruit, savant — ignorant, ignare
docte, lettré
instrument — produit, résultat
instrumental — vocal
insulte — caresse, flatterie
insulter — honorer, défendre, venger
insurger (s') — subir le joug
intact — entamé
intégral — partiel
intègre — corrompu
intelligence — sensibilité, volonté
intelligent — stupide [lonté
intempérie — régularité
intempestif — opportun
intense — rare [tel
intentionnel — fortuit, accidentel
intercaler — rejeter à la fin
intercepter — laisser passer
interdiction — permission, faculté
intéressant — indifférent [culté
intérieur — extérieur
intérimaire, pro... — définitif
visoire
interloquer, inti... — encourager, ras...
mider — surer
intermittent — continu, incessant
interne — externe, demi-pensionnaire
interroger, ques... — répondre
tionner
interrompre — écouter
intervalle — continuité
intervertir — coordonner
intime, défenseur — demandeur
intime — public
intimité — liaison légère
intrépidité — lâcheté
intrigant — honnête-homme
intrinsèque — extrinsèque
introduction — conclusion
introduire — chasser
intrus — appelé
intuitif — rationnel
invasion — évacuation
invective — panégyrique
inventer, créer — copier, exploiter, perfectionner
inventif — lent à concevoir
invétéré — récent
irascible — paisible, doux
isocèle — scalène
isoler — agréger
italique — romain
ivrognerie — sobriété

— J —

jachère, lande — guéret
jacobin — girondin, cordelier, brissotin
jais — albâtre, neige
jalousie — indifférence
jansénisme — molinisme
jardin — cour
jargon, patois — langue, idiome
jaune — [argot violet
jésuitisme — franchise
jeu, récréation — travail
jeu — vieux, âgé
jeûne, abstinence — bombance
joie — peine, douleur
joindre — séparer [angoisse
joli, gentil — laid
jour — nuit
jovial, gai, joyeux — triste, chagrin
julien — grégorien
jury — commission militaire
jurisprudence — législation [taire
jurisconsulte — juriste
justifier — inculper
juvénil — sénil

— L —

labiée — personnées, etc.
laborieux — aisé, paresseux
labourage — pâturage
lâche — tendu, courageux
lâcher — retenir, serrer
laconique, concis — verbeux
lacustre — fluvial, palustre
laité — œuvé
lame — fourreau, poignée
lamper — siroter
lancinant — sourd, conton...
languissant — vif, vivace [dant
large — étroit
larguer — raidir
larve — chenille, chrysalide
larynx — pharynx [lide
las, fatigué — dispos

latéralement — de face
laticlave — augusticlave
latine (église) — grecque
latitude — longitude
laïcité — dulie, hyper...
laxatif — astringent
lecture — écriture
légataire — testateur, héritier
léger — lourd, pesant
légumineuses — bulbeuses, etc.
lendemain — veille
lénitif — irritant
lent, tardif — prompt, rapide...
lenteur — célérité, vitesse
leste — lourd
levant, orient — couchant, occid.
lever — baisser, coucher
levis (pont) — tournant, fixe
liais (pierre de) — moulière (pierre)
liant — bourru
libéral — avare, rétrograde, légitimiste
libérer — enchaîner
liberté — esclavage, servi...
libertin — rangé [tude
licence — liberté
licencier — appeler
lientérie — dysenterie
lieu déterminé — espace
lieutenant — général, capitaine
lièvre — lion
ligne — surface, solide
ligneur — royaliste
limiter — étendre
limpide, clair — trouble
linge — lange
linteau, imposte — poste, pilier
liseur — lecteur
lisse, uni — raboteux
lithotomie — lithotritie
litigieux — amiable
littéraire — scientifique
littéral — libre
livide — fleuri (teint)
local — général
locataire — propriétaire
locomobile — locomoteur, ... tif
locomotion — immobilité [tive
logique, raisonnable — illogique, extravagant, absurde
logique — métaphysique, morale, théo...
logement, logis — taudis [dicée
loisible — nature, défendu
long — court, bref, large
losange — carré
louable — blâmable
loyauté — perfidie, cautèle
lucarne — fenêtre
lucidité, clarté — obscurité
lucratif — onéreux
lugubre — joyeux
luire — s'éteindre
luisant, brillant — terne
lumière — ténèbres
lunaire — solaire, sidéral
luthérien — calviniste
lutte — pugilat
luxure — continence
lynx — taupe
lyrique — épique, dramatique, didactique

— M —

mâchicoulis — créneau
machine — moteur
maçon — architecte
madrier, poutre — solive
magistrat — subordonné
magnanime — pusillanime
magnétique — galvanique, électrique
magnificence, luxe, somptuosité — mesquinerie, sordi...
main — pied [dité
maint — aucun
maire — adjoint
maître — serviteur, disciple, écolier, amant [prenti
maîtresse —
majeur — mineur
maladie — santé
mâle — femelle
malin — bonasse, benin
malingre — vigoureux
malléable — cassant
maman — papa
mammifères — oiseaux, poissons
manant — vilain, bourgeois
manche (d'habit) — taille, pans
manchot — boiteux
mandant — mandataire
mander — renvoyer, congé...
manie — goût [dier
maniéré — franc

manifester — cacher, renfer-
manœuvrier, tac- stratégiste [mer
manquer (l'icien abréder
mansuétude — férocité, sauva-
marâtre — mère, [gerie
marchand — acheteur, cha-
land, fabricant
marché — foire
marcher — se reposer
marécageux — sec, solide
marée — poisson d'eau
douce
marginal — in-bas de page
margrave — burgrave, rhingrave
mari, époux — femme, épouse
marier — séparer
marin — terrestre.
marmiton — cuisinier
marmot, motte — jeune homme,
jeune fille
marquis — chevalier, vi-
comte, comte.
marron — breveté [duc
masculin — féminin, neutre
massif — creux, vide, évi-
dé, léger
matelot — capitaine, mousse
matérialisme — spiritualisme
matériel — personnel
maternel — paternel
mathématique — conjectural, mé-
matin [positif soir [taphysique
matineux — paresseux
matois — honnête, simple
matrice — poinçon
matrone — vierge
maturité — crudité
maussade — gracieux
maximum — minimum
mécanique, ma- vital, instinctif,
chinal — volontaire
méfiance — défiance, con-
meilleur — pire [fiance
mélancolie — gaieté
mélanger, mêler séparer
membre — mince, fluet
même — différent, autre
mémorable — digne d'oubli
menace — promesse
ménager — prodiguer
mendiant — aumônier
ménestrel — trouvère, trouba-
meneur — dupe [dour
mensonge — vérité
mensonger, men- véridique
mensurable [teur immense
mental — oral
mentionner — passer sous silen-
menu — gros, épais [ce
mépris — estime
mercenaire — volontaire
méridional — septentrional
méritoire — punissable
merveilleux — naturel
mésalliance — union sortable
mésaventure — bonheur
messéant — convenable
mesure — dérèglement
métacarpe — carpe
métallique — métalloïde
métaphrase — paraphrase
métaphysique — physique, naturel
métaphysique — logique, morale,
métatarse — tarse [théodicée
méticuleux — hardi
métis — pur sang
métope — triglyphe
métropole — colonie
mettre — ôter
midi — nord, minuit
mielleux — rude, dur, amer
mieux — pis
mignard, -gnin grossier
milice — armée
milieu — extrémités
militaire — bourgeois
militante — triomphante
mimique — parole
mine, apparence fond, réalité
miser — contremine
mince — épais
miniature (en) — colossal
minéralisation [...]
minute, brouillon mise au net
minutie, bagatelle objets
minutieux — large
miracle [...] fait naturel [...]
misanthrope — philanthrope
miséricorde, pi- inflexibilité, du-
tié [reté
mitiger, adoucir aggraver
mixte — simple, pur
multiligne — rectiligne, curvi-
mode — existence [ligne
modération — exagération, excès
modérer — exciter [gue

moderne — ancien, antique
modestie — fatuité, orgueil,
impudeur,
grandeur, éléva-
maintenir [tion
raide
moi — non-moi
moindre — égal, plus grand,
majeur
molester — protéger, relever
momentané — permanent, du-
monarchie — république [rable
mondain — religieux
monde — solitude
monnaie — papier, billets
monopole — libre commerce
monoptère [tem- prostyle, amphi-
ple] prostyle, diptè-
ré, périptère,
pseudodiptère,
pseudopériptère
monostique — distique
monotone — varié
monstrueux — vulgaire
mont, montagne vallée, plaine
monter — descendre
monumental — mesquin, colifi-
moquerie — sérieux [chet
moral — physique
morne, émoussé affilé, émoulu
morose, morne gai, joyeux, pé-
mortel — éternel [nulani
mortifère — vivifiant
mot — idée
motif — résultat, acte
mouvement — inertie, repos
moyen — résultat, but, ex-
muet — éloquent [trême
multiple — simple
multiplicande — multiplicateur
munificence — ladrerie, avarice,
muscle — nerf
mutilé — entier
myope — presbyte
mystérieux — connu, expliqué

— N —

nacelle, nef, es- vaisseau, navire
quif, bateau
nadir — zénith
nager, surnager plonger
naïade — dryade, hama-
dryade, néréide,
doride
naïf — artificieux
naître — mourir
narcotique — excitant
narration, récit description, dis-
national — étranger [logné
naturel — factif, affecté, af-
naval — de terre [fecté
nébuleux — clair
nécessaire — accidentel
nectar — ambroisie
néfaste — prospère
négligé — soigner, étudier,
négliger — toilette
nègre — blanc, albinos
néophyte, caté- adepte, fidèle
nettoyer [chumène salir [obscur
neuf — vieux
neveu, nièce — oncle, tante
newtonien — cartésien
niais, nigaud — spirituel
noël — pâques
nom — verbe
nominal — réel
nombreux — rare
nominatif — génitif, etc.
nonchalant — actif, éveillé
normal, régulier anormal, anomal
notable — obscur
notoire — ignoré
nourrir — sevrer, priver
novateur — immobiliste, rétrograde
novice — madré, vêtu
noyau — enveloppe
nu — couvert, vêtu
nuire — [...]
nul — [...]
nullité — talent, valeur, gé-
[nie
nutrition — création, repro-
duction

— O —

obéissant — rebelle
obésité — maigreur
obérer — libérer
objectif — subjectif
objection — preuve, motif
obligation — libération

obligeant, ser- égoïste, dur
viable
obliquangle, acu- rectangle, obtusangle angle
obséquieux — incivil, grossier
observer — négliger
obstacle, empê- aide, facilité
chement
obstination — inconstance
obstruer — dégager
occiput — sinciput
occulte — visible
occupation — oisiveté
œcuménique — synodal
offense — service
offensive — défensive
officiellement officieusement
officier — soldat
offrir — refuser
offre — demande
ogive — plein-cintre
ogival (impropre- roman, antique,
ment gothique) grec, romain
oisif — occupé, travail-
leur
olive (huile d') œillette, colza,
noix, etc.
olivier — laurier
ombre — lumière, clair
ombrer — esquisser
omettre — inscrire
omission — double-emploi
onctueux — sec
ondoyer — baptiser
onéreux — utile
ongle, onglé, solipède, fissi-
culé pède, bisulque,
polysulque
opaque — transparent, trans-
opéra — comédie [lucide
opérateur — théoricien
opération — consultation
opérer — manquer
opiniâtre, obs- changeant
opinion [tiné croyance, certi-
opisthodome — prostyle [tude
opposant — partisan de
opposé — favorable, sem-
opposer (s') — appuyer [blable
opprobre — défenseur, appui,
optimisme — gloire [opprimé
pessimisme, in-
optique — différence [dioptrique, ca-
toptrique
opulence, riches- pauvreté
orageux [se calme, serein
orateur — poète, philoso-
phe, mathéma-
ticien
ordinaire — étrange, singu-
ordinand — ordinant [lier
ordre — anarchie
orgasme — repos
orgueil — modestie, humi-
lité
orifice — ventre, capacité
originalité — vulgarité
orthographe — cacographie
os — chair, nerfs, vais-
ostensible — secret [seaux
ossification — ostéomalacie
ostrogoth — wisigoth
oubli — mémoire
oublier — se rappeler
out-dire (par) — de visu
outrager, insul- servir, défendre
outrepasser [ter rester en-deçà
ouvrage, orné uni, simple
ovipare — nivipare, ovovivipare
oxygène — hydrogène, azote

— P —

pacifier — troubler, agiter
pair — inférieur, impair
paisible, calme agité, turbulent
pallier — justifier
palmipède — échassier, etc.
pâlot — [...]
palpitation — [...]
pamphlet — panégyrique
panoramique [...]
paléontologie [...]
paléographie [...]
papillon — chenille
papisme — réforme
paradis — enfer, purgatoire
paradoxe — axiome
paraître — s'effacer
parallèle — sécante, perpen-
parapet — exciter [diculaire
paraphernal — dotal
paraphrase — analyse

parasélène — parhélie
parapluie — parasol, paratonnerre, paracrot-
te, paravent
parc — jardin, jardinet
parcimonieux — prodigue, magnifique, etc.
pareil, semblable divers, différent
parent — étranger
parer — gâter
paresse — activité
parfum — puanteur
paria — brahme, noble
parieur — témoin
parjure — fidèle
parlant (portrait) peu ressemblant
parlement — monarque
parlementaire — absolu
parler [régime se taire
paroles — air
paroxysme — rémittence
parquet — barreau, cour
part, partie — tout
partenaire — adversaire
parterre — loges
participer — ne point prendre
part à
particulier — général, homme
public
partiel — total, intégral
partir — rester, arriver
partisan — adversaire
Pasquin — Marforio
passage — impasse
passager — permanent
passer — rester
passionné — froid, modéré
pasteur — chasseur, labou-
pâtelin [reur brutal
patent — latent
pathétique — froid, guindé
pathos — lithos ou ethos
patience — irritabilité
patient — bourreau, exécu-
teur, opérateur
patienter — s'impatienter
pâtir — fleurir, s'épanouir
patriarchat — sauvagerie, bar-
patricien — plébéien [barie
patrie — pays étranger
patrimonial — acquis [exil
patriotisme — incivisme, cos-
mopolitisme
patronymique — propre
pandie — petit [nombre
pavé — multitude

pavillon — aile, galerie
payant — gratuit
paysage — histoire, genre,
portrait
péccadille — faute, crime
pécuniaire (pei- affliction
pédagogue [ne professeur
pédant — savant, modeste
pédantesque — facile, dégagé
pédestrement — à cheval, en voi-
pédiluve — manivure [ture
peiner — réjouir [douleur
peintre — dessinateur
péjoratif — mélioratif
pêle-mêle — en bon ordre
pelotan — bataillon
peltaste — hoplite, etc.
penchant — plat, plan, com-
pénal — civil [inst
penché, incliné droit
pénétration — stupidité, distraction
pénétrer — glisser, sur, effleurer
pénitence — récompense
pensée — action, instinct
pente — sommet
pénultième — anté-pénultième,
dernier
pépin — graine, noyau
perçant — sourd, obtus
perception — sensation, idée
perde — mère, fils, fille
péremptoire — douteux, dubita-
perfide — loyal [tif, hésitant
péri — djinn
perhélie — aphélie
parti — imparité
[...]
[...]
[...]
périodique (style) coupé, haché
périodique — apériodique
péripatéticien — platonicien, académicien
périr — durer, prospérer
permanent — éphémère
permettre — défendre, interdire, empêcher
permutation — combinaison
pernicieux — utile, avantageux
pérorer — parler

perpétuel — momentané, tem-
perplexe [poraire chevaux
perruque — toléter, protéger
persécuter — inconstant
persévérant — abandonner
persister — généralité
personnalité — aveugle, obtus
perspicace — transpiration
perspiration — inconvenant
pertinent — poids
pesanteur — grandeur, magna-
petites [nimité Heureuse
Pétrée (Arabie) animer
pétrifier — hautement, publi-
petit (in) [quement calme
pétulant — sénat, noblesse,
peuple — plèbe, canaille
pharisien — saducéen
phénomène — noumène
philosophie — philosophisme
physiologie — anatomie
physique — moral
physique — chimie, histoire
naturelle, etc.
pièce — entier, collection,
somme, batterie
pied — stalle, colonne
piédestal — terre
pierre — impie
pieux — façade
pignon — arche, tablier
pila — râper
pilier — voûte
piller — respecter
pinacle, comble fondement, fon-
dation
pinceau — plume, ciseau
pinte — pot
pion — pièce
piquant — doux, doucereux
piquant — tranchant, con-
tondant
piquier — arquebusier
pistil — étamine
piteux — fier, hardi
pitoyable — admirable
pittoresque — triste, monotone
pivotant — traçant
placard — armoire
placard — épreuve en pages
place — rue
plafond — plancher, parquet
plagiaire — authentique
plaidant (avocat) créateur, inven-
plaider [teur juge, avocat
plaignant — accusé, inculpé
plain — inégal
plaindre — blâmer
plaine — colline, montagne
plainte — éclat de joie, fé-
licitation
plaire, agréer déplaire, choquer
plaisant — sérieux, sévère
plaisanter — parler sérieusement
plaisir — souffrance, douleur, devoir,
travail
plan — surface courbe,
solide
planche — poutre, solive
planer — voler
planter — déplanter, abattre
plantureux — pauvre, chétif
plaqué — argenté
platonique — relevé, accidentel
platonique, spé- sensuel
culatif évidemment faux
ou vrai
plébiscite — sénatus-consulte
plein — vide
plénipotentiaire chargé d'affaires
pléthore — phthisie, anémie
pleurer — rire [sie, anémie
plier — résister
plongeant (feu) rasant
pluie — neige, grêle
brouillard
plumer — emplumer
pluralité — [...]
plupart (la) [...] petit nombre
pluriel — singulier, distri-
pluriels — [...]
[...]
pneumatique — hydraulique, mécanique
pneumologie — somatologie
podie — chemins
poésie — prose
poignée — brassée, pincée
point — étendue, virgule
poilu, velu — glabre
pointe — gros bout, poi-
gnée

pointu — mousse, obtus
poire — pomme
poitrine — estomac; ventre
polaire — équatorial; zodiacal, tropical, intertropical
pôle — axe, équateur
poli — rude, brut
politique — incivil
pompe — simplicité
ponctuel — inexact
ponté — banquier, croupier
pont-neuf — dithyrambe, ode
populeux — désert
port — rade
porter — déposer, se décharger, mettre bas
portier — concierge, suisse
portion, fraction — tout, entier
poser — ôter, enlever
positif — négatif, conjectural
posséder — manquer de
possesseur — propriétaire
postériori (à) — priori (à)
postérité — antiquité, ancêtres
post-scriptum, post-scriptum — préface (très
potable — mangeable
potager — jardin d'agrément
potasse — soude, ammoniac
potelé — maigre [que
potentiel — actuel
pouce — doigt
pouceliée — menottes
poucier — doigtier, gant
poudre (en) — morceaux (en)
pourrir — se conserver
poursuivre — abandonner
pourprié à — ne pas s'occuper de, négliger
pousser, croître — ne pas venir
pouvoir — impuissance
pratique — théorie
pratiquer — étudier
pré — bois, champ
préalable — postérieur, ultérieur
préambule — post-scriptum
précaire — irrévocable, assuré
précaution — imprévoyance [ré
précédent — suites
précéder — accompagner, ui
précepteur — gouverneur [yra
précieux — commun, sans valeur
précipité — mûri, médité
précipiter — élever, enlever
précipat — partage
précis — indéterminé, diffus, long
précoce, hâtif — tardif, lent
précurseur — messie, disciple, apôtre
prédécesseur — successeur
prédilection — aversion
prééminence — infériorité
préférer — aimer moins
préjudice — bénéfice
préjugé — croyance raisonnée
préjuger — examiner [née
prélat — simple prêtre
prélever — partager
prélude, ritour — coda, cadence
prématuré [nelle — opportun, tardif
prémédité — occasionnel
premier — dernier
prémisses — conclusion
prendre — laisser
prénom — nom, cognom, surnom
préparer — accomplir, effectuer
prépondérance — infériorité [tuer
prépositif — postpositif
présence — absence, alibi
présent — paiement dû
préserver — exposer à
présomption — modestie
prussé — patient
présentir — ...
presser — ...
pressentiment — ...
preste — ménager
prestige, illusion, réalité — ...
présumer — conclure
prêter — emprunter, rendre
prêt — non préparé [dre
prétendre à — abandonner, céder, abdiquer
prétendu — réel
prétentieux — franc, large
prétexte — cause, motif réel
prêtraille — sacerdoce
preuve — excuse
prévaloir — succomber

se prévaloir de — négliger
prévaricateur — intègre
prévenir — s'éloigner de, laisser dans l'ignorance, réprimer
prévention — impartialité
prévenu — accusé
prévoyant — aveugle
prieur — enjoindre
primer — être inférieur
primeur — maturité
primitif — secondaire
primo — ultimo
prince — sujet
principal — intérêt, subordonné, accessoire
principe — conséquence, déduction
priser — dédaigner
prisme — pyramide
prisonnier — libre
privation — jouissance
privauté — réserve
priver — restituer
privilège — loi commune
problème — théorème
procédé — résultat
procéder de — être indépendant
procès — arrangement, arbitrage
prochain — lointain, éloigné
procureur — avocat
prodige — fait naturel
prodiguer — ménager
producteur — consommateur
produire — absorber, détruire
produit — dépense [ré
profane — sacré
profaner — respecter
profès — novice
professeur — disciple, élève
profil — face [écolier
profit — perte, dépense
profiter à — nuire
profond — élevé
progrès — recul
progression — proportion
prohiber — permettre, encourager
projectile — bouche à feu
projection — perspective
projeter — effectuer, réaliser
prolétaire — citoyen
prologue — épilogue
prolonger — restreindre
promesses — réalisation
promiscuité — distinction
prompt — lent
pronation — supination
prôner — rabaisser, diffamer
propager — étouffer [mer
prophétie — histoire
propice — funeste
proposer — rejeter
propreté — saleté
propriété — communauté
proroger — abréger
proscrire — laisser libre
prosélytisme — indifférence
prospérité — décadence, adversité, calamité
Terme — ...
protéger — abandonner
protester — admettre
proue — poupe
province — capitale
provisoire — définitif
provoquer — éviter
pruderie — chasteté
psychologie — logique, morale
public — ...
puer — sentir bon
puéril — viril
puîné — aîné, premier-né
pulvériser — concasser
punir — récompenser, épargner, pardonner
pupille — tuteur [donner

— Q —

quadragénaire — quinqua-, etc.
quadragésime — ...
quadrangulaire — triangulaire, etc.
quadrige — bige
quadrijumeaux — trijumeaux
qualité — substance
quantième — tantième
quantité — unité, pluralité, quotité
quart — demi, tiers, etc.
quarte — tierce, quinte, etc
quarteron — mulâtre
quartil — tria, quintil, etc.
quaterne — extrait, ambo, etc.

quelques — plusieurs, un
querelle — entretien amical
querelleur — débonnaire
question — réponse
queue — tête
quiétude — agitation, tourment
quinaire — binaire, ternaire
quinquennal — biennal, tri-, etc.
quiquéréme — birème, trirème
quintessence — résidu, caput-mortuum
quintuple — double, triple, etc
quitus — reliquat
quotient — dividende, diviseur

— R —

rabais — hausse
rabaisser — relever
rabat-joie — boute-en-train
raboteux — uni, poli
raccommoder — gâter, brouiller
race — tribu, famille
rachitique — vigoureux
racine — tronc, tête, branche
racine, radical — dérivé [ches
racler — recrue
racoleur — ...
rafraîchir — échauffer
rage — transport affectueux
ragoût — mets simple
raison — folie, injure
raisonnement — jugement, idée
raisonneur — docile, crédule
ralla — passant
rampant — marcher, se tenir debout
ramper — frais
rance — ...
rançon — traiter à l'amiable
rançonner — pardon et oubli, dédain
ranger — mêler, confondre
rapacité — modération
râper — broyer
rapide — lent
rapin — peintre
rapporteur — discret
rassasier — affamer
rassembler, réunir — disperser, séparer
rasséréner [uir — troubler [rer
rassurer — ébranler, effrayer
ratifier, confirmer — infirmer [mer
rationnel — illogique
ravage — doux
ravager — embellir, cultiver
ravaler — exalter
ravissant — effrayant
raviver — éteindre
réaction — mouvement
réaliser — imaginer
réalistes — nominaux
réalité — erreur, fiction
rebut — choix
réception — refus
recette — dépense
recevoir — rejeter
récidive — première faute
récit — dialogue
récompense — punition, châtiment
réconcilier — brouiller [ment
reconnaissance — ingratitude
reconnaître — méconnaître, nier
récréatif — ennuyeux [renier
recrue, conscrit — vieux soldat, troupier
recrudescence — affaiblissement
recto — verso
recueillir — abandonner
récuser — admettre
rédempteur — tentateur
redevable — quitte, acquitté
redresser — plier, courber
réduire — augmenter
réel — factice, supposé
réflexion — étourderie [idée
reflux — flux
réformer — corrompre
réfractaire — soumis, fusible
réfraction — réflexion
réfrigérant — incandescent
réfuter — appuyer
régaler — empoisonner
regarder — ne pas voir
régicide — ...
régime — sujet
règle — exception
régnicole — étranger
regorger — être à sec
regret — satisfaction
régularité — désordre
réjouir — peiner, affliger
relâcher — détenir
relever — laisser tomber
religieux — laïque

remarquer — négliger
rémittent — continu
remplir — vider
renchérir — diminuer de prix
rendez-vous — rencontre fortuite
rendre — garder [te
renégat — fidèle
renforcer — affaiblir
renommée — obscurité
renoncer — maintenir
renouveler — laisser prescrire
renté — capital
rentier — propriétaire
rentrant — saillant
renverser — relever
renversement — ordre naturel
renvoyer — garder
répaire — asile
répandu — retiré
réparer — aggraver
repas — diète
repentir — impénitence, ré-
répercuter [quer — étouffer [mords
répondre, répli- — se taire
repos — activité, travail
réprimander — louer
réserve — hardiesse
résilier — accomplir, remplir
résineux — vitré [plir
résistance — mouvement
résolution — hésitation
respect — mépris
ressentiment — oubli
resserré — relâché
reste — partie employée, soustraite
restreindre — étendre
résultat — effort
retard — avance
retardé — accéléré
retenir — exciter
retenue — indiscrétion
rétracter — maintenir
retraite — mouvement en
revenir — retourner [avant
rêverie — pensée
revers — succès
révoquer — confirmer
révolte, rebellion — révolution
rhéteur — causeur, orateur
riant — triste
riche — pauvre
ridé — uni
ridicule — respectable, sérieux
rien — tout [rieux
rigide, sévère — indulgent
ripaille — salien
roide, escarpé — lâche, facile à
roman — français [monter
romanesque — positif
ronde — blanche, noire, croche
rondeur — politesse recherchée
rôti — bouilli [chée
rotonde — pavillon carré
roture — noblesse
rouge — vert
rougeur — pâleur
rouillé — poli

— S —

sacré, saint — profane
sacrifier — sauver, épargner
sagesse — imprudence, folie, libertinage
saillie — renfoncement
sain — malsain, cacochyme
saisir — lâcher [chyme
salé — frais
salon — estaminet, halle
salut — perdition, damnation
salutaire — fatal, mortel
sanctifier — profaner
sang-froid — précipitation, trouble
sanguin — nerveux, etc.
santé — maladie
sapide, savoureux — insipide, fade
satanique — angélique
satellite — planète
satire — éloge
satisfaction — mécontentement
satisfaisant — incomplet
...
sauvage — apprivoisé
sauver — abandonner dans le péril, perdre, sacrifier
savant — ignorant
savater — exécuter, confectionner
savoir — ignorer [tionner
savourer — goinfrer, bâfrer
saxatile — fluviatile, campestre, alpestre

scabreux — facile
scandale — bon exemple
scélérat — homme vertueux
scélératesse — héroïsme
scepticisme, pyr- — foi, certitude
sceptique — rhonisme
schismatique — croyant
scholastique — romain, philosophie rationnelle
scientifique — littéraire, empirique, fortuit
scrupule — confiance en soi
scrutateur — insouciant, distrait
séant — absent, indécent
sec — humide
sécante — tangente
sécher — mouiller
secondaire — principal
seconder — guider
secourable — funeste
secourir — abandonner
secret — public, avoué
sectateur — adversaire
secte — religion
secteur — segment
séculier — régulier
séditieux — soumis
séduire — convertir, dégoûter
séduisant — repoussant [ter-
semblable — opposé
semer — planter
sémitique — japétique, indo-hellénique, indo-germanique
sénat — peuple
sens — sentiment, raison, contresens, non sens
sensation — sentiment, jugement
sensibilité — intelligence, volonté
sensible (qui sent) — sensible, (qui est senti)
sensible — dur, imperceptible
sensiblerie — rudesse affectée
sensualisme — idéalisme
sensualité — ascétisme
sentir — ne pas éprouver
septentrion — midi
serein — nuageux, brumeux, sombre
séreux (sang) — fibreux
serf — homme libre
sérieux — gai, léger
serrer — desserrer
serviable — égoïste, dur
servir — être maître, être inutile
sessile — pédonculé
seul, unique — multiple
sévère — indulgent, clément
siècle — cloître, église
silence — bruit
similitude — dissemblance, différence
simple — composé multiple, recherché, amphatique
simplifier — compliquer
simuler — exécuter
simultanément — successivement
sincère — dissimulé, menteur
sincère — charge réelle
singulier — commun, pluriel
sinueux — droit, direct
sobre — gourmand, buveur, etc.
sobriété — intempérance
société — isolement
sœur — frère
soie — laine, lin, chanvre, coton
soif — ...
sol (sur le) — en l'air
soldat — bourgeois, officier
solde — ...
solennel — sans pompe, individuellement
solide — sans consistance, liquide, fluide
solitaire — fréquenté, aimant la compagnie
solliciter — éviter, refuser
sollicitude — insouciance
solo — duo, trio, quatuor, etc.; duetto, terzetto, quartetto, etc,

solution	problème, difficulté
sommaire	développé, judicieux
sommeil	veille [cieire
somnifère	excitant
somnolent	vif, éveillé
somptueux	simple
son	bruit
sonore	sourd
sophisme	raisonnement
sophiste	philosophe
sophistiqué, fre-	pur
sordide [laté	magnifique
sororicide	fratricide
sortable	disproportionné
souche	branche, rameau, coupon détaché
souci	négligence, oubli
soudain, subit	attendu, prévu
souffrance	jouissance,état de santé
souffreteux	bien portant
soûl	affamé
soupçon	opinion favorable
soupçonneux	confiant, crédule, aveugle
souple	roide
souscrire	refuser
soutenir	abandonner
soutenu (style)	simple, familier
souvenir	oubli
souverain	sujet
spacieux	étroit, resserré
spécial	général
spécieux	transparent
spécifier	généraliser
spectateur	acteur
spéculateur	commerçant
spéculatif	pratique, réalisé
sphinx	œdipe [sable
spirituel	corporel, matériel, sot, stupide
spondée	dactyle, trochée
spontané	réfléchi, contraint
sporadique	endémique
stable	précaire, incertain, mobile
stagiaire (avocat)	plaidant
stagnant	courant, coulant, jaillissant
stagnation	mouvement
statique	dynamique
statue	ronde bosse, bas-relief
stéréotype	cliché, en caractères mobiles
stérile	fécond, fertile
stimulant	narcotique
stratagème	attaque directe
stratégie	tactique
strict	large
strident	grave
strophe	stance, couplet
studieux	dissipé, paresseux
stupeur	énergie
su	isu
suave	aigre, dure, amer
subit, soudain	lent, préparé, étendu
subir	lutter contre
sublime	plat, ridicule, grotesque
sublimer	laver, décanter
submersion	émersion
subreptice	violent, ouvert
subséquent	concomitant, précédent
subsidiaire	principal
substance, être	qualité, propriété, accident, attribut
substantif	verbe, adjectif
substantiel	léger
subtil, délié	épais, lourd
subversif	conservateur
succéder à	précéder
succomber	résister
succube	incube
succulent	maigre
succursale	établissem. principal
sucré	aigre, acide
suffisamment	trop peu
suffisance	modestie, juste estime de soi
suffragant	métropolitain
suif	graisse
suite	commencement, tête
suivre	accompagner, précéder
sujet	souverain, objet, régime
sujétion	indépendance
superbe	humble
supercherie	bonne-foi
supère (ovaire)	infère
superficie, surface	fond
superflu, futile	nécessaire, utile
supérieur	inférieur
superlatif	positif, compar.
superstition	religion, raison
supplice	triomphe
supporter	rejeter
supposer	déclarer
supposition	vérité
supprimer	maintenir
suprême	infime
sur	doux, mûr
suranné	nouveau
surdité	finesse de l'ouïe
surface	solide, ligne
surgir	s'enfoncer
surnager	être submergé, couler, aller à fond
surpasser	rester inférieur
surplus	déficit
surprenant	attendu, prévu
survivant	prédécédé
susceptible	incapable, insensible
suzerain	vassal [sible
svelte	épais
sybarite	spartiate
symétrique	irrégulier
symptôme	prodrome
synallagmatique (contrat)	unilatéral
syncope	apocope
synonyme	antonyme, homonyme, paronyme
syntaxe	grammaire
synthèse	analyse, hypothèse
systématique	observateur [se

— T —

tacite, sous-entendu	exprimé
taciturne	gai, babillard
tact	gaucherie
tangible	audible, visible
taille, tranchant	estoc, pointe
taille-douce	eau forte
taire	révéler
talent	incapacité, nullité
talmud	targum
tanage	rouis
tapage	tranquillité
taquin	complaisant, obséquieux
tarir	abonder
tartare	champs - élysées, olympe
taupe	lynx
taupinière	montagne
taureau	bœuf, vache
tauréobole	égobole
technique	vulgaire
teinture	connaissance réelle, approfon-
téméraire	prudent [die
tempéré	extrême
temporaire	durable
temporel	spirituel
temporiser	précipiter
temps	éternité, durée
tenace	inconstant
tenancier	lord, seigneur
tenant	aboutissant
tendance	éloignement
tendre	dur, coriace
tendresse	insensibilité
ténèbres, obscu-	lumière
terme [rité	point de départ, route
terminer, achever	commencer, continuer
terne	brillant, éclatant
ternir	raviver
terre	air, ciel, eau
terrible	risible
terreur	intrépidité, sang-
terrifier	rassurer [froid
testimoniale	écrite
tête	queue, pieds
textual	abrégé, altéré
théiste	athée, déiste
thème	développement, version
théologie	anthropologie
théorème	lemme, problème
thérapeuse	esséniens
thèse	antithèse
thuriféraire	pamphlétaire
tiare	couronne, sceptre
tibia	péroné, fémur
tiers-état	noblesse, clergé
tige	branche
timide	hardi
tirer, traîner	porter
titre	contenu
toge	prétexte, tunique
tolérable	insupportable
toilette, parure	négligé
tolérance	persécution
tomber	s'élever
topiques	lieux intrinsèques
torchis	briques, pierres
torride	glacial
tort	droit
total	partiel
tourmenter, tracasser	épargner, laisser tranquille
tout	partie
tout	nul, aucun, personne
tracassier	paisible [sonne
tradition	écriture
traduction	original
trahison	fidélité
traînard, frisntour	enfant perdu, avant-garde
traître	combattre
traîtreusement	loyalement
trajet	point de départ
trancher	délier [bui
tranquille	turbulent, agité
transaction	débat, querelle, procès
transcendant	élémentaire
transgresser, violer	observer, respecter
transir [ler	réchauffer [ter
transitif	neutre
transition	changement brusque
translucide	transparent
transmissible	personnel
transversal	direct
trapèze	carré, losange
travail	repos, loisir, fainéantise, paresse
travers	long
travers	qualités
traverse	route directe
travestir	rendre
trébucher	marcher droit
trèfle	pique, cœur et carreau
tréfonds	fonds, surface
treille	échalas
trembler	ne point craindre
trépassé	vivant
trésor	tire-lire, boursicot
triaire	hastaire, prince
triangulation	levé par carré et bâbord [trapèzes
tribord	bâbord
tribunitien	prétorien
triceps	biceps
tricher	jouer franc jeu
trier, choisir	prendre au hasard
triomphe, victoire	défaites [sard
trivial	noble [re
tronc	membres, tête
trône	autel [branches
trope	sens propre
tronqué	entier
trouble	tranquillité
troubler	apaiser, calmer
troupe	groupe, escouade
trouver	chercher en vain
tuer	faire revivre, ressusciter
tumulte	ordre, calme et silence
type	reproduction
tyrannie	monarchie tempérée, pondérée

— U —

unanime	partagé
uni	raboteux
uni	divisé
uniforme	varié
unilatéral	bilatéral, synallagmatique
nombreux	mortel
unique	prétexte, tunique
unisson	discorde
unité	pluralité
universel	particulier
urbanité	grossièreté, rusticité
usé	neuf [licité
usité	hors d'usage, désuétude
usuel	étrange [rancé
usufruitier	propriétaire du fonds
usure	intérêt légal
usurper	être appelé à
utile	nuisible
uvée	cornée, sclérotique

— V —

vacance	séance
vacant	occupé [d'études
vacarme, tumulte	silence, calme
vacillant	ferme, immuable
vagabond	fixé, domicilié
vague	fixe, précis
vain	positif, réel
vaincu	vainqueur
valet	maître
valse	contre-danse
vandalisme	amour des arts
vaniteux	modeste
vanter	décrier
variable	stable, fixe, constant
variation	tant [tant
variété	unité, uniformité
varier	resserré
vaurien	bon sujet
végéter	vivre et se mouvoir
veille	jour, lendemain
veiller	perdre de vue
veineux (sang)	artériel
vélocité	lenteur
vénalité	intégrité
vendre	acheter
vénérer	mépriser
véniel (péché)	mortel
vêpres	complies
verbe	écrit
verbe	nom
verbeux	concis
vergé (papier)	vélin
verger	potager, jardin
véridique	menteur
véritable	faux, mensonger
vérité	mensonge, erreur
vernal	automnal
versatile	ferme
vertical	horizontal
vertu	vice, dépravation
verve	froideur
vestibule	salon
vétéran	conscrit, recrue
vétiller	trancher
veuvage	ménage
vicinal	communal, cantonal, département-mental, nation.
vicissitude	stabilité
victime	bourreau, meurtrier
vie	mort [trier
vigilant	négligent
vigoureux	débile [rable
vil	précieux, honorable
villageois	citadin
vin	eau
violence	douceur
violer	respecter
viril	féminin
virtuel	agissant
virulent	douceureux
vis	écrou
vitesse	audition, etc.
vivace	lenteur
vivifiant	languissant, annuel, bisannuel
vivre	végéter, être mort
vocal	instrumental
voiler	montrer à nu
voisin	éloigné, lointain
voler	marcher, nager
voler	gagner, acheter
volontaire	instinctif, mécanique, vital
volonté	sensibilité, intelligence
volontiers	malgré soi
volubilité	embarras de la parole
volupté	souffrance
voluptueux	stoïque, chaste
vomir	purgatif
vorace, avide	sobre
votif	plafond
voyageur	casanier
voyelle	consonne
vrai	faux
vulgaire	noble

— W —

wigh	tory

— Y —

y aller	en revenir
thème	[tant

— Z —

zèle	tiédeur
zénonisme, stoïcisme	épicuréisme
zéphir, brise	vent, ouragan
zéro	chiffre significatif
zoologie	botanique, minéralogie

COMPLÉMENT

1ʳᵉ PARTIE. — Lettres de A à G.
(La pagination fait suite à celle du tome 1ᵉʳ du Dictionnaire.)

2ᵉ PARTIE. — Lettres de H à Z.
(La pagination fait suite à celle du tome 2ᵐᵉ du Dictionnaire.)

TABLE DES ABRÉVIATIONS
DU COMPLÉMENT

Abl.	Ablatif.		Méd. ou médec.	Médecine.
Abrév.	Abréviation.		Médec. vét.	Médecine vétérinaire.
Absol.	Absolu ou absolument.		Men.	Menuiserie.
Acad.	Académie.		Mérid.	Méridional.
Acc.	Accusatif.		Métaphys.	Métaphysique.
Accid.	Accidentel.		Mét.	Métiers.
Act. ou a.	Actif.		Métrol.	Métrologie.
Adj.	Adjectif ou adjectivement.		Milit.	Militaire.
Admin.	Administration.		Minér.	Minéralogie.
Admir.	Admiration.		Mod.	Moderne.
Adv.	Adverbe ou adverbialement.		Monn.	Monnaie.
Affirm.	Affirmatif.		Moy.	Moyen.
Agric.	Agriculture.		Mus.	Musique.
Agron.	Agronomie.		Myth.	Mythologie.
Alch.	Alchimie.		N. pr.	Nom propre.
Algèb.	Algèbre.		N. patron.	Nom patronymique.
Amphib.	Amphibologie.		Nat.	Naturel ou naturaliste.
Anal.	Analogie.		Négat.	Négative.
Anat.	Anatomie.		Néol.	Néologie.
Anc.	Ancien.		Neut. ou n.	Neutre.
Ang.	Anglais.		Neutral.	Neutralement.
Antér.	Antérieur.		Nom.	Nominatif.
Anthol.	Anthologie.		Nomb.	Nombre.
Antiq. Ant.	Antiquité.		Nouv.	Nouveau.
Aor.	Aoriste.		Num.	Numéral.
Apérit.	Apéritive.		Numism.	Numismatique.
Archéol.	Archéologie.		Omn. gen.	Omnis generis (lat.)
Archit.	Architecture.		Oppos.	Opposition.
Arithm.	Arithmétique.		Opt.	Optique.
Arrond.	Arrondissement.		Optat.	Optatif.
Art.	Article.		Or.	Oriental.
Art cul.	Art culinaire.		Ordin.	Ordinal.
Artill.	Artillerie.		Ornith.	Ornithologie.
Aspir.	Aspirée.		Ott.	Ottoman, ane.
Astrol.	Astrologie.		Pal.	Palais.
Astron.	Astronomie.		Parf.	Parfait.
Att.	Attique.		Part.	Participe.
Augm.	Augmentatif.		Partic.	Particule.
Aut.	Auteur.		Pass.	Passé ou passif.
Auxil.	Auxiliaire.		Path.	Pathologie.
Banq.	Banque.		Patron.	Patronymique.
Barbar.	Barbarisme.		Pd.	Pied.
Béot.	Béotien.		Pe.	Pouce.
Blas.	Blason.		Peint.	Peinture.
Bn.	Baron.		Pers.	Personne.
Bot.	Botanique.		Perspect.	Perspective.
Burl.	Burlesque.		Pharm.	Pharmacie.
C.-à-d.	C'est-à-dire.		Pharmac.	Pharmacopée.
Can.	Canonique.		Phén.	Phénicien.
Cant.	Canton.		Phil. ou ph.	Philosophie.
Cap.	Capitale.		Philol.	Philologie.
Cathol.	Catholique.		Phrén.	Phrénologie.
Celt.	Celtique.		Phryg.	Phrygien.
Cent.	Centime.		Phys.	Physique.
Charp.	Charpenterie.		Physiol.	Physiologie.
Chass.	Chasse.		Pléon.	Pléonasme.
Chim.	Chimie.		Plur. ou P.	Pluriel.
Chin.	Chinois, se.		Plus-que-p.	Plus-que-parfait.
Chir.	Chirurgie.		Poés.	Poésie.
Ch.-l.	Chef-lieu.		Poét.	Poétique ou poétiquement.
Chrét.	Chrétien, ienne.		Polit.	Politique.
Chron.	Chronologie.		P.-et-chaus. ou p.-et-ch.	Ponts-et-chaussées.
Cie.	Compagnie.		Pop.	Populaire.
Collect.	Collectif.		Posit.	Positif.
Comm.	Commerce.		Poss.	Possessif.
Comm. religieux.	Communauté religieuse.		P.	Pour.
Comp.	Composé.		Pr.	Prononcez.
Compar.	Comparatif.		Prat.	Pratique.
Compl.	Complément.		Précéd.	Précédent.
Conchyl.	Conchyliologie.		Prép.	Préposition.
Cond.	Conditionnel.		Prés.	Présent.
Conj.	Conjonction.		Prét.	Prétérit.
Conjug.	Conjugaison.		Primit.	Primitif ou primitivement.
Cons.	Consonne.		Princip.	Principal.
Constr. ou construc.	Construction.		Priv.	Privatif.
Contract.	Contraction.		Procéd.	Procédure.
Corrup.	Corruption (par).		Pron.	Pronom ou pronominal.
Cost.	Costume.		Pros. ou pr.	Prosodie.
Cout.	Coutume.		Prov.	Proverbe ou proverbialement.
Crim.	Criminel.		Psychol.	Psychologie.
Crit.	Critique.		R.	Réponse.
D.	Demande.		Rac.	Racine.
Dat.	Datif.		Rar.	Rarement.
Déf.	Défini.		Récipr.	Réciproque.
Défect.	Défectueux ou défectif.		Réfl.	Réfléchi.
Démonst.	Démonstratif.		Rég.	Régime.
Dénigr.	Dénigrement.		Régul.	Régulier.
Dépt.	Département.		Rel.	Republicæ (latin).
Dépon.	Déponent.		Relat.	Relatif ou relation.
Dess.	Dessin.		Relig.	Religion ou religieux, euse.
Déterm.	Déterminé.		Remp.	Rempublicam (lat.)
Dévot.	Dévotion.		Rep.	Republica (latin).
Dial.	Dialecte.		Rhét.	Rhétorique.
Dict.	Dictionnaire.		Riv.	Rivière.
Didact.	Didactique.		Rom.	Romain.
Dimin.	Diminutif.		Roy.	Royaume.
Diopt.	Dioptrique.		Rur.	Rural.
Diplom.	Diplomatie.		Rust.	Rustique.
Dir.	Direct.		Sat.	Satire ou satirique.
D°.	Dito.		Sav.	Savant.
Docim.	Docimasie.		Sc.	Science.
Dogm.	Dogmatique.		Schol.	Scholastique.
Domest.	Domestique.		Sculpt.	Sculpture.
Dor.	Dorien.		Septent.	Septentrional.
Dout.	Douteux.		Signif.	Signifie.
Dr.	Docteur.		Sing.	Singulier.
Dram.	Drame ou dramatique.		Soléc.	Solécisme.
Eccl.	Ecclésiastique.		Sous-ent.	Sous-entendu.
Econ.	Economie.		St.	Saint.
Edit.	Editeur ou édition.		Subj.	Subjonctif.
Egyp.	Egyptien, ienne.		Subst. ou S.	Substantif.
Ellips.	Ellipse.		Substantiv.	Substantivement.
Ellipt.	Elliptique.		Suj.	Sujet.
Elis.	Elision.		Superl.	Superlatif.
Encycl.	Encyclopédie.		Syn.	Synonyme.
Entom.	Entomologie.		Sync.	Syncope.
Eol.	Eolien.		Synon.	Synonymie.
Epist.	Epistolaire.		Synop.	Synoptique.
Epith.	Epithète.		Synt.	Syntaxe.
Escr.	Escrime.		Syr.	Syriaque.
Esp.	Espagnol.		T.	Terme.
Etc.	Et cetera.		Tabl.	Tableau.
Ethnogr.	Ethnographie.		Techn.	Technologie.
Etym.	Etymologie.		Temps hér.	Temps héroïques.
Ex.	Exemple.		Térat.	Tératologie.
Exag.	Exagération.		Théol.	Théologie.
Exclam.	Exclamation.		Thérap.	Thérapeutique.
Explét.	Explétif.		Toxic.	Toxicologie.
Explic.	Explicatif.		Trad.	Traducteur ou traduction.
Express.	Expression.		Triv.	Trivial.
Extens.	Extension.		Typogr.	Typographie.
Fabr.	Fabrique.		Unipers.	Unipersonnel.
Fam.	Familier ou familièrement.		Us.	Usité.
Faucon.	Fauconnerie.		V.	Verbe.
Fém. ou f.	Féminin.		Var.	Variable.
Féod.	Féodalité.		Vén.	Vénerie.
Fig.	Figuré ou figurément.		Versif.	Versification.
Fin.	Finances.		Vétér.	Vétérinaire.
Fortif.	Fortification.		Vic.	Vicieux.
Fr.	France.		Vill.	Ville.
Franç.	Français.		Voc.	Vocatif.
Fréq.	Fréquentatif.		Vocab.	Vocabulaire.
Fut.	Futur.		Voy. ou V.	Voyez.
Gall.	Gallicisme.		Vulg. ou vulgair.	Vulgairement.
Gén.	Génitif.		Zool.	Zoologie.
Généal.	Généalogie.		1re pers.	Première personne.
Genr. ou g.	Genre.		2e pers.	Deuxième personne.
Géog. ou géogr.	Géographie.		3e pers.	Troisième personne.
Géol.	Géologie.			
Géom.	Géométrie.			
Gérond.	Gérondif.			
Gloss.	Glossaire.			
Gnom.	Gnomonique.			
Gr.	Grec, que.			
Gramm.	Grammaire.			
Grav.	Gravure.			
Héb.	Hébreu ou hébraïque.			
Hér.	Héroïque.			
Hist.	Histoire.			
Hist. anc.	Histoire ancienne.			
Hist. mod.	Histoire moderne.			
Hist. nat.	Histoire naturelle.			
Hist. sacr.	Histoire sacrée.			
Homon.	Homonyme.			
Horl.	Horlogerie.			
Hort. ou hortic.	Horticulture.			
Hybr.	Hybride.			
Hydraul.	Hydraulique.			
Hydrost.	Hydrostatique.			
Hyg.	Hygiène.			
Hyperb.	Hyperboliquement.			
Ichthyol.	Ichthyologie.			
Icon.	Iconologie.			
Id.	Idem.			
Imparf.	Imparfait.			
Impér.	Impératif.			
Impers.	Impersonnel.			
Implic.	Implicite.			
Imprim.	Imprimerie.			
Incid.	Incident.			
Incompl.	Incomplexe.			
Ind.	Indien, ienne.			
Indécl.	Indéclinable.			
Indéf.	Indéfini.			
Indéterm.	Indéterminé.			
Indic.	Indicatif.			
Indir.	Indirect.			
Infin.	Infinitif.			
Interj.	Interjection.			
Interrog.	Interrogatif.			
Inus.	Inusité.			
Invar.	Invariable.			
Invers.	Inversion.			
Ion.	Ionien.			
Iron.	Ironique.			
Irrég.	Irrégulier, lien.			
Ital.	Italique, que.			
Jap.	Japonais, aise.			
Jard.	Jardinage.			
Judic.	Judiciairement.			
Jurispr.	Jurisprudence.			
Kil.	Kilomètre.			
Lapid.	Lapidaire.			
Lat.	Latin.			
Législ.	Législation.			
Lett.	Lettres.			
Lex.	Lexique ou lexicographie.			
Linguist.	Linguistique.			
Littér.	Littérature.			
Liturg.	Liturgie.			
Loc.	Locution.			
Log.	Logique.			
M. à m.	Mot à mot.			
Maçonn.	Maçonnerie.			
Me.	Maître.			
Mahom.	Mahométan, ane.			
Man.	Manège.			
Manuf.	Manufacture.			
Mar.	Marine.			
Marit.	Maritime.			
Marot.	Marotique.			
Mas. ou m.	Masculin.			
Math.	Mathématiques.			
Mécan.	Mécanique.			

(1) Quand ce mot se trouve seul, il s'agit de notre Complément.

(1) Quand ce mot se trouve seul, il s'agit du grand Dictionnaire de Napoléon Landais.

AVIS ESSENTIEL.—On a fait précéder d'un astérisque (*) dans ce *Complément* les mots qui se trouvent déjà dans la nomenclature du *Grand Dictionnaire*. Le lecteur peut ainsi se reporter de l'un à l'autre de ces articles, afin de ne rien négliger des additions et rectifications qui y ont été faites.

Paris.—Imprimerie Bonaventure et Ducessois, 55, quai des Augustins.

www.ingramcontent.com/pod-product-compliance
Lightning Source LLC
Chambersburg PA
CBHW070305290326
41930CB00040B/2151